JN211911

司法試験　体系的問題解析

刑事訴訟法

［第2版］

反町　義昭

成文堂

第２版はしがき

本書（初版）を執筆した2020年から2021年にかけて、世の中はコロナ禍の真っ只中にありました。あれから約４年という月日が流れ、今、人々はようやく以前の生活を取り戻したように感じます。振り返ればあっという間だったような気もしますが、この間も司法試験は４回の実施を積み重ねました。この４年分の過去問と新たな判例や学説の展開を踏まえ、ここに本書改訂版を刊行します。

もっとも、『司法試験 体系的問題解析 刑法』の改訂がほぼ“フルモデルチェンジ”の全面リニューアルであったのに対し、その続編である本書は初版時から学修用テキストとしての体裁をある程度具備していたことから、今回の改訂はいわば“マイナーチェンジ”の改良工事です。すなわち、直近４年分の司法試験の解説の追加、補充及びこの間の法改正への対応という２つの作業を基本として、従前の解説が必ずしも十分でなかった項目や近時の判例、学説の動向等を踏まえて内容を変更すべき項目について、より“深く”そして“鋭く”検討及び解説を試みるようなイメージで改訂作業を行いました。

本改訂版における主要な変更点は以下のとおりです。

第１講「強制処分」では、「強制処分の意義」について新たな出題や近時の判例、学説を踏まえた上で解説の内容を修正、補充しました。**第２講「任意捜査」**は、初版では全ての捜査活動をまとめて１つの項目として解説する構成となっていましたが、本改訂版では捜査活動ごとに項目を分けて、それぞれ解説及び問題の検討をしています。**第３講「逮捕・勾留」**には「**【２】逮捕・勾留の適法性**」の項目を新たに追加し、「逮捕・勾留の効力」や「一罪一逮捕一勾留の原則」という逮捕・勾留に関する理論的問題について解説を補充しました。**第４講「捜索・差押え」**では、「**【１】令状による捜索・差押え**」の項目冒頭において、総論として「捜索・差押えの適法性判断枠組み」を整理した上で、その枠組みに沿って各問題の検討をしています。**第６講「訴因」**は、初版では訴因変更の問題のみを扱っていましたが、本改訂版には「**【１】訴因の特定**」の項目を新たに追加し、まず訴因に関する基礎知識を整理した上で、その後の項目で訴因変更の問題を詳細に検討するという構成にしました。そして、本書の最大の特徴は、**第８講「伝聞法則」**における「伝聞証拠の意義」に関する解説方針（詳細は、初版「はしがき」及び本編参照）の点にありますが、本改訂版でも基本的な方針はそのまま維持しながら、「**【１】伝聞証拠**」の項目において「伝聞法則の適用手順」を詳細に解説した上で、「伝聞例外の要件」についての総論的な解説も追加しました。また、「**【３】再伝聞**」の項目において、新たに「多重伝聞過程の処理手順」について具体的な解説を追加しました。さらに、「**【５】供述録音（録画）**」の項目を独立させて、論点解説及び問題検討の項目分けを再構成しました。**第11講「証拠の関連性」**は、初版では同種前科・類似事実の関連性の問題のみを扱っていましたが、本改訂版には「**【２】科学的証拠**」の項目を新たに追加しました。

刑事系科目の論文式試験においては、詳細な知識を問う問題よりも大局的な理論的問題について基本事項の理解の正確性を問う問題が出題される傾向があります。特に刑事訴訟法は過去に出題された問題と同一の論点からの出題頻度が高い科目です（それ故、刑事訴訟法における論文式試験の実際の出題範囲は他の科目と比較してもかなり限定されているように感じます。）。今回の改訂を経て、本書は、刑事訴訟法の論文式試験において出題可能性の高い論点についてほぼ全範囲を網羅しつつ、その上で各論点をより深く掘り下げて検討し、正確な理解を獲得できるような内容の解説書に進化を遂げたのではないかと思います。

最後に、今回の改訂にあたりご支援いただいた成文堂阿部成一社長並びにご尽力いただいた成文堂田中伸治様に厚く御礼申し上げます。さて、本書のコンセプトを発想した当初から薄々感付いていたことではありますが、本書は産声を上げたその瞬間から“定期的な改訂”を宿命付けられた書籍です。それは、過去問を題材に扱う場合、いわば過去問解説における「価値低減の法則」があるからです（すなわち、当該年度の試験を受験する学修者にとっては当然のことながら最新ないし直近年度の過去問解説に対する需要が高い反面、古い年度の過去問解説の価値は年を重ねるごとに相対的に低下していくことになります。）。果たして本書の次なる改訂は、いつ、どのようにしてなされるのでしょうか……。どうやら“旅”にはまだまだ続きがあるようです。

令和６年12月某日、澄みわたる冬の夜空にりんとして輝く満月の夜に……

令和７年１月吉日

反町　義昭

はしがき

2020年4月、緊急事態宣言発令。そして、前代未聞の司法試験の実施延期発表……。

世の中は未曾有の状況となり、私の担当する事件でも予定されていた裁判の日程等が次々と延期され、弁護士業務が一時的にストップする事態となりました。ステイホームで過ごすことになったこの期間、少しでも何か有意義な仕事ができないだろうか……、この状況で自分にできることは何かあるだろうか……。そのような思いから本書を世に送り出すことを決意し、覚悟を決めて執筆を始めました。思い返せばちょうど3年前、『体系的問題解析刑法』を出版させていただいた際、“このミッションにはまだ続きがある”との思いを抱いていました。刑事訴訟法についても同様のコンセプトで書籍を創り上げなければ、自分の使命は完遂できない……、そのような思いが頭の片隅にありながらも、日々の業務に追われて筆を執ることを躊躇していたのです。しかし、期せずしてこの使命と再び真剣に向き合う機会が訪れました。

――『本書は、言うなれば“「教科書」と「演習書」のハイブリッドテキスト”です！ ……と言うといささか大袈裟ではありますが、これまでに私が刑法の講義で使用してきたレジュメやテキストをもとにして、“論点説明”、“判例分析”、“問題解説”、“参考答案”という、試験対策に必要な要素をできる限り全て盛り込むことを目指して執筆しました。

言うまでもなく、試験対策として最優先に検討すべき教材は「過去問」です。……そこで、過去問を徹底的に検討しながら、同時に、刑法の体系的理解を身に付けていくという、効率的で実戦的な学修法を実現できないだろうかと試行錯誤した結果、本書を企画するに至りました。本書は、既存の過去問解説書のように過去問を「年度毎」に解説するものではありません。過去問で出題された刑法の重要論点を「体系順」に並べ替えた上で、各論点について判例の分析を通して正確な知識・理解を体系的に獲得しながら、併せて、試験対策という観点から、出題趣旨等の分析を踏まえて実際に論述するにあたって把握しておくべきポイントを解説するものです。……“過去問を検討しながら刑法を体系的に理解していく”という本書のコンセプトは、ある意味、実験的な試みでもあります。このようにして過去問を「体系順」に並べ替えてみることで、司法試験において繰り返し問われている重要論点についての問題意識とそれに対する考え方のヒントがきっと見えてくるはずです。』――

上記は、『体系的問題解析刑法』のはしがきからの引用です。同書の出版後、幸いにして多くの読者の皆様からこのコンセプトに賛同をいただくことができました。本書はその続編であり、基本的に同じ構成となっています。

すなわち、本書は、刑事訴訟法の重要論点について、**[論点解析]**、**〈参考判例〉**、**【論述例】**及び**【参考答案例】**の4つの項目で内容を構成しています。

[論点解析]は、各重要論点について、判例の分析を通して、また、出題趣旨等の分析を踏まえて、問題の所在、判例の正確な理解、的確な思考過程、あてはめの考慮要素、論述上の注意点等、実際に論述するにあたって是非とも把握しておくべきポイントを解説したものです。

〈参考判例〉は、各重要論点を理解するために必要かつ重要な判例（下級審裁判例を含む。）を掲載したものです。それぞれの判例を十分に検討し、法律解釈の内容（規範、判断基準）や法律適用の方法（要件認定に際して、いかなる事実を認定し、その事実に対してどのような評価をしているか）を学ぶとともに、法律用語の適切な用法、記載方法等についても参考にしてください。

【論述例】は、各重要論点について実際に論証する際の記載例です。主に判例の考え方をベースとして作成していますが、汎用性を高めるためにある程度抽象化して論述しています。また、その論点についての正確な理解を示すために敢えて長い文章で論述しているものもあります。実際に答案に記載する際は、問題全体におけるその論点の重要度に応じて適宜短い文章にするなどして、メリハリを付けて論述できるように工夫してください。なお、補章に各**【論述例】**をまとめて掲載してあります。

【参考答案例】は、過去問を教材として、各重要論点の規範、あてはめを答案でどのように論述するのかを示したものです。もちろん、司法試験の解答は、“唯一絶対の正解”が存在するものではありませんので、あくまで考え方の一例として参考にしていただければと思います。なお、この答案例は、読者の皆様が本書を用いて刑事訴訟法を独学できるように配慮して作成したものです。そのため、敢えてメリハリを意識せずに説明的に論述している部分もありますので、必ずしも実際の試験でこのように論述しなければならないという趣旨のものではありません。そのことに注意して、各自の学修の進度に応じて有効に活用してください。

以上のとおり、本書は基本的には『体系的問題解析刑法』と同じコンセプトで執筆したものあり、両方併せて刑事系科目の“体系的解析”が完成します。

もっとも、理論科目としての特性が色濃い刑法に対し、刑事訴訟法は実務科目としての特性が強いことから、より判例・実務に対する理解が重要となる点を意識し、**[論点解析]**において、各論点につき**〈参考判例〉**に掲載した判例の原文をできるだけそのまま引用した上で解説するように心掛けました。

また、本書では、平成18年から令和２年までの全ての司法試験論文式試験問題について解説及び参考答案例を付しており、より“過去問の分析”に力点を置いた構成となっています（過去問で出題された論点については、巻末に**【司法試験問題一覧〈問題・解析対応表〉】**を付しましたので、参考にしてください。）。特に**「伝聞法則」（第８講）**については、過去問において他の論点を圧倒的に凌駕する頻出度を誇っていることを踏まえ（他の法律試験科目を見渡しても司法試験でこれほど頻繁に繰り返し出題されている論点はないように思います。）、論点それ自体の解説に加えて、全ての問題について相当詳細な分析を試みており、より実戦的な内容となっています。なお、本書の特徴として、伝聞法則を検討する際に、一般的な解説においてよく目にする「内容の真実性」という言葉を敢えて用いないで解説することを試みています。その意図するところは本編において詳述していますが、基本原理・原則を学修する際に、“マジックワード”に頼らないで正確に理解することの重要性について、是非、本書を読んで体験してください。

他方で、**「自白法則」（第９講）**においては、必ずしも司法試験で出題される問題ではないものの、刑事訴訟法を学修した者として是非とも理解しておくべき内容として、「黙秘権保障の意義」を扱っています。日々刑事事件を取り扱う実務家としての私自身の“想い”も込めて執筆しましたので、併せてご一読いただければ幸いです。

そして何より、『刑法』の執筆時は、上記の同書はしがきでも述べているように、既に作成していた講義レジュメ等の蓄積があったため、基本的にはそれらのレジュメ等を集約、修正しながら一冊に書籍化していくという作業でしたが、本書の執筆は、まさしく“ゼロから創り上げる”という作業でした（これが長らく本書の執筆を躊躇していた最大の理由なのですが……。）。それでも今般、覚悟を決めて一気に書き上げました。掲載した**【参考答案例】**も全て本書の執筆に当たって書き下ろしたものです。そのため、全体を通して形式面、内容面ともにより網羅性と一貫性のある一冊に仕上がったのではないかと思います。

皆様のこれまでの刑事訴訟法学修及び試験対策の“総仕上げ”として、本書を最大限に活用していただければ幸いです。

最後になりますが、本書の刊行にあたりご支援いただいた成文堂阿部成一社長並びに本書の企画から出版に至るまでご尽力いただいた成文堂田中伸治様に厚く御礼申し上げます。今回、執筆の過程で、本書が完成すれば達成されると思っていた“刑事法の探求”というミッションは、実は“終わりなき旅”なのだということを知りました。法律の世界は、日々ダイナミックに動いています。法改正、最新判例、そして、学説の発展進歩……。数年後には、きっと本書も“古典”になっているのだと思います（何より司法試験の過去問は年を重ねるごとに増えていくのだから……。）。本書の執筆を始めたあの日からあっという間に１年の月日が経過しました。世界は今なお新型ウィルスの脅威に晒されていますが、それでも、人々は未曾有の困難に立ち向かい、日々前を向いて進んでいます。私も、この“終わりなき旅”の路を彷徨いながらも着実に歩み続け、これからも日々前へ進んで行こうと思います。

一日でも早く、皆が安心して生活できる、あの平穏な日常が再び訪れることを祈りながら……。

令和３年４月吉日

反町　義昭

目　　次

第１章　捜　査　法

第2章　公訴・公判

第3章　証　拠　法

凡　例

判　例

判例集・判例収録誌の略称は、次の例によるほか、一般の慣例に従う。

例）最(一小)判平成24・2・13刑集66巻4号482頁：最高裁判所第一小法廷判決平成24年2月13日最高裁判所刑事判例集第66巻第4号482頁以下

最(大)判	最高裁判所大法廷判決
最(一小)判（決）	最高裁判所第一小法廷判決（決定）
最(二小)判（決）	最高裁判所第二小法廷判決（決定）
最(三小)判（決）	最高裁判所第三小法廷判決（決定）
高判（決）	高等裁判所判決（決定）
地判（決）	地方裁判所判決（決定）
支判	支部判決
刑集	最高裁判所刑事判例集
民集	最高裁判所民事判例集
裁判集刑	最高裁判所裁判集刑事
高刑集	高等裁判所刑事判例集
刑月	刑事裁判月報
裁特	高等裁判所刑事裁判特報
東高刑時報	東京高等裁判所判決時報
高刑速	高等裁判所刑事裁判速報集
判時	判例時報
判タ	判例タイムズ

参考文献

[教科書・体系書]

・裁判所書記官研修所監修『刑事訴訟法講義案［四訂補訂版］』（司法協会、2015年）
・宇藤崇＝松田岳士＝堀江慎司『刑事訴訟法［第３版］』（2024年、有斐閣）
・田口守一『刑事訴訟法［第７版］』（2017年、弘文堂）
・寺崎嘉博『刑事訴訟法［第３版］』（2013年、成文堂）
・吉開多一＝緑大輔＝設楽あづさ＝國井恒志『基本刑事訴訟法Ⅰ　手続理解編』（2020年、日本評論社）
・吉開多一＝緑大輔＝設楽あづさ＝國井恒志『基本刑事訴訟法Ⅱ　論点理解編』（2021年、日本評論社）

[解説書]

・平野龍一＝松尾浩也『新実例刑事訴訟法［Ⅰ］捜査』（1998年、青林書院）
・平野龍一＝松尾浩也『新実例刑事訴訟法［Ⅱ］公訴の提起及び公判』（1998年、青林書院）
・平野龍一＝松尾浩也『新実例刑事訴訟法［Ⅲ］証拠・裁判・上訴』（1998年、青林書院）
・川出敏裕『判例講座 刑事訴訟法〔捜査・証拠篇〕［第２版］』（2021年、立花書房）
・川出敏裕『判例講座 刑事訴訟法〔公訴提起・公判・裁判篇〕［第２版］』（2023年、立花書房）
・石井一正『刑事実務証拠法［第５版］』（2011年、判例タイムズ社）
・石井一正『刑事事実認定入門［第３版］』（2015年、判例タイムズ社）
・司法研修所編『平成29年版 刑事弁護実務』（2017年、日本弁護士連合会）
・佐々木正輝『刑事訴訟法判例総合解説 訴因変更［Ⅰ］』（2009年、信山社）
・太田茂『実践刑事証拠法』（2017年、成文堂）
・水谷規男『疑問解消刑事訴訟法』（2008年、日本評論社）

[演習書]

・佐々木正輝＝猪俣尚人『捜査法演習――理論と実務の架橋のための15講［第２版］』（2018年、立花書房）
・廣瀬健二編『刑事公判法演習――理論と実務の架橋のための15講［第２版］』（2013年、立花書房）
・古江頼隆『事例演習刑事訴訟法［第３版］』（2021年、有斐閣）
・後藤昭『伝聞法則に強くなる［第２版］』（2023年、日本評論社）
・工藤昇編著『事例でわかる伝聞法則［第２版］』（2023年、弘文堂）

[判例集]

・大澤裕＝川出敏裕編『刑事訴訟法判例百選［第11版］』（2024年、有斐閣）
・平成23年度～令和５年度「重要判例解説」〔ジュリスト臨時増刊〕（2012年～2024年、有斐閣）

[コンメンタール]

・松尾浩也監修『条解 刑事訴訟法［第５版増補版］』(2024年、弘文堂)

[法律雑誌]

・「〈特集〉講義・刑事訴訟法の重要判例」法学教室470号 (2019年)
・「〈特集〉条文から見る刑事訴訟法と憲法の関係」法学教室496号 (2022年)
・「〈特集〉基本原理と重要概念から学ぶ刑事訴訟法」法学教室531号 (2024年)
・「〈特集〉強制採尿のための留め置き」刑事法ジャーナル62号 (2019年)
・「〈特集〉『調査官解説』要約集［刑事訴訟法］」受験新報820号 (2019年)

第1章　捜　査　法

序講　捜査法概説

［論点解析］捜査の適法性の判断枠組み

1　捜査活動の類型

捜査法の分野では、捜査機関が行った具体的な捜査活動（捜査の端緒を含む。）について、その適法性を検討することが求められます。問題となる捜査活動は、以下のとおり、⑴**任意捜査企図型**、⑵**令状主義例外型**、⑶**令状行為型**の３つに分類することができます。このうち、⑴及び⑵は**令状に基づかない捜査（無令状行為）**であり、⑶は**令状に基づく捜査（令状行為）**です。

⑴　任意捜査企図型

捜査機関があくまで捜査の端緒ないし任意捜査を実施する意図で令状の発付を受けずに行った、又は令状発付までの間に行った行為の適法性が問題となる類型です。

具体的には、**職務質問に伴う停止措置**（平成18年試験問題）、**留め置き**（平成28年試験問題）、**所持品検査**（平成18年、令和６年試験問題）、**写真・ビデオ撮影**（平成19年、30年、令和６年試験問題）、**会話傍受・録音**（平成22年、27年試験問題）、**任意同行・取調べ**（平成26年、令和２年試験問題）、**おとり捜査**（平成22年、令和４年試験問題）等の適法性が問題となります。

⑵　令状主義例外型

令状主義の例外として無令状で行うことが許容される強制処分の適法性が問題となる類型です。

具体的には、**（準）現行犯人逮捕**（平成18年、25年試験問題）、**逮捕に伴う捜索・差押え**（平成18年、24年、25年試験問題）等の適法性が問題となります。なお、一部強制の要素を伴うけれども令状主義が採られていない処分として、**領置**（平成22年、令和５年試験問題）があります。

⑶　令状行為型

捜査機関が令状の発付を受けて行った強制処分の適法性が問題となる類型です。

具体的には、**逮捕・勾留**（平成23年、令和元年試験問題）、**捜索・差押え**（平成20年、24年、29年、令和３年試験問題）等の適法性が問題となります。

2　適法性の判断枠組み

問題となる捜査活動について、以上の各類型に応じた適法性の判断枠組みを整理しておきましょう。

⑴　任意捜査企図型の適法性判断基準（第１講、第２講）

任意捜査企図型では、以下に示す二段階の判断枠組みによる検討が求められます。

第１基準：強制処分該当性

まず、当該捜査活動が「強制の処分」（197条１項但書）に該当するか否かを検討します。ここで、**強制処分と任意処分の区別基準**が問題となります（⇒**第１講**）。問題となる捜査活動が強制処分に当たる場合、**強制処分法定主義**又は**令状主義**に違反し、当該捜査は違法となります。

第2基準：**任意捜査の相当性**

問題となる捜査活動が強制処分に当たらない場合、次に、**捜査比例の原則**（197条1項本文）を適用して**任意捜査の相当性**を判断します（⇒**第2講**）。ここでは、一般的な比例原則を問題となる捜査活動の類型ごとに具体化した上で、適宜、各類型に応じた個別具体的な判断基準（考慮要素）を示すことができると良いでしょう。

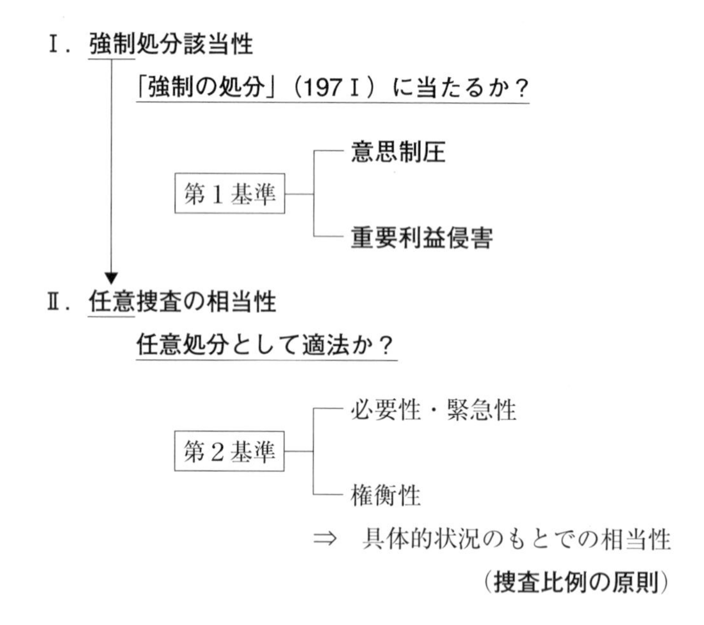

(2)　令状行為型及び令状主義例外型の適法性判断基準（第3講、第4講）

令状行為型及び令状主義例外型の捜査活動の性質は基本的に強制処分です。そして、強制処分については、刑事訴訟法が厳格な実体要件及び手続要件を法定しています（**強制処分法定主義**）。そこで、問題となる具体的な捜査活動について、当該捜査活動を規律する法定要件の充足性を検討します。その際、ある規定についてその規律のあり方や制度趣旨あるいは要件の具体的内容に関する固有の解釈問題が存在する場合、その問題に関する解釈論を展開した上で、個々の要件を認定していくことになります。

具体的には、**逮捕・勾留**に関する問題（⇒**第3講**）として、**（準）現行犯人逮捕の要件**（平成18年、23年、25年試験問題）、**別件逮捕・勾留**（平成23年、令和元年試験問題）、**逮捕前置主義**、**一罪一逮捕一勾留の原則**等、また、**捜索・差押え**に関する問題（⇒**第4講**）として、**捜索差押許可状の効力が及ぶ範囲**（平成24年、29年試験問題）、**捜索差押許可状の呈示時期**、**「必要な処分」の適法性**（平成20年、29年試験問題）、**捜索・差押えの際の写真撮影**（平成21年試験問題）、**包括的差押えの可否**（令和3年試験問題）、**逮捕に伴う無令状捜索・差押えの限界**（平成18年、24年、25年試験問題）等についての解釈問題があります。

第１講　強制処分

［論点解析］強制処分の意義――強制処分と任意処分の区別基準――

１　強制処分の意義

強制処分の意義について、判例①は「強制手段とは、有形力の行使を伴う手段を意味するものではなく、**個人の意思を制圧し、身体、住居、財産等に制約を加えて**強制的に捜査目的を実現する行為など、特別の根拠規定がなければ許容することが相当でない手段を意味する」と判示しました。同判例の示した**強制処分と任意処分の区別基準**については、以下のように理解することができます。

まず、同判例が「有形力の行使を伴う手段を意味するものではなく」と述べていることから、旧来の考え方であった**有形力行使基準**を明示的に排除したものである点については争いがありません。

次に、被処分者の「意思に反する」処分か否かという**純粋任意基準**も否定されたといえます。同判例が「意思を制圧し」という用語を意識的に用いたのは、「意思に反する任意処分」（被処分者の意思に反するが「制圧」するに至っていない処分）という領域の存在を前提としているからに他なりません。

他方で、同判例のいう「強制的に捜査目的を実現する行為」という部分は“強制処分”の言い換えに過ぎず、「特別の根拠規定がなければ許容することが相当でない手段」という部分は、強制処分法定主義（197条１項但書）を裏返して説明するものに過ぎません。そこで、実質的な基準として機能するのは、「個人の意思を制圧し」という部分と「身体、住居、財産等に制約を加えて」という部分であるということになり、この２つの要素をどのように理解するかについて見解の対立があります。

前段に重点を置く**意思制圧基準**は、処分の方法、態様が意思を制圧するような強度なものか否かという**侵害の態様・程度**を重視する基準です。これに対して、後段に重点を置く**重要利益侵害基準**は、重要な権利・利益を実質的に制約するような処分か否かという**侵害対象の重要性・侵害結果の重大性**を重視する基準です。前者が主に“行為”（手段）に着目する基準であるのに対し、後者は主に“結果”に着目する基準であるといえるでしょう。

もっとも、意思制圧基準においてもその侵害対象としては「身体、住居、財産等」という重要な法益であることが想定されています。その意味で侵害対象の重要性（被侵害法益の高度の要保護性）は意思制圧基準においても問題となります。意思制圧基準は、そのような侵害対象についての判断にとどまらず、法益を侵害する態様・程度が「意思に反する」程度ではなく「意思を制圧する」程度に至っているか、すなわち、権利の完全な侵害（剥奪）と同視できる程度に至っているか、を判断する基準であるといえます。これに対し、重要利益侵害基準は、前段の「意思を制圧し」については、「意思に反する」と同程度の意味に捉えた上で、専ら侵害対象となる権利・利益が重要か否かという観点から強制処分該当性を判定していく基準であるといえます（なお、「意思を制圧し」を「意思に反する」に読み替える場合、そもそも処分が相手方の「意思に反しない」場合であれば権利侵害性を観念し得ないことから、前段の判断は“前提として当該処分に権利侵害性が認められることを確認する”という程度の意味を示すものに過ぎず、それ以上の含意はないことになります。）。そうすると、結局、両基準の違いは、端的に言えば、**「意思の制圧」**という基準を用いて、

侵害の態様・程度について意識的に問題とするか否かの違いであると指摘することができます。

判例①は、上記基準の当てはめにおいて「前記行為は、呼気検査に応じるよう被告人を説得するために行われたものであり、その程度もさほど強いものではないというのであるから、これをもって性質上当然に逮捕その他の強制手段にあたるものと判断することはできない。」と認定しています。したがって、少なくとも同判例は、**侵害の態様・程度**について、これを当該処分の強制処分性を見出す契機として意識的に判断しているといえます。

2　強制処分該当性の判断基準

(1)　捜査活動の類型と判例の射程

強制処分該当性が特に問題となる捜査活動として、以下の２つの類型について注意する必要があります。

> **【強制処分該当性が問題となる捜査類型】**
> ［**類型Ⅰ**］：相手方に物理的な有形力を行使する処分　例）停止、留め置き、同行、検査等
> ［**類型Ⅱ**］：相手方に認識されない状況下で行う処分　例）盗聴、盗撮等

上記類型のうち、判例①は［**類型Ⅰ**］の事案であったことから、判例①の射程に関し、［**類型Ⅱ**］の事案において強制処分該当性をどのように判断すべきかが問題となります。この問題について、以下の３つの考え方があり得ます。

まず、**【考え方Ⅰ】**は、捜査活動の類型によって**意思制圧基準**と**重要利益侵害基準**を使い分ける考え方です。すなわち、上記のような類型的な事案の違いに着目し、判例①の意思制圧基準の射程を［**類型Ⅰ**］に限定した上で、［**類型Ⅱ**］については専ら重要利益侵害基準で判断します。この立場は、［**類型Ⅱ**］のように対象者が気付かないうちに行われる処分については、相手方の「意思を制圧する」ことと「意思に反する」ことの区別はできず、結局は（推定的な）「意思に反する」という基準しか用い得ないと解した上で、強制処分該当性のメルクマールとしては上述した重要利益侵害基準の方が妥当すると考えます。このように捜査活動の類型によって基準を使い分ける**【考え方Ⅰ】**の立場からすれば、判例①は、「強制の処分」（197条１項但書）のうち［**類型Ⅰ**］に当たる一部の類型について解釈を示したものに過ぎない、と射程を限定して理解することになります。現に、判例①は「強制の処分」という条文の文言ではなく、「強制手段」という言葉を用いてその定義を述べていることから、「強制の処分」に含まれる「強制手段」という類型に限定して定義付けしたものとして理解することも可能です。また、その後の**通信傍受**に関する判例②は「電話傍受は、通信の秘密を侵害し、ひいては、個人のプライバシーを侵害する強制処分である」と判示し、同様に、**エックス線検査**に関する判例③は「本件エックス線検査は、……荷送人や荷受人の内容物に対するプライバシー等を大きく侵害するものであるから、……強制処分に当たる」と判示し、それぞれ強制処分該当性を肯定する判断を示したところ、いずれも判例①を引用していないことから、これらの判例は、“［**類型Ⅱ**］には判例①の射程が及ばない”との解釈を前提にしていると理解することもできるでしょう。

これに対して、**【考え方Ⅱ】**はあくまで判例①の示した**意思制圧基準**の枠組みで判断する考え方です。上述した意思制圧基準によって［**類型Ⅱ**］についても強制処分該当性を的確に判定

できるのであれば、少なくとも捜査活動の類型によって基準を使い分ける必然性はないといえます。そこで、この立場は、意思制圧基準における**「意思の制圧」の意義**について、その意味内容により踏み込んで判断します。すなわち、「意思の制圧」とは、現に明示された意思を制圧している事実状態のみを指すものではなく、その処分の性質が、相手方の明示又は黙示の強固な拒絶意思をおよそ無視して捜査目的を専断的、一方的に実現する性質を帯びていることを意味する、と解釈します。たしかに、意思制圧基準が、現に明示された拒絶意思の制圧のみを問題とする基準であると解すると、相手方が抵抗意思を失っている場合や気絶している場合には、あらゆる処分が強制処分ではなくなるという不当な結論になりかねません。他方で、当該処分が本質的に上記のような性質を帯びている場合には、法益侵害の態様・程度が“権利剥奪”に至っているものとして強制処分と判断されるべきであり、このような判断においては、まさしく「意思の制圧」という基準を用いて、**“侵害の態様・程度”**を意識的に問題とする意思制圧基準の枠内で的確に判定することが可能といえます。この考え方によれば、［**類型Ⅱ**］のような相手方が処分の存在を認識していない場合については、以下のように判断することになります。すなわち、当該法益侵害に対して相手方の推定的承諾がない限り、「黙示の拒絶意思」を観念し得るところ、被侵害利益が重要なものであるほど、その黙示された拒絶意思は強固であると評価できます。例えば、公道上における写真撮影の場合（判例⑦参照）と居室内の盗撮の場合とでは、後者の方がプライバシーの要保護性（被侵害利益の重要性）が高く、黙示された拒絶意思もより強固なものであると合理的に推認されます。そして、そのような相手方の意思が処分の可否を決する可能性を全面的に否定された状態に置かれた（有無を言わさず捜査目的を専断的、一方的に実現した）のであれば、それは、まさしく拒絶意思を明示したにもかかわらず、それが制圧された場合と法的に同等の評価が与えられるべきである、と考えることができます。

なお、「意思の制圧」の解釈について、後記GPS捜査に関する判例④の直前の下級審裁判例である判例⑤は、「当事者が認識しない間に行う捜査について、本人が知れば当然拒否すると考えられる場合に、そのように合理的に推認される当事者の意思に反してその人の重要な権利・利益を奪うのも、現実に表明された当事者の反対意思を制圧して同様のことを行うのと、価値的には何ら変わらないというべきであるから、合理的に推認される当事者の意思に反する場合も個人の意思を制圧する場合に該当する」と判示しています。もっとも、同判示が「意思を制圧して」を単に「合理的に推認される当事者の意思に反して」に言い換えるだけの趣旨であれば、その固有のメルクマールとしての意義は失われてしまいます（後記**2**⑵参照）。判例⑤の解釈は、むしろ「重要な権利・利益を奪う」の方に重点が置かれており、判例④と同様、重要利益侵害基準に整合的であると考えられます（現に、判例⑤は「相手方の意思に反するというだけでは、直ちに強制処分であるとまではいえず、法定の強制処分を要求する必要があると評価すべき重要な権利・利益に対する侵害ないし制約を伴う場合にはじめて、強制処分に該当する」と述べています。）。

他方で、**【考え方Ⅲ】**は、あらゆる捜査活動の類型について専ら**重要利益侵害基準**により判断する考え方です。近時、**GPS捜査**について強制処分該当性を肯定した判例④は、判例①を引用した上で「個人の意思を制圧して憲法の保障する重要な法的利益を侵害するものとして、刑訴法上、特別の根拠規定がなければ許容されない強制の処分に当たる」と判示しました。同判例は、［**類型Ⅱ**］の事案でありながら［**類型Ⅰ**］の事案である判例①を引用していることから、少なくとも、捜査活動の類型に応じて基準を使い分けるという**【考え方Ⅰ】**は採用していないと解されます。他方で、同判例は、文言上は、「個人の意思を制圧」という表現を用いていますが、前後の文脈からすれば、これは「合理的に推認される個人の意思に反して」を言い換えているに過ぎず、**【考え方Ⅱ】**のように「意思の制圧」の意味内容に実質的に踏み込んで検討、判断しているわけではありません（このような言い換えをするのは、むしろ重要利益侵害基準からの説明です。）。同判例において、強制処分該当性の結論を決定付けたのは、憲法35条の保障に「**私的領域に「侵入」されることのない権利**」が含まれるという憲法解釈を前提として、GPS捜査が「**私的領域に侵入**する捜査手法」であることから、「**憲法の保障する重要な法的利益**を侵害する」（すなわち、憲法35条１項の規定する「住居」への「侵入」と同等の法益侵害結果を惹起する）と判断した部分であり、これはまさしく**“侵害対象の重要性・侵害結果の重大性”**に着目する重要利益侵害基準からの論証であったといえるでしょう。

では、**［類型Ⅱ］**について、従前の判例②及び③は判例①を引用していなかったのに、どうして判例④は判例①を引用したのでしょうか。それはもしかすると、強制処分と任意処分の区別基準について、判例の立場としては全ての事案で統一的に重要利益侵害基準に依拠すべきことを宣言するため（判例②及び③のように**［類型Ⅱ］**を判例①の射程から切り離すのではなく、むしろ指導的判例とされる判例①の事案である**［類型Ⅰ］**についても判例④の射程に含めるため）であったのかもしれません。このような理解を前提とすると、今後の実務においては、あらゆる事案について重要利益侵害基準によって強制処分該当性を判断するという解釈、運用が定着していくことになると思われます。しかしながら、そもそも「**強制**的に捜査目的を実現**する**」（判例①）を「重要な法的利益を**侵害する**」（判例④）という意味に完全に置き換えて解釈するのは日本語の語義からあまりにも乖離しています（この解釈に従うなら「強制処分」ではなく“重大侵害処分”とでも呼称する方が適切でしょう。）。「強制する」は“強いること”であり**行為の態様**を意味するのに対し、「侵害する」は“侵すこと”であり**行為の結果**を意味するものであって、本来、両者は別概念です。「重要な法的利益の侵害」は捜査目的（犯人及び証拠の発見・保全）が強制的に実現された（強制処分が行われた）結果として生じるものであり、「重要な法的利益を侵害するものが強制処分である」という説明は、行為の態様と行為の結果を混同するものであるように思われます。とりわけ意思制圧基準の**“侵害の態様・程度”**という視点（まさしく「捜査目的の実現を**強制する**」との語義の内実を表す「**意思の制圧**」の有無）を強制処分該当性のメルクマールから除外してしまうことが果たして妥当か否かという点については、今後の判例の動向に注視していく必要があるでしょう。

★ 捜査活動の類型と判断基準

	【考え方Ⅰ】	【考え方Ⅱ】	【考え方Ⅲ】
基準	有形力行使の類型：**意思制圧** それ以外の類型：**重要利益侵害**	強固な**黙示の拒絶意思を制圧する性質**の有無	**憲法の保障する重要な法的利益**の侵害の有無
視点	捜査活動の類型に応じた基準の使い分け	捜査目的を専断的・一方的に実現する性質の処分により権利の完全な侵害（剥奪）に至っているか否か	「私的領域に「侵入」されることのない権利」（憲法35条）に対する侵害を伴うか否か
判例	有形力行使の類型：判例① それ以外の類型：判例②・③	判例①	判例④

(2)　意思制圧と重要利益侵害の関係――「制圧」と「制約」――

判例①の射程についての理解を踏まえた上で、実際の事例問題を検討する際にいかなる基準を用いるべきかについて、出題趣旨には、以下のとおり指摘されています。

［平成30年出題趣旨］

最高裁判所は、「強制手段とは、有形力の行使を伴う手段を意味するものではなく、個人の意思を制圧し、身体、住居、財産等に制約を加えて強制的に捜査目的を実現する行為など、特別の根拠規定がなければ許容することが相当でない手段を意味する」と判示しており（**最決昭和51年３月16日刑集30巻２号187頁**。以下「**昭和51年決定**」という。）、**同決定に留意しつつ**、強制処分に対する規律の趣旨・根拠を踏まえながら、強制処分と任意処分とを区別する基準を提示することが求められる。」

［平成28年出題趣旨］

「**強制処分と任意処分の区別**に関し、最高裁判所は、「強制手段とは、有形力の行使を伴う手段を意味するものではなく、個人の意思を制圧し、身体、住居、財産等に制約を加えて強制的に捜査目的を実現する行為など、特別の根拠規定がなければ許容することが相当でない手段を意味する」と判示しており（**最三決昭和51年３月16日刑集30巻２号187頁**）、**同決定に留意しつつ**、強制処分と任意処分の区別に関する判断枠組みを明確化する必要がある。」

［平成27年出題趣旨］

「最高裁判所は、警察官が、任意同行した被疑者に対し呼気検査に応じるように説得していた際に、退室しようとした被疑者の左手首を掴んで引き止めた行為の適否が問題となった事案において、「強制手段とは、有形力の行使を伴う手段を意味するものではなく、個人の意思を制圧し、身体、住居、財産等に制約を加えて強制的に捜査目的を実現する行為など、特別の根拠規定がなければ許容することが相当でない手段を意味する」と判示した（**最決昭和51年３月16日刑集30巻２号187頁**）。……本設問を検討するに当たっては、このような**最高裁決定の判示にも留意しつつ**、刑事訴訟法第197条第１項の解釈として、強制処分と任意処分の区別に関する基準を明確化しておくことが求められる。」

［令和６年出題趣旨］

「最高裁判所は、「強制手段とは、有形力の行使を伴う手段を意味するものではなく、個人の意思を制圧し、身体、住居、財産等に制約を加えて強制的に捜査目的を実現する行為など、特別の根拠規定がなければ許容することが相当でない手段を意味する」と判示している（**最決昭和51年３月16日刑集30巻２号187頁**、以下「**昭和51年決定**」という。）。本問においても、**これらの判例や関連する刑訴法の条文の解釈などを意識しつつ**、強制処分に対する規律の趣旨・根拠を踏まえながら、強制処分と任意処分とを区別する基準を論述することが求められる。」

これらの記述からも分かるように、出題趣旨は、強制処分と任意処分の区別基準について依然として判例①（「昭和51年決定」）を重要な先例と位置付けており、いずれの出題趣旨においても、判例①に「留意しつつ」基準を提示する必要性が指摘されています。したがって、少なくとも論述において判例①の趣旨を全く無視した解釈論を展開することはできません。

他方で、採点実感においては、論述上で自己が採用する基準については、**「昭和51年決定が示した基準」**（**意思制圧基準**を中心に判断する**【考え方Ⅱ】**）又は、**「現在の有力な学説の示す基準」**（専ら**重要利益侵害基準**を用いて判断する**【考え方Ⅲ】**）のいずれを採用しても構わないという趣旨の指摘があります。

[平成30年採点実感]

「**強制処分と任意処分を区別する基準**に関し、多くの答案が、「個人の意思を制圧し、身体、住居、財産等に制約を加え」るかどうかという**昭和51年決定が示した基準**や、「相手方の意思に反して、重要な権利・利益を実質的に制約する処分」かどうかという**現在の有力な学説の示す基準**を挙げて検討していたが、これらの基準の文言を誤って理解している答案が少数ながら見られたほか、判例が示した基準による場合、「個人の意思を制圧」するということにはどのような意味合いがあるのか、「身体、住居、財産等」の制約に着目するのはなぜか、あるいは、現在の有力な学説の示す基準による場合、なぜ「重要な」権利・利益の制約を伴う場合に限られるのか、そこでいう「重要な権利・利益」と、「身体、住居、財産等」という判例の文言とはどのような関係にあるのかなど、それぞれの文言が用いられている趣旨について十分な理由付けに欠ける答案も少なくなかった。そして、以上に述べたことは、**平成29年大法廷判決**の示した「個人の意思を制圧して憲法の保障する重要な法的利益を侵害する」か否か、という基準を用いる場合にも基本的に妥当する。」

[平成28年採点実感]

「**強制処分か任意処分か**を検討する必要があるところ、多くの答案は、「個人の意思を制圧し、身体、住居、財産等に制約を加え」るかどうかという**最高裁判例（最三決昭和51年３月16日刑集30巻２号187頁）の示す基準**や、「相手方の意思に反して、重要な権利・利益を制約する処分かどうか」という**現在の有力な学説の示す基準**を挙げて検討していた。」

[平成27年採点実感]

「**強制処分と任意処分の区別の基準**について、多くの答案が、「個人の意思を制圧し、身体、住居、財産等に制約を加え」るかどうかという**最高裁判例（最決昭和51年３月16日刑集30巻２号187頁）の示す基準**や、「相手方の意思に反して、重要な権利・利益を制約する処分かどうか」という**現在の有力な学説の示す基準**を挙げて検討していた。」

そうすると、重要な先例である判例①について自己の理解を示した上であれば、**【考え方Ⅲ】**の立場から専ら重要利益侵害基準によって検討、論述することも許容されることになります。もっとも、その場合であっても基準への当てはめに際しては、下記の指摘に注意する必要があります。

[平成30年採点実感]

「上記**基準への当てはめ**に関し、判例のいう**「個人の意思の制圧」の側面**については、ビデオカメラによる撮影が撮影対象者である甲に認識されることなく行われており、現実に甲の反対意思が制圧された事実がないことのみを指摘して、個人の意思の制圧を否定し、そのことから直ちに、強制処分には該当しないと結論付けるなど、判例の理解を誤っているのではないかと疑われる答案が散見された。

また、**判例**のいう**「身体、住居、財産等への制約」**又は**有力説**のいう**「重要な権利・利益の実質的制約」の側面**については、下線部①の捜査によって制約を受ける権利・利益の内容について一切触れない答案や、抽象的に「プライバシー」とのみ述べ、甲のいかなる「プライバシー」の制約が問題となるのかについて具体的に指摘できていない答案も見られた。」

「強制処分に該当すると結論付ける答案が大半であったが、その中には、**「個人の意思の制圧」の側面**について、これに全く言及しないまま強制処分との結論を導いているものや、特に理由を示すことなく「意思の制圧」があるとするものも散見された。」

[平成27年出題趣旨]

「同決定の上記判示から抽出するならば、**強制処分のメルクマール**は、**「個人の意思の制圧」**と**「身体・住居・財産等への制約」**（代表的な権利・利益を例示したものと理解すれば、**「権利・利益の制約」**と言い替えることもできる。）とに求められることになる。」

[平成27年採点実感]

「**基準の当てはめ**に関しては、まず、前記最高裁判例の示す２つの要素のうち**「意思の制圧」の側面**につき、【捜査①】及び【捜査②】ともに対象者である乙に認識されることなく秘密裏に聴取・録音がなされていることから、現実に乙の明示の意思に反し又はその意思を制圧した事実は認められない点をどのように考えるかが問題となる。この点では、対象者が知らない間になされたこと、あるいは現実に意思を制圧した事実がないことを理由に、直ちに強制処分性を否定し、任意処分と結論付ける答案が少なからず見受けられた一方で、「意思の制圧」はないが重要な権利・利益を侵害・制約するので強制処分であるとするものなど、判例の理解を誤っているのではないかと疑われる答案も見受けられた。そのほか、特に具体的な検討をすることなく「意思の制圧」はあるとするものや、「意思の制圧」の側面について全く言及のないものなども見られた。」

次に、**「身体、住居、財産等の制約」の側面**については、【捜査①】と【捜査②】とでは対象となった会話の行われた場所や聴取・録音の態様が異なっていることを意識しつつ、「重要な権利・利益の制約」があるといえるか、被制約利益の内容及びその重要性を具体的に検討することが必要である。……被制約利益の具体的内容やその重要性に関する検討においては、憲法第35条により保障を受けるもの又はそれと同視し得るものと言えるかどうかという観点や、人の聴覚で聴取されることと、機械で録音されて記録されることとの違いといった視点からの検討がなされることも期待した」

以上のような出題趣旨等の説明からすると、「昭和51年決定が示した基準」又は「現在の有力な学説の示す基準」のいずれを採用する場合であっても、結局のところ、判例①の判示する①**「意思の制圧」の側面**と②**「身体、住居、財産等の制約」の側面**について、どちらか一方のみを論じれば足りるというものではなく、両側面ともに検討する必要があるということになります（いわば**「制圧」と「制約」**の検討です。ちなみに、この“制圧と制約”という言葉の響きから、某有名漫画作品におけるある象徴的なフレーズを想起した人がいるかもしれません。私はその作品の熱烈な読者です。）。とりわけ、**［類型Ⅱ］**の事案（盗撮について**平成30年試験問題**、盗聴について**平成27年試験問題**参照）においては、①**「制圧」の側面**をどのように検討するかが問題となります。ところが、**【考え方Ⅲ】**の立場から専ら重要利益侵害基準（「相手方の意思に反して、重要な権利・利益を実質的に制約する処分」かどうかという「現在の有力な学説」の示す基準）を採用して、「意思の制圧」を単純に「意思に反する」と読み替えてしまうと、①の側面にはメルクマールとしての固有の意味はなくなります。すなわち、上述したとおり、判例は“意思に反する任意処分”という領域の存在を認めている以上、「意思に反する」か否かは、少なくともそれ自体としては強制処分該当性のメルクマールとして機能しません。この基準において、「意思に反する」という認定は、当該処分が相手方の任意の承諾によっては正当化されない（故に当該処分の適法性が問題となる）という、いわば“問題の前提状況”を指摘するものに過ぎないのです。実際、相手方の承諾なく行った捜査活動の適法性が問題となっている場面において、①の側面で「意思に反しない」という認定をすべき事案は想定し難いでしょう。他方、「意思に反する」という認定をしてもそれだけでは強制処分該当性を導く根拠となり得ないのであれば（判例⑤参照）、①の側面において「意思に反する」か否かを検討すること自体に特段の実益はないことになります。このように考えると、事例問題の検討においては、やはり「意思の制圧」という基準に固有のメルクマールとしての機能を与えた上で検討、論述することが妥当であるように思われます。

以上より、**意思制圧と重要利益侵害の関係**（“「制圧」と「制約」”の検討手順）については、以下のように整理することができます。

【考え方Ⅱ】の立場によれば、強制処分該当性を肯定する場合、まず、①**「制圧」の側面**において、**“侵害の態様・程度”**を分析して**「意思の制圧」**を認定します。次に、②**「制約」の側面**において、**「身体、住居、財産等の制約」**として具体的にどのような利益が制約されているのかを分析します。なお、「意思の制圧」が肯定される場合、そもそもそのような捜査手段は被処分者の自由な意思決定（自己決定権）を剥奪するものである以上、憲法13条の保障する基本的人権を侵害するものといえます。その意味で、意思が制圧されたにもかかわらず「重要な法的利益の侵害」が発生しないという事態は想定し難いのであり、その限りでは①の側面の検討のみで強制処分該当性の結論が導かれます。もっとも、②の側面について、少なくとも、いかなる権利・利益の制約が問題となるのか（被制約利益の内容及びその重要性）を具体的に指摘しておく必要があります。

他方、**【考え方Ⅲ】**の立場によれば、強制処分該当性を肯定する場合、まず、①**「制圧」の側面**において、「意思の制圧」を**「意思に反する」**と読み替えた上でそれを指摘します。次に、②**「制約」の側面**において、**“侵害対象の重要性・侵害結果の重大性”**を分析して**「憲法の保障する重要な法的利益の侵害」**を認定します。なお、上述のとおり、およそ処分の適法性が問題となっている場面において、①の側面で「意思に反する」ことが否定される（被処分者の推定的承諾が認められる）ような事案は想定し難いといえます。したがって、強制処分該当性の結論は、実質的には②の側面における「憲法の保障する重要な法的利益の侵害」か否かの検討のみで判断されることになります。

なお、**【考え方Ⅰ】**の立場からは、上記２つの検討手順のうち、捜査活動の類型に応じて、**［類型Ⅰ］**では前者、**［類型Ⅱ］**では後者の手順で判断することになります。

３　強制処分該当性の検討

強制処分該当性の判断基準については、上述のように整理することができます。以下、実際に強制処分該当性を検討、論述する際の注意点を指摘しておきます。

(1)　「強制の処分」と“強制処分”又は“強制手段”

そもそも“強制処分”又は“強制手段”という用語は、条文上の文言ではないという点に注意してください。すなわち、上述した区別基準論は、“強制処分”又は“強制手段”という概念が前提として存在していて出発する議論ではなく、あくまで刑事訴訟法の規定である**「強制の処分」（197条１項但書、強制処分法定主義）**の解釈問題である、ということを意識する必要があります。何ら条文を指摘することなく「強制処分（強制手段）とは……」といきなり論述を始めるのは不適切です。上記区別基準を示す際には、**「強制の処分」の意義**について**強制処分法定主義の趣旨**から論証する、という作業が必要となります。出題趣旨等においても、以下のように繰り返し指摘されています。

［平成30年出題趣旨］

「ある捜査活動がいわゆる強制処分に該当する場合、刑事訴訟法にその根拠となる特別の規定がある場合に限って許されるため（**同法第197条第１項ただし書き、強制処分法定主義**）、当該捜査活動が強制処分に該当するのか、それとも任意処分にとどまるのか、両者の区別が問題となる。」

［平成30年採点実感］

「当該捜査が**強制処分か任意処分か**を検討するに当たり、それが実定法上のいかなる規定・原則との関係で問題になるかをおよそ意識していない答案が少数ながら見られたほか、**刑事訴訟法第197条第１項ただし書の「強制の処分」の解釈論**として論じつつも、同項ただし書のいわゆる**強制処分法定主義の意義**についての理解を十分に示せていない答案が少なくなかった。」

［平成28年採点実感］

「**強制処分と任意処分の区別**、任意処分の限界に関して、**刑事訴訟法第197条第１項の解釈問題**であることを意識しつつ、基本的な判例の内容も踏まえてその判断枠組みを明確にした上、捜査の進展により、嫌疑の高まりや留め置きの目的の変容が生じていることにも留意して、具体的事実を事例中から適切に抽出・整理して意味付けし、それを前記枠組みに当てはめて説得的に結論を導いた答案が見受けられた。」

[平成27年出題趣旨]

「ある捜査活動がいわゆる強制処分に該当する場合、同法にそれを許す特別の根拠規定がある場合に限って許されることになり（**強制処分法定主義**）、当該捜査活動が強制処分と位置付けられるか、任意処分と位置付けられるかによって、その法的規律の在り方が異なることになるため、両者の区別が問題となる。

この点については、**同条項ただし書の「強制の処分」の定義**が法律上示されていないことから、その意義をどのように解するかが問題となるところ、旧来は、物理的な有形力の行使、法的義務付けの有無がメルクマールとされていたのに対し、現在では、権利・利益の侵害・制約に着目する見解が一般的である。」

[平成27年採点実感]

「**強制処分と任意処分の区別**、任意処分の限界に関して、**刑事訴訟法第197条第１項の解釈問題**であることを意識しつつ、基本的な判例の内容も踏まえてその判断枠組みを明確にした上で、それぞれの判断に関わる具体的事実を事例中から適切に抽出・整理して意味付けし、それを前記枠組みに当てはめて説得的に結論を導いた答案が見受けられた。」

「この問題は、**刑事訴訟法第197条第１項ただし書の「強制の処分」の意義**をどのように解するかという解釈問題であるにもかかわらず、そのことが十分意識されていない答案、そのこととも関係して、強制処分であることと令状主義とを何らの説明も加えることなく直結させ、強制処分が服する法的規律について、法定主義と令状主義とを混同しているのではないかと見られる答案などが散見された。」

(2) 処分の性質判断

強制処分該当性（**第１基準**）は、**処分の「性質」**を判断するものです。この判断では、以下の異なる２つの問題場面が想定されています。

【処分の性質が問題となる場面】

[問題Ⅰ]：ある捜査活動が「処分類型」として強制処分の性質を有しているか否かの判断

[問題Ⅱ]：具体的な「個別処分」が特定の強制処分の性質を有するに至ったか否かの判断

[問題Ⅰ] は、例えば、盗撮、盗聴という処分類型が「強制の処分」（197条１項但書）の性質を帯びているか否かを問題とする場面であり、この場合の“強制処分該当性”は、その処分類型が類型的にいかなる性質を有しているのかを判断するものです（**類型的性質判断**）。この場面では、そもそもそのような類型の処分を行うには刑事訴訟法上の特別の根拠規定を要すると考えるべきなのか否か（**強制処分法定主義違反**の有無）がまずは問題となっているのです。これに対して、**[問題Ⅱ]** は、例えば、任意同行が実質「逮捕」に当たるか、あるいは所持品検査が「捜索」に至っているかを問題とする場面であり、この場合の“強制処分該当性”は、「逮捕」や「捜索」が法定された強制処分であることは当然の前提として、具体的な個々の処分（例えば、警察署へ同行しようとして相手方の腕を掴む行為、所持品を調べようとして着衣のポケットに手を差し入れる行為等）が「逮捕」や「捜索」の性質を帯びるに至ったか否かを判断するもので

す（**具体的性質判断**）。この場面では、当該処分がなされた具体的状況（現に表明された相手方の意思を制圧したか、現にどのような行為態様で当該処分が行われたか等）を考慮して、実質的に「逮捕」や「捜索」に至っていたと評価されるのであれば、令状（逮捕状や捜索許可状）の発付を受けずに行った当該処分は違法と判断されます（**令状主義違反**）。このように、両問題は、いずれも処分の「性質」を判断するものですが、**「処分類型」としての強制処分該当性**を検討する［**問題Ⅰ**］と**「個別処分」についての強制処分該当性**を検討する［**問題Ⅱ**］では、問題の所在を区別しておく必要があります。

⑶　処分の適法性判断

強制処分該当性（第１基準）と**強制処分の適法性**（後記４参照）は理論上別個の問題です。もちろん、令状発付を受けずに処分を行っている事案において、当該処分が「強制の処分」に該当すれば、令状主義の例外として法定された強制処分（現行犯人逮捕等）でない限り、結論として当該処分は違法となります。もっとも、それを論述する際、「強制処分だから違法である」と述べるのみでは不十分です。“強制処分か否か”と“強制処分が違法か否か”は別問題であることから、あくまで「強制処分だから……（強制処分法定主義違反又は令状主義違反）となるので違法である」と違法事由を的確に指摘する必要があります。とりわけ、上記［**問題Ⅰ**］の場面では令状主義違反の有無を問題とする前提としてそもそも強制処分法定主義違反の有無が問題となることから、採点実感では、下記のとおり指摘されています。

［平成27年採点実感］
「**強制処分**である場合、……法定の根拠規定を欠くため違法となるのではないかが問題となる。……しかし、そのような検討を行った答案は限られており、単純に「令状なく行っているから違法」としたり、「強制処分だから違法」とするような答案が多く見受けられた。」

なお、強制処分該当性（第１基準）及び強制処分の適法性の判断においては、その判断に際して個別具体的な事案における当該処分の**必要性・緊急性**は考慮されない（してはならない）、という点に注意を要します。強制処分該当性の判断において、ある強制処分が高度の必要性・緊急性が認められる状況下では例外的に任意処分として扱われる、などということはあり得ません。処分の「性質」に“原則と例外”は存在しないのです。また、その適法性の判断において、後述するとおり、強制処分の適法性については**強制処分法定主義**と**令状主義**への適合性のみが問題となるのであり、これらに違反する以上直ちに違法と判定されます。ここでも、具体的な事案において当該処分を実施すべき必要性・緊急性という個別事情により適法性を判定する（処分を正当化する）余地はありません。たとえどれほど高度の必要性・緊急性が認められるような事情があったとしても、特別の根拠規定がなければ、あるいは原則として令状がなければ（令状主義の例外を許容する法定要件と充足しない限り）、相手の身体を拘束したり、所持品を押収したりすることはできないのです。このように、いずれの判断においても当該処分の必要性・緊急性という事情は無関係であるという点に注意してください。それらの事情は、当該捜査活動が強制処分に該当しない場合に、次の**任意捜査の相当性**（**第２基準**）の判断において、捜査比例の原則を適用する際に考慮すべき事情です（⇒**第２講【1】**１参照）。この点も、採点実感において指摘されていました。

> [平成28年採点実感]
> 「**強制処分該当性**に関しては……前記最高裁判例の示す基準を挙げつつ、捜査の必要性が高いことを強調して適法とする答案、後に捜索差押許可状が適法に発付されていることや緊急逮捕が可能な状況にあったことを挙げて適法とする答案など、刑事訴訟法の理解にやや疑問を感じさせる答案も一部見受けられた。」

もっとも、具体的な事案における必要性・緊急性という事情は、当該処分の結果得られた証拠の証拠能力を問題とする場面において、**違法収集証拠排除法則**を適用して**“違法性の程度”**（**違法の重大性**）を判断する上では考慮すべき事情となり得ます（⇒**第10講１**⑵参照）。また、高度の必要性・緊急性を根拠として刑事訴訟法が令状主義の例外規定を設けている場合（現行犯人逮捕等）には、その法定要件の充足性により適法性を判定することになります（⇒**第３講【１】**１参照）。

４　強制処分の適法性

上述した強制処分の意義（強制処分と任意処分の区別基準）を示すことによって強制処分該当性を判定した結果、当該処分が強制処分に当たると判断される場合、令状発付を受けていない事案では結論として当該捜査活動は違法となります。もっとも、上述のとおり、いかなる理由で違法と評価されるのかを法的根拠と共に示す必要があります。強制処分の適法性（違法性）を判断する基準は、①**強制処分法定主義違反**、②**令状主義違反**の２つです。

> [平成30年出題趣旨]
> 「捜査活動が**強制処分**に至っていると評価される場合には、現行法の法的規律の在り方に従ってその適否（**法定された既存の強制処分の類型**に該当するか否か、これに該当する場合には**法定された実体的及び手続的要件**を充足するか否か）を検討することが必要となる」

> [令和６年出題趣旨]
> 「これらの捜査が強制処分に至っていると評価する場合には、**法定された強制処分の類型に該当するか否か**等を検討する必要があろう。」

そこで、まずは当該処分が「法定された既存の強制処分の類型に該当するか否か」を検討します。例えば、**[問題Ⅱ]（具体的性質判断）**において、具体的な任意同行や留め置きが強制的な身体拘束に至った場合は、実質的には「逮捕」に該当します。また、具体的な所持品検査が強制的な証拠探索に至れば、その実質は「捜索」に該当します。他方、**[問題Ⅰ]（類型的性質判断）**において、盗聴・盗撮について類型的に強制処分の性質を有すると判断されるような録音・撮影が既存類型である「検証」と評価し得るか否かが問題となります。判例②は通信傍受法制定以前の判例ですが、**通信傍受**の性質について、「通話内容を聴覚により認識し、それを記録するという点で、五官の作用によって対象の存否、性質、状態、内容等を認識、保全する**検証としての性質をも有する**」と認定しました。いずれにしても、既存の強制処分のうちのいずれかの類型に該当

★ 強制処分該当性と強制処分の適法性

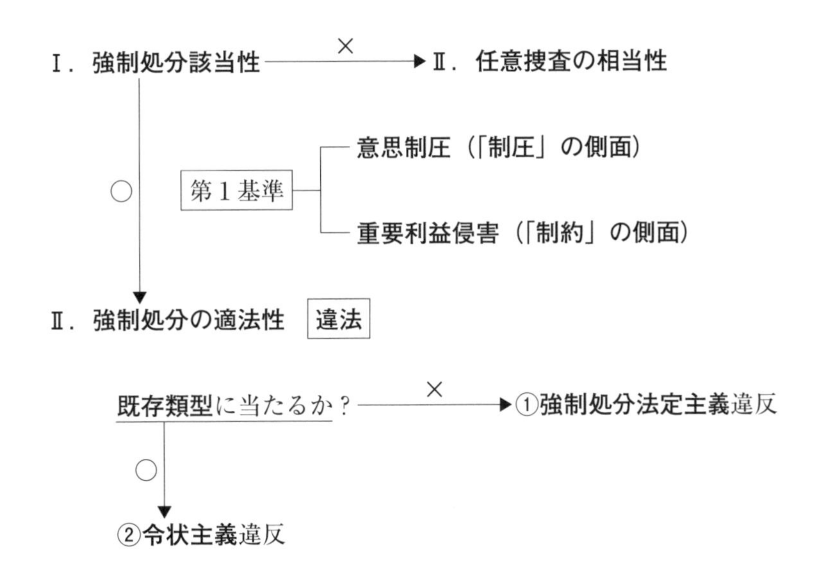

する（あるいはそれと共通の性質を肯定できる）ということであれば、①強制処分法定主義（197条１項但書）には違反しません。もっとも、次に「法定された実体的及び手続的要件を充足するか否か」を検討すると、結局、手続的要件である必要な令状の発付を受けることなく当該処分を行っているので、②令状主義（199条１項本文、218条１項等）に違反して違法となります。判例③は、**エックス線検査**の性質について、判例②と同様に「**検証としての性質**を有する強制処分に当たる」と認定しました。その上で、強制処分法定主義には違反しないことを前提として、「検証許可状によることなくこれを行った本件エックス線検査は、違法である」と判示して令状主義違反を認定しています。

［平成27年出題趣旨］

「【捜査①】が強制処分であるとの結論に至った場合には、刑事訴訟法上の根拠規定が存在し、かつ、その定める要件を満たしていなければ、違法となる。【捜査①】のような捜査手段を直接定めた明文規定は存在しないことから、法定された既存の強制処分の類型に該当するか否かを検討した上で、適法性についての結論を導く必要があるが、この点では、電話傍受を「通信の秘密を侵害し、ひいては、個人のプライバシーを侵害する強制処分である」とした**最決平成11年12月16日（刑集53巻９号1327頁）**が、「電話傍受は、通話内容を聴覚により認識し、それを記録するという点で、五官の作用によって対象の存否、性質、状態、内容等を認識、保全する**検証としての性質**をも有するということができる」と判示したことも踏まえた検討が求められよう。」

［令和６年採点実感］

「各ビデオ撮影が**検証類似の性質**を有すること、無令状での検証は刑訴法第218条第３項及び同法第220条に規定されているだけであることを踏まえ、これらの条文に該当しない各ビデオ撮影が同法第197条第１項但し書の「強制の処分」に該当するなら、無令状で実施されている【捜査①】及び【捜査②】は**令状主義に違反**して**違法**となる」

これに対して、既存の強制処分のうちのいずれの類型にも該当しない処分であれば、端的に①強制処分法定主義（197条1項但書）に違反して違法と判定されます。例えば、「検証」とは、あくまで専ら対象の物理的な“性状”の確認把握手段に尽きるものであるのに対し、会話の録音は、その意味内容の認識を目的とするものであって実質的には“供述”の収集保全手段であると考えることもできます。そうだとすれば、判例②の通信傍受は「検証」に（も）当たらないとの評価があり得ます。このように考えた場合、当該捜査活動はたとえ検証令状を取得しても適法に執行できないということになります。なお、判例②の反対意見は、「電話傍受を刑訴法上の検証として行うことはできない」、「電話傍受は本件当時捜査の手段として法律上認められていなかったものであり、検証許可状により行われた本件電話傍受は違法であるといわざるを得ない」と述べて強制処分法定主義違反の点を指摘しています。

[平成27年出題趣旨]

「【捜査②】が強制処分であるとした場合、【捜査②】は、室外からは聞き取ることのできない居室内の会話を本件機器を用いて増幅することにより隣室から聞き取り可能とした上で聴取・録音するというものであるが、**電話傍受**についての前記**平成11年最決**や、宅配便荷物に外部から**エックス線**を照射して内容物の射影を観察するという検査方法を検証としての性質を有する強制処分に当たるものとした**最決平成21年９月28日（刑集63巻７号868頁）**などに鑑みると、【捜査②】についても、「検証」としての性質を有するものと見る余地があろう。他方、室内の会話を一定期間継続して無差別的に聴取・録音する点、事後通知や準抗告による不服申立ての手続が不可欠というべき性格の処分である点で、検証の枠を超えているとの見方もあり得よう（電話傍受に関する前記**平成11年最決の反対意見**参照）。いずれの結論をとるにせよ、「検証」の強制処分としての意義・性質についての正確な理解を前提とした検討が必要となる。」

[平成27年採点実感]

「強制処分である場合、強制処分法定主義（刑訴法第197条第１項ただし書）からは、【捜査②】のような捜査手段を直接定めた明文規定は存在しないことから、法定の根拠規定を欠くため違法となるのではないかが問題となる。そして、法定の根拠規定の有無に関して、【捜査②】が強制処分たる「検証」に当たるといえるかを検討し、「検証」に当たらないとすれば、根拠規定を欠くため違法となり、「検証」に当たるとすれば、本件では令状（検証許可状）を得ることなく行ったため違法となるとの結論が導かれることとなる。」

ところで、既存類型への該当性が問題となった捜査手法として、**強制採尿**があります。刑事訴訟法には“強制採尿”という捜査手法を直接規定した条文は存在しません。そこで、従来の実務は、強制採尿を実施する際、直接強制を可能とする**身体検査令状**（218条１項後段）と身体内部への侵襲を内容とする**鑑定処分許可状**（225条、168条１項）を併用することで強制処分法定主義と令状主義の問題をいずれも乗り越える、という解釈、運用を採用していました（**併用説**）。ところが、判例⑥は「強制採尿が捜査手続上の強制処分として絶対に許されないとすべき理由はなく、……最終的手段として、適切な法律上の手続を経てこれを行うことも許されてしかるべき」と述べた上で、「体内に存在する尿を犯罪の証拠物として強制的に採取する行為は**捜索・差押の性質**を有するものとみるべきであるから、捜査機関がこれを実施するには捜索差押令状を必要とする……ただし、一般の捜索・差押と異なり、検証の方法としての**身体検査と共通の性質**を有しているので、**身体検査令状**に関する刑訴法二一八条五項が右捜索差押令状に準用されるべきであって、令状の記載要件として、強制採尿は医師をして医学的に相当と認められる方法により行わせなければならない旨の条件の記載が不可欠である」と判示しました（**条件付捜索差押許可状説**）。以後、実務もこの判例に従った運用で定着しています（これに対して、**強制採血**については、いずれ体外に排出される無価値な老廃物である尿とは異なり、血液が人体の一部として生命維持に不可欠な構成要素であって「証拠物」（99条１項）に該当しないとの理解から、実務においてもなお**併用説**が採用されています。)）。

また、**GPS捜査**に関してもこれを強制処分と捉える場合には既存類型への該当性が問題となります。この点について、判例④は「情報機器の画面表示を読み取って対象車両の所在と移動状況を把握する点では刑訴法上の「検証」と同様の性質を有するものの、対象車両にGPS端末を取り付けることにより対象車両及びその使用者の所在の検索を行う点において、**「検証」では捉えきれない性質**を有することも否定し難い」と述べた上で、「刑訴法197条１項ただし書の「この法律に特別の定のある場合」に当たるとして同法が規定する令状を発付することには疑義がある。……その特質に着目して憲法、刑訴法の諸原則に適合する立法的な措置が講じられることが望ましい。」と判示しており、このような捜査手法について強制処分法定主義違反の問題を立法論として意識すべき必要性を示唆しています。

5　問題分析

以上を踏まえ、判例①の射程が特に問題となる［**類型Ⅱ**］の事案について、分析してみます。

平成30年試験問題［設問１］では**盗撮**、**平成27年試験問題**［設問１］では**盗聴**が問題となりました。いずれの問題でも、他人から姿を見られるような場所（事務所の玄関ドア付近）や声を聴かれてしまうような場所（自室のベランダ）における撮影、録音の場合（捜査①）と、通常外部からは内部を見ることができない場所（事務所内）や声を聴き取られることはない場所（居室内）の様子の撮影、録音の場合（捜査②）を対比しながら、それぞれの捜査の強制処分該当性について検討することが求められていました。

(1)　**「制圧」の側面**

まず、①**「制圧」の側面**を検討します。これらの捜査は、その性質上、処分の相手方に認識されずに秘密裏に敢行しなければ捜査目的を達成し得ないものであることから、いずれの捜査についても、少なくとも現実に相手方の明示の意思に反したり、又はその意思を現実に制圧したりした事実は認められない、という点をどのように評価するかが問題となります。この点は、上述したとおり、**【考え方Ⅲ】**の立場の**重要利益侵害基準**（判例④参照）によれば、単純に「合理的に推認される黙示の意思に反する」という認定をすれば良いことになり、その場合、いずれの問題でも撮影、録音に対する被処分者の推定的承諾がない以上、捜査①及び②共に「意思に反する」ということになります。これに対して、**【考え方Ⅱ】**の立場から**意思制圧基準**（判例①参照）に固有の意味を見出すのであれば、より踏み込んで黙示された拒絶意思の強さを評価した上でそれを専断的、一方的に制圧するような処分の性質を帯びているかという観点から侵害の態様・程度を検討することになります。その場合、いずれの問題でも捜査①と捜査②では黙示された拒絶意思の強さに違いがあることを指摘した上で、捜査②については被処分者の強固な拒絶意思を専断的、一方的に制圧する処分の性質を肯定することができるでしょう。

[平成27年出題趣旨]

「「**個人の意思の制圧**」**の側面**に関し、乙に認識されることなく秘密裏に聴取・録音したものであり、現実に乙の明示の意思に反し又はその意思を制圧した事実は認められない点をどのように考えるかが問題となるが、例えば、対象者が認識していないことから直ちに「意思の制圧」を否定し、強制処分に当たらず任意捜査だと結論付けることは、現行の刑事訴訟法において通信傍受が強制処分と位置付けられていること（同法第222条の２）に照らしても、短絡的であり、強制処分の**メルクマールとしての「意思の制圧」の位置付けやその具体的内容の吟味**を踏まえた検討が求められる。」

(2)　「制約」の側面

次に、②「**制約」の側面**について、制約される権利・利益の内容を検討します。とりわけ【**考え方Ⅲ**】の立場からは、制約される権利・利益が「**憲法の保障する重要な法的利益**」であることを論証する必要があります。上述のとおり、従前の判例が、この類型の捜査活動について、単に「プライバシーを侵害する」（**通信傍受**に関する判例②）、「プライバシー等を大きく侵害する」（**エックス線検査**に関する判例③）としか判示していなかったのに対し、**GPS捜査**に関する判例④は、「個人のプライバシーが強く保護されるべき場所や空間」（「**私的領域**」）を記録・保存する（「**侵入**」する）という捜査手法は、憲法35条の保障する権利を侵害するものであると判断しました。この趣旨に従えば、例えば、望遠レンズ付きカメラを用いて盗視したのであれば、いわば居室内に忍び込んで隠しカメラを設置した場合と同等の法益侵害をしたものと評価されることになります。そうすると、いずれの問題も捜査②については、判例④と同様の「私的領域に侵入する捜査手法」という処分の性質が認められ、憲法35条の保障する「私的領域に「侵入」されることのない権利」に対する制約（「**憲法の保障する重要な法的利益**」の「**侵害**」）を肯定することができるでしょう。

[平成30年出題趣旨]

「下線部②の捜査は、不特定多数の客が出入りすることが想定されていない上、窓にブラインドカーテンが下ろされており、内部の様子を公道から見ることができないA工務店事務所内を、向かい側にあるマンションの２階通路から、望遠レンズ付きビデオカメラで、同事務所の玄関上部にある採光用の小窓を通して約５秒間にわたり撮影したというものであり、同事務所は、住居ほどでないとしても、公道などとは異なりなお**私的領域たる性格**が認められる場所であること、承諾のない限り、通常、事務所内に侵入しなければ確認できないような状態にある対象を撮影していることなどを踏まえ、強制処分と任意処分の区別に関する判断基準に従って評価することが求められる。」

［平成27年出題趣旨］

「【捜査②】は、通常の人の聴覚では室外から聞き取ることのできない乙方居室内の音声を、本件機器を用いて増幅することにより隣室から聞き取り可能とした上で、これを約10時間にわたり聴取・録音するというものであり、外部から聞き取られることのない**個人の私生活領域内**における会話等の音声を乙の承諾なくして聴取・録音しているものであることから、乙の「住居」に対する捜索から保護されるべき個人のプライバシーと基本的に同様の権利の侵害が認められ、その侵害の程度も重いと評価できる。【捜査②】が強制処分か任意処分かの区別を検討するに当たっては、この点に関する具体的事実を考慮しつつ、丁寧な検討と説得的な論述をなすことが求められる。」

これに対して、捜査①はどうでしょうか。公道上における写真撮影が問題となった判例⑦やパチンコ店内における対象者の姿のビデオ撮影が問題となった判例⑧は、いずれもこれらの捜査活動を任意処分と位置付けた上で令状によらずに実施することが許されるとしました。もっとも、これらの捜査活動により制約される具体的な権利・利益は何でしょうか。判例⑦は、憲法13条の保障する「個人の**私生活上の自由**の一つとして、何人も、その承諾なしに、みだりにその容ぼう・姿態（以下「容ぼう等」という。）を**撮影されない自由**を有する」と判示しました。同様に考えれば、「みだりにその私的な会話を**録音されない自由**」についても、「私生活上の自由」の一つとして憲法13条の保障が及ぶものと解することは可能でしょう。そうであれば、捜査①により制約されるこれらの権利・利益は、いずれも「憲法の保障する重要な法的利益」（判例④参照）に他ならないはずです。それにもかかわらず、何故、憲法35条の保障する権利・利益の侵害が観念される場合は強制処分該当性が肯定され（判例④）、憲法13条の保障する権利・利益の侵害である場合は否定されるのでしょうか（判例⑦及び⑧）。この問いに対しては、“憲法13条はあくまで包括的な人権条項であり、同条により保障される利益は一般的・抽象的な権利にとどまるのに対し、憲法35条は直接的に令状主義を規定した条項であるところ、「強制処分」とはまさしく「令状主義」による保護を必要とするほどの「重要な権利・利益」を制約する処分のことであるから、前者と後者では強制処分か否かの結論が異なる”という説明が考えられます。しかしながら、よく考えて見ると、この説明の前提には“「令状主義」とは「重要な権利・利益」をその制約から保護するために「強制処分」を規制する原理である”という隠れた命題が存在しているのであり、上記の説明は一種のトートロジー（循環論法）に陥っているといえます（結局、その制約を「強制処分」と位置付けて「令状主義」によって保護することが必要となるような「重要な権利・利益」とは何か、という問題の核心について正面から説明しているとはいえないのです。）。そして、実は、この点が**重要利益侵害基準**の抱える最大の問題点であると指摘されています。同基準が「重要な権利・利益」というときの「重要な」とはいかなる場合をいうのか、この“重要性”を判定する客観的基準を提供することこそが同基準にとっての核心的課題となるはずです。ところが、実際には、ある権利・利益が「重要である」又は「重要でない」ということ（そして、それは何故なのか）を論証することは決して容易ではないのです。故に、判断者ごとの主観的評価によって結論が異なるという現象が生じてしまいます（実際、エックス線検査に関する判例③やGPS捜査に関する判例④でも、下級審では強制処分該当性が否定されており、審級ごとに強制処分該当性の判断の結論が分かれました。）。これでは実務における安定的な判断基準を提供するものとはなり得ません。一つの考え方の試みとしては、判例⑧が「通常、人が他人から容ぼう等を観察されること自体は受忍せざるを得ない場所」における撮影であると指摘した点が参考となります。すなわち、公共的な空間にあっては、自ら自分の容ぼう等を他人の目に曝しているのであるから、他人から観察されないことへの期待（その意味でのプライバシー）は放棄されている（少なくとも、そのような期待は合理的なものではない）と評価できる、ということです。もちろん、「観察」と「撮影（録音）」は異なりますが、前者が後者の不可欠の前提である以上、前者について受忍せざるを得ない分だけ後者への期待権（プライバシー）はその重要性（要保護性）が低下することになる、という説明が考えられます。

いずれにしても、「制約」の側面における検討では、制約される権利・利益の性質、内容を具体的に認定する必要があります。以下の採点実感でも指摘されているように、抽象的に「プライバシーの利益」等と認定するのみでは不十分であり、具体的にどのような意味内容の“プライバーの利益”なのかを厳密に特定した上で、その利益の**「重要性の評価に関する検討」**をするように意識してください。

[平成30年採点実感]

「下線部①の捜査によって制約を受ける権利・利益の内容について一切触れない答案や、抽象的に「プライバシー」とのみ述べ、甲のいかなる「プライバシー」の制約が問題となるのかについて具体的に指摘できていない答案も見られた。すなわち、……下線部①の捜査によって制約を受ける**「みだりにその容ぼう等を撮影されない自由」**（**昭和44年大法廷判決**参照）と、下線部②の捜査によって制約を受ける**「みだりに個人の営業拠点である事務所内を撮影されない自由」**の性質ないし**重要度に違いがあるか**に着目して各捜査の適法性を論述することが求められるが、そうした点を十分に意識して論述する答案は多くなかった。さらに、下線部①の捜査では、容ぼう等をビデオカメラで撮影されている甲が公道上におり、同所では他人から容易にその容ぼう等を観察され得る状況にあることを理由に、直ちに、甲の「みだりにその容ぼう等を撮影されない自由」は放棄されているとするものなど、「観察」されることと「撮影」されることの違いを意識していないと思われる答案も少なくなかった。」

[平成27年採点実感]

「比較的多くの答案は、【捜査①】及び【捜査②】のいずれについても、被制約利益の内容としては抽象的に「プライバシーの利益」とするのみで、その具体的内容を踏み込んで明らかにすることなく、【捜査①】については、プライバシーの利益が放棄されており、重要な権利・利益の侵害・制約はないが、【捜査②】については、未だプライバシーの利益は放棄されていないから、重要な権利・利益の侵害・制約が認められるなどと結論付けるにとどまり、**重要性の評価に関する検討**も十分にはなされていなかった。被制約利益の具体的内容やその重要性に関する検討においては、憲法第35条により保障を受けるもの又はそれと同視し得るものと言えるかどうかという観点や、人の聴覚で聴取されることと、機械で録音されて記録されることとの違いといった視点からの検討がなされることも期待したが（後者の点では、公の場所における人の容ぼう等の写真撮影について、個人の私生活上の自由の一つとして「みだりに容ぼう等を撮影されない自由」が認められることを明らかにした上で、一定の場合にその許容性を認めた**最大判昭和44年12月24日刑集23巻12号1625頁**が参考となり得る)、そのような検討がなされている答案は、残念ながら少数にとどまった。」

[令和６年採点実感]
「強制処分か否かについては、自説の根拠が説得的に論じられていない答案や、各ビデオ撮影によって侵害されている権利・利益を単に「プライバシー」と論述するのみでその内実に対する理解が示されていない答案が相当数見受けられた。」

(3)　量的要素と「侵害の程度」

ところで、これらの問題における強制処分該当性の検討は、上述した**[問題Ｉ]**の**類型的性質判断**であることに留意してください。すなわち、捜査機関による撮影・録音という「処分類型」が強制処分の性質を帯びているか否かを判断する場面です。したがって、当該処分について類型的に強制処分であると判断した場合には、まずは当該処分類型について**強制処分法定主義違反**の有無を検討する必要があります（前記３(2)参照)。では、この場面における強制処分該当性の判断に際して、具体的な**撮影・録音の継続時間**（の長短）という事情（**量的要素**）を「**侵害の程度**」を示す事情として考慮することは適切でしょうか。例えば、**平成27年試験問題**では、捜査①の録音時間は「約３分間」であるのに対し、捜査②の録音時間は「約10時間」という長時間でした。逆に、**平成30年試験問題**では、捜査①の撮影時間は「約20秒間」であるのに対し、捜査②の撮影時間はわずか「５秒間」でした。この場合、前者では、捜査②の強制処分性を肯定する方向で録音時間が長いことを考慮し、反対に、後者では、捜査②の強制処分性を否定する方向で撮影時間が短いことを考慮することができるのでしょうか。出題趣旨には、以下のような記述があります。

[平成27年出題趣旨]
「【捜査②】は、通常の人の聴覚では室外から聞き取ることのできない乙方居室内の音声を、本件機器を用いて増幅することにより隣室から聞き取り可能とした上で、これを**約10時間**にわたり聴取・録音するというものであり、……乙の「住居」に対する捜索から保護されるべき個人のプライバシーと基本的に同様の権利の侵害が認められ、その**侵害の程度**も重いと評価できる。【捜査②】が**強制処分か任意処分かの区別**を検討するに当たっては、この点に関する具体的事実を考慮しつつ、丁寧な検討と説得的な論述をなすことが求められる。」

上記の記述からすると、強制処分該当性の判断において「約10時間にわたり聴取・録音」したという具体的事情を「侵害の程度」として考慮することが想定されているようにも読めます。しかしながら、上述のとおり、**[問題Ｉ]**は、「撮影・録音」という「処分類型」が強制処分性を有するか、という形で類型的な強制処分該当性を判断する場面です。そして、その検討の結果、例えば、「居室内（私的領域内）の撮影」が強制処分の“性質”を有すると判断される場合、そのような処分の類型的性質は、具体的な撮影時間や撮影回数という量的要素によって左右されるものではありません（結果として撮影した写真の枚数が１枚であったか100枚であったかによって、１回（１枚）の撮影行為の類型的な“性質”が変わることはないはずです。)。ここでは、撮影対象が「私的領域」であったか否かが当該処分の類型的性質を判断する上で重要なのであり、撮影時間や撮影回数はこの判断とは関係がないといえます。判例③は、エックス線検査により得られた射影の写真を疎明資料として発付された捜索差押許可状に基づき発見、押収された証拠物の証拠能力が争点となった事案ですが、この場合も、エックス線を照射して荷物の内容物を観察する行為を何分間行ったのか、あるいは射影の写真を何枚撮影したのか、という量的要素によって、エックス線検査という「処分類型」の強制処分性が変動することにはならないでしょう。このように考える場合、**［問題Ⅰ］**の場面では、**「処分類型」としての強制処分該当性**を判断する際に、具体的な行為の継続時間や行為回数といった量的要素を「侵害の程度」として考慮することは必ずしも適切ではないと思われます（もっとも、上記の出題趣旨の記述からは、そもそも出題者がこの点について問題意識を持っていたのか否かは判然としません。)。

令和６年試験問題［設問２］では、覚醒剤の密売所の疑いのあるアパートの一室に出入りする人物と被疑者の同一性を確認するために、同アパートから出てきた人物が入った喫茶店において、同人の容ぼうをビデオカメラで撮影したこと（捜査①)、及び、被疑者と同アパートに出入りする人物との共犯関係、覚醒剤の搬入状況などの組織的な覚醒剤密売の実態を明らかにするために、近隣のビルの一室から同アパートの一室の玄関ドアやその周辺を継続撮影したこと（捜査②）の適法性が問われました。本問でも**［問題Ⅰ］**の場面における適法性の検討が求められているところ、捜査①の撮影時間は「全体で約20秒間」にとどまるのに対し、捜査②は約２か月にわたり「毎日24時間」撮影し続けており、その結果、捜査②で撮影された映像には、玄関ドアが開けられるたびに、玄関内側や奥の部屋に通じる廊下が映り込んでいました。そうすると、本問において、とりわけ捜査②について、撮影時間（期間）に関する事情を強制処分該当性の判断において指摘するのであれば、“長期にわたり撮影が行われたのであるから侵害の程度が大きい”というように**「侵害の程度」**を示す量的要素として指摘するよりも、あくまでそのような“一定期間常時継続して撮影する”という類型の処分が「個人の行動を継続的、網羅的に把握すること」による「公権力による私的領域への侵入を伴う」（判例④参照）ことにつながる（すなわち、公道から観察可能な範囲の玄関ドアやその周辺を直接の撮影対象とする場合であっても、その撮影が一定期間常時継続することにより私的な空間である居室の玄関内部が不可避的に撮影対象に含まれてしまう)、という**「処分の性質」**を示す事情として指摘する方が適切でしょう。採点実感には以下のように言及されていました。

［令和６年採点実感］

「【捜査②】においては、ビデオ撮影によって侵害されている権利・利益につき、撮影されているのが玄関ドアの開閉に伴って不可避的に見えてしまう部分であることなどの事情を捨象し、単に「私的領域への侵入」という言葉や**撮影期間の長さ**だけをもって強制処分と結論付ける答案、逆に、玄関ドアの開閉に伴って**住居の内部が見えてしまっている点**に全く配慮されていない答案……など、具体的事実の抽出、分析が不十分な答案が相当数見受けられた。」

これに対して、**[問題Ⅱ]**の**具体的性質判断**の検討においては、個々の「個別処分」について当該処分がなされた具体的状況を総合的に考慮する必要があります。この場面では、例えば、任意同行後に1時間程度の取調べを実施した場合と10時間にもわたり連続で取調べを実施した場合とでは、当該同行が実質的な「逮捕」に当たるか否か（被処分者の意思を「制圧」し、身体・行動の自由等を「制約」する性質の処分に至っているか否か）についての判断は異なり得ると思われます。すなわち、そもそも「逮捕」とは、“一定時間身体拘束が継続すること”を本質とする処分類型であるところ（なお、刑法上も逮捕罪に該当するには場所的移動の自由を侵害したと認められる程度の時間その拘束が継続する必要があり、単に瞬間的に行動の自由を奪ったに過ぎないような場合は暴行罪が成立し得るにとどまると解されています。）、このような“量的要素をその本質として含んでいる類型”の強制処分に具体的な「個別処分」が該当するか否かを判断する上では、当然、その量的要素についての考慮が必要となるといえます。**任意同行後の取調べが実質的逮捕に当たると判断した判例**（第2講【6】の判例①）は、「同行後の警察署における取調は、昼、夕食時など数回の休憩時間を除き同日午前八時ころから翌二四日午前零時ころまでの長時間にわたり断続的に続けられ、……右のような事実上の看視付きの長時間の深夜にまで及ぶ取調は、……任意の取調であるとする他の特段の事情の認められない限り、任意の取調とは認められないものというべきである。従って、本件においては、少なくとも夕食時である午後七時以降の取調は実質的には逮捕状によらない違法な逮捕であったというほかはない。」と判示しているところ、同判例では、当該事案における被疑者の同行（取調べ）という「個別処分」の具体的な“性質”を判断する際の事情として、**取調べ時間**の長さを考慮した判断が示されています。

平成28年試験問題［設問1］では、職務質問の現場における**留め置き措置**の適法性が問題となりましたが、この事案では**留め置き時間**が合計5時間半もの長時間に及んでいます。そうすると、例えば、わずか5分間その場に留め置いたに過ぎないような場合と本問の措置を比較した場合、やはりその具体的性質（実質的な「逮捕」か否か）の評価は異なり得るでしょう。このように、**[問題Ⅱ]**の場面で、**「個別処分」についての強制処分該当性**を判断する際には、行為の継続時間等の量的要素も当該処分の具体的な“性質”を判断する際の考慮要素の一つになり得ると考えられます。なお、出題趣旨では、この場面における強制処分該当性の判断について、「**強制処分と任意処分の区別**に関しては、……等を具体的に指摘し、甲の態度にも着目しつつ、それらが甲の**意思を制圧するに至っていないか**、甲の**行動の自由を侵害していないか**といった観点から評価することが求められる」と説明されています（ここでも、量的要素の考慮という視点は出題者にあまり意識されていないように思われます。）。

[平成28年出題趣旨]

「**強制処分と任意処分の区別**に関しては、Pが甲の前に立ち、進路を塞いだ事実、パトカーで甲車を挟んだ事実、Pが両手を広げて甲の進路を塞ぎ、甲がPの体に接触すると、足を踏ん張り、前に進めないよう制止した事実、更には胸部及び腹部を前方に突き出しながら、甲の体を甲車運転席まで押し戻した事実等を具体的に指摘し、甲の態度にも着目しつつ、それらが甲の**意思を制圧するに至っていないか**、甲の**行動の自由を侵害していないか**といった観点から評価することが求められる。」

なお、強制処分該当性（第１基準）の判断において量的要素を考慮要素として検討するか否かにかかわらず、**留め置き時間**、**取調べ時間**等の事情は、次の**任意捜査の相当性**（**第２基準**）の判断において、**相当性**（**不利益の内容・程度**）を検討する際には必ず考慮すべき事情となる点に注意してください（⇒**第２講【2】２**及び、**【6】２**参照）。

〈参考判例〉

【最(三小)決昭和51・３・16刑集30巻２号187頁】（強制処分の意義・任意捜査の限界） 判例①

「捜査において強制手段を用いることは、法律の根拠規定がある場合に限り許容されるものである。しかしながら、ここにいう強制手段とは、有形力の行使を伴う手段を意味するものではなく、個人の意思を制圧し、身体、住居、財産等に制約を加えて強制的に捜査目的を実現する行為など、特別の根拠規定がなければ許容することが相当でない手段を意味するものであって、右の程度に至らない有形力の行使は、任意捜査においても許容される場合があるといわなければならない。ただ、強制手段にあたらない有形力の行使であっても、何らかの法益を侵害し又は侵害するおそれがあるのであるから、状況のいかんを問わず常に許容されるものと解するのは相当でなく、必要性、緊急性なども考慮したうえ、具体的状況のもとで相当と認められる限度において許容されるものと解すべきである。

これを本件についてみると、X巡査の前記行為は、呼気検査に応じるよう被告人を説得するために行われたものであり、その程度もさほど強いものではないというのであるから、これをもつて性質上当然に逮捕その他の強制手段にあたるものと判断することはできない。また、右の行為は、酒酔い運転の罪の疑いが濃厚な被告人をその同意を得て警察署に任意同行して、被告人の父を呼び呼気検査に応じるよう説得をつづけるうちに、被告人の母が警察署に来ればこれに応じる旨を述べたのでその連絡を被告人の父に依頼して母の来署を待つていたところ、被告人が急に退室しようとしたため、さらに説得のためにとられた抑制の措置であつて、その程度もさほど強いものではないというのであるから、これをもつて捜査活動として許容される範囲を超えた不相当な行為ということはできず、公務の適法性を否定することができない。」

【最(三小)決平成11・12・16刑集53巻９号1327頁】（通信傍受）※通信傍受法施行前（刑訴法222条の２参照） 判例②

「電話傍受は、通信の秘密を侵害し、ひいては、個人のプライバシーを侵害する強制処分であるが、一定の要件の下では、捜査の手段として憲法上全く許されないものではないと解すべきであって、このことは所論も認めるところである。そして、重大な犯罪に係る被疑事件について、被疑者が罪を犯したと疑うに足りる十分な理由があり、かつ、当該電話により被疑事実に関連する通話の行われる蓋然性があるとともに、電話傍受以外の方法によってはその罪に関する重要かつ必要な証拠を得ることが著しく困難であるなどの事情が存する場合において、電話傍受により侵害される利益の内容、程度を慎重に考慮した上で、なお電話傍受を行うことが犯罪の捜査上真にやむを得ないと認められるときには、法律の定める手続に従ってこれを行うことも憲法上許されると解するのが相当である。

そこで、本件当時、電話傍受が法律に定められた強制処分の令状により可能であったか否かについて検討すると、電話傍受を直接の目的とした令状は存していなかったけれども、次のような点にかんがみると、前記の一定の要件を満たす場合に、対象の特定に資する適切な記載がある検証許可状により電話傍受を実施することは、本件当時においても法律上許されていたものと解するのが相当である。

（一）電話傍受は、通話内容を聴覚により認識し、それを記録するという点で、五官の作用によって対象の存否、性質、状態、内容等を認識、保全する検証としての性質をも有するということができる。

……もっとも、検証許可状による場合、法律や規則上、通話当事者に対する事後通知の措置や通話当事者からの不服申立ては規定されておらず、その点に問題があることは否定し難いが、電話傍受は、これを行うことが犯罪の捜査上真にやむを得ないと認められる場合に限り、かつ、前述のような手続に従うことによって初めて実施され得ることなどを考慮すると、右の点を理由に検証許可状による電話傍受が許されなかったとまで解するのは相当でない。」

[裁判官元原利文の反対意見]

「私は、電話傍受が本件当時捜査の手段として法律上認められていなかった強制処分であり、本件電話傍受により得られた証拠の証拠能力は否定されるべきであるから、これを肯定した原判決は破棄すべきものと考える。以下にその理由を述べる。

一　電話傍受は、憲法二一条二項が保障する通信の秘密や、憲法一三条に由来するプライバシーの権利に対する重大な制約となる行為であるから、よしんばこれを行うとしても、憲法三五条が定める令状主義の規制に服するとともに、憲法三一条が求める適正な手続が保障されなければならない。電話傍受は、多数意見のいうとおり、検証としての性質をも有することは否めないところであるが、傍受の対象に犯罪と無関係な通話が混入する可能性は、程度の差はあっても否定することができず、傍受の実施中、傍受すべき通話に該当するか否かを判断するために選別的な聴取を行うことは避けられないものである。多数意見は、そのような選別的な聴取は、刑訴法一二九条所定の「必要な処分」に含まれると解し得るというが、犯罪に関係のある通話についてのみ検証が許されるとしながら、前段階の付随的な処分にすぎない「必要な処分」に無関係通話の傍受を含めることは、不合理というべきである。電話傍受に不可避的に伴う選別的な聴取は、検証のための「必要な処分」の範囲を超えるものであり、この点で、電話傍受を刑訴法上の検証として行うことには無理があるといわなければならない。

二　電話傍受にあっては、その性質上令状の事前呈示の要件（刑訴法二二二条一項、一一〇条）を満たすことができないのはやむを得ないところであるが、適正手続の保障の見地から、少なくとも傍受終了後合理的な期間内に処分対象者に対し処分の内容について告知をすることが必要であるというべきである。また、電話傍受は、情報の押収という側面を有するから、違法な傍受が行われたときは、処分対象者に対し原状回復のための不服申立ての途が保障されていなければならない。ところが、検証については、郵便物等の押収に関する処分対象者への事後通知（同法一〇〇条三項）のような規定はなく、また、「押収に関する裁判又は処分」として準抗告の対象とすること（同法四二九条一項、四三〇条一項、二項）も認められていない。このように事後の告知及び不服申立ての各規定を欠く点で、電話傍受を刑訴法上の検証として行うことは、許されないというべきである。多数意見は、右の点を理由に検証許可状により電話傍受を行うことが許されなかったとまで解するのは相当でないというが、適正手続の保障への配慮が不十分であり、賛同することができない。

三　以上の二点において、電話傍受を刑訴法上の検証として行うことはできないと解され、他に本件当時電話傍受を捜査の手段として許容する法律上の根拠が存したと認めることもできない。そうすると、電話傍受は本件当時捜査の手段として法律上認められていなかったものであり、検証許可状により行われた本件電話傍受は違法であるといわざるを得ない。」

【最(三小)決平成21・９・28刑集63巻７号868頁】（エックス線検査） 判例③

「本件エックス線検査は、荷送人の依頼に基づき宅配便業者の運送過程下にある荷物について、捜査機関が、捜査目的を達成するため、荷送人や荷受人の承諾を得ることなく、これに外部からエックス線を照射して内容物の射影を観察したものであるが、その射影によって荷物の内容物の形状や材質をうかがい知ることができる上、内容物によってはその品目等を相当程度具体的に特定することも可能であって、荷送人や荷受人の内容物に対するプライバシー等を大きく侵害するものであるから、検証としての性質を有する強制処分に当たるものと解される。そして、本件エックス線検査については検証許可状の発付を得ることが可能だったのであって、検証許可状によることなくこれを行った本件エックス線検査は、違法であるといわざるを得ない。」

【最大判平成29・３・15刑集71巻３号13頁】（GPS捜査） 判例④

「⑴GPS捜査は、対象車両の時々刻々の位置情報を検索し、把握すべく行われるものであるが、その性質上、公道上のもののみならず、個人のプライバシーが強く保護されるべき場所や空間に関わるものも含めて、対象車両及びその使用者の所在と移動状況を逐一把握することを可能にする。このような捜査手法は、個人の行動を継続的、網羅的に把握することを必然的に伴うから、個人のプライバシーを侵害し得るものであり、また、そのような侵害を可能とする機器を個人の所持品に秘かに装着することによって行う点において、公道上の所在を肉眼で把握したりカメラで撮影したりするような手法とは異なり、公権力による私的領域への侵入を伴うものというべきである。

⑵憲法35条は、「住居、書類及び所持品について、侵入、捜索及び押収を受けることのない権利」を規定しているところ、この規定の保障対象には、「住居、書類及び所持品」に限らずこれらに準ずる私的領域に「侵入」されることのない権利が含まれるものと解するのが相当である。そうすると、前記のとおり、個人のプライバシーの侵害を可能とする機器をその所持品に秘かに装着することによって、合理的に推認される個人の意思に反してその私的領域に侵入する捜査手法であるGPS捜査は、個人の意思を制圧して憲法の保障する重要な法的利益を侵害するものとして、刑訴法上、特別の根拠規定がなければ許容されない強制の処分に当たる（最高裁昭和50年(あ)第146号同51年３月16日第三小法廷決定・刑集30巻２号187頁参照）とともに、一般的には、現行犯人逮捕等の令状を要しないものとされている処分と同視すべき事情があると認めるのも困難であるから、令状がなければ行うことのできない処分と解すべきである。

⑶原判決は、GPS捜査について、令状発付の可能性に触れつつ、強制処分法定主義に反し令状の有無を問わず適法に実施し得ないものと解することも到底できないと説示しているところ、捜査及び令状発付の実務への影響に鑑み、この点についても検討する。

GPS捜査は、情報機器の画面表示を読み取って対象車両の所在と移動状況を把握する点では刑訴法上の

「検証」と同様の性質を有するものの、対象車両にGPS端末を取り付けることにより対象車両及びその使用者の所在の検索を行う点において、「検証」では捉えきれない性質を有することも否定し難い。仮に、検証許可状の発付を受け、あるいはそれと併せて捜索許可状の発付を受けて行うとしても、GPS捜査は、GPS端末を取り付けた対象車両の所在の検索を通じて対象車両の使用者の行動を継続的、網羅的に把握することを必然的に伴うものであって、GPS端末を取り付けるべき車両及び罪名を特定しただけでは被疑事実と関係のない使用者の行動の過剰な把握を抑制することができず、裁判官による令状請求の審査を要することとされている趣旨を満たすことができないおそれがある。さらに、GPS捜査は、被疑者らに知られず秘かに行うのでなければ意味がなく、事前の令状呈示を行うことは想定できない。刑訴法上の各種強制の処分については、手続の公正の担保の趣旨から原則として事前の令状呈示が求められており（同法222条1項、110条）、他の手段で同趣旨が図られ得るのであれば事前の令状呈示が絶対的な要請であるとは解されないとしても、これに代わる公正の担保の手段が仕組みとして確保されていないのでは、適正手続の保障という観点から問題が残る。

これらの問題を解消するための手段として、一般的には、実施可能期間の限定、第三者の立会い、事後の通知等様々なものが考えられるところ、捜査の実効性にも配慮しつつどのような手段を選択するかは、刑訴法197条1項ただし書の趣旨に照らし、第一次的には立法府に委ねられていると解される。仮に法解釈により刑訴法上の強制の処分として許容するのであれば、以上のような問題を解消するため、裁判官が発する令状に様々な条件を付す必要が生じるが、事案ごとに、令状請求の審査を担当する裁判官の判断により、多様な選択肢の中から的確な条件の選択が行われない限り是認できないような強制の処分を認めることは、「強制の処分は、この法律に特別の定のある場合でなければ、これをすることができない」と規定する同項ただし書の趣旨に沿うものとはいえない。

以上のとおり、GPS捜査について、刑訴法197条1項ただし書の「この法律に特別の定のある場合」に当たるとして同法が規定する令状を発付することには疑義がある。GPS捜査が今後も広く用いられ得る有力な捜査手法であるとすれば、その特質に着目して憲法、刑訴法の諸原則に適合する立法的な措置が講じられることが望ましい。」

【東京高判平成28・8・23高刑集69巻1号16頁】（「意思の制圧」の意義） 判例⑤

「強制処分であるか否かの基準となる個人の意思の制圧が、文字どおり、現実に相手方の反対意思を制圧することまで要求するものなのかどうかが問題となるが、当事者が認識しない間に行う捜査について、本人が知れば当然拒否すると考えられる場合に、そのように合理的に推認される当事者の意思に反してその人の重要な権利・利益を奪うのも、現実に表明された当事者の反対意思を制圧して同様のことを行うのと、価値的には何ら変わらないというべきであるから、合理的に推認される当事者の意思に反する場合も個人の意思を制圧する場合に該当するというべきである（最高裁判所平成21年9月28日第3小法廷決定参照）。したがって、本件警察官らの行為は、被告人の意思を制圧して行われたものと認めるのが相当である。

次に、本件では、警察官らが被告人の黙示の意思に反して占有を取得したのは、紙コップに付着した唾液である。原判決は、……本件警察官らの行為が任意処分の範疇にとどまることを前提とした上で、任意処分の要件を充足しているか否かを決する場合のメルクマールである、相手方の身体、住居、財産等に加える制約の程度に関して、「DNA採取目的を秘して被告人に使用したコップの管理を放棄させ、そこからDNAサンプル採取をすること自体は、なんら被告人の身体に傷害を負わせるようなものではなく、強制力を用いたりしたわけではない」と評価している。確かに、相手方の意思に反するというだけでは、直ちに強制処分であるとまではいえず、法定の強制処分を要求する必要があると評価すべき重要な権利・利益に対する侵害ないし制約を伴う場合にはじめて、強制処分に該当するというべきであると解される。本件においては、警察官らが被告人から唾液を採取しようとしたのは、唾液に含まれるDNAを入手し鑑定することによって被告人のDNA型を明らかにし、これを、……DNA型記録確認通知書に記載された、合計11件の窃盗被疑事件の遺留鑑定資料から検出されたDNA型と比較することにより、被告人がこれら窃盗被疑事件の犯人であるかどうかを見極める決定的な証拠を入手するためである。警察官らの捜査目的がこのような個人識別のためのDNAの採取にある場合には、本件警察官らが行った行為は、なんら被告人の身体に傷害を負わせるようなものではなく、強制力を用いたりしたわけではなかったといっても、DNAを含む唾液を警察官らによってむやみに採取されない利益（個人識別情報であるDNA型をむやみに捜査機関によって認識されない利益）は、強制処分を要求して保護すべき重要な利益であると解するのが相当である。

以上の検討によれば、前記のとおりの強制処分のメルクマールに照らすと、本件警察官らの行為が任意処分の範疇にとどまるとした原判決の判断は是認することができず、本件捜査方法は、強制処分に当たるというべきであり、令状によることなく身柄を拘束されていない被告人からその黙示の意思に反して唾液を取得した本件警察官らの行為は、違法といわざるを得ない。」

【最(一小)決昭和55・10・23刑集34巻5号300頁】(強制採尿) 判例⑥

「尿を任意に提出しない被疑者に対し、強制力を用いてその身体から尿を採取することは、身体に対する侵入行為であるとともに屈辱感等の精神的打撃を与える行為であるが、右採尿につき通常用いられるカテーテルを尿道に挿入して尿を採取する方法は、被採取者に対しある程度の肉体的不快感ないし抵抗感を与えるとはいえ、医師等これに習熟した技能者によつて適切に行われる限り、身体上ないし健康上格別の障害をもたらす危険性は比較的乏しく、仮に障害を起こすことがあつても軽微なものにすぎないと考えられるし、また、右強制採尿が被疑者に与える屈辱感等の精神的打撃は、検証の方法としての身体検査においても同程度の場合がありうるのであるから、被疑者に対する右のような方法による強制採尿が捜査手続上の強制処分として絶対に許されないとすべき理由はなく、被疑事件の重大性、嫌疑の存在、当該証拠の重要性とその取得の必要性、適当な代替手段の不存在等の事情に照らし、犯罪の捜査上真にやむをえないと認められる場合には、最終的手段として、適切な法律上の手続を経てこれを行うことも許されてしかるべきであり、ただ、その実施にあたつては、被疑者の身体の安全とその人格の保護のため十分な配慮が施されるべきものと解するのが相当である。

そこで、右の適切な法律上の手続について考えるのに、体内に存在する尿を犯罪の証拠物として強制的に採取する行為は捜索・差押の性質を有するものとみるべきであるから、捜査機関がこれを実施するには捜索差押令状を必要とすると解すべきである。ただし、右行為は人権の侵害にわたるおそれがある点では、一般の捜索・差押と異なり、検証の方法としての身体検査と共通の性質を有しているので、身体検査令状に関する刑訴法二一八条五項が右捜索差押令状に準用されるべきであつて、令状の記載要件として、強制採尿は医師をして医学的に相当と認められる方法により行わせなければならない旨の条件の記載が不可欠であると解さなければならない。」

【最大判昭和44・12・24刑集23巻12号1625頁】(公道上における写真撮影) 判例⑦

「憲法13条は、『すべて国民は、個人として尊重される。生命、自由及び幸福追求に対する国民の権利については、公共の福祉に反しない限り、立法その他の国政の上で、最大の尊重を必要とする。』と規定しているのであって、これは、国民の私生活上の自由が、警察権等の国家権力の行使に対しても保護されるべきことを規定しているものということができる。そして、個人の私生活上の自由の一つとして、何人も、その承諾なしに、みだりにその容ぼう・姿態(以下「容ぼう等」という。)を撮影されない自由を有するものというべきである。これを肖像権と称するかどうかは別として、少なくとも、警察官が、正当な理由もないのに、個人の容ぼう等を撮影することは、憲法13条の趣旨に反し、許されないものといわなければならない。しかしながら、個人の有する右自由も、国家権力の行使から無制限に保護されるわけでなく、公共の福祉のため必要のある場合には相当の制限を受けることは同条の規定に照らして明らかである。そして、犯罪を捜査することは、公共の福祉のため警察に与えられた国家作用の一つであり、警察にはこれを遂行すべき責務があるのであるから(警察法2条1項参照)、警察官が犯罪捜査の必要上写真を撮影する際、その対象の中に犯人のみならず第三者である個人の容ぼう等が含まれても、これが許容される場合がありうるものといわなければならない。

そこで、その許容される限度について考察すると、身体の拘束を受けている被疑者の写真撮影を規定した刑訴法218条2項のような場合のほか、次のような場合には、撮影される本人の同意がなく、また裁判官の令状がなくても、警察官による個人の容ぼう等の撮影が許容されるものと解すべきである。すなわち、現に犯罪が行なわれもしくは行なわれたのち間がないと認められる場合であって、しかも証拠保全の必要性および緊急性があり、かつその撮影が一般的に許容される限度をこえない相当な方法をもって行なわれるときである。このような場合に行なわれる警察官による写真撮影は、その対象の中に、犯人の容ぼう等のほか、犯人の身辺または被写体とされた物件の近くにいたためこれを除外できない状況にある第三者である個人の容ぼう等を含むことになっても、憲法13条、35条に違反しないものと解すべきである。」

【最(二小)決平成20・4・15刑集62巻5号1398頁】(店舗内におけるビデオ撮影) 判例⑧

「前記事実関係及び記録によれば、捜査機関において被告人が犯人である疑いを持つ合理的な理由が存在していたものと認められ、かつ、前記各ビデオ撮影は、強盗殺人等事件の捜査に関し、防犯ビデオに写っていた人物の容ぼう、体型等と被告人の容ぼう、体型等との同一性の有無という犯人の特定のための重要な判断に必要な証拠資料を入手するため、これに必要な限度において、公道上を歩いている被告人の容ぼう等を撮影し、あるいは不特定多数の客が集まるパチンコ店内において被告人の容ぼう等を撮影したものであり、いずれも、通常、人が他人から容ぼう等を観察されること自体は受忍せざるを得ない場所におけるものである。以上からすれば、これらのビデオ撮影は、捜査目的を達成するため、必要な範囲において、かつ、相当な方法によって行われたものといえ、捜査活動として適法なものというべきである。」

【論述例】

【強制処分の意義】

強制処分法定主義（197条1項但書）の趣旨は、一般的・類型的に個人の身体財産等に対する重大な侵害を伴う捜査活動については人権侵害の危険が特に大きいことから、捜査機関がそのような行為をするには法律（刑事訴訟法）の根拠を必要とし、その規定する厳格な要件及び手続によらなければならない旨を規律した上で、当該行為について原則として令状主義（憲法33条、同35条1項、刑訴法199条1項本文、同218条1項等参照）の制約を及ぼす等して、もって人権保障の徹底を図る点にある。

そうすると、同項但書の「強制の処分」とは、個人の意思を制圧し、身体、住居、財産等に制約を加えて強制的に捜査目的を実現する行為など、特別の根拠規定がなければ許容することが相当でない手段をいうものと解すべきである。

[「意思の制圧」の側面]

「個人の意思を制圧」とは、法益侵害の態様が、被処分者の利益を完全に侵害し、剥奪する程度に至っている状態を意味する。したがって、現に表明された拒絶意思を制圧する場合に限らず、拒絶意思を表明する機会を与えずに執行する処分であっても、被処分者を抵抗不能の状態に置いて捜査目的を一方的に実現する性質を帯びている場合には、黙示の拒絶意思を制圧するものというべきである。

[「権利・利益の制約」の側面]

「身体、住居、財産等に制約」とは、例示された被侵害利益がいずれも憲法33条及び35条の保障する重要な人権であることからすれば、法定の強制処分を要求する必要があると評価すべき重要な権利・利益に対する侵害ないし制約を伴う場合、すなわち、憲法の保障する重要な法的利益を侵害するものであることを意味する。

【参考答案例】【平成30年】

［設問1］

第1　下線部①の捜査（捜査①）の適法性

1　強制処分該当性

(1)　捜査①は、本件事務所付近の公道上に止めた車両内から同事務所の玄関先をビデオカメラで撮影したものであり、対象者が事務所の玄関ドアに向かって立ち、ドアの鍵を掛けた後、振り返って歩き出す姿を、対象者の容ぼうも含めて撮影している。以下、捜査①が「強制の処分」（197条1項但書）に当たるか否かについて検討する。

【論述例】強制処分の意義

［解答例Ⅰ］

ア　捜査①は、対象者に認識されることなく行われたものであり、現実に対象者である甲から拒絶意思は明示されていない。また、あくまで公道上における対象者の観察、撮影にとどまることから、対象者の黙示の拒絶意思もそれほど強固なものであったとまでは評価できない。したがって、捜査①は「個人の意思を制圧」するものとはいえない。

イ　捜査①は、対象者のみだりにその容ぼう等を撮影されない自由を制約し得るものであるものの、その制約は上記の態様、程度にとどまることから、「身体、住居、財産等」の重要な権利・利益を侵害するものとはいえない。

(2)　以上より、捜査①は「強制の処分」に当たらない。

[解答例Ⅱ]

ア　捜査①は、公道上における対象者の観察、撮影であるところ、対象者において捜査機関から容ぼう等を撮影されることについての推定的承諾があったものとはいえないことから、合理的に推認される当事者の意思に反するものというべきである。もっとも、相手方の意思に反するというだけでは、直ちに強制処分であるとまではいえず、法定の強制処分を要求する必要があると評価すべき重要な権利・利益に対する侵害ないし制約を伴う場合にはじめて、強制処分に該当するというべきである。

イ　何人も、個人の私生活上の自由（憲法13条）の一つとして、その承諾なしに、みだりにその容ぼう・姿態を撮影されない自由を有するところ、捜査①は、対象者のかかる自由を制約し得るものである。もっとも、公道上は、他人から容ぼう等を観察されること自体は受忍せざるを得ない場所であるから、対象者の上記利益に対する要保護性は一定程度弱まるといえる。したがって、捜査①は、憲法の保障する重要な法的利益を侵害するものではない。

(2)　以上より、捜査①は「強制の処分」に当たらない。

2　任意捜査の相当性

⇒第２講【４】【参考答案例】参照

3　以上より、捜査①は適法である。

第2　下線部②の捜査（捜査②）の適法性

1　強制処分該当性

(1)　捜査②は、公道からは事務所内の様子を見ることができなかったところ、本件事務所の向かい側のマンション２階通路から事務所玄関上部にある小窓を通して事務所の内部を見通すことができたため、望遠レンズ付きビデオカメラで事務所内の机の上に置かれた工具箱を撮影したものである。以下、捜査②が「強制の処分」（197条1項但書）に当たるか否かについて検討する。

[解答例Ⅰ]

ア　意思の制圧

【論述例】「意思の制圧」の側面

捜査②は、対象者の管理する建物内部の通常外部からは見えない場所の様子を望遠レンズ付きビデオカメラで撮影する行為であるところ、対象者においてこのような捜査を受容する推定的承諾があったものとは到底評価できない。むしろ、撮影時、事務所の前面の腰高窓にはブラインドカーテンが下ろされており、公道からは事務所内の様子を見ることができない状態であったことからすれば、事務所内部を観察、撮影されることに対して対象者の強固な拒絶意思が黙示されていたものと合理的に推認される。他方、かかる態様による撮影は、対象者に許否の有無をも言わせず、一方的に捜査機関の必要とする情報を取得する点において、対象者のプライバシーないし管理権に対する侵害の程度は権利剥奪といえるほどに甚だ強度なものであり、まさしく現に被処分者が拒絶意思を明示したにもかかわらずそれが制圧された場合と同等の法的評価が与えられるべきである。したがって、捜査②は、「個人の意思を制圧」して一方的に捜査目的を実現する性質を帯びている。

イ　本件事務所は、通常、不特定多数の者の出入りが予定されている空間ではなく、管理者個人のプライバシーが強く保護されるべき私的領域としての性質が認められるところ、外部から事務所内部を望遠レンズ付きビデオカメラを用いて撮影することは、本来であればその場所へ立ち入らない限り確認し得ない情報の取得を実質的に可能にする点で、「住居」に対する捜索から保護されるべき個人のプライバシーと同様の権利の侵害が認められる。したがって、捜査②は、「身体、住居、財産等」の重要な権利・利益を侵害するものといえる。

(2)　以上より、捜査②は「強制の処分」に当たる。

[解答例Ⅱ]

ア　当事者が認識しない間に行う捜査について、本人が知れば当然拒否すると考えられる場合に、そのように合理的に推認される当事者の意思に反してその人の重要な権利・利益を奪うのも、現実に表明された当事者の反対意思を制圧して同様のことを行うのと、価値的には何ら変わらないというべきであるから、合理的に推認される当事者の意思に反する場合も「個人の意思を制圧」する場合に該当するというべきである。

捜査②は、対象者の管理する建物内部の通常外部からは見えない場所の様子を望遠レンズ付きビデオカメラで撮影する行為であるところ、対象者においてこのような捜査を受容する推定的承諾があったものとはいえないことから、合理的に推認される当事者の意思に反するものというべきである。したがって、捜査②は、「個人の意思を制圧」するものといえる。

イ　権利・利益の制約

【論述例】「権利・利益の制約」の側面

憲法35条は、「住居、書類及び所持品について、侵入、捜索及び押収を受けることのない権利」を規定しているところ、この規定の保障対象には、「住居、書類及び所持品」に限らずこれらに準ずる私的領域に「侵入」されることのない権利が含まれるものと解すべきである。

しかるところ、本件事務所は、個人の住居とは異なる工務店の事務所であるものの、通常、不特定多数の者の出入りが予定されている空間ではなく、管理者個人のプライバシーが強く保護されるべき私的領域としての性質が認められる。他方で、外部から事務所内部を望遠レンズ付きビデオカメラを用いて撮影することは、本来であればその場所へ立ち入らない限り確認し得ない情報の取得を実質的に可能にする点で、事務所内部への無形的な方法による侵入に当たると評価すべきである。そうすると、かかる撮影は、対象者の「私的領域に「侵入」されることのない権利」を現に侵害するものといえる。したがって、捜査②は、憲法の保障する重要な法的利益を侵害するものである。

(2)　以上より、捜査②は「強制の処分」に当たる。

2　捜査②は、捜査機関が五官の作用によって対象の存在、状態等を認識し保全する処分であるから、「検証」としての性質を有する強制処分に当たると解されるところ、検証許可状の発付を受けることなくこれを実施していることから、令状主義（憲法35条、刑訴法218条1項）に違反する。

3　以上より、捜査②は違法である。

【参考答案例】【平成27年】

［設問1］

第1　捜査①の適法性

1　強制処分該当性

(1)　捜査①は、司法警察員Pが乙方隣室において乙の動静を探っていたところ、乙方ベランダに出て携帯電話で通話する乙の声が聞こえてきたことから、ICレコーダを使用して、約3分間にわたり、この乙の会話を録音したものである。以下、捜査①が「強制の処分」（197条1項但書）に当たるか否かについて検討する。

【論述例】強制処分の意義

［解答例Ⅰ］

ア　捜査①は、対象者に認識されることなく行われたものであり、現実に対象者である乙から拒絶意思は明示されていない。また、ベランダには居室の管理権が及ぶものの、居室内部とは異なり外部に解放された空間であり、そこでの会話が隣人等に聞こえることは十分に予見し得ることからすれば、対象者の黙示の拒絶意思もそれほど強固なものであるとは評価できない。したがって、捜査①は、「個人の意思を制圧」するものとはいえない。

イ　捜査①は、対象者のみだりにその私的な会話を聞き取られ、又は録音されない自由を制約し得るものであるものの、その制約は上記の態様、程度にとどまることから、「身体、住居、財産等」の重要な権利・利益を侵害するものとはいえない。

(2)　以上より、捜査①は「強制の処分」に当たらない。

［解答例Ⅱ］

ア　捜査①は、対象者の管理する居室のベランダにおける対象者の会話の聴取、録音であるところ、対象者において捜査機関から会話を聴取、録音されることについての推定的承諾があったものとはいえないことから、合理的に推認される当事者の意思に反するものである。もっとも、相手方の意思に反するというだけでは、直ちに強制処分であるとまではいえず、法定の強制処分を要求する必要があると評価すべき重要な権利・利益に対する侵害ないし制約を伴う場合にはじめて、強制処分に該当するというべきである。

イ　何人も、個人の私生活上の自由（憲法13条）の一つとして、その承諾なしに、みだりにその私的な会話を聞き取られ、又は録音されない自由を有すると解すべきところ、捜査①は、対象者のかかる自由を制約し得るものである。もっとも、ベランダにおける会話は、隣人等からその内容を聞き取られること自体は受忍せざるを得ない場所であり、現に、対象者である乙の声は仕切り板を隔てたPにも聞こえていたことからすれば、対象者の上記利益に対する要保護性は一定程度弱まるといえる。

したがって、捜査①は、憲法の保障する重要な法的利益を侵害するものではない。

⑵　以上より、捜査①は「強制の処分」に当たらない。

2　任意捜査の相当性

⇒第２講【5】【参考答案例】参照

3　以上より、捜査①は適法である。

第2　捜査②の適法性

1　強制処分該当性

⑴　捜査②は、Pが乙方隣室から壁越しに耳を当てても乙方居室内の音声は聞こえなかったことから、壁の振動を増幅させて音声を聞き取り可能にする本件機器を使用して、約10時間にわたり、乙方の音声を聞き取りつつ、本件機器に接続したICレコーダにその音声を録音したものである。以下、捜査②が「強制の処分」（197条1項但書）に当たるか否かについて検討する。

［解答例Ⅰ］

ア　意思の制圧

【論述例】「意思の制圧」の側面

捜査②は、通常の人の聴覚では室外から聞き取ることのできない居室内における音声を聴取、録音する行為であるところ、対象者においてこのような捜査を受容する推定的承諾があったものとはいえず、むしろ、居室内での会話等を盗聴されることに対して強固な拒絶意思が黙示されていたものと合理的に推認される。他方、かかる態様による聴取、録音は、居室内の者に許否の有無をも言わせず、一方的に捜査機関の必要とする情報を取得する点において、居室内にいる居住者等の私的会話に関するプライバシーに対する侵害の程度は権利剥奪といえるほどに甚だ強度なものであるといえ、まさしく現に被処分者が拒絶意思を明示したにもかかわらずそれが制圧された場合と同等の法的評価が与えられるべきである。したがって、捜査②は、「個人の意思を制圧」して一方的に捜査目的を実現する性質を帯びている。

イ　居室内は、私的会話の自由やそれに関するプライバシーの保障が強く要請される私的領域としての性質が認められるところ、特殊な機器を用いて通常であれば居室の外部から聞き取られることのない私的領域内における会話等の音声を聴取、録音することは、当該居室内へ立ち入らない限り確認し得ない情報の取得を実質的に可能にする点で、「住居」に対する捜索から保護されるべき個人のプライバシーと同様の権利の侵害が認められる。したがって、捜査②は、「身体、住居、財産等」の重要な権利・利益を侵害するものといえる。

⑵　以上より、捜査②は「強制の処分」に当たる。

［解答例Ⅱ］

ア　当事者が認識しない間に行う捜査について、本人が知れば当然拒否すると考えられる場合に、そのように合理的に推認される当事者の意思に反してその人の重要な権利・利益を奪うのも、現実に表明された当事者の反対意思を制圧して同様のことを行うのと、価値的には何ら変わらないというべきであるから、合理的に推認される当事者の意思に反する場合も「個人の意思を制圧」する場合に該当するというべきである。

捜査②は、通常の人の聴覚では室外から聞き取ることのできない乙方居室内における音声を聴取、録音する行為であるところ、対象者においてこのような捜査を受容する推定的承諾があったとはいえないことから、合理的に推認される当事者の意思に反するものというべきである。したがって、捜査②は、「個人の意思を制圧」するものといえる。

イ　権利・利益の制約

【論述例】「権利・利益の制約」の側面

憲法35条は、「住居、書類及び所持品について、侵入、捜索及び押収を受けることのない権利」を規定しているところ、この規定の保障対象には、「住居、書類及び所持品」に限らずこれらに準ずる私的領域に「侵入」されることのない権利が含まれるものと解すべきである。

しかるところ、居室内は、私的会話の自由やそれに関するプライバシーの保障が強く要請される私的領域としての性質が認められる。他方で、特殊な機器を用いて通常であれば居室の外部から聞き取られることのない私的領域内における会話等の音声を聴取、録音することは、当該居室内へ立ち入らない限り確認し得ない情報の取得を実質的に可能にする点で、居室内部への無形的な方法による侵入に当たると評価すべきである。そうすると、かかる聴取、録音は、対象者の「私的領域に「侵入」されることのない権利」を現に侵害するものといえる。したがって、捜査②は、憲法の保障する重要な法的利益を侵害するものである。

(2)　以上より、捜査②は「強制の処分」に当たる。

2　捜査②は、捜査機関が対象者の発言内容を聴覚により認識し、それを記録するという点で、五官の作用によって対象の存否、性質、状態、内容等を認識、保全する「検証」としての性質をも有する処分であることから、これを適法に執行するには、少なくとも、検証許可状（219条１項）の発付を受ける必要があると解すべきである。しかるところ、捜査②は検証許可状の発付を受けることなく実施されていることから、令状主義（憲法35条、刑訴法218条１項）に違反する。

3　以上より、捜査②は違法である。

【参考答案例】【平成19年】

［設問１］

1　強制処分該当性

(1)　警察は、Ｓ・Ｔ及びＵ駐車場付近の各電柱にビデオカメラをそれぞれ２台設置し、１台が公道から見える各駐車場出入口付近を撮影・録画し（撮影①）、もう１台が公道から見える駐車中のＣ社製高級外車を中心として、その左右に隣接する駐車車両の車体の一部を撮影・録画している（撮影②）また、甲方の隣家Ｆ方の２階ベランダにビデオカメラを１台設置し、甲方玄関ドアから出た直後又は同方に入る直前の人物の公道上の姿のアップを中心として、甲方前公道の幅員の約３分の１の範囲を歩行する通行人の姿を撮影・録画している（撮影③）。以下、撮影①ないし③が「強制の処分」（197条１項但書）に当たるか否かについて検討する。

【論述例】強制処分の意義

［解答例Ⅰ］

ア　撮影①ないし③は、撮影の対象者である各駐車場に出入りする人物及び駐車中の車両の所有者、甲方に出入りする人物及び甲方付近の通行人等に認識されることなく行われたものであり、現実にこれらの者から拒絶意思は明示されていない。また、いずれの撮影も、あくまで公道上における対象者及び対象物の撮影・録画にとどまることから、対象者の黙示の拒絶意思もそれほど強固なものであったとまでは評価できない。したがって、撮影①ないし③は「個人の意思を制圧」するものとはいえない。

イ　撮影①ないし③は、それぞれ対象者のみだりにその容ぼう等を撮影されない自由を制約し得るものであるものの、その制約は上記の態様、程度にとどまることから、「身体、住居、財産等」の重要な権利・利益を侵害するものとはいえない。

(2)　以上より、撮影①ないし③は「強制の処分」に当たらない。

［解答例Ⅱ］

ア　撮影①ないし③は、公道上における各対象者の観察、撮影であるところ、対象者において捜査機関から容ぼう等を撮影されることについての推定的承諾があったものとはいえないことから、合理的に推認される当事者の意思に反するものというべきである。もっとも、相手方の意思に反するというだけでは、直ちに強制処分であるとまではいえず、法定の強制処分を要求する必要があると評価すべき重要な権利・利益に対する侵害ないし制約を伴う場合にはじめて、強制処分に該当するというべきである。

イ　何人も、個人の私生活上の自由（憲法13条）の一つとして、その承諾なしに、みだりにその容ぼう・姿態やその所有物を撮影されない自由を有するところ、撮影①ないし③は、それぞれ対象者のかかる自由を制約し得るものである。もっとも、撮影①及び②は、その撮影範囲がいずれも公道上から見える場所であり、同様に、撮影③も、その撮影範囲は専ら公道上であり、私的領域としての性質が認められる甲方玄関ドア等は含まれていない。そうすると、居室内等を撮影する場合と異なり、いずれも他人から容ぼう等を観察されること自体は受忍せざるを得ない場所における撮影であることから、対象者の上記利益に対する要保護性は一定程度弱まるといえる。したがって、撮影①ないし③は、憲法の保障する重要な法的利益を侵害するものではない。

(2)　以上より、撮影①ないし③は「強制の処分」に当たらない。

2　任意捜査の相当性

⇒**第２講【4】【参考答案例】**参照

3　以上より、本件ビデオ撮影・録画は適法である。

［参考答案例］**【令和６年】**

［設問２］

第１　捜査①の適法性

1　強制処分該当性

(1)　捜査①は、喫茶店内において、店内に着席していた対象者から少し離れた席から、ビデオカメラを用いて対象者の容ぼう等を撮影したものである。以下、捜査①が「強制の処分」（197条1項但書）に当たるか否かについて検討する。

【論述例】強制処分の意義

［解答例Ⅰ］

ア　捜査①は、対象者に認識されることなく行われたものであり、現実に対象者である乙から拒絶意思は明示されていない。また、あくまで不特定多数の客が集まる喫茶店内において乙の容ぼう等を撮影したものにとどまることから、対象者の黙示の拒絶意思もそれほど強固なものであるとは評価できない。したがって、捜査①は「個人の意思を制圧」するものとはいえない。

イ　捜査①は、対象者のみだりにその容ぼう等を撮影されない自由を制約し得るものであるものの、その制約は上記の態様、程度にとどまることから、「身体、住居、財産等」の重要な権利・利益を侵害するものとはいえない。

(2)　以上より、捜査①は「強制の処分」に当たらない。

［解答例Ⅱ］

ア　捜査①は、店舗内における対象者の撮影であるところ、対象者において捜査機関から容ぼう等を撮影されることについての推定的承諾があったものとはいえないことから、合理的に推認される当事者の意思に反するものである。もっとも、相手方の意思に反するというだけでは、直ちに強制処分であるとまではいえず、法定の強制処分を要求する必要があると評価すべき重要な権利・利益に対する侵害ないし制約を伴う場合にはじめて、強制処分に該当するというべきである。

イ　何人も、個人の私生活上の自由（憲法13条）の一つとして、その承諾なしに、みだりにその容ぼう・姿態を撮影されない自由を有するところ、捜査①は、対象者のかかる自由を制約し得るものである。もっとも、不特定多数の客が集まる喫茶店内は、他人から容ぼう等を観察されること自体は受忍せざるを得ない場所であるから、対象者の上記利益に対する要保護性は一定程度弱まるといえる。したがって、捜査①は、憲法の保障する重要な法的利益を侵害するものではない。

(2)　以上より、捜査①は「強制の処分」に当たらない。

2　任意捜査の相当性

⇒第2講【4】【参考答案例】参照

3　以上より、捜査①は適法である。

第2　捜査②の適法性

［解答例1］

1　強制処分該当性

(1)　捜査②は、公道上での張り込みにより本件アパート201号室への人の出入りの様子を監視することが困難であったところ、本件アパートと公道を挟んで反対側に建っているビル2階の部屋の公道側の窓から本件アパート201号室の玄関ドア付近が見通せたことから、同窓のそばにビデオカメラを設置し、令和5年10月3日から同年12月3日までの間、毎日24時間、本件アパート201号室の玄関ドアやその付近の共用通路を撮影し続けたものであり、撮影された映像には、同室玄関ドアが開けられるたびに、玄関内側や奥の部屋へ通じる廊下（以下、「玄関内側等」という。）が映り込んでいた。

以下、捜査②が「強制の処分」に当たるか否かについて検討する。

［解答例１－Ⅰ］

ア　意思の制圧

【論述例】「意思の制圧」の側面

捜査②は、対象者の動向監視・把握のための継続的なビデオ撮影であるところ、公道上から観察し得る玄関ドアやその付近を撮影対象とする場合であっても、それが一定期間にわたり常時網羅的に撮影するものであれば、その性質上、玄関ドアが開けられるたびに個人のプライバシーが強く保護されるべき居室内の状況の撮影を可能にするものといえる。そうすると、対象者においてこのような捜査を受容する推定的承諾があったものとはいえず、むしろ、玄関内側等を含めた居室内での動向等を撮影されることに対して強固な拒絶意思が黙示されていたものと合理的に推認される。他方、かかる態様による撮影は、対象者に許否の有無をも言わせず、一方的に捜査機関の必要とする情報を取得する点において、対象者のプライバシーないし管理権に対する侵害の程度は権利剥奪といえるほどに甚だ強度なものであり、まさしく現に被処分者が拒絶意思を明示したにもかかわらずそれが制圧された場合と同等の法的評価が与えられるべきである。したがって、捜査②は、「個人の意思を制圧」して一方的に捜査目的を実現する性質を帯びている。

イ　居室内は、玄関内側等も含めて個人の行動の自由やそれに関するプライバシーの保障が強く要請される私的領域としての性質が認められるところ、公道上から観察し得る玄関ドア及びその付近の撮影であっても、それが一定期間にわたり常時網羅的に撮影するものであれば、玄関が開けられるたびに必然的に本来であればその場所へ立ち入らない限り確認し得ない情報の取得を実質的に可能にする点で、「住居」に対する捜索から保護されるべき個人のプライバシーと同様の権利の侵害が認められる。したがって、捜査②は、「身体、住居、財産等」の重要な権利・利益を侵害するものといえる。

⑵　以上より、捜査②は「強制の処分」に当たる。

［解答例１－Ⅱ］

ア　当事者が認識しない間に行う捜査について、本人が知れば当然拒否すると考えられる場合に、そのように合理的に推認される当事者の意思に反してその人の重要な権利・利益を奪うのも、現実に表明された当事者の反対意思を制圧して同様のことを行うのと、価値的には何ら変わらないというべきであるから、合理的に推認される当事者の意思に反する場合も「個人の意思を制圧」する場合に該当するというべきである。

捜査②は、玄関内側等を含めた居室内の状況の撮影を含むものであり、対象者においてこのような捜査を受容する推定的承諾があったとはいえないことから、合理的に推認される当事者の意思に反するものというべきである。したがって、捜査②は、「個人の意思を制圧」するものといえる。

イ　権利・利益の制約

【論述例】「権利・利益の制約」の側面

憲法35条は、「住居、書類及び所持品について、侵入、捜索及び押収を受けることのない権利」を規定しているところ、この規定の保障対象には、「住居、書類及び所持品」に限らずこれらに準ずる私的領域に「侵入」されることのない権利が含まれるものと解すべきである。

しかるところ、アパートの居室内は、玄関内側等も含めて個人の行動の自由やそれに関するプライバシーの保障が強く要請される私的領域としての性質が認められる。他方で、公道上から観察し得る玄関ドアやその付近を撮影対象とする撮影であっても、それが一定期間にわたり常時網羅的に撮影するものであれば、その性質上、玄関が開けられるたびに必然的に本来であればその場所へ立ち入らない限り確認し得ない情報の取得を実質的に可能にする点で、居室内部への無形的な方法による侵入に当たると評価すべきである。そうすると、かかる撮影は、対象者の「私的領域に「侵入」されることのない権利」を現に侵害するものといえる。したがって、捜査②は、憲法の保障する重要な法的利益を侵害するものである。

(2)　以上より、捜査②は「強制の処分」に当たる。

2　捜査②は、捜査機関が五官の作用によって対象の存在、状態等を認識し保全する処分であるから、「検証」としての性質を有する強制処分に当たると解されるところ、検証許可状の発付を受けることなくこれを実施していることから、令状主義（憲法35条、218条1項）に違反する。

3　以上より、捜査②は違法である。

［解答例2］

1　強制処分該当性

(1)　捜査②は、公道上での張り込みにより本件アパート201号室への人の出入りの様子を監視することが困難であったところ、本件アパートと公道を挟んで反対側に建っているビル2階の部屋の公道側の窓から本件アパート201号室の玄関ドア付近が見通せたことから、同窓のそばにビデオカメラを設置し、令和5年10月3日から同年12月3日までの間、毎日24時間、本件アパート201号室の玄関ドアやその付近の共用通路を撮影し続けたものであり、撮影された映像には、同室玄関ドアが開けられるたびに、玄関内側や奥の部屋へ通じる廊下（以下、「玄関内側等」という。）が映り込んでいた。以下、捜査②が「強制の処分」に当たるか否かについて検討する。

［解答例2－Ⅰ］

ア　捜査②は、撮影の対象者である乙及び本件アパートに出入りする人物に認識されることなく行われたものであり、現実にこれらの者から拒絶意思は明示されていない。また、あくまで本件アパートと公道を挟んで反対側に建っているビル2階の部屋の公道側の窓から見通せる範囲の撮影、録画にとどまり、居室内の状況等を直接の撮影対象とするものではないことから、対象者の黙示の拒絶意思もそれほど強固なものであったとまでは評価できない。なお、玄関ドアが開けられるたびに玄関内側等の様子が撮影範囲に含まれることになるものの、これは対象者が自らの意思で玄関ドアを開けた結果として映り込むものに過ぎず、そうであれば、かかる範囲の撮影についてもなお対象者から強固な拒絶意思が黙示されているとは認められない。したがって、捜査②は「個人の意思を制圧」するものとはいえない。

イ　捜査②は、上記各対象者のみだりにその容ぼう等を撮影されない自由を制約し得るものであるものの、その制約は上記の態様、程度にとどまることから、「身体、住居、財産等」の重要な権利・利益を侵害するものとはいえない。

⑵　以上より、捜査②は「強制の処分」に当たらない。

［解答例２－Ⅱ］

ア　捜査②は、本件アパートと公道を挟んで反対側に建っているビル２階の部屋の公道側の窓から本件アパート201号室の玄関ドア付近を観察、撮影したものであるところ、対象者において捜査機関から容ぼう等を撮影されることについての推定的承諾があったものとはいえないことから、合理的に推認される当事者の意思に反するものというべきである。もっとも、相手方の意思に反するというだけでは、直ちに強制処分であるとまではいえず、法定の強制処分を要求する必要があると評価すべき重要な権利・利益に対する侵害ないし制約を伴う場合にはじめて、強制処分に該当するというべきである。

イ　何人も、個人の私生活上の自由（憲法13条）の一つとして、その承諾なしに、みだりにその容ぼう・姿態、その住居を撮影されない自由を有するところ、捜査②は、上記各対象者のかかる自由を制約し得るものである。もっとも、捜査②は、その撮影範囲が近隣ビルから見通せる範囲に限られており、私的領域としての性質が認められる玄関内側等を直接の撮影対象とするものではない。なお、玄関ドアが開けられるたびに玄関内側等の様子が撮影範囲に含まれることになるものの、これは対象者が自らの意思で玄関ドアを開けた結果として映り込むものに過ぎない。そうすると、居室内の状況等を直接的に撮影する場合と異なり、他人から容ぼう等を観察されること自体は受忍せざるを得ない場所における撮影であることから、対象者の上記利益に対する要保護性は一定程度弱まるといえる。したがって、捜査②は、憲法の保障する重要な法的利益を侵害するものではない。

⑵　以上より、捜査②は「強制の処分」に当たらない。

2　任意捜査の相当性

⇒**第２講【4】【参考答案例】**参照

3　以上より、捜査②は違法である。

第2講　任意捜査

【1】任意処分の適法性（総論）

[論点解析] 任意捜査の限界――捜査比例の原則――

1　捜査比例の原則

強制処分と任意処分の区別基準（第1基準）に照らして、ある捜査活動が任意処分と判定された場合であっても、それは“非強制処分”ということを意味しているだけであり、相手方の任意の承諾に基づいて行われる処分であるという意味ではありません。任意処分には、何らの法益侵害を伴わない場合（公道上で実施される実況見分等）もあれば、相手方の意思に反して権利・利益を制約する場合もあります。したがって、任意処分であるというだけで無制限、無条件に許容されるわけではなく、**任意捜査の限界の判断基準（第2基準）**に照らして、その適法性を判断する必要があります。

一般に、私人に対する侵害作用を伴うあらゆる国家行為には**比例原則**が妥当します。比例原則とは、端的に言えば、その行為によって得られる利益（メリット）と失われる利益（デメリット）との間に合理的な均衡を要求する原理です。そこで、刑事訴訟法における「捜査については、その目的を達するため必要な取調をすることができる。」（197条1項本文）との規定は、捜査機関による捜査活動についても当然に比例原則が妥当することを明文化した趣旨の規定であると解釈されます（なお、同条項の「取調」とは、供述を得るための取調べ（198条1項）に限らず、広く捜査活動一般を指す概念です。）。すなわち、同条項の「必要な取調」とは、比例原則に照らして「必要かつ相当な範囲の捜査活動」をいうのであり、必要性があればどのような捜査活動も行い得るという意味ではありません。これを**「捜査比例の原則」**といいます。

この捜査比例の原則について、判例は「何らかの**法益を侵害し又は侵害するおそれ**があるのであるから……**必要性、緊急性**なども考慮したうえ、**具体的状況のもとで相当**と認められる限度において許容される」（第1講の判例①）という基準を定立しており、これが任意処分に適用される比例原則の一般基準となっています。すなわち、**「法益侵害」**（デメリット）と**「必要性・緊急性」**（メリット）とを比較衡量して、**任意捜査の「相当」性**を判断する、というのが基本的な判断枠組みとなります。出題趣旨では、以下のように説明されています。

> [平成30年出題趣旨]
>
> 「**任意処分の許容性**の判断に当たっては、いわゆる**「比例原則」**から、具体的事案において、特定の捜査手段により対象者に生じ得る**法益侵害の内容・程度**と、特定の捜査目的を達成するため**当該捜査手段を用いる必要性**とを**比較衡量**することになる。この点、**昭和51年決定**も、「強制手段にあたらない有形力の行使であっても、何らかの法益を侵害し又は侵害するおそれがあるのであるから、状況のいかんを問わず常に許容されるものと解するのは相当でなく、必要性、緊急性などをも考慮したうえ、具体的状況のもとで相当と認められる限度において許容されるものと解すべきである。」と判示しており、同決定に留意しつつ、任意処分の適否の判断方法を提示することが求められる。なお、**当該捜査手段を用いる必要性**を検討するに当たっては、対象となる**犯罪の性質・重大性**、捜査対象者に対する**嫌疑の程**

度、当該手段によって**達成される捜査目的**等に関わる具体的事情を適切に抽出し、評価する必要がある（なお、前記最大判昭和44年12月24日、最決平成20年４月15日を参照。）。」

［平成28年出題趣旨］

「強制処分に至っておらず、任意処分にとどまる場合においては、**任意処分として許容され得る限界**についての検討が必要であるが、同決定は、強制処分に当たらない有形力の行使の適否が問題となった事案において、「強制手段にあたらない有形力の行使であっても、何らかの法益を侵害し又は侵害するおそれがあるのであるから、状況のいかんを問わず常に許容されるものと解するのは相当でなく、必要性、緊急性などをも考慮したうえ、具体的状況のもとで相当と認められる限度において許容されるものと解すべきである。」と判示しているから、ここでも同決定に留意しつつ、**任意処分の限界（任意処分の相当性）**の判断枠組みを明らかにしておく必要がある。」

「**任意処分の相当性**として、特定の捜査手段により対象者に生じる**法益侵害の内容・程度**と、特定の捜査目的を達成するため**当該捜査手段を用いる必要**との間の**合理的権衡**（いわゆる**「比例原則」**）が求められる」

［平成27年出題趣旨］

「強制処分に至らない**任意処分**であっても、当然に適法とされるわけではなく、一定の**許容される限界**があり、その**許容性の判断**に当たっては、いわゆる**「比例原則」**から、具体的事案において、特定の捜査手段により対象者に生じる**法益侵害の内容・程度**と、捜査目的を達成するため**当該捜査手段を用いる必要性**との間の**合理的権衡**を吟味することになる。前記昭和51年最決も、強制手段に当たらない有形力の行使について、「何らかの法益を侵害し又は侵害するおそれがあるのであるから、状況のいかんを問わず常に許容されるものと解するのは相当でなく、必要性、緊急性なども考慮したうえ、具体的状況のもとで相当と認められる限度において許容される」と判示している。」

「任意処分であるとの結論に至った場合には、次の段階として、当該捜査が任意捜査として許容される限度のものか否かについて検討することになり、前記最決の判示も踏まえ、当該捜査手段により対象者に生じる**法益侵害の内容・程度**と、捜査目的を達成するため**当該捜査手段を用いる必要性**との間の**合理的権衡**を吟味しなければならない。**当該捜査手段を用いる必要性**を検討するに当たっては、対象となる**犯罪の性質・重大性**、捜査対象者に対する**嫌疑の程度**、**当該捜査**によって**証拠を保全する必要性・緊急性**に関わる具体的事情を適切に抽出・評価する必要がある。」

［令和６出題趣旨］

「**任意処分**にとどまると評価する場合であっても、各捜査活動により何らかの権利・利益を侵害し又は侵害するおそれがあるため、無制約に許容されるものではなく、**任意捜査において許容される限界**内のものか否かを検討することになる。この**許容性**については、昭和51年決定を踏まえれば、具体的事案において、特定の捜査手段により対象者に生じ得る**権利・**

利益の侵害の内容・程度と、同目的を達成するために当該手段を採る必要性とを比較衡量し、具体的状況の下で相当と認められるか否かを検討することになる。」

上記のとおり、出題趣旨は、捜査比例の原則について**「法益侵害の内容・程度」**と**「当該捜査手段を用いる必要性」**との間の**「合理的権衡」**と表現しています。そして、**「必要性」**を検討する際の考慮要素として、①**犯罪の性質・重大性**、②**嫌疑の程度**、③**当該捜査目的との関係で当該捜査手段を用いる必要性・緊急性**という事情を指摘している点が参考になります。①は犯人検挙等の一般的な捜査の必要性、②は「その者」を対象に捜査を行う必要性、③は（他の手段でなく）「その手段」による捜査を行う必要性・緊急性をそれぞれ示す要素といえます。他方、**「法益侵害の内容・程度」**については、強制処分該当性の判断（第１基準）において既に検討した事情と重なることもありますが（⇒**第１講２**参照）、それらも含めて当該事案における個別、具体的な事情を比例原則の観点から改めて評価することになります。

2　比例原則の具体的適用

上記のとおり、捜査比例の原則の一般基準は、あらゆる任意処分に妥当するものです。したがって、極端なことを言えば、どのような事案の問題であっても、例えば、「必要かつ相当な範囲で許容される」という趣旨の一般論を論述しておけば誤りにはなりません。もっとも、以下で見るように、判例は様々な捜査手法（捜査の端緒を含む。）について、個々の活動の性質に応じて適用する比例原則の判断基準を具体化し、あるいは比例原則を適用する際の具体的な考慮要素を挙げて判断しています。したがって、論述においても、問題となっている捜査手法の類型に応じて、適宜、具体化した判断基準や考慮要素を示せると良いでしょう。

以下、個々の捜査手法に適用される比例原則の具体的な判断基準や考慮要素について整理していきます。

【論述例】

【任意捜査の相当性】

強制処分に当たらない場合であっても、被処分者の法益を侵害し又は侵害するおそれがあることから、任意捜査が状況の如何を問わず常に許容されるものと解するのは相当でなく、必要性、緊急性、これによって害される個人の法益と保護されるべき公共の利益との権衡などを考慮したうえ、具体的状況のもとで相当と認められる限度において許容されると解すべきである。

【2】職務質問に伴う停止措置・留め置き

［論点解析］停止措置・留め置きの適法性

1　行政警察活動の適法性

職務質問（警職法２条１項）は、「何らかの犯罪を犯し、若しくは犯そうとしている」という規定からも分かるように、未だ特定されていない犯罪や将来行われるであろう犯罪も対象としています。したがって、特定の犯罪を対象とし、犯人の発見・確保や証拠の収集・保全を目的とする捜査（司法警察活動）とは異なり、その法的性質は、犯罪の予防・鎮圧等を目的とする**行政警察**

活動です。そこで、**第１基準**（**強制処分該当性**）及び**第２基準**（**任意捜査の相当性**）という捜査の場面における判例の判断枠組み（第１講の判例①）は、行政警察活動たる職務質問（及びそれに伴う付随措置）については射程外であるということになるのでしょうか。

たしかに、職務質問の主たる性質は上記のとおり行政警察活動ですが、それが捜査の端緒となって特定の犯罪の嫌疑が明確となり、そのまま捜査に発展移行することは実際には頻繁にあり得ます。その場合、行政警察活動が捜査へ移行した時点を明確に定めることは困難であり、二つの警察作用は密接不可分の関係にあるといえます。また、警職法２条１項の「何らかの犯罪」という文言は、特定の犯罪の嫌疑がある場合を排除する趣旨ではなく、初めから特定の犯罪の嫌疑が生じている者を対象に職務質問を行う場合もあり得るところ、そのような職務質問の性質は、捜査（司法警察活動）そのものといえます。このように見てみると、捜査についての適法性判断枠組みが職務質問等の場合と異なることの方がむしろ不自然、不合理であり、捜査について示された判例の判断枠組みは、職務質問等についても同様に妥当すると考えられます。

ただし、実際に論述する際には若干注意が必要です。あくまで行政警察活動としての職務質問等の適法性を問題としている場面で何ら前提の説明や理由付けを述べずにいきなり捜査に関する判例の判断枠組みを適用するのはやはり不適切です。当然ながら二つの警察作用では根拠法が異なる点に注意してください。

すなわち、**第１基準**において職務質問等が強制処分に該当すると違法となるのは、刑訴法197条１項但書が存在するからではなく、**警職法２条３項**が“身体の拘束”、“意に反する連行”、“答弁の強要”を禁止しているからです（この３つは例示であり、要するに、同項は職務質問が任意処分であることを定めたものと解釈されています。）。判例①は「警察官職務執行法二条一項の警察官の質問はもっぱら犯罪予防または鎮圧のために認められる**任意手段**であり、同条項にいう「停止させる」行為も質問のため本人を静止状態におく手段であって、……**強制にわたる行為**は許されない」と判示し、この趣旨を明らかにしています。そして、上記警職法２条３項によれば、「刑事訴訟に関する法律の規定によらない限り」強制処分が禁止されるので、結局、ここで禁止される強制処分（警職法上の強制処分）の意義は、刑訴法197条１項但書の「強制の処分」の解釈に従うことになる（故に捜査に関する判例の判断枠組みがそのまま妥当する）ことになるのです。

次に、強制処分に該当しない場合であっても、職務質問等が対象者の意思に反して侵害作用を及ぼし得るものであることから、**第２基準**として当然に比例原則が妥当します。ここでは、警察の権限行使一般を規律する原則として「**警察比例の原則**」と呼びます（厳密には、捜査の場面ではないことから「捜査比例の原則」という表現は用いません。）。そして、行政警察活動を含む警察官の職務執行にこの警察比例の原則が妥当することを明文の規定として宣言したものが**警職法１条２項**の「必要な最小の限度」という文言です。判例②も、警察官が職務質問を継続するために「被告人運転車両のエンジンキーを取り上げた行為」について警察比例の原則を適用し、「警察官職務執行法二条一項に基づく職務質問を行うため停止させる方法として**必要かつ相当な行為**である」と認定しています。

このようにして、職務質問等の行政警察活動についても、「**強制処分に該当するか**（**第１基準**）」、「**任意処分として相当か**（**第２基準**）」という捜査に関して判例が示した分析過程と全く同じ判断枠組みが導かれるのです。

なお、**平成28年試験問題**［設問１］では、職務質問を端緒として覚せい剤使用等の嫌疑が生じたことから被疑者を長時間にわたり現場に留め置いた措置の適法性が問題となりました。もっとも、［設問1］は、「【事例】中の2及び3に記載されている司法警察員Pらが甲を留め置いた措置の適法性」についての検討を求めているところ、【事例】2の冒頭で甲に対する覚せい剤使用等の嫌疑が明確になったことが示されていますので、以後の措置の性質は全て捜査（司法警察活動）であることを前提として検討すれば良いということになるでしょう（【事例】1において、純然たる行政警察活動として開始された当初の職務質問の適法性が前提問題となりますが、これについては問題文で明示的に検討対象から除外されています。）。

また、**平成18年試験問題**［設問1］も、職務質問（及びそれに伴う付随措置）の適法性が問題となるような事案でしたが、［設問1］は「この事例の2及び3記載の捜査の適法性」の検討を求めており、この問題文の記載からは、純然たる行政警察活動の適法性まで問う趣旨なのかは必ずしも明らかではありません。もっとも、この事案では、銀行強盗事件が発生したとの通報を受けた警察官が、それを端緒として捜査を開始し、被害者（目撃者）から犯人について詳細な特徴を聴取した上で犯人を捜索している過程で、犯人と特徴が一致する人物を発見したことから質問を開始しています。このような経緯に照らせば、警察官の活動は当初から純然たる行政警察活動ではなく、特定の犯罪及び犯人に対する捜査としての性質を帯びていたものと考えられますので、それを前提として適法性を検討すれば良いでしょう。

2　留め置きの適法性

上記の判断枠組みは、職務質問のために対象者を「停止」させる措置だけでなく、質問を継続するために引き続き現場に**留め置く措置**についても同様に妥当します。判例②は「約六時間半以上も被告人を本件現場に留め置いた措置」について、「被告人の移動の自由を長時間にわたり奪った点において、任意捜査として許容される範囲を逸脱したものとして違法」と判断しています。これは任意処分としての相当性判断（第2基準）において、当該留め置きを違法としたものですが、**留め置きの時間**が重要な考慮要素となっています。また、相当性の考慮要素として、**留め置きの態様**も重要です。判例③は「立ち去りを防ごうと身体を押さえつけたり、引っ張ったりするなどの物理力を行使した形跡はなく、……せいぜい被告人の腕に警察官が腕を回すようにして触れ、それを被告人が振り払うようにしたという程度であった」と述べた上で「被告人の意思を直接的に抑圧するような行為」はなされていないと指摘し、同様に、判例④も「退出を試みる被告人に対応して、その都度、被告人の前に立ち塞がったり、背中で被告人を押し返したり、被告人の身体を手で払う等といった受動的なものに留まり、積極的に、被告人の意思を抑圧するような行為等はされていない」と判示し、いずれも留め置きの相当性を肯定して適法と判断しています。

ところで、上記のような**職務質問に引き続く留め置き**の適法性について、判例③及び④は、令状請求時点を分水嶺として**「純粋に任意捜査として行われている段階」**と**「強制手続への移行段階」**に分けて適法性を検討しています（**二分論**）。これは、令状請求がなされる程度に嫌疑が濃厚となった被疑者については、令状の確実な執行に向けた**所在確保の必要性**が格段に高まることから、後者の段階に至った場合、比例原則に照らしても、前者の段階と比べてより侵害性の高い行為も許容され得る、という考え方です。（判例③は「純粋な任意捜査の場合に比し、相当程度強くその場に止まるよう被疑者に求めることも許される」と述べています。ただし、その前提として、手続的公正の観点から「令状請求が行われていること自体を被疑者に伝えることが条件となる」と指摘しています。）。さらに、請求した令状の種類がいわゆる強制採尿令状である場合、かかる令状の請求には、予め担当医師を確保しておく等の準備が必要となる（⇒**第1講4参照**）ため他の令状請求よりも時間を要する、という**強制採尿令状の特殊性**が相当性判断において考慮され得ます。判例④も「強制採尿令状を請求するためには、……予め受入れ先の採尿担当医師を確保しておくことが前提となるため、……他の令状請求にくらべても長い準備時間を要する……これらを前提とすると、強制採尿令状の請求手続が開始されてから同令状が執行されるまでには相当程度の時間を必要とすることがあり得、それに伴って留め置き期間が長引くこともあり得る。」と判示しています。

平成28年試験問題［設問1］でも、当初は職務質問を継続するために被疑者を現場に留め置いていたところ、その過程で被疑者に対する覚せい剤使用等の嫌疑が濃厚となり、質問開始から30分後に強制採尿令状を含む令状の請求手続が開始され、その後、同令状が発付され執行されるまで合計で5時間半にわたり被疑者を現場に留め置いたという措置の適法性が問題となりました。そこで、上記判例③及び④と同様に、二分論の枠組みに従い、令状請求後の段階における**所在確保の必要性**や**強制採尿令状の特殊性**を考慮した上で、留め置きの相当性を肯定する方向で検討することもできるでしょう。もっとも、このような二分論の枠組みに対しては、「令状請求」という事実自体から、より侵害性の強い態様の行為が許容されるという理論を導くことは妥当ではないとの批判もあります。たしかに、「令状請求」という事実は、その時点で被疑者に対する嫌疑が飛躍的に高まっていることを客観的に示す指標であり、留め置きの必要性を高める類型的事情であるといえますが、そのことから直ちに留め置きの態様がより強度なものとなる必然性はないとも考えられます。例えば、これを逮捕状に置き換えて考えてみると、逮捕状が請求されたということを根拠に、その時点から対象者の行動の自由をより強度に抑制することが許されるとすれば、令状執行そのものの前倒しを許容することになりかねません。したがって、少なくとも逮捕状については二分論のようなアプローチを採ることはできないでしょう。本問についても二分論の枠組みによらずに検討するのであれば、判例②と同様に、合計5時間半もの長時間にわたり対象者の移動の自由を奪ったという**留め置きの時間**の長さを考慮して、留め置きの相当性を否定する方向で検討することもできるでしょう。

[平成28年出題趣旨]

「**任意処分の相当性**として、特定の捜査手段により対象者に生じる法益侵害の内容・程度と、特定の捜査目的を達成するため当該捜査手段を用いる必要との間の合理的権衡（いわゆる「**比例原則**」）が求められるとすると、甲に対する覚せい剤使用等の嫌疑が次第に高まり、また、【事例】3に至ると、Pらが甲の尿を差し押さえるべき物とする捜索差押許可状等の請求準備を行っているところ、このような嫌疑の高まり等に応じ、当該捜査手段を用いる必要の程度が変化すれば、相当と認められ得る留め置きの態様も変化することとなるから、そのような判断構造を踏まえ、具体的事実を摘示しつつ、相当性を適切に評価することが求められる。

なお、**留め置き措置の適法性**に関し、「留め置きの任意捜査としての適法性を判断するに当たっては、本件留め置きが、純粋に任意捜査として行われている段階と、強制採尿令状の執行に向けて行われた段階とからなっていることに留意する必要があり、両者を一括して判断するのは相当でないと解される。」とする裁判例があり（**東京高裁平成21年7月1日判決判**

タ1314号302頁等)、このような考え方に従って論述することも可能であろうが、もとより同裁判例の考え方に従うことを求めるものではない。」

[平成28年採点実感]

「**任意処分の限界**に関しては、「必要性、緊急性なども考慮したうえ、具体的状況のもとで相当と認められる限度」(前記最決昭和51年)かどうかが吟味されるところ、いわゆる**捜査比例の原則**を正確に理解した上、捜査の進展に伴い、捜査の必要性が高まっていく事情を時系列に沿って具体的に摘示し、更には捜索差押許可状の請求を行った以降の留め置きを任意処分として捉える場合には、留め置きの目的が変容していることなども具体的に指摘し、各事実の持つ重みを意識しつつ当てはめを行っている答案が見受けられた。その一方で、嫌疑の高まりを指摘するものの、それがなぜ留め置きの必要性と結び付くかについて、必ずしも説得的な論述ができていない答案が少なくなかった。また、必要性、緊急性及び相当性というキーワードを挙げ、それぞれに関連する事実を平面的に羅列するのみで、「具体的状況のもとで相当と認められる」かどうかの判断構造の理解が十分とはいえない答案や、必要性、緊急性を考慮した比較考量を行っているものの、それぞれの事実が持つ重みを十分検討することなく、自らの結論に都合の良い事実のみを取り上げる答案も見られた。」

以上のように、出題趣旨としては、必ずしも二分論の枠組みに従って検討することを求めるものではないとしています。他方で、比例原則の適用については、「嫌疑の高まり等に応じ、当該捜査手段を用いる必要の程度が変化すれば、相当と認められ得る留め置きの態様も変化することとなる」と述べられています。これらの記述からすると、本問では、「令状請求」という事実について類型的事情として着目するか否かはともかくとしても、少なくとも、捜査の進展に伴い留め置きの目的が変化していることを指摘した上で、それが留め置きの必要性・相当性の判断にどのように影響するのか、という観点から分析することは必須であるといえるでしょう。

〈参考判例〉

【東京高判昭和49・9・30刑月6巻9号930頁】(職務質問に伴う停止措置①) 判例①

「それでは、被告人に対してなお右のように停止させて質問を続行することが許されるものであつたであろうか。いうまでもなく、警察官職務執行法二条一項の警察官の質問はもつぱら犯罪予防または鎮圧のために認められる任意手段であり、同条項にいう「停止させる」行為も質問のため本人を静止状態におく手段であつて、口頭で呼びかけ若しくは説得的に立ち止まることを求め或いは口頭の要求に添えて本人に注意を促す程度の有形的動作に止まるべきで、威嚇的に呼び止め或いは本人に静止を余儀なくさせるような有形的動作等の強制にわたる行為は許されないものと解され、同条二項もこの趣旨から特に規定されたものというべきである。これを本件についてみると、前記のとおり、X巡査は、歩いて立ち去ろうとする被告人の背後から「待ちなさい。」という言葉に添えて、右手で被告人の右手首を掴んだもので、その強さは必ずしも力を入れたという程ではなく、それは被告人の注意を促す程度の有形的な動作であると認めることができる。……前記のとおり、同巡査の行為が職務質問の続行のための停止にあたるという点で、当時の客観的状況をもとに考えると、いまだ正当な職務執行の範囲を逸脱したものとまではいえないので、X巡査の前記職務執行行為は適法であると考えることができる。」

【最(三小)決平成6・9・16刑集48巻6号420頁】(職務質問に伴う停止措置②) 判例②

「被告人に対する職務質問及びその現場への留め置きという一連の手続の違法の有無についてみる。

(一) 職務質問を開始した当時、被告人には覚せい剤使用の嫌疑があったほか、幻覚の存在や周囲の状況を正しく認識する能力の減退など覚せい剤中毒をうかがわせる異常な言動が見受けられ、かつ、道路が積雪により滑りやすい状態にあったのに、被告人が自動車を発進させるおそれがあったから、前記の被告人運転車両のエンジンキーを取り上げた行為は、警察官職務執行法二条一項に基づく職務質問を行うため停止させる方法として必要かつ相当な行為であるのみならず、道路交通法六七条三項に基づき交通の危険を防止するため採った必要な応急の措置に当たるということができる。

（二）これに対し、その後被告人の身体に対する捜索差押許可状の執行が開始されるまでの間、警察官が被告人による運転を阻止し、約六時間半以上も被告人を本件現場に留め置いた措置は、当初は前記のとおり適法性を有しており、被告人の覚せい剤使用の嫌疑が濃厚になっていたことを考慮しても、被告人に対する任意同行を求めるための説得行為としてはその限度を超え、被告人の移動の自由を長時間にわたり奪った点において、任意捜査として許容される範囲を逸脱したものとして違法といわざるを得ない。」

【東京高判平成22・11・8高刑集63巻３号４頁】（職務質問に引き続く留め置き①）判例③

「本件におけるこのような留め置きの適法性を判断するに当たっては、午後４時30分ころ、Ｂ巡査部長が、被告人から任意で尿の提出を受けることを断念し、捜索差押許可状（強制採尿令状。以下「強制採尿令状」ともいう。）請求の手続に取りかかっていることに留意しなければならない。すなわち、強制採尿令状の請求に取りかかったということは、捜査機関において同令状の請求が可能であると判断し得る程度に犯罪の嫌疑が濃くなったことを物語るものであり、その判断に誤りがなければ、いずれ同令状が発付されることになるのであって、いわばその時点を分水嶺として、強制手続への移行段階に至ったと見るべきものである。したがって、依然として任意捜査であることに変わりはないけれども、そこには、それ以前の純粋に任意捜査として行われている段階とは、性質的に異なるものがあるとしなければならない。

そこで、以上のような観点に立って、まず、純粋に任意捜査として行われている段階について検討すると、Ｂ巡査部長らが被告人に対して職務質問を開始した経緯や、被告人の挙動、腕の注射痕の存在等から尿の任意提出を求めたことには何ら違法な点はない。そして、注射痕の理由や尿の任意提出に応じられないとする理由が、いずれも虚偽を含む納得し得ないものであったことや、後に警察署に出頭して尿を任意提出するとの被告人の言辞も信用できないとして、午後４時30分ころの時点で強制採尿令状の請求に取りかかったことも、前記の原判決が認定する事情の下では、当然の成り行きであって、妥当な判断というべきである。そして、この間の時間は約40分間であって、警察官から特に問題とされるような物理力の行使があったようなことも、被告人自身述べていない。これらに照らすと、この間の留め置きは、警察官らの求めに応じて被告人が任意に職務質問の現場に留まったものと見るべきであるから、そこには何ら違法、不当な点は認められない。

次に、午後４時30分ころ以降強制採尿令状の執行までの段階について検討すると、同令状を請求するためには、予め採尿を行う医師を確保することが前提となり、かつ、同令状の発付を受けた後、所定の時間内に当該医師の許に被疑者を連行する必要もある。したがって、令状執行の対象である被疑者の所在確保の必要性には非常に高いものがあるから、強制採尿令状請求が行われていること自体を被疑者に伝えることが条件となるが、純粋な任意捜査の場合に比し、相当程度強くその場に止まるよう被疑者に求めることも許されると解される。これを本件について見ると、午後４時30分ころに、被告人に対して、強制採尿令状の請求をする旨告げた上、Ｂ巡査部長は同令状請求準備のために警察署に戻り、午後７時ころ東京簡易裁判所裁判官に対し同令状の請求をして、午後７時35分同令状が発付され、午後７時51分、留め置き現場において、これを被告人に示して執行が開始されているが、上記準備行為から強制採尿令状が発付されるまでの留め置きは約３時間５分、同令状執行までは約３時間21分かかっているものの、手続の所要時間として、特に著しく長いとまでは認められない。また、この間の留め置きの態様を見ると、前記Ｃ巡査部長ら警察官が駐車している被告人車両のすぐそばにいる被告人と約四、五メートル距離を置いて被告人を取り巻いたり、被告人が同車両に乗り込んだ後は、一、二メートル離れて同車両の周囲に位置し、さらに同車両の約2.5メートル手前に警察車両を駐車させ、午後５時35分ころからは、被告人車両の約10メートル後方にも別の警察車両を停め、その間、被告人からの「まだか。」などとの問い掛けに対して、「待ってろよ。」と答えるなどして、被告人を留め置いたというものであるが、このような経緯の中で、警察官が被告人に対し、その立ち去りを防ごうと身体を押さえつけたり、引っ張ったりするなどの物理力を行使した形跡はなく、被告人の供述によっても、せいぜい被告人の腕に警察官が腕を回すようにして触れ、それを被告人が振り払うようにしたという程度であったというのである。そして、その間に、被告人は、被告人車両内で携帯電話で通話をしたり、たばこを吸ったりしながら待機していたというのであって、この段階において、被告人の意思を直接的に抑圧するような行為等はなされておらず、駐車車両や警察官が被告人及び被告人車両を一定の距離を置きつつ取り囲んだ状態を保っていたことも、上記のように、強制採尿令状の請求手続が進行中であり、その対象者である被告人の所在確保の要請が非常に高まっている段階にあったことを考慮すると、そのために必要な最小限度のものにとどまっていると評価できるものである。加えて、警察官らは、令状主義の要請を満たすべく、現に、強制採尿令状請求手続を進めていたのであるから、捜査機関に、令状主義の趣旨を潜脱しようとの意図があったとは認められない。

……以上によれば、被告人に対する強制採尿手続に先立ち、被告人を職務質問の現場に留め置いた措置に違法かつ不当な点はないから、尿の鑑定書等は違法収集証拠には当たらないとして、証拠能力を認め、これらを採用した原審の訴訟手続に法令違反はない。」

【東京高判平成21・7・1東高刑時報60巻1－12号94頁、判タ1314号302頁】（職務質問に引き続く留め置き②）判例④

「ア　しかし、本件留め置きの任意捜査としての適法性を判断するに当たっては、本件留め置きが、純粋に任意捜査として行われている段階と、強制採尿令状の執行に向けて行われた段階（以下、便宜「強制手続への移行段階」という。）とからなっていることに留意する必要があり、両者を一括して判断するのは相当でないと解される。

そこで、以下の検討は、この両段階に応じて行うこととした。……

イ　被告人が本件取調室に入室して強制採尿令状の請求準備が開始されるまでに要した時間は30分程度であり、しかも、原判決9頁も指摘するとおり、被告人は、当初、任意提出に応じるかのような言動もしたり、長女や呼び寄せた妻の到着を待つような言動を取ったりしていたから、そのような事情があった一定時間内は、被告人が本件取調室内に滞留することが、その意思に反するものではなかったといえる。また、その間やその直後に、警察官らが被告人の意思を制圧するような有形力を行使するなどしたことはうかがわれない。

したがって、上記の間の留め置き行為については、違法な点はなかったと認められ、原判決の同趣旨の判断に誤りはない。

ウ　強制手続への移行段階は、イの段階と一部併存する形で開始されている。……

エ　その上で更に検討すると、強制採尿令状を請求するためには、対象者に対する取調べ等の捜査と並行して、予め受入れ先の採尿担当医師を確保しておくことが前提となるため、〔1〕当該令状請求には、他の令状請求にくらべても長い準備時間を要することがあり得、〔2〕当該令状の発付を受ければ、当該医師の所へ所定の時間内に連行していく必要が生じ得る。

これらを前提とすると、強制採尿令状の請求手続が開始されてから同令状が執行されるまでには相当程度の時間を必要とすることがあり得、それに伴って留め置き期間が長引くこともあり得る。

そして、強制採尿令状の請求が検討されるほどに嫌疑が濃い対象者については、強制採尿令状発付後、速やかに同令状が執行されなければ、捜査上著しい支障が生じることも予想され得ることといえるから、対象者の所在確保の必要性は高く、令状請求によって留め置きの必要性・緊急性が当然に失われることにはならない。……

本件では、警察官が、強制採尿令状請求の準備に着手した約2時間後の午後8時20分ころ同令状請求のためK署を出発して東京簡易裁判所に向けて出発し、午後9時10分に同令状の発付を受け、午後9時28分には被告人に対して同令状が呈示されており、上記準備行為から強制採尿令状が発付されるまでの留め置きは約2時間40分であり、同令状執行までは約2時間58分かかっているが、これらの手続の所要時間として、特に著しく長いとまでは見られない。

オ　次に、この間の留め置きの態様を見ると、警察官らは、令状請求準備開始後も並行して任意採尿を促したが、被告人は、言を左右にして任意採尿に応じようとしておらず、再三、退出しようとし、他方、警察官らが、被告人を本件取調室内に留め置くために行使した有形力は、退出を試みる被告人に対応して、その都度、被告人の前に立ち塞がったり、背中で被告人を押し返したり、被告人の身体を手で払う等といった受動的なものに留まり、積極的に、被告人の意思を抑圧するような行為等はされていない。……

また、警察官らは、本件取調室内で、被告人と長女や妻との面会や、飲食物やその他必要とされる物品の授受、携帯電話による外部との通話も認めるなど、被告人の所在確保に向けた措置以外の点では、被告人の自由が相当程度確保されており、留め置きが対象者の所在確保のために必要最小限度のものにとどまっていたことを裏付けている。

カ　以上を総合して考えると、本件では、強制採尿令状請求に伴って被告人を留め置く必要性・緊急性は解消されていなかったのであり、他方、留め置いた時間も前記の程度にとどまっていた上、被告人を留め置くために警察官が行使した有形力の態様も前記の程度にとどまっていて、同時に、場所的な行動の自由が制約されている以外では、被告人の自由の制約は最小限度にとどまっていたと見ることができる。

そして、捜査官は令状主義に則った手続を履践すべく、令状請求をしていたのであって、もとより令状主義を潜脱する意図などなかったと見ることができる。

そうすると、本件における強制手続への移行段階における留め置きも、強制採尿令状の執行に向けて対象者の所在確保を主たる目的として行われたものであって、いまだ任意捜査として許容される範囲を逸脱したものとまでは見られないものであったと認めるのが相当である。」

【参考答案例】【平成28年】

［設問１］

第１　司法警察員Ｐらが甲を留め置いた措置について

本問において、司法警察員Ｐらは、甲を留め置くために以下の具体的な停止措置を行っている。すなわち、①午前11時過ぎ、覚せい剤使用の嫌疑確認のため、甲に対し、Ｈ警察署への任意同行及び尿の任意提出を求めたところ、甲はこれを拒否したうえ甲車を降りて歩き出したため、甲の前に立ち、進路を塞いだ（措置①）。②午前11時20分及び25分、甲が２度にわたり甲車を降りて歩き出したため、その都度上記説得を試みるとともに、甲の前に立ち、進路を塞いだ（措置②）。③午前11時30分過ぎ、２台のパトカーを甲車の前後に挟むようにして停車させ、甲車が容易に移動できないようにした上、その後、甲車を降りて歩き出した甲の前に立ち、両手を広げて進路を塞ぎ、甲がＰの体に接触すると、足を踏ん張り、それ以上甲が前に進めないように制止した（措置③）。④午後１時、甲が「弁護士から帰っていいと言われたので、帰るぞ。」と言って甲車を降りて歩き出したことから、甲の前に立ち、両手を広げて進路を塞ぎ、甲がＰの体に接触すると、足を踏ん張り、それ以上甲が前に進めないように制止し、更に胸部及び腹部を前方に突き出しながら、甲の体を甲車運転席前まで押し戻した（措置④）。⑤午後４時、再度、甲が甲車を降りて歩き出したので、両手を広げて進路を塞ぎ、甲がＰの体に接触すると、胸部及び腹部を前方に突き出しながら、甲の体を甲車運転席前まで押し戻した（措置⑤）。

他方で、Ｐは午前11時30分に、Ｑに対し、甲車の捜索差押許可状及び甲の尿を差し押さえるべき物とする捜索差押許可状（以下、「強制採尿令状」という。）を請求するように指示している。そこで、以下、Ｐらが甲を留め置いた上記各措置について、令状請求準備を開始した前後に分けて、それらの措置の適法性を検討する。

第２　令状請求準備前の措置①及び②について

１　強制処分該当性

措置①及び②が、実質的に令状によらない逮捕（199条１項）に至ったものとして違法となるか否かについて検討する。

【論述例】強制処分の意義

しかるところ、この段階におけるＰらの措置は、甲に対する直接的な有形力の行使を何ら伴っておらず、性質上当然に逮捕その他の強制手段にあたるものと判断することはできない。また、甲から明確な拒絶意思が表明されていないことからしても、およそ「個人の意思を制圧」して「身体、住居、財産等に制約」を加える処分に至ったものとは認められない。したがって、措置①及び②は「強制の処分」に当たらない。

２　任意捜査の相当性

(1)　措置①及び②が強制処分に当たらないとしても、甲の行動の自由を制約する側面があることから、捜査比例の原則（197条1項本文参照）に照らし、任意処分として許容される範囲にとどまるか否かについて検討する。

【論述例】任意捜査の相当性

ア　Ｐらが甲に対して職務質問（警職法２条１項）を開始、継続する過程で、甲に目の焦点が合わず異常な量の汗を流す等覚せい剤使用者特有の様子が見られたことに加え、犯歴照会の結果、甲に覚せい剤取締法違反の前科が判明した。また、措置①の後、Pが甲の左肘内側に赤色の真新しい注射痕を認めたため、甲に注射痕について確認したところ、甲は「献血の注射痕だ」と述べた。これらの事情から、甲に対する覚せい剤使用等の嫌疑は次第に高まっていく状況にあった。

イ 他方で、Pらによる各措置は、いずれも物理力の行使を伴っておらず、甲に3度にわたりH警察署での尿の任意提出を求めたが、いずれも甲が同行を拒否したことから、現場において説得を継続し得る状況を確保したものに過ぎない。また、各措置の後、いずれも甲は自ら甲車へ戻って停止に応じている。

(2) 以上の事情からすれば、措置①及び②は、甲に対して尿の任意提出を求める説得を継続するため、必要な範囲において、かつ、相当な方法によって行われたものと認められる。

3 以上より、措置①及び②は適法である。

第3 令状請求準備後の措置③ないし⑤について

1 強制処分該当性

Pらは、上記の令状請求準備開始時点から甲車の捜索に着手した午後4時30分過ぎまでの約5時間にわたり、甲を現場に留め置いたものである。また、甲は午後1時に「弁護士から帰っていいと言われたので、帰るぞ。」と述べて帰宅の意向を表明している。これらのことから、この間に実施された措置③ないし⑤は、少なくとも、甲の意思に反して、上述した措置①及び②よりも強い態様により甲の行動の自由を事実上制限するものであったと認められる。

もっとも、甲は、上記各停止措置の後、渋々とはいえ再び甲車運転席に座っており、それ以上特に抵抗する挙動を示してはいないことからすれば、それほど強固な拒絶意思を表明したとはいえない。また、措置③ないし⑤においてPらが甲を現場に留め置くために行使した有形力は、P側から率先して甲の身体に接触したものではなく、いずれも任意採尿に応じずに再三にわたり現場から離れようと試みる甲に対応して、その都度、甲の前に立ち塞がったり、胸部及び腹部を前方に突き出しながら甲を押し返したりする等といった受動的な態様にとどまっており、積極的かつ直接的に甲の意思を制圧するような行為はされていない。

したがって、措置③ないし⑤は、実質的な逮捕に至ったものとまではいえず、甲の「意思を制圧」してその「身体」ないし行動の自由に制約を加える「強制の処分」であるとは認められない。

2 任意捜査の相当性

(1) 上記のとおり、Pは午前11時30分には甲から任意で尿の提出を受けることを断念し、強制採尿令状の請求手続に取りかかっているところ、これは捜査機関において同令状の請求が可能であると判断し得る程度に犯罪の嫌疑が濃くなったことを意味するものであり、その判断に誤りがなければ、いずれ同令状が発付されることになる以上、その時点以降は、留め置きが純粋に任意捜査として行われていた段階と異なり、強制手続への移行段階に至ったと見るべきである。そして、強制採尿令状を請求するためには、予め採尿を行う医師を確保することが前提となり、かつ、同令状の発付を受けた後、所定の時間内に当該医師のもとへ対象者を連行する必要もあることから、対象者の所在確保の必要性は高度なものとなる。したがって、上記のような強制手続への移行段階においては、対象者に対し、強制採尿令状請求が行われていること自体を伝えることを条件として、純粋な任意捜査の場合に比し、相当程度強くその場に止まるよう求めることも許されると解すべきである。

ア 措置②の後、Pは甲のバッグ内に注射器を発見し、同注射器について甲に確認したところ、甲は「献血に使った注射器だ。」などと述べて不自然な言動をしたことから、一層嫌疑を強め、上記のとおり午前11時30分に強制採尿令状を含む各令状の請求をQに指示していることからすれば、この時点において、令状請求が検討されるほどに甲に対する覚せい剤使用の嫌疑が濃厚になっていたと認められる。そして、覚せい剤の体内残留期間を考慮すると、甲が現場から姿をくらます等して強制採尿令状が執行できない事態となれば、捜査上著しい支障が生じ得ることも予想されることから、甲の所在確保の必要性・緊急性は相当高度なものとなっていたと認められる。

イ 以上のような状況において、Pは、令状請求準備行為に取りかかった後直ちに、甲に対して、「今から、採尿と車内を捜索する令状を請求する。令状が出るまで、ここで待っていてくれ。」と言っており、令状請求の事実を甲に告知している。

他方で、留め置きの時間は、上記のとおり令状請求準備開始から令状執行までの約5時間もの長時間にわたっている。もっとも、強制採尿令状を請求するためには予め採尿を行う医師を確保する必要があるため他の令状よりも長い準備時間を要すること、令状発付を受けたQが現場に到着するまでに通常より1時間多くの時間を要したものの、これは交通渋滞のためであってやむを得ない事情によること等を考慮すれば、手続の所要時間として特に著しく長いとまでは認められない。また、留め置きの態様は、上述したとおり、受動的な態様による有形力の行使にとどまっており、積極的かつ直接的に甲の意思を制圧するような行為はされていない。加えて、甲は、運転席で携帯電話を用いて弁護士等の外部の者と自由に連絡を取っていたものであり、甲の所在確保に向けた措置に伴う場所的な行動の自由の制約以外の点では、甲の自由は相当程度確保されていたと認められる。

(2) 以上の事情からすれば、措置③ないし⑤は、強制採尿令状の執行に向けて甲の所在確保を目的として、必要な範囲において、かつ、相当な方法によって行われたものであり、また、甲の自由の制約は最小限度にとどまっていたと認められる。

3 以上より、措置③ないし⑤は適法である。

【3】所持品検査

[論点解析] 所持品検査の適法性

1 許容性（法的根拠）と許容範囲（適法要件）

まず、**所持品検査**については、そもそもこれを直接許容する明文の根拠規定が存在しないことから、その**許容性（法的根拠）**が問題となります。すなわち、「所持品検査」は法令上の用語ではなく、講学上、警察官が職務質問に際して対象者の所持品等を検査、確認する警察活動を指しますが、これが対象者の意思に反して行われる場合、侵害的行政活動となるため、**「法律の留保」**

の原則（侵害留保原則）から行政作用法上の個別の根拠規定が必要となります（なお、行政警察活動としての所持品検査は、「捜査」ではないため刑訴法197条1項は根拠規定となりません。）。この問題について、判例⑥（**米子銀行強盗事件**）は、「所持品の検査は、口頭による質問と密接に関連し、かつ、職務質問の効果をあげるうえで必要性、有効性の認められる行為であるから、同条項による**職務質問に附随して**これを行うことができる場合がある」と判示し、所持品検査の根拠条文として**警職法2条1項**を挙げました。すなわち、判例は、警察官が対象者に対して不審事由の解明のために質問することを警職法2条1項が認めている以上、その目的を達成し又はその実効性を確保するために必要不可欠とされる合理的で最小限度の措置は、**「職務質問の附随行為」**として、当然に同項によって併せ許容されている、と解釈しているのです。この解釈によれば、同条1項の「停止」、2項の「同行」は、そのような「職務質問の付随行為」の例示であると位置付けられます。例えば、判例②は、警察官がホテル客室内の宿泊客に職務質問を行うため客室内に立ち入った行為の適法性が問題となった事案ですが、少なくとも「質問を継続し得る状況を確保するため、内ドアを押し開け、内玄関と客室の境の敷居上辺りに足を踏み入れ、内ドアが閉められるのを防止した」措置については、「警察官職務執行法2条1項に基づく**職務質問に付随する**ものとして、適法な措置であった」と認定しています。所持品検査の法的性格も、このような措置と同様のものと位置付けられることになります。

次に、所持品検査の**許容範囲（適法要件）**が問題となります。判例①は、捜査に関する判例の判断枠組み（第1講の判例①）と実質的に同一の基準を提示しました。すなわち、**第1基準（強制処分該当性）**として、「**捜索に至らない**程度の行為は、**強制にわたらない**限り、所持品検査においても許容される場合がある」と判示し、さらに、**第2基準（任意処分の相当性）**として「所持品検査の**必要性、緊急性**、これによって害される個人の法益と保護されるべき公共の利益との**権衡**などを考慮し、**具体的状況のもとで相当**と認められる限度においてのみ、許容される」と判示し、この場面に適用される比例原則を具体化しています。以下、詳細に分析してみましょう。

2　所持品検査の適法性

まず、**第1基準（強制処分該当性）**について、判例の提示する①**「捜索に至るか否か」**と②**「強制にわたるか否か」**という基準は、別個の判断を示すものでしょうか、それとも単なる同義反復に過ぎないのでしょうか。判示からすればやはり別個独立の判断と考えるのが素直であり、この判示は、第1基準に該当する場合には2つの類型があることを示すものと考えられます。すなわち、①に該当するのは、検査行為それ自体の態様（プライバシー侵害の程度）が類型的に「捜索」に至っている場合であり、②に該当するのは、検査行為それ自体の態様は捜索に至らないが、その際に、強度の有形力を行使して対象者の抵抗を物理的に排除するような場合である、と理解することができます。例えば、対象者の所持しているバッグの内容物や着衣のポケットの中身を全て取り出して隅々まで丹念に調べ上げるような場合であれば①に該当します。これに対して、例えば、抵抗する対象者を無理矢理押さえ付けた上で、所持しているバッグや着衣の外側から触れて内容物の形状を確認するような場合であれば②に該当します。判例③は、警察官4名が覚せい剤所持の嫌疑を抱いた対象者の自動車の内部を「懐中電灯等を用い、座席の背もたれを前に倒し、シートを前後に動かすなどして……丹念に調べた」行為について、「職務質問に付随して行う所持品検査として許容される限度を超えたもの」と認定しました。判示はその理由付けを必ずしも明らかにしていませんが、このような行為はその態様が類型的に「捜索」に至っていると評価すべきものといえますので、**第１基準①**に該当する場合といえるでしょう（判例③の原審は、「その態様、実質等においてまさに**捜索に等しい**」と明言しています。)。これに対して、判例②は、所持品検査それ自体の態様については、「床に落ちていたのを拾ってテーブル上に置いておいた財布について、二つ折りの部分を開いた上ファスナーの開いていた小銭入れの部分からビニール袋入りの白色結晶を発見して抜き出したという限度にとどまる」と述べて「適法に行い得るものであった」としました。たしかに、このような行為の態様にとどまるのであれば第１基準①には該当しないでしょう。しかし、その一方で、上記検査の過程で「警察官らが約30分間にわたり全裸の被告人をソファーに座らせて押さえ続け、その間衣服を着用させる措置も採らなかった行為」は、「職務質問に付随するものとしては、許容限度を超えて」いると認定しています。ここでも判示は明確な理由付けを述べていませんが、仮に所持品検査を実施する過程で対象者の意思を制圧してその抵抗を排除したのであれば、**第１基準②**に該当する場合として所持品検査そのものが違法と判断されることになるでしょう（判例②も「そのような状況の下で実施された上記所持品検査の適否にも影響する」と述べています。)。

次に、**第２基準（任意処分の相当性）**について、異なる結論を導いた判例①と判例④における比例原則の適用とその結論の違いを比較しておく必要があります。まず、**「必要性」**に関する事情として、判例①では「銀行強盗という重大な犯罪」であること、「濃厚な容疑が存在」し、「兇器を所持している疑い」もあったこと等が指摘されています。これに対して、判例④は「覚せい剤の使用ないし所持の容疑がかなり濃厚に認められ、また、同巡査らの職務質問に妨害が入りかねない状況もあった」と指摘しています。いずれの判例も必要性・緊急性を肯定していますが、**犯罪の重大性・性質**（とりわけ、凶器による危害発生の可能性）という点において、必要性の程度には差異があると考えられます。次に、**「相当性」**に関する事情として、**所持品検査の態様**が、判例①では「携行中の所持品であるバッグの施錠されていないチャックを開披し内部を一べつした」というものであったのに対し、判例④は「その上衣左側内ポケットに手を差入れて所持品を取り出したうえ検査した」というものであり、前者は「これによる法益の侵害はさほど大きいものではな」いと評価されましたが、後者は「一般にプライバシイ侵害の程度の高い行為であり、かつ、その態様において**捜索に類する**もの」と評価されています。このような事案の違いから、比例原則を適用した結果、判例①では「相当と認めうる行為」と判断され、他方、判例④は「相当な行為とは認めがたい」と判断しています。

平成18年試験問題［設問１］では、凶器を用いた銀行強盗事件の犯人であるとの濃厚な嫌疑が生じている対象者に対し、その所持していたボストンバッグに外側から触れて内容物の形状を確認したという所持品検査の適法性が問題となりました。この事案では、事件が銀行強盗であり、しかも対象者が現に凶器を所持している可能性もあるという**犯罪の重大性・性質**、他方で、バッグの外側から触れたに過ぎないという**所持品検査の態様**等の事情を考慮すれば、判例①と同様の評価、結論を導くことができるでしょう。

[平成18年ヒアリング概要]

「警察官が**職務質問の過程で、対象者の所持品を検査すること**ができるかという問題を出したが、これについてはどの法科大学院でも必ず勉強するであろう最高裁の判例がある。多くの答案が最高裁判例の法解釈を援用した論述をしていた。しかし、その判例の行っている法解釈の位置付け、意味内容の具体的な理解にまで及ぶような答案、いかなる論理で**条文に規定のない所持品検査**が許される場合があると説明できるのかという点、あるいは、許される場合に、判例がいう**必要性**とか**緊急性**とか**法益の均衡**といった要件が要求されている理由は何かといった点についてまで判例の論理を内在的に理解して、その上で具体的な事例の当てはめを丁寧に行うというような極めて優れた答案も散見されたものの、他方で判例の用語の抽象的な文言を単に記述するだけで、事実に対する十分な検討やなぜそのような法解釈が導かれるのかについて十分な説明が欠如している答案も比較的多かった。」

3　所持品検査と捜索の識別

ところで、所持品検査に第１基準及び第２基準を適用して適法性を判断するに際しては、「**所持品検査と捜索の識別**」という問題が生じます。すなわち、第１基準でもはや所持品検査ではなく「**捜索に至る**」（又は「**捜索に等しい**」）と評価される場合（判例③の原審参照）と、第２基準で未だ所持品検査ではあるが「**捜索に類する**」と評価される場合（判例④参照）は、どのように区別すれば良いのでしょうか。判例は、どのような場合が「捜索に至る」のかについて明確な基準を示していません。判例④についても、判示は第２基準の判断で違法としていますが、「内ポケットに手を差入れて所持品を取り出したうえ検査した」という行為は、やはり類型的に「捜索に至る」行為そのものと判断すべきであったという指摘もあります。いずれの基準による判断であっても結論として違法になるのであれば両者の識別にこだわる実益は乏しいのではないかと感じるかもしれません。しかし、証拠法領域において**違法収集証拠排除法則**を適用して**“違法の重大性”**を判断する際には、第２基準で比例原則違反と評価される（にとどまる）場合と第１基準で令状主義違反と（まで）評価される場合では、所持品検査の結果、発見、収集された証拠物の証拠能力について異なる結論を導く可能性があり得ることから（⇒**第10講１⑵**参照）、捜査法領域におけるこの識別はなお重要な問題です。一般論としては、所持品に対するプライバシー侵害の程度によって区別される、ということになりますが、一体どの程度の侵害に達すれば「捜索に至る」のかについて客観的な基準を立てることはなかなか難しいといえます。一応の視点として、「証拠品の発見を目的とする**“探索”**は捜索、所持品の単なる**“確認”**は所持品検査」というメルクマールがあります。“探す・調べる”までやるか、“見る・触れる”にとどまるか、と表現しても良いと思いますが、やはり多分に感覚的なメルクマールであることは否めず、判断の微妙さは解消できません。今後の判例の集積からより客観性・明確性の高い基準を探っていくことが必要となるでしょう。

なお、付言すると、この問題について一連の判例から読み取れる基本的なスタンスは、“「捜索」概念をできるだけ狭く限定的に解する”というものです。所持品検査が「捜索に至る」と明言することについて判例は相当に慎重な態度を示しているといえます。たしかに、第１基準で「捜索に至る」と判定されれば、当該事案における必要性・緊急性という具体的な事情の有無・程度にかかわらず一律に違法の結論となることから（⇒**第１講３⑶**参照）、機械的で硬直的な判定となってしまい、結論の妥当性の観点からは疑問が残る、という問題意識はあり得ます。このような考え方から、第２基準で相当性の審査に至る前の第１基準で決着を付ける範囲を広げておくことは必ずしも妥当ではなく、具体的事案において実質的で妥当な結論を導くという観点からすれば、むしろ第２基準における比例原則（利益衡量）による柔軟な判断構造が好ましい、と指摘する見解もあります。他方で、判例における捜査法領域でのこのような判断構造（違法と判定する場合はできるだけ令状主義違反ではなく比例原則違反にとどめるという判断）が、証拠法領域において違法収集証拠の証拠能力を救済する（違法は重大ではないと判定する）ための“仕掛け”となっていることは否定できません。また、判例は、**エックス線検査**について、「荷物の内容物の形状や材質をうかがい知ることができる上、内容物によってはその品目等を相当程度具体的に特定することも可能」であるから「内容物に対するプライバシー等を大きく侵害するもの」として強制処分該当性を肯定しているところ（第１講の判例③）、この判断が所持品検査について「捜索」該当性を否定してきた一連の判例の判断と整合するのかという疑問も呈されており、このような観点から、従来の判例の所持品検査の限界に関する判断構造の正当性について改めて見直す必要があるとの指摘もあります。

令和６年試験問題［設問１］では、相手方の承諾を得ることなく、同人の所持するかばんのチャックを開けた上、いきなり同かばんの中に手を差し入れて探り、注射器を取り上げた行為の適法性が問われました。かかる行為は、かばんに外側から触れて内容物の形状を“**確認**”する程度の行為にとどまるものとはいえず、まさしく証拠物の発見を目的としてかばんを開披した上で内容物を“**探索**”する行為であるといえます。したがって、その態様において「捜索」に至る行為というべきでしょう。

なお、判例⑤は、警察官が、被告人の承諾なく、被告人のバッグを開披し、覚醒剤を探し出し、写真撮影をするなどした行為について、「令状を得ることなく、被告人の承諾なく、職務質問に付随する所持品検査として許容される限度を超えた**捜索を行った**というべきである」と判示した原審の判断を前提として、「本件における**無令状捜索**の違法の程度は重大」であると認定しました（結論として、覚醒剤等の証拠能力を否定しています。）。同判例では、所持品のバッグを開披して内容物を探索する行為について、端的に、第１基準で令状主義違反であると判断されています。これに対して、類似の事案である判例⑥は、警察官が、被告人の承諾を得ることなく、被告人の財布及びポーチを開披して、その在中物を取出し、最終的に覚醒剤を発見したという行為について、「チャック等で閉じられた本件財布等を開披し、その中を確認し、その在中物を取り出しているから、いずれも**捜索に類似する行為**である」と判示しており、ここでは判例④と同様に第２基準で比例原則が適用されています。その上で、同判例は、所持品検査の態様について「被告人の所持品を手当たり次第に無断で検索しようとするものであり、被告人のプライバシーを侵害する程度の高い行為」であると指摘し、結論として「所持品検査の必要性は高くなく、その緊急性がない状況であるにもかかわらず、被告人の承諾を得ないまま、捜索に類似し、かつ、被告人のプライバシーを侵害する程度の高い行為が行われたのであるから、これらの所持品検査は相当な行為とは認め難く、職務質問に付随する所持品検査の許容限度を逸脱した違法なものというべきである」と認定しています。しかしながら、同判例が「所持品を手当たり次第に無断で検索しようとする」行為について「捜索に類似する行為」（であるが「捜索」そのものではない）という評価を前提として判断している点については、やはり上述したエックス線検査に関する最高裁判例（第１講の判例③）との整合性の点でも疑問が残ります（もっとも、同判例も、最終的には諸般の事情を総合考慮した上で所持品検査の違法の重大性を認定し、結論として覚醒剤等の証拠能力を否定しています。⇒**第10講１(2)参照**）。

［令和６年出題趣旨］

「Ｐは甲の承諾を得ることなく、甲所持のかばん（以下「本件かばん」という。）のチャックを開けた上、いきなり本件かばんの中に手を差し入れて探り、注射器を取り上げていることから、この点の違法性……について論じる必要がある。……Ｐが注射器を発見した手続については、その**法的性質**は警察官職務執行法（以下「警職法」という）上の**職務質問**及びそれに**付随する所持品検査**であると考えられることから、**所持品検査の限界**が問題となるところ、所持品検査の適法性が争われた事案に関する最高裁判所の判例（**最判昭和53年６月20日刑集32巻４号670頁**）や関連する警職法の条文の解釈などを意識しつつ、具体的事情を挙げて、これに適切な法的評価を加えて論じる必要がある。」

［令和６年採点実感］

「Ｐが注射器を発見した行為の性質を**所持品検査**と捉え、最高裁判所の判例（**最判昭和53年６月20日刑集32巻４号670頁**等）や関連する警察官職務執行法の条文の解釈などを意識した法解釈を示し、具体的事情を挙げて、これに適切な法的評価を加える答案が見受けられた。」

「他方、……Ｐが注射器を発見した行為の性質を行政警察活動と司法警察活動のいずれと捉えているのかが不明確なまま、漫然と刑訴法第197条第１項但し書の「強制の処分」の意義を論じる答案などが見受けられた。」

〈参考判例〉

【最（三小）判昭和53・６・20刑集32巻４号67頁（米子銀行強盗事件）】（所持品検査①） 判例①

「警職法は、その二条一項において同項所定の者を停止させて質問することができると規定するのみで、所持品の検査については明文の規定を設けていないが、所持品の検査は、口頭による質問と密接に関連し、かつ、職務質問の効果をあげるうえで必要性、有効性の認められる行為であるから、同条項による職務質問に附随してこれを行うことができる場合があると解するのが、相当である。所持品検査は、任意手段である職務質問の附随行為として許容されるのであるから、所持人の承諾を得て、その限度においてこれを行うのが原則であることはいうまでもない。しかしながら、職務質問ないし所持品検査は、犯罪の予防、鎮圧等を目的とする行政警察上の作用であつて、流動する各般の警察事象に対応して迅速適正にこれを処理すべき行政警察の責務にかんがみるときは、所持人の承諾のない限り所持品検査は一切許容されないと解するのは相当でなく、捜索に至らない程度の行為は、強制にわたらない限り、所持品検査においても許容される場合があると解すべきである。もつとも、所持品検査には種々の態様のものがあるので、その許容限度を一般的に定めることは困難であるが、所持品について捜索及び押収を受けることのない権利は憲法三五条の保障するところであり、捜索に至らない程度の行為であつてもこれを受ける者の権利を害するものであるから、状況のいかんを問わず常にかかる行為が許容されるものと解すべきでないことはもちろんであつて、かかる行為は、限定的な場合において、所持品検査の必要性、緊急性、これによつて害される個人の法益と保護されるべき公共の利益との権衡などを考慮し、具体的状況のもとで相当と認められる限度においてのみ、許容されるものと解すべきである。

これを本件についてみると、所論のＸ巡査長の行為は、猟銃及び登山用ナイフを使用しての銀行強盗という重大な犯罪が発生し犯人の検挙が緊急の警察責務とされていた状況の下において、深夜に検問の現場を通りかかったＡ及び被告人の両名が、右犯人としての濃厚な容疑が存在し、かつ、兇器を所持している疑いもあつたのに、警察官の職務質問に対し黙秘したうえ再三にわたる所持品の開披要求を拒否するなどの不審な挙動をとり続けたため、右両名の容疑を確める緊急の必要上されたものであつて、所持品検査の緊急性、必要性が強かつた反面、所持品検査の態様は携行中の所持品であるバツグの施錠されていないチヤツクを開披し内部を一べつしたにすぎないものであるから、これによる法益の侵害はさほど大きいものではなく、上述の経過に照らせば相当と認めうる行為であるから、これを警職法二条一項の職務質問に附随する行為として許容されるとした原判決の判断は正当である。」

【最(一小)決平成15・5・26刑集57巻5号620頁】（職務質問に伴う付随措置・所持品検査②） 判例②

「1　警察官が内ドアの敷居上辺りに足を踏み入れた措置について

一般に、警察官が警察官職務執行法2条1項に基づき、ホテル客室内の宿泊客に対して職務質問を行うに当たっては、ホテル客室の性格に照らし、宿泊客の意思に反して同室の内部に立ち入ることは、原則として許されないものと解される。

しかしながら、前記の事実経過によれば、被告人は、チェックアウトの予定時刻を過ぎても一向にチェックアウトをせず、ホテル側から問合せを受けても言を左右にして長時間を経過し、その間不可解な言動をしたことから、ホテル責任者に不審に思われ、料金不払、不退去、薬物使用の可能性を理由に110番通報され、警察官が臨場してホテルの責任者から被告人を退去させてほしい旨の要請を受ける事態に至っており、被告人は、もはや通常の宿泊客とはみられない状況になっていた。そして、警察官は、職務質問を実施するに当たり、客室入口において外ドアをたたいて声をかけたが、返事がなかったことから、無施錠の外ドアを開けて内玄関に入ったものであり、その直後に室内に向かって料金支払を督促する来意を告げている。これに対し、被告人は、何ら納得し得る説明をせず、制服姿の警察官に気付くと、いったん開けた内ドアを急に閉めて押さえるという不審な行動に出たものであった。このような状況の推移に照らせば、被告人の行動に接した警察官らが無銭宿泊や薬物使用の疑いを深めるのは、無理からぬところであって、質問を継続し得る状況を確保するため、内ドアを押し開け、内玄関と客室の境の敷居上辺りに足を踏み入れ、内ドアが閉められるのを防止したことは、警察官職務執行法2条1項に基づく職務質問に付随するものとして、適法な措置であったというべきである。本件においては、その直後に警察官らが内ドアの内部にまで立ち入った事実があるが、この立入りは、前記のとおり、被告人による突然の暴行を契機とするものであるから、上記結論を左右するものとは解されない。

2　財布に係る所持品検査について

職務質問に付随して行う所持品検査は、所持人の承諾を得てその限度でこれを行うのが原則であるが、捜索に至らない程度の行為は、強制にわたらない限り、たとえ所持人の承諾がなくても、所持品検査の必要性、緊急性、これによって侵害される個人の法益と保護されるべき公共の利益との権衡などを考慮し、具体的状況のもとで相当と認められる限度において許容される場合がある（最高裁昭和51年(あ)第865号同53年9月7日第一小法廷判決・刑集32巻6号1672頁参照）。

前記の事実経過によれば、財布に係る所持品検査を実施するまでの間において、被告人は、警察の許可を得て覚せい剤を使用している旨不可解なことを口走り、手には注射器を握っていた上、覚せい剤取締法違反の前歴を有することが判明したものであって、被告人に対する覚せい剤事犯（使用及び所持）の嫌疑は、飛躍的に高まっていたものと認められる。また、こうした状況に照らせば、覚せい剤がその場に存在することが強く疑われるとともに、直ちに保全策を講じなければ、これが散逸するおそれも高かったと考えられる。そして、眼前で行われる所持品検査について、被告人が明確に拒否の意思を示したことはなかった。他方、所持品検査の態様は、床に落ちていたのを拾ってテーブル上に置いておいた財布について、二つ折りの部分を開いた上ファスナーの開いていた小銭入れの部分からビニール袋入りの白色結晶を発見して抜き出したという限度にとどまるものであった。以上のような本件における具体的な諸事情の下においては、上記所持品検査は、適法に行い得るものであったと解するのが相当である。

なお、警察官らが約30分間にわたり全裸の被告人をソファーに座らせて押さえ続け、その間衣服を着用させる措置も採らなかった行為は、職務質問に付随するものとしては、許容限度を超えており、そのような状況の下で実施された上記所持品検査の適否にも影響するところがあると考えられる。」

【最(三小)決平成7・5・30刑集49巻5号703頁】（所持品検査③） 判例③

「一　原判決の認定によれば、本件捜査の経過は、次のとおりである。……（中略）……

2　X巡査が、本件自動車を運転していた被告人に対し職務質問を開始したところ、被告人が免許証を携帯していないことが分かり、さらに、照会の結果被告人に覚せい剤の前歴五件を含む九件の前歴のあることが判明した。そして、X巡査は、被告人のしゃべり方が普通と異なっていたことや、停止を求められながら逃走したことなども考え合わせて、覚せい剤所持の嫌疑を抱き、被告人に対し約二〇分間にわたり所持品や本件自動車内を調べたいなどと説得したものの、被告人がこれに応じようとしなかったため、A警察署に連絡を取り、覚せい剤事犯捜査の係官の応援を求めた。

3　五分ないし一〇分後、部下とともに駆けつけたA警察署Y巡査部長は、X巡査からそれまでの状況を聞き、皮膚が荒れ、目が充血するなどしている被告人の様子も見て、覚せい剤使用の状態にあるのではないかとの疑いを持ち、被告人を捜査用の自動車に乗車させ、同車内でX巡査が行ったのと同様の説得を続けた。そうするうち、窓から本件自動車内をのぞくなどしていた警察官から、車内に白い粉状の物があるという報告があったため、Y巡査部長が、被告人に対し、検査したいので立ち会ってほしいと求めたところ、被告人は「あれは砂糖ですよ。見てくださいよ。」などと答えたので、同巡査部長が、被告人を本件自動車のそばに立たせた上、自ら車内に乗り込み、床の上に散らばっている白い結晶状の物について予試験を実施したが、覚せい剤は検出されなかった。

4　その直後、Y巡査部長は、被告人に対し、「車を取りあえず調べるぞ。これじゃあ、どうしても納得がいかない。」などと告げ、他の警察官に対しては、「相手は承諾しているから、車の中をもう一回よく見ろ。」などと指示した。そこで、X巡査ら警察官四名が、懐中電灯等を用い、座席の背もたれを前に倒し、シートを前後に動かすなどして、本件自動車の内部を丹念に調べたところ、運転席下の床の上に白い結晶状の粉末の入ったビニール袋一袋が発見された。なお、被告人は、X巡査らが車内を調べる間、その様子を眺めていたが、異議を述べたり口出しをしたりすることはなかった。……（中略）……

二　以上の経過に照らして検討すると、警察官が本件自動車内を調べた行為は、被告人の承諾がない限り、職務質問に付随して行う所持品検査として許容される限度を超えたものというべきところ、右行為に対し被告人の任意の承諾はなかったとする原判断に誤りがあるとは認められないから、右行為が違法であることは否定し難いが、警察官は、停止の求めを無視して自動車で逃走するなどの不審な挙動を示した被告人について、覚せい剤の所持又は使用の嫌疑があり、その所持品を検査する必要性、緊急性が認められる状況の下で、覚せい剤の存在する可能性の高い本件自動車内を調べたものであり、また、被告人は、これに対し明示的に異議を唱えるなどの言動を示していないのであって、これらの事情に徴すると、右違法の程度は大きいとはいえない。」

［(原審) 東京高判平成6・7・28高刑集47巻2号267頁］

「本件検索についてみると、……S巡査部長の「車をもう一回よく見ろ。絶対これは何かあるはずだ」などという指示に基づき、M巡査ら警察官四名が、本件自動車内に乗り込むなどした上、懐中電灯や集光ライトを用い、座席の背もたれを前に倒したりシートを前後に動かすなどして車内を丹念に調べたというものであるから、本件検索は、その態様、実質等においてまさに捜索に等しいものである（なお、S巡査部長も、原審公判廷における証言中で、「それで、じゃあ、被告人に、おい車をとりあえず調べるぞということで、現場の警察官らに、相手は承諾しているから、車をもう一回よく見ろと、絶対これは何かあるはずだというふうに指示しまして、捜索をお願いしました。」と供述している部分があり、その際の警察官らの意識も捜索をするというものであったことを窺わせる。)。したがって、被告人の承諾がない限り、本件検索は、所持品検査としての限界を越えたものであって、許されないものであったというべきである。」

【最(一小)判昭和53・9・7刑集32巻6号1672頁】(所持品検査④) 判例④

「ところで、警職法二条一項に基づく職務質問に附随して行う所持品検査は、任意手段として許容されるものであるから、所持人の承諾を得てその限度でこれを行うのが原則であるが、職務質問ないし所持品検査の目的、性格及びその作用等にかんがみると、所持人の承諾のない限り所持品検査は一切許容されないと解するのは相当でなく、捜索に至らない程度の行為は、強制にわたらない限り、たとえ所持人の承諾がなくても、所持品検査の必要性、緊急性、これによつて侵害される個人の法益と保護されるべき公共の利益との権衡などを考慮し、具体的状況のもとで相当と認められる限度において許容される場合があると解すべきである（最高裁判所昭和五二年(あ)第一四三五号同五三年六月二〇日第三小法廷判決参照)。

これを本件についてみると、原判決の認定した事実によれば、X巡査が被告人に対し、被告人の上衣左側内ポケツトの所持品の提示を要求した段階においては、被告人に覚せい剤の使用ないし所持の容疑がかなり濃厚に認められ、また、同巡査らの職務質問に妨害が入りかねない状況もあつたから、右所持品を検査する必要性ないし緊急性はこれを肯認しうるところであるが、被告人の承諾がないのに、その上衣左側内ポケツトに手を差入れて所持品を取り出したうえ検査した同巡査の行為は、一般にプライバシイ侵害の程度の高い行為であり、かつ、その態様において捜索に類するものであるから、上記のような本件の具体的な状況のもとにおいては、相当な行為とは認めがたいところであつて、職務質問に附随する所持品検査の許容限度を逸脱したものと解するのが相当である。」

【東京高判平成30・3・2判時2393・2394号63頁、判タ1456号136頁】(所持品検査⑤) 判例⑤

「2　本件バッグに対する開披、内容物の取出し、写真撮影について

(1)　原判決の判断

原判決は、概要、以下のように判示した。

弁護人は、警察官らが、その後の職務質問中に、被告人が持っていた本件バッグを知人に渡そうとして投げたところ、警察官が、地面に落ちた本件バッグについて、被告人の承諾なく、開披し、本件覚せい剤を探し出し、写真撮影をするなどしたのは、違法な捜索であると主張するところ、……警察官らが、その後、地面に落ちた本件バッグを開披し内容物を取り出して写真撮影をするなどした行為は、令状を得ることなく、被告人の承諾なく、職務質問に付随する所持品検査として許容される限度を超えた捜索を行ったというべきであるから違法であるし、本件覚せい剤は、上記捜索によって発見されたものであるから、本件覚せい剤及び本件鑑定書は、違法な捜索と密接に関連する証拠である。

しかし、本件の捜索は違法であるものの、〔1〕本件バッグに対するプライバシー保護の必要性は相当程度

低下していたこと、〔2〕所持品検査の必要性、緊急性は高かったこと、〔3〕警察官らに令状主義に関する諸規定を潜脱する意図があったとは認められないことを考慮すると、違法の程度は必ずしも重大であるとはいえず、本件覚せい剤等を証拠として供することが将来の違法捜査の抑制の見地から相当ではないとも認められないから、証拠能力は肯定できる。

⑵　当裁判所の判断

原判決の上記〔1〕ないし〔3〕の判断は、論理則、経験則等に照らして不合理であり、結論として本件覚せい剤等の証拠能力を肯定したことは是認できない。

……以上検討したとおり、本件における一連の警察官らの行動は、本件バッグについて所持品検査をする緊急性までは認められない状況で、被告人が占有を継続していることが明らかな本件バッグを、被告人の承諾なく開披して、その内容物を取り出し、写真撮影するというプライバシー侵害の程度が大きい態様で行ったものである。また、本件証拠上、警察官らは、被告人が占有を放棄する意思ではないことが明確に認識できる状況で、令状もなく本件バッグを開披し、内容物を取り出し写真撮影をしているのであって、単に、強制捜査と任意捜査との区別、任意捜査として許される限界についての判断を誤ってしまったのではなく、令状主義に関する諸規定を遵守しようとする意識のなさが強くうかがえる。

したがって、本件における無令状捜索の違法の程度は重大であって、将来の違法捜査の抑制の見地からしても、本件覚せい剤等の証拠能力は否定されるべきものであり、本件覚せい剤に関する本件鑑定書も同様に証拠能力を欠くものである。」

【大阪高判平成28・10・13判タ1439号127頁】（所持品検査⑥） **判例⑥**

「⑴これまでみたとおり、乙川警察官は、本件自動車について、その車内を見ることは被告人の了解を得ていたものの、その助手席の上に置かれていた本件財布及び本件ポーチは、いずれもチャックが閉じられており、一見して個人的な物が在中していることが明らかな物であって、それらが被告人のものであると分かったにもかかわらず、被告人の承諾を得ることなく、本件財布及び本件ポーチを開披して、その在中物を取出し、本件ポーチ内から取り出した本件缶も被告人の承諾を得ずに開披して、本件覚せい剤を発見した。

⑵所持人である被告人の承諾を得ずに行われた上記の所持品検査が例外的に許容される場合であったか否かを検討する。

乙川警察官が所持品検査を開始した当時の状況は、被告人には「警察官に知られたくない何らかの犯罪を犯しているのではないかとの疑い」が認められたにすぎず、嫌疑は抽象的なものにとどまり、その程度も濃厚とは言い難いものであったから、所持品検査の必要性が高かったとはいえない。また、乙川警察官が所持品検査を開始した当初、被告人は、着衣の中の所持品検査に素直に応じ、乙川警察官が外側からポケットを触ることに抵抗することもなく、車内検索についても他人の車だからと正当な理由を述べていったんは拒否したものの、本件自動車の所有者が了解すると、素直にこれに応じている。さらに、被告人は、日中のパチンコ店駐車場屋上で自動車の修理をしていたのであるから、客観的に、乙川警察官らから逃走することが容易な状況にあったわけではない。これらの事情に照らせば、被告人が所持品検査を拒否した場合に、乙川警察官において、所持品検査に応じるよう説得していたのでは、その実効性が阻害されるおそれがあったとは認められず、所持品検査の緊急性があったとはいえない。

そして、乙川警察官による所持品検査は、個別的にみた場合、チャック等で閉じられた本件財布等を開披し、その中を確認し、その在中物を取り出しているから、いずれも捜索に類似する行為である上、一連のものとしてみた場合には、本件自動車内にある被告人の所持品を手当たり次第に無断で検索しようとするものであり、被告人のプライバシーを侵害する程度の高い行為というべきである。

このように、本件においては、所持品検査の必要性は高くなく、その緊急性がない状況であるにもかかわらず、被告人の承諾を得ないまま、捜索に類似し、かつ、被告人のプライバシーを侵害する程度の高い行為が行われたのであるから、これらの所持品検査は相当な行為とは認め難く、職務質問に付随する所持品検査の許容限度を逸脱した違法なものというべきである。」

【論述例】

【所持品検査】

所持品検査は、職務質問（警職法2条1項）における口頭による質問と密接に関連し、その効果を上げるうえで必要性、有効性の認められる行為であるから、任意手段である職務質問の付随行為として許容される。したがって、所持人の承諾を得てその限度においてこれを行うのが原則である。

もっとも、職務質問ないし所持品検査が犯罪の予防、鎮圧等を目的とする警察官の職務行為であって（警職法1条1項、2条1項参照）、流動する各般の警察事象に対応して迅速適正にこれを処理すべき行政警察の責務に鑑みると、捜索に至らない程度の行為は、強制にわたらない限り、たとえ所持人の承諾がなくても、所持品検査の必要性、緊急性、これによって侵害される個人の法益と保護されるべき公共の利益との権衡などを考慮し、具体的状況のもとで相当と認められる限度において許容される場合があると解すべきである。

【参考答案例】【平成18年】

［設問1］

第1　職務質問について

1　X巡査が、停車中の自動車運転席に乗車していた甲に対し、運転免許証の呈示を求めた上、住所と氏名、助手席上に置かれたボストンバッグの所有者、車を停車させていた理由等について質問し、同ボストンバッグの中身の確認を求めた行為（以下、「本件質問等」という。）の適法性について検討する。

警職法2条1項の規定する職務質問は、主として犯罪の予防、鎮圧等を目的とする行政警察活動である。もっとも、本件においては、A銀行B支店において強盗致傷事件が発生し、I警察署が同支店長Wから110番通報を受けたことを捜査の端緒として具体的な捜査活動が開始しており、現に、X巡査らはI警察署から上記事件の犯人を発見せよとの指令を受けた上で、犯人の特徴等に関して同支店従業員Vの供述した内容について連絡を受けていた。そうすると、本件質問等はいずれも本件強盗致傷事件についての犯人の特定、検挙のための捜査（司法警察活動）として行われたものといえるが、同項は、本件のような捜査の一環として行われる質問の場合にも適用されると解すべきである。

しかるところ、後述するとおり、Vの供述した犯人の特徴と甲の特徴が一致しており、甲について「犯罪を犯し」たと「疑うに足りる相当な理由」が認められることから、X巡査が甲に対して上記の質問、要求をした行為は、同項の職務質問として適法である。

2　本件質問等の過程で、甲が上記ボストンバッグを左腕に抱えて持ち、運転席ドアを開けて降車したため、X巡査及びY警部補ら警察官合計4名が甲の前に立ちはだかり、「一体どこへ行くんですか。」と聞いた行為は、未だ甲に対し何ら有形力を行使するものではなく、職務質問を継続するために必要かつ相当な行為と認められるから、同項の「停止させ」る行為として適法である。

第2　所持品検査について

1　Y警部補が、甲が持っていたボストンバッグに外側から触れて内容物の形状を確認した行為（以下、「本件所持品検査」という。）の適法性について検討する。

【論述例】所持品検査

(1)　X巡査が甲に対し、再三、ボストンバッグの中を見せるように要求したものの、甲はこれに応じず、Y警部補が甲に対し、「ちょっとこのバッグを触らせてもらっていいですか。」と聞いた際も、甲は何も応えなかったのであるから、本件所持品検査は、甲の承諾を得ずに行われたものである。

もっとも、本件所持品検査の態様は、バッグを開披して内容物を探索するような行為ではなく、上記のとおりバッグの外側から触れて内容物の形状を確認した程度にとどまっていることから、捜索に至らない程度の行為であり、また、検査に際して甲の身体に対し何ら有形力を行使しておらず、その意思を制圧したような事情もないことから、強制にわたらない行為であると認められる。

(2)ア 本件強盗致傷事件は、犯人が刺身包丁を用いて被害者に傷害を負わせた上で1800万円もの多額の現金を強取したという重大な事案であるところ、Vの供述によれば、犯人は、①身長約170センチメートルで中肉中背の男であり、犯行時、上着の両袖側面に3本の白線の入った紺色ジャージ上下を着ていたこと、②犯行直後、上が白・下がシルバーのツートンカラーでナンバーが「0703」の普通乗用自動車に乗って現場の銀行前の県道を南方向に向かって逃走したことが認められた。他方、甲は、犯行時刻の約30分後、犯行現場から南西方向に直線距離で約5キロメートル離れたJ公園内に停車中の、上が白・下がシルバーのツートンカラーで「I 520 ち 0703」のナンバープレートを付けた普通乗用自動車（以下、「本件車両」という。）の運転席に乗車しており、上着の両袖側面に3本の白線の入った紺色ジャージを着用した男性であった。また、甲が本件車両から降車した際、甲の身長が170センチメートル程度であり、体格が中肉中背であることが確認された。そうすると、①犯人が現場からの逃走に使用した自動車と甲の乗車していた本件車両の特徴が一致していることに加え、犯行後に犯人が逃走した状況、経路と本件車両の停車位置、時刻が時間的・場所的に符合しており、また、②犯人の性別、身長、体格及び犯行時の着衣等の特徴と甲の人着が符合している。したがって、甲が本件強盗致傷事件の犯人であることが強く疑われる状況にあったと認められる。

これらの事情からすれば、本件所持品検査は、凶器を使用しての銀行強盗という重大な犯罪が発生し犯人の検挙が緊急の警察責務とされていた状況の下において、甲が、上記のとおり本件の犯人としての濃厚な嫌疑が存在し、かつ、凶器を所持している疑いもあったのに、X巡査の職務質問に対し、「免許証は家に忘れてきた。」等の不合理な回答や黙秘をした上、再三にわたるバッグの開披要求を拒否し、突然バッグを抱えて降車して立ち去ろうとするなどの不審な挙動をとり続けたため、上記の嫌疑を確かめる緊急の必要上なされたものであって、所持品検査の必要性、緊急性は強かったものと認められる。

イ 他方で、上記のとおり、本件所持品検査の態様は、バッグの外側から触れてみたに過ぎないものであるから、これによる法益の侵害はさほど大きいものではなく、上述の経過に照らせば相当と認め得る行為である。

2 以上より、本件所持品検査は適法である。

第3 有形力行使を伴う停止措置について

1 Y警部補が甲に対し、「ちょっと、署までご同行願えませんか。」と聞いた行為は、甲を被疑者ないし重要参考人として任意に取り調べるために警察署への「出頭を求め」る行為（198条1項又は223条1項）として適法である。

2 上記任意同行を求めた直後、甲がX巡査とY警部補の間をすり抜けるようにして逃げようとしたため、X巡査が甲の左腕を右手でつかんだ行為（以下、「本件停止措置」という。）の適法性について検討する。

【論述例】強制処分の意義

【論述例】任意捜査の相当性

(1)　本件停止措置は、任意同行に応じるよう甲を説得するために行われたものであり、その態様も短時間甲の左腕を掴んだに過ぎず、その程度も甲の意思を制圧するほど強いものではないから、これをもって性質上当然に逮捕その他の強制手段に当たるものとは認められない。

(2)　Y警部補は、本件所持品検査により甲の所持しているバッグに札束と考えても矛盾しない形状の物が多数入っている感触を得たことから、甲に上記の任意同行を求めたものであり、その際、X巡査は、甲の顔色が変わると同時にその耳が赤くなったのを確認したのであるから、この時点において甲に対する嫌疑はより一層強まっていたものと認められる。そのような状況において、甲がその場から逃走しようとしたことから、早急に抑制の措置を講じる必要性・緊急性が認められる。他方で、本件停止措置の態様は上記の程度にとどまっており、これによる法益の侵害はさほど大きいものではないことから、上述の経過に照らせば相当な行為であると認められる。

3　以上より、本件停止措置は適法である。

[参考答案例]【令和6年】

[設問1]

1　職務質問について

(1)　司法警察員Pが甲に対し、氏名及び所持品について質問し、所持品の内容物の確認を求めた行為（以下、「本件質問等」という。）の適法性について検討する。

警察官職務執行法（以下、「警職法」という。）2条1項の規定する職務質問は、主として犯罪の予防、鎮圧等を目的とする行政警察活動である。もっとも、同項は「何らかの犯罪を犯し……ている」、「既に行われた犯罪について……知っている」との規定からして、犯罪の嫌疑の確認や犯人の特定、検挙等のための捜査の一環として行われる質問等の場合にも適用される。

(2)　Pは、本件アパート2階の201室から出てきた人物がI市内の路上において甲と接触し、本件封筒を甲に手渡し、甲が本件封筒を本件かばんに入れたのを目撃した。そこで、Pは、本件封筒の中には覚醒剤が入っているのではないかと疑い、甲に対する職務質問を開始した。その後、Pは無線で甲の前科を照会した結果、甲には覚醒剤取締法違反（使用）の前科があることが判明したことから、引き続き、本件かばんの内容物について甲に質問したところ、甲が異常に汗をかき、目をきょろきょろさせ、落ち着きがないなど、覚醒剤常用者の特徴を示していたため、Pは、本件封筒の中に覚醒剤が入っているとの疑いを更に強め、甲に対し、本件かばんの在中物の確認を求めた。

以上の事情からすれば、甲が「犯罪を犯し」たと「疑うに足りる相当な理由」が認められることから、本件質問等は同項の職務質問として適法である。

(3)　本件質問等の過程で、甲がいきなりその場から走って逃げ出したところ、Pが、これを追い掛け、すぐに追い付いて甲の前方に回り込んで甲の逃走を阻止した行為は、未だ甲に対し何ら有形力を行使するものではなく、職務質問を継続するために必要かつ相当な行為と認められるから、同項の「停止させ」る行為として適法である。

2　所持品検査について

(1)　Pが本件かばんの在中物を手で探った行為（以下、「本件所持品検査」という。）の適法性について検討する。

【論述例】所持品検査

(2)　Pが甲に対し本件かばんの在中物の確認を求めたところ、上記のとおり、甲がその場から逃走を試みたことから、Pはそれを阻止した上で「何で逃げたんだ。そのかばんの中を見せろ。」と言いながら、即座に所持品検査を開始したものであり、本件所持品検査は、甲の承諾を得ずに行われたものである。他方で、本件所持品検査の態様は、Pがいきなり本件かばんのチャックを開け、その中に手を差し入れ、その中をのぞき込みながらその在中物を手で探った上、本件かばんの中に入っていた書類を手で持ち上げたところ、その下から注射器が発見されたというものである。そうすると、かかる行為は、本件かばんに外側から触れて内容物の形状を確認するという程度の行為にとどまるものではなく、まさしく証拠物の発見を目的として本件かばんを開披した上で内容物を執拗に探索する行為であり、その態様において「捜索」に至る行為というべきである。

したがって、本件所持品検査は、令状によらない捜索として令状主義（刑訴法218条1項）に違反する。

(3)　以上より、本件所持品検査は違法である。

【4】写真・ビデオ撮影

［論点解析］写真・ビデオ撮影の適法性

公道上における写真撮影の適法性について、判例は「**現に犯罪が行なわれもしくは行なわれたのち間がない**と認められる場合であって、しかも証拠保全の**必要性**および**緊急性**があり、かつその撮影が一般的に許容される限度をこえない**相当な方法**をもって行なわれるとき」は許容される旨判示しました（第1講の判例⑦）。同判例の示した考慮要素は、①**現行犯人性**、②**証拠保全の必要性・緊急性**、③**方法の相当性**の3点に整理することができます。このうち②と③は一般的な比例原則（必要性・相当性）の内容であるといえますが、①の要素をどのように位置付けるかが問題となります。仮に①を不可欠の「要件」であると理解した場合、現行犯的な状況がない事案では撮影が許容されないことになります。もっとも、①は単に当該事案に則した考慮要素を示したものにとどまるとの理解が一般的です。すなわち、現行犯的な状況であれば犯罪の嫌疑が明白であることを示す事情が認められるのであるから、①は②の「必要性・緊急性」を強める要素である、と整理することができます。

その後の判例は、**パチンコ店内におけるビデオ撮影**の適法性について、「被告人が**犯人である疑いを持つ合理的な理由**が存在していたものと認められ」、「これらのビデオ撮影は、捜査目的を達成するため、**必要な範囲**において、かつ、**相当な方法**によって行われたものといえ、捜査活動として適法なもの」と判示しました（第1講の判例⑧）。同判例の示した考慮要素は、①**合理的な嫌疑の存在**、②**捜査目的達成のため必要な範囲**、③**方法の相当性**の3点に整理することができます。ここでは、①の考慮要素が上述した「現に犯罪が行なわれもしくは行なわれたのち間がないと認められる場合」から「被告人が犯人である疑いを持つ合理的な理由」に置き換わっていますが、いずれにしても②の「必要性」を強める事情であると位置付けることができるでしょう。

平成30年試験問題［設問１］では、**対象者と犯人の同一性確認**のために、公道上から見える範囲における対象者（甲）の容ぼう等（事務所から出てきた様子）をビデオカメラで撮影したという捜査活動の適法性が問題となりました。そこで、上記各判例において示された考慮要素を意識した検討が求められます。特に、**「必要性」**の検討にあたっては、下記の採点実感でも指摘されているように、①なぜ「甲を」捜査する必要があるのか、②なぜ「撮影する」必要があるのか、という２つの視点から分析することが重要です。①は上記判例の示した**「合理的な嫌疑の存在」**という考慮要素により基礎付けられます。したがって、甲に対する嫌疑の内容、程度を具体的事実から認定する必要があります。他方、②は上記判例の示した**「捜査目的達成のため必要な範囲」**の分析です。すなわち、被害者Ｖが犯人の「顔はよく覚えていません。」と供述しており、犯人検挙のためには改めてＶによる犯人識別が必要となったことから、この撮影は、いわゆる"面割り"（目撃者に対象者の画像・映像を示して犯人との同一性を確認する捜査）を行うために必要となる資料を入手するという特定の捜査目的のために実施されたものである点を指摘する必要があります。

［平成30年出題趣旨］

「強制処分に該当しないとの結論に至った場合、次に、当該捜査が**任意捜査における限度**内のものといえるかを検討する必要がある。本設問の事例においては、本件が被害額100万円の詐欺事案であること、Ｖが犯人から受領した領収書には「Ａ工務店代表甲」と記載されていたこと、被撮影者はＡ工務店事務所に出入りする人物であること、Ｖは犯人の顔をよく覚えていない旨供述していたこと、公道上にいる男が、事務所の玄関ドアに向かって立ち、ドアの鍵を掛けた後、振り返って歩き出す姿を約20秒間にわたり撮影したこと、Ｐが撮影した場所は、公道上に駐車した車両内であること等の具体的事実を指摘した上、任意処分の適否の判断方法に従って評価することが求められる。」

［平成30年採点実感］

「**任意捜査の許容性**の判断方法に関しては、……、具体的事案において、特定の捜査手段により対象者に生じ得る法益侵害の内容・程度と、特定の捜査目的を達成するため当該捜査手段を用いる必要性とを比較衡量すべきところ、このような視点を欠き、事例中からそれぞれの考慮要素に関連すると見られる事実を抽出・羅列するのみで、それらの**事実に関する意味付け**やそれらの相互関係を十分に検討することなく結論を述べる答案が散見された。また、ここでいう**「必要性」**とは、**特定の具体的な捜査手段を用いる必要性**を指し、本問についてこの点を論じるに当たっては、なぜ「甲を」「ビデオカメラで撮影する」必要があるか、すなわち前者については甲を被写体として選択する理由となるその**嫌疑の内容及び程度**について、後者については捜査手段としてビデオカメラによる**撮影という方法を採る必要性**について、これにより**達成すべき捜査目的との関係**を踏まえて検討すべきであるが、甲の嫌疑の内容及び程度を基礎付ける具体的事実を指摘できていない答案や、本問のような、いわゆるリフォーム詐欺が重大犯罪であることといった、本件の捜査一般の必要性に関わる事情を指摘するにとどまる答案が散見された。」

平成19年試験問題［設問1］では、連続放火事件について**犯人特定**のために行った犯行現場及び被疑者方周辺のビデオ撮影の適法性が問題となりました。判例①は、この問題の事例と非常に類似した事案であり、必要性・相当性の検討について同判例の認定した事情とその評価の仕方が参考になるでしょう。特に、「**必要性**」について、住宅密集地における連続放火事件であるという**犯罪の重大性**（「周囲には住宅が密集していて公共の危険を生じさせるおそれが高度に認められる重大な事案」）、被疑者に対する**嫌疑の程度**（「罪を犯したと考えられる合理的な理由の存在」）に加え、これまでの放火事件が「いずれも人通りの少ない早朝に発生しており、犯行の目撃者を確保することが極めて困難であり、しかも、犯人を特定する客観的証拠が存せず、警察官がこの場所を終始監視することも困難を伴う状況」であったという**他の捜査方法による摘発の困難性**（**補充性**）を指摘した上で、「被疑者方及びその周辺状況をビデオ撮影していなければ、結局犯人の特定に至らず捜査の目的を達成することができないおそれが極めて高く、あらかじめ撮影を行う必要性が十分に認められる。」と認定している点が参考となります。

［平成19年出題趣旨］

「事例への法適用の部分では、自らが論じた判断基準等に従って、本問の事例中に現れた具体的事実関係を的確に抽出、分析して、その該当性を判断することが要求されている。例えば、駐車場におけるビデオ撮影・録画と、被疑者方前公道上におけるそれとは、同じ判断基準を適用しても、その該当性判断において論じるべき具体的事実関係は異なっているので、こうした違いに即して丁寧に分析・検討すべきである。また、事実を事例中からただ書き写して羅列すれば足りるものではなく、それぞれの**事実が持つ意味**を的確に分析して論じることが必要である。例えば、被疑者方前公道上における**ビデオ撮影・録画の必要性**を検討する過程で、被疑者に対する**犯罪の嫌疑の程度**を論じる際には、３件の放火事件が、発生時期、発生場所、放火対象物、放火の態様等において類似していることを示す具体的事実関係を指摘して、これらが同一犯人による連続放火事件である可能性が高いことを的確に論証した上で、各放火事件と被疑者を結びつける個々の事実関係に言及して、その嫌疑の程度を論じることができていれば、極めて優れた分析といえよう。」

令和６年試験問題［設問２］では、覚醒剤の密売所の疑いのあるアパートの一室に出入りする人物と被疑者の同一性を確認するために、同アパートから出てきた人物が入った喫茶店において、同人の容ぼうをビデオカメラで撮影したこと（捜査①）、及び、被疑者と同アパートに出入りする人物との共犯関係、覚醒剤の搬入状況などの組織的な覚醒剤密売の実態を明らかにするために、近隣のビルの一室から同アパートの一室の玄関ドアやその周辺を継続撮影したこと（捜査②）の適法性が問われました。捜査①は喫茶店という店舗内において対象者の容ぼうを撮影したという点で、上述したパチンコ店内におけるビデオ撮影の事案（第１講の判例⑧）と共通します。他方、捜査②は**対象者の動向把握**のための常時ビデオ撮影であるところ、判例②は、本問と同様の継続的なビデオ撮影による対象者の動向を把握する捜査について、強制処分ではなく任意処分として位置付けた上で、処分の**必要性・相当性**を検討しています。本問の捜査②についても、あくまで公道上から観察し得る範囲（公的空間）の撮影にとどまると評価した上で、強制処分該当性を否定するのであれば（第１講の判例⑦参照）、次いで、任意処分として**比例原則**を適用することになります。その場合には、処分の**必要性・緊急性**を基礎付ける具体的な事情として「乙とその他の男性らとの共犯関係、覚醒剤の搬入状況などの組織的な覚醒剤密売の実態を明らかにするため、本件アパート201号室への人の出入りの様子を監視する必要」があったところ、「同室の玄関ドアは幅員約5メートルの公道側に向かって設置されていた上、同ドア横には公道上を見渡せる位置に腰高窓が設置されていたことから、同室に出入りする人物に気付かれることなく、同室の玄関ドアが見える公道上で張り込んで同室の様子を間断なく監視することは困難であった」という事情を指摘し、他方で、「2か月間、毎日24時間、撮影し続けた」という事情について、まさしく**「侵害の程度」（不利益の内容・程度）**を示す事情として考慮した上で、任意処分としての相当性を検討することになるでしょう。なお、判例②は「個人宅の出入りが約7か月半……という長期間にわたり、ほどんど常時撮影されていたものであって、撮影によって取得された情報が集積されるにつれて、生活状況等を把握される度合いも当然に高くなっていったものといえ、この期間の長さに照らしても、本件撮影によるプライバシー侵害の度合いは他の事案と比べて高かった」と指摘し、結論として、「本件撮影が類型的に強制処分に当たるとまではいえないものの、……その撮影の必要性が相当程度低下していたことは明らかで、それにもかかわらず長期間にわたって撮影を継続し……プライバシー侵害の程度が高いものであったと評価できることを考慮すれば、本件放火事件当時の撮影は、任意捜査として相当と認められる範囲を逸脱した違法なものであった」と認定しています。もっとも、同判例が撮影の強制処分該当性を否定した点については、同事案における撮影の性質はむしろ強制処分と評価されるべきであったと批判されています（⇒**第1講5**(3)参照）。

[令和6年出題趣旨]

「【捜査①】については、喫茶店における当該ビデオ撮影により制約を受ける権利・利益の内容や性質、その制約の程度がいかなるものであるのかを明示し、アパートに出入りする人物と乙の同一性を明らかにするという捜査目的を達成するための手段として、目視や写真撮影ではなくビデオ撮影という方法を用いることの意味を踏まえた論述が求められることになる。また、【捜査②】については、【捜査①】において**制約を受ける権利・利益の内容や性質との相違、捜査目的の相違、ビデオ撮影の期間や態様の相違**を意識しつつ、【捜査①】の場合と同様、制約を受ける権利・利益の内容や性質、その制約の程度がいかなるものであるのかを明示し、アパートに出入りする人物と乙との共犯関係、覚醒剤の搬入状況などの組織的な覚醒剤密売の実態を明らかにするという捜査目的を達成するための手段として、約2か月間にわたって24時間継続撮影するという方法を用いることの意味や、その際に玄関内部や奥の部屋に通じる廊下が映り込んでいたことの意味などを踏まえた論述が求められることになる。」

[令和6年採点実感]

「【捜査①】については、捜査の必要性や、目視や写真撮影ではなくビデオ撮影という方法を採る必要性について十分検討せず、主に喫茶店という場所の公共性のみをもって相当性を認めるにとどまっている答案、【捜査②】においては、ビデオ撮影によって侵害されている権利・利益につき、撮影されているのが玄関ドアの開閉に伴って不可避的に見えてしまう部分であることなどの事情を捨象し、単に「私的領域への侵入」という言葉や撮影期間の長さだけをもって強制処分と結論付ける答案、逆に、玄関ドアの開閉に伴って住居の内部が見えてしまっている点に全く配慮されていない答案、捜査の必要性やビデオ撮影という方法を採る必要性について十分検討せず、撮影期間の長さだけに着目して違法と結論付ける答案……など、具体的事実の抽出、分析が不十分な答案が相当数見受けられた。」

〈参考判例〉

【東京地判平成17・6・2判時1930号174頁】（犯人特定のためのビデオ撮影） 判例①

「本件ビデオカメラによる撮影は、後記のとおり、公道に面する被告人方玄関ドアを撮影するというプライバシー侵害を最小限にとどめる方法が採られていることや、本件が住宅街における放火という重大事案であることに鑑みると、本件ビデオカメラの撮影が、弁護人が指摘するような犯罪発生の相当高度の蓋然性が認められる場合にのみ許されるとするのは相当ではなく、また、被告人に罪を犯したと疑うに足りる相当な理由が存在する場合にのみ許されるとするのも厳格に過ぎると解される。むしろ、被告人が罪を犯したと考えられる合理的な理由の存在をもって足りると解するべきである。

すると、上記認定の諸事情に照らすと、警察官が、被告人が放火を行ったと考えたことに合理的な理由が存したことは明らかである。

そして、本件ビデオカメラ設置までの一連の放火は、早朝、人の現在しない無人の駐車場で、同所に駐車中の自動車に火を放つというものであり、同車両のガソリン等に引火しあるいは付近に駐車中の自動車や家屋に延焼する事態に発展する可能性があり、周囲には住宅が密集していて公共の危険を生じさせるおそれが高度に認められる重大な事案である。これに加え、ビデオカメラ設置までの各火事件はいずれも人通りの少ない早朝に発生しており、犯行の目撃者を確保することが極めて困難であり、しかも、犯人を特定する客観的証拠が存せず、警察官がこの場所を終始監視することも困難を伴う状況であって、今後同種事件が発生した場合に、被疑者方及びその周辺状況をビデオ撮影していなければ、結局犯人の特定に至らず捜査の目的を達成することができないおそれが極めて高く、あらかじめ撮影を行う必要性が十分に認められる。ビデオカメラ設置前の各事件が早朝の放火事案であって、その痕跡から犯人を特定することが非常に困難なことから、その緊急性も肯認できるところである。また、本件ビデオ撮影は、上記のとおり、公道に面する被告人方玄関ドアを撮影するというもので、被告人方居室内部までをも監視するような方法ではないのであるから、被告人が被るであろうプライバシーの侵害も最小限度に止まっており、本件事案の重大性を考慮すれば、やむを得ないところであり、その方法が社会通念に照らし相当とされる範ちゅうを逸脱していたとまではいえない。」

【さいたま地判平成30・5・10判時2400号103頁】（動向把握のための常時ビデオ撮影） 判例②

「⑵　本件撮影の概要

関係各証拠によれば、本件撮影は、〔1〕平成27年10月4日から平成28年5月19日までの間、被告人方近隣の私人管理場所の中にビデオカメラを設置し、データを保存する外付けハードディスクの交換時を除いて24時間連続で撮影を行ったこと、〔2〕撮影範囲は、主に被告人方前の公道及び被告人方玄関であったが、被告人方玄関ドアが開いた際には、ドアの内部の様子が映り込んでおり、ドアの内部の様子が撮影されていた時間が連続約25分間に及ぶこともあったこと、〔3〕警察官は、外付けハードディスクを交換した後、人や車の動きのある部分をパソコンにダウンロードして保存しており、この際明らかに無関係な郵便配達人等の映像は除いていたが、事件と関係のない人や車等の映像でも残されていたものがあったことが認められる。……

⑶　本件撮影の違法性について

ア　前記の事情を前提に検討すると、まず、平成27年10月の本件撮影開始時点において、Aが被告人方に立ち寄る可能性があったこと、逮捕のためにAの所在や行動パターンを把握する必要があり、そのためには被告人方前をビデオ撮影する必要があったことが認められる。もっとも、K証人は、本件捜査の一番の目的はAの逮捕である、あるいは本件撮影にはAの逮捕以外の捜査目的はなかった旨を述べているが、本件撮影開始の少し後には、Aがほぼ毎日被告人方に立ち寄っていることが確認できており、警察も同年11月には逮捕する態勢を取ったというのに、同年12月に1度、平成28年1月に1度逮捕に失敗しただけで、その他逮捕に向けた具体的対応を取っていなかったというのは理解できない。そうすると、逮捕のために本件ビデオ撮影がどこまで必要であったのか、そもそもAの逮捕のためというのが本件撮影の真の目的であったのかについても疑問があるが、A証人の証言する目的を前提にしたとしても、平成28年の初め頃までしかAの立ち寄りが確認できておらず、Aを被告人方において逮捕できる可能性が低下し、本件撮影を継続する必要性は相当程度減少していたのに、同年5月19日まで漫然と本件撮影を続けていた点において、警察の対応は不適切であったと言わざるを得ない。

イ　また、本件撮影範囲は、主に公道上及び玄関ドア付近の外部から観察し得る場所ではあったが、不特定の者が行き来することが想定されない特定の敷地内に設置されたビデオカメラから撮影されたものであった上、被告人方の玄関ドアを開けた際にはその内部が映り込むなどしており、玄関内部の映像が不鮮明で人の様子等が明確には認識できなかったとはいえ、単純に公道上等のみを撮影した場合に比べるとプライバシー侵害の度合いが高かったものと認められる。また、個人宅の出入りが約7か月半（本件各証拠の内容である映像が撮影された時点までの期間と考えても約5か月間）という長期間にわたり、ほとんど常時撮影されていたものであって、撮影によって取得された情報が集積されるにつれて、生活状況等を把握される度合いも当然に高くなっていったものといえ、この期間の長さに照らしても、本件撮影によるプライバシー侵害の度合いは他の事案と比べて高かったと認められる。加えて、本件撮影が被告人自身に対する嫌疑からなされたわけではなかったことからすると、この点は被疑者自身が自宅前付近を撮影される場合とは異なった考慮がされるべきである。以上の事情等からすれば、本件撮影による被告人や被告人の家族に対するプライバシー侵害の度合いは、それなりに高いものであったと認められる。

ウ　そして、本件撮影後に警察官は、外付けハードディスクを交換した際に一部の映像のみをパソコンにダウンロードして保存しており、その他の映像は消去していたというのであるが、映像のどの部分を保存するかについて警察内部で明確な基準が定められていなかった上、人や車の動きがある映像は、郵便局員や新聞配達員等の明らかに捜査に関係しないと認められるものを除いて保存するようにされていたというのであり、実際、被告人や被告人方の来客の映像のほか、明らかに関係のない近隣住民、通行人や通行車両が写っている映像も保存され続けていた。K証人は、保存後に映っているものが無関係だと判明した場合、それ以後は保存しないようにしていたなどと証言するが、明らかに事件と関係のない女児や男児等の通行人の映像が消去されずに保存され続けていたこと等からすると、プライバシーに対する配慮はしていたという趣旨のK証言には疑問がある。いずれにしても、警察官において、事件との関係性についてきちんと検討することなく、漫然と映像を保存し続けていたと認められることからすると、本件ではプライバシー侵害の度合いを下げるための十分な配慮がなされていたとはいえない。

エ　以上アないしウで検討してきた事情を基に考えれば、本件撮影が類型的に強制処分に当たるとまではいえないものの、少なくとも平成28年の初め頃以降はその撮影の必要性が相当程度低下していたことは明らかで、それにもかかわらず長期間にわたって撮影を継続したこと自体不適切であった上、しかも本件撮影方法は他の類似事案と比べるとプライバシー侵害の程度が高いものであったと評価できることを考慮すれば、本件放火事件当時の撮影は、任意捜査として相当と認められる範囲を逸脱した違法なものであったと認められる。」

【参考答案例】【平成30年】

［設問1］

第1　下線部①の捜査（捜査①）の適法性

1　強制処分該当性

⇒**第1講【参考答案例】**参照

2　任意捜査の相当性

(1)　捜査①が強制処分に当たらないとしても、上記のとおり、甲のプライシーを制約する側面があることから、捜査比例の原則（197条1項本文参照）に照らし、任意処分として許容される範囲にとどまるか否かについて検討する。

【論述例】任意捜査の相当性

ア　本件は、被害金額が100万円にも上る重大な詐欺事件であるところ、本件犯行の際に犯人がVに交付した領収書には、「A工務店」の代表者「甲」の押印があり、かつ、領収書に記載された住所には、実際にA工務店の事務所が存在することが判明していた。また、Vは司法警察員Pに対し、犯人は「中肉中背の男」であり、「『A工務店』と書かれたステッカーが貼られた赤色の工具箱を持っていた」旨を供述していたところ、Pは、A工務店の事務所へ入って行く中肉中背の男を目撃した。そうすると、本件は、重大事件について撮影の対象者である甲が犯人であるとの疑いを持つ合理的な理由が存在していたものと認められる。一方、Vは犯人の「顔はよく覚えていません。」と供述していたことから、本件捜査に関し、被害者の現認した犯人の容ぼう、体型等と対象者の容ぼう、体型等との同一性の有無の確認（いわゆる「面割り」）を実施するために必要不可欠な証拠資料を入手するための手段として、ビデオカメラによる対象者の容ぼう等の撮影という捜査方法を採る必要があったと認められる。これらの事情からすれば、捜査①を実施すべき高度の必要性、緊急性が認められる。

イ　他方で、捜査①によって現に対象者である甲の容ぼう等を撮影したものであるが、実際に撮影した映像は、甲が事務所の玄関ドアに向かって立ち、ドアの鍵を開けた後、振り返って歩き出す姿のみであり、撮影時間も全体でわずか約20秒間にとどまっている。また、上述のとおり、捜査①は、公道上という、通常、人が他人から容ぼう等を観察されること自体は受忍せざるを得ない場所における撮影である。これらの事情からすれば、捜査①による甲の上記利益の制約は、上述した捜査①を実施すべき高度の必要性、緊急性を考慮すれば、やむを得ないものと認められる。

(2)　以上より、捜査①は、本件の捜査目的を達成するため、必要な範囲において、かつ、相当な方法によって行われたものと認められる。

3　以上より、捜査①は適法である。

【参考答案例】【平成19年】

［設問１］

第１　将来捜査の可否

「捜査」（189条２項）は、犯罪の予防、鎮圧等を主たる目的とする行政警察活動と異なり、「犯罪があると思料するとき」、すなわち、既に発生した犯罪について犯人の発見、確保及び証拠の収集、保全を行う活動であるところ、本件ビデオ撮影・録画は将来同一犯人が同種手口により発生させる可能性の高い犯罪について予め証拠を保全する活動となることから、「捜査」としての許容性が問題となる。もっとも、本件ビデオ撮影・録画はあくまで同種手口で敢行された過去の犯罪の犯人の特定を主たる目的として行われたものといえ、新たな犯行についての証拠保全は付随的になされるに過ぎない。したがって、過去の犯罪の「捜査」として適法なものと認められる限り許容される。

第２　本件ビデオ撮影・録画の適法性

1　強制処分該当性

⇒第１講【参考答案例】参照

2　任意捜査の相当性

(1)　撮影①ないし③が強制処分に当たらないとしても、上記のとおり、対象者のプライシーを制約する側面があることから、捜査比例の原則（197条１項本文参照）に照らし、任意処分として許容される範囲にとどまるか否かについて検討する。

【論述例】任意捜査の相当性

ア　本件各放火事件（P・Q及びR駐車場における放火事件）は、その現場がいずれもB町内の住宅密集地にある駐車場であって多数の木造住宅が隣接した場所であることに加え、出火当時、焼損車両付近には多数の駐車車両があったことから、本件各犯行は、放火した車両のガソリン等に引火しあるいは付近に駐車中の自動車や家屋に延焼する事態に発展する可能性があり、周囲の住宅等に公共の危険を生じさせるおそれが高度に認められる重大な事案である。しかも、いずれの事件においても、犯人は、深夜、駐車中のC社製高級外車に対し、そのドアに鋭利な金属様の物で長さ数十センチメートルの複数のひっかき傷を付けた上、その前部バンパー付近にベンジンを用いて放火していることが認められ、発生時刻、発生場所、放火対象物、放火の態様等が類似していることから、同一犯人による連続放火事件である可能性が高く、今後も同様の犯行が繰り返される危険もあったことから、早急に犯人を検挙する必要があった。他方で、Q駐車場付近の住人が、同駐車場における出火前日の深夜、甲が同駐車場内を歩き回った上で立ち去るのを目撃していたこと、R駐車場付近の住人が、同駐車場における出火直後に、同駐車場から約200メートル離れた路上で、甲とよく似た人物が、右手にその容量が500ミリリットル程度の瓶を持ち、同駐車場方向からその反対方向に向かって走り去ったのを目撃していたこと、甲がアルバイトしているクリーニング店において、染み抜き剤として用いているベンジン500ミリリットル入り瓶数本を紛失していたこと及び甲が友人Eに対し、「確か、R駐車場にはC社製の車があったよね。」などと話していたこと等が判明したことから、甲が本件連続放火事件の犯人である疑いを持つ合理的な理由が存在していたものと認められる。そのような状況において、S・T及びU駐車場は、いずれもB町内の住宅密集地に所在し、管理人の常駐していない屋根のない駐車場であり、誰でも自由に出入りすることが可能である上、C社製高級外車が駐車されており、本件各放火事件の現場と同様の特徴を備えていたことから、今後、いずれかの駐車場において同様の放火が行われる可能性が高かったところ、それらの駐車場は、いずれも夜間の人通りが極めて少なく、深夜に行われる犯行の目撃者を確保することは困難であった。また、各駐車場及び甲方は、その周辺の状況からして、捜査対象者に気付かれることなく付近に警察官を張り込ませて終始監視することも極めて困難であった。そうすると、今後同種事件が発生した場合に、本件ビデオ撮影・録画をしていなければ、結局犯人特定に至らず捜査の目的を達成することができないおそれが極めて高かった一方で、本件各放火事件と甲を結び付けて犯人の特定、検挙に至る客観的な証拠を収集、保全するためには、上記各駐車場及び甲方付近をビデオカメラにより撮影、録画する他に有効な捜査手段がなかったといえる。これらの事情からすれば、撮影①ないし③を実施すべき高度の必要性、緊急性が認められる。

イ　他方で、上述のとおり、撮影①ないし③による撮影、録画の範囲は公道上の様子に限定されており、居室内部までをも監視するような方法ではないことから、撮影される者のプライバシーに対する制約の程度は最小限度にとどまっていたといえる。なお、特に撮影②によりプライバシーが制約され得る駐車場利用者については、通常その利用にあたって駐車場管理者の施設管理権に服することが前提となっているところ、警察は、各駐車場の管理人の承諾を得た上で撮影②を行っており、個々の利用者はかかる管理人の意思に従うことにつき黙示的に承諾していたものと評価できる。また、撮影時間は各ビデオカメラを設置した日以降の毎日午前零時から午前5時までの間と比較的長時間に及んでいるものの、警察は、撮影当日のうちに各ビデオテープを回収し、録画した映像を精査することとし、それらの映像の中に本件捜査上必要なものがなかった場合には、事後に、そのビデオテープを次の撮影に使用して上書き録画することで、不要な映像を消去することとしており、現に、不要な映像は、この方法で消去されていたのであるから、本件犯行と無関係の映像が長期間にわたり捜査機関の手元に置かれることにより撮影された者のプライバシーが不必要に制約されることのないよう慎重に配慮されていたといえる。これらの事情からすれば、撮影①ないし③による撮影対象者に対するプライバシーの制約は、上述した本件各撮影、録画を実施すべき高度の必要性、緊急性を考慮すれば、やむを得ないものと認められる。

(2)　以上より、撮影①ないし③は、いずれも本件の捜査目的を達成するため、必要な範囲において、かつ、相当な方法によって行われたものと認められる。

3　以上より、本件ビデオ撮影・録画は適法である。

[参考答案例]【令和6年】

[設問2]

第1　捜査①の適法性

1　強制処分該当性

⇒第1講【参考答案例】参照

2　任意捜査の相当性

(1)　捜査①が強制処分に当たらないとしても、上記のとおり、乙のプライシーを制約する側面があることから、捜査比例の原則（197条1項本文参照）に照らし、任意処分として許容される範囲にとどまるか否かについて検討する。

【論述例】任意捜査の相当性

ア　本件は、組織的な関与が疑われる覚醒剤密売の事案であり、密行性の高い犯罪類型であるところ、その犯行の拠点として情報提供のあった本件アパート201号室の賃貸借契約の名義人が乙であったこと、乙には覚醒剤取締法違反（所持）の前科があることからすれば、撮影の対象者である乙が覚醒剤密売に関与しているとの疑いを持つ合理的な理由が存在していたものと認められる。また、現に乙が本件アパートを拠点としていることを裏付ける必要があったところ、乙の首右側に小さな蛇のタトゥーがあることが判明していたことから、捜査機関としては、本件アパートに出入りする男性の首右側に同様の形状のタトゥーが入っていることを確認し、同男性が乙であることを特定する必要があった。もっとも、上記タトゥーの形状からして、対象者の容ぼう等を目視や写真撮影する方法では、撮影時の対象者の態勢等によっては首にある小さなタトゥーを発見、確認することができない可能性もあることから、これを確実に証拠として保存するためには、一定の時間継続して、乙の容ぼう等をビデオ撮影するという捜査方法を採る必要があったと認められる。これらの事情からすれば、捜査①を実施すべき高度の必要性、緊急性が認められる。

イ　他方で、捜査①によって現に対象者である乙の容ぼう等を撮影したものであるところ、実際に撮影した映像は、対象者が喫茶店で椅子に座って飲食する様子のみであり、撮影時間も全体でわずか約20秒間にとどまっている。また、同映像には対象者の後方の客の様子も映っていたものの、上述のとおり、捜査①は、不特定多数の客が集まる喫茶店内という、通常、人が他人から容ぼう等を観察されること自体は受忍せざるを得ない場所における撮影であることに加え、捜査①を実施するにあたり喫茶店の店長の承諾を得ており、同店の管理権に対する侵害はない。これらの事情からすれば、捜査①による乙の上記利益の制約は、上述した捜査①を実施すべき高度の必要性、緊急性を考慮すれば、やむを得ないものと認められる。

(2)　以上より、捜査①は、本件の捜査目的を達成するため、必要な範囲において、かつ、相当な方法によって行われたものと認められる。

3　以上より、捜査①は適法である。

第2　捜査②の適法性

［解答例2］

1　強制処分該当性

⇒第1講【参考答案例】参照

2　任意捜査の相当性

(1)　捜査②が強制処分に当たらないとしても、上記のとおり、乙及び本件アパートに出入りする人物のプライシーを制約する側面があることから、捜査比例の原則（197条1項本文参照）に照らし、任意処分として許容される範囲にとどまるか否かについて検討する。

ア　捜査①により本件アパートに出入りする男性のうち1名が乙であることが特定されたことから、上述した乙に対する嫌疑は一層高まっていたところ、乙とその他の男性らとの共犯関係、覚醒剤の搬入状況などの組織的な覚醒剤密売の実態を明らかにするためには、本件アパート201号室への人の出入りの様子を継続的に監視する必要があった。もっとも、同室の玄関ドアは幅員約5メートルの公道側に向かって設置されていた上、同ドア横には公道上を見渡せる位置に腰高窓が設置されていたことから、同室に出入りする人物に気付かれることなく、同室の玄関ドアが見える公道上で張り込んで同室の様子を間断なく監視することは困難であった。そのため、捜査機関としては、近隣ビルの一室にビデオカメラを設置した上で、同所から見渡せる範囲で同室の玄関ドア及びその周辺を一定の期間継続して撮影、録画するという捜査方法を採る必要があったと認められる。

イ　しかしながら、捜査②により録画された映像によれば、乙及び2名の男性が毎日おおむね決まった時間に同室に出入りする様子が記録されていたのであるから、捜査機関としては、長くとも数日間ないし数週間程度撮影を継続し、上記出入り状況を確認することで上述した捜査目的は十分に達成し得たといえるところ、2か月間にわたり漫然と撮影を続けていた点において、捜査機関の対応は不適切であったと言わざるを得ない。他方、捜査②の撮影範囲は、主に玄関ドア付近の外部から観察し得る場所ではあったが、不特定の者が行き来することが想定されない特定の敷地内に設置されたビデオカメラから撮影されたものであった上、同室の玄関ドアを開けた際にはその内部が映り込むなどしており、単純に公道上等のみを撮影した場合に比べるとプライバシー侵害の度合いが高かったものと認められる。また、個人宅の出入りが2か月間という長期間にわたり、毎日24時間常時撮影されていたものであって、撮影によって取得された情報が集積されるにつれて、生活状況等を把握される度合いも当然に高くなっていったものといえ、この期間の長さに照らしても、捜査②によるプライバシー侵害の度合いは高かったと認められる。

(2) 以上の事情からすれば、捜査②が類型的に強制処分に当たるとまではいえないものの、長期間にわたって撮影を継続したこと自体不適切であった上、しかもその撮影方法はプライバシー侵害の程度が高いものであったと評価できることを考慮すれば、捜査②は、上述した継続撮影の必要性を考慮してもなお任意捜査として相当と認められる範囲を逸脱した違法なものであったと認められる。

3 以上より、捜査②は違法である。

【5】会話傍受・録音

[論点解析] 会話傍受・録音の適法性

ICレコーダー等による**会話等の録音**について、写真・ビデオ撮影の場合と比較すると、「撮影」と「録音」では取得する情報が「容姿」か「音声」かという点に違いはありますが、基本的な捜査活動の性質は共通しているといえます。すなわち、いずれも「五官の作用により認識し得る情報の取得」であり、これを強制処分として行う場合は「検証」許可状が必要であると考えられます（ただし、通信傍受については222条の2参照）。したがって、比例原則の適用についても、基本的には写真・ビデオ撮影に関する各判例が示したものと同様の考慮要素で判断することができるでしょう。

平成27年試験問題［設問1］では、対象者が居室のベランダに出て携帯電話で通話を始めたことから、その会話の音声を警察官が隣室のベランダから録音したという捜査活動の適法性が問題となりました。判例①は、同様の事案について、このような捜査手法は発話者の「一方的な発言の内容」を録音したものにすぎず、「通話そのもの」を録音するものではないから、通信傍受法にいう「傍受」には該当しないとした上で、**被侵害利益の要保護性**について、「（発話者は）それなりに大きな声を出していたといえ、**会話の秘密性**を保護する態様といえる、電話通話者同士でしか聞こえないようなヒソヒソ話といった通話をしていたわけではないから、プライバシー保護の要請は低い」と述べて、「いまだ任意捜査の範囲を逸脱したものとはいえず、刑事訴訟法上も違法ではない」と認定しています。

[平成27年採点実感]

「【捜査①】については、任意処分とした上で、当該捜査が**任意捜査として許容される限度**のものかを検討する答案が多数を占めたが、その許容性の判断においては、……設問の事例に現れた**具体的事実がその判断枠組みにおいてどのような意味を持つのか**を意識しながら、一方で、当該捜査手段によりどのような内容の法益がどの程度侵害されるのかを具体的に明らかにしつつ、他方で、対象となる犯罪の性質・重大性、捜査対象者に対する嫌疑の程度、当該捜査によって証拠を保全する必要性・緊急性に関わる具体的事情を適切に抽出して当該捜査手段を用いる必要性の程度を検討し、それらを総合して結論を導く必要がある。しかし、判断基準については、前記最高裁判例の判示に表れる**「必要性」**、**「緊急性」**、**「相当性」**というキーワードを平面的に羅列するにとどまり、「具体的状況のもとで相当と認められる」かどうかの判断構造の理解が十分とはいえない答案も見られた。また、判断基準への当てはめにおいても、被侵害法益の具体的内容を明示しないものや、いわゆる「振り込め詐欺」に対する取締りの一般的な必要性を挙げて捜査の必要性・緊急性を肯定し、それ以上、【捜査①】で会話を聴取・録音することのより具体的な必要性には検討が及んでいないものなど、**具体的事情の抽出・評価**が不十分であったり、判断基準に即した必要な分析・検討に欠けるような答案が比較的多数見受けられた。特に、本件の場合、「会話は直ちに録音して保全しなければ消失してしまうこと」が**録音の必要性**（**「緊急性」**）を基礎づける有力な一事情となり得るが、そのような点にまで注意を払って論じられていた答案は少数にとどまった。」

平成22年試験問題［設問２］では、会話の一方当事者の同意を得た上で（他方当事者には無断で）、通信及び会話の内容を録音したという捜査活動の適法性が問題となりました。このようないわゆる**秘密録音**と呼ばれる捜査手法には、①一方当事者の同意を得て（依頼を受けて）第三者（捜査機関等）が録音する場合（**同意録音**）と②一方当事者（捜査機関である場合を含む。）自身が録音する場合（**当事者録音**）があります。判例②は「捜査機関が対話の相手方の知らないうちにその会話を録音する」という捜査手法について、「録音の**経緯、内容、目的、必要性**、侵害される個人の法益と保護されるべき公共の利益との**権衡**などを考慮し、**具体的状況のもとで相当**と認められる限度においてのみ、許容される」と判示してこの場面における比例原則の内容を具体化しています。ここでも、**被侵害利益の要保護性**、すなわち、録音に同意していない方の会話当事者の利益をどのように評価するかが重要です。一般論として、**会話の秘密性**に対する期待（この点に関するプライバシーないし人格的利益の内容を「その承諾なしに、みだりにその私的な会話を録音されない自由」として捉えるのであれば、写真・ビデオ撮影における被侵害利益としての肖像権と類似の利益といえるでしょう。）を被侵害利益として観念することができます。もっとも、会話とはまさしく相手方に内容を伝達する目的で行われるものです。そうだとすれば、下記出題趣旨でも指摘されているとおり、“伝達した内容”は会話の相手方の支配下に移転したといえるので、少なくとも会話当事者間においては会話の秘密性は放棄されていると考えられます。故に、会話の相手方に高度の守秘義務を課すことが前提となるような状況における会話でない限り、上記のような利益の要保護性は低いといえるでしょう。

［平成22年出題趣旨］

「会話の一方当事者の同意がある場合における通話及び会話の**秘密録音**については、例えば、会話当事者の一方が録音に同意している場合には、その会話内容は相手方の支配下に置かれたものであり、**会話の秘密性**は放棄したものと評価され、要保護性は、通信傍受のような会話当事者のいずれの同意もない場合に比べて低下しており、任意捜査としてその適法性を判断するなどと、この問題に関する各自の基本的な立場を刑事訴訟法の解釈として論じた上で、録音①、②及び③のそれぞれの状況における具体的事実を踏まえて適法性を論ずるべきである。」

〈参考判例〉

【東京高判平成22・12・8東高刑時報61巻1－12号317頁】（会話録音） 判例①

「通信傍受法では、「傍受」について、「現に行われている他人間の通信について、その内容を知るため、当該通信の当事者のいずれの同意も得ないで、これを受けること」とされている。

本件録音は、当事者のいずれの同意も得ないで行われたものではあるが、会話の相手がその場に存在せず、発話者（A男）の一方的な発言の内容を録音したものであって、A男の使用する携帯電話と被告人が使用する電話等の間にある通話そのものを受けたものではないから、「傍受」には該当しない。……（中略）……

そこで検討すると、〔1〕捜査官は、上記「⑴ア」記載の賃借権に基づいて6階ベランダに立ち入っているから、そのこと自体に違法視すべき点はない。〔2〕A男は、マンション室内ではなく室外のベランダで発話している上、捜査官は、6階ベランダにいて、階下の5階ベランダから聞こえてくるA男の発話を録音できているから、A男は、それなりに大きな声を出していたといえ、会話の秘密性を保護する態様といえる、電話通話者同士でしか聞こえないようなヒソヒソ話といった通話をしていたわけではないから、プライバシー保護の要請は低いものといえる。

そうすると、本件録音は、被録音者の同意を得ていない秘密録音ではあるものの、いまだ任意捜査の範囲を逸脱したものとはいえず、刑事訴訟法上も違法ではない。」

【千葉地判平成3・3・29判時1384号141頁】（秘密録音） 判例②

「一般に、対話者の一方当事者が相手方の知らないうちに会話を録音しても、対話者との関係では会話の内容を相手方の支配に委ねて秘密性ないしプライバシーを放棄しており、また、他人と会話する以上相手方に対する信頼の誤算による危険は話者が負担すべきであるから、右のような秘密録音は違法ではなく、相手方に対する信義とモラルの問題に過ぎないという見方もできよう。

しかし、それは、相手方が単に会話の内容を記憶にとどめ、その記憶に基づいて他に漏らす場合に妥当することであって、相手方が機械により正確に録音し、再生し、さらには話者（声質）の同一性の証拠として利用する可能性があることを知っておれば当然拒否することが予想されるところ、その拒否の機会を与えずに秘密録音することが相手方のプライバシーないし人格権を多かれ少なかれ侵害することは否定できず、いわんやこのような録音を刑事裁判の資料とすることは司法の廉潔性の観点からも慎重でなければならない。

したがって、捜査機関が対話の相手方の知らないうちにその会話を録音することは、原則として違法であり、ただ録音の経緯、内容、目的、必要性、侵害される個人の法益と保護されるべき公共の利益との権衡などを考慮し、具体的状況のもとで相当と認められる限度においてのみ、許容されるべきものと解すべきである。」

【論述例】

【秘密録音】

一般に、対話者の一方当事者が相手方の知らないうちに会話を録音しても、対話者との関係では会話の内容を相手方の支配に委ねて秘密性ないしプライバシーを放棄しており、これらの利益の要保護性は低下しているというべきであるから、捜査機関が対話の相手方の知らないうちにその会話を録音することは、強制手段、すなわち、個人の意思を制圧し、身体、住居、財産等に制約を加える行為とは認められず、「強制の処分」（197条1項但書）に当たらない。

もっとも、捜査機関が相手方にその拒否の機会を与えずに会話の内容を秘密録音することが相手方のプライバシーないし人格権を多かれ少なかれ侵害することは否定できないから、任意捜査として状況の如何を問わず常に許容されるものと解するのは相当でなく、録音の経緯、内容、目的、必要性、侵害される個人の法益と保護されるべき公共の利益との権衡などを考慮し、具体的状況のもとで相当と認められる限度においてのみ許容されるべきものと解する。

【参考答案例】【平成27年】

［設問1］

第1　捜査①の適法性

1　強制処分該当性

⇒第1講【参考答案例】参照

2　任意捜査の相当性

(1)　捜査①が強制処分に当たらないとしても、上記のとおり、乙のプライシーを制約する側面があることから、捜査比例の原則（197条1項本文参照）に照らし、任意処分として許容される範囲にとどまるか否かについて検討する。

【論述例】任意捜査の相当性

ア　本件は、いわゆる「振り込め詐欺」の事案であり、この種の特殊詐欺事犯は一般に居室内から被害者に架電する態様で組織的に行われる密行性の高い犯罪類型であるところ、本件詐欺未遂罪の現行犯人として逮捕された甲は犯行を否認しており、甲の勾留満期までに共犯関係の裏付け捜査を行う必要性があった。また、甲の携帯電話に頻繁な乙との通話履歴、乙からの着信履歴が記録されていたことや乙が最近は外出を控え、周囲を警戒していることが判明しており、乙が本件詐欺事件に関与した共犯者であることが強く疑われる状況にあった。一方、本件犯行が上記のとおり被害者に架電する方法で敢行されるものであることに加え、共犯者間の連絡も携帯電話による通話で行われている様子がうかがわれることからすれば、乙の携帯電話による通話内容をその場で聴取、把握する必要があり、また、会話の内容は直ちに録音して保存しなければ消失してしまうことから、乙の会話内容を客観的証拠として確保するためにもICレコーダにより録音する緊急の必要があったものと認められる。

イ　他方で、捜査①によって現に対象者である乙の会話の様子を録音したものであるが、通話の相手方の声は録音されていないことから、実際に録音されたのは会話の内容そのものではなく乙の発言のみである。また、録音時間も3分間と比較的短時間にとどまっている。さらに、捜査①は、上述のとおり、会話の内容を隣人等に聞き取られないと合理的に期待することが困難な場所・空間における録音である。これらの事情からすれば、捜査①による乙の上記利益の制約は、上述した捜査①を実施すべき高度の必要性、緊急性を考慮すれば、やむを得ないものと認められる。

(2)　以上より、捜査①は、本件の捜査目的を達成するため、必要な範囲において、かつ、相当な方法によって行われたものと認められる。

3　以上より、捜査①は適法である。

【参考答案例】【平成22年】

［設問2］

第1　前提となる捜査の適法性

1　おとり捜査について

⇒第2講【7】【参考答案例】参照

2 秘密録音について

⑴ Pが、乙又は丙女の同意を得た上で、同人らと甲との会話の内容を録音したこと（録音①ないし③、以下、「本件各録音」という。）について、適法性を検討する。

【論述例】秘密録音

⑵ Pは、上述のとおり、A組による組織的なけん銃密売ルートを解明すべく、けん銃譲渡罪の濃厚な嫌疑が生じている甲を検挙する目的で、本件おとり捜査の協力者である乙に対し、甲とのけん銃取引に関する会話の録音を依頼し（録音①及び②）、また、乙の死亡後に乙の携帯電話に甲から着信があった際、同様の捜査目的から、乙の生前の交際相手であって本件おとり捜査についても事情を認識している丙女に対し、電話に出ること及び会話の録音を依頼したものであり（録音③）、本件各録音の経緯、目的はもとより正当である。また、上述のとおり、本罪の性質上、甲を検挙するためには他に有効な捜査手段がなく、本件各録音により直接的に甲の発言内容を記録、保全する必要性は高かった。

他方で、本件各録音は、自己の会話内容が捜査機関により録音、記録されないことへの期待に係る甲の人格的利益を制約し得るものである。もっとも、本件各録音の内容は、いずれも甲の実行したけん銃の取引に関する会話であるところ、このような犯罪行為に関する会話内容については、その秘密性やプライバシーに対する発話者の期待の正当性及びこれらの利益の要保護性が、他の会話内容に比してより一層低いものといわなければならない。

これらの事情からすれば、本件各録音は、これにより害され得る甲の人格的利益を考慮しても、なお具体的状況のもとで相当な限度において行われたものと認められる。

⑶ 以上より、本件各録音は適法である。

【6】任意同行・取調べ

［論点解析］任意同行・取調べの適法性

1 適法性の判断枠組み――二分的判断と二段階判断――

捜査機関が、被疑者の出頭を確保するために同人をその住居等から警察署等へ同行させること（**任意同行**）は、**被疑者の取調べ**を目的とする場合には、「出頭を求め」る行為の一態様として198条1項本文により許容されていると解されます（なお、それ以外の目的の場合でも197条1項本文を根拠として認められます。）。ただし、逮捕・勾留されていない被疑者については、取調べのための出頭・滞留義務（取調受忍義務）がないことから（198条1項但書参照）、上記の同行及び取調べは被疑者が任意に応じた場合であることが前提となります。しかしながら、実際には、捜査機関から被疑者に対して同行及び取調べを求めるために様々な働き掛けがなされることがあり、その適法性が問題となります。

この問題について、かつての下級審裁判例では、専ら**“実質的逮捕か否か”**という観点から検討されていました。判例①は「任意の取調とは認められない」、「取調は**実質的には**逮捕状によらない違法な**逮捕**であった」と判示し、判例②は「同行は、……その場所・方法・態様・時刻・同行後の状況等からして、逮捕と同一視できる程度の強制力を加えられていたもので、**実質的には**

逮捕行為にあたる」と判示して、それぞれ同行ないしその後の取調べの違法性を認定しています。このように、かつての下級審裁判例のアプローチは、**第１基準（強制処分該当性）**の判断のみで「適法な任意同行・取調べ」と「違法な実質的逮捕」とに二分するという判断枠組みでした（**二分的判断**）。

これに対して、最高裁は、この場面でも二段階の判断枠組み（第１講の判例①参照）を採用しました。判例③（**高輪グリーン・マンション事件**）は、⑴「取調べは、刑訴法一九八条に基づき、任意捜査としてなされたものと認められるところ、任意捜査においては、**強制手段**……を用いることが許されないことはいうまでもない」と述べた上で、⑵「任意捜査の一環としての被疑者に対する取調べは、右のような強制手段によることができないというだけでなく、さらに、**事案の性質、被疑者に対する容疑の程度、被疑者の態度**等諸般の事情を勘案して、**社会通念上相当と認められる方法ないし態様及び限度**において、許容される」と判示しました。判例④も判例③の判示を引用しています。すなわち、最高裁は、⑴**第１基準（強制処分該当性）**として「強制手段」を用いたか否かを問題とし（なお、ここでいう「強制手段」の定義は第１講の判例①が判示したものであり、必ずしも「実質的逮捕」の場合に限られません。）、次に、⑵**第２基準（任意捜査の相当性）**として、任意取調べの相当性の判断基準（考慮要素）を上記のように具体化しているのです（**二段階判断**）。

［平成26年出題趣旨］
「**任意同行後の宿泊を伴う取調べの適法性**について判示した指導的な最高裁判例（**最決昭和59年２月29日刑集38巻３号479頁**。いわゆる**高輪グリーン・マンション殺人事件**）は、任意捜査の一環としての被疑者取調べに関し、第一に、強制手段を用いることは許されない、第二に、強制手段を用いない場合でも、事案の性質、被疑者に対する容疑の程度、被疑者の態度等諸般の事情を勘案して、社会通念上相当と認められる方法・態様及び限度において許容されるという**二段階の適法性の判断枠組み**を示している。」

2　任意取調べの相当性

ところで、第２基準の**相当性判断**において、「保護されるべき公共の利益」（捜査の必要性・緊急性）と比較衡量されるべき「害される個人の法益」（被侵害利益）は、この場面ではどのような内容の利益でしょうか。

一般論として、「取調べに応じるか否かの**意思決定の自由**」という利益が観念されます。もっとも、仮に相手方のこの「意思」を制圧して捜査機関が同行や取調べを強行すれば、第１基準の判断において「強制手段」を用いた取調べに該当することは明らかでしょう。他方、相手方が取調べに応じている（同意している）のであれば、上記利益に対しては何ら制約が生じていないのではないかとも考えられます。すなわち、この場合の「意思決定」は“二者択一”（YESかNOか）であって、その侵害の“有無”かしか問題となり得ない（侵害の“程度”は観念し得ない）のだとすると、取調べに応じることに“YES”という意思決定をしたのであれば、侵害は“ない”ということになるはずです。このような問題意識から、従来の判例（第１講の判例①）の示した比例原則をそのまま適用することには無理があると考え、取調べの場面では比較衡量による判断を放棄する見解があります。この見解は、判例③の示す「社会通念上相当と認められる方法ないし態様及び限度」という基準を“行為の社会的相当性”という意味で理解し、捜査機関に対する**行為規範**として把握します（ちなみに、類似の構造の議論として、刑法において「被害者の同意」による違法性阻却の要件を巡って、結果無価値論からの法益衡量説と行為無価値論からの社会的相当性説の対立がありますが、この刑法の議論を想起すると理解し易いかもしれません。)。

これに対して、意思決定それ自体に対する侵害ではなく、意思決定後の法益侵害に着目し、たとえ任意に取調べに応じていてもなお侵害される法益があることを認め、その侵害の“程度”を問題とする見解もあります。この見解は、「取調べを受ける旨の意思決定をした結果として負うことになる不利益・負担」をもって被侵害利益を観念した上で、例えば、常時監視付きの宿泊を伴う取調べであれば行動の自由の制約や精神的な疲労という観点から不利益の程度が大きいと評価し、また、徹夜にわたるような長時間の取調べであれば、精神的な疲労に加えて肉体的な苦痛という観点からも不利益の程度が増大すると考えます。そして、このような取調べの「方法ないし態様」による不利益の程度と、「事案の性質、被疑者に対する容疑の程度」等による取調べの必要性とを**比較衡量**するという判断枠組みを維持するのです。

このような**相当性の判断方法**を巡る見解の対立について、出題趣旨では以下のように指摘されていました。

[平成26年出題趣旨]

「ここで第二段階にいう**「相当」性**については、捜査の必要性と被侵害利益とを**比較衡量**して判断するとの立場や、捜査機関に対する**行為規範**としての観点から判断するとの立場等、その判断方法に関する理解が分かれ得るが、いずれの立場に立脚するにせよ、検討の前提として、上記最高裁判例を踏まえつつ、任意同行後の宿泊を伴う取調べについて、その適法性判断の枠組みを明確化しておくことが求められる。」

[令和２年出題趣旨]

「上記判断枠組みの第二段階にいう**「相当」性**については、いわゆる**比例原則**を任意取調べに適用したものとして捜査の必要性と被侵害利益とを**比較衡量**して判断するとの立場（**比較衡量説**）、捜査機関に対する**行為規範**としての観点から判断するとの立場（**行為規範説**）など、その理論的根拠や考慮要素に関する理解は分かれ得るが、いずれの立場に立つにせよ、前記最高裁判例に対する理解を前提として、いかなる立場に立脚しているのかを明確にしながら論じることが求められる。」

以上を踏まえて、判例③及び④における具体的な判断（考慮要素）を分析しておきましょう。

判例③は、被疑者を「四夜にわたり捜査官の手配した宿泊施設に宿泊させた上、前後五日間にわたって被疑者としての取調べを続行した点」の適法性が問題となりました。まず判示前段では、「捜査官が同宿し被告人の挙動を直接監視し、……その周辺に張り込んで被告人の動静を監視しており、……警察署との往復には、警察の自動車が使用され、捜査官が同乗して送り迎えがなされている」という**監視状況**、「警察において宿泊費用を支払って」いるという**費用負担**、「この間午前中から深夜に至るまでの長時間、連日にわたって本件についての追及、取調べが続けられた」という**取調べ状況**等の各事情から、「被告人は、捜査官の意向にそうように、右のような宿泊を伴う連日にわたる長時間の取調べに応じざるを得ない状況に置かれていたものとみられる一面もあり、その期間も長く、任意取調べの方法として必ずしも妥当なものであったとはいい難い」と評価しています。ところが、判示後段では、「被告人が取調べや宿泊を拒否し、調べ室あるいは宿泊施設から退去し帰宅することを申し出たり、そのような行動に出た証跡はなく、捜査官らが、取調べを強行し、被告人の退去、帰宅を拒絶したり制止したというような事実も窺われない」と**被疑者の態度**、**取調べの態様**等を指摘した上で、「右取調べにせよ宿泊にせよ、結局、被告人がその意思によりこれを容認し応じていたものと認められる」と認定しています。この後段部分の判示が、第１基準又は第２基準いずれの判断であるのかは判然としませんが、結論として適法と判断していることから、いずれにしても、本件の同行及び取調べは「強制手段」に当たらず、かつ、「社会通念上相当」なものと認められたことになります。

また、判例④は、被疑者を午後11時過ぎに任意同行した後、翌日午後９時過ぎに逮捕するまでの合計約22時間にわたり、取調べが「被告人に一睡もさせずに徹夜で行われ」たという点の適法性が問題となりました。判示は、まず「一般的に、このような長時間にわたる被疑者に対する取調べは、……被疑者の心身に多大の苦痛、疲労を与えるものであるから、特段の事情がない限り、容易にこれを是認できるものではな……い」と述べて、“原則違法”ともいうべき判断を示しました。もっとも、本件については、当初参考人として取調べを開始した際「冒頭被告人から進んで取調べを願う旨の承諾を得ていた」こと、取調べが長時間に及んだのは、「被告人の自白が客観的状況と照応せず、虚偽を含んでいると判断されたため」であること、「被告人が取調べを拒否して帰宅しようとしたり、休息させてほしいと申し出た形跡はなく、……重要な点につき虚偽の供述や弁解を続けるなどの態度を示して」いたこと等の主に**被疑者の態度**に関する事情を「特殊な事情」として指摘して、結論として取調べの適法性を肯認しています。

このように上記各判例は結論として同行・取調べの適法性を認めたものですが、いずれの判例にも反対意見が付されていたことに注意が必要です（特に判例③の結論は３対２で適法という極めて微妙な判定でした。）。また、法廷意見も「必ずしも妥当とはいい難いところがあるものの、……違法なものであったとまでは断じ難い」（判例③）、「その適法性を肯認するには慎重を期さなければならない」（判例④）という何とも微妙な言い回しをしていることからも、これらの判例の事案はいわば“限界事例”と位置付けるべきであり、少なくともこのような「方法ないし態様」による取調べが積極的・一般的に許容されるものと理解することは適切ではないでしょう。採点実感にも下記のとおり指摘されていました。

［平成26年採点実感］

「判例に現れた宿泊を伴う取調べがいかなる事案においていかなる態様のものであったのか、それは適法・違法の境界線から見てどのような位置付けがされるべき事案なのか（**限界事例**であったのかどうか）という点にまで理解が及んでいれば、おのずとより説得的な当てはめができたはずであるとも思われ、判例の理解が浅薄であることも懸念された。」

平成26年試験問題［設問１］では、殺人・窃盗事件の被疑者甲を任意同行した後、２日連続の宿泊を伴う取調べを継続した措置の適法性が問題となりました（小問１）。判例③の示した二段階の判断枠組みに従った上で、同判例の挙げた具体的な判断要素を意識した分析・検討が求められます。もっとも、本問では、「①甲の取調べ」（初日の宿泊及びその翌日の取調べ）と「②甲の取調べ」（２日目の宿泊及びその翌日の取調べ）では、下記出題趣旨の指摘する「**宿泊に至った経緯、費用負担、警察による監視の有無、翌日の出頭経緯及び取調べ状況**等」の事情が異なっていることから、この点に留意して検討する必要があります。

「①甲の取調べ」については、甲が自ら宿泊を願い出ており、宿泊費用も甲の自費で賄われていることに加え、宿泊や翌日の出頭に際して警察が監視、同行したという事情もありません。したがって、取調べの相当性を肯定することができるでしょう。

[平成26年出題趣旨]

「「①甲の取調べ」については、**第一段階の判断**として、前日に甲をＨホテルに宿泊させた上で取調べを行ったことが、強制手段を用いた取調べと評価されるのか否かにつき、**宿泊に至った経緯、費用負担、警察による監視の有無、翌日の出頭経緯及び取調べ状況**等を具体的に指摘しつつ、それらが甲の意思を制圧するに至っているか、甲の行動の自由を侵害しているかという観点から評価することが求められる。

そして、上記の点につき、「①甲の取調べ」は強制手段を用いたものではないとの結論に至った場合には、**第二段階の判断**として、任意捜査としての相当性を欠くか否かについて検討することになり、前記判例の例示も踏まえ、**事案の性質、被疑者に対する容疑の程度、被疑者の態度**等につき具体的事情を適切に抽出・評価する必要がある。相当性の判断においては、これら具体的事情を漫然と並べて判断するのではなく、自らの立場により、捜査の必要性と甲の被侵害利益（意思決定の自由や行動の自由等）との権衡を失していないか、あるいは、社会通念上、捜査機関に許されている任意処分の限度を超えていないか等の視点を定め、それに即した検討が望まれる。」

これに対して、「②甲の取調べ」については、甲は宿泊を一旦は明確に拒否して帰宅を希望しています。また、宿泊費用は警察が負担しており、警察署との往復に際しても甲は警察車両に乗せられて送り迎えされています。さらに、甲の宿泊中、同じ客室内の別部屋で警察官が待機していたという事情もあります。これらは、まさしく判例③が「必ずしも妥当とはいい難い」として指摘した点と共通する事情であることを踏まえ、これらの**宿泊の態様**に関する事情についてどのように評価するかが重要となります。結論としては、適法、違法いずれもあり得ます。また、違法と判断する場合、**第１基準**で**「強制手段」**を用いたとの認定、あるいは**第２基準**で**「社会通念上相当」**と認められる限度を超えたとの認定、いずれの判断もあり得るでしょう。上記の宿泊の態様に関する事情は、第１基準で違法とする場合は**「実質的逮捕」**に至ったものとの評価を基礎付ける事情として位置付けられ、他方、第２基準で違法とする場合、第１基準における評価に加え、第２基準で被疑者の**「不利益・負担の程度」**又は捜査機関の行為の**「社会的相当性」**を判断する事情としても位置付けられることになります。

[平成26年出題趣旨]

「なお、第二段階の相当性の判断においても、**宿泊を伴うこと**は判断要素の一つとなる。**第一段階**においては、強制手段を用いることになっていないか、すなわち**甲の意思決定**

> **の自由及び行動の自由を侵害していないか**という視点から検討したのに対し、**第二段階**においては、強制手段による取調べには当たらないことを前提に、**任意捜査としての相当性を欠くか否か**という視点から検討するのであり、検討の視点が異なる以上、両者を混同することなく、段階を追った検討が求められる。」

ただし、第1基準の判断で違法との結論を導く場合、その時点における**取調べの必要性**に関する事情を指摘、考慮することはできないという点に注意してください（⇒**第1講3(3)**参照）。本問では、「②甲の取調べ」の時点においては、その前日の取調べで甲が窃盗だけでなく殺人についても自白するに至っており、被疑者の供述状況が変化しています。これは**取調べ継続の必要性**の評価に影響する事情であることから、第2基準の判断に至った場合はこの事情を考慮して結論を導く必要があるでしょう。

> **[平成26年出題趣旨]**
>
> 「「②甲の取調べ」についても、「①甲の取調べ」と同様、**二段階の判断枠組み**に従って、その適法性を検討すべきであるが、両者は、**宿泊の態様**が大きく異なっているから、この点を意識して論じる必要がある。
>
> まず、「②甲の取調べ」に先立ち、甲をHホテルに宿泊させたことにより、強制手段を用いた取調べとならないかについては、結論はともかくとして、それを肯定する方向に働く事情及び否定する方向に働く事情の双方を適切に抽出して評価しなければならない。中でも、**甲の態度**として、当初、帰宅を希望したものの、Pの説得に応じて宿泊を承諾したこと、Hホテルにおいて、一旦は警察官がふすまを隔てた隣室に宿泊することを断ったものの、やはり説得によって諦めたこと、「②甲の取調べ」において中止や途中退出を求めることはなかったことについては、評価が分かれ得る事情であり、宿泊とそれに引き続く取調べについて有効な承諾があったと見得るかどうかに関し、丁寧な検討と説得的な論述が求められる。
>
> 次に、「②甲の取調べ」について強制手段によるものとは認められないとの立場をとった場合、任意捜査としての相当性を論じなければならないが、ここでも「①甲の取調べ」との差異を意識する必要がある。すなわち、本件が殺人・窃盗という**重大事件**であることや、甲が窃盗の被害品である指輪を質入れしたとの情報がある一方、それ以外の証拠はなく、甲を**取り調べる必要性**があること、殺人・窃盗は同一犯人によって実行された可能性が高く、甲には窃盗のみならず殺人の**嫌疑も存在**することは、「①甲の取調べ」及び「②甲の取調べ」の双方に共通するものの、「②甲の取調べ」の時点では、甲がその前日、窃盗に加えて殺人の事実についても具体的に自白して供述録取書の作成に応じ、凶器の投棄場所を記載した図面を作成したことなど、**具体的事情に変化を生じている**のであるから、どのような結論をとるにせよ、これらの変化を踏まえて論じるべきである。
>
> なお、「②甲の取調べ」の前提となったHホテルにおける**宿泊**について、第二段階の相当性の判断においても検討が必要であることは、「①甲の取調べ」と同様である。」

令和2年試験問題［設問1］では、住居侵入窃盗事件の被疑者甲を任意同行した上、約24時間という長時間にわたり、一睡もさせずに徹夜で、更に偽計も用いて実施した取調べの適法性が問題となりました。

まず、**第1基準**の判断において、甲の同行（及びその後の警察署への留め置き）が実質的逮捕と評価される場合、その違法な身体拘束下において実施された取調べも違法となります。ただし、ここで注意すべきは、本問で問われているのは、あくまで「取調べの適法性」であるという点です。同行及び留め置きが「実質的逮捕」であるという評価は、あくまで身体拘束の違法性（令状主義違反）を指摘するものです。そうすると、仮に本問においても「実質的逮捕」に当たると評価するのであれば、そのことと甲の取調べの適否との関係を明確に意識して論じる必要があります。

[令和２年採点実感]

「**強制処分該当性**の検討に際して、下線部①の取調べが「**実質逮捕**」に当たるかと問題提起し、実質逮捕に当たり刑事訴訟法第199条や令状主義に違反することのみを指摘して違法と結論付ける答案が相当数見受けられたが、任意同行が実質的な逮捕であるとすると、そのことと刑事訴訟法第197条や取調べに対する規律である同法第198条との関係、すなわち、**実質逮捕と取調べの適否との関連**に言及せず、本件の取調べのために用いられた具体的な方法に対する問題意識を欠いている答案が多く見られた。」

そこで検討すると、本問では、甲が少なくとも同行それ自体に対しては明示的に同意していたことや同行後における甲の行動に対する捜査機関の監視態勢等からすれば、判例①又は②とは事情が異なっており、甲の同行が実質的逮捕に当たるとまでは評価できないでしょう。なお、厳密には、本問のように同行から引き続き取調べが実施される場面における「**強制手段**」には、実質的逮捕の場合（**強制的な身体拘束**）のみならず、取調べにおいて拷問・脅迫等が用いられた場合（**供述の強制**）も含まれます。もっとも、本問においては、甲の取調べにおいて偽計が用いられた点で供述の自由（黙秘権）に対する侵害を問題とする余地はあるものの（⇒**第９講【１】３⑷**参照）、取調べの際に特に拷問・脅迫等が用いられたという事情はないことから、供述の強制という側面からも強制処分該当性を肯定することは困難でしょう。

[令和２年出題趣旨]

「**第一段階の判断**として、下線部①の取調べが強制処分に当たるのか否かにつき、H警察署への任意同行に甲が明示的に同意していたことや、H警察署における具体的な取調べ状況等を踏まえ、甲の**意思を制圧**していないか、甲の**身体・行動の自由等に制約**を加えていないか等の観点から評価することが求められる。」

次に、**第２基準**の判断について、本問は、長時間にわたる徹夜の取調べが行われた点で、上述のとおり“限界事例”に位置付けられる判例④の事案と共通しています。しかも、それに加えて、本問の取調べでは捜査機関により偽計が用いられているという特殊事情があります。そこで、かかる事情を「**相当性**」の判断においてどのように評価すべきかが問題となり、この点が本問の最大の特徴であったといえます。すなわち、本問は「長時間の取調べ」、「徹夜の取調べ」及び「偽計を用いた取調べ」という各要素が複合的に相俟った事案であり、多角的・総合的な分析が必要となります。

［令和２年採点実感］
「本件取調べが社会通念上相当と認められるかを判断する場面については、検討に際して、**長時間の取調べの適法性、徹夜の取調べの適法性、偽計を用いた取調べの適法性**というように、事例に現れた事情を分断した上で、その事情ごとに個別に検討を加えるだけで、総合的な分析・考慮のできていない答案が少なからず見受けられたが、本問では、通常は人が就寝している時間帯を含む約24時間という長時間にわたる取調べが徹夜で行われ、その中で疲労して言葉数が少なくなっていた甲に偽計が用いられているのであるから、そうした具体的事情があいまって生じた状態について多角的・総合的に分析・考慮する視点が必要であろう。」

「相当性」について**比較衡量**による判断枠組みを維持する見解によれば、甲の**被侵害利益の内容、不利益の程度**として、長時間にわたる取調べが甲の心身に与えた苦痛、疲労という点に加えて、更に偽計が用いられたことにより、上記の疲労と相俟って甲の供述の自由（黙秘権）に対して不当な圧迫が加えられたという点を考慮することが可能でしょう。他方、「相当性」を捜査機関に対する**行為規範**として把握する見解によれば、取調べにおいて捜査機関が偽計の手段を用いた点は、まさしく**取調べ方法の社会的相当性**の観点から直接的に問題視されるべき事情ということになるでしょう。出題趣旨等では、以下のとおり説明されていました。

［令和２年出題趣旨］
「第一段階の検討において、強制処分に当たらないとの結論に至った場合には、**第二段階の判断**として、約24時間という長時間にわたり、一睡もさせずに徹夜で、その間に疲労して口数が少なくなっていた甲に対し、本件住居侵入窃盗事件当日の夜、甲が自宅から外出するのを見た人がいる旨の偽計をも用いて行われた取調べが、任意取調べとして社会通念上相当性を欠くか否かについて検討することとなる。ここでは、前記最高裁判例が考慮要素として挙げる、**事案の性質、被疑者に対する容疑の程度、被疑者の態度**等につき具体的事実を適切に抽出し評価することが求められる。この**相当性の判断**に当たっては、事例に現れた具体的事実をただ漫然と羅列して結論を述べればよいわけではなく、例えば、**比較衡量説**に立つ場合には、捜査の必要性と比較衡量すべき反対利益としての被侵害利益をどう捉えるのかについて、どのような事実が甲のいかなる利益の侵害を基礎付けるのかを明らかにしながら論じることが必要である。また、約24時間にわたり、徹夜で行われた取調べが、それのみでも社会通念上相当性を欠き違法であると判断した場合は格別、そうでない場合には、それまでの取調べにより疲労している甲に対して偽計を用いて行われた取調べについて、その偽計の内容・程度も勘案しつつ、その適法性を判断すべきである。」

［令和２年採点実感］
「**昭和59年判例**が判示した取調べの適法性に関する、「事案の性質、被疑者に対する容疑の程度、被疑者の態度等諸般の事情を勘案して、社会通念上相当と認められる方法ないし態様及び限度において、許容される」との基準やそこで考慮すべき要素を基礎付ける理論的な説明については、学説上、いわゆる**比較衡量説**や**行為規範説**などの見解が示されているが、この点について意識的かつ正確に論じている答案は少数であり、比較衡量説に立っていると

思われるのに、取調べの必要性と比較衡量される甲の権利・利益等への言及が不十分・不正確な答案、両説の発想が不正確に混在している答案などが見られた。」

なお、**第２基準**について、上述のとおり**比較衡量説**は、任意取調べの適法性判断の場面においても捜査比例の原則による判断枠組みを維持する見解です。したがって、この見解からは比例原則の一般基準（必要性・相当性）を示した上で論述したとしても誤りとはいえません。ただし、ここまでに既に検討したとおり、判例は個々の捜査活動の類型や性質に応じて適用する比例原則の判断基準や考慮要素を具体化した上で示しています。そうすると、判例がある捜査活動の類型について具体化した比例原則の判断基準（例えば、**有形力行使**の類型について第１講の判例①が示した基準）を、何ら説明なくそれとは別の類型の捜査活動にそのまま適用するのは必ずしも適切とはいえません。採点実感においても、以下のとおり注意喚起されていました。

［令和２年採点実感］

「〔設問１〕においては、**任意同行後の被疑者の任意取調べの適法性**が問われているのであるから、刑事訴訟法第198条に基づく任意捜査の一環としての被疑者の取調べがいかなる限度で許されるのかについて、その法的判断の枠組みを示す必要がある。多くの答案は、**昭和59年判例**の、……という**二段階の判断枠組み**を意識しつつ、事例に現れた具体的事情を拾い上げて上記判断枠組みに従い相応に当てはめて結論を導いていた。しかしながら、……**最決昭和51年３月16日刑集30巻２号187頁**（以下「**昭和51年判例**」という。）が判示する、「必要性、緊急性なども考慮したうえ、具体的状況のもとで相当と認められる限度において許容される」との判断基準を何の説明もなく用いる答案が少なからず見受けられた。立場によっては、**昭和51年判例の示す判断基準**を用いるとの判断もあり得るであろうが、**昭和59年判例**は、任意同行後の被疑者に対する**任意取調べの限界**に関する事案であるのに対し、**昭和51年判例**は、警察官が、任意同行した被疑者に対して呼気検査に応じるよう説得していた際に、退室しようとした被疑者の左手首をつかんで引き止める、という**有形力の行使**が問題となった事案であって、判例の判断基準を用いるに当たっては、それぞれの判例において判断の前提となっている事案が異なることや、当該判断基準を任意取調べの場面において適用することの理論的根拠をも意識する必要がある。」

３　被告人の取調べ

被告人は「被疑者」ではないことから、被疑者の取調べに関する198条を適用する余地はありません（したがって、逮捕・勾留されている場合でも、起訴されて「被告人」となった後であれば取調べのための出頭・滞留義務（取調受忍義務）を負うことはありません。）。他方で、197条の規定する「必要な取調」は、起訴前と起訴後で規律を区別していない（起訴後についての適用を制限していない）ことから、起訴後の被告人についても、197条１項本文を根拠として取調べを行うこと自体は許容されます。

もっとも、取調べの対象が「被告人」という地位にあることから、以下の２つの要請からの制約原理が導かれます。１つは、**当事者主義の要請**です。すなわち、198条１項により「被疑者」が捜査の対象たる地位に立たされるのに対し、「被告人」は訴訟の一方当事者として検察官と対等な地位に立ちます。このような「被告人」を取調べの対象とすることは、かかる被告人の訴訟上の地位を害するおそれがあります。もう一つは、**公判中心主義の要請**です。被告人の供述については、公判廷外における捜査機関による取調べではなく、公判廷における裁判官の面前での被告人質問（311条２項）によって取り調べることが原則となります。これらの観点から、判例⑤は、一般論としては197条に基づく被告人の取調べの許容性を認めながらも、「起訴後においては被告人の当事者たる地位にかんがみ、捜査官が当該公訴事実について被告人を取り調べることはなるべく避けなければならない」と述べました。もっとも、具体的にいかなる要件で被告人の取調べが許容されるのかについては明確に判示しておらず、解釈の余地があります。論述においては、第２基準で比例原則を適用する際に、「社会通念上相当と認められる方法ないし態様及び限度」（相当性）の具体的な内容として、上記の「当事者主義及び公判中心主義の要請に抵触しないこと」という要件を設定することが考えられます。

［平成26年出題趣旨］

「起訴後は、**公判中心主義の要請**があり、また、被告人は**訴訟の当事者としての地位**を有する。したがって、捜査機関が被告人を被告事件について取り調べれば、公判廷外で真相解明に向けた証拠収集活動が行われることになるという観点からは、**公判中心主義**に抵触する可能性があり、また、検察官と訴訟上対等な地位にある被告人を取調べの対象とするという観点からは、**当事者主義**に抵触する可能性がある。他方、起訴後、公訴維持のために被告人の取調べを含む捜査が必要になることがあることも否定できない。そこで、**起訴後の被告人の取調べ**に関しては、これらの要請を十分に踏まえ、果たしてまたいかなる限度でそれが許されるか、刑事訴訟法の関連規定も視野に置きつつ、それらと整合的な法解釈を示す必要がある。

その際、**公判中心主義の要請との関係**では、少なくとも第１回公判期日前には、刑事訴訟法上も公判廷外での証拠収集活動（第１回公判期日前の証人尋問（法第226条、第227条）、証拠保全（法第179条）など）が認められていることを意識する必要があり、また、**当事者主義の要請との関係**では、被告人の承諾に基づく任意の取調べであっても、被告人の訴訟上の地位を害することになるかどうかの検討が必要である。刑事訴訟法第198条の取調べの客体は「被疑者」とされていることから、**「被告人」の取調べの法的根拠**も問題となる。これらの点に関し、起訴後の被告人の取調べは「被告人の当事者たる地位にかんがみ、……なるべく避けなければならない」としつつ、**刑事訴訟法第197条第１項の任意捜査**として許されることがある旨判示した**最決昭和36年11月21日刑集15巻10号1764頁**も踏まえつつ、的確に問題を摘示して論じることが求められる。」

平成26年試験問題［設問１］でも、起訴後の被告人に対する取調べの適法性が問題となりました（小問２）。上記出題趣旨でも指摘されているように、本問の具体的な事実関係から、２つの要請との抵触の有無を検討することになります。**「相当性」**の検討において、まず、**公判中心主義の要請**との関係では、本問の取調べが第１回公判期日前に行われているという点を指摘する必要があります。すなわち、刑事訴訟法は、第１回公判期日前であれば一定の範囲で捜査機関による証拠収集活動（179条１項、226条、227条等）を許容していることから、少なくともこの段階では公判中心主義の要請はそれほど強く働かないと考えることができます。次に、**当事者主義の要請**との関係では、取調べに際して被告人の一方当事者としての地位を害さないような措置が講じられていたか、言い換えれば、あくまで被告人の完全な任意の協力のもとで実施する取調べであることが十分に担保されていたか、という点を検討する必要があります。本問では、検察官が取調べに先立って、被告人に取調受忍義務がないことや黙秘権について明確に告知、説明している点では取調べの任意性を確保する一定の方策が講じられているといえますが、一方で、取調べに弁護人を立ち会わせていない点については評価が分かれるでしょう（なお、起訴後の被告人の取調べについては原則として弁護人の立会いを要件とすべきとする見解もあります。）。他方で、これらの事情と比較衡量すべき、**「必要性」**の検討においては、起訴後の**事情変更（新事実の発覚）**を指摘する必要があります。すなわち、本問では、甲の起訴後に乙が本件窃盗の犯人である旨を自白し、この乙の自白を裏付ける一定の証拠も発見されたことから、このままでは甲の公訴を維持することが困難となる（窃盗について甲が無罪となる）可能性が出てきたため、改めて甲から事情聴取して事実を確認する必要が生じています。最終的に、これらの事情を総合考慮して本件の取調べの適法性を判断することになります。出題趣旨及び採点実感では、以下のとおり指摘されていました。

[平成26年出題趣旨]

「「③甲の取調べ」の適法性については、乙の自白及びそれに基づき明らかとなったその他の具体的事情に照らし、甲について、公訴維持にいかなる問題を生じているか、その問題を解決するために甲の取調べが必要か、また、どのような方策を講じれば取調べの任意性を確保できるかという諸点を意識して検討し、適法・違法の結論を導く必要があろう。」

[平成26年採点実感]

「問題の所在を的確に指摘し、どのような取調べであれば当事者主義との抵触を避けることができるか、任意性を確保するにはどのような方策が必要かを意識しつつ、適法・違法の判断基準を明確にし、本事例に現れた事情をその基準に当てはめて結論を導けば、説得的な論述ができたはずである。……しかし、これら全てを満たした答案は、残念ながらほとんど見られず、むしろ、起訴後の取調べの問題点を一定程度指摘しつつも、捜査の必要性があることを理由にこれを適法としたり、窃盗の事実から盗品等無償譲受けの事実への訴因変更が予定されており、それは被告人に有利な変更であるからという理由でこれを適法としたりするなど、安易な理由付けで結論に至っているものも相当数存在した。そこからは、起訴後の**被告人の取調べと公判中心主義及び当事者主義との緊張関係**の理解が表面的かつ抽象的なものにとどまり、判例にも十分な理解が及んでいないことがうかがわれた。」

〈参考判例〉

【富山地決昭和54・7・26判時946号137頁】（任意同行と実質的逮捕①） 判例①

「以上の事実によると、当初被疑者が自宅前から富山北警察署に同行される際、被疑者に対する物理的な強制が加えられたと認められる資料はない。しかしながら、同行後の警察署における取調は、昼、夕食時など数回の休憩時間を除き同日午前八時ころから翌二四日午前零時ころまでの長時間にわたり断続的に続けられ、しかも夕食時である午後七時ころからの取調は夜間にはいり、被疑者としては、通常は遅くとも夕食時には帰宅したいとの意向をもつと推察されるにもかかわらず、被疑者にその意思を確認したり、自由に退室したり外部に連絡をとったりする機会を与えたと認めるに足りる資料はない。

右のような事実上の看視付きの長時間の深夜にまで及ぶ取調は、仮に被疑者から帰宅ないし退室について明示の申出がなされなかったとしても、任意の取調であるとする他の特段の事情の認められない限り、任意の取調とは認められないものというべきである。従って、本件においては、少なくとも夕食時である午後七時以降の取調は実質的には逮捕状によらない違法な逮捕であったというほかはない。」

【東京高判昭和54・8・14刑月11巻7－8号787頁】（任意同行と実質的逮捕②）判例②

「ところで、同日午後一〇時半ころ、長野県警察本部から応援に来ていたJ警部補は、前記諸事情からして被告人の容疑は濃厚であるが、緊急逮捕をするには無理がありなお継続して取調べをする必要があると判断したが、右駐在所の駐在員家族の就寝時刻でもあり、被告人の供述の真否確認には駐在所では不便であつて被告人にとつても不利益であるところから、飯山署長及び同署刑事課長らと協議したうえ、被告人が同意するなら飯山署に同行することとし、被告人の意向を確かめた。これに対し被告人としては同行を承諾する意思はなかつたが、半ば自棄的になり勝手にしろといつた調子で「どこにでも行つてよい」旨を述べたところ、同警部補は被告人が同行を承諾したものと考え、同日午後一一時ころ、一般の乗用車と変らないいわゆる覆面パトカーの後部座席中央に被告人を乗せ、その両側にI部長とJ警部補が被告人を挟むようにして乗り、前部には運転者のほか助手席にD部長が乗り、合計五名の警察官が同乗して同所を出発し、同日午後一一時五〇分ころ飯山署に到着した。被告人は右パトカーに自分から乗り込み、また途中では家族の話をしたり警察官から夜食用のパンをもらつて食べたりし、パトカーから降りたいなどとは言わなかつたけれども、それはこれまでの経過からみて被告人としては同行を拒否しても聞いてもらえないと諦めていたものと認められる。

飯山署においてはI部長が取調べにあたつたが、被告人は依然として否認を続け、しかも右取調べ中午前零時を過ぎた後、「既に逮捕しているなら遅いから留置場で寝かせてほしい。まだ逮捕していないなら帰らせてもらう」旨を述べて椅子から立ち上がつたが、同部長にとめられるということもあつた。しかし、結局被告人否認のまま逮捕状が発付され、午前二時一八分その執行がなされ、翌一六日午後一時検察庁送致の手続がとられ、その後間もなく勾留請求がなされ勾留状が発付されて同日午後四時一八分その執行がなされるに至つたものである。

以上の経過によつて判断すると、被告人を前記駅付近から同駅待合室へ、同所から更にB駐在所へ同行した一連の行為は、その経過・態様に照らし警察官職務執行法二条二項の任意同行に該当し何ら違法の点は認められないが、少なくとも同駐在所から飯山署に向かうべく被告人をいわゆる覆面パトカーに乗せてからの同行は、被告人が始めに「どこにでも行つてよい」旨述べたとはいえ、その場所・方法・態様・時刻・同行後の状況等からして、逮捕と同一視できる程度の強制力を加えられていたもので、実質的には逮捕行為にあたる違法なものといわざるをえない。」

【最(二小)決昭和59・2・29刑集38巻3号479頁（高輪グリーン・マンション事件）】（任意取調べの限界①）判例③

「右のような事実関係のもとにおいて、昭和五二年六月七日に被告人を高輪警察署に任意同行して以降同月一一日に至る間の被告人に対する取調べは、刑訴法一九八条に基づき、任意捜査としてなされたものと認められるところ、任意捜査においては、強制手段、すなわち、「個人の意思を制圧し、身体、住居、財産等に制約を加えて強制的に捜査目的を実現する行為など、特別の根拠規定がなければ許容することが相当でない手段」（最高裁昭和五〇年(あ)第一四六号同五一年三月一六日第三小法廷決定・刑集三〇巻二号一八七頁参照）を用いることが許されないことはいうまでもないが、任意捜査の一環としての被疑者に対する取調べは、右のような強制手段によることができないというだけでなく、さらに、事案の性質、被疑者に対する容疑の程度、被疑者の態度等諸般の事情を勘案して、社会通念上相当と認められる方法ないし態様及び限度において、許容されるものと解すべきである。

これを本件についてみるに、まず、被告人に対する当初の任意同行については、捜査の進展状況からみて被告人に対する容疑が強まつており、事案の性質、重大性等にもかんがみると、その段階で直接被告人から事情を聴き弁解を徴する必要性があつたことは明らかであり、任意同行の手段・方法等の点において相当性を欠くところがあつたものとは認め難く、また、右任意同行に引き続くその後の被告人に対する取調べ自体については、その際に暴行、脅迫等被告人の供述の任意性に影響を及ぼすべき事跡があつたものとは認め難い。

しかし、被告人を四夜にわたり捜査官の手配した宿泊施設に宿泊させた上、前後五日間にわたつて被疑者としての取調べを続行した点については、……疑問の余地がある。

すなわち、被告人を右のように宿泊させたことについては、被告人の住居たる野尻荘は高輪警察署からさほど遠くはなく、深夜であつても帰宅できない特段の事情も見当たらない上、第一日目の夜は、捜査官が同宿し被告人の挙動を直接監視し、第二日目以降も、捜査官らが前記ホテルに同宿こそしなかつたもののその周辺に張り込んで被告人の動静を監視しており、高輪警察署との往復には、警察の自動車が使用され、捜査官が同乗して送り迎えがなされているほか、最初の三晩については警察において宿泊費用を支払つており、しかもこの間午前中から深夜に至るまでの長時間、連日にわたつて本件についての追及、取調べが続けられたものであつて、これらの諸事情に徴すると、被告人は、捜査官の意向にそうように、右のような宿泊を伴う連日にわたる長時間の取調べに応じざるを得ない状況に置かれていたものとみられる一面もあり、その期間も長く、任意取調べの方法として必ずしも妥当なものであつたとはいい難い。

しかしながら、他面、被告人は、右初日の宿泊については前記のような答申書を差出しており、また、記録上、右の間に被告人が取調べや宿泊を拒否し、調べ室あるいは宿泊施設から退去し帰宅することを申し出たり、そのような行動に出た証跡はなく、捜査官らが、取調べを強行し、被告人の退去、帰宅を拒絶したり制止したというような事実も窺われないのであつて、これらの諸事情を総合すると、右取調べにせよ宿泊にせよ、結局、被告人がその意思によりこれを容認し応じていたものと認められるのである。

被告人に対する右のような取調べは、宿泊の点など任意捜査の方法として必ずしも妥当とはいい難いところがあるものの、被告人が任意に応じていたものと認められるばかりでなく、事案の性質上、速やかに被告人から詳細な事情及び弁解を聴取する必要性があつたものと認められることなどの本件における具体的状況を総合すると、結局、社会通念上やむを得なかつたものというべく、任意捜査として許容される限界を越えた違法なものであつたとまでは断じ難いというべきである。」

【最(三小)決平成元・7・4刑集43巻7号581頁】(任意取調べの限界②) **判例④**

「右の事実関係のもとにおいて、昭和五八年二月一日午後一一時過ぎに被告人を平塚警察署に任意同行した後翌二日午後九時二五分に逮捕するまでの間になされた被告人に対する取調べは、刑訴法一九八条に基づく任意捜査として行われたものと認められるところ、任意捜査の一環としての被疑者に対する取調べは、事案の性質、被疑者に対する容疑の程度、被疑者の態度等諸般の事情を勘案して、社会通念上相当と認められる方法ないし態様及び限度において、許容されるものである（最高裁昭和五七年(あ)第三〇一号同五九年二月二九日第二小法廷決定・刑集三八巻三号四七九頁参照)。

右の見地から本件任意取調べの適否について勘案するのに、本件任意取調べは、被告人に一睡もさせずに徹夜で行われ、更に被告人が一応の自白をした後もほぼ半日にわたり継続してなされたものであつて、一般的に、このような長時間にわたる被疑者に対する取調べは、たとえ任意捜査としてなされるものであつても、被疑者の心身に多大の苦痛、疲労を与えるものであるから、特段の事情がない限り、容易にこれを是認できるものではなく、ことに本件においては、被告人が被害者を殺害したことを認める自白をした段階で速やかに必要な裏付け捜査をしたうえ逮捕手続をとつて取調べを中断するなど他にとりうる方途もあつたと考えられるのであるから、その適法性を肯認するには慎重を期さなければならない。

……（中略）……

そこで本件任意取調べについて更に検討するのに、次のような特殊な事情のあつたことはこれを認めなければならない。

すなわち、前述のとおり、警察官は、被害者の生前の生活状況等をよく知る参考人として被告人から事情を聴取するため本件取調べを始めたものであり、冒頭被告人から進んで取調べを願う旨の承諾を得ていた。

また、被告人が被害者を殺害した旨の自白を始めたのは、翌朝午前九時半過ぎごろであり、その後取調べが長時間に及んだのも、警察官において、逮捕に必要な資料を得る意図のもとに強盗の犯意について自白を強要するため取調べを続け、あるいは逮捕の際の時間制限を免れる意図のもとに任意取調べを装つて取調べを続けた結果ではなく、それまでの捜査により既に逮捕に必要な資料はこれを得ていたものの、殺人と窃盗に及んだ旨の被告人の自白が客観的状況と照応せず、虚偽を含んでいると判断されたため、真相は強盗殺人ではないかとの容疑を抱いて取調べを続けた結果であると認められる。

さらに、本件の任意の取調べを通じて、被告人が取調べを拒否して帰宅しようとしたり、休息させてほしいと申し出た形跡はなく、本件の任意の取調べ及びその後の取調べにおいて、警察官の追及を受けながらなお前記郵便貯金の払戻時期など重要な点につき虚偽の供述や弁解を続けるなどの態度を示しており、所論がいうように当時被告人が風邪や眠気のため意識がもうろうとしていたなどの状態にあつたものとは認め難い。

以上の事情に加え、本件事案の性質、重大性を総合勘案すると、本件取調べは、社会通念上任意捜査として許容される限度を逸脱したものであつたとまでは断ずることができず、その際になされた被告人の自白の任意性に疑いを生じさせるようなものであつたとも認められない。」

【最(三小)決昭和36・11・21刑集15巻10号1764頁】(被告人の取調べ) **判例⑤**

「刑訴一九七条は、捜査については、その目的を達するため必要な取調をすることができる旨を規定しており、同条は捜査官の任意捜査について何ら制限をしていないから、同法一九八条の「被疑者」という文字にかかわりなく、起訴後においても、捜査官はその公訴を維持するために必要な取調を行うことができるものといわなければならない。なるほど起訴後においては被告人の当事者たる地位にかんがみ、捜査官が当該公訴事実について被告人を取り調べることはなるべく避けなければならないところであるが、これによつて直ちにその取調を違法とし、その取調の上作成された供述調書の証拠能力を否定すべきいわれはなく、また、勾留中の取調べであるのゆえをもつて、直ちにその供述が強制されたものであるということもできない。」

【論述例】

【任意同行・取調べ】

被疑者の取調べ（198条1項）を目的とする出頭要求・同行及びその後の被疑者に対する取調べにおいて、強制手段を用いることは許されない。したがって、その場所・方法・態様・時刻・同行後の状況等から判断して逮捕と同一視できる程度の強制力を加えられた場合、実質的には逮捕行為に当たり令状主義（憲法33条、刑訴法199条1項本文参照）に違反するものと解する。

さらに、任意捜査の一環としての被疑者に対する取調べは、上記のような強制手段によることができないというだけでなく、事案の性質、被疑者に対する容疑の程度、被疑者の態度等諸般の事情を勘案して、社会通念上相当と認められる方法ないし態様及び限度において、許容されるものと解すべきである。

【参考答案例】【平成26年】

［設問1］

第1　①及び②の甲の取調べの適法性（小問1）

1　司法警察員Pは、本件殺人及び窃盗事件に関し、被疑者甲をその住居から警察署まで任意同行して取り調べた後、同人を同警察署付近のホテルに宿泊させ、その翌日に引き続き甲の取調べ（取調べ①）を行い、その後、同人を引き続き同ホテルに宿泊させ、その翌日に更に甲の取調べ（取調べ②）を行っている。以下、取調べ①及び②の適法性を検討する。

【論述例】任意同行・取調べ

2　取調べ①について

(1)　取調べ①は、その前日に甲をHホテルに宿泊させた上で行われているところ、宿泊に至った経緯は、Pが甲に「明日朝から取調べを再開するので、出頭してほしい。」と申し向けたのに対し、甲は当初難色を示したものの、Pから説得され、「1日くらいなら仕事を休んで、取調べに応じてもよい。」と述べて承諾し、その際、甲が「安いホテルに泊まった方が安上がりだと思うので、泊まる所を紹介してほしい。」と自ら申し出たことから、PにおいてM警察署から徒歩約20分の距離にあるHホテルを甲に紹介し、同ホテルに甲が宿泊することになったというものである。この宿泊に際し、甲は、同ホテルまで自ら歩いて行き、自費で宿泊しており、Pは甲に捜査員を同行させたり、甲の宿泊中に同ホテルに捜査員を派遣したりすることはしていない。取調べ①の当日も、捜査員が同行することなく、甲が1人でM警察署に出頭して取調べに応じているところ、取調べ自体も適宜甲に食事や休憩を取らせながら行われており、その過程で甲が取調べの中止を訴えたり、取調室からの退去を希望したりすることはなかった。

以上の事情から、取調べ①及びその前日の宿泊の過程で、甲に対し逮捕と同一視できる程度の強制力が加えられたものとは認められない。したがって、取調べ①は、甲の意思を制圧し、その行動の自由を侵害したものとはいえず、強制手段を用いたものとは認められない。

(2)　本件は、Wの妻Vが自宅で殺害された上、同人の指輪が窃取された殺人・窃盗事件として捜査が開始された事件であるところ、事件と近接した時期に甲が被害品の指輪を質入れしたこと、同人がWのいとこであり多額の借金を抱えて夜逃げしており、時々Wから金を借りようとしていたこと等が判明したことから、甲が本件の被疑者として浮上し、同人にM警察署までの任意同行を求めた上で同署において取調べが開始されたものである。これらの事情からすれば、当初の任意同行については、甲に対する容疑が強まっており、事案の性質、重大性等にも鑑みると、その段階で直接甲から事情を聴き弁解を徴する必要性があったことは明らかである。また、甲を宿泊させた上で翌日も取調べを続行した点については、同行の当日午後4時頃から午後10時頃まで取調べを行ったものの、その間甲が本件窃盗への関与について度々供述を変遷させたことから、結局、供述録取書を作成するには至らず取調べを中断することとなったため、翌日も引き続き甲を取り調べる必要があったものと認められる。

他方で、取調べ①は午前10時頃から午後9時頃まで約11時間もの長時間にわたり行われたものであるが、上述した前日の宿泊に至った経緯、宿泊に際して甲が費用を負担したこと及び警察による監視も行われていないこと、取調べ当日の甲の出頭経緯及び取調べ状況等からすれば、取調べ①及びその前日の宿泊について、甲はその意思によりこれを容認し応じていたものと認められる。また、Pは取調べ①の開始に先立って、甲に供述拒否権があることを告げており（198条2項）、手続違背もない。そうすると、上述した本件事案の性質、重大性及び甲の供述の変遷状況等に鑑みて、引き続き甲から詳細な事情及び弁解を聴取する必要性があったことなどの本件における具体的状況を総合すれば、取調べ①は、社会通念上相当と認められる方法ないし態様及び限度において行われたものと認められる。

(3)　以上より、取調べ①は適法である。

3　取調べ②について

(1)　取調べ②も、その前日に甲をHホテルに宿泊させた上で行われているところ、宿泊に至った経緯は、Pが甲に「更に詳しい話を聞きたいので、ホテルにもう1泊してもらい、明日も取調べを続けたいがよいか。」と申し向けたのに対し、甲は一旦帰宅することを希望したが、Pから「宿泊費は警察が出すので心配しなくてもよい。」等と説得され、渋々ながら「分かりました。そうします。」と答えて宿泊に承諾したものである。また、甲の宿泊した客室は、6畳和室と8畳和室が続いていて、奥の6畳和室からホテルの通路に出るためには、必ず8畳和室を通らなければならず、両室の間はふすまで仕切られているだけで、錠が掛からない構造であったところ、Pは、Qら3名の司法警察員に対し、警察車両で甲をIIホテルまで送り届けて上記客室の6畳和室に宿泊させ、Qら3名は同客室の8畳和室で待機するよう指示している。これに対し、甲は、「警察官は帰ってほしい。せめて私を個室にして警察官は別室にいてもらいたい。」と訴えたが、Qから「私達は隣の部屋にいるだけで、君の部屋をのぞくようなことはしない。」等と説得されると、諦めて6畳和室で就寝している。なお、この宿泊中、Qらは甲の客室の8畳和室で待機していたが、この間甲が客室から退室しようとしたことはなく、現にQらが甲の行動を制止したことはなかった。そして、取調べ②の当日、甲は警察車両に乗せられてM警察署に出頭したものであるが、この日も、Pは、甲に適宜食事や休憩を取らせており、甲が取調べの中止を訴えたり、取調室からの退去を希望したりすることはなかった。

以上の事情からすれば、取調べ②及びその前日の宿泊について、甲は渋々ではあるものの一応その意思によりこれを容認し応じていたものといえ、その過程で、甲に対し逮捕と同一視できる程度の強制力が加えられたものとまでは認められない。したがって、取調べ②は、甲の意思を制圧し、その行動の自由を侵害したものとはいえず、強制手段を用いたものとは認められない。

(2)　前日の取調べ①において、甲は、本件殺人及び窃盗の事実を認めた上、V殺害に使用した凶器のゴルフクラブについて「山中に捨てた。」と供述したことから、その旨の供述録取書及びゴルフクラブの投棄場所を記載した図面が作成された。そうすると、この段階で引き続き、凶器の投棄場所に甲を同行した上で凶器を発見すべく引き当たり捜査を実施する等して甲の供述を裏付けるための所要の捜査を遂げる必要があったと認められる。ところが、同日は上記供述録取書等を作成した時点で既に午後9時になっていたので、Pは取調べ①を中断することとしたのであるから、引き続きその翌日も甲に対して上記の取調べ等の捜査を継続する必要性は失われていなかったというべきである。

しかしながら、取調べ②の前日の宿泊について、甲は、取調べ①の前日の宿泊の際とは異なり、一旦は明確に帰宅したい旨を述べていた。また、宿泊中も、ふすまで仕切られているだけで個々の部屋のプライバシーを十分に確保し得ない構造になっている同室内の別部屋に、Qら3名の司法警察員が同宿した上で甲の動静を監視していたことに加え、M警察署との往復には、警察車両が使用され、司法警察員が同乗して送り迎えがなされているほか、この宿泊については警察において宿泊費用を支払っていた。当日も、午前9時頃から午後4時に甲が通常逮捕されるまでの約7時間にわたり取調べ②を含む所要の捜査が行われており、長時間、連日にわたって本件についての追及、取調べが続けられたものである。これらの事情からすれば、取調べ②は、甲の心身に多大の苦痛、疲労を与えるものであり、このような取調べが任意取調べの方法として必ずしも妥当なものであったとはいい難い。他方、本件殺人及び窃盗は同一犯人によって実行された可能性が高いと疑われたところ、少なくとも窃盗については甲が事件と近接した時期に被害品を質入れしたとの情報を得ており、一定の裏付け証拠があったのであるから、Pとしては、取調べ①において甲の自白を内容とする供述録取書等を作成した時点で、殺人及び窃盗の被疑事実で逮捕状を請求し、甲を通常逮捕した上で上記の裏付け捜査等を継続することも可能であったと考えられる。これらの事情を総合すると、本件事案の性質、重大性や上記所要の捜査を継続する必要性という点を考慮しても、取調べ②は、社会通念上相当と認められる方法ないし態様及び限度において行われたものとは認められない。

(3)　以上より、取調べ②は違法である。

第2　③の甲の取調べの適法性（小問2）

1　検察官Rは、本件殺人罪及び窃盗罪で起訴した後、更に甲の取調べ（取調べ③）を行っているところ、かかる取調べの適法性を検討する。

起訴後の被告人に対する取調べは、「被疑者」に対する取調べ（198条1項）と異なり、これを直接許容する規定はないところ、197条は捜査機関の任意捜査について何ら制限をしていないから、起訴後においても、捜査機関はその公訴を維持するために必要な捜査活動を行うことができると解される。もっとも、被告人は、「被疑者」と異なり捜査の対象たる地位ではなく、訴訟の一方当事者として検察官と対等な地位にある（当事者主義、256条3項及び6項、298条1項、312条1項等参照）。また、被告人の供述は、公判廷外における捜査機関による取調べではなく、公判廷における被告人質問（311条2項）によって取り調べることが原則である（公判中心主義、282条1項）。したがって、捜査機関が公訴事実について被告人を取り調べることはなるべく避けなければならないというべきであり、例外的に、公訴維持の観点からやむを得ないと認められる場合に限り、当事者主義及び公判中心主義の要請に抵触しない相当な方法ないし態様及び限度においてこれを行うことは、197条1項により許容されるものと解する。

2　取調べ③について

⑴　取調べ③は、後述のとおり甲の任意の協力の下で実施されていることから、強制手段を用いたものとは認められない。

⑵　甲の起訴後、別の窃盗事件により勾留中の乙が、警察による取調べにおいて、W方でダイヤモンドの指輪等を窃取し、同指輪を友人の甲に無償で譲渡した旨等を供述したことから、上記供述の裏付け捜査を実施したところ、W方にあったVの宝石箱から検出された指紋の一つが乙のものと合致すること等が判明した。さらに、甲がV殺害に使用したと供述するゴルフクラブから検出された数個の指紋のうち、一つは乙のものと合致することが判明した。甲の起訴後に新たに判明した上記各事実は、本件殺人及び窃盗を甲が単独で実行したことを内容とする甲の自白の信用性に疑いを生じさせるものであり、本件公訴事実に係る各犯罪の成否を左右し得る重大な事実である。したがって、Rとしては、本件公訴を維持するため、上記各事実について更に甲を取り調べる高度の必要性があったと認められる。

他方で、取調べ③は甲の第1回公判前整理手続期日前に行われているところ、刑事訴訟法が第1回公判期日前の証拠収集ないし保全について一定の範囲で許容していること（179条1項、226条、227条等）に照らせば、取調べ③が公判中心主義の要請に抵触するとまでは認められない。また、弁護人の立ち会いが保障されずに取調べが行われた点は当事者主義の観点から必ずしも妥当とは言い難いものの、Rは、甲に対し、「嫌なら取調べを受けなくてもよいし、取調べを受けるとしても、言いたくないことは言わなくてもよい。」と告げ、取調受忍義務がない旨及び黙秘権（311条1項参照）を明確に告知した上、甲がこれに応じる旨を述べたことから取調べ③を開始しており、甲の承諾に基づく任意の取調べであることが担保されていたといえる。したがって、取調べ③が甲の一方当事者としての地位を害するものとまでは認められない。

これらの事情からすれば、取調べ③は、公判維持のためやむを得ないと認められる場合において、かつ、当事者主義及び公判中心主義の要請に抵触しない相当な方法ないし態様及び限度において行われたものと認められる。

(3)　以上より、取調べ③は適法である。

【参考答案例】【令和２年】

［設問１］

1　本件住居侵入窃盗に関し、司法警察員Ｐ及びＱが被疑者甲に対して実施した下線部①の取調べ（以下、「本件取調べ」という。）の適法性を検討する。

【論述例】任意同行・取調べ

(1)　Ｐ及びＱは、甲にＨ警察署への任意同行を求めて甲の取調べを実施することとし、12月４日午後６時頃に甲方に赴いたが不在のため同方付近で待機した上、同日午後９時頃、甲が帰宅したのを確認したので、甲方のインターホンを鳴らし、玄関先に出てきた甲に対し、本件住居侵入窃盗の件でＨ警察署までの同行を求めたところ、甲が「協力します。」と言ってこれに同意したことから、甲を徒歩で同行し、同日午後９時10分過ぎ頃、Ｈ警察署に到着した。かかる同行の過程において、甲に対する物理的な強制が加えられたと認められる事情はなく、甲はＨ警察署への同行に明示的に同意していたと認められる。

上記同行後、Ｐらは、同日午後９時20分頃から、Ｈ警察署取調室において、黙秘権等を告知した上で甲の取調べを開始したところ、同取調べは、翌５日午後９時30分頃まで約24時間もの長時間にわたり断続的に続けられた。もっとも、その間、甲は、取調べを拒否して帰宅しようとしたことはなく、仮眠したい旨の申出をしたこともなかった。また、Ｐらは、甲からのトイレの申出にはいずれも応じた上、朝食、昼食及び夕食を摂らせて休憩させた。そして、同取調べ中、同取調室及びその周辺には、取調官１名の他に警察官が待機することはなかった。かかる同行後の状況からすれば、Ｐらが甲の挙動を常時監視し、同人を取調べに応じざるを得ない状況に置いていたとまではいえず、甲の身体、行動の自由を制約していたとは認められない。

以上の事情から、甲の同行及び同行後の取調べの過程で、甲に対し逮捕と同一視できる程度の強制力が加えられたものとは認められない。したがって、本件取調べは、甲の意思を制圧し、その行動の自由を侵害したものとはいえず、強制手段を用いたものとは認められない。

(2)　本件住居侵入窃盗は、令和元年12月３日午後８時頃から同日午後９時頃までの間、Ｈ市内の一戸建てのＶ方１階掃き出し窓のクレセント錠近くのガラスが半円形に割られた上で施錠が外され、Ｖ方１階に保管されていた現金10万円が窃取された事件であるところ、その犯行手口は巧妙であり、手慣れた犯行態様で悪質である。また、被害額はこの種の事案として少額とはいえず結果も重大である。しかも、同年10月から11月にかけてＨ市内の一戸建ての民家において同様の手口による同種事件が連続して５件発生しており、不安を感じた住民から早期の犯人検挙を求める要望が多数寄せられていたことも併せて考慮すれば、早期に犯人を検挙し、同種事犯の発生を未然に防ぐ必要があった。そのような状況において、同年12月１日夜、Ｈ市内に居住する甲が、同市内の一戸建てのＸ方において、１階掃き出し窓のクレセント錠近くのガラスにガラスカッターを当てているのを顔見知りの住民Ｗに目撃されたために逃走した旨の情報がＷからの通報により覚知されたところ、X方窓ガラスに残されていた傷跡が、上記一連の住居侵入窃盗事件の窓ガラスの割れ跡及び本件住居侵入窃盗における窓ガラスの割れ跡と形状において類似していた。かかる事情からすれば、Pらにおいて、本件住居侵入窃盗と上記5件の住居侵入窃盗事件が甲による連続窃盗事件ではないかとの嫌疑を抱くことは合理的であったと認められ、かかる甲の嫌疑を早急に確認する必要があった。

他方で、上述のとおり、甲が本件取調べを拒否して帰宅しようとしたり、休息させてほしいと申し出た形跡はなく、Pらが、本件取調べを強行し、甲の退去、帰宅を拒絶したり制止したという事実も窺われない。また、Pは取調べの開始に先立って、甲に黙秘権及び取調室からいつでも退去できる旨を告げており（198条1項但書、同条2項参照)、手続違背もない。しかしながら、本件取調べは、約24時間という長時間にわたり、甲に一睡もさせずに徹夜で行われたものであって、これにより、甲は、時間の経過とともに疲労し、同月5日午後3時過ぎには、言葉数が少ない状態となっていたところ、このような長時間にわたる徹夜の取調べは、たとえ任意捜査としてなされるものであっても、甲の心身に多大の苦痛、疲労を与えるものであるから、特段の事情がない限り、容易にこれを是認できるものではない。しかも、本件取調べにおいて、Qは、「甲が疲労している今の状況であれば、軽微なうそをつくだけで自白を得られるのではないか。」と考え、甲に対し、「12月3日の夜、君が自宅から外出するのを見た人がいるんだ。」と虚偽の事実を申し向けているところ、かかる偽計は上記の疲労と相俟って甲の供述の自由（黙秘権）に対して不当な圧迫を加えるものであるから、取調べ方法として相当であったとは到底認められない。

これらの事情を総合すると、本件事案の性質、重大性及び甲に対する嫌疑の程度を考慮しても、本件取調べは、社会通念上相当と認められる方法ないし態様及び限度において行われたものとは認められない。

2 以上より、本件取調べは違法である。

【7】おとり捜査

［論点解析］おとり捜査の適法性

1 おとり捜査の意義

おとり捜査については、まず、**おとり捜査の意義**を定義した上で、問題となっている捜査手法が「おとり捜査」に該当するかを明らかにする必要があります。おとり捜査の意義について、判例①は「捜査機関又はその依頼を受けた捜査協力者が、その身分や意図を相手方に秘して犯罪を実行するように**働き掛け**、相手方が**これに応じて**犯罪の実行に出たところで現行犯逮捕等により検挙するもの」と定義付けしています。この定義によれば、捜査機関による“働き掛け”がない場合（例えば、警察官が一般市民の被害者を装って相手方から犯罪被害に遭う機会を待って、相手方が犯罪に出たところでそれを検挙する場合等）は「おとり捜査」には該当しないことになります。

［令和4出題趣旨］

「おとり捜査の適法性が争われた事案に関する最高裁判所の判例としては、**最決平成16年7月12日刑集58巻5号333頁**（以下「**平成16年決定**」という。）がある。平成16年決定は、おとり捜査の意義を示した上で、これが許容される場合がある旨判示しているところ、おとり捜査の適法性を検討するに当たっては、おとり捜査に関する法律上の定義規定がないことから、前提として、**おとり捜査の意義に関する理解**を示すことが求められる。」

[令和4採点実感]

「おとり捜査の適法性を論じるに当たり、おとり捜査には、定義規定がなく、平成16年決定も、おとり捜査の意義について示した上で適法性を論じているのであるから、前提として、**おとり捜査の意義に関する理解**を示す必要があるところ、これを示さず、あるいは、的確な理解を示さないまま、おとり捜査の適法性を論じる答案が少なからず見受けられた。」

2　おとり捜査の適法性判断基準

次に、**おとり捜査の適法性判断基準**が問題となります。ここでも同様に、判例の二段階の判断枠組み（第1講の判例①参照）に従って検討してみると、まず、**第1基準（強制処分該当性）**の判断において、仮に捜査機関が拷問、脅迫等の手段を用いて相手方の自由意思（意思決定の自由）を制圧するような働き掛けを行った結果、相手方による犯罪の実行が強制されたと評価されるような事態に至れば、もはや「相手方がこれに応じて犯罪の実行に出た」という上記「おとり捜査」の定義に当たらない、ということになるでしょう（このような場合、そもそも相手方には犯罪実行に向けた自由意思が認められないことから、犯罪の成立自体が否定される可能性があります。）。

そこで、判例の定義する「おとり捜査」に該当するような捜査手法であれば、そのような捜査は任意処分として位置付けられた上で**第2基準（任意捜査の相当性）**において適法性が判定されることになります。この相当性の判断について、かつては**「犯意誘発型」**と**「機会提供型」**を区別し、前者は違法、後者は適法とする見解が有力でした（**二分論**）。犯意誘発型はもともと犯罪を行う意思がなかった者に犯意を発生させて犯罪を実行させる場合であり、機会提供型は既に犯意を有している者にその犯罪を実行する機会を与える場合です（いわば前者が国家による“教唆犯”であるのに対し、後者は国家による“幇助犯”です。ついでに言えば、上述した相手方の意思決定の自由を奪って犯罪の実行を強制させるほどの働き掛けは、国家による“間接正犯”といえるでしょう。）。結局のところ、この類型分けは捜査機関による**働き掛けの態様・程度**の違いに着目するものであり、判例①の第1審もこのような二分論の判断枠組みを取り入れた判断をしていました。

もっとも、働き掛けの態様・程度という考慮要素は、相当性判断の一事情となるものではあるものの、「犯意誘発型」か「機会提供型」かの区別それ自体が唯一の決定的なメルクマールとなるわけではありません。第2基準はあくまで比例原則による判断であることから、必要性・相当性の双方の事情に着目する必要があります。この場面で適用される比例原則の具体的な判断基準ないし考慮要素について、判例①の最高裁は、「少なくとも」、①「**直接の被害者がいない**薬物犯罪等の捜査」において、②「**通常の捜査方法のみでは当該犯罪の摘発が困難**である場合」に、③「**機会があれば犯罪を行う意思があると疑われる者**を対象」におとり捜査を行うことは任意捜査として許容される、という旨を判示しました。出題趣旨では、以下のように説明されています。

[令和4出題趣旨]

「**おとり捜査の適法性の判断基準**については、学説上、もともと犯意を有していた者に犯罪の機会を提供した場合（以下**「機会提供型」**という。）と、おとり捜査によって対象者に犯意を生じさせた場合（以下「**犯意誘発型**」という。）とを区別し、機会提供型は適法であるが、犯意誘発型は違法であるとする考え方や、**捜査比例の原則**に従い、**必要性**と**相当性**という枠組みの下で、比較衡量によりおとり捜査の適否を判断する考え方などが主張されている。いずれの見解に立つにせよ、おとり捜査の適法性の判断基準は、**おとり捜査の法的性質**や、**おとり捜査が違法とされる実質的理由**と結び付くものであるから、それらの点を踏まえた上で判断基準と判断要素を示すことが求められる。また、平成16年決定は、おとり捜査の適法性について、必ずしも機会提供型と犯意誘発型のどちらに当たるかのみで判断しているわけではないことにも留意する必要がある。」

3　おとり捜査の適法性の検討

上述のとおり、おとり捜査の意義について判例の定義による場合、「**おとり捜査の法的性質**」は「刑訴法197条１項に基づく任意捜査」（判例①参照）ということになり、それ故、おとり捜査のための特別の根拠規定は不要です。そこで、任意捜査の相当性の判断において、おとり捜査の適法性を判定する際の注意点を指摘しておきます。

まず、おとり捜査においては、捜査の必要性という公共の利益に対置される法益（被侵害利益）の内容を具体的に意識する必要があります。おとり捜査によって害される利益は一体何か、すなわち、下記出題趣旨等の指摘する「**おとり捜査が違法とされる実質的理由**」は何か、という問題です。出題趣旨等においては、**【考え方Ⅰ】**:「不公正な捜査方法であるからとする考え方」、**【考え方Ⅱ】**:「人格的自律権・個人の尊厳に対する侵害があるからとする考え方」、**【考え方Ⅲ】**:「国家が犯罪を創出し法益侵害を生じさせるからとする考え方」という３つの考え方が示されています。すなわち、この問題については、まず、おとり捜査を国家の**行為規範違反**と把握するか、国家による**法益侵害**と把握するかで見解が分かれます。前者の見解によれば、「**捜査の公正**」や「**司法の廉潔性**」を害する捜査手法を用いてはならないという**行為規範**（捜査機関に課された義務）に違反するが故におとり捜査が違法とされることになり、これが**【考え方Ⅰ】**です。これに対して、後者の見解によれば、あくまでおとり捜査によって「害される個人の法益」が違法の根拠であり、これと「保護されるべき公共の利益」との**比較衡量**により違法性が判定されることになります。そして、その場合の被侵害利益の内容について、更に見解が分かれます。ここで、おとり捜査の対象者自身の法益、具体的には、**対象者の人格的自律権**（「意思決定の自由」）を被侵害利益として挙げる見解が**【考え方Ⅱ】**です。もっとも、捜査機関による働き掛けがあったとしても、「相手方がこれに応じて犯罪の実行に出た」という上記おとり捜査の定義からも明らかなように、犯罪の遂行自体についての意思決定は対象者が自律的に行っていることが前提である（故におとり捜査は任意捜査とされる）以上、対象者の人格的自律権に対する侵害を観念することは困難である、との指摘があります。そこで、対象者自身の法益ではなく、**おとり捜査によって惹起される犯罪の法益侵害（の危険性）**を違法の実質として挙げる見解も主張されており、これが**【考え方Ⅲ】**です。

［令和４出題趣旨］

「おとり捜査については、刑事訴訟法に特別の根拠規定がなく、平成16年決定も、おとり捜査が**刑事訴訟法第197条第１項に基づき任意捜査**として許容される場合があるとしていることから、おとり捜査の適法性を検討する際には、**おとり捜査の法的性質**についても論じることが求められる。そして、その判断には、**おとり捜査が違法とされる実質的理由**が影響し得ることに留意する必要がある。すなわち、おとり捜査が違法とされる実質的理由については、学説上、不公正な捜査方法であるからとする考え方、国家が犯罪を創出し法益侵害を生じさせるからとする考え方、人格的自律権・個人の尊厳に対する侵害があるからとする考え方などが主張されているところ、これらの理由とおとり捜査の法的性質との整合性に留意して論述する必要がある。」

[令和４採点実感]

「おとり捜査を任意捜査であるとし、任意捜査であっても何らかの法益を侵害するおそれがあるために制約があるとした上で一般的に比例原則の適用を論じるにとどまり、**おとり捜査の必要性に対置される権利・利益**に関する論述が欠如し、あるいは、その論述が不十分な答案が多く見受けられた。ここでは、**おとり捜査が実質的に違法とされる理由**について、不公正な捜査方法であるからとする考え方、国家が犯罪を創出し法益侵害を生じさせるからとする考え方、人格的自律・個人の尊厳に対する侵害があるからとする考え方などがあることを踏まえ、こうした**おとり捜査によって侵害され得る権利・利益**を踏まえつつ、捜査の必要性との関係で比例原則を問題とする必要があるところ、その点を踏まえた答案は少なかった。」

次に、第２基準の判断において比例原則を適用する際には、判例①の挙げた上記①ないし③の考慮要素の位置付けを明確に理解しておく必要があります。①の“被害者なき犯罪”であるという**犯罪の性質**は、密行性の高い犯罪類型であり、被害者（目撃者）からの供述が得られないという点で摘発が困難であることを示すという意味では、**「必要性」**を基礎付ける事情であり、同時に、おとり捜査によって直接の被害（おとり捜査の結果実行された犯罪による法益侵害）が発生しないという意味では、**「相当性」**を基礎付ける事情でもあります（いかに摘発の必要性が高くても、おとり捜査によって殺人（未遂）を実行させたという場合、人の生命という重大な法益を危険に曝すものであることから相当性は肯定されないでしょう。）。②の**通常の捜査方法による摘発の困難性**は、犯人の摘発にとっておとり捜査が不可欠であるという意味での**「必要性」**を示す事情ですが、ここでは、単に犯人検挙の必要があるという一般的な捜査の必要性では足りず、**「補充性」**（他に有効な摘発手段がないこと）まで要求されているという点が重要です（①が類型的な必要性であり、②は具体的な必要性であると整理することができるでしょう。）。③は**「機会提供型」**であることを考慮要素として挙げていますが、これは上述した**働き掛けの態様・程度**を示すものとして**「相当性」**を基礎付ける事情に位置付けることができます。

また、判例①の射程についても注意が必要です。判例①は、上記①ないし③の考慮要素の先頭に「少なくとも」という修飾語を付していることから、この判示は、“少なくとも①ないし③の場合は適法である”と述べているだけであり、“①ないし③の場合でなければ違法である”ということまでは論理的に意味していません。したがって、例えば、「直接の被害者」がいる場合や「犯意誘発型」の場合でもおとり捜査が許容される余地は残されていることになります。もっとも、「直接の被害者」がいる場合、その被害者に対する法益侵害の程度が大きいほど「相当性」は否定され易くなるでしょう。また、「犯意誘発型」の場合、そもそも対象者が犯意を有していなかった状況が前提となることから、わざわざおとり捜査を行ってまでその対象者を検挙するほどの「必要性」がある場面というのは現実的にはほとんど想定できません。この場合、「相当性」についても、犯意のない者に犯罪を決意させるほどの強い働き掛けを行えば、当然否定される方向で判断されるはずです。結局、比例原則に従って判断すれば、これらの場合におとり捜査を正当化するのは困難であるということになるでしょう。

以上について、採点実感で以下のように指摘されていました。

［令和４採点実感］

「**平成16年決定**は、「少なくとも、**直接の被害者がいない薬物犯罪等の捜査**において、**通常の捜査方法のみでは当該犯罪の摘発が困難である場合**に、**機会があれば犯罪を行う意思があると疑われる者を対象**におとり捜査を行うことは、刑訴法197条１項に基づく任意捜査として許容されるものと解すべきである。」としているところ、答案の中には、特に理由を示すことなく、前記判文にある「少なくとも」という文言を度外視し、同判文に記載された要素を充足する場合にのみおとり捜査が許されるとするものや、比例原則から必要性、相当性の要件を充足する必要がある旨記載した後、特に理由を示すことなく、平成16年決定が挙げた前記要素を要件として記載するものなど、それらの要素がおとり捜査の適法性判断に当たっていかなる意味で考慮されるのかについて正確に理解していないと考えられる答案が多く見受けられた。」

平成22年試験問題［設問２］において、捜査報告書の証拠能力について、その「前提となる捜査の適法性」として、おとり捜査の適法性が問題となりました。もっとも、この事案では、対象犯罪がけん銃譲渡罪という「直接の被害者がいない」犯罪類型でした。また、対象者の甲は、けん銃の密売を組織的に行っている暴力団Ａ組の幹部であり、しかも捜査機関は甲がけん銃密売の責任者であるとの情報を把握していたことからすれば、「機会があれば犯罪を行う意思があると疑われる者」であったといえます。したがって、上述した判例①の考慮要素に照らして判断すれば相当性を肯定し易い事案であったといえるでしょう。

［平成22年出題趣旨］

「前提となる捜査の適法性については、**おとり捜査の意義**を定義し、おとり捜査一般の問題の所在や適法性の判断基準を示した上で、いわゆる機会提供型か犯意誘発型かというだけではなく、本件で当該捜査手法をとるべき**必要性・補充性**や働きかけ行為の**相当性**を考慮し、設問で与えられた具体的事実を踏まえて、本件における乙を通じての被疑者甲へのけん銃譲渡の働きかけが適法であるか否か詳細に検討する必要がある。」

令和４年試験問題［設問１］は、「**おとり捜査の適法性**について、具体的事実を摘示しつつ論じなさい。」という設問であり、本問ではおとり捜査の適法性が正面から問われています。そこで、事例に記載された事実を詳細に分析し、的確に判断基準に当てはめて結論を導く必要があります。本問で検討すべき事情について、出題趣旨では、以下のように記述されていました。

> **［令和４出題趣旨］**
> 「本設問において、おとり捜査の対象となる犯罪は、大掛かりな大麻密売をしている疑いがある者として把握されていた甲による大麻密売事案であり、大麻の密売先は紹介者に限られ、密売に使用される携帯電話の契約名義は架空人名義で、その番号も変わり、甲の氏名や身元などは判明せず、その後、司法警察員らが甲を尾行した際も見失っている。また、捜査協力を申し出たAにより甲が今でも大麻を密売しているとの情報が得られ、その後、甲はサンプルとしての大麻の取引に応じ、その際、10キログラム程度の大麻であれば取り扱うことがある旨述べている。また、大麻密売事案は、直接の被害者がいない犯罪で、さらに、本件で売り渡される大麻は、おとり捜査を通じて司法警察員らにより回収されることが見込まれている。
> 他方で、甲は、サンプルとしての大麻の取引の前に、司法警察員Ｐに対し、取引場所を気にする発言をし、気が進まない旨述べ、これに対し、Ｐが取引場所を手配している。また、甲は、本取引の前日には、明日の取引はやめたい旨述べたが、これに対し、Ｐは暴力団Ｘ組と交遊があるかのように装い、約束した代金の1.5倍の代金を払う旨や同じ単価で10キログラムの大麻を買っても良い旨述べた上、Ａに指示し、ＰがＸ組と取引のある信用できる人物である旨甲に告げさせている。
> また、本設問では、司法警察員らは、甲からサンプルとしての大麻を譲り受けた際に甲を逮捕せず、その後、より大量の大麻を取引する際に甲を逮捕している。
> 以上のような本設問の事例に現れた具体的事実を踏まえ、自己の拠って立つおとり捜査の適法性の判断基準を前提に、抽出した事実の持つ意味を的確に評価しつつ、おとり捜査の適法性について論じることが求められる。」

本問も、大掛かりな大麻密売事案を背景とする大麻営利目的所持罪の捜査であり、対象犯罪が「直接の被害者がいない」犯罪類型ではあるものの、他方で、捜査機関による**働き掛けの態様・程度**を示す事情が**平成22年試験問題**とは全く異なります。とりわけ本件おとり捜査は、捜査機関がまずは甲から少量の大麻をサンプルとして受け取り、その時点では甲を逮捕せずにその後に大量の大麻取引を行うように更に甲に働き掛けたという点に最大の特殊性があります。このような**“二段階取引手法”**の相当性について、判例②は「サンプル交付は、その後の大量の大麻樹脂の売却のための準備行為である」と認められるため、「サンプル大麻所持について現行犯逮捕等しなかったからといって、……本体大麻所持の犯罪行為が誘発されたといった関係にない」と判断し、このような手法による「捜査経過は、一連のおとり捜査であって、……捜査機関に任意捜査として許容される、おとり捜査の範囲を逸脱したものとは解されない」と判示しました。同判例は、第１取引（サンプル取引）と第２取引（本体取引）は「一連のおとり捜査」であって、“前半は機会提供型で適法、後半は犯意誘発型で違法”という分断的評価にはならない旨を述べています。もっとも、本問では、第１取引と第２取引との間に甲が明確に取引中止を申し出ているという事情がある点で同判例とは事案が異なっており、当然、この事情は捜査機関による働き掛けの態様・程度が強度であったことを示すものとして違法方向に作用します。

本問の結論については違法・適法のいずれもあり得ると思われますが、結論がいずれであっても、本問の具体的事情から丁寧かつ的確に相当性を判断する姿勢が重要です。採点実感では、以下のように指摘されていました。

> [令和４採点実感]
> 「具体的な事実の抽出、評価においても、事実の拾い上げ自体が不十分な答案や、自己の結論と整合する事実を中心に拾い上げ、反対の結論に導き得る事実の拾い上げが不十分な答案が見受けられた。さらに、事実の羅列にとどまる答案や、一応事実を抽出、評価しているものの、例えば、捜査機関による甲への働きかけが強いと評価するにとどまり、**働きかけが強いことが違法方向に作用する理由**について、おとり捜査が違法とされる実質的理由を踏まえた論述ができていないなど、事実に対する評価が不十分な答案が見られた。また、平成16年決定にいう**「機会があれば犯罪を行う意思」**の理解が不十分なため、これを故意と同一のものと考え、故意の有無という観点で評価している答案があったほか、事実と判断基準との結び付きが不十分な答案も見受けられた。さらに、本設問では、司法警察員Ｐは、甲からまずサンプルとして100グラムの大麻を譲り受けた際に甲を逮捕することができたものの逮捕せず、甲が10キログラムの大麻を持参したところで逮捕しているところ、この点について、おとり捜査が違法とされる実質的理由に遡って的確に検討している答案は少なかった。」

なお、上記採点実感によれば、**「働きかけが強いことが違法方向に作用する理由」**について、上述した「おとり捜査が違法とされる実質的理由」を踏まえた論述が求められています。すなわち、働き掛けの態様・程度という事情は、**【考え方Ⅰ】**によれば、捜査機関による行為規範違反の程度（「捜査の公正」や「司法の廉潔性」を害する程度）を示す事情として考慮されます。これに対して、**【考え方Ⅱ】**によれば、捜査機関が対象者の人格的自律権（「意思決定の自由」）に及ぼした影響の程度（対象者に対する侵害の程度）、他方、**【考え方Ⅲ】**によれば、国家が法益侵害又はその危険を惹起することに寄与した程度（法益侵害への国家の寄与度）を示す事情として考慮されることになります。

〈参考判例〉

【最(一小)決平成16・7・12刑集58巻5号333頁】（おとり捜査） 判例①

「おとり捜査は、捜査機関又はその依頼を受けた捜査協力者が、その身分や意図を相手方に秘して犯罪を実行するように働き掛け、相手方がこれに応じて犯罪の実行に出たところで現行犯逮捕等により検挙するものであるが、少なくとも、直接の被害者がいない薬物犯罪等の捜査において、通常の捜査方法のみでは当該犯罪の摘発が困難である場合に、機会があれば犯罪を行う意思があると疑われる者を対象におとり捜査を行うことは、刑訴法197条１項に基づく任意捜査として許容されるものと解すべきである。

これを本件についてみると、上記のとおり、麻薬取締官において、捜査協力者からの情報によっても、被告人の住居や大麻樹脂の隠匿場所等を把握することができず、他の捜査手法によって証拠を収集し、被告人を検挙することが困難な状況にあり、一方、被告人は既に大麻樹脂の有償譲渡を企図して買手を求めていたのであるから、麻薬取締官が、取引の場所を準備し、被告人に対し大麻樹脂２kgを買受ける意向を示し、被告人が取引の場に大麻樹脂を持参するよう仕向けたとしても、おとり捜査として適法というべきである。」

［(原審) 大阪高判平成15・7・7刑集58巻5号340頁］

「いわゆるおとり捜査の適否については、おとり捜査によることの必要性とおとり捜査の態様の相当性を総合して判断すべきものと解されるところ、まず、おとり捜査の必要性を検討するに、本件は、大麻樹脂約２キログラムの営利目的所持という重大薬物事犯である。そして、一般に、この種薬物の取引は隠密裡に行われることから、その証拠収集には困難を伴うところ、本件では、Ａからの情報によっても、麻薬取締官において、被告人の住居や立ち回り先、大麻の隠匿場所等を把握することができず、他の捜査手法によって証拠を収集し、被告人を検挙することは極めて困難であったと認められるから、おとり捜査による証拠収集の必要性は強かったと認められる。
次に、おとり捜査の態様の相当性、特に、Aらを含む麻薬取締官側の被告人に対する働き掛けの程度を検討するに、……Aの上記供述によれば、本件大麻樹脂の取引は、被告人の方から買い手を探してくれと持ち掛けてきたものであって、麻薬取締官はもとより、Aにおいても、被告人に対して犯意を誘発するような働き掛けは行っていないと認められる。もっとも、本件では、麻薬取締官側が取引日と想定した平成12年3月1日に被告人が大麻を大阪に持参しなかったことから、おとり役となった谷口、Aと被告人との間で具体的な大麻取引についての話合いが行われ、被告人が翌同月2日朝一番の新幹線で東京に戻り、大麻を持参して同日午後1時か2時ころに大阪に再来し、前日と同一の場所で取引を行うことになったが、その過程で、谷口において、東京に行くことはできないとか、東京までの往復の交通費は持つなどと一定の働き掛けをしたことが認められる。しかし、この点の働き掛けは、すでに大麻樹脂譲渡の犯意を抱いている被告人に対し、単にその取引場所を大阪にするか東京にするかという点についての働き掛けを行ったにすぎない。そうすると、本件において、Aを含む麻薬取締官側が行った被告人に対する働き掛けは、すでに犯意を有する被告人に対して実行の機会を与えたにすぎないのであって、おとり捜査の態様もまた相当なものといえる。
以上からすると、本件おとり捜査は、証拠収集の必要性の強い事案において、相当な態様で行われたといえるから、何ら違法な点はなく、その結果得られた本件大麻樹脂も、証拠能力に欠けるところはないというべきである。」

［（原々審）大阪地判平成13・9・11刑集58巻5号351頁］

「おとり捜査の適法性の判断については、まず、犯意誘発型か機会提供型かを検討し、次に機会提供型であっても捜査機関側の働きかけが相当性を逸脱しているかどうかを検討し、機会提供型で働きかけが相当である場合におとり捜査の適法性が認められる。
ところで、谷口供述によれば、平成12年3月1日のホテルラフォーレ新大阪704号室での取引につき、山田こと谷口は被告人に「何がいけるの。」と尋ねたところ、被告人は、「ハシシが2キロあります。7キロでも、待ってくれれば10キロでも。1キロだったら200万円、2キロだったら350万円。」などと答え、谷口が大麻を見せるよう要求すると、被告人は、今日は持ってきていないが、東京に来れば売ることができると答え、谷口が東京に行くことを断ると、被告人がビジネスだから翌日に東京から大麻を持ってくると言ったので、翌日に取引をすることになった事実が認められる。これに、既に認定した本件捜査の経緯等を併せ考えると、本件捜査は、従前から大麻を密売したいと考えていた被告人に対し、Aらがその取引の機会を提供したものであることは明らかである。
そして、捜査機関側の対応は、買い手はいないかと尋ねてくる被告人に対して、Aが大阪には買い手がいると紹介し、谷口は東京まで戻って大麻を持ってくるという被告人の提案に応じて待っていたというもので、いずれも受動的なものにとどまり、捜査機関の被告人に対する働きかけは相当なものと認められる。
したがって、本件で行われたおとり捜査は、機会提供型で捜査機関側の被告人に対する働きかけは相当と認められ、適法であったと認められる。」

【東京高判平成19・6・1高刑速（平成19年）240頁】（おとり捜査②） **判例②**

「1⑴　本件の捜査経緯は、原判決に説示されているとおりであるが、必要な範囲で、適宜補足・要約して示す。
⑵ア　平成18年某月6日、警視庁は、東京都内の薬物密売人が大量の大麻樹脂を所持し、その売却を急いでいるとの情報を入手した。しかし、その後新たな情報が得られなかったところから、14日、おとり用の携帯電話の番号が密売人に伝わるように手配したところ、捜査員が密売人である外国人と連絡できるようになった。
15日、警視庁は、検察庁と協議し、密売人と接触してサンプルを入手し、大麻樹脂所持の事実及び譲渡意思の確認を行い、買い手を探している状況があれば所持量・値段等を聞き出すなど、いわゆる犯罪機会提供型のおとり捜査手法を厳守することを申し合わせた。
イ　17日、都内のホテル喫茶店内で、捜査員2名が被告人と共犯者（以下「被告人ら」ともいう。）と会い、19日にサンプルとして大麻樹脂1包（約1kg）を受け取ること、サンプルを含めて30包（約30kg）を2000万円で買うことを確認した。
なお、その際の会話では、密売人側で100包もの大量の大麻樹脂を売却可能であるかのような発言もされている。
ウ　19日、都内ホテル駐車場で、前記4名が落ち合い、捜査員側が、サンプルとして大麻樹脂1包を密売人側から受け取り、残りの29包は22日に受け取り、30包分の代金全額をそのときに支払うことで合意した。
エ　22日、被告人らは、前記ホテル駐車場で、19日のサンプル大麻所持について既に発付されていた逮捕状に基づき、通常逮捕された。その際、被告人らは、乗っていた自動車内から大麻樹脂29包が発見されたことから、本体大麻所持についても、現行犯逮捕された。
2⑴　以上のような捜査経緯によれば、被告人らは、当初から大量の大麻樹脂の売却を企図していて、19

日のサンプル交付は、その後の大量の大麻樹脂の売却のための準備行為であることが認められる。
そのため、捜査機関が、19日に被告人らをサンプル大麻所持について現行犯逮捕等しなかったからといって、被告人らの22日の本体大麻所持の犯罪行為が誘発されたといった関係にないことは、明らかである。
⑵ア　所論は、捜査機関が、17日から22日まで、被告人らの滞在先のみならず、逮捕しようと思えばいつでも可能なだけ、十分に動静を把握していたとし、22日のおとり捜査は違法である旨主張する。
イ　しかし、本件は、被告人らが大量の大麻樹脂の売却を望んでいた事案であることを考慮すると、17日に捜査員が被告人らと接触して大麻樹脂の売買の話を軌道に乗せた後、19日にサンプルを受け取り、22日に残りを受け取ることとした6日間の捜査経過は、一連のおとり捜査であって、所論の指摘する最高裁判所の決定を踏まえても、捜査機関に任意捜査として許容される、おとり捜査の範囲を逸脱したものとは解されないから、所論は採用できない。
付言すると、本件では、サンプル大麻所持で被告人らを現行犯逮捕することは可能であったが、そのことを行わずに、本体大麻所持事案まで待って現行犯逮捕等の強制捜査を行うことは、捜査機関に許容されている、捜査手段に関する裁量の範囲内のことと解される。
この結論については、確かに、17日、捜査員が被告人らと接触した以降は、被告人らを追尾するなどの捜査手法を実施することによって、被告人らの滞在場所、大麻樹脂の隠匿場所等を発見する可能性はあったといえるものの、結局のところ、22日までの捜査によって、被告人らの滞在場所や大麻樹脂の隠匿場所を確実に把握できたとか、そのことを可能とするような有力な捜査情報が得られていた、などといったことまでは、本件証拠上うかがわれないことからも、疑問は生じない。
更にいえば、仮に、捜査が前記の程度にまで進展していたとしても、その故に直ちに、本件大麻所持に関するおとり捜査が違法視されるものとも解されない。」

【論述例】

【おとり捜査の意義】
おとり捜査とは、捜査機関又はその依頼を受けた捜査協力者が、その身分や意図を相手方に秘して犯罪を実行するように働き掛け、相手方がこれに応じて犯罪の実行に出たところで現行犯逮捕等により検挙する捜査をいう。

【おとり捜査の適法性】
おとり捜査は、相手方の意思決定の自由を侵害するものではなく、強制手段、すなわち、個人の意思を制圧し、身体、住居、財産等に制約を加える行為とは認められないことから、「強制の処分」（197条1項但書）に当たらない。
もっとも、おとり捜査により国家が自ら犯罪を創出し、法益侵害ないしその危険を惹起し又は惹起するおそれがあることから、任意捜査として状況の如何を問わず常に許容されるものと解するのは相当でなく、具体的状況のもとで必要かつ相当と認められる限度において許容されると解すべきである。
具体的には、少なくとも、直接の被害者がいない薬物犯罪等の捜査において、通常の捜査方法のみでは当該犯罪の摘発が困難である場合に、機会があれば犯罪を行う意思があると疑われる者を対象におとり捜査を行うことは、197条1項に基づく任意捜査として許容されるものと解する。

【参考答案例】【平成22年】
［設問2］
第1　前提となる捜査の適法性
　1　おとり捜査について

⑴　Ｐが、乙に対し、甲を検挙することを手伝ってほしい旨依頼した上で、乙を通じて甲にけん銃を譲渡するように働き掛けたことについて、適法性を検討する。

【論述例】おとり捜査の意義

本問において、Ｐは、けん銃の密売の嫌疑を抱いた甲を検挙する目的で乙に捜査協力を依頼し、この依頼を受けた乙がその意図を甲に秘してけん銃を譲渡するように働き掛け、甲がこれに応じて乙にけん銃２丁を譲渡したところ、甲をけん銃譲渡罪で緊急逮捕していることから、かかる捜査手段はおとり捜査に当たる（以下、「本件おとり捜査」という。）。

⑵　本件おとり捜査の適法性

【論述例】おとり捜査の適法性

Ｐは、Ａ組による組織的な密売ルートを解明すべく内偵捜査を続けていたところ、Ａ組幹部の甲がけん銃密売の責任者であるとの情報や、甲からの指示を受けた組員らが、取引成立後、組事務所とは別の場所に保管するけん銃を顧客に発送するなどの方法によりけん銃を譲渡しているとの情報を把握したことから、甲に対する濃厚な嫌疑が生じていた一方で、顧客が暴力団関係者のみであることから、甲を検挙する証拠を入手できずにいた。そうすると、そもそもけん銃譲渡罪が直接の被害者なき犯罪であり、かつ暴力団関係者等により組織的に敢行される密行性の高い犯罪類型であることからしても、通常の内偵捜査等の捜査手法によっては甲を検挙することが困難な状況にあったと認められる。

他方で、上記のとおり本罪は被害者なき犯罪であり、本件おとり捜査による直接の被害ないし法益侵害は生じていない。また、乙による働き掛けは、電話で甲にけん銃の購入を申込み、後日、喫茶店で甲とけん銃の取引について話し合いをしたという程度にとどまっており殊更執拗な態様ではない。そして、Ｐは甲がＡ組によるけん銃密売の責任者であるとの情報を得ていたのであるから、甲は機会があれば犯罪を行う意思があると疑われる者であったといえる。現に、甲は乙からの申込みに対し即時に承諾して取引に応じていることからしても、既に甲がけん銃譲渡を企図して買手を求めていたものと推認される。

これらの事情からすれば、本件おとり捜査は、甲を検挙してＡ組による組織的なけん銃密売ルートを解明するという捜査目的を達成するため必要かつ相当な限度において行われたものと認められる。

⑶　以上より、本件おとり捜査は適法である。

2　秘密録音について

⇒第２講【5】【参考答案例】参照

【参考答案例】【令和４年】

［設問１］

第１　おとり捜査の意義

【論述例】おとり捜査の意義

本問において、司法警察員Ｐらが、Ａを介してＰを大麻の買い手として甲に紹介させた上、まずは少量の大麻をサンプルとして持参するよう仕向けて甲に大麻密売の意思があることを確認し、その後甲が10キログラムの大麻を持参したところで甲を大麻の営利目的所持の現行犯人として逮捕した一連の捜査は、おとり捜査に当たる（以下、「本件おとり捜査」という。）。

第2　本件おとり捜査について

1　本件おとり捜査の経過

令和3年11月20日、Pは、Aを介して自身を大麻の買い手として甲に紹介させた上、甲に電話をかけ、「大麻を5キロ欲しいが、まずは100グラムをサンプルとして手に入れて、その質を確認したい。」旨述べた。これに対し、甲は、「安全に取引できる場所があるのか不安なので、気が進まない。」旨述べたことから、Pは安全な取引場所として宿泊施設を提案、手配したところ、同月23日、同施設で甲と会い、甲から、乾燥大麻100グラムを譲り受けた上で（以下、「第1取引」という。）、2日後に同じ場所で残りの大麻の授受を行うこととした。

同月24日、甲から「明日の取引は取りやめたい。」旨告げられると、Pは「自分は長年X組と交遊があり、X組との取引も続けてきたので不安に感じる必要はない。」、「約束した代金の1．5倍の代金を払う。」等述べて甲の信用を得ようと試みるも、なお渋る態度を示した甲に対して、「同じ単価で10キロをまとめて買ってもよい。現金はすぐに用意できるので心配ない。」等述べた上で具体的な金額を提示した。同月25日、Pは、上記施設の一室で甲に対し、見せ金として用意していた現金を見せたところ、甲は、一旦退室した後、大型トランクに入れた10キログラムの乾燥大麻を持って部屋に戻ってきたことから（以下、「第2取引」という。）、Pは、その場で甲を大麻の営利目的所持の現行犯人として逮捕した。

2　本件おとり捜査の適法性

【論述例】おとり捜査の適法性

(1)　司法警察員らは、過去の大麻事件の捜査過程から大麻密売の疑いのある者として甲の存在を把握していたところ、暴力団X組の組員Aから、Aが以前検挙された際に所持していた大麻の入手先が甲であり、その当時、甲は大麻を栽培及び密売していたこと、甲がAに再び大麻を売ろうとして接触を試みている可能性があること等について情報提供があったことから、甲に対する濃厚な嫌疑が生じていた。一方で、本件は、大掛かりな大麻密売という重大薬物事犯であって、一般に、この種薬物の取引は隠密裡に行われることから、その証拠収集には困難を伴うところ、甲は、契約名義の異なる携帯電話を順次使用しており、現に、甲がAにかけてきた電話番号の契約名義人も実在しないことが判明していたのであり、本件では、上記Aからの情報によっても、捜査機関において、甲の身元や所在地等を把握することができず、他の捜査手法によって証拠を収集し、甲を検挙することは極めて困難であったと認められるから、おとり捜査による証拠収集の必要性は強かったと認められる。

また、甲による大掛かりな大麻密売の全容解明につなげるためには、甲を大麻の単純所持（大麻取締法第24条の2第1項）ではなく、営利目的所持（同第2項）で検挙する必要が特に強かったと認められるところ、甲の所持に係る大麻について自己使用目的である旨等の弁解を排斥するためには甲が大量の大麻を所持している時点で現行犯人逮捕する必要があった。しかしながら、通常、違法薬物の密売にあたって売人が面識のない者を相手に初めから大量の取引に応じるとは考え難いことから、捜査機関としては、上記目的を達成するためには、まずは第1取引により少量の大麻を譲り受けて甲との信頼関係を構築した上で、第2取引により甲が大量の大麻を持参したところを検挙するという段取りで本件おとり捜査を実施する必要があったものと認められる。

(2) 他方、上述のとおり、本件おとり捜査におけるPの働き掛けは、電話で甲に大麻の譲り受けを申し入れた上で安全な取引場所を用意し、その後取引に消極的な態度を示した甲に対して代金の増額や取引量の増量を提案した上で見せ金として予め現金を用意する等して甲が取引に応じるように仕向けたというものであるところ、Pが大麻の取引を持ち掛けた当初から甲は消極的な態度を示しており、その後も第2取引の中止を申し出ていたのに対し、Pは取引場所の宿泊施設を手配し、また、第2取引にあたって代金増額や取引量の増量を提案しただけでなく、自身とX組との交遊を仄めかした上でAと口裏を合わせて甲を安心させようと工作するなどしており、これら一連の過程において甲に取引に応じるように仕向けたPの上記働き掛けは相当程度執拗なものであったといわざるを得ない。そうすると、本件おとり捜査により捜査機関が自ら薬物事犯の保護法益である「公衆の健康」を害するおそれを惹起し、あるいはその危険へ寄与した程度は大きいというべきであるから、本件おとり捜査は、任意捜査の方法として必ずしも妥当であったとはいい難い。

しかしながら、Aからの情報提供によれば、そもそも甲は以前にもAに大麻を譲渡した売人であり、今般改めてAに大麻の取引を持ち掛けようとしていた疑いがある人物であったことに加え、Pは第1及び第2取引に応じるよう仕向けるにあたって甲に対して脅迫的な言辞等は一切用いていないことからしても、結局のところ、甲は、高額な取引代金を利得しようとの動機から既に大麻の有償譲渡を企図して買手を求めていたのであり、実際にも自らの意思により第1及び第2取引に応じているのであるから、当初から機会があれば犯罪を行う意思があったというべきである。そうすると、本罪が被害者なき犯罪であって本件おとり捜査による直接の被害ないし法益侵害は生じていないことをも総合して考慮すれば、本件おとり捜査が社会通念上任意捜査として許容される限界を超えたものであったとまでは断じ難い。

また、甲が第1取引に応じて乾燥大麻100グラムを持参した時点では検挙せずに、あえて同人を泳がせた上で第2取引に応じさせた点についても、サンプル交付はその後の大量の大麻取引のための準備行為であり、このような捜査過程は一連のおとり捜査であると認められることに加え、上述のとおり、大掛かりな大麻密売が疑われる本件事案の性質上、その全容解明のためには大麻栽培拠点を発見、特定する必要があったところ、司法警察員らは第1取引の後に甲を追跡、尾行したものの、途中で見失ってしまい、結局、同拠点の発見には至らなかったという事情をも考慮すれば、Pとしては、改めて第2取引に応じるよう甲に働き掛けた上で、甲がより大量の乾燥大麻10キログラムを持参した段階で同人を検挙するという捜査手段を用いたこともやむを得なかったというべきである。

(3) 以上の事情からすれば、本件おとり捜査は、甲を検挙して同人による大掛かりな大麻密売の全容を解明するという捜査目的を達成するため必要かつ相当な限度において行われたものと認められる。

3　以上より、本件おとり捜査は適法である。

第3講　逮捕・勾留

【1】現行犯人逮捕

[論点解析]「犯罪と犯人の明白性」の認定

1　現行犯人逮捕の趣旨・要件

(1)　犯罪と犯人の明白性

「現行犯人」とは、条文上、「現に罪を行い、又は現に罪を行い終った者」(212条1項) のことであり、現行犯人は、「何人でも、逮捕状なくしてこれを逮捕すること」ができます (213条)。現行犯人逮捕が令状主義の例外とされる根拠は、逮捕を行う者にとって犯罪があったこと及び犯人が誰であるかが明白であり誤認逮捕のおそれが少なく、かつ、その場で早急に逮捕を行う緊急の必要があるからです。この趣旨に関して、しばしば「“誤認逮捕のおそれがないから”事前の司法審査が不要である」と説明されることがあります。しかし、このように説明してしまうと、適法に現行犯人逮捕された者が裁判で無罪になることはあり得ないということになりますが、逮捕された者が“真犯人”であるか否かは、言うまでもなく裁判を経て確定判決のみにより決せられる事柄です (捜査の時点で判決結果が決定されているというのであれば制度矛盾が生じます。)。したがって、適法に現行犯人逮捕された者が事後的に裁判で真犯人ではないと認められるという事態は制度上当然に織り込み済みであるといわなければならず、結局のところ誤認逮捕のおそれは否定し切れないことからすると、無令状逮捕を許容する実質的な根拠は「誤認逮捕のおそれが事前の司法審査を不要とするほどに低いこと」に求められると説明するしかありません。そして、まさしくこのことを言い換えたのが、**「犯罪と犯人の明白性」**という要件です。すなわち、212条1項の「現行犯人」とは、『「現に罪を行い、又は現に罪を行い終った」と**明らかに認められる**者』を意味すると解釈する他ありません (“真犯人”という意味では解釈し得ません。)。それ故、逮捕時の事情を基準として逮捕者にとって「明白性」の要件が認められる対象者であれば、(たとえ事後的に真犯人でないと認められたとしても) その対象者を適法に逮捕することができるのです。

(2)　明白性を担保する客観的事情

上記の「明白性」は、逮捕時点における逮捕者の主観的判断によらざるを得ないものであるため、結局、現行犯人逮捕の適法性は、この逮捕者の主観的判断の合理性の有無によって決まることになります。まさしく逮捕者の面前において犯罪が行われている状況、すなわち、**「現行性」**が認められる場合であれば、「現に罪を行い」(212条1項前段) の明白性はあまり問題とならないでしょう。これに対して、逮捕者が犯行を直接現認していない場合等において、「現に罪を行い終った」(212条1項後段) ことが明白であるというためには、その主観的判断の合理性を客観的に保障する必要があります。そこで、かかる逮捕者の判断の合理性を担保するために要求される客観的な事情が、**「時間的・場所的接着性」**です。すなわち、一般に、犯行から時間が経過するほど、また犯人が犯行現場から遠く離れるほど、犯罪の痕跡は消滅していくことになるため、「明白性」を肯定することが類型的に困難になっていくと考えられます。故に、犯行と逮捕との時間的・場所的接着性は「明白性」の判断の合理性を客観的に担保する重要な事情となるのです (なお、「現に罪を行い終った」というのは“犯行の直後”という意味であり、この文言から直接的に導かれる要素は**時間的接着性**のみです。もっとも、犯行現場と逮捕場所の場所的離隔が小さいほど時間的な接着も認められるのが通常であり、**場所的接着性**も明白性を判断する上で重要な意味を有することから、時間的・場所的接着性を総合考慮すべきと考えられます。)。

他方、「現行犯人」とみなされる**準現行犯人**（212条2項）については、条文上、「罪を行い終ってから間がない」と規定されており、狭義の現行犯人の場合よりも時間的接着性が緩和されています（この時間的な限界について、実務上、狭義の現行犯人は30分から40分程度、準現行犯人であれば最大で数時間までが一応の目安とされているようです。)。その代わり、逮捕者による「明白性」の判断の合理性を客観的に担保する類型的な事情として、**212条2項各号事由**に該当することが要求されるのです（"時間的な接着"による担保が弱まった分を各号事由の存在により補うイメージです。)。

(3) 明白性と接着性の関係

現行犯人逮捕の要件については以上のように理解することができます。なお、この要件を論述する際、「現行犯人逮捕の要件は、①犯罪と犯人の明白性、②時間的・場所的接着性……」というように、①と②が並列的に別個独立の要件として列挙されるのが一般的です。もっとも、上述した理解を踏まえて整理してみると、そもそも条文上、現行犯人逮捕の要件事実は、「現行犯人」であることのみです（213条)。その「現行犯人」の定義を規定したのが212条1項・2項であり、213条の趣旨から「現に罪を行い、又は現に罪を行い終った」（212条1項)、「罪を行い終ってから間がない」（同条2項）の解釈として導かれる具体的な要件の内容が**「犯罪と犯人の明白性」**（逮捕者にとって犯罪及び犯人が明白であると判断できること)、ということになります。そして、**「時間的・場所的接着性」**は、この「明白性」についての逮捕者の判断の合理性を客観的に担保するために要求される事情であると考えられます。このような理解に従えば、上記①と②は別個独立の要件ではなく、②は①の考慮要素という位置付けになります。

これに対して、犯行と逮捕との「接着性」は「明白性」とは別に逮捕の「緊急の必要性」を基礎付ける要素であると位置付ける見解もあります。この見解によれば、上記のように①と②を別個独立の要件として並列的に列挙することになります。

さらに、準現行犯人の場合、「明白性」を担保するという同様の趣旨から、「接着性」に加えて**「212条2項各号事由該当性」**が要求されますが、これは条文上別個独立の要件（「左の各号の一にあたる者」）として位置付けられています。

以上のような現行犯人逮捕の要件の構造について、出題趣旨では以下のとおり説明されています。

[平成25年出題趣旨]

「**現行犯人（同法第212条第1項）**及び**現行犯とみなされる者（同条第2項）**が、裁判官の令状審査を経るまでもなく何人も逮捕状なくして逮捕することができるとされている理由は、逮捕を行う者が、いずれも逮捕時の状況から被逮捕者が特定の犯罪の犯人であることが明白であると判断できるからであり、犯人であることの判断の客観性が保障されているからである。**準現行犯の場合**には、現行犯のように「現に罪を行い、又は現に罪を行い終わった」状況にはないから、**「罪を行い終わってから間がない」**という**犯行との時間的接着**に加えて、**刑事訴訟法第212条第2項各号の要件**により、**犯罪と犯人の明白性**の保障が図られている。」

２　明白性の判断方法及び判断資料

上述した現行犯人逮捕の趣旨からすれば、「明白性」の認定は、事後的に純客観的な立場から判断されるべきものではなく、逮捕行為当時の状況に基づいて客観的・合理的に判断されるべきものです。判例①の是認した原審は、「職務行為の適否は事後的に純客観的な立場から判断されるべきでなく、**行為当時の状況**にもとづいて**客観的、合理的に判断**さるべき」であり、「事後的に裁判所により無罪の判断をうけたとしても、その当時の状況としては……客観的にみて同法違反罪の現行犯人と認められる十分な理由があるものと認められるから、……逮捕しようとした職務行為は適法である」と判示しています。また、判例②は「逮捕の現場における**客観的外部的状況**等から、**逮捕者自身においても直接明白に覚知しうる場合**であることが必要」としています。この**「客観的外部的状況」**としては、逮捕時における現場の状況、被害の状況、被疑者の挙動や所持品等の逮捕者自身が直接覚知した事情が挙げられますが、それ以外に**被害者・目撃者の供述**や**被疑者の供述**等についても、それが信用できるものであれば「明白性」を判断するための資料として意味を持ち得ます。もっとも、現行犯人逮捕の現場という緊迫した場面において供述証拠の信用性を瞬時に判断することは実際的に困難である以上、そのような供述証拠が存在するというのみでは、逮捕者による「明白性」の判断の合理性が客観的に担保されているとまではいえないでしょう。その意味で、これらの供述証拠を「明白性」の判断資料とすることができるとしても、それは逮捕者自身の直接覚知した「客観的外部的状況」を補充するものとして位置付けられるにとどまるというべきです。判例②も「被害者の供述によること以外には逮捕者においてこれを覚知しうる状況にないという場合」には現行犯逮捕は許されないとしています。同様に、判例③も「本件犯罪の存在及びその犯人が被告人であるという特定については、すべて被害者の記憶に基づくいわゆる面通しを含む供述に頼っていた」という状況にあっては、「犯行を現認したのと同一視できるような明白性は存在しなかった」と認定しています。

以下のとおり、出題趣旨も、準現行犯人の場合について上記のような供述証拠を「犯罪と犯人の明白性の判断資料とすることは当然の前提とされている」と述べる一方で、「逮捕時の状況から犯人性の判断の客観性が保障されている必要がある」ことから、「供述内容を認定資料に加えるとしても、あくまで逮捕時の状況に加味して犯人性を判断する一資料と位置付けるべき」であると指摘しています。

[平成25年出題趣旨]

「準現行犯逮捕も、現行犯逮捕と同様に、逮捕時の状況から**犯罪と犯人の明白性**につき逮捕者の判断の客観性が保障されていることが必要であるとの視点からは、乙の自白を、犯罪と犯人の明白性の判断資料として良いかも問題となる。また、Ｗの通報内容も、逮捕者であるＰが直接認識したものではないから、その通報内容を前提として犯罪と犯人の明白性を判断してよいかも問題となり得る。もっとも、**準現行犯**の場合、現行犯人の現認とは異なり、犯行時と逮捕時とがある程度時間的に隔離していることが想定されているから、**逮捕者が直接現認した状況**のみから犯罪と犯人の明白性を判断できることまで要求されているとは考え難く、通報内容等を犯罪と犯人の**明白性の判断資料**とすることは当然の前提とされていると言えよう。」

「確かに、乙は、逮捕時に共犯関係も含めて犯行を自白しているが、前述のとおり逮捕時の状況から犯人性の判断の客観性が保障されている必要があるから、「自白している以上、甲の共犯であることは明白である。」などという短絡的な論理が通用しないことは言うまでもなく、乙の供述内容を認定資料に加えるとしても、あくまで逮捕時の状況に加味して犯人性を判断する一資料と位置付けるべきであろう。」

平成25年試験問題［設問１］では、準現行犯人逮捕の適法性が問われました。その際の検討、論述の手順については、下記の出題趣旨及び採点実感に詳細に説明されています。すなわち、⑴まずは**準現行犯の構造**を示した上で条文解釈から要件を導くこと、⑵要件の検討は、①**212条２項各号該当性**、②**犯罪と犯人の明白性**の順で行うこと、⑶②を認定する際には、当該事案における**時間的・場所的近接性**がいかに明白性に結び付くのか（「接着性」がどの程度「明白性」を担保するか）を論じること、また、その**判断資料の範囲**（逮捕者が直接覚知した事情に限定されるのか）についても言及すること、という点に注意して検討、論述する必要があります。

［平成25年出題趣旨］

「【逮捕①】及び【逮捕②】の適法性を論じるに当たっては、このような**準現行犯の構造**を踏まえ、設問の事例において**いかに犯罪と犯人の明白性が客観的に保障されるのか**を意識しながら、準現行犯の要件該当性を論じる必要がある。」

「【逮捕①】については、当然の前提として、特定の犯罪（本件では、平成25年２月１日午後10時にＨ公園で発生したＶに対する殺人事件）との関係で、甲の**準現行犯の要件該当性**を論じる必要がある。例えば、甲の着衣及び靴に血が付着していたことについて、これが**同項第３号の「被服に犯罪の顕著な証跡があるとき」**に該当すると言うためには、なぜ、Ｖに対する殺人事件の証跡と言えるのかを論じる必要がある。また、**「罪を行い終わってから間がない」**ことについては、単に、犯行時と逮捕時との客観的な時間間隔及び距離関係を指摘するだけでは足りず、本件事案のような**時間的・場所的近接性**が、いかに**犯罪と犯人の明白性**に結び付くのかを論じる必要がある。」

［平成25年採点実感］

「【逮捕①】では、準現行犯逮捕としての適法性について問われているのであるから、甲につき、平成25年２月１日午後10時頃にＨ公園で発生したＶに対する殺人事件という特定の犯罪との関係で、**刑事訴訟法第212条第２項各号の要件該当性**を論じた上で、甲が**「罪を行い終わってから間がないと明らかに認められる」（犯罪と犯人の明白性）**という要件を満たすかについて論じることが求められている。ところが、同項各号の要件該当性の検討に先んじて犯罪と犯人の明白性の要件を論じたり、同項各号の要件該当性を犯罪と犯人の明白性の要件充足性を検討するための一要素として論じる等、**同項の構造**を理解していないと思われる答案が相当数見受けられた。

また、甲が同項３号に規定する「身体又は被服に犯罪の顕著な証跡があるとき」の要件を満たすことを論じた上で、犯罪と犯人の明白性を論じるべきことは理解しているものの、**後者の判断材料**に関し、司法警察員Ｐが**直接覚知した事情に限定されるのか**、その他の事情も含まれるのかにつき全く言及せず、あたかもＷによる通報内容のみで当然に犯罪と犯人の明白性を認定できるかのように論じたり、司法警察員Ｐが甲及び乙を発見した日時・場所、その際の甲及び乙の特徴、職務質問時の乙の供述内容等を漫然と羅列したりする答案が数多く見受けられた。」

３　共犯者の現行犯人性

共犯者として犯罪に関与する場合、その関与形態には、実行行為を分担する実行共同正犯の場合以外にも、**共謀共同正犯、教唆犯、幇助犯**の各場合が想定されます。そこで、212条１項及び２項にいう「罪を行い」とは実行行為者として罪を行う場合に限定されるのでしょうか。共犯者の「現行犯人」該当性が問題となります。もっとも、上述した無令状逮捕が許容される趣旨からすれば、共謀共同正犯等の自らは実行行為を行わない共犯者についても、「犯罪と犯人の明白性」が認められる限り、これを「現行犯人」から除外する理由はないと考えられます（現に、212条１項及び２項は犯罪の「実行」ないし「実行行為」という用語を用いていません。）。判例④も「共謀共同正犯についても、被逮捕者らの挙動や犯罪現場の状況などから、現に行われ又は終了した犯罪が同人らの共謀による共同正犯であることが逮捕者において明白であるときには、被逮捕者が実行行為者であるかどうかにかかわりなく、これを現行犯として逮捕することができる」と判示しています。では、このような共犯者について「犯罪と犯人の明白性」が認められるのは具体的にどのような場合でしょうか。共謀共同正犯を例に考えてみると、その成立要件は、①共謀の存在及び②共謀に基づく実行行為です。そうすると、「被逮捕者が他者と特定の犯罪の実行についての意思連絡（共謀）を遂げたこと」（①）と「その共謀に基づいて当該他者が犯罪を実行したこと」（②）の各事実について、逮捕時における客観的状況から逮捕者にとって明白である場合（すなわち、①及び②の事実が明白であるとの逮捕者の判断の合理性が客観的に担保されている場合）であれば、現行犯人逮捕が許されるということになります。

なお、準現行犯人については、共犯関係にある複数の者のうち、その者自身には212条２項各号事由が存在しない（単独では各号事由に該当しない）という場合が問題となり得ます。判例⑤は、被逮捕者自身には「犯罪の顕著な証跡」（212条２項３号）が存在しなかったという事案でしたが、「犯行が複数の犯人によるものであって、しかも、その犯人らが……行動を共にしていたことが明らか」であるという事情（**共犯者間の一体性**）を前提として、被逮捕者に同行していた者に付着していた犯罪の証跡をもって、被逮捕者についての212条２項３号該当性を肯定しています。

平成25年試験問題［設問１］においても、共謀共同正犯者に対する準現行犯人逮捕の適法性が問われました。本問は、まさしく実行行為者の甲には212条２項３号該当性が認められるものの、共謀共同正犯者の乙自身にはそれが認められないという事案でした。そこで、判例⑤も参考にしながら、下記出題趣旨及び採点実感にも指摘されているとおり、**「甲と乙との一体性を示す具体的事実」**を指摘した上で、乙の212条２項３号該当性を検討する必要があります。また、明白性の要件については、共謀共同正犯の場合にいかなる事実の明白性が問題となるのか（「**甲による実行行為**のみに向けられているのか、**甲及び乙の共謀**まで含むのか」）を論じる必要があります（もっとも、採点実感は、「共謀」についての明白性を問題とする場合に、さらに「共謀とは謀議行為を意味するのか、意思の連絡を意味するのかにつき自己の見解」を明示することまで要求していますが、この点は純然たる実体法上の解釈問題であるため詳細な議論を展開する必要はないと思われます。論述においては「共謀」が“意思の連絡”を意味することを端的に指摘した上でそれを前提に明白性を検討すれば足りるでしょう。)。なお、明白性の認定に際して**「判断材料となり得る事情の範囲」**が問題となる点に注意を要することは上述したとおりです。

［平成25年出題趣旨］

「【逮捕②】は、このような準現行犯逮捕の趣旨及び構造を前提として、応用事例に対して自ら法理論を展開する能力が試されている。乙は、甲に対してVの殺害を指示したものの、自らは実行行為に及んでいない上、逮捕時においては、乙自身の身体又は被服には犯罪の顕著な証跡が存在しない。しかし、乙は、逮捕時に、被服に血を付着させた甲と同行していたのであり、この状況を、乙との関係でも同法第212条第２項第３号の該当事由であると考えることができないか問題となる。また、乙が実行行為に及んでいない以上、乙と甲との間の共犯関係自体が、逮捕時の状況から明白であると判断できるのかについても検討しなければならない。」

［平成25年採点実感］

「【逮捕②】につき**同項各号の要件該当性**を論じるに当たっては、本件が共犯事件であることを意識すべきであるところ、……Wが、甲及び乙の共謀に基づく殺害行為を目撃していること、司法警察員P及びQが甲及び乙を発見した際、両名は行動を共にしており、両名の特徴はWが目撃した犯人２名の特徴と一致することなど、**甲と乙との一体性を示す具体的事実**を指摘した上で、乙の同項３号該当性を論じることのできた答案は少なかった。

さらに、乙は**共謀共同正犯**であるから、乙につき**「罪を行い終わってから間がないと明らかに認められる」**との要件を満たすかについて論じるに当たっては、この要件が、**甲による実行行為**のみに向けられているのか、**甲及び乙の共謀**まで含むのか、後者の見解をとる場合、共謀とは謀議行為を意味するのか、意思の連絡を意味するのかにつき自己の見解を明らかにした上で、【逮捕①】と同じく、この要件の**判断材料となり得る事情の範囲**につきいかなる見解をとるかによって結論が異なると思われるが、この点について論じた答案はほぼ皆無であった。」

4　現行犯人逮捕に伴う実力行使

逮捕は、捜査機関が実力をもって被疑者の身体を拘束し、引き続き一定の時間拘束を継続する強制処分です。したがって、その性質上、逮捕に際して被疑者から抵抗を受けた場合には当然に実力を行使することが認められます。これは現行犯人逮捕の場合でも同様です。そして、どの程度の実力行使が認められるかについては、強制捜査を含む捜査活動一般に妥当する捜査比例の原則（197条１項本文）に照らして判断されることになります。判例⑥は「現行犯逮捕をしようとする場合において、現行犯人から抵抗を受けたときは、逮捕をしようとする者は、警察官であると私人であるとをとわず、その際の状況からみて**社会通念上逮捕のために必要かつ相当であると認められる限度内の実力を行使**することが許され……る」という旨を判示しました。

平成18年試験問題［設問１］の事案における現行犯人逮捕は、現に被疑者甲が警察官に対して暴行に及んでいることから、公務執行妨害罪の現行性（「現に罪を行い」）が認められるため、犯罪と犯人の明白性については問題となりません。他方で、逮捕に際して、甲が激しく抵抗したため警察官合計５名で甲の体を押さえ付けて制圧していますが、上記判例⑥の示した基準に照らせば、逮捕するための手段として許容される程度の実力行使であったといえるでしょう。

〈参考判例〉

【最（一小）決昭和41・４・14裁判集刑159号181頁】（現行犯人の明白性①） 判例①

「上告趣意は、事実誤認、単なる法令違反の主張であって、上告適法の理由に当らない（なお、所論の点に関する原判決の判断は、相当である。）。」

［（原審）大阪高判昭和40・９・９判時449号64頁］

「公務執行妨害罪が成立するには公務員の職務行為が適法であることを要する……職務行為の適否は事後的に純客観的な立場から判断されるべきでなく、行為当時の状況にもとづいて客観的、合理的に判断さるべき……たとえＣの前示所持が同法違反罪の構成要件に該当せずとして事後的に裁判所により無罪の判断をうけたとしても、その当時の状況としてはＣの右挙動は客観的にみて同法違反罪の現行犯人と認められる十分な理由があるものと認められるから、右両巡査がＣを逮捕しようとした職務行為は適法であると解するのが相当であり、これを急迫不正の侵害であるとする所論はとるをえない。」

【京都地決昭和44・11・５判時629号103頁】（現行犯人の明白性②） 判例②

「ところで、被疑者を現行犯人として逮捕することが許容されるためには、被疑者が現に特定の犯罪を行い又は現にそれを行い終った者であることが、逮捕の現場における客観的外部的状況等から、逮捕者自身においても直接明白に覚知しうる場合であることが必要と解されるのであって、被害者の供述によること以外には逮捕者においてこれを覚知しうる状況にないという場合にあっては、事後的に逮捕状の発布請求をなすべきことが要求される緊急逮捕手続によって被疑者を逮捕することの許されるのは格別、逮捕時より四八時間ないし七二時間内は事後的な逮捕状発布請求手続もとらず被疑者の身柄拘束を継続しうる現行犯逮捕の如きは、未だこれをなしえないものといわなければならない。」

【東京高判昭和60・４・30判タ550号330頁】（現行犯人の明白性③） 判例③

「本件逮捕の際警察官にとつて客観的に確実であつたことは、一一〇番による被害者甲女の届け出の時刻に近接した深夜の時期に、前記のように伝えられた犯人の人相着衣にほぼ一致する特徴をもつ被告人が被害者方から約二五〇メートル離れた所を歩いていたということだけであつて、本件犯罪の存在及びその犯人が被告人であるという特定については、すべて被害者の記憶に基づくいわゆる面通しを含む供述に頼つていたのであるから、犯行を現認したのと同一視できるような明白性は存在しなかつたといわなければならない。したがつて、逮捕当時の被告人を同条一項の現行犯人ということはできない。」

【東京地判昭和63・３・17判時1284号149頁】（共謀共同正犯の現行犯人性） 判例④

「現行犯逮捕が令状主義の例外として認められているのは、現に犯罪が行われ又は終了したという状況から、被逮捕者がその犯罪の犯人であることが逮捕者にとって明白であり、かつ、直ちに逮捕を行うべき緊急性があることによるのであるから、共謀共同正犯についても、被逮捕者らの挙動や犯罪現場の状況などから、現に行われ又は終了した犯罪が同人らの共謀による共同正犯であることが逮捕者において明白であるときには、被逮捕者が実行行為者であるかどうかにかかわりなく、これを現行犯として逮捕することができるものというべきである。

……（中略）……してみると、本件においては、小公園脇路地で集団の者らにより兇器準備集合の実行行為が行われている最中に、被告人Ｐら数人の者がその犯罪現場のすぐ間近まで歩いてきて、犯行を行っている右集団に加わろうとしたという明白な状況があることになるから、Ｂ巡査が、このような状況から、右被告人らと右集団の者らとの間に共同して兇器準備集合を実行する旨の共謀があることが明らかであると判断し、右被告人らを兇器準備集合の共謀共同正犯と認めて現行犯逮捕に出たのは正当であったというべきである。したがって、右被告人らに対する現行犯逮捕手続はいずれも適法である。」

【東京高判昭和62・４・16判時1244号140頁】（共犯者と212条２項各号要件） 判例⑤

「警察当局は、Ｗが乱闘の目撃後直ちにした具体性のある届け出に基づき、本件車両を被疑車両として手配していたところ、同車両は右乱闘の約四〇分後に、乱闘場所から僅か約六〇〇メートル離れただけの地点で発見され、被告人らはこれに乗車していたのであり、しかも、そのうちの一人の着衣に血痕が付着していたというのであるから、被告人らに罪を行ったと明らかに認められる状況があったことは否定し難く、警察官らが被告人らについて準現行犯逮捕の要件としての犯罪の明白性があると認めたことは、正当として是認することができる。……（中略）……

また、被告人らは、乱闘後警察官らによって発見された時間及び距離の関係からすると、準現行犯逮捕の要件としての犯罪後間がないと明らかに認められる場合に該当するものということができる。
更に、被告人Aのワイシャツに付着していた血痕については、それが同被告人自身からの出血によるものか、相手方の出血が返り血となって付いたものかなど、付着経緯の詳細は不明であったとうかがわれるが、その血痕は、付着箇所や付着状況からみて、少なくとも同被告人が乱闘に加わったことにより付着したと認められるものであったから、同被告人が「被服に犯罪の顕著な証跡があるとき」（刑訴法二一二条二項三号）の要件を具備していたことは疑いを容れない。また、被告人A以外の被告人らについては、その者ら自身の被服には格別の証跡等があったわけではないが、犯行が複数の犯人によるものであって、しかも、その犯人らが同一の車両に乗って行動を共にしていたことが明らかな場合であるから、被告人Aのワイシャツに血痕が付着していたことは、その同乗者である他の被告人らについても「被服に犯罪の顕著な証跡があるとき」にあたるものと解することができる。」

【最(一小)判昭和50・4・3刑集29巻4号132頁】（現行犯人逮捕の際の実力行使）判例⑥

「現行犯逮捕をしようとする場合において、現行犯人から抵抗を受けたときは、逮捕をしようとする者は、警察官であると私人であるとをとわず、その際の状況からみて社会通念上逮捕のために必要かつ相当であると認められる限度内の実力を行使することが許され、たとえその実力の行使が刑罰法令に触れることがあるとしても、刑法三五条により罰せられないものと解すべきである。これを本件についてみるに、前記の経過によると、被告人は、Xらを現行犯逮捕しようとし、同人らから抵抗を受けたため、これを排除しようとして前記の行為に及んだことが明らかであり、かつ、右の行為は、社会通念上逮捕をするために必要かつ相当な限度内にとどまるものと認められるから、被告人の行為は、刑法三五条により罰せられないものというべきである。」

【論述例】

【現行犯人逮捕の要件（犯罪と犯人の明白性）】

現行犯人逮捕（213条）が令状主義の例外として許容される根拠は、逮捕者にとって犯罪の嫌疑が明白であって誤認逮捕のおそれが少なく、かつ、早急な逮捕の必要性が認められる点にある。

そうすると、「現に罪を行い、又は現に罪を行い終った者」（212条1項）とは、逮捕者にとって、特定の犯罪の犯人であることが明白であると合理的に判断できる者を意味すると解される。そして、かかる犯罪と犯人の明白性については、犯行と逮捕との時間的・場所的接着性等の客観的事情から逮捕者の判断の合理性が客観的に保障されることを要すると解すべきである。

［「明白性」の判断資料］

上記の明白性が認められるためには、被疑者が特定の犯罪の犯人であることが、逮捕時点における客観的外部的状況等から、逮捕者自身において直接明白に覚知し得る場合であることが必要である。もっとも、その判断に際しては、逮捕現場の状況や被害者・被疑者の挙動等の逮捕者自らが直接覚知した客観的事情に加えて、被害者・目撃者の供述や被疑者自身の供述等の供述証拠も客観的事情を補充するものとして判断資料とすることができると解する。

【参考答案例】【平成25年】

［設問1］

第1　逮捕①及び逮捕②の適法性

1　現行犯人（212条1項）及び準現行犯人（同条2項）について、裁判官の令状審査を経るまでもなく何人も逮捕状なくして逮捕することができる（213条）とされている理由は、逮捕を行う者にとって、逮捕時の状況から被逮捕者が特定の犯罪の犯人であることが明白であると判断することができ、かつ、直ちに逮捕を行うべき緊急性が認められるからである。もっとも、準現行犯人の場合には、現行犯人のように「現に罪を行い、又は現に罪を行い終った」状況にはないことから、刑訴法は、「罪を行い終ってから間がない」（犯行との時間的接着）という要件に加えて、同項各号の規定する客観的事由を要件とすることにより「明らかに認められる」（犯罪と犯人の明白性）という判断の客観性の保障を図ったものである。そこで、以下、逮捕①及び②について、212条２項の要件充足性を検討する。

２　逮捕①について

⑴　司法警察員Ｐは、本件犯行を目撃したＷからの通報内容を伝達された上で犯人を探索していたところ、発見した甲の上下の着衣及び靴に一見して血と分かる赤い液体が付着していたことを認めている。上記Ｗの目撃供述によれば、犯人は包丁で被害者の胸を２回刺突しており、その犯行態様からして現場で被害者の血液が犯人の衣服等に付着した可能性が高いと考えられることに加え、甲と一緒にいた乙が「甲の着衣と靴に血が付いているのは、20分前にＨ公園でＶを殺したからだ。」と述べているところ、後述のとおり、かかる乙の供述も明白性の判断資料となり得ることも併せて考慮すると、甲の着衣等に血液が付着していたことは、「被服に犯罪の顕著な証跡があるとき」（212条２項３号）に当たる。

⑵「罪を行い終ってから間がないと明らかに認められる」とは、犯行と逮捕との時間的・場所的接着性を考慮した上で、犯罪と犯人の明白性を要求する趣旨であるところ、かかる明白性については、逮捕の現場における客観的外部的状況等から、逮捕者自身において直接明白に覚知し得る場合であることが必要である。ただし、準現行犯の場合、現行犯人の現認とは異なり、犯行時と逮捕時とがある程度時間的に隔離している状況が想定されることから、逮捕者が直接現認した状況等の客観的資料のみでなく、目撃者の供述や被逮捕者の供述等も客観的資料を補充するものとして当然に明白性の判断資料とすることができると解すべきである。

ア　Ｐは、本件殺人事件発生のわずか約30分後、その現場から約800メートルしか離れていない路上において甲を逮捕している。そうすると、本件犯行と逮捕との時間的・場所的接着性が認められるところ、犯行と逮捕が時間的・場所的に近接するほど犯人がそれ以外の者と混同される危険性は低いといえることから、かかる事情は甲について犯罪と犯人の明白性を客観的に担保する事情となる。

イ　Ｗは本件犯行を目撃した直後に警察に通報して目撃状況を説明しており、その内容も犯行態様や犯人の逃走状況について具体的に説明するのみならず、犯人２名のそれぞれの身長、体型、年齢、服装及び髪型について詳細に説明していることから、Ｗの目撃供述は信用性が高いものと認められる。しかるところ、Ｐは、甲の特徴について「身長約190センチメートル、痩せ型、20歳くらい、上下とも青色の着衣、長髪」であること、乙の特徴について「身長約170センチメートル、小太り、30歳くらい、上が白色の着衣、下が黒色の着衣、短髪」であることを認めており、これらの特徴はＷの供述した犯人２名のそれぞれの特徴と一致している。また、甲及び乙は、本件犯行現場であるＨ公園から北西方向にある路上を一緒に歩いているところを発見されており、発見された際の状況や場所もＷの供述した犯人２名の逃走状況及び逃走方向と符合している。それに加え、乙は逮捕現場で「甲が包丁でＶの胸を２回突き刺してＶを殺した。」等と詳細に説明して本件犯行を自白したところ、かかる乙の自白は上記Ｗの目撃供述の内容とも一致しており信用できるものと認められるから、これも犯罪と犯人の明白性を認定する判断資料となる。これらの逮捕時の状況から、Ｐにおいて甲の犯人性を客観的に明白に覚知し得たものと認められる。

ウ　したがって、甲は「罪を行い終ってから間がないと明らかに認められる」者に当たる。

(3)　上記(1)及び(2)の各事情からすれば「明らかに逮捕の必要がない」(199条２項但書、規則143条の３参照）とは認められない。

(4)　以上より、逮捕①は適法である。

3　逮捕②について

(1)　甲が212条２項３号の事由に該当していたことは明らかであるのに対し、乙については、乙自身の身体又は被服に格別の証跡等があったわけではない。しかしながら、上記Ｗの目撃供述によれば、本件犯行が２名の犯人の共謀によるものであって、しかも、その犯人らは一緒に現場から逃走しており、犯行後に行動を共にしていたことが明らかであったところ、甲及び乙は一緒に歩いているところを発見されたのであるから、甲の着衣等に血液が付着していたという事実から、その同行者である乙についても「被服に犯罪の顕著な証跡があるとき」に当たるものと解することができる。

(2)　上述のとおり、準現行犯人の逮捕が令状主義の例外として認められているのは、逮捕時の客観的状況から被逮捕者がその犯罪の犯人であることが逮捕者にとって明白であることによるのであるから、共謀共同正犯についても、被逮捕者の挙動等の客観的状況から、行われた犯罪が被逮捕者の共謀による共同正犯であることが逮捕者において明白であるときには、被逮捕者が実行行為者であるかどうかにかかわりなく準現行犯人として逮捕することができるものと解する。

ア　Ｑは、Ｐが甲を逮捕したのと同時に、同所において乙を逮捕しており、上述のとおり、犯行と逮捕との時間的・場所的接着性が認められる。

イ　Ｑの認めた甲及び乙の身長、体型、年齢、服装及び髪型等の特徴は、上述のとおり、Ｗの供述した犯人２名の特徴とそれぞれ一致する。また、Ｗの供述した本件の犯行状況は、乙と特徴の一致する男が「やれ。」と言った直後に甲と特徴の一致する男が包丁でＶを２回刺突したというものであり、これは逮捕現場で乙が自白した犯行状況と符合する。加えて、乙は、「二日前に俺が、甲に対し、報酬を約束してＶの殺害を頼んだ。」旨を自白している。これらの逮捕時の状況からすれば、甲及び乙がＶを殺害することについて意思連絡（共謀）を遂げていたこと及びその共謀に基づいて甲がＶの殺害を実行したことが明らかであり、Ｑにおいて共謀共同正犯としての乙の犯人性を客観的に明白に覚知し得たものと認められる。

ウ　したがって、乙は「罪を行い終ってから間がないと明らかに認められる」者に当たる。

(3)　上記(1)及び(2)の各事情からすれば「明らかに逮捕の必要がない」（199条２項但書、規則143条の３参照）とは認められない。

(4)　以上より、逮捕②は適法である。

【参考答案例】【平成23年】

［設問１］

第１　逮捕①、②及びこれらに引き続く身体拘束の適法性

⇒第３講【３】【参考答案例】参照

３　逮捕②及びこれに引き続く身体拘束について

(1)　法定要件の検討

①　逮捕について

ア　司法警察員Ｑが、乙を尾行してその行動を確認していたところ、乙が別件②を敢行した状況を現認したことから、司法警察員Ｐにおいて乙を直ちに逮捕しているが、Ｐも現場においてＱと共に乙の犯行（「現に罪を行い」、212条１項）の状況を客観的に現認していたものと考えられる(※)。そうであれば、Ｐは乙の犯人性を直接明白に覚知していたと認められ、乙は「現行犯人」（213条）に当たる。

イ　上記のようなＰ及びＱが犯行を現認した状況に加えて、乙に直近１年以内の同種前歴があることも考慮すれば、「明らかに逮捕の必要がない」（199条２項但書、規則143条の３参照）とは認められない。

※　問題文の【事例】によれば、乙の犯行を現認したのはＱであるが、乙を逮捕したのはＰとされている。しかしながら、Ｑが乙の犯行を現認した際にＰが現場のどの位置にいたのか、Ｐ自身も乙の犯行を現認していたのか等の具体的な事情について、問題文の【事例】には一切記載がない。これは、単に逮捕者をＱとすべきであったところを誤ってＰと記載してしまったという、出題者の誤記であった可能性も指摘できるが、平成23年６月６日付けで司法試験委員会から正式に下記文書が公表された。

［平成23年新司法試験論文式試験刑事系科目第２問について］

「刑事系科目第２問の問題文においては、逮捕②の逮捕者が司法警察員Ｐとなっていますが、同人が乙を現行犯逮捕した経緯についての情報が不足しており、また、そのため、逮捕者が万引きの現認者とは別人であるのか否かが読み取りにくい不適切な設問となってしまいました。採点に当たっては、逮捕者について、現認者と異なる司法警察員Ｐと読み取った者も、そうでない者も、いずれであっても、それぞれの事実を前提に適切な論述がなされているかどうかで評価します。試験問題に不適切な点があったことを心からおわび申し上げます。」

【参考答案例】【平成18年】

［設問１］

第４　現行犯人逮捕について

１　上述のとおり、Ｘ巡査が甲の左腕をつかんだ行為は適法な職務執行であるから、甲がこれを振り払い、Ｘ巡査の顔面を右手のこぶしで１発強く殴った行為は、公務執行妨害罪（刑法95条１項）に当たるところ、Ｙ警部補はかかる甲の犯行（「現に罪を行い」、212条１項）の状況を客観的に現認しており、甲の犯人性を直接明白に覚知していることから、甲は「現行犯人」（213条）に当たる。また、かかる状況からすれば「明らかに逮捕の必要がない」（199条２項但書、規則143条の３参照）とは認められない。

２　本件逮捕に際して、Ｙ警部補を含む警察官合計５名で甲の体を押さえ付けて制圧しているところ、これは甲が右腕を振り回すなどして激しく抵抗したためであり、甲が凶器を所持している疑いがあったことも考慮すれば、かかる制圧行為は、社会通念上逮捕のために必要かつ相当な限度内の実力の行使であると認められる。

３　以上より、本件現行犯人逮捕は適法である。

【２】逮捕・勾留の適法性

［論点解析］逮捕・勾留の効力と一回性の原則

１　逮捕・勾留の効力

(1)　事件単位の原則

逮捕・勾留は特定の「被疑事実」（200条１項参照）を基礎になされることが予定されているところ（200条１項、203条１項、204条１項、207条１項、60条１項、64条１項等）、特定の「被疑事実」ごとに裁判官による司法審査を行わせることにより身体拘束処分の適正を確保し、人権保障を徹底するという令状主義の趣旨に照らせば、逮捕・勾留の効力はその基礎とされた被疑事実（と同一の範囲）についてのみ及ぶものと解されます（**事件単位の原則**）。この事件単位の原則によれば、①同一の被疑者について、異なる（被疑事実の同一性を欠く）事件の嫌疑が複数あれば、そのそれぞれについて逮捕・勾留すること（**二重逮捕・二重勾留**）も許される、②逮捕・勾留の基礎とされた被疑事実以外の犯罪事実を当該逮捕・勾留に関する手続において考慮することは許されない（⇒**別件逮捕・勾留**について、**第３講【３】２**参照）、ということになります。

★ 事件単位の原則

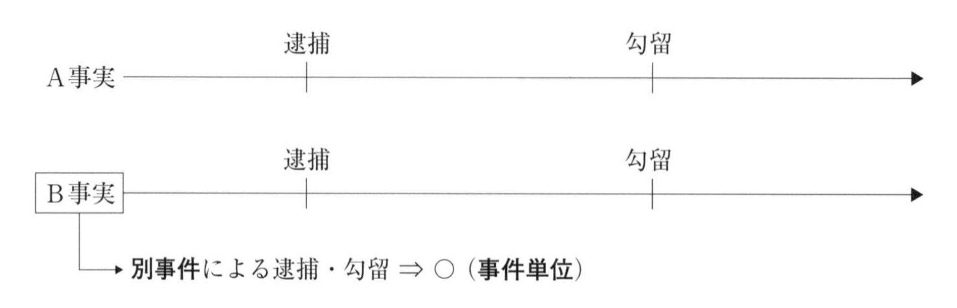

⑵　逮捕前置主義

被疑者の勾留に関する207条１項は「前三条の規定による勾留の請求」と規定しており、条文上、逮捕された被疑者について勾留が請求される場合（204条ないし206条）しか予定されていないことから、被疑者の勾留には必ず逮捕が先行しなければならないとの原則（**逮捕前置主義**）が採用されています。この逮捕前置主義の趣旨について、身体拘束に慎重を期するべく“二重の司法審査”を経させること自体に意味があると説明する見解があります。しかしながら、この見解では逮捕の際に司法審査を経ない現行犯人逮捕（⇒**第３講【１】１参照**）の場合や２つの身体拘束の期間に短期（逮捕）と長期（勾留）の大きな差があることを説明し得ないと指摘されています。これに対して、判例①は「刑訴法上、被疑者を留置・勾留する前提として、逮捕を必要とした（逮捕前置主義）趣旨は、被疑者に対する身柄拘束の初期の段階では、嫌疑及び身柄拘束の必要性についての判断は多分に不確定的な要素が含まれることから、まず第一段階として……比較的短期の拘束である逮捕による身柄拘束を先行させ、その間の捜査によってもなお嫌疑及び身柄拘束の必要性が認められる場合に限り、裁判官の判断を経て、第二段階としての……勾留を認めるという慎重な手続をとることが、被疑者の人身保護の要請に適うからである」と判示しています。すなわち、短期と長期という順序で身体拘束を二段階にした上でそれぞれ司法審査をすることで、身体拘束が短期（逮捕）のみで終了する（逮捕段階の捜査によって「嫌疑及び身体拘束の必要性」が消滅する）場合があり得る、という点にこの制度の重要な意味が見出されるのです。そして、このような趣旨からすれば、逮捕と勾留は、その基礎となっている被疑事実が同一でなければならないと解されます。この**被疑事実の同一性**（上述した事件単位の原則における**「事件」の範囲**）は、「公訴事実の同一性」（312条１項）に準じた基準で判断されることになります（⇒**第６講【３】２参照**）。そこで、ある事件（Ａ事実）と被疑事実の同一性を欠く別の事件（Ｂ事実）について、⑴Ａ事実で逮捕した後に被疑事実をＢ事実に切り替えて勾留請求すること（**切替勾留**）、⑵Ａ事実で逮捕した後にＡ事実にＢ事実を付け加えて勾留請求すること（**付加勾留**）の可否がそれぞれ問題となります。

まず、⑴**切替勾留**について、逮捕・勾留の効力を「人」単位で捉える見解（**人単位説**）によれば、Ａ事実の逮捕の効力は同一被疑者についてのＢ事実についても及ぶことから、Ｂ事実について逮捕前置主義の要請を満たすことになります。しかしながら、上述のとおり、逮捕・勾留の効力は「事件」単位で及ぼすべきと解されるところ（**事件単位説**）、Ａ事実の逮捕の効力は被疑事実の同一性を欠くＢ事実には及ばないことから、結局、Ｂ事実については逮捕が前置されておらず、Ｂ事実での勾留請求は許されないと解されます。この場合、一見すると、Ｂ事実での逮捕を不要とする人単位説の方が被疑者の身体拘束期間が短く済むようにも思われますが、上述のとおり、Ｂ事実について必ず逮捕を先行させることでその段階で身体拘束が終了する（勾留についてはその理由又は必要性が消滅する）場合もあり得ることから、このような早期釈放の可能性という利益を考慮すれば、Ｂ事実についてもまずは逮捕を先行させるべきと解することになります。

次に、⑵**付加勾留**については、両事実により勾留することは許されると解するのが一般的です。この場合、Ａ事実について勾留の理由及び必要性が認められるのであれば、いずれにしても被疑者の身体拘束は継続することになる（逮捕段階での早期釈放の可能性はない）以上、Ｂ事実について改めて逮捕を先行させる場合よりもＢ事実も併せて勾留を認める方が身体拘束期間の点で被疑者に有利となるからです。ただし、あくまで当該勾留がＡ事実について勾留の要件を備えていることが前提となることから、仮に事後的にA事実について勾留の理由又は必要性が消滅した場合は速やかに**勾留取消し**（207条1項、87条1項）がなされなければならないと解されます。

★ 逮捕前置主義

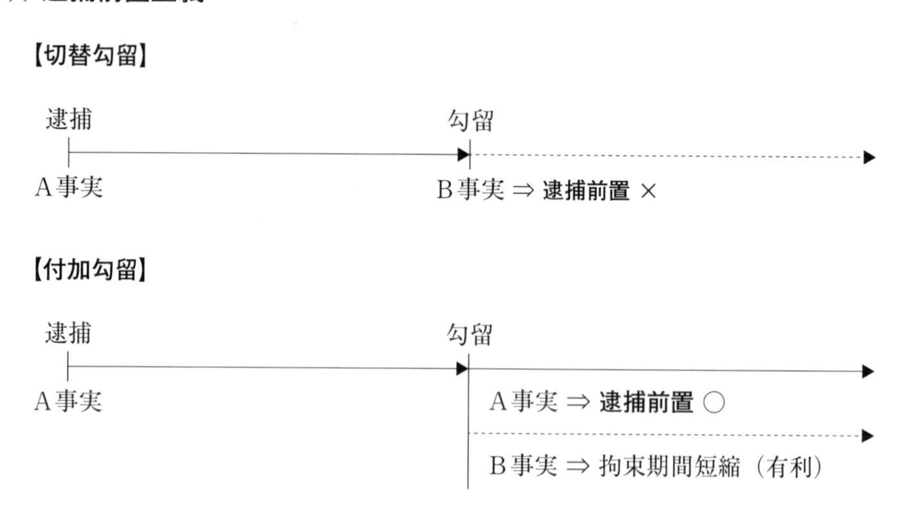

(3)　逮捕の違法と勾留の可否

逮捕と勾留は時間的に先後関係があり連続する処分であるとはいえ、両者は別個の手続であることから、勾留の可否はあくまで当該勾留の要件充足性のみによって決せられ、先行する逮捕の適否は勾留の可否に影響しないようにも思われます。そこで、**違法な逮捕に引き続く勾留の可否**が問題となります。この問題について、上記の逮捕前置主義は被疑者の勾留に「適法な逮捕」が先行することを当然の前提としていると解した上で、逮捕前置主義の要請から直接に「違法な逮捕」の場合の勾留請求を却下すべきとの結論を導く見解もあります。しかしながら、上述した判例①の指摘する趣旨からすれば、たとえ逮捕が違法であっても、その間の捜査によって以後の身体拘束の必要性が消滅する可能性があり得る以上、それを先行させること自体により逮捕前置主義の要請は充足されることになります。したがって、逮捕前置主義の趣旨から先行する逮捕が適法であることがその後の勾留の当然の前提として要求されているとまで解することはできないでしょう。他方で、刑事訴訟法は捜査機関が「前三条の時間の制限に従うことができなかったとき」（206条1項）は「その遅延がやむを得ない事由に基く正当なものであると認める場合」（同条2項）でない限り、裁判官は勾留請求を却下し被疑者を釈放しなければならない旨を規定しているところ（207条5項但書）、同条項の規定する“逮捕後の時間制限不遵守”という違法は、勾留請求を却下すべきほどの逮捕手続の瑕疵について例示したものと解されることから、先行逮捕にこれに匹敵するような重大な違法が認められる場合には、裁判官はそのような重大な違法手続に基づく勾留請求を却下すべきであると解されます。また、刑事訴訟法は逮捕自体に対して独立の不服申立て手続を規定していないところ（429条参照）、逮捕手続の違法については勾留請求の段階で一括して司法審査に服する（勾留段階の司法審査が実質的な逮捕に対する準抗告審として機能する）ことを予定していると解することができます。以上より、およそ逮捕に違法がある全ての場合に勾留請求を却下すべきというわけではないとしても、一定の**「重大な違法」**が認められる場合には却下すべき（その限りで逮捕の違法性が勾留の可否に影響を及ぼす場合がある）と解すること自体には争いはありません。問題は、逮捕にどの程度の違法があれば「重大な違法」として勾留が認められなくなるか、という点です。

例えば、判例②は、任意同行が実質的逮捕と評価され、その時点から約５時間後に逮捕状が執行された事案（第２講【6】の判例①参照）について、「逮捕状執行から勾留請求までの手続は速かになされており実質逮捕の時点から計算しても制限時間不遵守の問題は生じないけれども、約五時間にも及ぶ逮捕状によらない逮捕という令状主義違反の違法は、それ自体重大な瑕疵であって、制限時間遵守によりその違法性が治ゆされるものとは解されない」と指摘した上で、「本件逮捕は違法であってその程度も重大であるから、これに基づく本件勾留請求も却下を免れない」と判示しています。ところが、判例③は、同じく、任意同行が実質的逮捕と評価され、その時点から約３時間後に逮捕状が執行された事案（第２講【6】の判例②参照）において、前提として「実質的逮捕の時点において緊急逮捕の理由と必要性はあった」と認定した上で、「実質的逮捕の約三時間後には逮捕令状による通常逮捕の手続がとられていること」、「実質的逮捕の時から四八時間以内に検察官への送致手続がとられており、勾留請求の時期についても違法の点は認められないこと」を指摘し、「実質的逮捕の違法性の程度はその後になされた勾留を違法ならしめるほど重大なものではない」と判示しました。両判例の事案では、いずれも実質的逮捕の数時間後（３ないし５時間後）には令状に基づく通常逮捕手続が執行されており、かつ、実質的逮捕の時点を起点としても制限時間の不遵守はない、という点は共通しています。もっとも、判例③においては、実質逮捕の時点で緊急逮捕の実体的要件を具備していたことから、単に通常逮捕の要件を具備していたにとどまる判例②の場合とは異なり、違法性の程度が低い（すなわち、無令状逮捕自体は許容された場合であり、単に捜査機関において手続の選択を誤った形式的過誤があるに過ぎない）と判断されたものと解されます。しかしながら、実質的逮捕後になされた通常逮捕状の請求手続と緊急逮捕後の逮捕状請求手続では、その審査対象（要件事実）が異なる上、前者の手続では後者における「直ちに」（210条）という手続的要件が欠けることから、そもそもこの両者を同視することはできない（故に、判例③の場合もまさしく令状主義違反の瑕疵というべきである）、との批判があります。

他方、判例④は、緊急逮捕の実体的要件は具備されていたものの、（準）現行犯人逮捕の実体的要件までは具備されていなかったにもかかわらず、警察官が被疑者を現行犯人逮捕した事案（第３講【1】の判例②参照）において、「このような場合にあっては、司法警察職員がその時点で被疑者を逮捕したこと自体には違法の点はないとしても、直ちに事後的措置として裁判官に対して緊急逮捕状の発布請求の手続をとり、右逮捕についての裁判官の司法審査を受けるべきであったというべく、従って、そのような手続をとらずに漫然と被疑者の逮捕を継続したという点において、本件逮捕手続には重大な違法がある」と指摘した上で、「本件の如き違法な逮捕手続に引続く勾留請求を受けた裁判官とすれば、……その時点において逮捕手続の違法を司法的に明確にするという意味において当該勾留請求を却下するほかなきものと解される」と判示しています。同判例では、たとえ無令状逮捕自体が許容される場合（実体的要件を満たす場合）であったとしても、「直ちに」緊急逮捕状の請求手続をとらなかった点（手続的要件を欠いた点）の違法が重大であると評価されており、緊急逮捕の手続的要件を重視する判断が示されたものと解されます。

ところで、違法の重大性を肯定した判例②及び④は、勾留請求却下決定に対する準抗告審であり、まさしく「違法逮捕に基づく勾留請求の可否」について直接に判断したものでした。これに対して、違法の重大性を否定した判例③は、公判において争点とされた「違法逮捕後の勾留中に作成された供述調書の証拠能力」（**違法収集証拠排除法則**の適用）についての判断を示したものであり（⇒**第10講 1 (2)**参照）、同様に「重大な違法」の有無が問題とされているものの、厳密には争点としての現れ方が異なります。そして、２つの場面で反対の結論が導かれていることを踏まえると、判例は“違法の重大性”について、捜査法領域（判例②及び④）と証拠法領域（判例③）とで異なる基準（ダブルスタンダード）を用いている（すなわち、後者の場面では前者より緩やかな基準で違法性の程度を判断している）ようにも思われます。

2　一罪一逮捕一勾留の原則

(1)　手続の一回性の原則

一罪一逮捕一勾留の原則とは、同一の被疑事実については、①「**1個**」の逮捕・勾留を、②「**1回**」のみ行うことができるとする原則です。すなわち、同原則は、①同一の被疑事実について複数の逮捕・勾留を同時に行うこと（同時併存）は許されない（**重複逮捕・重複勾留の禁止**）、②同一の被疑事実による逮捕・勾留を時間的に前後して繰り返すこと（異時反復）は許されない（**再逮捕・再勾留の禁止**）、という２つの内容を含意するものとして理解されています。この一罪一逮捕一勾留の原則は、**事件単位の原則**及び**手続の一回性の原則**から導かれます。上述した事件単位の原則によれば、逮捕・勾留の効力は、その基礎とされた被疑事実と同一の範囲に及びます。他方で、刑事訴訟法は手続の一回性を規定しています。すなわち、捜査段階では「**被疑事実**」を単位として捜査を規制し（200条１項、207条１項、64条１項等）、公判段階では「**公訴事実の同一性**」の範囲内で同時審判を予定し（312条１項）、公訴時効の進行が停止し（254条）、二重起訴が禁止され（338条３号、339条１項５号）、確定判決を経た場合は一事不再理効（337条１号）が生じます。このように、刑事訴訟法は、刑罰権の存否を判断するため、一罪につき一つの手続を予定しているところ、刑事事件の被疑者・被告人の立場に立たされること

★ 一罪一逮捕一勾留の原則

【重複逮捕・重複勾留】

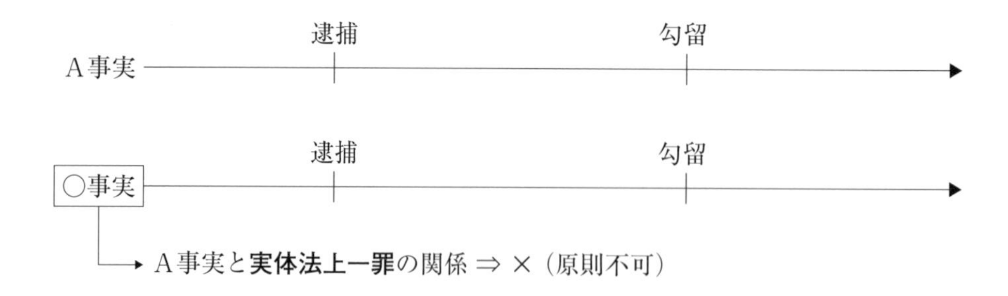

【再逮捕・再勾留】

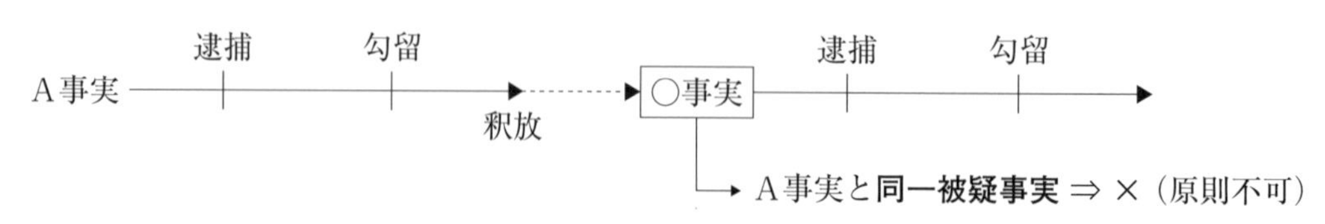

自体が多大な手続的負担を伴うものである以上、かかる手続の一回性の原則は人権保障上極めて重要な原則であると考えられ、刑事訴訟法が逮捕・勾留について厳格な時間制限の規定（203条ないし208条）を置いたのもこの趣旨によるものであると解されます。もっとも、「基本的人権の保障」と「実体的真実の発見」という刑事訴訟法の重要な2つの目的（1条参照）のうち、この原則を厳格に遵守することにより「基本的人権の保障」が万全なものとなる反面、これを貫くことで「実体的真実の発見」が阻害されることとなる場合があります。そこで、一罪一逮捕一勾留の原則の射程（例外の許容範囲）が問題となります。

(2)　再逮捕・再勾留の可否

仮に同一の被疑事実で逮捕・勾留が繰り返されることが許容されるのであれば刑事訴訟法が逮捕・勾留について定めた厳格な時間制限の規定が無意味となることは明らかです。したがって、かかる時間制限規定の趣旨から、**再逮捕・再勾留禁止の原則**が導かれます。他方で、刑事訴訟法は、「逮捕状を請求する場合において、同一の犯罪事実についてその被疑者に対し前に逮捕状の請求又はその発付があったときは、その旨を裁判所に通知しなければならない」（199条3項）という規定を置いており、これは再逮捕があり得ることを前提とした規定であると解されています（もっとも、同条項は本来的には逮捕状（200条1項）が有効期間（原則として7日間、規則300条）を徒過して失効した場合に備えた“再発付”の規定であるとの指摘もあり、いずれにしても同条項の存在が「再逮捕」を許容する積極的な根拠規定となるわけではないというべきでしょう。）。また、勾留については上記のような明文規定はないものの、逮捕が勾留の前段階の手続であって両者は密接不可分の関係にあることから、再逮捕を認めることはそれに続く再勾留をも許容する根拠となり得ると解されます。そこで、例外的に再逮捕・再勾留が許容される要件について、判例⑤は「先行の勾留期間の長短、その期間中の捜査経過、身柄釈放後の事情変更の内容、事案の軽重、検察官の意図その他の諸般の事情を考慮し、社会通念上捜査機関に強制捜査を断念させることが首肯し難く、また、身柄拘束の不当なむしかえしでないと認められる場合に限る」と判示しています。結局のところ、再逮捕・再勾留を認めるべきか否かは、実体的真実発見のための**再逮捕・再勾留の必要性の程度**と再度の身体拘束による**被疑者の不利益の程度**との比較衡量により決せられるべきものであり、その際、**必要性**の考慮要素として、**犯罪の重大性、事情変更の内容・程度**（新証拠の発見・重要性、逃亡・罪証隠滅のおそれの再発生）等を考慮し、他方、**不利益**の程度の考慮要素として、**先行の身体拘束期間**の長短等を考慮した上で、再度の身体拘束が**「不当な蒸し返し」**でないと認められるか否かを判断すべきと解されます。

では、**先行逮捕が違法な場合**の再逮捕・再勾留は認められるでしょうか。上述のとおり、逮捕手続に一定の「重大な違法」があるのであれば勾留請求は却下されるべき（被疑者は速やかに釈放されるべき）と解されますが（前記1(3)参照）、その場合の再逮捕はいわば捜査機関の落ち度により身体拘束を継続できなかったためにもう一度やり直すというものであって、新証拠の発見といった事情変更からその必要性が生じているわけではありません。他方で、一旦被疑者を釈放した後に再逮捕を許容するのであれば、結局、勾留請求を却下したことが無意味となる（むしろ勾留請求却下・再逮捕という手続を経ることでその分身体拘束期間が長期化して被疑者の不利益となる）ことから、当初の逮捕手続の瑕疵を理由に勾留請求を却下すべきような場合にはその後の再逮捕も一律に認めるべきではないとする見解も主張されています。これに対して、判例⑥は、当初の緊急逮捕手続が、逮捕後「直ちに」（210条）令状請求がなされなかったため違法と判断され、令状が発付されなかったことから、改めて同一の被疑事実で被疑者を通常逮捕した事案について、「同一事実に基づく再逮捕は合理的な理由の存する場合でなければ許されない」との一般論を述べた上で、「緊急逮捕に基づく逮捕状の請求が「直ちに」の要件を欠くものとして却下されたもののなお逮捕の理由と必要性の存する場合には「直ちに」といえると考えられる合理的な時間を超過した時間が比較的僅少であり、しかも右の時間超過に相当の合理的理由が存し、しかも事案が重大であって治安上社会に及ぼす影響が大きいと考えられる限り、右逮捕状請求が、却下された後、特別の事情変更が存しなくとも、なお前記した再逮捕を許すべき合理的な理由が、存するというべく、通常逮捕状に基づく再逮捕が許される」と判示しています。同判例は、結論としてこの場合の再逮捕の余地を許容していることから、先行逮捕について「勾留請求を却下すべき違法」の程度と「再逮捕を否定すべき違法」の程度は一致していない（すなわち、“当初の身体拘束の継続を許さない”という評価と“再度の身体拘束を許さない”という評価は二元化されている）と理解することになります（ここでも、判例が違法性の程度を評価する基準はダブルスタンダードなのです。）。その上で、判例⑥が再逮捕を許容する要件として挙げた**「合理的な理由」**とは、結局のところ、上述した再逮捕・再勾留の必要性の程度と再度の身体拘束による被疑者の不利益の程度の合理的均衡を意味していると解されるところ、**先行逮捕の違法性の程度**は、被疑者の**不利益**の内容を判断する考慮要素として位置付けられます。先行逮捕に**「著しく重大な違法」**がある場合（およそ逮捕の実体的要件を欠くのに逮捕した場合、逮捕後に正当な理由なく時間制限規定を遵守しなかった場合等）であれば、当然、被疑者の被る不利益の程度も非常に大きいものと評価され、再逮捕・再逮捕を認めることは困難でしょう。他方で、**必要性**の考慮要素について、判例⑥は「緊急逮捕に基づく逮捕状の請求が「直ちに」の要件を欠くとして却下された後、特別の事情変更が存しなければ通常逮捕が許されないと解することも妥当ではない」と指摘しており、何らかの**「事情変更」**が存することが「合理的な理由」を生じる不可欠の要件となるわけではないと解しています。そもそも再逮捕・再勾留の必要性を基礎付ける「事情変更」は、逮捕・勾留の理由又は必要性が一旦は消滅して当初の身体拘束が終了した後に、例外的に法定の制限時間を超えての再度の身体拘束を許容する前提として要求される事情（改めて逮捕の理由及び必要性が発生したと認めるべき事情）であると解されるところ、そうであれば、判例⑥のように先行逮捕の瑕疵という一事をもってそれ以上の身体拘束が継続しなかった事案では、当初の逮捕の理由及び必要性がなお存続している限り「事情変更」を要求する前提に欠けていると考えることができるでしょう。これに対して、上述した判例⑤の事案では「先に勾留につき、期間延長のうえ二〇日間の勾留がなされている」（すなわち、先行手続で法定の身体拘束期間を最大限使い果たしている）ことから、このような場合は再逮捕・再勾留の必要性を基礎付ける「事情変更」の有無を厳格に判断すべきであると考えられます（同判例も「その例外的場合をより一層限定的に解すべき」と指摘しています。）。

(3)　重複逮捕・重複勾留の可否

上述のとおり、**事件単位の原則**によれば、被疑事実の同一性を欠く別個の事件について同時に逮捕・勾留すること（**二重逮捕・二重勾留**）が許容されるところ（前記**1**(1)参照）、一罪一逮捕一勾留の原則にいう**「一罪」の範囲**、すなわち、被疑事実の同一性の範囲をいかなる基準で画するのかが問題となります。もっとも、“犯罪事実”として「単一」である場合にはこの点が特に問題となることはなく、例えば、傷害罪の事実で逮捕・勾留したところ、強盗目的の傷害事件であることが判明した場合であっても強盗致傷罪の事実で重ねて逮捕・勾留することができないという点に争いはありません。問題は、実際には相互に独立して存在している複数の犯罪事実が“法的評価（罪数評価）”として「単一」（一罪）である場合（科刑上一罪、包括一罪、常習一罪等）です。例えば、A事実（第1賭博行為）と別の犯罪事実であるB事実（第2賭博行為）との間に常習一罪（常習賭博罪、刑法186条1項）を構成する関係がある場合に、A事実で逮捕・勾留され保釈された後に、改めてB事実で逮捕・勾留することが**重複逮捕・重複勾留**に当たるのかが問題となります（なお、保釈は勾留の効力を維持したまま身体拘束を解く制度であることから、これは逮捕・勾留の“同時併存”の問題ということになります。）。

この問題について、「一罪」とは、法的評価（罪数評価）を行う以前の個々の「犯罪事実」を意味し、常習一罪の場合も個々の被疑事実ごとに逮捕・勾留することができると解する見解があります（**単位事実説**）。判例⑦は「勾留の対象は逮捕とともに現実に犯された個々の犯罪事実を対象とする」と述べて単位事実説を採用し、「各事実が包括的に一罪を構成するに止まる場合であっても、個々の事実自体の間に同一性が認められないときには、……各事実毎に勾留することも許される」と判示しました。これに対して、「一罪」とは、実体法上の一罪を意味すると解する見解が一般的です（**実体法上一罪説**）。その根拠としては、①実体法上の一罪については1個の刑罰権のみが発生するのであるから、刑罰権実現に向けた手続も1個でなければならないという点、②実体法上の一罪を構成する個々の犯罪事実を分割してそれぞれにつき逮捕・勾留することを認めると、実質的に身体拘束の“不当な蒸し返し”となるおそれが高いことからそれを予め防止する必要があるという点、が挙げられます。もっとも、この見解によっても、およそ実体法上の一罪を構成する全ての事実について一律に一罪一逮捕一勾留の原則を適用するわけではありません。すなわち、上述のとおり、実体法上一罪説は、1個の刑罰権の発動を基礎付ける実体法上一罪の範囲内の犯罪事実については、原則として1個の逮捕・勾留によって「同時処理」すべきである（その範囲で捜査機関が同時処理義務を負う）ことを根拠とするものですが、かかる同時処理義務は、**「同時処理の可能性」**を前提とする（法は不可能を強制し得ない）ものと解されることから、同時処理が不可能である場合には上記の同時処理義務が生じることはなく、その場合には一罪一逮捕一勾留の原則は適用されない（実体法上一罪の関係にあるとしても別個の被疑事実として扱われる）ことになります。また、実質的にも、このような場合であれば、逮捕・勾留を重ねても身体拘束の“不当な蒸し返し”であるとはいえないでしょう。判例⑧は実体法上一罪説を採用した上で、「本件常習賭博は、……前記起訴にかかる常習賭博と一罪をなすものであり、その逮捕勾留中に同時に捜査を遂げうる可能性が存した」と認定して「本件逮捕勾留は、同時処理の可能性のある常習一罪の一部についての逮捕勾留であるから、一罪一勾留の原則を適用すべきである」と判示しました。

そこで、問題は、どのような場合であれば「同時処理の可能性」が存したといえるか、という点です。上記の例で、A事実（第1賭博行為）で逮捕・勾留され保釈された後に、被告人が新たにB事実（第2賭博行為）を犯したという場合であれば、A事実による逮捕・勾留中の同時処理はおよそ不可能であったということは明らかでしょう。では、A事実よりも以前にB事実を犯していたという場合はどうでしょうか。この場合、基準の明確性という観点から、当初の逮捕・勾留以前に「発生」していた事実については、例外なく一律に観念的な意味での「同時処理の可能性」が存したとみなす見解も主張されています（**観念的同時処理説**）。しかしながら、事件発生後であっても捜査機関に「発覚」していない場合は実際にはその事件の同時処理は困難というべきであり、また、常習一罪を構成する個々の犯罪事実が多数に上るような場合には1回の逮捕・勾留では処理できない事態も起こり得ます（そもそも捜査段階では事実関係の流動性も高く、その段階での罪数判断も一応のものとならざるを得ないでしょう。）。判例⑧は、当該事実が当初の逮捕・勾留時点で既に捜査機関に「認知されており、直ちに捜査を行えば本件被疑者を割り出すことは充分可能であったのであり、事件自体が全く認知されていなかった場合とは異なる」と指摘して上記「同時処理の可能性」を肯定しています。そうすると、当初の逮捕・勾留以前に「発生」した事実がその逮捕・勾留を経た後に「発覚」したような場合であれば、現実的な意味での「同時処理の可能性」は存しなかったと判断される余地があると解されます（**現実的同時処理説**）。

なお、当該事実について一罪一逮捕一勾留の原則を適用し重複逮捕・重複勾留に当たると判断される場合であっても、直ちに違法という結論が導かれるわけではなく、それが例外的に許容されるか否かについて更に検討する必要がある点に注意してください。すなわち、A事実による起訴後の勾留中に、新たに判明したそれと実体法上一罪の関係にあるB事実で逮捕・勾留するという場合、それは起訴後勾留との関係では「重複逮捕・重複勾留」ですが、A事実による当初の起訴前勾留との関係ではその実質は「再逮捕・再勾留」に他なりません。結局、ここでの問題の所在が、B事実による新たな逮捕・勾留が身体拘束の“不当な蒸し返し”となるのではないか、という点にあることは共通しており、したがって、それが例外的に許容されるか否かについても、上述した**再逮捕・再勾留の可否**の問題と同様の基準（前記**2**⑵参照）で判断すべきと解されます。判例⑧も「本件逮捕勾留は一罪一勾留の原則により適法視しえないものであるが、本件は常習賭博中の一部の事件である関係上、一個の犯罪事実につき再度の逮捕勾留がなされた場合に該当すると思料されるので、再逮捕勾留の適否が問題となる」と指摘して「再逮捕勾留の適否」を検討しており、重複逮捕・重複勾留に当たることから直ちに違法と判断しているわけではありません（なお、結論として、再逮捕の際の逮捕状請求書に199条3項所定の事項の記載を欠いた瑕疵があり、それに引き続く勾留も違法であると認定されています。）。

★ 重複逮捕・重複勾留の適法性

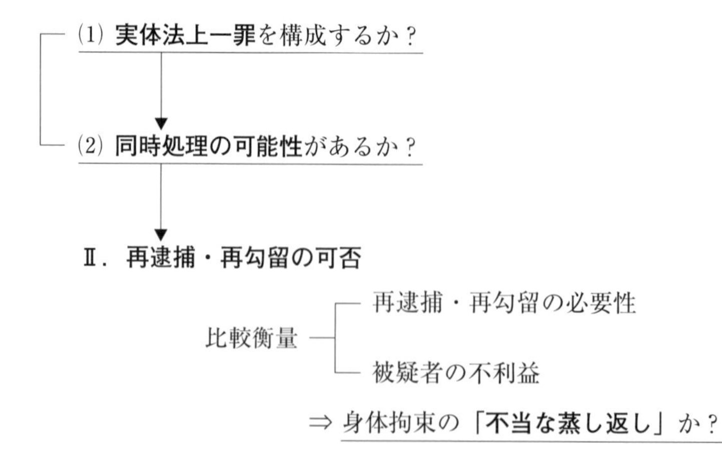

〈参考判例〉

【山口地判平成12・３・28判時1732号123頁】（逮捕前置主義の趣旨） 判例①

「刑訴法上、被疑者を留置・勾留する前提として、逮捕を必要とした（逮捕前置主義）趣旨は、被疑者に対する身柄拘束の初期の段階では、嫌疑及び身柄拘束の必要性についての判断は多分に不確定的な要素が含まれることから、まず第一段階として四八時間ないし七二時間という比較的短期の拘束である逮捕による身柄拘束を先行させ、その間の捜査によってもなお嫌疑及び身柄拘束の必要性が認められる場合に限り、裁判官の判断を経て、第二段階としての一〇日間の勾留を認めるという慎重な手続をとることが、被疑者の人身保護の要請に適うからであると解される。」

【富山地決昭和54・７・26判時946号137頁】（違法逮捕に基づく勾留請求①） 判例②

「本件においては、少なくとも夕食時である午後七時以降の取調は実質的には逮捕状によらない違法な逮捕であったというほかはない。

……本件においては逮捕状執行から勾留請求までの手続は速かになされており実質逮捕の時点から計算しても制限時間不遵守の問題は生じないけれども、約五時間にも及ぶ逮捕状によらない逮捕という令状主義違反の違法は、それ自体重大な瑕疵であって、制限時間遵守によりその違法性が治ゆされるものとは解されない、けだし、このようなことが容認されるとするならば、捜査側が令状なくして終日被疑者を事実上拘束状態におき、その罪証隠滅工作を防止しつつ、いわばフリーハンドで捜査を続行することが可能となり、令状主義の基本を害する結果となるからである。

……以上の事実によれば、本件逮捕は違法であってその程度も重大であるから、これに基づく本件勾留請求も却下を免れないものというべきである」

【東京高判昭和54・８・14刑月11巻７－８号787頁】（違法逮捕に基づく勾留請求②・勾留中作成の供述調書の証拠能力） 判例③

「少なくとも同駐在所から飯山署に向かうべく被告人をいわゆる覆面パトカーに乗せてからの同行は、被告人が始めに『どこにでも行つてよい』旨述べたとはいえ、その場所・方法・態様・時刻・同行後の状況等からして、逮捕と同一視できる程度の強制力を加えられていたもので、実質的には逮捕行為にあたる違法なものといわざるをえない。しかし、当時警察官は緊急逮捕はできないと判断していたのではあるが、前記の諸事情、特に、買物袋窃取の犯人が乗つて逃走した自動車をその二、三時間後に被告人が運転しており、しかも警察官の停止合図を無視して逃走したこと、約一週間前に遠隔地の刑務所を出所したばかりで、しかも運転免許をもたない被告人が数時間前に盗まれた自動車を運転していたことなどからすると、右実質的逮捕の時点において緊急逮捕の理由と必要性はあつたと認めるのが相当であり、他方、右実質的逮捕の約三時間後には逮捕令状による通常逮捕の手続がとられていること、右実質的逮捕の時から四八時間以内に検察官への送致手続がとられており、勾留請求の時期についても違法の点は認められないことを合わせ考えると、右実質的逮捕の違法性の程度はその後になされた勾留を違法ならしめるほど重大なものではないと考える。また他に右勾留を違法無効とするような事情は記録上何ら認められない。したがつて、逮捕の違法を理由として右勾留中に作成された被告人の供述調書（所論指摘の自白調書）を違法収集証拠であるとする所論は失当である。」

【京都地決昭和44・11・５判時629号103頁】（違法逮捕に基づく勾留請求③） 判例④

「以上によれば、司法巡査が被害者の供述に基づいて被疑者を『現行犯逮捕』した時点においては、被疑者について緊急逮捕をなしうる実体的要件は具備されていたとは認められるけれども、現行犯逮捕ないしは準現行犯逮捕をなしうるまでの実体的要件が具備されていたとは認められないといわなければならない。

このような場合にあっては、司法警察職員がその時点で被疑者を逮捕したこと自体には違法の点はないとしても、直ちに事後的措置として裁判官に対して緊急逮捕状の発布請求の手続をとり、右逮捕についての裁判官の司法審査を受けるべきであったというべく、従って、そのような手続をとらずに漫然と被疑者の逮捕を継続したという点において、本件逮捕手続には重大な違法があるといわなければならない。

……しかして、我現行刑事訴訟法は、勾留請求について逮捕前置主義を採用し、裁判官が勾留請求についての裁判において違法逮捕に対する司法的抑制を行っていくべきことを期待していると解されるのであるから、その法意からしても、本件の如き違法な逮捕手続に引続く勾留請求を受けた裁判官とすれば、仮に被疑者につき勾留の実体的要件が具備されていて将来同一事実に基づく再度の逮捕や勾留請求が予想されるという場合であっても、その時点において逮捕手続の違法を司法的に明確にするという意味において当該勾留請求を却下するほかなきものと解される。」

【東京地決昭和47・4・4刑月4巻4号891頁】(再逮捕・再勾留の可否①) **判例⑤**

「思うに同一被疑事件について先に逮捕勾留され、その勾留期間満了により釈放された被疑者を単なる事情変更を理由として再び逮捕・勾留することは、刑訴法が二〇三条以下において、逮捕勾留の期間について厳重な制約を設けた趣旨を無視することになり被疑者の人権保障の見地から許されないものといわざるをえない。しかしながら同法一九九条三項は再度の逮捕が許される場合のあることを前提にしていることが明らかであり、現行法上再度の勾留を禁止した規定はなく、また、逮捕と勾留は相互に密接不可分の関係にあることに鑑みると、法は例外的に同一被疑事実につき再度の勾留をすることも許しているものと解するのが相当である。そしていかなる場合に再勾留が許されるかについては、前記の原則との関係上、先行の勾留期間の長短、その期間中の捜査経過、身柄釈放後の事情変更の内容、事案の軽重、検察官の意図その他の諸般の事情を考慮し、社会通念上捜査機関に強制捜査を断念させることが首肯し難く、また、身柄拘束の不当なむしかえしでないと認められる場合に限るとすべきであると思われる。このことは、先に勾留につき、期間延長のうえ二〇日間の勾留がなされている本件のような場合についても、その例外的場合をより一層限定的に解すべきではあるが、同様にあてはまるものと解され、また、かように慎重に判断した結果再度の勾留を許すべき事案だということになれば、その勾留期間は当初の勾留の場合と同様に解すべきであり、先の身柄拘束期間は後の勾留期間の延長、勾留の取消などの判断において重視されるにとどまるものとするのが相当だと思われる。」

【浦和地決昭和48・4・21刑月5巻4号874頁】(再逮捕・再勾留の可否②:違法逮捕後の再逮捕) **判例⑥**

「検察官または司法警察員は同一の犯罪事実につき二度以上に亘つて逮捕状の請求をすることができ(刑事訴訟法一九九条三項)、したがつて裁判官も二度以上に亘つて逮捕状を発付することができる。しかし、同一事実に基づく再逮捕は無制限に許されるものではない。けだし、これを無制限に許すならば捜査段階における被疑者の身柄の拘束につき厳格な時間的制約を設けた法の趣旨は全く没却されてしまうからである。それゆえ同一事実に基づく再逮捕は合理的な理由の存する場合でなければ許されない、というべきである。そこで緊急逮捕に基づく逮捕状の請求が「直ちに」の要件を欠くとして却下された場合に通常逮捕が許されるか否か、また許されるとすれば、いかなる要件が必要かについて考えてみるに、逮捕状請求却下の裁判に対して、捜査機関に何ら不服申立の手段が認められていない現行法上、緊急逮捕に基づく逮捕状請求が「直ちに」の要件を欠くとして却下された後の通常逮捕が一切許されないとすることは、犯罪が社会の治安に及ぼす影響に鑑み、公共の福祉をも一の目的とする刑事訴訟法の趣旨に照し、到底採り得ないところといわざるを得ない。また、他方緊急逮捕に基づき直ちに逮捕状の請求がなされず、時間的に遅れた逮捕状の請求が却下された場合にも、その後一律に通常逮捕状の請求が許されるとすることは、緊急逮捕の要件が緩やかに解され、運用上大きな弊害の生ずることも考えられ、ひいては憲法の保障とする令状主義の趣旨が没却されることにもなるので妥当ではないといわなければならない。しかし緊急逮捕に基づく逮捕状の請求が「直ちに」の要件を欠くとして却下された後、特別の事情変更が存しなければ通常逮捕が許されないと解することも妥当ではない。けだし、右における逮捕状の請求は却下されたがなお逮捕の理由と必要性の存する場合、一旦釈放した被疑者が逃亡するなどの事情変更が生じなければ通常逮捕状の請求が許されないとすれば、犯罪捜査上重大な支障を来たし、結局は前記のような刑事訴訟法の趣旨に反するものと考えられるからである。よつて、勘案するに、緊急逮捕に基づく逮捕状の請求が「直ちに」の要件を欠くものとして却下されたもののなお逮捕の理由と必要性の存する場合には「直ちに」といえると考えられる合理的な時間を超過した時間が比較的僅少であり、しかも右の時間超過に相当の合理的理由が存し、しかも事案が重大であつて治安上社会に及ぼす影響が大きいと考えられる限り、右逮捕状請求が、却下された後、特別の事情変更が存しなくとも、なお前記した再逮捕を許すべき合理的な理由が、存するというべく、通常逮捕状に基づく再逮捕が許されるものといわなければならない。」

【福岡高決昭和42・3・24高刑集20巻2号114頁】(「一罪」の範囲①:単位事実説) **判例⑦**

「勾留の対象は逮捕とともに現実に犯された個々の犯罪事実を対象とするものと解するのが相当である。したがつて、被告人或いは被疑者が或る犯罪事実についてすでに勾留されていたとしても、さらに他の犯罪事実について同一被告人或いは被疑者を勾留することが可能であつて、その場合に右各事実がそれぞれ事件の同一性を欠き刑法第四五条前段の併合罪の関係にあることを要しない。それらの各事実が包括的に一罪を構成するに止まる場合であつても、個々の事実自体の間に同一性が認められないときには、刑事訴訟法第六〇条所定の理由があるかぎり各事実毎に勾留することも許されると解するのが相当である。けだし、勾留は主として被告人或いは被疑者の逃亡、罪証隠滅を防止するために行われるものであつて、その理由の存否は現実に犯された個々の犯罪事実毎に検討することが必要であるからである(刑事訴訟法第六〇条第一項参照)。」

【仙台地決昭和49・５・16判タ319号300頁】（「一罪」の範囲②：実体法上一罪説） 判例⑧

「本件常習賭博は、昭和四八年五月一九日になされたものであり、前記起訴にかかる常習賭博と一罪をなすものであり、その逮捕勾留中に同時に捜査を遂げうる可能性が存したのである。（本件は昭和四九年一月四日に塩釜警察署に認知されており、直ちに捜査を行えば本件被疑者を割り出すことは充分可能であつたのであり、事件自体が全く認知されていなかつた場合とは異なるのである。）従つて本件逮捕勾留は、同時処理の可能性のある常習一罪の一部についての逮捕勾留であるから、一罪一勾留の原則を適用すべきである。

……右のごとく本件逮捕勾留は一罪一勾留の原則により適法視しえないものであるが、本件は常習賭博中の一部の事件である関係上、一個の犯罪事実につき再度の逮捕勾留がなされた場合に該当すると思料されるので、再逮捕勾留の適否が問題となる。刑訴法一九九条三項、刑訴規則一四二条一項八号は、同一犯罪事実につき前に逮捕状の請求又は発付のあつた場合にはその事実および更に逮捕状を請求する事由を逮捕状請求書に記載することを義務づけている。右は不当な逮捕のむし返しを防ぐという司法抑制の実効性を確保するための措置であり、この記載を欠くことにより裁判官の判断を誤まらせる虞れを生じさせるものであるから、右記載を欠く逮捕状請求にもとづく逮捕状は違法無効であり、逮捕の前置を欠くことになるのでその勾留も違法とすべきである。同一の犯罪事実とは公訴事実の単一性および同一性がある犯罪事実であり本件においてもその単一性があり同一犯罪事実であるところ、前記認定のごとく前掲起訴にかかる常習賭博につき逮捕状の発付があつた事実の記載を欠き、違法というべきである。」

【論述例】

【違法逮捕に基づく勾留請求】

逮捕と勾留は別個独立の手続であることから、逮捕の違法性が直ちに勾留の違法性を基礎付けるものとはいえない。

もっとも、刑訴法が、被疑者を勾留する前提として逮捕を必要とした（逮捕前置主義、207条１項参照）趣旨は、第一段階として短期の拘束である逮捕による身柄拘束を先行させ、その間の捜査によってもなお身体拘束の理由及び必要性が認められる場合に限り、裁判官の判断を経て、第二段階として長期の拘束である勾留を認めるという慎重な手続をとることが、被疑者の人身保護の要請に適うからであると解される。また、刑訴法は、逮捕につき不服申立ての手続を規定していないところ（429条参照）、これは、逮捕手続に違法がある場合には引き続く勾留段階において一括して事後的な司法審査の対象とする趣旨であると解される。

以上の各趣旨に照らせば、刑訴法は、先行する逮捕手続に重大な違法がないことを勾留の要件として要求していると解すべきである。

【再逮捕・再勾留】

同一被疑事件について先に逮捕勾留され、その後に釈放された被疑者を再び逮捕・勾留することは、刑訴法が、203条以下において逮捕勾留の期間について厳重な制約を設けた趣旨を無視することになり、被疑者の人権保障の見地から原則として許されない。

しかしながら、199条３項は再度の逮捕が許される場合のあることを前提にした規定であり、他方、再度の勾留を禁止した規定はなく、また、逮捕と勾留は相互に密接不可分の関係にあることに鑑みると、刑訴法は例外的に同一被疑事実につき再度の勾留をすることも許しているものと解される。

具体的には、先行の勾留期間の長短、その期間中の捜査経過、身柄釈放後の事情変更の内容、事案の軽重、検察官の意図その他の諸般の事情を考慮し、身柄拘束の不当な蒸し返しでないと認められる場合に限り、例外的に再逮捕・再勾留が許されると解すべきである。

【一罪一逮捕一勾留の原則】

逮捕・勾留の効力は、その基礎とされた被疑事実と同一の範囲に及ぶところ（事件単位の原則）、刑訴法が逮捕勾留の期間について厳重な制約（203条以下参照）を設けた趣旨からすれば、同一の被疑事実については、原則として、一個の逮捕・勾留を一回のみ行い得るものと解される（一罪一逮捕一勾留の原則）。

他方で、刑訴法は国家刑罰権を実現する手続について規定したものであるところ、実体法上の一罪については一個の刑罰権のみが発生するのであるから、刑事手続上も一個のものとして取り扱うべきである。また、実体法上の一罪を構成する個々の犯罪事実を分割してそれぞれにつき逮捕・勾留することを認めると、実質的に身体拘束の不当な蒸し返しとなるおそれがある。したがって、一罪一逮捕一勾留の原則における「一罪」とは、実体法上一罪を意味するものと解する。

もっとも、同原則の実質的根拠は、「一罪」の範囲内の犯罪事実について捜査機関が一回の逮捕・勾留による同時処理義務を負うべき点に求められるところ、同時処理が不可能である場合には、かかる義務が生じ得ず、また、身体拘束の不当な蒸し返しになるともいえない。したがって、同時処理の可能性のある実体法上一罪の一部についての逮捕・勾留である場合に限り、一罪一逮捕一勾留の原則を適用すべきである。

【3】別件逮捕・勾留

［論点解析］別件逮捕・勾留の適法性と余罪取調べの限界

1　問題の所在

いわゆる「別件逮捕・勾留」に関する捜査手法について、判例①は「専ら、いまだ証拠の**揃っていない「本件」**について被告人を**取調べる目的**で、**証拠の揃っている「別件」**の逮捕・勾留に名を借り、**その身柄の拘束を利用して**、「本件」について逮捕・勾留して取調べるのと同様な効果を得ることを**ねらい**としたもの」と言及しました。そもそも逮捕・勾留がその基礎となっている被疑事実について身体拘束の要件（逮捕・勾留の理由と必要性）を欠いているのであれば、その逮捕・勾留が違法となるのは自明のことです。当然、「別件逮捕・勾留」の問題もその逮捕・勾留の基礎となっている「別件」については法定の要件を充足していることが前提となります（「別件」についてその要件を欠くのであれば、「本件」についての取調べ目的等を持ち出すまでもなく違法という結論が導かれるのであり、このことは後述する別件逮捕・勾留の適法性判断基準についていかなる立場に立つ場合でも妥当します。）。言い換えれば、「別件」について逮捕・勾留の要件を（少なくとも当初は）具備していたにもかかわらず、なお当該身体拘束が違法と評価される場合があるか否か、という点がここでの問題の所在です。

2　別件逮捕・勾留の適法性

(1)　別件基準説と本件基準説

別件逮捕・勾留の適法性判断基準については、**別件基準説**と**本件基準説**の対立があり、下級審裁判例も分かれています。なお、判例①の上記判示部分はあくまで傍論であり、捜査機関にそのような「目的」や「ねらい」がある場合にはじめて適法か違法かが問題となり得る（ものの、同判例の事案はそのような場合ではない）ことを念のため付言したに過ぎないものと考えられており、判例①はこの問題についての適法性判断基準を示した先例とは位置付けられていません。

別件基準説の代表例として、判例②は「**別件による逮捕勾留の実質的要件が**……**満たされる限り**、右身柄拘束の期間内に、捜査官が併せて**本件についての捜査をする意図**を有するからといって、そのことだけで、別件による逮捕勾留が許されなくなるということはない」と判示しています。これに対して、**本件基準説**の代表例として、判例③は「**専ら**適法に身柄を拘束するに足りるだけの証拠資料を収集し得ていない重大な本来の事件（本件）について被疑者を取調べ、被疑者自身から**本件の証拠資料（自白）を得る目的**で、たまたま証拠資料を収集し得た軽い別件に藉口して被疑者を逮捕・勾留し、結果的には**別件を利用**して本件で逮捕・勾留して取調べを行ったのと同様の実を挙げようとするが如き捜査方法は……**令状主義**の原則を定める憲法三三条……に違反する」と判示しています。

(2)　本件基準説の問題点

本件基準説は、逮捕・勾留の適法性判断の着眼点を「別件」から「本件」へと転換し、**「捜査官の意図・目的」**が専ら又は主として本件捜査にあることを捉えて、そのような逮捕権濫用による脱法的捜査を事前抑制しようとするものです。しかしながら、本件基準説に対しては、次の２つの問題点を指摘することができます。

第１は、令状審査に際して、そのような「捜査官の意図・目的」を裁判官が察知することは困難である、という点です。すなわち、令状請求を受けた裁判所にとって、その審判対象は当該令状請求の基礎となる被疑事実（別件）についての逮捕・勾留の要件の有無に尽きることから（**事件単位の原則**）、法制度上、当該被疑事実以外の事実（本件）についての「捜査官の意図・目的」を事前に裁判官が審査できる仕組みにはなっていません。むしろ、事件単位の原則からすれば、別件につき逮捕・勾留の要件が備わっているにもかかわらず、裁判所が令状を発付すること自体が違法となる場面は想定し難いといえます（199条２項は、「裁判官は……逮捕状を発する」と規定しており、逮捕状請求を受けた事実につき逮捕の理由と必要性があるのであれば裁判官は逮捕状を発しなければならない、というのが逮捕に関する法制度の建前のはずです。）。そうすると、本件基準説の狙いとする“事前抑制”はそもそも困難であり、このことは本件基準説も認めざるを得ないのです。結局、本件基準説に立った場合でも、令状請求時点の事情のみでなく、逮捕・勾留後の取調べ状況等の事後的な客観的事情を検討した上で、それらの事情の総合考慮により「捜査官の意図・目的」を推認する、という理論構成を採る必要があります（ただし、令状審査段階で何らかの事情により「捜査官の意図・目的」が本件取調べにあることが裁判官の知るところとなった場合、当然、裁判官としては当該令状請求にかかる被疑事実（別件）について逮捕・勾留の理由と必要性の要件をより慎重に審査することになるでしょうし、場合によっては、それを否定する判断をすることもあり得るでしょうから、令状請求時点における「捜査官の意図・目的」を問題とすることが全く無意味というわけではありません。）。

第２に、そもそも「捜査官の意図・目的」という主観的な事情がどうして別件による要件を備えた逮捕・勾留の適否に影響するのか、という根本的な問題が問われなければなりません。この論証に成功しないと本件基準説は理論的な正当性を失うことになります。本件基準説は、その根拠を**「令状主義の潜脱」**という点に求めます。ところが、令状請求の時点で捜査官に本件取調べの意図・目的があったとしても、その時点では未だ「令状主義の潜脱」という事態は現実に発生しておらず、そのような「捜査官の意図・目的」は、せいぜいその後の身体拘束が本件取調べに利用されて令状主義が潜脱される事態となる“おそれ”（危険性）がある、ということを示すものに過ぎないでしょう。他方、そもそも逮捕・勾留は、被疑者の身体を拘束することにより逃亡や罪証隠滅を防止するための制度であり、「取調べ」の必要性は逮捕・勾留の要件とはされていません（当然、逮捕・勾留によって被疑者の「取調べ」が捜査機関に義務付けられるわけでもありません。）。そうであれば、捜査機関において、被疑者として取調べをする予定があったか否かにかかわらず、また、いかなる事実の取調べをする意図・目的であったかにかかわらず、その逮捕・勾留が、基礎となっている事実（別件）についての被疑者の逃亡や罪証隠滅を防止する機能を果たしている限りは、その制度目的を達成しているのであり、これを違法とする理由はないはずです。結局、「令状主義の潜脱」に違法性の根拠を求めるのであれば、その問題の核心は、令状請求時点における「捜査官の意図・目的」にあるのではなく、現に当該逮捕・勾留がいかなる捜査に利用されていたのか、という「身体拘束中の捜査の実体」それ自体に令状主義の潜脱と評価すべき事態を見出す必要があるのです。

(3) 別件基準説の展開

他方で、近時、別件基準説も従来とは異なる理論構成へ展開しています。すなわち、従来の別件基準説は、単に別件について逮捕・勾留の法定要件の充足をもって当該身体拘束を適法と結論付けるのみでした（その上で、後述する「余罪取調べの限界」を問題とするのが典型的な処理手順とされていました。）。この場合、上述のとおり、そもそも別件について身体拘束の要件を欠いている場合に違法となるのは当然のことであり、「別件逮捕・勾留」という固有の問題領域は存在しないことになります。このような従来の別件基準説に対しては、本件基準説から“別件逮捕・勾留の問題自身を抹殺する立場”であるとの批判が向けられていました。ところが、近時、別件基準説の立場からも、後述するとおり、単に別件による逮捕・勾留の当初の時点でその法定要件を具備していたというだけでおよそ身体拘束が適法であるとは考えず、その後の「身体拘束中の捜査の実体」から当該逮捕・勾留が違法となる余地を認める理論構成が提唱されています（判例⑥参照）。

以上のように、別件逮捕・勾留に関する問題の主眼は、従来は、主に**令状審査段階における「捜査官の意図・目的」**の取り扱いを巡る２つの説の対立の点にありましたが、近時は、いずれの説からも**「身体拘束中の捜査の実体」**をどのように評価、判断するかという視点から検討されるようになっています。

別件逮捕・勾留の適法性判断基準について、出題趣旨では、以下のように説明されていました。

[令和元年出題趣旨]

「いわゆる**別件逮捕・勾留に関する捜査手法の適法性の判断基準**については、大別すると、逮捕・勾留の基礎となっている被疑事実（別件）を基準に判断する見解（**別件基準説**）と、実質的に当該被疑事実とは別の犯罪事実（本件）についての身体拘束と評価し得るかという観点から判断する見解（**本件基準説**）とに分かれており、さらに、**どのような場合に逮捕・勾留が違法となるか**という点をめぐり、別件についての逮捕・勾留の要件（犯罪の嫌疑、身体拘束の必要性）を充足しているかを重視する考え方、別件の起訴・不起訴の判断に必要な捜査がいつ完了したかを重視する考え方、逮捕・勾留に当たっての捜査官の意図・目的を重視する考え方、逮捕・勾留の期間がいずれの事件の捜査のために利用されている（いた）かを重視する考え方などが主張されている。」

3　余罪取調べの限界

上述のとおり、従来の別件基準説によれば、別件について法定要件を満たす身体拘束を適法とした上で、専ら「取調べの適否」の問題として**余罪取調べの限界**を検討することになります。その際、逮捕・勾留されている被疑者の**「取調受忍義務の有無」**という問題と関連付けて議論されてきました（**取調受忍義務アプローチ**）。

これに対して、別件逮捕・勾留の適法性を判断する際に**「身体拘束中の捜査の実体」**を検討する近時の議論によれば、逮捕・勾留後の（余罪取調べを含む）**「取調べ状況」**が身体拘束中の捜査の実体判断にとって重要な考慮要素となります。他方で、後述するとおり、**余罪取調べの限界**は、まさしく「身体拘束の適否」の問題それ自体に還元されて検討されることになります（**捜査実体判断アプローチ**）。

以下、詳細に検討します。

(1)　取調受忍義務アプローチ

従来、「余罪取調べの限界」の問題は、**「取調受忍義務の有無」**という観点から、余罪取調べについて「強制処分として事件単位の原則を適用し、原則違法とする」か、それとも「任意処分として原則適法とする」か、という枠組みで検討されてきました（**取調受忍義務アプローチ**）。例えば、判例④は「刑事訴訟法一九八条一項の解釈として、逮捕・勾留中の被疑者には**取調べ受忍義務**があり、取調べに応ずるか否かについての自由はないと解するのが一般であるが……、逮捕・勾留に関し**事件単位の原則を採用した趣旨**からすれば、被疑者が取調べ受忍義務を負担するのは、あくまで当該**逮捕・勾留の基礎とされた事実**についての場合に限られる」と判示し、逮捕・勾留中の取調べが強制処分であるとの理解を前提に、事件単位の原則を余罪

★ 余罪取調べの限界

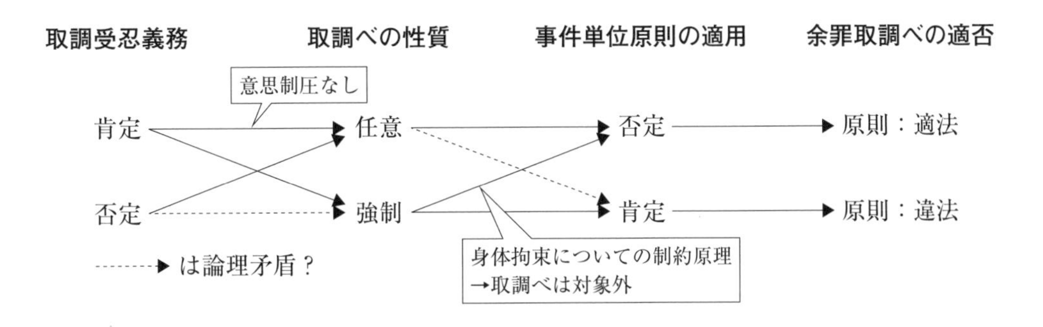

【事件単位説】

受忍義務を課した取調べ ＝ 強制処分

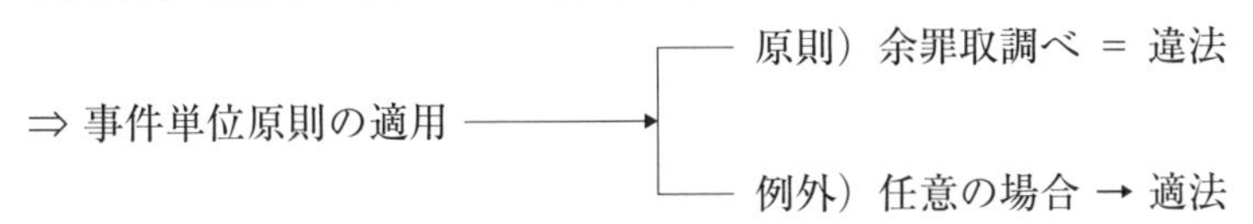

取調べの規制原理として肯認しています（**事件単位説**）。この考え方によれば、余罪については被疑者に「その取調べに応ずる法律上の義務がなく、いつでも退去する自由がある」のであり、捜査機関は「被疑者が退去の希望を述べたときは、直ちに取調べを中止して帰房させなければならない」（すなわち、余罪について受忍義務を課した取調べをすることは違法である）ということになります。

しかしながら、事件単位説に対しては、次の２つの問題点を指摘することができます。

第１に、逮捕・勾留された被疑者が取調受忍義務を負うということから（198条１項但書参照)、直ちに取調べの法的性質が強制処分であるということにはなりません。強制処分とは、「強制的に捜査目的を実現する行為」（第１講の判例①参照）であるところ、被疑者には包括的黙秘権（憲法38条１項、198条２項参照）が保障されている以上、いかなる意味においても被疑者に「供述義務」を課すことはできません。そうだとすれば、たとえ受忍義務を課した取調べであっても、供述証拠の獲得という捜査目的を強制的に実現することは不可能ということになるのであり、少なくとも取調受忍義務を負うことのみを理由として取調べを強制処分とすることはできないはずです（なお、**取調受忍義務否定説**の根拠として、「取調受忍義務を課すことが黙秘権の侵害となる」という点が挙げられますが、これについても同様の論理飛躍があると指摘できます。)。

第２に、そもそも「取調べ」に事件単位の原則を適用する点に理論的な難点があります。すなわち、事件単位の原則や令状主義の規制は、「身体拘束」を規律する原理であるところ、上述したとおり、逮捕・勾留は逃亡・罪証隠滅防止のための強制処分（60条１項、規則143条の３参照）であって、取調べを実施するための制度ではありません。したがって、取調べを身体拘束それ自体と一体的に捉えて事件単位の原則や令状主義を適用することはできないはずです。

以上のように、余罪取調べの限界の問題を「取調受忍義務の有無」という観点から説明しようとする取調受忍義務アプローチは、理論的に必ずしも適切な検討枠組みとはいえません。他方で、判例⑤は「刑事訴訟法一九八条一項が逮捕・勾留中の被疑者についていわゆる取調受忍義務を認めたものであるか否か、受忍義務はどの範囲の取調に及ぶか等に関する同条項の解釈如何にかかわらず」と述べ、余罪取調べの限界について「取調受忍義務の有無」の観点から分析するという枠組みから離れた上で、一般論として余罪取調べが許容される場合があることを認めながら、「本件」の「**取調が**具体的状況のもとにおいて憲法及び刑事訴訟法の保障する**令状主義を実質的に潜脱する**ものであるときは、本件の取調は違法である」と判示しました（**令状主義潜脱説**）。同判例が、明示的に取調受忍義務アプローチとは異なる検討枠組みを提示した点は適切であったといえます。もっとも、上述のとおり、取調べそのものに令状主義の制約を及ぼすことはできないというべきであり（「取調許可状」なる令状は現行法上存在しません。)、「取調べが令状主義の潜脱である」という説明の仕方はやはり適切とはいえません。

(2)　捜査実体判断アプローチ

判例⑤が指摘した「令状主義の潜脱」の点を問題にするのであれば、その判断対象は「取調べ」ではなく「身体拘束」それ自体でなければならないはずです。すなわち、当該身体拘束が**「実体として本件による逮捕・勾留である」**にもかかわらず、その本件について司法審査を受けていない点に**「令状主義の潜脱」**が見出されるのであり、そのような場合に当該身体拘束が違法と評価され、その違法な身体拘束状態を用いて取調べを行ったが故に当該本件（余罪）取調べも違法となる、と考えることができます。このように、近時の議論では、「余罪取調べの限界」の問題について、**「身体拘束中の捜査の実体」**を検討することにより**別件逮捕・勾留**それ自体の適法性の問題に還元するという枠組みで検討されています。もっとも、「令状主義の潜脱」を核心とする上記の説明の仕方は、「本件」に着目して身体拘束の違法性を判断する**本件基準説**の発想である点に注意が必要です。

★ 別件逮捕・勾留と余罪取調べ

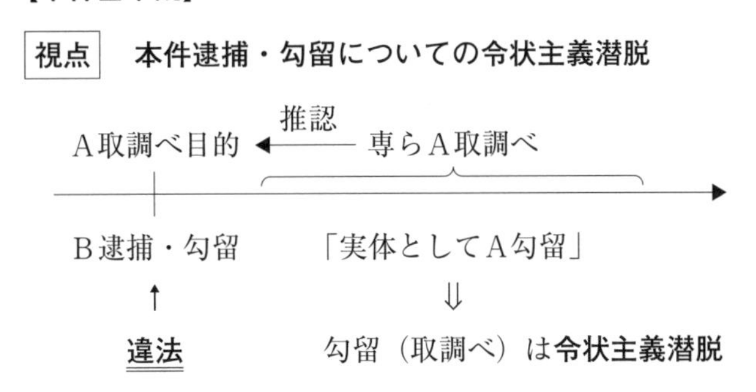

これに対して、同様に「違法な身体拘束を利用して取調べを行ったが故に当該取調べは違法となる」という枠組みで検討する場合でも、**別件基準説**の発想からすれば、当該身体拘束が**「別件による逮捕・勾留としての実体を喪失した」**と評価される場合、別件について逮捕・勾留の必要性が消滅する（身体拘束の要件が欠ける）に至ったことから、当該身体拘束は違法となり、それ故、当該取調べも違法となる、という考え方が導かれます。すなわち、別件による逮捕・勾留が当初の令状審査段階ではその法定の要件を満たして適法に開始されたものの、その後の身体拘束中に別件に関する捜査がおよそ進捗しなかった（又はある時点以降別件の捜査が全く実施されていなかった）という事実が明らかとなった場合、そもそも被疑者の身体を拘束してまで別件の捜査を進める必要性が欠けていた（又はある時点以降その必要性が消滅するに至った）ことが事後的に判明した、と考えることができます。ここで注意すべきは、別件基準説から出発した場合、「別件逮捕・勾留としての実体があるか」が端的に問われるのであり、「実体として本件逮捕・勾留であるか」は少なくとも直接的には問われていない、という点です。すなわち、この立場によれば、別件逮捕・勾留としての実体を喪失すればその時点で違法なので

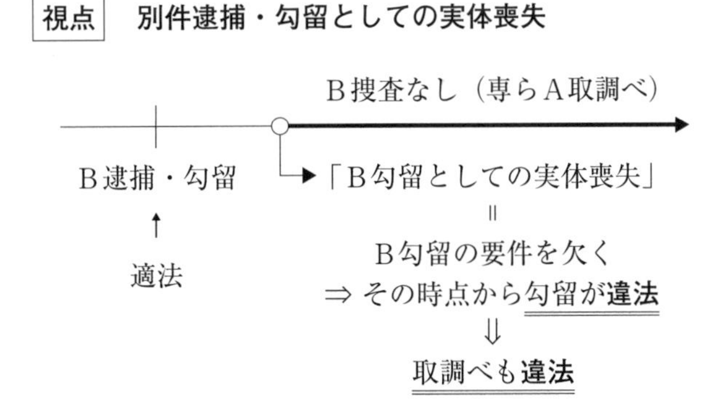

あり、その実体が本件逮捕・勾留であったか否か（「令状主義の潜脱」の有無）は、違法判断の核心ではないのです。

もっとも、別件基準説から出発する立場からも、「別件逮捕・勾留としての実体」の喪失に加えて、「実体として本件逮捕・勾留」であったという事情まで認定されれば、「令状主義の潜脱」という評価に結び付けることができるため、当該取調べで得られた供述の証拠能力の判断、具体的には、**違法収集証拠排除法則**の適用の場面においてその認定が重要な意味を持ち得ます（⇒**第10講1⑵**参照）。判例⑥は、まず、「本来主眼となるべき旅券不携帯事件ないし不法入国事件の**捜査は**、ほとんど行われない状況にあったというべきであるから、右勾留期間延長後は、旅券不携帯事件による勾留としての実体を失い」と述べて、別件による勾留としての実体喪失を認定しています（なお、この実体判断の際の考慮要素としては**「取調べ状況」**のみに限られず、別件についての**「捜査状況」**全般を考慮して実体喪失との評価が導かれている点が重要です。）。その上で、単に違法な身体拘束状態を利用して行われた余罪取調べを違法とする判断を示すにとどまらず、更に進んで、「実質上、強盗致傷事件を取り調べるための身柄拘束となったとみるほかはない」と判示し、実体として本件による勾留となっていたことまで認定しました。その結果、「取調べの違法は、憲法及び刑訴法の所期する令状主義の精神を没却するような重大なもの」であると評価され、結論として当該取調べによって作成された供述調書の証拠能力が否定されています。

以上のような「身体拘束中の捜査の実体」を判断する立場は**実体喪失説**と呼ばれています。もっとも、上述のとおり、捜査実体判断アプローチの検討枠組みは共通であっても、本件基準説と別件基準説のいずれに軸足を置くかによって違法とされる理論的根拠についての説明の仕方が異なるという点に注意が必要です（本件基準説から主張される実体喪失説は**「新しい本件基準説」**とも呼ばれており、他方、別件基準説から出発する捜査実体判断アプローチを**「新しい別件基準説」**と呼ぶこともあります。）。

4　別件逮捕・勾留の適法性の検討

⑴　別件逮捕・勾留の適法性の検討手順

別件逮捕・勾留の問題について、以下の出題趣旨等を踏まえると、具体的には次の手順で検討、論述することになります。

まず、⑴**別件逮捕・勾留の適法性判断基準**について、「自己の拠って立つ理論構成」、「各自の基本的な立場」を解釈論として示す必要があります。

[令和元年出題趣旨]

「いわゆる**別件逮捕・勾留に関する捜査手法の適法性の判断基準**について、まず、自己の拠って立つ理論構成を示した上、【事例】の具体的事実に当てはめ、甲の逮捕・勾留の適法性を論ずることが求められる。」

[平成23年出題趣旨]

「いわゆる**別件逮捕・勾留に関する捜査手法の適法性**については、**別件基準説**と**本件基準説**を中心に多様な考え方があるところであり、まずは何を基準に適法性を判断するのか、この問題に関する各自の基本的な立場を刑事訴訟法の解釈として論じる必要がある。」

次に、身体拘束の基礎となっている被疑事実（別件）について、⑵**逮捕・勾留（勾留延長）の法定の要件充足性**を検討します。上述のとおり、別件・逮捕勾留の適法性の問題は、別件について身体拘束の法定要件を具備していることが前提であり、この点の検討はいずれの立場からも必要となります。ところが、とりわけ本件基準説に立つ場合、適法性判断の視点を「別件」から「本件」へ転換することから、この検討が欠けてしまうことが多いので注意が必要であり、この点は、採点実感においても繰り返し指摘されています。

［令和元年採点実感］

「設問は、本件業務上横領事件による逮捕・勾留及び３月20日までの身体拘束の適法性についての検討を求めるものであるから、身体拘束の理由となっている業務上横領事件について逮捕・勾留の要件を満たしているか、また、10日間の勾留延長がなされていることから勾留延長の要件を満たしているかについての論述が必要であるが、この点の検討を欠く答案が少なくなかった。特に本件基準説に立つ場合、別件の逮捕・勾留の要件の具備以外の事情を考慮して適法性を判断するため、理論的には、上記要件の検討を経ることなく違法の結論を導くことも可能であり、実際にも**本件基準説**を自説とする答案にはこの点の検討を行わないものが多かった。しかし、別件逮捕・勾留の問題についていかなる立場に立とうとも、身体拘束の理由となっている被疑事実について刑事訴訟法上の逮捕・勾留の要件が満たされていなければ違法であることは明らかである以上、法律実務家としては、まずはその点の検討を行うことが適切であると思われるし、また、本問において、自説として本件基準説に立ち、かつ違法の結論を採る場合でも、自説と異なる結論を導く反対説を検討する際には、上記要件の具備の点の検討は不可欠であろう。」

［平成23年採点実感］

「設問１では、逮捕及びこれに引き続く身体拘束の適法性について問われているのであるから、まずは刑事訴訟法の定める**逮捕及び勾留の各要件**（刑事訴訟法第199条、第212条、第207条第１項により準用される第60条等）について、事例に含まれている具体的事実を抽出・分析して、各要件へ当てはめを行う必要がある。問題文に、各要件の検討に必要な具体的事実関係が与えられているにもかかわらず、これらについて全く触れないまま、別件逮捕・勾留に関する抽象論を記述するだけで終わっているような答案が相当数見受けられた。」

最後に、身体拘束の法定要件の具備が確認されたことを前提として、さらに、自己の採用する判断基準に照らして、⑶**別件逮捕・勾留の適法性判断**をすることになります。⑵及び⑶の論述に際しては、判例⑥が「**逮捕勾留の理由及び必要性**の問題とその逮捕勾留期間中における被告人の**取調べ状況等を中心とする捜査のあり方**の問題とを分けて検討する」という手順を示していることが参考となります（前者の問題が⑵、後者の問題が⑶です。）。

以上のような検討、論述の手順について、出題趣旨において以下のように説明されています。

[平成23年出題趣旨]

「いわゆる別件逮捕・勾留に関する捜査手法の適法性については、別件基準説と本件基準説を中心に多様な考え方があるところであり、**まずは**何を**基準**に適法性を判断するのか、この問題に関する**各自の基本的な立場**を刑事訴訟法の解釈として論じる必要がある。**その上で**、本件事例の具体的状況下における逮捕①ないし④及びこれらに引き続く身体拘束について、それぞれ**法定の要件**（刑事訴訟法第199条、第212条、第207条第１項により準用される第60条等）を満たすかどうか、**さらに**、いわゆる**別件逮捕・勾留**に関する各自の立場に照らした場合に**適法かどうか**を、事例中に現れた具体的事実を的確に抽出、分析しながら論じるべきである。」

(2)　各理論構成の検討

別件逮捕・勾留の問題に関して各理論構成を論述する際の注意点について、以下、採点実感の指摘を確認しておきます。

別件基準説については、別件基準説に立ちながら**「令状主義の潜脱」**を問題とすることは、「論理矛盾であるか又は少なくとも説明不足である」と指摘されていました。上述したとおり、身体拘束の実体を「本件」の方に見出すからこそ「令状主義の潜脱」という評価が導かれるのであり、これは本件基準説からの視点（別件基準説への批判）であることに注意してください。

[令和元年採点実感]

「**別件逮捕・勾留が問題視される根拠**として、「別件逮捕・勾留は、実質的に捜査・取調べをしようとする本件についての司法審査を経ない点で令状主義を潜脱するものであり、違法である。」とする一方、自説の理論構成として、**別件逮捕・勾留の適否**について、「別件について逮捕・勾留の要件（犯罪の嫌疑、身体拘束の必要性）を満たしていれば適法である。」と論じる答案が見られたが、別件逮捕・勾留の違法性について、本件についての司法審査を経ない点を捉えて令状主義の潜脱を理由とする指摘は、まさに、「別件について逮捕・勾留の要件を満たしていれば適法である。」とする考え方に対する批判と位置付けられるものであって、両者を単純に並列させて論述するのは、論理矛盾であるか又は少なくとも説明不足であると言えよう。」

本件基準説については、上述した検討手順のうち、特に⑵**逮捕・勾留（勾留延長）の法定の要件充足性**の検討が欠けてしまうことのないようにとの点が注意喚起されています。採点実感でも述べられているとおり、本件基準説にいう「本件基準」とは、「単に、本件についての逮捕・勾留の要件……が整っているか否かを問題とする」という意味ではなく、「逮捕・勾留の要件が満たされている別件による身体拘束であっても、……本件の身体拘束と評価される場合には違法とする」という意味であり、その内容を正確に把握する必要があります。

［令和元年採点実感］

「自説又は反対説として**本件基準説**を取り上げる答案の中には、これを単に、「本件」である本件強盗致死事件について、刑事訴訟法が定める逮捕・勾留の要件（犯罪の嫌疑、身体拘束の必要性）を満たしていれば適法、これを満たしていなければ違法とするものと理解しているように思われる答案が散見された。しかし、そもそも、本件基準説の考え方は、逮捕・勾留の要件が満たされている別件による身体拘束であっても、請求時の捜査官の意図や、あるいは逮捕・勾留後の捜査・取調べ状況の実質に鑑み、本件の身体拘束と評価される場合には違法とするものであり、単に、本件についての逮捕・勾留の要件（犯罪の嫌疑、身体拘束の必要性）が整っているか否かを問題とするものではない。」

いわゆる**実体喪失説**については、⑴**実体喪失の判断基準**及び⑵**実体喪失の場合に違法となる理論的根拠**を示す必要があると指摘されています。

［令和元年採点実感］

「**逮捕・勾留後の取調べ等の捜査状況**に鑑み、別件による身体拘束としての**実体を喪失**したと評価できる場合には違法となるとの判断基準を示し、勾留後の本件業務上横領事件と本件強盗致死事件の各捜査の具体的状況を列挙して、適法又は違法との結論を導く答案も少なくなかった。しかし、この場合、刑事訴訟法の定める逮捕・勾留の要件（犯罪の嫌疑、身体拘束の必要性）を満たした別件による身体拘束が、どのような場合に、その「実体を喪失」したと評価されるのかの**判断基準**を示す必要があるし、そもそも、なぜ別件による身体拘束の「実体を喪失」したと評価されれば違法となるのかについての**理論的根拠**の説明が必要であるが、これらの点にまで踏み込んで論述した答案は多くはなかった。」

まず、⑴**実体喪失の判断基準**については、例えば、①勾留期間の本件取調べへの流用の程度、②本件と別件の関連性の有無・程度、軽重の差、③被疑者の供述状況、④捜査全般の進行状況等の様々な考慮要素が挙げられます。ただし、これらの考慮要素について、注意点を２つ指摘しておきます。

第１に、令状請求時点における**「捜査官の意図・目的」**は少なくとも直接的な考慮要素とはならないという点です。「身体拘束の実体」は、身体拘束中に捜査機関によって実際に何が行われたかという客観的な問題であり、令状審査の時点ではその捜査の実体は未だ生じていないからです（令状請求時点での「捜査官の意図・目的」が専ら本件取調べに向けられていた点を指摘するとしても、上述のとおり、それはせいぜい「逮捕・勾留後に専ら本件取調べが行われる可能性があった」ということを示すものに過ぎません。）。

第２に、**「取調べ状況」**は捜査の実体を示す重要な事情となるものですが、他方で、それのみによって「身体拘束の実体」が決定されるわけではないという点です。上述のとおり、そもそも「取調べ」の必要性は逮捕・勾留の要件とはされていません。もちろん、逮捕・勾留が強制捜査の一環として行われるものである以上、別件について「捜査」それ自体が遂行される必要があることは当然の前提となります。しかしながら、逃亡や罪証隠滅の防止という制度目的からすると、極端な話、たとえ逮捕・勾留中に別件の「取調べ」を行う予定が全くなかったとしても、別件について「捜査」(「取調べ」に限られない。)が進行、継続している限り、これを違法とすることはできないでしょう。「身体拘束の実体」を判断するには、あくまで「捜査」全般(「取調べ」を含む。)の状況を考慮する必要があるのです(上記採点実感でも、「逮捕・勾留後の**取調べ等の捜査状況**に鑑み」と表現されています。)。

次に、⑵**実体喪失の場合に違法となる理論的根拠**については、上述したとおり、本件基準説と別件基準説のいずれから出発するのかによって説明の仕方が異なります。前者からは「本件についての令状主義の潜脱」が根拠となり、後者からは「別件についての逮捕・勾留の要件の事後的な欠如(消滅)」が根拠となります。また、このような捜査実体判断アプローチは、身体拘束期間中のある時点(実体喪失時点)からそれ以降が違法となるという“一部違法”の結論につながります。なお、本件基準説に軸足を置く立場(**新しい本件基準説**)から「実体として本件による逮捕・勾留である」という評価を導くためには、上述した様々な考慮要素についての総合考慮が必要となるでしょう。これに対して、別件基準説に軸足を置く立場(**新しい別件基準説**)から「別件による逮捕・勾留としての実体を喪失した」との評価を導くためには、端的に「別件について終局処分を決するための所要の捜査が行われていたか」を判断すれば良いでしょう(もっとも、捜査法領域ではこの判断のみで“違法性の有無”を判定できますが、証拠法領域において“違法性の程度”まで評価するためには、やはり上記の諸般の考慮要素を判断する必要があります。)。

⑶　「別件逮捕・勾留」と「余罪取調べ」の関係

「別件逮捕・勾留の適法性」と「余罪取調べの限界」とは理論的には別個の問題です。前者に言及することなく専ら後者のみを判断した裁判例も数多く存在しますが、それらの事案ではいずれも「本件(余罪)に関する自白の証拠能力」が争点であったことから、自白の証拠能力を否定するのであれば端的に取調べの違法性を認定すれば足り、更に身体拘束の違法性についてまで踏み込んで認定する必要はないと考えられたのだと思われます。

「別件逮捕・勾留の適法性」(身体拘束の適否)と「余罪取調べの限界」(取調べの適否)の関係について、従来の別件基準説の立場からは、単に別件について逮捕・勾留の法定要件の充足をもって身体拘束自体は適法と結論付けた上で、それを前提に専ら余罪取調べの適法性を検討するというのが一つの典型的な処理手順とされてきました。もっとも、この検討枠組みでは、“余罪取調べが違法とされる場合もあくまで身体拘束は適法である”と考えることが前提となり、「余罪取調べが違法である場合には身体拘束が違法となる」という結論を導くものではない点に注意を要します。下記の採点実感も「取調べに違法があったからといって、逮捕・勾留までもが直ちに違法となるわけではない」と指摘しています。そうすると、この検討枠組みによれば、少なくとも「身体拘束の適否」のみが問われている場合に、敢えて「取調べの適否」を検討する実益は乏しいということになるでしょう。

[令和元年採点実感]

「別件について逮捕・勾留の要件(犯罪の嫌疑、身体拘束の必要性)を満たしていれば適法だとする立場を基本的に是としつつ、さらに、勾留期間中の本件強盗致死事件の取調べについて、身体拘束中の被疑者の**余罪取調べの適否**ないし**余罪取調べの限界**を超えているかという観点から論じ、余罪取調べとして許容されるから勾留は適法、あるいは違法な余罪取調べであるから勾留は違法と結論付ける答案が多く見られた。しかし、逮捕・勾留中の被疑者の取調べに違法があったからといって、逮捕・勾留までもが直ちに違法となるわけではない。」

これに対して、これまでに検討したとおり、近時の議論では、別件基準説を出発点とした場合であっても、別件逮捕・勾留が適法であることを安易に前提とはせずに、身体拘束開始時点での適否のみならずその後の捜査の実体を解明するという視点からの分析に意識が向けられてきています。このような捜査実体判断アプローチの検討枠組みからは、「取調べの適否」の問題はその前提としての「身体拘束の適否」の問題に還元され、“身体拘束が違法である場合に余罪取調べが違法とされる”と考えることになります。もっとも、この場合も、上記採点実感の指摘は同様に妥当し、「余罪取調べが違法である場合には身体拘束が違法となる」という論理関係は成立しない（“逆は必ずしも真ならず”）という点に注意してください。身体拘束の違法性は、その身体拘束を利用した取調べの違法性を導くものといえますが、取調べが違法であることから直ちにその間の身体拘束までも違法となるわけではありません。そうすると、この検討枠組みによれば、①「取調べの適否」のみが問われている場合には、その適法性判断の前提として「別件逮捕・勾留の適法性」が検討される、反対に、②「身体拘束の適否」のみが問われている場合には、その適法性判断の考慮要素として「余罪取調べの限界」に関する事情（本件取調べの実施状況）が検討される（すなわち、余罪（本件）取調べも含めた「取調べ状況」が捜査実体の判断の考慮要素となる）、という位置付けで理解することになるでしょう。

このような「別件逮捕・勾留の適法性」と「余罪取調べの限界」の関係（位置付け）について、採点実感でも下記のとおり注意喚起されています。

[令和元年採点実感]

「**身体拘束の適否**を問う本問において、余罪取調べの適否を論じるのであれば、なぜ余罪取調べが違法と評価されると身体拘束が違法と評価されるのかについて説得的な説明が必要となるが、この点まで踏み込んだ論述がなされた答案は多くなかった。逆に、専ら、身体拘束中の被疑者の余罪取調べが許されるか否かという観点から自説及び反対説を立てて論じ、結論の記述においても、取調べが適法又は違法と述べるにとどまるなど、身体拘束中の被疑者の**余罪取調べの可否の問題**と、本問で問われている**別件逮捕・勾留の問題**すなわち**身体拘束それ自体の適否の問題**とをそもそも区別できていないと思われる答案も少なからず見受けられた。」

5　違法な別件逮捕・勾留後の本件逮捕・勾留（第二次逮捕・勾留の可否）

別件逮捕・勾留が行われた場合、通常は、別件による逮捕・勾留（第一次逮捕・勾留）中の取調べにより獲得された本件についての自白を疎明資料として、その後、本件による逮捕・勾留（第二次逮捕・勾留）が請求されるという経過をたどります。この場合の第二次逮捕・勾留の可否が問題となるところ、この問題については以下の２つのアプローチが考えられます。

第１は、第二次逮捕・勾留請求の際の疎明資料とされた自白は、違法な別件逮捕・勾留中の違法な取調べにより獲得されたものであり、**違法収集証拠**として証拠能力が否定されることから（⇒**第10講 1** 参照）、そのような証拠を疎明資料として用いることは許されない、とするアプローチです。この考え方によれば、当該自白以外に疎明資料がない場合であれば、結局、「罪を犯したことを疑うに足りる相当な理由」（199条1項、207条1項、60条）が認められない（疎明されていない）ということになり、第二次逮捕・勾留はその要件を欠いた違法なものとなります。判例⑦は、別件逮捕・勾留中に得られた本件に関する自白調書の証拠能力を否定した上で「本件……の逮捕状は、右供述調書を疎明資料に供して発付を得たものであり、右供述調書を除けば、被疑事実ことに被告人と犯人との同一性に関する疎明のなかったことは明らかであるから、右逮捕状は被疑事実の疎明がないのに発付されたことに帰するものであって、右逮捕状による逮捕もまた違法というべきである。」と認定しました。

第2は、第一次逮捕・勾留が、「別件による逮捕・勾留としての実体を喪失した」というのみならず、「実体として本件による逮捕・勾留である」と評価されるに至った場合、第二次逮捕・勾留は、実質的には同一被疑事実による逮捕・勾留の不当な蒸し返しであって、**一罪一逮捕一勾留の原則（再逮捕・再勾留の原則禁止）**に違反する（⇒**第3講【2】2**(2)参照）、とするアプローチです。判例⑧は、第二次逮捕・勾留に際して第一次逮捕・勾留中に得られた本件に関する自白調書以外にも疎明資料が存在していたことから、第1のアプローチでは第二次逮捕・勾留を違法とすることはできない事案でした。そこで、第一次逮捕・勾留について「実質的にはＡ及びＢ事件についての身柄拘束と認めざるを得ない」と判示し、その実体が本件による身体拘束であったと認定した上で、第二次逮捕・勾留について「実質的に右両事件につき被告人Ｘの身柄を拘束しながら再度ひきつづき右両事件につき同被告人を逮捕、勾留しようというもの」として違法であると認定しました。

6 問 題 分 析

[令和元年試験問題]

［設問1］では、路上で発生した強盗致死事件（本件）について、捜査機関は甲が犯人ではないかとの嫌疑を抱き、同事件の捜査を視野に入れて、甲を業務上横領事件（別件）の被疑事実で逮捕・勾留し、同勾留期間中に甲に対し強盗致死事件の取調べを行ったという事案について、甲の逮捕・勾留が、いわゆる別件逮捕・勾留に当たり違法と評価されないかが問題となりました。本問の特徴は、小問1において自己の採用する理論構成から検討して結論を述べた上で、小問2において小問1と**「異なる結論を導く理論構成」**から検討し、更に**「これを採用しない理由」**について言及することが求められている点です。たしかに、別件逮捕・勾留の問題では、当該事案における諸般の事情について、ある理論構成からは重視されるべき事情が、他の理論構成からは無関係な事情と位置付けられるということがあり得ます。そのため、本問の【事例】に記載された諸般の事情について、できるだけ多くの事情を検討すべきことを出題趣旨とした場合、異なる複数の理論構成からの検討を求める出題形式は合理的です。もっとも、本問は考慮すべき事情の分量が非常に多いことから、時間不足に陥らないように十分に注意して答案構成を工夫する必要があるでしょう。

出題趣旨では、検討すべき考慮要素として以下の事情が挙げられていました。

［令和元年出題趣旨］

「本問の検討に当たり、**考慮されるべき要素**として、以下のものを挙げることが可能であろう。

① 逮捕・勾留の理由とされた被疑事実である業務上横領事件について、**逮捕**（刑事訴訟法第199条第１項、同条第２項但書、刑事訴訟規則第143条の３）、**勾留**（刑事訴訟法第207条第１項により準用される同法第60条第１項）及び**勾留延長**（刑事訴訟法第208条第２項）の**要件の充足**

② （強盗致死事件を捨象した場合における）業務上横領事件**それ自体の重要性（立件ないし起訴の見込み）**

③ **逮捕・勾留請求時の捜査状況**……

④ 業務上横領事件で逮捕・勾留した**捜査官の意図**……

⑤ **別件と本件の重大性、別件と本件との関連性**……

⑥ **逮捕・勾留後の取調べの状況**……

⑦ **逮捕・勾留後の業務上横領事件の捜査状況**……

以上の考慮要素の中から、自己の拠って立つ理論構成において着目・重視すべきものを取り出し、具体的事実を摘示しながら、甲の逮捕・勾留の適法性について論じることになろう。」

出題趣旨の指摘のとおり、これらの諸般の事情の中から自説又は反対説の理論構成において重視すべき事情を抽出する作業が必要となります。

①はすべての立場において共通して検討すべき要素ですが、**別件基準説**からは特に重視すべき事情となります。他方、②③④は**本件基準説**から重視すべき事情といえるでしょう（ただし、本件基準説を自説とする場合でも①の検討を忘れてはならないという点に注意してください。）。

これに対して、⑤⑥⑦は、いわゆる**実体喪失説**から検討する場合には重要な考慮要素となる事情です。そして、上述のとおり、捜査実体判断アプローチは、別件基準説又は本件基準説のいずれから出発する場合でも採用することができます（本問は、この“組み合わせ”で検討することにより、より多くの事情を抽出することができるという問題の作りになっています。ただし、繰り返しになりますが、くれぐれも時間不足にならないように注意してください。）。他方で、別件基準説に立った上で、逮捕・勾留自体は適法であることを前提に専ら「余罪取調べの適否」を問題とする従来的な理論構成による場合、「身体拘束の適否」のみが問われている本問においては、⑤⑥⑦の事情を検討する実益は乏しいでしょう。これに対して、本件基準説に立った上で、令状請求時点における事情だけでなく、事後的に判明した事情から請求時の「捜査官の意図・目的」を推認するという理論構成によるのであれば、⑤⑥⑦の事情も検討すべきということになります。

ただし、反対説として本件基準説を挙げた上で上記のように“事後的な事情を加味する”理論構成を論述した場合、「これを採用しない理由」として「令状請求時点における事情のみから捜査官の意図・目的を判断するのは困難である」という点を指摘するのみでは議論が噛み合わないので注意してください（この理論構成は、まさしく事前判断が「困難である」からこそ“事後的な事情を加味する”ことで本件基準説を修正しているのです。）。採点実感において、下記のとおり指摘されていました。

[令和元年採点実感]

「反対説に対しては、これを採用しない理由の論述が求められているところ、反対説の内容とこれを採用しない理由とがかみ合っていない答案も見られた。例えば、**反対説**として請求時の捜査官の目的が専ら又は主として本件の捜査・取調べにある場合を違法とする見解を挙げた答案の多くが、**これを採用しない理由**として、「令状審査する裁判官において捜査官の目的を判断するのが困難である。」ことを指摘していたが、答案の中には、**反対説における考慮要素**として、事後的に判明した逮捕・勾留中の捜査状況や取調べ状況についても、請求時の捜査官の目的を推認する事情として挙げていながら、反対説を採用しない理由として上記指摘のみを挙げているものが少なくなかった。」

なお、本問が、自己の採用する理論構成と異なる理論構成からの検討まで求めた趣旨について、採点実感においては、以下のとおり説明されていました。

[令和元年採点実感]

「**自説の理論構成**の提示と具体的事実への当てはめのみならず、**反対説の理論構成**の提示とその当てはめをも求めている趣旨は、別件逮捕・勾留の適法性の論点に関する諸学説を闇雲に暗記することを求めるものではなく、別件逮捕・勾留の適法性について、視座を異にする二つの考え方を検討するよう求めることで、両者の考え方にどのような違いがあり、なぜそうした違いが生じるのか、すなわち別件逮捕・勾留の問題が議論される本質的理由がどこにあるのかについて深く理解できているかを問う趣旨である。さらに、そのような理解を前提に、自己の拠って立つ理論構成を示すに当たって、自説の正当性のみならず、反対説に対する批判・反論を論じさせることにより、別件逮捕・勾留の問題への対処についての理解の深さも問う趣旨である。」

上記の指摘は、刑事訴訟法に限らず他の法律科目にも共通する、“法律学修の姿勢”についての出題者からの重要なメッセージです。すなわち、法律学修において、ある見解（自説）は、それと対立する見解（反対説）についても多面的に考察し、理解することで、はじめてその問題の所在やそれに対する自説の価値判断を正確に理解することができるのであり、自説のみを勉強して反対説は全く無視するという片面的な学修態度では、そもそも自説を真に理解することはできません。その意味で、本問のような出題形式であっても何か特別な学修や対策が必要になるわけではなく、結局のところ、出題形式にかかわらず学修すべき内容は基本的には変わらないと思われます。なお、本問のような出題形式については、“未だ最高裁判例による明確な処理手順が確立しておらず、かつ下級審裁判例において議論が鋭く対立しているような論点”から出題される傾向がある、ということが一応指摘できると思います（本問の「別件逮捕・勾留の問題」もまさにそのような分野からの出題であったといえるでしょう。）。

[平成23年試験問題]

［設問1］では、殺人、死体遺棄（本件）事件では逮捕ができるだけの証拠はなかった甲及び

乙につき、警察官が別の犯罪事実（別件）で逮捕したいと考え、甲については捜査の過程で判明したコンビニ強盗事件で、乙については尾行中に現認した万引き事件で、それぞれ逮捕、勾留したこと（逮捕①、②及びそれらに引き続く身体拘束）、その後、両名を殺人、死体遺棄事件で逮捕、勾留したこと（逮捕③、④及びそれらに引き続く身体拘束）の適法性が問題となりました。

まず、逮捕①、②及びそれらに引き続く身体拘束については、まさしく「別件逮捕・勾留」の適法性が問題となります。もっとも、本問においては、たしかに令状請求時点で捜査機関が本件取調べの意図・目的を有していたことは認められますが、その後の**「具体的な取調状況等」**を見てみると、本件に関する取調べは、甲に対しては詳細な事情聴取が２日間（その後は供述録取書等の作成のための説得が１日約30分間ずつ）実施されたのみであり、乙に対しては１度余罪の有無を確認したのみでその後は本件に関する事情聴取は一切実施されていません。したがって、いずれの理論構成から検討しても、「別件逮捕・勾留」であることを理由としてこれらの身体拘束を違法と判断することは困難でしょう（本件基準説からも、令状請求時点における捜査官の意図・目的が「専ら」又は「主として」本件取調べの点にあったと認定することはできないと思われます。）。ただし、その場合でも、別件による逮捕・勾留の法定要件の検討については丁寧に行う必要があります。

[平成23年出題趣旨]

「逮捕①については、店員Ｗが複数の中から甲の写真を選択して犯人の１人に間違いないと供述していることなどの具体的な事情を**通常逮捕の要件**に当てはめて検討すべきであるし、引き続く身体拘束の適法性に関しては、甲の供述態度等を踏まえた**勾留の要件**の検討のほか、甲に対する取調べが、連日、強盗事件を中心に行われていたこと、平成22年５月15日に余罪の有無について確認されるや、甲は、殺人、死体遺棄の事実を認めたため、翌16日まで同事実に関する事情聴取が実施されたが、供述録取書等の作成については拒絶したこと、同月17日以降は、毎日約30分だけ供述録取書等の作成について説得が続けられていたことをどのように評価するのか、各自の立場に照らして論じるべきであるし、立場によっては、逮捕①及びこれに引き続く身体拘束を一体のものとして、**具体的な取調状況等**を踏まえて適法性を検討する必要があろう。」

「逮捕②については、司法警察員Ｑが乙の万引きを現認し、司法警察員Ｐが乙を追い掛けて逮捕したこと、被害額は500円相当と比較的少額ではあるが、乙には１年以内の同種前歴があることや、呼び止められて突然逃げ出したことを、**現行犯逮捕又は準現行犯逮捕の要件**に当てはめて検討することになるであろうし、引き続く身体拘束の適法性に関しては、同種前歴の存在や乙の生活状況等を踏まえた**勾留の要件**の検討のほか、乙については、同月15日に余罪はない旨供述した後は、殺人、死体遺棄事件に関する事項については一切聴取されなかったことを踏まえ、各自の立場に照らした論述が求められるし、前同様、立場によっては、逮捕②及びこれに引き続く身体拘束を一体のものとして、**具体的な取調状況等**を踏まえてその適法性を論じることになろう。」

次に、逮捕③、④及びそれらに引き続く身体拘束については、別件逮捕・勾留（第一次逮捕・勾留）後の本件逮捕・勾留（第二次逮捕・勾留）の可否が問題となります。第二次逮捕・勾留それ自体の法定要件の検討に加えて、下記出題趣旨によれば、**「実質的に同一被疑事実による逮捕・勾留の蒸し返し」**となるか否かを意識して検討することが求められており、これは上述した第2のアプローチからの検討であるといえます（前記**5**参照）。もっとも、上述したとおり、本問の事実関係からは、先行する逮捕①、②及びそれらに引き続く身体拘束（第一次逮捕・勾留）が実質的に本件による身体拘束であったとは評価できないことから、「再逮捕・再勾留の原則禁止」を理由として第二次逮捕・勾留が違法と判断されることもないでしょう。論述においては、「再逮捕・再勾留の原則禁止」との抵触が問題となり得ることを指摘した上で、本問はそれが問題となる場合に当たらないことを端的に指摘すれば足りると思われます。

［平成23年出題趣旨］

「逮捕③及び④、そしてこれらに引き続く身体拘束については、A女の供述やV女の死体の発見、これに符合するメールの存在、甲及び乙の供述態度等を**通常逮捕及び勾留の各要件**に当てはめて検討するとともに、各自の立場から、**実質的に同一被疑事実による逮捕・勾留の蒸し返し**でないかどうかを意識し、別件の取調べ状況と本件の取調べ状況を踏まえて論じることになろう。」

なお、逮捕③、④の令状請求に際して、別件捜査の過程で押収した証拠を疎明資料とする点の適否を問題とする余地があるかもしれません。仮にこれらの疎明資料が、別件について関連性・必要性のない証拠（あるいは違法な「別件捜索・差押え」によって押収された証拠）であるとすれば、違法収集証拠としてこれらを令状請求の際の疎明資料に供することは許されない（その結果、逮捕③、④が違法となる可能性がある）と考えられるからです。特に、乙については、スーパーの店舗内で発生した被害金額500円相当の万引き事件（別件）の捜査の一環として、その「動機や背景事情を解明する」ためとして自宅からパソコン等が押収されているところ、一見すると当該別件との関連性や押収の必要性が明確であるとはいえない（むしろ捜査機関は本件に関する証拠の獲得を意図していたことが推測される）ことから、かかる捜索・差押えの適法性については慎重に判断されるべきと思われます。もっとも、この問題点については出題趣旨等で全く言及されていませんでした。したがって、検討するとしても問題の所在を端的に指摘した上で簡潔に論述する程度にとどめるべきでしょう。

〈参考判例〉

【最（二小）決昭和52・8・9刑集31巻5号821頁】（「別件逮捕・勾留」の意義） 判例①

「第一次逮捕・勾留は、その基礎となつた被疑事実について逮捕・勾留の理由と必要性があつたことは明らかである。そして、「別件」中の恐喝未遂と「本件」とは社会的事実として一連の密接な関連があり、「別件」の捜査として事件当時の被告人の行動状況について被告人を取調べることは、他面においては「本件」の捜査ともなるのであるから、第一次逮捕・勾留中に「別件」のみならず「本件」についても被告人を取調べているとしても、それは、専ら「本件」のためにする取調というべきではなく、「別件」について当然しなければならない取調をしたものにほかならない。それ故、第一次逮捕・勾留は、専ら、いまだ証拠の揃つていない「本件」について被告人を取調べる目的で、証拠の揃つている「別件」の逮捕・勾留に名を借り、その身柄の拘束を利用して、「本件」について逮捕・勾留して取調べるのと同様な効果を得ることをねらいとしたものである、とすることはできない。」

【東京地決昭和49・12・９刑月６巻12号1270頁】（別件基準説） **判例②**

「別件逮捕及び別件逮捕中の被疑者について本件の取調べをすることの許否並びにその限度について。

⑴まず、この点については、〔１〕本件についての捜査の意図を伴つた別件による被疑者の身柄拘束の許否の問題と、〔２〕別件による身柄拘束中の被疑者について、本件の取調べをすることの許否及びその限度という問題とを、区別して考える必要がある。ところで、右〔１〕の問題に限定して考える限り、右のような身柄拘束の許否は、当然のことながら、別件について逮捕勾留の要件があるか否かによつて決せられるべきである。したがつて、別件による逮捕勾留の実質的要件が満たされていない場合は、そもそも被疑者をこれにより逮捕勾留することのできないことは当然であるが、右要件が満たされる限り、右身柄拘束の期間内に、捜査官が併せて本件についての捜査をする意図を有するからといつて、そのことだけで、別件による逮捕勾留が許されなくなるということはない。もつとも、別件について、形式的には一応逮捕勾留の要件があるように見える場合でも、捜査官が、これをもつぱら本件の捜査に利用する意図であつて、ただ別件に藉口したに過ぎないような場合には、ひるがえつて、別件による逮捕勾留の必要性ないし相当性が否定され、結局、右のような理由による身柄拘束それ自体が許されないこととなる。」

【金沢地七尾支判昭和44・６・３刑月１巻６号657頁】（本件基準説） **判例③**

「被疑者の逮捕・勾留中に、逮捕・勾留の基礎となつた被疑事実以外の事件について当該被疑者の取調べを行うこと自体は法の禁ずるところではないが、それはあくまでも逮捕・勾留の基礎となつた被疑事実の取調べに附随し、これと併行してなされる限度において許されるにとどまり、専ら適法に身柄を拘束するに足りるだけの証拠資料を収集し得ていない重大な本来の事件（本件）について被疑者を取調べ、被疑者自身から本件の証拠資料（自白）を得る目的で、たまたま証拠資料を収集し得た軽い別件に藉口して被疑者を逮捕・勾留し、結果的には別件を利用して本件で逮捕・勾留して取調べを行つたのと同様の実を挙げようとするが如き捜査方法は、いわゆる別件逮捕・勾留であつて、見込捜査の典型的なものというべく、かかる別件逮捕・勾留は、逮捕・勾留手続を自白獲得の手段視する点において刑事訴訟法の精神に悖るものであり（同法六〇条一項、刑事訴訟規則一四三条の三参照。）また別件による逮捕・勾留期間満了後に改めて本件によつて逮捕・勾留することが予め見込まれている点において、公訴提起前の身柄拘束につき細心の注意を払い、厳しい時間的制約を定めた刑事訴訟法二〇三条以下の規定を潜脱する違法・不当な捜査方法であるのみならず、別件による逮捕・勾留が専ら本件の捜査に向けられているにもかかわらず、逮捕状あるいは勾留状の請求を受けた裁判官は、別件が法定の要件を具備する限り、本件についてはなんらの司法的な事前審査をなし得ないまま令状を発付することになり、従つて、当該被疑者は本件につき実質的には裁判官が発しかつ逮捕・勾留の理由となつている犯罪事実を明示する令状によることなく身柄を拘束されるに至るものと言うべく、結局、かかる別件逮捕・勾留は令状主義の原則を定める憲法三三条並びに国民に拘禁に関する基本的人権の保障を定める憲法三四条に違反するものであると言わなければならない。」

【浦和地判平成２・10・12判時1376号24頁】（事件単位説） **判例④**

「別件逮捕・勾留と自白の証拠能力について

……まず、第一次逮捕・勾留の適否について考えるに、被告人の所持していたパスポートの記載からして、被告人に関する不法残留罪の嫌疑は明白であったこと、不法残留罪は改正前の出入国管理及び難民認定法においても、その法定刑が「三年以下の懲役若しくは禁錮又は三〇万円以下の罰金」であって、必ずしも軽微な犯罪とはいえないこと、被告人が住居が不安定でしかも無職の外国人であって、身元が安定していなかったことをも考慮すれば、第一次逮捕・勾留が逮捕・勾留の理由や必要性を全く欠く、それ自体で違法・不当なものであったとまでは認められない。しかし、他方、捜査当局による被告人の第一次逮捕・勾留の主たる目的が、軽い右別件による身柄拘束を利用して、重い本件放火の事実につき被告人を取り調べる点にあったことも明らかである。すなわち、不法残留罪は、近年外国人の不法就労が社会問題となって以来、当地方裁判所管内では公判請求される例が多いが、その法定刑等からみて、いわゆる重大犯罪とはいえず、逮捕・勾留の法律上の要件があっても、必ずしも身柄の拘束をしなければならないものではない上、そもそも、これらの者について、刑事手続を発動するか行政手続（強制退去手続）のみで済ますか自体も、当局の裁量に属する事項と解されている……。右の点に加え、被告人が別件により逮捕されるに至った経緯（放火の犯人として突き出されたことを契機とすること）及びその後の取調べの状況（前記第六の五記載のとおり、不法残留罪に関する取調べは、勾留請求後、請求日を含む当初の三日間で実質上すべて終了し、残りの勾留期間は、ほぼ全面的に放火の取調べにあてられていること）等を総合すれば、捜査当局が、本件たる放火の事案につき、未だ身柄を拘束するに足りるだけの嫌疑が十分でないと考えたため、とりあえず嫌疑の十分な軽い不法残留罪により身柄を拘束し、右身柄拘束を利用して、主として本件たる放火につき被告人を取り調べようとする意図であったと認めるほかなく、このような意図による別件逮捕・勾留の適法性には問題がある。

もっとも、検察官は、いわゆる別件逮捕・勾留として自白の証拠能力が否定されるのは、「未だ重大な甲事件について逮捕する理由と必要性が十分でないため、もっぱら甲事件について取り調べる目的で、逮捕・勾留の必要性のない乙事件で逮捕・勾留した場合」「以下、「典型的な別件逮捕・勾留の場合」という。）に限られる旨主張している。……しかし、過去の経験に照らすと、いわゆる別件逮捕・勾留に関する人権侵害の多くは、もし本件に関する取調べの目的がないとすれば、身柄拘束をしてまで取り調べることが通常考えられないような軽微な別件について、主として本件の取調べの目的で被疑者の身柄を拘束し、本件についての取調べを行うことから生じていることが明らかである。……すなわち、当裁判所は、違法な別件逮捕・勾留として許されないのは、前記のような典型的な別件逮捕・勾留の場合だけでなく、これには「未だ重大な甲事件について被疑者を逮捕・勾留する理由と必要性が十分でないのに、主として右事件について取り調べる目的で、甲事件が存在しなければ通常立件されることがないと思われる軽微な乙事件につき被疑者を逮捕・勾留する場合」も含まれると解するものである。このような場合の被疑者の逮捕・勾留は、形式的には乙事実に基づくものではあるが、実質的には甲事実に基づくものといってよいのであって、未だ逮捕・勾留の理由と必要性の認められない甲事実に対する取調べを主たる目的として、かかる乙事実の嫌疑を持ち出して被疑者を逮捕・勾留することは、令状主義を実質的に潜脱し、一種の逮捕権の濫用にあたると解される。そして、……被告人についても、もし放火の嫌疑の問題がなかったならば、不法残留の事実により逮捕・勾留の手続をとらなかったであろうと考えられるのに、主として、未だ嫌疑の十分でない放火の事実について取り調べる目的で、不法残留の事実により逮捕・勾留したと認められるのであるから、本件は、まさに当裁判所の定義による違法な別件逮捕・勾留に該当する場合であるといわなければならない。……

余罪取調べの限界について

……別件で適法に勾留されている被疑者に対する余罪の取調べがいかなる限度で許されるかについては、これまでも種々の角度から論ぜられてきたが、当裁判所は、右余罪の取調べにより事件単位の原則が潜脱され、形骸化することを防止するため、これが適法とされるのは、原則として右取調べを受けるか否かについての被疑者の自由が実質的に保障されている場合に限ると解するものである（例外として、逮捕・勾留の基礎となる別件と余罪との間に密接な関係があって、余罪に関する取調べが別件に関する取調べにもなる場合は別論である。)。刑事訴訟法一九八条一項の解釈として、逮捕・勾留中の被疑者には取調べ受忍義務があり、取調べに応ずるか否かについての自由はないと解するのが一般であるが（右見解自体に対する異論にも傾聴すべきものがあるが、ここでは実務を強く支配している右の見解に従って論を進める。)、法が、逮捕・勾留に関し事件単位の原則を採用した趣旨からすれば、被疑者が取調べ受忍義務を負担するのは、あくまで当該逮捕・勾留の基礎とされた事実についての場合に限られる……。もしそうでなく、一旦何らかの事実により身柄を拘束された者は、他のいかなる事実についても取調べ受忍義務を負うと解するときは、捜査機関は、別件の身柄拘束を利用して、他のいかなる事実についても逮捕・勾留の基礎となる事実と同様の方法で、被疑者を取り調べ得ることとなり、令状主義なかんずく事件単位の原則は容易に潜脱され、被疑者の防禦権の保障（告知と聴聞の保障、逮捕・勾留期間の制限等）は、画餅に帰する。従って、捜査機関が、別件により身柄拘束中の被疑者に対し余罪の取調べをしようとするときは、被疑者が自ら余罪の取調べを積極的に希望している等、余罪についての取調べを拒否しないことが明白である場合（本来の余罪の取調べは、このような場合に被疑者の利益のために認められた筈のものであり、現実に行われている余罪の取調べの大部分も、かような形態のものである。）を除いては、取調べの主題である余罪の内容を明らかにした上で、その取調べに応ずる法律上の義務がなく、いつでも退去する自由がある旨を被疑者に告知しなければならないのであり、被疑者がこれに応ずる意思を表明したため取調べを開始した場合においても、被疑者が退去の希望を述べたときは、直ちに取調べを中止して帰房させなければならない。」

【福岡高判昭和61・4・28刑月18巻4号294頁】（令状主義潜脱説） **判例⑤**

「被告人に対する別件の逮捕・勾留を利用した本件に関する取調の違法性

⑴一般に甲事実について逮捕・勾留した被疑者に対し、捜査官が甲事実のみでなく余罪である乙事実についても取調を行うことは、これを禁止する訴訟法上の明文がなく、また逮捕・勾留を被疑事実ごとに繰返していたずらに被疑者の身柄拘束期間を長期化させる弊害を防止する利点もあり、一概にこれを禁止すべきではない。しかしながら憲法三一条が法の適正な手続の保障を掲げ、憲法三三条、三四条及びこれらの規定を具体化している刑事訴訟法の諸規定が、現行犯として逮捕される場合を除いて、何人も裁判官の発する令状によらなければ逮捕・勾留されないこと、逮捕状・勾留状には、理由となつている犯罪が明示されなければならないこと、逮捕・勾留された者に対しては直ちにその理由を告知せねばならず、勾留については、請求があれば公開の法廷でその理由を告知すべきことを規定し、いわゆる令状主義の原則を定めている趣旨に照らし、かつ、刑事訴訟法一九八条一項が逮捕・勾留中の被疑者についていわゆる取調受忍義務を認めたものであるか否か、受忍義務はどの範囲の取調に及ぶか等に関する同条項の解釈如何にかかわらず、外部から隔離され弁護人の立会もなく行われる逮捕・勾留中の被疑者の取調が、紛れもなく事実上の強制処分性をもつことを併せ考えると、逮捕・勾留中の被疑者に対する余罪の取調には一定の制約があるといわなければならない。そして例えば、いまだ逮捕状及び勾留の各請求をなしうるだけの資料の揃つていない乙事実（本件）について被疑者を取り調べる目的で、すでにこのような資料の揃つている甲事実（別件）について逮捕状・

勾留状の発付を受け、甲事実に基づく被疑者としての逮捕・勾留、さらには甲事実の公判審理のために被告人として勾留されている身柄拘束を利用し、乙事実について逮捕・勾留して取り調べるのと同様の取調を捜査において許容される被疑者の逮捕・勾留期間内に、さらにはその期間制限を実質的に超過して本件の取調を行うような別件（甲事実）逮捕・勾留中の取調の場合、別件（甲事実）による逮捕・勾留がその理由や必要性を欠いて違法であれば、本件（乙事実）についての取調も違法で許されないことはいうまでもないが、別件（甲事実）の逮捕・勾留についてその理由又は必要性が認められるときでも、右のような本件（乙事実）の取調が具体的状況のもとにおいて憲法及び刑事訴訟法の保障する令状主義を実質的に潜脱するものであるときは、本件の取調は違法であるのみならず、それによつて得られた被疑者の自白・不利益事実の承認は違法収集証拠として証拠能力を有しないものというべきである。

⑵そして別件（甲事実）による逮捕・勾留中の本件（乙事実）についての取調が、具体的状況のもとで令状主義の原則を実質的に潜脱するものであるか否かは、①甲事実と乙事実との罪質及び態様の相違、法定刑の軽重、並びに捜査当局の両事実に対する捜査上の重点の置き方の違いの程度、②甲事実と乙事実との関連性の有無及び程度、③取調時の甲事実についての身柄拘束の必要性の程度、④乙事実についての取調方法（場所、身柄拘束状況、追求状況等）及び程度（時間、回数、期間等）並びに被疑者の態度、健康状態、⑤乙事実について逮捕・勾留して取り調べたと同様の取調が捜査において許容される被疑者の逮捕・勾留期間を超えていないか、⑥乙事実についての証拠、とくに客観的証拠の収集程度、⑦乙事実に関する捜査の重点が被疑者の供述（自白）を追求する点にあつたか、物的資料や被疑者以外の者の供述を得る点にあつたか、⑧取調担当者らの主観的意図はどうであつたか等の具体的状況を総合して判断するという方法をとるのが相当というべきである。」

【東京地判平成12・11・13判タ1067号283頁】（実体喪失説）判例⑥

「別件逮捕勾留の適否について

１……以下、被告人の右自白調書が得られた取調べの適否について判断するについて、旅券不携帯事件及び偽造公文書行使事件による逮捕勾留の理由及び必要性の問題とその逮捕勾留期間中における被告人の取調べ状況等を中心とする捜査のあり方の問題とを分けて検討することとする。

２　逮捕勾留の理由及び必要性等の検討

……以上のとおり、旅券不携帯事件及び偽造公文書行使事件による被告人の逮捕勾留にはそれぞれ理由及び必要性が認められ、また、旅券不携帯事件の勾留期間の延長についても延長すべきやむを得ない事由の存在を否定できないから、右の諸点に関する限り、旅券不携帯事件及び偽造公文書事件による逮捕勾留に違法はないということができる。

３　捜査のあり方等からの検討

(一) 旅券不携帯事件による逮捕（七月八日）から勾留期間延長（勾留満期は同月一九日）まで

……同月一六日に、Ｐ検事が旅券不携帯事件及び不法入国事件について被告人を取り調べているほか、同月一八日には、不法入国事件に関する被告人の供述調書が作成されるとともに、捜査本部がＡダッシュ及びＡ名による退去強制歴並びに被告人自身の退去強制歴に関する各捜査関係事項照会回答書を入手していることも考慮すると、旅券不携帯事件による逮捕から勾留期間延長までの間は、被告人に対する強盗致傷事件の取調べは、あくまで旅券不携帯事件及び不法入国事件の取調べに付随し、これと並行して行われている程度にとどまっていたものといえるから、その間の強盗致傷事件の取調べに違法があるとはいえない。

(二) 旅券不携帯事件による勾留期間延長（七月二〇日）から偽造公文書行使事件による逮捕（同月二九日）まで……（中略）……

ア　以上のとおり、旅券不携帯事件による勾留期間の延長後は、被告人に対して前記⑵ア認定のように、ほぼ連日、相当長時間に及ぶ取調べが続けられており、しかも、その大半が強盗致傷事件の取調べに費やされていたのに対し、不法入国事件に関しては、被告人を若干取り調べた点を除けば、捜査本部が積極的に捜査を行った形跡がなく、同月二四日までに、不法入国による立件が絶望的となるような状況に陥っていたこと、さらに、被告人は、強盗致傷事件について、頑強に否認を続けて、自白した後も、取調べに抵抗を続けていたことがうかがわれるのである。

イ　そして、旅券不携帯事件による勾留期間延長から偽造公文書行使事件による逮捕までの間の右のような捜査のあり方からすると、右期間中における強盗致傷事件の取調べは、旅券不携帯事件による逮捕勾留期間中に許された限度を大きく超えているのに対し、本来主眼となるべき旅券不携帯事件ないし不法入国事件の捜査は、ほとんど行われない状況にあったというべきであるから、右勾留期間延長後は、旅券不携帯事件による勾留としての実体を失い、実質上、強盗致傷事件を取り調べるための身柄拘束となったとみるほかはない。したがって、その間の身柄拘束は、令状によらない違法な身柄拘束となったものであり、その間の被告人に対する取調べも、違法な身柄拘束状態を利用して行われたものとして違法というべきである。

ウ　この点、検察官は強盗致傷事件について、被告人の日本における生活痕跡等を示すという意味で旅券不携帯事件と密接に関連する事実であり、同事件の逮捕勾留期間中にも広く取り調べることができる旨主張するが、同事件は、旅券不携帯事件との関連性があるとはいえず、不法入国事件とも、不法入国後の生活状況として関係するにすぎないものであって、関連性は希薄というほかないから、検察官の右主張はその前提を欠くものである。
エ　そして、前記イで指摘した旅券不携帯事件による勾留期間延長から偽造公文書行使事件による逮捕までの間の被告人取調べの違法は、憲法及び刑訴法の所期する令状主義の精神を没却するような重大なものであり、かつ、右取調べの結果得られた供述調書を証拠として許容することが、将来における違法な捜査の抑制の見地からも相当でないと認められる以上、右期間中に得られた被告人の供述調書、すなわち、七月二四日付け（乙７）及び同月二七日付け（乙８）各警察官調書並びにその間に被告人を同事件に関し現場に引き当たりをして得られた同月二九日付け捜査報告書（甲５０）の証拠能力はすべて否定されるべきものと解するのが相当である。」

【大阪高判昭和55・3・25高刑集33巻1号80頁】（第二次逮捕・勾留の可否①）判例⑦

「右認定の事実によると、本件において捜査官は、住居侵入被疑事実によつて逮捕中の被告人について、右被疑事実とは別の本件放火被疑事実の取調をしているのであるが、一般にこのような取調、すなわち、甲被疑事実について逮捕、勾留中の被疑者を、当該逮捕、勾留の基礎となつた被疑事実以外の乙被疑事実について取り調べることは、必らずしも禁止されているわけではない。しかし、甲被疑事実についての逮捕、勾留が、もつぱら、いまだ証拠の揃つていない乙被疑事実について取り調べる目的で、甲被疑事実による逮捕、勾留に名を借り、その身柄の拘束を利用して、乙被疑事実について逮捕、勾留して取り調べるのと同様の効果を得ることをねらいとしたものである場合など、憲法及び刑事訴訟法の定める令状主義を実質的に潜脱し、その精神を没却したこととなる場合には、その捜査手段は違法というべきであつて、その捜査手続によつて得られた被疑者の自白は、証拠能力を有しないものといわなければならない。

そこで、これを本件についてみると、……すなわち、住居侵入被疑事実による逮捕は、それ自体としてみても、逮捕の必要性のないことが明らかであるから、違法であり、また、右逮捕の実質は、犯罪の客観的な嫌疑のない本件放火の事実について、裁判官による事前の審査を回避し、裁判官が発し、かつ、理由となつている犯罪を明示する令状によらないで、被告人を逮捕したことに帰するものであつて、憲法三三条、三四条の所期する令状主義を潜脱し、その精神を没却する重大な違法のあるものといわざるをえず、捜査官において、右逮捕による身柄の拘束を利用し、本件放火の事実について被告人を取り調べたことは、必要性のない被疑者の逮捕を犯罪の客観的嫌疑のない他の事実に対する自白獲得の手段としたものであつて、とうてい容認しがたいからである。そして、被告人の身柄拘束の根拠に存する違法の程度が上記のように重大であり、かつ、それが捜査官によつて意図的に行われていることなどにかんがみると、右違法な手段による取調によつて得た自白調書を証拠として許容することは、重大な違法、捜査官の不法な意図を是認するという不合理な結果となり、適正手続の要請に反するばかりか、違法捜査を助長するおそれもあるのであつて、右自白調書の証拠能力はこれを否定するのが相当である。そうすると、前記被告人の司法警察員に対する昭和三八年五月一日付供述調書は証拠能力を有しないことになるが、本件放火被疑事件の逮捕状は、右供述調書を疎明資料に供して発付を得たものであり、右供述調書を除けば、被疑事実ことに被告人と犯人との同一性に関する疎明のなかつたことは明らかであるから、右逮捕状は被疑事実の疎明がないのに発付されたことに帰するものであつて、右逮捕状による逮捕もまた違法というべきである。」

【東京地決昭和57・3・17判時1098号452頁】（第二次逮捕・勾留の可否②）判例⑧

「ところで、右両事件による被告人Ｘの逮捕、勾留に際しては前記犯人隠避の被疑事実による逮捕、勾留中の取調により作成された被告人Ｘの右両事件についての自白調書が重要な疎明資料とされたものであるが、これらの自白調書は前述したように違法な別件逮捕、勾留中の取調により作成されたものであるから、これらを右両事件による被告人Ｘの逮捕、勾留の疎明資料とすることも許されないと解されるところ、右各自白調書が右逮捕、勾留の疎明資料として不可欠なものであったとすれば、右逮捕、勾留は、許容されない疎明資料に基づくものであって、違法であるといわなければならない。

しかし、本件にあっては、被告人Ｘの右各自白調書のほかに被告人Ｙの被告人ＸがＡ事件及びＢ事件の謀議に参加していたとの供述を録取した供述調書等が疎明資料として存在し、被告人Ｘの右各自白調書が疎明資料として不可欠のものともいえないとの事情が認められるので、これを前提にしてさらに被告人Ｘの右両事件による逮捕、勾留の適法性について考察すると、捜査当局は、同年三月三〇日被告人Ｘを前記犯人隠避の被疑事実により逮捕して以降勾留し、しかも勾留延長もして同年四月一六日まで一八日間にわたりその身柄を拘束して来たものであるところ、この身柄拘束は、前述したところから明らかなように、実質的にはＡ及びＢ事件についての身柄拘束と認めざるを得ないのであり、捜査当局はすでに一八日間にわたり実質的に右両事件につき被告人Ｘの身柄を拘束しながら再度ひきつづき右両事件につき同被告人を逮捕、勾留しようというものにほかならず、しかも、それは、単に同一事件につき逮捕及び勾留を反覆するというものではなく、前の一八日間の身柄拘束は違法な別件逮捕、勾留によるものであって捜査当局の濫用的意図に基づく身柄拘束であり、これらのことを総合すれば、Ａ及びＢ事件による被告人村松の逮捕、勾留は右違法な別件逮捕、勾留の延長上にあり、これと一体をなして一連の違法な捜査方法を形成するものと見ることができるから、結局右両事件による被告人Ｘの逮捕、勾留は捜査方法として違法というほかはないものである。」

【論述例】

【別件逮捕・勾留（別件基準説）】

逮捕・勾留の手続は、特定の被疑事実を基礎になされることが予定されている（事件単位の原則、200条、203条、204条、207条１項、60条１項、64条等参照）ことからすれば、令状請求の段階における司法審査は、身体拘束の基礎となる被疑事実（別件）についてのみなされるものであり、捜査機関が他の事実（本件）について取調べを行う意図・目的を有していたとしても、制度上、それを裁判官が事前に審査することは困難である。

他方で、上記事件単位の原則によれば、逮捕状請求を受けた事実につき逮捕の理由と必要性があるのであれば、裁判官は逮捕状を発しなければならないのであり（199条２項参照）、たとえ捜査機関が本件の取調べを行う目的を有していたとしても、そのことをもって、身体拘束が違法となることはないと解する。

【別件逮捕・勾留（本件基準説）】

未だ重大な本件について被疑者を逮捕・勾留する理由と必要性が十分でないのに、専ら又は主として本件について取り調べる目的で、軽微な別件につき被疑者を逮捕・勾留する場合、形式的には別件に基づくものではあるが、実質的には本件に基づく身体拘束であるというべきである。

したがって、未だ逮捕・勾留の理由と必要性の認められない本件についての取調べを専ら又は主たる目的として、別件により被疑者を逮捕・勾留することは、別件について逮捕・勾留の理由と必要性が認められる場合であっても、令状主義（憲法33条、刑訴法199条１条本文）を実質的に潜脱するものとして違法であると解する。

【余罪取調べ（実体喪失説）】

事件単位の原則は、令状主義（199条１項、207条１項、62条）と結び付き、身柄拘束についての制約原理として存在するものであって、身柄拘束下の被疑者取調べの在り方を直接規制するものではない。

したがって、取調べに事件単位の原則は適用されず、捜査機関は被疑者に対し余罪である本件の取調べを行うことができる以上、本件の取調べがあくまで別件の捜査に付随し、これと並行して行われる限り違法とはいえない。

もっとも、本件の取調べが上記の限度を大きく超えているのに対し、身体拘束の基礎となっている別件の捜査がほとんど行われない状況にある等、当該身体拘束が別件による勾留としての実体を喪失したものと評価されるに至った場合、当該身体拘束はその要件（勾留の理由と必要性）が消滅したものというべきであるから、その時点から、身柄拘束自体が違法となるとともに、取調べも違法となると解する。

別件による勾留としての実体を喪失したか否かについては、①勾留期間の本件取調べへの流用の程度、②本件と別件の関連性の有無・程度、軽重の差、③被疑者の供述状況（取調べの態様及び供述の自発性の有無）、④捜査全般の進行状況（本件及び別件に関する客観的証拠の収集状況）等の事情を総合考慮して判断するべきである。

【参考答案例】【令和元年】

［設問１］

第１　逮捕、勾留及びこれに引き続く身体拘束の適法性（小問１）

１　別件逮捕・勾留の適法性判断基準

司法警察員Ｐらは、本件強盗致死事件（以下、「本件」という。）で甲を逮捕するには証拠が不十分であるため、本件業務上横領事件（以下、「別件」という。）の被疑事実で甲を逮捕、勾留した上で、かかる甲の逮捕、勾留及びそれに引き続く身体拘束（以下、「本問身体拘束」という。）を本件の取調べに利用していることから、本問身体拘束がいわゆる別件逮捕・勾留として違法となるか否かが問題となる。

【論述例】別件逮捕・勾留（別件基準説）

そこで、以下、本問身体拘束の適法性について、別件による身体拘束の法定要件の問題とその身体拘束期間中における甲の取調べ状況等を中心とする捜査のあり方の問題とを分けて検討する。

２　本問身体拘束の適法性

⑴　法定要件の検討

①　逮捕について

ア　別件に関し、Ｘ社社長の「甲は、売掛金の集金及び経理業務を担当していたが、平成30年11月20日に顧客Ａから集金した３万円を着服した」旨の供述、顧客Ａの「平成30年11月20日、自宅に集金に来た甲に３万円を渡した」旨の供述及びＡから集金した３万円がＸ社に入金されたことを裏付ける帳簿類は見当たらなかった事実等からすれば、甲には「罪を犯したことを疑うに足りる相当な理由」（199条１項）が認められる。

イ　甲はアパートで単身生活をしており、現在は無職であることから、現在の生活を捨てて逃亡を図ることは比較的容易であるといえる。また、甲はＸ社の元社員であり、Ａの自宅住所も知っていることから、自己に有利な供述をするようにＡに働き掛け等を行う危険性は否定できない。かかる甲の生活状況及び被害者等との関係性からすれば、「逃亡する虞がなく、かつ、罪証を隠滅する虞がない」（規則143条の３参照）とはいえず、「明らかに逮捕の必要がない」（199条２項但書）とは認められない。

②　勾留について

ア　上記①アのとおり、甲には「罪を犯したことを疑うに足りる相当な理由」（207条１項、60条）が認められる。また、上記①イの事情に加えて、甲が勾留質問において、「平成30年11月20日にＡから集金したかどうかは覚えていない。」旨の曖昧な供述をしている状況からも、「罪証を隠滅すると疑うに足りる相当な理由」（60条２号）及び「逃亡すると疑うに足りる相当な理由」（60条３号）が認められる。

イ　勾留による甲の不利益を考慮しても、勾留の相当性を否定すべき事情があるとはいえず、「勾留の必要」（207条１項、87条１項）が認められる。

③　勾留延長について

「やむを得ない事由」（208条２項）とは、勾留延長して更に捜査を遂げなければ起訴又は不起訴の決定をすることが困難であると認められる場合をいう。

別件に関する捜査については、犯行日の特定や被害金額の裏付けとしてＹの取調べが必要であったところ、Ｙの都合により３月16日にＹの取調べが実施される予定となっていた。また、甲の供述したアリバイの裏付け捜査として、パチンコ店Ｉ店の防犯カメラ画像の確認が必要であったところ、同カメラが３月14日まで修理中であったため、修理後に画像を確認する予定であった。これらの事情からすれば、勾留満期である３月10日の時点では、勾留延長して更に捜査を遂げなければ、別件について起訴又は不起訴の決定をすることが困難であったといえる。

したがって、勾留延長について「やむを得ない事由」が認められる。

⑵　取調べ状況等の捜査のあり方からの検討

ア　本問身体拘束期間中、甲に対して連日取調べが続けられており、しかもその相当長時間が本件の取調べに費やされていたところ、このような取調べ状況等から本問身体拘束が違法となる場合があるか否かについて検討する。

そもそも逮捕・勾留は、被疑者の身体を拘束することにより逃亡や罪証隠滅を防止するための制度（60条１項、規則143条の３参照）であるところ、取調べの必要があることは逮捕・勾留の要件とされていないことからすれば、本件の取調べがあくまで別件の捜査に付随し、これと並行して行われる限り、別件による身体拘束を違法とすべき理由はない。もっとも、本件の取調べが上記の限度を大きく超えているのに対し、身体拘束の基礎となっている別件の捜査がほとんど行われない状況にある等、当該身体拘束が別件による勾留としての実体を喪失したものと評価されるに至った場合、当該身体拘束はその要件（勾留の理由と必要性）が消滅したものというべきであるから、その時点から違法となると解する。

別件による勾留としての実体を喪失したか否かについては、①勾留期間の本件取調べへの流用の程度、②本件と別件の関連性の有無・程度、軽重の差、③被疑者の供述状況、④捜査全般の進行状況等の事情を総合考慮して判断すべきである。

イ　以下、本問身体拘束について検討する。

①　勾留期間の本件取調べへの流用の程度

勾留期間を通じて取調べの合計時間は、別件が20時間、本件が40時間であるところ、３月８日ないし12日、同月16日ないし18日は本件取調べのみが実施されている。他方で、別件の取調べも断続的に行われており、最終的には延長後の勾留満期前日の３月19日にも実施されている。

②　本件と別件の関連性の有無・程度、軽重の差

本件は人の死亡という重大な結果を発生させた強盗致死事件であり、その法定刑も「死刑又は無期懲役」（刑法240条後段）とされているのに対し、別件は被害金３万円の業務上横領事件にとどまる。また、本件は路上のひったくり強盗であ

るのに対し、別件は集金横領であるから、その犯行態様に関連性は認められない。他方で、別件もその法定刑が「10年以下の懲役」（刑法253条）であることからすれば必ずしも軽微事件であるとまではいえず、別件それ自体として立件ないし起訴の見込みがあることは否定できない。また、いずれも金銭を領得する犯罪であり、類型的に動機の共通性が認められるところ、かかる動機を裏付ける甲の経済状況（借金、収入等）に関する証拠は、両事件に共通する証拠となる。

③　甲の供述状況

別件について、甲は、弁解録取時、犯行を否認し、3月7日には、パチンコ店にいた旨のアリバイ主張をし、同月15日には、Aから集金した事実は認めたものの具体的な金額については否認するなど供述を変遷させていたが、勾留満期前日の同月19日に、横領した金額も含め自白するに至った。他方、本件について、甲は当初から一貫して否認していたが、Pによる追及の結果、3月18日の時点で自白するに至った。

④　捜査全般の進行状況

3月2日ないし6日、甲の周辺者からの聞き込み捜査及び甲のスマートフォンに保存されたメール等の精査が実施され、その結果、甲はYから借金をしていたこと等が判明した。別件については、その後、3月7日、甲が「事件当日は、終日、パチンコ店のH店かI店にいた」旨のアリバイを主張する供述をしたことから、同月8日ないし10日、上記供述の裏付け捜査が実施された。また、同月11日及び12日、Aの供述を裏付けるため、甲所有のパソコンデータの精査が実施され、その結果、A宛ての平成30年11月20日付け領収書のデータが発見された。そして、同月14日、I店の防犯カメラ画像の確認を実施した結果、犯行日に甲が来店していないことが判明した。さらに、同月16日、Yの取調べを実施した結果、同人から「甲に10万円を貸していたが、平成30年11月23日に3万円の返済を受けた」旨の供述を得たことから、同月19日、かかるYの供述を裏付ける証拠として、返済日及び金額の記載された手帳を確認した上で再度Yの供述調書を作成したところ、同日、甲が自白するに至った。他方、本件については、同月15日、甲の家賃の支払状況等についてアパートの大家を取調べた結果、事件の翌日に甲から2か月分の家賃として10万円の支払いがあった旨の供述を得た。また、同月16日、上記Yの取調べにおいて同人から「甲は、金がないと言っていたのに、平成31年2月初め頃だったと思うが、『臨時収入があったから金を返す。』と電話をかけてきて、甲から7万円の返済を受けた。」旨の供述を得た。さらに、同月17日、甲の周辺者からの聞き込み捜査の結果、甲が、同年2月初旬に甲名義の原動機付自転車を知人に1万円で売却したことが判明し、その翌日、甲が自白するに至った。

ウ　以上の各事情によれば、上記Yの取調べを実施した3月16日の時点で、別件についてこれ以上捜査を遂げる必要性は乏しくなったとも評価し得る。しかしながら、捜査機関は、この時点では未だYの供述を裏付ける重要な証拠物である手帳の提出を受けておらず、その内容の確認も取れていなかったところ、同日時点でのYの供述内容は甲から借金の返済を受けた時期について一部記憶が不明確な部分があったのであるから、同人の手帳を確認した上でその供述を裏付ける必要があったことは否定できない。また、同月19日に検察官Ｒが行った甲の取調べは、勾留延長後の唯一の検察官による取調べの機会であり、上記Ｙの供述や手帳の内容を踏まえて改めて甲に別件について事情を聴取するための重要な取調べであったといえる。これらの事情をも考慮すると、同月16日以降も、なお別件について終局処分を決するための所要の証拠収集活動は継続していたものと認められる。

そうすると、甲の取調べを含む別件についての捜査、すなわち、別件について起訴又は不起訴の終局処分を決するために必要な証拠収集は、勾留当初から勾留延長満期である３月20日の前日まで、進行、継続していたものであり、その間、本件の取調べが合計40時間にわたり実施されているものの、かかる取調べはあくまで別件の捜査に付随し、これと並行して行われたものと認められる。したがって、本問身体拘束が別件による身体拘束としての実体を失い、違法な身体拘束となったとは認められない。

⑶　以上より、本問身体拘束は適法である。

第２　異なる結論を導く理論構成による検討（小問２）

１　別件逮捕・勾留の適法性判断基準

【論述例】別件逮捕・勾留（本件基準説）

２　本問身体拘束の違法性

⑴　本問身体拘束に先立って、Ｐは、本件について捜査した結果、本件の犯人が犯行に使用した原動機付自転車の特徴（Ｖの供述したナンバー及び色）に合致する原動機付自転車の１つが甲名義であること、事件発生の翌日である２月２日に甲が自己の銀行口座に現金30万円を入金したこと等が判明したことから、本件の嫌疑により甲に対する捜査を進めていたところ、未だ本件で甲を逮捕するには証拠が不十分であるため、別の犯罪の嫌疑を捜査した結果、Ｘ社社長の供述から別件の嫌疑が発覚した。また、同社長は、当初、被害金額が少額である等の理由から積極的に被害届を提出しなかったが、Ｐが繰り返し説得を続けた結果、同社長から被害届の提出を受けたことを端緒として別件が立件されるに至った。そして、Ｐは、別件をＲへ送致するに先立ち、甲に対する本件にかかる嫌疑をＲへ伝えており、Ｒは、本問身体拘束当初から、本件での逮捕も視野に入れて本件の捜査も並行して行うことを指揮していた。現に、本問身体拘束の初期段階である３月４日から本件の取調べが開始され、満期日までに合計40時間という、別件の取調べに要した時間の実に２倍もの長さの時間が本件の取調べに費やされており、とりわけ、３月８日ないし12日及び同月16日ないし18日は専ら本件の取調べのみが実施されている。

⑵　以上の各事情によれば、捜査機関は、甲の逮捕状を請求した時点において、被害者が死亡した重大事件であるが未だ逮捕・勾留の要件を具備していなかった本件についての取調べを主たる目的として、被害額が３万円と比較的軽微な事件であるが逮捕・勾留の要件を具備していた別件により甲を逮捕・勾留し、現にその身体拘束を本件の取調べに利用したものと認められる。そうすると、本問身体拘束は、実質的には本件に基づく身体拘束であったと評価すべきであるから、捜査機関は令状主義を潜脱したものというべきである。

⑶　以上より、本問身体拘束は違法である。

3　上記理論構成を採用しない理由

上述したとおり、そもそも現行法の制度上、令状請求段階の司法審査において、本件の取調べに向けられた捜査機関の意図・目的を裁判官が事前に審査することができる仕組みとはなっていない（事件単位の原則）。仮に本件についての嫌疑の存在とそれを取り調べようとする捜査官の意図の存在を裁判官が審査しなければならないとすれば、事件単位の原則に反するおそれがある。

そこで、上記のように捜査機関の意図・目的を事後的な身体拘束中の取調べ状況等から推認するという理論構成によるとしても、捜査機関が主として本件の取調べをする意図・目的を有しているということから、その逮捕・勾留の実質を本件に基づく身体拘束と評価して令状主義の潜脱に結び付けることはできない。すなわち、上述したとおり、そもそも逮捕・勾留は、被疑者の身体を拘束することにより逃亡や罪証隠滅を防止するための制度であるところ、被疑者として取調べる必要があることは逮捕・勾留の要件とはされていないのであるから、捜査機関において、被疑者として取調べをする予定があったか否かにかかわらず、また、いかなる事実の取調べをする意図であったかにかかわらず、その逮捕・勾留が、基礎となっている事実について被疑者の逃亡や罪証隠滅を防止する機能を果たす以上は、その制度目的を達するのであり、これを違法とする理由はない。

したがって、事件単位の原則に従って審査した結果、別件について逮捕・勾留の理由も必要性もあると認められた場合に、たとえ捜査機関に本件取調べの意図・目的があったとしても、それをもって逮捕・勾留の要件を欠き身体拘束が違法となると解することはできない。

【参考答案例】【平成23年】

［設問１］

第１　逮捕①、②及びこれらに引き続く身体拘束の適法性

1　別件逮捕・勾留の適法性判断基準

司法警察員Ｐは、殺人、死体遺棄事件（以下、「本件」という。）では逮捕ができるだけの証拠はなかった甲及び乙につき、別の犯罪事実で逮捕したいと考え、甲については捜査の過程で判明した強盗事件（以下、「別件①」という。）で、乙については尾行中に現認した窃盗事件（以下、「別件②」という。）で、それぞれ逮捕、勾留したものであるから、これらの身体拘束がいわゆる別件逮捕・勾留として違法となるか否かが問題となる。

【論述例】別件逮捕・勾留（別件基準説）

そこで、以下、各身体拘束の適法性について、別件による身体拘束の法定要件の問題とその身体拘束期間中における甲及び乙の取調べ状況等を中心とする捜査のあり方の問題とを分けて検討する。

2　逮捕①及びこれに引き続く身体拘束について

⑴　法定要件の検討

①　逮捕について

ア　甲が別件①の２人組の犯人のうちの１名に酷似していることが判明したことから被害者Wに写真による面割り捜査を行ったところ、Wは甲の写真を選択して犯人の１名に間違いない旨を供述したことからすれば、甲には「罪を犯したことを疑うに足りる相当な理由」（199条１項）が認められる。

イ　別件①が強盗という重大事件であって、共犯者も特定されていないという状況においては、「明らかに逮捕の必要がない」（199条２項但書、規則143条の３参照）とは認められない。

②　勾留について

ア　上記①アのとおり、甲には「罪を犯したことを疑うに足りる相当な理由」（207条１項、60条）が認められる。また、上記①イの事情に加えて、逮捕後に甲が別件①について全く身に覚えがないなどと供述し、自己が犯人であることを否認している状況からも、「罪証を隠滅すると疑うに足りる相当な理由」（60条２号）及び「逃亡すると疑うに足りる相当な理由」（60条3号）が認められる。

イ　勾留による甲の不利益を考慮しても、勾留の相当性を否定すべき事情があるとはいえず、「勾留の必要」（207条１項、87条１項）が認められる。

(2)　取調べ状況等の捜査のあり方からの検討

ア　逮捕①及びその後の勾留中の甲に対する取調べ状況等からかかる身体拘束が違法となる場合があるか否かについて検討する。

そもそも逮捕・勾留は、被疑者の身体を拘束することにより逃亡や罪証隠滅を防止するための制度（60条１項、規則143条の３参照）であるところ、取調べの必要があることは逮捕・勾留の要件とされていないことからすれば、本件の取調べがあくまで別件の捜査に付随し、これと並行して行われる限り、別件による身体拘束を違法とすべき理由はない。もっとも、本件の取調べが上記の限度を大きく超えているのに対し、身体拘束の基礎となっている別件の捜査がほとんど行われない状況にある等、当該身体拘束が別件による勾留としての実体を喪失したものと評価されるに至った場合、当該身体拘束はその要件（勾留の理由と必要性）が消滅したものというべきであるから、その時点から違法となると解する。

別件による勾留としての実体を喪失したか否かについては、①勾留期間の本件取調べへの流用の程度、②本件と別件の関連性の有無・程度、軽重の差、③被疑者の供述状況、④捜査全般の進行状況等の事情を総合考慮して判断すべきである。

イ　勾留期間中、本件についての詳細な取調べが実施されたのは５月15日及び16日の２日間であり、これは甲が自ら余罪である本件を自白したことから、本件に係る経緯等を詳細に聴取する必要があったためである。その後、同月17日以降も連日甲の取調べが行われているものの、この期間の本件に関する取調べは１日約30分ずつにとどまっている（①）。

本件と別件①には特に関連性は認められないものの、別件①はコンビニ強盗事件であって重大事犯であり、それ自体立件ないし起訴の見込みが十分に認められる（②）。

また、甲は、別件①について一貫して否認していた（③）。

そのため、別件①について甲を取り調べる必要性は勾留満期まで継続していたものと認められるところ、現に同月17日以降の取調べでは、いずれも別件①に関する事項を中心に聴取している。他方、この間の本件に関する取調べは甲から事情を聴取するものではなく、甲が本件についての上申書及び供述録取書の作成を拒否したことから、その作成に応じるように甲に説得を続けたものに過ぎない（④）。

ウ　以上の各事情からすれば、甲の取調べを含む別件①についての捜査、すなわち、別件①について起訴又は不起訴の終局処分を決するために必要な証拠収集は勾留満期まで進行、継続していたものであり、その間、本件の取調べが実施されているものの、かかる取調べはあくまで別件①の捜査に付随し、これと並行して行われたものと認められる。したがって、逮捕①及びその後の勾留が別件①による身体拘束としての実体を失い、違法な身体拘束となったとは認められない。

⑶　以上より、逮捕①及びこれに引き続く身体拘束は適法である。

3　逮捕②及びこれに引き続く身体拘束について

⑴　法定要件の検討

①　逮捕について

⇒**第３講【１】【参考答案例】**参照

②　勾留について

ア　上記①アのとおり、乙には「罪を犯したことを疑うに足りる相当な理由」（207条1項、60条）が認められる。また、上記①イの事情に加えて、別件②は被害金額が500円相当の万引き事件であって比較的軽微な事件にとどまるものの、上記のとおり乙には万引きの同種前歴があり前件から1年間も経過しないうちに別件②に及んでいることを考慮すると今回はより重い刑事処分が予想される一方で、乙は単身生活しており逃亡を図ることが比較的容易であること等の事情からすれば、「罪証を隠滅すると疑うに足りる相当な理由」（60条2号）及び「逃亡すると疑うに足りる相当な理由」（60条3号）が認められる。

イ　勾留による乙の不利益を考慮しても、勾留の相当性を否定すべき事情があるとはいえず、「勾留の必要」（207条1項、87条1項）が認められる。

⑵　取調べ状況等の捜査のあり方からの検討

勾留期間中、5月15日に余罪の有無について確認された際、乙は余罪がない旨供述したため、その後本件に関する取調べは一切行われていない（①）。

本件と別件②には特に関連性はなく、また、上記のとおり別件②は比較的軽微な事件にとどまるものの、乙の同種前歴等を考慮すればそれ自体立件ないし起訴の見込みがなかったとはいえない（②）。なお、最終的に検察官は別件②について公判請求する必要はないと判断しているが、これは同月20日に乙が被害を弁償し、被害者から乙の処罰を望まない旨の上申書が提出されたためである。

また、乙は、別件②について当初黙秘していたが、同月１８日に自白するに至った（③）。

そのため、少なくとも乙が自白するまでの間は別件②について乙を取り調べる必要性は継続していた。その後、上述した同月20日の被害弁償を受けて翌21日に速やかに乙は釈放されている（④）。

以上の各事情からすれば、乙の取調べを含む別件②についての捜査は乙の釈放時点まで進行、継続していたものであり、逮捕②及びその後の勾留が別件②による身体拘束としての実体を失い、違法な身体拘束となったとは認められない。

(3)　以上より、逮捕②及びこれに引き続く身体拘束は適法である。

第２　逮捕③、④及びこれらに引き続く身体拘束の適法性

1　法定要件の検討

(1)　逮捕について

ア　本件の被疑事実に関し、ＢがＡ女宛に送信したメールにＢが甲及び乙と共にＶ女の死体を埋めたという内容が書かれていた旨のＡ女の供述、Ａ女が供述した現場からＶ女の死体が発見された事実、Ｂが甲及び乙からＶ女を殺害したことを聞いた状況や甲及び乙と一緒にＶ女の死体を遺棄した状況等を記載したＡ女宛てのメール、甲の携帯電話及び乙のパソコンに保存されていたＶ女の死体を遺棄したことに対する報酬に関する内容のメールの交信記録等からすれば、甲及び乙には「罪を犯したことを疑うに足りる相当な理由」（199条１項）が認められる。

なお、甲の携帯電話及び乙のパソコンの押収は、それぞれ別件①又は②の捜査の一環として行われた手続であるところ、これらの手続は、別件①について甲の交友関係を把握して共犯者を解明するため、別件②について乙の生活状況を把握して万引きに関する動機や背景事情を解明するためにそれぞれ実施されたものであり、いずれの押収品も各別件被疑事実と関連する「証拠物」（222条１項、99条１項参照）であると認められ、かつ、差押えの必要性（218条１項）も肯定されることから、これらの押収手続の結果得られた証拠を本件に係る逮捕状を請求する際の疎明資料とすることは適法である。

イ　本件の被疑事実は甲及び乙の共犯による殺人、死体遺棄という重大事案であるところ、共犯者間の口裏合わせ等による罪証隠滅の危険性があることに加え、乙については上述したその生活状況や前歴関係等も考慮すれば、甲及び乙が「逃亡する虞がなく、かつ、罪証を隠滅する虞がない」（規則143条の３参照）とはいえず、「明らかに逮捕の必要がない」（199条２項但書）とは認められない。

(2)　勾留について

ア　上記(1)アのとおり、甲及び乙には「罪を犯したことを疑うに足りる相当な理由」（207条１項、60条）が認められる。また、上記(1)イの各事情からすれば「罪証を隠滅すると疑うに足りる相当な理由」（60条２号）及び「逃亡すると疑うに足りる相当な理由」（60条３号）が認められる。

イ　勾留による甲及び乙の不利益を考慮しても、勾留の相当性を否定すべき事情があるとはいえず、「勾留の必要」（207条１項、87条１項）が認められる。

(3)　勾留延長について

「やむを得ない事由」（208条２項）とは、勾留延長して更に捜査を遂げなければ起訴又は不起訴の決定をすることが困難であると認められる場合をいう。

逮捕後、甲及び乙は本件について一切黙秘していることに加え、甲及び乙の自宅から本件に関連する差し押さえるべき物を発見できなかったこと、Ｂのパソコンにおけるメールの復元・分析には相応の時間を要すること等の事情からすれば、当初の勾留

満期の時点では、未だ本件について甲及び乙の起訴又は不起訴の決定をすることが困難であったといえ、勾留延長について「やむを得ない事由」が認められる。

2　再逮捕・再勾留の原則禁止について

被疑者の逮捕・勾留についての厳格な時間的制約（203条ないし206条、211条、216条等）を規定することにより被疑者の人権保障を徹底している法の趣旨からすれば、同一被疑事実について被疑者を再逮捕・再勾留することは、原則として許されない。

しかるところ、仮に先行する逮捕①及び②が実体として本件による身体拘束であった場合、逮捕③、④及びその後の勾留は、実質的には同一被疑事実による再逮捕・再勾留であって、本件による逮捕・勾留の不当な蒸し返しと評価すべきである。もっとも、上述のとおり、逮捕①及び②は別件による身体拘束としての実体を喪失していないことから、逮捕③、④及びその後の勾留が不当な蒸し返しであるとはいえない。

3　以上より、逮捕③、④及びこれらに引き続く身体拘束は適法である。

第4講　搜索・差押え

【1】令状による捜索・差押え

［論点解析］捜索差押許可状の効力と関連性

1　捜索・差押えの要件

(1)　対象の特定明示の趣旨

憲法35条1項によれば、令状による捜索・差押えには「正当な理由」及び「捜索する場所及び押収する物を明示する令状」が要求されます。

まず、**「正当な理由」（実体要件）**は、捜索・差押えの理由と必要性を意味します。捜索の理由は、捜索対象に**差押対象物が存在する蓋然性**です（222条1項、102条2項「押収すべき物の存在を認めるに足りる状況」。なお、102条1項で捜索対象が“被疑者”の「身体、物又は住居その他の場所」である場合にはこの状況が推定されています。）。また、差押えの理由は、差押対象が**被疑事実と関連性を有する証拠**であることの蓋然性です（222条1項、99条1項「証拠物又は没収すべき物と思料するもの」）。これらを**関連性**の要件と呼ぶことがあります。他方、**必要性**については、「犯罪の捜査をするについて必要があるとき」（218条1項）と規定されています。

次に、**「捜索する場所及び押収する物を明示する令状」（手続要件）**について、捜索許可状には「捜索すべき場所、身体若しくは物」を記載し、差押許可状には「差し押さえるべき物」を記載することが不可欠の要件とされます（219条1項。捜索対象については、憲法35条1項の「捜索する場所」を刑事訴訟法102条が「身体、物又は住居その他の場所」に分類していることから、これに従った対象の特定が要求されています。）。

このように捜索差押対象を**特定**して令状に**明示**することが要求される趣旨は、端的に言えば、捜索について**“プライバシーの保護”**、差押えについて**“財産権の保護”**という点にあります。すなわち、そもそも令状審査に際して裁判官が「正当な理由」を判断するためには対象の特定が必要不可欠の前提となります（例えば、捜査機関から差押対象を“被疑者宅にある物全て”として令状請求されても、裁判官がおよそ関連性を判断し得ないことは明らかでしょう。）。したがって、①令状審査にあたる裁判官に対し、「正当な理由」の存在についての実質的認定を確保し、それにより無差別的・一般探索的な令状発付及び執行を防止するために捜索差押対象の特定が要求されます。さらに、そのようにして特定された対象を令状に明示することにより、②令状の執行にあたる捜査機関に対し、令状審査により許可された権限の範囲を周知、徹底して権限濫用を抑制すること及び③捜索差押対象者に対し、受忍すべき権利侵害の範囲を明らかにして事後的な不服申し立て（430条）の実効性を担保することがそれぞれ可能となります。このような特定・明示の仕組み全体を通してプライバシー及び財産権の保障が徹底されているのです（厳密には、①が「特定」の趣旨、②及び③が「明示」の趣旨ですが、一般的には①ないし③をまとめて“特定・明示の趣旨”として理解しています。）。

(2)　捜索・差押えの適法性判断枠組み

令状による捜索・差押えの適法性については、以下の判断枠組みによる検討を要します。

まず、第一段階の検討として、当該捜索・差押えの対象が、当該令状による処分の対象に含まれるか否かを判断する必要があります。言い換えれば、令状の効力が及ぶ対象（令状の内容に該当する対象）であることが、当該対象に対して捜索・差押えを行う前提条件となります。

具体的には、捜索について**【令状の効力範囲】**（後記２及び３参照）、差押えについて**【令状記載物件該当性】**（後記6⑴参照）を判断します。

次に、「正当な理由」（憲法35条１項）を基礎付ける**【関連性】**の要件が、あらゆる捜索・差押えに共通の検討事項となることから（前記１参照）、令状の効力が及ぶ対象であることを前提とした上で、第二段階の検討として、**【関連性】**（後記４及び６参照）を判断することになります。具体的には、捜索について**差押対象物存在の蓋然性**（222条１項、102条２項）、差押えについて**被疑事実との関連性**（222条１項、99条１項）を判断します。

他方、捜索・差押えの**必要性**の要件については、後述するとおり、消極的要件であると解されていることから（後記７参照）、これを否定すべき特段の事情があるような場合でない限りは積極的に検討する必要はなく、端的に指摘すれば足ります。

なお、逮捕に伴う**無令状捜索・差押えの適法性**については、上記の第一段階の検討が**【220条１項要件】**の検討に置き換わるイメージで理解しておくと良いでしょう。具体的には、**「逮捕する場合」**（220条１項）及び**「逮捕の現場」**（220条１項２号）の該当性を判断します（⇒**第４講【３】２及び３参照**）。

★ 捜索・差押えの適法性判断枠組み

検討段階	検討事項	
	令状に基づく捜索・差押え	逮捕に伴う**無令状**捜索・差押え
第一段階	**【令状効力】** 捜　索：**令状の効力範囲** 差押え：**令状記載物件該当性**	**【220条１項要件】** **「逮捕する場合」**（220条１項） **「逮捕の現場」**（220条１項２号）
第二段階	**【関連性】** 捜　索：**差押対象物存在の蓋然性**（222条１項，102条２項） 差押え：**被疑事実との関連性**（222条１項，99条１項）	

２　捜索差押許可状の効力範囲

⑴ 「場所」に存在する「物」――法益の“同一性”――

刑事訴訟法は、捜索許可状についてその対象を**「場所」**、**「身体」**、**「物」**に区別しており（219条１項参照）、それぞれに関するプライバシーを別個に保護する趣旨に出たものと解されます（なお、捜索と差押えは別個の強制処分ではありますが、常に後者を実施するために前者を実施するという関係にあることから、前者に対する令状は後者と一体的に**「捜索差押許可状」**として発付されます。）。したがって、「場所」、「身体」、「物」に対する捜索許可状はそれぞれ別個に発付すべき、というのが令状主義から導かれる原則になります。

もっとも、例えば、ある住居を捜索すべき「場所」とする捜索許可状に基づき、その住居内を捜索する場合、住居内には、様々な備品が置かれており、その中には、「差し押さえるべき物」が隠匿されている「物」（鞄、金庫、机等）も存在します。この場合、上記の原則を形式的に貫いて、住居内にある「物」について一つ一つ個別に捜索許可状の発付を受けなければ捜索ができないとすれば、捜査機関にとって著しく煩瑣な手続となり、捜索・差押えの実効性を欠くことは明らかです。

上述のとおり、そもそも上記令状主義の趣旨は、被処分者たる管理権者のプライバシーについて人権保障を徹底する点にあるところ、住居内にある個々の物に関するプライバシー（管理権）は、その住居自体に関するプライバシー（管理権）に包摂されており、後者に対する侵害について審査した上で令状を発付した裁判官の司法審査は、前者に対する侵害にも及んでいるといえます。したがって、住居等を「捜索すべき場所」とする捜索許可状により、当該住居等内にある物、具体的には、当該住居等の管理権者である**【居住者及びこれに実質的に準じる地位にある同居人の管理する「物」】**を捜索することも許される、と解されます。判例①は「被告人が居住するマンションの居室を捜索場所とする捜索差押許可状」に基づいて「被告人が携帯する右ボストンバッグについても捜索できる」と判示しています。

これに対して、**【捜索場所に偶然居合わせた第三者の管理する「物」】**（第三者の携帯品、第三者がその場所に置いた物等）については、当該第三者固有の管理権が及んでいる以上、これを捜索することは、未だ裁判官の司法審査を受けていない別個のプライバシー侵害を伴うものとなります。したがって、住居等を「捜索すべき場所」とする捜索許可状によりこれを捜索することは許されず、別個の令状を得た上で捜索する必要があります。判例②が「人の住所等ある特定の場所についての捜索状を執行するに当っては、たまたまその場に居合わせた第三者の占有物と認められる物を除くほか、その場所にある物についても捜索できる」と述べているのはこの趣旨をいうものです。ただし、当該第三者が住居内にある物を隠匿する等して住居の捜索を妨害する行為に出た場合には、例外的な措置を認める余地があります（後記**2**(2)参照）。

以上について、捜索許可状の効力範囲は「**管理権の同一性**によって画される」とか「**同一管理権の範囲内**に及ぶ」などと説明されます。これは、結局のところ、侵害される法益が“**同一**”（ここにいう“同一”は**法益主体の単一性**を意味し、“別個の法益主体に対する侵害を伴わない”という意味です。）であれば捜索許可状の効力が及ぶ、という趣旨の説明として理解することができます。

出題趣旨等においては、以下のとおり説明されています。

［平成29年出題趣旨］

「刑事訴訟法が、**捜索の対象**を「**身体**」、「**物**」、「**住居その他の場所**」に分類し（刑事訴訟法第222条第1項、第102条）、これに従って捜索令状に処分の**対象を特定**して記載することを要求している（同法第219条第1項）ところ、特定の「場所」に対する捜索差押許可状の効力が、令状には明示的に記載のない「物」に及ぶことはあるのか、それはいかなる場合であって、どのような理由に基づいて認められるのかを問うものである。

この点に関し、……と判示した判例（**最決平成6年9月8日刑集48巻6号263頁**）があるが、同判例は捜索が適法との結論を導くに当たり、……特にその理由を明示していないため、同判例に留意しつつ、場所に対する令状によって、その場所に居住する人がその場で携帯する物に対する捜索ができるかについての自説を各自が展開することが求められる。

基本的な考え方としては、**場所に対する捜索差押許可状の効力**は、当該場所の管理権者と当該場所にある物の**管理権者が同一である場合**には、場所に付属するものとして当該物にも及ぶ一方で、**第三者の管理下にある物**については、当該令状によって制約されることとなる管理権に服するものでない以上、その効力は及ばないという考え方が一般的であると思われる」

[平成29年採点実感]
「本件の論点についての基本的な考え方を示すと、**「場所」に対する捜索令状の効力**は、**当該場所において通常使用に供される「物」**との関係でも、それが当該「場所」に妥当する管理支配に服しているという意味において、当該「場所」に付属する、あるいは**包摂される**ものと言えるために、当該「物」にも及ぶと考えられる一方で、「場所」に及ぶ管理支配を排除する態様で**第三者が管理支配する「物」**については、当該令状によって制約されることとなる管理権に服するものでない以上、捜索すべき「場所」にあるとしてもその効力は及ばないと考えるのが一般的であろう。」

(2)　「場所」に現在する者の「身体」――法益の“異質性”――

では、同様に、ある住居を捜索すべき「場所」とする捜索許可状に基づいて、**【住居内にいる者の「身体」】**まで捜索することはできるでしょうか。

上記のとおり、住居等の「場所」に対するプライバシーは特定の財産に対する“管理権”（財産的利益）によってその範囲が画されるものであるのに対し、「身体」に対するプライバシーは“人格権”（人格的利益）そのものです。このように両者は法益が**“異質”**であり、後者が前者により包摂されている（裁判官の司法審査を受けた権利侵害の範囲に含まれている）とはいえません。したがって、住居等を「捜索すべき場所」とする捜索許可状により、住居内にいる者の「身体」を捜索することは原則として許されない、と解することになります。判例④は「特定の場所を捜索の対象とする捜索令状」によって「その場所に現在する人の身体に対しても当然に捜索を行うことができるとまでは解することができない」と判示しています。

[平成29年採点実感]
「**「身体」に対する捜索**は、人身の自由やプライバシーの利益の観点から、令状により許容される「場所」や「物」に対する捜索に伴うものとは**性質の異なる権利侵害**を伴うと考えられることが本件論点の議論の出発点である」

もっとも、捜索場所にいる者が、捜索の目的物（「差し押さえるべき物」）を隠匿したと認められる場合、当該目的物は、もともと捜索・差押えの対象物（捜索差押許可状の効力が及ぶ「物」）であった以上、例外的な措置としてその者の「身体」を捜索することが許される、と解する余地があります。この例外的な措置が許容される要件として、判例③は「捜索すべき場所に現在する者が当該差し押さえるべき物をその着衣・身体に隠匿所持していると疑うに足りる相当な理由があり、許可状の目的とする差押を有効に実現するためにはその者の着衣・身体を捜索する必要が認められる具体的な状況」と判示し、同様に、判例④は「捜索場所に現在する人が捜索の目的物（差し押さえるべき物）を所持していると疑うに足りる十分な状況があり、直ちにその目的物を確保する必要性と緊急性があると認めた場合」と判示しており、いずれも**目的物隠匿所持の蓋然性**を要件として挙げています。

なお、上記の例外的な措置の法的性質について、「必要な処分」（222条1項、111条1項）としての妨害排除措置であると説明する見解（**「必要な処分」説**）もあります。この見解は、捜索場所にいる者が差押対象物を隠匿所持している場合であっても、上述した「場所」と「身体」

に関する**法益の異質性**は払拭できないことから、「場所」に対する捜索許可状の効力により「身体」の「捜索」それ自体を許容することはできない、との理解を前提として、上記措置は（「捜索」そのものではなく）「必要な処分」であると説明します。しかしながら、そもそも「必要な処分」とは、「場所」に対する「捜索状の執行について」（111条1項）必要とされる処分を意味するものです（同条項の「錠をはずし、封を開き」がその典型例です⇒**第4講【2】1⑴**参照）。ところが、差押対象物を隠匿所持している者の「身体」を対象として差押対象物を探索する場合、それにより差押対象物が発見されれば、その時点で捜索の目的は達成される（直ちに差押えを行うことになる）のであり、その場合、もはや別途「場所」に対する捜索が執行されることはありません。そうであれば、このような措置は、「場所」に対する捜索を執行することに他ならないというべきでしょう（「必要な処分」説は、いわば“差押対象物を探すための「必要な処分」として差押対象物を探す”と述べているに等しいといえます。）。したがって、上記措置は、「必要な処分」ではなく「場所」に対する捜索そのもの（としての「身体」に対する捜索）であると説明する見解（**令状効力説**）の方が適切であると思われます。上記各判例が、「場所に対する捜索差押許可状の効力は、……その者の着衣・身体にも及ぶ」（判例③）、「場所に対する捜索令状によりその人の身体に対しても強制力を用いて捜索をすることができる」（判例④）と判示しているのは、まさにこのような趣旨をいうものと理解することができます。

出題趣旨においては、以下のとおり説明されています。

［平成29年出題趣旨］

「刑事訴訟法は、捜索の対象として**「場所」**と**「身体」**とを区別しているところ（同法第219条第1項）、「場所」に対する捜索差押許可状によって「身体」に対する捜索を行うことが許されることはあるかを問うものである。

場所に対する捜索差押許可状の効力は、人の身体には及ばない以上、捜索すべき場所に居合わせた者の身体について捜索を実施することは当然には許されないものの、例外的にそれが許される場合があるか否か、許される場合があるとしていかなる場合にどのような理由で許されると解すべきかについての自説を各自が展開し、本設問に現れた具体的事実を的確に指摘、評価して、本件捜索の適法性を論じることが求められる。」

⑶　捜索開始後に「場所」に搬入された「物」——令状効力の基準時——

上記**⑴**及び**⑵**が令状効力の**物的範囲**の問題であるのに対し、**時的範囲**、すなわち、捜索差押許可状の効力が令状執行開始（令状呈示）時点における捜索場所及びそこにある対象物に限定されるか否かが問題となる場合があります。判例⑤は「捜索中、宅配便の配達員によって被告人あてに配達され、被告人が受領した荷物」について、「このような荷物についても上記許可状に基づき捜索できる」と判示しました。その理由について、同判例の原審は、「捜索差押許可状に基づく捜索差押えの範囲がその許可状を被疑者に示した時点で捜索場所に存在する物に限定されなければならないとすべき明文上の根拠はない」、「執行の途中で被疑者が捜索場所で所持・管理するに至った物について捜索差押えを行ったとしても、新たな居住権・管理権の侵害が生じるわけではない」と指摘しています。そもそも令状発付後、令状の有効期間（原則として発付日から7日間、刑事訴訟規則300条参照）内のいつの時点で捜索を実行するかは捜査機関の判断に委ねられています。そうであれば、令状審査を行う裁判官は特定の時点を基準として捜索の要件を判断しているとはいえず、むしろ裁判官の司法審査は令状の有効期間全体を対象として、捜索対象に差押対象物が存在する蓋然性（「正当な理由」の有無）を判断するものであるといえます。したがって、令状の呈示という行為自体に捜索対象を時間的に限界付ける（令状の効力範囲をその時点で捜索場所に存在する物に限定する）という機能まで認めることはできません（このことは、被処分者が不在の場合には令状を呈示せずに執行に着手することができると解されている（114条2項後段参照）ことからも明らかでしょう。）。

[平成24年出題趣旨]

「**有効期間との関係**においては、捜索すべき場所に存在する物は、通常その場所の管理権に属することから、裁判官は、捜索すべき場所に存在する物（かばん、アタッシュケース等移動させることが可能な物を含む。）についても捜索すべき場所と一体のものとして併せて捜索する正当な理由を判断していること、捜索差押許可状の有効期間内であれば司法警察員Kは、いつでも適法に捜索差押えを行うことができ、たとえ令状発付後捜索開始前に持ち込まれた物であってもその捜索差押えは適法であること、捜索開始（令状呈示）の前後で適法違法が分かれるとすると、司法警察員Kが乙宛ての荷物が届けられた後に捜索を開始すれば適法に差し押さえることができるのにたまたま捜索開始が早かったために違法になること等を考慮し、裁判官が**どの時点における捜索する正当な理由**を審査しているのか、各自の見解を説得的に論ずる必要がある。なお、この点に関しては、最高裁判例（**最決平成19年2月8日刑集61巻1号1頁**）が存在するから、同判例の内容を踏まえた上で各自の見解を展開することが望ましい。」

3　令状効力範囲の検討手順

以上を踏まえて、**【令状の効力範囲】**の問題について、具体的な検討手順を確認しておきましょう。

(1)　法益の特定

「場所」に対する捜索許可状の効力を検討する際、まず、①**令状により侵害が許容される法益（司法審査を受けた被侵害利益）**と②**捜索により現実に侵害される法益（実際の被侵害利益）**を特定します。例えば、「場所」が特定の住居であれば、①はその住居の居住者（管理権者）Xの「住居」に対するプライバシー（管理権）ということになります。この令状の発付を受けた捜査機関がその住居内で**【Xの携帯する所持品】**（ハンドバッグ）を捜索するのであれば、②はその所持品の所持者（管理権者）Xの「物」（ハンドバッグ）に対するプライバシー（管理権）ということになります。

(2)　法益の比較対照――異質性及び同一性の判断――

次に、上述したとおり、令状の効力範囲（物的範囲）についての問題の所在は、(1)**法益の異質性の問題**（一方を他方に包摂させることができるか否か）と(2)**法益の同一性の問題**（別個独立の法益侵害を伴うか否か）に分けることができます。そこで、①と②の法益の内容を比較対照して、①と②の法益が、(1)**「同質か否か」**及び(2)**「同一か否か」**を判断します。両者が**“同質かつ同一”**であれば令状の効力が及びます。上記の例では、①と②はいずれも財産に対する管理権という性質であることから**“同質”**であり、かつ、いずれも管理権者Xという単一の法益主体に帰属するプライバシー（管理権）であって**“同一”**です。したがって、捜索可能です。

これに対して、①と②が**“異質又は別個”**であれば原則として令状の効力は及びません。例えば、上記の例と同じ令状で、住居内で**【Xのポケットの中身】**を捜索する場合、②はXの「身体」に対するプライバシーであり、①とは法益が**“異質”**です。したがって、原則として捜索不可となります（「**法益の異質性**」の問題）。

他方、同じ令状で住居内にいた**【同居人Yの携帯する所持品】**及び偶然居合わせた**【第三者Zの携帯する所持品】**を捜索する場合はどうでしょう。いずれも②は財産に対する管理権であり、①と“同質”といえます。そして、Yについては同居人であることからXに準じる地位にあるといえ、①と②はいずれも実質的には管理権者Xという単一の法益主体に帰属するプライバシー（管理権）であって“同一”であると評価できます（一般に、「同居人の所持品は実質的に居住者の管理権に服する」あるいは「所持品に対する同居人の管理権は居住者の管理権と別途独立して保護するに値しない」と説明されます。）。要するに、住居内で同居人が携帯している物はもともとその住居内に置かれていた備品や付属品と同じ扱いとなるのです。したがって、捜索可能です。これに対して、②がZという別個の法益主体に帰属するプライバシー（管理権）である場合は①とは法益が**“別個”**です。Zは偶然居合わせた第三者に過ぎないことから、Zの管理権は居住者Xの管理権とは別途独立して保護する必要があり、別の令状を新たに取得しなければその侵害は許可されません。したがって、原則として捜索不可となります（「**法益の同一性**」の問題）。

(3)　例外措置の検討

最後に、上記(2)の検討で「原則として捜索不可」となった場合について、例外的な措置としての当該捜索（又は「必要な処分」）の可否を判断します。具体的な事実関係から対象者が**目的物を隠匿所持している蓋然性**が認められるか否かを検討し、そのような事情が肯定される場合は例外的な措置は許容されることになります。

★ 捜索許可状の効力範囲の検討手順

Ⅰ．法益の特定

① 令状により侵害が許容される法益（司法審査を受けた被侵害利益）
↕
② 現実に侵害される法益（実際の被侵害利益）

Ⅱ．法益の比較対照

例）［①＝居住者（管理権者）の「住居」に対する管理権・プライバシー］

⑴ **法益の異質性**――“同質”か否か？

異質［②＝**「身体」**に対するプライバシー］――→ ×（**原則不可**）
　例）住居内に現在する者の身体
同質［②＝「物」に対する管理権］
　例）住居内に存在する備品・付属品
↓

⑵ **法益の同一性**――“同一”か否か？

別個［②＝**第三者**の管理権・プライバシー］――→ ×（**原則不可**）
　例）偶然居合わせた第三者の携帯物
同一［②＝居住者・同居人の管理権・プライバシー］――→ ○（**捜索可**）
　例）居住者・同居人の携帯物

Ⅲ．例外措置の可否 ←

原則不可の場合
⇒ 例外措置の要件：**目的物隠匿所持の蓋然性**

４　捜索の関連性――差押対象物存在の蓋然性――

捜索対象に令状効力が及ぶ場合であっても、次に、捜索についての**【関連性】**の要件、すなわち、その対象に被疑事実に関連する証拠物が存在する蓋然性があるか否かを確認する必要があります。たとえ事前に適法に発付された令状の効力が及ぶ対象であっても、具体的な令状執行現場において**差押対象物が存在する蓋然性**がおよそ認められないような対象を捜索することは許されません（222条１項、102条参照）。このように、222条１項が102条を捜査機関の行う捜索に準用しているのは、同条項の要件が令状審査段階における裁判官に対する制約であるのと同時に、令状執行段階における捜査機関に対する制約でもある（当該対象に令状の効力が及ぶことを前提とした**“加重要件”**である）ことを意味しています。

そこで、102条の要件を見てみると、捜索の対象が“被疑者以外の者”に属する場所や物である場合は「押収すべき物の存在を認めるに足りる状況」（同条２項）が要求されます。これに対し、“被疑者”に属する場所や物が対象である場合は、「必要があるとき」（同条１項）という要件のみを規定しています。これは、捜索対象が被疑者に属する場合には、そこに被疑事実に関連する証拠物が存在する蓋然性がある状況が推定されているということを意味します（したがって、同条2項のように「押収すべき物の存在を認めるに足りる状況」を積極的に認定することまでは不要となります。)。もっとも、“被疑者”を被処分者とする場合であっても、当該捜索対象に被疑事実と関連する証拠物が存在する可能性をおよそ欠くような状況であれば、上記の推定が覆されてやはり捜索は違法となると解されることから、論述上においても、差押対象物存在の蓋然性が否定されないことを確認しておく必要があるでしょう。

5　問題分析

上述のとおり、**令状による捜索の適法性**については、当該捜索対象について、まず、**【令状の効力範囲】**（令状の効力が及ぶか否か）を検討し、次いで、**【関連性】**（差押対象物存在の蓋然性が認められるか否か）を検討する（ただし、捜索対象が“被疑者”に属する場合は関連性が推定される）、という二段階の判断枠組みで検討していくことになります。以下、具体的な問題について分析します。

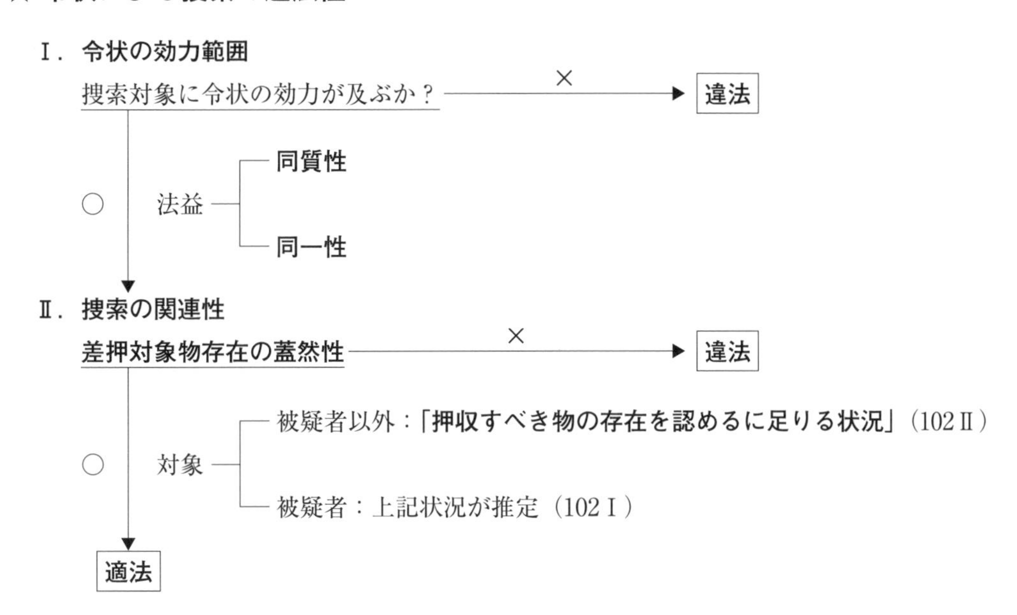

[平成29年試験問題]

［設問1］では、甲に対する覚せい剤取締法違反（営利目的譲渡）の被疑事実で「甲方」の捜索差押許可状の発付を受けた司法警察員が、甲方にいた甲と同居する内妻の乙が携帯していたハンドバッグ内を捜索したこと（捜査②)、甲方にいた丙のズボンのポケット内を捜索したこと（捜査③）の適法性が問題となりました（なお、捜査①については**第4講【2】1**参照)。そこで、第一段階の**【令状の効力範囲】**の問題について、上記の検討手順に従って検討します。

まず、⑴**法益の特定**をします。①司法審査を受けた被侵害利益は、「管理権者甲の甲方に対するプライバシー（管理権)」です。他方、②現実に侵害される（された）法益は、捜査②では「同居人乙の所持品に対するプライバシー（管理権)」であり、捜査③では「丙の身体に対するプライバシー」です。

次に、⑵**法益の比較対照**をします。捜査②について、①及び②の法益はいずれも財産に対する管理権として**“同質”**であり、かつ、乙は甲方の同居人であることから、「乙の所持品は実質的に甲の管理権に服する」あるいは「所持品に対する乙の管理権は甲の管理権と別途独立して保護するに値しない」といえ、①と②の法益が**“同一”**であると評価することができます。したがって、本件捜索許可状の効力が及びます。出題趣旨には、以下のとおり説明されていました。

[平成29年出題趣旨]
「乙は甲と同居する内妻であること、乙は、司法警察員Qらが入室した時点で右手にハンドバッグを所持し、その後も継続して所持していることを具体的に指摘した上で、同バッグに**甲の管理権が及んでいるか**どうかを検討し、同バッグの捜索の適法性を論じることが求められる。また、同バッグは乙の管理権が及ぶものであるとした上で、甲方を捜索場所とする令状によって**乙の管理権も制約されることになるか**といった観点から、捜索の適法性を論じることも可能である。」

これに対して、捜査③について、②は丙の「身体」に対するプライバシーであり、①とは法益が**“異質”**です。したがって、本件捜索許可状の効力は原則として及びません。

そこで、捜査③については、(3)**例外措置の検討**が必要となります。丙が本件捜索差押許可状の**目的物を隠匿所持している蓋然性**が認められるか否かについて、具体的事実を摘示、評価して判断することになります。出題趣旨には、以下の事情が挙げられていました。

[平成29年出題趣旨]
「差押対象物件は、覚せい剤、ビニール袋、注射器、手帳、メモなどの比較的小さい物が含まれていること、事前捜査により甲は甲方を拠点に覚せい剤を密売している疑いがあったこと、丙は甲方に頻繁に出入りしていたこと、司法警察員Qらが甲方に入室した時点で丙が右手をポケットに入れていたこと、丙が右手を抜いた後もポケットが膨らんだ状態であったこと、丙が時折ポケットを触るなど気にする素振り等を示していたこと、丙は司法警察員Qからポケットの中身を尋ねられても答えなかったこと、丙が再びポケットに手を入れてトイレに向かって歩き出したこと、丙は司法警察員Qの制止を無視して黙ったままトイレに入ろうとしたことを具体的に指摘し、それぞれの事実が持つ意味を的確に分析、評価して、自説への具体的な当てはめを行う必要がある。」

なお、上述のとおり、例外措置を許容する理論構成としては、**令状効力説**と**「必要な処分」説**があります。もっとも、特に「必要な処分」説から「自説への具体的な当てはめ」を行う場合には注意が必要です。「必要な処分」説は、あくまで捜索に対する“妨害”行為を「必要な処分」によって排除するという考え方です。この考え方によれば、捜索現場に居合わせた者が捜索を契機として差押対象物を隠匿したのではなく、捜索とは無関係に捜索開始以前から身体に差押対象物を所持していたような場合、その者には差押対象物を捜査機関へ積極的に提供する義務がない以上、このような事態は捜索に対する“妨害”行為とは評価できないのではないか、という点が問題となり得ます。本問においても、Pらが捜索に着手した時点で既に丙はポケット内に差押対象物である紙片（「メモ」）を入れていた状態でした（Qに取り出されるまで丙は一度もポケットの中身を取り出していません。)。そうすると、捜索開始前から既にポケット内に入れて所持していた紙片を丙がQに提出しなかったことをもって、捜索に対する“妨害”と評価することができるか否かが問題とされる余地があります。仮に丙の対応が“妨害”行為とは評価できないという場合、捜査機関としては任意捜査（197条1項）としての所持品検査を行い得るに過ぎないということになるでしょう。これに対して、このような場合であっても、客観的に“妨害”結果を生じさせている（差押目的物の発見を妨げている）点において捜索開始後に隠匿した場合と異ならない、という説明の仕方もあり得るでしょう。採点実感においてもこの点を意識した検討が求められています。

[平成29年採点実感]

「本事例において、差し押さえるべき物が、覚せい剤やメモ等の比較的小さい物が含まれており、これらはポケット内に収められる物であることとの関連で論じられていない答案や、丙が元々ポケット内に紙片（覚せい剤密売の内容と思われる記載のあるもの）を所持していたのか、それとも捜索の際にこれをポケット内に隠匿したと疑うに足りる相当な理由があるのかの区別を十分に意識していない答案も見られた。」

以上が**【令状の効力範囲】**に関する検討の流れですが、とりわけ本問では、捜査②と捜査③について“問題の所在の違い”を的確に捉える必要があります。上述のとおり、捜査②は**「法益の同一性」**、捜査③は**「法益の異質性」**が問題の所在です。この区別を明確に意識して把握しないと本問を適切に検討することはできません。採点実感に下記のとおり指摘されています。

[平成29年採点実感]

「**「場所」**に対する捜索、**「物」**に対する捜索、**「身体」**に対する捜索との違いを識別できていないため、下線部②及び③の問題点の違いを意識できておらず、同じ問題点を扱った単なるバリエーションの違いにすぎないと考えている答案が相当数見られた。」

そして、問題の所在を把握する際には、両者の問題を混同しないように注意しなければなりません。捜査③が「原則として捜索不可」となるのは、現実に侵害される（された）法益が“異質”だから（「身体」に対するプライバシーだから）であり、“別個”だから（丙が第三者だから）ではありません。たとえ対象者が住居の管理権者甲又は同居人乙であったとしても、「身体」の捜索であれば「原則として捜索不可」となるのです。採点実感でも以下のとおり指摘されていました。

[平成29年採点実感]

「下線部③についても、**「場所」**に対する捜索と**「身体」**に対する捜索と区別できていない答案が相当数見られた。「身体」に対する捜索は、人身の自由やプライバシーの利益の観点から、令状により許容される「場所」や「物」に対する捜索に伴うものとは**性質の異なる権利侵害**を伴うと考えられることが本件論点の議論の出発点であるが、そのような問題意識がなく、本事例の丙が、甲あるいは甲の内妻乙とは全くの「第三者」であることを強調し、

「丙は**第三者である**ため裁判官の審査が及んでいないから、丙の身体を捜索できない。」旨論述し、裏を返せば、甲あるいは乙に対してであれば当然にその身体の捜索も許されると誤解しているかのような答案が相当数見られた。」

以上の検討により、捜査②について令状の効力が及ぶ、あるいは捜査③について例外措置が許容されると判断した場合、次に、捜査②及び③の被処分者が、いずれも被疑者（甲）以外の者である点を踏まえて、第二段階の**【関連性】**の要件を検討する必要があります。捜査②は乙の「物」、捜査③は（**令状効力説**に立つことを前提として）丙の「身体」が捜索の対象となっています。したがって、これらの対象に令状を執行する場合、「押収すべき物の存在を認めるに足りる状況」（222条１項、102条２項）が要求されます。もっとも、捜査③については第一段階の**【令状の効力範囲】**の検討で例外措置を許容し得る事情として丙による**目的物隠匿所持の蓋然性**が肯定されていることが前提となるため、その場合に102条２項の上記要件が否定されることは想定できないでしょう。

他方で、上述したとおり、捜査機関が捜索現場において判断する上記要件はあくまで当該捜索対象に令状の効力が及ぶことを前提とした**“加重要件”**です。したがって、“差押対象物が存在する蓋然性（関連性）さえあれば令状効力の範囲外の対象についても捜索することができる”という考え方は誤りであるという点に注意してください（同様に、差押えについても、仮に対象物が令状記載物件に類型的に該当しないのであれば令状効力の範囲外であり、いかに被疑事実と関連性が認められる重要な証拠物であっても当該令状によって差し押さえることはできません。）。採点実感でも以下のとおり指摘されていました。

[平成29年採点実感]

「「場所」に対する捜索差押許可状の効力が「物」に及ぶのかという問題意識を何ら示すことなく、直ちに**刑事訴訟法第102条第２項**を持ち出して、「ハンドバッグ内に差し押さえるべき覚せい剤等が存在している蓋然性が高いので捜索が許される。」旨論述する答案が相当数見られた。当該令状の効力がハンドバッグにも及ぶかどうかを検討し、効力は及ぶとした上で、更に実際に令状により処分を実施する場面では、同条同項が言わば**加重要件**として適用されると考え、本事例ではハンドバッグ内に差し押さえるべき証拠が存在する蓋然性が否定されれば捜索は許されないし、蓋然性が認められれば捜索は許される、との考え方は一つの考え方として成立し得るとしても、前記問題意識を持たずに、直ちに同条同項を持ち出して検討している答案は、捜索について正しく理解していないことをうかがわせる。」

「証拠が存在する蓋然性が高く、捜索の必要性が高いとするだけで身体に対する捜索を正当化する答案も見られた」

なお、条文適用の際の細かい注意点ですが、102条２項の「被告人以外の者の……物」とは、被告人（被疑者）以外の者が**現実に支配・管理している物**を意味します（この“現実の支配・管理”はあくまで事実概念であり、“管理権の所在”とは必ずしも一致しません。）。本問で、捜査②の対象であるハンドバッグを現実に所持、携帯していたのは乙です。したがって、捜査②の対象について、第一段階の**【令状の効力範囲】**の検討で“実質的に甲の管理権に服する「物」”である（故に令状の効力が及ぶ）と評価した上で、第二段階の**【関連性】**の検討で“現実に乙の支配・管理する「物」”であるとして102条２項が加重要件として適用されると考えても矛盾は生じません。

[平成24年試験問題]

［設問１］では、司法警察員がＴ株式会社事務所を「捜索すべき場所」とする捜索差押許可状に基づき、捜索実行中に同事務所社長室に届いた従業員乙宛ての宅配便荷物を開封したこと（捜査①）及びその荷物の中から覚せい剤を発見し、乙を現行犯逮捕した後に同事務所更衣室に設置された乙の使用するロッカー内を捜索したこと（捜査②）の適法性が問われています。

捜査①では、第一段階の**【令状の効力範囲】**について、時的範囲と物的範囲のいずれの観点からも問題となります。まず、**時的範囲**について、上述した判例⑤を踏まえた上で、捜索執行中に届いた宅配便荷物についても令状の効力が及ぶことを明確に論じる必要があります。

他方、**物的範囲**について、捜索対象が乙宛の宅配郵便物であることから、これに対してＴ株式会社事務所を「捜索すべき場所」とする令状の効力が及ぶか否かを検討します。まず、⑴**法益の特定**をすると、①司法審査を受けた被侵害利益は、「Ｔ株式会社（代表者甲）のＴ株式会社事務所に対するプライバシー（管理権）」であるのに対して、②現実に侵害される（された）法益は、「乙宛の荷物に対するプライバシー（管理権）」ということになります。そこで、⑵**法益の比較対照**をすると、①と②の法益はいずれも財産に対する管理権であって“同質”であるといえます。他方で、本問は**「法益の同一性」**が問題となる場面です。しかるところ、乙はＴ株式会社の従業員であることからすれば、「乙宛」であるとはいえ、会社に届いた郵便物については、会社の備品や付属品と同様に、「実質的にＴ株式会社の管理権に服する」あるいは「乙の管理権は別途独立して保護するに値しない」と評価する余地があるでしょう。そのように評価する場合、①と②の法益は“同一”であるといえ、令状の効力が及びます。

[平成24年出題趣旨]

「Ｔ株式会社の**管理権との関係**においては、被疑事実は代表者甲に対するものであること、荷物の宛名は乙であるが、送付先はＴ株式会社であること、同社は人材派遣業を営んでおり、裁判官にとっても同社事務所に従業員がいると当然予想されたところ、現に令状発付前から同社事務所で従業員が働いていることが判明していたこと、乙は同社の従業員であること、甲の携帯電話に残されたメール内容等によれば、甲と乙は共同して覚せい剤を密売しており、丙から甲が乙宛ての荷物の中身を分けるように指示されていて甲が乙宛ての荷物の管理・支配を委ねられているとうかがえること等を検討し、**乙宛ての荷物にＴ株式会社の管理権が及んでいるか**どうか論ずる必要がある。」

次に、第二段階の**【関連性】**の要件について、捜査①の対象は乙が現実に支配している「物」であり、被処分者が被疑者（甲）以外の者であることから、「押収すべき物の存在を認めるに足りる状況」（222条１項、102条２項）を認定する必要があります。この**【関連性】**の要件の具体的な内容について、下記出題趣旨は「**被疑事実と関連する**覚せい剤が**存在する蓋然性**」と表現しているところ、ここで検討すべき事項は、厳密には、①「覚せい罪が存在する蓋然性」と②「その覚せい罪と被疑事実との関連性」という２つの内容を含んでいます。本問の状況からすれば、①

について、乙宛の荷物の中身が覚せい剤である蓋然性は相当程度認められそうです。問題は②の点、すなわち、その覚せい剤がいかなる意味において本件被疑事実と関連するのか、という点です。本件令状の基礎となった被疑事実は、「10月2日」の甲による覚せい剤営利目的所持の事実であることを踏まえ、捜索実施時点（10月5日）で乙が所持している覚せい剤が本件被疑事実と関連する証拠といえるか否かが問題となります。差押対象物の**関連性の範囲**について、判例⑤の原審は、被疑事実の罪体に関する**「直接証拠」**だけでなく、**「状況証拠」**や**「情状に関する証拠」**についても広く関連性を肯定する判断を示しています（後記**6**⑴参照）。本問では、たしかに乙が所持する覚せい剤は本件被疑事実の「罪体に関する直接証拠」ではありませんが、乙が共犯者であることが疑われる状況であることも考慮すれば、かかる覚せい剤は甲の“営利目的”を推認させる「状況証拠」、あるいは“常習性”という「犯罪行為の情状に関する証拠」であるといえます。したがって、本件被疑事実に関連する証拠物であると認められるでしょう。

[平成24年出題趣旨]

「**被疑事実と関連する**覚せい剤が**存在する蓋然性**との関係においては、被疑事実の中に営利目的が含まれていること、甲が同社事務所社長室で覚せい剤取締法違反の検挙歴ある者に覚せい剤を売ろうとし、同社事務所に同検挙歴のある者数名が出入りしていて被疑事実についても常習的犯行の一環であると推測されること、前記メール内容等から甲、乙が覚せい剤を共同して密売していることがうかがえ、被疑事実についても乙が共犯者である可能性があること、このメール内容等と符合するように指定された日時場所に甲宛てと乙宛ての２つの荷物が同時に届き、それぞれの伝票の筆跡が酷似し、記載された内容物はいずれも書籍であるだけでなく、同一の差出人名でその所在地の地番が実在せず電話番号も未使用であること、荷物が届いた際の甲、乙の会話内容が不審であり、司法警察員Kから荷物の開披を求められても乙は拒絶したこと等を検討し、**被疑事実と関連する覚せい剤が存在する蓋然性があるか**どうか論ずる必要がある。」

なお、本問の採点実感においても、“差押対象物が存在する蓋然性（関連性）さえあれば令状効力の範囲外の対象についても捜索することができる”という誤った理解を前提としている論述について指摘されていました。この点は、採点実感で繰り返し注意喚起されていますので、正確に理解しておく必要があるでしょう。

[平成24年採点実感]

「乙宛ての荷物とＴ株式会社の**管理権との関係**及び**被疑事実と対象物との関連性**については全く言及しない答案が数多く見受けられ、特に証拠物（覚せい剤）が存在する蓋然性さえあれば、侵害することが許可された管理権（Ｔ株式会社の管理権）の範囲を超えて捜索できるといった誤った理解を前提としているかのように思われる答案が目立った。」

捜査②については、「**捜索差押許可状に基づく捜索**としての適法性」と「乙の**現行犯逮捕に伴う捜索**としての適法性」の両者を論じることが求められていますが、ここでは前段について検討します（⇒後段については**第4講【3】5参照。**）。

捜査①と同様に、**【令状の効力範囲】**（乙のロッカー内にT株式会社の管理権が及んでいるか否か）、**【関連性】**（差押対象物存在の蓋然性）という順で検討します。まず、第一段階の**【令状の効力範囲】**に関して、⑴**法益の特定**及び⑵**比較対照**をすると、①司法審査を受けた被侵害利益が上記のとおり「T株式会社（代表者甲）のT株式会社事務所に対するプライバシー（管理権）」であるのに対し、②現実に侵害される（された）法益は「乙のロッカー内に対するプライバシー（管理権）」であることから、①と②の法益が“同質”であることを前提として、**「法益の同一性」**を検討することになります。「乙のロッカー」は、それ自体はあくまで会社の備品であり、会社が管理しているといえます（現に、社長室にマスターキーが保管されていました。）。他方、従業員に個人用として貸与されたロッカー内には、その使用者の個人的な私物が入っていることも想定されることから、ロッカー使用者のプライバシーを別途独立して保護する必要がある場合もあり得るでしょう。このような観点から、本問の具体的な事実関係を分析した上で、「乙のロッカー」（の中身に関する乙のプライバシー）についてどのように評価するべきか（あくまでT株式会社の管理権に服していると評価するか、それとも乙固有のプライバシーを独立して保護する必要があると評価するか）を検討することになります。本問で検討すべき事情として、出題趣旨では以下の事情が挙げられていました。

［平成24年出題趣旨］

「捜査②のうち**捜索差押許可状に基づく捜索**も同様に、乙使用のロッカーであることとT株式会社の**管理権との関係**、乙使用のロッカーであることと**被疑事実と関連する**乙の携帯電話や手帳等が**存在する蓋然性**との関係に分けて論ずることが必要である。そして、T株式会社の**管理権との関係**では、前記のとおり、通常、裁判官は捜索すべき場所に存在する備品等の物や会社事務所に従業員がいることを含めて当該場所を捜索する正当な理由を判断していること、乙は同社の従業員であること、乙がロッカーの鍵を所持し捜索時に施錠していたとはいえ、同ロッカーは同社が管理しており同事務所社長室にマスターキーがあったこと等を検討し、**同ロッカー内にT株式会社の管理権が及んでいるか**どうか、同社から貸与された乙による事実上のロッカーの使用が**T株式会社の管理権とは別に独立して保護に値するものか**どうか論ずる必要があるし、**被疑事実と関連する**乙の携帯電話や手帳等が**存在する蓋然性**との関係では、捜査①で述べた事情に加え、現に乙宛ての荷物の中から覚せい剤が発見されたこと、司法警察員Kの質問に対して甲が「隣の更衣室のロッカーにでも入っているんじゃないの。」と答えたこと、司法警察員Kから同ロッカーの中を見せるように求められても乙は拒絶したこと等を検討し、**被疑事実と関連する乙の携帯電話と手帳等が存在する蓋然性があるか**どうか論ずる必要がある。」

捜査②の**【令状の効力範囲】**の問題については、上記出題趣旨の指摘する各事情を検討した上で、結論として肯否いずれもあり得ると思います。令状の効力が及ぶと判断した場合は、次に、第二段階の**【関連性】**の要件について、被処分者乙が被疑者（甲）以外の者であることを前提として「**被疑事実と関連する**乙の携帯電話や手帳等が**存在する蓋然性**」を検討することになります。他方、令状効力の範囲外であると認定した場合は、ここでも関連性（差押対象物が存在する蓋然性）が認められることを理由に捜索を正当化することはできないという点に注意してください。

6 差押えの関連性――被疑事実との関連性――

(1) 令状記載物件該当性と関連性

令状による差押えの適法性については、**【令状記載物件該当性】**と**【関連性】**という二段階の判断枠組みにより検討します。すなわち、令状に基づく差押えを適法に実施するには、対象物が、①令状記載物件（「差し押さえるべき物」、219条１項）に類型的に該当すること（**令状記載物件該当性**）、②被疑事実との関連性（「証拠物」、222条１項、99条１項）を有すること（**関連性**）、という２つの要件を充足する必要があります。例えば、事件の現場で発見された包丁が、①令状記載の「刃物」に該当する場合であっても、およそ事件と無関係の包丁であれば②関連性は否定されます。このように両者の要件は厳密には別個に検討されるべき問題です。もっとも、通常、令状の「差し押さえるべき物」の表示には「本件に関連ありと思料される……」という趣旨の限定句が付されていることから、前者を検討することは自ずから後者の検討をも含むことになります（そのため、両者をまとめて**"差押えの関連性"**と呼ぶことがあります。）。

なお、論述においては、必ず根拠条文を示した上で差押えの関連性の要件を定立するように心掛けてください（特に、②は99条１項の「証拠物」の解釈として導き出される要件である点に注意してください。）。出題趣旨及び採点実感において、以下のように指摘されていました。

［令和３年出題趣旨］

「司法警察職員は、犯罪の捜査をするについて必要があるときは、裁判官の発する令状により、証拠物又は没収すべき物と思料するものを差し押さえることができるところ（刑事訴訟法第218条第１項）、捜索差押許可状により差押えできる物は、令状に明示された「差し押さえるべき物」に該当するものに限られる。これは、差押えが対象者の財産権への制約となることから、これを可能な限り限定する趣旨であり、「差し押さえるべき物」は、**①令状に明記された物件**に当てはまり（憲法第35条、刑事訴訟法第219条第１項）、かつ、**②被疑事実との関連性**を有すること（憲法第35条、刑事訴訟法第222条第１項、第99条第１項）が求められる。」

［令和３年採点実感］

「〔設問１〕では、まず、下線部①の差押えについて、捜索差押許可状により差押えできる物は、①**令状に明記された物件**に当てはまり（憲法第35条、刑事訴訟法第219条第１項）、かつ、②**被疑事実との関連性**を有するもの（憲法第35条、刑事訴訟法第222条第１項、第99条第１項）に限られることを、その**趣旨、根拠条文とともに示す**ことが求められるところ、これらの要件を的確に示すことのできていない答案が少なからず見受けられた。」

令和３年試験問題［設問１］における名刺の差押え（下線部①の差押え）については、本問の捜索差押許可状の「差し押さえるべき物」に「名刺」と明記されていることから、**【令状記載物件該当性】**は問題なく認められます。一方で、かかる名刺は本件住居侵入強盗の現場で被害者に示されたりしたものではなく、犯行自体に使用されたものではないことから、**【関連性】**の有無が問題となります（なお、本問の令状にも例によって「本件に関係ありと思料される」との限定句が付されています。)。

被疑事実との関連性が認められる証拠の範囲について、判例⑤の原審は、「被疑事実に関するものであれば、いわゆる罪体に関する**直接証拠**だけでなく、**状況証拠**や犯罪行為の**情状に関する証拠**であってもよく、また、捜査機関が専ら別罪の証拠に利用する目的で差し押さえるのでない限り、それが同時に他の犯罪の証拠物に当たるものであっても差し支えない」と判示しています(判示後段がいわゆる**“別件捜索・差押え”**の問題です。)。この判例も示すように、関連性の認められる証拠の範囲は実際には相当に広い(事件と全くの無関係と言い切れるような物でない限り、通常は何らかの意味での関連性が認められる)、というのが実務上の感覚です。もっとも、論述においては、当該物件が被疑事実といかなる意味で関連する物なのか(「被疑事実それ自体を立証する価値を有する物」(**罪体証拠**)か「情状事実や背景事情に関する物」(**情状証拠**)か等)について、問題文に示された事情から具体的に認定する作業が求められます。出題趣旨等では以下のように指摘されていました。

[令和3年出題趣旨]

「**被疑事実との関連性が認められる証拠の範囲**については、**被疑事実それ自体を立証する価値を有する物**のほかに、**情状事実や背景事情に関する物**も被疑事実との関連性が認められる証拠に含めるべきか否かについて様々な考え方があり、この点に関する最高裁判例(**最判昭和51年11月18日判時837号104頁**)の内容も踏まえながら、自己の見解をその根拠も含めて論じることが求められる。その上で、捜索差押許可状の被疑事実を意識しながら、本件住居侵入強盗の事案の性質、差し押さえられた名刺の記載内容、捜索・差押えの現場がどのような場所であるかなど、事例に現れた具体的事実を適切に抽出、分析し、それらの事実が持つ意味を適切に評価して、自己の見解に当てはめ、差し押さえられた名刺と被疑事実との関連性を論じることが求められる。」

[令和3年採点実感]

「**差押対象物と被疑事実との関連性の存否**を検討するに当たっては、本事例における被疑事実の内容や差し押さえられた名刺の記載内容のほか、差押対象物がどのような場所から発見されたのかについても考慮する必要があるが、これらの点に言及できていない答案も多く見られ、甲の供述する乙と丙組との関係だけを指摘して前記名刺と被疑事実との関連性が認められると結論付ける答案が多かった。他方で、乙と丙組の関係という事例に現れた具体的事実を抽出せず、十分な根拠を示さないまま、本件住居侵入強盗に暴力団組織の関与が疑われるとする答案も散見された。」

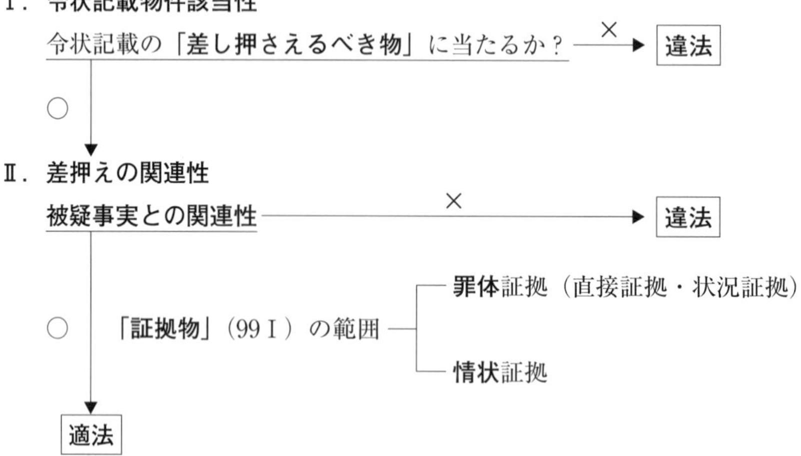

(2) **“包括的差押え”の可否**

差押えの関連性の要件に関し、いわゆる**“包括的差押え”の可否**という問題があります。通常、この問題は、多量の電磁的記録媒体について捜索現場で関連性のある物とない物に選別することなく一括して差し押さえるような場面を想定しているため、“包括的差押え”の問題と表現されます。判例⑦が「その場に存在するフロッピーディスクの**一部に**被疑事実に関連する記載が含まれていると疑うに足りる合理的な理由」がある場合に一定の条件のもとで「**全部の**フロッピーディスクを**包括的に差し押さえる**こともやむを得ない措置として許容される」と判示しているのはまさしくこのような問題意識によるものといえます。これに対して、判例⑥は、対象となる記録媒体の中に「被疑事実に関する情報が記録されている蓋然性」が認められる限り、一定の状況下においては当該媒体の全てについて関連性を肯定する趣旨であると理解することができます。すなわち、ここでの問題の所在は、それ自体に可視性・可読性がなく関連性が必ずしも明らかではない記録媒体について、その場で内容の確認が困難な場合に、“関連性のない物も含めて包括的に差し押さえることが許されるか”ではなく、対象物の個数を問わず（たとえ1個であっても）“内容を確認することなく関連性を認めて差し押さえることが許されるか”という点にあると捉えるのが適切でしょう。出題趣旨においても以下のように問題提起されています。

> **[令和3年出題趣旨]**
> 「下線部②の差押えについては、可視性・可読性がなく、その外観からは被疑事実との関連性を判断し難い電磁的記録媒体について、その記録**内容を確認せずに差押えを行うことの適否**が問題となる。」

捜索現場で内容の確認が困難な電磁的記録媒体の関連性について、判例は「その場で確認していたのでは記録された情報を損壊される危険がある」（判例⑥）、「被押収者側から罪証隠滅をされる虞れがある」（判例⑦）という事情が認められる状況においては、「**被疑事実に関する**情報が記録されている**蓋然性**」（判例⑥）、「**被疑事実に関連する**記載が含まれていると疑うに足りる**合理的な理由**」（判例⑦）の存在をもって関連性（222条１項、99条１項）を肯定するとの法理を展開したものと理解されています。すなわち、これらの判例は、差押えに要求される関連性の程度は個別具体的な捜査の必要性と被処分者の不利益との比較衡量により変動し得るものであるとの理解を前提として、情報損壊の危険性があるという具体的事情の下では関連性の要件が緩和される（**“関連する蓋然性”**で足りる）との見解を採用したものと解されます（**関連性変動説**）。

このような判例の立場に対しては、関連性の有無はあくまで“被疑事実の立証に役立つか否か”という対象物の性質の問題であり、そのような対象物の証明手段としての性質が現場の状況によって変化するという事態は観念できない以上、個別的具体的な利益衡量によって要求される関連性の程度が変動するとの解釈には無理がある、という批判があります。そこで、捜索現場での一時的な占有取得は「差押え」そのものではなく、捜索・差押えに**「必要な処分」**（222条１項、111条１項）として許容され得るものに過ぎないと解する見解も主張されています（**「必要な処分」説**）。この見解によれば、捜査機関は、捜索現場での「必要な処分」として対象物を捜索現場から持ち出して警察署等へ移動させた上で、その内容を確認し、関連性があると判断された物については正式に「差押え」手続を執行し、そうでない物については直ちに返却するという措置を講じることになります。

もっとも、「差押え」とはまさしく“占有を取得する処分”である以上、一時的にでも占有を取得する行為を「必要な処分」に含めることは困難というべきでしょう（「必要な処分」説は、いわば“占有取得のための「必要な処分」として占有を取得する”と述べているに等しいといえます。）。また、占有取得を「差押え」と評価しないとすると、事後の内容確認や「差押え」そのものの執行の際に被処分者の立ち会いが保障されないことや、占有取得時点では押収品目録（221条１項、120条）が交付されず、また、「必要な処分」に対しては独立の不服申立ての権利が認められないこと等の点において、むしろ被処分者の権利保障にとって弊害が大きいとの指摘もあります。

以上のような関連性の判断を巡る議論について、出題趣旨では以下のとおり説明されています。

［令和３年出題趣旨］

「この点に関して、最高裁判例（**最決平成10年５月１日刑集52巻４号275頁**）が存在するが、学説上は、①可能な限り捜索・差押えの現場で内容を確認すべきことを前提に、やむを得ない事情のある場合には、内容を確認せずとも、罪の内容や現場の状況等に照らして当該電磁的記録媒体に**関連する情報が記録されていると疑うに足りる合理的な理由**があれば、被疑事実との関連性が認められ、差押えが許されるとする考え方、②捜索・差押えの現場で、差し押さえるべき物とそうでない物の選別が容易でなく、かつ罪証隠滅の高度の蓋然性がある場合には、被疑事実との関連性の確認のために、刑事訴訟法第222条第１項、第111条第１項の**「必要な処分」として、占有を取得**した上、事後に選別を行うことも許容されるとする考え方（この考え方は、当該占有取得の法的性質を「差押え」ではなく、あくまでも、捜索に「必要な処分」（刑事訴訟法第222条第１項、第111条第１項）であると理解する点に注意が必要である。）などが主張されている。」

令和３年試験問題［設問１］では、USBメモリ２本についてその記録内容を確認しないで差押えたこと（下線部②の差押え）の適法性が問題となりました。まず、本問の捜索差押許可状の「差し押さえるべき物」に「電磁的記録媒体」と明記されていることから、**【令状記載物件該当性】**は肯定されます。ここでもやはり問題は、被疑事実との**【関連性】**です。論述においては、まずは原則論（関連性の有無を現場で確認するのが原則であること）を示した上で、問題の所在（可視性・可読性がない電磁的記録媒体は現場で関連性を確認するのが困難であること）を的確に指摘してください。その上で、関連性の判断について上記の議論を踏まえた検討が求められます。上述した判例の立場によるのであれば、記録された情報を損壊される危険性がある状況において「被疑事実に関する情報が記録されている蓋然性」（**関連する蓋然性**）が認められるか否かを検討することになります。その際に考慮すべき事情や論述上の注意点について、出題趣旨等では、以下のように指摘されていました。

［令和３年出題趣旨］

「いずれの考え方を採るにしても、上記判例の内容を踏まえた上で、各自の考え方を展開することが求められ、その上で、差し押さえられたUSBメモリに関して警察官が事前に得ていた情報、捜索・差押えの現場におけるUSBメモリの発見状況、同現場における立会人乙の言動、本件住居侵入強盗の事案の性質、捜索・差押え実施後の状況など、事例に現れた具体的事実を適切に抽出、分析し、それらの事実が持つ意味を適切に評価して、自己の考え方に当てはめ、下線部②の差押えの適法性を論じることが求められる。」

［令和３年採点実感］

「下線部②の差押えについては、**差押対象物と被疑事実との関連性**について、捜索・差押えの現場で判断するのが原則であることや、本事例では、捜索・差押えの現場におけるその判断が困難であったことについて言及しなければ、設問の捜査の適法性のどこに問題があるのかが示されないが、その指摘が不十分な答案も見受けられた。また、多くの答案が、本事例の捜索・差押えの現場における罪証隠滅のおそれを指摘して結論を導いていたが、電磁的記録媒体の差押えの適法性について判断した前記最高裁判例（**最決平成10年５月１日刑集52巻４号275頁**）が述べる**「被疑事実に関する情報が記録されている蓋然性」**に言及せず、差し押さえられたUSBメモリと被疑事実との関連性をどのように判断するのかについての判断枠組みを示すことができていない答案が少なからず見受けられた。」

なお、本問については、下線部①及び②の捜査がいずれも「差押え」であることが問題文に明記されていることから、現場からの持ち出しは「必要な処分」として行われたものではない（そのように評価する余地はない）というのが、出題者の意図であったと考えるべきでしょう（ちなみに、問題文では、白色USBメモリの返還手続について「還付」と明記されていますが、「還付」は「押収物」に関する手続（123条１項参照）です。したがって、この時点で既に白色USBメモリが差押え済みであったことは前提となっていると指摘できます。）。この場合、**「必要な処分」説**の立場から“「必要な処分」として「差押え」が許容される”と論述するのは誤りです。出題趣旨においても「この考え方は、当該占有取得の法的性質を「差押え」ではなく、あくまでも、捜索に「必要な処分」（刑事訴訟法第222条第１項、第111条第１項）であると理解する点に注意が必要である」と指摘されているとおり、「必要な処分」説は、あくまで占有取得（持ち出し）の法的性質が「差押え」それ自体ではないと捉えることを前提とする見解です。そうすると、結局、「必要な処分」説からは、下線部②の「差押え」は関連性の要件を満たさない（対象物に関連性のない物が含まれる）ため違法であると評価せざるを得ないでしょう（ただし、**違法収集証拠排除法則**（⇒**第10講1**参照）を適用する際には、占有取得が「必要な処分」としてであれば適法に行い得たといえるのであれば、押収品の証拠能力を否定するほどの重大な違法とまでは評価されないと思われます。）。採点実感においても、以下のとおり指摘されていました。

[令和3年採点実感]

「刑事訴訟法第222条第1項、第111条第1項の**「必要な処分」**として、本事例のUSBメモリの「差押え」が許されると結論付ける答案も少なからず見受けられたが、**「必要な処分」と「差押え」の違い**についての理解不足を示すものである、あるいは、「捜索」のための必要な処分ができるとの理解を採るとしても、必要な説明が不足しているものと言えよう。」

7　捜索・差押えの必要性

捜索・差押えの**必要性**の要件については、単に捜査のため必要があるという意味ではなく、捜索・差押えの理由の存在を前提として、捜索・差押えにより生じる権利利益の侵害・不利益の程度についても**比較衡量**した上で判断される要件であり、**相当性**を含む概念であると解されています。すなわち、「犯罪の捜査をするについて必要があるとき」（218条1項）とは、任意捜査で当該捜査目的を達成し得る場合は強制捜査によるべきではないとの趣旨（**捜査比例の原則**）を条文上明らかにしたものであり、この意味においての“強制処分の必要性”が要件となります。他方で、捜索・差押えという対物処分は未だ証拠が十分に収集されていない捜査の初期段階に行われることが予定されているところ、この段階で厳格な必要性を要求することは捜査機関に困難を強いて捜査の実効性を害する場合があるのみならず、かえって取調べ（供述証拠の獲得）を中心とする自白偏重の捜査の在り方につながるという弊害をもたらすおそれもあることから、必要性について裁判所に審査権があることを前提としても、それは消極的要件に過ぎない（必要性の有無については捜査機関の判断が優先する）ものと解されています（それ故、通常は、関連性が肯定されれば必要性も肯定されることになります。）。判例⑧も「犯罪の態様、軽重、差押物の証拠としての価値、重要性、差押物が隠滅毀損されるおそれの有無、差押によって受ける被差押者の不利益の程度その他諸般の事情に照らし**明らかに差押の必要がない**と認められるときにまで、差押を是認しなければならない理由はない」と判示しています。実際には、必要性の要件が特に問題となるような事例は想定し難いと思われます。論述において必要性に言及する場合には端的に指摘すれば足りるでしょう。採点実感においても、以下のように指摘されていました。

[令和3年採点実感]

「なお、捜索差押許可状に記載された「差し押さえるべき物」の特定や前記名刺を**差し押える必要性**について検討を加える答案が少なからず見受けられたが、本事例では、それらの点を論じる必要性は低い。」

〈参考判例〉

【最(一小)決平成６・９・８刑集48巻６号263頁】(捜索差押許可状の効力①)――「場所」に存在する「物」(同居人の携帯品) 判例①

「警察官は、被告人の内妻であったＹに対する覚せい剤取締法違反被疑事件につき、同女及び被告人が居住するマンションの居室を捜索場所とする捜索差押許可状の発付を受け、平成三年一月二三日、右許可状に基づき右居室の捜索を実施したが、その際、同室に居た被告人が携帯するボストンバッグの中を捜索したというのであって、右のような事実関係の下においては、前記捜索差押許可状に基づき被告人が携帯する右ボストンバッグについても捜索できるものと解するのが相当である」

【京都地判昭和48・12・11刑月５巻12号1679頁】(捜索差押許可状の効力②)――「場所」に存在する「物」(第三者の携帯品) 判例②

「一般に、人の住所等ある特定の場所についての捜索状を執行するに当つては、たまたまその場に居合わせた第三者の占有物と認められる物を除くほか、その場所にある物についても捜索できるものと解すべきであるが、その場所にいる人の身体について捜索することは、その者がその場所にあつた捜索の目的物を身体に隠匿していると認めるに足りる客観的な状況が存在するなどの特段の事情のない限り、原則として許されないものと解するのが相当である。けだし、通常「場所」という概念にはそこにいる人は含まれないと解されるのみならず、身体の捜索により侵害される利益（人身の自由）は場所の捜索によるそれ（住居権）には包含されないと考えられるからである。

……（中略）……、一般に、捜索差押状の執行に際し、その場に居合わせた者を退去させるに当つて、証拠物の散逸を防止し右捜索差押の実効を確保するため、それらの者に対し、その所持品について質問し、これを取り出して呈示することを求め、あるいはその承諾を得て着衣の上から手を触れることなどは、捜査官に当然許された措置ということができるけれども、右の範囲を越えて、本人の意思に反して身体に手を触れあるいはポケツトに手を差入れるなどの実質的に強制処分である捜索に当る行為は、前記のような特段の事情の存しない限り許されないものというべきところ、本件において、前に認定したように、Ｇは同被疑者の承諾を得ることなくその着衣の上から手を触れるなどしたうえで初めて前記鉛塊一四個の存在に気がついたとの疑いが濃厚であり、しかも右の時点において、このような捜索が許されるような特段の事情が存したことを認めるに足りる資料はないから……、右物件を発見するに至つた右Ｇの行為は、令状に基づかない身体の捜索として違法の評価を免れない。」

【東京高判平成６・５・11高刑集47巻２号237頁】(捜索差押許可状の効力③)――「場所」に現在する者の「身体」 判例③

「場所に対する捜索差押許可状の効力は、当該捜索すべき場所に現在する者が当該差し押さえるべき物をその着衣・身体に隠匿所持していると疑うに足りる相当な理由があり、許可状の目的とする差押を有効に実現するためにはその者の着衣・身体を捜索する必要が認められる具体的な状況の下においては、その者の着衣・身体にも及ぶものと解するのが相当である。」

【東京地判昭和63・11・25判時1311号157頁】(捜索差押許可状の効力④)――「場所」に現在する者の「身体」 判例④

「刑訴法が、捜索状の方式として捜索すべき場所と人の身体とを明確に区別していること、及び、場所という一定の空間と人格を有する人の身体とは強制処分を行う際に自ずから差異があることなどからして、特定の場所を捜索の対象とする捜索令状によって、その場所に現在する人の身体に対しても当然に捜索を行うことができるとまでは解することができないものの、当該捜索場所に対する捜索の目的を遺漏なく達成する必要があるので、捜査官において、捜索場所に現在する人が捜索の目的物（差し押さえるべき物）を所持していると疑うに足りる十分な状況があり、直ちにその目的物を確保する必要性と緊急性があると認めた場合には、場所に対する捜索令状によりその人の身体に対しても強制力を用いて捜索をすることができるものと解すべきである。」

【最(一小)決平成19・２・８刑集61巻１号１頁】(捜索差押許可状の効力⑤)――捜索中に「場所」に搬入された「物」 判例⑤

「原判決の認定によれば、警察官が、被告人に対する覚せい剤取締法違反被疑事件につき、捜索場所を被告人方居室等、差し押さえるべき物を覚せい剤等とする捜索差押許可状に基づき、被告人立会いの下に上記居室を捜索中、宅配便の配達員によって被告人あてに配達され、被告人が受領した荷物について、警察官において、これを開封したところ、中から覚せい剤が発見されたため、被告人を覚せい剤所持罪で現行犯逮捕し、逮捕の現場で上記覚せい剤を差し押さえたというのである。所論は、上記許可状の効力は令状呈示後に搬入された物品には及ばない旨主張するが、警察官は、このような荷物についても上記許可状に基づき捜索できるものと解するのが相当である」

［（原審）仙台高秋田支判平成18・７・25刑集61巻１号12頁］

「上記認定事実によれば、当時の外形的・客観的状況から判断して、本件荷物には、本件令状に係る被疑事実に関連し（なお、被疑事実に関するものであれば、いわゆる罪体に関する直接証拠だけでなく、状況証拠や犯罪行為の情状に関する証拠であってもよく、また、捜査機関が専ら別罪の証拠に利用する目的で差し押さえるのでない限り、それが同時に他の犯罪の証拠物に当たるものであっても差し支えないと解される。）、本件令状で差し押えるべき物とされている覚せい剤等が入っている蓋然性が十分に認められる状況が存したといえ、かつ、警察官らが本件荷物を開封する行為は、捜索差押許可状の執行についての必要な処分（刑訴法222条１項、11条１項）に当たるということができるから、本件荷物の開封行為は、本来、本件令状に基づく捜索の執行として、被告人の承諾がなくとも、適法に行い得たものと認められる。

……所論は、本件令状を被告人に示した時点において本件荷物は被告人宅に届けられておらず、また、本件荷物が届いた後も外部からは本件荷物の中に覚せい剤が存在していることをうかがわせるような形跡はなかったのであるから、本件令状に基づき本件荷物を捜索することは許されず、捜査官が本件荷物の開封を強制しようと考えるならば、司法審査の機会を持たせるべく、新たに本件荷物に対する別個の捜索差押許可状の発付を受けることが必要であったと主張する。

しかし、捜索差押許可状に基づく捜索差押えの範囲がその許可状を被疑者に示した時点で捜索場所に存在する物に限定されなければならないとすべき明文上の根拠はない。さらに、実質的にみても、刑訴法219条１項が捜索差押許可状に差し押えるべき物、捜索すべき場所を記載しなければならないとしたのは、人の居住権・管理権を保護するためであると解されるが、執行の途中で被疑者が捜索場所で所持・管理するに至った物について捜索差押えを行ったとしても、新たな居住権・管理権の侵害が生じるわけではないから、そこに令状主義逸脱の問題はないというべきである。したがって、本件令状を被告人に示した時点において本件荷物が被告人宅に届いていなかった点をとらえて、本件令状に基づき本件荷物を捜索することは許されなかったとする所論は理由がない（なお、被告人が被告人宅で配達された本件荷物を受け取った以上、捜索場所である被告人方居室内において被告人が本件荷物を自己の支配下に置き、所持・管理するに至ったとみるべきであって、被告人が心当たりのない荷物であり、開封したくない、Ｃ運輸に返却したいなどと発言していたからといって捜索差押えが執行できなくなるわけではないことは明らかである。）。」

【最（二小）決平成10・５・１刑集52巻４号275頁】（包括的差押えの可否①） 判例⑥

「右許可状には、差し押さえるべき物を「組織的犯行であることを明らかにするための……フロッピーディスク、パソコン一式」等とする旨の記載があるところ、差し押さえられたパソコン、フロッピーディスク等は、本件の組織的背景及び組織的関与を裏付ける情報が記録されている蓋然性が高いと認められた上、申立人らが記録された情報を瞬時に消去するコンピュータソフトを開発しているとの情報もあったことから、捜索差押えの現場で内容を確認することなく差し押さえられたものである。

令状により差し押さえようとするパソコン、フロッピーディスク等の中に被疑事実に関する情報が記録されている蓋然性が認められる場合において、そのような情報が実際に記録されているかをその場で確認していたのでは記録された情報を損壊される危険があるときは、内容を確認することなしに右パソコン、フロッピーディスク等を差し押さえることが許されるものと解される。」

【大阪高判平成３・11・６判タ796号264頁】（包括的差押えの可否②） 判例⑦

「捜査機関による差押は、そのままでは記録内容が可視性・可読性を有しないフロッピーディスクを対象とする場合であっても、被疑事実との関連性の有無を確認しないで一般的探索的に広範囲にこれを行うことは、令状主義の趣旨に照らし、原則的には許されず、捜索差押の現場で被疑事実との関連性がないものを選別することが被押収者側の協力等により容易であるならば［注：原文ママ］、これらは差押対象から除外すべきであると解するのが相当である。しかし、その場に存在するフロッピーディスクの一部に被疑事実に関連する記載が含まれていると疑うに足りる合理的な理由があり、かつ、捜索差押の現場で被疑事実との関連性がないものを選別することが容易でなく、選別に長時間を費やす間に、被押収者側から罪証隠滅をされる虞れがあるようなときには、全部のフロッピーディスクを包括的に差し押さえることもやむを得ない措置として許容されると解すべきである。」

【最（三小）決昭和44・３・18刑集23巻３号153頁】（差押えの必要性） 判例⑧

「差押は「証拠物または没収すべき物と思料するもの」について行なわれることは、刑訴法二二二条一項により準用される同法九九条一項に規定するところであり、差押物が証拠物または没収すべき物と思料されるものである場合においては、差押の必要性が認められることが多いであろう。しかし、差押物が右のようなものである場合であつても、犯罪の態様、軽重、差押物の証拠としての価値、重要性、差押物が隠滅毀損されるおそれの有無、差押によつて受ける被差押者の不利益の程度その他諸般の事情に照らし明らかに差押の必要がないと認められるときにまで、差押を是認しなければならない理由はない。」

【論述例】

【捜索差押対象の特定・明示の趣旨】

219条1項が捜索差押許可状について「捜索すべき場所、身体若しくは物」及び「差し押さえるべき物」を特定・明示することを要求している趣旨は、①令状審査の際の裁判官による「正当な理由」（憲法35条1項）の存在についての実質的認定を確保すること、②令状の執行にあたる捜査機関に権限の範囲を周知、徹底させて権限濫用を抑制すること、及び③被処分者に対して受忍すべき権利侵害の範囲を明らかにして事後的な不服申し立て（430条）の実効性を担保することにある。

［捜索差押許可状の効力］（「場所」に存在する「物」）

219条1項は捜索差押許可状に特定・明示すべき事項として「捜索すべき場所、身体若しくは物」と規定しているところ、「場所」に存在する「物」に関するプライバシーは、その「場所」に関するプライバシーに包摂されており、それに対する侵害については、令状を発付した裁判官の司法審査が及んでいるといえる。

したがって、「場所」を捜索の対象とする捜索差押許可状によって、その「場所」に存在する「物」、すなわち、その「場所」の管理権者（居住者）又はこれに実質的に準じる地位にある者（同居人）の管理する物を捜索することも許される。

これに対して、捜索場所に偶然居合わせた第三者の管理する物を捜索する場合、同人のプライバシーという別個の権利に対する侵害を伴うことから、その侵害について令状を発付した裁判官の司法審査が及んでいるとはいえず、当該令状によって捜索することは許されない。

［捜索差押許可状の効力］（「場所」に現在する者の「身体」）

219条1項は令状の方式として捜索すべき「場所」と人の「身体」とを明確に区別しているところ、「場所」という一定の空間に関するプライバシーと人格を有する人の「身体」に関するプライバシーとは、法益が異質であり、後者が前者に包摂されているとはいえない。

したがって、「場所」を捜索の対象とする捜索差押許可状によって、その場所に現在する者の「身体」に対して当然に捜索を行うことはできない。

ただし、捜索すべき場所に現在する者が捜索の目的物（差し押さえるべき物）をその身体に隠匿所持していると疑うに足りる相当な理由があり、令状の目的とする差押えを有効に実現するためにはその者の身体を捜索する必要が認められる具体的な状況の下においては、場所に対する捜索許可状によりその者の身体に対しても捜索をすることができるものと解する。

［捜索差押許可状の効力］（捜索中に「場所」に搬入された「物」）

219条1項が捜索差押許可状に「差し押えるべき物」、「捜索すべき場所」を記載しなければならないと規定した趣旨は、被処分者の居住権・管理権を保護する点にあるところ、執行の途中で被処分者が捜索場所で所持・管理するに至った物について捜索・差押えを行ったとしても、新たな居住権・管理権の侵害が生じるわけではないから、その執行に別途令状を要しないとしても令状主義を潜脱するものではない。

また、令状審査において、裁判官は当該令状の有効期間内に捜索場所に差し押さえるべき物が存在する蓋然性があるか否かを判断するのであるから、捜索差押許可状に基づく捜索・差押えの範囲がその許可状を呈示した時点で捜索場所に存在する物に限定されなければならないとすべき根拠はない。実際上も、捜索開始時期が偶々前後したというだけで捜索場所にある物の捜索の適否が左右されることは不合理である。

したがって、捜索差押許可状による捜索中に捜索場所に配達され、被処分者が受領した荷物についても、当該令状に基づいて捜索することができると解する。

【電磁的記録媒体の差押え】

捜索差押えの執行に当たり、令状主義を徹底し、かつ、令状の記載として対象物の特定、明示を要求する法（憲法35条１項、219条１項）の趣旨は、執行を担当する捜査機関による権限濫用を防止し、被処分者の人権保障を図る点にある。

上記趣旨に照らせば、捜査機関による差押えは、電磁的記録媒体を対象とする場合であっても、被疑事実との関連性の有無を確認しないで一般的探索的に広範囲にこれを行うことは、原則として許されない。

もっとも、電磁的記録媒体は、そのままでは記録内容が可視性・可読性を有しないため、捜索差押えの現場で被疑事実との関連性がないものを選別することが容易でなく、また、記録内容の消去等が容易であるため、被処分者側から罪証隠滅をされる虞れも大きい。

他方で、差押えの「正当な理由」の存否は、捜査の必要性と被処分者の利益との比較衡量に基づいて判断すべきであるから、差押えに要求される関連性の程度は、令状執行の際の具体的状況により、その場で内容を確認することの困難性や弊害の大きさと相関的に判断されるべきものと解する。

そうだとすれば、令状により差し押さえようとする電磁的記録媒体の中に被疑事実に関する情報が記録されている蓋然性が認められる場合において、そのような情報が実際に記録されているかをその場で確認していたのでは記録された情報を損壊される危険があるときは、内容を確認することなしに当該記録媒体を差し押さえることが許されると解すべきである。

【参考答案例】【平成29年】

［設問１］

第１　下線部①の捜査の適法性

⇒**第４講【２】【参考答案例】**参照

第２　下線部②及び③の捜査の適法性

甲方にいた乙（同居する甲の内妻）が携帯していたハンドバッグ内を捜索したこと（以下、「捜査②」という。）及び甲方にいた丙のズボンのポケット内を捜索したこと（以下、「捜査③」という。）につき、各捜査の適法性を検討する。

１　捜査②について

【論述例】捜索差押許可状の効力（「場所」に存在する「物」）

⑴　乙は、甲方の居住者である甲の内妻として甲方に同居しており、甲方の管理権者に実質的に準じる地位にある者であるから、甲方内で同人が所持する物については実質的に甲方の管理権と同一の管理権が及んでいるといえ、これに対する捜索は甲方に対する捜索と別個の管理権に対する侵害を伴うものではない。しかるところ、甲方の捜索に着手した時点から、乙は終始ハンドバッグを握持していたのであるから、当該ハンドバッグは第三者が甲方に置いた物ではなく、まさしく甲方の管理権と同一の管理権に服する物といえる。

したがって、本件令状に基づき乙が携帯するハンドバッグについても捜索することができる。

⑵　捜査②の捜索対象は乙が事実上所持していたハンドバッグであるところ、被疑者以外の者が現実に支配・管理している「物」については「押収すべき物の存在を認めるに足りる状況」のある場合に限り、捜索をすることができる（222条１項、102条２項）。

本問において、甲方の捜索実施中に乙がハンドバッグを持ったまま玄関に向かって歩き出したことから、Ｐが乙に対し、バッグの中身を見せるように言ったところ、乙はこれを拒否する態度を示した。このような乙の不審な挙動及び態度からすれば、乙が携帯しているハンドバッグ内には、本件令状による差押対象物（本件令状記載物件のうち未発見である「覚せい剤」及び「手帳、ノート、メモ、通帳」）が隠匿されている蓋然性が肯定される。したがって、「押収すべき物の存在を認めるに足りる状況」（222条１項、102条２項）が認められる。

⑶　捜査②によりその所持するハンドバッグの中身に関するプライバシーを侵害され得る乙の不利益を考慮しても、なお明らかに捜索の必要がないとはいえない。したがって、「犯罪の捜査をするについて必要があるとき」（218条１項）に当たる。

⑷　以上より、捜査②は適法である。

2　捜査③について

【論述例】捜索差押許可状の効力（「場所」に現在する者の「身体」）

⑴　丙は、覚せい剤密売の拠点であるとの疑いのある甲方に頻繁に出入りしている者であるところ、Ｐらが甲方へ立ち入った時点で丙はズボンの右ポケットに右手を入れており、その後、右手を抜いたが、右ポケットは膨らんだままの状態であった。また、甲方の捜索執行中、時折、丙がズボンの上から右ポケットに触れるなど、右ポケットを気にする素振りや、落ち着きなく室内を歩き回るなどの様子が見られたことから、司法警察員Ｑが丙にポケットの内容物について尋ねたが、丙は答えなかった。その後、丙は、再び右手を右ポケットに入れてトイレに向かって歩き出し、Ｑの制止を無視して黙ったままトイレに入ろうとした。以上のような丙の不審な挙動及び態度に加え、本件令状の差押対象物件には、覚せい剤、メモ等の比較的小さく隠滅が容易な物が含まれていたことも考慮すれば、丙の着衣である右ポケット内には、本件令状による差押対象物（本件令状記載物件のうち未発見である「覚せい剤」及び「メモ」）が隠匿されていることが疑われる状況にあり、かつ、丙がこれらの差押対象物をトイレに流すなどして当該証拠の隠滅行為に及ぶ具体的な危険性が認められることから、直ちにこれを確保する緊急の必要があった。

したがって、本件令状により丙の身体・着衣についても捜索することができる。

(2)　捜査③の捜索対象は被疑者以外の者である丙の「身体」であるところ、上記の事情からすれば、「押収すべき物の存在を認めるに足りる状況」（222条１項、102条２項）が認められる。

(3)　捜査③によりその身体・着衣に関するプライバシーを侵害され得る丙の不利益を考慮しても、なお明らかに捜索の必要がないとはいえない。したがって、「犯罪の捜査をするについて必要があるとき」（218条１項）に当たる。

(4)　なお、Ｑが丙のズボンの右ポケットに手を差し入れた行為は上記捜索そのものというべきであるが、その前提としてＱが丙の右腕をつかんで引っ張り、右ポケットから丙の右手を引き抜いた行為は、上記捜索の実効性を確保するために必要であり、社会通念上相当な態様で行われたものと認められることから、「必要な処分」（222条１項、111条１項）として許容される。

(5)　以上より、捜査③は適法である。

【参考答案例】【平成24年】

［設問１］

第１　捜査①の適法性

Ｔ株式会社事務所を捜索すべき場所とする捜索差押許可状（以下、「本件令状」という。）に基づき、捜索実行中に同事務所社長室に届いた従業員乙宛ての宅配便荷物（以下、「本件荷物」という。）を開封したことの適法性を検討する。

１　本件令状に基づく捜索の可否

(1)　捜索中に届いた荷物を捜索した点について

【論述例】捜索差押許可状の効力（捜索中に「場所」に搬入された「物」）

本件荷物は、本件令状を呈示した時点で捜索場所内に存在しなかった物であるが、本件捜索執行中に捜索場所であるＴ株式会社事務所に送付され、同社従業員Ｗがこれを受領した上で社長室内に届け、これを乙が受け取った以上、捜索場所内において乙が自己の支配下に置き、現実に所持するに至った物というべきである。

したがって、本件令状に基づいて本件荷物に対する捜索を適法に行い得る。

(2)　乙宛ての荷物を捜索した点について

【論述例】捜索差押許可状の効力（「場所」に存在する「物」）

そもそもＴ株式会社は人材派遣業を営んでおり、現に令状発付前から同社事務所で従業員が働いていることが判明していたのであるから、令状審査の際に裁判官は同社事務所に複数の従業員がいることを想定していたというべきであり、同社事務所において個々の従業員が所持する同社の備品等についても、当然に裁判官の司法審査を経て許可された捜索対象の範囲に含まれると考えられる。しかるところ、本件荷物の宛名は乙であるが、送付先はＴ株式会社であり、乙は同社の従業員であることに加え、本件被疑事実は同社代表者甲に対するものであるが、甲の携帯電話に残されたメール内容等によれば、甲と乙は共同して覚せい剤を密売しており、丙から「乙宛てのは、お前と乙の２人でさばく分だ。」と指示されていて、本件荷物の管理・支配が一旦甲に委ねられていたことがうかがわれることからすれば、本件荷物については、会社の備品等と同様にT株式会社（代表者甲）の実質的な管理権が及んでいたと認められる。

(3)　以上より、本件令状に基づき本件荷物を捜索することができる。

2　差押対象物が存在する蓋然性

(1)　本件荷物は乙が事実上所持していたところ、被疑者以外の者が現実に支配・管理している「物」については「押収すべき物の存在を認めるに足りる状況」のある場合に限り、捜索をすることができる（222条1項、102条2項）。

ア　甲がT株式会社事務所社長室で覚せい剤取締法違反の検挙歴ある者に覚せい剤を売ろうとしたこと、同社事務所に同検挙歴のある者数名が出入りしていたこと等が判明していたことから、本件被疑事実についても常習的犯行の一環であると推測された。また、甲の携帯電話に残されたメール内容等から甲、乙が覚せい剤を共同して密売していることがうかがわれ、本件被疑事実についても乙が共犯者である可能性があった。そのような状況において、上記メール内容等と符合するように指定された日時場所に甲宛てと乙宛ての2つの荷物が同時に届き、しかもそれらの荷物は、いずれも差出人が「U株式会社」、内容物については「書籍」と記載されていた上、伝票の筆跡は酷似し、外箱も同じであったところ、差出人の所在地の地番が実在せず電話番号も未使用であることが判明した。さらに、本件荷物が届いた際、甲は「受け取ってしまったものは仕方がないよな。」と言ったのに対し、乙が「そうですね。仕方ないですね。」と述べるなど不審な会話をしており、司法警察員Kから本件荷物の開披を求められた際も、乙は「勘弁してください。」と言って拒絶するなど不審な挙動を示した。これらの外形的・客観的状況から判断すれば、Kが本件荷物を開封する時点において、本件荷物には、本件令状で「差し押えるべき物」とされている覚せい剤等が入っている蓋然性が十分に認められる状況にあったというべきである。

イ　「押収すべき物」（102条2項）とは、被疑事実と関連性を有する証拠物をいうところ、被疑事実に関するものであれば、いわゆる罪体に関する直接証拠だけでなく、状況証拠や犯罪行為の情状に関する証拠も含まれる。

　本件荷物は平成23年10月5日に捜索場所に新たに持ち込まれた物であるところ、本件被疑事実は同月2日の甲による覚せい剤の営利目的所持の事実であるから、仮に同月5日時点で甲の所持する覚せい剤を押収しても本件被疑事実に係る「所持」を直接証明する証拠となるものではない。もっとも、本件被疑事実に係る「営利目的」の立証にとっては、甲が相当量の覚せい剤を常習的に反復、継続して所持していた事実が重要な間接事実となり得る。また、常習的犯行の一環であることは、本件被疑事実についての重要な情状事実である。したがって、同月5日時点で甲又はその共犯者が所持していた覚せい剤は本件被疑事実と関連する証拠物であると認められる。

(2)　以上より、「押収すべき物の存在を認めるに足りる状況」が認められる。

3　本件荷物の中身に関する管理権又はプライバシーを侵害され得る甲及び乙の不利益を考慮しても、なお明らかに捜索の必要がないとはいえない。したがって、「犯罪の捜査をするについて必要があるとき」（218条1項）に当たる。

４　なお、Ｋが本件荷物を開封した行為は、本件令状の執行についての必要な処分（222条１項、111条１項、「封を開き」）に当たる。

５　以上より、捜査①は適法である。

第２　捜査②の適法性

乙を覚せい剤営利目的所持の事実で現行犯逮捕した後にＴ株式会社事務所更衣室に設置された乙の使用するロッカー（以下、「本件ロッカー」という。）内を捜索したことの適法性を検討する。

１　捜索差押許可状に基づく捜索としての適法性

(1)　上述のとおり、本件令状を発付した裁判官は捜索すべき場所に存在する備品等の物や会社事務所に従業員がいることを含めて当該場所を捜索する「正当な理由」（憲法35条１項）を判断したものといえるところ、従業員である乙の使用する本件ロッカーはあくまでＴ株式会社から貸与されたものであり、また、乙が本件ロッカーの鍵を所持し捜索時に施錠していたとはいえ、甲は「更衣室もロッカーも、社長の俺が管理している」と述べており、現に、同事務所社長室に従業員のロッカーのマスターキーがあった。これらの事情からすれば、乙による事実上の本件ロッカーの使用、管理は、Ｔ株式会社の管理権と別途独立して保護に値するものとは認められず、本件ロッカー内についても実質的にはＴ株式会社（代表者甲）の管理権に服するものと認められる。

したがって、本件令状に基づき本件ロッカー内を捜索することができる。

(2)　本件ロッカーは被疑者以外の者である乙が事実上使用していた「物」であるところ、捜査①について上述した事情に加え、現に本件荷物の中から覚せい剤が発見されたこと、乙の携帯電話や手帳等の所在場所について甲が「隣の更衣室のロッカーにでも入っているんじゃないの。」と答えたこと、Ｋから同ロッカーの中を見せるように求められても乙は拒絶したこと等の外形的・客観的状況から判断すれば、Ｋが本件ロッカーを解錠した時点において、本件ロッカー内には、本件令状で「差し押えるべき物」とされている携帯電話及び手帳等が入っている蓋然性が十分に認められる状況にあったというべきである。他方で、上述のとおり乙も共犯者であることが疑われる状況にあったことから、乙の携帯電話や手帳等は、本件被疑事実に係る「営利目的」に関連して、覚せい剤密売の全容を解明するために必要な証拠であるといえ、本件被疑事実と関連する証拠物であると認められる。

したがって、「押収すべき物の存在を認めるに足りる状況」（222条１項、102条２項）が認められる。

(3)　本件ロッカーの中身に関する管理権又はプライバシーを侵害され得る甲及び乙の不利益を考慮しても、なお明らかに捜索の必要がないとはいえない。したがって、「犯罪の捜査をするについて必要があるとき」（218条１項）に当たる。

(4)　なお、Ｋが本件ロッカーを解錠した行為は、本件令状の執行についての「必要な処分」（222条１項、111条１項、「錠をはずし」）に当たる。

(5)　以上より、捜査②は適法である。

２　乙の現行犯逮捕に伴う捜索としての適法性

⇒**第４講【３】【参考答案例】**参照

【参考答案例】【令和３年】

［設問１］

第１　本問における各差押えは、甲、乙及び氏名不詳者が共謀の上、本件住居侵入強盗に及んだ旨の被疑事実で、「差し押さえるべき物」を、「被害品と認められる現金、本件に関係ありと思料される名簿、マニュアル、メモ、名刺、パーソナルコンピュータ及びその付属機器類、電磁的記録媒体、携帯電話機及び付属の充電器」とする差押許可状（以下、「本件令状」という。）の発付を受けて行ったものであるところ、対象を特定・明示した適法な令状（219条１項参照）に基づいて執行されたものと認められる。

第２　下線部①の差押え（以下、「差押え①」という。）の適法性

１　丙組の幹部丁の名刺１枚（以下、「本件名刺」という。）は、本件令状記載物件（「差し押さえるべき物」）として明記された「名刺」に当たる。

２　被疑事実との関連性

「証拠物」（222条１項、99条１項）とは、被疑事実と関連性を有する証拠物をいうところ、被疑事実に関するものであれば、いわゆる罪体に関する直接証拠だけでなく、状況証拠や犯罪行為の情状に関する証拠も含まれる。

上記のとおり、本件被疑事実は、甲、乙及び氏名不詳者の共謀による住居侵入強盗事件であるところ、同事実の嫌疑により通常逮捕された甲は自己が本件事件の実行行為を行ったことを自白した上で、本件事件を乙の指示で行ったこと、Ｖから奪取した500万円を乙に全額手渡したこと、甲及び乙のみが出入りするＡビル21号室を犯行の拠点としていたこと、乙の背後には指定暴力団である丙組がいて、乙は、その幹部に、犯行で得た金の一部を貢いでいること等を供述している。かかる甲の供述からすれば、本件被疑事実における「氏名不詳者」が丙組幹部であることが疑われるところ、乙名義で借りていることが判明したＡビル21号室から発見された本件名刺は、丙組幹部である丁と乙との関わり合いを示す証拠物として、本件事件の罪体である「共謀」の存在を示す間接証拠となり得る。また、本件被害金の一部が乙を介して丙組に流入し、このような犯罪収益が丙組の活動資金となっていたことが疑われることから、上記のとおり本件事件への丙組の関与を示す本件名刺は、本件事件の組織的背景や乙の動機等を解明するのに必要な証拠であるといえ、本件被疑事実の重要な情状事情に関する証拠であるといえる。

以上より、本件名刺は本件被疑事実と関連性を有する「証拠物」と認められ、「本件に関連ありと思料される」名刺に当たる。

３　本件事件が500万円もの多額の被害を生じさせた住居侵入強盗という重大事件であり、上記のとおり本件名刺が本件の罪体及び情状の立証にとって重要な証拠である一方で、名刺は証拠隠滅が容易であり、その財産的価値も高くないことを考慮すれば、本件名刺について明らかに差押えの必要がないとはいえない。したがって、「犯罪の捜査をするについて必要があるとき」（218条１項）に当たる。

４　以上より、差押え①は適法である。

第３　下線部②の差押え（以下、「差押え②」という。）の適法性

１　白色USBメモリ１本及び黒色USBメモリ１本（以下、「本件各USB」という。）は、本件令状記載物件（「差し押さえるべき物」）として明記された「電磁的記録媒体」に当た

る。

2　上述のとおり、令状による差押えを行い得るのは、対象物が被疑事実と関連性を有する「証拠物」である場合に限られるから、記録媒体を差し押さえる際には、捜査機関は、原則として、当該媒体に記録された情報の内容が被疑事実に関連することをその場で確認しなければならない。

もっとも、Ｐらは、本件各USBについていずれもその内容をその場で確認することなく差し押さえている。このように、それ自体に可視性・可読性がなく、その外観からは被疑事実との関連性を判断し難い電磁的記録媒体について、その記録内容を確認することなく差押えをすることが許されるか否かが問題となる。

【論述例】電磁的記録媒体の差押え

(1)　甲が「アジトには、……強盗のターゲットになる人の氏名と電話番号の入った名簿データが保存されているUSBメモリがあります。その名簿には、Ｖさんの氏名と電話番号もあるのではないかと思います。」と供述していたことからすれば、犯行の拠点であったとされる捜索現場において、本件被疑事実に関連する証拠物（パーソナルコンピュータ、プリンター及び本件メモ１等）と共に発見された本件各USBには、Ｖ及びその他の被害者の個人情報等が記録されている可能性が高いと認められる。他方、かかる記録は本件事件が常習的犯行の一環として敢行されたことを示す証拠となり得るとともに、そのような情報が記録された媒体が乙名義で借りられている室内から発見されたとなれば、かかる事実は本件被疑事実についての乙の関与を示す重要な証拠となり得る。したがって、本件各USBには被疑事実に関する情報が記録されている蓋然性が認められる。

(2)　捜索に立ち会った乙は、本件各USBが発見された際、Ｐらに対し、「パスワードは全部『2222』にしていますから、この場で確認してください。」と申し出ている一方で、甲は、USBに掛けられたパスワードは８桁の数字であると供述していたことから、両者の供述する内容はパスワードの桁数に関して矛盾している。そうすると、少なくとも一方の供述は虚偽であることが疑われる状況にあったが、捜索現場においてＰらが直ちに乙の供述の信用性を吟味、判断することは困難である。しかも、甲は、パスワードについて「一度でも間違えると初期化されてしまいます。」とも供述していたことから、もし捜索現場でＰらが誤ったパスワードを入力すれば、本件各USBに記録された情報が消失する可能性があった。このような状況においては、捜索現場においてＰらが本件各USBの内容を確認する措置を講じようとすれば、そこに記録された情報が損壊される危険があったと認められる。

(3)　以上の事情からすれば、本件各USBについては、捜索現場でその内容を確認することなく差し押さえた上で、事後に内容を確認し、本件被疑事実と関係する情報が記録されていないことが明らかとなった物については直ちに還付（222条１項、123条１項）するという措置を講じることが許されるというべきである。

なお、Ｐらは、本件差押えの翌日に本件各USBについてその内容を確認したところ、白色USBメモリについては未使用であることが判明したことから、同日中にこれを乙に還付しており、事後の手続にも違法な点はない。

3　上述した本件事件の重大性、本件各USBに記録されている蓋然性のある情報の証拠としての重要性等に鑑みれば、本件各USBの差押えに伴って本件被疑事実と無関係の情報も含めて包括的に捜査機関に取得され得る乙の不利益を考慮しても、なお明らかに差押えの必要がないとはいえない。したがって、「犯罪の捜査をするについて必要があるとき」（218条1項）に当たる。

4　以上より、差押え②は適法である。

【2】捜索・差押えの付随処分

［論点解析］捜索・差押えの付随処分の適法性

1　「必要な処分」の範囲

(1)「必要な処分」の適法性

捜索・差押えの執行に際して、捜査機関は「錠をはずし、封を開き、その他**必要な処分**」をすることができます（222条1項、111条1項)。これは捜索・差押えに伴う付随処分として（本来的処分と一体的に）捜査機関に付与された権限ですが、**捜査比例の原則**に照らし、このような付随処分も、当然、捜索・差押えの目的を達成するために必要であり、かつ相当な限度において許容されるものです。**必要性**の考慮要素としては、**被疑事実の内容、差押対象物の重要性、証拠隠滅（破棄隠匿）のおそれ、被処分者の協力態様**等が挙げられます。他方、**相当性**の考慮要素としては、**被処分者の受ける不利益の内容、財産的損害の大きさ**等が挙げられます。出題趣旨においては、以下のように説明されています。

［平成20年出題趣旨］

「**刑事訴訟法第111条第1項**（同法第222条第1項により捜査段階に準用）の**「必要な処分」**といえるのか否かにつき、この規定の趣旨・目的を踏まえて、事例中に現れた具体的事実を前提に、**被疑事実の内容、差押物件の重要性、差押え対象物件に係る破棄隠匿のおそれ、財産的損害の内容、被捜索者の協力態様**などの諸事情を具体的に論じ、その適否に関する結論を導かなければならない。」

判例①は、警察官が①「来意を告げることなく」、②「ホテル客室のドアをマスターキーで開けて入室した措置」について、判例②は、警察官が①「宅急便の配達を装って」、②「玄関扉を開けさせて住居内に立ち入ったという行為」について、それぞれ「必要な処分」としての適法性を肯定しました。①の点については、警察であることを名乗った上でドアを開けるように促すという手順が原則とされるべきですが（**来意告知の原則**)、他方で、警察官が偽名を名乗ったり、宅配便業者やホテル従業員を装ったりした場合であっても、それにより制約される法益は特に要保護性が高いものとはいえないでしょう。判例②も「正直に来意を告げれば、素直に開扉して捜索に受忍的協力的態度をとってくれるであろうと期待することが初めからできない場合」に必ず上記のような「手順をとることを要求するのは相当でない」と判示しています。②の点については、「錠をはずし」に該当ないし相当する必要な処分ですが、その態様（法益侵害の程度）が問題となります。判例①では「捜索差押許可状執行の動きを察知されれば、覚せい剤事犯の前科もある被疑者において、直ちに覚せい剤を洗面所に流すなど短時間のうちに差押対象物件を破棄隠匿するおそれがあった」ことから、マスターキーを使用した開錠措置は適法とされました。また、判例②も「警察官が同法違反の疑いで捜索差押に来たことを知れば、直ちに証拠隠滅等の行為に出ることが十分予測される場合」であったとした上で、「玄関扉の錠ないし扉そのものの破壊のように、住居の所有者や居住者に財産的損害を与えるものでもなく、……手段方法において、社会通念上相当性を欠くものとまではいえない」と判示しています。これらの判例は、いずれも物理的な損壊を伴わない態様での入室措置の事案でしたが、「必要な処分」の限界についてはあくまで比例原則の観点から衡量的判断をするものであることから、当該事案における必要性の程度によっては、物理的な損壊を伴う態様での入室措置の事案についても相当性が肯定される余地はあるでしょう。

平成29年試験問題［設問1］では、甲に対する覚せい剤取締法違反（営利目的譲渡）の被疑事実で甲方の捜索差押許可状の発付を受けた司法警察員が、甲方の捜索・差押えを実施する際、甲方ベランダの柵を乗り越え、掃き出し窓のガラスを割って解錠して甲方に入ったこと（捜査①）の適法性が問題となりました。かかる措置の適法性判断において考慮すべき事情として、出題趣旨には以下の事情が挙げられています。

［平成29年出題趣旨］

「本設問の事例においては、甲方を拠点にした組織性が疑われる覚せい剤の密売事案であること、水に流すなどして短時間に隠滅することが容易な覚せい剤が差押対象物件となっていること、覚せい剤は立証上重要な証拠であること、甲は覚せい剤取締法違反の前科3犯を有する者であり、初犯者と比較して警察捜査に関する知識経験を有していると考えられること、事前の捜査によって甲方には甲のほか乙、丙が出入りしており、捜索時に複数人が在室している可能性があったこと、甲が玄関ドアチェーンをつけたままで配達員に応対していたことなどから、捜査員が甲方室内に入るまでに時間を要する可能性が高い状況であるとともに、甲の協力が得られる可能性が低い状況にあると認められたこと、司法警察員Pが甲方玄関先の呼び鈴を鳴らしたところ、甲がドアチェーンを掛けたままドアを開けたことを具体的に指摘し、司法警察員Qらがベランダの窓ガラスを割って解錠して室内に入った措置について、**捜索差押えの実効性を確保するために必要性があるのか、その態様は社会通念上相当な範囲内にあるのか**といった観点から評価することが求められる。」

本問では、上記出題趣旨が列挙しているとおり、**必要性**を基礎付ける様々な事情が問題文の事例中に記載されていました。もっとも、本問は上記各判例と異なり、物理的な損壊を伴う態様での入室措置の事案であることから、**相当性**（甲の受ける不利益の内容、程度との均衡）についても慎重に検討する必要があります。採点実感でも以下のように指摘されていました。

［平成29年採点実感］

「甲に対する覚せい剤取締法違反（営利目的譲渡）の嫌疑が強いことを理由に「必要な処分」として許容されるとの結論を導く答案が少なくなかったほか、ガラスを割って室内に入った措置の**「必要性」**については相応に論じられているものの、**「相当性」**についての論述が不十分な答案、「必要性」と「相当性」をない交ぜに論じてしまい、**被捜索者甲の受ける不利益との均衡**が取れているかという観点での論述が不十分な答案も見られた。」

同様に、**平成20年試験問題**［設問２］でも、捜索場所であるマンションの甲方の窓ガラスを割って入室した措置の適法性が問題となりました。本問も物理的な損壊を伴う態様での入室措置の事案でしたが、問題文の事例中には上記措置の**必要性**を基礎付ける事情に加えて、甲の受けた財産的損害について「Qが割った甲方の窓ガラスは、直ちに、業者により修復され、その費用は２万円であった。」との事情が示されていますので、この事情も指摘した上で**相当性**を検討することになります。

(2) 令状呈示の時期

捜索・差押えの執行に際して、捜査機関は「処分を受ける者」に令状を呈示しなければなりません（222条１項、110条）。もっとも、**令状呈示の時期**については刑事訴訟法が明確な規定を置いていないことから専ら解釈に委ねられています。判例①は、令状呈示の趣旨について、「手続の公正を担保するとともに、処分を受ける者の人権に配慮する趣旨」であると指摘した上で「令状の執行に着手する前の呈示を原則とすべき」との解釈を導きました（**事前呈示の原則**）。もっとも、この原則は上記のとおり条文上の規律ではなく、あくまで令状呈示の趣旨から導かれた解釈上の規律であることから、合理的な範囲で例外が許容されます。例えば、令状を呈示している間に、被処分者によって捜索・差押えの目的物が破棄、隠匿される危険がある場合、まずはその危険を排除した上で、その後に令状の呈示を行うことは認められるべきでしょう。判例①も「捜索差押えの実効性を確保するためにやむを得ない」といえる場合に「令状の執行に着手して入室した上その直後に呈示を行うこと」を例外的に許容しています。出題趣旨では、以下のように言及されています。

[平成20年出題趣旨]

「**令状呈示の時期の適否**についても、**関連規定の有無**等を指摘し、**令状呈示の趣旨**等を論じた上、事例中に現れた具体的事実関係を前提にして、**事前呈示の要請**と**現場保全の必要性**等に係る諸事情を具体的に摘示した上、結論を導かなければならない。」

[平成29年出題趣旨]

「手続の公正担保及び処分を受ける者の利益保護という**令状呈示の趣旨**から、令状呈示は、執行着手前に行われることが**原則**であることを論じ、**事前呈示の要請**と**現場保存の必要性**等に係る上記事情等を指摘・考量した上で、本件措置が令状呈示前に行われたことの適否を論じることが求められる。」

平成29年試験問題［設問１］及び**平成20年試験問題**［設問２］においても、令状呈示に先立って捜索現場へ立ち入った措置について**令状呈示の時期の適否**が問題となりました。この問題については、判例①のように、警察官が室内へ立ち入った時点で「令状の**執行に着手**」したという理解を前提とするのであれば、その「直後に呈示を行うこと」について“例外的に事後呈示が許容されるか”という枠組みで検討することになります。これに対して、判例②は「警察官らの室内立入りは、捜索活動というよりは、むしろその**準備行為ないし現場保存的行為**というべき」とした上で、「令状を示した時点では、警察官らは、……具体的な捜索活動は開始していなかった」、「本来の目的である捜索行為そのものは令状提示後に行われている」と判示しています。そこで、判例②のように、室内への立入りはあくまで捜索の「準備行為ないし現場保存的行為」であるとの理解を前提とするのであれば、事前呈示の原則（呈示後の執行着手）は維持されていることになり、他方、令状呈示に先立つ立ち入り措置について“「必要な処分」として許容されるか”という枠組みで検討することになるでしょう。このように、現場への立ち入り後に令状を呈示したという事案について「令状呈示の時期の適否」を問題とする場合、**立ち入り措置の性質**をどのように捉えるかによって説明の仕方が異なり得る点に注意してください。

2　捜索・差押えの際の写真撮影

(1)　捜索・差押えの際の写真撮影の適法性

捜索・差押えの付随処分の一種として、捜索差押現場で行われる**写真撮影の適否**が問題となることがあります。この写真撮影は、その目的に応じて、①手続の適法性の証明のために捜索・差押えの実施状況を撮影すること（**手続適法性担保目的**）、②証拠物の関連性や証拠価値を保全するために発見時の状況やその状態を撮影すること（**証拠価値保存目的**）、③犯罪に関する情報を取得するために捜索差押対象物以外の場所や物を敢えて撮影すること（**証拠収集目的**）、という３つの類型に分類されます。上記のうち、①と②の場合は、それぞれの目的に必要な範囲の撮影である限り、捜索・差押えの付随処分として（あるいは捜索・差押えの本来的効力として）許容されると解されます（したがって、別途、検証許可状を取得する必要はありません。）。そもそも捜索・差押えは、その性質上、被処分者のプライバシー侵害が当然に予定されているものであることから、これらの写真撮影に伴うプライバシー侵害は捜索差押許可状を発付した裁判官の司法審査を受けた法益侵害の範囲に含まれているといえる一方、①**手続の適法性**や②**証拠物の証拠価値**をあらかじめ証拠保全しておく必要性は高いと考えられるからです（更に言えば、①、②共に、仮に写真撮影のために別途検証許可状を請求すれば間違いなく令状が発付される場合であることから、敢えてその手間をかける合理性に乏しいと考えることもできるでしょう。）。判例③の**藤島裁判官補足意見**は、「捜索差押手続の適法性を担保するためその執行状況を写真に撮影し、あるいは、差押物件の証拠価値を保存するため発見された場所、状態においてその物を写真に撮影すること」について「捜索差押に付随するため、捜索差押許可状により許容されている行為である」と述べています。同様に、判例④も「捜索差押手続きの執行に当たって、その適法性を担保するために執行状況を撮影し、あるいは、証拠物の証拠価値を保存するために証拠物を撮影するなどの写真撮影は、……捜索差押手続きに付随して合理的な目的により相当な方法、程度において行われる限り、捜索差押に付随する処分として、特別の令状がなくとも適法性を有する」と判示しています。

これに対して、③の場合はもはや本来的処分である捜索・差押えに付随する処分であるとは評価できません。このような写真撮影は、捜索・差押えとは別個の処分、すなわち違法な無令状検証そのものに他なりません。判例③は、令状記載の「差し押えるべき物」に該当しない物件の写真撮影について、「それ自体としては検証としての性質を有する」（それ故、430条２項の準抗告の対象となる「押収」に関する処分には当たらない）と判示しました。同様に、判例④も「捜索差押の付随処分としての限界を超えて行われる写真撮影は、……検証に該当するものと解されるから、別途検証令状なくしてこれを行えば違法となる」と判示しています。出題趣旨では、以下のように説明されています。

[平成21年出題趣旨]
「**捜索差押時に行われる写真撮影の適法性**については、当該写真撮影が**捜索差押えに付随する処分**として許される場合があるとの見解や捜索差押えの意義・内容からその本来的効力として写真撮影が許されるとする見解などがあり得るが、いずれにせよ、まず、**令状主義の意義と趣旨**に立ち帰ってこの問題に関する各自の基本的な立場を刑事訴訟法の解釈として論ずる必要がある。その上で、例えば、捜索差押えに付随する処分として許されるとする見解からは、**証拠物の証拠価値を保存**するため、あるいは**手続の適法性の担保**のため写真撮影が許されるとの規範を定立することになろう。」

なお、捜索差押時に行われる写真撮影の性質について、「必要な処分」(222条1項、111条1項)として許容されると説明する見解もあり得ます。もっとも、「必要な処分」とは、開錠や開封のように、あくまで令状執行の目的を達成するために必要とされる処分のことを意味します。これに対して、上記のような写真撮影は捜索現場や証拠物から情報を取得する処分であることから、目的達成のための「必要な処分」というよりは、上記出題趣旨の指摘するように、**「捜索差押えに付随する処分」**として許容される、あるいは**「捜索差押えの本来的効力」**として許容される、と説明する方が適切でしょう(判例③や④も写真撮影の根拠条文として222条1項、111条1項を挙げていません。)。

⑵ **問題分析**

平成21年試験問題[設問1]では、殺人及び死体遺棄事件について、被疑者甲の共犯者乙が経営するT化粧品販売株式会社を適法に発付された捜索差押許可状に基づいて捜索した際に行われた各写真撮影の適法性が問われました。この問題の基本的な適法性判断枠組みについて出題趣旨等では以下のように述べられていました。

[平成21年出題趣旨]
「具体的事例の写真①から④のいずれについても、写真撮影の対象が**本件捜索差押許可状の差押対象物**、すなわち令状の本来的効力の対象である「本件に関連する保険証書、借用証書、預金通帳、金銭出納帳、手帳、メモ、ノート」**に該当するか否か**をまず検討し、その上で、当該写真撮影が**証拠物の証拠価値を保存するためなどに必要であるか否か**を検討してその適法性を論ずることになろうが、いずれも事例中に現れた具体的事実を的確に抽出、分析しながら論証すべきである。」

[平成21年採点実感]
「各写真撮影については、個々の具体的な事実関係(特に**撮影対象と被疑事実との関連性**を検討する素材になる事実)が被疑者の供述調書など問題文中に現れているにもかかわらず、これを的確に抽出、分析できていない答案もあった。」

上記検討枠組みによれば、各写真撮影について、まず、**【検討Ⅰ】:撮影対象の差押対象物該当性(被疑事実との関連性)**を判断した上で、次いで、**【検討Ⅱ】:撮影の必要性・相当性**を検討することになります。なお、**【検討Ⅰ】**について、対象物が“令状記載物件に類型的に該当するか否か”と“被疑事実と関連性を有するか否か”は厳密には別個の問題ですが（⇒**第4講【1】6⑴**参照）、本問の捜索差押許可状における「差し押さえるべき物」には例によって「本件に関連する……」との限定句が記載されていることから両問題は一体的な検討となるため、上記出題趣旨では「本件捜索差押許可状の**差押対象物……に該当するか否か**」と記述されています。他方、上記採点実感では検討すべき問題の所在として「撮影対象と**被疑事実との関連性**」と具体的に指摘されています。

【検討Ⅰ】において、撮影対象が令状記載物件に類型的に該当し、かつ、被疑事実との関連性も肯定できる証拠物に限定されているのであれば、撮影に伴うプライバシー侵害は司法審査を受けて許容された範囲内にあるといえることから、**【検討Ⅱ】**において、**撮影の相当性**は基本的に肯定されるでしょう。もっとも、**撮影の必要性**が全くないにもかかわらず無意味な写真撮影をすることは許されないと解すべきであり、①**手続の適法性担保**や②**証拠物の証拠価値保存**という目的のため写真撮影を行う必要があるか否かを確認する必要があります。

これに対して、**【検討Ⅰ】**において、撮影対象それ自体は「差し押さえるべき物」に類型的に該当しない（故に、その令状によって当該対象物を差し押さえることはできない）と判断された場合はどうでしょうか。ここで注意すべきは、令状記載物件に該当しない対象物が撮影範囲に含まれていた場合であっても、上述した①手続の適法性担保や②証拠物の証拠価値保存という目的のために必要かつ相当な範囲であれば写真撮影が許容され得るという点です（例えば、鍵の掛かった机の引出し内から発見された証拠物について、②の目的のためにその発見時の引出し内の状態を撮影する場合、引出し内にある差押対象物以外の物も含めて一緒に撮影せざるを得ないでしょう。）。その意味で、上記出題趣旨では、**【検討Ⅰ】**はあくまで**【検討Ⅱ】**において当該撮影が上記①又は②の目的で行われたものであるかを判断する前段階の問題として位置付けられていると解され、仮に**【検討Ⅰ】**で令状記載の「差し押さえるべき物」に類型的に該当しないと判断される物件であっても、被疑事実との関連性を肯定し得る限りは、次の**【検討Ⅱ】**に進む必要があります（ただし、およそ被疑事実と無関係の対象物について写真撮影が許される余地はないと解されることから、**【検討Ⅰ】**において、少なくとも**被疑事実との関連性**が認められることが適法性の前提となると解すべきでしょう。）。

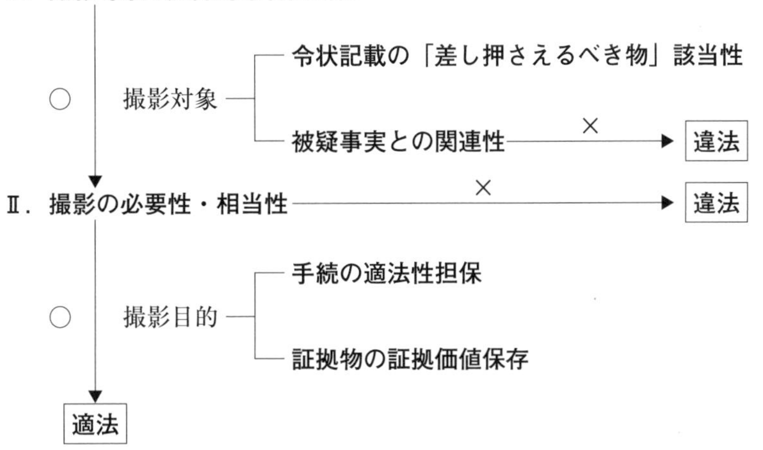

以上の検討枠組みを踏まえて、本問の各写真撮影について検討してみましょう。

写真①の撮影対象について、まず、**【検討Ⅰ】**として、壁に書かれた文字の跡の意味を甲の供述を踏まえて検討すれば、当該対象が「本件に関連する……メモ」に該当ないし相当すると認められるでしょう。次いで、**【検討Ⅱ】**として、壁そのものを取り外して差し押さえるという手段はおよそ現実的でないことから、撮影の必要性・相当性が肯定されます。すなわち、捜査機関としては、壁に書かれた文字の跡を証拠として保存するための手段として、壁そのものの差押えよりもより侵害の程度の低い写真撮影という手段を選択したに過ぎないのであり、その意味で、写真①の撮影の性質は“捜索・差押えに付随する処分”というよりは“捜索・差押えに代替する処分”ともいうべきものです。したがって、壁そのものの差押えと実質的に同視すべき処分として適法性が肯定されることになります。

[平成21年出題趣旨]

「写真①については、白壁に書かれた記載の意味について甲の供述調書の記載から、**本件との関連性**を認定し、差押対象物である「本件に関連するメモ」として、白壁の一部を破壊し取り外して差し押さえるよりも写真撮影にとどめる方が**処分を受ける者にとって不利益**がより小さいため適法であるなどとの分析が可能である」

次に、**写真②及び③**の撮影対象は、いずれも乙名義ではなくA名義の預金通帳であることから、**【検討Ⅰ】**として、令状記載の「本件に関連する……預金通帳」に該当するか否かが問題となります（「預金通帳」に類型的に該当することは明らかといえます。したがって、問題は被疑事実との関連性の点です。）。そこで検討すると、**写真②**の撮影対象である「X銀行の預金通帳」については、後記写真④により「乙が実質的に管理・使用していた事実」が認定できることに加え、そこに記載された出金記録や「→T. K」というメモ書きの意味を分析すれば、「本件に関連する……預金通帳」に該当すると認められるでしょう。もっとも、捜査機関は実際に「X銀行の預金通帳」を差し押さえていることから、**【検討Ⅱ】**として、現物の押収に加えてどうして別途写真撮影まで行う必要があったのかを分析する必要があります。そこで検討すると、上記のメモ書きは鉛筆での書き込みであることから改ざん等が容易であるといえ、後々に被疑者側から「このメモは後から勝手に書き換え（書き加え）られたものだ」という趣旨の主張がなされる事態が想定されます。そうだとすれば、そのような事態に備えてこの種の弁解を先回りして排斥しておくためには、当該書き込みが事後的に改ざんされたものではなく押収手続の時点で既に存在していたことを明らかにすべく、通帳の発見時の状態を撮影して確実に証拠化した上でその証拠価値を保全しておく必要があったといえるでしょう（**証拠価値保存目的**の撮影）。したがって、写真②の撮影の適法性は肯定されます。

[平成21年出題趣旨]

「写真②及び③については、通帳はいずれもA名義であるが、乙名義のパスポートやA名義の印鑑などと同じ引き出し内に入っていたことから乙が実質的に管理・使用していた通帳であることを論じたり、X銀行の通帳にある「→T. K」との鉛筆での書き込みの意味を検討し、通帳が発見された時点からその書き込みがあったことを明らかにする**必要性**を論じることなどが求められよう。」

［平成21年採点実感］

「通帳に手書きで記載されていた「→T．K」の意味について、被疑者甲野太郎への殺害報酬の原資となっている可能性があるとの通帳の**本件との関連性**については論じている答案が少なからずあったものの、さらに、鉛筆での書き込みであって、捜査機関が後に書き込んだものではなく、捜索差押え時からこの書き込みが存在したことを明らかにする必要があるなどとの**写真撮影の必要性**についても検討している答案は少数であった。」

これに対して、**写真③**の撮影対象である「Y銀行の預金通帳」については、**【検討Ⅰ】**において、上記写真②と同様に「乙が実質的に管理・使用していた事実」は認定できるものの、「X銀行の預金通帳」とは異なり、通帳の記載自体には本件との関連性を窺わせる出入金の記録やメモ書き等は全く存在しないことから、「本件に関連する……預金通帳」に該当するとは認められないと判断する余地があります（現に、捜査機関は「Y銀行の預金通帳」については差し押さえていません。）。そのように判断して本件被疑事実との関連性を否定するのであれば、写真③の撮影はおよそ無関係な対象物を撮影したものということになり、違法というべきでしょう。他方、「Y銀行の預金通帳」について、後記写真④と同様に「X銀行の預金通帳」の実質的管理者の特定に役立つ証拠であると判断してその限りで関連性を肯定した上で、**【検討Ⅱ】**において、上記写真②と同様にその記載に改ざん等がなされていないことを担保するために発見時の状態を撮影しておくことの必要性・相当性を認めて適法であると考えることもできるでしょう。

最後に、**写真④**について、まず、**【検討Ⅰ】**において、撮影対象であるパスポート等が令状記載の「差し押さえるべき物」のいずれにも該当しないことは明らかです（したがって、捜査機関はこれらのパスポート等を差し押さえることはできません。）。もっとも、これらのパスポート等は捜査機関により差し押さえられた「X銀行の預金通帳」について「乙が実質的に管理・使用していた事実」を証明するための間接証拠となり得るものといえ、その限りで被疑事実との関連性を肯定できます。すなわち、パスポート等は通常他人に管理を委ねるような物ではないことから、乙名義のパスポート等と一緒に「X銀行の預金通帳」及びその届出印が保管されていたのであれば、「X銀行の預金通帳」についてもその実質的管理者は乙であった（パスポート等と一緒に乙自身が管理していた）と推認され、したがって、「X銀行の預金通帳」が本件被疑事実と関連する証拠物として適法に差し押さえ得る物であった、と認めることができます（逆に、A名義である「X銀行の預金通帳」について“乙との結び付き”を示す事情が全く存在しないにもかかわらず捜査機関が漫然とこれを差し押さえたのであれば、当該差押手続は関連性の要件を欠き違法ということになるでしょう。）。このような観点から、**【検討Ⅱ】**において撮影の必要性・相当性を検討すると、まさしく「X銀行の預金通帳」が本件被疑事実と関連性を有する証拠物であったこと（故に、適法に差し押さえ得る物件であったこと）について現場で証拠保全し、差押手続の適法性を担保しておく必要があったといえます（**手続適法性担保目的**の撮影）。したがって、そのために必要かつ相当な範囲の撮影と認められる限り（不必要な部分を撮影していないのであれば）、写真④の撮影も適法といえるでしょう。

[平成21年出題趣旨]
「写真④については、撮影されたパスポート、名刺等は令状記載の差押対象物ではないが、乙による通帳の管理・使用すなわち、引き出し内にあった預金通帳が本件に関連する通帳に該当する点を明らかにするため、同じ引き出し内にあったパスポート等の乙の名義部分だけを写真撮影するという行為が、**差押手続の適法性担保の観点**から許されないか等を論じる必要があろう。」

なお、関連問題として**平成22年試験問題**［設問１］があります。本問では、捜索差押許可状に基づいて差し押さえた携帯電話の消去されていたデータを復元・分析する行為（捜査③）の適法性が問われています。この問題は、捜索差押対象物からの情報の取得が捜索・差押えそれ自体とは別個の処分（無令状検証）と評価されるかという視点で検討するものであり、「捜索差押えの際の写真撮影」の応用問題であると指摘できます。他方、捜索差押許可状を発付した裁判官の司法審査がどの範囲の権利侵害についてまで及んでいるのかという視点からの検討は、「捜索開始後に「場所」に運び込まれた「物」に対する捜索」（⇒**第４講【1】２**(3)参照）と共通する問題意識であるとも指摘できます（消去されたデータは差し押さえた時点では可視性がないという意味では、捜索開始時にその場に存在していなかった物と類似しています。）。

そこで検討すると、捜索差押対象物から情報を取得する捜査活動の例として、強制採尿令状（条件付捜索差押許可状）によって差し押さえた「尿」の“成分検査”が挙げられます。通常、押収された尿については直ちに科学捜査研究所において尿中に含まれる薬物成分等の分析が行われますが、この検査は「押収物」についての「必要な処分」（222条１項、111条２項）であり、別途、鑑定処分許可状（225条１項、168条１項）の発付を受ける必要はないとされています。すなわち、その押収物自体が保有している（ただし、潜在しており可視性がない）情報を可視化、顕在化させる措置は、押収手続と別個の法益侵害を伴うものではないと考えられるのです。本問の**消去データの復元措置**についても、これと同様に考えるのであれば、別途、検証許可状（218条１項）の発付を受けることなく、当初の捜索差押許可状の効力として適法に行い得るといえるでしょう。出題趣旨では以下のように述べられていました。

[平成22年出題趣旨]
「捜査③では、**消去されたデータの復元・分析**が捜索差押許可状の効力として許されるか、それとも新たな権利侵害に該当し別個の令状を必要とするか問題となるため、この問題に関する各自の基本的な立場を刑事訴訟法の解釈として論ずる必要がある。」
「捜査③では、消去されたデータの復元とは、消去によって可視性がなくなったデータを可視性がある状態にするものであり、元々のデータを破壊、改変等するものではないといった具体的事実の分析をし、その上で、令状裁判官の審査を経た当初の携帯電話に対する捜索差押許可状がどこまでの効力を持つものかという観点から論ずるべきである。」

〈参考判例〉

【最(一小)決平成14・10・４刑集56巻８号507頁】（「必要な処分」の範囲・令状呈示の時期①） 判例①

「原判決及びその是認する第１審判決の認定並びに記録によれば、警察官らは、被疑者に対する覚せい剤取締法違反被疑事件につき、被疑者が宿泊しているホテル客室に対する捜索差押許可状を被疑者在室時に執行することとしたが、捜索差押許可状執行の動きを察知されれば、覚せい剤事犯の前科もある被疑者において、直ちに覚せい剤を洗面所に流すなど短時間のうちに差押対象物件を破棄隠匿するおそれがあったため、ホテルの支配人からマスターキーを借り受けた上、来意を告げることなく、施錠された上記客室のドアをマスターキーで開けて室内に入り、その後直ちに被疑者に捜索差押許可状を呈示して捜索及び差押えを実施したことが認められる。

以上のような事実関係の下においては、捜索差押許可状の呈示に先立って警察官らがホテル客室のドアをマスターキーで開けて入室した措置は、捜索差押えの実効性を確保するために必要であり、社会通念上相当な態様で行われていると認められるから、刑訴法222条１項、111条１項に基づく処分として許容される。また、同法222条１項、110条による捜索差押許可状の呈示は、手続の公正を担保するとともに、処分を受ける者の人権に配慮する趣旨に出たものであるから、令状の執行に着手する前の呈示を原則とすべきであるが、前記事情の下においては、警察官らが令状の執行に着手して入室した上その直後に呈示を行うことは、法意にもとるものではなく、捜索差押えの実効性を確保するためにやむを得ないところであって、適法というべきである。」

【大阪高判平成６・４・20高刑集47巻１号１頁】（「必要な処分」の範囲・令状呈示の時期②） 判例②

「刑事訴訟法は、捜査官が、捜索差押許可状に基づき捜索差押をする際は、その処分を受ける者に対し当該令状を示さなければならないと規定しており（二二二条一項、一一〇条）、その趣旨は、捜索差押手続きの公正を保持し、執行を受ける者の利益を尊重することにあるから、捜索差押の開始前に、その執行を受ける者の要求の有無にかかわらず、捜査官が令状を示すのが原則であることはいうまでもない。……しかし、現実には、相手方が、受忍的協力的態度をとるどころか、捜査官が捜索差押に来たことを知るや、玄関扉に施錠するなどして、令状を提示する暇も与えず、捜査官が内部に入るまでに、証拠を隠滅して捜索を実効のないものにしてしまうという行為に出ることがないではない。ことに薬物犯罪における捜索差押の対象物件である薬物は、撒き散らして捨てたり、洗面所等で流すなどして、ごく短時間で容易に隠滅することができるものであり、この種犯罪は、証拠隠滅の危険性が極めて大きい点に特色があり、かつ、捜索を受ける者が素直に捜索に応じない場合が少なくないという実情にある。ところで、法は、捜索を受ける者が受忍的協力的態度をとらず、令状を提示できる状況にない場合においては、捜査官に対し令状提示を義務付けている法意に照らし、社会通念上相当な手段方法により、令状を提示することができる状況を作出することを認めている……と解される。所論は、刑事訴訟法一一一条の「必要な処分」も、来訪の趣旨と令状発付の事実を告げて開扉を求め、これに対する明らかな拒絶や罪証隠滅の具体的行為が認められた際に初めて可能となるのであって、当初より虚偽を述べて開扉させたのは違法であると主張する。しかし、一般論として、そのような手順で捜索しても証拠を隠滅される危険性がないときは、所論のいうとおりの手順をとるべきであろうことは論を待たないが、ごく短時間で証拠隠滅ができる薬物犯罪において、捜索に拒否的態度をとるおそれのある相手方であって、その住居の玄関扉等に施錠している場合は、そもそも、正直に来意を告げれば、素直に開扉して捜索に受忍的協力的態度をとってくれるであろうと期待することが初めからできない場合であるし、開扉をめぐっての押し問答等をしている間に、容易に証拠を隠滅される危険性があるから、捜査官側に常に必ず所論のいうような手順をとることを要求するのは相当でない。このような場合、捜査官は、令状の執行処分を受ける者らに証拠隠滅工作に出る余地を与えず、かつ、できるだけ妨害を受けずに円滑に捜索予定の住居内に入って捜索に着手でき、かつ捜索処分を受ける者の権利を損なうことがなるべく少ないような社会的に相当な手段方法をとることが要請され、法は、前同条の「必要な処分」としてこれを許容しているものと解される。

本件は、覚せい剤取締法違反の被疑事実により覚せい剤等の捜索差押を行ったものであるところ、その捜索場所は、当該事件の被疑者である被告人の住居であるうえ、被告人は、覚せい剤事犯の前科二犯を有していることに照らすと、被告人については、警察官が同法違反の疑いで捜索差押に来たことを知れば、直ちに証拠隠滅等の行為に出ることが十分予測される場合であると認められるから、警察官らが、宅急便の配達を装って、玄関扉を開けさせて住居内に立ち入ったという行為は、有形力を行使したものでも、玄関扉の錠ないし扉そのものの破壊のように、住居の所有者や居住者に財産的損害を与えるものでもなく、平和裡に行われた至極穏当なものであって、手段方法において、社会通念上相当性を欠くものとまではいえない。

次に、捜査官は、捜索現場の室内に立ち入る場合、それに先立ち令状を適式に提示する必要があるが、令状の提示にはある程度時間を要するところ、門前や玄関先で捜査官が令状を提示している間でさえも、その隙をみて、奥の室内等捜査官の目の届かぬところで、その処分を受ける者の関係者等が、証拠隠滅行為に出て捜索の目的を達することを困難にすることがあり、そのようなおそれがあるときには、捜索差押の実効を確保するため令状提示前ないしはこれと並行して、処分を受ける者の関係者等の存否および動静の把握等、現場保存的行為や措置を講じることが許されるものと解される。

本件の場合、厳密にみれば、警察官らは、令状の提示前に各室内に立ち入っており、Ｐは、玄関を入ったところにある台所の次の部屋で、住居全体を見渡せる位置にある四畳半間まで入ってから、同所で被告人に捜索差押許可状を示したことが認められるが、Ｐら警察官は、「警察や。切符出とんじゃ」等と言いながら屋内に入っており、令状による捜索差押のために立ち入ることを告げていること、令状を示した時点では、警察官らは、まだ室内に立ち入ったのみで、具体的な捜索活動は開始していなかったこと、同住居内には、被告人のほか、妻や同居人等複数の者がいて、その動静を把握する必要があったことなどの点をも考えると、これら令状提示前の数分間（被告人は、原審公判廷で一、二分間と供述する）になされた警察官らの室内立入りは、捜索活動というよりは、むしろその準備行為ないし現場保存的行為というべきであり、本来の目的である捜索行為そのものは令状提示後に行われていることが明らかであるから、本件においてＰら警察官がとった措置は、社会的に許容される範囲内のものと認められる。」

【最(二小)決平成２・６・27刑集44巻４号385頁】（捜索・差押えの際の写真撮影①） **判例③**

「本件においては、裁判官の発付した捜索差押許可状に基づき、司法警察員が申立人方居室において捜索差押をするに際して、右許可状記載の「差し押えるべき物」に該当しない印鑑、ポケット・ティッシュペーパー、電動ひげそり機、洋服ダンス内の背広について写真を撮影したというのであるが、右の写真撮影は、それ自体としては検証としての性質を有すると解されるから、刑訴法四三〇条二項の準抗告の対象となる「押収に関する処分」には当たらないというべきである。」

［裁判官藤島昭の補足意見］

「検証許可状を請求することなく、捜索差押手続の適法性を担保するためその執行状況を写真に撮影し、あるいは、差押物件の証拠価値を保存するため発見された場所、状態においてその物を写真に撮影することが、捜査の実務上一般的に行われている。このような撮影もまた検証と解されるべきものであるが、捜索差押に付随するため、捜索差押許可状により許容されている行為であると考えられる。

これに対して、本件のように、捜索差押許可状に明記されている物件以外の物を撮影した場合には、捜索差押手続に付随した検証行為とはいえないので、本来は検証許可状を必要とするものであり、その令状なしに写真撮影したことは違法な検証行為といわざるを得ないが、検証について刑訴法四三〇条の準抗告の規定の適用がないことは条文上明らかであって、この点に関する準抗告は現行刑訴法上認められていないものと解するほかない。

もっとも、物の外形のみの写真撮影に止まらず、例えば、捜索差押が行われている現場で捜索差押許可状に明記された物件以外の日記帳の内容を逐一撮影し、収賄先献金先等を記載したメモを撮影するなど、……このような場合、実質的にみれば、捜査機関が日記帳又はメモを差し押さえてその内容を自由に検討できる状態に置いているのと同じであるから、写真撮影という手段によって実質的に日記帳又はメモが差し押さえられたものと観念し、これを「押収に関する処分」として刑訴法四三〇条の準抗告の対象とし、同法四二六条二項によりネガ及び写真の廃棄又は引渡を命ずることができるとする考え方もあり得よう。」

【東京地判平成４・７・24判時1450号92頁】（捜索・差押えの際の写真撮影②） **判例④**

「一般に、他人の目に触れない住居の内部の状況や所持品等の情報について、人はそれをみだりに他人の目にさらされない利益を有していると考えることができ、その利益はプライバシーとして法的保護に値する。したがって、適法な令状なしに住居の内部の状況や所持品等を写真撮影した場合は、原則としてプライバシーの侵害として違法性を有するものといわなければならない。もっとも、捜索差押手続きの執行に当たって、その適法性を担保するために執行状況を撮影し、あるいは、証拠物の証拠価値を保存するために証拠物を撮影するなどの写真撮影は、当然に住居の内部の状況や所持品等を撮影対象に含むことになるが、捜索差押手続きに付随して合理的な目的により相当な方法、程度において行われる限り、捜索差押に付随する処分として、特別の令状がなくとも適法性を有すると解される。しかし、この捜索差押の付随処分としての限界を超えて行われる写真撮影は、その性格としては物の存在及び状態を五官の作用により認識する処分である検証に該当するものと解されるから、別途検証令状なくしてこれを行えば違法となると解すべきである。」

【論述例】

【「必要な処分」の範囲】

捜索差押許可状の執行を担当する捜査官には、各令状を円滑に執行し、その目的を達成することができるように「必要な処分」をする権限が認められている（222条１項、111条１項）。

上記の「必要な処分」は、捜査比例の原則に照らし、各令状の執行目的を達成するために必要であり、かつ、その方法も社会的に相当なものでなければならず、強制力を行使して被処分者に不利益を与える場合には必要最小限度の方法によらなければならないと解する。

【令状呈示の時期】

捜索差押許可状の呈示（222条１項、110条）の趣旨は、捜索差押手続の公正を担保するとともに、処分を受ける者に対して司法審査を経た令状内容を了知させることによりその人権に配慮する点にある。

上記の趣旨からすれば、同条による呈示は、令状の執行に着手する前の呈示を原則とすべきである。

もっとも、令状の執行に際し、執行を受ける者が受忍的協力的態度をとらず、令状を呈示できる状態にない場合において、社会通念上相当な手段方法により令状を呈示することができる状況を作出し、その後直ちに令状を呈示することは上記趣旨に反するものでなく、捜索・差押えの実効性を確保するためのやむを得ない措置として許容されるものと解する。

【捜索・差押えの際の写真撮影】

写真撮影は、物の存在及び状態を五官の作用により認識する処分であるから検証に当たり、これを強制処分として行う場合には検証許可状（218条１項）が必要となる。

もっとも、捜索・差押えの執行に際して、①手続の適法性を担保するためにその執行状況を撮影し、あるいは、②証拠物の証拠価値を保存するために発見された場所、状態においてその証拠物を撮影する場合、当然に住居の内部の状況や所持品等の情報を撮影対象に含むことになるが、少なくとも捜索・差押えの執行に必要な限度においてそれらの情報が捜査機関に認識、取得されることは捜索差押許可状により許容されたプライバシー侵害の範囲に包摂されるものと解される。

したがって、このような写真撮影は、上記の目的を達成するために必要な範囲で、かつ、相当な方法、程度において行われる限り、捜索・差押えに付随する処分として、特別の令状がなくとも適法に行い得るものと解する。

これに対して、証拠収集等の目的のために捜索差押許可状に明記されている物件以外の物を敢えて撮影する場合、もはや捜索・差押えに付随する処分とは認められず、検証許可状なしに写真撮影することは違法であると解する。

【参考答案例】【平成29年】

［設問１］

第１　下線部①の捜査の適法性

司法警察員が、甲方の捜索差押えを実施する際、捜索差押許可状の呈示前に、甲方ベランダの柵を乗り越え、掃き出し窓のガラスを割って解錠して甲方に入ったこと（以下、「捜査①」という。）の適法性について検討する。

(1)　甲方に立ち入った措置について

【論述例】「必要な処分」の範囲

ア　本件は甲方を拠点にした組織性が疑われる覚せい剤の密売事案であり、その性質上密行性が高く、差押対象物件である覚せい剤は本罪の立証上重要な証拠であった。他方、覚せい剤は水に流すなどして短時間に隠滅することが容易である上、甲は覚せい剤取締法違反の前科３犯を有する者であり、初犯者と比較して警察捜査に関する知識経験を有していることからすれば、捜査員が自宅に来訪したことを察知すれば即座に上記のような隠滅行為に及ぶ可能性があった。また、事前の捜査によって甲方には甲のほか乙、丙が出入りしており、捜索時に複数人が在室している可能性があったことから、甲方玄関先において甲の動静を監視するのみでは上記の隠滅行為を防止できないおそれもあった。さらに、甲が玄関ドアチェーンをつけたままで配達員に応対していたことなどから、捜査員が甲方室内に入るまでに時間を要する可能性が高い状況であるとともに、甲の協力が得られる可能性が低い状況にあった。現に、司法警察員Ｐが甲方玄関先の呼び鈴を鳴らしたところ、甲がドアチェーンを掛けたままドアを開けたことから、上記のような隠滅行為を防止するためには可及的速やかに捜査員が甲方室内に立ち入った上でその場にいる者の動静を把握する緊急の必要があった。

イ　他方で、掃き出し窓のガラスを割って開錠した措置は、居住者である甲に財産的損害を与えるものであるが、掃き出し窓は居室から取り外し可能な動産であり、ガラス窓自体の財産的価値は高価であるとはいえない。また、上述した玄関先での甲の対応や甲以外の者が在室している可能性を考慮すると、かかる措置よりも法益侵害の程度の低い立ち入り手段があったともいえない。

ウ　以上の事情からすれば、甲方ベランダの柵を乗り越え、掃き出し窓のガラスを割って解錠して甲方に入った措置は、捜索差押えの実効性を確保するために必要であり、社会通念上相当な態様で行われたものと認められる。したがって、かかる措置は「必要な処分」として許容される。

⑵　令状呈示の時期について

【論述例】令状呈示の時期

上記⑴の措置は、令状呈示前に行われているところ、上述のとおり、もし玄関先で甲に令状を呈示すればその間に室内にいる者により証拠隠滅行為が容易に行われ得る状況にあり、事前に令状を呈示できる状態にはなかった。他方、令状を呈示した時点では、捜査員らは室内に立ち入ったのみであって具体的な捜索活動は開始しておらず、立ち入り後直ちに甲に令状を呈示した上で、本来の目的である捜索行為そのものは令状呈示後に行われている。

以上から、令状呈示前に上記⑴の措置を行ったことは、222条１項、110条の趣旨に反するものではなく、捜索差押えの実効性を確保するためにやむを得ないものと認められる。したがって、かかる措置は適法である。

⑶　以上より、捜査①は適法である。

【参考答案例】【平成20年】

［設問２］

1　甲方の捜索（以下、「本件捜索」という。）は、甲が、覚せい剤を密売してＸ組の活動資金を得るという営利の目的で甲方において多量の覚せい剤を所持しているという嫌疑が濃厚となったことから、甲に対する覚せい剤営利目的所持の犯罪事実で、差し押さえるべき物を、「本件に関係する覚せい剤、小分け道具、手帳、ノート」とし、捜索すべき場所を、「Ａマンション201号室の甲方」とする捜索差押許可状の発付を受けて行ったものであるところ、「正当な理由」（憲法35条１項）に基づいて、対象を特定・明示した適法な令状（219条１項参照）に基づく捜索（218条１項）であると認められる。

2　司法警察員が、捜索差押許可状の呈示に先立って捜索場所であるマンションの甲方の窓ガラスを割って入室した措置について

(1)　甲方に立ち入った措置について

【論述例】「必要な処分」の範囲

ア　本件は暴力団Ｘ組によって覚せい剤の密売が組織的に敢行されていることが疑われる事案であるところ、覚せい剤営利目的所持罪はその性質上密行性が高く、差押対象物件である覚せい剤は本罪の立証上重要な証拠であった。他方、覚せい剤は水に流すなどして短時間に隠滅することが容易である上、甲は覚せい剤取締法違反（譲渡罪）の前科１犯を有する者であり、初犯者と比較して警察捜査に関する知識経験を有していることからすれば、捜査員が自宅に来訪した際に即座に上記のような隠滅行為に及ぶ可能性があった。現に、司法警察員Ｑが甲方のドアチャイムを鳴らしたところ、甲方内から「何ですか。」との声が聞こえ、Ｑが「警察だ。ドアを開けろ。」と告げたが、ドアは開けられることなく、「やばい。」などという男の声がして、ドア付近から人が遠ざかる足音が聞こえ、さらに、室内から、数人が慌ただしく動き回る足音が聞こえた。このことから、甲方内には複数の人物が現在しており、それらの者が捜査員の来訪に対して動揺、混乱している様子が窺われ、甲方内において直ちに上記のような隠滅行為が行われる可能性が高い状況にあった。したがって、かかる隠滅行為を防止するために可及的速やかに捜査員が甲方室内に立ち入った上でその場にいる者の動静を把握する緊急の必要があった。

イ　他方で、ガラス窓を割った措置は、甲に財産的損害を与えるものであるが、ガラス窓の修理費用は２万円にとどまっており、その財産的価値が高価であったとはいえない。また、甲方への入室に際して、Ｑは、玄関ドアが施錠されていたので、ドアを手でたたき、ドアチャイムを鳴らしながら、「早く開けろ。捜索令状が出ている。」と数回にわたり怒鳴ったが、ドアが開けられる気配はなく、甲方内からの応答もなかったため、玄関ドアの右隣にあるガラス窓を開けようとしたが、施錠されていたので、所持していた手錠を用いて向かって右側のガラス１枚を割って、約20センチメートル四方の穴を開け、その穴から手を差し込んでガラス窓内側のクレセント錠を外した上、同ガラス窓を開けてそこから甲方内に入ったものである。このような経緯からすれば、Ｑは甲に対する法益侵害の程度の低い手段を順次試みた上で、他に有効な立ち入り手段がなかったことからやむを得ず上記ガラス窓の損壊に及んだものといえる。加

えて、Qが割った甲方の窓ガラスは、本件捜索後直ちに、業者により修復されており、甲に与えた財産的損害は事後的に補填されている。

ウ 以上の事情からすれば、甲方の窓ガラスを割って入室した措置は、捜索差押えの実効性を確保するために必要であり、社会通念上相当な態様で行われたものと認められる。したがって、かかる措置は「必要な処分」として許容される。

(2) 令状呈示の時期について

【論述例】令状呈示の時期

上記(1)の措置の後、Pらは、順次、そのガラス窓から甲方内に入り、「置いてある物に触るな。」と言いながら甲方内の各部屋に散った上、Qらが、甲方内に在室している人物を確認したところ、甲がリビングルームに、2名の組員がそれぞれ別々の部屋にいて、合計3名が甲方内に在室していることが判明したことから、Qらは、これら3名の近くで、その行動を注視できる位置についた。以上の措置は、いずれも令状呈示前に行われているところ、上述のとおり、これらの措置に先立って甲に令状を呈示すればその間に室内にいる者により証拠隠滅行為が容易に行われ得る状況にあり、事前に令状を呈示できる状態にはなかった。他方、Pは、Qが入室してから約3分後に甲に令状を呈示した上で、リビングルームに置かれたサイドボードの引き出し等に対する具体的な捜索活動は令状呈示後に行われている。

以上から、令状呈示前の上記一連の措置は、令状を呈示することができる状況を作出するために必要な現場の保存行為であって、222条1項、110条の趣旨に反するものではなく、捜索差押えの実効性を確保するためにやむを得ない措置と認められる。したがって、かかる措置は適法である。

3 以上より、本件捜索は適法である。

【参考答案例】【平成21年】

［設問1］

1 捜索・差押えの際の写真撮影の適法性

【論述例】捜索・差押えの際の写真撮影

2 写真①について

(1) 撮影対象の差押対象物該当性（被疑事実との関連性）

写真①は、捜索場所であるT社事務所内において、コンクリートの壁にボールペンで「1／12△フトウ」と書かれた文字を消した跡（以下、「本件記載跡」という。）があったことから、その部分を撮影したものである。

しかるところ、甲の供述によれば、平成21年1月11日午後9時頃に乙から甲に電話があり、その際の会話で、甲は乙に「明日の夜、M埠頭で車の転落事故を装ってVを殺す。」と伝えていたというのであるから、本件記載跡は、かかる甲との電話の際のやり取りを乙が壁に直接メモ書きした上で事後に抹消したものであり、「1／12」は甲が告げた犯行予定日である1月12日のこと、「△フトウ」は甲が告げた犯行予定場所であるM埠頭のことをそれぞれ意味するものと考えられる。そうすると、本件記載跡は、上記甲の供述を裏付けて甲乙間の共謀の存在を立証し得る証拠であると認められるから、令状記載の「本件に関連する……メモ」に該当する。

⑵　写真撮影の必要性・相当性

ア　上記のとおり、本件記載跡は本件被疑事実と関連性を有する重要な証拠であるところ、これを証拠化してその証拠価値を保存する必要性は高い。もっとも、本件記載跡はコンクリートの壁に直接書かれたメモを消去した跡であり、これを物理的に差し押えようとすれば、壁の一部を損壊して取り外す必要があるところ、そのような手段によれば被処分者に多大な経済的損害を与える結果となることから、司法警察官Ｐらとしては、かかる差押えの代替手段として写真撮影をしたものといえる。

イ　他方、本件記載跡の証拠価値を保存する手段としては、それを写真撮影することによってもその目的を達成することは可能であり、また、壁の一部を損壊し取り外して直接差し押さえるという手段よりも写真撮影にとどめる方が処分を受ける者にとって不利益がより小さいため相当な手段であると認められる。

⑶　以上より、写真①の撮影は適法である。

3　写真②及び③について

⑴　撮影対象の差押対象物該当性（被疑事実との関連性）

ア　写真②はＸ銀行の預金通帳を、写真③はＹ銀行の預金通帳をそれぞれ撮影したものである。これらの通帳はいずれもＡ名義であるが、後述のとおり、各通帳とその届出印と思われる印鑑２個は、乙名義のパスポート、乙の氏名が印刷された名刺及び乙宛のはがきと同じ引出しの中に入れられていたものであり、かかる保管状況からすれば、各通帳はいずれも乙が実質的に管理・使用していたものであると推認される。

イ　Ｘ銀行の預金通帳について、甲は１月15日に乙から本件犯行の報酬の一部として現金30万円を受け取ったと供述しているところ、同通帳の平成21年１月14日の取引日欄には現金30万円の出金が印字されており、その部分の右横に「→Ｔ．Ｋ」と鉛筆で書き込まれていた。この「Ｔ．Ｋ」という記載は甲野太郎の頭文字と一致しており、上記の出金額も甲が乙から受け取ったと供述している金額と一致していることからすれば、かかる出金記録は乙が甲へ支払う報酬の原資として現金30万円を引き出したことを示すものであり、「→Ｔ．Ｋ」の記載は引き出した現金の支払先が甲であることを乙が備忘のためにメモ書きしたものであると考えられる。そうすると、Ｘ銀行の預金通帳は、上記甲の供述を裏付けて甲乙間の共謀の存在を立証し得る証拠であると認められるから、本件令状記載物件である「本件に関連する……預金通帳」に該当する。

ウ　これに対して、Ｙ銀行の預金通帳については、Ｔ社からの定期的な入金や不定期の出金等が記録されているのみであり、本件被疑事実との関連性を示す書き込み等はなかった。他方で、電気代や水道代等の定期的な出金が記録されていることからすれば、かかる通帳は仮に乙が管理していたものであったとしても、本件被疑事実とは無関係に乙個人が専ら公共料金の支払等の私的な目的ために使用していたものに過ぎないと考えられる。そうすると、Ｙ銀行の預金通帳は、本件被疑事実と関連する証拠物であるとは認められず、令状記載の「本件に関連する……預金通帳」に該当しない。現に、ＰらはＹ銀行の預金通帳については差し押さえていない。

⑵　写真撮影の必要性・相当性

ア　上記のとおり、Ｘ銀行の預金通帳は本件被疑事実と関連性を有する重要な証拠であるところ、Pらは最終的にこれを差し押さえている。もっとも、上記「→T．K」の記載は鉛筆での書き込みであって改ざん等が容易であることから、当該記載部分についての改ざん等の有無が事後に争点となる事態が想定され得る。そこで、かかる記載が捜査機関等により事後的に書き込まれたものではなく、通帳が発見された時点からこの書き込みが存在していたことを明らかにするために、発見場所において発見時の通帳の状態を写真撮影し、その証拠価値を保存しておく必要があった。

イ　他方、写真②はX銀行の預金通帳を事務机の上に置いて、その表紙及び印字されているページに限定して撮影したものであり、上記目的にとって必要な範囲を越えて不要な被写体が撮影されたという事情もないことから、撮影手段の相当性も認められる。

(3)　以上より、写真②の撮影は適法である。

これに対して、写真③については、証拠物の証拠価値保存や手続の適法性担保の目的のために写真撮影する必要性は認められないことから、かかる撮影は捜索・差押えの付随処分として許容される限度を超えて令状記載物件以外の物を敢えて撮影したものであり、令状によらない検証行為というべきである。したがって、写真③の撮影は違法である。

4　写真④について

(1)　撮影対象の差押対象物該当性（被疑事実との関連性）

写真④は、X銀行の預金通帳と同じ引出しの中に入れて保管されていたパスポート、名刺、はがき及び印鑑を撮影したものであるところ、これらの撮影対象（以下、「本件撮影対象物」という。）は、いずれも令状記載の「差し押さえるべき物」には該当しない。したがって、本件撮影対象物を差し押さえることはできない。もっとも、乙名義のパスポート等と一緒にX銀行の預金通帳及びその届出印が保管されていたという事実は、同通帳が実質的には乙によって管理・使用されていたことを推認させる間接事実となるところ、本件撮影対象物は、いずれもかかる発見時の保管状況を証明する証拠であるといえ、間接証拠の一つとして本件被疑事実との関連性が認められる。

(2)　写真撮影の必要性・相当性

ア　Pらが差し押さえたX銀行の預金通帳は、その名義人が乙ではなくAであることからすると、必ずしも本件被疑事実との関連性が明らかであるとはいえず、これを適法に差し押さえるためには、同通帳が実質的には乙によって管理・使用されているものであって本件被疑事実と関連性を有する証拠物であることが認められなければならない。しかるところ、本件撮影対象物は、上述のとおりX銀行の預金通帳について乙が実質的に管理・使用していた事実を推認させるものであり、同通帳が「本件に関連する……預金通帳」に該当し、適法に差押え得る物件であったことを示す証拠であると認められる。そうすると、かかる差押対象物の関連性について証拠保全し、差押手続の適法性を担保するために、本件撮影対象物を写真撮影しておく必要があった。

イ　他方、写真④は、パスポートの乙名義の記載のあるページ、乙の氏名の記載された名刺、乙宛のはがきのあて名部分、印鑑の刻印部分のみを撮影したものであり、適宜、各撮影対象について上記の目的にとって必要な範囲に限定して撮影していることから、撮影手段の相当性も認められる。

⑶　以上より、写真④の撮影は適法である。

【参考答案例】【平成22年】

［設問１］

第１　捜査①及び②について

⇒第４講【４】【参考答案例】参照

第２　捜査③について

１　Ｐらは、甲によるけん銃譲渡の被疑事実について、裁判官から適法に捜索差押許可状の発付を得た上で、発見した乙の携帯電話を差し押さえたものであるから、かかる押収手続は適法である。

２　データの復元・分析措置について

⑴　物に関する情報を取得する処分は、捜査官が物の存在及び状態を五官の作用により認識する処分であるから「検証」に当たるところ、差押対象物に関する情報の取得が差押え自体による権利侵害とは別個の新たなプライバシー侵害を伴う場合には、別途、検証許可状（218条１項）が必要となる。もっとも、差押対象物から消去された情報を復元した上で取得する処分は、消去によって可視性がなくなった情報を可視性がある状態に回復するものに過ぎず、もともと差押対象物に記録されていた情報を何ら破壊、改変等するものではないから、それによるプライバシー侵害についても当然に捜索差押許可状を発付した裁判官の司法審査が及んでいると解される。したがって、かかる処分は捜索差押許可状の効力として適法に行い得るというべきである。

しかるところ、Ｐらは、押収した乙の携帯電話の発信歴や着信歴がすべて消去されていたことから直ちに消去されたデータの復元・分析を図ったものであるが、復元されたデータはもともと乙の携帯電話に保存されていた発着信歴のみである。そうであれば、復元に伴って別個の新たなプライバシー侵害が生じることはなく、これらのデータはいずれも本来令状による差押え自体に伴って捜査機関に取得され得るものであって、差押対象物と一体のものと認められる。したがって、上記データを復元した上で取得する処分について、別途、検証許可状の発付を受けることは要しない。

⑵　上記のとおり、乙の携帯電話内の消去されたデータについても捜索差押許可状の効力が及んでいることから、これを復元・分析する措置は、かかるデータを取得するという捜査目的を達成するために必要かつ相当な措置であるといえ、「押収物」についての「必要な処分」（222条１項、111条２項）に当たる。

３　以上より、捜査③は適法である。

【３】逮捕に伴う捜索・差押え

［論点解析］無令状捜索・差押えの限界

１　無令状捜索・差押えの趣旨

逮捕に伴う捜索・差押えを規定する220条１項２号の趣旨（無令状捜索・差押えが許容される根拠）については、被逮捕者による証拠破壊・隠滅防止のための緊急の必要性に求める**緊急処分説（限定説）**と逮捕現場における証拠存在の高度の蓋然性に基づく合理的証拠収集手段であることに求める**相当説（合理説）**が対立しています。判例①は「捜索、押収につき令状主義の例外を認めているのは、この場合には、令状によることなくその逮捕に関連して必要な捜索、押収等の強制処分を行なうことを認めても、人権の保障上格別の弊害もなく、且つ、捜査上の便益にも適なうことが考慮されたによるものと解される」と述べています。この判示からすれば、判例が少なくも緊急処分説のみを支持する立場ではないことは明らかであり、基本的には相当説が判例の根底にあると理解されています。

2　「逮捕する場合」（220条１項）の意義――時間的限界――

⑴　「逮捕する場合」の解釈

「逮捕する場合において」（220条１項）との文言によれば、「逮捕する時点」とは規定されていないことから、捜索・差押えと逮捕の厳格な意味での同時執行は要求されないと解されます。もっとも、どの程度の時間的隔たりまで許容されるかについては、上記両説による対立があります。**緊急処分説**からすれば、被逮捕者による証拠破壊・隠滅の高度の危険性が存在する緊急状況においてのみ無令状捜索・差押えが許容されることから、原則として逮捕の着手が先行している必要があり、かつ、逮捕との厳格な時間的接着性が要求されます。この考え方によれば、逮捕が完了し、被疑者が現場から連行された後や完全に身動きができない状態になった後であれば、もはや上記のような緊急状況は解消されていることから、無令状捜索・差押えは許容されず、改めて令状の発付を受けた上で捜索・差押えをすべきということになります。これに対して、**相当説**によれば、逮捕の前後で多少の時間的隔たりがあったとしても証拠存在の高度の蓋然性に違いは生じないことから、必ずしも逮捕の着手が先行することは要せず、また、逮捕との時間的接着性も比較的緩やかに捉えることになります。この考え方によれば、上記のような逮捕完了後であっても、更には逮捕に失敗して被疑者が現場から逃走した場合であっても、その後の無令状捜索・差押えが許容される余地があります。

判例①の法廷意見は、「逮捕する場合」（220条１項）の意義について、「逮捕との時間的接着を必要とするけれども、逮捕着手時の前後関係は、これを問わないものと解すべき」と述べた上で、「例えば、緊急逮捕のため被疑者方に赴いたところ、被疑者がたまたま他出不在であっても、帰宅次第緊急逮捕する態勢の下に捜索、差押がなされ、且つ、これと時間的に接着して逮捕がなされる限り、その捜索、差押は、なお、緊急逮捕する場合その現場でなされたとするのを妨げるものではない」と判示しました。同判例は、被疑者が現場不在の状況において実施された無令状捜索・差押えの適法性を肯認したものですが、被疑者が現在しないのであれば、当然、証拠破壊・隠滅の危険性は認め難いことから、法廷意見の結論は緊急処分説からは正当化し得ないでしょう。他方、相当説によれば、被疑者が現在しなくてもその場所における証拠存在の蓋然性は変わらないと考えるのであれば、法廷意見の結論を支持する余地があります。

⑵　“被疑者の現場存在”の要否

もっとも、上記法廷意見に対しては、これに反対する趣旨の複数の少数意見が付されていたことに注意が必要です。すなわち、法廷意見の解釈によれば、既に終了した捜索・差押えの適法性が、その後に時間的に接着して逮捕がなされたか否かという事後的な事情により左右されることになりますが、事後に間もなく被疑者が現場に姿を現したか否かという偶然の事情により適否が異なるという解釈論はやはり法的安定性を欠くといわざるを得ません（そもそもこの解釈では、捜索開始時点の事情によってはその適法性を確定し得ないことになり、現場で処分を執行する捜査官に対する行為規範としては機能しない基準となってしまいます。)。法廷意見の問題点について、**横田裁判官補足意見**は「同じ捜索差押の行為でありながら、被疑者が間もなく帰宅したという偶然の事実が起これば、適法なものになり、そうした事実が起こらなければ、違法なものになるというのは、あきらかに不合理である」と述べた上で、「ある捜索差押の行為が適法であるかいなかは、その行為そのものによって判断すべきで、その後に起こった偶然の事実によって左右されるべきではない」と指摘しています。このような指摘を踏まえると、判例①については、あくまで捜索・差押えを開始してから約20分後に被疑者が偶然帰宅し現実に逮捕されたという事情があったが故に適法性を肯認し得たに過ぎない、いわば“救済判例”と位置付けるべきでしょう。その上で、各少数意見は、「逮捕する場合」の意義について、「被疑者が現場にいて、逮捕と同時に捜索や差押を行なうか、すくなくとも逮捕の直前または直後に捜索や差押を行なうことを意味する」(**横田裁判官補足意見**)、「時期的には逮捕と同時又は直前、直後を意味し、少くとも被疑者が現場に存することを必要とし、苦し被疑者が不在であるとか既に逃亡して現場にいないような場合にはその適用がない」(**藤田裁判官・奥野裁判官意見**)、「逮捕行為を行う際を意味し逮捕行為の前後はこれを問わないが、逮捕行為との時間的場所的接着を必要とし、かつ被疑者が逮捕の現場に現在することを必要とする」(**小谷裁判官・河村裁判官少数意見**)という解釈論をそれぞれ示しています。

以上のような問題意識を踏まえ、現在の捜査実務では、上記法廷意見の解釈論をそのまま適法性判断基準として用いてはおらず、**“被疑者の現場存在”**を要求する上記各少数意見の趣旨を反映した上で、少なくとも「被疑者が捜索・差押えの現場に現在しており、逮捕に着手しようと思えばできる状況下にあること」を要件とする(そのような状況があれば、「逮捕との時間的接着」を肯定し得るといえ、必ずしも先行して逮捕に着手していなくても捜索・差押えができる)という解釈・運用基準を用いているといわれています。

３　「逮捕の現場」(220条１項２号)の意義――場所的限界――

(1)　「逮捕の現場」の解釈

判例①は、「逮捕の現場で」(220条１項２号)の意義について、「**場所的同一性**を意味するにとどまるものと解する」と述べるのみで、具体的な判断基準を示していません。これについても上記両説による対立があります。出題趣旨には、以下のように述べられていました。

> **[平成24年出題趣旨]**
> 「**現行犯逮捕に伴う捜索**については、なぜ「逮捕する場合において」令状なくして捜索を行うことができるのかという制度の趣旨に立ち返り、**「逮捕の現場で」の解釈**を明確にした上で、**各自の見解とは異なる立場を意識**して事例中に現れた具体的事実を的確に抽出、分析しながら論ずるべきである。」

まず、**緊急処分説**の立場からは、「逮捕の現場」は、被逮捕者による証拠破壊・隠滅防止のための緊急の必要性が認められる範囲、具体的には、「被逮捕者の身体又は直接の支配下にある場所」に限定されるという解釈が導かれます。これに対して、**相当説**の理解からすれば、その場所的な限界は、「逮捕する際に捜索差押許可状を請求すれば許容されるであろう相当な範囲」(司法審査を不要とすることが合理的であると認められる範囲)ということになります。もっとも、この「相当な範囲」の具体的な内容については、相当説内部において見解が分かれており、**【見解Ⅰ】**は広く「被疑事件の証拠が存在する蓋然性が認められる範囲」と説明するのに対して、**【見解Ⅱ】**は令状による場合と同様に「逮捕現場の管理権者の同一の管理権が及ぶ範囲」と説明します。いずれの見解に依拠するかによって結論が異なり得るところ、例えば、マンションの被疑者の居室前の廊下(共用部分)で被疑者を逮捕した上でその居室を捜索する場合、**【見解Ⅰ】**からは、居室内に当該事件の証拠が存在する蓋然性が認められる限り「逮捕の現場」に当たり得ることになります。これに対して、**【見解Ⅱ】**からは、共用部分の管理権者はマンション所有者であるのに対し、居室については居住者である被疑者の管理権が優先する(マンション所有者の管理権は後退する)と考えられることから、「逮捕の現場」に当たらないと判断されます。

判例②は「「逮捕の現場」の意味は、……合理的な範囲に限られる」と判示した上で、ホテル5階の待合室で被疑者を現行犯人逮捕した事案において、同ホテル7階の被疑者の自室(客室)の捜索・差押えを適法としています。しかしながら、上記の例と同様に考えると、逮捕の場所であるホテルの待合室はホテル管理者の施設管理権が及んでいるのに対し、被疑者の自室(客室)は被疑者(及びその同宿者)の施設利用権が優先しているといえます。したがって、両者は管理権を異にしており、相当説においても少なくとも上記**【見解Ⅱ】**からは「逮捕の現場」とは評価できません。同判例は、同部屋での捜索を適法とする理由として、被疑者自ら逮捕の場所からの移動を申し出て同部屋まで警察官を案内したという事情を指摘しています。しかしながら、逮捕の場所以外で異なる管理権に属する場所の捜索は、たとえ証拠存在の蓋然性が認められる場合だとしても、別個の法益を新たに侵害するものであることから、「場所的同一性」は厳格に判断されなければならず、場所の移動が被疑者自身の申し出によるという事情があってもこれを正当化することはできないというべきでしょう。このような問題意識から、判例②の結論は、現在では緊急処分説、相当説のいずれの立場からも積極的には支持されていません。

(2) “被疑者の身体・所持品”に対する捜索・差押えの特殊性

被疑者を逮捕した上で実施する身体の捜索及び所持品の差押えについては、逮捕した場所で行わずに近隣の警察署等へ連行した上で実施することの許容性が問題となります。

このような場合、緊急処分説からすれば、被疑者が所持している物を破壊・隠匿する危険性は逮捕地点を離れても変わりません。他方、相当説からも、被疑事実に関連する証拠物が被疑者の身体に存在するのであれば、逮捕現場から場所を移動しても当該証拠物が存在する高度の蓋然性は変わらないと考えられます。このように、捜索対象としての被逮捕者の「身体」は、その他の「場所」や「物」とは異なった特性があることから、逮捕地点から場所的に離隔しても“現場性”に実質的な変化はないと考える余地があります。一方で、刑事訴訟法は「逮捕の現場で」と明文で規定しており、場所的な範囲の観点からも無限定な捜索・差押えがなされる事態を防止しています(なお、被疑者の「身体」それ自体を「現場」と捉えるのであれば、逮捕後に被疑者がどこへ移動しようとその身体が「逮捕の現場」であり続けることになりますが、このような解釈は「現場で」という語義からも無理があるため、「逮捕の現場」とはあくまで逮捕行為が行われた場所と捉えることになります。)。そこで、上記のような**“身体・所持品の特殊性”**を踏まえて、逮捕地点からの場所的離隔をどの程度まで緩和して許容することができるかが「逮捕の現場」の解釈として問題となります。

判例③は、上記のような捜索・差押えについて、一定の条件の下で「「逮捕の現場」における捜索、差押えと同視する」ことができる、という法理論を展開しました。もっとも、上記のとおり、条文上はあくまで「逮捕の現場」で捜索・差押えを実施することが要求されているのであり、これと「同視することができる」として捜索・差押えを許容し得るのは例外的な場合にとどまります。そこで、判例③は、「同視することができる」ための要件として、「逮捕現場付近の状況に照らし……その場で直ちに捜索、差押えを実施することが適当でないとき」という前提条件を付した上で、その具体的な実施に際しても、「速やかに」、「実施に適する最寄りの場所まで連行した上……実施する」という限定条件を付している点が重要です。出題趣旨において、以下のように説明されています。

［平成25年出題趣旨］

「設問１の【差押え】は、**逮捕に伴う無令状差押え**であるが、逮捕の地点から約200メートル離れた地点において実施されている点が、**同法第220条第１項第２号の「逮捕の現場」**という要件との関係で問題となる。この点に関しては、最高裁判例（**最決平成８年１月29日刑集50巻１号１頁**）があるから、同判例の内容を踏まえた上で自説を展開すべきであろう。同判例は、「逮捕の現場」で直ちに被逮捕者の身体を捜索し差押手続を実施することが適当でなかった場合に、できる限り速やかに被逮捕者を身体の捜索・差押えを実施するのに適当な最寄りの場所まで連行した上で行われた差押手続につき、「刑訴法220条１項２号にいう『逮捕の現場』における差押えと同視することができる」としたものであるが、なぜに「同視することができる」のかについての法理論までは説示しておらず、この点については各自が法理論を展開することが求められる。」

なお、判例③は「同視することができる」と述べるのみでその理論的根拠については特段判示していないことから、上記出題趣旨は「この点については各自が法理論を展開することが求められる」と述べています。そこで、同判例の法理論の理論的根拠について検討すると、「逮捕の現場」以外の場所での捜索・差押えを「同視することができる」という類推解釈により許容する趣旨であるとの理解があり得ます。すなわち、本来的に「逮捕の現場」における捜索・差押えとは“異なる処分”について、それと類似しているからという理由で適法であると解釈するのです。しかしながら、このような理解によると、捜査機関限りの判断で法定されていない強制手段を用い得るということになり、強制処分法定主義に違反するおそれがあります。これに対して、近時、捜索の実効性確保のための**付随的措置**（捜索に「**必要な処分**」、222条１項、111条１項）として適切な場所へ移動することが許容される（その上で本来的処分である捜索・差押えを行うという実施手段も認められる）という趣旨で同判例の法理論を理解する見解が有力です。すなわち、そもそも220条１項２号の規定が、身体捜索については「逮捕の現場」がその実施に適さない場合（具体的事情のもとその場で実施するのが不適当又は困難な場合）には本来的処分の実施に必要かつ相当な限度で付随的措置を行うことも併せて許容しているところ、場所の移動はそのような付随的措置（「必要な処分」）として適法であると解釈するのです。このような理解によれば、あくまで本来的な「逮捕の現場」における捜索・差押えと“同一性のある処分”を許容するものであり、場所の移動はその合理的な実施手段に過ぎないと解されることから、強制処分法定主義との抵触は生じません。

4　無令状捜索・差押えの対象――物的限界――

(1)　逮捕被疑事実との関連性

捜索対象についての102条及び差押対象についての99条１項は、220条１項２号による捜索・差押えの場合にも準用されていることから（222条１項参照)、逮捕に伴う捜索・差押えについても当然に**関連性**（⇒**第４講【1】４及び６参照**）が要件となります。すなわち、無令状捜索の対象には「押収すべき物の存在を認めるに足りる状況」(102条２項、ただし、対象が被疑者に属する場合には同条１項が推定規定となります。）が要求され、他方、無令状差押えの対象は、逮捕の理由とされた被疑事実に関連する「証拠物」(99条１項）に限定されます。そして、このことは、緊急処分説、相当説のいずれの立場からであっても異なりません。なぜなら、緊急処分説から“防止すべき破壊・隠滅行為の対象となる証拠”はまさしく当該逮捕被疑事実に関連する証拠のことであり、他方、相当説から“現場において存在する高度の蓋然性が肯定される証拠”(司法審査を経ずに収集することが合理的であると認められる証拠）も当該逮捕被疑事実に関連する証拠に限られるからです。したがって、逮捕に伴って逮捕理由たる被疑事実とは全く無関係の別事件の証拠（別罪証拠）を差し押さえることは許されません。判例①も「逮捕の現場での捜索、差押は、当該逮捕の原由たる被疑事実に関する証拠物件を収集保全するためになされ、且つ、その目的の範囲内と認められる」場合に許容されるものであると判示しています。同様に、判例④も「被告人は、道路交通法違反の現行犯として逮捕されたものであり、刑事訴訟法第二二〇条第一項第二号で逮捕に付随して令状なしに捜索し、差し押えることのできるものは右犯罪の証拠物等に限られるから、付随的な強制処分として全く別個の犯罪である銃砲刀剣類所持等取締法違反の証拠物の捜索、差押をすることは許されない」と判示しています。

以上の理解を前提とすると、仮に220条１項２号による捜索の実施により専ら別事件のみに関連する証拠が発見された場合に捜査機関の執り得る措置としては、①任意提出を求めて領置する（221条)、②禁制品（薬物、銃器等）である場合、その所持の現行犯人として改めて逮捕した上で当該逮捕に伴う無令状差押えを行う、③別途令状を得た上で差し押さえる、という各方法のいずれかにより対処することが考えられます（なお、いわゆる**“緊急捜索・差押え”**の可否については、これを許容する明文規定を欠くことから否定する見解が一般的です。)。判例④では、同号の捜索・差押えを実施した際の差押調書の目録に別罪証拠が記載されていた瑕疵について、結論として「被告人が任意に提出したものと認めることができ、全体として刑事訴訟法第二二一条の領置と解せられる」と判断されています。

(2)　“凶器・逃走用具”に対する捜索・差押えの可否

なお、220条１項２号の趣旨について、証拠の緊急保全（緊急処分説）又は合理的収集（相当説）という観点に加え、**逮捕者の安全確保及び被逮捕者の逃亡防止の必要性**（逮捕自体の執行の確保）という点も無令状捜索・差押えの根拠として挙げる見解があります。すなわち、緊急処分説においては「証拠破壊・隠滅防止のための証拠の緊急保全」のみならず「逮捕者の安全確保の緊急の必要性」も緊急処分性の根拠として指摘できます。他方、相当説からも緊急処分性という視点を補充的に採り入れて「逮捕者の安全確保」も同号の趣旨に含まれると理解することは可能です。この観点からすれば、逮捕被疑事実との関係で「証拠物」に該当しない物であっても、**“凶器・逃走用具”**の類については捜索・差押えの対象に含まれると考えることができます。判例⑤は「刑事訴訟法二二〇条一項二号……の捜索、差押は、逮捕の原由たる被疑事実に関する証拠物の発見、収集、及びその場の状況からみて逮捕者の身体に危険を及ぼす可能性のある凶器等の発見、保全などに必要な範囲内で行われなければならず、この範囲を越え、余罪の証拠の発見、収集などのために行なうことが許されない」と判示しており、「逮捕者の身体に危険を及ぼす可能性のある凶器等」も同号の捜索・差押えの対象に含めて理解しています。

これに対して、上記のような逮捕の現場における“凶器・逃走用具”の類の発見・回収措置については、無令状捜索・差押えを許容した220条1項2号を法的根拠とするものではなく、逮捕そのものの効力として許容される**「逮捕に対する妨害を排除するための付随的措置」**であると説明する見解もあります。この見解によれば、現行犯人逮捕を行う私人も上記措置を行い得ると解される一方で、凶器等について逮捕の完遂に必要な限度で捜索した上で一時的に取り上げて保管することまでは「逮捕に伴う付随的措置」（妨害排除措置）として許容され得るものの、その程度を越えて「押収」（差押え）することまでは必ずしも認められない、と解されます。

5　問題分析

以上を踏まえて、逮捕に伴う**無令状捜索の適法性**については、まず、**【220条1項要件】**（**「逮捕する場合」**及び**「逮捕の現場」**）の充足性を検討し、次いで、**【関連性】**を検討する、という二段階の判断枠組みで検討していくことになります（⇒**第4講【1】1⑵**参照）。なお、必要性の要件については、条文上「必要があるとき」（220条1項）と規定されていますが、この要件が独立して問題となるような事案はほとんどないと思われます。以下、具体的な問題について分析します。

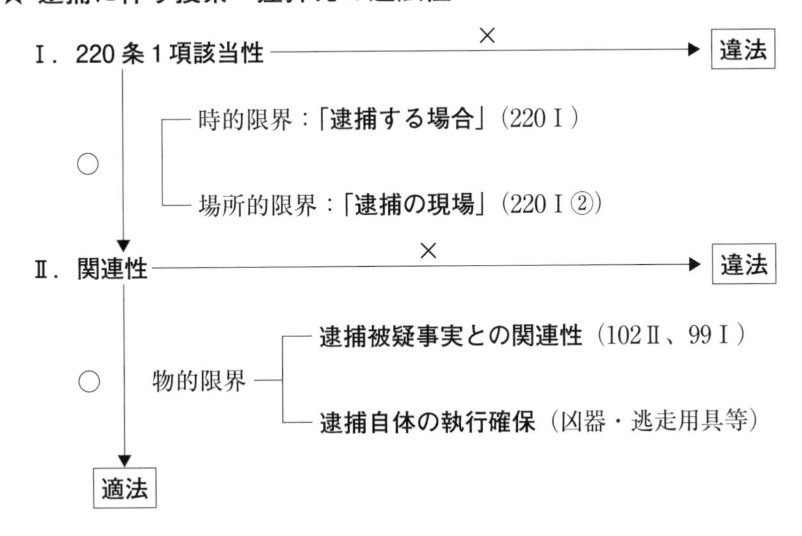

[平成25年試験問題]

［設問1］では、司法警察員P及びQが、殺人事件の犯人として甲及び乙をそれぞれ準現行犯逮捕しその後、Pが、逮捕されている甲の身体着衣を捜索するため、甲を逮捕の現場から約300

メートル離れた交番に連行する途中、転倒した甲のズボンポケットから落ちた携帯電話を差し押さえた手続の適法性が問われました。

まず、**【220条1項要件】**を検討します。本問では、特に、差押えが逮捕の地点から約200メートル離れた地点において実施されている点が、同号の**「逮捕の現場」**の要件との関係で問題となります。判例③の内容を踏まえ、具体的事実関係から、①その場で直ちに捜索・差押えを実施することが適当でないこと、②速やかに実施に適する最寄りの場所まで連行すること、という同判例の提示した前提ないし限定条件について検討することが求められます。なお、Pは、甲を連行するに当たり、逮捕の地点から約300メートル離れたI交番をもって、差押えを実施するのに適当な最寄りの場所であると判断しましたが、実際には、同交番に向かう途中において差押えを実施しています。この事情が上記判例③の法理論においてどのように考慮されるべきかについて留意する必要があるでしょう。採点実感では以下のように言及されています。

[平成25年採点実感]

「本事例は前記判例と異なり、「適当な最寄りの場所」と考えたI交番に到達する前に逮捕現場から約200メートル離れた路上で甲が携帯電話を落としたことにより、司法警察員Pがこれを差し押さえている。これを適法とする見解においては、甲が転倒して携帯電話を落としたことによりその存在がPに明らかになり、重ねて捜索をせずとも差押えが可能な状況になったという具体的な事実を摘示した上で、差し押さえた場所が、「適当な最寄りの場所」と認められることを論じることが求められるところ、単に移動距離が当初の予定である300メートルよりも短いことをもって適法とするなど、全く法的考察がなされていない答案が散見された。」

次に、差押えについての**【関連性】**の要件、すなわち、その対象物が被疑事実と関連性を有する「証拠物」(222条1項、99条1項)に該当するか否かを検討する必要があります。本問では、甲が乙から受信した殺人の報酬に関するメールが殺人事件についての甲乙間の共謀や甲の動機等を立証する上で重要な証拠となり得ることから、そのメールは当然に被疑事実との関連性が認められます。もっとも、問題は、①Pがその場で甲の携帯電話のメール送受信記録を確認することなく直ちに差し押さえている点、及び②その後の捜査により甲の携帯電話には乙とのメール送受信記録は残っていなかったことが判明した点をどのように考えるかです。

[平成25年出題趣旨]

「甲の携帯電話を差し押さえる前提として、同携帯電話が逮捕被疑事実であるVに対する殺人事件と**関連性**を有するものであることが必要であり、具体的事実関係を抽出した上で**関連性の有無**を論じる必要がある。さらに、その後の捜査において携帯電話と殺人事件との関連性が無いことが判明した場合に、遡って差押えの適法性が問題となり得るのかについても触れることが望ましい。」

まず、②の点ですが、関連性の要件はあくまで差押え時を基準に判断すべきものと解されます(99条1項も「証拠物……と思料するもの」と規定しています。)。したがって、本問でも甲の携帯電話を差し押さえた時点における具体的事情からＰがその場で関連性があると判断したことに合理性が認められる限り、たとえ事後的に関連性がないことが判明した場合でも差押え自体の適法性は左右されません（ただし、関連性がないことが判明した時点で速やかに甲に還付すべきです。222条１項、123条１項参照）。

そうすると、結局のところ、問題の所在は①の点、すなわち、“Ｐがその場で関連性があると判断したことに合理性が認められるか否か”（あくまで甲の携帯電話のメール送受信記録をその場で確認した上で、被疑事実に関するメールの記録が存在した場合に差押えをするという手順を踏む必要があったのではないか）という点に集約されます。この点については、逮捕直後の乙の供述や乙の携帯電話に残されていたメール等の客観的事情から、被疑事実と関連するメールが甲の携帯電話に保存されている高度の蓋然性が肯定できる（携帯電話の記録内容を確認するまでもなく関連性は明らかになっている）と考えるのであれば、甲の携帯電話はまさしく「証拠物……と思料するもの」に該当し、その場で直ちにこれを差し押さえることに問題はありません。他方で、たしかに乙は自己の携帯電話から甲にメールを送信した旨を説明していますが、そのメールを甲が携帯電話で受信していたかについては何ら供述していません。そうすると、この時点の乙の説明のみでは、甲の携帯電話について関連性が明らかであったとは必ずしも言い切れないとも考えられます（実際、甲は乙とのメールのやり取りには携帯電話ではなく自宅のパソコンを使用していました。）。このように考える場合、その場で関連性を確認することなく記録媒体を差し押さえることが許容されるか否かについて、いわゆる**“包括的差押え”の可否**が問題となります（⇒**第４講【１】６(2)参照**）。判例は、①「被疑事実に関する情報が記録されている蓋然性」が認められる記録媒体について、②「そのような情報が実際に記録されているかをその場で確認していたのでは記録された情報を損壊される危険があるとき」は、現場で内容を確認することなく記録媒体ごと差し押さえることを許容しています（第４講【１】の判例⑥参照）。

本問についても、後者の考え方によるのであれば、上記判例の示した①及び②の事情について検討した上で甲の携帯電話の差押えの適否を判断することになります。もっとも、下記の採点実感は「本事例では、乙の供述により、甲の携帯電話の記録内容を確認するまでもなく被疑事実との関連性が明らかになっている点で事案が異なっており、同判例の法理がそのまま該当する場合ではない」と述べており、本問に同判例の射程は及ばないと説明しています。したがって、出題者としては前者の考え方を想定していたものといえます。

[平成25年採点実感]

「司法警察員Ｐが甲の携帯電話を差し押さえたものの、その後の捜査により同携帯電話には、被疑事実に関する電子メールが送信されていないことが判明した点に関し、**被疑事実と証拠物の関連性**は、差押え時の事情から判断すべきことについては、ほとんどの答案において理解されていた。しかし、その関連性有無の判断に関し、司法警察員Ｐが電子メールの有無を確認しなかったことをもって【差押え】を違法とした答案が見受けられた。これらの答案は、最高裁判例（**最決平成10年５月１日刑集52巻４号275頁**）の法理を本事例に適用したと思われるものの、同判例は、多量のフロッピーディスクを差し押さえた事例についての判断であり、同事例の具体的事実関係を見ると、そもそもフロッピーディスクと被疑事実の関連性が必ずしも明らかでないところ、本事例では、乙の供述により、甲の携帯電話の記録内容を確認するまでもなく被疑事実との関連性が明らかになっている点で事案が異なっており、同判例の法理がそのまま該当する場合ではない。判例を学ぶに当たっては、そこに示された規範ばかりに目を向けるのではなく、その判例が前提とする具体的事情を分析し、判例法理の射程距離を意識することが必要である。」

[平成24年試験問題]

［設問１］では、乙を覚せい剤営利目的所持の被疑事実で現行犯逮捕した後にＴ株式会社事務所の更衣室に設置された乙の使用するロッカー内を捜索したこと（捜査②）の適法性が問われています。

まず、**【220条１項要件】**を検討します。乙が逮捕された場所は社長室ですが、捜索実施場所は社長室に隣接した更衣室です。もっとも、上述した相当説の立場からの**【見解Ⅱ】**（前記３(1)参照）を前提として、同じＴ株式会社事務所内の場所である以上は同一の管理権に服する空間と考えて、**「逮捕の現場」**であると認定することができるでしょう。

次に、捜索についての**【関連性】**の要件、すなわち、その対象に差押対象物（被疑事実に関連する証拠物）が存在する蓋然性があるか否かを検討します。ここで注意すべきは、上述したとおり、逮捕に伴う捜索（220条１項２号）の場合であっても、222条１項により102条の要件が準用されている点です。すなわち、同条の要件は、令状による捜索の場合は、令状審査段階で裁判官が判断する要件であるのと同時に令状執行段階で捜査機関が判断する“加重要件”であるのに対し、逮捕に伴う捜索の場合は、「逮捕の現場」及びそこに所在する物について専ら捜査機関において同条の要件充足性を判断することが要求されているのです。本問において、捜索対象であるロッカーは専ら乙が使用していたことから、“被疑者”に属する「物」です（なお、乙は「捜索差押許可状に基づく捜索」との関係では“被疑者以外の者”ですが（⇒**第４講【１】５**参照）、「乙の現行犯逮捕に伴う捜索」との関係では自身が“被疑者”である点に注意してください。）。したがって、本問の捜索については、一応、関連性が推定されます（102条１項参照）。もっとも、その場合でも関連性が欠けていることが明らかであれば（すなわち、捜索対象におよそ証拠物が存在しないと認められるような場合であれば）、上記の推定が覆されてなお捜索が違法となることから、論述上においても、差押対象物存在の蓋然性が否定されないことを確認しておく必要があります（⇒**第４講【１】４**参照）。このような観点から、出題趣旨においても、「被疑事実との関連性についても触れるべきであろう」と述べられていました（なお、採点実感では「逮捕事実と対象物との関連性については全く言及しない答案が数多く見受けられた」と指摘されていました。）。

[平成24年出題趣旨]

「捜査②のうち**現行犯逮捕に伴う捜索**については、……例えば、更衣室は同じＴ株式会社事務所にあるだけでなく、社長室の隣室であること、同じ同社の管理権が及んでいること、逮捕された被疑者は乙であり、ロッカーも乙以外の他人が使用するものではなかったこと等を検討し、**逮捕の現場**といえるかどうか論ずる必要がある。また、現行犯逮捕の**被疑事実との関連性**についても触れるべきであろう。」

[平成24年採点実感]

「捜査②のうち**現行犯逮捕に伴う無令状捜索**については、乙使用のロッカーが事務所更衣室にあることと**「逮捕の現場で」**との文言との関係、乙使用のロッカーであることと**逮捕事実と関連する**乙の携帯電話や手帳等**が存在する蓋然性**との関係に分けて論ずる必要があるが、**逮捕の現場**に関する問題点については、相当数の答案においておおむね適切な論述がなされていたものの、**逮捕事実と対象物との関連性**については全く言及しない答案が数多く見受けられた。」

［平成18年試験問題］

［設問１］では、警察官が甲を公務執行妨害罪で現行犯人逮捕した後、これに引き続いて、①甲の所持していたボストンバッグを捜索した点、②甲の乗っていた自動車内を捜索した点、③各捜索により発見された札束、刺身包丁、携帯電話、メモ及びこれらが入っていたボストンバッグ並びに目出し帽及び白色軍手を差し押さえた点の適法性が問題となります。

本問では、逮捕と各捜索・差押えがほぼ同時・同所において実施されていることから、**【220条１項要件】**（「逮捕する場合」及び「逮捕の現場」該当性）は問題なく認められるでしょう。

問題は、差押えについての**【関連性】**の要件です。上述のとおり、無令状差押えの対象となる証拠物の範囲は、緊急処分説と相当説のいずれの立場からであっても、逮捕の理由とされた被疑事実に関連する「証拠物」（222条１項、99条１項）に限定されます（前記**4**⑴参照）。そこで、本問を検討すると、本問における「逮捕の原由たる被疑事実」（判例①参照）はあくまで公務執行妨害事件です。それに対して、警察官が差し押さえた物件は、いずれも専ら別事件である強盗致傷事件の証拠であって、公務執行妨害の事実と関連性を有する証拠とはいえません。したがって、これらの物件は、逮捕被疑事実との関係で「証拠物」に該当しません。もっとも、上述した220条１項２号の趣旨に**「逮捕自体の執行の確保」**の観点をも加える見解によれば（前記**4**⑵参照）、本問で警察官が差し押さえた物のうち「刺身包丁」のみについては、「逮捕者の身体に危険を及ぼす可能性のある凶器等」（判例⑤参照）と認められることから、差押えが許容され得ると解されます。

〈参考判例〉

【最大判昭和36・６・７刑集15巻６号915頁】（無令状捜索・差押えの範囲①）――時間的限界 判例①

「憲法三五条は、同三三条の場合には令状によることなくして捜索、押収をすることができるものとしているところ、いわゆる緊急逮捕を認めた刑訴二一〇条の規定が右憲法三三条の趣旨に反しないことは、当裁判所の判例（昭和二六年(あ)第三九五三号、同三〇年一二月一四日大法廷判決、刑集九巻一三号二七六〇頁）とするところである。同三五条が右の如く捜索、押収につき令状主義の例外を認めているのは、この場合には、令状によることなくその逮捕に関連して必要な捜索、押収等の強制処分を行なうことを認めても、人権の保障上格別の弊害もなく、且つ、捜査上の便益にも適なうことが考慮されたによるものと解されるのであつて、刑訴二二〇条が被疑者を緊急逮捕する場合において必要があるときは、逮捕の現場で捜索、差押等をすることができるものとし、且つ、これらの処分をするには令状を必要としない旨を規定するのは、緊急逮捕の場合について憲法三五条の趣旨を具体的に明確化したものに外ならない。

もつとも、右刑訴の規定について解明を要するのは、「逮捕する場合において」と「逮捕の現場で」の意義であるが、前者は、単なる時点よりも幅のある逮捕する際をいうのであり、後者は、場所的同一性を意味するにとどまるものと解するを相当とし、なお、前者の場合は、逮捕との時間的接着を必要とするけれども、逮捕着手時の前後関係は、これを問わないものと解すべきであつて、このことは、同条一項一号の規定の趣旨からも窺うことができるのである。従つて、例えば、緊急逮捕のため被疑者方に赴いたところ、被疑者がたまたま他出不在であつても、帰宅次第緊急逮捕する態勢の下に捜索、差押がなされ、且つ、これと時間的に接着して逮捕がなされる限り、その捜索、差押は、なお、緊急逮捕する場合その現場でなされたとするのを妨げるものではない。

そして緊急逮捕の現場での捜索、差押は、当該逮捕の原由たる被疑事実に関する証拠物件を収集保全するためになされ、且つ、その目的の範囲内と認められるものである以上、同条一項後段のいわゆる「被疑者を逮捕する場合において必要があるとき」の要件に適合するものと解すべきである。

［裁判官垂水克己の補足意見］

「……刑訴二二〇条一項……二号は、同様に、逮捕の現場で差押、捜索又は検証をすることをも許す。ここに「逮捕する場合」および「逮捕の現場」というのは、多数意見のいう如く、時間的にも場所的にも幾らか幅の広い観念であろうが、しかし、「逮捕する場合」とか「逮捕の現場」という観念は、現実に逮捕の着手行為（逮捕のための被疑者への接近）若しくは少くとも逮捕のための被疑者の身柄捜索行為がなければ客観的なものとして考えられないのではないか。また逮捕の目的から被疑者の身柄の所在を捜索したところ、そこで彼の犯罪の証拠と思われる賍物等を発見したという如き場合、これらを特別の令状なしに差押え、検証する如きも条理上附随的に許されてよいことであろう。けれども多数意見の判示するように本件の如く捜査官憲が内心緊急逮捕の目的をもつて被疑者の家に行き単に緊急逮捕の態勢を整えただけで行なつた家宅捜索は「逮捕の場合に、逮捕の現場で」行つたものといえるだろうか。捜査官憲が被疑者逮捕の意思をもつて捕縄を何時でも用いうべきような状態を整えただけで誰の住居にでも立入り、検証、捜索、押収することができるとなつては大変である。」

［裁判官横田喜三郎の意見］

「私は判決の主文に賛成するけれども、その理由に反対であつて、つぎのように意見を述べる。

……憲法の規定の線に沿つて、刑事訴訟法は、第二一八条で、差押や捜索は、裁判官の発する令状によつて行なうことを規定し、第二二〇条で、逮捕状による逮捕、現行犯による逮捕及び急速を要する逮捕の場合には、令状を必要としないで、差押や捜索を行なうことができるとしている。いいかえれば、右の場合を除いて、差押や捜索は、かならず裁判官の発する令状によらなければならない。

この差押や捜索について、刑事訴訟法第二二〇条一項は、「被疑者を逮捕する場合において」、「逮捕の現場で差押、捜索又は検証をすること」ができるとしている。「被疑者を逮捕する場合において」といい、「逮捕の現場で」というのは、被疑者が現場にいて、逮捕と同時に捜索や差押を行なうか、すくなくとも逮捕の直前または直後に捜索や差押を行なうことを意味する。被疑者が不在であつて、逮捕ができない場合は、「被疑者を逮捕する場合」とはいえず、まして「逮捕の現場」とはいえない。そのような場合には、第二一八条にしたがつて、裁判官の令状を求め、それによつて捜索や差押を行なうべきで、令状なくしてこれらのことを行なうことはできない。」

……これに対して、多数意見では、被疑者が午後九時五〇分頃に帰宅し、これを逮捕したから、捜索差押と逮捕は、同じ場所で行なわれ、時間的にも接着しているから、被疑者を逮捕する場合に逮捕の現場で捜索差押を行なつたものであり、憲法と刑事訴訟法に違反しないとする。しかし、捜索と差押は、被疑者が不在であつて、その行き先きも帰宅の時間もわからないときに開始され、実行され、完了されたのであつて、被疑者を逮捕する場合に行なつたものとはいえない。被疑者が間もなく帰宅し、これを逮捕したことは、予期しない偶然の事実にすぎない。もし被疑者の帰宅がおくれるか、帰宅しなかつたならば、時間的と場所的の接着がなく、捜索差押を弁護することは、まつたく不可能であつたろう。同じ捜索差押の行為でありながら、被疑者が間もなく帰宅したという偶然の事実が起これば、適法なものになり、そうした事実が起こらなければ、違法なものになるというのは、あきらかに不合理である。ある捜索差押の行為が適法であるかいなかは、その行為そのものによつて判断すべきで、その後に起こつた偶然の事実によつて左右されるべきではない。」

［裁判官藤田八郎・同奥野健一の意見］

「刑訴二一〇条の規定により被疑者を緊急逮捕する場合において必要があるとき逮捕の現場で令状によらないで捜索押収をすることができるという刑訴二二〇条の規定は、憲法の保障する令状主義の例外をなすものであるから、かかる例外規定は憲法の精神に副うよう厳格に解釈されなければならない。そして刑訴二二〇条一項後段の「被疑者を逮捕する場合において」といい、同項二号の「逮捕の現場で」というのは時期的には逮捕と同時又は直前、直後を意味し、少くとも被疑者が現場に存することを必要とし、苦し被疑者が不在であるとか既に逃亡して現場にいないような場合にはその適用がないものと解さなければならない。然るに、原判決の認定した事実によれば本件捜索差押は、被疑者たる被告人の住居において同人不在のため緊急逮捕に着手しないで、これに先立ち捜索を開始し、本件押収物件を押収し、その後捜索を続行中被告人が帰宅したため緊急逮捕したというのである。すなわち被疑者不在のまま、その行先も不明であり、かつ何時帰宅するかも判らないのにかかわらずその間捜索差押したものであつて前記二二〇条に適合せず、令状によらない捜索差押であるから憲法三五条に違反するものといわざるを得ない。」

［裁判官小谷勝重・同河村大助の少数意見］

「憲法三五条は、同三三条の場合を除いては、捜索及び押収は司法官憲の発する令状によることを必要とし、司法的抑制によつて住居及び財産の安全を保障している。そして刑訴二二〇条一項後段は右令状主義の例外の場合として被疑者を緊急逮捕する場合において必要があるときは、逮捕の現場で令状によらない捜索、差押をすることができる旨定めているのであるが、かかる例外規定は捜索差押が人権侵害の危険を伴うことに鑑み極めて厳格に解釈されなければならないことはいうまでもないところであつて、右刑訴二二〇条一項後段の「被疑者を逮捕する場合」及び同項二号の「逮捕の現場」というのは、逮捕行為を行う際を意味し逮捕行為の前後はこれを問わないが、逮捕行為との時間的場所的接着を必要とし、かつ被疑者が逮捕の現場に現在することを必要とするものと解すべきである。然るに原審の認定した事実によれば、本件の捜索差押は、被疑者……の住居において、本人の不在中、すなわち、被疑者の緊急逮捕に着手する前に、その行先も帰宅時刻も判明しないままに開始、実行、完了され、その後に帰宅した同人を緊急逮捕したというのであるから、その捜索差押は同条一項後段の要件を具えない違法な手続により行われたものであって、憲法三五条に違反する処分というべきである。」

【東京高判昭和44・６・20高刑集22巻３号352頁】（無令状捜索・差押えの範囲②）――場所的限界　判例②

「思うに、刑事訴訟法第二二〇条第一項第二号が、被疑者を逮捕する場合、その現場でなら、令状によらないで、捜索差押をすることができるとしているのは、逮捕の場所には、被疑事実と関連する証拠物が存在する蓋然性が極めて強く、その捜索差押が適法な逮捕に随伴するものである限り、捜索押収令状が発付される要件を殆んど充足しているばかりでなく、逮捕者らの身体の安全を図り、証拠の散逸や破壊を防ぐ急速の必要があるからである。従つて、同号にいう「逮捕の現場」の意味は、前示最高裁判所大法廷の判決からも窺われるように、右の如き理由の認められる時間的・場所的且つ合理的な範囲に限られるものと解するのが相当である。

これを右(ハ)の大麻たばこ七本に関する捜索押収についてみると、……（中略）……、既に見て来たような本件捜査の端緒、被告人とＹとの関係、殊に二人が飛行機の中で知り合い、その後行動を共にし、且つ同室もしていたこと、右のような関係から同たばこについても或るいは二人の共同所持ではないかとの疑いもないわけではないこと、Ｙの逮捕と同たばこの捜索差押との間には時間的、場所的な距りがあるといつてもそれはさしたるものではなく、また逮捕後自ら司法警察員らを引続き自己と被告人の投宿している相部屋の右七一四号室に案内していること、同たばこの捜索差押後被告人も一時間二〇分ないし一時間四五分位のうちには同室に帰つて来て本件で緊急逮捕されていることおよび本件が検挙が困難で、罪質もよくない大麻取締法違反の事案であることなどからすると、この大麻たばこ七本の捜索差押をもつて、直ちに刑事訴訟法第二二〇条第一項第二号にいう「逮捕の現場」から時間的・場所的且つ合理的な範囲を超えた違法なものであると断定し去ることはできない。」

【最(三小)決平成８・１・29刑集50巻１号１頁】（無令状捜索・差押えの範囲③）――被疑者の身体・所持品　判例③

「刑訴法二二〇条一項二号によれば、捜査官は被疑者を逮捕する場合において必要があるときは逮捕の現場で捜索、差押え等の処分をすることができるところ、右の処分が逮捕した被疑者の身体又は所持品に対する捜索、差押えである場合においては、逮捕現場付近の状況に照らし、被疑者の名誉等を害し、被疑者らの抵抗による混乱を生じ、又は現場付近の交通を妨げるおそれがあるといった事情のため、その場で直ちに捜索、差押えを実施することが適当でないときには、速やかに被疑者を捜索、差押えの実施に適する最寄りの場所まで連行した上、これらの処分を実施することも、同号にいう「逮捕の現場」における捜索、差押えと同視することができ、適法な処分と解するのが相当である。」

【東京高判昭和46・３・８高刑集24巻１号183頁】（無令状捜索・差押えの範囲④）――物的限界①　判例④

「被告人は、前に説示したように道路交通法違反の現行犯として逮捕されたものであり、刑事訴訟法第二二〇条第一項第二号で逮捕に付随して令状なしに捜索し、差し押えることのできるものは右犯罪の証拠物等に限られるから、付随的な強制処分として全く別個の犯罪である銃砲刀剣類所持等取締法違反の証拠物の捜索、差押をすることは許されないものといわなければならない。しかしながら前記中尾巡査の原審証言によれば、匕首は同巡査らが現行犯逮捕に付随して差し押えた上警察署中庭まで自ら運転してきた普通乗用車の助手席ポケツトの下の台の上に載つていたというのであつて、既に同巡査の占有下にある自動車内に放置されていたもので、新たに被告人の占有を侵して探し出して来たものではないから捜索をしたということには当らない。そして同巡査が右匕首を蒲田警察署中庭に停車させた自動車内から取り出し、同署事務室まで携えたのは、被告人が既に同所で取調を受けており、匕首についての所有者、所持者を被告人に確かめるためになしたものであり、被告人の原審公判廷における供述によれば、被告人は警察署において短刀（匕首）は要らないから処分してくれと本心から警察官に述べたので、この気持は今日でも変らないというのであつて、これらを総合すると中尾巡査が匕首を自動車内で発見し、これを事務室まで運んだとしても、なお被告人が任意に提出したものと認めることができ、全体として刑事訴訟法第二二一条の領置と解せられる。さればこれらの手続が刑事訴訟法第二二〇条、憲法第三五条違反である旨の論旨はその前提を欠くものである。確かに中尾巡査にはこの点について多少の誤解があつて同人の作成した六月二二日付の差押調書添付の目録には道路交通法違反の証拠品である自動車、自動車検査証、エンジンキーと並べて一旦あいくちと記載した瑕疵はあるが、この記載は直ちに抹消され本件の匕首は別途に領置されたものであるから、この瑕疵は訴訟手続に何らの影響も与えておらず、所論の刑事訴訟法、憲法の諸規定に違反するものではない。」

【札幌高判昭和58・12・26刑月15巻11＝12号1219頁】（無令状捜索・差押えの範囲⑤）――物的限界②
判例⑤

「刑事訴訟法二二〇条一項二号は、司法警察職員が被疑者を逮捕する場合において必要があるときは、逮捕の現場で捜索、差押をすることができる旨定めているが、その捜索、差押は、逮捕の原由たる被疑事実に関する証拠物の発見、収集、及びその場の状況からみて逮捕者の身体に危険を及ぼす可能性のある凶器等の発見、保全などに必要な範囲内で行われなければならず、この範囲を越え、余罪の証拠の発見、収集などのために行なうことが許されないことは多言を要しないところであるから、前述のとおり、警察官らが右覚せい剤粉末を発見した後、被告人を覚せい剤所持の現行犯人として逮捕し、かつ、右被疑事件に関する証拠物として覚せい剤粉末を差押えたとしても、それは違法な捜索の過程中に発見、収集された証拠物であるとの評価を受けることを免れないといわなければならない。」

【論述例】

【無令状捜索・差押えの趣旨】

憲法35条１項は「第33条の場合を除いては」と規定し、これを具体化した刑訴法220条１項２号が逮捕に伴う令状によらない捜索・差押えを規定している。

このように逮捕に伴う捜索・差押えについて令状主義（憲法35条、刑訴法218条１項）の例外が許容される趣旨は、身体拘束という重大な権利侵害である逮捕に関連して、より権利侵害の程度の低い捜索・差押えを無令状で行うことを認めても、人権の保障上格別の弊害はなく、かつ、逮捕の現場には証拠の存在する高度の蓋然性が認められることから、合理的な証拠収集手段としてこれを許容することが捜査上の便益にも適なうことが考慮されたものと解される。

[逮捕に伴う捜索・差押えの範囲]（時間的・場所的限界）

上記の趣旨からすれば、「逮捕する場合において」（220条１項）とは、逮捕との時間的接着性を意味し、必ずしも逮捕の着手が先行することを要しない。ただし、逮捕に着手する以前に捜索・差押えを実施するには、捜索現場に被逮捕者が現在している状況下にあり、捜査機関においていつでも逮捕に着手し得る態勢であることが必要であると解すべきである。

また、「逮捕の現場で」（220条１項２号）とは、場所的同一性を意味し、被疑者の直接の支配下にある場所に限られない。ただし、「逮捕の現場」は逮捕の際に捜索差押許可状を請求すれば許容されるであろう相当な範囲をいうものと解すべきであるから、逮捕が行われた場所と同一の管理権が及ぶ範囲の場所に限定されると解する。

[逮捕に伴う捜索・差押えの範囲]（被疑者の身体・所持品）

捜査官は被疑者を「逮捕する場合」において必要があるときは「逮捕の現場」で捜索・差押え等の処分をすることができるところ（220条１項２号）、同規定は、かかる処分が逮捕した被疑者の身体又は所持品に対する捜索・差押えである場合において、当該処分を「逮捕の現場」において実施することが不適当又は困難であるときには、これを実施するために必要な付随的措置（222条１項、111条１項参照）として、適切な場所へ被疑者を連行した上で当該処分を実施することも併せて許容しているものと解される。

そうすると、逮捕現場付近の状況に照らし、被疑者の名誉等を害し、被疑者らの抵抗による混乱を生じ、又は現場付近の交通を妨げるおそれがあるといった事情のため、その場で直ちに捜索・差押えを実施することが適当でないときには、速やかに被疑者を捜索・差押えの実施に適する最寄りの場所まで連行した上、これらの処分を実施することも、同号にいう「逮捕の現場」における捜索・差押えと同視することができ、適法な処分と解すべきである。

【参考答案例】【平成25年】

［設問１］

第２　差押えの適法性

１　220条１項２号の要件

【論述例】無令状捜索・差押えの趣旨

(1)「逮捕する場合において」(220条１項）とは、逮捕との時間的接着性を意味するところ、甲の携帯電話に対する差押え（以下、「本件差押え」という。）が実施されたのが午後10時40分頃であり、甲が逮捕されたのが午後10時30分であって時間的接着性が認められることから、「逮捕する場合」に当たる。

(2) 本件差押えは、逮捕の地点から約200メートル離れた地点において実施されていることから、「逮捕の現場」における差押えとして適法か否かについて検討する。

【論述例】逮捕に伴う捜索・差押えの範囲（被疑者の身体・所持品）

ア　甲の逮捕地点である路上においてＰが甲の身体着衣に対して捜索を実施しようとしたところ、甲が暴れて抵抗し、さらに、その頃、酒に酔った学生の集団が同所を通り掛かり、Ｐ及び甲を囲んだことから、その場で上記捜索を実施することが困難な状況となった。また、現に１台の車が同所を通行できず、停車を余儀なくされており、現場付近の交通を妨げる事態となっていた。このような逮捕現場付近の状況に照らせば、その場で直ちに甲の身体着衣に対する捜索を実施することが適当ではなかったと認められる。他方、逮捕地点から300メートル離れたＩ交番であれば上記の混乱を回避した上で、かつ交通の妨げとなることなく捜索を実施することが可能であるから、同交番は捜索・差押えの実施に適する最寄りの場所であったといえる。

イ　したがって、速やかに甲をＩ交番まで連行した上、甲の身体着衣に対する捜索を実施することも、「逮捕の現場」における捜索・差押えと同視することができる。

ウ　もっとも、本件差押えは、実際にはＩ交番に到達する前に逮捕現場から約200メートル離れた路上において実施されているところ、これは、甲が同地点で転倒して携帯電話を落としたことにより差押対象物の存在がＰに明らかになり、重ねて甲の身体着衣に対する捜索をせずとも差押えが可能な状況になったため、現実にＩ交番における捜索は実施されなかったに過ぎない。そうであれば、本件差押えの実施地点もなお適当な最寄りの場所であったと認められ、同地点までの連行も本件差押えの実施に必要な付随的措置として許容されるというべきである。

２　被疑事実との関連性

(1)　差押対象物は、「証拠物……と思料するもの」でなければならないところ（222条1項、99条1項）、同項の「証拠物」とは、被疑事実と関連性を有する証拠物をいう。

ア　甲の逮捕直後、乙が「今朝、甲に対し、メールでVを殺害することに対する報酬の金額を伝えた。」旨述べて携帯電話を取り出し、甲宛てに送信された「報酬だけど、100万円でどうだ。」と記載されたメールを示したことから、Pは、甲の携帯電話に乙から送信された上記報酬に関するメールが残っていると思い、甲の携帯電話を差し押さえる必要があると判断したものである。そうすると、上記のような乙の供述等に照らせば、甲が乙から受信したメールは甲乙間の共謀の存在や甲の動機等を立証し得る証拠となると思料されるものであり、甲の携帯電話にはそのメールの受信記録が残されている蓋然性があったと認められる。

イ　したがって、甲の携帯電話は逮捕被疑事実であるVに対する殺人事件と関連性を有する「証拠物」に当たる。

(2)　なお、本件差押えの後、Pが甲の携帯電話の記録内容を確認したところ、実際には同携帯電話には乙とのメールの送受信記録は存在しなかった。もっとも、被疑事実と証拠物の関連性は差押え時の事情から判断すべきであるから、上記のとおり本件差押えの時点において甲の携帯電話が被疑事実と関連性を有する証拠物であると「思料するもの」であったと認められる限り、たとえその後の捜査において関連性がないことが判明した場合であっても、遡って差押えの適法性が否定されることはないと解すべきである。

3　以上より、本件差押えは適法である。

【参考答案例】【平成24年】

［設問1］

第2　捜査②の適法性

乙を覚せい剤営利目的所持の事実で現行犯逮捕した後にT株式会社事務所更衣室に設置された乙の使用するロッカー（以下、「本件ロッカー」という。）内を捜索したことの適法性を検討する。

1　捜索差押許可状に基づく捜索としての適法性

⇒第4講【1】【参考答案例】参照

2　乙の現行犯逮捕に伴う捜索としての適法性

(1)　220条1項2号の要件

【論述例】無令状捜索・差押えの趣旨

ア　「逮捕する場合において」（220条1項）とは、逮捕との時間的接着性を意味するところ、Kが本件ロッカーを解錠したのが午後4時20分であり、乙を逮捕したのが午後3時55分であって時間的接着性が認められることから、「逮捕する場合」に当たる。

イ　「逮捕の現場で」（220条1項2号）とは、場所的同一性を意味し、逮捕が行われた場所と同一の管理権が及ぶ範囲の場所をいうところ、乙を逮捕した場所はT株式会社の社長室であり、本件ロッカーのある更衣室は社長室の隣室であってT株式会社の同一管理権が及んでいる場所といえることから、「逮捕の現場」に当たる。

⑵　証拠物が存在する蓋然性

本件ロッカーは被疑者である乙が事実上使用していた物であるところ、被疑者が現実に支配・管理している物については、「押収すべき物の存在を認めるに足りる状況」（102条2項）の存在が推定され、「必要がある」限り捜索をすることができる（222条1項、102条1項）。ただし、およそ被疑事実に関連する証拠物が存在する蓋然性を欠く場合には、かかる推定が覆されて当該物に対する捜索は違法となる。

上述のとおり、乙の携帯電話や手帳等は「営利目的」に関連して、覚せい剤密売の全容を解明するために必要な証拠であるといえ、乙の逮捕事実である覚せい剤営利目的所持の被疑事実との関係でも関連性を有する証拠物であると認められるところ、本件ロッカーは乙以外の他人が使用するものではなかったことからすれば、被疑事実と関連する証拠物である乙の携帯電話や手帳等が存在する蓋然性は否定されない。

⑶　上記のとおり、Kが本件ロッカーを解錠した行為は、「必要な処分」（222条1項、111条1項、「錠をはずし」）に当たる。

⑷　以上より、捜査②は適法である。

【参考答案例】【平成18年】

［設問1］

第5　逮捕に伴う捜索・差押えについて

上記逮捕の後、X巡査が甲の左腕からボストンバッグを引き離し、そのファスナーを開けた上で、中から発見された一万円札100枚の札束18束、刺身包丁1本、携帯電話1台、メモ1枚及びこれらが入っていたボストンバッグ1個を差し押さえた行為（措置①）、及び甲の普通乗用自動車内を捜索し、助手席の下から発見された目出し帽1個及び白色軍手1双を差し押さえた行為（措置②）の適法性について検討する。

1　220条1項2号の要件

【論述例】無令状捜索・差押えの趣旨

上記各措置は、いずれも甲に対する現行犯人逮捕の直後に実施されていることから、「逮捕する場合」に当たる。また、措置①は逮捕したその場で被疑者である甲が所持していたボストンバッグを対象に実施したものであり、措置②も逮捕直前まで甲が乗っていた自動車内で実施したものであるから、いずれも「逮捕の現場」における捜索・差押えであると認められる。

2　捜索・差押えの関連性

⑴　被疑者が現実に支配・管理している物については、「押収すべき物の存在を認めるに足りる状況」（102条2項）の存在が推定され、「必要がある」限り捜索をすることができる（222条1項、102条1項）。本問において、上記各措置による捜索の対象とされたボストンバッグ及び自動車は、いずれも被疑者である甲が所持、使用していた物であるところ、上記の推定を覆し得る特段の事情は存在しない。

⑵　上述した趣旨からすれば、同号による差押えの対象は、「証拠物」（222条1項、99条1項）、すなわち、逮捕の理由となった被疑事実と関連性を有する証拠物に限られる。

もっとも、逮捕の現場においては、逮捕者の安全を確保するとともに被逮捕者の抵抗を抑圧し逃走を防止する必要があることから、逮捕自体の執行を確保するための必要な措置として、凶器や逃走用具の類を差し押さえることも同号により許容されると解すべきである。

本問において、上記各措置によって差し押さえた物は、いずれも甲が本件強盗致傷事件の犯人であることを示す有力な証拠となり得る物であるが、本件強盗致傷事件は甲が現行犯人として逮捕された公務執行妨害事件とは別個の事件であるから、これらの物は逮捕の理由となった被疑事実と関連性を有する「証拠物」であるとは認められない。ただし、用法上の凶器である刺身包丁については、X巡査らの安全確保及び甲の抵抗ないし逃走防止のための必要な措置として適法に差し押さえ得るというべきである。

3　以上より、措置①及び②のうち、ボストンバッグ内と自動車内を捜索したこと及び刺身包丁１本を差し押さえたことは適法であると認められるが、それ以外の物を差し押さえたことは違法である。

【4】領　　置

［論点解析］領置の適法性

1　領置の意義及び法的性質

領置（221条）は、「遺留した物」又は「任意に提出した物」について捜査機関がその占有を取得し保持する処分ですが、占有の取得の過程で強制の要素を伴わない点で「差押え」と異なるため、憲法35条の「押収」には含まれず、令状主義は採用されていません。他方で、一旦領置してその占有を取得した後は「差押え」と同様の効果が生じ、捜査機関はその返還を拒むことができる（すなわち、占有の保持には強制力を伴う）という点で強制処分としての性質を有していることから、刑訴法上は「押収」（222条１項参照）に位置付けられています。

領置の対象物は、条文上「被疑者その他の者が遺留した物」又は「所有者、所持者若しくは保管者が任意に提出した物」と規定されており（221条）、「差押え」と異なり、「証拠物又は没収すべき物と思料するもの」（222条１項、99条１項）に限られません。さらに、上述した領置の性質からすれば、「遺留した物」とは、占有者の意思に基づかずに占有を離れた物（遺失物）に限らず、占有者が意思に基づいて占有を離脱させた（放棄した）物も含むと解されます。判例①は、公道上のごみ集積所に排出されたごみ袋について、占有者は「その占有を放棄していたものであって、……刑訴法221条により、これを遺留物として領置することができる」と判示しました。

2　領置の適法性

もっとも、占有が放棄されたごみ袋が「遺留した物」に当たるとしても、他方で、判例①は「排出されたごみについては、通常、そのまま収集されて他人にその内容が見られることはないという期待がある」と指摘しています。この期待が法的保護に値するのであれば、領置も「何らかの法益を侵害し又は侵害するおそれがあるのであるから、状況のいかんを問わず常に許容されるものと解するのは相当で」はない、と解されます（第１講の判例①参照）。そこで、一般の任意捜査と同様、**捜査比例の原則**に照らして、領置を行う**必要性**とそれによって侵害されるプライバシーの性質及び程度とを比較衡量した上で具体的状況のもとでの**相当性**を判断する（⇒**第２講【１】１**参照）、という枠組みにより領置の適法性が判定されることになります。

このように、領置については、**【「領置」該当性】**（対象物の「遺留した物」又は「任意に提出した物」該当性）、**【領置の必要性・相当性】**（比例原則）という、二段階の検討枠組みにより適法性を判断することになります。領置の適法性判断枠組みについて、出題趣旨でも以下のように述べられています。

［平成22年出題趣旨］

「**刑事訴訟法第221条**は、被疑者その他の者が**遺留した物**を令状なく領置することを認めているが、設問１の捜査①及び②では、本問のごみが遺留物といえるか、いえるとして捜査機関は何らの制限なくこれを領置することができるか問題となり……この問題に関する各自の基本的な立場を刑事訴訟法の解釈として論ずる必要がある。」

［令和５年出題趣旨］

「刑事訴訟法第221条……は、**「被疑者その他の者が遺留した物」（遺留物）**あるいは**「所有者、所持者若しくは保管者が任意に提出した物」（任意提出物）**を領置することを認めているが、【捜査①】では、本問のごみ袋が**任意提出物**といえるか、【捜査②】では、本問の容器が**遺留物**といえるかが問題となり、いえるとして捜査機関は**何ら制限なくこれらを領置することができるか**が問題となるため、これらの問題に関する各自の基本的な立場を刑事訴訟法の解釈として論じる必要がある。」

なお、上述のとおり、「領置」は占有取得の点におよそ強制の要素を伴わない点で「差押え」と区別されます。したがって、占有取得処分が「遺留した物」又は「任意に提出した物」を対象物とする「領置」に該当するのであれば、少なくとも占有取得の点については「強制の処分」（197条１項但書）と評価される余地はありません（強制処分に該当し得るのはその後の占有保持処分（押収物の返還拒否）の点です。）。その意味で、**捜査の適法性判断枠組み（二段階判断）**における**第１基準（強制処分該当性）**の検討は、占有取得処分の**【「領置」該当性】**が肯定される事案では、「領置」（221条）の要件認定の問題に解消されることになります。「領置」該当性を検討することなく単に強制処分該当性を検討するような論述や、「領置」該当性を肯定した上で更に強制処分該当性を検討するような論述が不適切である点について、各採点実感において、以下のように指摘されています。

［平成22年採点実感］

「遺留物の**領置として適法といえるか否か**を問うているにもかかわらず、これを単に**強制処分に該当するか否か**、該当しないとして**任意捜査として許されるか否か**という観点からのみ論じ、刑事訴訟法第221条に一切言及すらしない答案が少なからず見受けられた。」

［令和５年採点実感］

「**刑訴法第221条の「領置」の意義**を明らかにした上で、本件ごみの性質に照らし、**「遺留物」**あるいは**「任意提出物」**に該当するかを検討する必要があるところ、刑訴法第221条への言及が一切ないまま、捜査活動一般に関する総則規定である刑訴法第197条第１項の解釈として、あるいは、一応「任意提出」による「領置」とするものの、「任意提出」を「任意処分」と同義であるかのように捉え、「領置は任意処分なので強制処分に至ってはならない」などとした上で、これを単に**強制処分と任意処分の区別**の観点からのみ論じ、特段の理由なく「強制処分だから違法」、「任意処分だから適法」と結論付けるという答案が少なからず見受けられた。」

これに対して、対象物の占有取得処分が「領置」に該当しない場合（対象物が「遺留した物」又は「任意に提出した物」に該当しない場合）であれば、当該処分は、令状に基づかない捜査活動一般（197条１項本文の「必要な取調」）と同様の適法性判断枠組みにより規律されることになります。したがって、改めて第一段階の検討として強制処分該当性が判断され、場合によっては、**違法な無令状差押え**そのものであると評価されることもあり得ます。例えば、判例③は、管理者Ｘの承諾も令状もないのにマンションの敷地内に立ち入った上でごみ集積場に搬入されたビニール袋を取得した行為について「本件マンションの住人が本件ごみ集積場にごみを搬入しても、直ちに搬入した者の当該ごみに対する物理的な管理支配関係が放棄あるいは喪失されたとは認め難く、他方で、ごみが本件ごみ集積場に搬入された時点で、本件ごみ集積場を管理しているＸの物理的な管理支配関係が生じ……、本件ビニール袋は、同条の「遺留物」には該当せず、……警察官によって回収された時点では、なお被告人及びＸの重畳的な占有下にあった」として**【「領置」該当性】**を否定しており、「警察官による被告人のごみの選別・特定に係る行為は、刑訴法218条１項にいう**捜索**に当たる」、「警察官は、私有地内に建設された第三者の無断立入りが予定されていない本件ごみ集積場に体を入れ、その中にあった本件ビニール袋に及んでいる他人の占有を排し、本件ビニール袋の占有を取得したのであるから、その取得行為は同条にいう**差押え**に当たる」、「警察官による本件回収行為は、捜索差押えに該当し、捜索差押許可状によることなく行われたのであるから、**違法な捜索差押え**であるといわざるを得ない」と判示しています。また、判例④は「DNA採取目的を秘した上、コップにそそいだお茶を飲むよう被告人に勧め、被告人に使用したコップの管理を放棄させて回収し、そこからDNAサンプルを採取する」という措置について強制処分性を肯定しているところ、他方で、「本件唾液は、使用した紙コップは……そのまま廃棄されるものと思い込んでいたと認められる被告人が占有を警察官らに委ねた物であり、後者の「所有者、所持者若しくは保管者が（捜査機関に対して）任意に提出した物」に当たらない」、「本件唾液は、上記のとおり、使用した紙コップは……そのまま廃棄されるものと思い込んでいたと認められる被告人が、錯誤に基づいて占有を警察官らに委ねた物であり、前者の遺留にも当たらない」と判示して**【「領置」該当性】**を否定する判断を示しており、この判断が上記措置について強制処分該当性性（第１講の判例⑤参照）を問題とする前提となっていたものと解されます。

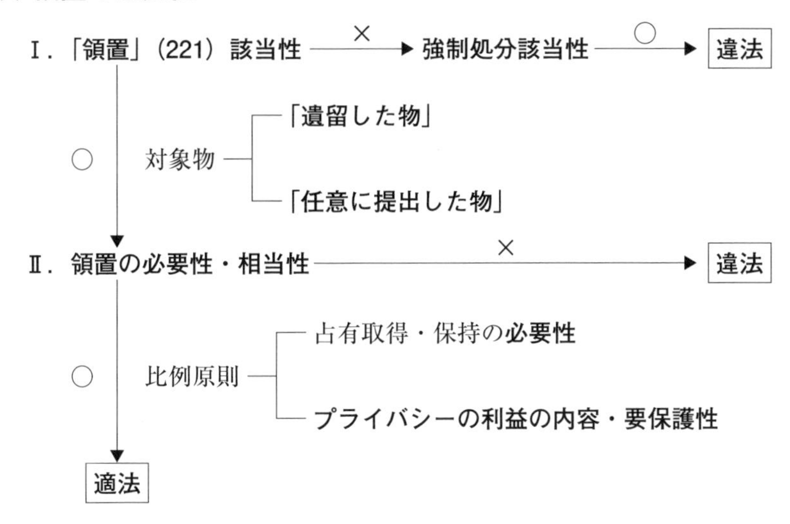

3　問題分析

［平成22年試験問題］

［設問１］では、警察官が、被疑者甲が公道上のごみ集積所に投棄したごみ袋を持ち帰った行為（捜査①）、自宅マンションのごみ集積所に投棄したごみ袋から発見したメモ片を持ち帰った行為（捜査②）の適法性が問題となりました。論述においては、領置が無令状で許容される趣旨（領置の法的性質）から「遺留した物」の意義についての解釈を示した上で、上述のとおり、まずは捜査①及び②の対象物について**【「領置」該当性】**（**「遺留した物」該当性**）を判断します。その上で、これに該当する場合は、上述した捜査比例の原則に照らして、**【領置の必要性・相当性】**を検討することになります。なお、相当性の検討においては、ごみに対するプライバシーの利益の権利性（それに対する法益侵害性）を観念し得るとしても、被処分者が自らの意思でその占有を放棄している以上そのような利益の要保護性は強いとはいえない、という点を指摘することができるでしょう。

> ［平成22年出題趣旨］
> 「法の文言解釈と事例への適用においては、同条における遺留物がなぜ令状なくして取得可能なのかという制度の趣旨に立ち返り、占有取得の過程に強制の要素が認められないからこそ令状を要しないとされている遺留物とは、遺失物より広い概念であり、自己の意思によらず占有を喪失した場合に限られず、自己の意思によって占有を放棄し、離脱させた物も含むなどと定義した上で、具体的事例の捜査①及び②のいずれについても、投棄されたごみが**遺留物に該当するか否か**をまず検討し、その上で、当該ごみが遺留物に該当するとしても、排出者がごみを排出する場合における「通常、そのまま収集されて他人にその内容を見られることはないという期待」が**プライバシー権**として**権利性**を有するか否かを検討し、さらに、同権利性が認められるとしても、本件事例においてなお**要保護性**が認められるか否かを論ずるべきである。」

捜査①については、まず、**【「領置」該当性】**として判例①と同様、甲が公道上のごみ集積所に排出したごみ袋は「遺留した物」に当たると認定することができます。他方、**【領置の必要性・相当性】**について、本問で考慮すべき事情として出題趣旨では以下のものが挙げられていました。なお、ごみ袋の領置が適法であると判断される場合、その内容物を確認した上で、発見されたメモ片を復元した措置は、「押収物」についての「必要な処分」(222条1項、111条2項)として許容されるでしょう。

[平成22年出題趣旨]

「捜査①については、けん銃密売事件という重大犯罪でありながら組織的に、かつ、巧妙な手段により行われていたため通常の捜査方法では摘発が困難であったという**捜査の必要性**に加えて、ごみ袋が投棄されたのがだれもが通行する場所であったという具体的状況や、他者が拾うことも予想される公道上のごみ集積所から、甲がごみ袋を置いたのを現認した上で、同ごみ袋を持ち帰ったという**手段の相当性**を検討するべきである」

これに対して、捜査②については、**【「領置」該当性】**の問題として、居住用マンションの敷地内にあるごみ集積所に置かれたごみ袋は、なお居住者ないしマンション管理者の管理下にあって、その占有は放棄されていないと評価する余地があるため、判例①の射程は必ずしも及ばないと考えられます。このようなごみ袋の内容物が「遺留した物」に該当するか否かの判断については、いずれの結論もあり得るでしょう。捜査①と同様に遺留物性を肯定した場合は、比例原則に照らして**【領置の必要性・相当性】**を判断することになります。他方、占有は放棄されていないと判断して遺留物性を否定した場合、管理者の同意なしにマンション敷地内に立ち入ってごみ袋内を確認する行為は「捜索」に当たり、その場所に置かれたごみ袋の内容物を無断で持ち去る行為は「差押え」に当たると評価すべきでしょう(当然、令状なしにこのような管理権及び財産権に対する侵害を行うことは許されません。それ故、その後のメモ片の復元措置が「必要な処分」として許容される余地もありません。)。出題趣旨では、以下のように言及されています。

[平成22年出題趣旨]

「捜査②については、ごみ集積所がマンション敷地内にあるが、管理者の同意なしに敷地内に立ち入る行為の法的意味をどのように評価すべきか、その際、そこは居住部分の建物棟とは少し離れた場所の倉庫内にあり、その出入口は施錠されておらず、だれでも出入りすることが可能であったという事実をどのように評価するか、その場所に投棄された**ごみの遺留物性**及び**プライバシー権の要保護性**の有無を、捜査①との違いを意識しながら検討して論じる必要があろう。」

[令和5年試験問題]

[設問1]では、司法警察員が、強盗殺人未遂事件の犯人の可能性がある甲がその居住するアパートのごみ置場に投棄したごみ袋を回収した行為(捜査①)、司法警察員が、上記甲が公道上に投棄した使用済みの容器を回収した行為(捜査②)、それぞれの適法性が問題となりました。本問でも、領置の適法性検討枠組みについて、出題趣旨では以下のように説明されています。

> **[令和5出題趣旨]**
> 「まず、同条における「領置」が、占有取得の過程に強制の要素が認められないからこそ令状を要しないとされている**趣旨**に立ち返り、「**遺留物**」とは、遺失物より広い概念であり、自己の意思によらずに占有を喪失した場合に限られず、自己の意思によって占有を放棄し、離脱させた物も含むと定義する必要がある。……そして、いずれの設問についても、「領置」の要件を満たすとして、排出者がごみを排出する場合における「通常、そのまま収集されて他人にその内容を見られることはないという期待」や「DNA型を知られることはないという期待」が**プライバシーの利益として法的に保護されるものか否か**を検討し、さらに、それらが法的に保護される利益であるとしても、本件事例においてなお**要保護性**が認められるか否かを論じるべきである。」

まず、捜査①及び②の**【「領置」該当性】**について、出題趣旨では以下のように指摘されています。

> **[令和5出題趣旨]**
> 「【捜査①】では、甲が自己の意思でごみ袋を投棄しており「遺留物」に該当しそうなところ、投棄場所がアパートのごみ置場であることから、なお当該アパートの大家にその占有が残っているとして、当該ごみ袋が「所有者、所持者若しくは保管者」たる大家からの「**任意提出物**」に該当するか否か、【捜査②】では、甲が自己の意思で容器を公道に投棄しているとして、当該容器が「**遺留物**」に該当するか否かを検討する必要がある。」

捜査機関によるごみの取得について、上述した判例①は「これらを入れたごみ袋を不要物として公道上のごみ集積所に排出し、その占有を放棄していた」と指摘した上で「遺留物として領置することができる」と判示しています。これに対して、判例②は、マンションの共用部分であるごみ集積場所に集積されたごみ袋在中の紙片につき捜査機関がマンション管理会社の管理員から提出を受けた事案について「本件紙片等の入っていたごみ1袋を含むごみ4袋は、その所持者が任意に提出した物を警察が領置したもの」として適法と判断しています。これらの判例を前提とすると、当該ごみが捨てられた場所が**「公道上」**か**「私的領域」**かによって、**“遺留物の領置”**か**“任意提出物の領置”**か、その捜査手法が使い分けられることになります。本問でも、司法警察員Pは公道上に投棄されたごみ（捜査②）については前者、アパートの敷地内にあるごみ置き場に投棄されたごみ（捜査①）については後者の手続により取得しています。

ところで、捜査②は甲のDNA型を特定するための証拠を入手する目的で行われた措置であるところ、DNAサンプルの採取措置について**【「領置」該当性】**を否定した判例④と同様に、本問でもPが回収した容器が「遺留した物」又は「任意に提出した物」に該当しないと判断するのであれば、改めて**第1基準（強制処分該当性）**から検討する必要が生じ得ることになります（なお、判例④は強制処分性を肯定しています。）。もっとも、本問において甲は本件容器を「公道上に投棄」しています。そうすると、「領置」に当たらないと判断された上記判例③及び④の各事案とは異なり、捜査②は私的領域内における回収措置（判例③参照）ではなく、また、本件容器を甲が

「錯誤に基づいて占有を警察官らに委ねた物」（判例④参照）と評価することもできません。このように、本件容器の占有取得の点には権利侵害性がないことから、捜査②の回収措置について**【「領置」該当性】**を否定することは困難であるというべきでしょう（判例①参照）。

次に、捜査①及び②の**【領置の必要性・相当性】**において検討すべき事情として、出題趣旨等では以下の事情が指摘されています。

［令和５出題趣旨］

「本件事例の具体的状況下におけるごみ袋や容器の**領置の必要性及び相当性**を検討することになろうが、いずれについても事例中に現れた具体的事実を的確に抽出し、分析しながら論じる必要がある。……例えば、【捜査①】では、本件ごみ袋が約２時間後に回収されるという状況の下で、強盗殺人未遂事件という重大犯罪の犯人特定のために、犯行現場に遺留された足跡や防犯カメラに記録された映像と対照させるといった捜査の**必要性**に加えて、甲が投棄したごみ袋の特徴を確認した上で、そのごみ袋１袋のみを領置したといったことを踏まえ、**相当性**を検討するべきである。また、【捜査②】では、甲が強盗殺人未遂事件の犯人である可能性がより高まったという状況の下で、犯人のものである可能性が高いDNA型が判明したことや、甲がアパートのごみ置場に投棄するごみの中から甲のDNAだけを採取することが困難であったという捜査の**必要性**に加え、捜査機関が領置の過程に関与している点をどのように評価するか、その際、捜査機関が捜査目的を秘してボランティアの一員になり、自ら甲に接触している一方で、甲が自ら投棄した容器を回収しているにとどまり、領置行為自体における捜査機関の関与の程度は高いものとは言えないことなどの事情をどのように評価するかについて、【捜査①】との違い（**投棄された場所や保護されるべきプライバシーの利益の内容**）を踏まえて、**相当性**を検討する必要があろう。」

［令和５年採点実感］

「各**領置の必要性及び相当性**を検討する際には、事例に現れた具体的事実を的確に抽出し、それぞれの事実が持つ意味を的確に分析しながら論じる必要があるところ、こうした具体的事実の抽出、分析においても、事実の拾い上げ自体が不十分、あるいは単なる事実の羅列に留まるもの、例えば、重大事件の犯人を早期に検挙する必要があるなど捜査一般の**必要性**しか検討できていない答案や、自己の結論と整合する事実を中心に拾い上げ、反対の結論に導き得る事実の拾い上げが不十分なもの、例えば、【捜査①】では、強盗殺人未遂事件という重大犯罪の犯人と酷似した男が甲のアパートに入ったという事実は拾い上げられているものの、甲が投棄したごみ袋が約２時間後に回収される予定であったことや、ごみ袋の特徴を確認した上で、当該ごみ袋１袋だけを領置したことなどの各事情には触れられていない答案、【捜査②】では、犯人のものである可能性が高いDNA型が判明した事実は拾い上げられているものの、【捜査①】と比較して、甲が重大事件の犯人である嫌疑が高まっていることや、アパートのごみ置場に投棄するごみの中から甲のDNAだけを採取することが困難であったという各事情には触れずに**必要性**を検討する答案、DNAが個人識別情報であるという事実だけを抽出して、DNA採取行為自体に**相当性**がないと結論付ける答案、捜査機関が捜査目的を秘して接触している事実だけを抽出し、甲が自ら公道に投棄した容器を回収しているにとどまることや、甲が使用した容器にマークを付け、同人のDNAだけを特定できる方法であったことなどの各事情には触れずに**相当性**がないと結論付ける答案が相当数見受けられた。」

なお、上記出題趣旨も指摘しているように、本問の各捜査について**領置の相当性**を検討する際には、捜査①と捜査②における**被侵害利益の内容**の相違に着目する必要があります。すなわち、**排出されたごみの領置**（捜査①）について、上述のとおり判例①は「そのまま収集されて他人にその内容が見られることはないという期待」という利益を指摘したにとどまるのに対して、**DNAサンプル（唾液）の採取措置**（捜査②）について、判例④は「DNAを含む唾液を警察官らによってむやみに採取されない利益（個人識別情報であるDNA型をむやみに捜査機関によって認識されない利益）」に対する侵害を肯定した上で、（上述のとおり、当該措置が「領置」に該当しないことを前提として）このような被侵害利益は「強制処分を要求して保護すべき重要な利益である」と判示しています。このように、**「保護されるべきプライバシーの利益の内容」**によってその**要保護性**には大きな違いがあることから、相当性を判断する際には、被侵害利益について抽象的に「プライバシー権」、「プライバシーの利益」等と論じるのみでは不十分であり、必ずその具体的な内容を特定するように心掛けてください。採点実感においても、以下のように指摘されています。

［令和5年採点実感］

「領置の限界を論じる上で、**平成20年決定**を踏まえて、甲の**プライバシーの利益の要保護性**に着目し、各**領置の必要性と比較衡量をして相当性の判断を行う**という判断枠組を示すことが求められていたところ、甲の**プライバシーの利益**に配慮した判断枠組を示すことなく、漫然と任意処分の限界に関する一般論を規範として示した上で結論を導いている答案が少なからず見受けられた。」

もっとも、上記の意味でのプライバシー侵害は、対象物の占有取得それ自体により生じるものではなく（上述のとおり、占有取得の点には権利侵害性がないからこそ領置は令状主義に服さない処分とされているのです。）、対象物の内容について確認、点検（場合によっては鑑定嘱託等）を行うことによって生じるものであることから、厳密には、「領置」（占有取得・保持処分）とは別個の処分である**押収物に関する「必要な処分」**（222条1項、111条2項）によって生じる法益侵害です（このことは、例えば、捜査①で警察官がごみ袋を持ち帰らずにその場で中身を確認、点検した場合（占有を取得しない場合）であっても全く同じプライバシー侵害が生じることからも明らかでしょう。）。ところが、本問の問題文（設問）にはあくまで「下線部の【捜査①】及び【捜査②】の**領置の適法性**」と記載されていることから、上記「必要な処分」である“警察署で本件ごみ袋を開けて内容を確認した措置”（捜査①）及び“容器に付着した唾液のDNA型鑑定”（捜査②）による法益侵害まで含めて一体的に「領置の適法性」として検討することを求める趣旨なのか否かについて若干不明確であったと思われます（なお、**平成22年試験問題**では問題文（設問）に「下線部の［捜査①］から［捜査③］の適法性」と記載されていたことから、同問では占有取得の点のみならず上記法益を侵害する処分（取得したメモ片の復元措置）も含めた一連の捜査の相当性を検討対象とする趣旨であることが明確でした。）。本問でも、とりわけ捜査②について上述した被侵害利益の重要性を問題とすることを出題趣旨とするのであれば、問題文（設問）の記載も「領置の適法性」ではなく、例えば、「甲のDNAを採取した一連の措置の適法性」と記載することが適切であったと思われます。

〈参考判例〉

【最(二小)決平成20・4・15刑集62巻5号1398頁】（遺留物の領置） 判例①

「ダウンベスト等の領置手続についてみると、被告人及びその妻は、これらを入れたごみ袋を不要物として公道上のごみ集積所に排出し、その占有を放棄していたものであって、排出されたごみについては、通常、そのまま収集されて他人にその内容が見られることはないという期待があるとしても、捜査の必要がある場合には、刑訴法221条により、これを遺留物として領置することができるというべきである。また、市区町村がその処理のためにこれを収集することが予定されているからといっても、それは廃棄物の適正な処理のためのものであるから、これを遺留物として領置することが妨げられるものではない。」

【東京高判平成30・9・5高刑集71巻2号1頁】（任意提出物の領置） 判例②

「本件マンションにおけるごみの取扱いについて、原審証拠によれば、本件マンションには、各階にゴミステーションがあり、地下1階にごみ置場が設けられており、そのごみ処理は管理組合の業務とされ、管理組合はマンション管理会社に対しごみの回収・搬出等の清掃業務を含む本件マンションの管理業務を委託し、そのうち清掃業務については、そのマンション管理会社から委託を受けた清掃会社が行っていたこと、本件マンションでは、居住者が各階のゴミステーションにごみを捨て、これを上記清掃会社の清掃員が各階から集めて地下1階のごみ置場に下ろすなどして、ごみの回収・搬出作業を行っていたことが認められる。このような本件マンションにおけるごみの取扱いからすると、居住者等は、回収・搬出してもらうために不要物としてごみを各階のゴミステーションに捨てているのであり、当該ごみの占有は、遅くとも清掃会社が各階のゴミステーションから回収した時点で、ごみを捨てた者から、本件マンションのごみ処理を業務内容としている管理組合、その委託を受けたマンション管理会社及び更にその委託を受けた清掃会社に移転し、重畳的に占有しているものと解される。

このことを踏まえて、本件紙片を領置するに至った捜査過程について見ると……5月16日も、警察官らが警備室で管理員の了解を得て地下1階のごみ置場に行き、E階から回収されたごみのうち、外観から被告人の出したごみの可能性のあるごみ4袋について、上記マンション管理会社の管理員が立ち会って、1袋ずつ開封していき、そのうちの1袋から本件紙片等が発見されたため、立ち会っていた管理員からそのごみ1袋の任意提出を受けて領置した上、そのごみ1袋をその管理員にいったん還付し、改めてその管理員から本件紙片等のみの任意提出を受けて領置したことが認められる。

このように、本件紙片等の入っていたごみ1袋を含むごみ4袋は、上記マンション管理会社や清掃会社が占有するに至っていたものであり、本件紙片等を領置するに至ったごみの捜査は、本件マンションの管理業務の委託を受けている上記マンション管理会社が、法律に基づいた権限により行われている公益性の高い犯罪捜査に協力している状況で、更にごみの捜査にも協力することにし、同社の従業員や同社から委託を受けてごみの回収・搬出を行っている上記清掃会社の従業員と協議して行われたものであるから、本件紙片等の入っていたごみ1袋を含むごみ4袋は、その所持者が任意に提出した物を警察が領置したものであり、警察がそのごみ4袋を開封しその内容物を確認した行為は、領置した物の占有の継続の要否を判断するために必要な処分として行われたものであるといえる。

⑵ このようなごみの捜査を行う必要性について見ると、原審証拠によれば、被告人は、平成25年10月頃から警視庁管内で会社事務所等を狙った侵入窃盗事件が多発し始めていた状況の中、中野警察署管内で発生した侵入窃盗事件の手口からその容疑者と目され、行動確認のための捜査が行われたが、本件マンションには出入口が多数あって被告人が本件マンションを出るのを把握することが遅れて追尾できなかったり、被害発生現場付近まで追尾できるようになってもその付近における被告人の行動から失尾してしまったりするなどの状況から、被告人に対し学校、会社事務所等を狙って多発していた侵入窃盗事件の嫌疑が高まっていたものであり、上記のようなごみの捜査を行う必要性は高かったといえる。また、被告人の捨てたごみの中には、被告人に対する嫌疑がある侵入窃盗事件の被害品の一部や犯行時に犯行現場付近に存在したことを示すような証拠等が混ざっている可能性があるから、上記のようなごみの捜査を行う合理性もあったといえる。

さらに、上記のようなごみの捜査の相当性について見ても、Fの原審証言によれば、上記のようなごみの捜査は、本件紙片を領置した日だけでなく、4月8日頃から被告人逮捕の前日である8月1日頃まで行われていたことが認められるが、上記のとおり、被告人が警察に検挙されないようにする行動を取っていると推測される状況があったことからすると、上記のような証拠になり得る物がごみとして出されるのをとらえるために、ある程度の期間にわたって上記のようなごみの捜査をすることもやむを得なかったといえる。しかも、上記のとおり、警察は、被告人の住戸のあるE階のごみの中から、外観から被告人が出したごみの可能性のあるごみ袋に絞り込んでおり、領置して開封するごみ袋を極力少なくする配慮をしていたのである。これらのことからすると、上記のようなごみの捜査は、相当な方法で行われていたといえる。

本件マンションの居住者等は、ゴミステーションに捨てたごみが清掃会社によりそのまま回収・搬出され、みだりに他人にその内容を見られることはないという期待を有しているものといえるが、このことを踏まえても、本件紙片を領置するに至った捜査は、上記のような必要性があり、その方法も相当なものであったのであるから、警察がその所持者から本件紙片等の入っていたごみ１袋を含むごみ４袋の任意提出を受けて領置した上、それらのごみ袋を開封してその内容物を確認し、証拠となり得る物と判断した本件紙片等について、改めて任意提出を受けて領置した捜査手続は適法なものといえる。

⑶　弁護人は、本件におけるごみの捜査は、集合住宅の共用部分という私的領域に排出された物に対して行われており、最高裁平成20年４月15日決定（刑集62巻５号1398頁）が、ごみの占有放棄の重要な要件として公道上のごみ集積所への排出を要求していることからすると、ごみの占有放棄を前提として本件紙片の領置手続を合法とした原裁判所の判断は誤っていると主張する。しかし、上記最高裁決定は、遺留物に関するものであり、所持者が任意に提出した物に関する本件とは事案を異にするものである。」

【東京高判令和３・３・23判タ1499号103頁】（「遺留した物」該当性） 判例③

「上記事実関係を踏まえ、本件回収行為の適法性について検討する。

弁護人は、本件回収行為は無令状の捜索及び差押えであると主張している。これに対し、検察官は、捜索には当たらず、かつ、本件ビニール袋は刑訴法221条にいう「遺留物」に該当するから、その回収行為は、遺留物に対する領置である旨主張している。

そこで、まず、捜索に当たるかにつき検討するに、Ｐ15警察官は、被告人の捨てたごみを探し、これを回収するという目的で、管理者等の承諾も令状もないのに本件マンションの敷地内、すなわち私有地に立ち入っている。しかも、弁護人も指摘するように、本件ごみ集積場は、私有地内に屋根と壁と扉で周囲と隔てられた空間を形成しており、明らかに第三者の無断立入りを予定していない構造となっているところ、Ｐ15警察官は、このような本件ごみ集積場の中にあった複数のごみから被告人が捨てたごみを選別・特定している。したがって、Ｐ15警察官による被告人のごみの選別・特定に係る行為は、刑訴法218条１項にいう捜索に当たる。

次に、本件ビニール袋を取得した行為が差押えに当たるのか、領置に当たるのかについて、検討する。Ｐ15警察官は、私有地内に建設された第三者の無断立入りが予定されていない本件ごみ集積場に体を入れ、その中にあった本件ビニール袋に及んでいる他人の占有を排し、本件ビニール袋の占有を取得したのであるから、その取得行為は同条にいう差押えに当たると認められる。検察官は、本件ごみ集積場には実質的に被告人の排他的支配が及んでおらず、本件ビニール袋に特定の者の物理的・排他的占有がないから、同法221条にいう遺留物として領置することができ、警察官は本件ビニール袋を領置したものであると主張する。「遺留物」とは、自己の意思によらずに占有を喪失し、あるいは、自己の意思によって占有を放棄した物をいうが、ここでの占有とは、物理的な管理支配関係としての占有を指すものと解される。既に述べた本件ごみ集積場の構造、本件ごみ集積場と本件マンションの距離等に照らせば、本件マンションの住人が本件ごみ集積場にごみを搬入しても、直ちに搬入した者の当該ごみに対する物理的な管理支配関係が放棄あるいは喪失されたとは認め難く、他方で、ごみが本件ごみ集積場に搬入された時点で、本件ごみ集積場を管理しているＰ10の物理的な管理支配関係が生じたとみる余地もある。そうすると、本件ビニール袋は、同条の「遺留物」には該当せず、Ｐ15警察官によって回収された時点では、なお被告人及びＰ10の重畳的な占有下にあったというべきである。検察官の上記主張は採用できない。

以上によれば、Ｐ15警察官による本件回収行為は、捜索差押えに該当し、捜索差押許可状によることなく行われたのであるから、違法な捜索差押えであるといわざるを得ない。」

【東京高判平28・８・23高刑集69巻１号16頁】（DNA採取措置） 判例④

「本件において警察官らが用いた捜査方法は、DNA採取目的を秘した上、コップにそそいだお茶を飲むよう被告人に勧め、被告人に使用したコップの管理を放棄させて回収し、そこからDNAサンプルを採取するというものである。そこで、まず、本件捜査方法が、任意捜査の範疇にとどまり、任意捜査の要件を充足すれば許されるのか、それとも、このような捜査方法は、強制処分に該当し、これを令状によらずに行った本件捜査は違法であるのかが問題となる。

……そこで検討すると、捜査において強制手段を用いることは、法律の根拠規定がある場合に限り許容されるものであるが、ここにいう強制手段とは、有形力の行使を伴う手段を意味するものではなく、個人の意思を制圧し、身体、住居、財産等に制約を加えて強制的に捜査目的を実現する行為など、特別の根拠規定がなければ許容することが相当でない手段を意味するものであると解される（最高裁判所昭和51年３月16日第３小法廷決定）。

これを本件についてみると、まず、……被告人は、原審公判において、相手は警察官だと名乗らなかった、名乗っていたらお茶を飲んだりはしていなかった、と供述しているところ、……「相手が警察官だと名乗らなかった」ことは、関係証拠により優に認定できるところである。そして、……本件当日のＡらの服装が警察官と一見明白なものでなかったこと、被告人とのやりとりが、国土交通省が例年警告書を発する時期に、河川事務所から入手した資料を示しながらなされ、話題も他のホームレスについての話などであったことからすれば、被告人は、……相手がホームレスの話しかしなかったので、国交省の人間だと思い込み、勧められるままに紙コップを手にしてお茶を飲み、被告人が飲んだ後、DNA採取目的を秘し、そのコップを廃棄するとしてＡが回収したものと認められる。そうすると、本件においては、Ａらは、Ａらが警察官であると認識していたとすれば、そもそもお茶を飲んだりしなかった被告人にお茶を飲ませ、使用した紙コップはＡらによってそのまま廃棄されるものと思い込んでいたと認められる被告人の錯誤に基づいて、紙コップを回収したことが明らかである。

ここで、強制処分であるか否かの基準となる個人の意思の制圧が、文字どおり、現実に相手方の反対意思を制圧することまで要求するものなのかどうかが問題となるが、当事者が認識しない間に行う捜査について、本人が知れば当然拒否すると考えられる場合に、そのように合理的に推認される当事者の意思に反してその人の重要な権利・利益を奪うのも、現実に表明された当事者の反対意思を制圧して同様のことを行うのと、価値的には何ら変わらないというべきであるから、合理的に推認される当事者の意思に反する場合も個人の意思を制圧する場合に該当するというべきである（最高裁判所平成21年９月28日第３小法廷決定参照）。したがって、本件警察官らの行為は、被告人の意思を制圧して行われたものと認めるのが相当である。

次に、本件では、警察官らが被告人の黙示の意思に反して占有を取得したのは、紙コップに付着した唾液である。原判決は、……本件警察官らの行為が任意処分の範疇にとどまることを前提とした上で、任意処分の要件を充足しているか否かを決する場合のメルクマールである、相手方の身体、住居、財産等に加える制約の程度に関して、「DNA採取目的を秘して被告人に使用したコップの管理を放棄させ、そこからDNAサンプル採取をすること自体は、なんら被告人の身体に傷害を負わせるようなものではなく、強制力を用いたりしたわけではない」と評価している。確かに、相手方の意思に反するというだけでは、直ちに強制処分であるとまではいえず、法定の強制処分を要求する必要があると評価すべき重要な権利・利益に対する侵害ないし制約を伴う場合にはじめて、強制処分に該当するというべきであると解される。本件においては、警察官らが被告人から唾液を採取しようとしたのは、唾液に含まれるDNAを入手し鑑定することによって被告人のDNA型を明らかにし、これを、……DNA型記録確認通知書に記載された、合計11件の窃盗被疑事件の遺留鑑定資料から検出されたDNA型と比較することにより、被告人がこれら窃盗被疑事件の犯人であるかどうかを見極める決定的な証拠を入手するためである。警察官らの捜査目的がこのような個人識別のためのDNAの採取にある場合には、本件警察官らが行った行為は、なんら被告人の身体に傷害を負わせるようなものではなく、強制力を用いたりしたわけではなかったといっても、DNAを含む唾液を警察官らによってむやみに採取されない利益（個人識別情報であるDNA型をむやみに捜査機関によって認識されない利益）は、強制処分を要求して保護すべき重要な利益であると解するのが相当である。

以上の検討によれば、前記のとおりの強制処分のメルクマールに照らすと、本件警察官らの行為が任意処分の範疇にとどまるとした原判決の判断は是認することができず、本件捜査方法は、強制処分に当たるというべきであり、令状によることなく身柄を拘束されていない被告人からその黙示の意思に反して唾液を取得した本件警察官らの行為は、違法といわざるを得ない。

なお、……本件においては、……平成27年１月28日被告人から回収した紙コップについて、同日、領置の手続が行われ、同日付Ａ作成名義の領置調書（当審検２）が作成されている。ところで、捜査機関が行う領置について、刑訴法221条は、「検察官、検察事務官又は司法警察職員は、被疑者その他の者が遺留した物又は所有者、所持者若しくは保管者が任意に提出した物は、これを領置することができる。」と規定している。本件唾液は、使用した紙コップはＡらによってそのまま廃棄されるものと思い込んでいたと認められる被告人が占有を警察官らに委ねた物であり、後者の「所有者、所持者若しくは保管者が（捜査機関に対して）任意に提出した物」に当たらないことは明らかである。さらに、前者の遺留とは、「占有者の意思に基づかないでその所持を離れた物のほか、占有者が自ら置き去りにした物」であると解され、例えば、占有者の意思に基づいて、不要物として公道上のごみ集積所に排出されたごみについて、捜査の必要がある場合には、遺留物として領置することができると解される（最高裁判所平成20年４月15日第２小法廷決定）。しかしながら、本件唾液は、上記のとおり、使用した紙コップはＡらによってそのまま廃棄されるものと思い込んでいたと認められる被告人が、錯誤に基づいて占有を警察官らに委ねた物であり、前者の遺留にも当たらないと解される。そうすると、本件においては、警察官らは、外形上被告人の意思に基づいて占有を取得したことから、領置の手続を取ったものであると解されるところ、この手続は、法が許容する領置の類型とはいえず、本件領置手続自体も違法と解するのが相当である。」

【論述例】

【遺留物の意義】

捜査機関の行う「領置」（221条）は、対象物を占有する押収の一種であるが、その占有を取得する過程に強制の要素を伴わない点で「差押え」と異なるため、憲法35条の「押収」に当たらず、無令状で行うことができる。

上記のような処分の性質からすれば、同条の「遺留した物」とは、自己の意思によらず占有を喪失した物（遺失物）に限られず、自己の意思によって占有を放棄し、離脱させた物も含むと解する。

【参考答案例】【平成22年】

［設問１］

第１　捜査①及び②について

１　捜査①について

(1)「遺留した物」該当性

【論述例】遺留物の意義

甲は、ごみ袋（以下、「ごみ袋①」という。）を不要物として公道上のごみ集積所に排出し、その占有を放棄していたものであるから、同ごみ袋は「遺留した物」（221条）に当たる。

(2)　領置の必要性・相当性

上記のとおり、ごみ袋①が「遺留した物」に当たるとしても、これを領置することは被処分者の法益を侵害し又は侵害するおそれがあることから、状況の如何を問わず常に許容されるものと解するのは相当でなく、必要性、緊急性、これによって害される個人の法益と保護されるべき公共の利益との権衡などを考慮したうえ、具体的状況のもとで相当と認められる限度において許容されると解すべきである。

ア　本件は、暴力団Ａ組により組織的に敢行されているけん銃の密売という重大犯罪であるところ、同組では、発覚を恐れ一般人には販売せず、暴力団に属する者に対してのみ、電話連絡等を通じて取引の交渉をし、取引成立後、宅配等によりけん銃を引き渡すという慎重な密売方法が採られていた。現に、司法警察員Ｐらは、Ａ組による組織的な密売ルートを解明すべく内偵捜査を続けていたが、Ａ組幹部の甲がけん銃密売の責任者であるとの情報や、甲からの指示を受けた組員らが、取引成立後、組事務所とは別の場所に保管するけん銃を顧客に発送するなどの方法によりけん銃を譲渡しているとの情報を把握したものの、顧客が暴力団関係者のみであることから、甲らを検挙する証拠を入手できずにいた。このように、本件犯行が巧妙な手段により行われていたため通常の捜査方法では摘発が困難であったことから、甲が遺留したごみ袋の中から密売に関連する証拠物を発見する必要性があったところ、Ａ組事務所であるアパートの前路上において甲が出したごみ袋①の中には本件に関連する証拠物が存在する可能性があったと認められる。また、排出したごみは収集業者等により一旦収集処理されてしまえばその後にこれを押収することは不可能となるため、その場で直ちにごみ袋①の占有を確保する緊急の必要性があったといえる。

イ　他方、排出されたごみについては、通常、そのまま収集されて他人にその内容が見られることはないという期待があると認められるところ、かかる期待も個人のプライバシー権（憲法13条参照）の内容として法的保護に値する。もっとも、ごみ袋①が投棄されたのは不特定多数の者が通行する公道上のごみ集積所であるところ、そのような場所に占有を放棄したものである以上、甲の上記期待に対する要保護性は低いといえる。また、Ｐらは甲自身がごみ袋①を置いたのを現認した上で、同ごみ袋を持ち帰っていることから、甲以外の第三者のプライバシーが侵害されるおそれはなかったといえる。

ウ　以上の事情からすれば、ごみ袋①の領置は本件の捜査に必要な範囲において、かつ、相当な方法によって行われたものと認められる。

(3)「押収物」（111条２項）とは、差し押さえられた物に限らず、領置された物も含むと解される。

しかるところ、Ｐらがごみ袋①を警察署へ持ち帰り、その内容物を確認した措置及びごみ袋①に在中した裁断されていた複数のメモ片を復元した措置は、発見された同メモに「５／20　１丁→Ｎ.Ｈ 150」などと日付、アルファベットのイニシャル及び数字が記載されており、これがけん銃の密売に関連して、譲渡した日、相手、個数及び金額をメモしたものである蓋然性が認められる一方、同メモの発見及び復元によりごみ袋①の領置によるプライバシー侵害とは別個の新たなプライバシー侵害が生じるものではないことからすれば、本件けん銃密売の被疑事実に関連する証拠物を発見し、これを押収するという捜査目的ために必要かつ相当な行為であると認められる。

したがって、上記各措置は、「必要な処分」（222条１項、111条２項）として適法である。

(4)　以上より、捜査①は適法である。

2　捜査②について

(1)「遺留した物」該当性

甲は、ごみ袋（以下、「ごみ袋②」という。）を自己が入居するマンション専用のごみ集積所に置いたものであるところ、同ごみ集積所は、居住部分の建物棟とは少し離れた場所の倉庫内にあり、その出入口は施錠されておらず、誰でも出入りすることが可能な場所にあったことからすれば、ごみ袋②に対する甲の占有は相当程度弱まったものと評価できる。しかしながら、同ごみ集積所はマンション専用とされており、かつ、マンションの敷地内にあることからすれば、マンション居住者以外の第三者が自由に出入りすることが認容されていた場所とはいえない。そうすると、同ごみ集積所に置かれたごみ袋②については、甲又はマンション管理者の占有ないし管理権がなお及んでいるというべきであって、占有を放棄した物とは認められないことから、「遺留した物」に当たらない。

(2)　確認・回収措置の適法性

Ｐらがマンション敷地内にあるごみ集積所に立ち入り、同所において、ごみ袋②内を確認した上で発見したメモ片を持ち帰った行為は、上述した甲又はマンション管理者の占有ないし管理権を侵害する処分であって捜索・差押えに当たるというべきところ、Ｐらは捜索差押許可状（218条１項）の発付を受けることなく上記各措置を行っていることから、これらの措置は違法である。また、同メモ片を復元した措置についても、上記のとおり同メモ片の押収が違法であることから、「必要な処分」として許容される余地はない。

⑶　以上より、捜査②は違法である。

【参考答案例】【令和５年】

［設問１］

第１　捜査①について

１　「任意に提出した物」該当性

捜査機関の行う「領置」（221条）は、対象物を占有する押収の一種であるが、その占有を取得する過程に強制の要素を伴わない点で「差押え」と異なるため、憲法35条の「押収」に当たらず、無令状で行うことができる。このような処分の性質から、同条は「所有者」のみならず「所持者若しくは保管者」が「任意に提出した物」についての領置をも規定しているところ、この場合、提出者の占有が適法である限り、提出者が所有者その他処分権限者であることを要しない。

甲はアパートの敷地内にあるごみ置場にごみ袋１袋（以下、「本件ごみ袋」という。）を投棄したところ、同アパートにおけるごみの取扱いについて、同アパートの所有者である大家は、同アパートの居住者に対して、ごみを同ごみ置場に捨てるように指示しており、同人が同ごみ置場のごみの分別を確認し、公道上にある地域のごみ集積所に、ごみ回収日の午前８時頃に搬出することにつき、あらかじめ居住者から了解を得ていた。このような同アパートにおけるごみの取扱いからすると、居住者等は、回収・搬出してもらうために不要物としてごみをごみ置場に捨てているのであり、ごみがごみ置場に搬入された時点で、同ごみ置場を管理している大家の物理的な管理支配関係が生じ、当該ごみの占有は、遅くともごみ回収日に大家がごみを確認し、搬出した時点で、ごみを捨てた者から、大家に移転するものと解される。

そうすると、司法警察員Ｐが捜査①を実施した時点で、甲の投棄した本件ごみ袋は、少なくとも甲及び大家の重畳的な占有下にあったというべきであり、大家が占有するに至っていたものであるから、本件ごみ袋は、その「所持者」である大家がＰに「任意に提出した物」に当たる。

２　領置の必要性・相当性

捜査機関が取得、回収した物が領置の対象物に当たるとしても、これを領置することは個人の法益を侵害し又は侵害するおそれがあることから、状況の如何を問わず常に許容されるものと解するのは相当でなく、必要性、緊急性、これによって害される個人の法益と保護されるべき公共の利益との権衡などを考慮し、具体的状況のもとで相当と認められる限度において許容されると解すべきである。

⑴　本件は、犯人がＶ方に侵入し物色中にＶを殴打して逃走したという住居侵入・強盗殺人未遂事件であるところ、凶器としてゴルフクラブが使用された危険な犯行態様の事件であり、左側頭部という身体の枢要部を殴打されたＶがすぐに病院に救急搬送さ

れていることからも、本件は重大犯罪であって犯人を早期に検挙する必要があった。

本件捜査の過程で、V方付近にあるコンビニエンスストアに設置された防犯カメラの映像に、犯行時刻の約7分後に犯人の着衣や背格好などに酷似した男性が、長い棒状の物を手に持ち北西方向に走っている様子が記録されており、また、同コンビニエンスストアから北西に約1キロメートル離れた場所にあるガソリンスタンドに設置された防犯カメラの映像に、犯行時刻の約22分後に上記映像に記録されていた男性と酷似した男性が、同ガソリンスタンドの向かいにあるアパートの建物の中に入っていく様子が記録されていたところ、その人物が甲であったことから、甲に対する嫌疑が生じた。一方で、現場であるV方からは犯人が残したものと思われる足跡が発見されたものの、それ以外に、犯人の特定につながる証拠を発見することができなかったことから、甲の犯人性を確認する証拠を収集すべく、甲の排出したごみの捜査を行う必要性は高かった。また、一般に、犯人は犯行後に犯行時の着衣等を廃棄する等して罪証隠滅行為に及ぶことがあり得るところ、甲の捨てたごみの中には、甲の犯人性を示すような衣服や靴等の証拠が混ざっている可能性があるから、本件ごみの捜査を行う合理性もあった。以上のような状況において、甲が排出したごみは収集業者等により一旦収集処理されてしまえばその後にこれを押収することは不可能となるため、その場で直ちに本件ごみ袋の占有を確保する緊急の必要性があった。

(2) 他方で、Pは、本件ごみ袋の外観の特徴を公道上から目視して確認した上で、ごみ置場に投棄されていた複数のごみ袋の中から、特徴を確認しておいたごみ袋1袋だけを選び、大家から任意提出を受けているところ、同ごみ置場に投棄されたごみの中から、外観から甲が出したごみの可能性のあるごみ袋に絞り込んでおり、領置して開封するごみ袋を極力少なくする配慮をしていたことからすると、捜査①は、相当な方法で行われていたといえる。また、甲のアパートの居住者等は、ごみ置場に捨てたごみが大家によりそのまま回収・搬出され、みだりに他人にその内容を見られることはないという期待を有しており、かかる期待も個人のプライバシー権（憲法13条参照）の内容として法的保護に値するものといえるが、甲は本件ごみ袋を不要物としてごみ置場に投棄したのであり、上記のとおり、その回収・搬出を大家に委ねて同人の物理的な管理支配下に置いている以上、甲の上記期待に対する要保護性は低いといえる。

(3) 以上の事情からすれば、捜査①の領置は本件の捜査に必要な範囲において、かつ、相当な方法によって行われたものと認められる。

3 以上より、捜査①は適法である。

第2 捜査②について

1 「遺留した物」該当性

上述した領置の性質からすれば、同条の「遺留した物」とは、自己の意思によらず占有を喪失した物（遺失物）に限られず、自己の意思によって占有を放棄し、離脱させた物も含むと解する。

甲は、豚汁を食べ終えた空の容器（以下、「本件容器」という。）を公道上に投棄して、その場を去っており、その占有を放棄していたものであるから、本件容器は「遺留した物」に当たる。

なお、本件容器は、甲のDNA型を特定するための証拠を入手するために、Pがボランティアの一員として炊き出しに参加し、容器の裏側にマークを付けて、同容器に豚汁を入れて甲に手渡したものであるが、甲はこれを自己の意思で公道上に投棄しており、甲が錯誤に基づいて占有をＰに委ねた物ではなく、捜査機関が甲の黙示の意思に反してその占有を取得したものではないから、なお遺留に当たると解される。

２　領置の必要性・相当性

(1)　上記捜査①によっても、犯人の特定につながる証拠を得ることができなかったものの、犯人の逃走経路と考えられる場所の捜索によりゴルフクラブと黒のマスクが発見されたところ、同マスクの内側に付着した血液は、同マスクの発見状況や本件の犯行状況等から、犯人の血液である可能性が極めて高いと認められた。もっとも、同血液のDNA型は、警察が把握していたDNA型のデータベースには登録されていなかったことから、甲と犯人との同一性を判断するためには、甲のDNA型を特定するための証拠を入手する必要があった。一方で、行動確認の結果、甲方に複数人が出入りしていることが判明しており、捜査①と同様の手段によりごみの中から甲のDNA型を特定するための証拠を入手することが難しい状況であったことから、ボランティアがＩ市内の公園で開催している炊き出しにおいて、食事の提供を受けた甲が投棄した炊き出し用の使い捨て容器を回収するという手段に合理性もあった。

(2)　他方で、Ｐが捜査②を実施したのは、甲の唾液に含まれるDNAを入手し鑑定することによって甲のDNA型を明らかにし、これを、上記黒のマスクの内側に付着していた血液のDNA型と比較することにより、甲が本件の犯人であるかどうかを見極める決定的な証拠を入手するためであるところ、捜査目的がこのような個人識別のためのDNAの採取にある場合、DNAを含む唾液を捜査機関によってむやみに採取されない利益（個人識別情報であるDNA型をむやみに捜査機関によって認識されない利益）は、個人のプライバシー権（憲法13条参照）の内容として法的保護に値する重要な利益であると解される。もっとも、上述のとおり、甲は唾液の付着した本件容器を不特定多数の者が往来する公道上に投棄しており、そのような場所に自己の意思により自ら占有を放棄したものである以上、甲の上記利益に対する要保護性は一定程度低下しているものといえる。また、上述のとおり、Ｐは、ボランティアの一員として炊き出しに参加し、本件容器の裏側にマークを付けて甲に手渡しているところ、炊き出しの参加者が多く、甲が使用した容器だけを選別することは困難であったことから、甲の唾液が付着した容器を確実に特定し、無関係の第三者に対するプライバシー侵害が生じることを防止するためには上記のような欺罔的手段を講じることもやむを得なかったといえる。

(3)　以上の事情からすれば、捜査②の領置は本件の捜査に必要な範囲において、かつ、相当な方法によって行われたものと認められる。

３　以上より、捜査②は適法である。

第5講　接見交通

［論点解析］　接見指定の適法性

1　接見指定の要件――「捜査のため必要があるとき」（39条3項本文）

接見指定の要件である「捜査のため必要があるとき」（39条3項本文）の意味については、①被疑者の身体が捜査に必要とされる（身体を利用した捜査が行われている）場合に限られるとする見解（**物理的限定説**）と②罪証隠滅のおそれ等を含めて広く捜査の遂行に支障が生じ得る場合であると解する見解（**捜査全般説**）の対立があります。判例は、従来から「**現に**被疑者を取調中であるとか、実況見分、検証等に立ち会わせる必要がある等**捜査の中断による支障が顕著な場合**」（判例①）との解釈を示しており、さらに、「**捜査の中断による支障が顕著な場合**には、捜査機関が、弁護人等の接見等の申出を受けた時に、**現に**被疑者を取調べ中であるとか、実況見分、検証等に立ち会わせているというような場合だけでなく、**間近い時に**右取調べ等をする確実な予定があって、弁護人等の必要とする接見等を認めたのでは、右取調べ等が予定どおり開始できなくなるおそれがある場合も含む」（判例②）と判示し、概ね①説を採用していました。その後、判例③が接見指定の要件について従来の判例の立場を整理し、「同条三項本文にいう「捜査のため必要があるとき」とは、右接見等を認めると**取調べの中断等により捜査に顕著な支障が生ずる場合**に限られ、……弁護人等から接見等の申出を受けた時に、捜査機関が**現に**被疑者を取調べ中である場合や実況見分、検証等に立ち会わせている場合、また、**間近い時に**右取調べ等をする確実な予定があって、弁護人等の申出に沿った接見等を認めたのでは、右取調べ等が予定どおり開始できなくなるおそれがある場合などは、**原則として**右にいう取調べの中断等により捜査に顕著な支障が生ずる場合に当たる」という解釈論を示しました。もっとも、判例③は「取調べの中断**等**により捜査に顕著な支障が生ずる場合」と述べていることから、ここで考慮すべき捜査への支障は、判例①及び②の示した「中断による支障」に限定されない（罪証隠滅のおそれ等による一般的な捜査への支障を広く含む趣旨である）と理解する余地もあります。しかしながら、他方で、判例③は、39条3項の規定は「被疑者の身体の拘束については刑訴法上……厳格な時間的制約があること……などにかんがみ、被疑者の取調べ等の捜査の必要と接見交通権の行使との調整を図る趣旨で置かれたものである」と判示しており、捜査の必要と接見交通権の調整を図らなければならない根拠を、被疑者の身体拘束についての時間的制約の点に求めています。そうであれば、ここでいう「捜査の必要」とは被疑者の身体を利用した捜査（取調べ等）の必要性に限られ、被疑者の身体の利用と無関係な捜査上の必要性（罪証隠滅の防止等）を理由として接見指定を行うことは許されないと解すべきでしょう。なお、「捜査に顕著な支障が生ずる場合」に「原則として」該当する場合の具体例として、判例③は、まさしく「現に」又は「間近い時に」被疑者の身体を利用した捜査を行う必要がある場合を挙げており、これは判例②が挙げたものと全く同じです。このことからも、判例③の解釈論は従来の判例の立場を踏襲したものと理解することができるでしょう。

2　接見指定の内容――「防御の準備をする権利を不当に制限する」（39条3項但書）

上記接見指定の要件（39条3項本文）を具備する場合、捜査機関は接見の「日時、場所及び時間」を指定することができます。ただし、その指定は、被疑者が「防御の準備をする権利を不当に制限する」ものであってはならないと規定されています（同項但書）。そこで、具体的な接見指定の内容の適否が問題となります。すなわち、接見指定の内容は、「捜査に顕著な支障が生ずる」ことを避けるために必要最小限度の合理的なものでなければなりません。例えば、弁護人の申出から2時間後の接見を認めても「顕著な支障」が生じないといえるのであれば、接見を5時間後に指定することは被疑者の防御権の不当な制限というべきでしょう。判例①ないし③は、接見指定をする場合、捜査機関には「弁護人等と協議してできる限り速やかな接見等のための日時等を指定し、被疑者が弁護人等と防御の準備をすることができるような措置」を採るべき義務があることを認定しています。捜査機関がどの程度の措置を講じれば上記義務を尽くしたことになるのかについては、具体的事案における捜査の必要性（捜査への支障の程度）と接見の重要性との比較衡量により判断することになりますが、とりわけ、**逮捕直後の初回接見**については、その重要性から捜査機関の尽くすべき義務の内容がさらに加重されます。判例④は、初回接見の重要性について、「弁護人の選任を目的とし、かつ、今後捜査機関の取調べを受けるに当たっての助言を得るための最初の機会であって、……憲法上の保障の出発点を成すものであるから、これを速やかに行うことが被疑者の防御の準備のために**特に重要**である。」と述べた上で、捜査機関の尽くすべき義務の具体的な内容として、①「弁護人となろうとする者と**協議**」すべき義務、②「即時又は近接した時点での接見を認めても接見の時間を指定すれば捜査に顕著な支障が生じるのを避けることが可能かどうかを**検討**」すべき義務、③「これが可能なときは、留置施設の管理運営上支障があるなど特段の事情のない限り、……たとい比較的短時間であっても、時間を指定した上で**即時又は近接した時点での接見を認める**ようにすべき」義務を認定しています。したがって、初回接見において「捜査のため必要があるとき」という接見指定の要件が具備されたとしても、その指定に当たって捜査機関が上記各義務を尽くすことなく漫然と接見指定した場合には、被疑者が「防御の準備をする権利を不当に制限する」ものとして違法となります。

なお、接見指定の適法性が問題となった上記各判例は、いずれも弁護人が提起した国家賠償請求訴訟であることから、これらの判例が認定した上記各義務は、直接的には捜査機関が公務員として国家賠償法上負うべき職務上の注意義務です（いわゆる**職務行為基準説**によれば、国家賠償法上の違法性は“公務員が職務上通常尽くすべき注意義務に違反したか否か”という基準により判断されるため、この点が国家賠償請求訴訟における直接的な争点となります。）。もっとも、判例④は、捜査機関が上記各義務に違反した場合、「防御の準備をする権利を不当に制限したものであって、刑訴法三九条三項に違反する」、「刑訴法上違法であるのみならず、国家賠償法一条一項にいう違法な行為にも当たる」と判示しており、これらの義務違反が刑訴法上も違法となることを明らかにしています。

3　接見指定の適法性の検討

以上のとおり、接見指定の適法性については、**【接見指定の要件該当性】**（「捜査のため必要があるとき」か否か、39条3項本文）について検討し、要件が具備された場合は更に、**【指定内容の適否】**（「防御の準備をする権利を不当に制限する」か否か、39条3項但書）を検討する、という2段階の判断枠組みで判定することになります。出題趣旨においても、以下のとおり説明されています。

[平成28年出題趣旨]
「まず、「捜査のため必要があるとき」という文言の解釈について、「……」と判示した**最高裁判所平成11年3月24日大法廷判決（民集53巻3号514頁）**を踏まえつつ、自説を論ずる必要がある。
その上で、各接見指定において、接見指定を行ったのが、刑事訴訟法上要求されている弁解録取手続中であること（下線部①)、甲の自白を得たいとして取調べを実施しようとする段階であること（下線部②）を踏まえ、具体的な当てはめを行う必要がある。
次に、**刑事訴訟法第39条第3項ただし書**では、接見指定の要件が認められる場合であっても、「その指定は、被疑者が防禦の準備をする権利を不当に制限するようなものであってはならない。」とされている。本設問において、甲は、いまだ弁護人となろうとする者との接見の機会がなく、弁護士Tによる接見は、初回接見となる予定であった。この点に関し、最高裁判所は、「……」（**最三判平成12年6月13日民集54巻5号1635頁**）と判示している。同判決とそこに示唆された「被疑者が防禦の準備をする権利を不当に制限する」かどうかの判断構造に留意しつつ、各下線部における**接見指定の適法性**について、具体的な当てはめを行う必要がある。」

★ 接見指定の適法性

Ⅰ．**接見指定の要件該当性**
　　「捜査のため必要があるとき」（39Ⅲ本文）に当たるか？
↓
Ⅱ．**指定内容の適否**
　　「防御の準備をする権利を不当に制限する」（39Ⅲ但書）か？

平成28年試験問題［設問2］では、逮捕直後の初回接見に対する2回にわたる接見指定（当初の指定及びその内容を変更する再度の指定）の適法性が問題となりました。それぞれの指定について、上述した2段階の判断枠組みで検討することが求められます。採点実感において以下のように指摘されていました。

[平成28年採点実感]
「**刑事訴訟法第39条第3項本文とただし書の条文構造**を正確に理解せず、**接見指定の要件の問題**と同要件が充足された場合の**指定の内容に関する問題**の区別が曖昧な答案が見受けられた」
「下線部①については、「捜査のため必要があるとき」の議論のみをし、下線部②については、「被疑者が防禦の準備をする権利を不当に制限する」かどうかの議論のみをする答案が少なくなかった。しかし、下線部①についても、接見指定の内容についての検討は必要であろうし、下線部②についても、接見指定の要件が認められるかについての検討は必要になるであろう。」

本問で弁護士Tが申し出た接見は甲にとって逮捕直後の初回接見であるため、これを速やかに行うことが甲の防御の準備のために「特に重要」であると指摘できます。もっとも、1回目の指定については、Tから接見の申出があった時点で、現に甲の弁解録取手続を行っている最中でした。また、その指定内容も、検察官Sは弁解録取手続や警察署への移動に要する時間を考慮した上で、接見開始時間の遅れを最小限にとどめており、Tもこれを了承しています。これに対し、2回目の指定は、上記弁解録取手続が終了した後に、Sが甲から自白を獲得すべく更に取調べを継続するために行ったものです。また、具体的な指定に際しても、SはTと何ら協議することなく、かつ、即時又は近接した時点での接見が可能かどうかを特段検討することなく、一方的に指定内容をTに伝えたに過ぎません。これらの事情を的確に評価した上で、それぞれの指定についての適法性を判断することになります。

〈参考判例〉

【最(一小)判昭和53・7・10民集32巻5号820頁】(接見指定①) 判例①

「憲法三四条前段は、何人も直ちに弁護人に依頼する権利を与えられなければ抑留・拘禁されることがないことを規定し、刑訴法三九条一項は、この趣旨にのつとり、身体の拘束を受けている被疑者・被告人は、弁護人又は弁護人となろうとする者（以下「弁護人等」という。）と立会人なしに接見し、書類や物の授受をすることができると規定する。この弁護人等との接見交通権は、身体を拘束された被疑者が弁護人の援助を受けることができるための刑事手続上最も重要な基本的権利に属するものであるとともに、弁護人からいえばその固有権の最も重要なものの一つであることはいうまでもない。身体を拘束された被疑者の取調べについては時間的制約があることからして、弁護人等と被疑者との接見交通権と捜査の必要との調整を図るため、刑訴法三九条三項は、捜査のため必要があるときは、右の接見等に関してその日時・場所・時間を指定することができると規定するが、弁護人等の接見交通権が前記のように憲法の保障に由来するものであることにかんがみれば、捜査機関のする右の接見等の日時等の指定は、あくまで必要やむをえない例外的措置であつて、被疑者が防禦の準備をする権利を不当に制限することは許されるべきではない。（同項但書）。捜査機関は、弁護人等から被疑者との接見の申出があつたときは、原則として何時でも接見の機会を与えなければならないのであり、現に被疑者を取調中であるとか、実況見分、検証等に立ち会わせる必要がある等捜査の中断による支障が顕著な場合には、弁護人等と協議してできる限り速やかな接見のための日時等を指定し、被疑者が防禦のため弁護人等と打ち合せることのできるような措置をとるべきである。」

【最(三小)判平成3・5・10民集45巻5号919頁】(接見指定②) 判例②

「弁護人又は弁護人を選任することができる者の依頼により弁護人となろうとする者（以下「弁護人等」という。）と被疑者との接見交通権が憲法上の保障に由来するものであることにかんがみれば、刑訴法三九条三項の規定による捜査機関のする接見又は書類若しくは物の授受の日時、場所及び時間の指定は、あくまで必要やむを得ない例外的措置であって、これにより被疑者が防御の準備をする権利を不当に制限することが許されないことはいうまでもない。したがって、捜査機関は、弁護人等から被疑者との接見等の申出があったときは、原則としていつでも接見等の機会を与えなければならないのであり、これを認めると捜査の中断による支障が顕著な場合には、弁護人等と協議してできる限り速やかな接見等のための日時等を指定し、被疑者が弁護人等と防御の準備をすることができるような措置を採るべきである（最高裁昭和四九年(オ)第一〇八八号同五三年七月一〇日第一小法廷判決・民集三二巻五号八二〇頁）。

そして、右にいう捜査の中断による支障が顕著な場合には、捜査機関が、弁護人等の接見等の申出を受けた時に、現に被疑者を取調べ中であるとか、実況見分、検証等に立ち会わせているというような場合だけでなく、間近い時に右取調べ等をする確実な予定があって、弁護人等の必要とする接見等を認めたのでは、右取調べ等が予定どおり開始できなくなるおそれがある場合も含むものと解すべきである。」

【最大判平成11・3・24民集53巻3号514頁】(接見指定③：接見指定の要件) 判例③

「刑訴法三九条一項が、「身体の拘束を受けている被告人又は被疑者は、弁護人又は弁護人を選任することができる者の依頼により弁護人となろうとする者（弁護士でない者にあつては、第三十一条第二項の許可があつた後に限る。）と立会人なくして接見し、又は書類若しくは物の授受をすることができる。」として、被疑者と弁護人等との接見交通権を規定しているのは、憲法三四条の右の趣旨にのっとり、身体の拘束を受けている被疑者が弁護人等と相談し、その助言を受けるなど弁護人等から援助を受ける機会を確保する目的で設けられたものであり、その意味で、刑訴法の右規定は、憲法の保障に由来するものであるということができる（最高裁昭和四九年(オ)第一〇八八号同五三年七月一〇日第一小法廷判決・民集三二巻五号八二〇頁、最高裁昭和五八年(オ)第三七九号、第三八一号平成三年五月一〇日第三小法廷判決・民集四五巻五号九一九頁、最高裁昭和六一年(オ)第八五一号平成三年五月三一日第二小法廷判決・裁判集民事一六三号四七頁参照)。

もっとも、憲法は、刑罰権の発動ないし刑罰権発動のための捜査権の行使が国家の権能であることを当然の前提とするものであるから、被疑者と弁護人等との接見交通権が憲法の保障に由来するからといって、これが刑罰権ないし捜査権に絶対的に優先するような性質のものということはできない。そして、捜査権を行使するためには、身体を拘束して被疑者を取り調べる必要が生ずることもあるが、憲法はこのような取調べを否定するものではないから、接見交通権の行使と捜査権の行使との間に合理的な調整を図らなければならない。憲法三四条は、身体の拘束を受けている被疑者に対して弁護人から援助を受ける機会を持つことを保障するという趣旨が実質的に損なわれない限りにおいて、法律に右の調整の規定を設けることを否定するものではないというべきである。

ところで、刑訴法三九条は、前記のように一項において接見交通権を規定する一方、三項本文において、「検察官、検察事務官又は司法警察職員（司法警察員及び司法巡査をいう。以下同じ。）は、捜査のため必要があるときは、公訴の提起前に限り、第一項の接見又は授受に関し、その日時、場所及び時間を指定することができる。」と規定し、接見交通権の行使につき捜査機関が制限を加えることを認めている。この規定は、刑訴法において身体の拘束を受けている被疑者を取り調べることが認められていること（一九八条一項)、被疑者の身体の拘束については刑訴法上最大でも二三日間（内乱罪等に当たる事件については二八日間）という厳格な時間的制約があること（二〇三条から二〇五条まで、二〇八条、二〇八条の二参照）などにかんがみ、被疑者の取調べ等の捜査の必要と接見交通権の行使との調整を図る趣旨で置かれたものである。そして、刑訴法三九条三項ただし書は、「但し、その指定は、被疑者が防禦の準備をする権利を不当に制限するようなものであつてはならない。」と規定し、捜査機関のする右の接見等の日時等の指定は飽くまで必要やむを得ない例外的措置であって、被疑者が防御の準備をする権利を不当に制限することは許されない旨を明らかにしている。

このような刑訴法三九条の立法趣旨、内容に照らすと、捜査機関は、弁護人等から被疑者との接見等の申出があったときは、原則としていつでも接見等の機会を与えなければならないのであり、同条三項本文にいう「捜査のため必要があるとき」とは、右接見等を認めると取調べの中断等により捜査に顕著な支障が生ずる場合に限られ、右要件が具備され、接見等の日時等の指定をする場合には、捜査機関は、弁護人等と協議してできる限り速やかな接見等のための日時等を指定し、被疑者が弁護人等と防御の準備をすることができるような措置を採らなければならないものと解すべきである。そして、弁護人等から接見等の申出を受けた時に、捜査機関が現に被疑者を取調べ中である場合や実況見分、検証等に立ち会わせている場合、また、間近い時に右取調べ等をする確実な予定があって、弁護人等の申出に沿った接見等を認めたのでは、右取調べ等が予定どおり開始できなくなるおそれがある場合などは、原則として右にいう取調べの中断等により捜査に顕著な支障が生ずる場合に当たると解すべきである（前掲昭和五三年七月一〇日第一小法廷判決、前掲平成三年五月一〇日第三小法廷判決、前掲平成三年五月三一日第二小法廷判決参照)。」

【最(三小)判平成12・6・13民集54巻5号1635頁】(接見指定④：初回接見の重要性) **判例④**

「検察官、検察事務官又は司法警察職員（以下「捜査機関」という。）は、弁護人又は弁護人を選任することができる者の依頼により弁護人となろうとする者（以下「弁護人等」という。）から被疑者との接見又は書類若しくは物の授受（以下「接見等」という。）の申出があったときは、原則としていつでも接見等の機会を与えなければならないのであり、刑訴法三九条三項本文にいう「捜査のため必要があるとき」とは、右接見等を認めると取調べの中断等により捜査に顕著な支障が生ずる場合に限られる。そして、弁護人等から接見等の申出を受けた時に、捜査機関が現に被疑者を取調べ中である場合や実況見分、検証等に立ち会わせている場合、また、間近い時に右取調べ等をする確実な予定があって、弁護人等の申出に沿った接見等を認めたのでは、右取調べ等が予定どおり開始できなくなるおそれがある場合などは、原則として右にいう取調べの中断等により捜査に顕著な支障が生ずる場合に当たると解すべきである（前掲平成一一年三月二四日大法廷判決参照)。右のように、弁護人等の申出に沿った接見等を認めたのでは捜査に顕著な支障が生じるときは、捜査機関は、弁護人等と協議の上、接見指定をすることができるのであるが、その場合でも、その指定は、被疑者が防御の準備をする権利を不当に制限するようなものであってはならないのであって（刑訴法三九条三項ただし書)、捜査機関は、弁護人等と協議してできる限り速やかな接見等のための日時等を指定し、被疑者が弁護人等と防御の準備をすることができるような措置を採らなければならないものと解すべきである。

とりわけ、弁護人を選任することができる者の依頼により弁護人となろうとする者と被疑者との逮捕直後の初回の接見は、身体を拘束された被疑者にとっては、弁護人の選任を目的とし、かつ、今後捜査機関の取調べを受けるに当たっての助言を得るための最初の機会であって、直ちに弁護人に依頼する権利を与えられなければ抑留又は拘禁されないとする憲法上の保障の出発点を成すものであるから、これを速やかに行うことが被疑者の防御の準備のために特に重要である。したがって、右のような接見の申出を受けた捜査機関としては、前記の接見指定の要件が具備された場合でも、その指定に当たっては、弁護人となろうとする者と協議して、即時又は近接した時点での接見を認めても接見の時間を指定すれば捜査に顕著な支障が生じるのを避けることが可能かどうかを検討し、これが可能なときは、留置施設の管理運営上支障があるなど特段の事情のない限り、犯罪事実の要旨の告知等被疑者の引致後直ちに行うべきものとされている手続及びそれに引き続く指紋採取、写真撮影等所要の手続を終えた後において、たとい比較的短時間であっても、時間を指定した上で即時又は近接した時点での接見を認めるようにすべきであり、このような場合に、被疑者の取調べを理由として右時点での接見を拒否するような指定をし、被疑者と弁護人となろうとする者との初回の接見の機会を遅らせることは、被疑者が防御の準備をする権利を不当に制限するものといわなければならない。

これを本件についてみると、……右の措置は、上告人Ａが防御の準備をする権利を不当に制限したものであって、刑訴法三九条三項に違反するものというべきである。そして、右の措置は、上告人Ａの速やかに弁護人による援助を受ける権利を侵害し、同時に、上告人Ｂの弁護人としての円滑な職務の遂行を妨害したものとして、刑訴法上違法であるのみならず、国家賠償法一条一項にいう違法な行為にも当たるといわざるを得ず、これが捜査機関として遵守すべき注意義務に違反するものとして、同課長に過失があることは明らかである。」

【論述例】

【接見指定の適法性】

接見交通権（39条１項）は、憲法34条前段の趣旨に則り、身体の拘束を受けている被疑者が弁護人等（弁護人又は弁護人を選任することができる者の依頼により弁護人となろうとする者）と相談し、その助言を受けるなど弁護人等から援助を受ける機会を確保する目的で保障されたものであるから、同規定は、憲法の保障に由来する。他方、憲法は、刑罰権発動のための捜査権の行使が国家の権能であることを当然の前提とするものであるから、接見交通権の行使と捜査権の行使との間に合理的な調整を図らなければならない。

このような趣旨に照らすと、「捜査のため必要があるとき」（同条３項本文）とは、弁護人等の申出に沿った接見を認めると取調べの中断等により捜査に顕著な支障が生ずる場合に限られると解する。そして、弁護人等から接見の申出を受けた時に、捜査機関が①現に被疑者を取調べ中である場合や実況見分、検証等に立ち会わせている場合、また、②間近い時に取調べ等をする確実な予定があって、弁護人等の申出に沿った接見を認めたのでは、取調べ等が予定どおり開始できなくなるおそれがある場合などは、原則として上記の取調べの中断等により捜査に顕著な支障が生ずる場合に当たると解すべきである。

ただし、上記要件が具備され、接見指定をすることができる場合でも、その指定は、「被疑者が防御の準備をする権利を不当に制限する」（同条３項但書）ものであってはならないのであるから、捜査機関は、弁護人等と協議してできる限り速やかな接見のための日時等を指定し、被疑者が弁護人等と防御の準備をすることができるような措置を採らなければならないものと解すべきである。

［初回接見の重要性］

逮捕直後の初回の接見は、身体を拘束された被疑者にとっては、弁護人の選任を目的とし、かつ、今後捜査機関の取調べを受けるに当たっての助言を得るための最初の機会であって、憲法34条前段の保障の出発点を成すものであるから、これを速やかに行うことが被疑者の防御の準備のために特に重要である。

したがって、初回接見の申出を受けた捜査機関としては、接見指定の要件（39条3項本文）が具備された場合でも、その指定に当たっては、弁護人となろうとする者と協議して、即時又は近接した時点での接見を認めても接見の時間を指定すれば捜査に顕著な支障が生じるのを避けることが可能かどうかを検討し、これが可能なときは、留置施設の管理運営上支障があるなど特段の事情のない限り、被疑者の引致後直ちに行うべきものとされている手続及びそれに引き続く所要の手続を終えた後において、たとい比較的短時間であっても、時間を指定した上で即時又は近接した時点での接見を認めるようにすべきであり、このような場合に、被疑者の取調べを理由として上記時点での接見を拒否するような指定をし、初回接見の機会を遅らせることは、「被疑者が防御の準備をする権利を不当に制限する」（同条3項但書）ものとして違法というべきである。

【参考答案例】【平成28年】

［設問2］

第1　接見指定の適法性

【論述例】接見指定の適法性／初回接見の重要性

以下、下線部①及び②の各措置（以下、「指定①」及び「指定②」という。）について検討する。

第2　指定①について

1　接見指定の要件

検察官Sは午前9時45分から甲の弁解録取手続を開始したところ、弁護士Tは午前9時50分に接見申出を行っている。そうすると、Tが接見を申し出た時点で、現に捜査機関が甲に対して刑訴法上要求されている弁解録取手続（205条1項）を行っている最中であったのであるから、Tの申し出た接見を認めると捜査に顕著な支障が生ずる場合であるといえ、「捜査のため必要があるとき」に当たる。

2　指定内容の適否

Sは接見の時間を午前11時からと指定しているところ、Tからの上記申出を受けた時点で弁解録取手続終了までに更に30分を要し、また、Tの希望する接見場所であるH警察署までの移動に約30分を要することから、上記の時間に指定したものであり、これをTも了承している。そうすると、Sは、弁護人になろうとする者であるTと協議して、即時又は近接した時点での接見が可能かどうかを検討し、時間を指定した上で可能な限り即時又は近接した時点での接見を認めるようにしたものといえる。したがって、指定①は、「被疑者が防御の準備をする権利を不当に制限する」ものではない。

3　以上より、指定①は適法である。

第3　指定②について

1　接見指定の要件

Sは午前10時20分に甲の弁解録取手続を終了したが、その直後に甲が自白しようか迷っている態度を示したことから、この機会に自白を得たいと考えて改めて取調べを開始することとし、午前10時25分に指定②を行ったものである。そうすると、かかる時点において間近い時に甲の取調べをする確実な予定があり、午前11時からの接見を認めると捜査に顕著な支障が生ずる場合であったといえ、「捜査のため必要があるとき」に当たる。

2　指定内容の適否

甲は、同種事犯による前刑の執行猶予期間中であるところ、逮捕後未だ弁護士と接見しておらず、弁護人も選任されていなかった。そのような状況において、甲は、逮捕当初から覚せい剤所持の事実を否認していたが、弁解録取手続終了後に自白に転じるような供述を始めたものである。そうすると、当初否認していた甲にとって自白するか否かを決めるに当たって弁護士の助言を得る必要性は高かったといえ、Tとの初回接見を速やかに行うことが甲の防御の準備のために特に重要であった。

他方、Sは接見の時間を午後零時30分以降と指定しており、上記弁解録取手続を終えた後、更に2時間以上も接見を遅らせる内容の指定をしているところ、かかる指定に際し、Tは、Sから電話で伝えられた接見時間の変更を了承せず、「予定どおり接見したい。」と主張したにもかかわらず、Sは電話を切って取調室へ戻り、甲の取調べを開始したものである。Sとしては、例えば、I地方検察庁の面会室等を使用した短時間の接見を認める措置をTに提案するなどして、即時又は近接した時点での接見を認めても捜査に顕著な支障が生じるのを避けることが可能かどうかを検討した上で、そのような措置についてTと協議すべきであった。それにもかかわらず、Sは、たとい比較的短時間であっても即時又は近接した時点での接見を認めるようにする措置についての検討及びTとの協議を一切行っていない。そうすると、Sが甲の取調べを理由として上記のような指定をし、Tとの初回接見の機会を遅らせたことは、「被疑者が防御の準備をする権利を不当に制限する」ものというべきである。

3　以上より、指定②は違法である。

第2章　公訴・公判

第6講　訴　　因

【1】訴因の特定

[論点解析] 訴因の明示と「罪となるべき事実」の特定

1　訴因の記載事項

刑事訴訟法は、起訴状の記載事項として「公訴事実」を掲げているところ（256条2項2号）、「公訴事実は、訴因を明示してこれを記載しなければならない。訴因を明示するには、できる限り日時、場所及び方法を以て罪となるべき事実を特定してこれをしなければならない。」（同条3項）と規定しています。一般に、訴因には、「六何の原則」（誰が・いつ・どこで・誰（何）に・どのように・何をした）に従って具体的な犯罪事実を記載しますが、「罪となるべき事実」と「日時、場所及び方法」の関係について、判例①は「犯罪の日時、場所及び方法は、これら事項が、犯罪を構成する要素になっている場合を除き、本来は、罪となるべき事実そのものではなく、ただ訴因を特定する一手段として、できる限り具体的に表示すべきことを要請されている」と判示しており、「日時、場所及び方法」は「罪となるべき事実」を特定するための手段に過ぎず、訴因の特定にとって不可欠の要素ではない（ただし、これを記載すれば訴因の一部を構成する要素となる）と解されています。

★ 訴因の記載

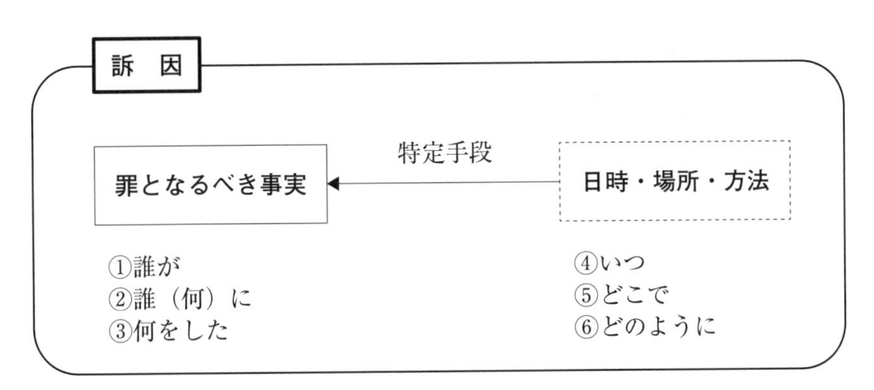

「罪となるべき事実」とは、刑罰法規に規定された特定の犯罪構成要件に該当する事実を意味します。窃盗罪を例に挙げると、「他人の財物を窃取した」（刑法235条）が犯罪構成要件であることから、これに該当する事実の記載、例えば、「被告人がV所有の財布1個を窃取した」という記載が「罪となるべき事実そのもの」の記載です。このように、訴因の構成要素のうち、**①誰が（主体）、②誰（何）に（客体）、③何をした（行為・結果）**、という要素は、当然に「罪となるべき事実」を構成することになります。この「罪となるべき事実そのもの」は訴因の特定に不可

欠な事項であることから、その記載が特定を欠く場合、裁判所には検察官に対し釈明を求める義務が生じ（**義務的求釈明**）、仮に釈明を求めることなく公訴棄却とすると審理不尽（379条参照）として違法となると解されます。また、その場合の検察官の釈明内容は訴因を構成することになると解されており、裁判所が判決で釈明内容と異なる事実を認定するには訴因変更（312条1項）を経ることが必要となります。

他方、**「日時、場所及び方法」**は、上記のとおり、「訴因を特定する一手段」としてできる限り具体的な記載が要求されます。そこで、上記の「罪となるべき事実」の記載に、**④いつ（日時）**、**⑤どこで（場所）**、**⑥どのように（方法）**、という要素を特定した上で、例えば、「被告人は、令和5年1月9日午後6時18分頃、東京都新宿区西早稲田○丁目○番○号先路上において、Vの背広ポケット内から同人所有の財布1個をすり取り窃取した」と記載した場合、このようにして特定された具体的な事実が訴因となります。この「日時、場所及び方法」は上記のとおり訴因の特定に不可欠な要素ではなく、「明示されていないからといって、それだけで直ちに訴因の記載として罪となるべき事実の特定に欠けるものとはいえない」（第6講【2】の判例①参照）と解されます。したがって、その記載を欠く場合でも裁判所に求釈明義務はなく（**裁量的求釈明**）、仮に検察官が釈明した場合であっても、その内容が当然に訴因を構成することにはならず、裁判所が判決で釈明内容と異なる事実を認定する場合も訴因変更手続は不要です。

2　訴因の特定

(1)　訴因特定の趣旨及び判断基準

刑訴法256条3項が訴因の特定を要求する趣旨について、判例①は「裁判所に対し審判の対象を限定するとともに、被告人に対し防禦の範囲を示すことを目的とするものと解される」と判示しているところ、訴因には、①裁判所に対して審判対象を限定する機能（**審判対象画定機能**）と②被告人に対して防御の範囲を明示する機能（**防御機能**）という2つの重要な機能があります。これらの機能を踏まえ、要求される特定の程度としては、被告人の行為が「特定の犯罪構成要件に該当することを判定するに足りる程度」に具体的事実が明示されていることを前提として、①審判対象画定機能を重視する立場から「他の犯罪事実と区別できる程度」に特定して記載することを要し、かつ、それで足りるとする見解（**識別説**）と、②防御機能を重視する立場から「被告人の防御権の行使に十分な程度」に特定して記載しなければならないとする見解（**防御権説**）が対立しています。判例②は「訴因における罪となるべき事実は、その共犯者、被害者、期間、場所、暴行の態様及び傷害結果の記載により、他の犯罪事実との区別が可能であり、また、それが傷害罪の構成要件に該当するかどうかを判定するに足りる程度に具体的に明らかにされているから、訴因の特定に欠けるところはない」と判示しており、識別説の立場を採用しています。例えば、共謀共同正犯における**「共謀」の記載**について、実務上、起訴状には単に「被告人は、○○と共謀の上」とのみ記載するのが通例であり、共謀の日時、場所、内容等については記載されません。このような記載について、識別説によれば、共謀に基づく実行行為が特定されていれば共謀はそれに対応するものであることから、共謀の具体的な日時、場所、内容等を記載しなくとも他の犯罪事実と区別（識別）されており、審判対象画定の観点からは問題がないと解されます。これに対して、防御権説によれば、共謀のみに関与した共謀共同正犯として起訴されている被告人にとっては、共謀の具体的な日時、場所、内容等が明示されなければ、共謀に関与していないとの反証を行うことは困難であることから、被告人の防御の観点からは共謀の日時、場所、内容等について具体的な記載が要求されると解されます。判例③（**練馬事件**）は、識別説の立場から「罪となるべき事実」の記載について「共謀の判示は、前示の趣旨において成立したことが明らかにされれば足り、さらに進んで、謀議の行われた日時、場所またはその内容の詳細、すなわち実行の方法、各人の行為の分担役割等についていちいち具体的に判示することを要するものではない」と判示しています。出題趣旨においては、以下のように説明されています。

［令和４年出題趣旨］

「**訴因の明示・特定に必要な事項は何か**が問題となる。この点について、学説上、訴因は他の犯罪事実から識別可能な程度に特定されていれば足りるとするいわゆる**識別説**や、訴因は他の犯罪事実と識別できるかだけでなく被告人の防御権の行使に支障がない程度まで具体化される必要があるとするいわゆる**防御権説**が主張されている。**識別説**に立ち、共謀の日にちは訴因の明示・特定に必要な事項とはいえないとして、検察官の釈明により訴因の内容になるものではないとする見解や、**防御権説**の立場から、共謀共同正犯における共謀の日にちは共謀のみに関与した被告人との関係では訴因の明示・特定に必要な事項であるとして、検察官の釈明により訴因の内容になるとする見解などが考えられる。」

(2)　訴因特定の有無の検討

識別説を採用した上記判例②によれば、訴因の特定の有無は、以下の２つの観点から検討されることになります。

【訴因の特定】

［問題Ⅰ］：「他の犯罪事実との区別が可能」な程度に具体的か否か

［問題Ⅱ］：特定の犯罪の「構成要件に該当するかどうかを判定するに足りる」程度に具体的か否か

［問題Ⅰ］では、**他の犯罪事実との識別可能性の確保**の観点から、**「日時、場所及び方法」の概括的記載**が問題となります。判例①では、「被告人は、昭和二七年四月頃より同三三年六月下旬までの間に、有効な旅券に出国の証印を受けないで、本邦より本邦外の地域たる中国に出国したものである」という公訴事実（出入国管理及び難民認定法違反・密出国罪）の記載について、出国の日時には約６年の幅があり、その場所、方法について具体的な記載を欠いている点が問題となったところ、同判例は「犯罪の種類、性質等の如何により、これを**詳らかにすることができない特殊事情**がある場合には、前記法の目的を害さないかぎりの幅のある表示をしても、その一事のみを以て、罪となるべき事実を特定しない違法があるということはできない」と判示しました。その上で、上記の「特殊事情」として「本件密出国のように、本邦をひそかに出国してわが国と未だ国交を回復せず、外交関係を維持していない国に赴いた場合は、その出国の具体的顛末ついてこれを確認することが極めて困難」であるという点を指摘し、上記起訴状の記載は刑訴法256条３項に違反しないと判断しました。また、判例④は「被告人は、法定の除外事由がないのに、昭和五四年九月二六日ころから同年一〇月三日までの間、広島県高

田郡吉田町内及びその周辺において、覚せい剤であるフエニルメチルアミノプロパン塩類を含有するもの若干量を自己の身体に注射又は服用して施用し、もって覚せい剤を使用したものである」との公訴事実（覚醒剤取締法違反・覚醒剤使用罪）の記載について、「本件公訴事実の記載は、日時、場所の表示にある程度の幅があり、かつ、使用量、使用方法の表示にも明確を欠くところがあるとしても、検察官において起訴当時の証拠に基づきできる限り特定したものである以上、覚せい剤使用罪の訴因の特定に欠けるところはない」と判示したところ、同判例の原審は、判例①を引用した上で、上記の「特殊事情」について「本件犯行の日時、覚せい剤使用量、使用方法につき具体的表示がされない理由は、被告人が終始否認しているか、供述があいまいであり、目撃者もいないためであることが推認できること、覚せい剤の自己使用は犯行の具体的内容についての捜査が通常極めて困難であることを合わせ考えると、本件はまさに上述の特殊の事情がある場合に当る」と指摘しています。覚醒剤使用罪は通常単独で秘密裡に行われる犯罪であり、被害者・目撃者が存在しないため、使用の「日時、場所及び方法」を特定するには被告人の供述に頼らざるを得ないという特殊性があります。他方で、訴因として示された期間内に被告人が複数回覚醒剤を使用した可能性が否定できない場合、尿中から検出された覚醒剤成分と使用行為に１対１の対応関係があるわけではないことから、審判対象とされた使用の事実と他の使用の事実を区別できるように記載することは困難です。そのような場合、実務上、冒頭手続段階で検察官が「尿の鑑定結果に対応する最終の直近使用」を起訴した趣旨を釈明することにより、他の使用との識別可能性を確保しています（**最終行為説**）。

次に、**［問題Ⅱ］**では、**特定犯罪の構成要件該当事実の明示**の観点から、「罪となるべき事実」の記載として要求される具体性（①どの構成要件に該当するのかを明示しているか、②その構成要件に該当する事実を漏れなく明示しているか）が問題となります。例えば、人を死亡させた罪（殺人罪、傷害致死罪、過失致死罪等）については、人の死亡は１回しかあり得ない以上、被害者を特定して「被告人はＶを死亡させた」と記載すれば、他の犯罪事実との識別可能性は確保されます。しかしながら、この記載では犯罪行為の内容が明らかでなく、何罪が成立するのかが判定できません。一般に、訴因についても、有罪判決における「罪となるべき事実」の記載に求められるのと同程度の具体性が要求されると解されているところ（後記３参照）、判例⑥は「罪となるべき事実とは、刑罰法令各本条における犯罪の構成要件に該当する具体的事実をいうものであるから、該事実を判決書に判示するには、その各本条の構成要件に該当すべき具体的事実を該構成要件に該当するか否かを判定するに足る程度に具体的に明白にし、かくしてその各本条を適用する事実上の根拠を確認し得られるようにするを以て足る」と判示しています。判例⑤では、「被告人は、……被害者に対し、その頭部等に手段不明の暴行を加え、頭蓋冠、頭蓋底骨折等の傷害を負わせ、よって、……頭蓋冠、頭蓋底骨折に基づく外傷性脳障害又は何らかの傷害により死亡させた」という傷害致死罪の公訴事実について、**暴行態様、傷害内容、死因等の概括的記載**が問題となりましたが、同判例は「訴因は、暴行態様、傷害の内容、死因等の表示が概括的なものであるにとどまるが、検察官において、当時の証拠に基づき、できる限り日時、場所、方法等をもって傷害致死の罪となるべき事実を特定して訴因を明示したものと認められるから、訴因の特定に欠けるところはない」と判示しています。

(3)　訴因不特定の効果

訴因不特定の場合、そのような公訴提起は256条３項に違反して無効であり、公訴棄却の判決（338条４号）をすべきことになります。ただし、少なくとも訴因の特定に不可欠な事項については裁判所の**義務的求釈明**の対象となると解されており（前記1参照）、判例⑦は「訴因の記載が明確でない場合には、検察官の釈明を求め、もしこれを明確にしないときにこそ、訴因が特定しないものとして公訴を棄却すべきものである」と判示しています。このように、256条3項が要求する「罪となるべき事実」の特定が欠けるために無効な訴因を、検察官の釈明等により事後的に明確にすることによって有効な訴因とすることを**訴因の補正**といいます。したがって、裁判所としては、冒頭手続において検察官に釈明を求め（294条、規則208条）、検察官がこれに応じて訴因を明確にすれば有効な訴因として扱ってよく、それでもなお不特定の瑕疵が解消されなかった場合には公訴を棄却すべきことになります。

3　「罪となるべき事実」の記載

(1)　「罪となるべき事実」の択一的記載

刑訴法上「罪となるべき事実」の記載が要求される場面としては、起訴状の訴因以外に、「有罪判決」があり、「有罪の言渡をするには、罪となるべき事実、証拠の標目及び法令の適用を示さなければならない。」（335条1項）と規定されています。そして、上述した訴因における「罪となるべき事実」と、有罪判決における「罪となるべき事実」とで、両者において要求される特定の程度は同一であると解されています。他方で、起訴状の訴因については「数個の訴因及び罰条は、予備的に又は択一的にこれを記載することができる。」（256条5項）と規定されているのに対し、有罪判決における「罪となるべき事実」については択一的記載を認める規定は存在しません。すなわち、有罪判決は「被告事件について犯罪の証明があったとき」（333条1項）になされるものであり、裁判所が有罪判決を言い渡すためには、いかなる犯罪構成要件に該当する事実が認定されたのかを一義的に判示しなければなりません。そこで、有罪判決の判示の場面における**択一的記載の可否**が問題となるところ、択一的記載により有罪判決を言い渡す場合、形式的には335条1項の要求する「罪となるべき事実」の判示として適法か（判決の理由不備（378条4号参照）の違法の有無）という点（**択一的判示の可否**）が問われますが、実質的には、審判対象である訴因について333条1項の「犯罪の証明があった」といえるか否かという点（**択一的認定の可否**）がまさしく問題の所在となります。

(2)　択一的認定の可否

択一的認定の可否については、以下の3類型に分けて検討されています。

［類型Ⅰ］は［**同一構成要件**に該当する事実を**択一的・概括的**に認定する場合］です。例えば、犯罪の「日時、場所及び方法」等について択一的・概括的に認定する場合であり、これは**「罪となるべき事実」の特定**の有無の問題の一類型として捉えることができます。したがって、訴因の特定の有無（前記2参照）の判断と同様に、択一的・概括的な記載が許されるか否かは、それによって特定の犯罪の「構成要件に該当すべき具体的事実を該構成要件に該当するか否かを判定するに足る程度に具体的に明白に」判示しているといえるか否かにより判断されます（判例⑥参照）。すなわち、A罪の構成要件に該当する事実が上記の程度に明白に判示・認定されているのであれば、その具体的な「日時、場所及び方法」等が事実①であるか事実②であるかが特定できない場合であっても、結局、A罪について「犯罪の証明があった」といえることから、この場合、「事実①又は事実②」と択一的に判示・認定することや「事実①等」と概括的に判示・認定することが許容されます。**殺害行為の方法**について、判例⑧は、被告人が、未必の殺意をもって「被害者の身体を、有形力を行使して、被告人方屋上の……転落防護

壁の手摺り越しに……下方のコンクリート舗装の被告人方北側路上に落下させて、路面に激突させた」旨の殺人未遂罪の判示について、「被告人がどのようにして被害者の身体を右屋上から道路に落下させたのか、その手段・方法については、単に「有形力を行使して」とするのみで、それ以上具体的に摘示していない」ものの、「被告人の犯罪行為としては具体的に特定しており、……被告人の本件犯行について、殺人未遂罪の構成要件に該当すべき具体的事実を、右構成要件に該当するかどうかを判定するに足りる程度に具体的に明白にしている」として適法と判断しています。同判例では「有形力を行使して」という概括的な記載が問題となりましたが、例えば、被害者を転落させた方法について「被害者の身体を押して又は抱きかかえて」という択一的な記載であったとしても同様に許容されると解されます。また、**共同正犯における実行行為者**について、実行行為者が誰であるかは「罪となるべき事実」の特定に不可欠な事項ではないことから（⇒**第6講【2】3(1)**参照）、判例（第6講【2】の判例①）は「X又は被告人あるいはその両名」という択一的な判示・認定を許容しています（なお、同判例は、殺害行為の方法の点についても「扼殺、絞殺又はこれに類する方法」という択一的かつ概括的な判示・認定を許容しています。）。

［類型Ⅰ］同一構成要件

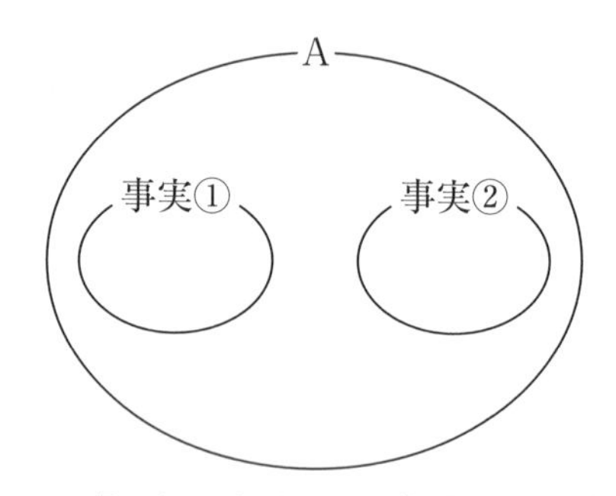

⇒　「A」の証明あり（**概括的認定**）

例）・犯罪の「日時，場所及び方法」等
・共同正犯における実行行為者

［類型Ⅱ］は［**異なる構成要件**に該当する事実で**包摂関係にある**事実を認定する場合］です。例えば、**殺意の有無**が不明である場合に傷害致死罪を認定する場合や**既遂か未遂か**不明である場合に未遂罪を認定する場合であり、これはいわゆる**縮小認定（予備的認定）**の問題です（⇒**第6講【2】4**参照）。判例は、縮小認定の理論を肯定しているところ（第6講【2】の判例⑦参照）、この場合、少なくともB罪（殺人罪・既遂罪）に包摂されているA罪（傷害致死罪・未遂罪）については「犯罪の証明があった」といえることから、軽いA罪を認定することは許容されます。同様の認定が許容される例として、殺人未遂と傷害罪、殺人と同意殺人罪、業務上横領罪と横領罪、強盗罪と恐喝罪等が挙げられます。このような縮小認定（予備的認定）については、単に重いB罪は証明されなかった（証明されたのはA罪の限度であった）というだけであり、そもそも択一的認定の問題ではないと捉えることもできるでしょう。

［類型Ⅱ］包摂関係にある構成要件

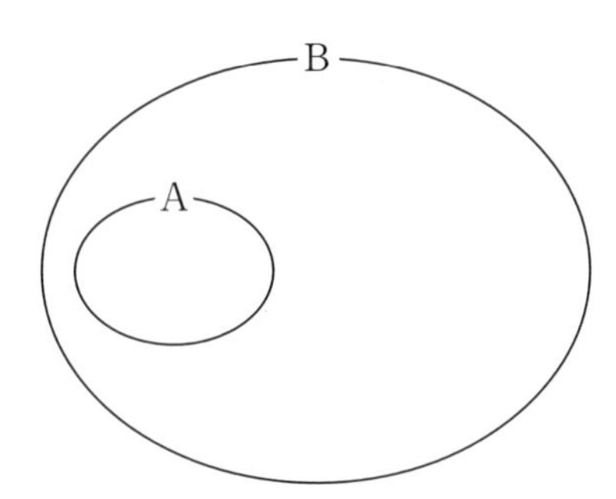

⇒「A」の証明あり（**縮小認定**）

例）・殺人と傷害致死
・既遂と未遂
・殺人未遂と傷害
・殺人と同意殺人
・業務上横領と単純横領
・強盗と恐喝　等

［類型Ⅲ］は［**異なる構成要件**に該当する事実で**包摂関係にない**事実を認定する場合］です。例えば、被告人の行為に窃盗罪又は盗品等有償譲受け罪のいずれかが成立することは証明されたが、そのいずれであるかが不明な場合です。この場合、「窃盗又は盗品等有償譲受け」という形で「罪となるべき事実」を判示すること（**明示的択一的認定**）は許されません。このような明示的択一的認定は、「A罪又はB罪」という新たな合成的構成要件を創出して被告人を処罰することに他ならず、**罪刑法定主義**に反します。また、重いB罪について証明されていないにもかかわらず、B罪をも「罪となるべき事実」に含めて択一的に認定することは「疑わしきは被告人の利益に」の原則（**利益原則**）にも反します。

では、この場合に軽いA罪の方のみを認定すること（**秘められた択一的認定**）は許されるでしょうか。その場合、記載面上は特定の犯罪が一義的に認定されており、択一的判示は回避されます。そこで、上記の例において、被告人にいずれかの犯罪が成立することは確実であるとの心証が得られたのであれば、利益原則に従い、軽い盗品等有償譲受け罪により有罪判決を言い渡すことは許されるとも思われます。しかしながら、この場合に「いずれかが成立することは確実」といっても、それはあくまで裁判官の心証において第三の可能性が事実上否定されているに過ぎず（**心証上の択一関係**）、客観的には第三の可能性もあり得ます（被告人が盗品を所持していた経緯については、無償譲受けかもしれないし、単に盗品と知らずに拾っただけかもしれません。）。したがって、利益原則を適用しても、論理必然的に盗品等有償譲受け罪について「犯罪の証明があった」ことにはならない（被告人が窃盗犯人ではないということから、当然に盗品等有償譲受け犯人であるということになるわけではない）と指摘されています。これに対して、一方が否定されると論理必然的に他方が肯定されるという二者択一の関係（**論理的択一関係**）が認められる場合はどうでしょうか。この場合、B（不利）又はA（有利）について利益原則によりB（不利）は認定できないことから、その裏返しとして論理必然的にA（有利）を認定する（「Bの不存在＝Aの存在」と認定する）ことができると考えて、Aについて「犯罪の証明があった」ものと認める見解があります。判例⑨はこの見解を採用し、保護責任者遺棄罪か死体遺棄罪か確定できない（遺棄時点での被害者の生死不明）という事案において、「Vは生きていたか死んでいたかのいずれか以外にはないところ、重い罪に当たる生存事実が確定できないのであるから、軽い罪である死体遺棄罪の成否を判断するに際し死亡事実が存在するものとみることも合理的な事実認定として許されてよい」と述べた上、「生存事実」の不存在＝「死亡事実」の存在を認定して死体遺棄罪で被告人を有罪としました。この場合、“被害者の生死”については「生」でないなら「死」以外にない（第三の可能性が論理的に存在しない）ことから、軽い方である「死」の事実を擬制することが許容されたものと解されます。もっとも、上記の見解に対しては、利益原則にこのような積極的な事実認定機能（事実の存否を擬制する機能）まで持たせることはできないのではないかとの疑問が呈されています。すなわち、本来、利益原則の機能は、ある事実の存否に合理的な疑いが残る限り当該事実を認定できない、という意味において事実認定を阻止する消極的機能を果たすものに尽きると考えられるところ、この考えを徹底するのであれば、利益原則の適用の結果として、消極的に「Bの存在が認定できない」となるだけであり、更に進んで積極的に「Bの不存在（＝Aの存在）を認定する（擬制する）」ことまではできない、ということになるでしょう。判例⑩はこのような理解を前提として、判例⑨と同様の事案において、軽い死体遺棄罪を認定することは「現行刑事訴訟法上の挙証責任の法則に忠実である限り……許されないものと解すべき」と述べた上、結論として「右各訴因についてはいずれも証明が十分でないものとして無罪の言渡をするほかはない」と判示しました。

［類型Ⅲ］異なる構成要件

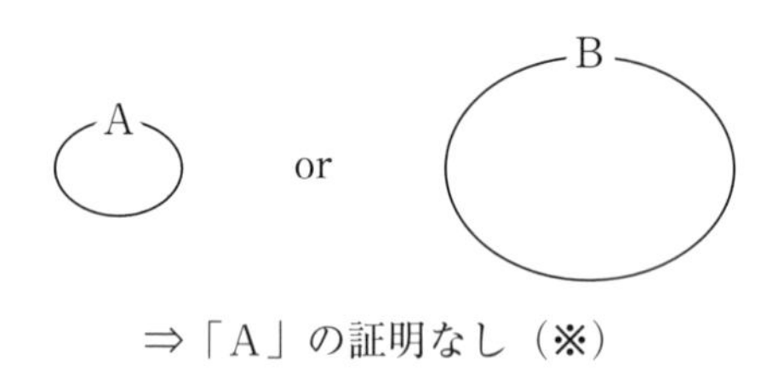

⇒「A」の証明なし（※）

※　**論理的択一関係**（not B＝A）の場合

例）保護責任者遺棄と死体遺棄

被害者の死亡時期不明

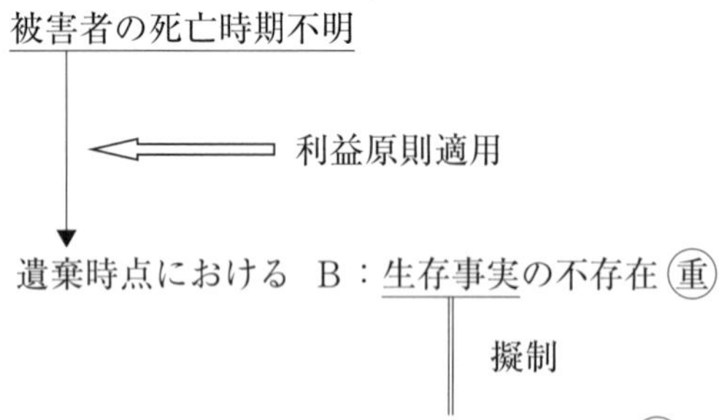

遺棄時点における　B：生存事実の不存在㊗重

擬制

A：死亡事実の存在（軽）　⇒　「A」の証明あり（**秘められた択一的認定**）

(3)　問 題 分 析

平成24年試験問題［設問2］では、裁判所が甲と丙の共謀を認める方が甲にとって犯情が軽くなると考え、証拠上、共謀の存否はいずれとも確定できないのに、判決で公訴事実に記載されていない丙との共謀を認定したことに関し、**判決の内容の適否**を検討する問題が出題されました。本問では、被告人が実行行為の全部を単独で行ったことは明らかであるが、それが共謀に基づくものかどうかを証明できない場合における**単独犯と共同正犯の択一的認定**の可否が問われています。この問題について、出題趣旨には、以下の３つの見解が挙げられていました。

> **[平成24年出題趣旨]**
> 「裁判所が、証拠上、共謀の存否がいずれとも確定できないのに、被告人にとって共謀の存在が情状の上で有利であることを理由に共謀を認定できるかについては、**共謀を認定すべきであるとする考え方**（本事例の裁判所の立場）、**「単独又は共謀の上」と択一的に認定すべきであるとする考え方**及び訴因どおり**単独犯を認定すべき**であるとする考え方の**３つの考え方**があり得るところであり、まずは、本事例において判決でどのような事実を認定すべきなのか、この問題に関する各自の基本的な立場を刑事訴訟法の解釈として論ずる必要がある。」

まず、**【考え方Ⅰ】**は、[「**単独又は共謀の上**」と**択一的に認定すべき**であるとする考え方]であり、単独犯と共同正犯との**明示的択一的認定**をした上で、２つの事実の具体的な犯情を比較して軽い方を基礎として量刑をする立場です。判例⑪はこの立場を採用し、「被告人が「単独で又はXと共謀の上」原判示強盗を実行したと択一的な認定をすることが許される、そして、この認定をした場合には、単独犯と共同正犯の各事実について具体的な犯情を検討した上、犯情が軽く、被告人に利益と認められる事実を基礎に量刑を行うべきである」と判示しています。この立場は、単独犯と共同正犯の関係について、[**類型Ⅰ**]の**同一構成要件内の行為態様**に関する択一的認定に類似するものと考えて明示的択一的認定を許容します（**同一構成要件説**）。上記判例⑪も「両者は、基本形式か修正形式かの違いはあるにせよ、同一の犯罪構成要件に該当するものであり、法定刑及び処断刑を異にする余地もない」と指摘しています。しかしながら、同一犯罪について単独犯の構成要件と共同正犯の構成要件は、罰条として刑法60条が加わる点で厳密には同一構成要件であるとはいえません。また、両者を同一構成要件であると捉える理解は、「「共謀」または「謀議」は、共謀共同正犯における「罪となるべき事実」にほかならない」（すなわち、「共謀」の存在が共同正犯の成立に不可欠の構成要件該当事実である）という旨を判示した判例③（**練馬事件**）の立場と整合しないと指摘されています。

次に、**【考え方Ⅱ】**は、本事例の裁判所の採用する[**共謀を認定すべき**であるとする考え方]であり、明示的択一的認定を否定した上で、利益原則を適用して犯情の軽い共同正犯を認定する立場です（**秘められた択一的認定肯定説**）。判例⑫はこの立場を採用し、「検察官主張にかかる被告人単独の犯行を内容とする起訴事実は、いわゆる合理的な疑いが残るものであり、したがって、ことを被告人の利益に判定し……被告人とCらとの間に事前の謀議があり、被告人はこの謀議（共謀）に基づき犯行をした……ものと認定すべき」と判示しています。この立場は、被告人が“単独犯か共同正犯か”という点について、[**類型Ⅲ**]において論理的択一関係がある場合と同様に捉え、秘められた択一的認定を肯定します（判例⑨参照）。しかしながら、利益原則にこのような積極的な事実認定機能を認めるべきではないとの批判がある点は上述したとおりです。

最後に、**【考え方Ⅲ】**は、[訴因どおり**単独犯を認定すべき**であるとする考え方]であり、明示的択一的認定及び秘められた択一的認定をいずれも否定し、単独犯を認定した上で、共同正犯の可能性がある点は量刑において考慮すれば足りるとする立場です（**択一的認定否定説**）。判例⑬はこの立場を採用し、「被告人がXと共謀の上これを所持したという事実が証明されていないのにこれを択一的にせよ認定することは、証明されていない事実を認定することに帰して許されない……これに対し、被告人が本件覚せい剤を所持したことは証拠上明白であって、Xと共謀の上これを所持した疑いがあっても、そう認定することに問題はなく、択一的に認定する必要はなかった」と判示しています。もっとも、この**【考え方Ⅲ】**を導く場合も以下の点に注意が必要です。すなわち、単独犯の事実について「犯罪の証明があった」（333条1項）といえるか否かについて、**単独犯と共同正犯の実体法上の成立関係**が問題となります。上述した保護責任者遺棄罪と死体遺棄罪の関係については、一方の要件事実の不存在が他方の成立要件であると考えざるを得ない以上、択一的認定を認めない限り、無罪判決とする他ありませんでした（判例⑩参照）。これと同様に、「共同正犯が成立する場合には単独犯は成立しない（共謀の不存在が単独犯の成立要件である）」と考えると、共謀の存否が確定できない場合、（択一的認定を認めない限り）共同正犯が認定できず、更に共謀が存在した可能性もあることから単独犯も認定できない（結論として、無罪の言い渡しをせざるを得ない）ということになります。これに対して、判例⑭は「被告人1人の行為により犯罪構成要件のすべてが満たされたと認められるときは、他に共謀共同正犯者が存在するとしてもその犯罪の成否は左右されない」（すなわち、共謀の不存在は単独犯の成立要件ではない）と述べた上で、「検察官において共謀共同正犯者の存在に言及することなく、被告人が当該犯罪を行ったとの訴因で公訴を提起した場合」は「裁判所は訴因どおりに犯罪事実を認定することが許される」と判示しました。この判例の理解によれば、被告人の行為により犯罪構成要件の全てが充足される場合、それを単独犯と構成するか共同正犯と構成するかは検察官の訴追裁量の問題であり、検察官の設定した訴因が「被告人が犯罪を実行した正犯である」との事実である場合には、そもそも裁判所は共謀の存否について審理判断する必要はなく、「被告人が犯罪を実行した正犯である」との事実が認められるのであればそのまま当該事実を認定すれば良い、ということになります。この場合、裁判所は「被告人が犯罪を実行した正犯である」という事実を認定したにとどまり、「共同正犯ではなく単独正犯である」との趣旨まで積極的に認定したわけではありません。したがって、量刑判断において、共謀が存在し共同正犯である可能性がある点を被告人に有利な情状として考慮することは認められます。このような理解から**【考え方Ⅲ】**が導かれるのです。

以上の検討すべき事項について、出題趣旨等では以下のように説明されていました。

[平成24年出題趣旨]

「共同正犯と単独犯とはいかなる関係に立つのか、判決において証拠によって証明されてもいない共謀の事実を存在するものとして認定してよいのか、有罪判決における「犯罪の証明」とは何をいうのか、「疑わしきは被告人の利益に」の原則は、本来存否に合理的な疑いが残る場合に事実が存在すると認定できないことを意味するものではないのか、共謀の存在は必ずしも被告人に有利になることばかりとは限らないのであり事案ごとの犯情の軽重により共謀の事実があったりなかったりしてよいのか、共謀を認定しない限り丙の存在を甲に有利な情状として考慮することは許されないのか等の理論的に想定し得る諸点について、各自の見解とは異なる立場を意識して自説を説得的に展開し、事例中の**判決の内容が適法か否か**論ずる必要がある。」

[平成24年採点実感]

「判決の内容については、証拠上存否いずれとも確定できない事実を判決で認定してよいかが基本的な問題であり、**有罪判決における犯罪の証明**及び**利益原則の意義**を意識していかなる内容の判決をなすべきか各自の考えを明らかにして論ずる必要があるが、……この基本的事項について触れる答案は少なく、有罪判決における犯罪の証明及び利益原則の意義などに発展させて論述している答案はごく僅かであった。」

〈参考判例〉

【最大判昭和37・11・28刑集16巻11号1633頁】（訴因特定の趣旨） 判例①

「本件起訴状記載の公訴事実は、「被告人は、昭和二七年四月頃より同三三年六月下旬までの間に、有効な旅券に出国の証印を受けないで、本邦より本邦外の地域たる中国に出国したものである」というにあつて、犯罪の日時を表示するに六年余の期間内とし、場所を単に本邦よりとし、その方法につき具体的な表示をしていないことは、所論のとおりである。

しかし、刑訴二五六条三項において、公訴事実は訴因を明示してこれを記載しなければならない、訴因を明示するには、できる限り日時、場所及び方法を以て罪となるべき事実を特定してこれをしなければならないと規定する所以のものは、裁判所に対し審判の対象を限定するとともに、被告人に対し防禦の範囲を示すことを目的とするものと解されるところ、犯罪の日時、場所及び方法は、これら事項が、犯罪を構成する要素になつている場合を除き、本来は、罪となるべき事実そのものではなく、ただ訴因を特定する一手段として、できる限り具体的に表示すべきことを要請されているのであるから、犯罪の種類、性質等の如何により、これを詳らかにすることができない特殊事情がある場合には、前記法の目的を害さないかぎりの幅のある表示をしても、その一事のみを以て、罪となるべき事実を特定しない違法があるということはできない。

これを本件についてみるのに、検察官は、本件第一審第一回公判においての冒頭陳述において、証拠により証明すべき事実として、（一）昭和三三年七月八日被告人は中国から白山丸に乗船し、同月一三日本邦に帰国した事実、（二）同二七年四月頃まで被告人は水俣市に居住していたが、その後所在が分らなくなつた事実及び（三）被告人は出国の証印を受けていなかつた事実を挙げており、これによれば検察官は、被告人が昭和二七年四月頃までは本邦に在住していたが、その後所在不明となつてから、日時は詳らかでないが中国に向けて不法に出国し、引き続いて本邦外にあり、同三三年七月八日白山丸に乗船して帰国したものであるとして、右不法出国の事実を起訴したものとみるべきである。そして、本件密出国のように、本邦をひそかに出国してわが国と未だ国交を回復せず、外交関係を維持していない国に赴いた場合は、その出国の具体的顛末ついてこれを確認することが極めて困難であつて、まさに上述の特殊事情のある場合に当るものというべく、たとえその出国の日時、場所及び方法を詳しく具体的に表示しなくても、起訴状及び右第一審第一回公判の冒頭陳述によつて本件公訴が裁判所に対し審判を求めようとする対象は、おのずから明らかであり、被告人の防禦の範囲もおのずから限定されているというべきであるから、被告人の防禦に実質的の障碍を与えるおそれはない。それゆえ、所論刑訴二五六条三項違反の主張は、採ることを得ない。」

【最(一小)決平成26・３・17刑集68巻３号368頁】（訴因特定の判断基準） 判例②

「上記２の検察官主張に係る一連の暴行によって各被害者に傷害を負わせた事実は、いずれの事件も、約４か月間又は約１か月間という一定の期間内に、被告人が、被害者との上記のような人間関係を背景として、ある程度限定された場所で、共通の動機から繰り返し犯意を生じ、主として同態様の暴行を反復累行し、その結果、個別の機会の暴行と傷害の発生、拡大ないし悪化との対応関係を個々に特定することはできないものの、結局は一人の被害者の身体に一定の傷害を負わせたというものであり、そのような事情に鑑みると、それぞれ、その全体を一体のものと評価し、包括して一罪と解することができる。そして、いずれの事件も、上記１の訴因における罪となるべき事実は、その共犯者、被害者、期間、場所、暴行の態様及び傷害結果の記載により、他の犯罪事実との区別が可能であり、また、それが傷害罪の構成要件に該当するかどうかを判定するに足りる程度に具体的に明らかにされているから、訴因の特定に欠けるところはないというべきである。」

【最大判昭和33・5・28刑集68巻3号368頁（練馬事件）】（共同正犯における「共謀」） 判例③

「共謀」または「謀議」は、共謀共同正犯における「罪となるべき事実」にほかならないから、これを認めるためには厳格な証明によらなければならないこというまでもない。しかし「共謀」の事実が厳格な証明によつて認められ、その証拠が判決に挙示されている以上、共謀の判示は、前示の趣旨において成立したことが明らかにされれば足り、さらに進んで、謀議の行われた日時、場所またはその内容の詳細、すなわち実行の方法、各人の行為の分担役割等についていちいち具体的に判示することを要するものではない。」

【最(一小)決昭和56・4・25刑集35巻3号116頁】（訴因の特定①：「日時、場所及び方法」の概括的記載） 判例④

「職権により判断すると、「被告人は、法定の除外事由がないのに、昭和五四年九月二六日ころから同年一〇月三日までの間、広島県高田郡吉田町内及びその周辺において、覚せい剤であるフエニルメチルアミノプロパン塩類を含有するもの若干量を自己の身体に注射又は服用して施用し、もつて覚せい剤を使用したものである。」との本件公訴事実の記載は、日時、場所の表示にある程度の幅があり、かつ、使用量、使用方法の表示にも明確を欠くところがあるとしても、検察官において起訴当時の証拠に基づきできる限り特定したものである以上、覚せい剤使用罪の訴因の特定に欠けるところはないというべきである。」

［（原審）広島高判昭和55・9・4刑集35巻3号129頁］

「本件についてみると、検察官は原審第一回公判における冒頭陳述として、被告人は公訴事実記載の日時の間は、前記吉田町及び賀茂郡豊栄町内におり、その間に覚せい剤を自己使用し、一〇月五日尿を警察官に任意提出し、鑑定の結果覚せい剤が検出された事実を立証する旨陳述していること、本件犯行の日時、覚せい剤使用量、使用方法につき具体的表示がされない理由は、被告人が終始否認しているか、供述があいまいであり、目撃者もいないためであることが推認できること、覚せい剤の自己使用は犯行の具体的内容についての捜査が通常極めて困難であることを合わせ考えると、本件はまさに上述の特殊の事情がある場合に当るものというべく、また、本件は、被告人が一〇月五日に警察官に任意提出した尿から検出された覚せい剤を自己の体内に摂取したその使用行為の有無が争点となるものであるから、本件の審判の対象と被告人の防禦の範囲はおのずから限定されているというべきであり、被告人の防禦に実質的な障害を与えるおそれも存しない。従つて、原判決には所論指摘の訴訟手続の法令違反はない。」

【最(一小)決平成14・7・18刑集56巻6号307頁】（訴因の特定②：暴行態様、傷害内容、死因等の概括的記載） 判例⑤

「第1次予備的訴因は、「被告人は、単独又はA及びBと共謀の上、平成9年9月30日午後8時30分ころ、福岡市中央区所在のビジネス旅館あさひ2階7号室において、被害者に対し、その頭部等に手段不明の暴行を加え、頭蓋冠、頭蓋底骨折等の傷害を負わせ、よって、そのころ、同所において、頭蓋冠、頭蓋底骨折に基づく外傷性脳障害又は何らかの傷害により死亡させた。」という傷害致死の訴因であり、単独犯と共同正犯のいずれであるかという点については、択一的に訴因変更請求がされたと解されるものである。

原判決によれば、第1次予備的訴因が追加された当時の証拠関係に照らすと、被害者に致死的な暴行が加えられたことは明らかであるものの、暴行態様や傷害の内容、死因等については十分な供述等が得られず、不明瞭な領域が残っていたというのである。そうすると、第1次予備的訴因は、暴行態様、傷害の内容、死因等の表示が概括的なものであるにとどまるが、検察官において、当時の証拠に基づき、できる限り日時、場所、方法等をもって傷害致死の罪となるべき事実を特定して訴因を明示したものと認められるから、訴因の特定に欠けるところはないというべきである。したがって、これと同旨の原判決の判断は正当である。」

【最(一小)判昭和24・2・10刑集3巻2号155頁】（「罪となるべき事実」の判示） 判例⑥

「罪となるべき事実とは、刑罰法令各本条における犯罪の構成要件に該当する具体的事実をいうものであるから、該事実を判決書に判示するには、その各本条の構成要件に該当すべき具体的事実を該構成要件に該当するか否かを判定するに足る程度に具体的に明白にし、かくしてその各本条を適用する事実上の根拠を確認し得られるようにするを以て足るものというべく、必ずしもそれ以上更にその構成要件の内容を一層精密に説示しなければならぬものではないといわねばならぬ。

そして、刑法第一八五条所定の賭博罪並びに身分に因るその加重犯たる同法第一八六条第一項所定の常習賭博罪における各賭博の犯罪構成要件は「偶然の勝敗に関し財物を以て博戯又は賭事を為す」のであるから、これに該当する具体的事実を判示するには、当該所為が右構成要件に該当するか否かを判定するに足る程度に具体的であり、従つて同条を適用する事実上の根拠を確認し得れば、差支えないものといわねばならぬ。そして、原判決は、論旨摘録のように「被告人等は外数名と共に花札を使用し、金銭を賭け俗にコイ々々又は後先と称する賭博を為したものである。」と判示したのであるから、その判示は、当該行為が同罪の構成要素たる「財物」に該当する金銭であること並びに他の構成要素たる「偶然の勝敗を決すべき博戯」に該当する俗にコイ々々又は後先と称する数名の当事者が花札を使用して勝敗を争う博戯であることを明白にしているものと言うべく、従つてその判示を以て前示法条を適用する事実上の根拠を確認せしめるに足るものとするに妨げない。されば、それ以上更に財物たる金銭の種類、数額若しくは所論のように、その博戯の手段方法等を一層精密に判示しなかつたからと言つて賭博の判示の理由に不備の違法はないものといわねばならぬ。」

【最（一小）判昭和33・1・23刑集12巻1号34頁】（訴因の補正）判例⑦

「同第二点は、原判決は昭和二五年三月四日の東京高等裁判所の判例に違反すると主張する。なるほど原判決は、所論引用の判例には違反するかどがある。しかし、右判例は、その後同一の一二部において改められ、訴因の記載が明確でない場合には、検察官の釈明を求め、もしこれを明確にしないときにこそ、訴因が特定しないものとして公訴を棄却すべきものであると判示するに至つた（高裁判例集五巻二号一三二頁）。そして、刑訴二五六条の解釈としては、この後の判決の説明を当裁判所においても是認するのである。それ故、判例違反の論旨は理由がない。」

【最（二小）判昭和58・5・6刑集37巻4号375頁】（「罪となるべき事実」の概括的記載）判例⑧

「第一審判決は、罪となるべき事実中の被告人の本件行為として、被告人が、未必の殺意をもつて、「被害者の身体を、有形力を行使して、被告人方屋上の高さ約〇・八メートルの転落防護壁の手摺り越しに約七・三メートル下方のコンクリート舗装の被告人方北側路上に落下させて、路面に激突させた」旨判示し、被告人がどのようにして被害者の身体を右屋上から道路に落下させたのか、その手段・方法については、単に「有形力を行使して」とするのみで、それ以上具体的に摘示していないことは、所論のとおりであるが、前記程度の判示であつても、被告人の犯罪行為としては具体的に特定しており、第一審判決の罪となるべき事実の判示は、被告人の本件犯行について、殺人未遂罪の構成要件に該当すべき具体的事実を、右構成要件に該当するかどうかを判定するに足りる程度に具体的に明白にしているものというべきであり、これと同旨の原判断は相当であるから、所論は前提を欠き、その余は、事実誤認、単なる法令違反の主張であつて、いずれも刑訴法四〇五条の上告理由にあたらない。」

【札幌高判昭和61・3・24高刑集39巻1号8頁】（秘められた択一的認定①：肯定例）判例⑨

「本件では、Vは生きていたか死んでいたかのいずれか以外にはないところ、重い罪に当たる生存事実が確定できないのであるから、軽い罪である死体遺棄罪の成否を判断するに際し死亡事実が存在するものとみることも合理的な事実認定として許されてよいものと思われる。

以上の諸点を総合考察すると、本件においては被告人の遺棄行為当時Vは死亡していたものと認定するのが相当である。」

【大阪地判昭和46・9・9判時662号101頁】（秘められた択一的認定②：否定例）判例⑩

「右各訴因の犯罪時における同児の生死は不明ということにならざるを得ないが、このような場合、右両訴因につきいずれも証明が十分でないものとして無罪の言渡をすべきものか、それとも、二者のうちいずれか一方の訴因が成立することは間違いないものとして択一的に或いは被告人に有利な訴因につき有罪の認定をなすべきかは困難な問題であるが、現行刑事訴訟法上の挙証責任の法則に忠実である限り、後者のような認定は許されないものと解すべきであるから（平野龍一外一名編実例法学全集刑事訴訟法四五八頁以下参照）、右各訴因についてはいずれも証明が十分でないものとして無罪の言渡をするほかはない。」

【東京高判平成4・10・14高刑集45巻3号66頁】（単独犯と共同正犯の択一的認定①：明示的択一的認定）判例⑪

「本件においては、被告人が「単独で又はXと共謀の上」原判示強盗を実行したと択一的な認定をすることが許される、そして、この認定をした場合には、単独犯と共同正犯の各事実について具体的な犯情を検討した上、犯情が軽く、被告人に利益と認められる事実を基礎に量刑を行うべきであると考える。

……本件強盗は、被告人がXと共謀の上実行したか（共同正犯）、単独で実行したか（単独犯）のいずれかであって、第三の可能性は存在しないと認められる上……、両者は、互いに両立し得ない択一関係にあり、訴訟法上は同一の公訴事実に属する。しかも、本件強盗の共同正犯と単独犯とを比較すると、被告人が実行行為を全て単独で行ったことに変わりはなく、単に、被告人が右犯行についてXと共謀を遂げていたかどうかに違いがあるにすぎないのである。そして、法的評価の上でも、両者は、基本形式か修正形式かの違いはあるにせよ、同一の犯罪構成要件に該当するものであり、法定刑及び処断刑を異にする余地もない。

このような事案について、強盗の共同正犯と単独犯を択一的に認定することができるものとしても、その量刑が、犯情が軽く、被告人に利益と認められる共同正犯の事実を基礎に行われる限り、共同正犯又は単独犯のいずれかの事実を一義的に認定して被告人を処罰する場合と比べ、実体法の適用上、被告人に不利益を及ぼす余地は全くない。

……他方、本件において、被告人が自ら強盗の実行行為の全てを行っていることが明らかであるにもかかわらず、それがXとの共謀に基づくものであるか否かが判然としないため、結局、強盗の単独犯及びその共同正犯のいずれについても犯罪の証明がないとして、被告人に無罪を言い渡すべきものとするのは、明らかに国民の法感情に背反し、事案の真相を究明して適正な刑罰法令の適用を図る刑訴法の理念にもそぐわないといわなければならない。

また、本件においては、被告人が自ら強盗の実行行為の全てを行った証拠は十分であり、Xと右強盗を共謀した証拠は十分でないことからすると、証拠によって認定することができる限度で、強盗の単独犯を認定すべきではないかとも考えられるが、前記のとおり、本件の場合には、強盗の共同正犯の方が単独犯に比べて犯情が軽く、被告人に利益であると認められるのであるから、共同正犯であるかもしれないという合理的疑いがあるにもかかわらず、被告人に不利益な単独犯の事実を認定し、これを基礎に量刑をして被告人を処罰するのは、「疑わしきは被告人の利益に」の原則に反するといわざるを得ないであろう。」

【札幌高判平成５・10・26判タ865号291頁（単独犯と共同正犯の択一的認定②：秘められた択一的認定）判例⑫

「記録によれば、原審検察官が、原判示第一の一につき、被告人単独の犯行として起訴し、これに対し被告人及び弁護人が、原審の審理で、被告人単独の犯行ではなく、右所論のとおりの態様でC及びDらが右犯行に関与していた旨主張して争ったこと……等の経緯が明らかである。そうして原審で取り調べた関係各証拠によれば、原判示第一の一の犯行は、被告人がその実行行為のすべてをしたことは明らかであるところ、右関係各証拠及びこれらによって認められる状況等に照らすと、断定はできないけれども、確かにCらが所論主張のような態様で関与しているとみる余地があると判断することができ、原判決のその理由中の説示には一部首肯し難い点もあるが、右と同旨の原判決の前記結論は是認することができる。換言すると、検察官主張にかかる被告人単独の犯行を内容とする起訴事実は、いわゆる合理的な疑いが残るものであり、したがって、ことを被告人の利益に判定し、本件では所論主張のような態様でのCらの犯行関与があった、したがって、これによれば、被告人とCらとの間に事前の謀議があり、被告人はこの謀議（共謀）に基づき犯行をした……ものと認定すべきである。」

【東京高判平成10・６・８判タ987号301頁】（単独犯と共同正犯の択一的認定③：否定例）判例⑬

「被告人がXと共謀の上これを所持したという事実が証明されていないのにこれを択一的にせよ認定することは、証明されていない事実を認定することに帰して許されないというべきである。これに対し、被告人が本件覚せい剤を所持したことは証拠上明白であって、Xと共謀の上これを所持した疑いがあっても、そう認定することに問題はなく、択一的に認定する必要はなかったのである。のみならず、罪となるべき事実の要件事実を単一では認定することができず、他の要件事実と択一的にのみ認定することができる場合においても、二つの要件事実のいずれかという択一的な形で認定することは、証明されていない要件事実を認定することに帰して原則として許されず、外形上二つの要件事実があってもこれらを包含する上位の要件事実が存在していると認められるような特殊な関係があるため、択一的な形で上位の一つの要件事実が証明されていることになる場合に限り許されるものというべきである。」

【最（三小）決平成21・７・21刑集63巻６号762頁】（単独犯と共同正犯の成立関係）判例⑭

「所論は、被告人が実行行為の全部を１人で行っていても、他に共謀共同正犯者が存在する以上は、被告人に対しては共同正犯を認定すべきであり、原判決には事実誤認があると主張する。

そこで検討するに、検察官において共謀共同正犯者の存在に言及することなく、被告人が当該犯罪を行ったとの訴因で公訴を提起した場合において、被告人１人の行為により犯罪構成要件のすべてが満たされたと認められるときは、他に共謀共同正犯者が存在するとしてもその犯罪の成否は左右されないから、裁判所は訴因どおりに犯罪事実を認定することが許されると解するのが相当である。」

【論述例】

【訴因の特定】

訴因の特定（256条３項）が要求される趣旨は、裁判所に対し審判の対象を画定するとともに、被告人に対し防御の範囲を示すことにあると解される。

そうだとすれば、訴因における「罪となるべき事実」については、他の犯罪事実との区別が可能であり、また、それが特定の犯罪の構成要件に該当するかどうかを判定するに足りる程度に具体的に明らかにされていれば、訴因の特定に欠けるところはないというべきである。

他方、犯罪の「日時、場所及び方法」は、これら事項が、犯罪を構成する要素になっている場合を除き、本来は、罪となるべき事実そのものではなく、ただ訴因を特定する一手段として、できる限り具体的に表示すべきことを要請されているのであるから（256条３項参照）、犯罪の種類、性質等の如何により、これを詳らかにすることができない特殊事情がある場合には、上記の趣旨を害さない限りの幅のある表示をしても、罪となるべき事実を特定しない違法があるということはできない。

【参考答案例】【平成24年】

［設問２］

第１　判決の内容の適否について

１　裁判所は、証拠上、甲丙間の共謀の存否がいずれとも確定できないのに、甲にとって共謀の存在が情状の上で有利であることを理由に、「罪となるべき事実」（335条１項）において共謀を認定している（以下、「本件判決」という。）。

⑴　共同正犯の事実について「犯罪の証明があった」（333条１項）といえるか否かについて

「犯罪の証明があった」とは、合理的な疑いを容れない程度の確信が得られたことをいうところ、裁判所は、甲が営利の目的で覚せい剤を所持した事実自体は認められるが、かかる所持が丙との共謀に基づくものか否かについて確定できていない。この場合、単独犯又は共同正犯のいずれかが成立することについての心証は得られているといえることから、本件判決は、「疑わしきは被告人の利益に」の原則（利益原則）を適用し、甲にとって有利な共同正犯を認定したものである。すなわち、本件判決は、甲は単独犯か共同正犯かいずれか以外にはないところ、利益原則により犯情の重い単独犯の事実が認定できないのであるから、犯情の軽い共同正犯の事実について「犯罪の証明があった」と考えることも合理的な事実認定として許容される、との理解を前提としている。

しかしながら、利益原則は、ある事実につき合理的な疑いを超える証明がなされない限りその事実を認定できないという限りで消極的に機能するものにとどまり、その事実の不存在（それと択一関係にある事実の存在）を積極的に認定する機能までをも認めることはできない。また、共謀の存在は必ずしも有利な犯情となるとは限らないものであるところ、利益原則を適用した結果、事案ごとの犯情の軽重により共謀の存否の認定が異なることになるのは合理性を欠くというべきである。

したがって、証拠調べの結果、共謀の存否が確定できない以上、共同正犯の事実（共謀の存在）について「犯罪の証明があった」とは認められない。

⑵　単独犯の事実を認定できるか否かについて

他方で、裁判所は甲による覚せい剤の所持が丙との共謀に基づくものである可能性があるとの心証を得ていることから、単独犯の事実について合理的な疑いを容れない程度の確信が得られたとはいえないとして甲に無罪の言い渡し（336条）をすべきか否かが問題となる。

たしかに、単独犯と共同正犯の関係について、共同正犯が成立する場合には単独犯は成立しないとの理解を前提とすると、共謀の不存在が単独犯の犯罪構成要件となり、共謀の存否が確定できない場合には単独犯の成立について「犯罪の証明があった」とは認められないことになる。

しかしながら、共謀の存否が確定できない限り共同正犯としても単独犯としても処罰できず無罪を言い渡さざるを得ないとの結論はあまりにも国民の法感情に反し妥当性を欠く。そもそも審判対象は検察官の掲げた訴因に限定されるところ、検察官において共謀共同正犯者の存在に言及することなく、被告人が当該犯罪を行ったとの訴因で公訴を提起した場合において、被告人1人の行為により犯罪構成要件の全てが満たされたと認められるときは、他に共謀共同正犯者が存在するとしてもその犯罪の成否は左右されないというべきであるから、裁判所は訴因どおりに犯罪事実を認定することが許されると解すべきである。

しかるところ、裁判所は、甲が、営利の目的で、公訴事実記載の日時場所において、各分量の覚せい剤を所持した事実自体については合理的な疑いを容れない程度の確信を得ているのであるから、そのまま本件公訴事実を認定することができるのであり、訴因の成否の判断にあたって丙との共謀の存否を判断する必要はない。この場合、かかる認定は甲が公訴事実記載の犯罪を共同正犯ではなく単独正犯として実行した事実についてまで積極的に認定するものではないから、当該犯罪事実が丙との共謀に基づくものである可能性がある点を甲に有利な情状として考慮することは許されると解する。

2　以上より、共謀を認定した本件判決の内容は違法である（事実誤認、382条参照）。裁判所は、検察官Pの掲げた訴因どおり、公訴事実記載の犯罪事実を認定すべきである。

第2　判決に至る手続の適否について

⇒**第6講【2】【参考答案例】**参照

【2】訴因変更の要否

［論点解析］訴因変更の要否の判断基準――“訴因の同一性”――

1　審判対象論

刑事裁判における審判の対象について、現行法の制定当初は、職権主義的な旧法の影響を受けて「訴因の背後にある社会的・歴史的事実（公訴事実）」が審判対象であると考える見解（**公訴事実対象説**）も主張されていました。しかし、現在では、当事者主義的訴訟構造を採用する現行法における審判対象は「一方当事者である検察官の具体的犯罪事実の主張たる訴因」であるとする見解（**訴因対象説**）が確立したものといえます。このような現行法の訴因制度の下では、裁判所の審理・判決の範囲は訴因に限定されます（**訴因の拘束力**）。それ故、検察官が設定した訴因と別の犯罪事実を裁判所が直ちに判決で認定した場合、**不告不理の原則**に違反し違法な判決（訴因逸脱認定）となり得ます（378条3号後段、絶対的控訴理由）。そこで、訴因に係る事実（検察官の主張）と心証形成に係る事実（裁判所の認定）との間に不一致が生じた場合には審判対象を変更するための手続が必要となります。それが**訴因変更**（312条1項）です。

2　訴因変更の要否

(1)　訴因の同一性

裁判所の認定事実が検察官の設定した訴因と同一であれば、当然、訴因変更は不要です。これに対して、訴因変更手続を経なければ当該事実を認定できない（訴因逸脱認定となる）場合のことを**“訴因の同一性”**を欠く場合と表現することがあり、この“訴因の同一性”の判断基準が問題となります。これが**訴因変更の要否**の問題です。この問題に関して、訴因変更を要する（訴因の同一性を欠く）のは、(1)訴因の“どのような面に”変動がある場合か、(2)訴因に“どの程度の”変動がある場合か、という２つの問題局面に分けて検討します。

まず、(1)の問題について、公訴事実対象説からすれば、訴因は公訴事実の法律構成を示したものと捉えられることから、法律構成の変更があった場合に訴因変更を要するということになります（**法律構成説**）。これに対して、訴因対象説からは、訴因に記載された具体的事実に変動がある場合に訴因変更を要すると解されます（**事実記載説**）。もっとも、瑣末な事実の変動に過ぎない場合（例えば、犯行時刻が僅かに１時間ずれた場合等）についても全て訴因変更が必要ということになると手続が極めて煩雑となり非現実的です。したがって、事実記載説からも、事実に重要な変動が生じた場合に限り訴因変更が必要であると解されています。

そこで、次に、訴因変更が必要となるほどの“事実の重要な変動”か否かの判断基準が問題となります。これが(2)の問題です。この問題について、従来は「被告人の防御に実質的な不利益を生じるか否か」が判断基準であると解されていました（**防御説**）。もっとも、その「不利益」の判断方法について、公判における具体的な審理経過を考慮して被告人の防御に実質的な不利益を生ずるおそれがあったか否かを判断する見解（**具体的防御説**）と、そのような審理経過を考慮せずに訴因と認定事実とを類型的・抽象的に比較して被告人の不利益の有無を判断する見解（**抽象的防御説**）が対立していました。

[令和４年出題趣旨]

「訴因変更の要否を論じるに当たっては、**訴因の本質**をどのように考えるかが問題となる。この点について、訴因は検察官がその存在を主張して審判を請求する具体的な犯罪事実を示したものとするいわゆる**事実記載説**によれば、訴因と異なる事実を認定するには、訴因変更の必要が生じ得ることになるが、その上で、**どのような事実の変動が生じる場合**に訴因変更が必要となるのかが、さらに問題となる。

この点について、学説上、訴因が被告人に防御の範囲を示す機能を有することに鑑み、訴因と異なる事実を認定することによって被告人の防御の利益を実質的に害することになるか否かにより判断する考え方があり、その中でも、被告人の防御活動等具体的な審理の経過に鑑み、それを個々の事件ごとに個別に判定すべきとするいわゆる**具体的防御説**や、訴因事実と認定事実とを一般的・類型的に対比することにより判定すべきとするいわゆる**抽象的防御説**などがある。」

(2)　防御説から審判対象画定説へ

上述のとおり、具体的防御説は、個々の事件における被告人の防御活動等を踏まえて、個別具体的に不利益の有無を判断します。しかしながら、そもそも訴因と認定事実に不一致が生じるのは、多くの場合被告人側の防御活動が奏功したときです（検察官の立証のみで裁判所が訴因と異なる心証を抱くという事態はほとんど想定できません。）。そうすると、具体的防御説を徹底した場合、裁判所が訴因と異なる事実を認定しようとするほとんどの場面では、被告人側の防御が尽くされていたとして訴因変更は不要であるとの結論になってしまうとも思われます。具体的防御説に対するこのような批判もあり、基準としてより明確である抽象的防御説が通説であるとされていました。判例も、古くは具体的防御説に立つものと評価された時期もありましたが、その後抽象的防御説に転換したと指摘され（判例④参照）、判例が採用した**縮小認定の理論**（後記**4**参照）は、まさしく抽象的防御説の帰結であると理解されていました。

しかしながら、抽象的防御説から具体的防御説への上記の批判は、前者の方が後者よりも訴因変更を必要とする範囲が広い（故に被告人の防御に資する）ことを前提としていますが、例えば、縮小認定の場合であっても被告人に対する不意打ちとなるような場合は想定できます（判例⑧参照）。そうすると、抽象的防御説から訴因変更が不要とされる場合であっても具体的防御説からは必要と判断されることがあり得るのであり、“抽象的防御説の方が被告人の防御に資する”とは一概に言い切れません。このような議論を踏まえ、次第に、そもそも「被告人の防御」という視点のみでは基準として十分に機能しないのではないかとの疑問が呈されるようになりました。防御説は、訴因の2つの機能、すなわち、①裁判所に対して審判の対象を限定する機能（**審判対象画定機能**）と②被告人に対して防御の範囲を明示する機能（**防御機能**）のうち、専ら機能②（「被告人の防御」の視点）のみを考慮する見解ですが、ここに根本的な問題があったのです。

そこで、防御説から視座を転換し、訴因の機能①（「審判対象の画定」の視点）を第1次的に考慮して、「審判対象の画定にとって必要不可欠な事実か否か」を判断基準とする見解が主張されるようになりました（**審判対象画定説**）。そもそも訴因の主たる機能は「審判対象の画定」の点にあるのであり、防御機能は副次的なもの（審判対象が画定されることによって被告人の防御の範囲が限定される、という関係にある）と理解されていることからも、また、基準の明確性という観点からも、審判対象画定説が妥当であると考えられます。その後、判例も「審判対象の画定」の視点を取り入れた新たな判断基準を示すようになり（判例①参照）、これが現在の判例の立場であるとされています。

(3)　判例の判断枠組み

判例①は、訴因変更の要否について、(1)「審判対象の画定」の見地から必要となるか否か（**第1基準**）と(2)「被告人の防御」の観点から必要となるか否か（**第2基準**）という2段階の判断枠組みを示しました。具体的な検討手順は、以下のとおりです。

まず、**「審判対象の画定」の見地（第1基準）**から、審判対象の画定に必要な事実、すなわち、「**訴因の記載として不可欠な事項**」（その記載を欠くと「それだけで直ちに訴因の記載として罪となるべき事実の特定に欠けるもの」とされる事実）については、訴因変更が**必要**となります。具体的には、訴因と認定事実とが異なる構成要件に該当する場合（例えば、殺人の訴因で過失致死を認定する場合）、「罪となるべき事実」そのものを変更することになるので訴因変更が必要です。また、訴因と同一構成要件に該当する事実であっても、訴因の特定のために記載が不可欠な事実（なお、過失の態様については後記**3**(3)参照）について異なる認定をする場合には訴因変更が必要となります。これに対して、罪となるべき事実そのものではなく、訴因の特定明示に不可欠ではない事実（例えば、犯罪の「日時、場所及び方法」⇒**第6講【1】 1**参照）の変動については、第１基準からは訴因変更が不要であり、第２基準の検討に進みます。なお、第１基準の判断で訴因変更が必要となるにもかかわらず、裁判所がそれに違反した場合は**訴因逸脱認定**として絶対的控訴理由である**不告不理の原則違反**（378条３号後段）に該当します。

次に、**「被告人の防御」の観点（第２基準）**です。第２基準は更に「原則／例外」の２段階の判断に分かれます。まず、「**一般的に**、被告人の**防御にとって重要**な事項」については、「**争点の明確化**などのため、検察官において実行行為者を明示するのが望ましい」といえ、検察官が訴因にそれを明示した場合に裁判所が異なる認定をするには、訴因変更が**原則として必要**となります（**第２基準Ⅰ（原則）：抽象的防御の観点**）。もっとも、その場合でも、「被告人の**防御の具体的な状況**等の審理の経過」に照らし、「被告人に**不意打ち**を与えるものではないと認められ、かつ、判決で認定される事実が訴因に記載された事実と比べて被告人にとってより**不利益**であるとはいえない場合」には、訴因変更は**例外的に不要**となります（**第２基準Ⅱ（例外）：具体的防御の観点**）。なお、第２基準の判断で訴因変更が必要となるにもかかわらず、裁判所がそれに違反した場合は被告人の**防御権侵害**として相対的控訴理由である**訴訟手続の法令違反**（379条）に該当します。

以上のように、従来は専ら「被告人の防御」の観点からのみ検討されてきた訴因変更の要否について、判例①は「審判対象の画定」という新たな判断基準を明示した上で、更に「被告人の防御」の観点も取り入れた重層的できめ細やかな判断枠組みを示したものと評価されています。以上の判例の判断枠組みについて、出題趣旨においても、以下のように整理されています。

［平成24年出題趣旨］

「**訴因変更の要否**については、かつて、いわゆる**具体的防御説**と**抽象的防御説**を中心に多様な考え方があったところ、近時、**審判対象を画定**するのに必要な事項が変動する場合には、被告人の防御にとって不利益か否かにかかわらず、訴因変更が必要である、審判対象を画定するために必要な事項でなくとも、**被告人の防御にとって重要な事項**につき検察官が訴因に明示した場合に、裁判所がそれと実質的に異なる認定をするには原則として訴因変更を要するが、**被告人の防御の具体的な状況**等の審理の経過に照らし、被告人に不意打ちを与えるものではないと認められ、かつ、判決で認定される事実が訴因に記載された事実に比べて被告人にとって不利益であるとはいえない場合には、訴因変更をせずに訴因と異なる認定をしてよいとする最高裁判例（**最決平成13年４月11日刑集55巻３号127頁**）が現れるに至っているのであるから、同判例の内容を踏まえた上で説得的に各自の基本的な立場を明らかにし、**訴因変更の要否の一般的な基準**を定立する必要がある。」

［令和４年出題趣旨］

「判例上、**最決平成13年４月11日刑集55巻３号127頁**（以下「**平成13年決定**」という。）において、訴因変更の要否に関する判断枠組みが示され、その後、**最決平成24年２月29日刑集66巻４号589頁**においても、その判断枠組みを踏まえた判断がされている。そのため、訴因変更の要否の判断枠組みにつきどのような見解に立つにせよ、平成13年決定を意識した論述が求められる。平成13年決定は、まず、**審判対象画定に必要不可欠な事実**については、防御活動のいかんにかかわらず、訴因と異なる事実を認定するには訴因変更が必要であるとし（**第1段階**の検討）、次に、上記以外の事実で、**被告人の防御にとって重要な事実**については、それが訴因に明示された以上、訴因と異なる事実を認定するには原則として訴因変更が必要であるが、そのような場合でも、**被告人の防御の具体的状況**等の審理の経過に照らし、被告人に不意打ちを与えず、かつ、判決で認定される事実が訴因に記載された事実と比べて被告人にとって不利益であるといえない場合には、例外的に訴因変更を必要としない場合がある（**第2段階**の検討）という判断枠組みを取っているものと考えられる。」

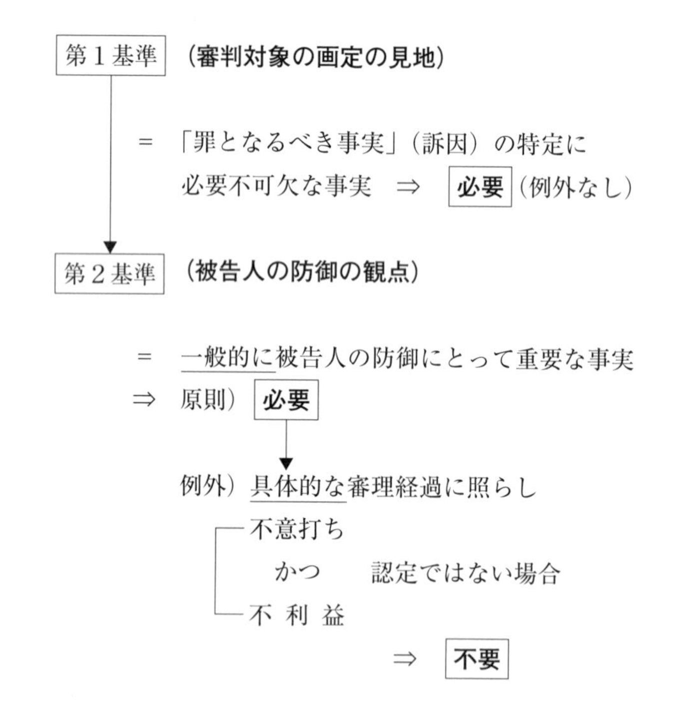

⑷　**訴因の機能と判断基準の関係**

上述のとおり、判例の**第1基準**は、訴因の機能①（**審判対象画定機能**）からの要請を直接の根拠とするものです。すなわち、検察官が主張しておらず、それ故に審判対象となっていない犯罪事実を裁判所が認定することは、訴因制度を採用し、審判対象の設定・変更を検察官の専権としている現行法の当事者主義的訴訟構造に反することになるため（378条3号後段参照）、審判対象の範囲（裁判所が拘束される範囲）の画定及びその変更が要請されるのです（上述した“訴因の同一性”という概念は、本来はこの問題局面において用いられるものです。）。

他方、判例の**第2基準**が導かれる根拠については見解の対立あります。**【見解Ⅰ】**は、第2基準は訴因の機能とは別個の根拠に基づくもの、すなわち、刑事訴訟手続一般に妥当する「**争点明確化による不意打ち防止の要請（不意打ち禁止の法理）**」という一般原則を根拠とするものであると理解します。この見解は、訴因の2つの機能は表裏の関係にある（防御機能は審判対象画定機能の反射的効果である）と捉えた上で、訴因の機能①の要請から訴因変更が必要とされる範囲と機能②の要請から必要とされる範囲は完全に一致するとの理解を前提としています。

この見解によれば、従前の抽象的防御説のもとで訴因変更が必要とされるような場合はおよそ第１基準から必要とされる場合であると説明されることになります。たしかに、判例は「争点明確化による不意打ち防止の要請（不意打ち禁止の法理）」を一般原則として承認しており、たとえ訴因を構成しない事実であっても、事案の争点となっている重要な事実について裁判所が検察官の主張と異なる事実を認定するのであれば、裁判所はその点を「争点として顕在化させたうえで十分の審理を遂げる必要」があり、このような措置（これを**争点顕在化措置**といいます。）を講じることなく当該事実を認定することは「被告人に対し不意打ちを与え、その防禦権を不当に侵害するものであって違法である」と解しています（判例⑨参照)。そこで、**【見解Ⅰ】**は、この一般原則を訴因変更の場面に適用し、争点顕在化措置として訴因変更手続まで必要となる場合を具体化したものが第２基準である（したがって、第２基準は訴因の機能とは直接関係がない）と説明するのです。これに対して、**【見解Ⅱ】**は、訴因の機能①の要請からは訴因の特定明示に不可欠でない事項（故に、本来は訴因の拘束力が及ばない事項）であっても、ひとたび訴因に記載されればそれが審判の対象となり、被告人の防御の対象となることから、訴因の機能として、被告人の防御範囲を明示するという機能②は機能①とは独立に考慮することが可能であると理解します。この見解によれば、従前の抽象的防御説から訴因変更が必要とされた範囲は、第１基準から必要とされる範囲よりも広いと考えられ、まさしくその範囲を判断する基準が第２基準であると理解されます。したがって、**【見解Ⅱ】**からは、第２基準についても訴因の機能②（**防御機能**）から要請されるものである（具体的には、機能②から要請される抽象的防御の観点から第２基準Ⅰ（原則）が導かれ、これを具体的防御の観点から補完するものが第２基準Ⅱ（例外）である）と説明することができます。もっとも、両者の見解で具体的な帰結（訴因変更が必要となる範囲）に違いが生じることはありません。

3　訴因変更の要否の検討

上記判例①の示した判断枠組みを踏まえ、以下、訴因変更の要否が問題となった事案について、具体的に検討します。

(1)　共同正犯における実行行為者

まず、**共同正犯における実行行為者**について検討します。判例①では、共同正犯の公訴事実における実行行為者について、訴因（「被告人が」）と認定事実（「Ｘ又は被告人あるいはその両名において」）との不一致が問題となりました。まず、第１基準について、判例①は「殺人罪の共同正犯の訴因としては、その実行行為者がだれであるかが明示されていないからといって、それだけで直ちに訴因の記載として罪となるべき事実の特定に欠けるものとはいえない」と判断しています。共同正犯（刑法60条）の成立要件は、端的に言えば「共謀に基づいて共犯者のうちの誰かが実行行為を行ったこと」です。そして、この要件事実さえ認定できるのであれば共犯者全員に共同正犯が成立することになるのであり、“誰が実行行為者か”は共同正犯の成否とは関係がありません。したがって、実行行為者の明示は訴因の記載として不可欠な事項であるとはいえず、**第１基準（審判対象画定の見地）**からは訴因変更が不要です。とはいえ、被告人が実行行為を担当したか否かという事情は共同正犯の成否とは無関係だとしても、それにより犯情において差異が生じ、量刑判断に大きく影響する可能性があることから、被告人にとって自己が実行行為に関与した事実が認定されるか否かは重要な関心事です。そこで、次に、第２基準について、判例①は「実行行為者がだれであるかは、一般的に、被告人の防御にとって重要な事項である」として、検察官が訴因に実行行為者を明示した以上、**第２基準Ⅰ（抽象的防御の観点）**から訴因変更が原則として必要であると判断しています。もっとも、公判において当初から実行行為者が誰であるかが主要な争点となっていたこと、裁判所は被告人の主張を一部容れて被告人のみが実行行為者であるとの事実（検察官の主張した訴因）は認定せず、実行行為者について択一的認定にとどめていること等の「被告人の防御の具体的な状況等の審理の経過」に照らせば、裁判所の認定は、「被告人に不意打ちを与えるものとはいえず、かつ、訴因に比べて被告人にとってより不利益なものとはいえない」として、**第２基準Ⅱ（具体的防御の観点）**から訴因変更が例外的に不要であると結論付けています。

これに対して、判例①とは逆に、訴因では共犯者が実行行為者であるとされていたのに、被告人のみが実行行為者であるとの事実が認定される場合はどうでしょうか。判例②では、訴因において被害者の死亡の直接の原因となった最後の首絞め行為を行ったのは共犯者Ｂとされていたのに、裁判所が訴因変更の手続を経ることなく、同行為を行ったのは被告人Ａであると認定したことの適否が問題となりました。判例②は、判例①の示した**第２基準Ⅱ（具体的防御の観点）**における「例外的な場合のほかは、その旨の訴因変更手続を経ることを要する」との解釈を示した上、**不意打ちの有無**について、「Ｂが被害者の首を絞めて死亡させたという事実関係は、訴因に明示され、検察官もそれを強く主張していたのだから、……Ａとしては、原審裁判所が、訴因や検察官の主張と異なる認定をしようとする場合は、訴因変更手続がとられるはずであり、原審裁判所が、訴因変更手続も経ないまま、訴因や検察官の主張と異なる認定をするはずがないと期待したとしても何ら不当ではない」と述べ、他方で、「原審裁判所が、検察官に訴因変更を促したり、……するなどして、最終的な首絞め行為の実行者について訴因と異なる認定をする可能性があることを示唆し、この点をＡとの関係でも争点として顕在化させるような努力をした形跡は見当たらない」と指摘して、「原判決が、Ａのみが死亡の直接の原因となる首絞め行為をしたと認定したことは、Ａにとって不意打ちであるというほかない」と判示しています。また、**不利益性**についても、「被告人だけが被害者の首を絞めたと認定された場合、刑事責任の軽重という点から見ると、そのこと自体が、当該被告人にとって不利益というべきである」、「Ａだけが、被害者の首を絞めて被害者を死亡させたと認定することは、Ａのその余の主張との関係でも、Ａにとってより不利益であるとはいえない場合に当たらない」と指摘し、結論として「Ａに不意打ちを与えるものであり、かつ、認定事実がＡにとってより不利益であるとはいえない場合でもないから、……原審裁判所が、本件殺人の事実について、訴因変更手続を経ることなく、前記のような認定をしたのは、訴訟手続に関する法令に違反した」と判断しています。

(2) 実行行為の方法

次に、**実行行為の方法**について検討します。判例③では、放火罪の公訴事実における放火行為の方法（具体的には、「ガスに引火、爆発させた方法」）について、訴因（「ガスコンロの点火スイッチの作動による点火」）と認定事実（「何らかの方法により」）の不一致が問題となりました。まず、第１基準について、訴因の特定の判断基準について**識別説**（**⇒第６講【１】２(1)参照**）を前提とする限り、犯罪の「日時、場所及び方法」は、訴因の特定明示に必要不可欠な事実とはいえません（256条３項参照）。したがって、**第１基準（審判対象画定の見地）**からは訴因変更が不要です（なお、判例③は明示していませんがこの判断を前提としています。）。次に、第２基準について、判例③は「ガスに引火、爆発させた方法は、本件現住建造物等放火罪の実行行為の内容をなすものであって、一般的に被告人の防御にとって重要な事項である」として、検察官が訴因に実行行為の方法を明示した以上、**第２基準Ⅰ（抽象的防御の観点）**から訴因変更が原則として必要であると判断しています。その上で、「検察官は、上記ガスに引火、爆発した原因が同スイッチを作動させた行為以外の行為であるとした場合の被告人の刑事責任に関する予備的な主張は行っておらず、裁判所も、そのような行為の具体的可能性やその場合の被告人の刑事責任の有無、内容に関し、求釈明や証拠調べにおける発問等はしていなかった」という事情を指摘しています。すなわち、公判において、検察官の主張する実行行為を被告人が否認して争っていた反面、検察官の主張する実行行為以外の方法による引火、爆発の可能性については何ら争点となっていなかったのです。以上の経緯を踏まえて、判例③は「このような審理の経過に照らせば、原判決が、……「何らかの方法により」引火、爆発させたと認定したことは、引火、爆発させた行為についての本件審理における攻防の範囲を越えて無限定な認定をした点において被告人に不意打ちを与えるものといわざるを得ない」と結論付けています。判例②と同様、ここでも、判例①とは異なり、**第２基準Ⅱ（具体的防御の観点）**から訴因変更が例外的に不要とされる場合に当たらないと判断されたのです。

(3)　過失の態様

最後に、**過失の態様**について検討します。判例④では、過失犯の公訴事実における過失の態様について、訴因（「クラッチペダルから左足を踏みはずした過失」）と認定事実（「ブレーキをかけるのを遅れた過失」）の不一致が問題となりました。判例④は「両者は明らかに過失の態様を異にしており、このように、起訴状に訴因として明示された態様の過失を認めず、それとは別の態様の過失を認定するには、被告人に防禦の機会を与えるため訴因の変更手続を要する」と述べて結論として訴因変更が必要であると判断しています。もっとも、同判示では「防禦の機会」という文言が用いられていますが、これは判例が抽象的防御説に立脚していたと解される時代の判断であるため、改めて判例①の示した判断枠組みのもとで検討する必要があります。まず、第１基準について、過失の態様は過失犯の構成要件要素であり、「罪となるべき事実」そのものとして過失の態様を記載することが不可欠であると解する見解（**構成要件要素説**）によれば、過失の態様が異なれば、同一構成要件に該当する事実であっても訴因（審判対象）としては異なるということになり、**第１基準（審判対象画定の見地）**において訴因変更が例外なく必要となります。これに対して、過失の態様は構成要件要素ではなく、「罪となるべき事実」そのものではないから必ずしも訴因に記載することが不可欠な事項ではないと解する見解によれば、上述した「実行行為の方法」の変動（前記**3**(2)参照）と基本的に同様の問題として捉えることができ、過失の態様が異なっても審判対象が異なることにはならず、第１基準（審判対象画定の見地）からは訴因変更が不要です。その場合、判例④の趣旨によれば、過失の態様は類型的に「被告人に防禦の機会を与える」上で重要な事実であると考えられることから、**第２基準Ⅰ（抽象的防御の観点）**により訴因変更が原則として必要であると解され、**第２基準Ⅱ（具体的防御の観点）**により例外的に訴因変更が不要とされる場合といえるか否かについて、具体的な審理経過を踏まえて不意打ちの有無及び不利益性を判断することになります。

なお、前者の見解（構成要件要素説）に立つ場合にも、以下の２点に注意してください。

第１に、第１基準において審判対象画定の見地から「訴因の記載として不可欠な事項」となるのは、あくまで「過失の態様」（具体的な注意義務違反行為の内容）です。これに対して、注意義務を基礎付ける具体的事情については、それ自体が構成要件要素となるものではありません。判例⑤も「過失犯に関し、一定の注意義務を課す根拠となる具体的事実については、たとえそれが公訴事実中に記載されたとしても、訴因としての拘束力が認められるものではない」と判示しています。したがって、注意義務を基礎付ける具体的事情が変動しても過失の態様の変動を伴わない限り、少なくとも第１基準からは訴因変更は不要です。

第２に、「過失の態様」（具体的な注意義務違反行為の内容）について単に補充訂正したに過ぎず、実質的な注意義務の内容に変動がない場合も、同様に、少なくとも第１基準からは訴因変更は不要となります。判例⑥は「進路前方を注視せず、進路の安全を確認しなかった」という訴因に対して、「進路前方を注視せず、ハンドルを右方向に転把して進行した」という過失の態様を認定したことについて、「検察官の当初の訴因における過失の態様を補充訂正したにとどまるものであって、これを認定するためには、必ずしも訴因変更の手続を経ることを要するものではない」と判断しています。この場合、訴因と認定事実の文言だけを比べると別の過失行為を認定しているようにも思われますが、その注意義務の実質的な内容を比較すると、いずれも「前方注視義務違反」の過失行為が認定されており、過失の態様に実質的な変動は生じていないと解されます。

４　縮小認定の理論

訴因に係る事実と裁判所の認定事実に不一致がある（ように見える）ものの、類型的に訴因変更が不要とされる場合として、いわゆる**縮小認定**（「大は小を兼ねる」の関係）があります。判例⑦は、例えば、強盗の訴因に対して恐喝の犯罪事実を認定する場合のように、「裁判所がその態様及び限度において訴因たる事実よりもいわば縮少された事実を認定するについては、敢えて訴因罰条の変更手続を経る必要がない」と判示しました。この縮小認定の理論を判例①の判断枠組みに照らして考えた場合、強盗と恐喝では該当する構成要件が異なる事実であることから、訴因の特定明示に必要不可欠な事実の変動であるといえ、**第１基準（審判対象画定の見地）**から訴因変更が必要となるようにも思われます。しかしながら、縮小認定の場合、裁判所の認定事実は、検察官の掲げた訴因に包摂される関係にあることから、当該事実はもともと検察官により予備的・黙示的に主張されており、そもそも潜在的に審判対象となっていたものと考えることができます。それ故、審判対象画定の見地からも訴因変更を要求する必要はないといえるのです。その意味で、縮小認定に当たる場合、裁判所は訴因と異なる事実を認定しているわけではなく、訴因どおりの事実の認定の一態様に過ぎない（訴因と認定事実に不一致はない）のであって、訴因変更はそもそも問題とならない（いわば第１基準の「例外」ではなく「埒外」である）と説明することができるでしょう（なお、第１基準は第２基準と異なり、そもそも「例外」を許容しない基準であるという点に留意してください。）。

もっとも、縮小認定について訴因変更は問題とならないと考えた場合でも、上述した**「争点明確化による不意打ち防止の要請（不意打ち禁止の法理）」**という一般原則はなお同様に妥当するという点に注意してください。すなわち、具体的な訴訟の経過に照らして、縮小認定が被告人に不意打ちを与えるものである場合は、争点顕在化措置が必要となる（そのような措置を講じないまま縮小認定をした訴訟手続は違法となる）と考えられます。判例⑧は「一般に、共同正犯の訴因に対し、訴因変更の手続を経ることなく幇助犯を認定することは、いわゆる縮小認定として許容される」とした上で、裁判所の認定した黙示の無形的・心理的幇助の事実について「明示にも黙示にも争点となっていなかった」という訴訟経過に照らし、「被告人の防御が尽くされないままされた不意打ちの認定である」と判示しました（なお、この場合の違法事由は、378条3号後段の不告不理の原則違反（絶対的控訴理由）ではなく379条の訴訟手続の法令違反（相対的控訴理由）となります。)。

5　問 題 分 析

[平成26年試験問題]

［設問2］では、起訴後の捜査の結果、検察官が当初の立証方針を改め、公判において起訴状記載の訴因（以下、「旧訴因」）とは異なる事実（以下、「新訴因」）を立証しようとする場合、検察官は「どのような措置を講じるべきか」が問われています。この「措置」が訴因変更を指していることは比較的容易に理解することができるでしょう。出題趣旨でも、以下のとおり、本問が訴因変更についての出題であることは当然の前提とされていました。

> **[平成26年出題趣旨]**
> 「〔設問2〕は、**訴因変更に関する問題**であり、訴因と検察官の立証方針とを比較すると、第1事実（殺人）については、犯行の日時に変化を生じており、第2事実（窃盗）については、実行行為が盗品等無償譲受行為へと変化し、犯行の日時及び場所にも変化を生じている。そこで、このような事実の変動に照らし、**訴因変更が必要か**、また、**訴因変更が可能か**について、検討する必要がある。」

もっとも、本問の“問われ方”に注意してください。本問で問われているのは「どのような措置を講じるべきか」です。この問いに対して、「訴因変更が必要である」、「訴因変更が可能である」と答えても、問いと答えが呼応しません。最終的な結論は「訴因変更すべきである」（か否か）でなければなりません。この点が本問の特徴であり、応用的な検討を要します。すなわち、下記出題趣旨の指摘にもあるように、「訴因変更の要否」の問題は、通常は、「訴因変更手続を経ずに訴因と異なる事実を認定することの適否」という形で問題となるものであり、この問題局面についての判断基準を示したのが判例①です。

> **[平成26年出題趣旨]**
> 「**訴因変更がいかなる場合に必要か**については、刑事訴訟法上の明文規定はないが、一般に「**訴因変更の要否**」と呼ばれている問題、すなわち、裁判所が訴因と異なった事実を認定するに当たり、検察官による訴因変更手続を経る必要があるか（訴因変更手続を経ずに訴因と異なる事実を認定することの適否）について、一定の基準を示した**最高裁判例（最決平成13年4月11日刑集55巻3号127頁）**が存在する。」

しかしながら、本問では問題局面が異なっています。すなわち、本問は、公判における証拠調べを経た結果、裁判所が訴因と異なる心証を形成したという場面（判例①の事案）ではなく、公判における証拠調べに先立って検察官が意識的に訴因と異なる事実を立証する方針に変更したという場面です。したがって、本問の問題局面に判例①の射程は（少なくとも当然には）妥当しないのであり、この問題局面の違いを意識して、本問の検察官は「訴因変更の措置を講ずべきか否か」を検討する必要があります。

[平成26年出題趣旨]
「検察官による訴因の変更が問題となる場合には、大別して、検察官が起訴状の記載と異なる事実を意識的に立証しようとして、証拠の提出に先立って訴因変更しようとする場合と、証拠調べの結果、起訴状の記載と異なる事実が証明されたと考えられることから、訴因変更しようとする場合とがあることについて、留意する必要がある。本問は、検察官が、公判前整理手続開始前、すなわち具体的な主張・立証を展開する以前に訴因と異なる心証を得て、その心証に基づく主張・立証活動を行おうとする場合に採るべき措置について検討を求めるものであるから、**前者の局面の問題**である。一般に**「訴因変更の要否」**と呼ばれ、上記の最高裁判例でも扱われた**後者の問題とは局面を異にする**から、その差異を意識して論じなければならない。」

そこで、本問を検討する際には、以下の２点に注意してください。

第１に、上述のとおり、本問で検察官が「訴因変更すべきか」否かを判断するに際して、判例①の基準をそのままの形で用いることはできない、という点です。判例①の基準は、「裁判所が訴因変更を経ずに新訴因を認定すると違法となる」か否か（この意味での訴因変更の必要性）を判断する基準であり、直接的には検察官の行為規範（「……すべき」か否か）を判断する基準ではありません。もっとも、新訴因による有罪判決の獲得を目指す検察官としては、少なくとも「裁判所が訴因変更を経ずに新訴因を認定すると違法となる」ような場合であれば、必ず「訴因変更すべき」であるといえるでしょう。その限りでは判例①の基準もなお本問に有用です。ただし、本問は未だ証拠調べ手続が始まる前の段階での訴因変更の問題であるため、判例①の判断枠組みのうち、具体的な訴訟経過（公判における証拠調べの経緯及び結果等）を前提として被告人に対する不意打ちの有無を判断する**第２基準Ⅱ（具体的防御の観点）**については、本問では用いる余地がない、という点に注意してください。採点実感でも以下のとおり指摘されていました。

[平成26年採点実感]
「前記判例法理を漫然と記載し、例えば、審理において犯行日時が事実上の争点となっていたかなどと、およそ本事例では問題とならない要素に言及した答案も少なからず見受けられた。」

第２に、上記の検討の結果、「裁判所が訴因変更を経ずに新訴因を認定すると違法となる」ような場合でないと判断されたのであれば、およそ検察官は「訴因変更すべき」とはいえない、と結論付けて良いかという点についてさらに検討を要します。ここで考慮すべき重要な事情は、本問で検察官が立証方針を変更したのが「第１回公判前整理手続期日前」であるという点です。公判前整理手続においては、「事件の争点及び証拠を整理するための公判準備」が行われます（316条の２第１項）。具体的には、検察官の掲げた訴因を基礎として審判対象が設定され、それに対して被告人が防御の準備をして争点を形成し、また、訴因を基礎として公判で取り調べる証拠の整理が行われます（⇒**第７講１**参照）。ところが、もし検察官が旧訴因と異なる事実を立証する方針であるのに訴因変更をせずに、旧訴因を維持したまま公判前整理手続が開始されたらどのような事態になるでしょうか。検察官は起訴状記載の公訴事実（旧訴因）とは異なる事実（新訴因）についての証明予定事実記載書面（316条の13第１項）を提出し、新訴因を立証するための証拠の取調べを請求します（同第２項）。これに対して、被告人側はどのように事実を認否し、証拠意見（316条の16）を述べ、また、どのような予定主張（316条の17）を明示することになるでしょうか。弁護人としては、審判対象及び攻防対象として旧訴因が維持されている以上、（新訴因に係る）検察官の主張・立証はおよそ関連性がなく、他方、旧訴因を立証する証拠が提出されていない以上、被告人は無罪である、という主張をする余地があるでしょう（なお、本問では新訴因について甲が取調べで自白していますが、被告人が捜査段階で自白していても証拠開示を経た公判段階では供述を変遷させる可能性があることを考慮に入れる必要があります。）。これでは本来公判において主張・立証の対象となるべき新訴因について適切に争点を形成し、証拠の整理を行うことができなくなってしまいます。そこで、このような事態に陥らないようにするためにも、「充実した公判の審理を継続的、計画的かつ迅速に行う」という公判前整理手続の趣旨（316条の２第１項）に鑑み、予め検察官は訴因と立証活動に齟齬が生じることを極力回避するべきであり、たとえ僅かな事実の変動であっても、それが起訴状記載の訴因と食い違う限り、検察官としては「訴因変更すべき」である、という考え方は十分あり得ると思われます。実際、実務においても、訴因変更が必要的ではない場合（例えば、被害金額や傷害内容等の被害結果が僅かに変動した場合等）において、検察官が“念のため”訴因変更を請求するということはしばしばあります。このような視点について、採点実感でも以下のとおり言及されていました。

［平成26年採点実感］

「本事例では、**公判前整理手続の開始前**、検察官による具的な主張・立証がされておらず、それに対する被告人側のアリバイ等の主張も何ら行われていない段階での訴因変更が問題であり、この点に留意した論述が求められている。したがって、論述に際しては、公判において主張・立証を主導する**検察官の立場**やそのような検察官が設定する**訴因の役割**、後の**公判前整理手続における争点整理の要請**等を踏まえた上で、検察官が立証方針を変更した場合に何が求められるかとの視点や、訴因を変更すること、又は変更しないことが、被告人の将来の防御権行使にいかなる影響を与えるかとの視点が必要である」

以上を前提に本問を検討してみます。本問の訴因と検察官の立証方針とを比較すると、第１事実（殺人）については、犯行の日時に変化を生じています（①）。また、第２事実（窃盗）については、実行行為が盗品等無償譲受行為へと変化し（②）、犯行の日時及び場所にも変化を生じています（③）。

②の変化については、異なる構成要件に該当する事実への変動です。これは、判例の**第１基準（審判対象画定の見地）**から訴因変更が必要となる場合（裁判所が訴因変更を経ずに新訴因を認定すると違法となる場合）です。したがって、検察官は、必ず「訴因変更すべき」である（新訴因で有罪判決を得るためには訴因変更をしなければならない）といえるでしょう。

他方、①及び③の変化は、犯行の日時・場所の変動に過ぎず、審判対象画定の見地からは訴因変更が必要となるとはいえません。したがって、必ずしも検察官は「訴因変更すべき」とはいえない、と結論付けることもできますが、上述した公判前整理手続の趣旨を重視すれば、このような瑣末な事実の変動についてもできる限り検察官は「訴因変更すべき」であると考えることになります。

[平成24年試験問題]

［設問2］では、裁判所が甲と丙の共謀を認める方が甲にとって犯情が軽くなると考え、証拠上、共謀の存否はいずれとも確定できないのに、格別の手続的な手当てを講じないまま判決で公訴事実に記載されていない丙との共謀を認定したことに関し、**判決に至る手続の適否**が問題となりました。

本問の訴因と認定事実を比較すると、検察官の掲げた訴因は単独犯であるのに対し、裁判所の認定事実は共同正犯であり、具体的には共謀の存否という事実が変動しています。この「共謀」という事実の性質について、判例（**練馬事件**）は「「共謀」……は、共謀共同正犯における「罪となるべき事実」にほかならない」（故に厳格な証明の対象となる）と解しています（第6講【1】の判例③参照）。他方、訴因は「罪となるべき事実を特定して」明示しなければなりません（256条3項）。そうすると、「罪となるべき事実」に属する「共謀」は、訴因の特定明示に必要不可欠な事実ということになります。また、罰条として刑法60条が加わる共同正犯は単独犯とは異なる構成要件であると考える立場からすれば、単独犯から共同正犯への変動は、審判対象の画定に不可欠な事実の変動といえます。いずれにしても、判例の**第1基準（審判対象画定の見地）**から訴因変更が必要となります。

これに対して、単独犯と共同正犯とは「基本型・修正型」の違いに過ぎず、両者はあくまで同一構成要件であると考える立場（**⇒第6講【1】3(3)参照**）からすれば、「共謀」は審判対象の画定に不可欠な事実ではないと考える余地もあります。そのように考えた場合は第2基準の判断に進むことになりますが、この考え方は上記のとおり「共謀」を共同正犯における「罪となるべき事実」に属するものと解している判例の立場との整合性の点で問題があるというべきでしょう。出題趣旨等でも以下のとおり指摘されています。

[平成24年出題趣旨]

「論述に当たり共謀の存否は訴因の本質的要素ではなく罪となるべき事実に属しないとの結論を採る場合には、共謀の事実の存否については罪となるべき事実に属し厳格な証明を要するとした最高裁判例（**最判昭和33年5月28日刑集12巻8号1718頁**）が存在するから、同判例の内容を意識して論述することが望ましい。」

[平成24年採点実感]

「犯罪の日時、場所及び方法等をもって構成要件に当てはまる具体的事実を記載したものが訴因であるという最も基本的な事項についての理解が浅薄で、共謀の存否に関し、極めて安易に審判対象を画定するのに必要な事実でない、罪となるべき事実でない、情状にすぎないなどとする答案が多数見受けられた。」

ところで、本問の裁判所の認定事実は、弁護人が罪状認否で主張した事実と同一であり、被告人に不利益を与えるものではないとも思われます。しかしながら、第1基準は、審判対象画定の見地から被告人の防御に不利益か否かに関わらず訴因変更を要する場合を判断する基準であり、しかも第2基準と異なり例外は許容されません。したがって、第1基準で訴因変更が必要であるとの結論を導いた場合には例外を検討すること自体が不適切です。このような第1基準の理解について、採点実感でも以下のとおり指摘されています。

[平成24年採点実感]
「同判例は、審判対象を画定するのに必要な事項に変動がある場合には被告人の防御に不利益か否かにかかわらず訴因変更を要するとしているのに、共謀の存否が審判対象を画定する事項に当たるとしながら、被告人の防御の利益を害しないから例外的に訴因変更は不要であるとする答案が少なからず見受けられた。」

なお、訴因の記載として不可欠な事実の変動であっても、いわゆる縮小認定に当たれば訴因変更は不要とされる余地があります（前記**4**参照）。もっとも、単独犯と共同正犯の関係を考えてみると、後者には「共謀」という要件が付加されていることから、後者が前者を包摂すると考える余地はあっても、少なくとも前者が後者を包摂する関係にはありません。また、本問において、検察官は共謀について立証できないと考えて単独犯の訴因で被告人を起訴したのであり、現に、検察官の主張する訴因には一切共謀に関する記載がありません。したがって、共謀の事実について検察官が予備的・黙示的に主張していた（故に潜在的に審判対象となっていた）と認めることは困難であり、本問の裁判所の認定を縮小認定の理論により許容することはできないと解されます。縮小認定について、採点実感でも以下のとおり言及されていました。

[平成24年採点実感]
「甲と丙が共同正犯として同時に起訴された場合に判決で甲丙間の共謀が認められずに甲は単独犯、丙は無罪となるのが**縮小認定（一部認定）**の典型例の1つであるのに、何ら特段の理由を記載しないで、単独犯の縮小認定により共同正犯と認めることができるので訴因変更の手続は不要であるとの結論のみを記載した答案も相当数見受けられた。」

以上の検討すべき事項について、出題趣旨では以下のように説明されていました。

[平成24年出題趣旨]
「本事例においては、共同正犯と単独犯については構成要件が同一なのか異なるのかということ、処罰する際に適用すべき法条として刑法第60条が新たに加わること、検察官の主張する訴因には一切共謀に関する記載がないこと、裁判所が認定した事実は弁護人が第1回公判期日の罪状認否で主張した事実と同一であること等を検討し、**訴因変更を要するか否か論ずる必要がある。**」

[令和4年試験問題]
［設問2－1］では、非現住建造物等放火事件の犯行態様の一部について公訴事実と裁判所の心証との間にずれが生じた事例について、裁判所が現訴因のまま自己の心証に従って判決をする

ことができるか否かが問われています。本件の公訴事実と罪となるべき事実を比較すると、本件非現住建造物等放火罪の実行行為の方法について、前者では「点火した石油ストーブを倒して火を放ち」と記載されているのに対し、後者では「何らかの方法で火を放ち」と記載されており、この点に変動が生じています。そこで、裁判所が訴因変更手続を経ることなく後者を認定することが許されるか否かについて検討します。

本問は、放火罪における**「実行行為の方法」**に変動が生じた場合であり、判例③と事案が共通しているところ、上述のとおり、同判例は、**第１基準（審判対象画定の見地）**からは訴因変更が不要であることを前提としています。訴因における「罪となるべき事実」（256条３項）の特定明示の程度について**識別説**の立場によれば（⇒**第６講【１】２⑴**参照）、本問の「実行行為の方法」についても、訴因の特定明示に必要不可欠な事実であるとはいえません。なお、本問の事案においても、訴因変更の要否という**「判決に至る手続の適否」**の問題とは別途、**「判決の内容の適否」**の問題（**平成24年試験問題**参照）として、裁判所が判決で実行行為の方法につき「何らかの方法で火を放ち」と概括的に判示したことが「罪となるべき事実」（335条１項）の記載として許されるか否かが問題となり得ます（⇒**第６講【１】３⑵**参照）。もっとも、本問ではこの点については設問で明示的に検討対象から除外されているため、別途検討する必要はありません。

次に、**第２基準（被告人の防御の見地）**の判断です。上述のとおり、判例③は、「実行行為の方法」の変動について、**抽象的防御の観点（第２基準Ⅰ：原則）**から訴因変更が原則として必要であると判断した上で、**具体的防御の観点（第２基準Ⅱ：例外）**から訴因変更が例外的に不要とされる場合に当たらないと判断しました。しかしながら、判例③と本問の事案とでは具体的な審理経過がかなり異なっています。したがって、検察官の主張する方法以外の方法による放火の可能性について被告人に防御の機会がどの程度保障されていたかについて、本件公判の審理経過に照らして具体的に検討する必要があります。

［令和４年出題趣旨］

「〔設問２－１〕において、公訴事実は犯行態様を「点火した石油ストーブを倒し」と記載しているのに対し、裁判所の認定に係る罪となるべき事実は、「何らかの方法で」と記載している。そこで、例えば、平成13年決定の判断枠組みによれば、まず、**第１段階**の検討として、この点が**審判対象画定に必要不可欠な事実の変動**に該当するか否かを論じる必要がある。そして、これが審判対象画定に必要不可欠な事実の変動に当たらないと考えた場合、次に、**第２段階**の検討として、公訴事実に「点火した石油ストーブを倒し」と明示されていることから、これを「何らかの方法」と認定することが**被告人の防御にとって重要な事実の変動**に該当するか否かを論じる必要がある。そして、それが被告人の防御にとって重要な事実の変動に該当すると考えた場合、さらに、**被告人の防御の具体的状況**等の審理の経過に照らし、被告人に不意打ちを与えず、かつ、判決で認定される事実が訴因に記載された事実と比べて被告人にとって不利益であるといえない場合に該当するか否かを論じる必要がある。その際には、本設問における火災科学の専門家である証人への尋問状況、尋問結果を踏まえた裁判所の当事者への働きかけとそれに対する当事者の対応等の事情も踏まえて検討することが求められる。」

このように、本問は当該事案における具体的な審理経過を踏まえた上で判例③の結論を理解していたか否かを問う問題であったといえます。先例となる判例と類似した事案であったとしても、全く同じ事案が出題されるとは考え難い反面、具体的な事案を踏まえて判例の基準及び結論を正確に理解していれば、同じ基準を他の事案に当てはめた場合の結論も適切に導くことができるはずです。事例問題を的確に分析する上で、“具体的な事案を踏まえて判例を学修すること”の重要性を改めて実感させられる問題でした。

［令和４年採点実感］
「**第２段階**の検討における**例外**に該当するか否かの検討において、本設問では、裁判所が証人である火災科学の専門に対する補充尋問において、石油ストーブを倒す方法以外での着火の可能性について質問し、これに対し、同証人が可燃物に火をつけて散布された灯油に着火させることも考えられる旨証言し、同尋問終了後には、裁判所が検察官及び弁護人に対し、放火の態様に関して追加の主張、立証の予定があるか確認する手続を採っているところ、こうした事実を評価できていない答案や、被告人が放火の態様を争っていないから不意打ちの問題は生じないと評価するなど、不意打ちの理解が不十分な答案も散見された。」

［設問２－２］では、共謀共同正犯において、検察官が冒頭陳述で釈明した共謀の日にちと裁判所が心証を形成した共謀の日にちとの間にずれが生じた事例について、裁判所がその心証に従って判決をすることができるか否かを問う問題です。本問で、裁判所は公訴事実のとおりの事実を罪となるべき事実として認定していますが、事実認定の理由として、証拠調べにより得た心証に基づき、「共謀が成立したのは令和３年11月２日である」旨説示しており、共謀の成立時期について検察官の主張と異なる事実を認定しています。そこで、裁判所が何らの措置を講じることなく当該事実を認定することが許されるか否かについて検討します。

まず、**訴因論**に関連して、［設問２－１］が「実行行為の方法」という“訴因の特定に不可欠ではないが訴因に明示されている事実”の変動を巡る問題であったのに対し、［設問２－２］は**「共謀の成立時期」**という“訴因の特定に不可欠でなく、かつ、訴因に明示もされていない事実”の変動を巡る問題です。既に検討したとおり、判例（**練馬事件**）は「「共謀」……は、共謀共同正犯における「罪となるべき事実」にほかならない」と判示して、**「共謀の成立」**が共同正犯の要件事実となり厳格な証明を要するとの立場を明らかにしています。他方で、**「共謀の日時、場所、内容等」**は共謀の具体的内容をなす事実ではあるものの、それ自体は要件事実ではないことから、**識別説**の立場からは訴因ないし罪となるべき事実において明示する必要はないと解されており、同判例も「共謀の判示は、前示の趣旨において成立したことが明らかにされれば足り、さらに進んで、謀議の行われた日時、場所またはその内容の詳細……等についていちいち具体的に判示することを要するものではない」と判示しています（第６講【1】の判例③参照）。

もっとも、とりわけ共謀共同正犯の事案においては共謀の成否を巡り争点が形成されることが多く、その場合、「共謀の日時、場所、内容等」が被告人の防御にとって重要な事項となるため、争点明確化の見地から、検察官が冒頭陳述で事実主張したり、あるいは裁判所がその裁量により検察官に求釈明したりする例も少なくありません（なお、判例①においても、「一般的に、被告人の防御にとって重要な事項」については、「**争点の明確化**などのため、検察官において……明示するのが望ましい」と指摘されていました。)。この場合、仮に裁判所の求釈明に応じて検察官の明示した事実が訴因の内容を構成すると解するのであれば、当該事実の変動について訴因変更が問題となり得ます。しかしながら、訴因の変更に厳格な手続（312条１項）を要求する法の趣旨からすれば、少なくとも訴因の明示に不可欠ではない事項について、公判における釈明内容が当然に訴因の内容を構成することになると解することはできません（これを認めると、法定の厳格な手続を経ることなく際限なく訴因の内容が変更され得る事態を招来してしまい、その弊害は明らかです。)。したがって、単に訴因を具体化するために釈明されたに過ぎない事項（裁量的求釈明の対象）については、当然に訴因の内容を構成するものではないと解され、当該事実の変動に訴因変更手続をもって対処する必要は生じません（⇒**第６講【１】１**参照)。本問においても、裁判所が検察官の釈明内容と異なる事実を認定するにあたり訴因変更手続を経なかったことが**訴因逸脱認定**（**不告不理の原則違反**、378条３号後段参照）として違法となることはありません。

[令和４年出題趣旨]

「〔設問２－２〕において、検察官は、特定の日にちに共謀が成立したと釈明するものの、訴因には「共謀の上」としか記載されておらず、共謀の日にちは記載されていない。そこで、まず、**検察官が釈明した内容が訴因の内容になるのか**が問題となる。

この点について、検察官が釈明した事項が訴因の明示・特定に必要な事項である場合には、訴因の内容になるとする考えによれば、**訴因の明示・特定に必要な事項は何か**が問題となる。この点について、学説上、訴因は他の犯罪事実から識別可能な程度に特定されていれば足りるとするいわゆる**識別説**や、訴因は他の犯罪事実と識別できるかだけでなく被告人の防御権の行使に支障がない程度まで具体化される必要があるとするいわゆる**防御権説**が主張されている。**識別説**に立ち、共謀の日にちは訴因の明示・特定に必要な事項とはいえないとして、検察官の釈明により訴因の内容になるものではないとする見解や、**防御権説**の立場から、共謀共同正犯における共謀の日にちは共謀のみに関与した被告人との関係では訴因の明示・特定に必要な事項であるとして、検察官の釈明により訴因の内容になるとする見解などが考えられる。

その上で、検察官が釈明した共謀の日にちが訴因の内容になるとする見解を採ると、次に、釈明の内容と異なる共謀の日にちを認定するに当たり、訴因変更の要否が問題となる。」

もっとも、訴因の内容を構成しない事実について不意打ち認定がなされた場合、上記のとおり訴因逸脱認定となる余地はない（訴因変更は問題とならない）としても、**「争点明確化による不意打ち防止の要請（不意打ち禁止の法理)」**という一般原則に違反するものとして**訴訟手続の法令違反**（379条参照）となる場合があり得ることに注意を要します。いわば**訴因論**（審判対象の問題）と峻別された**争点論**（攻防対象の問題）による防御権の保障が検討される局面であり、この場合の訴因外の不意打ち認定を**“争点逸脱認定”**と呼称することがあります。判例⑨は、「共謀の日時」という訴因の内容を構成しない事実について、「検察官が特段の主張・立証を行わず、その結果として被告人・弁護人も何らの防禦活動を行っていない」場合、裁判所としては「争点として顕在化させたうえで十分の審理を遂げる必要」があり、このような**争点顕在化措置**を講じることなく、裁判所が、検察官の主張する日時に被告人のアリバイの成立を認めながら、卒然として、別の日時に共謀が成立したと認めて被告人の関与を肯定することは、「本件事案の性質、審理の経過等にかんがみると、被告人に対し不意打ちを与え、その防禦権を不当に侵害するものであって違法である」と判示しました。

なお、具体的な争点顕在化措置としては、①裁判所から検察官への求釈明、②被告人質問における裁判所からの発問、③公判前整理手続等が想定されます。また、少なくとも公訴事実の記載に明示された事実については、争点を顕在化・明確化させるための手段として、④任意的訴因変更（いわゆる“念のため訴因変更”）の手続を採ることも実務上行われています。本問でも、検察官の釈明内容及び審理経過を踏まえて、裁判所として採るべき措置を具体的に検討する必要があります。

［令和４年出題趣旨］

「検察官の釈明した共謀の日にちは訴因の内容にはならず、それゆえ訴因変更の要否の問題にならないと考える場合にも、検察官の釈明の内容と異なる共謀の日にちを認定するに当たり、**被告人の防御との関係**で、**裁判所が何らかの措置を講じる必要がないか**が問題となる。この点、共謀共同正犯の成否が問題となった事案において、被告人の謀議への関与が、検察官の主張する日にちとは異なる日にちになされた旨を、原審が、その成否を審理における**争点として顕在化させることなく認定したことの適法性**が問題となった最高裁判所の判例として、**最判昭和58年12月13日刑集37巻10号1581頁**がある。同判決は、原審の訴訟手続は、事案の性質や審理の経過等に鑑みると、被告人に不意打ちを与え、その防御権を不当に侵害するものであるとしており、同判決を意識した上で、本設問の事例に現れた具体的事実を適切に評価した上で、裁判所として採るべき措置を論じることが求められる。」

以上のとおり、本問を検討するに当たっては、⑴共謀の成立時期について検察官が求釈明に応じた場合、その内容は訴因の内容を構成することになるのか、⑵証拠調べの結果、裁判所が検察官の釈明内容と異なる事実を認定して有罪判決をすることが許されるのか、すなわち、事実認定に先立っての訴因変更の要否及び訴因変更が不要であるとしても裁判所は何らかの措置を採るべきか、⑶そうであるとすればその措置は何か、という検討の過程を正確かつ十分に示すことが重要です。識別説に立った上で訴因変更は問題とならないと結論付けて検討を終わらせてしまう論述や、逆に、訴因変更の問題ではないことを当然の前提として争点論のみ検討し、訴因論を全く検討していない論述は、いずれも検討が不十分な論述といえます。採点実感では、以下のように指摘されていました。

［令和４年採点実感］

「〔設問２－２〕では、共謀の日にちは訴因に明示されておらず、検察官が冒頭陳述において明らかにしたにすぎないところ、この点を意識せず、検察官の釈明した共謀の日にちが当然に訴因の内容になるかのように、最初から訴因変更の要否を論じる答案が多数あった。この点は、平成13年決定の示した第２段階の検討において、当該事実が訴因に明示されていることを要素としていることを理解していないため、〔設問２－１〕では、放火の態様が公訴事実に明示されていたのに対し、〔設問２－２〕では、公訴事実において、共謀の日にちが明示されてないという両者の違いに気付かなかったとも考えられる。また、逆に、検察官が共謀の日にちを釈明で明らかにしているにもかかわらず、共謀の日にちが訴因に明示されていないことから訴因の内容になっていないとして、検察官の釈明の効果を論じない答案も見られた。さらに、本設問では、甲は共謀のみに関与し、検察官が主張する共謀の日にちにはアリバイがある旨主張し、その日の共謀の有無をめぐり当事者間で攻撃防御が繰り広げられていたにもかかわらず、裁判所がそれとは異なる共謀の日にちを認定したことが被告人に対する不意打ちにならないかが問題となるところ、そのような問題意識がないまま、共謀の日にちは訴因に明示されていないことから被告人にとって不意打ちにならないとする答案や、当事者間で共謀をめぐって争われていることから被告人に不意打ちにならないとする答案など、不意打ちの意味を理解していないと思われる答案も散見された。さらに、〔設問２－１〕では、訴因変更の要否について論じず、〔設問２－２〕において、初めて訴因変更の要否を論じる答案も見られた。」

〈参考判例〉

【最(三小)決平成13・4・11刑集55巻３号127頁】(訴因変更の要否①：共同正犯における実行行為者①) 判例①

「次に、実行行為者につき第１審判決が訴因変更手続を経ずに訴因と異なる認定をしたことに違法はないかについて検討する。訴因と認定事実とを対比すると、前記のとおり、犯行の態様と結果に実質的な差異がない上、共謀をした共犯者の範囲にも変わりはなく、そのうちのだれが実行行為者であるかという点が異なるのみである。そもそも、殺人罪の共同正犯の訴因としては、その実行行為者がだれであるかが明示されていないからといって、それだけで直ちに訴因の記載として罪となるべき事実の特定に欠けるものとはいえないと考えられるから、訴因において実行行為者が明示された場合にそれと異なる認定をするとしても、審判対象の画定という見地からは、訴因変更が必要となるとはいえないものと解される。とはいえ、実行行為者がだれであるかは、一般的に、被告人の防御にとって重要な事項であるから、当該訴因の成否について争いがある場合等においては、争点の明確化などのため、検察官において実行行為者を明示するのが望ましいということができ、検察官が訴因においてその実行行為者の明示をした以上、判決においてそれと実質的に異なる認定をするには、原則として、訴因変更手続を要するものと解するのが相当である。しかしながら、実行行為者の明示は、前記のとおり訴因の記載として不可欠な事項ではないから、少なくとも、被告人の防御の具体的な状況等の審理の経過に照らし、被告人に不意打ちを与えるものではないと認められ、かつ、判決で認定される事実が訴因に記載された事実と比べて被告人にとってより不利益であるとはいえない場合には、例外的に、訴因変更手続を経ることなく訴因と異なる実行行為者を認定することも違法ではないものと解すべきである。

そこで、本件について検討すると、記録によれば、次のことが認められる。第１審公判においては、当初から、被告人とＸとの間で被害者を殺害する旨の共謀が事前に成立していたか、両名のうち殺害行為を行った者がだれかという点が主要な争点となり、多数回の公判を重ねて証拠調べが行われた。その間、被告人は、Ｘとの共謀も実行行為への関与も否定したが、Ｘは、被告人との共謀を認めて被告人が実行行為を担当した旨証言し、被告人とＸの両名で実行行為を行った旨の被告人の捜査段階における自白調書も取り調べられた。弁護人は、Ｘの証言及び被告人の自白調書の信用性等を争い、特に、Ｘの証言については、自己の責任を被告人に転嫁しようとするものであるなどと主張した。審理の結果、第１審裁判所は、被告人とＸとの間で事前に共謀が成立していたと認め、その点では被告人の主張を排斥したものの、実行行為者については、被告人の主張を一部容れ、検察官の主張した被告人のみが実行行為者である旨を認定するに足りないとし、その結果、実行行為者がＸのみである可能性を含む前記のような択一的認定をするにとどめた。以上によれば、第１審判決の認定は、被告人に不意打ちを与えるものとはいえず、かつ、訴因に比べて被告人にとってより不利益なものとはいえないから、実行行為者につき変更後の訴因で特定された者と異なる認定をするに当たって、更に訴因変更手続を経なかったことが違法であるとはいえない。」

【大阪高判平成28・5・26裁判所ウェブサイト】（訴因変更の要否②：共同正犯における実行行為者②）】 判例②

「原判決は、本件殺人の事実について、公訴事実においては、被害者の死亡の直接の原因となった最後の首絞め行為を行ったのはBとされていたのに、訴因変更の手続を経ることなく、同行為を行ったのはAと認定している。

一般に、殺人罪の共同正犯の訴因において、実行行為者が明示された場合、それと実質的に異なる認定をするには、そのような認定をすることが、被告人に不意打ちを与えるものでなく、かつ、認定事実が訴因に記載された事実に比べて被告人にとってより不利益であるとはいえない場合のほかは、訴因変更手続を経ることを要するものと解されている。

……本件のように、被害者の首を絞めて殺害したとされている事案では、同じく実行行為を行ったとされている者であっても、被害者が絶命するまで首を絞め続け、いわば最後にとどめを刺した者と、その行為自体には直接加担していない者との間では、責任等に相当の差異が生じる可能性があるから、訴因において、最後にとどめを刺した者が明示されている場合に、それと異なる認定をするには、実行行為者が明示されているときにそれと実質的に異なる認定をする場合と同様に、上記のような例外的な場合のほかは、その旨の訴因変更手続を経ることを要すると解するのが相当である。

そこで、さらに、本件が上記の例外的な場合に当たるかどうかについて検討する。

ア　不意打ちについて

……原審において、Aが被害者の首を絞めた後、Bが被害者の首を絞めて死亡させたという基本的な事実関係については、検察官とBとの間では争いがあったものの、検察官とAとの間では、争いがなかった。

原判決は、……「被告人の死亡の直接の原因となった首絞め行為を行ったのはA、Bのどちらであるか」も争点に含まれると判示しているが、主観的併合が行われたときであっても、各被告人に対する訴訟法律関係は被告人ごとに別個に成立しているのだから、Aは、Bの主張に対して反論しなければならない立場にはない。

確かに、Bの弁護人の主張に沿うBの原審公判供述は、Aとの関係でも証拠となっており、かつ、その内容はAの主張と食い違うものであるから、AはBの上記供述の信用性を争うことはできた。しかし、Aが被害者の首を絞めた後にBが被害者の首を絞めて死亡させたという事実関係は、訴因に明示され、検察官もそれを強く主張していたのだから、原審裁判所が事実の合一確定のため本件を併合審理していたとしても、Aとしては、原審裁判所が、訴因や検察官の主張と異なる認定をしようとする場合は、訴因変更手続がとられるはずであり、原審裁判所が、訴因変更手続も経ないまま、訴因や検察官の主張と異なる認定をするはずがないと期待したとしても何ら不当ではない。

そして、本件記録を精査しても、原審裁判所が、検察官に訴因変更を促したり、Aに対する被告人質問の機会に、同被告人にその供述の信用性に疑いを抱いている旨の発言をするなどして、最終的な首絞め行為の実行者について訴因と異なる認定をする可能性があることを示唆し、この点をAとの関係でも争点として顕在化させるような努力をした形跡は見当たらない。

そうすると、原判決が、Aのみが死亡の直接の原因となる首絞め行為をしたと認定したことは、Aにとって不意打ちであるというほかない。

イ　不利益性について

……本件のような首絞めによる殺人の事案において、訴因では最後まで首を絞め続けて被害者を死亡させ、いわばとどめを刺したのは他の共犯者とされていたのに、当該他の共犯者はそのような行為をしておらず、被告人だけが被害者の首を絞めたと認定された場合、刑事責任の軽重という点から見ると、そのこと自体が、当該被告人にとって不利益というべきであるから、原判決の上記認定は、その点だけを見ても、Aにとって不利益なものというべきである。

のみならず、原判決の上記のような認定は、本件の主張立証構造からみても、Aにとって不利益なものである可能性がある。すなわち、Aは、原審において、前記のとおり、殺意及びBとの共謀を争うとともに、共犯からの離脱、中止未遂及び正当防衛の成立を主張していたところ、Aだけが被害者の首を絞めて被害者を死亡させたのか、それとも、Aが被害者の首を絞めた後、引き続きBが被害者の首を絞めて被害者を死亡させたのかということは、Aの上記主張の当否を判断する上で、根幹となる事実関係である。例えば、原判決のとおりAのみが被害者の首を両手で絞め付けて被害者を死亡させたというのであれば、Aの行為と死亡結果との因果関係は容易に肯定され、中止未遂や共犯からの離脱は成立の余地がなくなるのに対して、訴因どおりAが首を絞めた後、さらに、Bが首を絞めて被害者を死亡させたというのであれば、中止未遂、共犯からの離脱も検討の対象となってくる。……そうすると、Aだけが、被害者の首を絞めて被害者を死亡させたと認定することは、Aのその余の主張との関係でも、Aにとってより不利益であるとはいえない場合に当たらないというべきである。

……以上によれば、原判決が前記のような認定をしたことは、Aに不意打ちを与えるものであり、かつ、認定事実がAにとってより不利益であるとはいえない場合でもないから、本件は、訴因変更手続を経ることなく訴因と異なる認定をすることが許される場合ではなかったというべきである。
　したがって、原審裁判所が、本件殺人の事実について、訴因変更手続を経ることなく、前記のような認定をしたのは、訴訟手続に関する法令に違反したものであり、その違反が判決に影響を及ぼすことは明らかである。」

【最(二小)判平成24・2・29刑集66巻4号589頁】(訴因変更の要否③：実行行為の方法) 判例③

「所論は、原判決が訴因変更手続を経ずに上記ガスに引火、爆発させた方法について訴因と異なる認定をしたことは違法であると主張する。
　そこで検討するに、被告人が上記ガスに引火、爆発させた方法は、本件現住建造物等放火罪の実行行為の内容をなすものであって、一般的に被告人の防御にとって重要な事項であるから、判決において訴因と実質的に異なる認定をするには、原則として、訴因変更手続を要するが、例外的に、被告人の防御の具体的な状況等の審理の経過に照らし、被告人に不意打ちを与えず、かつ、判決で認定される事実が訴因に記載された事実と比べて被告人にとってより不利益であるとはいえない場合には、訴因変更手続を経ることなく訴因と異なる実行行為を認定することも違法ではないと解される（最高裁平成11年(あ)第423号同13年4月11日第三小法廷決定・刑集55巻3号127頁参照)。
　原審において訴因変更手続が行われていないことは前記のとおりであるから、本件が上記の例外的に訴因と異なる実行行為を認定し得る場合であるか否かについて検討する。第1審及び原審において、検察官は、上記ガスに引火、爆発した原因が本件ガスコンロの点火スイッチの作動による点火にあるとした上で、被告人が同スイッチを作動させて点火し、上記ガスに引火、爆発させたと主張し、これに対して被告人は、故意に同スイッチを作動させて点火したことはなく、また、上記ガスに引火、爆発した原因は、上記台所に置かれていた冷蔵庫の部品から出る火花その他の火源にある可能性があると主張していた。そして、検察官は、上記ガスに引火、爆発した原因が同スイッチを作動させた行為以外の行為であるとした場合の被告人の刑事責任に関する予備的な主張は行っておらず、裁判所も、そのような行為の具体的可能性やその場合の被告人の刑事責任の有無、内容に関し、求釈明や証拠調べにおける発問等はしていなかったものである。このような審理の経過に照らせば、原判決が、同スイッチを作動させた行為以外の行為により引火、爆発させた具体的可能性等について何ら審理することなく「何らかの方法により」引火、爆発させたと認定したことは、引火、爆発させた行為についての本件審理における攻防の範囲を越えて無限定な認定をした点において被告人に不意打ちを与えるものといわざるを得ない。そうすると、原判決が訴因変更手続を経ずに上記認定をしたことには違法があるものといわざるを得ない。」

【最(三小)判昭和46・6・22刑集25巻4号588頁】(訴因変更の要否④：過失の態様) 判例④

「本件起訴状に訴因として明示された被告人の過失は、濡れた靴をよく拭かずに履いていたため、一時停止の状態から発進するにあたりアクセルとクラッチペダルを踏んだ際足を滑らせてクラッチペダルから左足を踏みはずした過失であるとされているのに対し、第一審判決に判示された被告人の過失は、交差点前で一時停止中の他車の後に進行接近する際ブレーキをかけるのを遅れた過失であるとされているのであつて、両者は明らかに過失の態様を異にしており、このように、起訴状に訴因として明示された態様の過失を認めず、それとは別の態様の過失を認定するには、被告人に防禦の機会を与えるため訴因の変更手続を要するものといわなければならない。」

【最(一小)決昭和63・10・24刑集42巻8号1079頁】(訴因変更の要否⑤：注意義務の根拠事実) 判例⑤

「過失犯に関し、一定の注意義務を課す根拠となる具体的事実については、たとえそれが公訴事実中に記載されたとしても、訴因としての拘束力が認められるものではないから、右事実が公訴事実中に一旦は記載されながらその後訴因変更の手続を経て撤回されたとしても、被告人の防禦権を不当に侵害するものでない限り、右事実を認定することに違法はないものと解される。
　本件において、降雨によつて路面が湿潤したという事実と、石灰の粉塵が路面に堆積凝固したところに折からの降雨で路面が湿潤したという事実は、いずれも路面の滑りやすい原因と程度に関するものであつて、被告人に速度調節という注意義務を課す根拠となる具体的事実と考えられる。それらのうち、石灰の粉塵の路面への堆積凝固という事実は、前記のように、公訴事実中に一旦は記載され、その後訴因変更の手続を経て撤回されたものではあるが、そのことによつて右事実の認定が許されなくなるわけではない。また、本件においては、前記のとおり、右事実を含む予備的訴因が原審において追加され、右事実の存否とそれに対する被告人の認識の有無等についての証拠調がされており、被告人の防禦権が侵害されたとは認められない。したがつて、原判決が、降雨による路面の湿潤という事実のみでなく、石灰の粉塵の路面への堆積凝固という事実をも併せ考慮したうえ、事実誤認を理由に第一審判決を破棄し有罪判決をしたことに違法はない。」

【最(二小)決平成15・２・20判時1820号149頁】（訴因変更の要否⑥：過失の補充訂正)】 判例⑥

「原判決が認定した過失は、被告人が「進路前方を注視せず、ハンドルを右方向に転把して進行した」というものであるが、これは、被告人が「進路前方を注視せず、進路の安全を確認しなかった」という検察官の当初の訴因における過失の態様を補充訂正したにとどまるものであって、これを認定するためには、必ずしも訴因変更の手続を経ることを要するものではないというべきである。」

【最(二小)判昭和26・６・15刑集５巻７号1277頁】（縮小認定①） 判例⑦

「元来、訴因又は罰条の変更につき、一定の手続が要請される所以は、裁判所が勝手に、訴因又は罰条を異にした事実を認定することに因つて、被告人に不当な不意打を加え、その防禦権の行使を徒労に終らしめることを防止するに在るから、かかる虞れのない場合、例えば、強盗の起訴に対し恐喝を認定する場合の如く、裁判所がその態様及び限度において訴因たる事実よりもいわば縮少された事実を認定するについては、敢えて訴因罰条の変更手続を経る必要がないものと解するのが相当である。」

【福岡高判平成20・４・22 LEX/DB 25421350】（縮小認定②） 判例⑧

「一般に、共同正犯の訴因に対し、訴因変更の手続を経ることなく幇助犯を認定することは、いわゆる縮小認定として許容されることがあるとしても、これまでみたとおり、１審での当事者の攻防は、被告人に関していえば、もっぱら、被害者殺害の場面を含めそれまでの被告人の有形的・物理的関与を巡って行われたと評価することができる。これに対し、１審の裁判所が認定した犯罪事実は、被告人が、被害者殺害後の事後処理等についてｂに協力してもよいと考えており、ｂも、それに期待していたというもので、黙示の無形的・心理的幇助であるが、両者は質的にかなり異なるものであるといわざるを得ない。このような場合、被告人の防御の対象も、当然に異なってくるが、１審においては、この点について訴因変更の手続がとられていないことはもちろん、明示にも黙示にも争点となっていなかったため、４回の公判期日にわたって行われた被告人に対する質問において、弁護人だけでなく、検察官や裁判所も、共謀が解消した後、なお被害者殺害後の事後処理等の協力の意思があったか否かなどに関して、被告人に対し、まったく質問していないのである（もとより、ｂに対しても、この点に関する質問は一切されていない)。

そうであるのに、１審の裁判所が無形的・心理的幇助犯の成立を認めたのは、被告人の防御が尽くされないままされた不意打ちの認定であるといわざるを得ない。」

【最(三小)判昭和58・12・13刑集37巻10号1581頁】（争点顕在化措置） 判例⑨

「原審は、第一審と異なり、一三日夜喫茶店「白鳥」において第一次協議が行われたとされる時間帯における被告人のアリバイの成立を認めながら、同夜の協議は現実には一二日夜に同喫茶店において行われたもので、被告人もこれに加わつており、さらに、一三日昼、一四日にも被告人を含めた顔ぶれで右協議が続行されているとして、被告人に対し本件ハイジヤツクの共謀共同正犯の成立を肯定したのである。

しかし、三月一二日夜喫茶店「白鳥」及びホテル「愛川」において被告人がX、Yらと顔を合わせた際に、これらの者の間で本件ハイジヤツクに関する謀議が行われたという事実は、第一審の検察官も最終的には主張せず、第一審判決によつても認定されていないのであり、右一二日の謀議が存在したか否かについては、前述のとおり、原審においても検察官が特段の主張・立証を行わず、その結果として被告人・弁護人も何らの防禦活動を行つていないのである。したがつて、前述のような基本的認識に立つ原審が、第一審判決の認めた一三日夜の第一次協議の存在に疑問をもち、右協議が現実には一二日夜に行われたとの事実を認定しようとするのであれば、少なくとも、一二日夜の謀議の存否の点を控訴審における争点として顕在化させたうえで十分の審理を遂げる必要があると解されるのであつて、このような措置をとることなく、一三日夜の第一次協議に関する被告人のアリバイの成立を認めながら、率然として、右第一次協議の日を一二日夜であると認めてこれに対する被告人の関与を肯定した原審の訴訟手続は、本件事案の性質、審理の経過等にかんがみると、被告人に対し不意打ちを与え、その防禦権を不当に侵害するものであつて違法であるといわなければならない。」

【論述例】

【訴因変更の要否】

訴因の特定（256条３項）が要求される趣旨は、裁判所に対し審判の対象を画定するとともに、被告人に対し防御の範囲を示すことにあると解される。

そうだとすれば、審判対象の画定の見地から、訴因の記載として不可欠な事項について訴因と実質的に異なる認定をする場合は、訴因変更が必要となる。

また、上記の見地からは訴因変更が必要となるとはいえないと解される場合であっても、一般的に被告人の防御にとって重要な事実については、争点の明確化などのため、検察官において訴因に明示するのが望ましいということができ、検察官が訴因においてその事実の明示をした場合に判決においてそれと実質的に異なる認定をするには、原則として、訴因変更が必要となる。

もっとも、被告人の防御の具体的状況等の審理の経過に照らし、被告人に不意打ちを与えるものではないと認められ、かつ、判決で認定される事実が訴因に記載された事実と比べて被告人にとって不利益であるとはいえない場合には、例外的に、訴因変更手続を経ることなく訴因と異なる事実を認定することができるものと解する。

【参考答案例】【平成26年】

［設問2］

第1　訴因変更が必要か否かについて

1　検察官の立証方針を前提とした場合、本件公訴事実第1の事実（以下、「訴因①」という。）及び同第2の事実（以下、「訴因②」という。）に関し、検察官は訴因変更請求（312条1項）の措置を講じる必要があるか否かについて検討する。

訴因の特定（256条3項）が要求される趣旨は、裁判所に対し審判の対象を画定するとともに、被告人に対し防御の範囲を示すことにあると解される。そうだとすれば、審判対象の画定の見地から、訴因の記載として不可欠な事項に変化のある場合には、検察官は訴因変更の措置を講じる必要がある。

他方、当事者主義（256条3項及び6項、298条1項、312条1項等参照）の訴訟構造からすれば、訴因の設定・変更は公判における主張・立証を主導する検察官の専権と解されるところ、上記の審判対象画定の見地からは訴因変更が必要となるとはいえないと解される場合であっても、一般的に、被告人の防御にとって重要な事項について、公判における具体的な立証活動に先立って検察官が立証方針を変更した場合には、争点の明確化のために検察官において訴因変更を請求するのが望ましい。とりわけ、公判前整理手続においては、検察官の主張する具体的犯罪事実たる訴因を基礎として被告人が防御の準備をして争点を形成し、裁判所による争点及び証拠の整理（316条の2第1項）が行われることが予定されていることからすると、検察官が証拠の提出に先立って起訴状記載の訴因と異なる事実を意識的に立証する方針である場合、僅かな事実の変動であってもできる限り訴因変更手続（316条の5第2号）を経るべきであると解することが上記公判前整理手続の趣旨にも資するといえる。

2　訴因①について

訴因①と検察官の立証方針を比較すると、犯行の日時が「平成26年2月2日午後1時頃」から「同月3日午後1時頃」に変動している。

そもそも、訴因の特定は、他の犯罪事実との区別が可能であり、また、それが特定の犯罪の構成要件に該当するかどうかを判定するに足りる程度に具体的に明らかにされていれば足りると解されることから、犯罪の「日時、場所及び方法」は、訴因の特定明示に必要不可欠な事実ではない（256条3項参照）。したがって、審判対象画定の見地からは訴因変更が必要となるとはいえない。

もっとも、検察官の設定した訴因における犯行の日時・場所を基礎として被告人のアリバイ主張等が準備され、公判における争点が形成されることからすれば、本件のように公判前整理手続に先立って検察官が犯行の日時についての立証方針を変更した場合、被告人の防御の準備及び争点の明確化の見地から、検察官において訴因変更を請求することが望ましい。

したがって、検察官は訴因変更の措置を講じるべきである。

3　訴因②について

訴因②と検察官の立証方針を比較すると、⑴実行行為が窃盗から盗品等無償譲受けへと変動し、また、⑵犯行の日時及び場所が「平成26年2月2日午後1時頃」、「W方居間」から「平成26年2月2日午後7時頃」、「甲の居室」に変動している。

まず、⑴については、異なる構成要件に該当する事実への変動であり、審判対象画定の見地から訴因変更が必要となる。この場合、裁判所が訴因変更手続を経ることなく検察官の立証方針に係る事実を認定することは、不告不理の原則違反（訴因逸脱認定、378条3号後段）として違法となる。

次に、⑵については、犯行の日時・場所の変動であり、審判対象画定の見地からは訴因変更が必要となるとはいえない。もっとも、上述のとおり、被告人の防御の準備及び争点の明確化の見地から、検察官において訴因変更を請求することが望ましい。

したがって、⑴及び⑵のいずれの点についても検察官は訴因変更の措置を講じるべきである。

第2　訴因変更が可能か否かについて

⇒第6講【3】【参考答案例】参照

第3　結論

以上より、検察官は、公訴事実第1の犯行日時を「平成26年2月3日午後1時頃」に、また、公訴事実第2を「平成26年2月2日午後7時頃」、「甲の居室において」、「甲が乙から盗品と知りつつV所有の指輪1個を無償で譲り受けた」という事実にそれぞれ変更する訴因変更請求の措置を講じるべきである。

【参考答案例】【平成24年】

［設問2］

第1　判決の内容の適否について

⇒第6講【1】【参考答案例】参照

第2　判決に至る手続の適否について

1　裁判所が訴因変更手続（312条1項）を経ることなく判決で公訴事実に記載されていない丙との共謀を認定したことの適法性について検討する。

【論述例】訴因変更の要否

⑴　訴因とは、犯罪の日時、場所及び方法等をもって特定の構成要件に当てはまる具体的事実を記載したものであるところ、訴因記載の事実と裁判所の認定事実が異なる構成要件に該当する場合、審判対象画定の見地から訴因変更が必要となる。

しかるところ、検察官Ｐの掲げた単独犯の訴因（公訴事実の第１事実）に対して裁判所は共同正犯の事実（罪となるべき事実の第１事実）を認定しており、両者の食い違いは同一犯罪についての基本形式と修正形式という点のみである。もっとも、「共謀」は共同正犯の訴因の本質的要素であって「罪となるべき事実」そのものに属し、その存否について厳格な証明を要すると解すべきことや、共同正犯については処罰する際に適用すべき法条として刑法第60条が新たに加わることに照らせば、単独犯と共同正犯は別個の構成要件というべきであり、「共謀」の存否は審判対象の画定に不可欠な事実であると解される。

したがって、訴因変更手続を経ることなく、単独犯の訴因と異なる共同正犯の事実を認定することは許されない。

⑵　なお、訴因の特定明示に不可欠な事実について変動がある場合であっても、裁判所の認定事実が当初の訴因記載の事実に包摂される関係にあり、当該認定事実についても検察官が予備的・黙示的に主張しており、潜在的に審判対象となっていたと認められる場合であれば訴因変更は不要となる（いわゆる縮小認定）。もっとも、検察官Ｐの主張する訴因には一切丙との共謀に関する記載がないところ、Ｐは甲丙間の共謀については立証できないと考えて単独犯の訴因（公訴事実の第１事実）で甲を起訴したものであり、甲の公判期日においても、冒頭陳述で甲が丙から覚せい剤を交付されたことについて言及したものの、その後の証拠調べ手続では甲と丙との関係について特段立証していないことからすれば、訴因に記載されていない甲丙間の共謀の事実をＰが予備的・黙示的に主張していたものとは認められない。したがって、本件において訴因変更手続を経ないことが縮小認定として許容される余地はない。

２　以上より、訴因変更を経ることなく共謀を認定した本件判決に至る手続は違法である（訴因逸脱認定、378条３号後段）。

なお、上述のとおり、審判対象を画定するのに必要な事項に変動がある場合には被告人の防御に不利益か否かにかかわらず訴因変更を要する。したがって、裁判所の認定事実が甲の弁護人Ｂが公判期日の罪状認否で主張した事実と同一であって、犯情において甲に有利な事実であったとしても、なお本件判決は不告不理の原則に違反するものとして違法というべきである。

【参考答案例】【令和４年】

［設問２］

第１　資料１の公訴事実（以下、「公訴事実①」という。）と資料２の罪となるべき事実（以下、「認定事実①」という。）を比較すると、本件非現住建造物等放火罪の実行行為の方法について変動が生じているところ、以下、裁判所が訴因変更手続（312条１項）を経ることなく認定事実①を認定することが許されるか否かについて検討する（小問１）。

１　訴因変更の要否の判断基準

【論述例】訴因変更の要否

２　審判対象の画定の見地

公訴事実①と認定事実①とを対比すると、犯行日時、場所、客体及び結果に実質的な差異がない上、乙が家屋１階12畳間に灯油をまいた上で放火したという範囲では実行行為の内容にも変わりがなく、具体的にどのような手段で放火したかという実行行為の方法が異なるのみである。

訴因の審判対象画定機能からすれば、そもそも訴因の記載は他の犯罪事実との区別が可能であり、また、それが特定の犯罪の構成要件に該当するかどうかを判定するに足りる程度に具体的に明らかにされていれば足りると解されるところ、非現住建造物等放火罪の訴因としては、実行行為の方法が明示されていないからといって、それだけで直ちに訴因の記載として罪となるべき事実の特定に欠けるものとはいえない。そうすると、訴因において実行行為の方法が明示された場合にそれと異なる認定をするとしても、審判対象の画定という見地からは、訴因変更が必要となるとはいえない。

3　被告人の防御の見地

(1)　もっとも、乙が灯油に着火した方法は、本件非現住建造物等放火罪の実行行為の内容をなすものであって、一般的に被告人の防御にとって重要な事項であるから、検察官が訴因においてその実行行為の方法の明示をした以上、判決において訴因と実質的に異なる認定をするには、原則として、訴因変更手続を要する。

(2)　以下、乙の防御の具体的状況等の審理の経過に照らし、例外的に訴因変更手続を経ることなく訴因と異なる実行行為を認定し得る場合であるか否かについて検討する。

本件公判において、検察官は、実行行為の方法を「点火した石油ストーブを倒して火を放」つ行為であると特定して公訴事実①において主張し、これに対して乙は、故意に着火させたことはなく「石油ストーブを見ると、傍らの乾燥大麻が燃えていた。」旨主張していた。公判において、火災科学の専門家の証人尋問が実施され、検察官及び弁護人の尋問を通じて、「人為的に灯油がまかれたと考えるのが自然である。」、「室内に灯油を散布した上で、点火した石油ストーブを倒して灯油に着火させたと考えて矛盾はない。」等の証言がなされた。これに対し、裁判所が、補充尋問において、石油ストーブを倒す方法以外での着火の可能性について質問すると、同証人は、「例えば、可燃物に火をつけて散布された灯油に着火させることも可能と考えられる。」旨証言した。その上で、同証人尋問の終了後、裁判所は、検察官及び弁護人に対し、放火の態様に関して追加の主張、立証の予定があるかを確認したが、いずれもその予定はない旨回答した。そうすると、検察官は、灯油に着火した原因が石油ストーブを倒す方法以外の行為であるとした場合の乙の刑事責任に関する予備的な主張を行っていなかったものの、裁判所としては、そのような行為の具体的可能性について証拠調べにおける発問をし、その結果得られた証言を踏まえて両当事者に対し放火の態様に関して追加の主張、立証の予定を確認する措置を講じていたものといえる。

このような審理の経過に照らせば、石油ストーブを倒す方法以外の行為による放火の可能性の点について当事者に攻撃防御の機会は与えられていたというべきであり、裁判所が、証拠調べの結果、乙が室内に灯油を散布し、その灯油に何らかの方法により着火させたことは認定できるが、乙が石油ストーブを倒して着火させたとまでは認定できないとの心証を得た上で、認定事実①において実行行為の方法について「何らかの方法で火を放ち」と認定したとしても、放火の態様についての本件審理における攻防の範囲を越えて被告人に不意打ちを与えるものとはいえず、かつ、上記のような概括的認定をするにとどめていることから、訴因に比べて被告人にとってより不利益なものともいえない。

4　以上より、裁判所が認定事実①を認定するに当たって、訴因変更手続を経なかったことが違法であるとはいえない。したがって、本問の判決をすることは許される。

第2　裁判所は、資料3の公訴事実（以下、「公訴事実②」という。）のとおりの事実を罪となるべき事実として認定したものであるが、事実認定の理由として、証拠調べにより得た心証に基づき、「共謀が成立したのは令和3年11月2日である」旨説示しており、共謀の成立時期について検察官の主張と異なる事実（以下、「認定事実②」という。）を認定している。以下、裁判所が何らの措置を講じることなく認定事実②を認定することが許されるか否かについて検討する（小問2）。

1　訴因変更手続について

(1)　公訴事実②において共謀の日時、場所については記載されていないところ、共謀の日時、場所は罪となるべき事実そのものではなく、訴因の明示に不可欠な事項ではない。もっとも、本件第1回公判期日の冒頭手続において、検察官は、裁判長からの求釈明に応じて、共謀が成立した日にちを「令和3年11月1日」であると明らかにしたことから、かかる検察官の釈明事項（以下、「本件釈明事項」という。）が訴因の内容を構成するか否かについて検討する。

訴因の機能は、第1次的には、審判対象の画定、明確化の点にあると解されるところ、刑訴法は、訴因の変更に厳格な手続（312条1項）を要求している。それにもかかわらず、訴因の明示に不可欠ではない事項について、公判における釈明内容が当然に訴因の内容を構成すると解すると、法定の厳格な手続を経ることなく際限なく訴因の内容が変更され得る事態となり、訴因変更に厳格な手続を要求した刑訴法の趣旨に反する。したがって、単に訴因を具体化するために釈明されたに過ぎない事項については、当然に訴因の内容を構成するものではないと解する。

(2)　上記検察官の釈明は、訴因特定の必要（338条4号参照）からなされたものではなく、上述のとおり、共謀の日時という訴因の明示に不可欠ではない事項につき、その内容を具体化する趣旨でなされたものであるから、本件釈明事項は当然に訴因の内容を構成するものではなく、裁判所がこれと異なる認定事実②を認定するにあたり、訴因変更手続を経なかったことが訴因逸脱認定（不告不理の原則違反、378条3号後段参照）として違法となることはない。

2　争点顕在化措置について

(1)　もっとも、争点明確化による不意打ち防止の要請は手続一般に妥当するというべきところ、裁判所の認定が訴因逸脱認定となるとはいえないと解される場合であっても、一般的に被告人の防御にとって重要な事実については、争点の明確化などのため、検察官において釈明等により明示するのが望ましいということができ、検察官が釈明においてその事実の明示をした場合に判決においてそれと実質的に異なる認定をするには、少なくとも、裁判所の心証に係る事実につき争点として顕在化させたうえで十分な審理を遂げる必要があると解されるのであって、このような措置を採ることなく、率然として検察官の釈明と異なる事実を認定することは、被告人に対し不意打ちを与え、その防御権を不当に侵害するものであって違法（訴訟手続の法令違反、379

条参照）であるといわなければならない。

(2)　甲は一貫して乙との共謀を否認していたところ、上述した検察官の釈明に対し、甲の弁護人は、冒頭陳述で、「検察官が乙との共謀が成立したと主張する日は、甲は、一日中、K県L市内にある自宅にいて、本件家屋には行っていない。」旨述べてアリバイを主張したことから、本件公判においては「令和3年11月1日の共謀の存否」が争点となった。乙の証人尋問において、乙は「同月1日、甲から放火の指示を受けた。」旨証言したことから、弁護人は、その証言の信用性を弾劾する反対尋問をし、裁判所も同日の甲及び乙の行動について補充尋問をした。また、甲の被告人質問において、甲は同日のアリバイを述べ、検察官及び裁判所も、同日中の行動について甲に質問した。さらに、論告、弁論においても、検察官及び弁護人は、従前と同様の主張をし、被告人も従前と同旨の陳述をして、裁判所は結審した。

以上のとおり、本件公判における検察官及び弁護人の主張・立証はいずれも上記争点を前提として展開されており、同月2日の共謀の存否については、検察官が特段の主張・立証を行わず、その結果として被告人・弁護人も何らの防御活動を行っていない。したがって、乙が甲から指示を受けた日にちを取り違えて供述しているとの心証を得た裁判所が、同月1日の共謀の存在に疑問をもち、共謀が現実には同月2日に行われたとの事実を認定しようとするのであれば、少なくとも、同月2日の共謀の存否の点を争点として顕在化させたうえで十分な審理を遂げる必要があった。それにもかかわらず、裁判所から改めて検察官に求釈明した上で検察官及び弁護人に追加の主張・立証を促す等の措置を何ら講じることなく、認定事実②を認定した上で公訴事実②のとおりの罪となるべき事実を認定した本件訴訟手続は、本件事案の性質、審理の経過等に鑑みると、甲に対し不意打ちを与え、その防御権を不当に侵害するものであって違法である。

3　以上より、裁判所が認定事実②を認定するに当たって、上記の争点顕在化措置を講じなかったことは違法である。したがって、本問の判決をすることは許されない。

【3】訴因変更の可否

[論点解析] 訴因変更の可否の判断基準——「公訴事実の同一性」——

1　訴因変更の可否

訴因変更がどの範囲で許されるのか（**訴因変更の可否**）について、裁判所は、検察官の請求があるときは、「公訴事実の同一性を害しない限度において」、訴因変更（訴因の「追加、撤回又は変更」）を許さなければならない、と規定されています（312条1項）。したがって、訴因変更の可否の問題は、この**「公訴事実の同一性」**の解釈の問題であるといえます。

上記「公訴事実の同一性」と表現する場合の「公訴事実」（312条1項）は、起訴状に記載される「公訴事実」（256条2項2号）とは異なる意味であると理解されます。すなわち、後者は「訴因」と実質的に同じ意味を持つ（256条3項参照）ものですが、検察官の設定した訴因と裁判所の認定事実との間に不一致があっても両者に“訴因の同一性”を欠くことがない（訴因として実質的に同一である）のであれば、そもそも訴因変更の手続を経る必要はありません（⇒**第6講【2】2**(1)参照）。したがって、「公訴事実の同一性」の範囲で訴因変更が可能である、という場合の「公訴事実」（312条1項）は訴因（と同じ意味である256条の「公訴事実」）とは異なる意味を持つと解さなければなりません（「公訴事実の同一性」＝“訴因の同一性”と解すると312条1項はおよそ無意味な規定となってしまいます。）。そこで、現在では、「公訴事実の同一性」を訴因変更が許される範囲を画する“機能概念”であると捉える（事実概念として「公訴事実」の意味内容は観念しない）理解が一般的となっています。

他方、ある訴因と「公訴事実の同一性」が認められる関係にある事実は、当該訴訟手続内において解決されなければならず、新たに公訴を提起することは許されません。すなわち、ある訴因に対する確定判決がある場合、当該訴因と「公訴事実の同一性」が認められる関係にある事実について再度公訴提起することは許されず（**一事不再理**、337条1号）、また、ある訴因について公訴提起されて訴訟が係属中である場合、当該訴因と「公訴事実の同一性」が認められる関係にある事実について別途公訴提起することは許されません（**二重起訴禁止**、338条3号）。

このように訴因変更が許される範囲と、一事不再理の効力及び二重起訴禁止の効力が及ぶ範囲が同じであると解されることからすると、「公訴事実の同一性」とは、結局のところ、“1回の訴訟手続で解決すべき範囲”をどのように考えるかという問題であるということができます。そして、刑事手続の目的が、特定の犯罪事実に刑罰法規を適用し刑罰権を実現することにあることからすれば、ある訴因と別の訴因の関係が、“両者で1つの刑罰権の対象となる事実”と評価される場合が「公訴事実の同一性」を肯定して訴因変更を許すべき（再訴、別訴を許すべきでない）場合ということになります。

2　「公訴事実の同一性」の判断基準

一般的に、「公訴事実の同一性」は、以下のとおり、(1)「事実が**1個**か否か」が問題となる場面（**公訴事実の単一性**）と(2)「事実が**同じ**か否か」が問題となる場面（**狭義の公訴事実の同一性**）の2つに分けて検討されます。

(1)　公訴事実の単一性

公訴事実の単一性は、もとの訴因Aに変動はないが、新たな犯罪事実Bについて、別訴提起（**追起訴**）をするか又は訴因変更（**訴因の「追加」**）をするかという場面で生じる問題です。これは、訴訟のある時点で事実が1個か複数かの判断であり、実体法上の犯罪の個数（罪数論）によって結論が決まります（端的に「1個の事件か別個の事件か」という判断の問題であり、“公訴事実の幅の問題”と表現されることがあります。）。

すなわち、AとBとが、**併合罪関係**にあるか、それとも**実体法上一罪**（単純一罪、包括一罪、科刑上一罪等）であるかを検討することになります。そして、併合罪関係であれば、公訴事実の単一性を欠き、訴因の追加は許されず（312条1項）、追起訴によることになるのに対し、実体法上一罪であれば、公訴事実の単一性が認められ、追起訴は許されず（338条3号）、訴因の追加によることになります。

例えば、窃盗の事実で起訴した場合に、手段としての住居侵入の事実については、両者が科刑上一罪（牽連犯、刑法54条1項後段）の関係にあることから、［1個の事件＝単一性あり］と評価され、訴因の追加によることになります。もともと1個の事件であれば、同じ手続の途中から審判対象を変更するだけで良いのです。これに対し、Aに対する殺人の事実で起訴した場合に、Bに対する殺人の事実については、両者が併合罪（45条前段）の関係にあることから、［別個の事件＝単一性なし］と評価され、追起訴によることになります。一罪一手続が原則であり、別個の事件については手続を最初から最後まで保障する必要があるからです。もっとも、客体が複数の事案であっても、例えば、財物Aを窃取した窃盗の事実で起訴した場合に被告人が同一機会に同一被害者から財物Bも窃取したという事実については、両者が包括一罪と評価される限り、［1個の事件＝単一性あり］ということができるので、訴因の追加によることになります。

判例①は、窃盗幇助罪と盗品等有償譲受け罪の関係について、「本来併合罪の関係にある別個の事実であり従って公訴事実の同一性を欠くものであるから、前記賍物故買の事実を予備的訴因として追加することは許容されない」と判示しています。

(2)　狭義の公訴事実の同一性

狭義の公訴事実の同一性は、公判審理の過程において当初の訴因Aに変動（ずれ）が生じた場合、例えば、事実Aで起訴したところ、審理の過程で証拠関係から事実Aとは日時、場所、態様等が異なる事実Bであることが判明した場合、検察官は、もとの訴因Aについて**公訴取消し**（257条）をした上で、訴因Bについて別途公訴提起をする必要があるか、それとも当該手続において訴因変更（**訴因の「変更」**）を請求すれば足りるのか、という場面で生じる問題です。これは、訴訟過程における異なる時点で事実が同一か否かの判断であり、実体法上の罪数論で結論の決まる問題ではありません（いわば「訴訟の入り口に入った事実Aと出口から出てきた事実Bが同一（の範囲内）のものといえるか」という判断の問題であり、“公訴事実のねじれの問題”と表現されることがあります。）。

判例は、従来から一貫して両訴因における基本的事実関係が同一であれば「公訴事実の同一性」が認められる、との立場を示しています（**基本的事実同一説**）。そこで、「基本的事実関係の同一性」の判断基準が問題となります。判例は、具体的な事案に応じて、両訴因に係る事実を比較した場合の罪質の密接関連性、犯行日時、場所の近接性、被害者や被害品の同一性、犯行態様の共通性等の「事実の共通性」を判断基準としています（**共通性基準**）。判例②は、詐欺罪と（占有離脱物）横領罪について「詐欺の基本事実は……との事実であり、これと原審が認定した占有離脱物横領の事実とは、犯罪の日時、場所において近接し、しかも同一財物、同一被害者に対するいずれも領得罪であって、その基本事実関係において異なるところがない」ことから、「公訴事実の同一性に欠くるところはない」と判示しました。同様に、判例③は、窃盗罪と盗品等保管罪について「日時の同一、場所的関係の近接性及び不法に領得されたV所有のリヤカー一台に被告人が関与したという事実に変りはないから、右両訴因の間の基本的事実関係は、その同一性を失うものでない」と判示しています。

一方で、両訴因の間に、一方が成立すれば他方が成立し得ないという関係がある場合に公訴事実の同一性があるとの判断を示す判例もあります（**非両立性基準**）。判例④は、窃盗罪と盗品等有償処分あっせん罪について「両者間に犯罪の日時場所等について相異の生ずべきことは免れないけれども……一方の犯罪が認められるときは他方の犯罪の成立を認め得ない関係にあると認めざるを得ないから、かような場合には両訴因は基本的事実関係を同じくする」と判示しています。同様に、判例⑤は、業務上横領罪と窃盗罪について「犯行の場所や行為の態様において多少の差異はあるけれども、……一方が有罪となれば他方がその不可罰行為として不処罰となる関係にあり、その間基本的事実関係の同一を肯認することができる」と判示し、判例⑥は、加重収賄罪と贈賄罪について「収受したとされる賄賂と供与したとされる賄賂との間に事実上の共通性がある場合には、両立しない関係にあり、……基本的事実関係においては同一である」と判示しています。

以上のような判例の用いる基準について、出題趣旨では、以下のとおり説明されています。

[令和元年出題趣旨]
「**公訴事実の同一性の意義**については、従来から、**「単一性」**と**「狭義の同一性」**に分けられているが、本件で問題になるのは「狭義の同一性」である。**「狭義の同一性」の判断基準**について、判例は、変更前後の両訴因の間の**「基本的事実関係が同一か」**という観点から判断しおり、その判断に当たっては、**犯罪の日時、場所の同一性や近接性、行為、客体、被害者等**の**事実の共通性**に着目している。また、事実の共通性に加えて、**両訴因が両立しない関係にあること（非両立性）**に言及するものもある。そこで、関連する判例の立場や学説を踏まえつつ、「公訴事実の同一性」の判断基準について、その根拠も含め、自己の理論構成を示した上で、**【事例】**の両訴因（公訴事実１と公訴事実２）の間に、公訴事実の同一性が認められるか的確に論じることが求められる。」

[平成26年出題趣旨]
「**訴因変更の可否**について、刑事訴訟法第312条第１項は、「公訴事実の同一性」を害しない限度で許されるとするものの、**公訴事実の同一性を判断する基準**については、やはり明文上明らかではない。本問で問題となるいわゆる**「狭義の同一性」**について、最高裁の判例は、**「基本的事実関係が同一」**かどうかを基準とした判断を積み重ねてきているが、その判断に当たっては、**犯罪の日時、場所、行為の態様・方法・相手方、被害の種類・程度等の共通性**に着目して結論を導くものと、**両訴因の非両立性**に着目して結論を導くものがある……。そこで、一連の判例の立場も踏まえつつ、「公訴事実の同一性」の判断基準を明らかにした上で、本件の各公訴事実につき訴因変更の可否を論じる必要がある。」

★ 訴因変更の可否

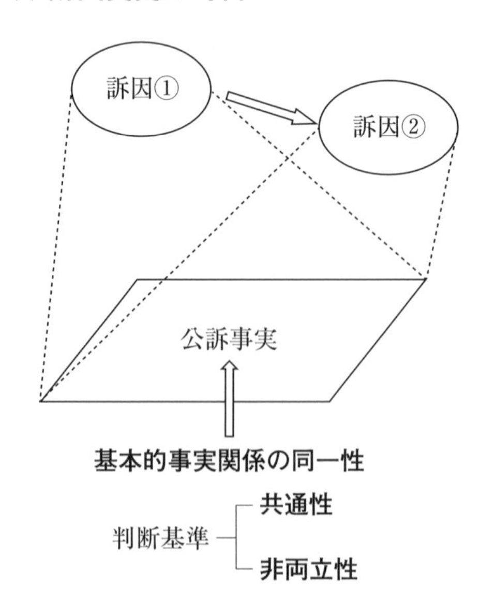

(3) 共通性基準と非両立性基準の関係

共通性基準のみを用いた判例②及び③は、両訴因の間にほとんどの部分の事実関係において共通性が認められる事案であったため、そのことから直ちに基本的事実関係の同一性が肯定されています。これに対して、非両立性基準に言及した判例④ないし⑥は、一見すると両訴因間における犯行の日時、場所、態様等の重なり合いが乏しく、共通性基準のみでは基本的事実関係の同一性を肯定し難いような事案でした。このような事案において、判例は、非両立性を基本的事実関係の同一性を肯定する理由（指標）の一つとして位置付けています。すなわち、判例の用いる両基準の関係は相互に排斥し合うものではなく、非両立性基準は、共通性基準のみでは基本的事実関係の同一性を肯定し難いような事案において補完的に用いられることによりそれを肯定する機能を果たしている、と理解することができます。上記**令和元年出題趣旨**でも「**事実の共通性**に加えて、両訴因が両立しない関係にあること（**非両立性**）に言及するもの」と説明されています。

このような理解によれば、非両立性基準はあくまで基本的事実関係の同一性を判断するための補充的指標の一つであり、それだけでは公訴事実の同一性を判断する基準とはなり得ないと解されます。したがって、両訴因が形式的には非両立の関係にある場合であっても、そもそも事実の共通性をおよそ認めることができない場合には、１つの刑罰権の対象となる事実とするのは相当ではないことから公訴事実の同一性は否定される、という点に注意してください。例えば、過失運転致死罪の訴因で起訴された被告人が公判審理の過程で実は身代わり犯人であったことが判明したことから、検察官が犯人隠避罪の訴因に訴因変更を請求したという場合、両罪は両立し得ない（被告人が“真犯人であり、かつ、身代わり犯人である”という事態はあり得ない）ことから非両立の関係にあります。しかしながら、自動車運転上の過失行為と犯人隠避行為には何ら共通性はなく、両者が全く異なる事実であることは明らかです。この場合、基本的事実関係が同一であるとはいえないのです。判例⑦も、両罪の関係について「なるほどその一方が認められるときは、他方がその成立する余地を失う関係にあることを否定し得ないけれども、両者はその罪質、被害法益、行為の客体及び態様等その主要な犯罪構成要素を全く異にし、……公訴事実の同一性は到底認めることはできない」と判示しています。

(4) 覚醒剤使用罪における訴因変更の特殊性

覚醒剤使用罪に関する訴因変更については、覚醒剤事犯の特殊性を考慮する必要があります。すなわち、覚醒剤使用罪は、原則として１回の使用行為ごとに１個の犯罪が成立し、それらは併合罪の関係となるとされています。他方、この種の犯罪は密行性が高い犯罪類型であることから、犯行の日時、場所、方法等について客観的証拠が乏しいという事態が多々あり、そのような場合、被告人の供述に依拠して訴因を特定せざるを得ないことになります。ところが、例えば、検察官が「令和２年９月13日に覚醒剤を使用した」（事実Ａ）との被告人の供述に依拠して訴因を特定して起訴したところ、公判審理の過程で被告人が「覚醒剤を使用したのは令和２年９月18日であった」（事実Ｂ）と供述を変遷させた場合、事実Ａと事実Ｂが併合罪の関係にあることから公訴事実の同一性（単一性）を欠くため訴因変更は許されない（検察官は追起訴をしなければならない）ということになるのでしょうか。この場合における被告人の供述の変遷の趣旨を検討してみると、被告人は“真実は事実Ａではなく事実Ｂであった”という趣旨を供述しているのであり、“事実Ａの他に事実Ｂもあった”と述べているわけではありません。あくまで被告人は「１回の使用行為」を前提として供述しており、使用回数を２回に増やす趣旨の供述をしたものではないのです。他方、検察官も被告人の尿中から検出された覚醒剤に関する「１回の使用行為」について処罰を求めていることに変わりはありません。この場合、実務上、被告人から採尿した時点に最も近い最終使用行為を起訴した趣旨（**最終行為説**）であると理解されています（⇒**第６講【１】２**⑵参照）。そうすると、一見すると事実Ａと事実Ｂが併合罪関係にある点が問題の所在であるように見えますが、実際には、これは公訴事実の単一性の問題ではなく、狭義の公訴事実の同一性の問題であって、そもそも罪数関係を検討する必要はないのです。では、両訴因について基本的事実関係の同一性が認められるでしょうか。判例⑧は「両訴因は、その間に覚せい剤の使用時間、場所、方法において多少の差異があるものの、いずれも被告人の尿中から検出された同一覚せい剤の使用行為に関するものであって、事実上の共通性があり、両立しない関係にあると認められるから、基本的事実関係において同一である」と判示しました。ここでも判例は、両訴因における犯行の日時、場所、方法が必ずしも重なり合っているとはいえず、共通性基準のみでは直ちに基本的事実関係の同一性を肯定できないことから、非両立性基準を補充的に用いていると指摘できます。そして、この場合の非両立性は、“両訴因は（検察官が起訴した趣旨である）「最終使用行為」としては両立しない”という趣旨をいうものであると理解することができます。

３　問題分析

［令和元年試験問題］

［設問２］では、検察官が、「甲がＡから集金し、Ｘ社のために保管していた３万円を横領した」という業務上横領罪の訴因（公訴事実１）で甲を起訴した後、審理の途中で、「甲がＡから集金名下で３万円をだまし取った」という詐欺罪（公訴事実２）へ訴因変更を請求したという事案について、裁判所はこの訴因変更を許可すべきかが問われています。

そこで、**訴因変更の可否**について、両訴因を比較して「公訴事実の同一性」が認められるか否かを検討します。まずは、「公訴事実の同一性」の判断基準を示す必要があります。以下の採点実感にも指摘されているとおり、判例の示す「基本的事実関係の同一性」という基準の意味についての理解を明確に論述する必要があります。

［令和元年採点実感］

「**公訴事実の同一性の有無の判断基準**については、「両訴因の間の基本的事実関係が同一かを判断し、補充的に、両訴因が両立しない関係にあるか否かを判断する。」と述べる答案が圧倒的に多く、また、**基本的事実関係の同一性**について、「社会通念上の同一性」とか「社会的事実の同一性」と説明するものが多かった。もっとも、「社会通念上の同一性」や「社会的事実の同一性」の意味についての理解を明確に示している答案は多くなく、同一性についての当てはめも、両訴因の記載を単純に列挙するだけの答案や、「公訴事実１と公訴事実２については、犯行日時・場所、被害金、被害者が同一である。」としか書かれていない答案も少なくなかった。」

その上で、両訴因を比較検討して事実関係の**共通性**を判断します。この比較検討において着目すべき点については、採点実感で以下のとおり言及されています。

[令和元年採点実感]

「本事例の両訴因は、**犯行日**こそ同一であるものの、**犯行場所**は、公訴事実1は「A方付近」である一方、公訴事実2は「A方」であり、**被害金**については、公訴事実1は「X社のために預かり保管している現金3万円」である一方、公訴事実2は「Yから交付を受けた現金3万円」であり、**被害者**については、公訴事実1は「X社」である一方、公訴事実2は「A」であり、訴因に記載された字面を単純比較しただけでは、両者が同一であるとは直ちに言えないはずである。この点について、例えば、「両事実は、いずれも、平成30年11月20日に、XがAから売掛金の集金として現金3万円を受け取り、これを自己のものとして領得したものであり、社会的事実として同一であって、単に、その3万円について、Xのために預かっているものを横領したのか、Aからだまし取ったのかという点に違いがあるにすぎない。」などと具体的な言葉で、その同一性について明確に論述している答案もあり、このような答案は、公訴事実の同一性の概念に関する理解の深さを窺わせるものである。他方、上記のような字面の違いをもって、社会的事実としての同一性を否定し、基本的事実関係は同一ではなく、また、業務上横領罪と詐欺罪は両立し得るので、公訴事実の同一性は認められないと結論付けるなど、この問題に関する理解が明らかに不十分と見られる答案も見受けられた。」

両訴因を比較検討すると、本問の両訴因は、「公訴事実記載の日時、場所において甲がX社の売掛金の集金としてAから現金3万円の交付を受けた上で、その3万円を領得した」という1つの（共通の）基本的事実関係について「甲の集金権限の有無」という法的な視点から別々の（異なる）訴因として構成されたものに過ぎないと考えることができます。そして、このように両訴因間における犯行の日時、場所、態様等についての重なり合いを肯定し易い場合、非両立性に着目するまでもなく基本的事実関係の同一性を肯定することができるでしょう（判例②及び③参照）。

なお、本問では、訴因変更の可否を問題とする前提として訴因変更の要否を検討する必要はありません。**訴因変更の要否**は、「裁判所が訴因と異なった事実を認定するに当たり、検察官による訴因変更手続を経る必要があるか（訴因変更手続を経ずに訴因と異なる事実を認定することの適否）」（**平成26年出題趣旨**）という問題です（⇒**第6講【2】2参照**）。これに対して、本問は、現に検察官から訴因変更請求がなされている事案であるところ、そもそも審判対象の設定・変更は検察官の専権であって、検察官は訴因変更が必要的ではない場合であっても任意的に訴因変更を請求することができます。他方、「裁判所は、検察官の請求があるときは、公訴事実の同一性を害しない限度において、……訴因又は罰条の追加、撤回又は変更を許さなければならない。」（312条1項）と規定されていることから、現になされた訴因変更の請求に対して裁判所が「訴因変更は不要である」と応答する余地はありません。したがって、本問では訴因変更の要否を問題とする契機は存在しないのです。採点実感でも、以下のとおり指摘されていました。

[令和元年採点実感]

「「業務上横領罪の訴因に対して、詐欺罪で有罪の認定をするのに訴因変更が必要か。」という**訴因変更の要否**を論じている答案が多く見られた。しかし、本事例は、検察官が既に訴因変更を請求しているのだから、業務上横領罪の訴因のまま、詐欺罪の認定をしてよいかという訴因変更の要否の問題ではなく、業務上横領罪から詐欺罪への訴因変更ができるか、すなわち、両者の間に「公訴事実の同一性」（刑事訴訟法第312条第1項）が認められるかという訴因変更の可否が問題となる事案である。訴因変更の可否を論ずる前提として、訴因変更の要否を論じることが誤りとまでは言えないものの、訴因変更の要否を長大に論じる一方、訴因変更の可否についての論述が極めて薄い（あるいは論述がない）答案などは、訴訟手続の中で、訴因変更の要否と可否がそれぞれどのような場面で問題となるのかについての理解が不十分であると言えよう。」

[平成26年試験問題]

［設問2］において、検察官が訴因変更の措置を講じるべきであると考えた場合（⇒**第6講【2】5**参照）、当該訴因変更の措置が可能か否かについても検討する必要があります（検察官としては、当然、訴因変更の可否まで検討した上で、当該訴因変更を請求すべきかを判断します。）。

まずは「公訴事実の同一性」の判断基準を示すことになりますが、その際、「基本的事実関係の同一性」の判断指標としての非両立性基準の位置付け（**共通性基準と非両立性基準の関係**）を明確に意識して論述することが重要です。特に、非両立性基準は、それ単独では公訴事実の同一性を判断する基準とはなり得ないことから（判例⑦参照）、論述において、「両立しない」という関係を指摘するのみで直ちに公訴事実の同一性を導くのは不十分、不適切です。非両立性基準を用いる場合もその前提として事実関係の共通性について検討する必要がある、という点に注意してください。採点実感でも以下のとおり指摘されています。

[平成26年採点実感]

「判例は、**「公訴事実の同一性」**につき、基本的事実関係が同一であるか否かを判断基準とし、**基本的事実関係の同一性の判断**においては、犯罪の日時、場所、行為の態様・方法・相手方、被害の種類・程度等の事実関係の**共通性**に着目して結論を導くものと、変更前の訴因と変更後の訴因の**非両立性**に着目して結論を導くものとが見られるが、答案の多くが、これらの基準に言及していた。もっとも、**基本的事実関係の同一性と訴因の非両立性との関係**については、明確に整理されていないものも少なくなかった。また、これらの基準を適用した判断方法、特に**訴因の非両立性の判断方法**については、十分自覚的でない答案も多く、例えば、具体的事実を十分比較することなく、窃盗と盗品等無償譲受けは構成要件上両立しないとして、そこから直ちに基本的事実関係の同一性、ひいては公訴事実の同一性を認めるような答案が一定数見られた。逆に、両事実は構成要件が異なっているとして、そこから直ちに基本的事実関係の同一性を否定する答案も存在した。」

そこで、両訴因を比較して事実関係の**共通性**を検討します。本問で特に問題となるのは公訴事実の第2事実について、窃盗罪（起訴状記載の訴因）と盗品等無償譲受け罪（検察官の立証方針）という差異が生じている点です。両訴因は、犯罪の日時場所が異なることに加え、犯人が目的物（指輪1個）の占有を取得した経緯についても事実が異なります。そうすると、共通性基準のみでは必ずしも事実の重なり合いを明確には肯定できない場合であると考えて、非両立性基準についても検討することになるでしょう（判例④ないし⑥参照）。ただし、非両立性に着目する場合も、上述のとおり、その前提として両訴因間における犯罪の日時場所の近接性や犯罪の客体（目的物、被害者）の同一性等の事実関係の共通性について指摘しておく必要がある点に注意してください。採点実感においては、以下のとおり指摘されていました。

> **[平成26年採点実感]**
> 「本事例において、判例の考え方によるのであれば、事例に現れた具体的な事実を比較検討し、検察官が訴追しようとしている窃盗の目的物である指輪1個と盗品無償譲受けの目的物である指輪1個とが同一のものである点や、窃盗の犯行日時と盗品無償譲受けの犯行日時とが十分近接している点に着眼しつつ、両事実の**共通性**や**非両立性**を検討することが求められるが、これらの点に焦点を当て、その意味を的確に踏まえた論述ができている答案は限られていた。」

なお、**非両立性の判断方法**について、判例には、⑴“事実として両立しない”という視点から指摘するものと、⑵“法的に両立しない”という視点から指摘するものがあります。⑴の視点は、訴因の背後にある社会的事実を想定し、それが1つしか存在しない（両訴因は同じ社会的事実に還元される）ことを理由に非両立性を導く視点です。例えば、“ある賄賂の交付に被告人が関与した”という社会的事実が想定される場合、少なくとも当該賄賂に関する限り“被告人が収賄し、かつ、贈賄する”という事態はあり得ない（被告人が関与したのは収賄側か贈賄側のどちらか一方である）と考えられます（判例⑥参照）。また、“被告人が覚醒剤を1回使用した”という社会的事実が想定される場合、“その使用日が9月13日であり、かつ、9月18日である”という事態はあり得ない（使用したのはどちらかの日である）と考えられます（判例⑧参照）。この視点からすれば、本問でも、“Wの指輪の占有を甲が取得した”という社会的事実を想定した場合、“甲がWから指輪を窃取し、かつ、同じ指輪を乙から譲り受ける”という事態はあり得ない（両訴因の時間的場所的近接性を前提とすれば甲が占有を取得した経緯は窃取か譲受けかどちらか一方である）と考えられます。したがって、両訴因は“事実として両立しない”ということになります。これに対して、⑵の視点は、各訴因に係る犯罪が実体法上両立しない（そのどちらか一方でしか処罰できない）ことを理由に非両立性を導く視点です。例えば、窃盗罪の本犯者にとって盗品等関与罪は不可罰的事後行為となります（判例④参照）。同様に、窃取した財物の売却代金を着服しても不可罰的事後行為として横領罪は成立しません（判例⑤参照）。このような「一方が処罰された場合に他方が不可罰となる（両方を処罰することはできない）関係」という視点から非両立性を判断するのです。この視点からすれば、本問でも、窃盗罪と盗品等無償譲受け罪の関係は、まさしく後者が前者の不可罰的事後行為です。したがって、両訴因は“法的に両立しない”と考えることができます。

〈参考判例〉

【最(二小)判昭和33・2・21刑集12巻2号288頁】(公訴事実の単一性：窃盗幇助罪と盗品等有償譲受け罪) 判例①

「窃盗の幇助をした者が、正犯の盗取した財物を、その賍物たるの情を知りながら買受けた場合においては、窃盗幇助罪の外賍物故買罪が別個に成立し両者は併合罪の関係にあるものと解すべきである（昭和二四年(れ)第一五〇六号同年一〇月一日第二小法廷判決刑集三巻一〇号一六二九頁、昭和二四年(れ)第三六四号同年七月三〇日第二小法廷判決刑集三巻八号一四一八頁参照）から、右窃盗幇助と贓物故買の各事実はその間に公訴事実の同一性を欠くものといわねばならない。そして本件における前記本位的訴因、予備的訴因の両事実も、右説明のように、本来併合罪の関係にある別個の事実であり従つて公訴事実の同一性を欠くものであるから、前記贓物故買の事実を予備的訴因として追加することは許容されないところといわねばならない。」

【最(二小)判昭和28・５・29刑集７巻５号1158頁】（狭義の公訴事実の同一性・共通性①：詐欺罪と横領罪と占有離脱物横領罪）判例②

「論旨は、本件において、主たる詐欺の訴因と、予備的に追加せられた横領の訴因と、原判決が認定した遺失物横領の事実とは、犯罪の日時、場所及び方法を異にし、その間公訴事実の同一性を認め得ないから、引用の判例に違反し、且つ審判の請求を受けない事件について判決をした違法があると主張する。しかるところ、右詐欺の基本事実は被告人がＸ信用組合においてＹに支払うべき預金払戻金三万五千円を不法に領得したとの事実であり、これと原審が認定した占有離脱物横領の事実とは、犯罪の日時、場所において近接し、しかも同一財物、同一被害者に対するいずれも領得罪であつて、その基本事実関係において異なるところがない。それ故、第一審が訴因の変更手続を経て横領と認定し、原審がこれを占有離脱物横領と認定しても公訴事実の同一性に欠くるところはない。」

【最(三小)判昭和29・９・７刑集８巻９号1447頁】（狭義の公訴事実の同一性・共通性②：窃盗罪と盗品等保管罪）判例③

「本件の主たる訴因である「被告人は昭和二十八年九月二十一日午前一時頃京都市下京区大宮通り丹波口下る三丁目百二十二番地Ｖ方前路上に於て同人所有のリヤカー一台（時価一万円位）を窃取した」という事実と、追加された予備的訴因である「被告人は昭和二十八年九月二十一日午前一時頃京都市下京区七条大宮南入路上で知人Ｘより、その盗贓たるの情を知りながら、リヤカー一台（時価一万円位）を預りもつて贓物の寄蔵をなした」という事実との間には、日時の同一、場所的関係の近接性及び不法に領得されたＶ所有のリヤカー一台に被告人が関与したという事実に変りはないから、右両訴因の間の基本的事実関係は、その同一性を失うものでないと解するを相当とする。」

【最(二小)判昭和29・５・14刑集８巻５号676頁】（狭義の公訴事実の同一性・非両立性①：窃盗罪と盗品等有償処分あっせん罪）判例④

「右二訴因はともにＶの窃取された同人所有の背広一着に関するものであつて、ただこれに関する被告人の所為が窃盗であるか、それとも事後における贓物牙保であるかという点に差異があるにすぎない。そして、両者は罪質上密接な関係があるばかりでなく、本件においては事柄の性質上両者間に犯罪の日時場所等について相異の生ずべきことは免れないけれども、その日時の先後及び場所の地理的関係とその双方の近接性に鑑みれば、一方の犯罪が認められるときは他方の犯罪の成立を認め得ない関係にあると認めざるを得ないから、かような場合には両訴因は基本的事実関係を同じくするものと解するを相当とすべく、従つて公訴事実の同一性の範囲内に属するものといわなければならない。」

【最(二小)判昭和34・12・11刑集13巻13号3195頁】（狭義の公訴事実の同一性・非両立性②：業務上横領罪と窃盗罪）判例⑤

「所論は、第一次第一審における被告人は家畜商として馬二頭の売却方を依頼せられその売却代金中三万円を着服横領したものであるという業務上横領の訴因と、第二次第一審において別件として公訴を提起された被告人は右の馬二頭を窃取したものであるという窃盗の訴因とは、事実の同一性があるから、本件窃盗の公訴は既に公訴の提起があつた事件につき更に同一裁判所に公訴が提起されたときにあたり、刑訴三三八条三号に違反し、引いて憲法三九条後段の一事不再理の原則に違反するというにある。

よつてこの点を考えてみるに……（中略）……、前者が馬の売却代金の着服横領であるのに対し、後者は馬そのものの窃盗である点並びに犯行の場所や行為の態様において多少の差異はあるけれども、いずれも同一被害者に対する一定の物とその換価代金を中心とする不法領得行為であつて、一方が有罪となれば他方がその不可罰行為として不処罰となる関係にあり、その間基本的事実関係の同一を肯認することができるから、両者は公訴事実の同一性を有するものと解すべく、従つて第一次第二審の判決がその同一性を欠くものと判断したのは誤りであるといわなければならない。」

【最(一小)決昭和53・３・６刑集32巻２号218頁】（狭義の公訴事実の同一性・非両立性③：加重収賄罪と贈賄罪）判例⑥

「所論にかんがみ、職権により判断するに、「被告人甲は、公務員乙と共謀のうえ、乙の職務上の不正行為に対する謝礼の趣旨で、丙から賄賂を収受した」という枉法収賄の訴因と、「被告人甲は、丙と共謀のうえ、右と同じ趣旨で、公務員乙に対して賄賂を供与した」という贈賄の訴因とは、収受したとされる賄賂と供与したとされる賄賂との間に事実上の共通性がある場合には、両立しない関係にあり、かつ、一連の同一事象に対する法的評価を異にするに過ぎないものであつて、基本的事実関係においては同一であるということができる。したがつて、右の二つの訴因の間に公訴事実の同一性を認めた原判断は、正当である。」

【東京高判昭和40・7・8高刑集18巻5号491頁】（共通性と非両立性の関係）判例⑦

「右確定裁判を経た業務上過失傷害の罪と被告人Ｘに対する本件犯人隠避の罪とは、なるほどその一方が認められるときは、他方がその成立する余地を失う関係にあることを否定し得ないけれども、両者はその罪質、被害法益、行為の客体及び態様等その主要な犯罪構成要素を全く異にし、その間に所論のいうような公訴事実の同一性は到底認めることはできない」

【最（三小）決昭和63・10・25刑集42巻8号1100頁】（覚醒剤使用罪の訴因変更）判例⑧

「本件昭和六〇年一一月八日付起訴状記載の訴因は、「被告人は、『Ａちゃん』ことＢ某と共謀の上、法定の除外事由がないのに、昭和六〇年一〇月二六日午後五時三〇分ころ、栃木県芳賀郡ａ町ｂ番地の被告人方において、右Ｂをして自己の左腕部に覚せい剤であるフエニルメチルアミノプロパン約〇・〇四グラムを含有する水溶液約〇・二五ミリリツトルを注射させ、もつて、覚せい剤を使用した」というものであり、また、検察官が第一審裁判所において変更を請求した訴因は、「被告人は、法定の除外事由がないのに、昭和六〇年一〇月二六日午後六時三〇分ころ、茨城県下館市ａ番地のｂ所在スナツク『Ｃ』店舗内において、覚せい剤であるフエニルメチルアミノプロパン約〇・〇四グラムを含有する水溶液約〇・二五ミリリツトルを自己の左腕部に注射し、もつて、覚せい剤を使用した」というものである。……そうすると、両訴因は、その間に覚せい剤の使用時間、場所、方法において多少の差異があるものの、いずれも被告人の尿中から検出された同一覚せい剤の使用行為に関するものであつて、事実上の共通性があり、両立しない関係にあると認められるから、基本的事実関係において同一であるということができる。したがつて、右両訴因間に公訴事実の同一性を認めた原判断は正当である。」

【論述例】

【訴因変更の可否】

訴因変更（312条1項）は、「公訴事実の同一性を害しない限度において」許されるところ、同条項の「公訴事実の同一性」は、一事不再理（337条1号）及び二重起訴禁止（338条3号）の効力の及ぶ範囲を画する機能を有する。

そうだとすれば、ある訴因と別の訴因との間において、犯罪を構成する基本的事実関係が社会通念上同一であると認められる場合、両訴因は一個の刑罰権の対象となる事実というべきであるから、「公訴事実の同一性」が認められると解する。

具体的には、罪質の密接関連性、犯行日時、場所の近接性、被害者や被害品の同一性、犯行態様の共通性等に照らして、基本的事実関係の同一性を判断すべきである。

もっとも、両訴因の事実関係に明白な共通性が認められない場合であっても、一方の事実が認められるときは他方の事実を認め得ない関係にある場合には、両訴因は基本的事実関係において同一であると解すべきである。

【参考答案例】【令和元年】

［設問2］

第1　訴因変更の可否について

1　本件訴因変更が可能か否かについて検討する。

【論述例】訴因変更の可否

公訴事実1及び公訴事実2を比較すると、犯行日時はいずれも「平成30年11月20日」

であるものの、犯行場所は「Ａ方付近」と「Ａ方」、被害者は「Ｘ社」と「Ａ」であり、それぞれ異なっている。また、行為態様についても、公訴事実１が「Ａから売掛金の集金として受け取った現金３万円を同社のため業務上預かり保管中、……自己の用途に使う目的で、着服して横領した」という業務上横領であるのに対し、公訴事実２は「売掛金を集金する権限がないのに、これがあるように装い、……Ａをその旨誤信させ、よって、……同人から現金３万円の交付を受け」たという詐欺である点で差異がある。もっとも、両訴因は、犯罪の日時、場所において近接し、しかも事実上同一の財物に対するいずれも領得罪であるから、基本的事実関係において共通している。すなわち、両訴因の基本的事実関係は、いずれも平成30年11月20日にＡがＸ社に支払うべき売掛金３万円を甲がＡから受領した上で不法に領得したという同一の事象であり、両訴因間の差異は領得時点における甲の集金権限の有無という点のみであって、一連の同一事象に対する法的評価を異にするに過ぎない。したがって、両訴因は基本的事実関係において異なるところがなく、「公訴事実の同一性」が認められる。

２　以上より、本件訴因変更は可能である。

第２　公判前整理手続後の訴因変更の許否について

⇒第７講【参考答案例】参照

第３　結論

以上より、本件訴因変更請求について、裁判所はこれを許可すべきである。

【参考答案例】【平成26年】

［設問２］

第１　訴因変更が必要か否かについて

⇒第６講【２】【参考答案例】参照

第２　訴因変更が可能か否かについて

１　本問で検察官が訴因変更の措置を講じるべき場合に各訴因変更が可能か否かについて検討する。

【論述例】訴因変更の可否

２　訴因①について

訴因①は、甲が「平成26年２月２日午後１時頃」、「Ｗ方居間において」、「Ｖに対し」、「ゴルフクラブでその頭部等を多数回殴打し」、よってＶを「脳挫滅により死亡」させたとの事実であり、これと検察官の立証方針を比較すると、犯罪の日時が「同月３日午後１時頃」と異なるものの、同一場所、同一被害者に対する同一態様の殺害であり、被害者の死因も同一であって、その基本的事実関係において異なるところがない。したがって、公訴事実の同一性に欠けるところはない。

以上より、訴因①の訴因変更は可能である。

３　訴因②について

訴因②は、甲が、訴因①の日時場所において、「Ｖ所有の指輪１個」を「窃取」したとの事実であり、これと検察官の立証方針を比較すると、「平成26年２月２日午後７時頃」、「甲の居室において」という日時場所の点及び実行行為が窃盗ではなく盗品の無償譲受けであるという点で差異があるところ、本件においては事柄の性質上両者間に犯罪の日時場所及び行為態様（占有取得の経緯）について差異が生ずべきことは免れない。もっとも、両者はともに「V所有の指輪1個」という同一客体に対する犯罪であって両罪には罪質上密接な関係があるばかりでなく、その犯行日時場所は十分に近接している。他方、窃盗罪と盗品等無償譲受け罪は一方が有罪となれば他方がその不可罰行為として不処罰となる関係にあることに加え、窃盗犯人が財物の窃取からわずか6時間後に隣県で同一財物を別の者から無償で譲り受けるという事態は容易に想定し難く、そのような日時の先後及び場所の地理的関係とその双方の近接性に鑑みれば、両事実は両立しない関係にあると認められる。このような場合、両者は基本的事実関係を同じくするものと解すべきである。したがって、公訴事実の同一性に欠けるところはない。

以上より、訴因②の訴因変更は可能である。

第3　結論

以上より、検察官は、公訴事実第1の犯行日時を「平成26年2月3日午後1時頃」に、また、公訴事実第2を「平成26年2月2日午後7時頃」、「甲の居室において」、「甲が乙から盗品と知りつつV所有の指輪1個を無償で譲り受けた」という事実にそれぞれ変更する訴因変更請求の措置を講じるべきである。

第７講　公判前整理手続

［論点解析］公判前整理手続の概要と公判手続の特則

１　手続の概要――争点及び証拠の整理――

⑴　目的及び制度趣旨

裁判所は、「**充実した公判の審理**を**継続的、計画的かつ迅速に行う**ため必要があると認めるとき」は、「事件の**争点及び証拠を整理**するための公判準備」として、検察官、被告人若しくは弁護人の請求により又は職権で事件を公判前整理手続に付する決定を行うことができます（316条の２第１項）。なお、裁判員裁判対象事件については、公判前整理手続に付すことが必要的とされています（裁判員法49条）。

⑵　手続の内容

公判前整理手続においては、以下の事項を行うことができるとされています（316条の５）。

①　訴因又は罰条を明確にさせること。
②　訴因又は罰条の追加、撤回又は変更を許すこと。
③　個人特定事項の通知の請求について決定すること。
④　公判期日においてすることを予定している主張を明らかにさせて事件の争点を整理すること。
⑤　証拠調べの請求をさせること。
⑥　証拠調べ請求された証拠について、その立証趣旨、尋問事項等を明らかにさせること。
⑦　証拠調べの請求に関する意見を確かめること。
⑧　証拠調べをする決定又は証拠調べの請求を却下する決定をすること。
⑨　証拠調べをする決定をした証拠について、その取調べの順序及び方法を定めること。
⑩　証拠調べに関する異議の申立てに対して決定をすること。
⑪　証拠開示に関する裁定をすること。
⑫　被害者参加の申出に対する決定又は当該決定を取り消す決定をすること。
⑬　公判期日を定め、又は変更することその他公判手続の進行上必要な事項を定めること。

公判前整理手続において実施されるこれらの事項により、公判審理に向けた事件の争点及び証拠の整理が行われ、最終的に公判の審理計画が策定されることになります。

⑶　争点及び証拠の整理

公判前整理手続において事件の争点及び証拠の整理が行われるための、具体的な手続の流れは以下のとおりです。

まず、検察官が、証明予定事実（公判期日において証拠により証明しようとする事実）を記載した書面（**証明予定事実記載書面**）を提出します（316条の13第１項）。そして、検察官は、証明予定事実を証明するために用いる証拠（**検察官請求証拠**）の取調べを請求します（同第２項）。

次に、被告人又は弁護人は、検察官の**請求証拠開示**（後記２⑴）及び**類型証拠開示**（後記２⑵）を受けた上で、検察官請求証拠に対する**証拠意見**（326条の同意をするかどうか又はその取調べの請求に関し異議がないかどうかの意見）を明示します（316条の16）。そして、被告人又は弁護人において証明予定事実その他の公判期日においてすることを予定している事実上及び法律上の主張（**予定主張**）があるときはそれを明示し（316条の17第１項）、これを証明するために用いる証拠（**弁護側請求証拠**）の取調べを請求します（同２項）。その上で、被告人又は弁護人は**主張関連証拠開示**（後記**２**(3)）を受けることができます。

これに対して、検察官は、弁護側の**請求証拠開示**（後記**２**(1)）を受けた上で、弁護側請求証拠に対する**証拠意見**を明示します（316条の19）。

さらに、検察官及び被告人又は弁護人は、公判前整理手続が終了するまでの間は、必要に応じて、証明予定事実や予定主張の追加・変更と追加の証拠調べ請求を行うことができます（316条の21、22）。追加の証拠調べ請求がなされた場合、その開示及びそれに対する相手方の証拠意見の明示について上記各規定が準用されます。

以上の手続を繰り返す過程で、事件の争点が整理され、公判における証拠調べの範囲及び順序が決定されていきます。そして、最終的に、裁判所が、公判前整理手続を終了するに当たり、検察官及び被告人又は弁護人との間で、事件の**争点及び証拠の整理の結果の確認**を行います（316条の24）。

２　証拠開示制度

公判前整理手続において充実した争点整理が行われ、それにより公判審理の充実・迅速化を図るためには、証拠開示の時期・範囲に関する制度を法定することが不可欠です。そこで、公判前整理手続の規定には、以下のような段階的な証拠開示制度が組み込まれています。

(1)　請求証拠開示

検察官は、検察官請求証拠については、速やかに、被告人又は弁護人に対し、開示をしなければなりません（316条の14）。

同様に、被告人又は弁護人も、弁護側請求証拠については、速やかに、検察官に対し、開示をしなければなりません（316条の18）。

(2)　類型証拠開示

検察官は、検察官請求証拠以外の証拠であっても、①一定の類型に該当する証拠（**類型証拠**）であって、②特定の検察官請求証拠の証明力を判断するために重要であると認められるものについて、③被告人又は弁護人から開示の請求があった場合、④その証拠の重要性・開示の必要性の程度、開示による弊害の内容・程度を考慮し、相当と認めるときは、速やかに、開示をしなければなりません（316条の15）。

類型証拠としては、以下のものが規定されています。

①　証拠物
②　検証調書
③　実況見分調書等
④　鑑定書等
⑤　検察官が証人として尋問を請求した者又はその予定者の供述録取書等
⑥　被告人以外の者の供述録取書等（⑤を除く）であって、検察官が特定の検察官請求証拠により直接証明しようとする事実の有無に関する供述を内容とするもの
⑦　被告人の供述録取書等
⑧　取調状況記録書面
⑨　検察官請求証拠である証拠物の押収手続記録書面

(3)　主張関連証拠開示

検察官は、検察官請求証拠及び類型証拠開示をした証拠以外の証拠であっても、①被告人又は弁護人の予定主張に関連すると認められるもの（**主張関連証拠**）について、②被告人又は弁護人から開示の請求があった場合、③その証拠の関連性・開示の必要性の程度、開示による弊害の内容・程度を考慮し、相当と認めるときは、速やかに、開示をしなければなりません（316条の20）。

(4)　裁判所による裁定

以上の証拠開示について当事者間で争いが生じた場合、裁判所は、当事者の請求に基づき、以下のとおり証拠開示の可否等についての裁定を行います。

①　開示義務者からの請求による裁定

裁判所は、検察官請求証拠及び弁護側請求証拠について、開示義務者（検察官請求証拠については検察官、弁護側請求証拠については被告人又は弁護人）からの請求により、決定で、各請求証拠の開示の時期若しくは方法を指定し、又は条件を付することができます（316条の25）。

②　開示請求者からの請求による裁定（**証拠開示命令**）

裁判所は、①検察官が検察官請求証拠、類型証拠又は主張関連証拠について、開示をすべき証拠を開示していないと認めるとき、②被告人又は弁護人が弁護側請求証拠について、開示をすべき証拠を開示していないと認めるときは、開示請求者（①については被告人又は弁護人、②については検察官）の請求により、決定で、当該証拠の開示を命じなければなりません（316条の26）。

３　公判手続の特則

(1)　証拠調べ請求の制限

公判前整理手続終了後に新たな証拠調べ請求を無制限にすることができるとすると、本来公判前整理手続の中で行われるべき証拠調べ請求が十分に行われなくなるおそれがある一方、当該証拠調べ請求を前提とした新たな主張・立証を許容せざるを得なくなり、その結果、公判前整理手続における争点及び証拠の整理の実効性が損なわれる事態となります。そこで、公判前整理手続に付された事件については、検察官及び被告人又は弁護人は、「やむを得ない事由」によって公判前整理手続において請求することができなかった証拠を除き、公判前整理手続終了後には、証拠調べを請求することができないものとされています（316条の32第１項）。

上記の「やむを得ない事由」に関して、公判前整理手続終了後の公判期日において、証人があらかじめ開示された内容と異なる証言をした場合に、証人尋問終了後に当該証人の供述調書を刑訴法328条の弾劾証拠（⇒**第８講【6】１参照**）として証拠調べ請求することの可否が問題となります。判例①は「同法328条による弾劾証拠は、……証人尋問が終了しておらず、弾劾の対象となる公判供述が存在しない段階においては、同条の要件該当性を判断することはできない」と述べた上で、「同条による弾劾証拠の取調請求については、同法316条の32第１項の「やむを得ない事由」があるものと解すべき」と判示しています。

(2)　主張制限の可否

証拠調べ請求の制限と異なり、公判前整理手続終了後の公判における新たな主張については、これを制限する規定は存在しません。もっとも、公判において新たな主張が無制限にできるとすると、やはり同様に、公判前整理手続における争点及び証拠の整理の実効性が損なわれる事態となるおそれがあります。そこで、被告人側の新たな主張や、それに基づく被告人質問における供述等を制限し得るか否かが問題となります。判例②は、既に被告人が公判前整理手続において明示していたアリバイ主張に関して、公判期日において具体的な供述を求める被告人質問を制限することの可否について、「公判前整理手続における被告人又は弁護人の**予定主張の明示状況**（裁判所の求釈明に対する**釈明の状況**を含む。）、**新たな主張がされるに至った経緯**、**新たな主張の内容**等の諸般の事情を総合的に考慮し」、刑訴法316条の17第１項所定の「**主張明示義務に違反した**ものと認められ、かつ、公判前整理手続で明示されなかった主張……を許すことが、**公判前整理手続を行った意味を失わせる**ものと認められる場合」には、「**新たな主張に係る事項の重要性**等も踏まえた上で、公判期日でその具体的内容に関する質問や被告人の供述が、**刑訴法295条１項**により制限されることがあり得る」と判示しています（なお、同判例により被告人質問が制限され得る場合、具体的に295条１項のどの要件に該当することになるのかについて同判例の法廷意見からは判然としませんが、**小貫裁判官の補足意見**は、「法廷意見が例示するような、公判前整理手続の核心を害し、弁解権の濫用と認められる事例については、刑訴法295条１項の「その他相当でない」ものとして制限されることがあり得ると解すべきである。」と述べています。）。

平成28年試験問題［設問４］は、公判前整理手続で明示された主張に関し、その内容を一部異にする被告人質問を制限することの可否について問うものです。そこで、判例②の挙げた上記の考慮要素に照らして、①公判前整理手続における乙又はＵの予定主張の明示状況（釈明状況）、②新たな主張がされるに至った経緯、③新たな主張の内容、④新たな主張に係る事項の重要性等について検討した上で、295条１項による被告人質問の制限の可否を判断することになります。もっとも、この出題の時点では判例②は直近判例であったことから、下記のとおり出題趣旨等では「同決定を踏まえた論述まで求めるものではない」、「このような直近判例の知識を問うものではない」と明言されています。これらの指摘が示すように、司法試験は決して直近判例についての「知識」それ自体を要求するものではありません。直近判例について「知識」として有していなくても、**“基本事項に関する正確な理解”**から思考過程を示して一定の結論を導く（本問に則して言えば、公判前整理手続の制度趣旨から思考して主張制限の可否及びその要件について自分なりの考え方（自説）を論述する）という意識が重要です。そして、このような**“思考力”**こそが司法試験において要求される能力なのです（出題趣旨においても、「公判前整理手続の**意義及び趣旨の理解**並びにそれを具体的場面において適用し問題解決を導く**思考力**を試すものである。」と述べられています）。

［平成28年出題趣旨］

「〔設問４〕は、公判前整理手続で明示された主張に関し、その内容を一部異にする被告人質問を制限することの可否について問うことによって、**公判前整理手続の意義及び趣旨の理解**並びにそれを具体的場面において適用し問題解決を導く**思考力**を試すものである。

本設問に関連し、……最高裁判所決定がある（**最二決平成27年５月25日刑集69巻４号636頁**）。本設問の解答に当たっては、同決定を踏まえた論述まで求めるものではないが、被告人及び弁護人には、公判前整理手続終了後における主張制限の規定が置かれておらず、新たな主張に沿った被告人の供述を当然に制限することはできないことに留意しつつ、**公判前整理手続の趣旨**に遡り、被告人質問を制限できる場合に関する自説を論じた上、本設問における公判前整理手続の経過及び結果並びに乙が公判期日で供述しようとした内容を抽出・指摘しながら、当てはめを行う必要がある。」

[平成28年採点実感]

「本設問に関連し、……最高裁決定があるところ（**最二決平成27年５月25日刑集69巻４号636頁**）、同決定を知った上で本設問を論じたと思われる答案はほとんど見受けられなかった。もとより、本設問は、このような直近判例の知識を問うものではないし、仮に直近判例を知っていたとしても、本設問に即した検討がなされていなければ十分な評価は得られないであろう。」

(3)　公判前整理手続後の訴因変更の許否

公判前整理手続終了後の訴因変更請求についても、これを制限する明文規定はありません（そもそも、訴因変更の可否については、「公訴事実の同一性を害しない限度において」（312条１項）という要件以外に条文上の制約はなく、これを時期的に制限する規定は置かれていません。）。もっとも、訴因変更が許可された場合、当事者双方の立場から追加の証拠調べが必要となり、その結果、公判前整理手続において策定された審理計画を大幅に変更しなければならない事態に陥ることも考えられます。そこで、公判前整理手続の制度趣旨それ自体を根拠として、一定の場合に訴因変更を制限し得るのではないかが問題となります（上述した「295条１項による被告人質問の制限の可否」が被告人側の主張制限の問題であるのに対し、この「訴因変更の許否」はいわば検察官側の主張制限の問題といえます。）。判例③は「公判前整理手続の制度趣旨に照らすと、公判前整理手続を経た後の公判においては、**充実した争点整理や審理計画の策定がされた趣旨を没却するような訴因変更請求**は許されない」との一般的基準を判示しました。その上で、①「公判前整理手続では争点とされていなかった事項に関し、公判で証人尋問等を行った結果明らかとなった事実関係に基づいて、訴因を変更する必要が生じた」という点、及び②「仮に検察官の訴因変更請求を許可したとしても、必要となる追加的証拠調べはかなり限定されていて、審理計画を大幅に変更しなければならなくなるようなものではなかった」という点を指摘し、結論として、訴因変更は許されると判断しました。このように、判例③では、**「公判前整理手続の趣旨を没却するような訴因変更請求」**に当たるか否かの判断に際し、①公判前整理手続の中でどの程度詰めた争点及び証拠の整理がなされていたか（検察官が訴因変更請求の必要性を検討する契機があったか）、及び②訴因変更による新たな証拠調べの負担の程度（策定された審理計画の大幅な変更が必要となるか）という点が重要な考慮要素とされています。このことから、同判例は、訴因変更を制限し得る根拠として、公判前整理手続の制度趣旨それ自体を援用することに加えて、**検察官の訴追権限の濫用・信義則違反**（規則１条２項参照）という点を考慮したものであるとの指摘があります（実際、判例③は「本件の訴因変更請求は、公判前整理手続における……という趣旨を没却するようなものとはいえないし、**権利濫用**にも当たらない」と述べています。）。それ故、“公判前整理手続において策定された審理計画の実効性担保”という上記②の視点に加え、“訴因変更請求に至った経緯における検察官の帰責性の有無”という上記①の視点も重要な判断要素と位置付けられているのです。例えば、公判前整理手続の過程で検察官において訴因変更の要否を検討する契機があり、予備的に訴因変更請求を行っておくべきであったにもかかわらず、漫然とそのような対応を怠り、その結果、公判段階で訴因変更請求するに至ったという場合、そのような請求は権限濫用・信義則違反と評価し得るでしょう。

令和元年試験問題［設問２］においても、公判前整理手続後の訴因変更の許否についての検討が求められました。そこで、本問の検察官の訴因変更請求が「公判前整理手続の趣旨を没却するような訴因変更請求」に当たるか否かについて、下記出題趣旨等の指摘のとおり、上記①及び②の点を重要な考慮要素として判断することになります。もっとも、本問でも、あくまで下級審裁判例である判例③の「知識」それ自体ではなく、公判前整理手続の制度趣旨から「思考」して訴因変更の許否の判断基準について自分なりの考え方（自説）を論述することが要求されている、という点を意識してください。

［令和元年出題趣旨］

「**訴因変更の請求が許される手続段階**について、刑事訴訟法は特に制限を付しておらず、公判前整理手続が導入された平成16年の同法改正においても、公判前整理手続後の証拠調べ請求が制限された（刑事訴訟法第316条の32）のとは異なり、訴因変更の請求に関する制限は設けられていない。

しかし、公判前整理手続は、充実した公判の審理を継続的、計画的かつ迅速に行うため、事件の争点及び証拠を整理する手続であり、公判前整理手続を経た事件については、同手続で策定された審理計画に従い、集中的かつ迅速な審理が進められることとなるが、公判前整理手続後に訴因変更がなされると、変更後の訴因について、当事者双方の追加立証が必要となる場合も考えられ、公判前整理手続で策定された計画どおりに審理ができなくなるおそれがある。

もとより、公判前整理手続に付された事件においても、証拠調べの結果、公判前の当事者の主張と異なる事実が明らかとなることは、制度上織り込み済みであるとはいえ、公判前整理手続に付しながら、その意味を失わせるような訴因変更の請求を許すことは不合理であるから、訴因変更の請求に対する制限を基礎付ける根拠として、**公判前整理手続の制度趣旨**を援用することが説得的だということができるであろう（……下級審裁判例として、**東京高判平成20年11月18日・高刑集61巻４号６頁**がある。）。本問においても、**公判前整理手続の制度趣旨**を論じた上で、これを踏まえた**訴因変更の許否について判断基準**を示し、**【事例】**の具体的事実に当てはめて、検察官の訴因変更請求が許されるかを丁寧に論じることが求められる。そして、検討に当たっては、公判前整理手続の中で訴因変更を請求することが可能であったか（検察官が**訴因変更の必要性を意識する契機**があったか）、また仮に訴因変更を許した場合、公判前整理手続で策定された**審理計画の大幅な変更が必要**となるかといった点が重要な考慮要素となるであろう。」

［令和元年採点実感］

「本事例の訴因変更請求について、公判前整理手続の制度趣旨を没却するものではなく、訴因変更が許されると結論付けた答案の多くは、その理由として、X社社長が証人尋問において、突然、甲の集金権限の有無についての供述を変えたことを挙げ、検察官において、公判前整理手続の中で訴因変更請求できなかったことはやむを得ないとするものが多かったが、さらに、被告人自身も被告人質問で自己に集金権限がなかったことを認めていることや、検察官及び弁護人から追加の証拠調べ請求がなかったことを摘示して、訴因変更を認めても、公判前整理手続で決められた審理計画に変更を来すものではないことまで論じられた答案は多くなかった。本事例の訴因変更請求について、**公判前整理手続の制度趣旨を没却するものであるかという観点**から検討するのであれば、検察官において、公判前整理手続の中で**訴因変更の必要性を意識できる契機があったかという観点**からの検討はもとより、訴因変更によって、公判前整理手続で定められた**審理計画がどれだけの修正・変更を余儀なくされるかという観点**からの検討も欲しいところである。」

〈参考判例〉

【名古屋高金沢支判平成20・６・５判タ1275号342頁】（弾劾証拠と316条の32第１項の「やむを得ない事由」） 判例①

「同法328条による弾劾証拠は、条文上「公判準備又は公判期日における被告人、証人その他の者の供述の証明力を争うため」のものとされているから、証人尋問が終了しておらず、弾劾の対象となる公判供述が存在しない段階においては、同条の要件該当性を判断することはできないのであって、証人尋問終了以前の取調請求を当事者に要求することは相当ではない。

そうすると、同条による弾劾証拠の取調請求については、同法316条の32第１項の「やむを得ない事由」があるものと解すべきであって、原審裁判所がその証拠決定において、「やむを得ない事由があるということはできない。」としたことは、法律の解釈を誤ったものというべきである。」

【最(二小)決平成27・５・25刑集69巻４号636頁】（公判前整理手続後の被告人質問等の制限の可否） 判例②

「公判前整理手続は、充実した公判の審理を継続的、計画的かつ迅速に行うため、事件の争点及び証拠を整理する手続であり、訴訟関係人は、その実施に関して協力する義務を負う上、被告人又は弁護人は、刑訴法316条の17第１項所定の主張明示義務を負うのであるから、公判期日においてすることを予定している主張があるにもかかわらず、これを明示しないということは許されない。こうしてみると、公判前整理手続終了後の新たな主張を制限する規定はなく、公判期日で新たな主張に沿った被告人の供述を当然に制限できるとは解し得ないものの、公判前整理手続における被告人又は弁護人の予定主張の明示状況（裁判所の求釈明に対する釈明の状況を含む。）、新たな主張がされるに至った経緯、新たな主張の内容等の諸般の事情を総合的に考慮し、前記主張明示義務に違反したものと認められ、かつ、公判前整理手続で明示されなかった主張に関して被告人の供述を求める行為（質問）やこれに応じた被告人の供述を許すことが、公判前整理手続を行った意味を失わせるものと認められる場合（例えば、公判前整理手続において、裁判所の求釈明にもかかわらず、「アリバイの主張をする予定である。具体的内容は被告人質問において明らかにする。」という限度でしか主張を明示しなかったような場合）には、新たな主張に係る事項の重要性等も踏まえた上で、公判期日でその具体的内容に関する質問や被告人の供述が、刑訴法295条１項により制限されることがあり得るというべきである。

本件質問等は、被告人が公判前整理手続において明示していた「本件公訴事実記載の日時において、大阪市西成区内の自宅ないしその付近にいた。」旨のアリバイの主張に関し、具体的な供述を求め、これに対する被告人の供述がされようとしたものにすぎないところ、本件質問等が刑訴法295条１項所定の「事件に関係のない事項にわたる」ものでないことは明らかである。また、前記１⑵のような公判前整理手続の経過及び結果、並びに、被告人が公判期日で供述しようとした内容に照らすと、前記主張明示義務に違反したものとも、本件質問等を許すことが公判前整理手続を行った意味を失わせるものとも認められず、本件質問等を同条項により制限することはできない。」

［裁判官小貫芳信の補足意見］

「公判前整理手続の核心は、当事者に対し公判における主張・立証を予定している限り、それらを手の内に留めないことを求めることにあり、このことをなくしては公判前整理手続の存在理由はないといっても過言ではなく、主張明示義務は、主張についてこの核心を支えるものである。また、被告人は、弁解する権利を有するが、訴訟上の権利は誠実にこれを行使し、濫用してはならない（刑訴規則１条２項）のであり、主張明示義務に意図的に反する権利行使はその濫用として許されない。したがって、法廷意見が例示するような、公判前整理手続の核心を害し、弁解権の濫用と認められる事例については、刑訴法295条１項の「その他相当でない」ものとして制限されることがあり得ると解すべきである。」

【東京高判平成20・11・18高刑集61巻４号６頁】（公判前整理手続後の訴因変更の許否） 判例③

「公判前整理手続は、当事者双方が公判においてする予定の主張を明らかにし、その証明に用いる証拠の取調べを請求し、証拠を開示し、必要に応じて主張を追加、変更するなどして、事件の争点を明らかにし、証拠を整理することによって、充実した公判の審理を継続的、計画的かつ迅速に行うことができるようにするための制度である。このような公判前整理手続の制度趣旨に照らすと、公判前整理手続を経た後の公判においては、充実した争点整理や審理計画の策定がされた趣旨を没却するような訴因変更請求は許されないものと解される。

これを本件についてみると、公判前整理手続において確認された争点は、「被告人が、本件交通事故を引き起こして逃走した犯人であるかどうか」という点であり、本件交通事故を起こした犯人ないし被告人に業務上の注意義務違反があったかどうかという点については、弁護人において何ら具体的な主張をしていなかった。なお、弁護人は、公判前整理手続の過程において、被害者が自損事故により自ら転倒して死亡した旨を主張予定書面に記載しているものの、被害者運転の原動機付自転車（以下「被害者車両」という。）と本件交通事故を起こした自動車（以下「犯行車両」という。）が接触するという本件交通事故が発生していることを前提に、犯行車両の運転者に業務上の注意義務違反がなかった旨を具体的に主張するものではない。公訴事実の内容である過失を基礎付ける具体的事実、結果を予見して回避する義務の存在、当該義務に違反した具体的事実等に対して、弁護人において具体的な反論をしない限り、争点化されないのであって、実際にも争点とはなっていない。公判前整理手続における応訴態度からみる限り、本件交通事故が発生していることが認定されるのであれば、犯行車両の運転者に公訴事実記載の過失が認められるであろうということを暗黙のうちに前提にしていたと解さざるを得ない。検察官が訴因変更請求後に新たに請求した実況見分調書２通は、公判前整理手続において、当初請求したものの、追って撤回した証拠であって、業務上の注意義務違反の有無が争点とならなかったために、そのような整理がされたものと考えられる。

ところが、公判において、本件交通事故の目撃者等の証拠調べをしてみると、本件交通事故の態様が、訴因変更前の公訴事実が前提としていたものとは異なることが明らかとなったため、検察官は、原審の指摘を受け、前記のとおり、訴因変更請求をした。

そして、その段階でその訴因変更請求を許可したとしても、証拠関係は、大半が既にされた証拠調べの結果に基づくものであって、訴因変更に伴って追加的に必要とされる証拠調べは、検察官立証については前記のとおり極めて限られており、被告人の防御権を考慮して認められた弁護側立証を含めても、１期日で終了し得る程度であった。

以上によれば、本件は、公判前整理手続では争点とされていなかった事項に関し、公判で証人尋問等を行った結果明らかとなった事実関係に基づいて、訴因を変更する必要が生じたものであり、仮に検察官の訴因変更請求を許可したとしても、必要となる追加的証拠調べはかなり限定されていて、審理計画を大幅に変更しなければならなくなるようなものではなかったということができる。

そうすると、本件の訴因変更請求は、公判前整理手続における充実した争点整理や審理計画の策定という趣旨を没却するようなものとはいえないし、権利濫用にも当たらないというべきである。検察官の本件の訴因変更請求を許可した原審には、判決に影響を及ぼすことが明らかな訴訟手続の法令違反は認められない。」

【論述例】

【公判前整理手続後の主張制限の可否】

公判前整理手続終了後の新たな主張を制限する規定はなく（316条の32第１項参照）、公判期日で新たな主張に沿った被告人の供述を当然に制限できるとは解し得ない。

他方で、公判前整理手続は、充実した公判の審理を継続的、計画的かつ迅速に行うため、事件の争点及び証拠を整理する手続であり（316条の２第１項参照）、訴訟関係人は、その実施に関して協力する義務を負う上、被告人又は弁護人は、予定主張の明示義務（316条の17第１項）を負う。

このような公判前整理手続の目的及び制度趣旨に鑑みると、①公判前整理手続における被告人又は弁護人の予定主張の明示状況（裁判所の求釈明に対する釈明の状況を含む。）、②新たな主張がされるに至った経緯、③新たな主張の内容等の諸般の事情を総合的に考慮し、上記主張明示義務に違反したものと認められ、かつ、公判前整理手続で明示されなかった主張に関して被告人の供述を求める行為（質問）やこれに応じた被告人の供述を許すことが、上記制度趣旨に照らして公判前整理手続を行った意味を失わせるものと認められる場合には、④新たな主張に係る事項の重要性等も踏まえた上で、公判期日でその具体的内容に関する質問や被告人の供述が、「その他相当でないとき」(295条1項) に該当するものとして制限されることがあり得るというべきである。

【公判前整理手続後の訴因変更の許否】

公判前整理手続後の訴因変更について、「公訴事実の同一性を害しない」(312条1項) 限り、これを制限する規定はない (316条の32第1項参照)。

もっとも、公判前整理手続は、当事者双方が公判においてする予定の主張を明らかにし、その証明に用いる証拠の取調べを請求し、証拠を開示し、必要に応じて主張を追加、変更するなどして、事件の争点を明らかにし、証拠を整理することによって、充実した公判の審理を継続的、計画的かつ迅速に行うことができるようにするための制度である (316条の2第1項参照)。

このような公判前整理手続の目的及び制度趣旨に照らすと、公判前整理手続を経た後の公判においては、充実した争点整理や審理計画の策定がされた趣旨を没却するような訴因変更請求は、検察官の権限濫用 (規則1条2項参照) に当たり、許されないものと解すべきである。

【参考答案例】【平成28年】

［設問4］

1　弁護人Uの本件質問及びこれに対する乙の供述 (以下、「本件質問等」という。) は、295条1項所定の「既にした尋問若しくは陳述と重複する」もの又は「事件に関係のない事項にわたる」ものでないことは明らかである。以下、本件質問等について、「その他相当でないとき」(295条1項) に該当するものとして制限することができるか否かについて検討する。

【論述例】公判前整理手続後の主張制限

2　本件公判前整理手続において、乙及びUは、乙が犯行日である平成27年6月28日に犯行現場である乙宅にはいなかった旨のアリバイ主張をしたところ、裁判所からの求釈明を受けて、犯行当日に乙がいた場所はJ県内の丙方である旨釈明し、上記予定主張の内容を具体的に明らかにした (①)。その結果、「平成27年6月28日、乙方において、乙が甲に覚せい剤を譲り渡したか」否かという乙の犯人性 (アリバイの有無) が本件の争点の1つであると整理された。

他方、乙が公判期日で供述しようとした内容は、犯行当日に乙は、J県M市△町△番の戊方にいたというものであり、犯行当日に乙がいた場所に関する供述内容が上記予定主張の内容から変遷している。

もっとも、供述変遷の経緯として、乙は、公判期日開始後に戊から手紙が届いたので思い出したと供述しているところ、この説明を前提とすれば、公判前整理手続の時点では、乙が犯行当日にいた場所について覚えていないために戊方にいた旨を主張することができなかったこともやむを得ないといえる一方、上述のとおり、乙のアリバイ主張それ自体は公判前整理手続において予定主張として明示及び釈明されていたものと認められる（②）。他方で、公判期日における上記乙の供述は、公判前整理手続の結果整理された乙の犯人性という争点と別個の争点を形成するような新たな主張内容ではない（③）。

以上の事情からすれば、乙及びＵが主張明示義務に違反したものとも、本件質問等を許すことが、公判前整理手続を行った意味を失わせるものとも認められない。そして、乙の供述するアリバイの有無に関する具体的事実は、本件の争点である乙の犯人性との関係で決定的な消極的証拠となり得る重要事実であることも踏まえれば（④）、本件質問等について「その他相当でないとき」（295条１項）に該当するものとして制限することはできないというべきである。

３　以上より、本件質問等を295条１項により制限することはできない。

【参考答案例】【令和元年】

［設問２］

第１　訴因変更の可否について

⇒第６講【３】【参考答案例】参照

第２　公判前整理手続後の訴因変更の許否について

１　上記のとおり、本件訴因変更が可能であるとしても、公判前整理手続を経ていることを踏まえて、裁判所は、本件訴因変更請求を許可すべきか否かについて検討する。

【論述例】公判前整理手続後の訴因変更の許否

２　本件公判前整理手続の結果、変更前の訴因について争いはなく量刑のみが争点とされ、また、公判前整理手続において弁護人から甲の集金権限に関する主張はなかった。その後、本件公判において実施されたＸ社社長の証人尋問の結果、本件当時、甲には集金権限がなかったことが明らかとなったことから、検察官は本件訴因変更請求をしたものである。このような経緯からすれば、本件は、公判前整理手続で争点とされていなかった事項に関し、公判で証人尋問等を行った結果明らかとなった事実関係に基づいて訴因を変更する必要が生じたものであり、上記Ｘ社社長の証人尋問実施以前の段階で検察官において訴因変更の必要性を意識する契機は存在しなかったものと認められる。そうすると、検察官が公判前整理手続の中で訴因変更（316条の５第２号）を請求することができなかったのはやむを得ないといえる。他方、弁護人としても甲の集金権限の有無の点も含めて犯罪の成否について何ら争っていなかったのであるから、このような公判前整理手続における応訴態度からみる限り、仮に甲に集金権限がないことが認定されるとしても犯罪の成立が認められるであろうということを暗黙のうちに前提にしていたと解される。

また、変更後の訴因の立証としては、Ａの証人尋問において、甲による欺罔行為及びＡの錯誤に基づく財物交付の事実という客観的要件についてＡが証言しており、さらに、甲の被告人質問において、故意（集金権限がないことの認識）について甲が自白したことから、検察官としても特段追加の立証を必要とせず、現に、検察官及び弁護人双方から追加の証拠調べ請求はなかった。そうすると、本件は、仮に検察官の訴因変更請求を許可したとしても、追加的証拠調べは必要ではなく、審理計画を大幅に変更しなければならなくなるようなものではなかったと認められる。

3　以上の事情からすれば、本件訴因変更請求は、公判前整理手続における充実した争点整理や審理計画の策定という趣旨を没却するようなものとはいえず、検察官の権限濫用にも当たらないというべきである。

第３　結論

以上より、本件訴因変更請求について、裁判所はこれを許可すべきである。

第3章　証　拠　法

第8講　伝聞法則

【1】伝聞証拠

[論点解析] 伝聞証拠の意義――伝聞と非伝聞の区別基準――

1　伝聞法則の基礎

伝聞法則とは、伝聞証拠の証拠能力を原則として否定する法理（320条1項）です。この法理の趣旨・根拠は、端的に言えば、“人の認識”を証拠化する際の危険性にあります。例えば、ある事実（「事実A」）を認識した甲が存在するとします（「事実A」にはどのような事実を当てはめても構いません。例えば、「XがYを殺害した事実」として考えてください。）。この“甲の認識”を証拠化するためには、いかなる方法があるでしょうか。以下、具体的に見ていきます。

まず、前提として、刑訴法上、以下の3つの方法が用意されていることを確認しましょう。

【供述証拠の類型】

[方法Ⅰ]：**「公判期日における供述」**による方法（**公判供述**）

[方法Ⅱ]：**「公判期日における供述に代えて書面を証拠と」**する方法（**供述代用書面、320条1項前段**）

[方法Ⅲ]：**「公判期日外における他の者の供述を内容とする供述」**による方法（**伝聞供述、320条1項後段**）

[方法Ⅰ] は、甲が証人として出廷し、公判期日において「事実はAです。」と供述（証言）する方法です。これを**「公判供述」**（証人の供述であれば、単に**「証言」**）といいます。

[方法Ⅱ] は、「事実はAです。」という甲の供述を内容とする書面を用いる方法です。このような書面を**「供述代用書面」**といいます。この供述代用書面には、甲自身が作成した「供述書」である場合と甲の「供述を録取した書面」（321条1項柱書参照）である場合があります（通常、後者は甲からの事情聴取を経て捜査機関により作成されるものであり、実務上“供述調書”という表題が付されます。）。

[方法Ⅲ] は、甲から「事実はAです。」と聞いた乙が証人として出廷し、公判期日において「甲が『事実はAです。』と言っていました。」と供述（証言）する方法です。このような供述を**「伝聞供述（伝聞証言）」**といいます。

2　伝聞法則の趣旨・根拠

⑴　供述証拠の危険性と真実性・正確性の担保

上記3つの方法は、いずれも“甲の認識”を証拠化して法廷へ顕出するための方法です。

［方法Ⅰ］及び**［方法Ⅱ］**は分かり易いと思いますが、**［方法Ⅲ］**もいわば“乙の認識”を経由して“甲の認識”を証拠化しているのです。

しかしながら、そもそも“人の認識”を証拠化しようとする場合、その際に不可避的に伴う危険性があります。それは、“人の認識”は、「**⑴知覚→⑵記憶→⑶表現（叙述）**」という過程（これを**伝聞過程（伝聞プロセス）**といいます。）を経て「供述」という形で証拠化されるものですが、それらの各過程に誤り（ヒューマンエラー）が生じる可能性がある、という点です。具体的には、甲の供述には、⑴**知覚**に関して、甲は間違いなく「事実Ａ」を見たり聞いたりしたのか（見間違い、聞き間違い）、⑵**記憶**に関して、甲の記憶に誤りはないか、他人の記憶と自己の記憶とを混同していないか（勘違い、思い違い）、⑶**表現（叙述）**に関して、甲は記憶のとおりに述べているか、その供述は甲の言おうとしたことを正しく表しているか（言い間違い）等の点において、それぞれ誤りが混入している可能性があるのです。

それにもかかわらず、⑴から⑶の各過程に混入している可能性のある誤りの有無を何ら吟味、確認しないまま甲の供述を事実認定に用いてしまうとどうなるでしょうか。当然、誤判に繋がる危険があります。真実は「事実Ａ」ではないのに、“甲の認識”を証拠化した「供述」から「事実Ａ」が認定されてしまう危険があるのです。そこで、そのような事態を防ぐために、“人の認識”を「供述」として証拠化して立証に用いる場合、必ずその誤りの有無を吟味、確認し、その真実性・正確性を担保しなければならない、というルールが導かれます。これが伝聞法則の根拠です。

そこで、供述の誤りの有無を吟味、確認し、真実性・正確性を担保するための手段として、刑事訴訟法は、**①宣誓と偽証罪**（刑法169条）**の制裁による威嚇**、**②裁判官の面前における供述**（**直接主義**、315条参照）、**③反対尋問**（157条３項、規則199条の４、憲法37条２項）という３つの方策を用意しました。すなわち、①により証人が自己の記憶に反する供述をすることを防ぎ、②により裁判官が証人の供述態度を直接観察することを可能とし、③により反対当事者に証人の供述の誤りをチェックさせるのです。これら①ないし③の方策によるテストをクリアして裁判官の手元まで到達した「供述」は、その真実性・正確性が類型的に担保されているといえることから、それを事実認定に用いても問題はありません。

なお、上記⑴ないし⑶の伝聞過程については、⑶の「表現」と「叙述」を区別して４段階で説明されることもありますが、本書では、規則199条の６の規定文言（「観察、記憶又は表現」）に倣い、両者をまとめて３段階のプロセスとして説明します。

⑵　伝聞法則の内容

以上の趣旨を踏まえて、上記ⅠないしⅢの各方法を検討してみましょう。

まず、**［方法Ⅰ］（公判供述）**は、「事実Ａ」を直接体験した甲が公判廷で宣誓した上で裁判

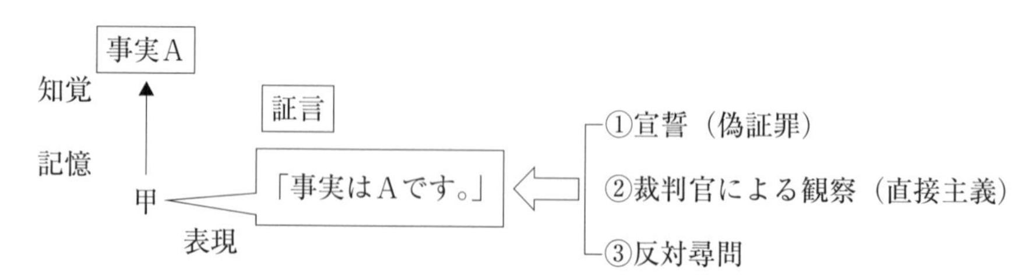

官及び反対当事者の面前で証人として供述（証言）をする方法です。この方法であれば、上記①ないし③の方策により誤りの有無を吟味、確認することが可能です。

これに対して、**［方法Ⅱ］（供述代用書面）**及び**［方法Ⅲ］（伝聞供述）**は、どうでしょうか。

［方法Ⅱ］では、“甲の認識”が「書面」という形で裁判官の手元に届きます。この方法では、当然、①書面に宣誓させることなど不可能であり、また、書面は公判廷外で作成されているため、②裁判官は供述態度（書面作成の際の甲の態度）を直接観察しておらず、③甲に対する反対尋問も経ていません。

［方法Ⅲ］では、“甲の認識”は「乙の供述」の内容として裁判官の手元に届きます。乙は、公判廷で宣誓した上で裁判官及び反対当事者の面前で証人として供述（証言）していますから、“乙の認識”を証拠化することは問題なさそうです（後記**3**(3)**［類型Ⅱ］**参照）。もっとも、乙が認識したのはあくまで「甲が『事実はＡです。』と言っていた」という事実であり（この場合に公判廷外で供述した甲を**「原供述者」**といいます。）、乙自身は、「事実Ａ」を直接体験した者ではありません。この「乙の供述」から“甲の認識”である「事実Ａ」（原供述者が直接体験した事実）を認定しようとするのであれば、やはり原供述者である甲に対して上記①ないし③のテストによってチェックする必要があります。しかしながら、肝心の甲は公判廷にいないのでそれをすることができません。

以上のように、**［方法Ⅱ］**及び**［方法Ⅲ］**は、いずれも上記①ないし③の方策により“甲の認識”について誤りの有無を吟味、確認し、「事実Ａ」の真実性・正確性を担保することが不可能な場合なのです。

【供述代用書面】

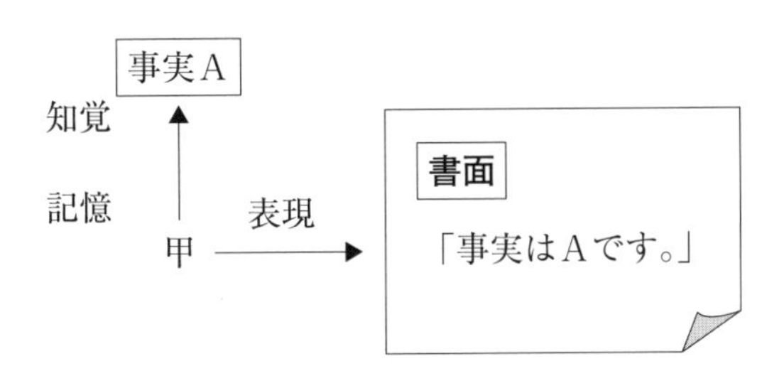

【伝聞供述】

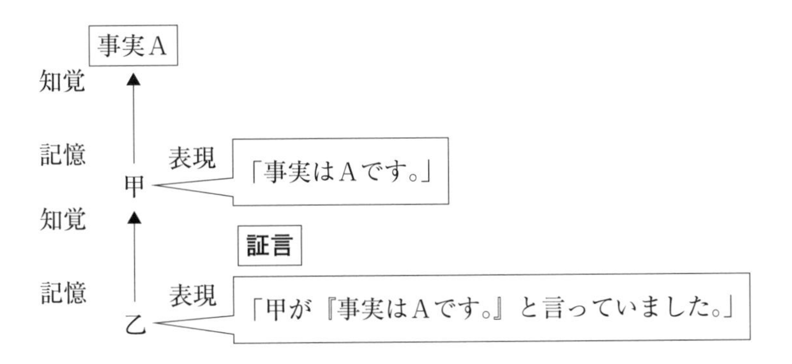

そこで、刑事訴訟法は、“甲の認識”した「事実Ａ」を認定するために「供述」を証拠として用いることが許されるのは、原則として**［方法Ⅰ］**による場合のみであり、**［方法Ⅱ］**又は

及び［**方法Ⅲ**］による場合（これらを「**伝聞証拠**」といいます。）は、例外規定である321条ないし328条に該当する場合（これらを「**伝聞例外**」といいます。）でない限り許されない、言い換えれば、［**方法Ⅱ**］又は［**方法Ⅲ**］により証拠化された「供述」は、原則として「事実A」を認定するための証拠から排除する、というルールを定めたのです（320条1項、**伝聞法則**）。

この伝聞法則の趣旨、根拠について、上述のとおり、その核心は、［**方法Ⅱ**］又は［**方法Ⅲ**］による「供述」は「誤りの有無を“チェックできないから”排除する」という点にあります。論述において、供述証拠は「誤りが“混入し易いから”排除する」という趣旨の説明がなされていることがありますが、このような説明は不正確です。たとえどれほど信用性の高い（誤りなど混入するはずのない）と思われる供述であっても、伝聞証拠（［**方法Ⅱ**］又は［**方法Ⅲ**］）であれば原則として排除されるのであり、逆に、信用性が極めて低い（明らかに誤りが混入している）と疑われる供述であっても、公判供述（［**方法Ⅰ**］）であれば（証明力の問題は別としても）伝聞法則の適用は問題とならないのです。このように、伝聞法則の適用はあくまで証拠能力の問題であり、個々の証拠の証明力（の低さ）を問題とするものではない、ということに注意してください。

3　伝聞証拠の意義

⑴　分析の視点――伝聞証拠該当性の問題類型――

伝聞証拠か否か、すなわち、ある証拠に伝聞法則が適用されるか否かを判断するためには、以上のような伝聞法則の趣旨・根拠を踏まえた上で、伝聞証拠の意義を厳密に定義しておく必要があります。

伝聞証拠の意義について、出題趣旨において、例えば、以下のように記述されることがあります。

［平成20年出題趣旨］
「Wが**知覚・記憶してノートに記載した事実**の真実性を前提とするものであるから、これが「伝聞証拠」……である」

［平成22年出題趣旨］
「乙による説明部分については、正に乙が**知覚・記憶し、説明した会話の内容たる事実**が要証事実となり、その真実性を証明しようとするものであるから、伝聞証拠に該当する」

［平成23年出題趣旨］
「同メールは、Bが**知覚、記憶し、表現した内容たる事実**が要証事実となり、その真実性を証明しようとするものであるから、伝聞証拠に該当する」

判例においても、例えば、判例①は「およそ供述とは心理的過程を経た特定の事項に関する言語的表現であり、**表意者の知覚、記憶の心理的過程を経た過去の体験的事実**の場合と、右のような知覚、記憶の過程を伴わない、表現、叙述のみが問題となるところの、表意者の表現時における精神的状態に関する供述（計画意図、動機等）の場合とがあって」、後者の場合には伝聞法則の適用がない旨判示しています。同様に、判例②は、伝聞法則とは「その供述内容の真実性の証明に供する場合、すなわち**原供述者の直接に知覚した事実**が要証事実である場合にのみ、これを証拠として使用することができないことを意味する」ものであり、「記載された供述内容の真実性の証拠に供せられたものでなく、その内容の真偽と一応無関係に、その供述がなされたこと自体が要証事実となっている」場合には適用がない旨を判示しました。

これらの判例の趣旨からすれば、伝聞証拠該当性については、争点及び証拠構造を整理、分析した上で、要証事実を**「原供述者の直接体験した事実」（原供述者が知覚、記憶し、表現した内容）**とする場合（一般に、「原供述の内容の真実性を証明する場合」と説明されます。）であるか否かを検討することが重要な視点となります。

そこで、伝聞証拠該当性の判断については、次の2つの類型に注意を要します。以下、各類型について詳細に検討します。

【伝聞証拠該当性の判断】
[類型Ⅰ]：要証事実が**「体験事実か否か」**が問題となる類型
[類型Ⅱ]：要証事実が**「誰の体験事実か」**が問題となる類型

⑵　要証事実が「体験事実」ではない場合──「供述時の精神状態」の立証──

[類型Ⅰ] は、要証事実が「体験事実ではない」から伝聞法則の適用がない、と判断する場面です。具体的には、供述時点における原供述者の内心（意思、計画等）を要証事実とする場合（**精神状態の供述**）、そのような“人の内心”は原供述者の「体験した事実」ではないことから、伝聞証拠に該当しません。

例えば、甲の「Xは嫌いだ。」という発言から、この発言をした時点での甲のXに対する嫌悪感を立証する場合です。この場合、「（発言時点で）甲がXに嫌悪感を抱いていた事実」は、甲の**供述時点における内心の状態**を示すものに過ぎず、甲が知覚、記憶した事実（甲が見たり、聞いたりして、憶えていた事実）を含んでいません。したがって、伝聞プロセスのうちの少なくとも⑴「知覚」と⑵「記憶」の過程で誤りが介在する危険性はありません。他方、⑶「表現（叙述）」の真摯性・正確性（言い間違いはなかったか、正確に表現したか等）という問題は残りますが、この点については、わざわざ甲を公判廷に呼び出して反対尋問等の方法によりチェックしなくても、例えば、甲の発言を聞いた乙に対して確認する（甲の発言時の様子や態度、周囲の状況等について公判廷で乙に尋問する）ことで十分にその真摯性・正確性を担保し得ると考えられるのです（このことは、甲の発言が「書面」の内容となっている場合も同様であり、「表現（叙述）」の真摯性・正確性については、当該書面の作成経緯や作成時の状況等を他の証拠あるいは書面の記載自体（外形、表現方法、記載内容等）から判断、確認することによって担保し得るといえます。）。

以上の趣旨について、判例①は「**精神的状態に関する供述**については、その伝聞証拠としての正確性のテストとして、その性質上必ずしも反対尋問の方法による必要はなく、その表現、叙述に真し性が認められる限り、伝聞法則の適用例外として、その証拠能力を認めるのが相当である」と判示しています。また、いわゆる「**犯行計画メモ**」（⇒第8講【2】1参照）に関して、「**人の意思、計画を記載したメモ**については、その意思、計画を立証するためには、伝聞禁止の法則の適用はないと解する……それは、知覚、記憶、表現、叙述を前提とする供述証拠と異なり、知覚、記憶を欠落するのであるから、その作成が真摯になされたことが証明されれば、必ずしも原供述者を証人として尋問し、反対尋問によりその信用性をテストする必要はないと解されるからである」と判示した判例（第8講【2】の判例①参照）があります。

もっとも、当該証拠が果たして本当に原供述者の内心（精神状態）を要証事実とするものなのか否かについては、争点との関係で厳格に判断しなければなりません。判例③は不同意性交等致死（旧強姦致死）被告事件であるところ、原審は、犯行以前の被害者の発言を聞いたとする証人の供述（被害者は被告人のことを「あの人は好かんわ、いやらしいことばかりする人だ」等と発言していた、という証言）について、（被害者が被告人に対し）「嫌悪の感情を有する旨告白した事実に関するものであり、これを目して伝聞証拠であるとするのは当らない」と判示しました。これは判例①及び②と同じ趣旨から、上記発言をした時点における被害者の精神状態（被告人への嫌悪感情）を本件証言の要証事実と捉えて伝聞証拠該当性を否定したものと考えられます。たしかに、仮に本件訴訟の争点が、（性交の事実を前提として）「性交についての合意の有無」であったとすれば、上記のような被害者の内心を立証することに意味があったといえるでしょう。なぜなら、「被害者が被告人を嫌悪していた事実」が証明された場合、性交についての合意は存在しなかったことを推認することができるからです。しかしながら、本件訴訟において、被告人は「性交に合意があった」という弁解をしていたわけではありません。被告人はそもそも自分が犯人であることを争っていたのであり、本件訴訟における最も重要な争点は、被告人の**「犯人性（被告人と犯人の同一性）」**でした。この争点を前提とすれば、本件証言は被告人の犯人性を推認させる間接事実である「犯行の動機」の存在（被告人が「かねてＶと情を通じたいとの野心を持っていた」事実）を証明するための証拠として用いられていることが分かります。ところが、いくら「被害者が被告人を嫌悪していた事実」を証明してみても、被告人の「犯行の動機」の存在まで推認することはできません。通常、被害者の内心と被告人の動機は無関係だからです。むしろ、動機の立証との関係では、被害者の内心の状態それ自体よりも、被害者がそのような嫌悪感を抱くに至った原因事情（被告人の「いやらしい」言動）を立証することの方が重要です。なぜなら、被告人が被害者に対して「いやらしい」言動（例えば、つきまといや待ち伏せ等）を繰り返していたという事実が証明されれば、被告人に被害者と性交しようとする動機があったことが推認できるからです。そうだとすれば、本件証言の要証事実は「被告人が被害者に対して以前から「いやらしいことばかり」していた事実」ということになるはずです。そして、この事実は、公判廷で証言した証人の体験した事実ではなく、原供述者である被害者が直接体験した事実（知覚、記憶し、表現した内容）であることから、本件証言は**［方法Ⅲ］**として**伝聞証拠（伝聞供述）**に該当します。このような分析から、判例③の最高裁は、「要証事実（犯行自体の間接事実たる動機の認定）との関係において伝聞証拠である」と述べて原審の判断の誤りを指摘し、伝聞法則を適用しました。この判例からも分かるように、伝聞証拠該当性の判断にあたっては、“当該事件の争点との関係で当該証拠の要証事実を把握する”という分析の視点が極めて重要となります（後記**4**参照）。

⑶　要証事実が「原供述者の体験事実」ではない場合――「供述の存在」の立証――

［類型Ⅱ］は、要証事実が「甲（原供述者）の体験事実」であるのか、「乙（原供述を聞いた者）の体験事実」であるのかを検討し、後者であれば伝聞法則の適用がない、と判断する場面です。具体的には、原供述の内容（原供述者が知覚、記憶し、表現した内容）ではなく、「原供述者

がそのような供述をしたこと」自体を要証事実とする場合（**「供述の存在」の立証**）、そのような“供述の存在”は「原供述者の体験した事実」ではないことから、伝聞証拠に該当しません。

例えば、甲の発言（原供述）を聞いた乙の供述を証拠化する場合について検討すると、この乙の供述は、乙が公判廷で証言する「公判供述」（**[方法Ⅰ]**）である場合と乙の「供述代用書面」（**[方法Ⅱ]**）として提出される場合があり得ます。いずれにしても、この乙の供述のうち、原供述者である甲の発言部分から、⑴「原供述者甲の直接体験した事実」（**原供述の内容**）を立証する場合であれば、甲の発言部分は伝聞証拠に当たります。この場合、乙の供述が「公判供述」であれば**「伝聞供述」**（**[方法Ⅲ]**）となり、乙の「供述代用書面」であれば**再伝聞**（⇒**第8講【3】1参照**）となります。これに対し、⑵「乙自身の直接体験した事実」である“甲がそのような発言をした事実”（**原供述の存在**）を立証する場合であれば、甲の発言部分は伝聞証拠に当たらない、と判断されます。この場合、乙の供述が「公判供述」であれば証人が自身の体験を公判廷で証言しているに過ぎないことから問題なく証拠能力が肯定され、乙の「供述代用書面」であれば単に当該書面が伝聞例外の要件を満たすことによって証拠能力を獲得することになります。具体例として、乙が「甲が『ＸがＹを殺害した。』と言っていました。」と供述したとします。この乙の供述中の甲の発言部分について、殺人被告事件（被告人Ｘ）の公判において、要証事実を「ＸがＹを殺害した事実」として、“ＸのＹに対する殺人罪”の立証に用いるのであれば、⑴の場合に当たります。これに対して、名誉毀損被告事件（被告人甲）の公判において、要証事実を「甲が『ＸがＹを殺害した。』と発言した事実」として、“甲のＸに対する名誉毀損罪”の立証に用いるのであれば、⑵の場合に当たります。

以上の趣旨について、判例②は「記載された供述内容の真実性の証拠に供せられたものでなく、その内容の真偽と一応無関係に、その**供述がなされたこと自体**が要証事実となっている……所謂伝聞証拠と異り、証拠能力を有する」と判示し、同様に、判例④（**白鳥事件**）は、「伝聞供述となるかどうかは、要証事実と当該供述者の知覚との関係により決せられる」と述べた上で、「被告人Ｘが右のような内容の**発言をしたこと自体**を要証事実としているものと解せられるが、被告人Ｘが右のような内容の発言をしたことは、Ｙの自ら直接知覚したところであり、伝聞供述であるとは言えず……証拠能力がある」と判示しています。

なお、乙の供述を上記⑵のように用いる場合、そもそも甲の発言は「供述証拠」に当たらない（故に、伝聞法則の適用がない）と説明されます。すなわち、**「供述証拠」の意義**を「ある供述を“供述内容どおりの事実の存在”の立証に用いる場合」と定義するのであれば、上記⑵のように公判外でなされた“供述の存在”自体を要証事実とする場合、甲の発言（原供述）が「供述証拠」として利用される場合ではない（例えるなら、凶器として使われた“包丁の存在”を立証するために包丁自体を「証拠物」として提出する場合と同じである）、と理解されることになります（**非供述証拠的用法**）。このように、**[類型Ⅱ]** における**「供述の存在」の立証**については、原供述に含まれる事実が真実か否か（原供述者の知覚、記憶、表現の各過程の誤りの有無）がおよそ問題とならない場合であり、いわば“純粋な”非伝聞と解されます（これに対して、**[類型Ⅰ]** における**“精神状態の供述”**については、少なくとも「表現（叙述）」の過程についての誤りの有無は問題となり得ることから、上述した判例の立場とは異なりこれを伝聞証拠と解する立場もあります。）。

⑷　伝聞証拠の意義

以上の検討を踏まえて、伝聞証拠の意義については、以下のように定義することができます。

【伝聞証拠の意義】
①　要証事実を直接体験した者の**公判期日外における供述**（原供述）を内容とする証拠
かつ
②　**原供述者が直接体験した事実**（知覚、記憶し、表現した内容）の証明の用に供される証拠

上記の意義について、注意点を指摘します。

まず、①について、既に説明したように、**「公判期日外における供述（原供述）を内容とする証拠」**には、**「書面」**（原供述が記載された書面）である場合（**[方法Ⅱ]**）と**「供述」**（原供述を聞いた者の公判廷における供述）である場合（**[方法Ⅲ]**）があります。伝聞法則の適用を検討する際には、原供述がいずれの方法によって証拠化されているのかを明確に区別することが重要です。

次に、②について、**「直接体験した事実」**とは、判例①が「表意者の知覚、記憶の心理的過程を経た過去の体験的事実」と説明するように、通常は、人の**「知覚」**、**「記憶」**、**「表現」**の全ての過程を経て法廷に顕出される事実のことを意味します。ただし、例外として、認識対象となる客観的事実がないため「知覚」のプロセスを欠く「過去の体験的事実」という場合があり得ます。例えば、甲の「２年前はXのことが嫌いだった。」という発言から、その当時（２年前）の甲のXに対する嫌悪感を立証する場合です（**“過去の精神状態”**の供述）。これは上述した**[類型Ⅰ]**とは区別しなければなりません。「２年前に甲がXに嫌悪感を抱いていた事実」は、**[類型Ⅰ]**の場合と同様に甲の内心の状態のみを問題とする場合のように思えますが、厳密には、甲の「記憶」の過程を経て法廷に顕出される事実です。すなわち、自己の内心について甲が「知覚」する（見たり聞いたりする）というプロセスはありませんが、それを「記憶」する（当時のことを憶えている）というプロセスを経ています。故に、甲の「記憶」について勘違いや思い違いはないかという点をチェックする必要があります。言うなれば、“今このように思っている”は体験談ではないですが、“あの時こう思っていた”というのは立派な体験談なのです。**[類型Ⅰ]**において要証事実が「体験事実ではない」から伝聞証拠に当たらないと判断されるのは、あくまで**供述時点における内心の状態**を立証する場合（「知覚」と「記憶」の過程が両方とも欠落し、「表現」の過程のみが問題となる場合）であるという点に注意してください（判例①も「表意者の表現時における精神的状態に関する供述」と判示しています。）。

(5)　「内容の真実性」の意味

なお、上記の意義の②の部分は、上述した**「供述証拠」の意義**を具体的な内容に言い換えて説明したものです。したがって、伝聞証拠とは、端的に言えば、①公判外供述を、②「供述証拠」として用いる場合、ということになります。もっとも、この②の部分については、一般に、「供述の**内容の真実性**を立証する場合」あるいは「供述の**内容の真実性**が問題となる場合」という言葉で説明されます。出題趣旨及び採点実感にも、以下のような記述があります。

[平成30年出題趣旨]
「刑事訴訟法第320条第１項のいわゆる**伝聞法則の趣旨**を踏まえ、同項の適用の有無、すなわち**伝聞と非伝聞の区別基準**を示すことが求められる。この区別は、当該証拠によって何をどのように証明しようとするかによって決まり、具体的には、公判外供述を内容とする供述

又は書面を、公判外の原供述の**内容の真実性**を証明するために用いるか否かによるとされるのが一般的である。」

[平成27年出題趣旨]

「書面について、想定される**具体的な要証事実**との関係で、そこに記載されている**内容・事項の真実性**を立証するために用いられるものか、それとも書面の存在や記載自体から内容の真実性とは別の事実を立証するために用いられるものかを検討し、伝聞証拠かどうかを判断することが必要となる。」

[平成27年採点実感]

「その要証事実ないし立証事項との関係で、書面の記載**内容の真実性**が問題となるのかどうかを具体的に検討し、伝聞法則が適用される場合には、さらに伝聞例外として証拠能力が認められるかどうかについても検討することを求めている。」

「書面が伝聞証拠に当たるか否かについては、要証事実との関係で書面の記載**内容の真実性**（書面に述べられたとおりの事実の存在）が問題となるか否かを検討する必要がある」

しかしながら、この**「内容の真実性」**という言葉を説明に用いる際には細心の注意を払う必要があります。多くの論述を見ていると、「内容の真実性が問題となる」という説明は、分かってないのに分かったような気になってしまう一種の“マジックワード”と化しているように感じます。伝聞証拠該当性について適切に分析できていないと思われる論述は、多くの場合このマジックワードに安易に頼って踊らされた結果、伝聞法則の本質の理解が疎かになっているのです。このことは、採点実感においても、以下のとおり指摘されています。

[令和３年採点実感]

「多くの答案が、**伝聞法則の意義・趣旨**についておおむね的確に論じ、**伝聞と非伝聞を区別する基準**について、「**原供述の内容の真実性**を立証するために用いられる場合は、信用性の担保に欠ける証拠を立証に用いることで事実認定の正確性を損なうおそれが生じるため、伝聞証拠に当たる。」旨論じることはできていたが、その一方で、**「原供述の内容の真実性を立証する」ことの意味**を正しく理解せず、……本件メモ２が非伝聞証拠に該当するとして、その証拠能力の有無を論じる答案も散見された。」」

[平成30年採点実感]

「多くの答案が、立証において公判期日外でなされた供述の「**内容の真実性**が問題となるか否か」を基準として挙げていたが、なぜ、立証趣旨との関係で原供述の「**内容の真実性**が問題となる」場合に、原供述を媒介する書面又は供述が伝聞証拠としてその証拠能力を否定されることになるのかについて、伝聞法則の趣旨を踏まえて十分に論述できていない答案も、依然として相当数見られた。」

「「**内容の真実性**が問題となる」という表現の意味をなお正確に理解できていないため、本件メモの全体を非伝聞証拠とした答案も少数ながら見られた。……他方、甲の発言の真実性が問題となるとして、再伝聞証拠とする答案も散見されたが、これも、「**内容の真実性**が問題となる」との表現の意味及び本件メモによる立証の対象を正しく理解したものとはいえない。」

[平成28年採点実感]
「伝聞・非伝聞の区別でしばしば用いられる供述**内容の「真実性」**という言葉の意義について、正確な理解ができていないのではないかとも思われる。」

司法試験において、伝聞法則に関する問題は同一の論点が過去に何度も繰り返し出題されています。ところが、伝聞法則の検討に苦手意識を持つ人は依然として非常に多い印象を受けます（それ故、何度同じ論点を出題しても正確に理解できている人とそうでない人の論述には明確な差がつきます。）。このような事態は、もちろん、実務において実際の刑事公判で伝聞証拠を取り扱う経験をしていない者にとってやむを得ない面もありますが、その最大の要因は、上記の「内容の真実性」という“マジックワード”に対する理解の甘さや曖昧さにあると思われます。

例えば、[**類型Ⅰ**] について、上述のとおり、判例はこの場合は伝聞証拠に該当しないと判断していますが、“**精神状態の供述**”については、真に原供述者が発言時点でそのような精神状態であったのか否か（本当に甲はＸに嫌悪感を抱いていたのか）という意味においては、甲の「Ｘは嫌いだ。」という発言の「**内容の真実性**」がまさしく問題となっているといえます。すなわち、[**類型Ⅰ**] は、甲の供述内容（Ｘへの嫌悪感）の真実性を立証するために甲の供述を用いる場合なのです（それ故、これを伝聞証拠として把握する見解も存在するのです。）。採点実感においても、以下のように説明されています。

[平成28年採点実感]
「**心理状態に関する供述**は、供述**内容**である**心理状態の真実性**が証明の対象である点では伝聞供述と異なるところがない一方、知覚・記憶保持の要素が欠けている点で通常の供述過程とは異なっており、乙の供述を心理状態に関する供述とした場合には、これを直ちに**非伝聞供述**と見てよいかについては必要な論述を行うべきであろう。」

そこで、“精神状態の供述”については、「公判外供述について内容の真実性が問題となる（供述証拠として用いる場合である）ことから定義上は伝聞証拠に当たる。もっとも、伝聞法則の趣旨からすれば、知覚・記憶の過程を欠くことから同法則を適用する必要がないので、例外的に適用対象外とする。」という説明の仕方もあり得ます。しかしながら、このような説明は迂遠であるばかりか、むしろ理解を困難にしているように感じます。やはり「伝聞証拠」の意義を上記のように厳密に定義した上で、端的に「原供述者が直接体験した事実の証明に用いる証拠ではないから伝聞証拠に当たらない。」と説明する方が分かり易いし、適切でしょう。

以上に述べたような憂慮から、本書では、問題分析における解説や参考答案例において、意図的に「内容の真実性」という言葉を極力用いないで説明するようにしています。すなわち、一般的には「供述の内容の真実性が問題となる」という表現で説明される箇所について、本書では敢えて「供述者の直接体験した事実の証明に用いられる」（あるいは単に「供述者の体験事実の立証に用いる」）という表現に言い換えています。もちろん、「内容の真実性」という言葉は出題趣旨や採点実感でも繰り返し用いられており、一般的な説明においても使用される表現であることから、これを正確に理解した上で最終的に論述においてこの表現を用いることを妨げる趣旨ではありません。もっとも、伝聞法則の本質を理解するための学修の過程でこの“マジックワード”に頼ってしまうと、逆に正確な理解が阻害されてしまう事態が懸念されます。「内容の真実性」という言葉を適切に使いこなすためには、まさしくこの言葉の意味する真実の内容を正しく理解する必要があるのです。これまで「内容の真実性」という言葉を何となく用いることで理解が曖昧となっていた部分について、特に意識して正確かつ厳密に理解してくように心掛けることが重要です。

伝聞法則の理解について、出題趣旨において、以下のように詳細に説明されています。

［令和３年出題趣旨］
「**伝聞法則の適用を受ける証拠であるか否か**、すなわち**伝聞証拠と非伝聞証拠を区別する基準**を示す必要があるところ、一般に、**伝聞法則の主要な根拠**は、公判期日外の供述については、公判期日での供述に比べ、類型的に信用性の担保に欠けるという点に求められ、この根拠に照らすと、公判期日外の供述（原供述）を含む供述ないし書面に伝聞法則の適用があるか否かを判断するに当たっては、原供述を証拠とすることにより何を立証しようとするか、すなわち**要証事実が何であるか**が重要であり、**原供述の内容に示される事実が存在すること（原供述の内容の真実性）**を立証するために用いられる場合は、信用性の担保に欠ける証拠を立証に用いることで事実認定の正確性を損なうおそれが生じるため、伝聞証拠に当たり、一定の要件を満たさない限り証拠能力を認めるべきでないこととなる。他方で、**一定の内容の原供述の存在**が示されれば、その内容の真偽にかかわらず立証の目的を達し得る場合や、原供述についてその生成過程に照らして**信用性を担保する必要が低い**と評価される場合は、伝聞法則の趣旨が妥当せず、その適用がないと考えることが可能となる。」

「内容の真実性」の意味を正しく理解するためにも、**伝聞証拠の意義**として上記出題趣旨の示す「原供述の内容に示される事実が存在すること（原供述の内容の真実性）を立証するために用いられる場合」という説明については、「**原供述者が直接体験した事実（知覚、記憶し、表現した内容）**を立証するために用いられる場合」と読み替えて理解しておくと良いでしょう。他方、伝聞法則の適用がない証拠（非伝聞）の具体例として上記出題趣旨の挙げる２つの場合については、①「一定の内容の原供述の存在が示されれば、その内容の真偽にかかわらず立証の目的を達し得る場合」を「**要証事実が「原供述者の体験事実」ではない場合**」（**［類型Ⅱ］**の場合）、②「原供述についてその生成過程に照らして信用性を担保する必要が低いと評価される場合」を「**要証事実が「体験事実」ではない場合**」（**［類型Ⅰ］**の場合）とそれぞれ読み替えて理解してください。

４　伝聞法則の適用手順

ある証拠について伝聞法則の適用の検討が求められた場合、その証拠の内容だけを眺め見ても答えには辿り着けません。既に説明したとおり、伝聞法則が適用されるか否かは、要証事実との関係で相対的に決まるものだからです。したがって、“その訴訟においてその証拠がどのように用いられているのか”を分析する視点が不可欠となります。以下、具体的な検討手順を整理しておきます。

(1)　争点の整理

まず、当該訴訟の**争点**を整理します。争点を把握する際には、公訴事実に対する被告人（弁護人）の認否が参考となります。争点は**「犯人性（被告人と犯人の同一性）」**なのか**「罪体（犯罪事実の有無・内容）」**なのか、罪体が争点である場合、争いがあるのは犯罪事実のうち客観面の事情（実行行為、結果、因果関係等）なのか主観面の事情（故意、目的、主観的超過要素等）なのか、という視点で、当事者の主張（弁解）から争点を正確に把握します。なお、公判前整理手続を経ている事案等では問題文で争点整理の結果（316条の24参照）が明示されている場合もあります。

(2)　証拠構造の分析

次に、争点に関する立証について、その**証拠構造**（立証構造）を分析する必要があります。当該訴訟における証拠の全体像を俯瞰し、それぞれの証拠の位置付けや働き（証拠と証拠の関係、証拠と争点の関係）を大局的に分析していきます。例えば、「争点Aに関する事情として、事実ａについては争いがない。事実ｂについては○○という証拠がある。事実ｃについては証拠がない。……」というように立証の全体像を把握します。その際、証拠構造を分析する上で有用な視点が、**「直接証拠型」**と**「間接事実型」**の区別です。**直接証拠**とは、争点（最終的な立証命題）について推認の過程を経ることなく**直接証明する**証拠のことです。犯行を一部始終捉えていた防犯カメラ映像等がその代表例ですが、供述証拠であっても、例えば、目撃者・被害者の「犯行目撃供述・犯人識別供述」や被疑者・被告人の「自白」も、（それが信用できる供述であれば）推認過程を経ずに犯罪事実を証明することができることから、直接証拠となります。争点に対して直接証拠がある場合、それを立証の中核に位置付けた上で、その他の証拠や間接事実は、基本的にはその直接証拠の信用性を判断するための資料（補助証拠）として用いられることになります。これに対して、直接証拠がない場合、様々な証拠から間接事実を立証し（この「証拠」（間接証拠）とそれにより証明される「事実」（間接事実）を併せて**「情況証拠」**と呼ぶことがあります。）、それらの間接事実の積み上げにより、争点となっている犯罪事実を**推認する**、という証拠構造となります。なお、試験問題で伝聞法則が問われる場合、後者の「間接事実型」の証拠構造となっている事例であることが比較的多いといえます。

(3)　具体的な要証事実の把握（「立証趣旨」と要証事実の関係）

争点との関係で個々の証拠がどのように機能するものであるかが分かれば、当該証拠の立証対象、すなわち、当該証拠により証明しようとする具体的な事実（**要証事実**）を把握することができます（なお、出題趣旨等においては、この“当該証拠から立証される具体的事実”という趣旨で**「具体的な要証事実」**、**「立証事項」**、**「立証の対象」**等という用語が使われていますが、いずれも同じ意味で理解することができます。本書では、以下、単に**「要証事実」**と呼んで説明します。）。この要証事実の把握の手掛かりとして、多くの場合、問題文に当該証拠の「立証趣旨」が記載されています。そして、当事者主義の訴訟構造の下では、原則として、証拠調べ請求した当事者の示した立証趣旨を基準として、当該証拠の要証事実を把握することになります。

「立証趣旨」とは、証拠調べ請求をする際に当事者が明示する「証拠と証明すべき事実との関係」（規則189条１項）のことです。端的に言えば、当事者が当該証拠を何のために証拠調べ請求しているのか、という証拠調べ請求の意図、目的（コンセプト）を説明したものが「立証趣旨」です。実務上、この「立証趣旨」は、証拠調べ請求の際に提出される「証拠等関係カード」という書面に極めて簡潔な形で表示されている例が多いといえます。例えば、立証趣旨が「犯行に至る経緯」、「犯行現場の状況」、「犯行目撃状況」等のように抽象的に表示されている場合、この記載のみを見ても、当該証拠によって証明しようとしている事実が具体的にどのような内容であるのかは分かりません。これに対して、「要証事実」、すなわち「証拠により証明すべき事実」（296条本文参照）は、より具体的な内容を伴うものとして把握する必要があります。例えば、「犯行に至る経緯」という立証趣旨で「○月○日○時（犯行時刻）頃に××（犯行現場）付近において、被告人甲が被害者Ｖと言い争いになった事実」を証明する、「犯行現場の状況」という立証趣旨で「甲がＶと言い争いをしていた場所が人通りの多い繁華街であった事実」を証明する、「犯行目撃状況」という立証趣旨で「○月○日○時、××において、甲がＶの顔面を手拳で３回殴打した事実（その様子を通行人の乙が目撃したこと）」を証明する、というように、当該証拠による証明の対象となっている事実を具体的に把握していきます。その際、「要証事実」は、できる限り“５Ｗ１Ｈ”（いわゆる「六何の原則」）によって内容を具体的に把握するように心掛けると良いでしょう。要証事実の把握が曖昧なまま、例えば、「本件証拠の要証事実は立証趣旨と同じく「犯行目撃状況」である」というような説明してしまうと、具体的な「要証事実」を全く把握できていないことから、伝聞証拠該当性を的確に分析することはできません。

なお、当事者の設定した立証趣旨をそのまま前提として、それに沿って要証事実の内容を把握すると、当該訴訟における具体的な争点との関係ではおよそ証拠として無意味である（証拠価値がない）と判断される場合があります。このような場合、例外的に、立証趣旨から離れて、あるいはそれを実質的に解釈して、独自に、「立証趣旨」とは異なる“実質的な要証事実”を把握した上で伝聞証拠該当性を判断する必要があります（⇒**第８講【４】３⑴参照**）。

⑷　伝聞証拠該当性の判断

上記の検討で把握した「要証事実」との関係で当該証拠に伝聞法則が適用されるか否か（**伝聞証拠該当性**）を判断します。上述した伝聞証拠の意義（前記**３⑷**）のとおり、当該証拠が、①要証事実を直接体験した者の**公判期日外における供述（原供述）**を内容とする証拠（書面又は供述）であって、②**原供述者が直接体験した事実**（知覚、記憶し、表現した内容）の証明に用いられている証拠であれば、伝聞証拠に当たると判断します。ここで特に注意が必要な問題類型として、⑴要証事実が**「体験事実か否か」**が問題となる場合（**［類型Ⅰ］**の問題）と、⑵要証事実が**「誰の体験事実か」**が問題となる場合（**［類型Ⅱ］**の問題）があります（以下、本書では、⑴の場合を**「類型Ⅰ問題」**、⑵の場合を**「類型Ⅱ問題」**と呼んで説明します。）。

なお、当該証拠が伝聞証拠に該当する場合、それが**「供述代用書面」（320条１項前段）**であるのか、**「伝聞供述」（320条１項後段）**であるのかについても必ず特定します（ちなみに、試験問題では「書面」の証拠能力が問われることが比較的多いといえますが、その場合は前者の該当性が問題となります。）。また、「書面」については更に**再伝聞の処理**（⇒**第８講【３】２参照**）が必要となる場合に注意を要します。

⑸　伝聞例外要件充足性の検討

最後に、伝聞証拠に当たると判断された証拠については、引き続いて、**伝聞例外の要件**を充足するか否かを検討する必要があります（後記5参照）。あくまで問われているのは「証拠能力」であることから、必ず伝聞例外の要件まで検討した上で証拠能力の有無について最終的な結論を述べることを忘れないように注意してください。その際、まずは、当該証拠の性質を分析し、法定の**伝聞例外規定**（**321条ないし328条**）のうちどの規定の要件が適用されるのかについて的確に判断する必要があります。その上で、各要件に関連する様々な事情が問題文の事例中に記載されていることから、個々の要件について、**「具体的事実を摘示」**しつつ、その事実を**的確に評価**して要件充足性を検討します。ここで言う“事実の評価”とは、すなわち、**「個々の事実が持つ法的な意味」**を分析するということです。ある事実から特定の要件を充足する（しない）との判断が基礎付けられるのはどうしてか、その理由を説明する、という意識を持つと良いでしょう。

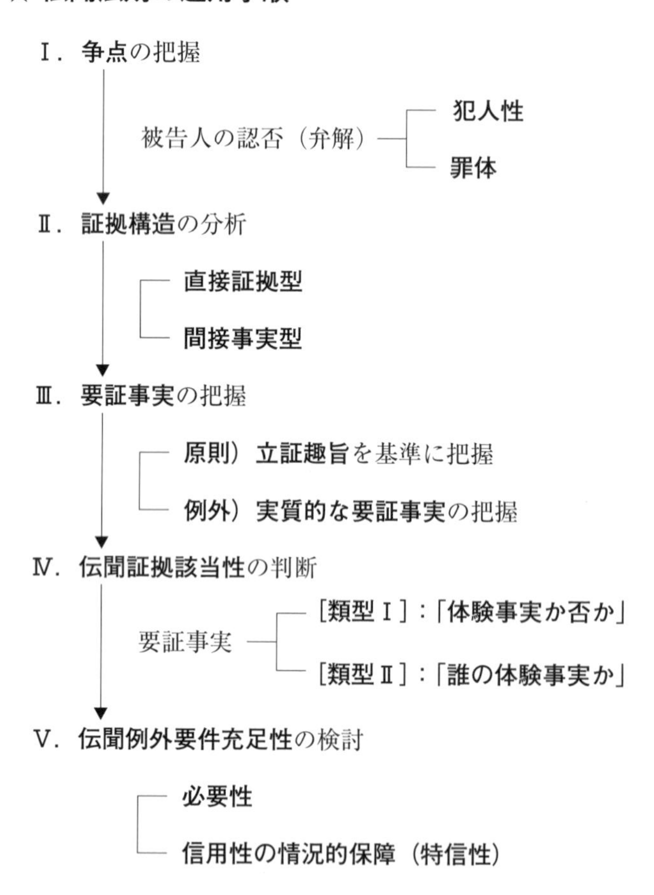

5　伝聞例外の要件

上述のとおり、伝聞法則の根拠は人の供述を証拠として用いる場合の“危険性”の点にあります（前記2⑴参照）。もっとも、伝聞証拠であっても、それを事実認定に用いるべき“有用性”が“危険性”を上回るような場合もあり得ます。そこで、公判外供述を証拠として用いる①**必要性**があり、反対尋問等の吟味の手続に代わるほどの②**信用性の情況的保障**（**特信性**）がある場合に、例外的に伝聞証拠の証拠能力を認めるための規定が**伝聞例外**です。伝聞例外の各規定は、基本的に、上記①必要性と②信用性の情況的保障（特信性）という一般要件について、各供述の性質に応じて個別に具体化した要件を示したものです。そこで、以下、代表的な伝聞例外規定を概観しておきます。

(1)　被告人以外の者の供述代用書面（321条）

「被告人以外の者」の供述代用書面について、321条は、①1号書面（裁判官面前調書）、②2号書面（検察官面前調書）、③3号書面（司法警察員面前調書等）、④2項書面（公判期日における供述録取書等）、⑤3項書面（捜査機関の検証調書）、⑥4項書面（鑑定書）、という6種類の書面について規定しています。とりわけ、1項書面（1号ないし3号書面）には、**「供述書」**（供述者自身が書いたもの）と**「供述を録取した書面」**（供述者の供述を録取した者が書いたもの）の区別があることから、321条1項柱書の読み方に注意を要します。同柱書は「被告人以外の者が作成した供述書」又は「その者の供述を録取した書面で供述者の署名若しくは押印のあるもの」という区切りで読みます（なお、後述する322条1項本文の読み方も同様です。）。すなわち、**供述者の署名・押印**の要件（⇒署名・押印の機能について、**第8講【3】3**参照）は供述録取書の場合にしか要求されない（供述書では不要である）という点に注意してください。

その上で、まずは、**3号書面**の要件（**3号要件**）の内容を正確に把握してください。すなわち、3号書面では、**供述不能、不可欠性、特信性**の各要件を全て充足する必要があります。この3号要件は伝聞例外規定の中で最も厳格な要件であり、これがあらゆる伝聞例外にとっての原則形態の規定です（3号書面が“例外の原則”となるので、その他の伝聞例外の要件については、この3号要件がどのように緩和されているか、その理由はどうしてか、という視点から整理しておくと良いでしょう。）。

これに対して、**2号書面（検察官面前調書）**については、同号の本文が**供述不能**（前段）又は**相反供述・実質的不一致供述**（後段）という要件を分けて規定しており、さらに、但書が**特信性**を要求しています。もっとも、同但書は「公判期日における供述よりも**前の供述**を信用すべき特別の情況」と規定していることから、その適用は後段の「**前の供述**と相反するか若しくは実質的に異なった供述」（**相反供述・実質的不一致供述**）の存在を前提としていることが明らかです。したがって、前段の「供述することができないとき」（**供述不能**）に該当する場合、そもそも「公判期日における供述」が存在しないことから上記但書の要件は不要となる点に注意してください。すなわち、2号前段は**1号書面（裁判官面前調書）**と同じく①必要性のみで証拠能力を認めている規定であり、2号書面であっても供述不能に該当すれば②信用性の情況的保障（特信性）が要求されることなく証拠能力が認められます。このように2号書面が3号書面より要件が緩和されている理由は、検察官は法律の専門家であり、「公益の代表者」として「法の正当な適用」を求める客観的立場にあることから（検察庁法4条参照。これを**検察官の客観義務**といいます。）、同じ捜査機関の作成した書面であっても警察官の作成する3号書面（司法警察員面前調書）よりも類型的に信用性が担保されていると解されるからであると説明されます（もっとも、同時に検察官は被告人を訴追する役割を担う訴訟の一方当事者としての立場にもあることから、裁判官のように純然たる第三者的立場にあるわけではなく、果たして検察官に上記のような客観性を期待することが本当に可能なのかという問題もあります。）。

以下、321条1項の要件の内容を具体的に検討します。

まず、問題となるのが①必要性を基礎付ける**供述不能**の要件です。321条1項各号は、供述不能事由として「死亡、精神若しくは身体の故障、所在不明若しくは国外にいる」場合を挙げています。もっとも、これらの列挙事由は**例示列挙**であると解されており、例えば、判例は証人の**証言拒絶**（146条等）の場合についても供述不能の要件を肯定する余地を認めています（第８講【2】の判例②参照）。また、同要件は、供述者が「公判期日において供述することができない」状態に至った経緯等をも考慮して判断すべきであると解されており、例えば、国外に強制退去させられた外国人の供述調書につき、判例⑤は「検察官面前調書が作成され証拠請求されるに至った事情や、供述者が国外にいることになった事由のいかんによっては、その検察官面前調書を常に右規定により証拠能力があるものとして事実認定の証拠とすることができるとすることには疑問の余地がある」と述べた上で、「検察官において当該外国人がいずれ国外に退去させられ公判準備又は公判期日に供述することができなくなることを認識しながら殊更そのような事態を利用しようとした場合」や「裁判官又は裁判所が当該外国人について証人尋問の決定をしているにもかかわらず強制送還が行われた場合」等、「当該外国人の検察官面前調書を証拠請求することが**手続的正義の観点から公正さを欠く**と認められるときは、これを事実認定の証拠とすることが許容されないこともあり得る」と判示しました（もっとも、同判例はあくまで321条１項２号前段の供述不能要件の解釈を示したものなのか、それとも伝聞法則の趣旨とは別の新たな証拠禁止の法理を示したものであるのかは必ずしも判然としません。後者の理解によれば、「書面」に限らず、例えば、主尋問実施後、予定されていた反対尋問のための期日前に強制送還された外国人証人の「証言」（主尋問における供述）についても、同判例法理の射程が及び得ることになります。）。

次に、特に問題となるのが②信用性の情況的保障を基礎付ける**特信性**の要件です。この要件の検討に際しては、次の２点に注意してください。

第１に、**特信性の内容**です。２号書面（検察官面前調書）においては、上述した「**前の供述**を信用すべき特別の情況」との規定からも分かるように、その特信性は前後の供述を比較して判断すべきものです（**相対的特信情況**）。すなわち、検察官の面前における供述と公判供述とを比較したときに、前者の方が信用すべき情況があったといえる場合か、あるいは後者の方が信用すべき情況に欠けていたといえる場合であれば、特信性が肯定されます。これに対し、３号書面の特信性は、「**その供述**が特に信用すべき情況の下にされたものであるとき」との規定からすれば、「その供述」（公判外供述）それ自体が類型的に高い信用性を備えていると認められる必要があります（**絶対的特信情況**）。

第２に、**特信性の判断方法**です。特信性はあくまで証拠能力の要件であることから、個別の供述内容の信用性を先取り的に評価して証明力の判断をするものではありません。すなわち、“ある情況の下で供述した”という事情が類型的にその供述の信用性の担保になっている、ということが特信性の意味合いです。したがって、特信性の要件は、主としてその供述がなされた情況（**外部的付随的事情**）から判断すべきということになります。ただし、**供述内容**も、そのような情況の存在を推認する資料とする限度で斟酌することは許されると解されています。判例⑥も、２号書面（検察官面前調書）の特信性判断について、「必ずしも外部的な特別の事情でなくても、その供述の内容自体によってそれが信用性ある情況の存在を推知せしめる事由となると解すべき」と判示しています。このような理解によれば、例えば、要証事実以外に関する供述部分についてその内容が客観的な事実と合致する（いわゆる“裏付け証拠”がある）ことが確認されれば、それをもって供述全体の信用性（を担保する事情）を推認する一つの根拠とすることは許されるでしょう。もっとも、このような理解に対しては、上記判例⑥があくまで２号書面に関する判例であることから、３号書面にはその射程が及ばないと解した上で、３号の特信性についてはおよそ供述内容を考慮すべきではない、とする見解もあります。

なお、上記のとおり、**3号要件**は最も厳しい要件であり、実務上、書面が3号要件を充足して証拠能力を獲得する例は非常にまれであるといえます。特に「不可欠性」と「特信性（絶対的特信情況）」の双方を充足しなければならないという点は、実際には相当に高いハードルとなります。それ故、基本的に3号書面は相手方の同意（326条）がない限り証拠として提出できないので、不同意となった場合には証人尋問による立証を検討する（書証としての証拠調べ請求は撤回する）、というのが一般的な実務家の感覚であると思われます。もっとも、試験問題においては、これらの要件を充足させ得るような特殊事情が問題文の事例に記載されていることから、最後まで粘り強く検討する姿勢が求められます。

(2)　被告人の供述代用書面（322条）

「被告人」の供述代用書面（「被告人が作成した供述書」又は「被告人の供述を録取した書面で被告人の署名若しくは押印のあるもの」）については、322条1項要件の本文と但書の関係に注意してください（なお、被告人の供述録取書については、321条1項各号と異なり、供述の相手（録取者）が誰であるかによる区別はありません。）。すなわち、322条1項は、本文で**「不利益な事実の承認」**（前段）又は**「特に信用すべき情況」**（後段）という要件を規定し、但書で**「任意にされた」**という要件を規定しているところ、同但書は「被告人に**不利益な事実の承認**を内容とする書面は」と規定していることから、但書の**任意性**が要件となるのは前段（**不利益事実の承認**）の場合のみです。結局、同項の要件は、⑴**不利益事実の承認**及び**任意性**がある場合、又は、⑵**特信性**がある場合、と整理することができます。⑴の場合に特信性が要求されないのは、“犯罪の嫌疑をかけられている者は嘘をついてまで自己に不利益な事実を暴露しない”という経験則から、被告人が任意に不利益な供述をしたのであれば、その供述は類型的に信用性が高いと考えることができるからであると説明されます。

ところで、有罪立証を目指す検察官は当然に被告人に不利な証拠を提出すべき立場にあることから、通常、検察官が提出する被告人の供述代用書面（被告人の供述調書）には、被告人にとって「不利益な事実の承認」がその内容に含まれているといえます。そうすると、結局、検察官が証拠調べ請求をした被告人の供述調書については、任意性（⇒**第9講【1】2参照**）の点しか実質的な証拠能力の要件としては機能しないといえます。これは、上述した3号要件と比較すると、格段に低いハードルです。実際、被告人の供述調書が存在する場合、弁護人としては任意性を真剣に争わない限り、（個別の信用性の問題はともかくとしても）公判段階でその調書の証拠能力を否定することは困難である、というのが実務的な感覚です。そのため、刑事弁護の実務では、捜査段階における取調べの際の調書への“署名・押印拒否”や“黙秘”が重要な被疑者の防御手段となり得るとされているのです。

(3)　伝聞供述（324条）

伝聞証拠の類型には、**「供述代用書面」**（320条1項前段）と**「伝聞供述」**（320条1項後段）があるところ（前記1参照）、刑事訴訟法は、まず「書面」に関する伝聞例外を先に規定し（321条ないし323条）、伝聞供述については「書面」に関する規定を準用するという規定形式をとっています。すなわち、324条によれば、伝聞供述について、原供述者が**「被告人」**である場合は**322条**が準用され（324条1項）、他方、原供述者が**「被告人以外の者」**である場合は**321条1項3号**が準用され（324条2項）、それぞれ証拠能力が判断されることになります。このような規定形式は、伝統的に、我が国の刑事公判において書面による立証が多用されてきたという実情に即したものあると解されます。もっとも、裁判員裁判制度の導入により、伝統的な調書中心主義の裁判の姿は変容してきており、現在では、証人尋問による立証を中心とした直接主義・公判中心主義の理念が実現されつつあるとも指摘されています。

なお、324条はあくまで証人の「証言」の中に含まれる公判外供述（原供述）を想定した規定であり、「被告人の公判供述」に含まれる「被告人以外の者」の公判外供述（原供述）については明文の規定が存在しません。これは、被告人には証人適格がないためであると解されますが、学説においては、原供述が被告人に不利益なものである場合は322条１項を、不利益なものでない場合は324条２項を類推適用（321条１項３号準用）すべきと解する見解があります。

6　問題分析

[平成30年試験問題]

［設問２］は、詐欺事件の被害者Ｖが犯人から申し向けられた欺罔文言を記したメモ（小問１）及びＶが犯人から交付を受けた領収書（小問２）について、「立証趣旨を踏まえ」て、証拠能力の有無を検討させる問題です。上述した検討手順に従って分析してみましょう。

(1)　本件メモの証拠能力

① 争点の整理

被告人甲は「Ｖ方に行ったことはありません。」と主張（弁解）していることから、公訴事実についての認否は全部否認です。したがって、本件訴訟では、**「犯人性（被告人と犯人の同一性）」**と**「罪体（犯罪事実の有無・内容）」**がいずれも争点（被告人の供述以外の証拠による立証が必要）ということになります。具体的には、「平成30年１月10日、Ｖ方において、甲が（＝犯人性）、Ｖに対し、Ｖ方の耐震金具に不具合がある旨虚偽の事実を申し向け、Ｖ方屋根裏の修繕工事代金としてＶに100万円を交付させた（＝罪体）」という公訴事実について、検察官Ｑは被告人の供述以外の証拠により立証する必要があります。

② 証拠構造の分析

検察官Ｑが証拠調べ請求した「本件領収書の印影とＡ工務店事務所から押収された甲の認印の印影が合致する旨の鑑定書」（証拠①）、「本件領収書から検出された指紋と甲の指紋が合致する旨の捜査報告書」（証拠②）及び「Ｖから本件メモ及び本件領収書の任意提出を受けた旨の任意提出書」（証拠③）について、甲の弁護人は同意しています。これらの証拠の持つ意味については、争点との関係で次のとおり把握することができます。すなわち、**「犯人性」**の争点との関係で、検察官Ｑは「犯行現場において犯人がＶに本件領収書を交付した事実」（犯人側の事情）と「本件領収書が甲により作成された事実」（被告人側の事情）を立証しようとしていると考えられます。これら２つの事実が証明されれば、「被告人と犯人との結び付き」を推認することができるからです。前者（犯人側の事情）については、「Ｖが本件領収書を所持していた事実」（証拠③により証明）から推認することができます。後者（被告人側の事情）については「本件領収書に甲の認印の印影及び指紋が存在する事実」（証拠①・②より証明）から推認することができます。このように、証拠①ないし③は、いずれも「犯人と甲の同一性（甲の犯人性）」を推認させる間接事実を立証するための証拠ということになります。

他方、**「罪体」**の争点との関係では、甲の弁護人が同意した証拠はありません。そこで、本問で問われている「本件メモ」と「本件領収書」が罪体立証の要となる証拠に位置付けられることになりそうです。逆に、「犯人性」については、上記のとおり他の証拠からある程度の立証ができていることから、少なくともこれら2つの証拠を犯人性立証のため（だけ）に用いることにはあまり意味がない（そのような使用方法には合理性がない）と判断できます。

③　**要証事実の把握**

本件メモについて、検察官Qが示した**立証趣旨**は「甲が、平成30年1月10日、Vに対し、本件メモに記載された内容の文言を申し向けたこと」とされています。実務上は**「犯行状況」**や**「被害状況」**等の端的な記載で示されることが多いと思われますが、本件のようにある程度具体的な文章で立証趣旨が記載されていれば、要証事実は比較的把握し易いでしょう。ただし、次の点に注意が必要です。検察官Qは、「甲が」と述べていることから、犯人が甲であることについても立証趣旨に含めているようです。しかしながら、本件メモの内容を見てみると、メモに記載された「A工務店と名乗る男性」が「甲」であることはこのメモ自体からは推認できません。すなわち、他に「本件メモと甲との結び付き」を示す証拠がない限り、本件メモ自体から甲の犯人性を推認することはできないはずです。したがって、本件メモは犯人性立証との関係では（少なくとも単独では）意味を持たない、と考えるべきでしょう。そうすると、本件メモは、専ら**罪体**、すなわち「犯人が、Vに対し、メモに記載されたとおりの内容の文言を申し向けた事実」（**欺罔行為の存在・内容**）を立証するための証拠であると把握することができます（**【図1】**参照）。具体的な**要証事実**は、以下のとおりです。

> **[要証事実]**
> 「1月10日、A工務店と名乗る男性（犯人）が、Vに対し、「耐震金具に不具合がある。すぐに工事しないと大変なことになる。工事代金は100万円」等と申し向けたこと」（**欺罔行為の存在・内容**）

【図1】（平成30年試験問題①）

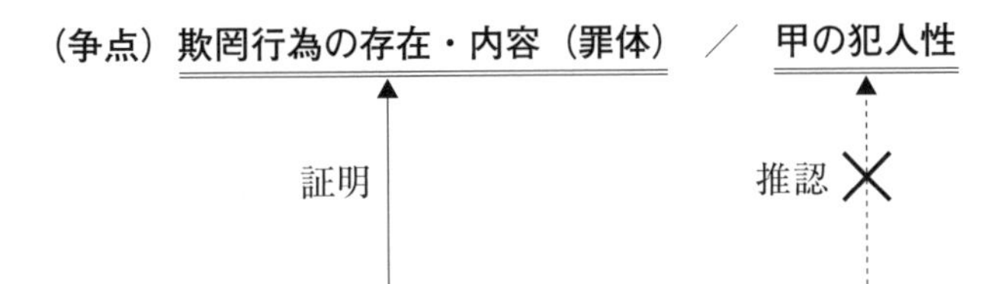

[要証事実]
1月10日、A工務店と名乗る男性（犯人）が、Vに対し、「耐震金具に不具合がある。すぐに工事しないと大変なことになる。工事代金は100万円」等と申し向けたこと

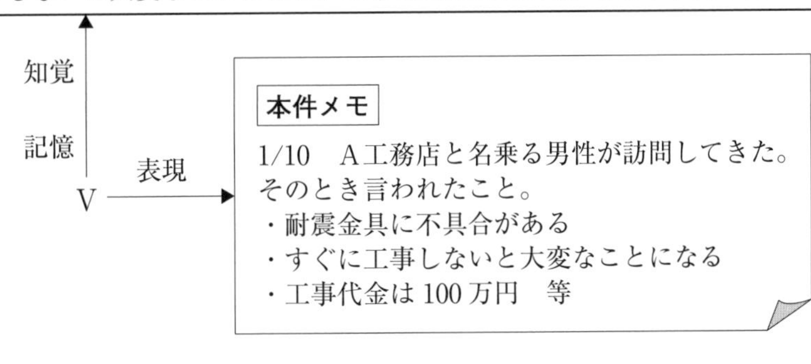

本件メモの具体的な要証事実の把握について、採点実感では、以下のとおり説明されています。なお、下記採点実感における**「立証の対象」**という用語は、「具体的な要証事実」と同じ意味で用いられています（前記4(3)参照）。

> [平成30年採点実感]
> 「本件メモは、Vが犯行時に犯人（被告人甲）から聞いたとする欺罔文言を自ら記載した書面（被害状況を記載した供述書）であり、その**立証趣旨**は、「甲が、平成30年1月10日、Vに対し、本件メモに記載された内容の文言を申し向けたこと」である。そこでは、Vが記載したとおりに、犯人（被告人甲）がVに対して本件メモに記載された内容の文言を言ったことが**立証の対象**となる」

④ 伝聞証拠該当性の判断

上記要証事実は、内心の状態等を内容とするものではないことから、「体験事実」です。では、誰の体験事実でしょうか。このメモを作成した**「Vの体験事実」**です。

以上を前提に、上述した伝聞証拠の定義に当てはめて判断すると、本件メモは、①要証事実を直接体験したVの公判期日外における供述を内容とする書面であり、かつ、②Vの直接体験した事実（知覚、記憶し、表現した内容）を要証事実とする証拠です。したがって、本件メモは**伝聞証拠（供述代用書面）**に当たります。

ところで、Vが作成した本件メモには、“犯人の発言”が含まれています。しかしながら、この構造のみを捉えて、本件メモを**再伝聞**であると判断するのは誤りです（**⇒第8講【3】2**参照）。採点実感にも次のとおり指摘されていました。

> [平成30年採点実感]
> 「本件メモによる**立証の対象**には、甲が発言したとおりにV宅の耐震金具に不具合があることなど（Vが記載した甲の発言の内容の真実性）は含まれていないが、そのことは、Vの供述を記載したものとしての本件メモの伝聞証拠該当性を否定するものではない。他方、甲の発言の真実性が問題となるとして、再伝聞証拠とする答案も散見された」

この犯人の発言部分が再伝聞となるのは、Vの公判外供述（供述代用書面）の中の犯人の発言部分から、その犯人（原供述者）の体験事実を立証する場合です（**類型Ⅱ問題**）。例えば、本件メモ中の「耐震金具に不具合がある。」という犯人の発言部分から「V宅の耐震金具に不具合があった事実」を立証するのであれば、当該事実はVが直接体験した事実ではなく犯人の体験事実（犯人が知覚、記憶し、表現した内容）であることから、この発言部分は再伝聞となります。しかしながら、本件訴訟の争点との関係で上記のような犯人の体験事実の立証は何ら意味を持ちません。このように、立証上およそ無意味な事実を立証の対象と捉えて要証事実として把握することはできないのです。

⑤ 伝聞例外要件充足性の検討

本件メモは、**「被告人以外の者」**であるVが作成した**「供述書」**です。したがって、**321条1項3号**の要件を検討することになります。その際、以下の点に注意してください。

まず、上述のとおり、供述書には供述者の**署名・押印**の要件は要求されないという点に注意してください（前記5(1)参照）。採点実感でも、以下のように指摘されています。

> [平成30年採点実感]
> 「本件メモはVが自ら作成した「**供述書**」であり、「署名〔又〕は押印」（刑事訴訟法第321条第1項柱書き参照）は不要であるにもかかわらず、本件メモにVの署名押印がないことを理由に伝聞例外該当性を否定する答案が散見された。」

次に、321条1項3号の要件（**3号要件**）の内容を正確に把握した上で（前記5(1)参照）、これらの各要件について、「具体的事実を摘示しつつ」それぞれの要件の充足性を検討、論述していく必要があります。採点実感では、以下のように説明されています。

> [平成30年採点実感]
> 「伝聞証拠である本件メモ（被告人以外の者が作成した供述書）については、**刑事訴訟法第321条第1項第3号該当性**を論述する必要があるが、条文に関する基本的な知識が不足していたり、同号の規定する伝聞例外として証拠能力を肯定するための各要件（いわゆる「**供述不能**」、「**不可欠性**」及び「**特信性**」）を充足するか否かを判定するために必要な具体的事実の抽出・検討が不十分であったりする答案が多く見られた。まず、「**供述不能」の要件**については、同号に列挙された事由が例示か否かについて述べる答案が少なからず見られたが、まずはVの心身の状態が同号に規定された事由のいずれかに該当しないのかを検討すべきであろう。続いて、「**不可欠性」の要件**については、「その供述が犯罪事実の存否の証明に欠くことができない」という文言に対する理解を示した上で、本件メモがそうした証拠に該当するかを検討すべきである。さらに、「**特信性」の要件**については、供述内容の信用性を担保する外部的付随事情の存否を問題とすべきであると述べながら、Vによる本件メモの作成状況や作成に至る経緯などの具体的事実を十分に検討することなく「特信性」の有無の結論を述べる答案が多く見られた。」

(2)　本件領収書の証拠能力

争点について、上記のとおり、本件訴訟の争点は、**「犯人性（被告人と犯人の同一性）」**と**「罪体（犯罪事実の有無・内容）」**です。

証拠構造についても上記の分析のとおりです。ただし、本件領収書については、問題文で「立証上の使用方法を複数想定」することが求められている点に注意する必要があります。

具体的な**要証事実**について、検察官Qは本件領収書の**立証趣旨**を「甲が平成30年1月10日にVから屋根裏工事代金として100万円を受け取ったこと」と示しています。本件領収書は、本件メモとは異なり、「甲との結び付き」を示す証拠（証拠①及び②）が存在することから、犯人性立証にとって全く無意味なものとはいえません。他方、**罪体**、具体的には**「財物交付の存在・内容」**の立証との関係では他に有効な証拠となる物はなく、本件領収書が唯一無二の証拠と位置付けられます。

以上を前提として、「立証上の使用方法」を複数想定しながら、以下、順に検討してみましょう。

① 供述証拠としての使用方法

第1に、甲の弁護人は「不同意」との証拠意見を述べていることから、書証としての使用が当然想定されています。立証趣旨を前提とすると、具体的な**要証事実**は、以下のようになるでしょう（**【図2】**参照）。

> **[要証事実]**
> 「平成30年1月10日、甲がVから屋根裏工事代金として100万円を受領したこと」（**財物交付の存在・内容**）

【図2】（**平成30年試験問題②**）

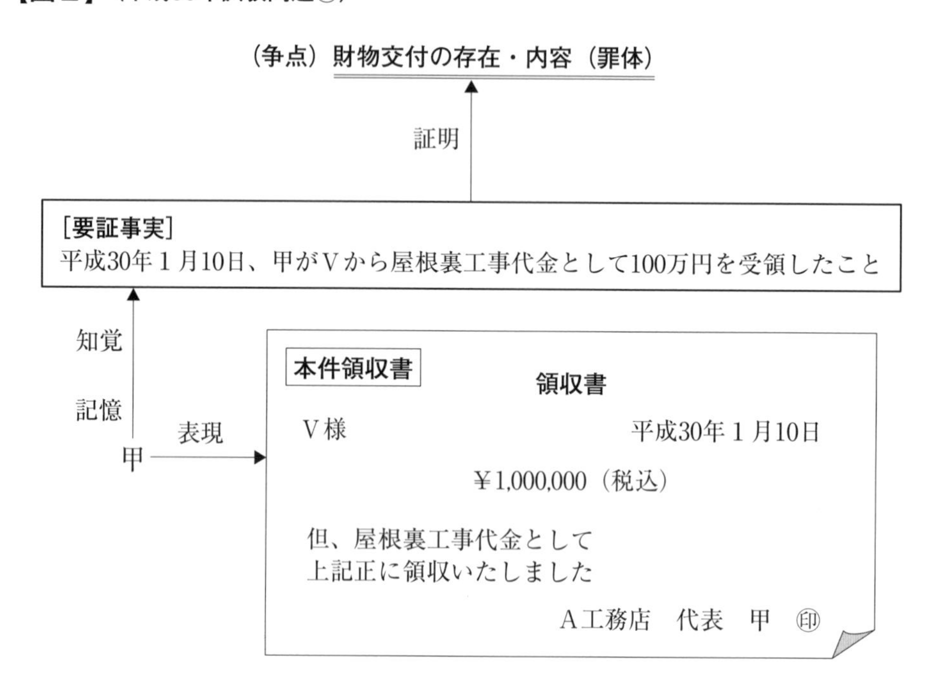

上記要証事実を前提として、**伝聞証拠該当性**を判断すると、この要証事実は甲が直接体験した事実（知覚、記憶し、表現した内容）であり、その事実を甲の公判外供述（書面）から証明する場合です。したがって、この使用方法の場合、本件領収書は**伝聞証拠（供述代用書面）**に当たります。

> **[平成30年採点実感]**
> 「本件領収書は、甲がVから屋根裏工事代金として現金を受領した際にその事実を自ら記載した書面であり、その立証趣旨は、「甲が平成30年1月10日にVから屋根裏工事代金として100万円を受け取ったこと」であるから、上記の使用方法のうち前者の場合には、領収書の記載からその**内容たる事実を推認**することとなり（甲による**本件領収書の記載＝甲の供述の内容の真実性**が問題となる）、本件領収書は**伝聞証拠**として用いられるものと評価されること

になる。」

最後に、**伝聞例外要件**を検討すると、本件領収書は、**「被告人」**である甲が作成した**「供述書」**であることから、**322条１項**の要件を検討することになります。各要件について、採点実感では以下のように説明されています（なお、322条についても「供述書」に署名・押印の要件は不要であるという点が改めて注意喚起されています。）。

［平成30年採点実感］
「本件領収書は甲が自ら作成した書面（**供述書**）であり、**刑事訴訟法第322条第１項該当性**が問題となるところ、ここでも、本件メモの伝聞例外該当性の検討におけるのと同様、条文に関する基本的知識が不足している答案が少なからず見られた。例えば、同項が、証拠能力の要件について、被告人供述をその内容によって**「〔自己〕に不利益な事実の承認」**とそれ以外のものとに分け、後者についてのみいわゆる**「特信性」**を要求しているにもかかわらず、本件領収書の内容が、Ｖから屋根裏工事代金として現金の交付を受けたことを認める「不利益な事実の承認」に該当するとしながら、「特信性」の有無を検討する答案、他方で、前者についての**「任意性」**の要件を見落としている答案、供述書である本件領収書についても、「署名〔又〕は押印」の要件が条文上要求されているとする答案などが散見された。」

なお、**323条**の**特信文書**として検討する余地もないとはいえませんが、領収書は金銭授受の都度作成されるものであり、業務の過程で日常的・継続的に作成されるものではないため「業務の通常の過程において作成された書面」（同条２号）や「特に信用すべき情況の下に作成された書面」（同条３号）には当たらないでしょう。323条は類型的・定型的に高度の信用性の情況的保障があるといえる特定の書面について**無条件**に証拠能力を認めるいわば“例外中の例外”の規定であり、その要件は厳格に判断すべきです。判例⑦も「領収証の如きは、たとえ本人の業務に関連して発行される場合であっても、業務の通常の過程で自己の業務施行の基礎として順序を追い継続的に作成されるものではなく、その交付を受ける相手方のために個々的にその都度作成されるものであるから、……特段の事情のある場合（……）を除いては、法三二三条二号所定の業務過程文書に該当しないのはもとよりのこと、書面自体の性質上これらと同程度に類型的に信憑性の高い文書として、同条三号により証拠能力を認めるに由ない」と述べた上で「領収証が法三二三条三号所定の書面に該当するものとは到底認められない」と判示しています。

②　非供述証拠としての使用方法

第２に、甲の弁護人は「証拠調べに異議がある」との証拠意見も述べていることから、証拠物としての使用も想定されていることが分かります。そして、証拠物として使用するのであれば、当然、伝聞法則は適用されず、一般的な**関連性（自然的関連性）**があれば証拠能力を肯定することができます。したがって、この場合、証拠能力の有無それ自体はあまり問題になりません。

もっとも、本問では以上のことを論述するのみでは不十分です。単に「本件領収書の証拠能力を論じなさい。」という設問であれば以上の検討で足りるのかもしれませんが、小問２の問題文には「立証趣旨を踏まえ」という指示と、「本件領収書の作成者が甲であり、本件領収書が甲からＶに交付されたものであることは、証拠上認定できるものとする。」という前提事情が記載されています。問題文（設問）に書かれている言葉には必ず意味があります。ここから出題の趣旨を推理し、それに応えなければなりません。そこで、以下、更に検討を進めます。

証拠物（非供述証拠）として使用する場合であっても、「立証趣旨を踏まえ」た上で、具体的な要証事実、すなわち、本件領収書によって立証できる事実は何かについて考える必要があります。この使用方法が争点及び立証趣旨との関係で意味のある立証となり得るか（**非供述証拠としての証拠価値**）の検討を踏まえなければ、およそ無意味な「立証上の使用方法」となりかねないからです。

そこで、まずは、単純に「本件領収書の存在」の立証が思い浮かびます。すなわち、本件領収書を証拠物として「領収書が実際に存在すること」を立証するのです。たしかに、犯人性立証との関係では、証拠①、②及び③と併せて、その領収書の存在を裏付ける証拠として領収書それ自体の原本を提出しておくことが全く無意味とまではいえないでしょう。しかしながら、本件では、「本件領収書の存在」という事実は、他の証拠①ないし③によって既に十分証明できることに加え、甲の弁護人もこれらの証拠に同意している以上、当該事実に争いはありません。そうすると、犯人性の争点との関係で本件領収書を証拠物として「本件領収書の存在」を立証する（裏付ける）という立証活動に特段意味があるとはいえないでしょう。やはり検察官Ｑとしては、**罪体**の争点との関係で本件領収書によって**「金銭授受の事実」**まで証明できなければ立証上意味がないと考えるはずです（検察官Ｑがあくまで罪体立証を想定していることは本件領収書の立証趣旨の記載からも明らかです。）。

それでは、本件領収書を証拠物として使用した場合でも、「（領収書の記載に対応する）金銭授受の事実」（甲がＶから100万円を受領したこと）が立証の対象となる（この事実との関係でも証拠価値を有する）と考えることはできるでしょうか。ここで、**“領収書の特殊性”**を考慮する必要があります。領収書は、一般の供述書と異なり、金銭授受の際に相手方に交付されることを前提として作成されるものです。すなわち、「領収書が交付された事実」と「領収書に記載された金銭が授受された事実」が対応関係にあるという特質があります。そうだとすれば、例えば、“金100万円”との記載のある「領収書の存在」の証明に加えて、他の証拠から「その領収書が相手方に交付された事実」が証明された場合、当該領収書の記載に相当する“金100万円”の「金銭授受の事実」を推認することは、経験則に適う合理的な推認であると考えられます。平易に言えば、「相手からお金を受け取ってなければ領収書を渡すことはないはずだ。そうだとすれば、実際に領収書が存在していて、それを相手に渡したことも間違いないのであれば、そこに書かれている金額のお金を相手から受け取ったことも間違いないはずだ。」という推認をするわけです。ここで設問に記載された前提事情が意味を持ちます。本問でも、「甲が本件領収書を作成し、それをＶに交付した」という前提事情を併せて考慮すれば、本件領収書を証拠物として使用する場合であっても「甲がＶから本件領収書に記載された金銭（金100万円）を受領した事実」まで立証することが可能となります。

もっとも、これはあくまで「非供述証拠としての使用方法」であることから、領収書それ自体によって直接証明する事実は「領収書の存在及び記載」（「金100万円」と記載された領収書が存在すること）に過ぎないという点に注意してください。一方で、甲からＶへの「領収書交付の事実」は他の証拠によって証明される必要があります。両事実が証明された場合に、2つの事実を併せて考慮して、金100万円の「金銭授受の事実」を推認する、という立証構造となるのです（【図3】参照）。これに対して、領収書の記載内容（「平成30年1月10日」、「V様」、「金100万円」、「屋根裏工事代金として」、「正に受領いたしました」等）から、その内容どおりの事実（「甲が平成30年1月10日にVから屋根裏工事代金として100万円を受け取ったこと」）を立証しようとするのであれば、まさしく書面からそこに記載された作成者甲の体験事実を立証する場合であり、それは上述した「供述証拠としての使用方法」に他なりません。

【図3】（平成30年試験問題③）

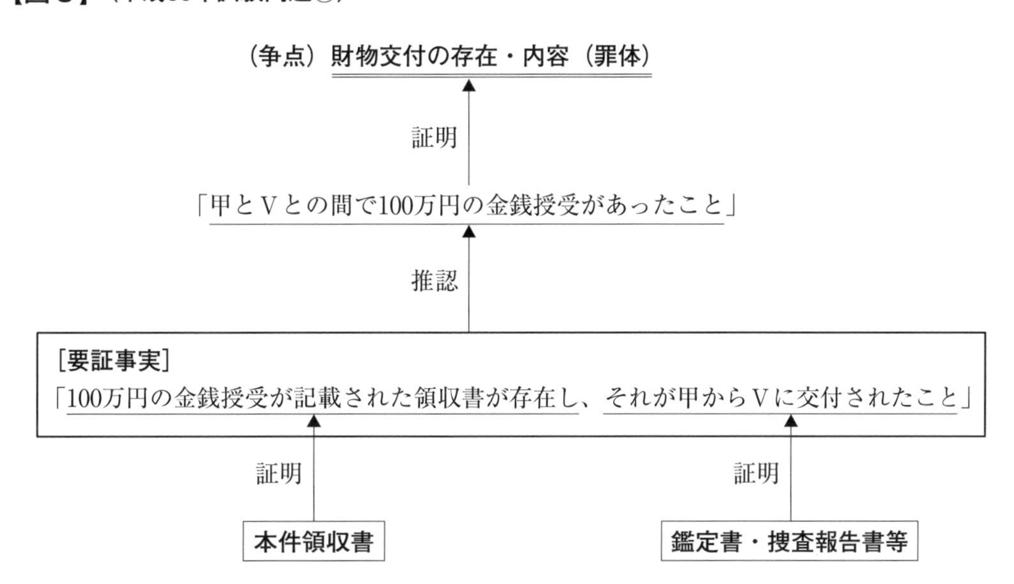

このような“領収書の特殊性”に基づく立証構造については、「記載内容の真実性から独立した証拠価値がある」、あるいは「記載内容の真実性を問題とせずに「金銭授受の事実」を証明することが可能である」と説明されます。出題趣旨及び採点実感では、以下のように説明されています。

[平成30年出題趣旨]

「**非伝聞証拠**として用いる場合については、**本件領収書の作成、交付の事実を併せ考慮する**ことにより、領収書の**記載内容の真実性とは独立**に、立証趣旨に対応する上記**現金受領の事実が推認**されることを相応の根拠とともに論じることが求められる。」

[平成30年採点実感]

「上記の使用方法のうち後者の場合、例えば、甲による**本件領収書の作成及びVへの交付の事実を併せ考慮する**ことにより、その**記載内容の真実性とは独立に、現金授受の事実を推認**する場合は、本件領収書は**非伝聞証拠**として用いられるものと評価されるが、多くの答案は、単にその旨を述べるにとどまり、さらに、そのような形で同事実を推認し得る実質的理由についてまで言及する答案は少数にとどまった。」

[平成28年試験問題]

［設問3］は、公判廷における甲の証言について、「想定される要証事実」を検討した上で証拠能力を論じさせる問題です。甲の証言は乙の発言を内容としており、弁護人から伝聞証拠であることを理由として異議が述べられていることから、同証言について伝聞法則の適用の有無が問題となります。具体的には、甲の証言が「公判期日外における他の者の供述を内容とする供述」（320条1項後段、**伝聞供述**）に当たるか否か、という問題です。

まず、乙はアリバイを主張（弁解）しているところ、公判前整理手続の結果、本件の**争点**は、「⑴ 平成27年6月28日に、乙方において、乙が甲に覚せい剤を譲り渡したか。」（**犯人性**と**実行行為**の有無）と「⑵ その際、乙に、覚せい剤であるとの認識があったか。」（**故意**の有無）の2点であると整理されています。

次に、**証拠構造**として、**争点⑴**との関係では、同じ証人尋問における甲の「平成27年6月28日に、知り合いの乙から、乙の自宅で、2万円で買いました。」との証言が直接証拠となっていることが分かります。そうすると、本問で問題となっている甲の証言部分については、**争点⑵**との関係で証拠とすることが検察官の想定する立証の構造であると分析できます。

そこで、具体的な**要証事実**を考えてみると、もし本当に、甲の証言のとおり、乙が「お前が捕まったら、俺も刑務所行きだから気を付けろよ。」等と述べていたのだとすると、乙がそのような発言をしたのは、自己の行為の違法性（甲が逮捕された場合に自己にも刑事責任の追及が及び得ること）について意識していたからである、と考えるのが合理的です。そうであれば、甲の証言から「乙がそのような発言をした事実」が証明された場合、その事実自体から「乙が、甲に渡した物が覚せい剤（を含む違法薬物）であると認識していたこと」（故意）を推認することができます。したがって、想定される要証事実は、「乙が甲に対し「お前が捕まったら、俺も刑務所行きだから気を付けろよ。」等と発言した事実」であると把握することができます（**【図4】**参照）。

【図4】（平成28年試験問題）

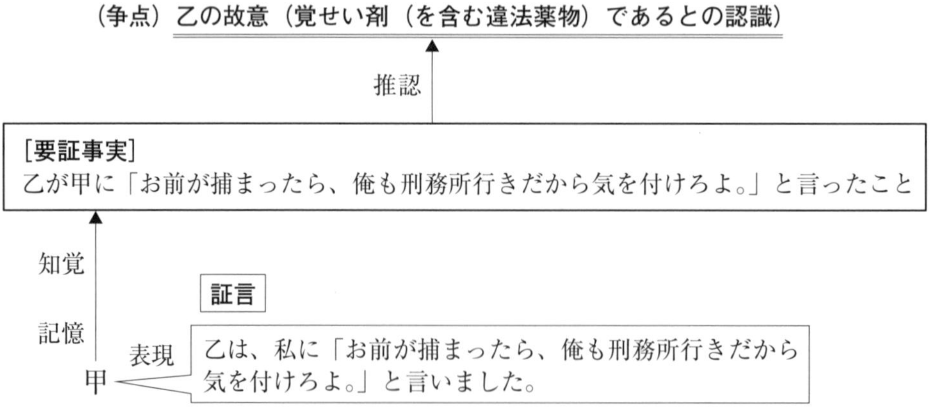

（争点）乙の故意（覚せい剤（を含む違法薬物）であるとの認識）

推認

[要証事実]
乙が甲に「お前が捕まったら、俺も刑務所行きだから気を付けろよ。」と言ったこと

知覚

記憶

表現

甲

証言

乙は、私に「お前が捕まったら、俺も刑務所行きだから気を付けろよ。」と言いました。

この要証事実を前提として、**伝聞証拠該当性**について判断します。本問は**「供述の存在」の立証（類型Ⅱ問題）**の典型例です。上記要証事実は、まさしく証人として出廷している甲本人が直接体験した事実（知覚、記憶し、表現した内容）に他なりません。単に証人が自己の体験を公判廷において証言しているに過ぎないのです。したがって、甲の証言の当該部分は伝聞証拠（伝聞供述）には当たりません。

これに対して、仮に原供述者である乙の体験事実を要証事実として想定し得るとすれば、甲の証言中の乙の公判外供述から、原供述者乙の直接体験した事実を立証する場合として**伝聞証拠（伝聞供述）**に該当します。例えば、甲の証言における「K通りから帰るなよ。あそこは警察がよく検問をしているから……。」という乙の発言部分から「K通りで警察がよく検問をしている事実」を立証しようとする場合です。しかしながら、そのような乙の体験事実の立証は本件の争点との関係で検察官の立証活動にとって何ら役立つものでないことは明らかです。このような無意味な立証の対象を要証事実として想定することはできません。

出題趣旨及び採点実感における説明は、以下のとおりです。

［平成28年出題趣旨］

「ある供述が伝聞法則の適用を受けるか否かについては、要証事実をどのように捉えるかによって異なるものであり、【事例】７に記載された本件の争点及び証人尋問の内容を参考に、**具体的な要証事実**を正確に検討する必要がある。公判前整理手続の結果、本件の**争点**については、①平成27年６月28日に、乙方において、乙が甲に覚せい剤を譲り渡したか、②その際、乙に、覚せい剤であるとの認識があったかの２点であると整理されているところ、証人尋問の内容に照らせば、本設問において問題となっているのは②に関することがうかがわれる。そこで、このことを前提に、具体的な要証事実を検討した上、乙の発言内容の真実性が問題となっているかどうかを論じ、伝聞供述に該当するかの結論を導くこととなる。」

［平成28年採点実感］

「**乙の供述を内容とする甲の証言**について、**伝聞法則の意義**を論じ、同法則の適用を受けるのが原供述の供述内容の真実性が問題となっている場合であることを的確に示した上、公判前整理手続の結果やそれまでの証人尋問の内容を踏まえ、本設問における**要証事実**が、真実「K通りで警察がよく検問をしていること」等ではなく、**乙がそのような発言をしたこと自体**であり、さらに、その発言自体から、乙が甲に渡した物について、覚せい剤と認識していたことを証明しようとしているという推論過程の構造を正しく論じ、本設問では原供述の供述内容の真実性が問題となっているのではないことを明らかにした上で、下線部③の証言を**非伝聞**とし、証拠能力に関する結論を導き出す答案が見受けられた。」

「要証事実に関し、甲の証言から**乙による発言の存在**を証明し、その乙の発言自体から、乙が甲に渡した物について、覚せい剤との認識があったことが推認できる旨、いわば**二段階の認定過程**をたどることを明らかにした上で、説得的な論述がされた答案も少数ではあるが見受けられた。」

ところで、本問のように**「供述の存在」**を立証し（**類型Ⅱ問題**）、その供述の存在自体から供述者の**「認識」**を推認する立証構造について、上記採点実感は**「二段階の認定過程」**と説明しています。このように、供述者の「認識」のみを推認するための「供述の存在」の立証は、少なくとも供述者の「表現（叙述）」の過程（供述の真摯性）が問題となる**“精神状態の供述”**（**類型Ⅰ問題**）とは区別する必要があります。すなわち、ある者が客観的事実と一致した発言をしていたことを理由として、（それが偶然の一致とはいえない場合に）その供述者が当該事実を認識していたことを推認するのであれば、供述者の知覚、記憶、表現の各過程の誤りの有無はおよそ問題とならないことから、“純粋な”非伝聞であるといえます。なお、判例④（**白鳥事件**）において、Xが「白鳥はもう殺してもいいやつだな」と言ったという事実の立証について、その発言内容からXの発言時点における**殺害意思、計画**を証明するという立証構造を想定するのであれば、**“精神状態の供述”**となります。これに対して、同判例は「被告人Xが右のような内容の発言をしたこと自体を要証事実としている」と判示していることから、Xが発言内容どおりの意思、計画を有していたか否かを問題とすることなく、Xの発言の存在自体からXの犯行への関与（謀議行為）を推認するという立証構造を想定したものと解されます。

〈参考判例〉

【大阪高判昭和57・3・16判時1046号146頁】（伝聞証拠の意義①：精神状態の供述）判例①

「ところで、およそ伝聞証拠か否かは、要証事実の如何により異ってくるものと解されるところ、右余事部分を除く本件メモ紙の表面の記載は、右の如く本件犯行についての事前の共謀にあたって、その計画の内容を具体化するため記載した書面であると認められ、その要証事実も、右の記載に相応する事前共謀の存在さらには原判決が右メモ紙は事前の計画書として証拠価値を有するとしたうえで、原審で取調べた各証拠によって認められる、他の外形的事実と本件メモの記載とを総合して、被告人が右メモ紙にAとして与えられた役割を実行したものと認めていることに照らし、被告人の本件への関与の事実も含むものと解される。

そうすると、本件メモ紙の表面の右余事部分を除く記載部分は、右の要証事実との関連から、伝聞証拠（伝聞供述）というべきであると思料されるのであるが、およそ供述とは心理的過程を経た特定の事項に関する言語的表現であり、それには表意者の知覚、記憶の心理的過程を経た過去の体験的事実の場合と、右のような知覚、記憶の過程を伴わない、表現、叙述のみが問題となるところの、表意者の表現時における精神的状態に関する供述（計画意図、動機等）の場合とがあって、本件の事前共謀に関するメモは、その時点における本件犯行に関する計画という形で有していた一定の意図を具体化した精神的状態に関する供述と考えられる。

そして、右の精神的状態に関する供述については、その伝聞証拠としての正確性のテストとして、その性質上必ずしも反対尋問の方法による必要はなく、その表現、叙述に真し性が認められる限り、伝聞法則の適用例外として、その証拠能力を認めるのが相当であると解されるところ、原審で取調べた各証拠によって認められる本件メモ紙の押収時の状況、右メモ紙が組織活動の過程において作成されていること、その記載内容である計画そのものが現に実行されていること等から、その記載の真し性は十分これを認めることができる。」

【福岡高判昭和28・12・24高刑集6巻12号1812頁】（伝聞証拠の意義②：「供述の存在」の立証）判例②

「本件において該封書が証拠として使用された意味内容を考察するに、その存在又は状態が証拠となつているのみでなく、その記載の意義も証拠となつているものと見られるけれども、該文書はそれに記載された事実の証拠として用いられたもの、すなわち記載された供述内容の真実性の証拠に供せられたものでなく、その内容の真偽と一応無関係に、その供述がなされたこと自体が要証事実となつている……（中略）。それで、該封書は所謂伝聞証拠と異り、証拠能力を有する書面として、刑事訴訟法第三百二十一条第一項第三号所定の要件を充足すると否とにかかわりなく、これを証拠として採用し得るものといわねばならない。然し伝聞証拠及び書証の証拠能力が否定される所以は、反対尋問の吟味を受けない供述は真実性が乏しいという点にあるのであつて、それはその供述内容の真実性の証明に供する場合、すなわち原供述者の直接に知覚した事実が要証事実である場合にのみ、これを証拠として使用することができないことを意味するに止まり、あらゆる伝聞供述を含むものではないと解すべきであり、従つて本件封書は前に説示のごとき意味において証拠に供されている以上、これを刑事訴訟法第三百二十条に規定する伝聞法則の適用を受ける証拠書類に該当しないということができるからである。」

【最（二小）判昭和30・12・9刑集9巻13号2699頁】（要証事実と「精神状態の供述」）判例③

「第一審判決は、被告人は「かねてVと情を通じたいとの野心を持つていた」ことを本件犯行の動機として掲げ、その証拠として証人Xの証言を対応させていることは明らかである。そして原判決は、同証言は「Vが、同女に対する被告人の野心にもとずく異常な言動に対し、嫌悪の感情を有する旨告白した事実に関するものであり、これを目して伝聞証拠であるとするのは当らない」と説示するけれども、同証言が右要証事実（犯行自体の間接事実たる動機の認定）との関係において伝聞証拠であることは明らかである。」

【最(一小)判昭和38・10・17刑集17巻10号1795頁（白鳥事件）】（要証事実と「供述の存在」の立証） 判例④

「伝聞供述となるかどうかは、要証事実と当該供述者の知覚との関係により決せられるものと解すべきである。被告人Xが、電産社宅で行われた幹部教育の席上「白鳥はもう殺してもいいやつだな」と言つた旨のYの検察官に対する供述調書における供述記載……は、被告人Xが右のような内容の発言をしたこと自体を要証事実としているものと解せられるが、被告人Xが右のような内容の発言をしたことは、Yの自ら直接知覚したところであり、伝聞供述であるとは言えず、同証拠は刑訴三二一条一項二号によつて証拠能力がある旨の原判示は是認できる。」

【最(三小)判平成7・6・20刑集49巻6号741頁】（退去強制と検察官面前調書） 判例⑤

「同法三二一条一項二号前段は、検察官面前調書について、その供述者が国外にいるため公判準備又は公判期日に供述することができないときは、これを証拠とすることができると規定し、右規定に該当すれば、証拠能力を付与すべきものとしている。しかし、右規定が同法三二〇条の伝聞証拠禁止の例外を定めたものであり、憲法三七条二項が被告人に証人審問権を保障している趣旨にもかんがみると、検察官面前調書が作成され証拠請求されるに至った事情や、供述者が国外にいることになった事由のいかんによっては、その検察官面前調書を常に右規定により証拠能力があるものとして事実認定の証拠とすることができるとすることには疑問の余地がある。

本件の場合、供述者らが国外にいることになった事由は退去強制によるものであるところ、退去強制は、出入国の公正な管理という行政目的を達成するために、入国管理当局が出入国管理及び難民認定法に基づき一定の要件の下に外国人を強制的に国外に退去させる行政処分であるが、同じく国家機関である検察官において当該外国人がいずれ国外に退去させられ公判準備又は公判期日に供述することができなくなることを認識しながら殊更そのような事態を利用しようとした場合はもちろん、裁判官又は裁判所が当該外国人について証人尋問の決定をしているにもかかわらず強制送還が行われた場合など、当該外国人の検察官面前調書を証拠請求することが手続的正義の観点から公正さを欠くと認められるときは、これを事実認定の証拠とすることが許容されないこともあり得るといわなければならない。」

【最(三小)判昭和30・1・11刑集9巻1号14頁】（特信性の判断方法） 判例⑥

「刑訴三二一条一項二号は、伝聞証拠排斥に関する同三二〇条の例外規定の一つであつて、このような供述調書を証拠とする必要性とその証拠について反対尋問を経ないでも充分の信用性ある情況の存在をその理由とするものである。そして証人が検察官の面前調書と異つた供述をしたことによりその必要性は充たされるし、また必ずしも外部的な特別の事情でなくても、その供述の内容自体によつてそれが信用性ある情況の存在を推知せしめる事由となると解すべきものである。」

【東京地決昭和56・1・22判時992号3頁】（領収書の特信性） 判例⑦

「領収証が法三二三条三号所定の書面に該当するものとは到底認められない。蓋し、領収証の如きは、たとえ本人の業務に関連して発行される場合であっても、業務の通常の過程で自己の業務施行の基礎として順序を追い継続的に作成されるものではなく、その交付を受ける相手方のために個々的にその都度作成されるものであるから、それが他の商業帳簿類たとえば入金伝票と同時に同一内容の複写として作成されるような特段の事情のある場合（……）を除いては、法三二三条二号所定の業務過程文書に該当しないのはもとよりのこと、書面自体の性質上これらと同程度に類型的に信憑性の高い文書として、同条三号により証拠能力を認めるに由ないものだからである。」

【論述例】

【伝聞証拠の意義】

伝聞法則（320条1項）の趣旨は、供述証拠が、知覚、記憶、表現の過程を経て証拠化されるものであるところ、知覚、記憶には誤りが介在するおそれがあり、表現には正確性・真摯性を欠く場合があるにもかかわらず、公判期日外における供述については、①宣誓（と偽証罪の制裁による威嚇、刑法169条）、②裁判官の面前における供述（直接主義、315条参照）、③反対尋問（157条3項、規則199条の4、憲法37条2項）の各方法により、その誤りの有無や正確性・真摯性を吟味、担保し得ないことから（規則199条の6参照）、その証拠能力を原則として否定することにより誤判の防止を図る点にある。

上記の趣旨からすれば、伝聞証拠とは、要証事実（証拠により証明すべき事実、296条本文参照）を直接体験した者の公判期日外における供述（原供述）を内容とする証拠（書面又は供述）であって、その原供述者が知覚、記憶し、表現した内容たる事実（原供述者の直接体験した事実）の証明の用に供される証拠をいう。

【参考答案例】【平成30年】

［設問2］

第1　本件メモの証拠能力（小問1）

1　伝聞証拠該当性

⑴　伝聞証拠の意義

【論述例】伝聞証拠の意義

ア　本件公判期日において、甲は「V方に行ったことはありません。」と述べて犯行を全面否認していることから、甲の犯人性（被告人と犯人の同一性）及び罪体（犯罪事実）のいずれもが争点となっているところ、検察官Qは、本件メモの立証趣旨について「甲が、平成30年1月10日、Vに対し、本件メモに記載された内容の文言を申し向けたこと」と述べており、甲の犯人性及び欺罔行為の存在・内容（罪体）のいずれも立証趣旨に含めている。

イ　もっとも、メモに記載された「A工務店と名乗る男性」（犯人）が「甲」であることは、このメモ自体からは推認できないことから、本件メモと甲との結び付きを示す他の証拠がない限り、本件メモから甲の犯人性を推認することはできない。そうすると、本件メモは、専ら欺罔行為の存在・内容（罪体）についての立証の用に供される証拠というべきであり、本件メモの具体的な要証事実は、「1月10日、A工務店と名乗る男性が、Vに対し、「耐震金具に不具合がある。すぐに工事しないと大変なことになる。工事代金は100万円」等と申し向けたこと」である。

⑵　上記要証事実は、Vが直接体験した事実（知覚、記憶し、表現した内容）であるところ、本件メモは、かかる事実をV作成の書面により証明するものであるから、伝聞証拠（320条1項前段、供述代用書面）に当たる。

2　伝聞例外要件充足性

⑴　本件メモは、「被告人以外の者」であるVの作成した「供述書」であるから、321条1項3号の規定する要件を充足するか否かを検討する。

ア　供述不能

Vは脳梗塞で倒れ、担当医師からは「今後、Vの意識が回復する見込みはないし、仮に意識が回復したとしても、記憶障害が残り、Vの取調べをすることは不可能である。」との意見が述べられていることから、「身体の故障」のため「公判期日において供述することができ」ない場合に当たる。

イ　不可欠性

甲は犯行を否認しているところ、Vの他に本件犯行の目撃者は存在せず、犯人がVに申し向けた文言について録音等の客観的証拠も存在しないことから、欺罔行為の存在、内容についてはVの供述以外に有効な証明手段がない。したがって、本件メモは「犯罪事実の存否の証明に欠くことができないもの」に当たる。

ウ　特信性（絶対的特信情況）

「特に信用すべき情況」の有無は、供述内容の真実性を担保する外部的付随的事情から判断すべきところ、本件メモはVが被害に遭った当日、被害体験から約6時間後に自身で作成したメモであり、記憶が鮮明で良く保存されている時期に作成されたものといえる。また、Vは被害に遭った翌日、警察官に本件メモを提出していることから、本件メモの内容が事後的に第三者により変更・改ざんされた可能性はない。さらに、Vの長男Wが公判期日において、「提出したメモは、被害当日の夜、母が、私の目の前で記載したものです。そのメモに書かれていることは、母が私に話した内容と同じです。」という趣旨の証言をしているところ、一般に被害者が自己の家族等に初めて被害体験を申告した際の供述（初期供述）は類型的に信用性が高いといえ、本件メモはそのようなVの初期供述と一致する内容が記載されていることが認められる。したがって、本件メモは、「特に信用すべき情況」の下に作成されたものと認められる。

⑵　以上より、本件もメモは321条1項3号の要件を充足する。

3　以上より、本件メモの証拠能力は認められる。

第2　本件領収書の証拠能力（小問2）

1　本件領収書の立証趣旨は、「甲が平成30年1月10日にVから屋根裏工事代金として100万円を受け取ったこと」とされており、同証拠は甲の犯人性及び財物交付の存在・内容（罪体）についての立証の用に供されるものである。以下、立証上の使用方法を複数想定して証拠能力を検討する。

2　供述証拠として用いる場合

⑴　伝聞証拠該当性

本件領収書の具体的な要証事実は、「平成30年1月10日、甲がVから屋根裏工事代金として100万円を受領したこと」であるところ、これは甲が直接体験した事実（知覚、記憶し、表現した内容）であり、本件領収書は、かかる事実を甲作成の書面により証明するものであるから、伝聞証拠（320条1項前段、供述代用書面）に当たる。

⑵　伝聞例外要件充足性

本件領収書は、「被告人」である甲の作成した「供述書」であるから、322条1項の規定する要件を充足するか否かを検討する。

ア　不利益事実の承認

本件領収書は、甲がVから100万円を受領した事実、すなわち詐欺罪の罪体である財物交付の事実を内容とする書面であるから、甲に「不利益な事実の承認を内容とするもの」（同項前段）に当たる。

イ　任意性

本件領収書の作成過程において特に甲の任意性を疑うべき事情はなく、「任意になされたものでない疑がある」（同項但書）とは認められない。

⑶　以上より、本件領収書の証拠能力は認められる。

3　非供述証拠として用いる場合

⑴　「本件領収書の作成者が甲であり、本件領収書が甲からVに交付された」事実が証

拠上認定できることから、本件領収書には自然的関連性が認められる。他方、非供述証拠として用いる場合、本件領収書の記載内容から甲の直接体験した事実を証明するものではないから、本件領収書は伝聞証拠に当たらない。

(2) 本件領収書により、甲が作成し、Vに交付した「領収書が実際に存在すること」が証明されるところ、かかる事実は甲の犯人性を推認させる間接事実となる。もっとも、本件領収書の存在については甲も争っておらず、他の証拠によっても証明十分であることから、かかる事実のみを立証するために本件領収書を非供述証拠として用いることは上記立証趣旨に沿うものとはいえない。そこで、本件領収書を非供述証拠として用いる場合にも、上記立証趣旨との関係でなお証拠価値が認められるか否かについて検討する。

ア 領収書は、一般の供述書とは異なり、相手方に交付されることを前提として作成されるものであり、それが交付された事実とそこに記載された金銭が授受された事実が対応関係にあるという特質がある。そうすると、「領収書の存在及び記載」の証明に加えて、他の証拠から「領収書が相手方に交付された事実」が証明された場合、当該領収書の記載内容に相当する「金銭授受の事実」を推認することは経験則に適う合理的な推認であると解される。

イ しかるところ、本件領収書についても、その存在及び記載に加えて、証拠上認定できる「本件領収書の作成者が甲であり、本件領収書が甲からVに交付された」事実を併せ考慮することにより、立証趣旨に対応する金銭授受の事実、すなわち「甲がVから100万円を受領したこと」という財物交付の存在・内容(罪体)についてまで立証することができる。

(3) 以上より、本件領収書の証拠能力が認められ、かつ、このような立証上の使用方法によっても立証趣旨と関係で十分な証拠価値が認められる。

【参考答案例】【平成28年】

[設問3]

本問の甲の証言(以下、「甲の証言」という。)は乙の発言を内容とする証言であるところ、弁護人は伝聞証拠であることを理由に異議を述べていることから、以下、甲の証言が伝聞証拠に当たるか否かについて検討する。

【論述例】伝聞証拠の意義

1 想定される要証事実

本件において、公判前整理手続の結果、(1)乙による覚せい剤譲渡の事実の有無、及び(2)乙における覚せい剤であるとの認識(故意)の有無が争点として整理されているところ、甲の証言は、争点(2)に関する証拠となる。すなわち、争点(2)について、検察官が最終的に立証すべき事実は、「乙が、覚せい剤(を含む違法薬物)であると認識していたこと」(事実①)であるところ、甲の証言は、上記事実①を推認させる間接事実を証明するために用いられるものであり、想定される具体的な要証事実は、「乙が、甲に対して、「お前が捕まったら、俺も刑務所行きだから気を付けろよ。」等と述べた事実」(事実②)である。なぜなら、甲の証言により事実②が証明された場合、乙がそのような発言をしたのは、乙がその発言をした時点において自己の行為の違法性について意識していたためであると考えるのが合理的であり、事実②それ自体から事実①を推認することができるからである。

２　伝聞証拠該当性

上記の要証事実（事実②）は、証人甲自身が、直接体験した事実（知覚、記憶し、表現した内容）であり、甲の証言は、原供述者乙の体験事実の証明の用に供されるものではない。したがって、甲の証言は伝聞証拠（320条１項後段、伝聞供述）に当たらない。

３　以上より、弁護人の異議に理由はなく、甲の証言の証拠能力は認められる。

【２】犯行計画メモ

［論点解析］共謀過程におけるメモの立証上の使用方法

１　共謀過程で作成されたメモ

共謀の形成過程で作成されたメモ（犯行計画メモ等）については、事案に応じて様々な立証上の使用方法を想定することができます。以下、代表的な３つの使用方法について整理しておきます。

【犯行計画メモの使用方法】

［方法Ⅰ］：**メモ等の作成、回覧、確認行為**が共謀（意思連絡）を組成する行為である場合

［方法Ⅱ］：**メモ等の記載内容**から共謀（意思連絡）の存在及び内容を立証する場合

［方法Ⅲ］：共謀（意思連絡）の存在を前提として、その内容（**共謀にかかる犯行計画**）を立証する場合

(1)　非供述証拠としての利用

［方法Ⅰ］は、例えば、メモ等を用いて犯行を計画した場合やメモ等を回覧して意思連絡を遂げたような場合です（なお、このようにして意思連絡を遂げた事実は、例えば、共犯者の保管していたメモ等に被告人の指紋が付着していたような場合に推認することができます。）。この場合、メモ等は共謀を遂げるための手段（道具）として使用されたものであることから、その存在自体が共謀を立証するための重要な証拠となります（いわば“犯行に使用した凶器”等と同様に考えることができます。）。この使用方法は、メモ等の記載内容からメモ作成者の体験事実を立証するものではなく、**非供述証拠**として扱われます。

(2)　供述証拠としての利用

［方法Ⅱ］は、例えば、謀議に参加した共犯者のうちの１人が、その謀議において打合せをした犯行計画をメモ等に書き留めていたような場合です。この場合、メモ等の内容から謀議参加者がそこに記載された犯行についての意思連絡を遂げた事実を立証するのであれば、まさしく謀議中にメモ作成者が直接体験した事実（謀議参加者が打合せにおいて知覚、記憶し、表現した内容）の立証に他なりません（いわば“犯行の目撃者が目撃した際の状況を記載したメモ”等と同様に考えることができます。）。したがって、この場合のメモ等は典型的な**伝聞証拠（供述代用書面）**ということになります。

(3)　“精神状態の供述”としての利用

［方法Ⅲ］は、**“精神状態の供述”**の法理を数人共謀の共犯事案における「犯行計画」の立証

に用いる場合です。判例①は、共謀参加者のうちの1名が犯行計画を記載したメモについて、「人の意思、計画を記載したメモについては、その意思、計画を立証するためには、伝聞禁止の法則の適用はない」と述べた上で「数人共謀の共犯事案についても、その**共謀に関する犯行計画**を記載したメモについては同様に考えることができる」と判示しました。これは、いわゆる**“精神状態の供述”**について、供述時点における供述者の“内心”の立証に用いるのであれば「体験事実」の立証ではない(「知覚」、「記憶」のプロセスを欠く)から伝聞証拠に当たらない、という判例理論(**類型Ⅰ問題**)を「**共謀にかかる犯行計画**」の立証の場面において展開したものと理解されています。すなわち、犯行計画メモについても、作成時点におけるメモ作成者の犯罪意思、犯行計画という“内心”を立証するために用いるのであれば、メモ作成者の「体験事実」を立証するものではないから伝聞証拠には当たりません。もっとも、この立証活動は、あくまでメモ作成者のみの意思内容を証明するものに過ぎないため、通常は共謀(意思連絡)の立証にとっては意味がありません(「Xの意思」を証明しても「XとYの意思の合致」を推認することはできません。)。

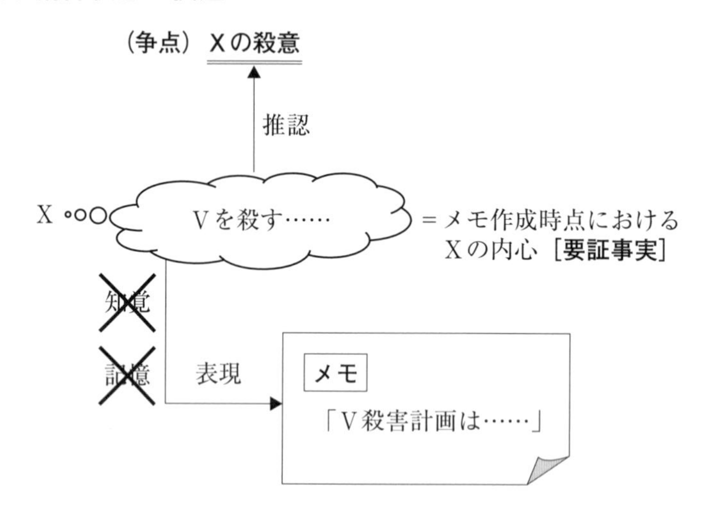

しかしながら、ごくまれに上記の使用方法が意味を持つ場合があります。若干複雑な立証構造になりますが、例えば、謀議参加者全員が内容の詳細は不明であるものの何らかの共通の犯罪意思を形成して意思連絡を遂げた事実については他の証拠によって証明された、という場合です。この場合、謀議参加者のうちの誰か1名の犯罪意思を証明することによって、それと同内容の犯罪意思を形成した他の謀議参加者全員の犯罪意思を推認することができ、それによって共謀の内容の詳細を明らかにすることが可能となります(「XとYの意思の合致」を前提とすれば、「Xの意思」を証明することにより、(それと合致した)「Yの意思」も証明されることになるのです。)。これは、端的に言えば、「共謀の存在」が立証済みである場合の「共謀の内容」の立証です。このような場合は、メモ作成者1名の意思内容の立証に意味があるといえます。ただし、この使用方法は、あくまで意思連絡の存在自体については他の証拠によって立証済みであるということが前提条件となる点に注意してください。判例①が上記の判示に続けて、「ただ、この場合においてはその犯行計画を記載したメモについては、それが最終的に共犯者全員の共謀の意思の合致するところとして確認されたものであることが前提とならなければならな

い」と述べているのはこの趣旨です。

★ 犯行計画メモ

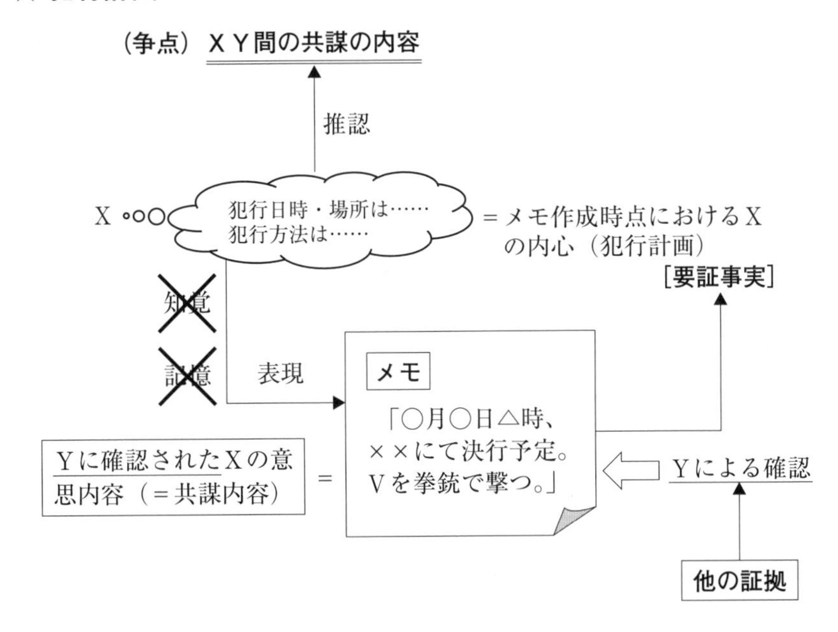

なお、共謀が争点となる場合、多くの事案ではそもそも共犯者間における意思連絡の存否自体が争われており、上記のような立証構造にはなりません。その意味で、判例①の射程が及ぶ場面は限定的であると理解した方が良いでしょう。

2　問題分析

［平成27年試験問題］

(1)　争点及び立証趣旨の把握

［設問２］は、いわゆる「振り込め詐欺」グループによる詐欺未遂事件の捜査の過程で、詐欺の拠点とされていたマンションの一室から発見、押収された文書（「本件文書」）及び犯人の一人が書いた手書きメモ（「本件メモ」）の証拠能力が問われています。なお、その検討に際し、設問前段では「証拠収集上の問題点」の検討が求められており（⇒**第９講【１】4(3)、第10講３参照**）、設問後段では「想定される具体的な要証事実」の検討が求められています。そこで、後段について、伝聞法則の適用の有無が問題となります。

本件は、甲、乙及び丙３名の共謀によるVに対する詐欺未遂の公訴事実で、乙及び丙が公判請求（その後に弁論分離）された事案です。各被告人の主張（弁解）を見ると、乙は、甲との共謀による犯行について自白しているものの、丙の関与については一切供述を拒否しています。他方、丙は逮捕当初から一貫して「身に覚えがない」旨供述しており、公訴事実を全部否認しています。したがって、丙の公判における**争点**は、**犯人性**及び**罪体（犯罪事実）**の全てです。本件文書及び本件メモは、丙の公判において証拠調べ請求されたものですが、検察官Rは「丙と乙との共謀を立証するため」に本件各証拠の取調べ及び乙の証人尋問を請求していることから、これらの証拠はいずれも、**罪体**のうちの「丙乙間の**共謀**の有無」という争点との関連で立証に用いられていることが分かります。

もっとも、「共謀」は規範的な評価概念であるため、実際に個々の証拠が立証すべき対象は共謀（丙と乙との意思連絡）の存在を基礎付ける具体的な事実（間接事実）ということになります。そこで、どのような事実を立証すれば、「丙乙間の共謀」の存在を推認することができるのかを検討しながら、具体的な**要証事実**を想定する必要があります。なお、実際に検察官が証拠等関係カードに記載する「立証趣旨」には「丙乙間の共謀の存在及び内容、共謀を遂げた際の状況」等と簡潔に表示されるかもしれません。しかしながら、要証事実をこのように抽象的に想定するのみでは、立証の対象である“共謀を推認させる間接事実”の内容を具体的に把握することはできません（⇒**第8講【1】4**(3)参照）。採点実感において、以下のように指摘されていました。

[平成27年採点実感]

「抽象的に「丙と乙との共謀」が要証事実であるとするのみで、それ以上具体的な検討を行わなかった結果、伝聞証拠該当性についても十分な検討を尽くせなかった答案が見られた。また、「想定される**具体的な要証事実**を検討して」とは、事例中に記載されている「丙と乙との共謀を立証するため」という検察官の証拠調べ請求の狙いを前提に、本件文書及び本件メモを用いて、**「丙と乙との共謀」の立証に有用な（その間接事実となる）事実**を証明しようとすれば、それぞれどのような事実が想定されるかを検討せよとの意味である」

以上を踏まえて、本問の各証拠について、具体的な要証事実を検討してみましょう。

(2)　本件文書について

本件訴訟全体の**証拠構造**から、本件文書の証拠としての機能を分析します。乙は、本件文書が「だます方法のマニュアル」であると供述しています。仮にこれが本件公訴事実に係る犯行（Vに対する詐欺）に使用された犯行マニュアルであり、それを丙が乙へ渡して回覧、確認させていたのであれば、丙と乙は本件文書を使って意思連絡を遂げたといえ、本件文書はそれ自体が丙と乙との共謀（意思連絡）を組成した重要な証拠物ということになります。これは**［方法Ⅰ］**による場合です。

そこで、立証の構造を分析すると、本件文書の記載は、実際にVに対して行われた詐欺の態様と一致しています。また、本件文書は、Vの住所、氏名、電話番号が記載された名簿とともに発見、押収されたものであり、右上に乙の筆跡による手書き文字でVの電話番号が書かれてあります。これらの事実を併せて考慮すれば、上記乙の供述の信用性は客観的に裏付けられているといえ、「本件文書が本件犯行（Vに対する詐欺）に使用された犯行マニュアルであること」（事実①）が証明されます。

他方で、乙は本件文書が「他の人から渡されたもの」であると供述しているところ、この供述のみでは「他の人」が誰であるのか不明です。もっとも、本件文書は乙に管理されていた状態で押収されたものですが、本件文書からは丙の指紋が検出されています。そうすると、上記乙の供述にこの丙の指紋を併せて考慮すれば、「丙が乙に本件文書を渡したこと」（事実②）を相当程度推認することができます（なお、丙が別の人物を介して乙に本件文書を渡している可能性もあることから、厳密には、「乙に本件文書を直接手渡した人物が丙であること」までは推認力が及ばないかもしれませんが、少なくとも「本件文書の回覧に丙が関与したこと」までは推認できるでしょう。)。

上記の事実①と事実②を併せれば、『「本件犯行に使用された犯行マニュアルである本件文書」(①) を「丙が乙に渡したこと」(②)』という事実を推認することができます。この事実は、丙と乙とが本件犯行について共謀（意思連絡）を遂げたことを推認させる重要な間接事実となります。

以上より、本件文書は、「本件文書の存在及び記載」それ自体を**要証事実**として、**非供述証拠**（証拠物）として使用されていると考えられます（**【図1】**参照)。この立証上の使用方法は、本件文書の記載内容から作成者の体験事実を証明しようとするものではないことから、本件文書は伝聞証拠に当たりません。

【図1】（平成27年試験問題①）

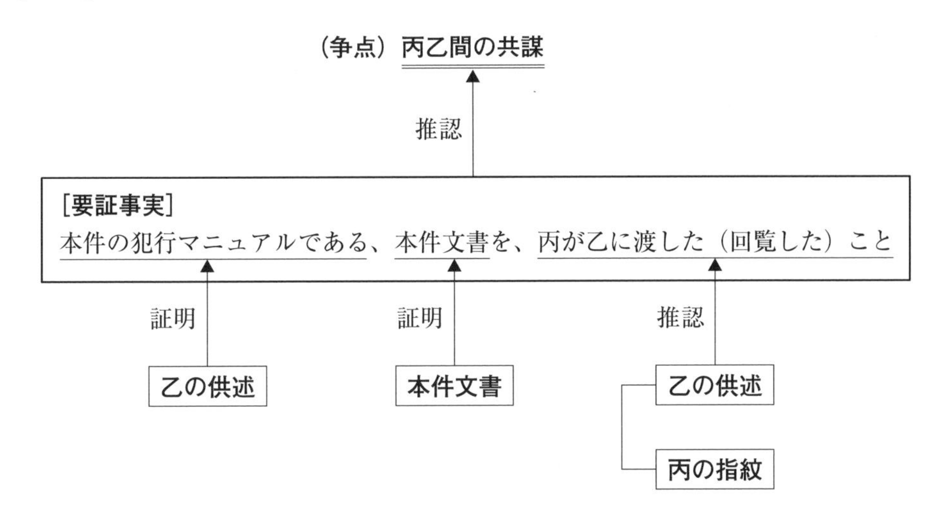

> **[平成27年採点実感]**
> 「**本件文書**については、……本件文書の記載と実際になされた本件犯行態様とが一致すること及び本件文書から丙の指紋が検出されたことといった設問の具体的事実関係を検討した上で、本件文書を犯行計画を記載した文書（いわゆる犯行マニュアル）とし、その**存在自体**が謀議の存在及び丙の関与を推認させる事実となるため、その記載内容の真実性が問題となるものではないとして**非伝聞**との結論を適切に導くことができたもの」

(3)　本件メモについて

本件メモは、全ての記載が乙の筆跡による手書き文字であり、乙が単独で作成したものと思われます。そして、本件文書と異なり、丙との結び付きを示す丙の指紋などは検出されていないことから、本件メモは、その存在自体から丙の関与を証明し得る証拠であるとはいえず、この点で本件文書とは立証上の使用方法が異なってきます。他方で、本件メモの記載内容を見てみると、「1／5」、「丙からtel」「チカンの示談金はもうからないのでやめる、先物取引で会社の金を使いこんだことにする、金額は500万、マニュアルは用意する」と記載されており、このメモは、丙から電話で聴き取った指示を乙が書き出したものであることがうかがわれます。そうすると、このメモに記載された内容どおりの指示を電話で丙が乙に与えていた事実が証明されれば、まさしく丙と乙が共謀（意思連絡）を遂げたことを示す重要な間接事実となります。

したがって、本件メモの**要証事実**は、「乙が丙から電話でメモの内容どおりの指示を受けたこと」（具体的には、『1月5日、丙から乙に電話があり、その際に乙は丙から「チカンの示談金はもうからないのでやめる、先物取引で会社の金を使いこんだことにする、金額は500万、マニュアルは用意する」と言われたこと』）となります（**【図2】**参照）。そして、この立証上の使用方法は、本件メモの記載内容から、作成者である乙の直接体験した事実（知覚、記憶し、表現した内容）を証明しようとするものであることから、本件メモは**伝聞証拠（供述代用書面）**に当たります。これは［**方法Ⅱ**］による場合です。

【図2】（平成27年試験問題②）

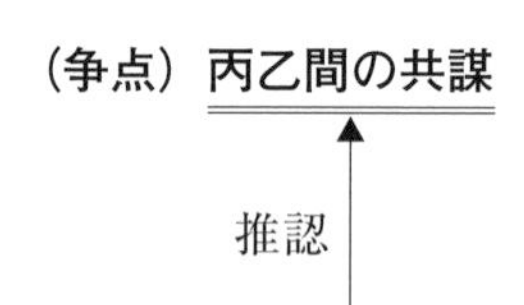

［要証事実］
1月5日、乙が丙から電話で「チカンの示談金はもうからないのでやめる、先物取引で会社の金を使いこんだことにする、金額は500万、マニュアルは用意する」と言われたこと

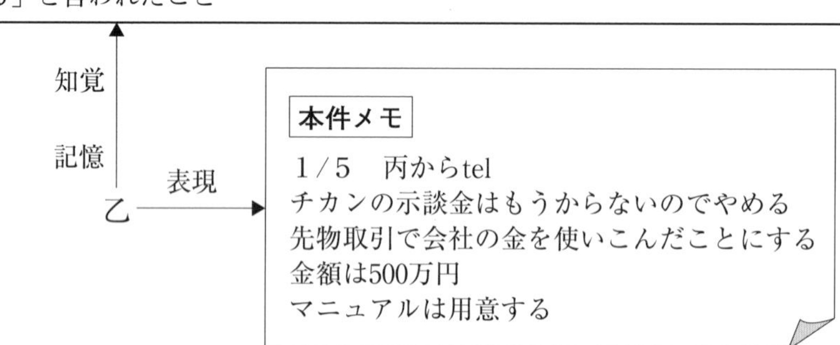

［平成27年採点実感］

「**本件メモ**は、丙から乙に対して電話で一定の内容の指示がなされた事実を、乙が**知覚、記憶し**、それをメモの形で**表現、叙述したもの**である。本件メモを丙と乙との共謀を立証するために用いる場合には、本件メモのとおり、丙から乙に対してそこに記載されたような指示がなされたことが**要証事実**となり、本件メモは、記載**内容の真実性**の証明に用いられることとなるから、乙の供述書の性質を有する書面として、伝聞証拠に当たることになる（要証事実を推認するには、乙の知覚、記憶、表現、叙述に誤りがないかが問題となる。）」

なお、本件は、「意思連絡の存在」自体が重要な争点となっている事案です（丙は全面否認し、乙は丙の関与を認めていません。）。そうすると、［**方法Ⅲ**］により、メモ作成者である乙（単独）の内心（意図、計画）を立証してみても、争点との関係でおよそ意味のある立証活動とはなりません。したがって、本問では、メモ作成時点における乙の内心を要証事実として想定する（本件メモを**"精神状態の供述"**として使用する）ことはできないというべきでしょう。採点実感においても、以下のとおり指摘されていました。

［平成27年採点実感］

「答案では、これを**非伝聞**とするものが予想外に多く見受けられた。中でも比較的多く見られたのは、本件メモについて、いわゆる「**心理状態を立証**するものである」として**非伝聞証拠**とするものである。しかし、乙が作成した本件メモに叙述された心理状態は、乙の心理状態（意図・計画）でしかなく、本事例の丙の公判において立証されなければならないのは、丙の関与（そのための丙と乙との共謀）であるから、心理状態の供述を記載した書面を記載内容どおりの心理状態の証明に用いる場合、非伝聞として扱うことができるとしても、丙の関与を立証する上で、乙の心理状態を立証することにどのような意味があるかが問題となり、それがないとすれば、そのような事実を要証事実として本件メモを非伝聞とすることは許されないことになる。上記のような答案は、要証事実との関係を意識した検討がなされたか、疑問を感じさせる例である。」

最後に、**伝聞例外要件**の検討も忘れないようにしましょう。本件メモは、**「被告人以外の者」**である乙の作成した**「供述書」**であることから、**321条１項３号**の要件を検討します。**供述不能**の要件について、本問の乙は同号の列挙事由には直接該当しないものの、丙の関与について証言拒絶権（146条）を行使しています。このような場合、判例②は、同号の事由が**例示列挙**であることを前提として、証人が証言拒絶権を行使した場合にも供述不能の要件に該当する余地を肯定しています。また、**不可欠性**についても、本問の証拠構造や乙及び丙の供述状況からすれば認められる余地があるでしょう。これに対して、**特信性（絶対的特信情況）**については、特にこれを基礎付けるような事情が存在しません。たしかに、全ての記載が乙の筆跡であることは筆跡鑑定の結果により明らかとされていることから、間違いなく乙が手書きで作成したものであること（作成の真正）は認められます。しかし、それ以上に記載内容の真実性を担保するような事情は見当たりません。このような場合についてまでも伝聞例外として書面の証拠能力を肯定しようとすれば、伝聞法則の趣旨が骨抜きになってしまいます。したがって、特信性については否定する方が適切でしょう。

［平成18年試験問題］

［設問２］では、強盗致傷事件について共謀過程で作成されたメモの証拠能力が問われています。なお、本問では伝聞法則の適用の他に、［設問１］において本件メモの押収手続を違法と評価した場合は、違法収集証拠排除法則の適用も問題となります（⇒**第10講３**参照）。伝聞法則の適用に関する出題趣旨は、以下のとおりです。

［平成18年出題趣旨］

「刑事証拠法上最も基本的な準則の一つである「伝聞法則」の正確な理解を踏まえた上で、本件メモがどのような状況で作成され、その記載にはどのような法的意味があるのかに

> 留意しつつ、「**共謀**」を立証するために考えられる**要証事実**（**立証事項**）の選定及び要証事実との関係における伝聞法則の適用の有無などについて検討する必要がある。」

まず、**争点**を把握します。乙に対する強盗致傷被告事件の公判において、乙は甲との共謀を否認しています。乙は、甲を実行行為者とする共謀共同正犯の公訴事実で起訴されていることから、結局、乙の公判の争点は「甲乙間の**共謀**の有無」に集約されることになります。

そこで、**証拠構造**を分析すると、本件の最大の特徴は、共犯者甲が自白しているという点です。すなわち、甲は乙の公判に証人として出廷し、乙との共謀の点も含めて公訴事実を全て認める旨の証言をしています。そうすると、甲の証言の信用性が肯定されるのであれば、この証言を直接証拠として乙との共謀を立証することができる、ということになります（なお、このような**「共犯者の自白」**については、いわゆる“引っ張り込み”や責任転嫁の危険があることから**補強法則**（**319条２項**）の適用等において、別途、その取り扱いが問題となり得ます。⇒**第９講【２】３**参照）。いずれにしても、乙の公判では、この甲の証言を中核的な証拠と捉えた上で、その他の証拠は甲の証言の信用性を判断する資料として用いる、という**直接証拠型**の証拠構造になります。したがって、検察官の立証における本件メモの役割は、甲の証言の裏付け証拠として機能するものという位置付けとなります。このような証拠構造の場合、極端な話、検察官は、必ずしも本件メモそのものを証拠として提出しなくても、甲の証言が信用できる（他の証拠によって十分に裏付けられる）のであれば、共謀（の成立及び内容）を立証することはできるのです。このことからも、そもそも本件メモが、その記載内容の立証に用いる必要性の低い証拠であることが分かります。

以上の証拠構造を踏まえて、本件メモについて想定される立証上の使用方法を検討します。

第１に、**「メモの存在」**から**共謀の成立**を立証する使用方法が考えられます。

甲は、本件メモの作成経緯について、①乙方で作成したこと、②乙が甲に逃走経路を指示して地図及び「×」印を記入したこと、③甲が乙から指示ないし提案された逃走経路、犯行方法、分け前の配分等を書き留めたこと等を詳細に証言しています。そして、この証言は、本件メモの存在及び形状、乙方から発見された筆圧痕の残るレポート用紙等の証拠によって裏付けられています。そうすると、本件メモが甲の証言どおりの経緯で作成されたものであるとすれば、甲及び乙は、まさしく本件メモを作成する行為により共謀を遂げたものと認められます。この場合のメモ

【図３】（平成18年試験問題①）

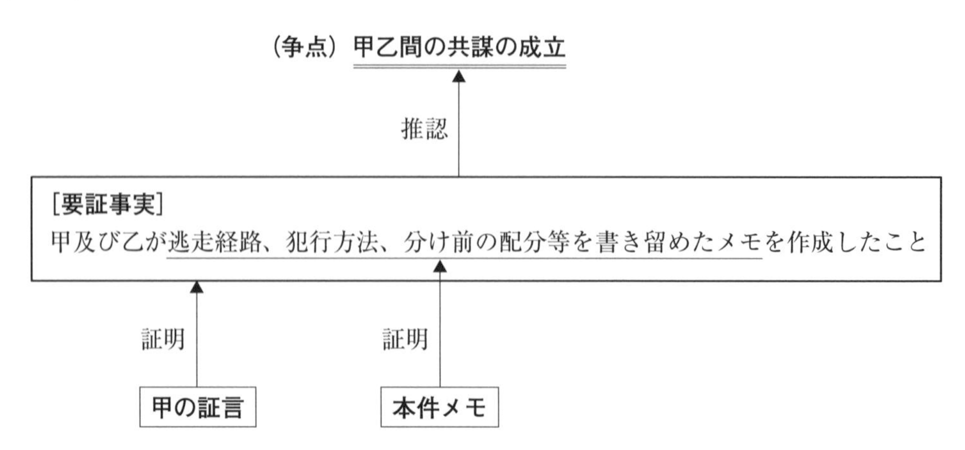

は共謀を遂げるための手段（道具）であり、その存在自体が共謀の成立を示す重要な証拠となります（**【図3】**参照）。そして、このような使用方法は、本件メモを**非供述証拠**（証拠物）として、「本件メモの存在及び記載」（甲の証言したメモがその証言どおりの記載内容で現実に存在していること）を立証する（それによって甲の証言を裏付ける）ものに過ぎません。これは［**方法Ⅰ**］による場合であり、本件メモは伝聞証拠に当たりません。

第2に、**「メモの内容」**から**共謀の内容**を立証する使用方法が考えられます。

本件メモは、甲の証言によれば、乙方において乙が甲に指示ないし提案した内容を甲が書き留めたものです。したがって、仮に、この甲の記載部分から、「乙が甲に本件メモの記載どおりの指示ないし提案をした事実」を証明しようとするのであれば、メモ作成者甲の直接体験した事実の立証に他ならず、［**方法Ⅱ**］による場合として、本件メモは**伝聞証拠（供述代用書面）**に当たります。

しかしながら、本件においては、上記のような使用方法で本件メモを用いる必要はありません。甲の証言により上述した①から③の作成経緯が立証された場合、本件メモには、「甲と乙が、平成17年12月24日に乙方において本件犯行を計画した際に相互に確認した（意思連絡を遂げた）内容（逃走経路、犯行方法、分け前の配分等）」が記載されていることになり、本件メモは、まさしく判例①の指摘する「それが最終的に共犯者全員の共謀の意思の合致するところとして確認されたものであることが前提」となっている「共謀にかかる犯行計画を記載したメモ」であるといえるのです。そうであれば、本件は、判例①と同様に、メモ作成者（なお、本件メモの作成者を甲と見ても乙と見ても結論は同じですが、甲及び乙が共同作成したものと見ることもできるでしょう。）の**メモ作成時点における内心（意思、計画）**を立証することにより、甲乙間の共謀の具体的内容を立証することができる場合ということになります（**【図4】**参照）。そして、このような使用方法であれば、［**方法Ⅲ**］により、**"精神状態の供述"**として、メモ作成者の体験事実を立証するものではないことから（**類型Ⅰ問題**）、本件メモは伝聞証拠に当たりません。

【図4】（平成18年試験問題②）

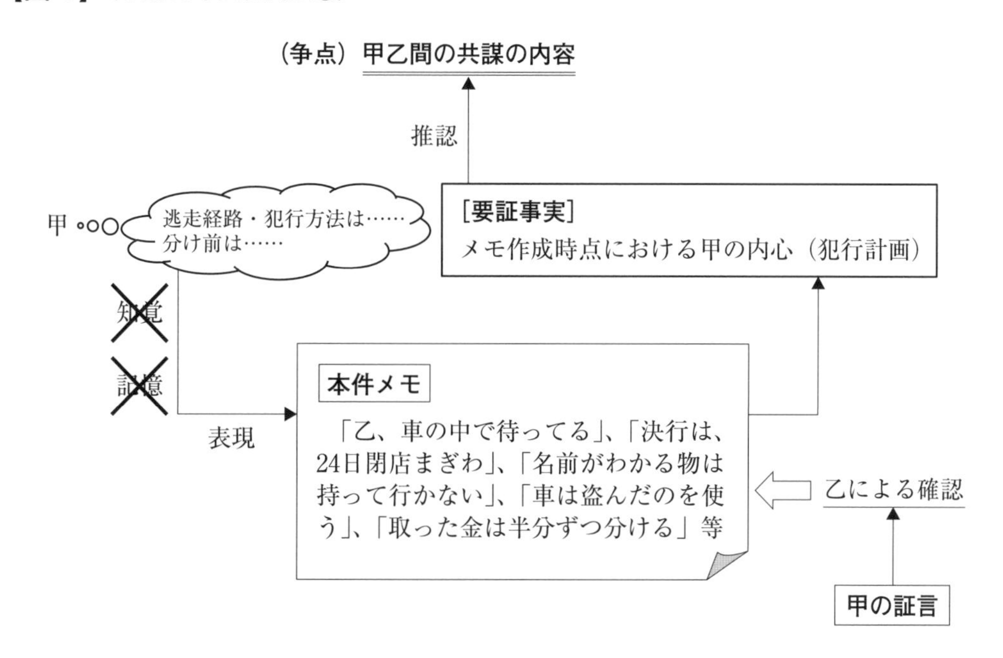

なお、判例①は「その作成が真摯になされたことが証明されれば、必ずしも原供述者を証人として尋問し、反対尋問によりその信用性をテストする必要はない」、「それが真摯に作成されたと認められるかぎり、伝聞禁止の法則の適用されない」と判示していますが、この**「供述の真摯性」**の要件は、伝聞証拠に該当しない（非伝聞である）と判断するための要件というわけではなく、一般的な関連性（**自然的関連性**）の問題であると解されます。例えば、親しい友人同士の間柄である甲と乙において、甲が乙に冗談のつもりで笑いながら大げさに「お前ぶっ殺すぞ！(笑)」と言ったという場合、そのような甲の発言からおよそ甲の乙に対する“殺害の意図”を証明することはできないでしょう。これが「供述の真摯性」を欠く場合であり、この真摯性の有無は必ずしも甲自身に対して直接尋問しなくても、乙に対して確認すれば判断できます。そして、このように供述がおよそ真摯性を欠く場合、当該供述は供述者の精神状態（内心）という要証事実との関係で必要最小限度の証明力を持たない（自然的関連性がない）と判断されることになるのです。

[令和３年試験問題]

(1) 争点及び証拠構造

［設問２］は、甲との共謀による住居侵入強盗の公訴事実で公訴提起された乙の公判において、証拠調べ請求された乙作成の本件メモ１（小問１）及び甲作成の本件メモ２（小問２）について、それぞれの証拠能力の有無を問う問題です。まず本問を検討する上で注意しなければならないのは、小問１と小問２では前提事情が異なっているという点です。具体的には、本件メモ２については、本件メモ１及びその記載と同一内容のデータが存在しないということを前提に検討しなければなりません。この部分の問題文を誤読すると、本件メモ２の証拠能力（とりわけ伝聞例外の要件）を適切に検討することができなくなるので注意してください。

そこで、まずは本件の**争点**及び本件各メモに共通する**証拠構造**（立証構造）を把握します。本件公訴事実は、甲及び乙が共謀の上、本件住居侵入強盗に及んだという事実です。この公訴事実について、乙は自己の公判において「全く身に覚えがない。甲と住居侵入や強盗の共謀をしたことも一切ない。」と述べて全面否認していることから、乙の公判においては**犯人性**と**罪体**のいずれもが争点となります。もっとも、罪体のうち、「実行行為の存在及び内容」については、甲の自白（乙の公判における甲の証言）により立証されます。この甲の証言によれば、実行行為者は甲であることが前提となるため、実行行為者ではない乙の公判における犯人性及び罪体の争点は、結局のところ、共謀共同正犯における**「共謀の有無」**に集約されることになります。ところが、甲は、乙との共謀に関する事項については一切供述をしていません。そこで、検察官は、「甲乙間において本件住居侵入強盗に関する共謀が存在すること」を立証趣旨として、本件メモ１又は本件メモ２の証拠調べ請求をしています。もっとも、「共謀」は規範的概念であり、実際の立証対象は共謀（意思連絡）を基礎付ける具体的な事実（間接事実）となることから、本問でも、本件各メモの具体的な**要証事実**を把握するためには、それぞれのメモから立証することができる、「甲及び乙が本件住居侵入強盗に関する共謀（意思連絡）を遂げたこと」を推認させる具体的な間接事実がどのような事実であるかを検討する必要があります。

なお、甲は、捜査段階においては、乙の関与を示す事実について具体的に供述していました（「乙が強盗のターゲットになる相手に携帯電話で電話を掛けていました。」、「乙から、Ｖさんに関する情報や犯行に使う道具などについて印字された紙を見せられ、その説明を受けました。」等）。しかしながら、かかる甲の供述について供述調書は作成されていません。すなわち、甲の捜査段階での供述は、乙の関与を示す供述内容については事前に証拠化されていないのです。この点が本問における事案の特殊性であり、それ故、乙の公判においては、甲の捜査段階での供述内容を立証する証拠が存在しないことを前提に立証構造を把握しなければならないという点に注意してください。

以上の立証構造を前提として、以下、本件メモ１及び本件メモ２の具体的な要証事実を想定した上で、それぞれの証拠能力を検討します。

⑵　本件メモ１について

本件公訴事実に係る本件住居侵入強盗は、具体的には、「令和２年８月４日午前11時30分、Ｓ銀行の職員を装った犯人がＨ県Ｉ市Ｋ町３丁目45番地のＶ方を訪れ、Ｖ方内に押し入り、Ｖの顔面に催涙スプレーを吹き付けた後、ロープでＶの身体を後ろ手に緊縛し、さらに、持っていたガムテープで、Ｖの鼻を塞がないようにしてその口を塞いだ上、台所の食器棚から現金500万円を取り出してこれを強奪し、更にロープでＶの両足を縛り、逃走した」という事件です。そこで、本件メモ１の記載内容を見てみると、①「Ｖ」、②「Ｋ町３－45」、③「Ｓ銀行」、④「タンス預金500万円　台所の食器棚」、⑤「催涙スプレー　ロープ　ガムテープ」、⑥「後ろ手」等の記載があります。このように、本件メモ１には、①被害者、②犯行現場、③犯人が職員を装った銀行、④被害金の金額及び保管場所、⑤犯行用具、⑥犯行態様の点でいずれも本件住居侵入強盗と一致する内容の記載があることが認められます。他方で、甲がこれら①ないし⑥の記載と一致する内容の犯罪を行ったこと（事実①）については、上述のとおり、甲の証言により証明されます。そして、本件メモ１が乙作成のものであること（事実②）は証拠上認定できるとされています。また、本件メモ１が作成されたのが令和２年８月４日午前10時20分であったこと（事実③）が明らかとなっています。

以上のような証拠関係を前提とすると、本件メモ１の立証上の使用方法としては、以下の２つの方法を想定することができます。

①　非供述証拠としての使用方法

第１は、本件メモ１を**非供述証拠**（証拠物）として**「本件メモ１の存在及び記載」**を立証するという使用方法です。具体的には、本件メモ１自体からその「存在及び記載」を立証することで、上記の事実①ないし③を併せて考慮すれば、「甲が実行した犯行内容と一致する内容のメモを犯行直前に乙が作成したこと」（事実④）を立証することができます。この事実④が立証された場合、以下の推認が可能となります。すなわち、本件メモ１の記載内容と実際の犯行内容とが上記①ないし⑥の事項においていずれも一致しているところ、これらが全て偶然の一致であったとは考え難いでしょう。加えて、本件メモが作成されたのが甲による犯行のわずか70分前であったことを考慮すると、本件犯行が本件メモ１と全く無関係に実行されたと考えることの方が不自然、不合理です。そうすると、“甲による犯行は本件メモ１の内容に則って遂行されたものである”と推認することができます。そして、そのようなメモを犯行直前に作成したのが乙であることから、“乙は少なくとも甲の実行する犯行内容を事前に了知していたであろう”と推認されます（なお、**「供述の存在」**から供述者の**「認識」**を推認するという立証構造について、**平成28年試験問題**参照）。これらの推認により導かれる「乙が事前に了知していた犯行内容どおりに甲が犯罪を実行した」という事情は、まさしく本件メモ１に記載された本件犯行の内容について甲乙間で共通の意思が形成されていたことを示すものといえます。したがって、この立証は争点である甲乙間の共謀（意思連絡）の存在を推認させる有効な立証活動となります（【図5】参照）。

【図5】（令和3年試験問題①）

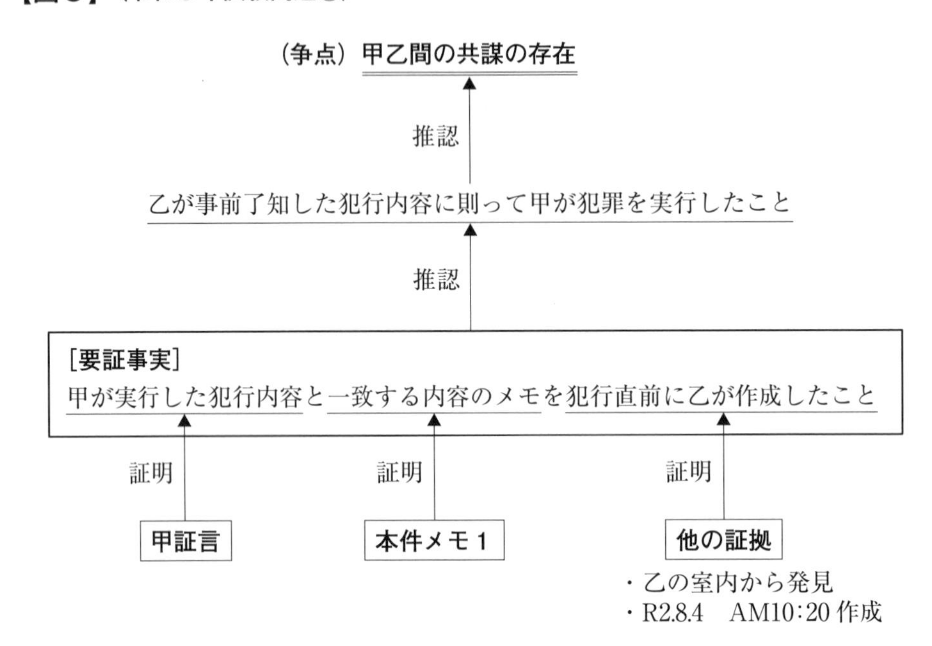

以上の使用方法及び推認過程について、出題趣旨には、以下のとおり説明されています。

> **[令和3年出題趣旨]**
> 「①そのメモの内容が客観的な犯罪事実と一致している場合、偶然の一致は考えにくいような事項の一致が認められ、かつ、それが犯罪発生前に作成されたことが判明していれば、そこから直ちに犯罪がそのメモに記載された犯行計画にのっとって遂行されたことを推認でき、かかる一致の認められるメモの作成者が判明していれば、そのこと自体から、メモの作成者と犯行の実行者の間で当該メモに記載された内容の共謀が推認し得るとする考え方」

なお、上記第1の使用方法は、犯行計画メモを非供述証拠として使用する場合ではありますが、**[方法Ⅰ]** とは使い方が異なります。すなわち、本問でも、仮に「甲が乙から本件メモ1を見せられたこと」（メモが**回覧・確認**された事実）が他の証拠から立証されるのであれば、まさしく本件メモ1を証拠物として「甲及び乙が本件メモ1を回覧・確認することにより意思連絡を遂げたこと」（甲乙間の共謀の存在）を推認することができます。この場合、メモは共謀を遂げるための手段（道具）として使用されたものであり、凶器等と同様にその存在自体が重要な証拠物となります。しかしながら、本問では、本件メモ1の**「回覧・確認の事実」**について、甲は捜査段階では供述していましたが、上述のとおり、供述調書が作成されておらず、甲の供述内容は事前に証拠化されていません。また、公判でも甲は証言を拒絶しています。したがって、乙の公判では、本件メモ1について、「甲が乙から本件メモ1を見せられたこと」を前提とした立証（推認過程）を想定することはできないのです。逆に言えば、第1の使用方法では、甲及び乙が「何らかの手段で事前に犯意を共有していたこと」が推認できるにとどまり、「本件メモ1を用いて共謀を遂げたこと」についてまでは推認が及ばない（具体的な共謀手段については本件メモ1からは立証できない）ということになります。

② **“精神状態の供述”としての使用方法**

第2は、本件メモ1の記載内容から**「メモ作成時における乙の犯行計画」**を立証するという使用方法です。すなわち、本件メモ1は乙が本件住居侵入強盗についての犯行計画を記載したものであることを前提として、乙がメモに記載された内容の犯罪意思を形成していたことを立証することで、上記の事実①ないし③を併せて考慮すれば、「犯行以前に乙が有していた犯行計画と一致する内容の犯罪を甲が実行したこと」（事実④）を立証することができます。この事実④から、犯行前の時点において、メモの作成者である乙と犯行の実行者である甲との間で本件メモ1に記載された犯行内容にかかる認識が共有されていたことを推認することができます。したがって、この立証は争点である甲乙間の共謀（意思連絡）の存在を推認させる有効な立証活動となります（**【図6】**参照）。そして、このような使用方法であれば、あくまでメモ作成者の**作成時点における内心の状態**を立証する場合（**“精神状態の供述”**）であり、メモ作成者の体験事実を立証するものではないことから（**類型Ⅰ問題**）、本件メモ1は伝聞証拠には当たりません。

【図6】（令和3年試験問題②）

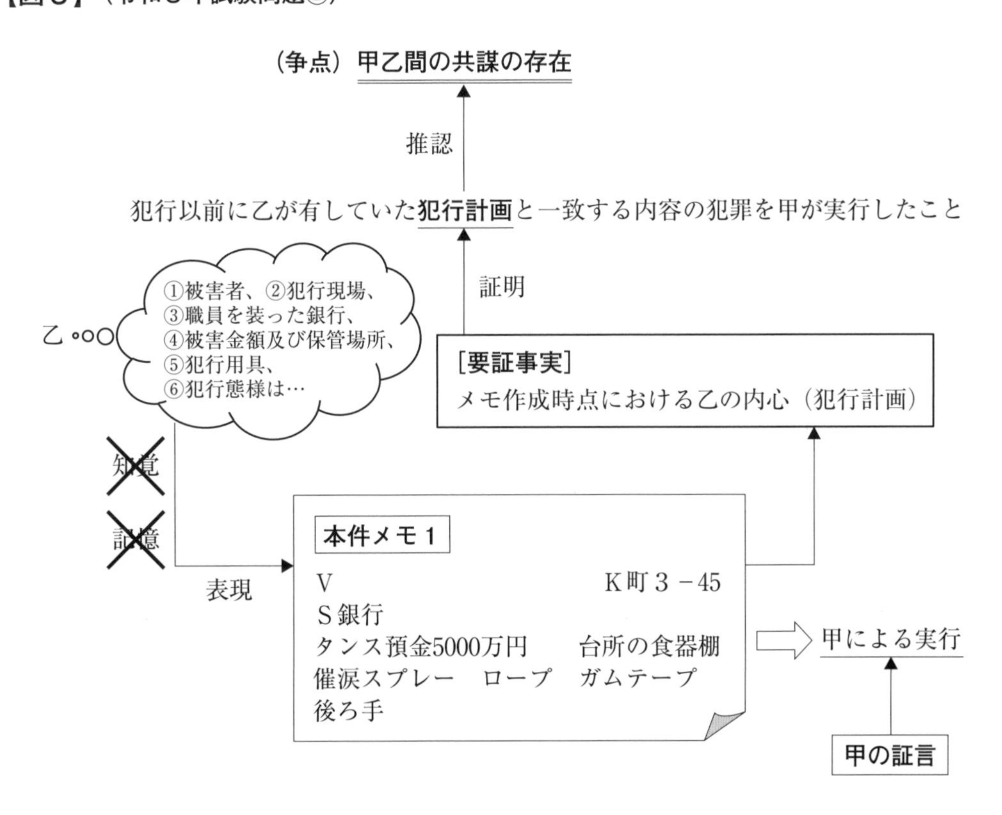

以上の使用方法及び推認過程について、出題趣旨には、以下のとおり説明されています。

［令和３年出題趣旨］

「②**犯行計画を記載したメモ**は、その作成者が作成当時に有していた犯行計画ないし犯罪意思を述べたものとして、**心理状態の供述**に当たり、原供述者の**原供述時における心理状態**を立証する上では、内心の状態について知覚と記憶の過程は問題にならないため、供述者の外界の事実の存在を示す典型的な供述証拠に比べて誤りの危険は小さく、また、真摯性、叙述の点について誤りの有無・程度を吟味する必要はあるものの、それは原供述者の尋問によらなくても、その記載内容や作成状況等から誤りの有無・程度の吟味が可能であることなどから、**非伝聞証拠**として、刑事訴訟法第320条第１項の適用はなく、かつ、その記載内容が客観的な犯罪事実と一致し、当該犯罪をメモの作成者以外の者が実行した場合には、作成者と実行者の間で当該メモに記載された内容の共謀が形成されたことを推認し得るとする考え方」

なお、上記第２の使用方法も、メモ作成者の犯行計画について、いわゆる“**精神状態の供述**”として伝聞証拠に当たらないという判例理論を展開するものではありますが、**［方法Ⅲ］**の場合とは異なります。上述のとおり、そもそも**［方法Ⅲ］**の立証構造（判例①参照）となる場面は極めて限定的であり、とりわけ共犯者間における意思連絡の存在自体を当該メモから立証しなければならない場面では、**［方法Ⅲ］**の立証構造とはならないという点に注意してください。本問においても、乙の公判ではまさしく「共謀の存在」（甲及び乙が意思連絡を遂げたか否か）自体が争点となっていることから、本問の立証構造を判例①と同様に捉えることはできません。そうすると、結局、メモから立証し得る「犯行計画」は、あくまで“メモ作成者自身の内心の状態（意思内容）”にとどまる（故に、犯行計画の立証それのみでは共謀の立証に結び付かない）、ということになります。しかしながら、本問においては、メモ作成者が実行行為を行っていない乙である（メモ作成者ではない甲が実行行為を行っている）という点が決定的に重要であり、この点で**平成27年試験問題**とは事情が異なっています。すなわち、**平成27年試験問題**では、メモ作成者が実行者側であったため、そのメモから実行者自身の犯行計画を立証してみても、共犯者側の関与の立証には結び付きませんでした。それに対して、本問のようにメモ作成者以外の者が実行者である場合には、次のような推認過程を想定することが可能となります。すなわち、メモ作成者の内心の状態（意思内容）の立証を通して作成者の犯行計画が立証された場合に、仮にその犯行計画と一致する内容の犯行を作成者以外の者が実行したのであれば、“その犯行計画は作成者と実行者との間で共有されていたはずだ”と考えることができるのです。このような推認過程を経由して本件メモ１を甲乙間の意思連絡の立証に結び付けるのが、上記第２の使用方法です。その意味で、上記出題趣旨の説明は、「心理状態の供述」について「非伝聞証拠」となる旨を説明している前段部分よりも、むしろ「その記載内容が客観的な犯罪事実と一致し、当該犯罪をメモの作成者以外の者が実行した場合には、作成者と実行者の間で当該メモに記載された内容の共謀が形成されたことを推認し得る」という推認過程を説明している後段部分の方に重点を置いて理解すべきです。

以上検討したとおり、本件メモ１は、上記第１又は第２のいずれの使用方法による場合であっても、「犯行計画メモ」の典型的な使用方法である**［方法Ⅰ］**や**［方法Ⅲ］**とは立証構造や推認過程が異なっていました。「犯行計画メモ」という論点についてのパターン的な思考に陥るのではなく、あくまで当該事案における具体的な事情（争点及び証拠構造）から当該証拠の具体的な使用方法（要証事実及び推認過程）を丁寧に分析した上で自己の理論構成を示す、という意識が重要です。出題趣旨においても以下のように指摘されていました。

> **［令和３年出題趣旨］**
> 「いずれの考え方を採るにせよ、本件メモ１により甲乙間における本件住居侵入強盗に関する**共謀を推認し得る推論過程**について、**自己の理論構成を明示**し、その上で、本件住居侵入強盗の犯行状況、本件メモ１の記載内容、その作成時期・作成者など、事例に現れた**具体的事実を適切に抽出、分析**し、それらの**事実が持つ意味を適切に評価**して、自己の理論構成に当てはめ、本件メモ１の証拠能力の有無を論じることが求められる。」

⑶　本件メモ２について

本件メモ２の記載内容を見てみると、「乙から指示されたこと」として、①「Ｖ」、②「Ｋ町３－45」、③「タンス500万　台所しょっきだな」、④「さいるいスプレー　ロープ　ガムテープ」、⑤「後ろ手　口だけ　ハナ　両あし」等の記載があり、本件メモ２についても、①被害者、②犯行現場、③被害金の金額及び保管場所、④犯行用具、⑤犯行態様の点でいずれも本件住居侵入強盗と一致する内容の記載があることが認められます。他方で、甲がこれら①ないし⑤の記載と一致する内容の犯罪を行ったことについては、甲の証言により証明されます。そして、本件メモ２が甲作成のものであることは証拠上認定できるとされています。そうすると、本件メモ２は甲が乙から指示された内容を書き留めたメモであると考えられます。

以上のような証拠関係を前提とすると、本件メモ２に「乙から指示されたこと」として記載された内容から、①ないし⑤の事項について甲が乙から指示を受けた事実を立証すれば、かかる間接事実から、メモに記載された犯行内容について甲及び乙が共謀（意思連絡）を遂げたことを推認することができます。そうだとすれば、本件メモ２の具体的な要証事実は、「甲が乙からメモの内容どおりの指示を受けたこと」であると把握することができます（**【図７】**参照）。そして、このような立証上の使用方法は、本件メモ２の記載内容から、そこに記載されている作成者甲の直接体験した事実（知覚、記憶し、表現した内容）を証明するものです。したがって、**［方法Ⅱ］**による場合であり、本件メモ２は甲を原供述者とする**伝聞証拠（供述代用書面）**に当たります。

そこで、**伝聞例外要件充足性**を検討します。本件メモ２は、**「被告人以外の者」**である甲の作成した**「供述書」**であることから、**321条１項３号**の規定する要件を充足するか否かを検討することになります。なお、本問では、甲及び乙の公判手続は併合されることなく個別に審理されていることから、乙の公判において甲が「被告人以外の者」（321条１項）、すなわち、純然たる証人と全く同じ立場の者であることは明らかです。したがって、「共同被告人」である場合の供述書面について322条を適用（併用）すべきか否かという点（⇒**第９講【２】３⑵**参照）は本問では問題となりません。

３号要件に関して検討すべき事情について、出題趣旨では以下のとおり指摘されていました。

【図７】（令和３年試験問題③）

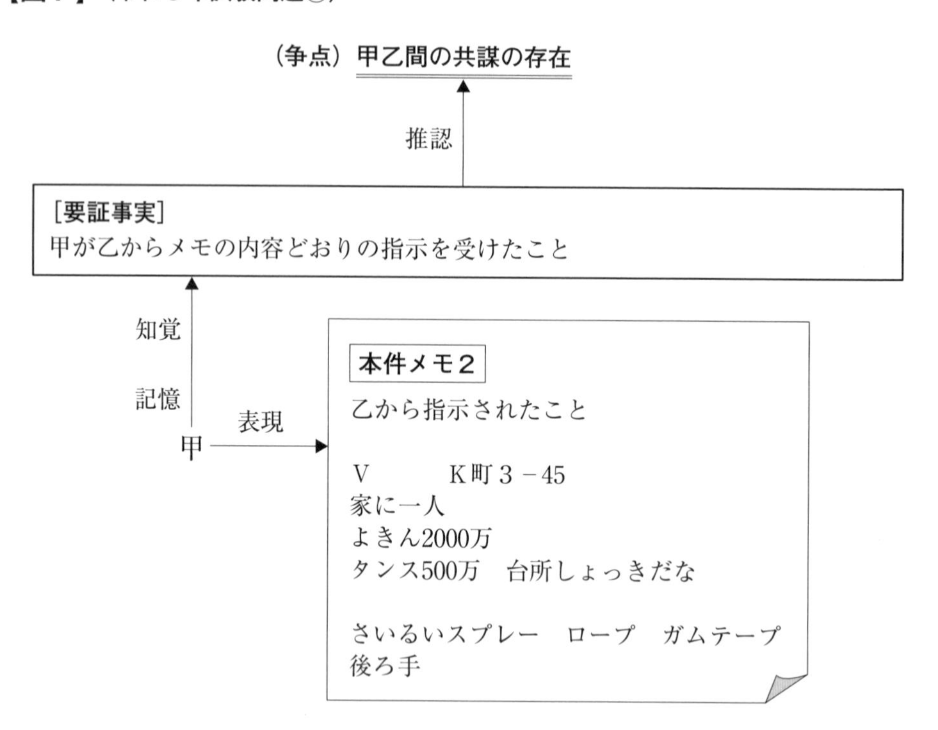

[令和３年出題趣旨]

「本件メモ２は、甲が自己の供述を記載した書面であり、乙との関係では、**「被告人以外の者が作成した供述書」**に該当することから、伝聞例外となる規定として刑事訴訟法**第321条第１項第３号**を選択した上で、同号が規定する①**供述不能**、②**不可欠性**、③**絶対的特信性**の各要件を指摘し、それらの要件の意義・解釈について的確に論じることが求められる。……その上で、**甲の証人尋問実施状況、甲による証言拒絶の具体的状況、本件メモ２以外の証拠の収集状況、本件メモ２の保管・発見状況、同メモの記載内容**など、事例に現れた具体的事実を適切に抽出、分析し、それらの事実が持つ意味を適切に評価して、刑事訴訟法第321条第１項第３号が規定する上記の各要件に当てはめ、本件メモ２の証拠能力の有無を論じることが求められる。」

まず、**供述不能**の要件について、**証言拒絶**の場合にこの要件を充足するか否かが問題となります。判例②は同号の趣旨について「その供述者を裁判所において証人として尋問することを妨ぐべき障碍事由を示したものに外ならない」と述べて同号の列挙事由が**例示列挙**であることを明らかにした上で、「これと同様又はそれ以上の事由の存する場合において同条所定の書面に証拠能力を認めることを妨ぐるものではない」として、証言拒絶の場合も供述不能の要件を充足し得ると判示しました。もっとも、同判例は「被告人に反対尋問の機会を与え得ない」という状況を供述不能の根拠としている点に注意してください。例えば、証人が単に１回限り証言をしなかったという程度の事情があるのみでは同号の要件を充足するには不十分というべきです。したがって、証人が１回でも証言を拒絶した事実があれば直ちに供述不能の要件を満たすと即断するのは誤りです。あくまで書面を証拠とするのは例外であり、公判供述を得ることが原則とされるべきである以上、まずは証人の任意の証言を得るための方策を尽くすことが求められるのであり、そのような方策を尽くしてもなお証人の証言拒絶の決意が固く翻意して任意に証言することが見込めないような状況において、はじめて供述不能の要件を満たす、と考えるべきです。判例③が「事実上の証言拒否にあっても、その供述拒否の決意が堅く、翻意して尋問に応ずることはないものと判断される場合」と判示しているのはまさしくこの趣旨をいうものです。実際、その後の下級審裁判例においては、例えば、判例④は「一時的な供述不能では足りず、その状態が相当程度継続して存続しなければならない……その証言拒絶の決意が固く、期日を改めたり、尋問場所や方法を配慮したりしても、翻意して証言する見通しが少ないときに、供述不能の要件を満たす」と判示し、同様に、判例⑤も「一時的な供述不能では同要件を満たすものとはいえず……証人に証言義務を適切に理解させたり、証言拒絶の理由に応じて、期日を改めて尋問場所や方法に配慮したりするなど、証人の証言を得るための手段を尽くしても、証人の証言拒絶の意思が固く、証言を得られる見込みがないときにはじめて、同要件を満たす」と判示した上で、いずれも結論として供述不能の要件充足性を否定しています。本問でも、単に甲が証人尋問で証言を拒絶したという事情を指摘するのみではなく、甲の証人尋問が「甲と乙との間及び甲と傍聴人との間の双方に遮へい措置を講じて実施された」という**「甲の証人尋問実施状況」**や、甲が「本件メモ２の記載事項及びその作成経緯を含め、乙との共謀に関する事項については、『私は、誰から何と言われようと証言しませんし、今後も絶対に証言することはありません。』と述べ、一切の証言を拒絶した」という**「甲による証言拒絶の具体的状況」**（甲の供述態度）に着目する必要があります。出題趣旨等においても、以下のとおり指摘されています。

［令和３年出題趣旨］

「なお、甲は乙との共謀に関する事項について証言を一切拒絶しているところ、このような**証言拒絶**の場合が**「供述不能」**に含まれるか否かについては、この点に関する最高裁判例（**最大判昭和27年４月９日刑集６巻４号584頁、最判昭和44年12月４日刑集23巻12号1546頁**）の内容を踏まえた上で、自己の見解を展開することが求められる。」

［令和３年採点実感］

「**供述不能の要件**との関係では、甲が乙や丙組を恐れて供述調書の作成を拒否した捜査段階の状況を指摘するだけで、甲の証人尋問が遮へい措置を講じて実施されたことや、甲がその証人尋問時に「今後も絶対に証言することはありません。」と述べたことなどの事実が持つ意味を十分検討せずに、結論を導く答案が少なからず見受けられた。

次に、**不可欠性**の要件については、**「本件メモ２以外の証拠の収集状況」**に関して、上述のとおり、「仮に、本件メモ１及びその記載と同一内容のデータのいずれもが発見されず……とする」という問題文の前提事情に注意してください（本件メモ１の存在を前提とすると本件メモ２については不可欠性の要件が否定されるようにも思われるため、小問１と小問２でわざわざ前提事情を変えて出題した、というのが出題者の意図であったと思われます。）。

最後に、**特信性（絶対的特信情況）**については、同要件との関係でどのような事情を考慮すべきかという点を意識しながら、とりわけ本件メモ２が甲方の捜索時に「机の施錠された引き出し内にあった甲使用の手帳の令和２年８月４日のページの部分に挟んである状態で発見され、差し押さえられた」という**「本件メモ２の保管・発見状況」**に関する外部的事情がいかなる意味を持つのかについて十分に検討する必要があります。その上で、特信性を基礎付ける外部的事情を推認する資料とする限度で**「同メモの記載内容」**についても併せて検討することができれば良いと思います（第８講【１】の判例⑥参照）。

[令和３年採点実感]

「**不可欠性**の要件との関係では、本件メモ１が存在することを前提に結論を導く、問題文の誤読と思われる答案が見られた。**特信情況**の要件との関係では、本件メモ２が施錠された引き出し内にあった甲使用の手帳に挟んである状態で発見されたことは指摘するものの、その事実が持つ意味について検討が不十分な答案や、メモの作成時期について検討を欠く答案が多かった。」

なお、伝聞法則の問題が出題されると、その度に採点実感において繰り返し指摘されていることですが、**「署名・押印」**及び**「再伝聞」**の２点について、本問でも、以下のとおり指摘されていました。

[令和３年採点実感]

「本件メモ２が**再伝聞**に該当するとして証拠能力の有無を検討する答案や、作成者である甲の**署名及び押印**がないことを理由として証拠能力を否定する答案が散見されたが、伝聞法則に関する理解不足を示すものと言えよう。」

供述者の**署名・押印の要件**は「供述を録取した書面」の場合にしか要求されないという点については、「供述書」の証拠能力が問われた際には毎回採点実感等で指摘されていることから、改めて注意してください（**⇒第８講【１】５**(1)参照）。他方、**再伝聞**については、“甲が作成した本件メモ２の中に乙が甲に指示した内容（乙の供述）が含まれている”という構造だけを捉えて、本件メモ２を再伝聞であると判断するのは誤りであり（**⇒第８講【３】２**参照）、この点も例年採点実感等で指摘されています。すなわち、本件メモ２が再伝聞となるのは、甲作成の書面（甲の供述代用書面）の中の乙の指示内容（乙の供述）の記載部分から、乙（原供述者）の直接体験した事実を立証する場合です（**類型Ⅱ問題**）。例えば、本件メモ２の記載内容から「ＶがＫ町３丁目45番地の家に一人で住んでいる事実」あるいは「Ｖには2000万円の預金があり、更に台所の食器棚に500万円をタンス預金している事実」等を立証するのであれば、これらの事実はメモ作成時点で作成者甲が直接体験していた事実ではなく、原供述者乙が知覚した事実（乙がＶから聞き取った内容）であることから、この記載部分は再伝聞となります。しかしながら、争点である「共謀の存在」との関係でこのような乙の体験事実の立証が特段意味を持たないことは明らかです。なお、乙の体験事実の立証が争点との関係で無意味であるとの点は、乙作成の本件メモ１についても同様であり、出題趣旨でも以下のとおり指摘されていました。

［令和３年出題趣旨］
「本件メモ１は、「書面」であって、本件住居侵入強盗の被害者Ｖの名前、住所等……記載があるものの、……その記載の内容（被害者の名前、住所、500万円の在りか等）の真実性を立証したとしても、甲乙間における本件住居侵入強盗に関する共謀という要証事実の認定上直接の意味を持たない。」

〈参考判例〉

【東京高判昭和58・1・27判時1097号146頁】（犯行計画メモ） 判例①
「人の意思、計画を記載したメモについては、その意思、計画を立証するためには、伝聞禁止の法則の適用はないと解することが可能である。それは、知覚、記憶、表現、叙述を前提とする供述証拠と異なり、知覚、記憶を欠落するのであるから、その作成が真摯になされたことが証明されれば、必ずしも原供述者を証人として尋問し、反対尋問によりその信用性をテストする必要はないと解されるからである。そしてこの点は個人の単独犯行についてはもとより、数人共謀の共犯事案についても、その共謀に関する犯行計画を記載したメモについては同様に考えることができる。……前記のように、数人共謀の共犯事案において、その共謀にかかる犯行計画を記載したメモは、それが真摯に作成されたと認められるかぎり、伝聞禁止の法則の適用されない場合として証拠能力を認める余地があるといえよう。ただ、この場合においてはその犯行計画を記載したメモについては、それが最終的に共犯者全員の共謀の意思の合致するところとして確認されたものであることが前提とならなければならないのである。」

【最大判昭和27・4・9刑集6巻4号584頁】（証言拒絶権の行使による供述不能①） 判例②
「「供述者が……供述することができないとき」としてその事由を掲記しているのは、もとよりその供述者を裁判所において証人として尋問することを妨ぐべき障碍事由を示したものに外ならないのであるから、これと同様又はそれ以上の事由の存する場合において同条所定の書面に証拠能力を認めることを妨ぐるものではない。されば本件におけるが如く、Wが第一審裁判所に証人として喚問されながらその証言を拒絶した場合にあつては、検察官の面前における同人の供述につき被告人に反対尋問の機会を与え得ないことは右規定にいわゆる供述者の死亡した場合と何等選ぶところはないのであるから、原審が所論のWの検察官に対する供述調書の記載を、事実認定の資料に供した第一審判決を是認したからといつて、これを目して所論の如き違法があると即断することはできない。尤も証言拒絶の場合においては、一旦証言を拒絶しても爾後その決意を翻して任意証言をする場合が絶無とはいい得ないのであつて、この点においては供述者死亡の場合とは必ずしも事情を同じくするものではないが、現にその証言を拒絶している限りにおいては被告人に反対尋問の機会を与え得ないことは全く同様であり、むしろ同条項にいわゆる供述者の国外にある場合に比すれば一層強き意味において、その供述を得ることができないものといわなければならない。」

【東京高判昭和63・11・10判時1324号144頁（証言拒絶権の行使による供述不能②）】 判例③
「刑訴法三二一条一項二号前段が憲法三七条二項に違反するものでないことは最高裁判所の判例の示すところであって（最高裁判所昭和二七年四月九日大法廷判決・刑集六巻四号五八四頁）、憲法三七条二項が被告人に反対尋問の機会を与えていない証人の供述又はその供述を録取した書面には絶対に証拠能力を認めることができないようにいう所論は採用の限りではなく、この点に関する原判決の説示は正当である。また、刑訴法三二一条一項二号前段に「供述者の死亡、精神若しくは身体の故障、所在不明若しくは国外にいるため」というのは証人として尋問することができない事由を例示したもので、右の供述不能の事由が供述者の意思にかかわらない場合に限定すべきいわれはなく、現にやむことを得ない事由があって、その供述者を裁判所において尋問することが妨げられる場合には、これがために被告人に反対尋問の機会を与え得ないとしてもなおその供述者の検面調書に証拠能力が付与されるものと解され、事実上の証言拒否にあっても、その供述拒否の決意が堅く、翻意して尋問に応ずることはないものと判断される場合には、当該の供述拒否が立証者側の証人との通謀或は証人に対する教唆等により作為的に行われたことを疑わせる事情がない以上、証拠能力を付与するに妨げないというべきである。」

【東京高判平成22・5・27高刑集63巻1号8頁（証言拒絶権の行使による供述不能③）】 判例④
「刑訴法321条1項2号前段に供述者が公判準備若しくは公判期日において供述することのできないときと

してその事由を掲記しているのは、その供述者を裁判所において証人として尋問することを妨げるべき障害事由を示したもので、これと同様又はそれ以上の事由の存する場合において検察官調書に証拠能力を認めることを妨げるものではないから、証人が証言を拒絶した場合にも、同号前段によりその検察官調書を採用することができる（最高裁昭和26年（あ）第2357号同27年４月９日大法廷判決・刑集６巻４号584頁）。しかし、同号前段の供述不能の要件は、証人尋問が不可能又は困難なため例外的に伝聞証拠を用いる必要性を基礎付けるものであるから、一時的な供述不能では足りず、その状態が相当程度継続して存続しなければならないと解される。証人が証言を拒絶した場合についてみると、その証言拒絶の決意が固く、期日を改めたり、尋問場所や方法を配慮したりしても、翻意して証言する見通しが少ないときに、供述不能の要件を満たすといえる。もちろん、期日を改め、期間を置けば証言が得られる見込みがあるとしても、他方で迅速な裁判の要請も考慮する必要があり、事案の内容、証人の重要性、審理計画に与える影響、証言拒絶の理由及び態度等を総合考慮して、供述不能といえるかを判断するべきである。

以上を前提に本件についてみると、Aは、自らの刑事裁判が係属中であり、弁護人と相談した結果、現時点では証言を拒絶したい、としているにすぎず、他方で、被害者の遺族の立場を考えると、自分としては証言したいという気持ちがあるとまで述べているのであって、自らの刑事裁判の審理が進み、弁護人の了解が得られれば、合理的な期間内に証言拒絶の理由は解消し、証言する見込みが高かったと認められる。

……第６回公判前整理手続調書によると、検察官は、同期日において、Aの取調べ状況等に関する捜査報告書（謄本、原審甲42）及びAとその弁護人との接見状況等に関する回答書（謄本、同甲43）を請求したのは、Aが全く証言しない可能性を考慮してのことである旨釈明している。原審においても、この時点でAの証言拒絶を想定し得たはずである。そうであれば、検察官に対して、Aの証言拒絶が見込まれる理由につき求釈明し、Aの審理予定を確認するなどした上、Aが証言を拒絶する可能性が低い時期を見極めて、柔軟に対応することができるような審理予定を定めるべきであったのに、原審はそのような措置を講じることなく、審理予定を定めている。

……本件が殺人、死体遺棄という重大事案であること、被告人が犯行を全面的に否認していること、Aは共犯者とされる極めて重要な証人であることなどを考え併せると、このような公判前整理手続の経過がありながら、Aが前記のような理由で一時的に証言を拒絶したからといって、直ちに前記の各検察官調書を刑訴法321条１項２号前段により採用し、有罪認定の用に供した原審及び原判決には訴訟手続の法令違反がある。」

【福岡高那覇支判平成30・８・16 LEX/DB 25561377（証言拒絶権の行使による供述不能④）】

判例⑤

「刑訴法321条１項２号前段の供述不能の要件は、証人が証言を拒絶した場合も該当しうると解されるが（最大判昭和27年４月９日、刑集６巻４号584頁参照）、証人については、可能な限り裁判所の面前における証人尋問を実施し、当事者の交互尋問による審査を経ることが刑訴法の予定するところであり（刑訴法320条１項、304条、刑訴規則199条の２以下参照）、そのために証人の出頭確保や、証人の証言義務等も定められているのであるから（刑訴法152条、161条等。なお、近時、平成28年法律第54号の刑事訴訟法等の一部を改正する法律により、証人の出頭確保の手段が拡充され、証言拒絶等の罪に係る法定刑も引上げられている。）、証言拒絶が供述不能に当たるのは、例外的場面に限られるというべきである。すなわち、供述不能の要件は、証人尋問が不可能若しくは困難なため、裁判所の面前における証人尋問の実施を断念し、当事者に反対尋問の機会を与えることなく、例外的に伝聞証拠を用いる必要性を基礎付けるものであるから、一時的な供述不能では同要件を満たすものとはいえず、これを証言拒絶についていえば、証人に証言義務を適切に理解させたり、証言拒絶の理由に応じて、期日を改めて尋問場所や方法に配慮したりするなど、証人の証言を得るための手段を尽くしても、証人の証言拒絶の意思が固く、証言を得られる見込みがないときにはじめて、同要件を満たすものと解される。

これを本件についてみると、Ｐ２は、遮へい措置が採られた原審第３回公判期日の証人尋問において、ほとんどの質問に証言を拒絶し、証言拒絶の理由も明らかにしていないが、一部の質問には証言する場面もあり、その証言部分には、原審弁護人が指摘するとおり、未成年者であるＰ２において、原審検察官からの説示により、証人の意思で答えたくない質問には答えなくてもよいと誤解しているとも解し得る部分が含まれている。また、……立証責任を負担する原審検察官において、Ｐ２に対し、証人の証言義務を適切に理解させるための措置は採られておらず、Ｐ２に証言を拒絶する理由を質問し、証言拒絶の理由を踏まえて、原審裁判所に適切な措置を講ずることを求めるなどの措置も採られていない。さらに、原審裁判所においても、Ｐ２が証言拒絶の理由を示さないことに対し、過料その他の制裁を告げて証言を命ずる措置（刑訴規則122条２項）は採られていない。

以上の諸事情によれば、原審の証人尋問において、Ｐ２が、遮へい措置の上で証言を拒絶したというだけでは、Ｐ２が証言義務を適切に理解し、証言を命ぜられるなどしたり、証言拒絶の理由を踏まえて、適切な措置が講じられたりした場合にまで、証言拒絶を維持することが見込まれると認定することはできない。……そうすると、原審の審理経過等に照らし、原審検察官が、Ｐ２の検察官調書について、刑訴法321条１項

２号前段の供述不能要件を満たすことの立証を尽くしていたということはできないところ、原審裁判所が、同調書について、供述不能の要件を満たすものと認め、これを採用した訴訟手続には、刑訴法321条１項２号前段の解釈ないし適用を誤った違法があると認められる。」

【論述例】

【精神状態の供述】

供述時点における原供述者の内心（意思、計画）を要証事実とする場合、同人の直接体験した事実を立証するものではないから、伝聞証拠に当たらない。すなわち、原供述者が供述時にその供述するとおりの内心の状態であった事実については、原供述者の知覚・記憶の過程における誤りの介在が問題となる余地はなく、他方で、表現の正確性・真摯性については、必ずしも原供述者に対する反対尋問等の方法によらなくても吟味、担保し得ることから、伝聞法則の趣旨が妥当しないというべきである。

したがって、上記の要件事実との関係では、その供述が真摯になされたと認められる限り、証拠能力は否定されない。

【参考答案例】【平成27年】

［設問２］

第１　証拠収集上の問題点について

⇒**第９講【１】【参考答案例】・第10講【参考答案例】**参照

第２　伝聞法則

【論述例】伝聞証拠の意義

本件の争点は乙丙間の共謀の有無であるところ、検察官Ｒは、乙丙間の共謀（乙と丙が意思連絡を遂げたこと）を推認させる間接事実を証明するために本件文書等を証拠調べ請求していると考えられる。以下、各証拠についてその証拠能力を検討する。

１　本件文書について

(1)　乙は、本件文書が「だます方法のマニュアル」であると供述しているところ、本件文書に記載された犯行方法は、本件公訴事実に係るＶに対する詐欺の犯行方法と一致している。また、本件文書は、架空人名義の携帯電話、Ｖの住所、氏名、電話番号が記載された名簿とともに発見、押収されたものであることに加え、本件文書には、乙の筆跡でＶ方の電話番号の手書き文字が記載されている。これらの事実から、「本件文書が、本件犯行（Ｖに対する詐欺）に使用された犯行マニュアルであること」(①)が証明される。

他方、乙は本件文書が「他の人から渡されたもの」であると供述しているところ、本件文書からは丙の指紋が検出された。そうすると、「乙に本件文書を渡した人物が丙であること」(②)が一定程度推認される。

以上から、本件文書を証拠物（非供述証拠）として「本件文書の存在及び記載」を立証することで、上記①及び②の事実を併せて考慮すれば、「丙が乙に本件犯行に使用された犯行マニュアル（本件文書）を渡したこと」(③)が推認される。③の事実は本件犯行への丙の関与を示すものであるから、かかる立証は争点である乙丙間の共謀の存在を推認させる有効な立証活動となる。

⑵　以上のような立証上の使用方法は、本件文書の記載内容から、そこに記載されている作成者の直接体験した事実（知覚、記憶し、表現した内容）を証明するものではない。したがって、本件文書は伝聞証拠に当たらない。

なお、上記内容が記載された本件文書から丙の指紋が検出されていることからすれば、本件文書の証拠物としての関連性は否定されない。

⑶　以上より、本件文書の証拠能力は認められる。

２　本件メモについて

⑴　伝聞証拠該当性

本件メモは、全て乙の筆跡による手書き文字が記載されており、その記載内容からすると、乙が丙から電話で聴き取った指示をメモしたものであることがうかがわれる。そうすると、本件メモから、その記載内容、具体的には、「乙が『１／５』に『丙からtel』（電話）で『チカンの示談金はもうからないのでやめる、先物取引で会社の金を使いこんだことにする、金額は500万、マニュアルは用意する』と言われた事実」を証明すれば、かかる間接事実から、丙及び乙が上記の記載内容のとおり共謀（意思連絡）を遂げたことを推認することができる。したがって、本件メモについて想定される具体的な要証事実は、「乙が丙から電話でメモの内容どおりの指示を受けたこと」である。

以上のような立証上の使用方法は、本件メモの記載内容から、そこに記載された作成者乙の直接体験した事実（知覚、記憶し、表現した内容）を証明するものであるから、本件メモは伝聞証拠（320条１項前段、供述代用書面）に当たる。

⑵　伝聞例外要件充足性

本件メモは、「被告人以外の者」である乙の作成した「供述書」であるから、321条１項３号の規定する要件を充足するか否かを検討する。

ア　供述不能

「供述することができず」とは、その供述者を裁判所において証人として尋問することを妨げる事由がある場合をいうところ、同号に列挙された事由は例示列挙であり、これらと同等の事由がある場合には同要件を充足する。

本件において、乙は丙の公判の証人尋問で本件メモについて「私が書いたものですが、何について書いたものかは話したくありません。」と供述しており、本件メモの詳細については証言拒絶（146条）しているところ、乙はかかる供述態度を捜査段階から一貫して維持しており、その供述拒否の決意は固く、翻意して供述に応じることは見込めないといえる。したがって、「公判期日において供述することができ」ない場合に当たる。

イ　不可欠性

丙及び乙は、一貫して共謀の存在を否認しているところ、本件文書が証拠として採用されたとしても、上述した立証構造からすれば、本件文書のみからでは、丙乙間の具体的な共謀の経緯、時期等の事情を立証することは困難であり、これらの事情を明らかにする客観的証拠は本件メモ以外に存在しない。したがって、本件メモは「犯罪事実の存否の証明に欠くことができないもの」に当たる。

ウ　特信性（絶対的特信情況）

同号の「特に信用すべき情況」とは、「前の供述」（同項２号）との文言を欠くことから、その供述自体を信用すべき情況的保障がある場合をいう（絶対的特信情況）。

本件メモは、全ての記載が乙の筆跡による手書き文字であることから、その作成の真正には問題がないことが認められるものの、その他に本件メモの信用性を担保すべき外部的事情は特段存在しない。したがって、本件メモは「特に信用すべき情況」の下に作成されたものとは認められない。

(3)　以上より、本件メモの証拠能力は認められない。

【参考答案例】【平成18年】

［設問２］

第１　伝聞法則

本問のメモ（以下、「本件メモ」という。）について、伝聞法則の適用の有無を検討する。

【論述例】伝聞証拠の意義

本件メモは、「共謀を立証するための証拠」として証拠調べ請求されているところ、以下、本件メモについて、想定される立証上の使用方法ごとに要証事実との関係で伝聞証拠に該当するか否かを検討する。

１　本件メモの存在から共謀の成立を立証する場合

(1)　本件において、乙は甲との共謀を否認しているものの、甲は、乙の公判において証人として出廷し、本件メモの作成経緯について、①平成17年12月24日に乙の家で作成したものであること、②乙が甲の前でまず地図を書き込み、「この地図のとおりに逃げて、Ｊ公園の茂みのところで車を乗り捨てて、金だけ持って、公園の東出口まで来てちょうだい。そこで、私が車の中で待ってるから。」と言って地図に「×」を記入したこと、③甲が乙から「あんたの名前が分かってしまうと、すぐ私も疑われるから、自分の名前が分かるようなものは絶対に持っていっちゃだめよ。」、「だから、車も自分のを使わないで、盗んだ車を使ってね。」、「取った金は半分ずつ分けるってことでどうかしら。」等と言われたことからその内容を書き留めたこと等を証言している（以下、「甲の証言」という。）。

他方、甲が所持していた本件メモはレポート用紙に書かれたものであるところ、乙方から本件メモの記載どおりの筆圧痕の残るレポート用紙１冊が発見されている。かかる筆圧痕は実際に本件メモを記載した際に付着したものと考えられることから、甲の証言を裏付けるものといえる。

以上の各証拠、すなわち、甲の証言とそれを裏付ける本件メモの存在及び形状、筆圧痕の残るレポート用紙等の証拠から、本件メモが甲の証言どおりの経緯で作成されたものであること（具体的には、①甲及び乙が平成17年12月24日に乙方で本件メモを作成したこと、②乙が甲に逃走経路を指示して本件メモに地図及び「×」印を記入したこと、③甲が乙から指示ないし提案された逃走経路、犯行方法、分け前の配分等を本件メモに書き留めたこと）が証明された場合、甲及び乙は、平成17年12月24日、乙方において、本件メモを作成する行為により共謀を遂げたと認められる。この場合、本件メモは共謀を遂げるための手段として作成、使用されたものであり、本件メモの作成行為それ自体が共謀を組成する行為であると評価できる。そうすると、本件メモは、その存在自体が、甲の証言どおりの経緯で共謀が成立したことを示す証拠物（非供述証拠）として、重要な証拠価値を有する。

⑵　以上のような立証上の使用方法による場合、本件メモは「メモの存在及び記載」（甲の証言どおりの記載内容のメモが存在すること）を立証するものに過ぎず、本件メモの記載内容から作成者の直接体験した事実を証明するものではない。したがって、本件メモは伝聞証拠に当たらない。

なお、上述した本件メモの作成経緯からすれば、本件メモの証拠物としての関連性は否定されない。

2　本件メモの記載内容から共謀の内容を立証する場合

⑴　本件メモは、乙が甲に指示ないし提案した内容を甲が書き留めたものであるところ、かかる甲の記載部分から、「乙が甲に本件メモの記載どおりの指示ないし提案をした事実」を立証し、この事実から甲乙間の共謀の成立及びその内容を推認するのであれば、メモ作成者である甲の直接体験した事実（知覚、記憶し、表現した内容）の証明の用に供されるものとして、本件メモは伝聞証拠（320条１項前段、供述代用書面）に当たる。

⑵　もっとも、乙の公判において、本件メモを上記のような立証上の使用方法により用いる必要はない。なぜなら、本件メモについて上述した甲の証言どおりの作成経緯が立証された場合、本件メモの内容は、最終的に甲及び乙の共謀の意思の合致するところとして確認されたものであると認められるところ、この場合、本件メモの記載から、そこに記載された犯行計画の内容（逃走経路、犯行方法、分け前の配分等）を明らかにすることで、甲乙間の共謀の具体的内容を立証することができるからである。

そこで、このようにメモ作成時における作成者の内心（意思、計画）を要証事実とする場合、本件メモが伝聞証拠に当たるか否かが問題となる。

【論述例】精神状態の供述

本件メモについても、「甲又は乙のメモ作成時における犯行計画の内容」という甲又は乙の内心を立証するために用いる場合であれば、当該要証事実との関係で伝聞証拠に当たらず、それが真摯に作成されたものと認められる限り、証拠能力は否定されないというべきである。

しかるところ、本件メモは、現に甲が犯行時に所持していたものであり、その記載内容である犯行計画が実際に実行されていることからすれば、その記載の真摯性は十分に認められる。

3　以上より、伝聞法則により本件メモの証拠能力は否定されない。

第2　違法収集証拠排除法則

⇒**第10講【参考答案例】**参照

【参考答案例】【令和３年】

［設問２］

第１　伝聞法則

【論述例】伝聞証拠の意義

本件公訴事実は甲及び乙が共謀の上、本件住居侵入強盗に及んだ事実であるところ、乙は自己の公判において公訴事実を全面否認している。もっとも、甲が本件住居侵入強盗を実行したことについては甲の証言により立証され得る一方で、甲は乙の関与を示す事項については一切供述をしていないことから、乙の公判における争点は、共謀共同正犯における「共謀の有無」に集約される。そこで、検察官は、甲乙間において本件住居侵入強盗に関する共謀が存在することを立証するため、本件メモ１又は本件メモ２の証拠調べ請求をしている。

以下、本件各メモについて、具体的な要証事実との関係で伝聞法則の適用の有無を検討する。

第２　本件メモ１について（小問１）

１　本件住居侵入強盗は、具体的には、令和２年８月４日午前11時30分、Ｓ銀行の職員を装った犯人がＨ県Ｉ市Ｋ町３丁目45番地のＶ方を訪れ、Ｖ方内に押し入り、Ｖの顔面に催涙スプレーを吹き付けた後、ロープでＶの身体を後ろ手に緊縛し、さらに、持っていたガムテープで、Ｖの鼻を塞がないようにしてその口を塞いだ上、台所の食器棚から現金500万円を取り出してこれを強奪し、更にロープでＶの両足を縛り、逃走したという事件である。一方、本件メモ１には、①「Ｖ」、②「Ｋ町３－45」、③「Ｓ銀行」、④「タンス預金500万円、台所の食器棚」、⑤「催涙スプレー、ロープ　ガムテープ」、⑥「後ろ手」等と記載されており、①被害者、②犯行現場、③犯人が職員を装った銀行、④被害金の金額及び保管場所、⑤犯行用具、⑥犯行態様の点で、いずれも本件住居侵入強盗の犯罪事実と一致する内容の記載がある。

しかるところ、甲が上記各記載と一致する内容の犯罪を行ったこと（事実①）については、甲の証言により証明される。他方、本件メモ１の記載内容と同一のデータが保存されたＵＳＢメモリが乙名義で借りている室内から発見されており、本件メモ１が乙作成のものであること（事実②）は証拠上認定できる。また、上記データの捜査の結果、本件メモ１が作成されたのが令和２年８月４日午前10時20分であったこと（事実③）が明らかとなっている。

[解答例Ⅰ]

２　以上の立証構造を前提とすると、本件メモ１を証拠物（非供述証拠）として「本件メモ１の存在及び記載」を立証することで、事実①ないし③を併せて考慮すれば、「甲が実行した犯行内容と一致する内容のメモを犯行直前に乙が作成したこと」（事実④）を立証することができる。かかる事実④が証明された場合、本件メモ１の記載内容と実際の犯行内容とが偶然の一致とは考え難いほどに詳細に一致しており、しかもそのメモが犯行前に作成されていることから、本件メモ１とおよそ無関係に犯行が実行されたものとは考え難いといえ、甲による犯行は本件メモ１の内容に則って遂行されたものであることが推認される。そして、そのようなメモの作成者が乙であることから、少なくとも乙が犯行前に甲の実行する犯行内容を了知していたことが推認される。これらの事情は、犯行前の時点において甲乙間で本件メモ１に記載された犯行内容について共通の意思が形成されていたことを示すものといえる。したがって、上記の立証は争点である甲乙間の共謀（意思連絡）の存在を推認させる有効な立証活動となる。

以上のような立証上の使用方法は、本件メモ1の記載内容から、そこに記載されている作成者乙の直接体験した事実（知覚、記憶し、表現した内容）を証明するものではないから、本件メモ1は伝聞証拠に当たらない。

なお、上記内容が記載された本件メモ1が乙名義で借りている室内から発見、押収されたことからすれば、本件メモ1の証拠物としての関連性は否定されない。

3　以上より、本件メモ1の証拠能力は認められる。

［解答例Ⅱ］

2　以上の立証構造を前提とすると、本件メモ1の記載内容から作成者乙がメモ作成時に有していた犯行計画（メモに記載された内容の犯罪意思を形成していたこと）を立証することで、事実①ないし③を併せて考慮すれば、「犯行以前に乙が有していた犯行計画と一致する内容の犯罪を甲が実行したこと」（事実④）を立証することができる。かかる事実④は、犯行前の時点において、作成者乙と実行者甲との間で本件メモ1に記載された犯行内容にかかる認識が共有されていたことを示すものといえ、上記の立証は争点である甲乙間の共謀（意思連絡）の存在を推認させる有効な立証活動となる。そこで、このようにメモ作成時における作成者の内心（意思、計画）を要証事実とする場合、本件メモ1が伝聞証拠に当たるか否かが問題となる。

【論述例】精神状態の供述

本件メモ1についても「乙のメモ作成時における犯行計画の内容」という乙の内心を立証するために用いる場合であれば、当該要証事実との関係で伝聞証拠に当たらず、それが真摯に作成されたものと認められる限り、証拠能力は否定されないというべきである。

しかるところ、上記のとおり、本件メモ1の記載内容と同一内容のデータが乙名義で借りている室内から発見されたUSBメモリにも保存されていたことからすれば、その作成の真摯性は十分に認められる。

3　以上より、本件メモ1の証拠能力は認められる。

第3　本件メモ2について（小問2）

1　伝聞証拠該当性

本件メモ2には、「乙から指示されたこと」として、①「V」、②「K町3－45」、③「タンス500万、台所しょっきだな」、④「さいるいスプレー、ロープ、ガムテープ」、⑤「後ろ手、口だけ、ハナ×、両あし」等の記載がある。しかるところ、本件メモ2に記載された①被害者、②犯行現場、③被害金の金額及び保管場所、④犯行用具、⑤犯行態様について、甲がこれらの記載と一致する内容の犯罪を行ったことについては、甲の証言により証明されることに加え、本件メモ2が甲作成のものであることが証拠上認定できることからすれば、本件メモ2は甲が乙から指示された内容を書き留めたメモであると考えられる。

そうすると、本件メモ2に「乙から指示されたこと」として記載された内容から、①ないし⑤について甲が乙から指示を受けた事実を立証すれば、かかる間接事実から、メモに記載された犯行内容について甲及び乙が共謀（意思連絡）を遂げたことを推認することができる。したがって、本件メモ2の具体的な要証事実は、「甲が乙からメモの内容どおりの指示を受けたこと」である。

以上のような立証上の使用方法は、本件メモ２の記載内容から、そこに記載されている作成者甲の直接体験した事実（知覚、記憶し、表現した内容）を証明するものであるから、本件メモ２は伝聞証拠（320条１項前段、供述代用書面）に当たる。

2　伝聞例外要件充足性

本件メモ２は、「被告人以外の者」である甲の作成した「供述書」であるから、321条１項３号の規定する要件を充足するか否かを検討する。

(1)　供述不能

ア「供述することができず」とは、その供述者を裁判所において証人として尋問することを妨げる事由がある場合をいうところ、同号に列挙された事由は例示列挙であり、これらと同等の事由がある場合には同要件を充足する。

イ　甲の証人尋問は甲と乙との間及び甲と傍聴人との間の双方に遮へい措置を講じて実施されているところ、同尋問において、甲は乙との共謀に関する事項について、「私は、誰から何と言われようと証言しませんし、今後も絶対に証言することはありません。」と述べ、一切の証言を拒絶している。このように、乙を含む在廷者からの心理的圧迫を軽減する方策が講じられた上でもなお甲は乙の関与をうかがわせる事項について一切供述しないという態度を逮捕後から一貫して維持していることからすれば、その供述拒否の決意は固く、翻意して供述に応じることは見込めないといえる。

ウ　したがって、「公判期日において供述することができ」ない場合に当たる。

(2)　不可欠性

上記のとおり、乙は本件公訴事実につき全面否認しており、また、乙名義で借りていた室内からは乙の関与を裏付ける証拠が発見されなかったことからすれば、甲乙間の共謀を証明するための証拠は甲の供述を内容とする本件メモ２以外に存在せず、本件メモ２は「犯罪事実の存否の証明に欠くことができないもの」に当たる。

(3)　特信性（絶対的特信情況）

ア　同号の「特に信用すべき情況」とは、その供述自体を信用すべき情況的保障がある場合をいう（絶対的特信情況）。また、そのような情況の有無は、原則として供述内容の真実性を担保する外部的付随的事情から判断すべきであるが、必ずしも外部的な事情によらなくとも、その供述の内容自体を「信用すべき情況」の存在を推認する資料として考慮することができると解する。

イ　本件メモ２は、甲方の捜索時に、机の施錠された引き出し内にあった甲使用の手帳の令和２年８月４日のページの部分に挟んである状態で発見されたものであるところ、手帳ごと第三者の目に触れないように厳重に保管されていたことからすれば、甲は本件メモ２の内容を他者に見せることを予定していなかったことがうかがわれ、そのようなメモに殊更虚偽の事実を記入する動機はないといえる。また、上記の保管状況からすれば、甲以外の第三者により本件メモ２の内容が改ざんされた可能性もない。以上のような外部的付随的な事情に加え、上述のとおり、本件メモ２に記載された上記①ないし⑤の内容は、実際に甲が行った犯行内容と一致している。

ウ　以上の事情を総合的に考慮すると、本件メモ２の記載にはその真実性を担保する事情があり、類型的に高い信用性が認められることから、本件メモ2は「特に信用すべき情況」の下に作成されたものと認められる。
3 以上より、本件メモ2の証拠能力は認められる。

【3】再 伝 聞

［論点解析］再伝聞の処理

1 再伝聞の意義

【1】伝聞証拠の意義（⇒**第8講【1】1**参照）において、“人の認識”を「供述」として証拠化（法廷に顕出）する方法として、刑訴法上、**［方法Ⅰ］**：「公判期日における供述」による方法（**公判供述**）、**［方法Ⅱ］**：「公判期日における供述に代えて書面を証拠と」する方法（**供述代用書面**、320条1項前段）、**［方法Ⅲ］**：「公判期日外における他の者の供述を内容とする供述」による方法（**伝聞供述**、320条1項後段）、という3つの方法が用意されていることを確認しました。もっとも、これらの応用として、上記の3つ以外に、刑事訴訟法には直接規定されていない以下のような方法も考えられます。

【再伝聞】
［方法Ⅳ］：**「公判期日外における他の者の供述を内容とする供述」**に**「代えて書面を証拠と」**する方法（**再伝聞**）

例えば、甲から「事実はAです。」と聞いた乙が、公判期日において供述（証言）する（**［方法Ⅲ］**）のではなく、「甲が『事実はAです。』と言っていました。」という乙の供述を内容とする書面（乙の供述調書等）を用いる、という方法です。このような場合を**「再伝聞」**といいます。

2 再伝聞の処理

この場合の乙の供述を内容とする書面（供述代用書面）については、要証事実が「誰の体験事実か」が問題（**類型Ⅱ問題**）となります（⇒**第8講【1】3⑶**参照）。「甲が乙に『事実はAです。』と発言した事実」を要証事実とする場合に過ぎないのであれば、あくまで書面作成者である乙自身の体験事実の立証にとどまることから、通常の供述代用書面（**［方法Ⅱ］**）と同様に当該書面が伝聞例外の要件を満たすことによって証拠能力を獲得します。例えば、「甲が乙に『XがYを殺害した。』と発言した事実」を要証事実として、甲の発言が記載されている乙の供述調書を“甲のXに対する名誉毀損罪”の立証に用いる場合であれば、上記の使用方法となり再伝聞ではありません。このように、単に「供述調書の中に他の者の供述が含まれている」という点だけを指摘して「再伝聞である」と即断するのは誤りです。

これに対して、問題は、乙の供述代用書面を用いて“甲の認識”した「事実A」を立証しようとする場合です。例えば、「（甲の発言どおり）XがYを殺害した事実」を要証事実として、上記乙の供述調書を“XのYに対する殺人罪”の立証に用いる場合です。この場合の要証事実は、書面作成者乙の体験事実ではなく、原供述者甲の直接体験した事実（知覚、記憶し、表現した内容）ということになります。このような場合、乙の供述調書が伝聞例外の要件を満たしたからといって、それと一体的に調書の記載内容である甲の発言部分も証拠能力を獲得する、と考えることはできません。乙の供述調書から原供述者甲の直接体験した事実（「XがYを殺害した事実」）を認定するためには、甲の供述の伝聞過程（知覚、記憶、表現）について誤りの有無をチェックする必要がある（それにもかかわらず、甲の供述の伝聞過程は乙の供述調書が伝聞例外の要件を満たしたとしても払拭されない）からです。これが**再伝聞**の問題です。

【再伝聞】

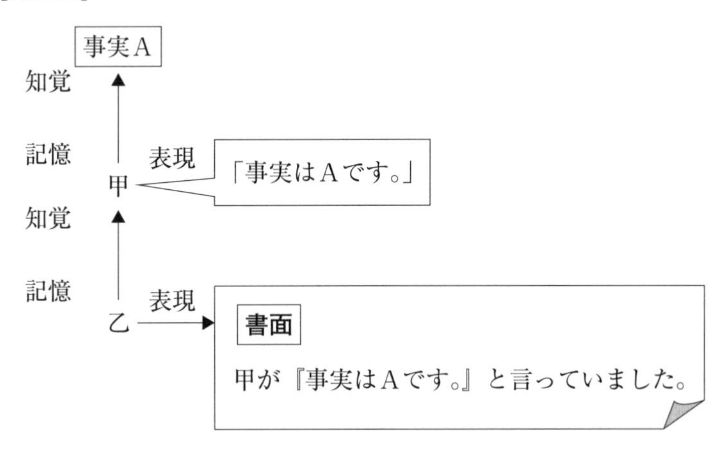

［方法Ⅳ］のような再伝聞（いわば"伝聞供述代用書面"）の取り扱いについて、刑事訴訟法には明文規定がありません。もっとも、介在する各伝聞過程についてそれぞれ伝聞例外の要件を満たすのであれば証拠能力を肯定して良い、と考える見解が一般的です。そして、この考え方を条文から根拠付けるのが**324条類推適用説**です。判例①は「刑事訴訟法第三百二十一条第一項第二号により**証拠能力を認むべき供述書調中の伝聞に亘る供述**は公判準備又は**公判期日における供述と同等の証拠能力**を有する」ことから、「伝聞の部分については同条の外同法**第三百二十四条が類推適用**され」ると判示しました。同様に、判例②も「被告人Xの検察官に対する供述調書中の被告人Yから……ということを聞いたとの被告人Xの供述」について「刑訴三二一条一項二号及び**同三二四条により**右供述調書中の所論の部分についての証拠能力」を肯定しました。

このような処理は、320条1項が伝聞証拠であっても「第三百二十一条乃至第三百二十八条に規定する場合」であれば「公判期日における供述に代えて」証拠とすることができると定めていることから導かれます。すなわち、ある供述代用書面（320条1項前段）について、それが伝聞例外の要件（例えば、321条1項各号の要件）を具備して証拠能力を獲得した場合、当該書面は**「公判期日における供述」と同視される**、と考えるのです（いわば、書面の作成者が公判廷で書面の内容を証言したのと同じ扱いを受ける、という意味です。）。故に、当該書面中の原供述者の供述部分（上記の例では、乙の供述調書中の甲の発言部分）については、伝聞供述（320条1項後段）の場合に準じて扱われ、その伝聞例外要件を規定した**324条の類推適用**により、原供述者が**「被告人」**の場合は**322条が準用**され（324条1項）、他方、原供述者が**「被告人以外の者」**である場合は**321条1項3号が準用**され（324条2項）、その供述部分の証拠能力が判断されることになります。

このような考え方によれば、ある供述証拠の中に伝聞過程がいくつ積み重なっていても（再々伝聞、再々々伝聞……等）、基本的な処理方法は同じです。すなわち、法廷に顕出された資料の内容から、そこに記載されている複数の供述者の伝聞過程を順次、段階的に把握した上で、どの段階の供述者の体験事実を立証しようとしているのかを分析する（結局、要証事実が「誰の体験事実か」を検討する)、というのがこの問題を検討する際の基本的な視点となります(後記4参照)。

3　供述録取書——録取の伝聞過程と署名・押印の機能——

さて、ここまでの説明で、刑事裁判において日常的に頻繁に用いられているある証拠が、実は「再伝聞」の構造を持っていることに気が付くと思います。供述証拠の代表例である **“供述調書”** です。捜査機関は、取調べで被疑者や参考人の供述を聴き取り、その内容を記録して書面を作成します。この書面には、“供述調書”という表題が付されています。このように、捜査機関が取調べで聴取した内容を証拠化する場合、通常は**「供述録取書」**の形態をとります(供述者本人が取調室で手書きの「供述書」を自ら作成する場合もありますが、一般的ではありません。)。そして、この供述録取書は、被疑者や参考人の供述した内容(供述者の体験事実)の立証のために用いられます(供述調書を用いて「取調官が供述者からそのような供述を聴取した事実」(録取者の体験事実)を証明することが立証上の意味を持つような場面は通常想定し難く、録取者である取調官の体験事実の立証という使用方法は基本的に想定できません。)。そうすると、供述録取書は、まさしく録取者(取調官)の作成した書面から、そこに記載されている原供述者(被疑者又は参考人)の直接体験した事実を証明するために用いられる証拠であり、構造的に再伝聞に当たります。すなわち、供述の録取には、①要証事実を原供述者が知覚、記憶し、表現する、②原供述者の供述を録取者が知覚、記憶し、表現する、という二重の伝聞プロセスが介在するのです(後者を**「録取の伝聞過程」**と表現します。)。

もっとも、供述録取書については、上述した324条類推適用という処理をする必要はありません。なぜなら、供述録取書は、**「供述者の署名若しくは押印」**があることによって、「供述書」と全く同じ扱いを受けることになるからです(321条1項柱書、322条1項本文参照)。すなわち、捜査機関は、取調べにおいて被疑者の供述を「調書に録取することができる」(198条3項)とされていますが、その際、「被疑者が、調書に誤のないことを申し立てたときは、これに署名押印することを求めることができる。但し、これを拒絶した場合は、この限りでない。」(同条5項)とされています(これらの規定は223条2項により参考人の取調べにも準用されています。)。そうすると、調書に供述者の署名・押印がある場合、供述者はその調書の内容に間違いがないことを確認して署名・押印したということになり、これによって、取調官による供述の録取(録取者の知

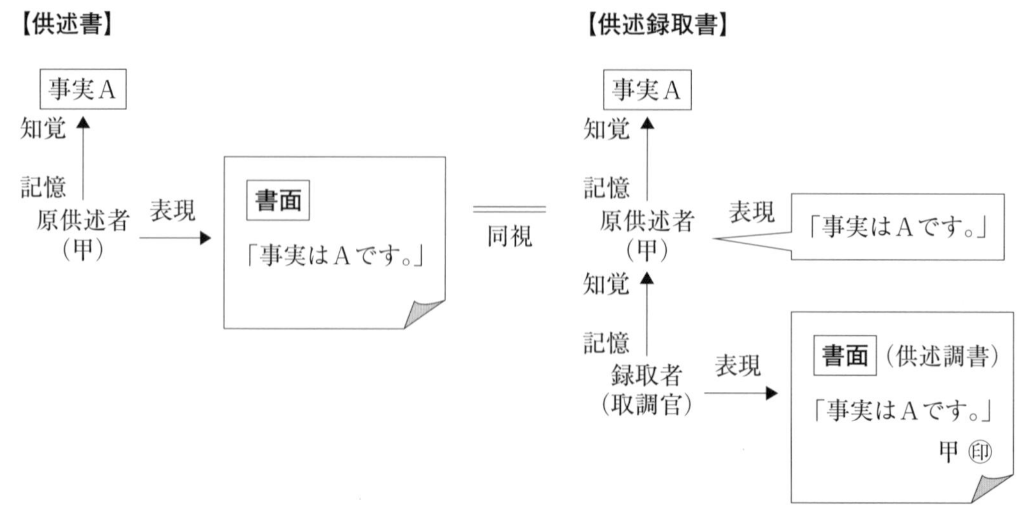

覚、記憶、表現）の正確性に問題はないことが担保されるのです。このように、「供述者の署名若しくは押印」は、供述録取書について「録取の伝聞過程」を払拭し、供述者自身が作成した**「供述書」と同視するための要件**として機能するものです。そのため、この**“署名・押印”**が供述録取書の証拠能力にとって極めて重要な要件となるのです（逆に言えば、供述者の署名・押印を欠く供述録取書に証拠能力が認められることはまずありません。取調べの際の調書への“署名・押印拒否”が刑事弁護の実務において重要な被疑者の防御手段とされている理由はこの点にあります。）。

以上のように、複数の伝聞過程が重なる場合の処理方法には、**⑴324条類推適用**という処理と**⑵署名・押印**による録取の伝聞過程の解除という処理の２つがあります。両者の使い分けについては、基本的に、**捜査機関による供述録取の過程**が介在する場合にそれを払拭する際には⑵の処理となり（⇒実況見分調書における**現場供述・再現供述**について、**第８講【４】２及び３**参照）、それ以外の場合には⑴の処理をする、と理解しておくと良いでしょう。

４　多重伝聞過程の処理手順

以上を踏まえて、伝聞過程が重複する供述証拠についての処理手順を確認しておきます。

まず、⑴要証事実が**「誰の体験事実か」**を確定させる必要があります（**類型Ⅱ問題**）。すなわち、要証事実との関係で原供述者となるのはどの段階の供述者か（要証事実を直接体験した者は誰か）を判断します（この前提として、具体的な要証事実を把握する作業（⇒**第８講【１】４⑶**参照）が必要となります。）。

次に、⑵要証事実を起点として、何人の“人の認識”を経由して当該事実が裁判所の手元に届いたのかを時系列に沿って分析します。すなわち、原供述者の体験事実が何回の伝聞過程（知覚、記憶、表現の過程）を経て最終的に目の前にある証拠の形となったのかを分析し、その**供述証拠の形成過程**を明確化します。

最後に、⑶それぞれの**伝聞過程**を一つずつ**解除**していきます。ここで、各伝聞過程を解除する際には、**“外側から解除する”**のが鉄則です。すなわち、⑵とは逆に、裁判所の手元に届いた証拠（目の前にある証拠）を起点として、そこから逆算（遡及）して、時系列とは逆順に伝聞過程を解除しながら、最終的に要証事実（原供述者の体験事実）に辿り着くまでその作業を繰り返します。そして、それぞれの伝聞過程を解除する際に使用するツール（鍵）が**伝聞例外規定**（供述録

★ 多重伝聞過程の処理手順

Ⅰ．**要証事実**の確定

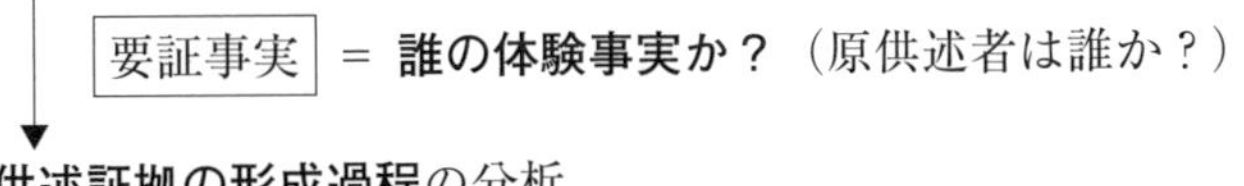

Ⅱ．**供述証拠の形成過程**の分析

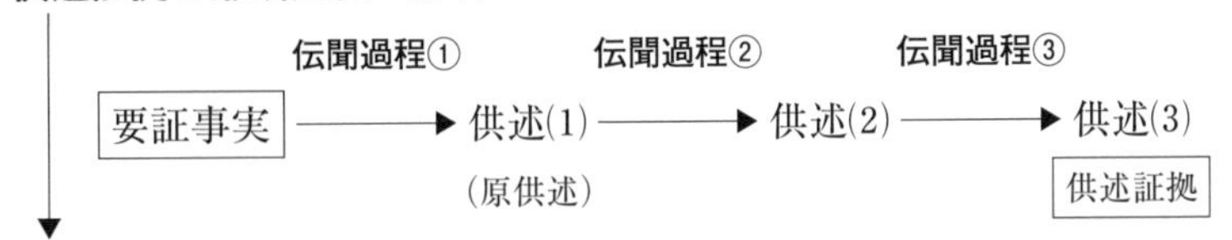

Ⅲ．**伝聞過程**の解除

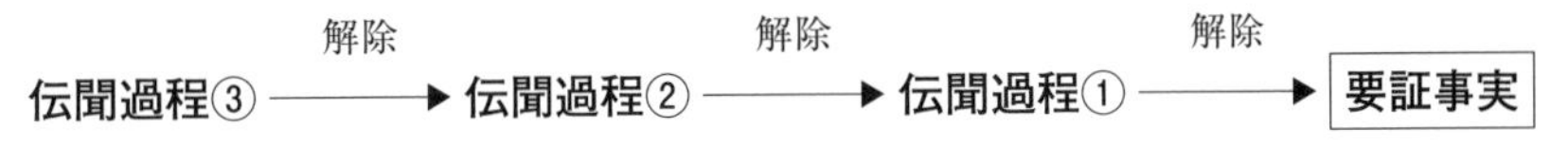

取過程の場合は**「署名・押印」**）です。

具体的に検討しましょう。例えば、①「ＸがＹを殺害した事実」を目撃したＡが「私は、ＸがＹを殺害するのを見た。」と供述しました。②このＡの目撃供述を聞いたＢが「Ａが『ＸがＹを殺害するのを見た。』と言っていたの聞いた。」という内容のメールを作成し、これをＣに送信しました。③このメールが保存されていたＢのパソコンを警察官Ｋが押収し、データを解析した結果、当該メールが発見されたことから、Ｋがその反訳文を作成して最終的に「捜査報告書」にまとめました。さて、被告人ＸのＹに対する殺人被告事件の公判において、この「捜査報告書」から「ＸがＹを殺害した事実」を立証しようとする場合、どのような処理をすれば良いでしょうか（**【例題１】**）。

【例題１】において、「ＸがＹを殺害した事実」を要証事実とする場合、原供述者は目撃者Ａです。そして、この「Ａの体験事実」が最終的な「捜査報告書」の形で証拠化される過程で、以下のとおり、３人の“人の認識”を経由している（知覚、記憶、表現の過程を３回経ている）ことが分かります。

【供述証拠の形成過程】
伝聞過程①：要証事実を直接体験したＡが目撃供述をする過程（Ａの知覚、記憶、表現）
伝聞過程②：Ａの目撃供述を聞いたＢがその内容をメールに記載する過程（Ｂの知覚、記憶、表現）
伝聞過程③：メールを発見したＫがそれを反訳して捜査報告書を作成する過程（Ｋの知覚、記憶、表現）

ここからが解除の作業です。上述のとおり、**“外側から解除する”**がルールです。この「捜査報告書」から最終的な要証事実に辿り着くためには３つの扉の鍵を開けなければなりません。それぞれの施錠された扉には表札が付いており、解錠してその扉を開けば表札に表示されている事実を立証することができます。さて、最初の扉には**「Ｋの体験事実」**という表札が付いています。そこで、まずは**伝聞過程③**を解除する必要があります。伝聞過程③は捜査機関が五官の作用でメールの存在・状態を観察して認識した結果を報告する過程であることから、「検証」に類似します。したがって、この第１の扉を開けるための“鍵”は**321条３項**です（⇒**第８講【４】１**参照）。もっとも、同条項の要件を具備してこの扉を突破しても、それにより立証できるのは「押収したＢのパソコンを解析したところ、「……」と記載された“Ｂのメール”が発見された」というＫ自身の体験事実にとどまります。この「捜査報告書」には“Ｂのメール”という別個の供述証拠（「捜査報告書」と一体ではない書面）がはめ込まれているような状態をイメージしてみてください。そこで、“Ｂのメール”という次の扉に進むと、そこには**「Ｂの体験事実」**という表札が付いています。**伝聞過程②**は、Ａの目撃供述を知覚、記憶したＢがその内容をメールに記載する過程であり、“Ｂのメール”は**「被告人以外の者」**であるＢの**「供述書」**に該当します。したがって、この第２の扉を開けるための“鍵”は**321条１項３号**です。仮に、この「Ｂの体験事実」（「Ａが『ＸがＹを殺害するのを見た。』と言っていた」という事実）が要証事実であれば（**「供述の存在」の立証**）、この第２の扉を突破した時点で解除の処理は全て終了です（**類型Ⅱ問題**）。しかしながら、要証事実が「Ａの体験事実」である場合、この段階ではまだ処理が終わりません。そう、最後に**「Aの体験事実」**という表札の扉が立ち塞がっています。**伝聞過程①**こそが要証事実（「XがYを殺害した事実」）を直接に知覚、記憶したAが、その事実を表現した過程であることから、この最後の扉を開錠することができなければ要証事実には辿り着けません。しかしながら、この扉の施錠を解除する“鍵”は刑事訴訟法の条文上は用意されていません。そこで、この扉をこじ開けるために**“324条類推適用”**という特殊な用具を使用します。すなわち、原供述者Aは**「被告人以外の者」**であることから、**324条２項**を類推適用し、最終的に**321条１項３号**の“鍵”を借用して（準用して）この扉を開けることになります（前記２参照）。

【例題１】

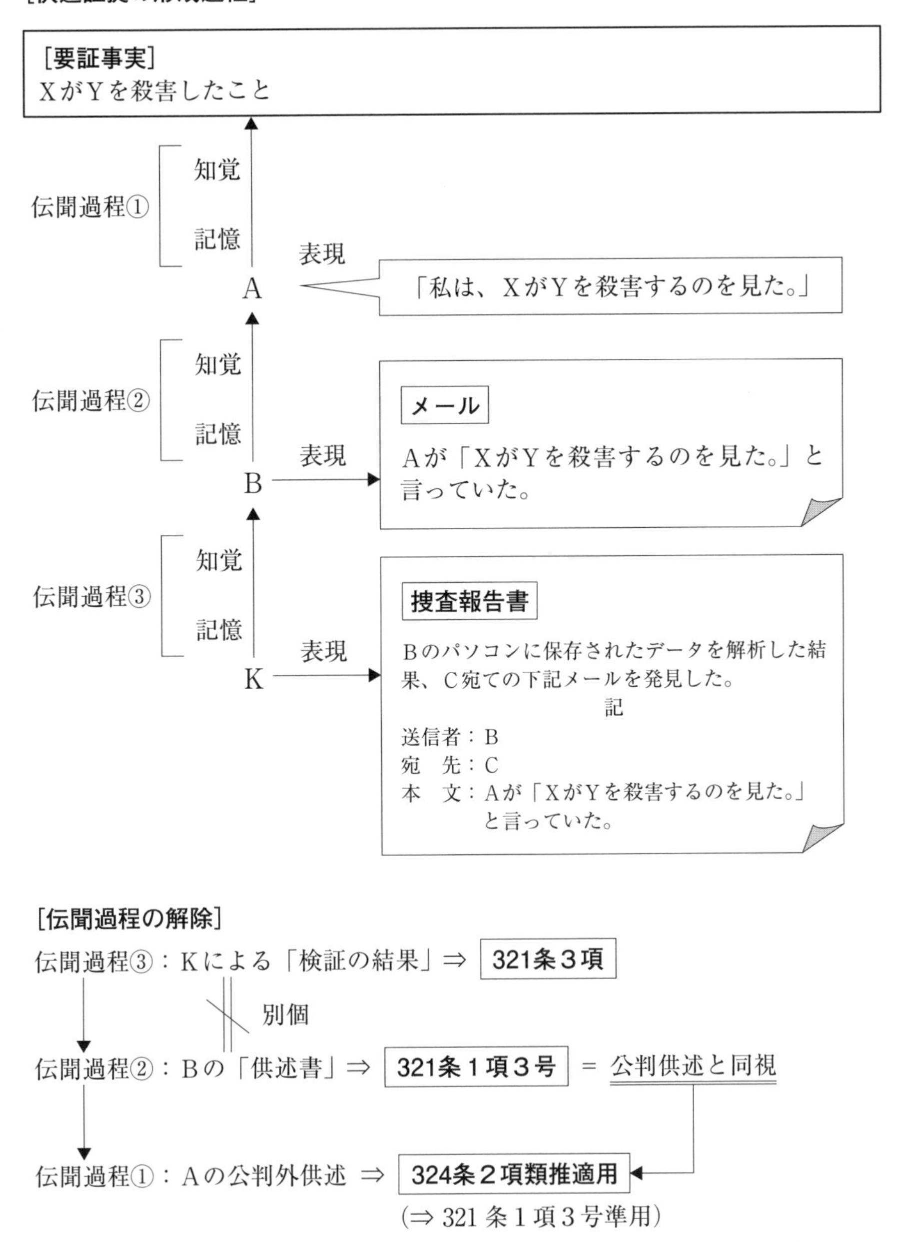

もう一つ具体例を検討しておきましょう。①Ｘが「私は昨日コンビニで万引きをした。」と供述しました。②そのＸの供述を聞いたＹが参考人として事情聴取を受け、その際に「私は、Ｘが『昨日コンビニで万引きをした。』と言っていたのを聞きました。」と供述しました。③Ｙを取り調べた検察官Ｐは、そのＹの供述の内容をまとめた「供述調書」を作成しました。そこで、被告人Ｘの窃盗被告事件の公判において、この「供述調書」から「Ｘがコンビニで万引きをした事実」を立証しようとする場合、どのような処理となるでしょうか（**【例題２】**）。

【例題２】において、最終的に証拠化された「供述調書」の形成過程については、以下のように分析できます。

【供述証拠の形成過程】

伝聞過程①：要証事実を直接体験したＸがそれを自白する過程（Ｘの知覚、記憶、表現）

伝聞過程②：Ｘの自白を聞いたＹが取調べでその事実を供述する過程（Ｙの知覚、記憶、表現）

伝聞過程③：取調官ＰがＹの供述を録取して供述調書を作成する過程（Ｐの知覚、記憶、表現）

上述したとおり、「供述調書」はＹの「供述を録取した書面」であり、厳密には、**録取の伝聞過程**である**伝聞過程③**が一番外側の扉です。この扉には一応「Ｐの体験事実」という表札が付いていますが、その扉に供述者であるＹ自身の**「署名若しくは押印」**が付されてあれば、それだけで第１の扉はクリアできます（前記３参照）。ここでは“鍵”を用いて扉を開けるというよりも、「署名・押印」が存在することで第１の扉はその存在が消滅する（録取の伝聞過程が払拭される）、というイメージの方が適切でしょう。次の**伝聞過程②**の扉には**「Ｙの体験事実」**という表札が付いています。これは**「被告人以外の者」**であるＹの**「検察官の面前における供述」**であることから、“鍵”は**321条１項２号**です。この扉を突破すると、最後が**伝聞過程①**の扉であり、この扉に**「Ｘの体験事実」**という表札が付いていることから、これを開ければ要証事実である「Ｘがコンビニで万引きをした事実」に到達できます。ここで**“324条類推適用”**という特殊用具を持ち出せば、原供述者Ｘが**「被告人」**であることから、**324条１項**が類推適用され、最終的に**322条**の“鍵”を借りることができ、これで最後の扉を突破できます。

【例題２】

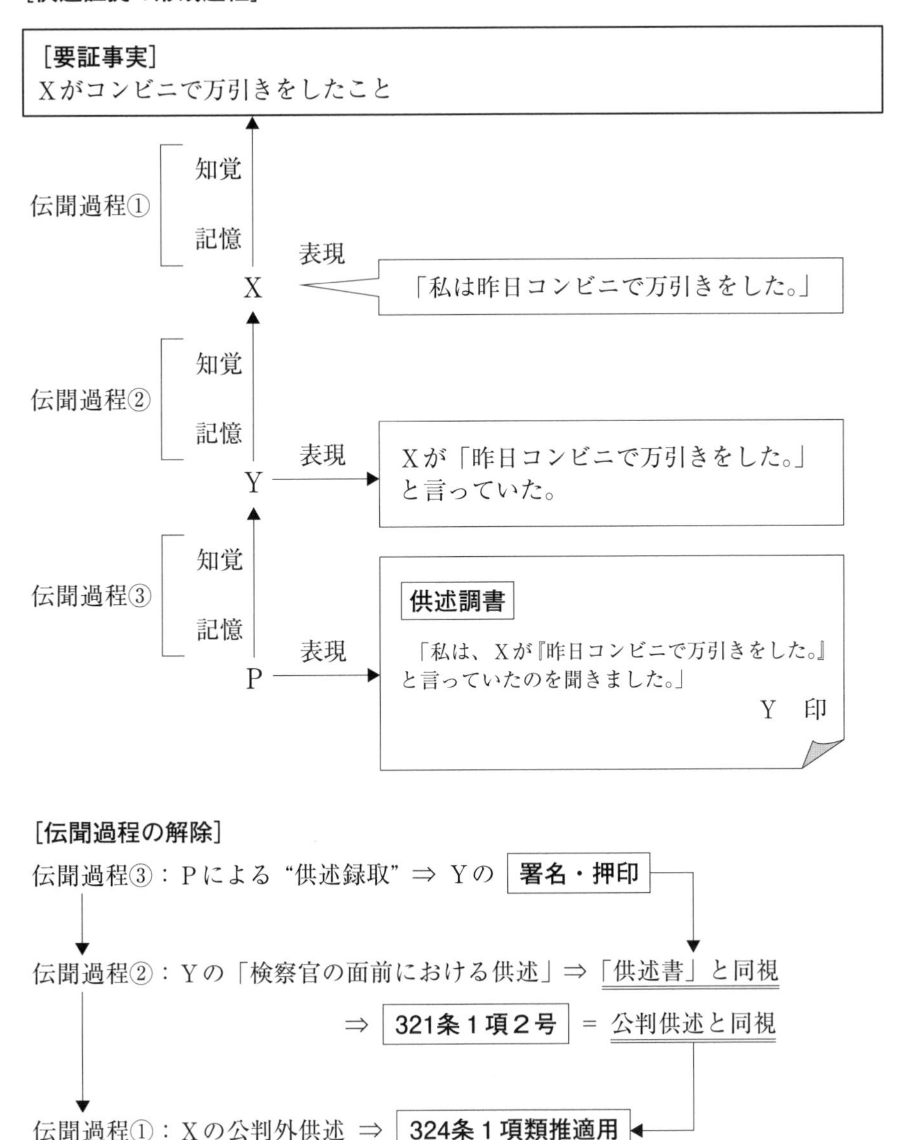

さて、ここまで、敢えて比喩的な表現を用いて感覚的な説明の仕方を試みましたが、実際の試験問題を分析する際も、基本的には以上のような処理手順で検討していくことになります。したがって、このような検討の流れを的確にイメージできるようにしておくことが重要です。以下、実際の試験問題を用いて具体的に分析してみましょう。

５　問題分析

［平成23年試験問題］

［設問２］は、捜査機関が差し押さえた証拠物（パソコン及び携帯電話）に残っていたメールを添付した捜査報告書（【資料１】及び【資料２】）について、それぞれ、その要証事実との関係での

証拠能力を検討させる問題です。特に、【資料1】については、①甲及び乙が自らの犯行（殺人）をBに告白し（甲及び乙の知覚、記憶、表現の伝聞過程）、②Bが甲及び乙の発言及び自らの犯行（死体遺棄）を内容とするメールを作成し（Bの知覚、記憶、表現の伝聞過程）、③司法警察員Pがそのメールを精査して捜査報告書を作成する（Pの知覚、記憶、表現の伝聞過程）、という“三重の伝聞過程”を伴う複雑な構造の証拠となっていることから、詳細な分析と検討が求められます。ここでも、それぞれの証拠（の当該部分）が「誰の体験事実」を要証事実としているのか、という視点で分析していく必要があります。

(1)　捜査報告書について

①　本件各捜査報告書の性質

【資料1】及び【資料2】は、司法警察員Pが、差し押さえたパソコン及び携帯電話を精査して発見したメールを印刷してそれぞれの捜査報告書に添付したものであり、Pが直接体験した事実（知覚、記憶し、表現した内容）である、上記捜査活動の結果（Pが精査した結果、パソコン及び携帯電話から添付のメールが発見されたこと）を要証事実とするものであることから、**伝聞証拠（供述代用書面）**に該当します。

そこで、本件各捜査報告書の性質を検討すると、その記載内容は、司法警察員Pが五官の作用によって証拠物であるメールの存在・状態を観察して認識した結果であることから、**「検証の結果を記載した書面」**（321条3項）に類似した書面といえます。したがって、本件各捜査報告書は、**321条3項**により、作成者Pが公判廷で「真正に作成されたものであること」を供述すれば、伝聞例外として証拠能力が付与されることになります（⇒**第8講【4】1参照**）。

なお、**3項書面**については、上述のとおり捜査機関の「見分結果」が要証事実となることは明らかであることから、論述においては、以上のような書面全体の性質を冒頭で簡潔に指摘すれば足り、捜査報告書それ自体について要証事実を詳細に分析して論述する必要はありません。出題趣旨では、以下のように言及されています。

> **[平成23年出題趣旨]**
> 「各**捜査報告書**は、いずれも、司法警察員Pが、差し押さえたパソコン及び携帯電話を精査して発見したメールを機械的に紙に印刷してそれぞれの捜査報告書に添付したものであるから、捜査官が五官の作用によって事物の存在・状態を観察して認識する作用である検証の結果を記載した書面に類似した書面として、**刑事訴訟法第321条第3項**により、作成者Pが公判廷で真正に作成されたものであることを供述すれば伝聞例外として証拠能力が付与されるという書面全体の性質を論じた上で、各捜査報告書に添付されたメールの伝聞性を論じることになる。」

ところで、3項要件について、問題文の事例中には“当てはめ”のための事情が存在しません（実際にPが公判廷で「真正に作成されたものであること」を供述したか否かについて記載がありません。）。これは、かかる事情を事例中に記載してしまうと、当該書面が3項書面であることが明らかとなってしまうことから、この点も含めて検討対象とする趣旨で出題する場合には、真正作成供述に関する事情は敢えて記載されない（記載できない）のだと思われます。もっとも、かかる事情が記載されていないことを理由に本問で3項要件を否定してしまうと、その時点で証拠能力は認められないという結論が決まることになり、次の「添付されたメールの証拠能力」という問題（本問における主たる検討事項）を検討、論述することができなくなってしまいます。そこで、論述においては、上記出題趣旨の記述のように「作成者Ｐが公判廷で真正に作成されたものであることを供述すれば伝聞例外として証拠能力が付与される」という仮定的な論じ方をした上で次の問題点に更に検討を進めることになります。ただし、３項要件についてこのような論じ方が許容されるのは、出題趣旨との関係でそうせざるを得ない上述した事情があるからです。基本的に、論文事例問題ではあくまで問題文に記載された事実関係（のみ）を基に結論を導くことが原則であり、「仮に……の場合は」という仮定的な論述やいわゆる“場合分け”をする論述は、問題文（設問）で特別の指示がない限り要求されていないと理解しておくべきです。当然、３項要件以外ではこのような論じ方は許容されません。

②　添付されたメールの性質

次に、本件各捜査報告書に添付されたメールは、捜査報告書とは作成者が異なります。これらのメールの記載内容から、メール作成者の直接体験した事実を証明しようとするのであれば、当該メールは、そのメール作成者を原供述者とする伝聞証拠（供述代用書面）となることから、捜査報告書と一体的に証拠能力を獲得すると考えることはできず、それとは別個の供述証拠として扱う必要があります（⇒**第８講【４】２(2)**参照）。すなわち、上記の場合には当該メールについて原供述者であるメール作成者の供述の伝聞過程（知覚、記憶、表現）をチェックする必要が生じる以上、別途、伝聞法則を適用する必要があるのです。そこで、本件各捜査報告書に添付されたメールについて、別途、要証事実との関係で証拠能力を検討していくことになります。

(2)　メール①の証拠能力

①　伝聞法則の適用

本件各公訴事実（殺人及び死体遺棄）について、甲及び乙はこれらの事実による逮捕後は完全黙秘していることから、本件訴訟の**争点**は、**犯人性**及び**罪体**（殺人及び死体遺棄の犯罪事実）です。そして、検察官は、メール①（を含む【資料１】）について、「殺人及び死体遺棄に関する犯罪事実の存在」を**立証趣旨**として証拠調べ請求をしています。そこで、メール①の記載内容を見てみると、このメールはＢがＡ女宛てに作成したものであり、「Ｂが甲及び乙からＶ女を殺害したことを聞いた状況」（記載①）や「Ｂが甲及び乙と一緒にＶ女の死体を遺棄した状況」（記載②）等が内容として記載されています。そうすると、このメールに記載されている各事実を証明することは、**「甲及び乙の共謀に基づく殺人の実行行為」**（事実①）、**「甲、乙及びＢの共謀に基づく死体遺棄の実行行為」**（事実②）という「殺人及び死体遺棄に関する犯罪事実の存在」の立証に役立ちます（厳密には、記載①は「犯人（甲及び乙）が犯行後に犯行を告白した事実」を内容としており、これは事実①を推認させる**間接事実**です。これに対して、記載②はまさしく「犯人（Ｂ）の自白」を内容としており、事実②を直接証明する**直接証拠**です。）。したがって、メール①の具体的な**要証事実**は、その記載内容である事実、具体的には、①「甲及び乙がＶ女の首を絞めて同女を殺害した事実をＢに告白したこと」、②「甲及び乙がＢにＶ女の死体遺棄についての協力を依頼したこと」及び「Ｂが甲及び乙と共にＶ女の死体を車で運び出し、土中に埋めたこと」です（**【図１】**参照）。

以上の要証事実を前提として**伝聞証拠該当性**を判断すると、これらの各事実は、いずれもメール作成者であるＢの直接体験した事実（知覚、記憶し、表現した内容）です。そして、これら

【図１】（平成23年試験問題①）

（争点）甲及び乙の殺人及び死体遺棄に関する犯罪事実（犯人性・罪体）

↑

証明（推認）

①「甲及び乙の共謀に基づく殺人の実行行為」
②「甲、乙及びＢの共謀に基づく死体遺棄の実行行為」

↑

①推認／②証明

［要証事実］
①甲及び乙がＶ女の首を絞めて同女を殺害した事実をＢに告白したこと
②甲及び乙がＢにＶ女の死体遺棄についての協力を依頼したこと、及び、Ｂが甲及び乙と共にＶ女の死体を車で運び出し、土中に埋めたこと

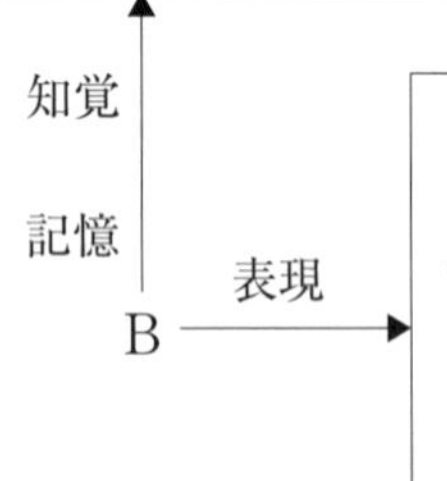

メール①

①甲は、「乙と一緒にＶ女の首を絞めて殺した。」と言ってきたんや。乙もいて、「俺と甲の２人で殺した。」と言ってきた。
②甲は、「Ｖ女の死体を捨てるのを手伝ってくれ。」と言ってきたんや。乙もいて、「死体を捨てるのを手伝ってくれ。」と言ってきた。
俺は、甲と乙と一緒に、Ｖ女の死体を俺の車で一本杉まで運び、そのすぐ横の土を３人で掘ってＶ女の死体をバッグと一緒に投げ入れ、土を上からかぶせて完全に埋めたんや。

の各事実をＢの作成したメール（書面）から立証する証拠構造となっていることから、メール①は**伝聞証拠**（**供述代用書面**）に当たります。

次に、**伝聞例外要件**を検討すると、メール①は、**「被告人以外の者」**であるＢの作成した**「供述書」**に当たることから、**321条１項３号**の要件を検討していくことになります。**供述不能**、**不可欠性**及び**特信性**（**絶対的特信情況**）について、それぞれ問題文に示された「具体的事実を摘示しつつ」検討、論述することになります。

以上の検討について、出題趣旨において以下のように説明されています。

［平成23年出題趣旨］

「**資料１の捜査報告書**は「殺人及び死体遺棄に関する犯罪事実の存在」とする**立証趣旨**により証拠調べ請求が行われているところ、同報告書に添付されたＢからＡ女宛てのメールについては、内容に甲及び乙の発言を含むものであるが、まずはメール全体のＢの供述についての証拠能力を検討する必要がある。同メールは、Ｂが**知覚、記憶し、表現した内容たる事実が要証事実**となり、その真実性を証明しようとするものであるから、伝聞証拠に該当する

と解した上で、伝聞例外を定める**刑事訴訟法第321条第１項第３号**によりその証拠能力の有無を検討することとなる。同号の各要件については、Ｂの死亡や甲、乙両名が黙秘していること、メールの内容がＡ女の供述内容や死体発見状況と合致することや、当時、Ａ女と結婚を前提に交際していたという具体的事実を的確に当てはめることが必要となろう。」

②　甲及び乙の発言部分（再伝聞の処理）

さらに、メール①の内容は、甲及び乙のＢに対する発言を含んでいます。そうすると、メール①が伝聞例外（321条１項３号）の要件を充足した場合であっても、メール①中の**甲及び乙の発言部分**まで一体的に証拠能力を獲得するか否かは別問題です。甲及び乙の発言部分から、原供述者甲又は乙の体験事実を証明しようとするのであれば、やはり別途、伝聞法則の適用が問題となり、**再伝聞の処理**が必要となるからです。そこで、甲及び乙の発言内容から、**立証趣旨**である**「殺人及び死体遺棄に関する犯罪事実の存在」**との関係で、甲又は乙の体験事実の立証が必要となるか否かを検討します（**類型Ⅱ問題**）。本問では、「殺人」と「死体遺棄」とで立証構造が異なることから、両者を分けて検討する必要があります。

まず、**「死体遺棄に関する犯罪事実」**との関係で検討します。死体遺棄に関する罪体の具体的な内容は、「2010年３月１日、午後９時から10時頃までの間、Ｂ、甲及び乙が共謀の上、Ｖ女の死体を車で甲の家から『一本杉』付近まで運び、そのすぐ横の土中に穴を掘って、同女の死体を埋めた」という事実です。この事実は、メール①を証拠として、メール作成者Ｂの体験事実を立証することにより、全て証明が可能であるといえます。すなわち、上述のとおり、死体遺棄の**犯人性**及び**罪体**については、メール①に記載されたＢの供述（自白）が**直接証拠**となり、実行行為の日時、場所、態様等について、いずれも当該Ｂの供述（自白）から直接証明することができます（**【図１】**参照）。そうであれば、検察官としては、「死体遺棄に関する犯罪事実」との関係で、メール①から甲又は乙の直接体験した事実を立証する必要はありません。したがって、甲及び乙の発言部分に別途、伝聞法則は適用されません。

なお、甲及び乙はＢに「死体を捨てるのを手伝ってくれ。」等と発言していますが、甲及び乙がＢに対してこのような発言をした事実が立証された場合、**「死体遺棄に関する共謀の成立時期及び共謀内容」**の立証にとって有効な立証活動となり得ます。もっとも、そのような立証上の使用方法はまさしく**「供述の存在」の立証**の場合であり（⇒**第８講【１】３⑶**参照）、要証事実はあくまでＢが直接体験した事実（Ｂが甲及び乙から死体遺棄についての協力を依頼された事実）に過ぎないことから、この場合も甲及び乙の発言部分から甲又は乙の体験事実を立証することが必要となるわけではありません（**【図２】**参照）。したがって、やはり甲及び乙の発言部分は伝聞証拠（再伝聞）には当たりません。出題趣旨では、以下のように言及されています。

［平成23年出題趣旨］

「**「死体遺棄に関する犯罪事実の存在」**を要証事実とする部分に関し、同メール中には、実際に甲及び乙とともに死体遺棄を行った旨のＢの発言のみならず、Ｂに死体遺棄の手伝いを依頼する甲及び乙の発言内容も含まれている。この甲及び乙の発言内容についてはそれ自体の**伝聞該当性の問題**が生じ得ることを指摘する必要があるが、死体遺棄に関する甲及び乙のこれら発言部分は、甲及び乙の内心の状態を推認させる発言、又は死体遺棄の共謀の構成事実となる発言と見ることができるから、伝聞証拠であるか否かが問題となることを意識して論述する必要がある。」

【図２】（平成23年試験問題②）

（争点）**甲乙Ｂ間の死体遺棄に関する共謀の成立・内容**

［**要証事実**］
Ｂが甲及び乙からＶ女の死体遺棄（Ｖ女を埋めること）について協力を依頼されたこと

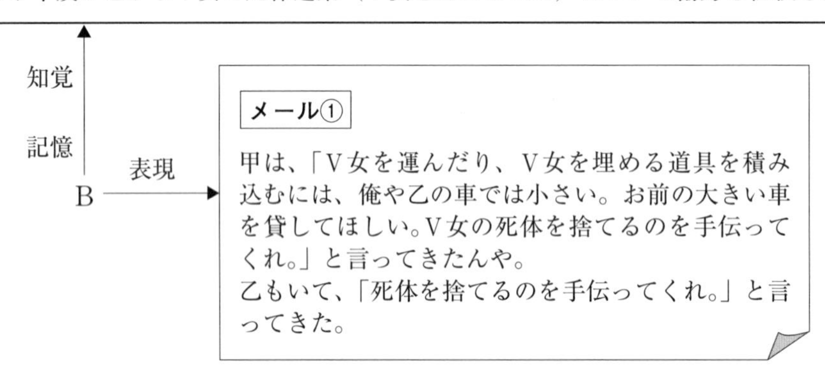

次に、**「殺人に関する犯罪事実」**との関係で検討します。殺人の立証との関係では、**証拠構造**に注意する必要があります。メール①を証拠として、メール作成者Ｂの体験事実を要証事実として立証することができるのは、あくまで「甲及び乙が『Ｖ女の首を絞めて同女を殺害した事実』をＢに告白したこと」でした。そして、上述のとおり、これ自体は「犯人が犯行後に犯行を告白した事実」であり、かかる事実の立証は、甲及び乙の殺人に関する**犯人性**（甲及び乙による実行行為の存在）を推認させる**間接事実**の立証となります（**【図３】**参照）。したがって、Ｂの体験事実はその限りで「殺人に関する犯罪事実」との関係でも証拠価値があります。

しかしながら、肝心の殺人の**罪体**（実行行為の日時、場所、態様等）との関係では、Ｂは実際の殺人現場に居合わせた目撃者ではないため、Ｂの体験事実から殺人の罪体を立証することはできません。すなわち、罪体の具体的内容である『Ｖ女の首を絞めて同女を殺害した事実』の立証には、メール①中の甲及び乙の発言部分から甲又は乙の体験事実の立証が必要となるのです。そこで、甲及び乙の発言内容を見てみると、甲は「乙と一緒にＶ女の首を絞めて殺した」等と発言し、乙も「俺と甲の２人で殺した」等と発言しており、両者ともその具体的な犯行態様等についてまで言及しています。これらの発言は、犯人らの「自白」であり、非常に証拠価値の高い**直接証拠**（犯人性及び罪体について推認の過程を経ることなく直接証明する証拠）です。したがって、検察官としては、これら甲及び乙の発言から「殺人に関する犯罪事実」の具体的内容を立証することになります。この場合、これら発言部分の**要証事実**は、その具体的な内容である「2010年３月１日午後７時30分頃、甲の自宅において、甲及び乙が共謀の上、Ｖ女に対し、甲がＶ女の身体を押さえて、乙が両手でＶ女の首を絞めて、よって同女を殺害した」という事実となります（**【図４】**参照）。そして、上記のとおり、これはメール作成者Ｂではなく原

【図３】（平成23年試験問題③）

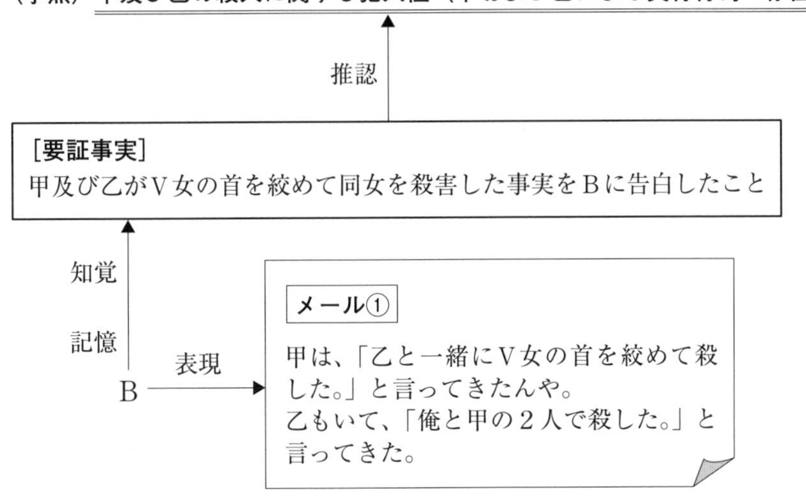

供述者甲又は乙が直接体験した事実（知覚、記憶し、表現した内容）であることから、甲及び乙の発言部分は**伝聞証拠（再伝聞）**に当たります。

そこで、再伝聞の処理をします。Ｂ作成の供述書（供述代用書面）が321条１項３号の要件を充足することを前提に**324条類推適用**により処理することになります。ただし、本件は被告人

【図４】（平成23年試験問題④）

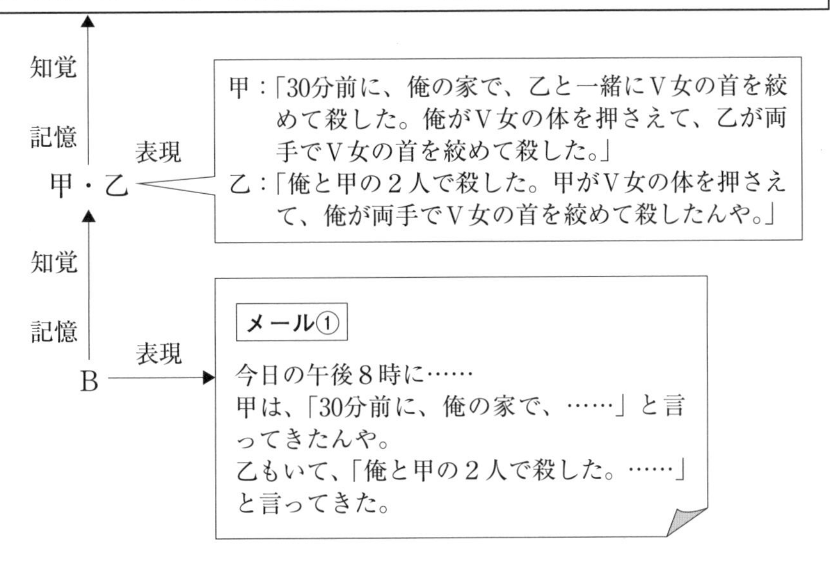

２名の公判であることから、条文の適用（準用）の際に注意が必要です。甲の発言部分は、甲自身との関係では**「被告人の供述」（324条１項による322条準用）**ですが、他方、共犯者乙との関係では**「被告人以外の者の供述」（324条２項による321条１項３号準用）**となります。すなわち、甲の発言部分について、甲を有罪とするための証拠として用いる場合には322条１項要件、乙を有罪とするための証拠として用いる場合には321条１項３号要件を充足する必要がある、ということになります。乙の発言部分についても、同様の処理が必要です。このように、甲及び乙の発言は、各々自己との関係では322条要件という低いハードルで証拠能力が肯定され得るのに対し、他者との関係で証拠能力を獲得するには３号要件という高いハードルが課されることになります。本問では、前者について甲及び乙の供述の**任意性**を否定すべき事情は特に認められません。他方、後者については甲又は乙が公判で黙秘を維持しない限り、**供述不能**の要件を満たすことはないでしょう。

以上の検討について、出題趣旨において以下のように説明されています。

［平成23年出題趣旨］

「**「殺人に関する犯罪事実の存在」**を要証事実とする部分に関しては、Ｖ女を殺害した旨のＢに対する甲及び乙の発言内容から立証することになるが、甲及び乙のこれらの発言は、**知覚・記憶・表現の過程を経る**ものであり、いわゆる**再伝聞**に該当するため、まずは**刑事訴訟法第324条第１項**が供述代用書面に準用できるかを意識して論じた上で、伝聞例外に該当するかどうかを検討することになろう。ここでは、甲及び乙それぞれについて、自己を被告人とする関係では**刑事訴訟法第322条第１項**、共犯者を被告人とする関係では**同法第321条第１項第３号**の適用が問題となることの指摘が必要であり、**前者**については、甲及び乙の各発言が、いずれもＶ女の殺害を認めるもので、不利益な事実の承認に当たることや、死体遺棄を手伝うように依頼する際、友人のＢに対して発言したものであるという具体的事実を的確に当てはめることが求められ、**後者**については、被告人甲の関係では供述者たる乙が、被告人乙の関係では供述者たる甲が公判で黙秘しない限りは、同号の要件を満たすことはないことを論じる必要があろう。」

なお、上述のとおり、本問では、殺人の罪体に関する甲及び乙の発言部分についてそれぞれ再伝聞の処理が必要となる結果、各々の発言はそれぞれ自己との関係では証拠採用され、共犯者との関係では証拠排除される、という結論になるでしょう。もっとも、殺人の罪体に関する甲と乙の発言はほぼ同一の内容であり、罪体立証との関係で個別かつ独立の意義を有するものではありません。すなわち、各々の発言をそれぞれ“お互いの共犯者に対する証拠”として採用する必要は乏しいのです。実際の公判では、弁護人が不同意の証拠意見を述べた場合、検察官としては、甲との関係で甲の発言部分、乙との関係で乙の発言部分がそれぞれ322条１項により証拠採用されれば立証目的を達成できることから、更に321条１項３号の書面として証拠調べ請求を維持することはしない（共犯者との関係では当該部分の証拠調べ請求を撤回する）のではないかと思われます。

(3)　メール②の証拠能力

検察官は、メール②（を含む【資料２】）について、「死体遺棄の報酬に関するメールの交信記録の存在と内容」を**立証趣旨**として証拠調べ請求をしています。そこで、各メールの内容を見てみると、これらのメールには、Ｂが甲に対して死体遺棄の報酬100万円の支払いを督促したこと（メール②－１）、甲がＢに対して支払猶予の申入れをしたこと（メール②－２）が記載されています。そうすると、このような記載のあるメールの存在（甲及びＢがこの内容のメールを送受信したこと）が証明されれば、「甲とＢとの間で死体遺棄に係る報酬約束があった事実」を推認することができ、この事実は、死体遺棄についての共謀の存在を推認させる重要な間接事実（情況証拠）となります。そこで、メール②の具体的な**要証事実**は、「甲Ｂ間で死体遺棄の報酬の支払に関するメールの交信が存在すること」であると把握できます。この要証事実の立証は、まさしくメールそのものを**非供述証拠**（証拠物）として、当該メールの存在及びその記載を立証しているに過ぎず、記載内容から、そこに記載された作成者（甲又はＢ）の体験事実を立証するものではありません（**【図５】**参照）。したがって、メール②は伝聞証拠に当たりません。

[平成23年出題趣旨]

「**資料２の捜査報告書**は「死体遺棄の報酬に関するメールの交信記録の存在と内容」とする**立証趣旨**で証拠調べ請求が行なわれており、**要証事実**を的確に捉えれば、これは死体遺棄の事実を直接立証するものでなく、甲Ｂ間で死体遺棄についての報酬の支払請求に関するメールが存在することを情況証拠として用いることに意味があるから、伝聞証拠には該当しないとの理解が可能であろう。」

【図５】（平成23年試験問題⑤）

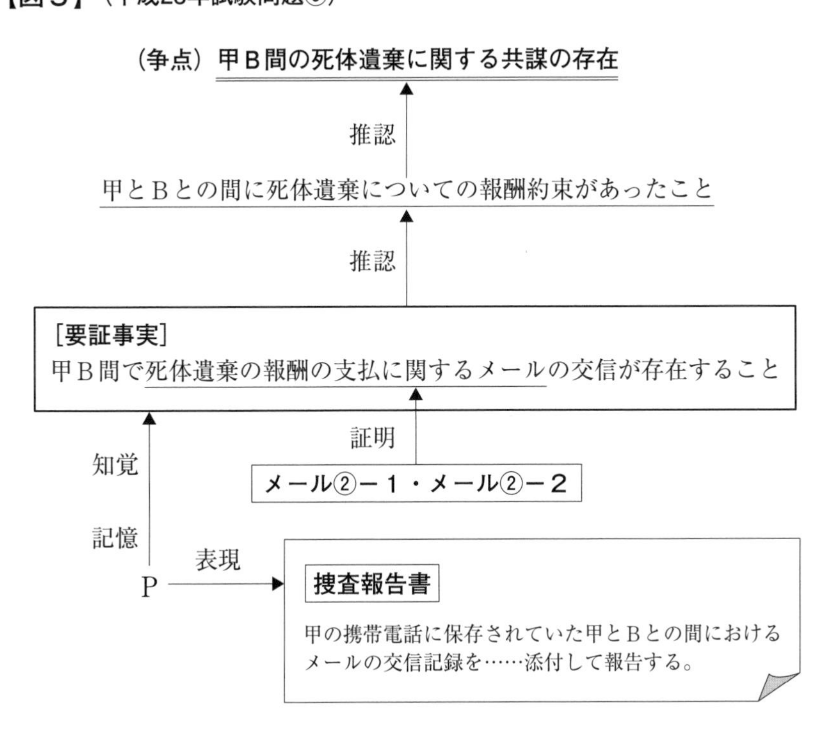

なお、上記の立証趣旨の理解と要証事実の把握について、採点実感には以下の指摘がありました。

[平成23年採点実感]

「検察官の**立証趣旨**の「メールの交信記録の**存在と内容**」の**「存在」「内容」という言葉**だけをとらえ、「交信記録の**存在**」である場合には**非伝聞証拠**であり、「メールの**内容**」である場合には**伝聞証拠**であるなどと、検察官の立証趣旨を勝手に断じて論ずる答案が、いまだに多数見受けられた。」

上記の点については、**平成22年採点実感**においても全く同じ趣旨の注意が喚起されていました（⇒**第8講【5】2**参照）。立証趣旨に**「内容」**という文言が記載されていることから直ちに伝聞証拠であると即断するのは誤りです。「……という内容の供述が存在すること」の立証と「……という供述の内容が真実であること」の立証は似て非なるものです。繰り返しになりますが、伝聞証拠の定義における**「内容の真実性」**という言葉の意味を正確に理解せずに「内容」という文言を表面的な“マジックワード”として用いることのないよう、くれぐれも注意してください。

[平成20年試験問題]

［設問１］は、覚せい剤の営利目的所持事件を素材として、被告人甲との会話内容等が記載されたW作成のノートにつき、要証事実との関係での証拠能力を問う問題です。

もっとも、検察官は本件ノートを**「証拠物たる書面」**として証拠調べ請求していますが、以下で検討するように、本件訴訟の争点及び立証趣旨との関係で、本件ノートを**証拠物**として「本件ノートの存在」を証明するという立証上の使用方法は想定できないでしょう。このような使用方法が甲の有罪立証にとって意味を持たない（有効な立証活動とならない）ことは、弁護人が「証拠物としての取調べに異議はない」との証拠意見を述べており、「証拠物」としての使用方法の側面については特段争っていないことからも分かります。そうすると、本件ノートは**供述証拠**としてその記載内容（作成者Wの体験事実）を証明するために用いられる「書面」であると考えざるを得ない以上、本件ノートが伝聞証拠であることは明らかです。したがって、本問は、本件ノート自体の伝聞証拠該当性の検討よりも、**伝聞例外要件充足性**の検討及び本件ノートに記載された甲の発言部分の証拠能力の検討（**再伝聞の処理**）の方が重要な論点（主たる出題趣旨）になると思われます。この点を意識して、論述のバランス（メリハリ）に注意する必要があります。

[平成20年出題趣旨]

「検察官の**立証趣旨を踏まえた要証事実**の分析を前提にして（**立証趣旨から想定される要証事実**は、いずれもWが**知覚・記憶して**ノートに**記載した事実の真実性**を前提とするものであるから、これが「伝聞証拠」、すなわち刑事訴訟法第320条第１項の定める公判期日における供述に代えて書面を証拠と」する場合であることは明瞭である。）、**伝聞法則の例外**となる規定を的確に選択した上、その規定に係る各要件を検討することが必要である。」

他方で、問題文で「その立証趣旨を踏まえ」て論じることが要求されていることから、「本件ノートは伝聞証拠に当たる」との結論を述べるのみでは、やはり不十分です。後述する再伝聞の処理まで含めた伝聞法則の適用を的確に検討する前提として、**争点**及び**証拠構造**を分析した上で、**立証趣旨**を踏まえた具体的な**要証事実**を把握していくという基本的な作業は、当然、本問においても求められます。採点実感でも以下のように指摘されていました。

[平成20年採点実感]
「検察官の立証趣旨を考慮することなく独自の要証事実を前提にして論述をしたり、要証事実を前提にすることなく本件ノートについての伝聞法則の適用の有無を検討している答案も散見された。」

(1)　伝聞法則の適用

甲は覚せい剤営利目的所持罪で起訴されていますが、公訴事実を全面否認して争っています。もっとも、甲方の捜索により本件覚せい剤が発見されたことは客観的な事実であることから、「甲の部屋に本件覚せい剤が存在した」という外形的事実には争いがないといえます。そうであれば、「甲と本件覚せい剤の結び付き」が前提となり、その限りで、本件では甲の犯人性は争点となりません。そこで、本件の**争点**は、**罪体**、具体的には、甲について、⑴本件**覚せい剤所持の事実**の有無（甲が本件覚せい剤に現実的支配を及ぼしたか否か）、⑵**知情性（故意）**の有無及び⑶**営利目的**の有無の３点に整理することができます。

次に、**証拠構造**を分析すると、押収された覚せい剤（証拠物）から、甲方から発見された白色粉末が覚せい剤であったことは証明されていますが、他方、罪体立証のための証拠は本件ノート以外にありません。したがって、検察官は、上記争点⑴ないし⑶について、全て本件ノートによって立証していく必要があります。そこで、検察官は、本件ノートについて、①「Wが平成20年１月14日に甲方で本件覚せい剤を発見して甲と会話した状況」、②「本件覚せい剤を甲が乙から入手した状況」及び③「X組が過去に覚せい剤を密売した際の売却価格」の３つを立証趣旨として証拠調べ請求しています。

まず、**立証趣旨**①を踏まえて、本件ノートの内容を見てみると、「１月14日」の欄に、その日の出来事として、Wが甲方で赤色のポーチを発見し、その中を見たところ、「白い粉がビニール袋に入っていた」という記載があります。また、甲が「それに触るな。」と言ってWからポーチを取り上げたことや、Wが「何なの、それ？」と聞くと、甲は「覚せい剤」であると言ったこと等が書かれてあります。そこで、検察官としては、これらの記載内容から、以下の事実を立証することが考えられます。

[要証事実]
事実①：平成20年１月14日、甲方でWがビニール袋在中の白い粉の入った赤色ポーチを発見した事実
事実②：甲が「それに触るな。」と言ってWから赤色ポーチを取り上げた事実
事実③：甲が白い粉について「覚せい剤」である旨説明した事実

事実①及び**事実②**は、**争点⑴**に関し、甲と本件覚せい剤の結び付きを前提として、甲が本件覚せい剤に現実的支配を及ぼしたこと、すなわち、甲による本件覚せい剤の**「所持」**を推認させる間接事実となります（なお、事実②は1月14日時点での「所持」を直接証明する事実ですが、公訴事実である「1月15日」時点での「所持」との関係では間接事実という位置付けとなります。）。また、**事実③**は、**争点⑵**に関し、甲に覚せい剤についての認識があったこと、すなわち、甲の**知情性（故意）**を推認させる間接事実となります。そうすると、これらの事実の立証はいずれも争点に関する有効な立証活動となるものといえることから、**立証趣旨①**に関して、本件ノートの具体的な**要証事実**は、事実①ないし③であると把握できます（**【図6】**参照）。

以上の各要証事実は、いずれもノート作成者であるWが直接体験した事実（知覚、記憶し、表現した内容）であり、本件ノートは、これら各事実をW作成の「書面」により証明しようとするものであることから、**伝聞証拠（供述代用書面）**に当たります。

【図6】（平成20年試験問題①）

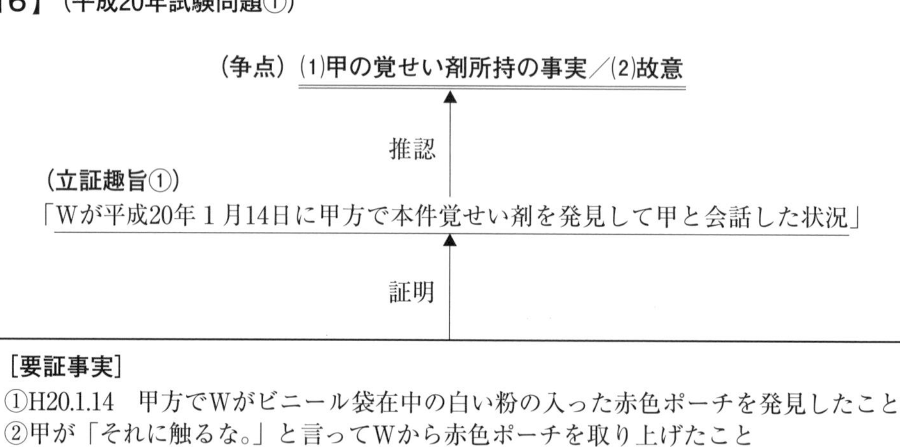

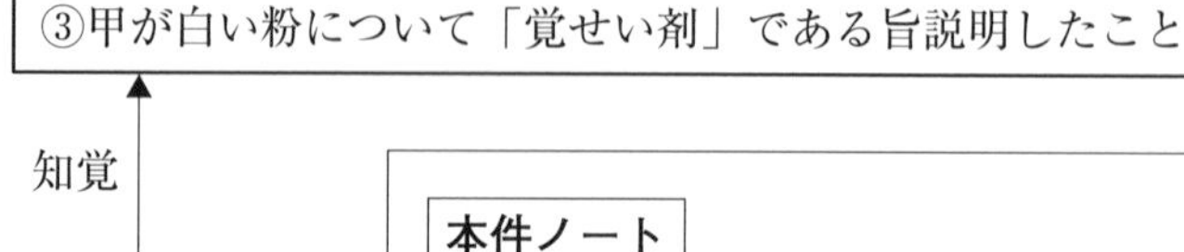

本件ノート

1月14日
「①今日、甲のマンションに行った。サイドボードの引き出しの中に、見慣れない赤色のポーチを見つけた。中を見ると、白い粉がビニール袋に入っていた。②急に、甲が、「それに触るな。」と言って、私からそのポーチを取り上げた。③私は、「何なの、それ？」と聞くと、甲は、「……覚せい剤……」と言った。」

⑵ 伝聞例外の要件

そこで、**伝聞例外要件充足性**を検討します。本件ノートは**「被告人以外の者」**であるWが作成した**「供述書」**であることから、**321条1項3号**の要件について検討し、「具体的事実を摘示しつつ」論述することになります。他方、本件ノートはWが日々の出来事や感想を記載した個人的な日記に過ぎないことから、323条3号の書面（「特に信用すべき情況の下に作成された書面」）には当たらないでしょう（なお、判例③は、323条3号の特信文書について「同号の書面は、前二号の書面……と同程度にその作成並びに内容の正確性について信頼できる書面をさす」と判示しています。)。

まず、Wが交通事故で「死亡」していることから、**供述不能**の要件を充足します。また、上述した本問の証拠構造からすれば、**不可欠性**についても問題なく認められるでしょう。本問で特に問題となるのは、**「特に信用すべき情況」（特信性）**の要件です。

本件ノートについては、その作成状況や保管状況を示す詳細な事情の他に、ノートに記載された出来事やWの行動の裏付け捜査の結果についても、問題文の事例中に多くの事情が示されています。そこで、特信性の要件の意義・解釈を的確に示した上で、これらの事情をどのように評価するか（**「個々の事実が持つ法的な意味」**）を丁寧に論述することが求められます。出題趣旨には、以下のように指摘されていました。

[平成20年出題趣旨]

「とりわけ、本事例で問題になる**「特に信用すべき情況」の意義・解釈**等については的確に論じなければならない。例えば、本件ノートを**刑事訴訟法第321条第１項第３号**に該当する書面であると考えた場合には、証拠能力の要件要素である「特に信用すべき情況」の理論的意味に留意しつつ、その存否につき、供述の内容そのものを直接に判断するのではなく、**供述に付随する外部的な情況**を主たる考慮事情として判断しなければならず、また、他の供述と比較するのではなく、その供述自体にかかわる絶対的な判断が要求されていることなどを論述することが必要である。」

「**事例への法適用**の部分では、自らが論じた伝聞法則の例外となる規定や再伝聞の解釈等に従って、事例中に現れた具体的事実を的確に抽出、分析し、**個々の事実が持つ法的な意味**を的確に示して論じることが求められている。例えば、**供述に付随する外部的な情況**にかかわる具体的事実を抽出、分析する際には、個人の日記と解されるノートに、１週間に３日ないし５日程度の割合で、出来事やその感想等がその経過順に記載されていることや、空白の行やページが無かったことなどという具体的事実を指摘した上で、Wがその日にあった出来事をその都度記載している事情等が認められることを論じたり、また、鍵が掛けられていた机の引き出しの中から本件ノートが発見されたことなどという具体的事実を指摘した上で、ノートを他人に見せることを予定しておらず、うそを記載する理由がないことなどを論じたりすることが必要である。つまり、具体的事実を事例中からただ書き写して羅列すれば足りるものではなく、**個々の事実が持つ意味**を的確に分析して論じなければならない。」

ところで、本件では、Wが交通事故に遭って死亡したため、警察はWから事情を聴くことができなくなりました。しかも、Wが亡くなったのは警察がW方に捜索に入ってからわずか２日後のことでした。こんな偶然は起こり得るのか……？、果たしてこれは本当に“事故”だったのか……？、Wの存在が不都合だった人物がいる（しかもその人物は犯罪組織の幹部である）……そうだとすれば、もしかするとWが死亡したのは“事件”だったのでは……？と、本問の事例を読んでそう疑問に思った人は、是非、検察官を志望してください。というのは冗談ですが、ある事実を見たときに、そこからどのようなことが推理できるかを考えること（いわゆる“連想ゲーム”のようなもの）を日頃から意識する習慣を身に付けておくと、上記出題趣旨のいう「個々の事実が持つ法的な意味」を分析する力を鍛える訓練にもなると思います。

(3)　甲の発言部分（再伝聞の処理）

次に、**立証趣旨**②及び**立証趣旨**③を踏まえて、本件ノートの内容を見てみると、「Y組の乙から覚せい剤50グラムを250万円で譲ってもらった。うちの組では、これまで、0.1グラムを1万5000円で売ってきたんだ。」という甲の発言が記載されています。そこで、検察官としては、この甲の発言部分から、以下の事実を立証することが考えられます。

［要証事実］
事実④：甲がY組の乙から覚せい剤50グラムを250万円で譲り受けた事実（**覚せい剤の入手経緯及び仕入価格**）
事実⑤：甲の所属する暴力団（X組）が以前から覚せい剤を0.1グラムにつき1万5000円で売却していた事実（**過去の覚せい剤取引及び売却価格**）

事実④及び**事実**⑤は、**争点**(3)に関し、甲が本件覚せい剤の取引により利益を得ようとしていたこと、すなわち、甲の**営利目的**を推認させる間接事実となります。したがって、**立証趣旨**②及び**立証趣旨**③に関して、本件ノート（に記載された甲の発言部分）の具体的な**要証事実**は、事実④及び⑤であると把握できます（**【図7】**参照）。

以上の各要証事実は、いずれもノート作成者Wではなく原供述者甲の直接体験した事実（知覚、記憶し、表現した内容）であり、甲の発言部分の記載は、これら各事実を甲の公判外供述（W作成の本件ノートに記載された甲の供述）により証明しようとするものであることから、甲の発言部分は**伝聞証拠**（**再伝聞**）に当たります。

［平成20年出題趣旨］
「本件ノートに記載された被告人**甲の発言内容の真実性**を**要証事実**とする場合には、**「再伝聞」**が問題になるので、その構造を正確に分析してその旨を指摘しなければならないことはもとより、それを許容するか否かの結論だけでなく、その文理上の根拠や実質的な考慮等をも的確に論じることが求められている（本事例は、公判期日における供述に代えて用いられる、被告人以外の者Wが作成した「供述書」に、被告人甲の供述を内容とする記述がある場合である。）。」

そこで、再伝聞の処理をします。本件ノート（W作成の「供述書」）が321条1項3号の要件を満たすことを前提として**324条類推適用**によって、その書面に記載された「被告人の供述」である甲の発言部分については、324条1項により**322条1項**の要件（「**不利益な事実の承認**」及び**任意性**）が準用されることになります。

なお、同じ甲の発言部分について、既に検討したとおり、**争点**(2)（知情性（故意）の有無）に関する立証としては、あくまで「甲が「覚せい剤」であると説明した事実（甲が「覚せい剤」という言葉を発言したこと）」それ自体を要証事実（事実③）とするものに過ぎません（なお、**「供述の存在」**から供述者の**「認識」**を推認するという立証構造について、**平成28年試験問題**参照）。そして、この要証事実はノート作成者であるW自身の体験事実です（**類型Ⅱ問題**）。したがって、**立証趣旨**①との関係では、甲の発言部分が甲を原供述者とする伝聞証拠（再伝聞）に当たると考える必要はありません。

【図７】（平成20年試験問題②）

（立証趣旨②）「本件覚せい剤を甲が乙から入手した状況」

（立証趣旨③）「Ｘ組が過去に覚せい剤を密売した際の売却価格」

［要証事実］
④甲がＹ組の乙から覚せい剤50グラムを250万円で譲り受けたこと
⑤甲の所属する暴力団（Ｘ組）が以前から覚せい剤を0.1グラムにつき１万5000円で売却していたこと

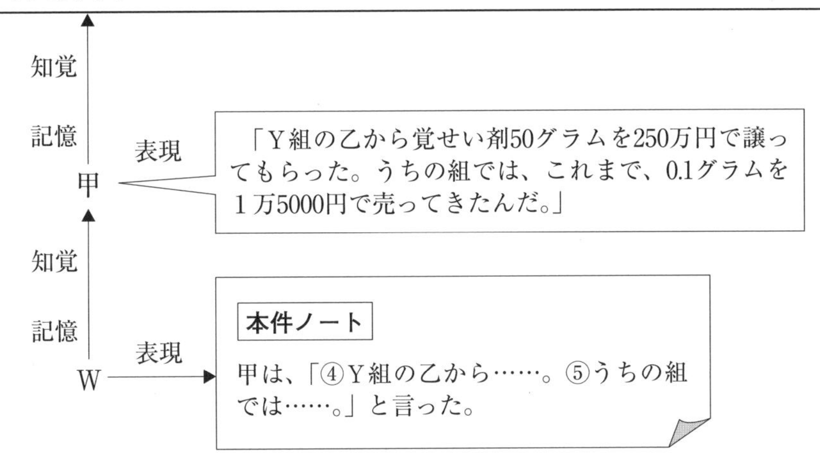

また、本件ノートには上記以外にも「それに触るな。」との甲の発言が記載されていますが、これについても同様に、**争点⑴**（所持（現実的支配）の有無）に関して、甲がそのような発言をしたこと自体を要証事実（事実②）として、甲が本件覚せい剤に現実的支配を及ぼしていた事実を推認させる間接事実を立証するものに過ぎないことから、**立証趣旨**①との関係では、やはり伝聞証拠（再伝聞）には当たりません。

〈参考判例〉

【東京高判昭和30・４・２高刑集８巻４号449頁】（再伝聞①） 判例①

「なるほど刑事訴訟法第三百二十四条は被告人以外の者の公判準備又は公判期日に於ける供述で、被告人又は被告人以外の者の供述を内容とするものの証拠能力について規定するが、検察官に対する供述調書中に現われている伝聞事項の証拠能力につき直接規定はない。しかし供述者本人が死亡とか行方不明その他刑事訴訟法第三百二十一条第一項各号所定の事由があるとき、その供述調書に証拠能力を認めたのは、公判準備又は公判期日に於ける供述にかえて書類を証拠とすることを許したものに外ならないから、刑事訴訟法第三百二十一条第一項第二号により証拠能力を認むべき供述書調中の伝聞に亘る供述は公判準備又は公判期日における供述と同等の証拠能力を有するものと解するのが相当である。換言すれば、検察官供述調書中の伝聞でない供述は刑事訴訟法第三百二十一条第一項第二号のみによつてその証拠能力が決められるに反し、伝聞の部分については同条の外同法第三百二十四条が類推適用され、従つて同条により更に同法第三百二十二条又は第三百二十一条第一項第三号が準用されて証拠能力の有無を判断すべきであり、伝聞を内容とする供述はそうでない供述よりも証拠能力が一層厳重な制約を受けるわけであるが、検察官に対する供述調書中の伝聞に亘る供述なるが故に証拠能力が絶無とはいえない。」

【最（三小）判昭和32・1・22刑集11巻1号103頁】（再伝聞②） 判例②

「所論は被告人Xの検察官に対する供述調書中の被告人Yから同人外三名がV方に火焔瓶を投げつけて来たということを聞いたとの被告人Xの供述は、伝聞の供述であるから刑訴三二一条一項二号により証拠とすることはできず、又公判期日において反対尋問を経たものではないから、同三二四条によつても証拠とすることはできない。然るにこれを証拠とすることは憲法三七条二項に違反するというに帰する。

しかし、原審が弁護人の論旨第六点に対する判断において説示する理由によつて、刑訴三二一条一項二号及び同三二四条により右供述調書中の所論の部分についての証拠能力を認めたことは正当である。そして、これが反対尋問を経ない被告人Xの供述の録取書であるからという理由で、憲法三七条二項によつて証拠とすることが許されないものではないことは当裁判所の判例の趣旨に徴して明らかである（昭和二三年(れ)第八三三号同二四年五月一八日言渡大法廷判決、刑集三巻六号七八九頁、昭和二三年(れ)第一〇六九号同二五年九月二七日言渡大法廷判決、刑集四巻九号一七七五頁参照）。又右伝聞の供述の原供述者に対する反対尋問権について考えるに、この場合反対尋問をなすべき地位にある者は被告人Yであり、反対尋問をされるべき地位にある原供述者もまた被告人Yであるから、結局被告人Yには憲法三七条二項の規定による原供述者に対する反対尋問権はないわけである。従つてその権利の侵害ということもありえないことは明白である（被告人Yは、欲すれば、任意の供述によつてその自白とされる供述について否定なり弁明なりすることができるのであるから、それによつて自らを反対尋問すると同一の効果をあげることができるのである）。」

【最（三小）判昭和31・3・27刑集10巻3号387頁】（特信文書） 判例③

「原審は、右メモを刑訴三二三条三号の書面に当るものとして証拠能力を認めたのであるが、同号の書面は、前二号の書面すなわち戸籍謄本、商業帳簿等に準ずる書面を意味するのであるから、これらの書面と同程度にその作成並びに内容の正確性について信頼できる書面をさすものであることは疑ない。しかるに、本件メモはその形体からみても単に心覚えのため書き留めた手帳であること明らかであるから、右の趣旨によるも刑訴三二三条三号の書面と認めることはできない。してみれば、本件メモに証拠能力があるか否かは、刑訴三二一条一項三号に定める要件を満すかによつて決まるものといわなければならない。」

【論述例】

【再伝聞】

被告人以外の者の公判期日外における供述を内容とする書面中に現れている被告人又は他の被告人以外の者の供述部分（再伝聞）について、例外的に証拠能力を認めるための要件を定めた直接の規定はない。

しかしながら、321条1項各号は、各号所定の要件に該当する供述証拠を「公判期日における供述に代えて」（320条1項）証拠とすることを許容したものであるから、そのような供述証拠は公判期日における供述と同等の証拠能力を有するものと解される。

したがって、321条1項各号所定の要件に該当する書面中の被告人又は他の被告人以外の者の供述については、324条1項又は2項を類推適用し、322条1項又は321条1項3号を準用すべきものと解する。

【参考答案例】【平成23年】

［設問2］

第1　捜査報告書について

【資料1】の捜査報告書は、司法警察員Pが、差し押さえたBのパソコンを精査して発見したA女宛のメールを印刷して添付したものであり、【資料2】の捜査報告書は、Pが、差し押さえた甲の携帯電話に保存されていた甲とBとの間におけるメールの交信記録を添付したものであるところ、いずれも捜査官が五官の作用によって事物の存在・状態を観察して認識した結果を報告する書面として「検証の結果を記載した書面」と類似した性質を有することから、321条3項により、作成者Pが公判廷で「真正に作成されたものであること」を供述すれば伝聞例外として証拠能力が付与される。

もっとも、各捜査報告書に添付されたメールについては、捜査報告書とは作成者が異なることから、その記載内容からメール作成者の直接体験した事実を立証する場合には、メール作成者を原供述者とする伝聞証拠に該当するため、捜査報告書と一体のものとして証拠能力を付与することはできない。

そこで、以下、メール①及び②の証拠能力を検討する。

第2　メール①について

1　伝聞法則の適用

【論述例】伝聞証拠の意義

(1)　検察官は、【資料1】について「殺人及び死体遺棄に関する犯罪事実の存在」を立証趣旨として証拠調べ請求をしているところ、メール①には、「BがT甲及び乙からV女を殺害したことを聞いたこと」（事実①）、「Bが甲及び乙と一緒にV女の死体を遺棄したこと」（事実②）等の内容が記載されている。これらの事実が証明された場合、①甲及び乙の共謀に基づく殺人の実行行為、②甲、乙及びBの共謀に基づく死体遺棄の実行行為という「犯罪事実の存在」を推認又は証明することができるから、メール①の具体的な要証事実は、その記載内容である上記各事実である。

しかるところ、要証事実である上記各事実は、Bの直接体験した事実（知覚、記憶し、表現した内容）であり、上記立証は、これら各事実をBの作成したメール（書面）により証明するものであるから、メール①は伝聞証拠（320条1項前段、供述代用書面）に当たる。

(2)　メール①は、「被告人以外の者」であるBの作成した「供述書」であるから、321条1項3号の要件を充足するか否かを検討する。まず、Bは「死亡」している（供述不能）。次に、甲及び乙は黙秘しており、他に有効な立証手段もないことから、メール①は「犯罪事実の存否の証明に欠くことができないもの」に当たる（不可欠性）。また、メール①の作成当時、BはA女と結婚を前提に交際しており、A女に対して殊更虚偽の供述をする動機はうかがわれないこと、Aの供述によれば、BのパソコンはB以外の他人が使用することはないとのことであるから、メール①が第三者により作成され、あるいは事後的にその内容が改ざんされた可能性はうかがわれないこと等の外部的事情に加えて、メール①に記載された遺棄現場から実際にV女の死体が発見されており、記載内容が客観的事実と合致することも併せて考慮すれば、メール①は「特に信用すべき情況」の下に作成されたものと認められる（絶対的特信情況）。

以上より、メール①は同号の要件を充足する。

2　甲及び乙の発言部分について

もっとも、メール①には、甲及び乙の発言が記載されているところ、これらの発言部分が原供述者甲又は乙の直接体験した事実の証明の用に供されるのであれば、当該発言部分はさらに伝聞証拠（再伝聞）に当たることから、以下、甲及び乙の発言部分の証拠能力を検討する。

(1)　甲の発言部分

ア　殺人に関する犯罪事実との関係

甲は「乙と一緒にＶ女の首を絞めて殺した」等と発言しているところ、検察官としては、かかる甲の発言から殺人に関する罪体の具体的な内容（日時、場所、態様等）を立証する必要がある。したがって、上記発言部分の要証事実は、その具体的な内容である「３月１日午後７時30分頃、甲の自宅において、甲及び乙が、Ｖ女に対し、甲がＶ女の身体を押さえて、乙が両手でＶ女の首を絞めて、よって同女を殺害した」という事実であり、これはメール作成者Ｂではなく甲が直接体験した事実（知覚、記憶し、表現した内容）であるから、甲の発言部分は甲を原供述者とする伝聞証拠（再伝聞）に当たる。

そこで、「公判期日外における他の者の供述を内容」（320条１項後段）とする供述代用書面（同項前段）について、伝聞供述に関する324条の類推適用の可否が問題となる。

【論述例】再伝聞

上述のとおり、メール①は321条１項３号の要件に該当する供述証拠であるから、甲の発言部分について324条が類推適用される。

まず、甲自身との関係で証拠として用いる場合、甲の発言は「被告人の供述」であるから、324条１項により322条１項の要件が準用されるところ、甲の発言内容はＶ女の殺害を認めるものであるから「不利益な事実の承認」に当たり、かつ、甲の発言の任意性を疑わせる事情は存在しない。したがって、甲との関係で証拠能力は認められる。

次に、共犯者乙との関係で証拠として用いる場合、甲の発言は「被告人以外の者の供述」であるから、324条２項により321条１項３号の要件が準用されるところ、公判で甲が黙秘しない限り、供述不能の要件を充足しない。したがって、乙との関係で証拠能力は認められない。

イ　死体遺棄に関する犯罪事実との関係

死体遺棄に関する罪体の具体的な内容、すなわち、「３月１日午後９時から10時頃までの間、Ｂ、甲及び乙がＶ女の死体を車で一本杉まで運び、そのすぐ横の土中に穴を掘って同女を埋めたこと」については、メール作成者であるＢ自身の直接体験した事実である上記事実②の立証により全て証明することが可能である。そうであれば、検察官としては、死体遺棄の罪体に関してメール①から甲の直接体験した事実を立証する必要はない。

他方、甲はＢに「Ｖ女の死体を捨てるのを手伝ってくれ。」等と発言しているところ、甲がＢに対してこのような発言をした事実が立証された場合、死体遺棄に関する共謀の成立時期や共謀内容の立証にとって有効な立証活動となり得る。もっとも、かかる要証事実についても、Ｂが直接体験した事実であるから、上記立証は、甲の発言部分から原供述者甲の体験事実を証明するものではない。したがって、甲の発言部分は伝聞証拠（再伝聞）に当たらない。

(2)　乙の発言部分

ア　殺人に関する犯罪事実との関係

乙は「俺と甲の２人で殺した」等と発言しているところ、上述のとおり、殺人の罪体立証との関係で、乙の発言部分の要証事実はメール作成者Ｂではなく乙が直接体験した事実であるから、乙の発言部分は乙を原供述者とする伝聞証拠（再伝聞）に当たる。

そうすると、乙の発言部分についても324条が類推適用され、乙自身との関係で証拠として用いる場合、322条１項の要件を充足し、証拠能力が認められる。他方、共犯者甲との関係で証拠として用いる場合、公判で乙が黙秘しない限り321条１項３号の要件を充足しないことから、証拠能力は認められない。

イ　死体遺棄に関する犯罪事実との関係

上述のとおり、死体遺棄の罪体立証との関係で、乙の直接体験した事実を立証する必要はない。他方、乙はＢに「死体を捨てるのを手伝ってくれ。」等と発言しているところ、上述のとおり、共謀の立証との関係でも、乙のこのような発言の存在自体が要証事実となるものに過ぎず、乙の発言部分から原供述者乙の体験事実を証明するものではない。したがって、乙の発言部分は伝聞証拠（再伝聞）に当たらない。

3　以上より、メール①は、殺人の犯罪事実に関する甲及び乙の発言部分について相互に共犯者との関係では証拠能力が認められず、その余の部分については証拠能力が認められる。

第3　メール②について

1　検察官は、【資料２】について「死体遺棄の報酬に関するメールの交信記録の存在と内容」を立証趣旨として証拠調べ請求をしているところ、メール②には、死体遺棄の報酬100万円に関し、Ｂから甲への支払督促（メール②－１）及び甲からＢへの支払猶予の申入れ（メール②－２）が記載されている。そうすると、これらのメールを証拠として、このような記載のあるメールの存在（甲及びＢがこのような内容のメールを送受信した事実）を立証すれば、甲とＢとの間で死体遺棄に係る報酬約束があったことが推認され、かかる事実は死体遺棄に関する共謀の存在を推認させる間接事実（情況証拠）となる。したがって、メール②の具体的な要証事実は、「甲Ｂ間で死体遺棄の報酬の支払に関するメールの交信が存在すること」である。

以上のような立証上の使用方法は、メール②の記載内容から、そこに記載されたメール作成者甲又はＢの直接体験した事実（知覚、記憶し、表現した内容）を証明するものではない。したがって、メール②は伝聞証拠に当たらない。

2　以上より、メール②の証拠能力は認められる。

【参考答案例】【平成20年】

［設問１］

1　伝聞証拠該当性

本件ノートは、Ｗが手書きで記載した日記であるところ、「公判期日における供述に代えて書面を証拠と」する場合（320条１項前段）に当たり、その証拠能力が原則として否定されるか否かについて検討する。

【論述例】伝聞証拠の意義

⑴　本件公訴事実は、覚せい剤営利目的所持の犯罪事実であるところ、甲は、「発見された覚せい剤は私のものではありませんし、これを所持したことはありません。」、「営利の目的もありません。」と述べて公訴事実を否認している。もっとも、甲方の捜索により本件覚せい剤が発見、押収された事実については争いがない。したがって、本件の争点は、本罪の罪体、具体的には、甲について、⑴本件覚せい剤の所持（現実的支配）の有無、⑵知情性（故意）の有無及び⑶営利目的の有無である。

他方、検察官は、本件ノートについて、①「Wが平成20年1月14日に甲方で本件覚せい剤を発見して甲と会話した状況」、②「本件覚せい剤を甲が乙から入手した状況」及び③「X組が過去に覚せい剤を密売した際の売却価格」との立証趣旨で証拠調べ請求をしている。そこで、本件ノートの内容を見ると、「1月14日」の欄に、その日の出来事として、『Wが甲方で赤色のポーチを発見し、その中を見たところ「白い粉がビニール袋に入っていた」こと』、『甲が「それに触るな。」と言ってWからポーチを取り上げたこと』及び『Wが「何なの、それ？」と聞くと、甲は「覚せい剤」であると言ったこと』等の内容が記載されている。そうすると、本件ノートの上記各記載内容から、「平成20年1月14日、甲方でWがビニール袋在中の白い粉の入った赤色ポーチを発見した事実」（事実①）、「甲が「それに触るな。」と言ってWから赤色ポーチを取り上げた事実」（事実②）及び「甲が白い粉について「覚せい剤」である旨説明した事実」（事実③）がそれぞれ証明された場合、これらの事実を間接事実として、立証趣旨①との関係で、争点⑴及び⑵に関し、甲による本件覚せい剤所持（現実的支配）の事実及びその認識（故意）の存在を推認することができる。

したがって、立証趣旨①を踏まえた本件ノートの具体的な要証事実は、上記事実①ないし③の各事実である。

⑵　上記要証事実は、いずれもWが直接体験した事実（知覚、記憶し、表現した内容）であるところ、本件ノートは、これら各事実をW作成の書面により証明するものであるから、伝聞証拠（320条1項前段、供述代用書面）に当たる。

2　伝聞例外要件充足性

⑴　本件ノートは、「被告人以外の者」であるWの作成した「供述書」であるから、321条1項3号の要件を充足するか否かを検討する。

ア　供述不能

Wは「死亡」しているため、「公判期日において供述することができ」ない。

イ　不可欠性

証拠物である本件覚せい剤が甲方から押収されているものの、本件の争点⑴及び⑵との関係で、甲による本罪の実行行為及び甲の故意を立証し得る証拠は本件ノート以外にはないことから、本件ノートは本罪の罪体立証にとって実質的に必要不可欠な証拠であり、「犯罪事実の存否の証明に欠くことができないもの」に当たる。

ウ　特信性

同号の「特に信用すべき情況」とは、「前の供述」（同項2号）との文言を欠くことから、その供述自体を信用すべき情況的保障がある場合をいう（絶対的特信情況）。また、そのような情況の有無は、原則として供述内容の真実性を担保する外部的付随的事情から判断すべきであるが、必ずしも外部的な事情によらなくとも、その供述の内容自体を上記「信用すべき情況」の存在を推認する資料として考慮することができると解する。

しかるところ、本件ノートは、Wが、平成17年10月13日から平成20年１月15日までの長期間にわたり、１週間に３日ないし５日程度という高い頻度で、その経過順に、その日の出来事や感想を記載した日記であるところ、空白の行やページはないことから、その日の出来事等をその都度記載したものであって、事後的に内容を挿入するなどの作為がなされた可能性はない。また、本件ノートは、全てWの筆跡で書かれているところ、W方の鍵の掛けられた机の引き出しの中に保管されていたものであり、その鍵はW自身が所持していたことからすれば、第三者により本件ノートの内容が改ざんされた可能性もない。さらに、本件ノートが上記のような個人的な日記であって、しかも第三者の目に触れないように厳重に保管されていたことからすれば、Wは本件ノートの内容を他者に見せることを予定していなかったと思われるところ、そのような日記に殊更虚偽の事実を記入する動機はないといえる。以上のような外部的付随的な事情に加え、本件ノートの記載内容について見ると、Wが「１月６日、Ｃ百貨店でＢ社製の茶色ショルダーバッグを９万8000円で購入したこと」や、「１月12日、ATMで現金３万円を払い戻した上、Ｄ子と一緒にＥ市内の映画館で映画を見た後、ショッピング街を見て回ったこと」等の出来事については、捜査の結果、いずれもこれらの記載内容を裏付ける客観的事実が確認されている。また、Wが「１月14日、甲のマンションで赤色ポーチの中から白い粉を発見したこと」についても、現に、翌15日の甲方の捜索により、これらの証拠物が甲方から発見、押収されており、客観的証拠により裏付けられている。

以上の事情を総合的に考慮すると、本件ノートの記載にはその真実性を担保する事情があり、類型的に高い信用性が認められることから、本件ノートは「特に信用すべき情況」の下に作成されたものと認められる。

(2)　以上より、本件ノートは321条１項３号の要件を充足する。

(3)　なお、323条３号の「特に信用すべき情況の下に作成された書面」とは、前２号の書面、すなわち戸籍謄本、商業帳簿等に準ずる書面を意味するのであるから、これらの書面と同程度にその作成並びに内容の正確性について信頼できる書面をいうものと解されるところ、本件ノートは、Wが日々の出来事や感想を記載した個人的な日記に過ぎず、その性質上、上記のような書面と同程度の信頼性を有するとまではいえないから、同条３号の書面には当たらない。

3　甲の発言部分について

もっとも、本件ノートには、甲の発言が記載されているところ、かかる発言部分が原供述者甲の直接体験した事実の証明の用に供されるのであれば、当該発言部分が更に伝聞証拠（再伝聞）に当たることから、以下、甲の発言部分の証拠能力を検討する。

(1)　「それに触るな。」との発言

上述したとおり、かかる発言部分は、立証趣旨①との関係で、甲がそのような発言をしたこと自体が要証事実（事実②）となり、争点(1)に関し、甲が本件覚せい剤に現実的支配を及ぼしていた事実を推認させるものであり、本件ノートを作成したW自身の直接体験した事実の証明の用に供される証拠に過ぎない。したがって、甲を原供述者とする伝聞証拠（再伝聞）には当たらない。

(2) 「Y組の乙から覚せい剤50グラムを250万円で譲ってもらった。うちの組では、これまで、0.1グラムを1万5000円で売ってきたんだ。」との発言

ア　上記甲の発言部分は、上述したとおり、立証趣旨①との関係で、争点(2)に関し、甲の知情性（故意）を推認するために用いる限りにおいては、甲が「覚せい剤」という言葉を発言したこと自体が要証事実（事実③）となるものに過ぎず、甲を原供述者とする伝聞証拠（再伝聞）には当たらない。

イ　これに対して、立証趣旨②及び③との関係で、上記甲の発言部分から「甲がY組の乙から覚せい剤50グラムを250万円で譲り受けた事実（覚せい剤の入手経緯及び仕入価格）」（事実④）及び「甲の所属する暴力団（X組）が従前から覚せい剤を0.1グラムにつき1万5000円で売却していた事実（過去の覚せい剤取引及び売却価格）」（事実⑤）を立証する場合、これらの各事実は、争点(3)に関し、甲の営利目的（甲が本件覚せい剤の取引により利益を得ようとしていたこと）を推認させる間接事実となる。

そうすると、立証趣旨②及び③を踏まえた甲の発言部分の具体的な要証事実は、上記事実④及び⑤の各事実であるところ、かかる要証事実は、いずれも原供述者甲の直接体験した事実（知覚、記憶し、表現した内容）であり、上記立証は、これら各事実を公判期日外における甲の供述を内容とするW作成の書面（Wの作成した本件ノートに記載された甲の供述）により証明するものであるから、上記甲の発言部分は甲を原供述者とする伝聞証拠（再伝聞）に当たる。

そこで、「公判期日外における他の者の供述を内容」（320条1項後段）とする供述代用書面（同項前段）について、伝聞供述に関する324条の類推適用の可否が問題となる。

【論述例】再伝聞

上述のとおり、本件ノートは321条1項3号の要件に該当する供述証拠であり、甲の発言は「被告人の供述」であるから、324条1項類推適用により322条1項の要件が準用される。

しかるところ、甲の発言内容は、上述のとおり、甲の営利目的を推認させるものであるから「不利益な事実の承認」に当たる。また、Wは約1年前から甲と交際しており、甲方の洗濯や掃除をするなどして甲の身の回りの世話をしていたのであるから、甲とWは親密な関係にあったというべきであり、そのような間柄であるWとの会話における甲の発言について、その任意性を疑わせるような事情は存在しない。

したがって、上記甲の発言部分は322条1項の要件を充足する。

4　以上より、本件ノートは、甲の発言部分の記載も含めて証拠能力が認められる。

【4】実況見分調書

[論点解析] 実況見分調書の証拠能力

1　実況見分調書の性質

実況見分の結果を記載した書面（**実況見分調書**）は、見分を実施した捜査官の供述書（供述代用書面）であることから、当然、伝聞法則が適用されます。では、いかなる伝聞例外規定によるべきでしょうか。

実況見分とは、五官の作用により、人の身体、物、場所の存在・内容・形状・性質等を観察して認識する処分を、任意処分として行う場合であり、通常は被処分者の同意を得て行われます。例えば、侵入窃盗の被害者宅で物色状況を見分する場合や公道上で事故現場の状況を見分する場合です。これと全く同じ性質の処分を強制処分として令状の発付を受けて行う場合が**「検証」**(218条1項）ですが、両者の違いは強制か任意かの点のみであり、処分の内容に違いはありません。他方で、**「検証の結果を記載した書面」**について**321条3項**が伝聞例外の原則形態である同条1項3号よりも緩やかな要件で証拠能力を認めている理由は、その内容が上記のような見分結果の報告であるという書面の性質上、口頭による報告よりも、むしろ書面に記載した方が正確性を担保できる（更に言えば、図面や写真を用いて書面で報告した方がその内容が分かり易い)、という点にあります。そうであれば、この趣旨は、検証調書と共通又は類似した性質を有する書面にも同様に妥当することから、実況見分調書も３項書面に含まれる、と解釈されています。判例①は「刑訴三二一条三項所定の書面には捜査機関が任意処分として行う検証の結果を記載したいわゆる**実況見分調書も包含する**」と判示しました。

２　立会人の指示説明

実際の捜査では、実況見分の際に、捜査機関が被疑者や被害者、目撃者に立会いを求め、これらの者に指示説明をさせてそれを調書に記載することが多いのですが、この記載について、通常、立会人に内容を確認させて署名・押印を求める、という手続は行いません。しかしながら、立会人に現場で説明を求めることは、実質的には、立会人の「供述」を得るための捜査、すなわち「取調べ」の性質を帯びてしまう可能性があります（「取調べ」の結果得られた「供述」を録取した書面であれば「供述録取書」であり、当然、伝聞例外の要件として供述者の「**署名若しくは押印**」が必要となります。)。

そこで、指示説明部分の扱いについては、①あくまで実況見分調書の一部と扱われ、321条3項により一体的に証拠能力を獲得するのか、②もはや実況見分調書と一体のものとは扱えず、当該部分について別途、伝聞法則の適用が問題となるのか（当該部分は実況見分調書とは別の「供述録取書」と扱うべきか)、を区別する必要があります。ここでも、要証事実が「誰の体験事実」であるのか、が重要な視点です（**類型Ⅱ問題**)。

(1)　現場指示

判例②は「立会人の指示、説明を求めるのは、要するに、**実況見分の一つの手段**であるに過ぎず、被疑者及び被疑者以外の者を取り調べ、その供述を求めるのとは性質を異にし、従って、右立会人の指示、説明を実況見分調書に記載するのは結局**実況見分の結果を記載**するに外ならず、被疑者及び被疑者以外の者の供述としてこれを録取するのとは異なる」と述べた上で、「立会人の指示説明として被疑者又は被疑者以外の者の供述を聴きこれを記載した実況見分調書には右供述をした立会人の**署名押印を必要としない**」、「その供述を記載した**実況見分調書を一体として**、……**刑訴三二一条三項所定の書面**として採証する」と判示しました。

たしかに、例えば、ある地点の状況（見通し状況、交通量、明るさ等）を見分した結果を記載した実況見分調書に「○○地点の状況は……である」という記載しかなかったとすると、それだけでは“意味不明”の証拠となります。それを見た裁判官は、「どうしてこの地点の状況を調べたのですか？」と疑問に思うはずです。そこで、立会人（例えば交通事故事件の被疑者）による「私が相手と衝突したのはこの○○地点です。」という指示説明の記載が必要となります。このような記載があれば、“立会人がその場所を指示したから、捜査機関は○○地点を見分したのだ”ということが分かります。すなわち、立会人の指示説明の役割は、“なぜその見分をしたのか”（動機や経緯）を説明することで、その実況見分の意味を明らかにする、という点にあるのです。そして、このような指示説明については、それも含めて実況見分の結果（見分を実施した捜査官の体験事実）であるといえることから、実況見分調書と一体的に**321条3項**の要件を具備することにより証拠能力を付与することができます。このような指示説明を**「現場指示」**といいます。

ここで、注意すべき点は、この場合、指示説明部分は、あくまで「実況見分の手段（動機や経緯）を説明する」という限度で「実況見分の結果」の報告として証拠能力を獲得している、ということです。逆に言えば、この実況見分調書の内容に触れた裁判官としては、その指示説明部分から「実況見分の結果」の範囲を超えて、“立会人の体験事実”（「立会人が○○地点で相手と衝突した事実」）を認定してはならない（そのような心証形成に用いることは許されない）ということになります。その指示説明部分から認定できるのは、あくまで“見分実施者の体験事実”（「見分の際に立会人が指示した場所が○○地点であった事実（そして、その○○地点の状況が……であった事実）」）に過ぎません。

(2) 現 場 供 述

ところが、上記のような“実況見分の意味を明らかにするために必要な説明”の限度を超えて、立会人の説明が記載されていた場合はどうでしょうか。例えば、上記の例で「私がブレーキペダルを踏み外して相手と衝突したのはこの○○地点です。」という記載になっていたとします。この場合、「立会人がブレーキペダルを踏み外した事実」は“立会人の体験事実”であって、“見分実施者の体験事実”の範囲を明らかに超えています。そうすると、このような記載についてまで当然に実況見分調書と一体的に証拠能力を付与することはできません。この記載は、まさしく“立会人の体験事実”（立会人の説明どおりの事実の存在）の立証に用いるためのものに他ならず、そうであれば立会人の「供述録取書」と同じ性質を帯びることになるため、別途、伝聞法則を適用する（立会人の知覚、記憶、表現の各過程をチェックする）必要があるのです（言うなれば、捜査機関作成の「実況見分調書」の中にそれとは性質の異なる立会人の「供述録取書」がはめ込まれている状態をイメージしてください。）。したがって、当該説明部分については、立会人が**「被告人」**である場合は**322条1項**の要件、**「被告人以外の者」**である場合は**321条1項各号**の要件を、別途、具備しなければ証拠能力を獲得しません（通常、立会人の**署名・押印**がないので証拠能力は認められません。）。上述した「現場指示」と区別する趣旨で、このような指示説明を**「現場供述」**といいます。

以上のように、「現場指示」と「現場供述」を区別する視点は、“実況見分の意味を明らかにするために必要な説明”の限度にとどまるか否か、ということになります。もっとも、実際にはこの区別が容易ではない場合もあります。例えば、「私が……したのはこの地点です。」という記載と「私はこの地点で……しました。」という記載の趣旨を厳密に区別するのは難しいでしょう。そこで、犯罪捜査規範105条1項は、「実況見分調書は、客観的に記載するように努め、被疑者、被害者その他の関係者に対し説明を求めた場合においても、その指示説明の範囲をこえて記載することのないように注意しなければならない。」と規定しています。実際の捜査実務では、警察官から提出された実況見分調書において立会人の指示説明の記載内容が詳細にわたり過ぎている（本来であれば供述調書の方に記載されるべき内容まで記載されてしまっている）という場合、検察官は警察官に指示して書き直してもらうこともあるようです。他方で、立会人が被疑者、被害者、目撃者等の重要な事件関係者であれば、通常は当該立会人の取調べも実施し、その際、実況見分調書中の図や写真を引用する形で当該立会人の供述調書を作成しておきます（この供述調書には、実況見分調書を引用した上で、例えば、「私が……したのはこの図に×印を付けた地点です。」、「私が……した際の○○の様子はこの写真のとおりです。」等の記載があり、末尾に図や写真が添付されています。）。公判では、立会人の供述内容である“立会人の体験事実”の立証には、こちらの供述調書の方を用いることになります。

3　再現状況報告書・写真撮影報告書

(1)　再現供述

上記のとおり、「実況見分」は対象物それ自体から情報を得る手段であり、対象者の「知覚・記憶・表現」の過程を介した「供述」という情報を得る手段である「取調べ」とは異なります。ところが、実況見分が、まさしく「供述」を得ることを目的として行われる場合があります。いわゆる**“再現実況見分”**です。この実況見分では、被疑者（被害者）に犯行（被害）時の状況を動作で再現してもらい、その様子を写真撮影した上で、再現の結果を報告書に記載します（この書面は、単に「実況見分調書」という表題である場合もあれば、「再現状況報告書」、「写真撮影報告書」等の表題が付けられることもあります。）。通常、この書面には、捜査官が遂げた捜査結果である“再現状況”の報告の記載に加え、再現動作を撮影した写真が添付されており、その横（下）の欄に「私はこのように……しました（されました）」という趣旨の再現者の説明が記載されています。

このような“再現実況見分調書”を証拠として請求する際、しばしば検察官が**「犯行再現状況」（「被害再現状況」）**という**立証趣旨**を掲げることがあります。すなわち、検察官としては、あくまでこの書面によって立証しようとしているのは、「被疑者（被害者）に再現してもらったら、このような犯行（被害）の態様であった」という“見分実施者の体験事実”であり、それを要証事実とする限りで立証に用いているのだから、現場指示の場合と同様に、321条3項の要件を具備すれば再現者の説明部分も一体的に証拠能力が認められるはずだ、という理解を前提として、上記のような立証趣旨を掲げているのです。

しかしながら、良く考えてみると、「再現者がそのように再現した事実」を立証することに果たしてどのような意味があるのでしょうか。再現状況の立証は、通常、それ自体では特段立証上の意味を持つとはいえず、事実認定にとって何ら役立つものではありません。なぜなら、“再現状況”という情報は、“再現どおりの事実の存在”を前提として、初めて意味のある情報となるからです。とりわけ犯人性や罪体が争われている事案において、犯行（被害）再現状況の立証が意味を持つためには、**「再現されたとおりの犯罪事実の存在」**が前提とならなければなりません。すなわち、“そのような態様による犯罪が確かに行われた”という事実を前提として、“その犯罪はこのような態様であった”という情報を視覚的に分かり易く説明し、立証するための証拠として、初めて再現実況見分調書は意味を持ち得るのです。

このように考えてみると、上記のような再現者の説明（これを**「再現供述」**といいます。）を含む再現実況見分調書は「再現されたとおりの犯罪事実の存在」を前提とするものである以上、実質的には、“再現者の体験事実”を立証するために用いられるものに他なりません。そうであれば、再現供述が記載された部分については、再現者の「供述録取書」として扱わなければならず、現場供述の場合と同様、再現者が**「被告人」**である場合は**322条１項**の要件、**「被告人以外の者」**である場合は**321条１項各号**の要件を、別途、具備しなければ証拠能力を獲得しない（やはり通常は再現者の**署名・押印**がないので証拠能力が認められない）ということになります。

上記の趣旨について、判例③は「立証趣旨が「被害再現状況」、「犯行再現状況」とされていても、実質においては、**再現されたとおりの犯罪事実の存在**が**要証事実**になるものと解される」と判示し、同様に、判例④も「実質においては、被害者や目撃者が**再現したとおりの犯罪事実の存在**が**要証事実**になるもの」であり、「**刑訴法321条１項３号**所定の要件を満たさないのに同法321条３項のみにより採用して取り調べた第１審の措置」は違法であると判断しました。

これらの判例の「実質においては……が要証事実になる」との判示は、極めて重要な示唆を含むものです。すなわち、**「立証趣旨」と要証事実の関係**について、当事者主義の訴訟構造の下では、裁判所は、あくまでも当事者の設定した立証趣旨を基準として要証事実を把握することが原則です。もっとも、上記２つの判例は、当事者の設定した立証趣旨にそのまま従って要証事実を把握するとおよそ無意味な立証活動となるような例外的な場合には、裁判所が、当事者の設定した立証趣旨とは異なる“実質的な要証事実”を把握する必要がある、との考え方を示したものといえます（⇒**第８講【１】４⑶**参照）。

★ 再現実況見分調書

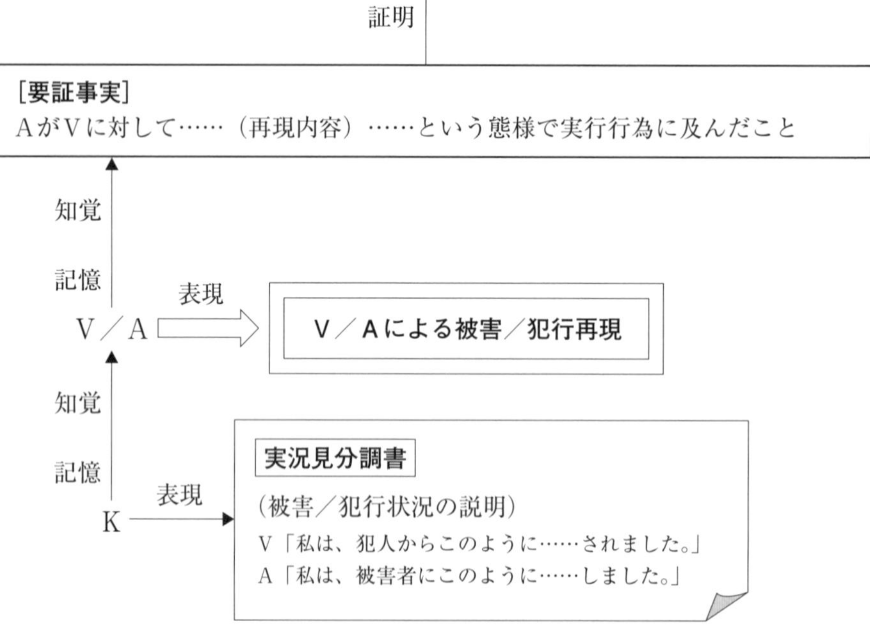

⑵　再 現 写 真

次に、再現動作を撮影した写真（これを**「再現写真」**といいます。）の証拠能力はどのように考えられるでしょうか。

そもそも写真の性質について、およそ写真はそれ自体として供述証拠に該当する（検証調書に準じて321条３項を適用する）という見解もあります（**供述証拠説**）。これに対して、判例⑤は、犯行現場の状況等を撮影した写真（これを「**現場写真**」といいます。）の証拠能力について、「犯行の状況等を撮影したいわゆる現場写真は、**非供述証拠**に属し、当該写真自体又はその他の証拠により事件との関連性を認めうる限り証拠能力を具備する」と判示しました（**非供述証拠説**）。もっとも、この判例を前提としても、あらゆる写真が一律に非供述証拠となるわけではありません。非供述証拠として扱われるのは、まさしく現場写真のように、あくまで「撮影した事象がそのような状態で存在したこと」の立証に用いる場合です（現場の様子を立証する場合に、当然のことながら、現場に存在するあらゆる物をそっくりそのまま裁判所に運んで来て裁判官に提出することは不可能であることから、それらの物を証拠物として提出する代わりに現場の様子を撮影した写真を提出しているわけです。）。これに対して、例えば、日記帳の特定の頁を撮影した写真を、その日記帳の記載内容である“日記作成者の体験事実”の立証に用いるのであれば、「供述書」として使用しているのと何ら異なりません。当然、その場合は供述証拠として扱われます。

では、再現写真はどうでしょうか。再現写真は、人の“動作”を視覚的に記録、保存しておくものですが、これは実質的には「供述」の「録取」と同じ機能を果たします。すなわち、取調べにおいては、供述者が“言葉”で説明し、その“言葉”を捜査官が「録取」して「供述録取書」を作成しますが、これと同様に、再現実況見分においては、再現者が“動作”で説明し、その“動作”を捜査官が「撮影」して「再現写真」を作成するのです。このように「供述の録取」と「再現動作の撮影」を比較してみると、両者の捜査活動の性質・機能は実質的には同じであり、その違いは記録形態（「録取」か「撮影」か）の点に過ぎません。したがって、再現写真は、“動作”で再現された供述の内容、すなわち再現者が直接体験した事実（知覚、記憶し、表現した内容）を立証するために用いられるのであれば、実質的に「供述録取書」と同視されるべきものであり、再現供述と同様、再現者が**「被告人」**である場合は**322条１項**の要件、**「被告人以外の者」**である場合は**321条１項各号**の要件を、別途、具備する必要があるということになります。

もっとも、再現供述と再現写真で、取扱いが異なる点が１つあります。供述録取書の場合、取調官が供述者の供述を録取（知覚・記憶）して調書を作成（表現）するという**“録取の伝聞過程”**が介在し、その過程においてヒューマンエラーが混入する危険があるのに対し、再現写真の場合、「録取」に相当する過程は全て機械的操作（撮影機材による「撮影」）により行われています。このように「録取」が機械的になされており、その正確性が担保されている（ヒューマンエラーの生じる危険性がない）場合、供述者の**「署名若しくは押印」**は**不要**であると解されます（⇒署名・押印の機能について、**第８講【３】３**参照。）。

判例③は、上記で引用した要証事実の分析に続けて、「このような内容の実況見分調書や写真撮影報告書等の証拠能力については、刑訴法326条の同意が得られない場合には、**同法321条３項**所定の要件を満たす必要があることはもとより、**再現者の供述の録取部分**及び**写真**については、再現者が**被告人以外の者**である場合には**同法321条１項２号ないし３号**所定の、**被告人**である場合には**同法322条１項**所定の要件を満たす必要がある」と述べた上で、「もっとも、**写真**については、撮影、現像等の記録の過程が機械的操作によってなされることから前記各要件のうち**再現者の署名押印は不要**と解される。」と判示しました。この解釈を前提とした法適用の結果、この事案では、⑴再現供述の証拠能力は、①被告人、②被害者ともに署名・押印を欠くため否定され、他方、⑵再現写真の証拠能力は、①被告人の再現については322条1項要件（署名・押印を除く）を満たすので肯定され、②被害者の再現については321条1項3号要件（署名・押印を除く）を欠くため否定される、という結論になりました。最終的には、「被告人の再現写真」だけ“生き残った”というわけです（ちなみに、実際の裁判では、ある書証の中に証拠能力を欠く記載が部分的に含まれている場合、その個所に黒塗りのマスキングを施した状態で裁判所に提出されることになります。）。

なお、**署名・押印の要否**を巡る上記の議論は、録取の過程が機械的操作によって行われる供述証拠の場合には同様に妥当することから、録音テープ、ICレコーダー等の**「供述録音」**やビデオテープ、DVD等の**「供述録画」**についても同様の結論となります（⇒**第8講【5】1**参照）。

★実況見分調書（指示説明・写真）

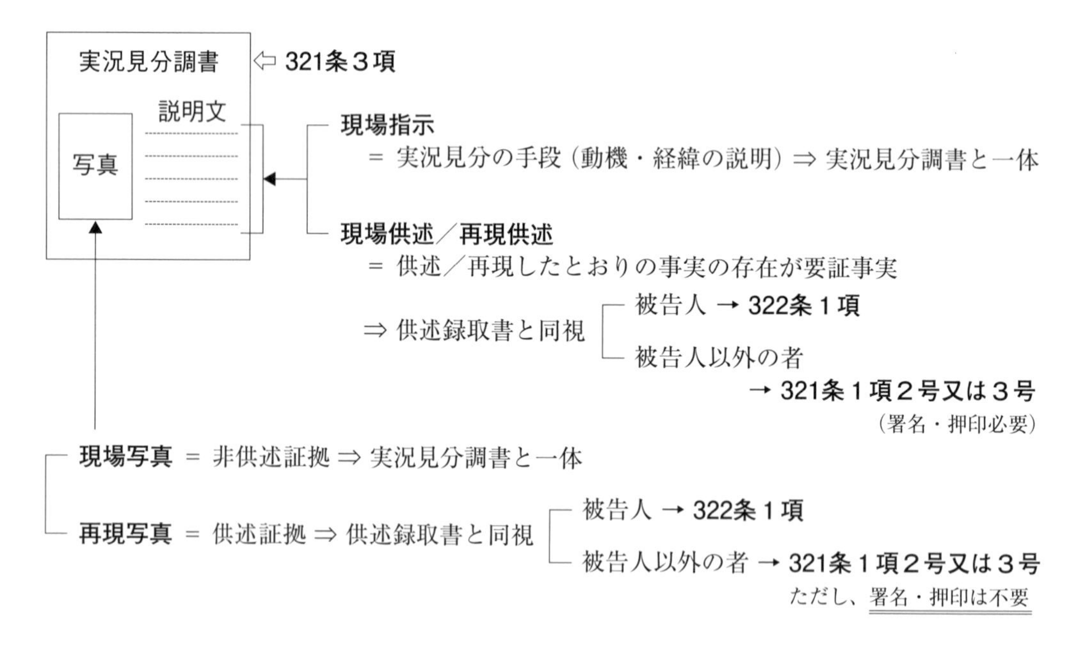

⑶　**「再現状況」の立証――“能力の証明”――**

ところで、**「再現状況」の立証**（「再現者がそのように再現した事実」の立証）について、それ自体が立証上意味を持つ場面というのは全く想定できないのでしょうか。実は、必ずしもそうとは限りません。事案によっては、この立証活動が必要となる場合もあり得ます。それは、例えば、「被告人が供述するような方法で本当に犯行が可能なのか」（**犯行の物理的可能性**）や「目撃者の供述する位置関係で本当に犯行を目撃することが可能なのか」（**視認の物理的可能性**）が争点となっているような事案です。このような場合、被告人や目撃者を立会人として実況見分を実施して犯行状況や目撃状況を本人に再現してもらい、「再現の結果、実際にその行動ができた」という事実が確認されたのであれば、その結果の報告は争点との関係で有効な立証活動となり得ます。いわば、**“能力の証明”**です。

分かり易い例え話をすると、学生時代にバスケットボール部だったAさんが「俺はダンクシュートができるんだ。」と言っていたとします。ところが、友人のBさんは「本当にできるの？」と言って全く信じてくれません。そこで、AさんはBさんと一緒にバスケットコートに行って、Bさんの目の前で実際にダンクシュートを決めてみせました。BさんはAさんの能力を直接体験したのです。この体験をBさんに語ってもらうのが“能力の証明”です（ちなみに、突拍子もない話をいきなり出しますが、実は私は“セミ博士”という裏の顔を持っています。昆虫の“セミ”です。ところが、私が「どんなセミの鳴き声でも一瞬で聴き分けることができる。」とか「樹にとまっているセミを瞬時に見つけることができる。」とか自慢話をしても、周囲の人からはあまり信用してもらえません。そこで、あなたが私と一緒に夏の森の中へ行けば、実際に目の前でこれらの特殊な能力をお見せすることができます。その体験をあなたが周囲の人に説明してくれるのであれば、これも“能力の証明”です。)。

再現供述や再現写真をこのような“能力の証明”に用いる場合であれば、あくまで「再現者がそのように再現した事実（その結果、その行動が可能であった事実)」という“見分実施者の体験事実”の立証にとどまることから、現場指示の場合と同様に、実況見分調書と一体的に**321条3項**の要件を具備することにより証拠能力を付与することができる、ということになります。

上記の例え話で言えば、“能力の証明”は、あくまでBさん自身が目の当たりにした「Aさんはダンクシュートができる」という“Bさんの体験事実”を立証するものであり、例えば、「以前、Aさんが試合でダンクシュートを決めたことがある」というような“Aさんの体験事実”を立証するものではありません。いくらAさんの能力が証明されたとしても、実際にAさんが過去にダンクシュートを決めたことがあるか否かは別問題です。このように、“能力の証明”は“再現どおりの事実の存在”（再現された事実が過去に存在したこと）を前提としないのです。

判例⑥は、「被告人による犯行再現を内容とする」写真撮影報告書が321条3項により証拠採用された事案ですが、同判例は要証事実について「同報告書抄本の内容、立証趣旨に照らすと、同報告書にかかる捜査は、**被告人が述べるような態様により……することが可能であったか否か**について検討するために行われ、また、**これが可能であったことを立証するために**その

★ 再現状況の立証（能力の証明）

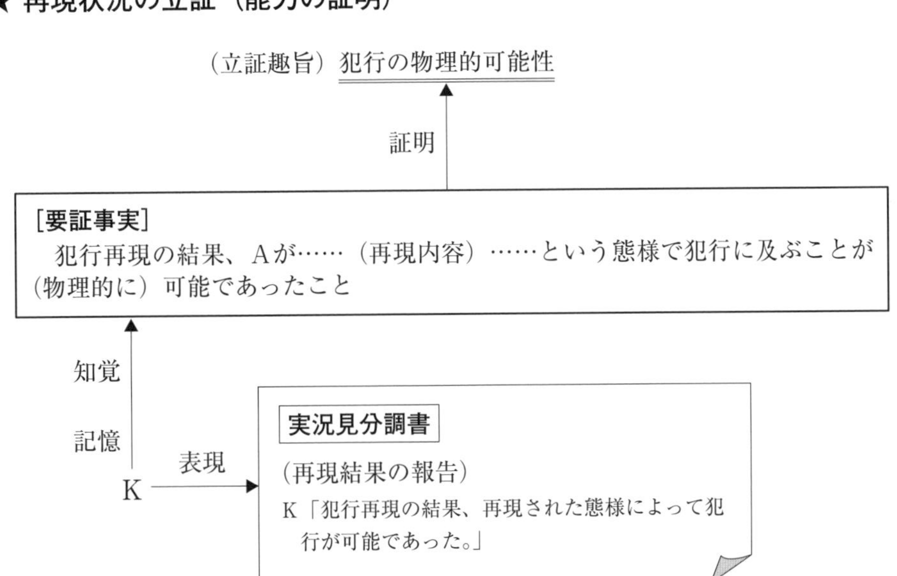

見分結果を記載した報告書抄本が証拠請求されたものと認められる」と認定した上で、「このように、**被告人の供述する行為が客観的状況に照らして可能か否か**を明らかにする目的でされた再現実験につき、その状況を見分した結果を記載した書面は、**刑訴法321条３項**により証拠能力を認めることができる」と判示しています。

これに対して、判例③は電車内の痴漢事件ですが、そもそも犯行の物理的可能性が問題となった事案ではありませんでした。また、実施された犯行再現も、実際の現場（電車内）で行ったものではなく、警察署内の通路及び取調室で長椅子やパイプ椅子を電車の座席に見立てた上で、実際の被告人や被害者とは身長も体格も異なるであろう警察官をそれぞれ犯人役及び被害者役に見立てて再現を行ったというものでした。これでは実際の犯行とは**客観的・物理的環境**が異なっており、再現状況の立証それ自体が意味を持つとはいえません。このような場合は、やはり判示のとおり「再現されたとおりの犯罪事実の存在」が実質的な要証事実であったと把握せざるを得ないでしょう。

再び上記の例え話で言えば、あくまでもＡさんは“実際のバスケットコート”で“実際のバスケットゴールリングとバスケットボール”を使ってダンクシュートを決めてみせなければ“能力の証明”にはならない、ということです。仮にＡさんが実際のリングとは違う高さや大きさのものをゴールリングに見立てて、ダンクシュートを決める際の身体の動きを再現してみせたとしても、それによりダンクシュートのやり方（手や脚の動かし方等）を視覚的に分かり易く説明することには役立つとしても、「Ａさんはダンクシュートができる」という事実を証明したことにはならないのです。

以上の議論は、「検察官の掲げた立証趣旨を前提として要証事実を把握するのが“原則”である。しかし、「再現状況」の立証は、検察官の立証趣旨を前提として要証事実を把握するとおよそ無意味な立証となってしまう“例外”の場合である。もっとも、「再現状況」の立証それ自体が意味を持ち得る“例外の例外”の場合もある。」という思考過程を経るものであり、これは実況見分調書を巡る問題の中でも最も難易度の高い応用問題であるといえるでしょう。

４　「捜査報告書」の性質

「供述調書」と並んで捜査機関が作成する代表的な書面として、「捜査報告書」があります。

「捜査報告書」は、捜査機関が遂げた捜査の結果を報告するための書面であり、形式的には捜査官の「供述書」であることから、伝聞例外の原則形態である321条１項３号の書面であるようにも思われます。

しかしながら、この「捜査報告書」という表題は、捜査機関が捜査の過程で作成する書面の総称であり、実務上、実に様々な場面で用いられます。例えば、犯人特定や証拠物発見の経緯の報告、証拠物を精査した結果の報告等のみならず、犯行現場の状況を見分した結果や写真撮影した結果の報告（実況見分調書、写真撮影報告書）、何らかの実験結果の報告（実験結果報告書）等も広義には捜査報告書に含まれます。あるいは、聞き込み捜査等で得られた目撃者等の「供述」の報告（実質的には供述録取書）である場合もあります。これら様々な書面の表題が「捜査報告書」となっている場合、その表題を見ただけでは書面の性質を判断することはできないのであり、いかなる伝聞例外規定の適用を受けるかは、書面の内容から実質的に判断する必要があります（なお、判例④で問題となった再現実況見分の結果を内容とする書面も、表題は「捜査状況報告書」でした。）。

したがって、「捜査報告書」という表題の書面であっても、例えば、その内容が、捜査官が五官の作用により対象物の存在・内容・形状・性質等を観察して認識した結果を記載したものであれば、実質的には検証と同じ捜査活動の結果を報告するものといえ、**「検証の結果を記載した書面」**と類似した書面として、**321条３項**の要件を具備することにより証拠能力を獲得することになります。**「警察犬による臭気選別結果報告書」**について、判例は「選別に立ち会った司法警察員らが臭気選別の経過と結果を正確に記載したもの」であるから「**刑訴法三二一条三項**により証拠能力が付与される」と判示しました（第11講【２】の判例②参照）。そして、仮にこのような「捜査報告書」の中に、作成者である捜査官以外の者の供述が含まれており、その原供述者の体験事実を要証事実として用いる場合であれば、上述した「実況見分調書における現場供述／再現供述」と全く同じ議論が妥当することになります。

５　問題分析

[平成25年試験問題]

［設問２］は、性質の異なる内容を含む実況見分調書について、要証事実との関連において各部分がいかなる性質を持つのかを明確にした上で、伝聞法則及びその例外規定が適用されるかを検討する問題です。

まず、実況見分調書が**伝聞証拠（供述代用書面）**に該当し、その書面の性質から検証調書に準じる書面として**321条３項**の要件を充足することにより証拠能力が付与される、という前提を端的に指摘する必要があります。

その上で、本件実況見分調書には、【別紙１】及び【別紙２】が添付されており、それぞれ性質の異なる内容を含むことから、これらの各別紙について、更に伝聞法則の適用の有無を検討します。

[平成25年採点実感]

「設問２については、まず、**実況見分調書全体**につき、**検証調書に準じる書面**として、**同法第321条第３項**が規定する要件を満たせば伝聞法則の例外として証拠能力が認められることを前提に、各別紙に関し、要証事実との関係で、更なる要件該当性を検討する必要が生じ得ることについては、ほとんどの答案において論じられていた。」

まず、本問は公判前整理手続における証拠調べ請求段階を前提としていますが、被告人甲が一貫して黙秘していることから、公判では**犯人性**及び**罪体**のいずれも**争点**となるであろうと予想されます。次に、**証拠構造**については、公判前整理手続の段階であり、問題文からは検察官立証の全体像が判明しないため、必ずしも最終的な証拠構造を把握することはできません（共犯者乙が自白していることから、おそらく公判では「乙の自白」を直接証拠に位置付けた上で、その信用性判断が中心的な課題になると思われます。また、Ｗの犯行目撃供述も「乙の自白」を裏付ける重要な証拠となるでしょう。）。そこで、本件実況見分調書の内容を見ると、これ自体には「犯人と甲との結び付き」（**犯人性**）を示す内容は含まれていません。そうすると、本件実況見分調書は、主に**罪体**立証との関係で使用されるものであろうと把握できます。

以下、検察官の掲げる**立証趣旨（「犯行状況及びWが犯行を目撃することが可能であったこと」）**との関係で具体的な**要証事実**を分析し、伝聞法則の適用について検討します。

(1) 「犯行状況」の立証

【別紙1】には、目撃者Wの説明に基づき、Wが目撃した犯行状況を司法警察員2名が再現した写真が貼付され、かつ、犯行状況に関するWの説明内容が記載されています。これらの内容から【別紙1】が**「犯行状況」**という**立証趣旨**に対応する証拠であることが分かります。

① Wの説明部分

そこで、【別紙1】の内容を見ると、犯行を目撃したWの「このように、犯人の一人が、被害者に対し、右手に持った包丁を胸に突き刺した。」という本件の実行行為の態様に関する説明が記載されています。検察官としては、このWの説明部分から本件の**罪体（実行行為の態様）**を立証することが考えられます。そうであれば、Wの説明部分の実質的な**要証事実**は、Wの説明した態様による実行行為の存在（「犯人が右手に持った包丁をVの胸に突き刺した事実」）ということになります（なお、上記のとおり、このWの説明は甲の犯人性を推認させるものではありません。もっとも、実際の捜査実務では、犯行目撃者がいる場合、いわゆる“面割り・面通し”捜査が行われるのが通常であり、その結果、目撃者から「犯行目撃供述」に加えて「犯人識別供述」まで得られれば、その供述を犯人性の直接証拠に位置付けることができます。）。

以上のようなWの目撃した「犯行状況」は、見分実施者である司法警察員Pの体験事実（本件実況見分の結果）ではありません。すなわち、【別紙1】による「犯行状況」の立証は、「Wの説明したとおりの犯罪事実の存在」を前提とするものであり、これは原供述者Wの直接体験した事実（知覚、記憶し、表現した内容）の立証に他なりません。このような場合、Wの説明部分は、**現場供述**として実質的にはWの「供述を録取した書面」としての性質・機能を有することから、本件実況見分調書と一体的に証拠能力を付与することはできず、別途、**321条1項3号**の要件を充足する必要があります（判例③及び④参照）。ところが、【別紙1】のWの説明部分には供述者であるWの**「署名若しくは押印」**がありません。したがって、Wの説明部分の証拠能力は否定されます。

[平成25年出題趣旨]
「【別紙1】は、司法警察員Pが作成した実況見分調書としての性質に加え、Wの供述を録取した書面としての性質をも有しているが、論述に当たっては、【別紙1】で立証しようとする事項が**犯行状況**そのものであることから、Wの供述**内容の真実性**が問題となっていることを踏まえ、前述のとおりの書面の性質を論じ、伝聞法則の例外規定が適用されるためには、いかなる要件が求められるのか、本件事案ではその要件が満たされているかを論じていく必要がある。」

② 写 真 部 分

次に、写真部分について検討します。再現写真は、再現者の動作による「供述」を撮影し、再現者の体験事実を立証しようとするものであることから、供述証拠として伝聞法則が適用されます。【別紙1】に貼付された写真についても、Wの説明に基づき司法警察員2名が犯行状況を再現した場面を撮影したものであり、その**要証事実**は、Wの説明部分と同様に「犯行状況」、具体的には、Wが直接体験した「犯人が右手に持った包丁をVの胸に突き刺した事実」

であると把握されることから、Wを原供述者とする**伝聞証拠**（**供述代用書面**）に該当します。

もっとも、ここから先の**伝聞例外要件充足性**の検討には注意が必要です。再現写真に関する**署名・押印の要否**について、判例③が「写真については、撮影、現像等の記録の過程が機械的操作によってなされることから前記各要件のうち**再現者の署名押印**は不要と解される」と判示していることから、本問の写真についても、「Wの署名・押印は不要である」と判断して良いでしょうか。本問と判例③との事案の違い（本問の特殊性）に十分に注意する必要があります。たしかに、再現写真については、再現された動作を「録取」するという過程の正確性は担保されていることから、「**再現者の署名押印**」は不要とされます。しかしながら、本問の写真の再現者は、原供述者W自身ではなく、Wの説明に基づいて再現動作を行った司法警察員２名（犯人役１名、被害者役１名）です（以下、再現動作を行った司法警察員２名を「Ｘ及びＹ」とします。）。すなわち、本問の写真の形成過程には、要証事実を直接体験した原供述者Wの「供述」を起点として、厳密には以下の２つの録取過程が介在しているのです（**【図１】**参照）。

【図１】（平成25年試験問題①）

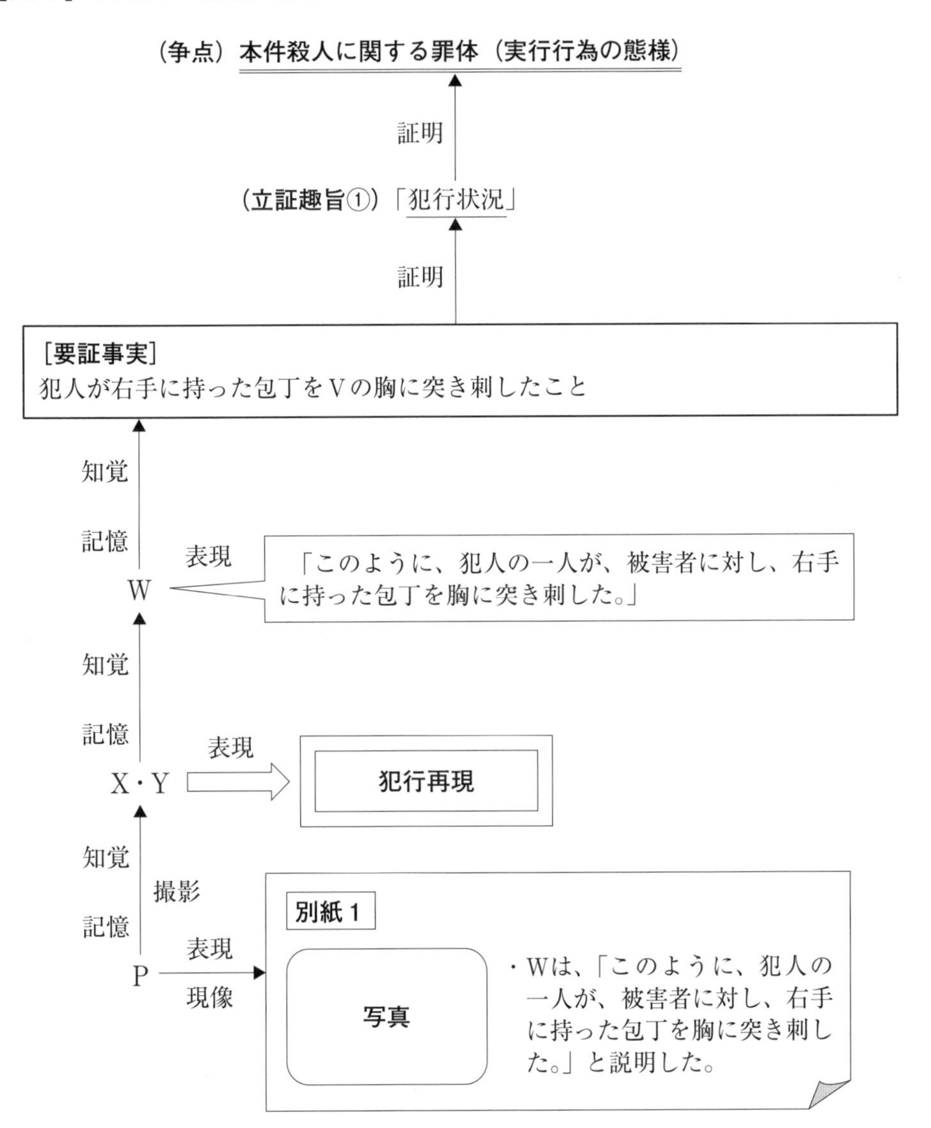

録取過程①：原供述者（W）の「供述」を再現者（X・Y）が「録取」して「再現」する過程
録取過程②：再現者（X・Y）の「再現」を撮影者（P）が「撮影」して「現像」する過程

判例③の指摘する「撮影、現像等の記録の過程が機械的操作によってなされる」という理由により、その正確性が担保されているといえるのは、あくまで**録取過程②**の点です（故に、本問の写真も再現者であるX及びYの署名・押印がない点は問題となりません。）。ところが、**録取過程①**（Wの供述をX及びYが知覚、記憶し、それを“再現動作”により表現する過程）の正確性の問題は何ら解消されることなく残っています。そうであれば、この残された録取過程①を払拭するために、原供述者であるWの署名・押印が要求されなければならないはずです。

すなわち、判例③の事案では、原供述者と再現者が同一であることから、「撮影」の録取過程さえ払拭されているのであれば、その写真の内容を原供述者自身が作成した「供述書」と同視することができました（故に、再現者である原供述者の署名・押印は不要とされました。）。これに対して、本問では、原供述者と再現者が異なることから、「撮影」の録取過程が払拭されていたとしても、その写真の内容は、原供述者の「供述録取書」と同視することができるにとどまるのです。この場合、いわば写真の内容である“再現者の再現動作”それ自体が原供述者の「供述録取書」に相当するものといえます（捜査官がWの供述を録取して“再現動作”をする過程は、まさしく取調べでWの供述を録取して供述調書に書き込む過程と実質的に同視できます。）。そうすると、この“再現者の再現動作”に介在する録取過程を払拭するために、原供述者の**「署名若しくは押印」**（321条1項柱書）の要件を要求し、再現者による原供述の録取の正確性を担保する必要があるのです（なお、321条はあくまで「書面」について規定した条文であるため、“再現動作”（による供述）については「適用」ではなく「準用ないし類推適用」と表現するのが正確でしょう。）。本問をこのように分析するのであれば、【別紙1】の写真部分には原供述者であるWの「署名若しくは押印」がないため、証拠能力を認めることはできません。

出題趣旨には、以下のように指摘されていました。

[平成25年出題趣旨]
「**写真**については、記録過程が機械的操作によってなされることから、Wの供述を録取する過程の正確性は問題とならないようにも見えるが、他面、写真に写っている人物がW自身ではなくその供述に基づいて実演をした司法警察員2名であることから、Wの供述に基づいて司法警察員2名が犯行状況を再現する過程自体において、供述どおりの再現になっていることが担保されていないと見る余地もあり得よう。」

以上より、【別紙1】について、Wの説明及び写真の各部分はいずれもWの「署名若しくは押印」を欠くことから、証拠能力は否定される、と考えるべきでしょう。

(2)　「Wが犯行を目撃することが可能であったこと」の立証

【別紙2】には、Wが目撃時に立っていた（とされる）位置から上記司法警察員2名による再現状況を撮影した写真が貼付され、見通し状況についてのW及び司法警察員Pの説明内容が記載されています。これらの内容から【別紙2】が**「Wが犯行を目撃することが可能であったこと」**という**立証趣旨**に対応する証拠であることが分かります。

この「Wが犯行を目撃することが可能であったこと」の立証について、まずはその証拠構造（立証構造）上の位置付けを確認しておきます。「Wが犯行を目撃することが可能であったこと」という事実は、本件の争点（甲の犯人性及び殺人罪の罪体）との関係では、「甲がVを殺害した事実」を何ら推認させるものではありません。“Wが目撃できたか否か”と“甲がVを殺害したか否か”は全く別の問題です。したがって、この事実に係る証拠は**実質証拠**（犯罪事実の存否の立証に向けられた証拠）ではありません。

他方、仮に公判で甲（の弁護人）が「Wが立っていたとされる位置から犯行状況を目撃することは不可能である。」と主張して「Wの犯行目撃供述」の信用性を弾劾してきた場合、“Wが犯行を目撃することが可能であったか否か”を巡って当事者の攻撃防御活動が鋭く展開されることとなります。すなわち、「Wが犯行を目撃することが可能であったこと」の立証は、罪体立証にとって重要な実質証拠である「Wの犯行目撃供述」の証明力を支える**補助事実**の立証という位置付けとなります。

そこで、このような**補助事実の証明方式**が問題となります。補助事実については、これを「訴訟法的事実」（訴訟条件等の訴訟手続に関する事実）と同列に扱った上で**自由な証明**で足りるとする見解もあります（この見解からは、補助事実の立証であれば伝聞証拠を用いることも許容されます。）。しかしながら、補助事実であっても、犯罪事実の認定が証拠の証明力の判断に大きく依存することから、純粋な「訴訟法的事実」と捉えるべきではなく、**厳格な証明**（証拠能力を有し、かつ適式な証拠調べ手続を経た証拠による証明）を要するとする考え方が一般的です（⇒**第8講【6】2**参照）。

以上を踏まえ、【別紙2】について、これを補助事実の立証に用いる（補助証拠として利用する）場合でも伝聞法則の適用があり得ることを前提に、以下、各部分の証拠能力を検討します。

① Wの指示説明部分

【別紙2】の内容を見ると、Wの「私が犯行を目撃した時に立っていた場所はここです。」という**指示**と「このように、犯行状況については、私が目撃した時に立っていた位置から十分に見ることができます。」という**説明**が記載されています。

まず、前段の**指示部分**については、司法警察員Pが見分場所を特定するための手段として立会人Wに指示を求め、これに応じたWが目撃地点を特定した上で指示したというものです。これは、司法警察員Pが“どうしてその地点を見分したのか”という動機や経緯を説明するための記載であり、本件実況見分の意味を明らかにするために必要な記載といえます。したがって、**現場指示**として、その記載も含めて実況見分の結果（司法警察員Pの体験事実）の一部として扱うことができることから、実況見分調書と一体的に証拠能力が付与されます。

次に、後段の**説明部分**についてです。この説明は、一見すると、**「Wが犯行時に現に犯行を目撃していたこと」**というWの体験事実を要証事実とするようにも思えます。このような要証事実の立証は、「犯行時、現実にWがその地点に立っていたこと」及び「Wが説明した位置関係の場所で実際に犯罪が行われたこと」という“Wの説明したとおりの事実の存在”を前提とすることになり、【別紙1】と同様に、【別紙2】を**「犯行状況」**の立証にも用いることを意味します（例えば、甲（の弁護人）が「そもそもWはその時刻、その地点に立っていなかった」等と主張してWの犯行目撃供述を弾劾してきた場合、このような立証が必要となり得ます。）。そこで、このような使用方法を想定して、Wを原供述者とする伝聞証拠（供述代用書面）に当たると判断しても誤りとはいえないでしょう。

しかしながら、本問では、上述したとおり、【別紙２】については、検察官はこれを実質証拠として用いようとしているのではなく、あくまで**「Wが犯行を目撃することが可能であったこと」**という補助事実の立証の限度で用いることを立証趣旨としていると考えられます。そうすると、検察官としては、「犯行状況」（犯行時、現場から約８メートル離れた地点にWが立っていた、という「犯行目撃状況」もその趣旨に含む。）については他の証拠により立証できると考え、それを前提とした立証計画を立てているのであり、そうであれば、【別紙２】のWの説明部分をわざわざ上記のようなWの体験事実の立証に用いていると考える必要はありません。ここでは、当事者主義の原則どおり、当事者の設定した立証趣旨に従って要証事実を判断すれば足りるのです。したがって、このWの説明部分を捉えて伝聞証拠に当たると考える必要はないでしょう。ただし、この場合、あくまで補助事実の立証の限度で（補助証拠として）採用する証拠である以上、裁判官はこの記載部分から直接に上記のようなWの体験事実（「犯行時、現場から約８メートル離れた地点にWが立っていた事実」等）を認定することはできない（そのような心証形成をすることは許されない）という点に注意してください。

なお、以上のように考える場合、結局、後段の説明部分は特に意味のない無益的記載ということになるでしょう。なぜなら、この説明部分は、前段の指示部分のように見分地点の特定に役立つものとはいえず、他方、“Wの視認可能性”という立証趣旨との関係で証拠上意味があるのは、あくまで見分実施者である司法警察員Ｐの観察結果の報告の記載（後記②の写真及び③の記載部分）であると考えられるからです（**【図２】**参照）。強いて言えば、後段の説明部分を「Wが『この位置から十分に見ることができます。』と言った事実」という司法警察員Ｐの体験事実の立証の限度で使用することはできますが、それ自体は特に意味のある事実ではなく、その立証も無意味というべきでしょう。

【図２】（平成25年試験問題②）

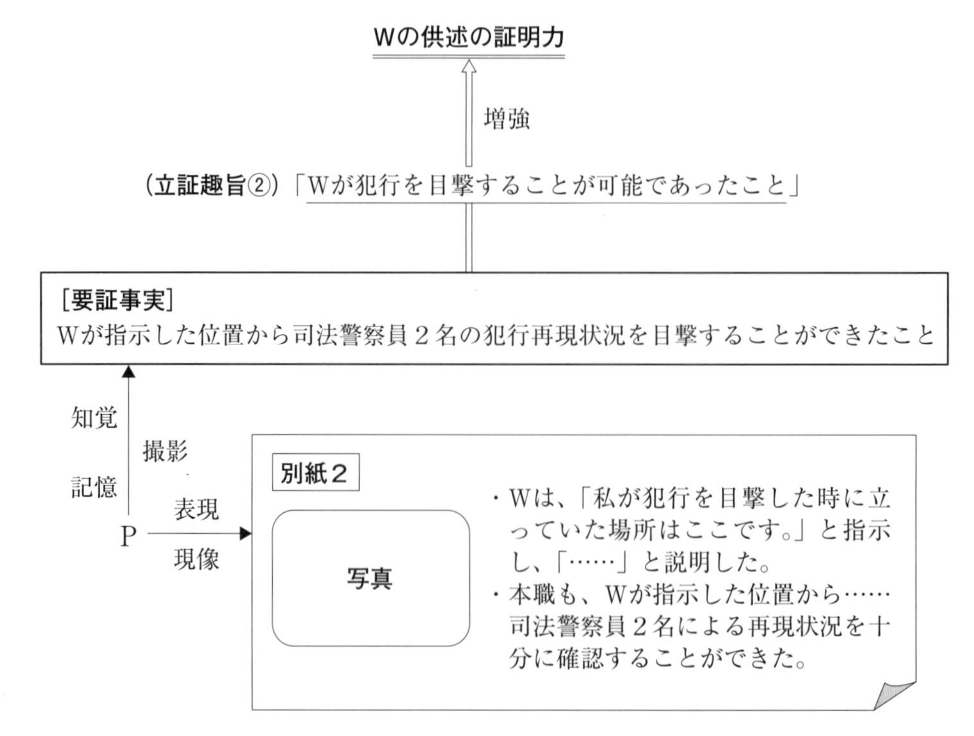

②　写真部分

【別紙2】に貼付された写真は、司法警察員2名が犯行状況を再現した様子を、Wが指示した位置から司法警察員Pが撮影したものです。この写真は、“Wの視認可能性”について司法警察員Pが見分した結果を報告する手段であり、あくまで「撮影した事象の存在・状態」（具体的には、Pの立っている位置からの犯行現場の見通し状況）の立証に用いているに過ぎず、**現場写真（非供述証拠）**として用いる場合と異なりません（Pが「実況見分の結果」を言葉で説明する代わりに写真（画像）を提出して報告しているだけです。）。したがって、Wの体験事実の立証に用いるものではなく、写真も実況見分調書の内容の一部ということになります。

③　司法警察員Pの報告部分

司法警察員Pは、本件実況見分の結果について、「本職が立っている位置から司法警察員2名が立っている位置までの間に視界を遮る障害物がなく、かつ、再現している司法警察員2名が街灯に照らされていたため、司法警察員2名による再現状況を十分に確認することができた。」という旨を報告しています。これも、当然、上記②と同様に司法警察員Pの体験事実（実況見分の結果）を立証するものであって、実況見分調書の内容の一部（というより、この部分がPの報告の本旨です。）ということになります。

出題趣旨及び採点実感では、以下のように説明されていました。

[平成25年出題趣旨]

「【別紙2】については、「Wが犯行を目撃することが可能であったこと」という立証趣旨に対応するものであるが、このことから、【別紙2】によって具体的にいかなる事実が**要証事実**となるのかを論じる必要があり、その中で、Wの供述部分はその**真実性**を立証することになるのか否か、真実性が問題とならないと考えるのであればその理由を論じる必要がある。」

[平成25年採点実感]

「【別紙2】については、立証趣旨は「Wが犯行を目撃することが可能であったこと」であるから、**司法警察員Pの説明部分**及び**写真**は、犯行現場という場所の状態を五官の作用をもって明らかにしたものとして同項が規定する「検証の結果を記載した書面」の典型であること、**Wの説明部分**も、司法警察員Pが、**実況見分の対象を特定するに至った動機・手段**を明らかにするためのものであり、その**内容の真実性**を目的とするものではないことを端的に指摘して論じることができた答案は思いのほか少なかった。」

以上より、【別紙2】について、Wの指示説明、写真及びPの報告の各部分はいずれも実況見分調書の内容の一部を構成するものであるといえます。したがって、本件実況見分調書が321条3項の要件を具備することにより、【別紙2】についても一体的に証拠能力が肯定されることになります。

[平成21年試験問題]

［設問2］は、被疑者甲による犯行再現実験の結果を記録した実況見分調書について、その要証事実との関係での証拠能力を問う問題です。

まず、本件実況見分調書が司法警察員Ｐの実施した実況見分の結果を要証事実とする書面であることから**伝聞証拠（供述代用書面）**に該当し、その書面の性質から、伝聞例外として**321条３項**の要件を具備すれば証拠能力が付与される、という前提を端的に指摘した上で、添付された写真及び甲の説明部分の証拠能力について検討します。

そこで、本件実況見分調書の内容を見ると、犯行再現実験の過程において撮影された、甲が犯行を再現した場面を時系列に従って順次撮影した写真が添付され、それらの写真に対応する甲の説明が記載されています。この実況見分調書について、本問では、検察官及び弁護人が異なる立証趣旨の捉え方をしていることから、まずはそれぞれの趣旨について確認しておきます。

(1)　検察官の立証趣旨

検察官は、「**被告人が本件車両を海中に沈めることができたこと**」という立証趣旨で証拠調べ請求しています。検察官としては、本件実況見分調書により、「甲が再現したとおりの犯行態様により本件死体遺棄の実行行為を行うことが可能であったこと」（**犯行の物理的可能性**）を立証しようとしているのです。この場合、検察官はあくまで司法警察員Ｐの行った再現実験の結果（見分実施者Ｐの体験事実）を要証事実として把握しているといえます（**【図３】**参照）。そして、要証事実をこのように把握するのであれば、写真及び甲の説明部分から再現者甲の体験事実を証明しようとしているわけではないことから、これらの部分は甲を原供述者とする伝聞証拠には当たらず、本件実況見分調書と一体的に証拠能力が付与されることになります。

【図３】（平成21年試験問題①）

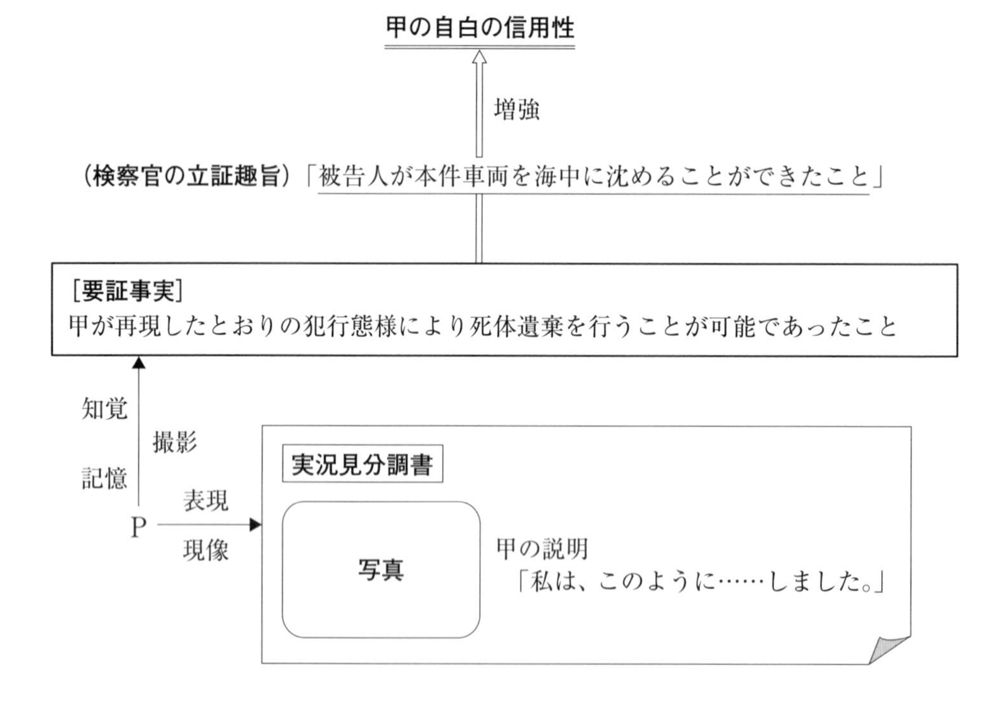

(2)　弁護人の証拠意見の趣旨

これに対して、弁護人は、本件実況見分調書の立証趣旨を「**被告人が本件車両を海中に沈めて死体遺棄したこと**」であるとして、証拠とすることに不同意の意見を述べています。弁護人としては、本件実況見分調書の要証事実は、実質的には「甲が再現したとおりの犯行態様により本件死体遺棄の実行行為を行ったこと」（**再現されたとおりの犯罪事実の存在**）であると把握しているのです（**【図4】**参照）。そして、要証事実をこのように把握するのであれば、写真及び甲の説明部分からまさしく再現者甲の直接体験した事実（知覚、記憶し、表現した内容）を証明しようとしていることになり、これらの部分は甲を原供述者とする**伝聞証拠（供述代用書面）**に当たります。この場合、これらの部分は、**「被告人」**である甲の**「供述を録取した書面」**に該当することから、別途、**322条１項**の要件を充足する必要があります。その結果、本件実況見分調書には甲の**「署名若しくは押印」**を欠くため、甲の説明部分の証拠能力は否定され、署名・押印が不要と解される写真についてのみ証拠能力が肯定され得ることになります。

【図４】（平成21年試験問題②）

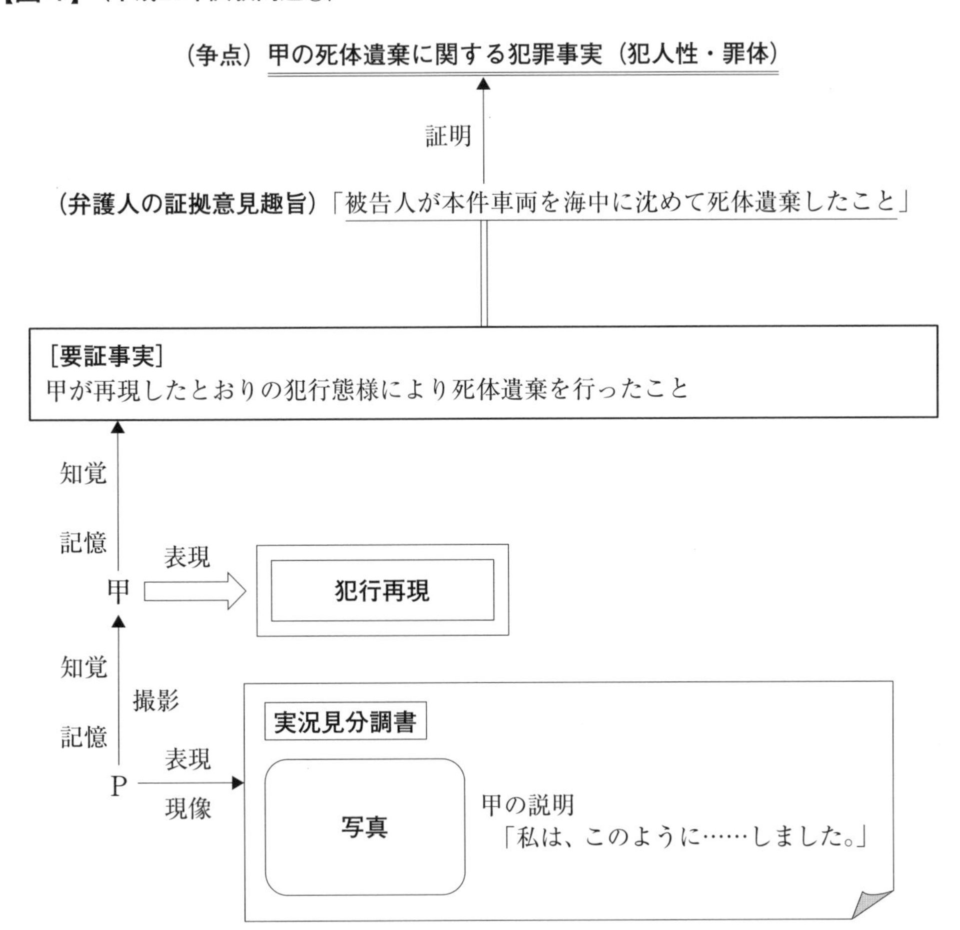

[平成21年出題趣旨]

「本問では、**検察官**は「被告人が本件車両を海中に沈めることができたこと」という**立証趣旨**を設定したが、**弁護人**は、その**立証趣旨**を「被告人が本件車両を海中に沈めて死体遺棄したこと」であると考え、本件実況見分調書の証拠調べ請求に対し、不同意の意見を述べている。**犯行再現行為が問題となった判例**によれば、弁護人が考えるように**犯罪事実の存在**が**要証事実**になると見るべき場合には、**刑事訴訟法第321条第３項**所定の要件を満たす必要があるだけではなく、再現者が被告人である場合には**同法第322条第１項**所定の要件をも満たす必要があるとされていることから、果たして本件における要証事実をどのようにとらえるべきか、事例中に現れた具体的事実関係を前提にして、的確な分析が求められる。」

(3)　要証事実の検討

では、検察官と弁護人のいずれの立証趣旨（及びそれを前提とした要証事実）の把握の仕方が妥当でしょうか。本件の争点及び証拠構造を踏まえて検討する必要があります。

本件公判において、甲は「自分は、殺人、死体遺棄の犯人ではない。」旨述べて犯行を全面否認しています。したがって、甲の**犯人性**及び**罪体**（殺人、死体遺棄の犯罪事実）がいずれも**争点**となります。

そうすると、検察官としては、まず前提として甲の犯人性及び罪体（「甲の再現したとおりの犯罪事実の存在」）についてある程度の立証ができなければ、「甲の再現した態様によって犯行が可能であること」を立証する意味はありません。なぜなら、そもそも甲による犯行の事実自体がおよそ存在しないのであれば、その犯行の物理的可能性が問題となる余地もないからです。仮に本件実況見分調書以外に甲の犯人性及び罪体を立証するための実質証拠となるべき証拠が全く存在しないというのであれば、検察官の掲げる立証趣旨を前提とすると無意味な立証活動となるというべきでしょう。

そこで、本件訴訟の**証拠構造**を把握します。問題文の事情からは、共犯者乙の認否が明らかとなりません（仮に乙が自白していればそれが直接証拠となり得ます。）。他方、甲は、捜査段階の当初、殺人及び死体遺棄についていずれも犯行を認める供述をしており、この甲の自白を内容とする供述調書が【資料1】として示されています。この甲の自白は、争点である犯人性及び罪体のいずれについても直接証拠として機能するものであり、しかも、現場付近に設置された防犯カメラに本件車両を運転する甲と助手席にいるVの姿が映っていたことから、甲の自白を裏付ける証拠もあります。そうすると、検察官としては、この甲の供述調書を実質証拠の中心に位置付けて立証計画を立てることになるでしょう（なお、問題文の事情のみからは以上のように証拠構造を把握せざるを得ませんが、実際には、公判で否認に転じている被告人の“捜査段階における自白”に頼って検察官が立証計画を立てるという事態はほとんど想定できません。検察官としては、被告人の自白以外の証拠（共犯者の供述を含む。）による立証をまず先に検討することになるはずです。）。

以上のような証拠構造となる場合、甲の**自白の任意性（319条１項）**が別途争点となり得ますが（⇒**第９講【１】２参照**）、甲の供述調書が**322条１項**の要件を具備して証拠能力が認められるのであれば、少なくとも本件実況見分調書を実質証拠として利用する必要はなくなります。反対に、甲の供述調書の証拠能力が否定され、その他に甲の犯人性及び罪体を立証するための有効な証拠が存在しないという事態になるのであれば、まさしく本件実況見分調書を実質証拠（実質的な甲の供述録取書）として犯人性及び罪体の立証に利用する他ありません（なお、甲の犯人性については上記防犯カメラ映像が間接証拠となり、この証拠から相当程度推認することができるでしょう。しかしながら、罪体についてはなお他に有効な立証手段がないという事態は想定されます。）。そうであれば、本件実況見分調書の実質的な要証事実は、弁護人の主張するとおり「甲の再現したとおりの犯罪事実の存在」であると把握せざるを得ないことになります。

このように、問題文の事情（のみ）から証拠構造を判断する限り、検察官の主張する立証趣旨をそのまま前提にして要証事実を把握できるのか、それとも弁護人の指摘する立証趣旨が妥当であるというべきかは、まさしく【資料1】の甲の供述調書の証拠能力の有無によって左右され得る、ということになりそうです。そこで、前提として、【資料1】の証拠能力を検討すると、甲の自白について特に任意性を疑わせるような事情はありません。そうすると、322条1項により甲の供述調書の証拠能力は肯定されると考えられます。

以上のような証拠構造の分析を踏まえると、本件実況見分調書は少なくともそれ自体を実質証拠として利用する必要はないといえそうです。もっとも、実質証拠である甲の供述（自白）は、任意性が肯定されたとしても、別途、その信用性が問題となり得ます。なぜなら、甲の供述する死体遺棄の具体的な犯行態様は、甲がVの死体を乗せた軽自動車を自力で持ち上げて海中に沈めるという態様ですが、果たして本当に甲が単独でそのような行為をすることが可能なのか（甲にそのような身体能力があるのか）という点で供述内容に疑問が生じる余地があるからです（仮に、甲の単独実行が不可能な犯行態様であったというのであれば、実際には何らかの形で実行行為に関与、協力していた乙を甲が庇っているという可能性も浮上してきます。防犯カメラの映像には乙の姿は写っていませんでしたが……。）。そこで、本件実況見分調書が必要となります。すなわち、本件の再現実験は、甲が本件車両と同一型式の実験車両及びVと同じ重量の人形を用いて犯行状況を再現したものであり、本件犯行と同一の客観的、物理的環境及び条件の下で実施した犯行再現です（なお、既に指摘したとおり、"能力の証明"には「**同一の環境・状況・条件**」で実施するという前提が極めて重要であり、この事情が本件と判例③の事案との決定的な違いです。）。そして、そのような再現実験の結果、「甲の供述した態様によって犯行が可能であること」が確認されたという事実が証明されれば、検察官は甲の供述の信用性を裏付けることができます。このように、本件実況見分調書は実質証拠である甲の供述（自白）についての**補助証拠としての利用価値**があると認められるのです（なお、問題文柱書に甲の「供述内容は信用できるもの」とする旨の記載がありますが、上記のような補助事実の立証が全く不要であるということまでは意味していないと考えるべきでしょう。）。

以上検討したとおり、本件は、争点（甲の犯人性及び罪体）について甲の供述（自白）を実質証拠として立証に用いることを前提として、検察官がその補助事実を立証する必要性が認められる事案です。そうであれば、本件実況見分調書は、写真及び甲の説明部分も含めて、検察官の掲げる立証趣旨のとおり、「甲が本件車両を海中に沈めることができたこと」を要証事実とするものであると把握することができるでしょう。

本問では、出題者の意図が概ね以上のような検討を求めるものであったことは、以下の出題趣旨及び採点実感の記述からうかがえます。

［平成21年出題趣旨］

「事案に則した前記判例の正確な理解を踏まえつつ、本件の具体的事実関係を的確に把握すれば、本件は、判例の見解が前提としていた事案とは異なり、検察官が設定した**立証趣旨をそのまま前提にするとおよそ証拠としては無意味になる**ような**例外的な場合**などではなく、甲が供述しているような犯行態様が現場の客観的な環境との関係で**物理的に可能であるか否か**が正に問題になる事案であるとの理解が可能である。」

［平成21年採点実感］

「本件では正に検察官が設定した**立証趣旨が意味を持つ場合**であるのに、何らの説明もなく検察官の立証趣旨に拘束される必要がない、あるいは検察官の立証趣旨には意味がないとだけ断じ、最高裁判所の判例の見解が前提としていた事案とは異なるにもかかわらず、刑事訴訟法第321条第３項所定の要件を満たすだけでなく、同法第322条第１項所定の要件をも満たす必要があるとした答案が多数あった。」

もっとも、この出題趣旨と採点実感の説明には若干注意が必要だと思います。たしかに、上述した検討過程を経て、本件は「検察官が設定した立証趣旨をそのまま前提にするとおよそ証拠としては無意味になるような例外的な場合などではなく」、「正に検察官が設定した立証趣旨が意味を持つ場合である」と考えることはできるでしょう。しかしながら、少し別の視点から考えてみると、本件は殺人、死体遺棄被告事件であり、現在であれば裁判員裁判対象事件となります（出題時点ではわずかに裁判員法施行前でしたが……。）。その公判で甲は事実を全面的に否認して争っています。当然、甲の捜査段階での自白の任意性や信用性は重要な争点になると予想されます。そのような公判において、この実況見分調書の内容に触れた裁判員は、果たしてどのような心証を抱くでしょうか。このような視点から見た場合に、本件実況見分の経緯で見落としてはならない重要な事実があります。それは、司法警察員Ｐが甲に対し、「犯行当時と同じ方法で実験車両を海中に転落させるよう」に求めている、という事実です。Ｐは、公判における証人尋問で本件実況見分調書につき「真正に作成されたものであること」（321条３項）を供述する際、当然、上記の経緯についても説明することになるでしょう。そうなった場合、「Ｐの求めに応じて甲が犯行を再現した」という説明を聞いた上で、証拠採用された本件実況見分調書の内容を見た裁判員は、「再現実験の際に甲が死体遺棄の犯行を自白した」という心証を形成してしまうのではないでしょうか。もちろん、あくまで検察官の掲げた立証趣旨を前提として証拠採用するものであることから、この証拠は“犯行の物理的可能性”という補助事実を認定する限度でのみ使用し得る証拠であって、この証拠から直接に犯罪事実の存在を認定する（そのような心証形成をする）ことは許されません。そして、このような事実認定のルールは、職業裁判官にとっては当たり前に通用するはずです（心証形成の在り方について自らコントロールする訓練を十分に受けているのがプロの法律家です。）。しかしながら、一般の裁判員にとってはこのような心証形成のコントロールは非常に難しく、甲の再現動作を甲の自白と受け取ってしまうことは避けられないのではないかと思われます。そうであれば、本件実況見分調書については、裁判員の心証形成に与える弊害の大きさを考慮して、政策的に法律的関連性を否定して証拠排除すべきである、という結論が十分にあり得ると思われます。

上記の出題趣旨及び採点実感における記述からは、本件再現実験の実質が“甲の取調べ”であり、その実験結果の実質は“甲の自白”であると見るべきではないか、という重要な視点が抜け落ちているような印象を受けます（更に言えば、そのように考えた場合、再現実験の際にＰが甲に黙秘権の告知（198条２項）をしていないことも、自白法則や違法収集証拠排除法則との関係で問題となり得るでしょう。）。もし本問の事案が実際の裁判員裁判の公判であったとしたら、上記のような弊害の大きさを何ら考慮することなく、漫然と“検察官の立証趣旨の限度であれば証拠採用しても構わない”と判断してしまうことには躊躇を覚えざるを得ません。

[令和５年試験問題]

［設問２］は、被疑者甲が被害者Ｖ方と同種の錠前を解錠する状況が撮影された写真が貼付さ

れ、かつ、解錠状況に関する甲の説明内容が記載された実況見分調書①、Vが被害状況を再現した写真が貼付され、かつ、被害状況に関するVの説明内容が記載された実況見分調書②について、それぞれの証拠能力を問う問題です。

本問でも、まず実況見分調書全体の性質について指摘した上で、321条3項の要件を具備すれば証拠能力が認められることを指摘した上で、各実況見分調書における説明部分及び写真の証拠能力について、更に伝聞法則の適用の有無を検討することになります。ところが、肝心の説明部分等の証拠能力については、出題趣旨では下記のとおり、「更に伝聞法則の適用があるか否かを要証事実との関係で検討した上で、その有無を論じる必要がある」との指摘があるのみで、具体的な要証事実をどのように把握し得るのかについては特段説明されていません。

［令和5出題趣旨］

「【実況見分調書①】は、司法警察員Qが行った実況見分の結果を記載したものであるから、論述に当たっては、まず捜査官が五官の作用によって事物の存在及び状態を観察して認識する作用をもつ**検証の結果を記載した書面に類似した書面**として、**刑事訴訟法第321条第3項**により、作成者Qが公判期日において証人として尋問を受け、その真正に作成されたものであることを証言すれば証拠能力が付与されるという本調書全体の性質を論ずる必要があろう。その上で、本調書には、公判期日外でなされた**甲の供述**が記載されていることから、これらの部分の証拠能力について、更に伝聞法則の適用があるか否かを**要証事実との関係**で検討した上で、その有無を論じる必要がある。

【実況見分調書②】についても、検察官Rが作成した実況見分調書の中に、公判期日外でなされたVの供述が記載されていることから、まず**刑事訴訟法第321条第3項**の適用を論じた上で、**Vの供述**を記載した部分の証拠能力について、最高裁判例（**最決平成17年9月27日刑集59巻7号753頁**）を踏まえつつ、伝聞法則の適用があるか否かを**要証事実との関係**で検討した上で、その有無を論じる必要がある。」

まず、本問は公判前整理手続における証拠調べ請求段階を前提としているところ、甲の弁護人は「犯人性を争う。」と主張していることから、公判では**犯人性**及び**罪体**のいずれも**争点**となることが予想されます。次に、**証拠構造**については、公判前整理手続の段階であり、必ずしも最終的な証拠構造を把握することができないものの、甲の**犯人性**を立証する実質証拠として、2つの防犯カメラ映像、甲のスニーカーの靴底の紋様、ＤＮＡ型鑑定結果、甲方から押収されたピッキング用具等の他に捜査段階における甲の自白調書（警察官面前調書）が存在することが分かります。他方、**罪体**を立証し得る証拠は、本問の各実況見分調書以外に、凶器のゴルフクラブとVの供述調書（警察官面前調書及び検察官面前調書）が存在します。そして、各実況見分調書について検察官の掲げた**立証趣旨**を見ると、検察官Tは、実況見分調書①につき**「甲がV方の施錠された玄関ドアの鍵を開けることが可能であったこと」**、実況見分調書②につき**「被害再現状況」**をそれぞれ立証趣旨として証拠調べ請求しています（なお、この段階でVの検察官面前調書についても立証趣旨を**「被害状況」**として証拠調べ請求しています。）。そこで、以下、実況見分調書①が犯人性の立証、実況見分調書②が罪体の立証に用いられる趣旨でそれぞれ証拠調べ請求されたものという前提で検討します。なお、ここでは立証構造の把握が比較的容易な実況見分調書②から先に検討することとします。

(1)　実況見分調書②の証拠能力

①　要証事実の把握

実況見分調書②は、H地方検察庁において、Vを立会人として、検察官Rが、凶器のゴルフクラブと同種のものを準備し、検察事務官Sを犯人に見立て、Vに対し、被害状況について説明を求めつつ再現させた結果を記載した書面であるところ、同調書には、Sが右手でゴルフクラブのグリップを握り、Vの左側頭部を目掛けて振り下ろしている場面の写真1枚が添付されており、その下に「このようにして、犯人は、右手に持っていたゴルフクラブで私の左側頭部を殴りました。」との記載があります。これらの写真及びVの説明部分は、まさしくVが直接体験した本件犯行の態様についての動作及び言語による供述です。そうすると、検察官Tは立証趣旨を**「被害再現状況」**と掲げているものの、再現状況（Vがそのように被害の様子を再現したこと）それ自体を立証することに意味があるわけではなく、その実質的な立証趣旨はVの検察官面前調書と全く同じであると判断できます。すなわち、検察官Tとしては、実況見分調書②に添付された写真及びVの説明部分から上記のような本件の**「被害状況」**、具体的には、本件犯行（強盗殺人未遂の実行行為）の具体的な態様（**罪体**）を立証しようとしているものと考えられます。したがって、写真及びVの説明部分の具体的な**要証事実**は、Vの説明した態様による実行行為の存在（「犯人が、右手に持っていたゴルフクラブでVの左側頭部を殴った事実」）ということになります（**【図5】**参照）。

【図5】（令和5年試験問題①）

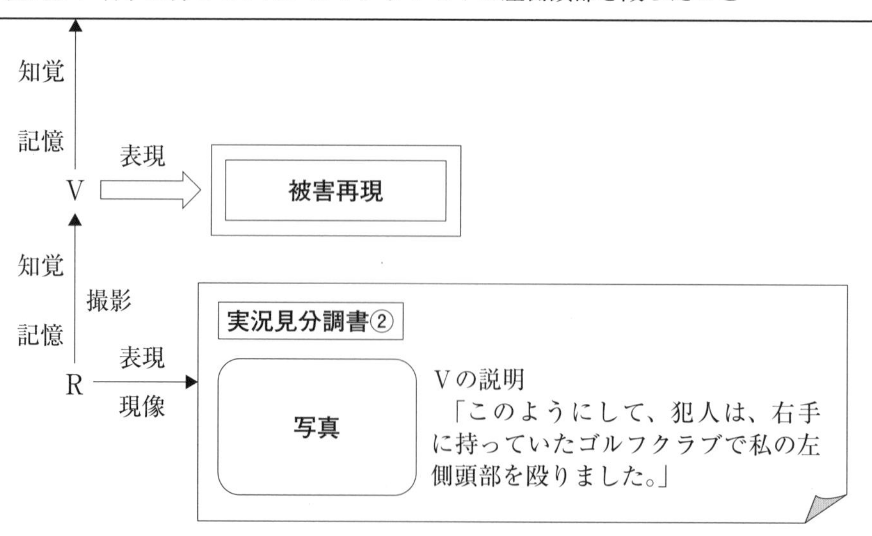

> **[令和５年採点実感]**
> 「【実況見分調書②】では、検察官の**立証趣旨**が**「被害再現状況」**であるところ、事例に現れた具体的事実を抽出、分析し、Ｖの供述どおりの犯行が本件犯行現場で可能だったことを立証する目的ではないことなどの根拠を示し、**要証事実**は、実質において**「再現されたとおりの犯罪事実の存在」**、つまり供述内容の真実性であり、伝聞証拠である旨認定することが求められる」

なお、**「現場指示」**と**「現場供述」**という用語は、上述したとおり、“実況見分の意味を明らかにするために必要な説明”にとどまる場合とそうでない場合を区別して呼称するために便宜上用いられるものに過ぎず、当該指示説明が「現場指示」と「現場供述」のいずれに当たるかを論じること自体に意味はありません。採点実感でも以下のように指摘されています。

> **[令和５年採点実感]**
> 「甲やＶの各指示説明の記載……について、甲やＶの指示説明をいわゆる**「現場指示」**あるいは**「現場供述」**のいずれかに当てはめ、特段の論述なく、前者を非伝聞証拠、後者を伝聞証拠と結論付ける答案……が相当数見受けられた。」

②　伝聞証拠該当性及び伝聞例外要件充足性

上記の要証事実は、原供述者Ｖの直接体験した事実（知覚、記憶し、表現した内容）であることから、写真及びＶの説明部分はＶを原供述者とする**伝聞証拠（供述代用書面）**に当たるところ、実質的には「被告人以外の者」であるＶの「供述を録取した書面」（321条１項柱書）であり、**Ｖの説明部分**については、「供述者」であるＶの「署名若しくは押印」を欠くことから証拠能力は否定されます。他方、**写真**については、Ｖの「検察官の面前における供述」（321条１項２号）に当たるところ、再現者の署名・押印は不要となることから（判例③参照）、Ｖの署名・押印を除く**321条１項２号**所定の要件の充足性について検討することになります。なお、本問では、原供述者Ｖが公判前整理手続の終了前に死亡していることから、同号前段の**供述不能**に該当します。この場合、同号但書の規定する「前の供述を信用すべき特別の情況」（**相対的特信情況**）は要求されない点に注意してください（⇒**第８講【１】５⑴参照**）。

⑵　実況見分調書①の証拠能力

①　要証事実の把握

実況見分調書①は、Ｉ警察署において、司法警察員Ｑが、甲方から押収されたピッキング用具と同種のもの及び本件犯行時にＶ方に設置されていた錠と同種の特殊な錠を準備し、甲に対し、「この道具を使って、この錠を開けられますか。」と尋ねた際に、甲が、随時説明しながらピッキング用具を使って解錠した状況について見分した結果を記載した書面であるところ、同調書には、甲が解錠している状況を連続して撮影した写真が複数枚添付されており、これらの写真の下に、それぞれ「被疑者は、『このように、ピッキング用具を鍵穴に入れてこうして動かしていくと解錠できます。』と説明した。」との記載があります。このような実況見分調書①について、上述のとおり、検察官Ｔは、**「甲がＶ方の施錠された玄関ドアの錠を開けることが**

可能であったこと」を立証趣旨として証拠調べ請求をしているところ、上記写真及び甲の説明部分は、甲による本件犯行（住居侵入）の物理的可能性を示す証拠となるものといえます。すなわち、検察官Tとしては、実況見分調書①を用いて、甲が説明したとおりの手段で本件住居侵入の実行行為を行うことが可能であったこと（**犯行の物理的可能性**）を立証しようとしているのであり、あくまでQの行った見分の結果を要証事実として把握していることになります。そして、この要証事実との関係では、写真及び甲の説明部分から再現者である甲の体験事実（知覚、記憶し、表現した内容）を立証するわけではないことから、これらの部分は甲を原供述者とする伝聞証拠に当たりません（判例⑥参照）。

[令和５年採点実感]

「【実況見分調書①】では、検察官の**立証趣旨**が「**甲がＶ方の施錠された玄関ドアの鍵を開けることが可能であったこと**」であるところ、事例に現れた具体的事実を抽出、分析して、甲がそれを行うことが少なくとも実況見分の時点で可能であったことを立証する目的であることなどの根拠を示し、**要証事実**は、公訴事実における犯行の日時に甲がＶ方の施錠された玄関ドアの鍵を開けたことではなく、検察官の立証趣旨と同じであり、伝聞証拠ではない旨認定することが求められる」

上記採点実感の記述からすれば、出題者の意図としては、要証事実について概ね以上のような分析が求められていたことは明らかでしょう。もっとも、本問の要証事実をどのように把握すべきかについては、厳密に考えると非常に悩ましい問題であるように思われます。本問において、“甲による犯行の物理的可能性”の立証がいかなる意味で必要となるのか（立証構造上の位置付け）についてもう少し踏み込んで検討してみましょう。本件の主たる争点である甲の**犯人性**の立証との関係で上記の立証に何らかの意味があるといえるでしょうか。仮に「甲がそれを行うことが少なくとも実況見分の時点で可能であったこと」を立証することが甲の犯人性の立証にとって有効な立証活動となり得るのであれば、上記採点実感の指摘のとおり、「要証事実は、……検察官の立証趣旨と同じ」であると把握して良いでしょう。しかしながら、「被告人に犯行が可能であったこと」という事実は、通常はそれ自体では「被告人が犯人であること」を推認させる積極的間接事実としては有効に機能しません（せいぜい“被告人が犯人だとしても矛盾しない”という程度の推認力を有するにとどまるというべきでしょう。）。「犯行ができる」からといって「犯行をした」とは限らない、というのは極めて常識的な経験則であると思われます（上述したとおり、“能力の証明”は「その行為が過去に存在したこと」を前提としない立証です。）。例外的に、被告人の再現に係る犯行手口ないし態様が**「顕著な特徴」**（例えば、犯人以外にはおよそ再現不可能な犯行手口である場合等）を有することから「それ自体で両者の犯人が同一であることを合理的に推認させるようなもの」であるような場合（第11講【1】の判例①参照）であれば、被告人の再現結果が犯人性を推認させる間接事実として機能すると解する余地があるかもしれません。しかしながら、本問は、犯人がＶ方玄関ドアの特殊な錠を特殊なピッキング用具で解錠して侵入したという事件ではあるものの、この種の手口による侵入盗事件自体はさほど特殊なものではなく、「顕著な特徴」を有する犯行とまではいえないでしょう。そうすると、本問では「甲がＶ方の施錠された玄関ドアの錠を開けることが可能であったこと」

をそれ自体で「甲が犯人であること」を推認させる間接事実と位置付けることは困難であるように思われます。このような実況見分調書の記載について、仮に“犯行の物理的可能性”という中間項を介在させて推認過程を設定する（「甲が……できたこと」から「甲が……したこと」を推認する）ことによって伝聞法則の適用を受けずに犯人性の立証に供することが許容されるのであれば、判例③の趣旨は容易に潜脱、没却されることになってしまいます。このように考える場合、実況見分調書①の写真及び甲の説明部分について、上記採点実感の説明のように、検察官Ｔの設定した立証趣旨をそのまま前提とした上で**非伝聞**であるとの結論を導くのであれば、本問でも**実質証拠以外の利用方法**を検討すべきであるように思われます（これに対して、あくまで実質証拠としての利用を前提とするのであれば、実質的には「犯罪事実の存在が要証事実になる」（判例③参照）と捉えて伝聞証拠に当たると解することも誤りとはいえないでしょう。その場合、写真及び説明部分は実質的には「被告人」である甲の「供述を録取した書面」となることから**322条１項**の伝聞例外要件充足性を検討することになります。）。なお、上述のとおり、出題趣旨には説明部分等の証拠能力について詳細な説明は記載されていませんでした。そのため、本問の要証事実の把握について出題者がどの程度まで厳密かつ詳細な議論を想定して出題していたのかは判然としません。

② 補助証拠としての利用

そこで、実質証拠以外の利用方法を検討すると、上述のとおり、本問では、甲の犯人性を立証する実質証拠として、捜査段階における甲の**自白調書**（警察官面前調書）が存在します。この甲の自白調書は犯人性及び罪体の直接証拠となることから、検察官としてはこれを証拠調べ

【図６】（令和５年試験問題②）

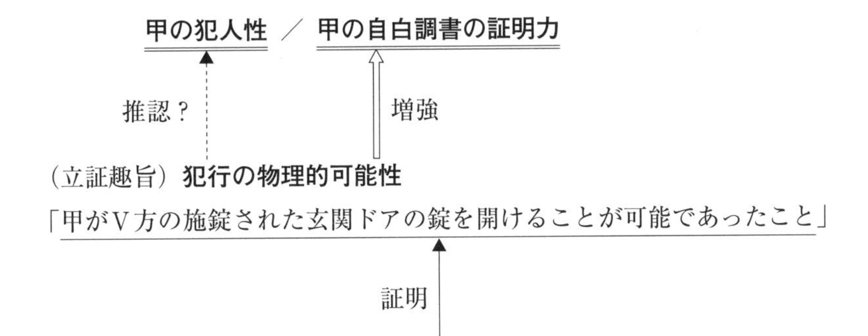

［要証事実］
甲が、甲方から押収されたピッキング用具と同種のものを用いて、Ｖ方に設置されていた錠と同種の特殊な錠を開錠できたこと

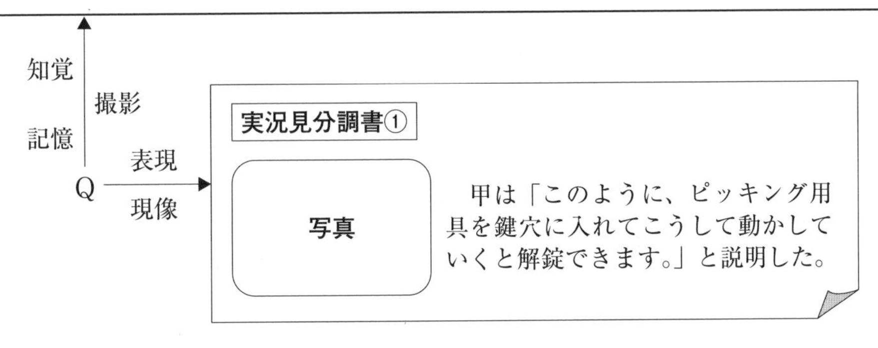

請求した上で、その他の証拠によりその信用性を基礎付ける立証活動を展開することが考えられます。そこで、甲の自白調書が証拠調べ請求された場合の立証構造を前提とすれば、実況見分調書①については、その**補助証拠としての利用価値**（補助事実の立証の必要性）を肯定し得るといえるでしょう（**【図6】**参照）。

もっとも、本件の公判前整理手続において甲の自白調書が証拠調べ請求されたか否かについて、問題文の事例中には特に事情が記載されていません。そうすると、本問がこのような分析までをも想定した出題であったか否かについてはなお判然としません。これに対して、本問と類似の**平成25年試験問題**では、実況見分調書が「犯行状況及びWが犯行を目撃することが可能であったこと」を立証趣旨として証拠調べ請求されており、同調書中の犯行目撃供述部分を実質証拠として**罪体**（**「犯行状況」**）を立証することを前提に、当該目撃者の**視認の物理的可能性**（**「Wが犯行を目撃することが可能であったこと」**）という補助事実を立証することによってその犯行目撃供述の証明力を担保する、という立証構造が明確でした。本問でも、例えば、甲の弁護人が「甲にはそのような特殊なピッキングの技術はない。」と主張して犯人性を争っているという事情があれば、端的に“甲のピッキング技術の有無”が争点となることから、検察官の立証趣旨はかかる甲の主張（供述）する事実（犯人性についての消極的間接事実）を弾劾する補助事実の立証として意味を持つことが明確となったように思われます。

〈参考判例〉

【最(一小)判昭和35・9・8刑集14巻11号1437頁】（実況見分調書の証拠能力） 判例①

「刑訴三二一条三項所定の書面には捜査機関が任意処分として行う検証の結果を記載したいわゆる実況見分調書も包含するものと解するを相当とし、かく解したからといつて同条項の規定が憲法三七条二項前段に違反するものでない」

【最(二小)判昭和36・5・26刑集15巻5号893頁】（現場指示） 判例②

「捜査機関は任意処分として検証（実況見分）を行うに当り必要があると認めるときは、被疑者、被害者その他の者を立ち会わせ、これらの立会人をして実況見分の目的物その他必要な状態を任意に指示、説明させることができ、そうしてその指示、説明を該実況見分調書に記載することができるが、右の如く立会人の指示、説明を求めるのは、要するに、実況見分の一つの手段であるに過ぎず、被疑者及び被疑者以外の者を取り調べ、その供述を求めるのとは性質を異にし、従つて、右立会人の指示、説明を実況見分調書に記載するのは結局実況見分の結果を記載するに外ならず、被疑者及び被疑者以外の者の供述としてこれを録取するのとは異なるのである。従つて、立会人の指示説明として被疑者又は被疑者以外の者の供述を聴きこれを記載した実況見分調書には右供述をした立会人の署名押印を必要としないものと解すべく（昭和五年三月二〇日大審院判決、刑集九巻四号二二一頁、同九年一月一七日大審院判決、刑集一三巻一号一頁参照）、これと同旨に出た原判示（控訴趣意第一点についての判断後段）は正当である。

そうして、刑訴三二一条三項が憲法三七条二項前段に違反するものでないことは前掲昭和三五年九月八日第一小法廷判決の判示するところであつて、既にいわゆる実況見分調書が刑訴三二一条三項所定の書面に包含されるものと解される以上は、同調書は単にその作成者が公判期日において証人として尋問を受け、その真正に作成されたものであることを供述しさえすれば、それだけでもつて、同条一項の規定にかかわらず、これを証拠とすることができるのであり、従つて、たとえ立会人として被疑者又は被疑者以外の者の指示説明を聴き、その供述を記載した実況見分調書を一体として、即ち右供述部分をも含めて証拠に引用する場合においても、右は該指示説明に基く見分の結果を記載した実況見分調書を刑訴三二一条三項所定の書面として採証するに外ならず、立会人たる被疑者又は被疑者以外の者の供述記載自体を採証するわけではないから、更めてこれらの立会人を証人として公判期日に喚問し、被告人に尋問の機会を与えることを必要としないと解すべきである。」

【最(二小)決平成17・9・27刑集59巻7号753頁】（再現供述・再現写真①） 判例③

「前記認定事実によれば、本件両書証は、捜査官が、被害者や被疑者の供述内容を明確にすることを主たる目的にして、これらの者に被害・犯行状況について再現させた結果を記録したものと認められ、立証趣旨が「被害再現状況」、「犯行再現状況」とされていても、実質においては、再現されたとおりの犯罪事実の存在が要証事実になるものと解される。このような内容の実況見分調書や写真撮影報告書等の証拠能力については、刑訴法326条の同意が得られない場合には、同法321条３項所定の要件を満たす必要があることはもとより、再現者の供述の録取部分及び写真については、再現者が被告人以外の者である場合には同法321条１項２号ないし３号所定の、被告人である場合には同法322条１項所定の要件を満たす必要があるというべきである。もっとも、写真については、撮影、現像等の記録の過程が機械的操作によってなされることから前記各要件のうち再現者の署名押印は不要と解される。

本件両書証は、いずれも刑訴法321条３項所定の要件は満たしているものの、各再現者の供述録取部分については、いずれも再現者の署名押印を欠くため、その余の要件を検討するまでもなく証拠能力を有しない。また、本件写真撮影報告書中の写真は、記録上被告人が任意に犯行再現を行ったと認められるから、証拠能力を有するが、本件実況見分調書中の写真は、署名押印を除く刑訴法321条１項３号所定の要件を満たしていないから、証拠能力を有しない。」

【最(一小)決平成27・２・２裁判集刑316号133頁】（再現供述・再現写真②）判例④

「所論に鑑み上記捜査状況報告書の証拠能力について検討すると、記録によれば、同報告書は、警察官が被害者及び目撃者に被害状況あるいは目撃状況を動作等を交えて再現させた結果を記録したものと認められ、実質においては、被害者や目撃者が再現したとおりの犯罪事実の存在が要証事実になるものであって、原判決が、刑訴法321条１項３号所定の要件を満たさないのに同法321条３項のみにより採用して取り調べた第１審の措置を是認した点は、違法である」

【最(二小)決昭和59・12・21刑集38巻12号3071頁】（現場写真）判例⑤

「犯行の状況等を撮影したいわゆる現場写真は、非供述証拠に属し、当該写真自体又はその他の証拠により事件との関連性を認めうる限り証拠能力を具備するものであつて、これを証拠として採用するためには、必ずしも撮影者らに現場写真の作成過程ないし事件との関連性を証言させることを要するものではない。」

【福岡高判平成26・６・24高刑速（平26）号160頁】（犯行再現状況の立証）判例⑥

「２　写真撮影報告書抄本（原審甲149号証）に関する主張について

⑴　控訴趣意の要旨

同報告書抄本は、いわゆる被告人による犯行再現を内容とするもので、供述証拠と同視すべきであるから、刑訴法322条１項の要件を満たす必要があり、かつ、被告人の自白には任意性がないから採用し得ないにもかかわらず、同法321条３項により同報告書を採用して原判示第２の各脅迫の事実認定に供した原判決には、判決に影響を及ぼすことの明らかな訴訟手続の法令違反がある。

⑵　当裁判所の判断

同報告書抄本は、立証趣旨を「被告人の供述したログインメールアドレス及びパスワードを入力したところ、脅迫メールを送信したユーザーIDのホームページを開くことができたこと等」として請求され、不同意、関連性なしとの意見が述べられ、作成者である警察官の証人尋問後、同法321条３項により採用された。抄本として請求、採用された記載部分には、被告人が、警察署備付けのインターネット接続用パソコンを操作して、インターネット上のコミュニティサイトであるミクシィのホームページ上でログインメールアドレス及びパスワードを入力し、会員用ホームページを開き、プロフィールや、送信済みフォルダ内の本件各脅迫メールと同内容の各メールを確認する状況等が、警察官が認識した内容の記載と写真によって示されている。

以上のような同報告書抄本の内容、立証趣旨に照らすと、同報告書にかかる捜査は、被告人が述べるような態様により上記会員用ホームページにアクセスして本件脅迫メールを送信することが可能であったか否かについて検討するために行われ、また、これが可能であったことを立証するためにその見分結果を記載した報告書抄本が証拠請求されたものと認められる。このように、被告人の供述する行為が客観的状況に照らして可能か否かを明らかにする目的でされた再現実験につき、その状況を見分した結果を記載した書面は、刑訴法321条３項により証拠能力を認めることができるというべきであるから、同報告書抄本を同項により採用した原判決に訴訟手続の法令違反はない。」

【論述例】

【実況見分調書の証拠能力】

実況見分調書は、捜査機関による実況見分の結果を要証事実とするものであるから、伝聞証拠（320条１項前段、供述代用書面）に当たる。

他方、実況見分は捜査官が五官の作用によって事物の存在・状態を観察して認識する作用である「検証」(218条1項) を任意処分として行う場合であるところ、そもそも321条3項が「検証の結果を記載した書面」について、作成者が公判期日において「真正に作成されたものであることを供述したとき」に伝聞例外として証拠能力を肯定する趣旨は、検証の結果が、その事柄の性質上、検証実施者の記憶に基づく供述よりも、検証当時にその結果を記載した書面による方が、知覚、記憶、表現の各過程に誤りが介在する可能性が低く、その正確性を担保し得ると認められる点にある。

そうであれば、上記の趣旨は、検証調書と類似した性質を有する書面にも同様に妥当することから、実況見分調書も同項の書面に包含されるものと解する。

【再現写真】

再現写真は、人の再現動作によって示された「供述」を撮影したものであるところ、供述録取書が言語による供述を書面に記録するものであるのに対し、再現写真は動作による供述を写真という記録媒体に記録するものであって、両者の違いは記録形態の点に過ぎない。

したがって、再現写真は、再現された内容、すなわち、再現者が直接体験した事実 (知覚、記憶し、表現した内容) を証明するために用いる場合、供述証拠として伝聞法則 (320条1項) の適用を受ける。この場合、当該写真の証拠能力については、再現者が「被告人」であれば322条1項、「被告人以外の者」であれば321条1項2号ないし3号所定の伝聞例外の要件を満たす必要があるというべきである。

もっとも、上記伝聞例外の規定が供述録取書について供述者の「署名若しくは押印」を要件とする趣旨は、専ら供述録取の正確性を担保する点にある。そうだとすれば、写真については、撮影、現像等の記録の過程が全て機械的操作によってなされており、録取の正確性が担保されていることから、上記各要件のうち再現者の署名・押印は不要と解される。

【参考答案例】【平成25年】

［設問2］

本件実況見分調書の証拠能力につき、以下、その要証事実との関係で伝聞法則 (320条1項) の適用について検討する。

【論述例】伝聞証拠の意義

第1　実況見分調書について

【論述例】実況見分調書の証拠能力

本件実況見分調書は、司法警察員Pが、Wを立会人として本件犯行現場において実施した犯行再現実況見分の結果を記載したものであるから、「検証の結果を記載した書面」に包含される。したがって、321条3項により、作成者Pが公判廷で「真正に作成されたものであること」を供述すれば伝聞例外として証拠能力が付与される。

もっとも、添付された【別紙1】及び【別紙2】については、実況見分の際に立会人Wが指示又は説明した内容が記載されており、また、Wの説明に基づき司法警察員2名が犯行状況を再現した場面を撮影した写真が貼付されているところ、これらの記載又は写真から立会人Wの直接体験した事実を立証する場合には、Wを原供述者とする伝聞証拠に該当するため、本件実況見分調書と一体のものとして証拠能力を付与することはできない。

そこで、以下、【別紙1】及び【別紙2】の証拠能力を検討する。

第2　【別紙1】について

1　Wの説明部分

(1)　検察官は、「犯行状況」を立証趣旨の一つとして証拠調べ請求をしているところ、【別紙1】には、犯行を目撃したWの「このように、犯人の一人が、被害者に対し、右手に持った包丁を胸に突き刺した。」との説明が記載されている。これはWが目撃した本件実行行為の態様についての説明であり、検察官としては、Wの説明部分を含む【別紙1】から上記のような本件の「犯行状況」、すなわち、本件実行行為の具体的な態様（罪体）を立証しようとしているものと考えられる。もっとも、かかる「犯行状況」は、実況見分を実施した司法警察員Pが直接体験した事実（実況見分の結果）ではなく、上記の立証は、Wの説明したとおり犯罪事実の存在を前提とするものである。そうすると、Wの説明部分の実質的な要証事実は、Wの説明した態様による実行行為の存在であり、具体的には、「犯人が右手に持った包丁をVの胸に突き刺した事実」である。

上記の要証事実は、立会人Wの直接体験した事実（知覚、記憶し、表現した内容）であるから、Wの説明部分はWを原供述者とする伝聞証拠（320条1項前段、供述代用書面）に当たる。

(2)　Wの説明部分は、実質的には「被告人以外の者」であるWの「供述を録取した書面」（321条1項柱書）であるが、「供述者」であるWの「署名若しくは押印」を欠くことから、証拠能力は否定される。

2　写真部分

(1)　写真は、撮影した対象物の存在を立証する限りにおいては非供述証拠として扱われるところ、本件のように犯行状況を再現した様子を撮影した写真（再現写真）について、伝聞法則が適用されるか否かが問題となる。

【論述例】再現写真

【別紙1】に貼付された写真（以下、「本件写真」という。）は、Wの説明に基づき司法警察員2名が犯行状況を再現した場面を撮影したものであるところ、かかる写真は上述したWの説明部分の記載内容と相俟って、本件の「犯行状況」、すなわち、本件実行行為の具体的な態様（罪体）を立証するために用いられるものであり、再現内容を説明したWの直接体験した事実の証明の用に供されるものであるから、伝聞証拠（320条1項前段、供述代用書面）に当たる。

(2)　上述のとおり、再現写真については、再現者の動作を撮影する過程が機械的操作によりなされており、再現内容の録取の点の正確性は担保されていることから、再現者の署名・押印は不要である。

もっとも、本件写真の再現者はW自身ではなくWの説明に基づいて再現動作を行った司法警察員2名である。すなわち、本件写真は、①司法警察員2名がWの説明（供述）を知覚、記憶し、それを「再現動作」により表現し、②司法警察員Pがその2名の「再現動作」を撮影したものであるところ、上記のとおり機械的操作であることにより録取の正確性が担保されているのは②の過程のみである。

他方、①の過程については、Wの供述を録取した司法警察員2名の「再現動作」により原供述者Wの体験事実を証明しようとするものであるから、上記2名の「再現動作」それ自体がWの供述録取書に相当するというべきである。そうすると、「被告人以外の者」であるWの供述に基づく上記2名の「再現動作」について、Wの「供述を録取した書面」に準じて321条1項3号が準用ないし類推適用されると解する。

(3)　本件写真は、上記のとおり再現者である司法警察員2名の署名・押印を欠く点については問題がないものの、原供述者Wの「署名若しくは押印」(321条1項柱書)を欠くことから、証拠能力が否定される。

3　以上より、【別紙1】については、Wの説明部分及び写真部分のいずれも証拠能力が認められない。

第3　【別紙2】について

1　Wの指示説明部分

(1)　検察官は、「Wが犯行を目撃することが可能であったこと」をもう一つの立証趣旨として証拠調べ請求をしているところ、【別紙2】には、Wの①「私が犯行を目撃した時に立っていた場所はここです。」との指示及び②「このように、犯行状況については、私が目撃した時に立っていた位置から十分に見ることができます。」との説明が記載されている。これらの指示説明は、後述する司法警察員Pの報告部分の記載と相俟って、Wにおける犯行の視認可能性を示す証拠となるものである。そうすると、検察官としては、Wの指示説明を含む【別紙2】から「Wが犯行を目撃することが可能であったこと」を要証事実として立証し、これをWの犯行目撃供述の信用性を基礎付ける補助事実として用いるものと考えられる。

(2)　上記のような補助事実についても、犯罪事実を認定するための実質証拠の証明力に影響を及ぼすものである以上、刑罰権の存否及びその範囲を基礎付ける事実として、証拠能力ある証拠による「厳格な証明」を要すると解すべきである。

しかるところ、上記①の指示部分は、司法警察員Pが見分場所を特定するための手段として立会人Wに指示を求め、これに応じたWが目撃地点を特定した上で指示したものであり、司法警察員Pがその地点を見分した動機、経緯を示すための記載に過ぎない。

他方、②の説明部分は、かかる記載からWの直接体験した事実(「犯行時、現実にWがその指示した位置に立っていて、その地点から視認可能な地点で実際に犯罪が行われたこと」)を立証し、これを「犯行状況」についての実質証拠として用いる場合であれば、Wを原供述者とする伝聞証拠に当たる。しかしながら、検察官の掲げた立証趣旨との関係では、【別紙2】はあくまでWの視認可能性という補助事実を立証する限りで用いられるものに過ぎず、かかる記載から上記のようなWの体験事実についてまで立証する趣旨で用いられるものではないと解される。

(3)　以上より、上記①及び②の指示説明は、いずれも司法警察員Pの実況見分の結果の報告の一部をなす記載に過ぎず、Wを原供述者とする伝聞証拠には当たらない。

2　写真部分

【別紙２】に貼付された写真は、司法警察員２名が犯行状況を再現した様子を、Wが指示した位置から撮影したものであるところ、かかる写真についても、後述する司法警察員Pの報告部分の記載と相俟って、Wが指示した地点からの視認可能性について司法警察員Pが見分した結果を写真（画像）という手段を用いて報告するものに過ぎず、Wを原供述者とする伝聞証拠には当たらない。

3　司法警察員Pの報告部分

Wが指示した位置から司法警察員２名による犯行再現状況を十分に確認することができた旨の報告部分は、本件実況見分を実施した司法警察員Pによる本件実況見分の結果（Pが五官の作用により観察、認識した内容）の報告であり、上記立証趣旨との関係で本件実況見分調書の本旨をなす記載である。

4　以上より、【別紙２】については、本件実況見分調書が321条３項の要件を具備することにより、Wの指示説明部分及び写真部分を含めて証拠能力が認められる。

【参考答案例】【平成21年】

［設問２］

本件実況見分調書の証拠能力につき、以下、その要証事実との関係で伝聞法則（320条１項）の適用について検討する。

【論述例】伝聞証拠の意義

第１　実況見分調書について

【論述例】実況見分調書の証拠能力

本件実況見分調書は、司法警察員警部補Pが、甲の立会いの下、本件犯行現場において実施した犯行再現実験の状況及び結果を報告するものであるから、「検証の結果を記載した書面」に包含される。したがって、321条３項により、作成者Pが公判廷で「真正に作成されたものであること」を供述すれば伝聞例外として証拠能力が付与される。

もっとも、本件実況見分調書には、実況見分の経過の説明として、写真が添付され、その写真の下に甲の説明が記載されているところ、これらの写真及び甲の説明部分については、立会人甲の直接体験した事実の立証に用いられる場合には、甲を原供述者とする伝聞証拠に該当するため、本件実況見分調書と一体のものとして証拠能力を付与することはできない。

そこで、以下、写真及び甲の説明部分の証拠能力を検討する。

第２　写真及び甲の説明部分について

1　本件実況見分調書には、犯行再現実験の過程において撮影された、①海岸付近に停止している実験車両の写真、②甲が人形を運転席に向けて引きずっている場面の写真、③甲が車両を発進させた場面の写真、④車両が前輪のみ岸壁から落ちた状態で岸壁の上で停止した場面の写真、⑤甲が車両の後部バンパーを両手で持ち上げている場面の写真、⑥車両が岸壁から海中に転落した場面の写真、⑦車両の損傷箇所の写真が添付され、これら①ないし⑦の写真に対応する状況に関する甲の説明が記載されている。

2　要証事実及び伝聞証拠該当性

(1)　検察官の立証趣旨

検察官は、本件実況見分調書について「被告人が本件車両を海中に沈めることができたこと」という立証趣旨で証拠調べ請求している。すなわち、検察官としては、甲が再現したとおりの犯行態様により本件死体遺棄の実行行為を行うことが可能であったこと（犯行の物理的可能性）を立証しようとする趣旨を掲げており、あくまで司法警察員Ｐの行った再現実験の結果を要証事実として把握している。かかる要証事実との関係では、写真及び甲の説明部分から甲の体験事実を立証するものではないから、これらの部分は甲を原供述者とする伝聞証拠に当たらない。

(2)　弁護人の証拠意見の趣旨

これに対して、弁護人は、本件実況見分調書の立証趣旨を「被告人が本件車両を海中に沈めて死体遺棄したこと」であるとして、証拠とすることに不同意の意見を述べている。すなわち、弁護人としては、本件再現実験が実質的には甲の供述を録取する取調べであり、その結果得られた甲による犯行状況の再現写真及びそれに対応する甲の説明部分は甲の自白供述であると捉え、本件実況見分調書の要証事実は、実質的には「甲の再現したとおりの犯罪事実の存在」であると把握している。かかる要証事実との関係では、写真及び甲の説明部分から甲の直接体験した事実（知覚、記憶し、表現した内容）を立証することとなるから、これらの部分は甲を原供述者とする伝聞証拠（320条１項前段、供述代用書面）に当たる。この場合、写真及び甲の説明部分は、「被告人」である甲の「供述を録取した書面」であるから、322条１項の要件を充足する必要があるところ、甲の説明部分については、供述者甲の「署名若しくは押印」を欠くため証拠能力は否定される。これに対して、写真については、撮影、現像等の記録の過程が機械的操作によりなされており、録取の正確性が担保されていることから、甲の署名・押印は不要と解されるところ、本件写真は甲の犯行再現写真であるから「不利益な事実の承認を内容とするもの」に当たり、また、甲は司法警察員Ｐの求めに任意に応じて犯行再現を行っていることから任意性も認められる。したがって、写真の証拠能力は肯定される。

(3)　以上を踏まえて、写真及び甲の説明部分の具体的な要証事実をどのように把握すべきかについて検討する。

ア　本件公判において甲は犯行を否認していることから、甲の犯人性及び罪体（殺人、死体遺棄の犯罪事実）が争点となるところ、そもそも甲による犯行の事実自体がおよそ存在しないのであれば、その犯行の物理的可能性が問題となる余地はない。したがって、検察官の掲げる立証趣旨である「甲の再現した態様によって犯行が可能であること」の立証は、死体遺棄について甲の犯人性及び罪体（「甲の再現したとおりの犯罪事実の存在」）を立証し得る他の証拠の存在を前提として、初めて立証活動として意味を持つものといえる。仮に、甲による本件死体遺棄の犯行状況を立証し得る他の証拠が存在しないのであれば、検察官の掲げる立証趣旨をそのまま前提とした立証活動は無意味というべきである。

他方、本件においては、上記争点に対する実質証拠として、捜査段階における甲の自白を内容とする供述調書が存在する。そうすると、検察官としては、かかる甲の自白に任意性（319条１項）が認められ、その証拠能力が肯定される限り、当該供述調書を直接証拠として用いて、甲の犯人性及び罪体について立証するものと考えられ、その場合は本件実況見分調書を実質証拠として用いる必要はない。これに対して、甲の自白に任意性が認められず、他に甲の犯人性及び罪体を立証し得る証拠がないと認められる状況においては、まさしく本件実況見分調書を実質証拠として利用する他なく、その実質的な要証事実は、弁護人の指摘するとおり「甲の再現したとおりの犯罪事実の存在」であると把握せざるを得ない。

イ　そこで、甲の自白の任意性について検討すると、甲は、逮捕前の任意取調べにおける初期供述の時点で犯行を認めており、勾留後に作成された甲の供述調書についても特に任意性を疑うべき事情は認められない。したがって、甲の供述調書は322条1項の要件を具備して証拠能力が認められる。

もっとも、甲の供述調書によれば、甲の供述する死体遺棄の犯行は、甲がVの死体を乗せた軽自動車を自力で持ち上げて海中に沈めるという態様の犯行であるところ、果たして甲に単独でそのような行為を実行し得る身体能力があるのか否かという点において、その供述の信用性が問題となり得る。そこで、検察官としては、犯行現場において同一の客観的、物理的環境及び条件の下で実施した犯行再現実験の結果、甲の供述した態様によって犯行が可能であることが確認された事実を立証し、甲の供述の信用性を裏付ける必要がある。

しかるところ、本件実況見分は、実際の犯行現場において本件車両と同一型式の実験車両及びVと同じ重量の人形を用いて甲が犯行状況を再現したものであるから、本件犯行と同一の客観的、物理的環境及び条件の下で実施した犯行再現実験であると認められる。そうすると、その結果を記載した本件実況見分調書については、甲の供述調書を実質証拠として甲の犯人性及び罪体を立証することを前提として、かかる甲の供述の補助証拠としての利用価値を認めることができる。

ウ　以上述べたとおり、本件においては、実質証拠である甲の供述について、その補助事実の立証の必要性が認められることから、本件実況見分調書における写真及び甲の説明部分は、検察官の設定した立証趣旨をそのまま前提とするとおよそ証拠として無意味になるとはいえない。したがって、写真及び甲の説明部分についても本件実況見分調書と一体的に、検察官の掲げる立証趣旨のとおり、「甲が本件車両を海中に沈めることができたこと」が要証事実になるものと解される。

3　以上より、写真及び甲の説明部分については、本件実況見分調書が321条3項の要件を具備することにより、一体的に証拠能力が認められる。

ただし、もとより上述した補助事実の立証の限度で証拠能力が肯定されるにとどまるのであるから、写真及び甲の説明部分から直接に甲による死体遺棄の犯罪事実を認定することは許されない。

【参考答案例】【令和５年】

［設問２］

第１　伝聞証拠の意義

【論述例】伝聞証拠の意義

第２　実況見分調書について

【論述例】実況見分調書の証拠能力

第3　実況見分調書②の証拠能力

1　実況見分調書②は、検察官Rが、被害者であるVを立会人としてH地方検察庁において実施した被害状況の再現実況見分の結果を記載したものであるから、「検証の結果を記載した書面」に包含される。したがって、321条3項により、作成者Rが公判廷で「真正に作成されたものであること」を供述すれば伝聞例外として証拠能力が付与される。

もっとも、実況見分調書②には、実況見分の際に立会人Vが被害状況を説明した内容が記載されており（以下、「Vの説明部分」という。）、また、Vによる被害再現状況を撮影した写真が1枚添付されているところ、これらのVの説明部分又は写真から立会人Vの直接体験した事実（Vが知覚、記憶し、表現した内容）を立証する場合には、Vを原供述者とする伝聞証拠に該当するため、本件実況見分調書と一体のものとして証拠能力を付与することはできない。

そこで、以下、Vの説明部分及び写真の証拠能力を検討する。

2　Vの説明部分について

(1)　伝聞証拠該当性

ア　甲の弁護人は「犯人性を争う。」と主張して実況見分調書②を不同意としているところ、本件公判において、検察官は甲の犯人性及び罪体を全て被告人の公判供述以外の証拠により立証する必要がある。そこで、検察官Tは、実況見分調書②につき、立証趣旨を「被害再現状況」として証拠調べの請求をしているところ、同調書には、被害者である Vの「このようにして、犯人は、右手に持っていたゴルフクラブで私の左側頭部を殴りました。」との説明が記載されている。これはVが体験した本件犯行の態様についての説明であり、検察官としては、Vの説明部分から上記のような本件の「被害状況」、すなわち、本件犯行（強盗殺人未遂の実行行為）の具体的な態様（罪体）を立証しようとしているものと考えられる。もっとも、かかる「被害状況」は、実況見分を実施したRが直接体験した事実（実況見分の結果）ではなく、上記の立証は、Vの説明したとおり犯罪事実の存在を前提とするものである。そうすると、Vの説明部分の実質的な要証事実は、Vの説明した態様による実行行為の存在であり、具体的には、「犯人が、右手に持っていたゴルフクラブでVの左側頭部を殴った事実」である。

イ　上記の要証事実は、立会人Vの直接体験した事実（知覚、記憶し、表現した内容）であるから、Vの説明部分はVを原供述者とする伝聞証拠（320条1項前段、供述代用書面）に当たる。

(2)　伝聞例外要件充足性

Vの説明部分は、実質的には「被告人以外の者」であるVの「供述を録取した書面」（321条1項柱書）であるが、「供述者」であるVの「署名若しくは押印」を欠くことから、証拠能力は否定される。

3　写真について

(1)　伝聞証拠該当性

ア　再現写真の証拠能力

【論述例】再現写真

イ　実況見分調書②に添付された写真は、立会人Ｖの説明に基づきＶ及び検察事務官Ｓが犯行態様を再現した状況（犯人役のＳが右手でゴルフクラブのグリップを握り、Ｖの左側頭部を目掛けて振り下ろしている場面）を撮影したものであるところ、かかる写真は上述したＶの説明部分の記載内容と相俟って、本件の「被害状況」、すなわち、本件犯行の態様（罪体）を立証するために用いられるものであり、再現者であるＶの直接体験した事実（知覚、記憶し、表現した内容）の証明の用に供されるものであるから、伝聞証拠（320条１項前段、供述代用書面）に当たる。

⑵　伝聞例外要件充足性

上記写真は「被告人以外の者」であるＶの「検察官の面前における供述」（321条１項２号）に当たるところ、上記のとおり、再現写真については、再現者の動作を撮影する過程が機械的操作によりなされており、再現内容の録取の点の正確性は担保されていることから、再現者の署名・押印は不要である。以下、再現者であるＶの署名・押印を除く321条１項２号所定の要件について検討する。

ア　供述不能

Ｖは、交通事故により「死亡」している。したがって、「供述者が……公判期日において供述することができないとき」に当たる。

イ　特信性の要否

同号但書は「前の供述を信用すべき特別の情況」と規定していることから（相対的特信情況）、その適用は同号後段の「前の供述と相反するか若しくは実質的に異なった供述」の存在を前提としていることが明らかである。したがって、同号前段（供述不能）に該当する場合、上記但書の要件は不要である。

4　以上より、実況見分調書②は321条３項の要件を具備することにより、Ｖの説明部分を除くその余の部分について証拠能力が認められる。

第4　実況見分調書①の証拠能力

1　実況見分調書①は、司法警察員ＱがＩ警察署において被告人甲によるピッキング用具を使用した解錠の状況について見分した結果を記載したものであるから、「検証の結果を記載した書面」に包含される。したがって、321条３項により、作成者Ｑが公判廷で「真正に作成されたものであること」を供述すれば伝聞例外として証拠能力が付与される。

もっとも、実況見分調書①には、上記解錠状況についての甲の説明をＱが聴取した内容が記載されており（以下、「甲の説明部分」という。）、また、甲が解錠している状況を連続して撮影した写真が複数枚添付されているところ、以下、甲の説明部分及び写真の証拠能力を検討する。

2　甲の説明部分及び写真について

⑴　検察官の立証趣旨

検察官Ｔは、実況見分調書①につき、立証趣旨を「甲がＶ方の施錠された玄関ドアの錠を開けることが可能であったこと」として証拠調べの請求をしているところ、同調書には、被告人である甲の「このように、ピッキング用具を鍵穴に入れてこうして動かしていくと解錠できます。」との説明が記載されている。これは上記写真と相俟って、甲による犯行の物理的可能性を示す証拠となるものである。すなわち、検察官としては、甲が説明したとおりの手段により本件住居侵入の実行行為を行うことが可能であったこと（犯行の物理的可能性）を立証しようとする趣旨を掲げており、あくまで司法警察員Qの行った見分の結果を要証事実として把握している。かかる要証事実との関係では、説明部分及び写真から甲の体験事実を立証するものではないから、これらの部分は甲を原供述者とする伝聞証拠に当たらない。

(2)　要証事実の把握

ア　上述のとおり、本件公判においては甲の犯人性が争点となるところ、そもそも甲による犯行の事実（住居侵入・強盗殺人未遂の犯罪事実）自体がおよそ存在しないのであれば、その犯行の物理的可能性が問題となる余地はない。したがって、検察官Tの掲げる立証趣旨である「甲がV方の施錠された玄関ドアの錠を開けることが可能であったこと」の立証は、住居侵入の犯罪事実について甲の犯人性及び罪体を立証し得る他の証拠の存在を前提として、初めて立証活動として意味を持つものといえる。仮に、甲による本件住居侵入の犯行状況を立証し得る他の証拠が存在しないのであれば、検察官の掲げる立証趣旨をそのまま前提とした立証活動は無意味というべきである。そのような場合、まさしく実況見分調書①を実質証拠として利用する他なく、その実質的な要証事実は、「甲による住居侵入の犯罪事実の存在」であると把握せざるを得ない。

イ　他方、本件においては、上記争点に対する実質証拠として、捜査段階での甲の自白を内容とする警察官面前調書（以下、「甲の供述調書」という。）が存在する。そうすると、検察官としては、かかる甲の供述調書を直接証拠として用いて、甲の犯人性及び罪体について立証し得るものと考えられ、その場合は実況見分調書①を実質証拠として用いる必要はない。もっとも、甲の供述調書によれば、甲の供述する住居侵入の犯行は、施錠されていたV方玄関ドアの特殊な錠をピッキング用具で解錠して室内に侵入したという態様の犯行であるところ、果たして甲にそのような特殊な錠を特殊な器具を用いて解錠することが技術的に可能か否かという点において、その供述の信用性が問題となり得る。そこで、検察官としては、同一の客観的、物理的環境及び条件の下で実際に甲に解錠を実演させた結果、甲に犯行が可能であることが確認された事実を立証し、甲の供述の信用性を裏付ける必要がある。しかるところ、司法警察員Qの実施した実況見分は、甲方から押収されたピッキング用具と同種のもの及び本件犯行時にV方に設置されていた錠と同種の特殊な錠を用いて甲が実際に解錠作業を行い、その状況を説明したものであるから、本件犯行と同一の客観的、物理的環境及び条件の下で実施した開錠状況の実演であると認められる。そうすると、その結果を記載した実況見分調書①については、甲の供述調書を実質証拠として甲の犯人性及び罪体を立証することを前提として、かかる甲の供述の補助証拠としての利用価値を認めることができる。

ウ　以上述べたとおり、本件においては、実質証拠である甲の供述調書について、その補助事実の立証の必要性が認められることから、実況見分調書①における説明部分及び写真は、検察官の設定した立証趣旨をそのまま前提とするとおよそ証拠として無意味になるとはいえない。したがって、甲の説明部分及び写真についても実況見分調書①と一体的に、検察官Tの掲げる立証趣旨のとおり、「甲がV方の施錠された玄関ドアの錠を開けることが可能であったこと」が要証事実になるものと解される。

3　以上より、実況見分調書①は、321条3項の要件を具備することにより、甲の説明部分及び写真についても一体的に証拠能力が認められる。

ただし、もとより上述した補助事実の立証の限度で証拠能力が肯定されるにとどまるのであるから、甲の説明部分及び写真から直接に甲による住居侵入の犯罪事実を認定することは許されない。

【5】供述録音（録画）

[論点解析] 供述録音（録画）の証拠能力

1　現場録音（録画）と供述録音（録画）

録音テープ、ICレコーダー等の**録音媒体**やビデオテープ、DVD等の**録画媒体**についても、「**再現写真**」（⇒**第8講【4】3**(2)参照）と全く同様の議論が妥当します。

すなわち、人の発言を録音（録画）した媒体であっても、そのような**発言の存在**自体を立証するために用いる場合（例えば、脅迫電話における相手の発言を録音したテープにより脅迫行為の存在を立証する場合等）であれば、当該媒体を**非供述証拠**として用いているに過ぎず、伝聞法則の適用は問題となりません（この場合を「**現場録音（録画）**」といいます。）。

これに対して、録音（録画）媒体を、録音（録画）された**発言の内容**、すなわち、発言者が直接体験した事実（知覚、記憶し、表現した内容）を立証するために用いる場合、**供述証拠**として伝聞法則（320条1項）の適用を受けることになります（この場合を「**供述録音（録画）**」といいます。）。再現写真と同様、供述録音（録画）は、人の発言を「供述」（発言者の体験事実を立証するためのもの）として録音（録画）したものです。そうすると、供述録取書が供述を“書面”に記録するものであるのに対し、供述録音（録画）は供述を“記録媒体（ICレコーダー、DVD等）”に記録するものであり、両者の違いは記録形態の点に過ぎません。したがって、供述録取書と同様に、発言者が「**被告人**」であれば**322条1項**、「**被告人以外の者**」であれば**321条1項各号**所定の伝聞例外の要件を具備しない限り、当該記録媒体は証拠能力を獲得しません。

もっとも、上記伝聞例外の規定が「供述を録取した書面」について供述者の「**署名若しくは押印**」を要件とする趣旨は、専ら“**録取の伝聞過程**”を払拭し、供述録取の正確性を担保する点にありました。そうだとすれば、供述を録音（録画）した記録媒体についても、再現写真と同様、“録音（録画）”という記録の過程が全て機械的操作によってなされており、録取の正確性が担保されているといえることから、発言者の署名・押印は不要と解されます。

2　問題分析

[平成22年試験問題]

［設問2］は、被疑者甲と捜査協力者である乙及び丙女との会話を録音したICレコーダーや携帯電話を再生して反訳した捜査報告書について、その要証事実との関係での証拠能力を問う問題です。本問では、違法収集証拠排除法則（⇒**第10講1**参照）との関係で「前提となる捜査の適法性」の検討も求められていますが（⇒**第2講【5】**及び**【7】3**参照）、ここでは伝聞法則との関係で証拠能力を検討します。

(1) 捜査報告書の性質

本件捜査報告書は、作成者である司法警察員KがICレコーダーや携帯電話の録音内容を聞いた上で、これを反訳したものであるところ、Kが直接体験した事実（知覚、記憶し、表現した内容）である、上記捜査活動の結果（「録音内容が……であったこと」）を要証事実とするものであることは明らかです。したがって、**伝聞証拠（供述代用書面）**に該当し、伝聞法則の適用を受けます。もっとも、この点については、捜査機関が捜査結果を報告するための書面である以上、その内容（捜査結果）の立証に用いていることは明らかであり、これが伝聞証拠に当たることはいわば当然の前提である、というのが実務的な感覚です（これを証拠物（非供述証拠）として「報告書の存在」を立証する、という場面は通常は想定できません。）。したがって、論述においても、伝聞証拠に該当する旨を冒頭で簡潔に指摘すれば足り、捜査報告書それ自体について要証事実を詳細に分析して論述する必要はないでしょう。

そこで、伝聞例外の要件を検討すると、「捜査報告書」という表題の書面で報告される捜査活動には様々なものがあり、その捜査活動の性質に応じて、当該書面の性質を判断する必要があります（⇒**第8講【4】4**参照）。本件捜査報告書の内容を見てみると、その内容は、司法警察員Kが五官の作用によってICレコーダーや携帯電話の録音内容を認識した結果を、そのまま反訳する形式で報告したものであることから、**「検証の結果を記載した書面」**（321条3項）と類似した書面であるといえます。したがって、本件捜査報告書は、**321条3項**により、作成者Kが公判廷で「真正に作成されたものであること」を供述すれば、伝聞例外として証拠能力が付与されることになります。

[平成22年出題趣旨]
「本件**捜査報告書**は、作成者である司法警察員KがICレコーダーや携帯電話の録音内容を聞いた上で、これを反訳したものであり、捜査官が五官の作用によって事物の存在及び状態を観察して認識する作用である**検証の結果を記載した書面に類似した書面**として、**刑事訴訟法第321条第3項**により、作成者Kが公判廷で真正に作成されたものであることを供述すれば証拠能力が付与されるという捜査報告書全体の性質をまずは論ずる必要があろう。」

(2) 「会話部分」と「説明部分」の記載

もっとも、本件捜査報告書には、ICレコーダーや携帯電話の録音内容として「甲乙間及び甲丙女間の会話部分」と「乙によるその会話内容の説明部分」の反訳が記載されています。仮にこれらの記載部分から、甲、乙又は丙女の直接体験した事実を立証しようとするのであれば、それらの者を原供述者とする伝聞証拠（供述代用書面）ということになります。このように、捜査報告書の作成者（捜査官）とは別人の体験事実の証明に用いられる供述を内容とする部分については、捜査報告書と一体的に証拠能力を獲得すると考えることはできません（⇒**第8講【4】2**参照）。当該部分については、原供述者の供述の伝聞過程（知覚、記憶、表現）をチェックする必要がある以上、別途、伝聞法則が適用されます。いわば、捜査報告書の中に、それとは性質の異なる書面（原供述者の供述代用書面）がはめ込まれている、というようなイメージを持つと良いでしょう。そこで、上記各記載部分についても、別途、要証事実との関係で証拠能力を検討していく必要があります。

まず、甲はけん銃2丁の譲渡罪で起訴されていますが、「自分は、乙に対してけん銃2丁を譲り渡したことはない。」旨述べて公訴事実を全面否認しています。したがって、本件の**争点**は、**犯人性**と**罪体**であり、「**甲が**（＝犯人性）乙に対してけん銃2丁を**譲渡した事実**（＝罪体）の有無」が争点となっています。次に、**証拠構造**について把握すると、乙方から「けん銃2丁」が証拠物として発見されていますが、これ自体は「けん銃2丁と甲との結び付き」を示す証拠ではありません。他方、「丙女の供述」からは「丙女が乙から、警察の捜査協力のために甲からけん銃を譲り受けることを打ち明けられていたこと」等の事実が立証できるにとどまり、これは争点との関係で間接事実の一つとはなるものの、直接的な証拠ではありません。そうすると、検察官としては、本件捜査報告書の記載内容（録音の反訳内容）によって甲の犯人性及び罪体のいずれについても立証していく必要があります。そこで、検察官は、**「甲乙間の本件けん銃譲渡に関する甲乙間及び甲丙女間の会話の存在と内容」**を**立証趣旨**として、本件捜査報告書を証拠調べ請求しています。

以上を前提に、各記載部分の具体的な要証事実を検討します。

①　甲乙間及び甲丙女間の会話部分

まず、**「甲乙間の会話部分」**を見ると、①平成21年6月7日、電話による通話で、乙が甲に「やはり物を購入したい。」と申し入れ、甲が「分かった。」と述べている様子、②同月8日、F喫茶店において、甲が「この間の条件で買っておけばよかったんだよ。うちの条件は前回と同じ、1丁150万円、2丁なら×××××、」と述べたのに対し、乙が「分かったよ。それでいいよ。」と返答した様子、さらに、甲が乙に「うちのやり方は、直接渡したりはしないんだ。そこでパクられたら、所持で逃げようないからね。あんたのマンションへ宅配便で送るよ。りんごの箱に入れて、一緒に送るから。」と述べた様子等の会話の状況が記載されています。

また、**「甲丙女間の会話部分」**には、③同月15日、電話による通話で、甲が丙女に対し、「物は届いたんだろう。それなら、あんたが代わりに300万円払ってくれ。」、「婚約者なら乙の代わりに代金300万円を用意して持ってこい。」と述べた様子等の会話の状況が記載されています。

そうすると、検察官としては、これらの記載部分から、「本件けん銃譲渡に関する……会話」の「存在と内容」という立証趣旨との関係で、具体的に、以下の事実を立証することが考えられます。

[要証事実]

事実①：平成21年6月7日、乙からの「物」の購入申込みに対して甲が承諾する旨の返答をした事実

事実②：平成21年6月8日、甲が「物」の価格を「1丁150万円」等と述べたのに対し乙が承諾する旨の返答をした事実、及び、甲が乙に「物」について「所持」で逮捕されることのないような配送方法を説明した事実

事実③：平成21年6月15日、甲が乙の婚約者である丙女に対し、「物」の「代金300万円」を請求する旨申し向けた事実

ただし、肝心の「物」が何であるのかについて発言した部分が、録音の再生音声から聞き取れていません。上記各会話部分の記載からは、「物」の正体について、「1丁」という数え方を

すること、「所持」が犯罪となるような法禁物であること、価格が１つ「150万円」と高額なものであること等の情報は判明しますが、厳密にそれが「けん銃」であることまでは特定できません。もっとも、上記の事実①ないし③が証明された場合、少なくとも「甲が乙に対し、何らかの禁制品を代金300万円で譲渡した事実」を推認することができるでしょう（その限りでは有効な立証となります。）。したがって、上記各記載部分の具体的な**要証事実**は、事実①ないし③であると把握できます（**【図１】**参照）。

【図１】（平成22年試験問題①）

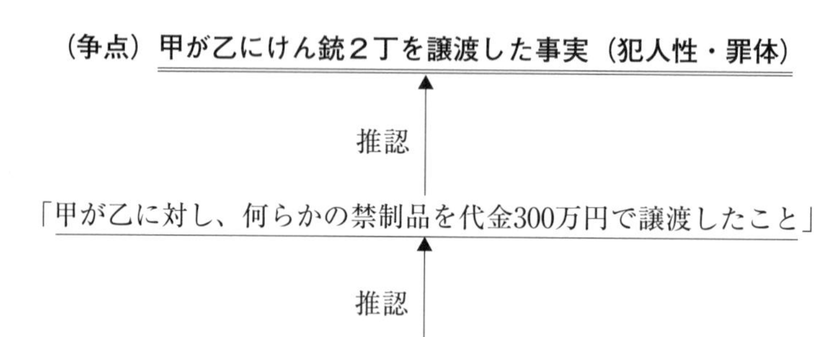

[要証事実]
①H21.6.7　乙からの「物」の購入申込みに対して甲が承諾する旨の返答をしたこと
②H21.6.8　甲が「物」の価格を「１丁150万円」等と述べたのに対し乙が承諾する旨の返答をしたこと、及び、甲が乙に「物」について「所持」で逮捕されることのないような配送方法を説明したこと
③H21.6.15　甲が乙の婚約者である丙女に対し、「物」の「代金300万円」を請求する旨申し向けたこと

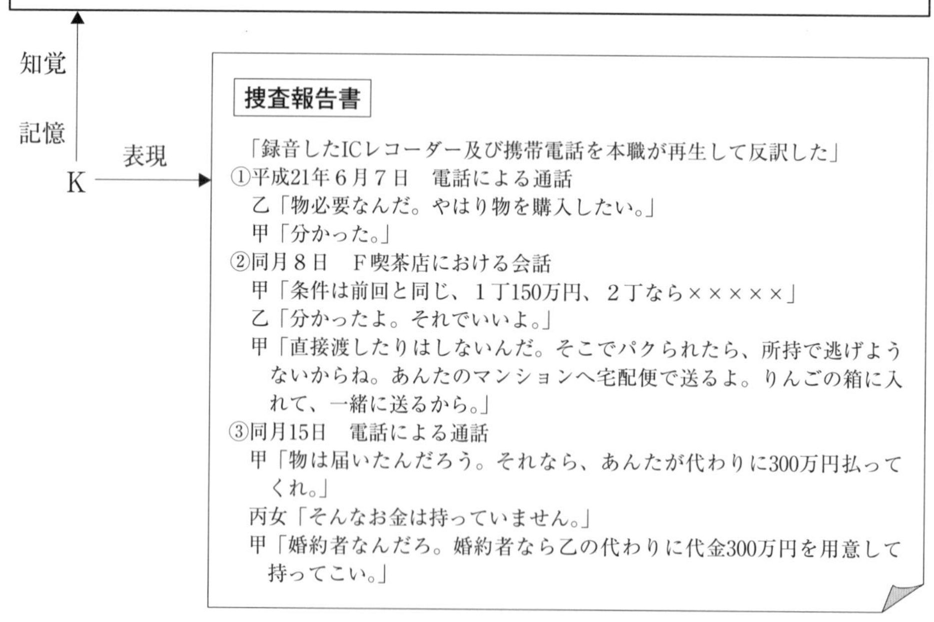

捜査報告書

「録音したICレコーダー及び携帯電話を本職が再生して反訳した」
①平成21年６月７日　電話による通話
乙「物必要なんだ。やはり物を購入したい。」
甲「分かった。」
②同月８日　Ｆ喫茶店における会話
甲「条件は前回と同じ、１丁150万円、２丁なら×××××」
乙「分かったよ。それでいいよ。」
甲「直接渡したりはしないんだ。そこでパクられたら、所持で逃げようないからね。あんたのマンションへ宅配便で送るよ。りんごの箱に入れて、一緒に送るから。」
③同月15日　電話による通話
甲「物は届いたんだろう。それなら、あんたが代わりに300万円払ってくれ。」
丙女「そんなお金は持っていません。」
甲「婚約者なんだろ。婚約者なら乙の代わりに代金300万円を用意して持ってこい。」

では、以上の各要証事実は、「誰の体験事実」でしょうか（**類型Ⅱ問題**）。事実①ないし③はいずれも、司法警察員ＫがICレコーダーや携帯電話の録音から聞き取った内容そのもの（司法警察員Ｋの体験事実）です。すなわち、会話部分の記載は、上記のような内容の**会話がなされたこと自体**（上記内容の**会話の存在**）が要証事実となっているのです。そうであれば、これらの記載から、甲、乙又は丙女の体験事実を立証しようとするわけではないことから、会話部分の記載はそれらの者を原供述者とする伝聞証拠には当たりません。この場合、当該記載部分に別途、伝聞法則を適用して、甲、乙又は丙女の知覚、記憶、表現の誤りをチェックする必要はなく、あくまで司法警察員Kが録音内容を聞いた上で反訳した結果（Kが知覚、記憶し、表現した内容）の記載の一部として、本件捜査報告書と一体的に証拠能力が付与されることになります。

以上のような立証上の使用方法について、本問はICレコーダーによる録音でしたが、同様に「録音テープ」の証拠能力が問題となった判例①（に是認された原審）は、「録音された発言の内容の真偽とは無関係に**その録音内容自体**を証拠としている」と判示して伝聞法則の適用を否定しました。出題趣旨においても、以下のように説明されています。

［平成22年出題趣旨］

「**甲乙間及び甲丙女間の会話部分**については、会話**内容が真実か**どうかを立証するものではなく、甲乙間及び甲丙女間で**そのような内容の会話がなされたこと自体**を証明することに意味があり、**会話の存在**を立証するものであるから、この会話部分は**伝聞証拠には該当しない**との理解が可能であろう。

ここで、採点実感には、以下のような重要な指摘がありました。

［平成22年採点実感］

「検察官の**立証趣旨**が「会話の**存在**と**内容**」となっていることから、その言葉だけをとらえて、**「会話の存在」**である場合には**非伝聞証拠**であり、**「会話の内容」**である場合には**伝聞証拠**であるなどと検察官の設定した立証趣旨を勝手に分断して論じる答案も多数見受けられた。」

ここでも、おそらく**「内容の真実性」**という言葉に対する不正確な理解が上記採点実感に指摘された誤りの原因であると思われます（なお、これと全く同じ趣旨の指摘が**平成23年採点実感**にもありました。⇒**第８講【３】５**参照）。たしかに検察官の立証趣旨は「会話の**存在**と**内容**」であり、「内容」という言葉が使われています。それ故、「内容の真実性」という言葉をマジックワードとして表面的にしか理解していないと、この場合も伝聞証拠であるとの誤った判断をしてしまうのです。しかしながら、この立証趣旨は、厳密には、「会話が**存在**すること」及び「その会話の**内容**が『……』であること」を立証する、という意味です。この場合の「内容」とは、あくまで“内容が『……』であることの立証”という趣旨であり、“『……』という内容が真実であることの立証”とは全く意味が違います。この両者は明確に区別されなければなりません。後者の「内容の真実性の立証」と区別する意味で、前者を**「内容自体の立証」**と表現しても良いでしょう。例えるならば、“血痕”が付着している凶器の刃物を証拠として提出して、「この刃物に“血痕”が付着しています。」という立証をするのと同様に、『……』という内容が記載されている書面を証拠として提出して、「この書面には『……』と記載されています。」という立証をするのが「内容自体の立証」です。判例①もこのような趣旨で「録音の存在及びその内容を証拠に採用した」と判示しているのです。

② 乙によるその会話内容の説明部分

上述したとおり、会話部分の録音は聞き取れない個所がいくつもあり（司法警察員Kが聞き取れなかった箇所については「×××」等と記載されています。）、会話部分の記載からのみでは、「物」が具体的に何であるのか、その「物」の「2丁」の代金総額をいくらで合意したのか等について明確に立証することができません。そのため、検察官としては、乙による会話内容の説明部分の記載から、上記の各点について補充して立証していく必要があります。そこで、乙の説明部分の記載を見ると、「乙が甲とけん銃の譲渡について話合いをしたこと」、その際、「代金総額300万円でけん銃2丁を譲渡すること、けん銃は後日乙の指定したマンションへ宅配便で配送すること、けん銃の受取後、代金を直接甲に支払うことなどを合意するに至ったこと」等が明確に説明されています。そうすると、検察官としては、この記載部分から、具体的に、以下の事実を立証することが考えられます。

［要証事実］
事実④：平成21年6月7日、甲が乙に「けん銃」を譲渡することについて応諾した事実
事実⑤：平成21年6月8日、甲及び乙が、「代金総額300万円」でけん銃2丁を譲渡する旨及びその配送方法、代金支払方法等について合意した事実

上記各事実は、いずれも争点である「甲が乙に対してけん銃2丁を譲渡した事実」を推認させる間接事実となることから、乙の説明部分の具体的な**要証事実**は、事実④及び⑤であると把握できます（**【図2】**参照）。

では、この要証事実は「誰の体験事実」でしょうか（**類型Ⅱ問題**）。これはまさしく上記説明をした乙本人の直接体験した事実（乙が知覚、記憶し、表現した内容）に他なりません。そうすると、原供述者乙の体験事実を乙の公判外供述を内容とする書面により証明する場合となることから、乙の説明部分の記載は、乙を原供述者とする伝聞証拠（供述代用書面）に当たります。この部分は、司法警察員Kの体験事実を立証するものではないため、本件捜査報告書と一体的に証拠能力を付与することはできない（当該記載部分に別途、伝聞法則を適用する必要がある）ということになります。

そこで、**伝聞例外の要件**を検討します。乙が「被告人以外の者」（321条1項）であることは明らかですが、乙の供述を証拠化した“ICレコーダーの録音記録”は、乙の**「供述書」**でしょうか、それとも**「供述録取書」**として乙の**「署名若しくは押印」**が必要となるのでしょうか。

既に説明したとおり、録音された内容を証拠とする場合、対象者の発言をICレコーダー等により「録音、保存し、再生する過程」が介在しており、これは、供述録取書における**「録取の伝聞過程」**（⇒**第8講【3】3**参照）に相当するものですが、取調官が供述者の供述を録取（知覚・記憶）して作成（表現）する供述録取書とは異なり、ICレコーダー等による保存記録であれば、「録取」に相当する過程は全て機械的操作により行われています。そうであれば、「録取」が機械的になされており、その正確性が担保されている記録媒体（ICレコーダー等）については、供述者の署名・押印を要求する必要はない、と解されます。この結論の説明の仕方と

しては、「録取の伝聞過程は問題とならないので乙自身の作成した「供述書」と同視される。」という説明や、「乙の「供述録取書」に相当するが、録取の正確性が担保されているので署名・押印の要件は適用されない。」という説明があり得るでしょう。いずれにしても乙の「署名若しくは押印」は要求されません。したがって、乙の説明部分については、署名・押印の要件を除く、**321条１項３号**の要件（**供述不能、不可欠性、絶対的特信情況**）について検討、論述することになります。

各要件について検討すべき事情に関し、出題趣旨の説明が参考になります。

【図２】（平成22年試験問題②）

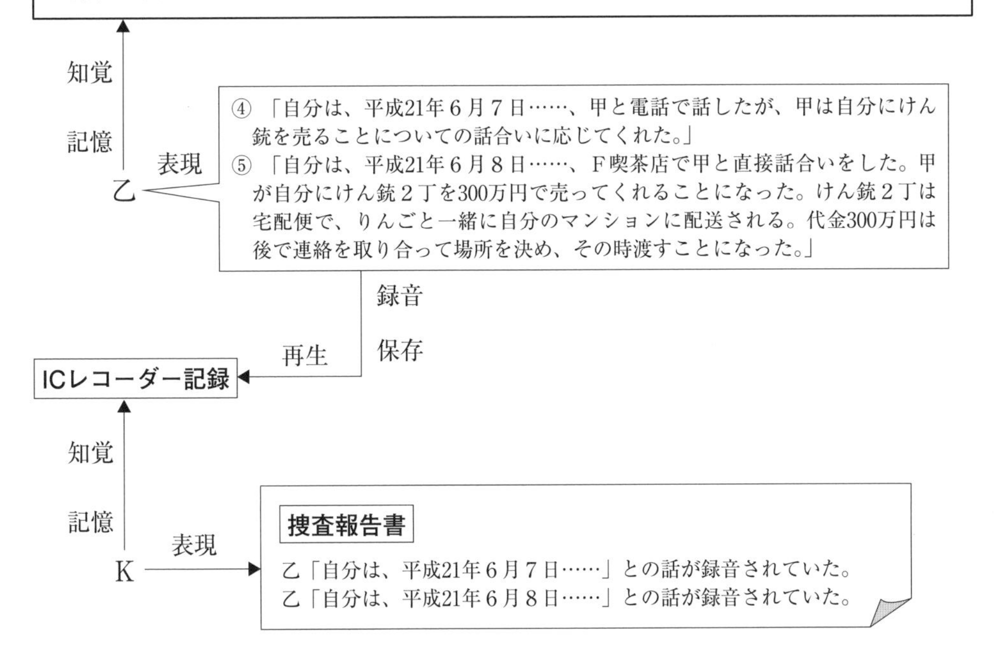

[平成22年出題趣旨]

「**乙による説明部分**については、正に乙が**知覚・記憶し、説明した**会話の**内容たる事実**が**要証事実**となり、その真実性を証明しようとするものであるから、**伝聞証拠に該当する**と解した上で、伝聞例外を定める**刑事訴訟法第321条第１項第３号**によりその証拠能力の有無を検討することになる。同号の各要件については、乙の死亡や会話部分にはけん銃という言葉など聞き取れない部分があること、乙による説明は会話に引き続きなされており、その内容は直前の会話内容と整合するとともに、乙方でりんごの箱とともに発見されたけん銃2丁などの客観的状況とも整合するといった具体的事実を的確に当てはめ、その証拠能力を検討しなければならない。」

なお、本問では、ICレコーダー自体が証拠調べ請求されているわけではなく、乙の説明部分は、厳密には、①乙の供述をICレコーダーに録音、保存、再生し、②再生した録音内容を聞き取った司法警察員Kが反訳文として本件捜査報告書に記載したものです（**【図2】**参照）。そのため、最終的には、乙の供述は「書面」として証拠化されています。もっとも、上述した乙の署名・押印の要否が問題となるのは専ら①の録取過程についてであり、他方で、②の伝聞過程（司法警察員Kの知覚、記憶、表現）については、本件捜査報告書が321条3項の要件を充足することで払拭されています。したがって、本問でも、ICレコーダー自体が証拠調べ請求された場合と同様に考えて、残る①の録取過程について上述した検討を踏まえて「乙の署名・押印は不要である」との結論を導けば良いということになるのです。このような思考過程について、出題趣旨等においては必ずしも明示的に説明されていませんでしたが、伝聞法則の問題では上記のように証拠に介在する伝聞過程を1つずつ正確に分析していく姿勢が重要です。

〈参考判例〉

【最(一小)決昭和35・3・24刑集14巻4号462頁】（録音テープの証拠能力） 判例①

「記録によれば、第一審裁判所はその用法に従つて、証拠調をしたことが明らかであるから右録音の存在及びその内容を証拠に採用したことに所論の違法ありというを得ない。」

［（原審）福岡高判昭和34・10・17刑集14巻4号475頁］

「右録音テープは本件犯行現場である道路上において本件犯行時における被告人の発言を中心に録音されたものであり、録音された発言の内容の真偽とは無関係にその録音内容自体を証拠としているのであるから、右録音テープの成立関係が証拠により認められるかぎり、被告人の署名押印を欠き且つその成立につき被告人の同意がなくともその証拠能力を失うものではない。」

【論述例】

【供述録音（録画）】

供述録音（録画）は、人の発言を「供述」として録音（録画）したものであるところ、供述録取書が供述を書面に記録するものであるのに対し、供述録音（録画）は供述を記録媒体（ICレコーダー等）に記録するものであって、両者の違いは記録形態の点に過ぎない。

したがって、供述録音（録画）は、録音（録画）された供述の内容、すなわち、発言者が直接体験した事実（知覚、記憶し、表現した内容）を証明するために用いる場合、供述証拠として伝聞法則（320条1項）の適用を受ける。この場合、当該記録媒体の証拠能力については、発言者が「被告人」であれば322条1項、「被告人以外の者」であれば321条1項2号ないし3号所定の伝聞例外の要件を満たす必要があるというべきである。

もっとも、上記伝聞例外の規定が供述録取書について供述者の「署名若しくは押印」を要件とする趣旨は、専ら供述録取の正確性を担保する点にある。そうだとすれば、供述を録音（録画）した記録媒体については、録音（録画）という記録の過程が全て機械的操作によってなされており、録取の正確性が担保されていることから、上記各要件のうち発言者の署名・押印は不要と解される。

【参考答案例】【平成22年】

［設問2］

第1　前提となる捜査の適法性

⇒**第2講【5】【参考答案例】・第2講【7】【参考答案例】**参照

第2　証拠能力

1　捜査報告書について

本件捜査報告書は、司法警察員KがICレコーダーや携帯電話の録音内容を聞いた上で、これを反訳したものであるところ、捜査官が五官の作用によって事物の存在・状態を観察して認識した結果を報告する書面として「検証の結果を記載した書面」と類似した性質を有することから、321条3項により、作成者Kが公判廷で「真正に作成されたものであること」を供述すれば伝聞例外として証拠能力が付与される。

もっとも、本件捜査報告書には、甲乙間及び甲丙女間の会話部分並びに乙によるその会話内容の説明部分が含まれているところ、これらの記載部分から原供述者（甲、乙又は丙女）の直接体験した事実を立証する場合には、これらの記載部分について更に伝聞法則が適用されるため、捜査報告書と一体のものとして証拠能力を付与することはできない。

そこで、以下、甲乙間及び甲丙女間の会話部分並びに乙によるその会話内容の説明部分の証拠能力を検討する。

2　甲乙間及び甲丙女間の会話部分について

【論述例】伝聞証拠の意義

本件において、甲が乙にけん銃2丁を譲渡した事実の有無が争点となっているところ、検察官は、「甲乙間の本件けん銃譲渡に関する甲乙間及び甲丙女間の会話の存在と内容」を立証趣旨として、本件捜査報告書を証拠調べ請求している。

しかるところ、本件捜査報告書の記載のうち、甲乙間の会話部分には、①平成21年6月7日、電話による通話で、乙が甲に「やはり物を購入したい。」と申し入れ、甲が「分かった。」と述べている様子、②同月8日、F喫茶店において、甲が「この間の条件で買っておけばよかったんだよ。うちの条件は前回と同じ、1丁150万円、2丁なら×××××、」と述べたのに対し、乙が「分かったよ。それでいいよ。」と返答した様子、更に甲が乙に「うちのやり方は、直接渡したりはしないんだ。そこでパクられたら、所持で逃げようないからね。あんたのマンションへ宅配便で送るよ。りんごの箱に入れて、一緒に送るから。」と述べた様子等の会話の状況が記載されている。また、甲丙女間の会話部分には、③同月15日、電話による通話で、甲が丙女に対し、「物は届いたんだろう。それなら、あんたが代わりに300万円払ってくれ。」、「婚約者なら乙の代わりに代金300万円を用意して持ってこい。」と述べた様子等の会話の状況が記載されている。

上記各会話部分の記載から、①平成21年6月7日、乙からの「物」の購入申込みに対して甲が承諾する旨の返答をした事実、②同月8日、甲が「物」の価格を「1丁150万円」等と述べたのに対し乙が承諾する旨の返答をした事実、及び、甲が乙に「物」について「所持」で逮捕されることのないような配送方法を説明した事実、③同月15日、甲が乙の婚約者である丙女に対し、「物」の「代金300万円」を請求する旨申し向けた事実が証明された場合、これらの各事実から、「甲が乙に対し、何らかの禁制品（けん銃を含む）を代金300万円で譲渡した事実」を推認することができる。したがって、上記各会話部分の具体的な要証事実は上記①ないし③の各事実である。

以上のように、本件捜査報告書の上記各会話部分の記載は、いずれも甲乙間又は甲丙女間において、上記のような内容の会話がなされたこと自体を要証事実とするものであり、これらの記載内容から原供述者甲、乙又は丙女の直接体験した事実を証明するものではないから、伝聞証拠に当たらない。すなわち、上記各会話部分の記載は、あくまで司法警察員KがICレコーダーや携帯電話の録音内容を聞いた上で反訳した結果（Kが知覚、記憶し、表現した内容）の記載であり、本件捜査報告書と一体のものとして証拠能力が付与される。

3　乙による会話内容の説明部分について

⑴　伝聞証拠該当性

もっとも、上記各会話部分には、司法警察員Kが録音を再生した際に聞き取れなかった箇所について「×××」等と記載されているところ、乙が甲から購入する約束をした「物」が具体的に何であるのか、その「物」の「2丁」の代金総額をいくらで合意したのか等の点については、上記会話部分の記載のみからでは立証することができない。

そこで、検察官としては、本件捜査報告書のうち、乙による会話内容の説明部分（以下、「乙の説明部分」という。）の記載から、上記各点について補充して証明する必要があるところ、かかる記載から、④平成21年6月7日、甲が乙にけん銃を譲渡することについて応諾した事実、⑤同月8日、甲及び乙が、代金総額300万円でけん銃2丁を譲渡する旨及びその配送方法、代金支払方法等について合意した事実が証明された場合、これらの各事実から、「甲が乙に対し、けん銃2丁を代金300万円で譲渡した事実」を推認することができる。したがって、乙の説明部分の具体的な要証事実は上記④及び⑤の各事実である。

しかるところ、要証事実である上記各事実は、原供述者乙の直接体験した事実（知覚、記憶し、表現した内容）であり、上記立証は、これら各事実を乙の公判外供述を内容とする書面により証明するものであるから、乙の説明部分の記載は伝聞証拠（320条1項前段、供述代用書面）に当たる。

⑵　伝聞例外要件充足性

乙の説明部分は、「被告人以外の者」である乙の供述をICレコーダーに録音し、その録音内容を反訳したものであるところ、乙の供述をICレコーダーにより録音、保存し、再生する過程が介在することから、「供述を録取した書面」に準じて「供述者の署名若しくは押印」を必要とすべきか否かが問題となる。

【論述例】供述録音（録画）

以下、署名・押印の要件を除く、321条1項3号の要件について検討する。

まず、乙は「死亡」している（供述不能）。次に、上述のとおり、各会話部分には聞き取れない箇所が多数あるため、その記載のみではけん銃譲渡の事実を十分に証明することができないことから、乙の説明部分は「犯罪事実の存否の証明に欠くことができないもの」に当たる（不可欠性）。また、乙が甲に対し強い敵意を抱いていたとの情報もあり、乙には甲に殊更犯罪の嫌疑をかけて甲を陥れようとする動機があった可能性は否定できないものの、乙は司法警察員Ｐからの捜査協力依頼に任意に応じており、終始Ｐの面前で行われた甲との会話内容を説明し、録音したものであること、説明部分は会話部分に引き続いて一体のものとして録音されているところ、その説明内容が直前の会話内容と整合すること等の外部的事情に加え、実際に乙方においてけん銃２丁と共に、りんごが入った宅配便の箱が開披された状態で発見されており、説明内容が客観的事実とも整合することも併せて考慮すれば、乙の説明部分は「特に信用すべき情況」の下に供述されたものと認められる（絶対的特信情況）。

以上より、乙の説明部分は同号の要件を充足する。

4　以上より、本件捜査報告書が321条３項の要件を具備した場合、甲乙間及び甲丙女間の会話部分、乙の説明部分の記載も含めて証拠能力が認められる。

【6】弾劾証拠

［論点解析］証明力を争う証拠

1　証明力を争う「証拠」の意義――弾劾証拠――

「供述の**証明力を争う**」（328条）とは、文言どおりに解釈すれば、“供述の信用性を低下させる立証活動”という意味です。このように、ある証拠の証明力を減殺する立証活動を**「弾劾」**といいます。

では、328条の規定について“およそ供述の「弾劾」が目的であれば、伝聞証拠であっても証拠とすることが許される”という広い意味で解釈しても良いでしょうか。以下の**【設例１】**について考えてみましょう。

【設例１】
公判供述：公判廷における証人Ｘの「犯行現場に被告人Ａがいました。」という証言
証拠①：Ｘの「犯行現場に被告人Ａはいませんでした。」という内容の供述書
証拠②：Ｙの「犯行現場に被告人Ａはいませんでした。」という内容の供述書

【設例１】の証拠①及び②は、いずれも公判でのＸの証言と**矛盾する内容の供述**であることから、両方ともＸの証言の**「弾劾」**を目的として証拠とするのであれば328条によって認められるようにも思われます。しかしながら、良く考えてみると、Ｘとは別人のＹの供述である証拠②（**他者矛盾供述**）によってＸの証言の信用性が減殺されたといえるのは、Ｙの供述が“正しい”場合だけです。“Ｙの供述の方が正しいから”（「犯行現場にＡはいなかった」のであるから）Ｘの証言は信用できない、という立証をしているのです。これは「犯行現場にＡはいなかった」こと（Ｙの体験事実）の立証に他ならず、被告人Ａの犯人性という犯罪事実（の有無）の証明に向けられた立証（具体的には、被告人Ａのアリバイの立証）であることから、証拠②は実質証拠として機能するものということになります。すなわち、いくら他者が証人の証言と矛盾する内容の供述をしていたとしても、「他者矛盾供述の存在」それ自体は証人の証言の信用性を減殺するものではなく、他者矛盾供述による「弾劾」は、結局、その供述を「原供述者の直接体験した事実」を証明するための証拠として利用することとならざるを得ないのです。それにもかかわらず、このよう

な立証をそれが「弾劾」目的であるという理由で328条により許容するとすれば、伝聞法則の趣旨が没却されることは明らかでしょう（極端な話、被告人が公判で否認すれば、それと矛盾する被告人に不利な内容を含むあらゆる供述証拠の証拠能力が認められることになってしまいます。)。

これに対して、証拠①はどうでしょうか。X自身の供述である証拠①（**自己矛盾供述**）によってXの証言の信用性が減殺されたといえるのは、まさしく“Xが矛盾した供述をしているから”です。証拠①におけるXの供述が“正しい”か否か（犯行現場にAがいたか否か）は関係ありません。このように考えられるのは、“真実を語る者は一貫して同じ内容を語ることができるはずである”という経験則が存在するからです。ある人の供述が矛盾する内容に変遷したとなると、そもそもその供述者の知覚、記憶が正確ではなかったのではないか、あるいは表現が真摯なものではなかったのではないか、という疑問が生じ、それによって、その人の供述の信用性が減殺されるのです。すなわち、**「自己矛盾供述の存在」**は、それ自体が証人の証言の信用性を弾劾する補助事実となるのです。

このように、一見すると、両者はいずれも「矛盾供述」による「弾劾」を目的とする同じ立証活動のように思えますが、正確に分析すると、証拠①は**供述の「存在」**（という補助事実）の立証（補助証拠としての利用）であるのに対し、証拠②は**供述の「内容」**（供述者の体験事実）の立証（実質証拠としての利用）ということになります。この両者を明確に区別した上で、“たとえ「弾劾」が目的であっても、伝聞証拠の実質証拠としての利用は許されない”というルールを徹底しなければ伝聞法則は骨抜きとなります。そこで、328条により許容される「証拠」は**自己矛盾供述**に限られる（**「自己矛盾供述の存在」**という**補助事実の立証（補助証拠としての利用）**の限度で許容される）という解釈が導かれます（**限定説**）。

判例①は「刑訴法328条は、公判準備又は公判期日における被告人、証人その他の者の供述が、別の機会にしたその者の供述と矛盾する場合に、**矛盾する供述をしたこと自体の立証**を許すことにより、公判準備又は公判期日におけるその者の供述の信用性の減殺を図ることを許容する趣旨」であると判示し、限定説の立場を明らかにしました。判例②も「特定の者の公判準備又は公判期日における供述と相容れない要証事実を立証するため、他の証拠を刑事訴訟法三二八条により提出することは、その窮極の趣旨が右供述の証明力を減殺するにある場合であっても、許されない」、「甲の公判期日における供述の証明力を争うための証拠として、乙の公判期日外の供述が許容されるものとすれば……伝聞証拠によって要証事実の存否につき心証を形成する結果となる」と判示して、上記の**“実質証拠としての利用は許されない”**というルールを徹底すべき旨を明確に説明しています。そして、このように理解する場合、自己矛盾供述の存在（「証人Xが別の機会に矛盾する供述をしたこと」）の立証は、そもそも原供述者Xの直接体験した事実（「犯行現場にAはいなかった」こと）の立証ではありませんので、これは本来的に伝聞証拠に当たらない場合です（**類型Ⅱ問題**）。すなわち、328条は「伝聞例外」の規定ではなく、「非伝聞」の確認規定ということになります。判例②も、328条の趣旨について「伝聞法則の例外として許容される場合を定めたものではなく、理論上伝聞法則の適用がない場合を注意的に規定したものに外ならない」と述べています。

★ 自己矛盾供述と他者矛盾供述

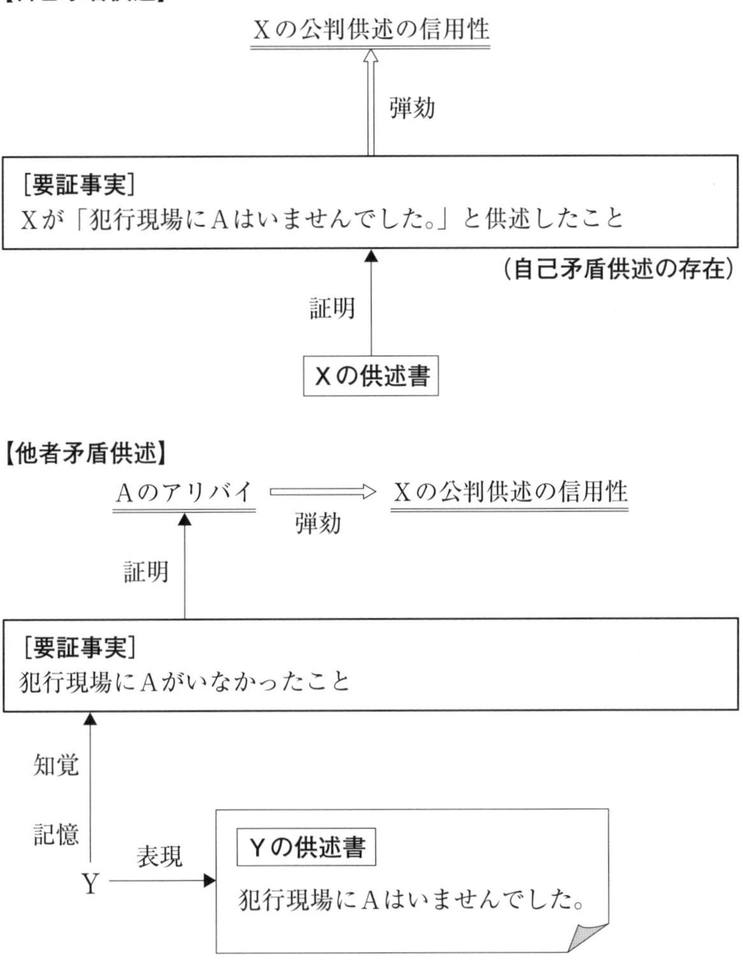

2 「自己矛盾供述の存在」の証明方式

「自己矛盾供述の存在」という事実は、上記のとおり、公判供述の信用性判断のための**補助事実**です。では、「自己矛盾供述」を内容とする証拠であれば、どのような性質の証拠によって立証しても構わないのでしょうか。このような補助事実の証明方式について、以下の**【設例2】**で考えてみましょう。

【設例2】

公判供述：公判廷における証人Xの「犯行現場に被告人Aがいました。」という証言

証拠③：Xの「犯行現場に被告人Aはいませんでした。」という内容の供述録取書（Xの署名・押印あり）

証拠④：Xから「犯行現場に被告人Aはいませんでした。」と聴取したという聞き込み捜査結果が記載された司法警察員K作成の捜査報告書（Xの署名・押印なし）

証拠⑤：公判廷における証人Yの「Xが『犯行現場に被告人Aはいませんでした。』と言っ

ていました。」という証言
証拠⑥：Xの「犯行現場にAはいませんでした。」という発言を司法警察員Kが録音したICレコーダー

補助事実の証明方式については、これを純粋な**訴訟法的事実**と捉えて**「自由な証明」**で足りるとする見解もあり得ます。この見解によれば、補助事実についてその証明方法に厳格な制限は課されず、証拠③ないし⑥のいずれの方法でXの「自己矛盾供述の存在」を立証しても問題はないということになります。

これに対して、犯罪事実の認定が証拠の証明力の判断に大きく依存することから**「厳格な証明」**を要するとする見解が一般的です。この見解によると、Xの「自己矛盾供述の存在」の立証に“証拠能力を欠く証拠”を用いることはできません。

そこで検討してみると、**【設例1】**で検討した証拠①はXの**「供述書」**でした。この供述書は、Xの公判外供述を内容とする書面ですが、上述したとおり、Xの「供述の存在」の立証に用いる場合であり、「供述の内容」（原供述者Xの直接体験した事実）の立証に用いるものではありません。すなわち、Xの供述書を供述証拠として使用しているわけではないため、当然、伝聞証拠（供述代用書面）に当たりません。これは供述の「内容の真実性の立証」ではなく**「内容自体の立証」**であり（⇒**第8講【5】2(2)**参照）、まさしく“血痕”が付着している凶器の刃物を証拠として提出して、「この刃物に“血痕”が付着しています。」という立証をするのと同様に、“自己矛盾供述”が記載されている書面を証拠として提出して「この書面には“自己矛盾供述”が記載されています。」という立証をしているのです。したがって、証拠①は“証拠能力を欠く証拠”ではありません。

他方、**【設例2】**における証拠③はXの**「供述録取書」**です。供述録取書は**「録取の伝聞過程」**が介在するため本来的に**再伝聞**です（⇒**第8講【3】3**参照）。すなわち、この証拠は、上述のとおりXの体験事実の立証に用いるものではないため、**伝聞過程①**：「原供述者Xの知覚、記憶、表現」の誤りは問題となりませんが、**伝聞過程②**：「録取者の知覚、記憶、表現」（録取過程）の誤りという問題が残ります。このような証拠の構造（**二重の伝聞過程**）は、証拠④も全く同じです。証拠④の表題は「捜査報告書」となっていますが、その性質は、司法警察員KがXの「供述を録取した書面」に他なりません（⇒**第8講【4】4**参照）。そうすると、証拠③及び④は、**伝聞過程②（録取の伝聞性）**を払拭しない限り、“証拠能力を欠く証拠”です。そこで、このような「供述録取書」について“録取の伝聞性”を払拭して「供述書」と同視するための要件として、Xの**「署名若しくは押印」**が必要となります。その結果、Xの署名・押印がある証拠③は証拠①と同視できますが、Xの署名・押印を欠く証拠④については、Xの「自己矛盾供述の存在」の立証に用いることは許されません。

このような証明方式の問題について、判例①は「**別の機会に矛盾する供述をしたという事実**の立証については、刑訴法が定める**厳格な証明**を要する趣旨である」と判示し、「刑訴法328条により許容される証拠は、信用性を争う供述をした者のそれと矛盾する内容の供述が、**同人の供述書、供述を録取した書面（刑訴法が定める要件を満たすものに限る。）、同人の供述を聞いたとする者の公判期日の供述**又はこれらと**同視し得る証拠**の中に現れている部分に限られる」との趣旨を明らかにしました。すなわち、自己矛盾供述は、その供述を「原供述者の直接体験した事実」の

証明に用いる場合ではないため、その供述自体は伝聞法則の適用を受けません。もっとも、その証人が「別の機会に矛盾する供述をしたという事実」については、「刑訴法が定める**厳格な証明**」を要するため、**「刑訴法が定める要件」**を満たす証拠によって証明されなければなりません。これは、“供述者が本当にその供述をしたのか”、“供述者が述べたことがそのままその証拠に再現されているのか”等について誤りの有無を吟味し、正確性を担保する必要がある、ということを意味しています。具体的には、判例①が列挙した次の4つの証明方法のいずれかによる必要があります。

【「自己矛盾供述の存在」の証明方法】
[方法Ⅰ]：供述者の**「供述書」**
[方法Ⅱ]：供述者の**署名・押印のある「供述録取書」**
[方法Ⅲ]：供述者の供述を聞いた者の**「公判期日の供述」**
[方法Ⅳ]：方法ⅠないしⅢと**「同視し得る証拠」**

既に検討した証拠①が**[方法Ⅰ]**であり、証拠③が**[方法Ⅱ]**です。他方、証拠⑤は、Xの供述を聞いたYの**「公判期日の供述」**であり、**[方法Ⅲ]**に該当する場合です。これも、Xの「供述の存在」という要証事実はあくまで証人Y自身の直接体験した事実であり、原供述者Xの体験事実を立証する場合ではないため、証拠①と同様、本来的に伝聞証拠（伝聞供述）に当たらない（**類型Ⅱ問題**）、すなわち、“証拠能力を欠く証拠”とはならない場合であり、許容されます。

最後に、証拠⑥はどうでしょうか。Xの供述を司法警察員Kが録取（録音）するという構造は、証拠③及び④と同じです。もっとも、ICレコーダーによる録音は供述録取の過程が機械的になされていることから、“録取の伝聞性”が払拭されているものとして扱われるため、Xの署名・押印は不要でした（⇒**第8講【5】1**参照）。したがって、証拠⑥はXの「供述書」（[方法Ⅰ]の場合）と**「同視し得る証拠」**であるといえ、**[方法Ⅳ]**に該当する場合として許容されます。

3 「証明力を争う」の意義——増強証拠と回復証拠——

上述のとおり、**「証明力を争う」**（328条）とは、素直に読めば、証明力を減殺する場合を指しています。もっとも、「補助事実の立証」（補助証拠としての利用）には、①実質証拠の証明力を減殺する場合（**弾劾証拠**）だけでなく、②実質証拠の証明力を増強する場合（**増強証拠**）、③弾劾された実質証拠の証明力を回復する場合（**回復証拠**）の3つの場面が想定されます。判例①は、これらのうち①の**「弾劾」**の場面についての判示であったと理解することができます。そこで、**「自己矛盾供述による弾劾」**の場合以外にも、供述の存在自体が補助事実となる状況があるのであれば、その立証活動は328条により許容することができるでしょうか。

(1) 増強証拠

まず、**「自己一致供述による増強」**について検討します。例えば、**【設例1】**で、公判廷におけるXの証言の信用性を高める目的で、Xの「犯行現場に被告人Aがいました。」という内容の供述書を用いる場合です。これも「供述の存在」を要証事実とする場合のように見えますが、「自己一致供述の存在」という事実は、果たしてXの供述の信用性を増強する補助事実となるのでしょうか。“Xが一致した供述をしているから”その供述の信用性が高いのだと言い得るには、“同じ内容を繰り返し語った者は信用できる”という経験則が必要となります。しかしながら、一貫して嘘をつく人もいれば、思い込みや決め付けで一貫して同じ話をしているような場合もあり得ます。そうすると、供述が変遷している場合にその供述の信用性が低下するとはいえても、供述が一貫しているというだけで直ちにその供述の信用性が高まるとは必ずしもいえないはずです。したがって、上記のような経験則はその合理性が疑わしいといえます。“「真実を語る者」であれば「話が一貫している」はずだ”との命題は、“「話が一貫している」のであれば「真実を語る者」であるはずだ”との内容を意味しない（“逆は必ずしも真ならず”)、ということです。

このように、「自己一致供述の存在」という事実は、それ自体で供述の信用性を増強する補助事実となるものではありません。そうであれば、この立証活動は、結局のところ、“Xの供述が正しいから”（「犯行現場にAがいた」のであるから）Xの証言は信用できるのだ、という立証をしていることに他なりません。これは、まさしく犯罪事実の証明に向けられたXの体験事実を要証事実とする立証（実質証拠としての利用）であり、これを許容すると証拠②（他者矛盾供述）の場合と同様の弊害が生じます。したがって、同条の「証明力を争う」には、「自己一致供述による増強」の場合は含まれないと解されます。

【増強証拠】

Aの現場存在 ⟹（増強）⟹ Xの公判供述の信用性

証明

［要証事実］
犯行現場にAがいたこと

知覚
記憶
表現

X

Xの供述書
犯行現場にAがいました。

⑵　回復証拠

以上に対して、**「自己一致供述による回復」**の場合はどうでしょうか。例えば、**【設例１】**で、公判廷におけるXの証言が証拠①により一旦弾劾された場合に、その信用性を回復する目的で、更に別の機会に作成したXの「犯行現場に被告人Aがいました。」という内容の供述書を用いる場合です。この場合、上述した「増強」の場合とは異なり、自己矛盾供述による「弾劾」が先行している状況が前提となります。そうであれば、いわば裁判官の心証の“マイナス”を“ゼロ”に戻すだけであり、“プラス”の心証を形成させるものではないから実質証拠としての利用にはならない、との理解が可能です。そこで、この場合であれば、328条により「自己一致供述の存在」自体を要証事実とする立証（補助証拠としての利用）を許容する見解があります。判例③も「刑訴法三二八条の弾劾証拠とは、供述証拠の証明力を減殺するためのもののみでなく、弾劾証拠により減殺された供述証拠の証明力を回復するためのものをも含むのと解する」と判示しました。

もっとも、「自己一致供述の存在」それ自体によって、果たして本当に証明力が「回復」することになるのか（“マイナス”を“ゼロ”に戻せるのか）については疑問も呈されています。すなわち、「矛盾供述」と「一致供述」が両方存在するということは、やはり供述が変遷していることを意味しており、むしろ裁判官に対して“この人は話をコロコロ変えるいい加減な人だ”という心証を抱かせる可能性すらあります。そうなると、供述の信用性は更に低下することになりかねません。このような観点から、「自己一致供述の存在」が回復証拠として意味を持つのは、**供述変遷の合理的理由**を示せる場合、すなわち、「矛盾供述をしたのは特別な原因事情があったからであり、その事情がない状況では一貫して一致供述をしていた」ということを立証できる場合に限られる、とする見解も主張されています。

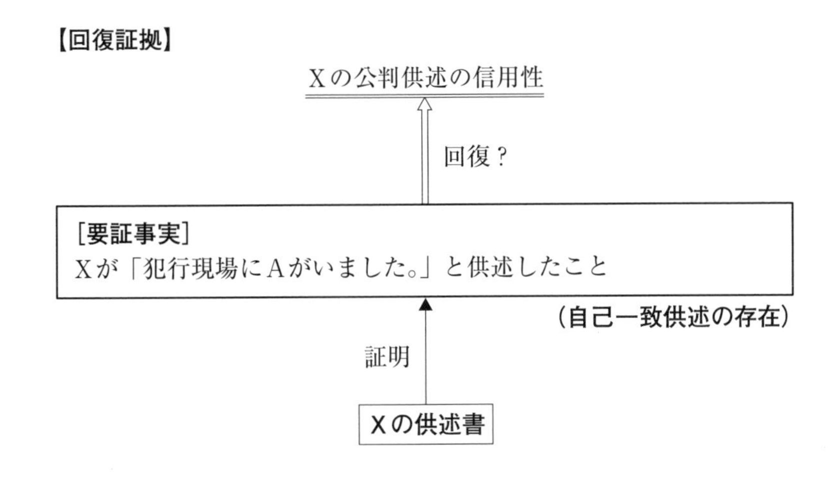

4　問題分析

[平成29年試験問題]

［設問２］は、甲証言をめぐる弁護人と検察官の証拠の取調べ請求のやり取りを素材として、328条で許容される証拠の範囲を問う問題です。

まず、論述を始めるにあたって最初に注意すべきは、本問では、当事者双方が各証拠の立証趣旨について「甲証言の証明力を争うため／回復するため」と明示して取調べを請求している点です。この場合、当事者主義の原則からすれば、当事者が実質証拠としての利用ではなく328条による補助証拠としての取調べ請求を選択している以上、裁判所としては、各証拠が321条ないし324条の要件を充足するか否かに関わらず、端的に328条により証拠採用できるか否かを判断し、同条の要件を充足すれば補助証拠として取調べ決定をすることができる、ということになります。判例④は「当事者主義を採用しているから、当事者の立証の趣旨に従うのが相当である」と述べた上で、当事者が328条によって証拠調べ請求した証拠を裁判所が実質証拠として犯罪事実の認定に利用することは「当事者主義に反するのみならず、被告人並びに弁護人にとっては不意打でその防禦権を侵害するおそれもある」という旨を判示しています。すなわち、328条の「第三百二十一条乃至第三百二十四条の規定により証拠とすることができない書面又は供述であっても」との文言は、そのような書面又は供述であることを要件とする趣旨ではなく、「証拠とすることができない書面又は供述であっても、そうでなくても」という意味で解釈しなければなりません。論述においても、端的に328条による証拠採用の許容性を検討すべきであり、本問においては、争点及び証拠構造を把握した上で具体的な要証事実との関係で伝聞証拠該当性を判断し、伝聞例外要件充足性を検討する、という検討プロセスは不要です。採点実感において、以下のとおり指摘されていました。

[平成29年採点実感]
「本事例中に「甲証言の証明力を争うため」に取調べを請求した旨記載され、端的に同条の問題として論述することが求められているのに、それとは無関係に、要証事実は共謀の存在であると設定し、各証拠は伝聞証拠に当たるとして、同法第321条の伝聞例外の要件を満たすかどうかを論述し、伝聞例外に当たらないとした上で、同法第328条の議論に及ぶ答案が相当数見られた。そのような答案からは、同条の「第321条……の規定により証拠とすることができない書面又は供述であつても……これを証拠とすることができる。」との文言の規定ぶりに引きずられて、同法第328条により証拠とできる証拠は、同法第321条以下の伝聞例外の要件を満たさない証拠でなければならないとの誤解がうかがわれる。」

そこで、328条による各証拠の許容性について検討します。本問の各証拠の内容等については、以下のように整理することができます。

証拠	内容	供述者	署名・押印
[証拠１]（捜査報告書）	甲証言と**矛盾**する内容	甲	なし
[証拠２]（供述録取書）	甲証言と**矛盾**する内容	甲	あり
[証拠３]（供述録取書）	甲証言と**一致**する内容	甲	あり
[証拠４]（供述録取書）	甲証言と**矛盾**する内容	乙	あり

(1) 「証拠」の範囲

[平成29年出題趣旨]
「設問２－１は、同条により許容される証拠は**自己矛盾供述**に限られるか否か（証拠２、証拠４）、**供述者の署名押印**を欠くものも含まれるか（証拠１）を問うものである。」

小問１では、上記出題趣旨を踏まえ、各証拠が上述した判例①の示す証明方法の［方法Ⅰ］ないし［方法Ⅳ］のいずれかに該当するかについて検討します。

まず、**[証拠１]** の表題は「捜査報告書」となっていますが、その性質は甲の「供述を録取した書面」に他ならないところ、甲の**自己矛盾供述**を内容とするものではありますが、甲の署名・押印を欠くため、［方法Ⅱ］の「供述を録取した書面（刑訴法が定める要件を満たすものに限る。）」に該当しません。

次に、**[証拠２]** は、甲の**自己矛盾供述**を内容とするものであり、甲の**署名・押印がある供述録取書**であることから、［方法Ⅱ］に該当します。

最後に、**[証拠４]** は、そもそも乙の供述（**他者矛盾供述**）であるため、「刑訴法328条により許容される証拠」、すなわち、「信用性を争う供述をした者のそれと矛盾する内容の供述」（判例①）に該当しません。

以上より、**［証拠２］**についてのみ、328条の「証拠」として取り調べる旨の決定をすることができる、という結論になります（**【図１】**参照）。出題趣旨には、以下のとおり説明されています。

> **［平成29年出題趣旨］**
> 「設問２－１は、「……」と判示した判例（**最判平成18年11月７日刑集60巻９号561頁**）があり、同判例に留意しつつ、伝聞法則や刑事訴訟法第328条の趣旨を踏まえた論述が求められる。同判例の立場に立てば、**証拠１**は甲の**署名押印を欠く**ため、**証拠４**は乙の供述録取書であって甲の**自己矛盾供述ではない**ため、いずれも、同条により証拠として許容されず、裁判所は証拠として取り調べる旨の決定はできないこととなり、**証拠２**は、同条により証拠として許容され、裁判所は証拠として取り調べる旨の決定ができることとなる。」

【図１】（平成29年試験問題①）

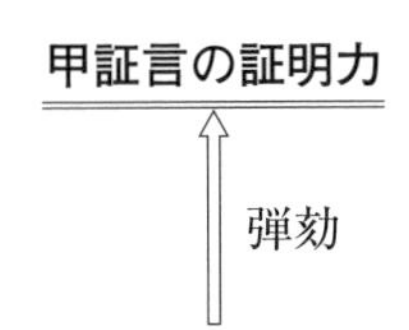

（弁護人Ｓの立証趣旨）「甲の**自己矛盾供述の存在**」

［要証事実］
甲が「覚せい剤は、私が知り合いの暴力団組員から定期的に仕入れていた。その知り合いの組員は丁ではない。」、「丁名義の預金口座に現金を送金したのは、借金の返済のためであり、覚せい剤の……売上金を分配したものではない」等と供述したこと

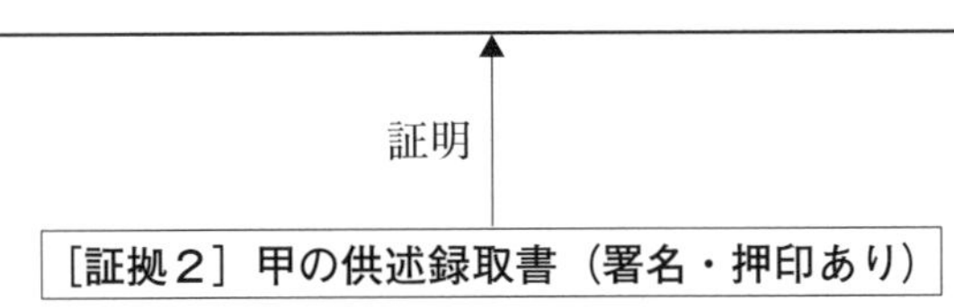

なお、本問では、裁判所が「証拠として取り調べる旨の決定をすることができるか」が問われているため、問いに対する答えとしては、「できる」又は「できない」となります。もっとも、実際の裁判実務では、**［証拠２］**のような証拠についても、必ずしも証拠調べ決定がなされるわけではありません（特に裁判員裁判では供述調書の取調べをできる限り行わないという運用がなされています。）。ある者の公判供述の信用性を減殺するのに最も効果的な手段は、言うまでもなく反対尋問による方法、すなわち、判断者の面前において直接弾劾することです。そこで、自己矛盾供述を弾劾に用いる場合も、まずは反対尋問においてその自己矛盾供述の存在を法廷に顕出することが試みられます。その結果、弾劾が十分に奏功した（弁護人Ｓの反対尋問によって甲の自己矛盾供述の存在が明らかになった）のであれば、もはや書面そのものについて

書証として証拠調べを行う必要はなくなるのです。

(2)　「証明力を争う」の範囲

> ［平成29年出題趣旨］
> 「設問２－２は、仮に設問２－１で甲証言の証明力を争うための証拠として取り調べた証拠があったとして、証拠３が「甲証言の証明力を回復するため」の証拠として許容されるのか、すなわち、同条の**「証明力を争うため」**の証拠には、一旦**減殺された証明力を回復させるための証拠**も含まれるのかを問うものである」

小問２は**「自己一致供述による回復」**の許容性の問題です（**【図２】**参照）。上述のとおり、下級審裁判例である判例③は肯定説の立場に立っています。もっとも、この立場に批判的な見解はなお有力であり、未だ最高裁判例も存在しないことから、本問の結論としては肯定又は否定のいずれでも構わないと思います。ただし、いずれの場合もその結論を導く理由を説得的に論述する必要があります。出題趣旨及び採点実感において、以下のように指摘、説明されています。

【図２】（平成29年試験問題②）

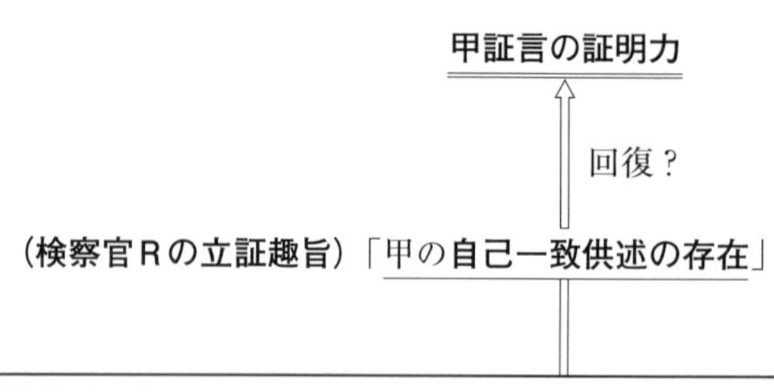

［要証事実］
甲が「密売グループのトップは丁であり、丁から１か月に１回の頻度で覚せい剤100グラムを受領し、これを１グラムずつ小分けして密売していた。丁の指示で、毎週、売上金の５割を私名義の預金口座から丁名義の預金口座に送金し……ていた。」等と供述したこと

> ［平成29年出題趣旨］
> 「設問２－２は、いわゆる**回復証拠**が同条により許容されるのかについて、同条の**「証明力を争う」**という文言の解釈を示した上で、それのみを肯定あるいは否定の根拠とするのは十分でなく、結論がもたらされる**実質的な理由**を示す必要がある。本設問の事例では、甲証言の証明力が証拠２によって減殺されたときに、甲証言の内容と一致する内容の証拠３が、いかなる理由で証明力の回復証拠となるのか、あるいは、ならないのかまで論じた上で、結

論を導くことが求められる。」
[平成29年採点実感]
「証拠3が**回復証拠となり得る実質的な理由**としては、甲証言と一致する内容の証拠3を公判廷で顕出することによって、公判廷外において、矛盾供述をしていたことがむしろ例外的であり、基本的には一致供述をしていたことが明らかになるので、自己矛盾状態が解消され、証明力を回復し得るとの考え方が可能であろうし、一方、証拠3が**回復証拠となり得ない実質的な理由**としては、公判廷外での供述の間で矛盾があり、むしろ、その時々で供述を変遷させる者と言えるから、その者の供述は信用できず、証明力を回復することはできないとの考え方が可能であろう。」

上記出題趣旨及び採点実感に示された点についての検討、論述が一通りできていれば、一応、本問の解答としては十分であったと思われます。もっとも、より厳密に分析してみると、**[証拠3]** の内容は、前段と後段から構成されています。そして、甲証言と一致する供述を内容とするのは前段部分のみであり、後段部分は甲の**供述の変遷理由**（当初虚偽の供述をした理由及びその後真実の供述をするに至った理由）を内容としています。そうすると、**「自己一致供述の存在」**という**補助事実の立証（回復証拠）**として328条により証拠採用され得るのは、厳密に言えば、**[証拠3]** の前段部分のみということになります（なお、弾劾証拠について、判例①が「刑訴法328条により許容される証拠は、信用性を争う供述をした者のそれと矛盾する内容の供述が、同人の供述書……証拠の中に現れている部分に限られる」と判示していることから、回復証拠についてもそれと同様に考えることができます。）。

他方、後段部分についても、その記載内容から、甲の供述の変遷に合理的な理由があることが立証できれば、甲証言の証明力を回復することができます（この場合、**「供述変遷の合理的な理由の存在」**が補助事実となります。）。本問においても、検察官Rが真に立証したいと考えているのは、むしろ供述の変遷理由が述べられている後段部分の方であると思われます。ところが、後段部分を上記のような立証に用いる場合、その記載内容である甲の体験事実（「甲が丁から報復を受けることを怖れた事実」等）を立証することに他ならず、当該記載部分は伝聞証拠（供述代用書面）に当たることになります（**【図3】**参照）。なお、後段部分の記載は、専ら甲の内心（精神状態）を示す内容（**類型Ⅰ問題**）のようにも見えますが、**“過去の精神状態”**の供述は、「知覚」が欠缺するものの、「記憶」、「表現」の過程はなお介在するため、過去の体験的事実を要証事実とするものとして伝聞証拠に該当します（⇒**第8講【1】3**(4)参照）。したがって、厳密には、後段部分を328条によって許容することはできません。328条は「伝聞例外」ではなく、あくまで「非伝聞」の確認規定であるという点に注意してください。

そうすると、結局のところ、後段部分を証拠とすることの可否は、「自己矛盾（一致）供述の存在」以外の補助事実（**純粋補助事実**）について証拠能力を欠く伝聞証拠によって立証することは許されるのか（純粋補助事実の立証には「厳格な証明」を要するのか、それとも「自由な証明」で足りるのか）という解釈問題にかかってきます。上記判例①は、少なくとも「自己矛盾供述の存在」については厳格な証明を要するとの趣旨を明確にしていますが、それ以外の補助事実一般についても同様に扱うべきか否かについては、なお見解が分かれています（もっとも、出題趣旨及び採点実感ではこの問題点について言及されていませんでした。もしかすると出題者はこの点には特段の問題意識を持っていなかったのかもしれません。しかしながら、実際には、**[証拠**

【図３】（平成29年試験問題③）

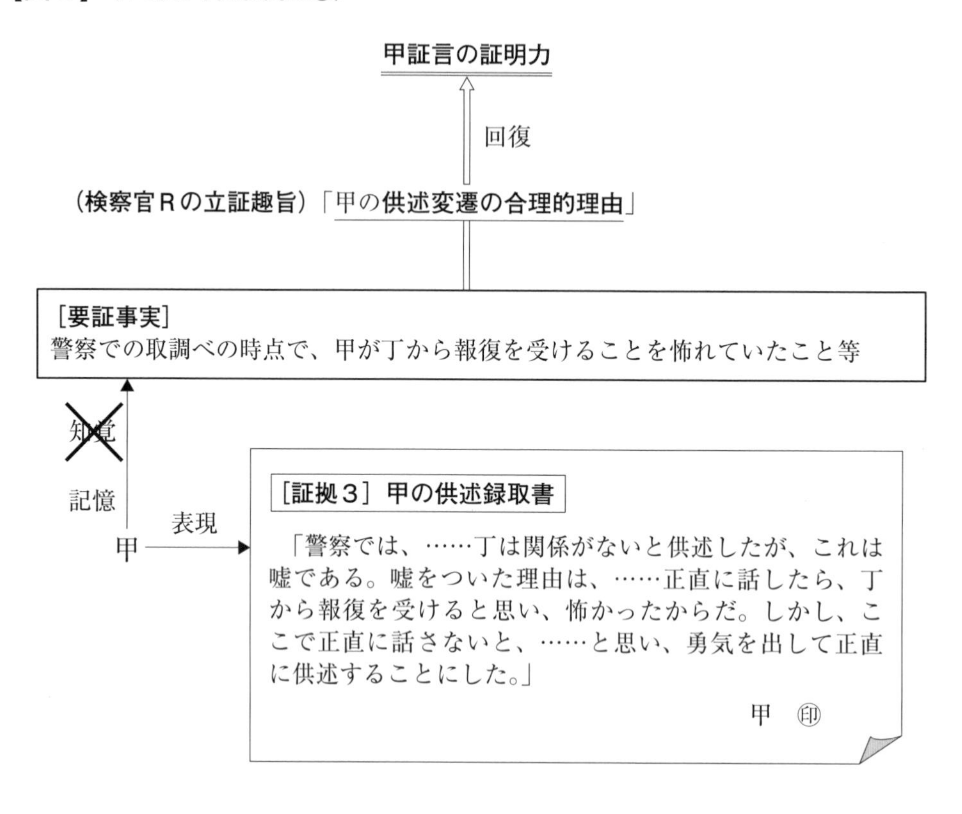

３］の後段部分の内容こそが甲証言の証明力判断にとって最も重要であると考えられます。)。

この問題について、「自己矛盾（一致）供述の存在」とそれ以外の補助事実一般とで取り扱いを区別する合理的な理由はないと考えるのであれば、前者に厳格な証明を要求する以上（判例①参照)、後者にも厳格な証明を要求することが一貫します。そうすると、補助事実一般を伝聞証拠により認定することは許されない、ということになります。この考え方によれば、結局、検察官面前調書である［**証拠３**］の後段部分については、伝聞例外として**321条１項２号**の要件を具備しない限り証拠採用することはできない、という結論となります。

なお、実際の裁判実務では、上述したとおり、通常は反対尋問において証人の供述の変遷が指摘されます。その結果、証人の供述の変遷が明らかとなった場合、続く再主尋問では、その変遷に合理的な理由があるのかについて証人に説明を求めることになるでしょう。本問でも、仮に反対尋問で弁護人Ｓが甲の供述の変遷を明らかにした場合、続く再主尋問で検察官Ｒが、まさしく［**証拠３**］の後段部分の内容を甲に証言してもらうように尋問方法を工夫することになると思われます。

〈参考判例〉

【最(三小)判平成18・11・７刑集60巻９号561頁】（刑訴法328条により許容される証拠①） **判例①**

「刑訴法328条は、公判準備又は公判期日における被告人、証人その他の者の供述が、別の機会にしたその者の供述と矛盾する場合に、矛盾する供述をしたこと自体の立証を許すことにより、公判準備又は公判期日におけるその者の供述の信用性の減殺を図ることを許容する趣旨のものであり、別の機会に矛盾する供述をしたという事実の立証については、刑訴法が定める厳格な証明を要する趣旨であると解するのが相当である。

そうすると、刑訴法328条により許容される証拠は、信用性を争う供述をした者のそれと矛盾する内容の供述が、同人の供述書、供述を録取した書面（刑訴法が定める要件を満たすものに限る。）、同人の供述を聞いたとする者の公判期日の供述又はこれらと同視し得る証拠の中に現れている部分に限られるというべきである。
本件書証は、前記Wの供述を録取した書面であるが、同書面には同人の署名押印がないから上記の供述を録取した書面に当たらず、これと同視し得る事情もないから、刑訴法328条が許容する証拠には当たらないというべきであり、原判決の結論は正当として是認することができる。」

【仙台高判昭和31・５・８裁特３巻10号524頁】（刑訴法328条により許容される証拠②） 判例②
「特定の者の公判準備又は公判期日における供述と相容れない要証事実を立証するため、他の証拠を刑事訴訟法三二八条により提出することは、その窮極の趣旨が右供述の証明力を減殺するにある場合であつても、許されないものといわなければならない。のみならず、同条の規定により公判準備又は公判期日における被告人、証人その他の者の供述の証明力を争うために用いることのできる証拠は、現に証明力を争おうとする供述をした者の従前の供述を記載した書面又は供述（以下供述と称する）に限るものと解する。即ち、同条は、公判準備又は公判期日においてある供述をした者が、さきに同一事項に関し異つた供述をしたということを明らかにすることを許容したに過ぎない。この場合、前の供述が真実であるとの主張を許すものではなく、前後いずれの供述が真実であるかは別として、ただ同一人が同一事項に関し前後矛盾の供述をしているということを明らかにすることによつて、公判準備又は公判期日におけるその者の供述が真実であるとの心証形成を一応妨げ得れば足るものとされるのである。従つて、同条は、以上の趣旨に解される以上、伝聞法則の例外として許容される場合を定めたものではなく、理論上伝聞法則の適用がない場合を注意的に規定したものに外ならない、といい得る。もつとも、規定の表面上の文意のみからすれば、すべての伝聞証拠は、被告人、証人その他の者の公判準備又は公判期日における供述の証明力を争うためにこれを証拠とすることができるとの解釈を容れる余地もないではない。しかし、かかる解釈を許すことは、刑事訴訟法の定める伝聞証拠禁止の根本精神に戻るものといわなければならない。何故ならば、例えば、甲の公判期日における供述の証明力を争うための証拠として、乙の公判期日外の供述が許容されるものとすれば、甲の供述の証明力を減殺するためには、これと対比し乙の供述がまず措信されることを要し、かくては、乙の供述にかかる事実が要証事実に関する場合には、伝聞証拠によつて要証事実の存否につき心証を形成する結果となるからである。」

【東京高判昭和54・２・７判時940号138頁】（回復証拠） 判例③
「刑訴法三二八条の弾劾証拠とは、供述証拠の証明力を減殺するためのもののみでなく、弾劾証拠により減殺された供述証拠の証明力を回復するためのものをも含むものと解するのが相当である。けだし、同法三二八条には「……証明力を争うためには、これを証拠とすることができる。」とあり、規定の文言上証明力回復のための証拠を除外すべき根拠に乏しいばかりでなく、右のように解することがすなわち攻撃防禦に関する当事者対等・公平という刑訴法の原則、さらに真実の究明という同法の理念にもよく適合するからである。同条の弾劾証拠を証明力減殺のためのものに限定する所論の見解には賛同できない。」

【東京高判昭和26・６・７高刑集４巻６号632頁】（328条による証拠調べ請求と当事者主義） 判例④
「刑訴法第三二八条所定の目的のみのために同条に則つて提出した証拠によつて被告人の罪状を認定する証拠とすることはできないと解するのが相当である。蓋し新法は強く当事者主義を採用しているから、当事者の立証の趣旨に従うのが相当である。当事者において一定の証拠の証明力を争うために提出したものがたまたま罪となるべき事実認定の証拠とするに適当のものであつても当事者においてこれを犯罪認定の証拠として提出若しくは援用しないのに裁判所がこれを採つて犯罪の証拠とすることは許されない。これを許すことは当事者主義に反するのみならず、被告人並びに弁護人にとつては不意打でその防禦権を侵害するおそれもあるからである。」

【論述例】

【弾劾証拠（328条により許容される証拠）】

328条は、公判期日において供述した者の供述が、別の機会にしたその者の供述と矛盾する場合に、矛盾する供述をしたこと自体の立証を許すことにより、公判期日におけるその者の供述の信用性の減殺を図ることを許容する趣旨のものであり、別の機会に矛盾する供述をしたという事実の立証については、刑訴法が定める厳格な証明を要する趣旨であると解するのが相当である。

そうすると、同条により許容される証拠は、信用性を争う供述をした者のそれと矛盾する内容の供述が、同人の供述書、供述を録取した書面で同人の署名若しくは押印のあるもの、同人の供述を聞いたとする者の公判期日の供述又はこれらと同視し得る証拠の中に現れている部分に限られるというべきである。

【参考答案例】【平成29年】

［設問２］

第１　［証拠１］、［証拠２］及び［証拠４］について（小問１）

1　弁護人Ｓは、「甲証言の証明力を争うため」に証拠１、２及び４の各取調べを請求していることから、これらの各証拠は、その記載から甲の直接体験した事実（知覚・記憶し、表現した内容）を証明するために用いる趣旨ではなく、328条による弾劾証拠として取調べ請求されたものであると解される。そこで、裁判所は、各証拠について「証明力を争う」ための証拠（328条）として取り調べる旨の決定をすることができるか否かについて検討する。

【論述例】弾劾証拠（328条により許容される証拠）

しかるところ、甲は公判廷において、丁から覚せい剤の密売の手伝いを勧誘、指示された経緯、覚せい剤の売上金の取り分、丁から覚せい剤を仕入れていた頻度等、本件覚せい剤営利目的共同所持の事実について丁の関与を認める具体的な供述をしている（以下、「甲証言」という。）。

以下、上記甲証言の証明力を争う証拠として、328条により各証拠の取調べが許容されるか否かを検討する。

2　［証拠１］について

証拠１における甲の「丁は私の知り合いだが、覚せい剤の密売には関与していない。」との供述は、本件への丁の関与を否定するものであり、甲証言と矛盾する内容の供述（自己矛盾供述）である。

もっとも、上述のとおり、自己矛盾供述の存在については厳格な証明を要するところ、証拠１は、司法警察員Ｐ作成の捜査報告書との表題が付されているものの、その性質は、甲の供述をＰが録取して記載したものであり、実質的には甲の供述録取書である。そして、供述録取書については、供述者の供述を録取する過程で誤りが介在するおそれがあることから、その録取の正確性を担保するために刑訴法が定める要件として、「供述者の署名若しくは押印」が要求される（321条１項柱書参照）。

しかるところ、証拠１は供述者甲の署名・押印を欠くものであるから、甲の自己矛盾供述の存在について厳格な証明に供することができる証拠ではない。

したがって、裁判所は、証拠１を取り調べる旨の決定をすることはできない。

3　［証拠２］について

証拠２における甲の「覚せい剤は、私が知り合いの暴力団組員から定期的に仕入れていた。その知り合いの組員は丁ではない。」、「丁名義の預金口座に現金を送金したのは、借金の返済のため」である等の供述は、覚せい剤の入手経路や売上金の分配について甲証言と矛盾する内容の供述（自己矛盾供述）である。

また、証拠２は、甲の供述録取書であるところ、甲の署名・押印があることから、甲の自己矛盾供述の存在について厳格な証明に供することができる証拠である。

したがって、裁判所は、証拠2を取り調べる旨の決定をすることができる。

4　［証拠4］について

証拠4における乙の「丁は関係ない。丁名義の預金口座への送金は、甲の丁に対する借金の返済である。」との供述は、本件への丁の関与を否定するものであり、甲証言と矛盾する内容の供述である。

もっとも、乙が甲証言と矛盾する供述をしたこと自体は、甲証言の証明力を減殺するものとはいえず、結局、乙の供述により甲証言の信用性を弾劾するためには、その供述の内容である乙の直接体験した事実の証明を要するところ、このように丁の関与を否定する事実の証明に向けられた実質証拠として利用する場合についてまで328条により許容することは、伝聞証拠の証拠能力を原則として否定する320条1項の趣旨を没却するものであって許されない。

したがって、裁判所は、証拠4を取り調べる旨の決定をすることはできない。

第2　［証拠3］について（小問2）

1　丁の第1回公判期日において、弁護人Sは、検察官請求証拠のうち、証拠3について不同意との証拠意見を述べたことから、同証拠は、「被告人以外の者」である甲の「検察官の面前における供述を録取した書面」として321条1項2号の要件を具備しない限り、実質証拠としての証拠能力は認められない。もっとも、上述した証拠2が証明力を争う証拠として取り調べられたことを前提として、検察官Rが「甲証言の証明力を回復するため」として改めて証拠3の取調べを請求した場合、裁判所は、この証拠についても、「証明力を争う」ための証拠（328条）として取り調べる旨の決定をすることができるか否かについて検討する。

2　［証拠3］前段について

証拠3前段における甲の供述は、甲証言と一致する内容の供述であるところ、一般に、供述が一貫していることのみから直ちにその供述の信用性が高いとまではいえず、証人が別の機会に証言の内容と一致する供述（自己一致供述）をしたこと自体は証言の証明力を増強するものではない。

もっとも、ある証言が自己矛盾供述の存在によって弾劾された場合に、それと一致する内容の供述の存在を立証することは、その証人が基本的には一貫した供述をしていたこと（矛盾供述をしたのは例外的な事態であったこと）を明らかにし、自己矛盾状態を解消するという限りで証言の証明力を回復し得るものと認められる。そうであれば、自己矛盾供述による弾劾に対して自己一致供述を回復証拠として利用することは、328条の「証明力を争う」場合に該当するものと解すべきである。

したがって、裁判所は、証拠3前段を取り調べる旨の決定をすることができる。

3　［証拠3］後段について

証拠3後段における甲の供述は、甲が当初虚偽の供述をした理由及びその後真実の供述をするに至った理由を説明するものであるところ、かかる記載から、甲の供述の変遷に合理的な理由があることを立証すれば、甲証言の証明力を回復することができる。

もっとも、上述した328条の趣旨からすれば、同条は、伝聞例外の要件を定めた規定ではなく、伝聞証拠に当たらない場合を注意的に規定したものに過ぎない。しかるところ、上記立証は、証拠3後段の記載から、その内容である甲の直接体験した事実（「甲が丁から報復を受けることを怖れた事実」等）を証明するものであるから、かかる記載部分は伝聞証拠（320条1項前段、供述代用書面）に当たり、328条により許容される「証拠」とは認められない。

他方で、かかる記載部分は証拠（甲証言）の証明力に関する補助事実を内容とするものであるところ、「自己矛盾（一致）供述の存在」以外の補助事実一般（純粋補助事実）についても、実質証拠の証明力に影響を及ぼすものである以上、刑罰権の存否及びその範囲を基礎付ける事実として、証拠能力ある証拠による厳格な証明を要すると解すべきである。

上記のとおり、伝聞証拠に当たる証拠3後段については、321条1項2号の要件を具備しない限り証拠能力が認められないところ、甲は供述不能に当たらず、また、公判期日において相反供述又は実質的に異なる供述をしたものとも認められないから、同号の要件を充足しない。

したがって、裁判所は、証拠3後段を取り調べる旨の決定をすることはできない。

第9講　自白法則

【1】自白法則

[論点解析] 自白の証拠能力——自白法則——

1　自白に対する法的規制

“自白は証拠の王（女王）である”と言われることがあります。これは、自白が犯罪事実の直接証拠であって要証事実に対する推認力（証拠価値）が非常に高い証拠であり得るとともに、人は真実に反して自己に不利益な供述はしないという経験則があることから、その信用性が特に高いと評価され得るためです。それ故、犯罪事実の認定において自白を用いる必要性は高いといえますが、同時に、このような自白の特徴から、他の証拠に比べて格段に大きな弊害を伴います。第1は、**自白強要の弊害**です。捜査機関は最優先に自白の獲得を目指す傾向となり、その結果、供述者の意思に反して自白するように強制する危険があります。この弊害に対処するために、刑事訴訟法は、自白が任意に供述されたものではない場合にはその証拠能力を否定するという形で**自白の証拠能力**を制限する規定を置きました（319条1項）。これを**自白法則**といいます。第2は、**自白偏重の弊害**です。事実認定者は自白を評価する際に自白の価値を過信し、安易に自白に依拠して事実認定を行ってしまい、その結果、誤判を導く危険があります。この弊害に対処するために、刑事訴訟法は、自白のみによる有罪認定を認めないという形で**自白の証明力**を制限する規定を置きました（319条2項）。これを**補強法則**といいます（⇒**第9講【2】1**参照）。

2　自白法則の根拠

憲法38条2項の要請を受けて、刑訴法319条1項は「強制、拷問又は脅迫による自白、不当に長く抑留又は拘禁された後の自白その他任意にされたものでない疑のある自白は、これを証拠とすることができない。」と規定しています。同規定における**不任意自白の判断基準**については、**自白法則の根拠**と関連して、大きく分けて3つの考え方が主張されています。⑴**虚偽排除説**は、実体的真実主義の観点から当該自白が類型的に虚偽であるおそれが高いことを根拠として証拠能力を否定する見解です。この見解からは「虚偽の自白を誘発するような状況の有無」が判断基準となります。⑵**人権擁護説**は、黙秘権（憲法38条1項）を中心とする被告人の人権保障を担保するために証拠能力を否定する見解です。この見解からは、「供述の自由を不当に圧迫するような状況の有無」が判断基準となります。⑶**違法排除説**は、自白収集過程における手続の違法性を根拠として証拠能力を否定する見解です。この見解からは、「自白収集手続（取調べ）における違法性の有無」が判断基準となります。以上の3つの考え方のうち、⑴は自白法則を**法律的関連性**の観点から捉える見解であるのに対し、⑵及び⑶は**証拠禁止**の観点から捉える見解ということになります（⇒関連性と証拠禁止の意義について、**第10講【1】1**⑴参照）。

判例①は、いわゆる**約束自白**について、「起訴不起訴の決定権をもつ検察官の、自白をすれば起訴猶予にする旨のことばを信じ、起訴猶予になることを期待してした自白は、任意性に疑いがあるものとして、証拠能力を欠く」と判示しました。このような約束自白については、捜査機関による約束の内容自体が違法であるような特殊な場合を除けば、捜査機関が利益を提示したこと自体から当然に取調べが違法であるとまでは評価できないでしょう。したがって、違法排除説によって排除を根拠付けることは困難です。他方で、判旨が「起訴猶予になることを期待して」という供述者の心理状態に言及していることからすれば、同判例は、利益誘導が供述者に与えた心理的影響（提示された利益を得ようとして虚偽の自白をしてしまうおそれ）を根拠として証拠能力を否定したものと理解されます。また、判例②は、いわゆる**偽計による自白**について、「偽計によって被疑者が心理的強制を受け、その結果虚偽の自白が誘発されるおそれのある場合には、右の自白はその任意性に疑いがあるものとして、証拠能力を否定すべき」と判示しているところ、ここでも「**心理的強制**」による虚偽自白誘発のおそれが指摘されています。同判例は、夫婦である共犯者両名に対していわゆる**"切り違え尋問"**が実施された事案ですが、判例①と同様に、利益誘導により自白を引き出していた側面があったという点が重要です（判旨によれば、共犯者の一方（夫）に対する取調べの過程で取調官が「偽計を用いたうえ、もし被告人が共謀の点を認めれば被告人のみが処罰され妻は処罰を免れることがあるかも知れない旨を暗示した疑いがある」と認定されています。）。すなわち、同判例は、取調べにおいて捜査機関により偽計が用いられたという事実それ自体から直ちに自白の証拠能力を否定しているのではなく、あくまで当該取調べの手法が供述者に与えた心理的影響の程度を考慮して自白の証拠能力を判断しているのです。

このように、上記各判例は、いずれも**供述者の心理状態**（取調べが供述者の意思決定に与えた影響）を問題としていることから、虚偽排除説及び人権擁護説の観点から自白の証拠能力を判断するのが基本的な判例の立場であると評価されています（なお、虚偽排除説と人権擁護説を統合して**任意性説**と呼びます。）。なお、違法排除説は、沿革的には、刑事訴訟法に明文規定を欠く違法収集証拠排除法則について、その実質的な根拠条文を319条１項に求めようとする意図から主張されるようになった見解でした。しかし、そのような意図で主張された当時と異なり、現在では、証拠物についての**違法収集証拠排除法則**（⇒**第10講１**参照）が判例法理として確立されており、これが供述証拠に適用されない理由はないことから（後記**3**(1)参照）、自白収集過程の違法性を問題とする場合は319条１項ではなくこの判例法理を適用すれば良いと考えられます。したがって、現在において違法排除説は既にその歴史的な役割を終えており、もはや319条１項の根拠をあえて違法排除の点に求めるべき積極的な理由（必要性）は解消されたといえるでしょう。また、そもそも条文上「任意」という文言が用いられていることからしても、319条１項が供述者の心理状態を問題とする規定であることは明らかであり、これを手続の違法排除を宣言した規定であると理解する解釈には無理があります。したがって、条文の文理解釈としても任意性説が妥当でしょう。

以上の自白法則の根拠を巡る議論について、出題趣旨等においては以下のように説明されていました。

[平成27年出題趣旨]

「甲の供述は、甲の自白として用いる場合には、典型的な不任意自白として、証拠能力が否定されると解される（**最判昭和41年７月１日刑集20巻６号537頁**参照）。**不任意自白の証拠能力が否定される根拠**については、見解が分かれており、従来からの伝統的な通説・実務の見解であるいわゆる**任意性説**（**虚偽排除説**ないし同説と**人権擁護説**との**併用説**）と、いわゆる**違法排除説**とが説かれている。**不起訴約束による甲供述（自白）**の獲得手続の問題点については、このような自白の証拠能力に関する見解が指摘する問題を意識し……た検討・論述が求められる。」

[平成27年採点実感]

「本事例は、「……」と判示した著名な最高裁判例（**最判昭和41年７月１日刑集20巻６号537**

頁）の事案とほぼ同様の事例であるから、当然、同判例を踏まえた問題点の検討・論述が求められる。仮に同判例を知らなかったとしても、起訴不起訴の決定権をもつ検察官が被疑者に対して自白をすれば起訴猶予にする旨約束することは、被疑者の**心理状態に重大な影響**をもたらす**利益を提示**するものであり、**自白法則に対する基本的理解**を有していれば、当然にこの点を問題として把握し、必要な検討を加えることは可能であったというべきである。」

[令和２年出題趣旨]

「刑事訴訟法第319条第１項は、任意にされたものでない疑いのある自白の証拠能力を否定しているが、この**自白法則の根拠**についての考え方は、伝統的な理解とされる、**供述人の心理状態**に注目するいわゆる**任意性説**（**虚偽排除説**、**人権擁護説**ないしこれらを**併用する説**を含む。）と、いわゆる**違法排除説**とに大別することができる。同法則に関する最高裁判例としては、例えば、**最大判昭和45年11月25日刑集24巻12号1670頁**があり、同判決は、「虚偽の自白が誘発されるおそれのある場合」には、そこで得られた自白の「任意性に疑いがある」ものとしている。」

「いわゆる**任意性説**の立場から自白法則を適用するに当たっては、下線部①の取調べのうち、いかなる事実がどのような理由から、甲に対する**心理的圧迫**や**心理的強制**、ないし甲の**黙秘権等の侵害**を基礎付けると評価されるのか（あるいはされないのか）など、当該取調べが甲の**心理状態に与えた影響**や**権利行使に与えた影響**いかんについて十分言及しながら論じることが求められる。」

[令和２年採点実感]

「**偽計を用いて得られた自白の証拠能力**に関して判断した、**最大判昭和45年11月25日刑集24巻12号1670頁**は、「偽計によって被疑者が**心理的強制**を受け、その結果虚偽の自白が誘発されるおそれのある場合」には、その「自白はその任意性に疑いがあるものとして、証拠能力を否定すべき」だと判示しており、その判断においても、偽計が用いられれば直ちに自白の任意性に疑いがあるとされているわけではない。検討に当たっては、当該事案において、いかなる偽計が用いられ、それが捜査官の他の発言や被疑者の置かれた状況等ともあいまって、被疑者の**心理に果たして、またいかなる影響を与えたか**、具体的に考慮することが必要であろう。」

平成27年試験問題では**約束自白**、**令和２年試験問題**では**偽計による自白**がそれぞれ問題となりましたが、上記各出題趣旨等において、「被疑者の**心理状態に重大な影響**をもたらす**利益を提示するもの**」、「甲の**心理状態に与えた影響**や**権利行使に与えた影響**」、「被疑者の**心理に果たして、またいかなる影響を与えたか**」という点を問題の所在として的確に把握することの必要性が指摘されており、いずれも**任意性説**の立場からの視点が強調されています。

3　自白法則と排除法則の関係

(1)　違法排除一元説と二元説

自白法則の根拠について、**任意性説**に立つ場合、自白法則と違法収集証拠排除法則（以下、単に「排除法則」といいます。）は全く別個の法理と位置付けられます（これに対して、**違法排除**

説からは、両者を重ねて一元的に考える見解（**違法排除一元説**）が導かれます。）。他方、排除法則の根拠である**適正手続の保障**、**司法の廉潔性の保持**、**違法捜査の抑制**という観点（⇒**第10講1⑴参照**）は、供述証拠である自白にも同様に妥当することから、自白についても排除法則の適用を否定する理由はなく、むしろ、排除法則の適用は、基準の客観化・明確化という点でメリットがあります。そうすると、とりわけ自白収集過程に違法があるような事案においては、当該自白について自白法則と排除法則の両方が適用され得ることになります（**二元説**）。

> **[令和２年出題趣旨]**
> 「供述証拠である自白にも違法収集証拠排除法則が適用されるのか、その前提として、**自白法則と違法収集証拠排除法則の関係**をどのように考えるのかについては、両者は共通する原理に基づくものであって、違法収集証拠排除法則が一般的な法則であり、自白法則は言わば違法収集証拠排除法則の特別規定だとする見解（**違法排除一元説**）、自白の証拠能力は専ら任意性の観点から判断され、自白には違法収集証拠排除法則は適用されないとする見解（**任意性一元説**）、供述の任意性の観点とは別に違法収集証拠排除法則を自白にも適用することができるとする見解（**二元説**）など見解が分かれているが、〔設問２－１〕では、これらのいずれの見解に立つにせよ、自白法則及び違法収集証拠排除法則の根拠及び判断基準をそれぞれ明らかにした上で、両法則の自白への適用の在り方について、自説の立場を論じることが求められる（なお、違法収集証拠排除法則の自白への適用を認めた下級審裁判例として、**東京高判平成14年９月４日判時1808号144頁**（いわゆる**ロザール事件控訴審判決**）等がある。）。」

上記のような任意性説を前提とした二元説の立場を採用する場合、以下の２点について検討を要します。

⑵　自白法則と排除法則の適用順序

第１に、**両法理の適用順序**が問題となります。判例③は、まず先に自白法則を適用して任意性の有無を検討し、次いで「自白自体に任意性が認められたとしても、先行する捜査手続に違法があった場合には、その違法がその後に収集された自白の証拠能力に影響を及ぼし、当該自白が証拠から排除されなければならない場合がある」と述べて排除法則を適用しました。これに対し、その控訴審である判例④（上記出題趣旨の引用する**ロザール事件控訴審判決**）は「自白法則の適用の問題（任意性の判断）もあるが、本件のように手続過程の違法が問題とされる場合には、……先行して、違法収集証拠排除法則の適用の可否を検討し、違法の有無・程度、排除の是非を考える方が、判断基準として明確で妥当である」と述べて排除法則を先行して適用しました。このように、同事案では両法理の適用について第一審と控訴審で処理手順（適用順序）が異なっています。この問題については、いずれかの法理によって排除が可能であるのであれば適用順序を固定して考える必要はないという指摘もあります。そのように考える場合、端的に捜査の違法性を捉えた方が判断し易い事案であれば、判例④（控訴審）のように、任意性を問題とすることなく排除法則を適用して証拠能力を否定すれば良い、と考えることになるでしょう。もっとも、法的な事案処理手順のあり方として、まずは条文の適用の検討が出発点であり、判例法理はあくまで条文を補完するものである、と考えるのが実務家の思考の筋道です。このような思考によれば、自白についても、まずは明文の規定があり、憲法上の原則でもある自白法則が適用され、その結果、任意性に疑いがないと判断された場合に補充的に排除法則が適用される、と考えることになります。その意味で、判例③（第一審）の処理手順の方がより実務家の発想には馴染むものといえるでしょう。

⑶　**排除法則の判断基準**

第2に、**自白に適用される排除法則の内容（排除の判断基準）**が問題となります。証拠物に適用される排除法則について、判例は「証拠物の押収等の手続に、憲法三五条及びこれを受けた刑訴法二一八条一項等の所期する令状主義の精神を没却するような重大な違法があり、これを証拠として許容することが、将来における違法な捜査の抑制の見地からして相当でないと認められる場合」を基準としています（第10講の判例①参照）。これに対し、供述証拠は、証拠物と異なり、収集過程（取調べ）に違法がある場合にはその証拠価値（信用性）に影響が生じると考えられることから、自白に適用される排除法則については、**“違法の重大性”**を要件とすべきではない（軽微な違法が介在したに過ぎない場合でも積極的に証拠排除すべきである）、とする見解もあります。しかしながら、判例③は、自白に適用される排除法則について、「取調手続の違法性が著しく、自白収集の手続に**憲法や刑事訴訟法の所期する基本原則を没却するような重大な違法**があり、右の取調手続の過程で収集した自白を証拠として許容することが将来における違法な捜査の抑制の見地からして相当でないと認められる場合」という基準を提示し、厳格な“違法の重大性”要件を維持しています（なお、供述証拠の収集手続（取調べ）には令状主義が妥当しない（⇒**第3講【3】3⑴参照**）ことから、証拠物についての判例法理における「令状主義の精神を没却する」という判示部分を供述証拠に適用するためにはその内容を修正する必要があり、そのため、判例③では、“違法の重大性”の内容が「憲法や刑事訴訟法の所期する基本原則を没却する」という表現に置き換えられている点に注意してください。）。このように、判例③の提示する基準は、違法性の程度について（証拠価値が傷付き易い供述証拠であるにもかかわらず）非常に厳格なハードルを設定したものといえますが、これは、上述の“自白法則の適用を先行させる”という処理手順が影響しているのではないかと思われます。すなわち、自白法則による任意性判断が先行することを前提とする限り、任意性の認められる自白（言い換えれば、条文上は証拠能力が肯定される自白）について、なお判例法理によりその証拠能力を否定すべき（との結論が正当である）といえる場合とは、やはり極めて重大な違法手続が介在したような特段の事情がある場合に限定されるべきだ、という実質的な考慮が働いているのではないかと思われるのです。実際、判例③は「被告人の供述に任意性があるにもかかわらず、排除法則の見地から自白の証拠能力が否定されるのが相当と認められるような格別の事情」という言い回しを用いており、結論として、「被告人に対する右任意取調べの違法の程度は、憲法や刑事訴訟法の所期する基本原則を没却するような重大な違法であったとまではいえない」と述べて違法の重大性を否定し、自白の証拠能力を認めています。これに対し、判例④のように任意性判断を先行させずに排除法則を優先して適用するのであれば、そこで適用される排除法則にはより広範囲のスクリーニング機能を担わせるべきだ、と考えることもできるでしょう。実際、判例④は、文言上は“違法の重大性”要件を維持していますが、その“重大性”の内容について判例③のような厳格な限定を特に付すことなく、単に「手続の違法が重大であり、これを証拠とすることが違法捜査抑制の見地から相当でない場合」と判示するにとどめています。その結果、判例④では「取調べは明らかに行き過ぎであって、違法は重大であり、違法捜査抑制の見地からしても証拠能力を付与するのは相当ではない」として自白の証拠能力が否定されており、同じ事案であるにもかかわらず判例③とは逆の結論が導かれているのです（なお、判例④は、**任意取調べの適法性**についての二段階の判断枠組み（⇒**第2講【6】1**参照）のうち、**第2基準（任意捜査の相当性）**の判断により取調べを違法と判定した上で自白の証拠能力を排除したものですが、これは、証拠物の場合に、捜査法領域ではその収集手続について第1基準（令状主義違反）ではなく第2基準（比例原則違反）での違法判定にとどめた上で、証拠法領域ではその証拠能力を救済する、という判例の傾向（⇒**第10講1**(2)参照）とは対照的に、実に積極的な排除判断であったといえます。）。このように、判例③と④を比較すると、いずれも文言上は“違法の重大性”を判断基準としているものの、その基準の内容（要求される“重大性”の程度）は実質的に異なっていたのではないかと考えられます。つまり、両判例は、同じ事実について単に評価を異にしたというのではなく、そもそも異なる物差しで判定したものであるが故に結論を異にした、と考えられるのです。そして、両判例がそれぞれ提示した判断基準（物差し）の違いは、まさしく自白法則による任意性判断を排除法則による違法性判断に先行させたか否か（両法理の適用順序についての考え方の違い）により生じている、と分析することができそうです。

[令和2年出題趣旨]

「**違法収集証拠排除法則**を自白に適用するに当たっては、一般に取調べは令状主義とは関係がないとされることから、**証拠物に関する前記昭和53年最高裁判例**のいう、**令状主義の精神を没却するような重大な違法の有無**という基準を用いて甲の自白の証拠能力を判断してよいのかという点や、下線部①の取調べのうち、いかなる事実がどのような理由から重大な違法と評価されるのか（あるいはされないのか）、将来の違法捜査抑制の見地から甲の自白を証拠として許容するのが相当でないと評価されるのか（あるいはされないのか）などについて論述することが求められる。」

[令和2年採点実感]

「自白に対しても違法収集証拠排除法則を適用し、その証拠能力を判断するに当たり、**「令状主義の精神を没却するような重大な違法」**の有無を基準の一つとする答案が少なからず見られたが、取調べが違法とされる根拠を、偽計を用いたことに求めるのならば、違法の程度は、偽計が違法である理由と関連付けて評価される必要があり、昭和53年判例の表現を漫然と用いるだけでは説明が足りないと言わざるを得ないであろう。」

(4) 問 題 分 析

令和2年試験問題［設問2］では、甲の自白が、長時間にわたり、徹夜で行われた取調べにおいて、偽計をも用いて獲得されているという事実関係を踏まえ、まず、小問1において、「自白法則及び違法収集証拠排除法則の自白への適用の在り方」について一般的に論述した上で、次いで、小問2において、小問1で論じた自己の見解に基づいて甲の自白の証拠能力を検討することが求められています。

[令和2年採点実感]

「〔設問2〕は、甲の自白が、前記のとおり、長時間にわたり、徹夜で行われた取調べにおいて、偽計をも用いて獲得されているところ、……**自白法則**及び**違法収集証拠排除法則**という証拠法における基本原則が、自白という**供述証拠にどのように適用されるのか**（後者については**適用の有無自体**も含む。）について、自説の立場から両法則の適用関係を示した上で、各自の理解に即して、甲の自白の証拠能力の有無を判断するのに必要な証拠法則を、事例に現れた具体的事実に当てはめて、結論を導くことが求められる。」

「〔設問2〕では、自白に対する「自白法則及び違法収集証拠排除法則の適用の在り方」が問われているのであるから、自白法則の根拠及び証拠能力の判断基準と、証拠物に対する違法収集証拠排除法則の根拠及び証拠能力の判断基準を併記しただけでは不十分であり、**両法則の自白への適用関係**について、自説の立場を論じなければならないが、この点に関する問題の所在や理論状況を的確に理解して論じられている答案は少数であった。」

そこで、上述した**二元説**を前提として、小問1で両法則の自白への適用関係（適用順序及び判断基準）を論じた上で、小問2では甲の自白に対する両法則の具体的適用について検討します。

まず、先行して自白法則を適用します（判例③参照）。本問では、判例①や②と異なり、取調べにおいて、捜査機関から甲に何らかの利益の提示（利益誘導）がなされたという事情はありません。もっとも、事件当日の夜に甲が自宅から外出したのを目撃した人物がいるとの虚偽の事実を申し向けられた甲は、かかる偽計を信じたことに加え、これまでの長時間にわたる徹夜の取調べによって疲弊していたことが相俟って、自白すれば取調べの苦痛、疲労から解放されると考え、もはや自白するしかないと思い込み、やむなく自白するに至ったものといえます（現に、甲は逮捕後に、徹夜で取調べを受けていなければ否認を続けることができたと考えて後悔して黙秘に転じています。）。そうすると、上記の偽計は甲に強い心理的強制を与える性質のものであったというべきであり、その影響下で自白がなされた以上、虚偽自白が誘発されるおそれや供述の自由（黙秘権）が不当に圧迫される状況があったと評価することができるでしょう。

［令和2年出題趣旨］

「本問では、Qが用いた偽計は、本件住居侵入窃盗事件の犯行目撃自体に関するものではなく、本件住居侵入窃盗事件当日の夜に甲が自宅から外出したのを目撃されたという内容にとどまっている一方で、それまでに行われていた長時間にわたる徹夜の取調べにより疲労していたこととそうした偽計とがあいまって、甲が自白するしかないと思い込み、本件住居侵入窃盗事件を行った旨自白するに至っており、このような事情を自説の立場からどのように評価するのかを説得的に論じる必要がある。」

［令和2年採点実感］

「本事例で用いられたのは、本件住居侵入窃盗事件の当日の夜に甲が自宅から外出するのを見た人がいる旨の偽計であり、犯行自体の目撃に関するものではないが、その違いに的確に留意しつつ、長時間にわたり一睡もさせずに徹夜で取調べが行われ、言葉数が少なくなって疲労していた甲に対し、本問のような偽計を用いれば、たとえそれが犯行自体の目撃に関するものではなかったとしても、判断能力が低下して自白するしかないとの心理状態に陥りかねないことなどに言及し、**甲の心理に与えた影響**を考慮することができている答案が少数ながら見られた。これに対して、このような偽計の内容・程度に全く言及することなく、偽計が用いられた点を漫然と指摘して甲の自白の証拠能力を否定する答案や、反対に、偽計が用いられる前に、長時間にわたり、徹夜で取調べが行われているという本事例の事情を度外視し、犯行自体の目撃に関する偽計ではないとの理由のみで甲の自白の証拠能力を肯定する答案など、事例に現れた具体的事情を多角的・総合的に考慮することができていない答案が少なくなかった。」

次に、排除法則を適用します（なお、先行する自白法則の適用により証拠能力が否定されるのであれば、重ねて排除法則を適用する必要は乏しいとも思われます。もっとも、捜査手続の違法の程度を宣言する趣旨で敢えて排除法則についても検討するということであれば、その実益が全くないとまではいえないでしょう。）。問題は、本件取調べについて**“違法の重大性”**をどのように評価するかです。甲の自白の収集手続の違法の内容は、甲の同行が実質的な無令状逮捕に当たり（令状主義違反）、違法な身体拘束下において取調べが行われたとの評価を前提とするものではなく、同行の必要性・緊急性が認められる状況の下で、同行自体については任意に応じていた甲に対し、社会通念上相当と認められる限度を超えて取調べが行われた（比例原則違反）と評価されるにとどまるものと考えられます（⇒**第２講【6】２**参照）。この場合、従来の排除法則に関する判例の傾向に照らすと、比例原則違反に過ぎないと評価される限り違法の重大性は否定されるとも考えられます。他方で、判例においては、捜査手続の違法性の程度を判断する際に、捜査機関に令状主義潜脱の意図があったか否かという主観的事情が重視されます（⇒**第10講１(2)**参照）。そこで、取調官の主観面に着目すると、本件取調べにおいて、Ｑは「甲が疲労している今の状況であれば、軽微なうそをつくだけで自白を得られるのではないか。」と考え、殊更に甲を欺いて錯誤に陥れた上で自白を獲得しています。そうすると、Ｑは甲の供述の自由（黙秘権）への不当な圧迫を意図的に行っているのであり、これは捜査機関としての遵法精神の欠如を顕著に徴表する事情であると評価することができます。このような捜査機関の態度を重視すれば、甲の自白について、本件取調べの違法の重大性を肯定し、その他事件の重大性や証拠の重要性を考慮してもなお排除の相当性を認める余地があるでしょう（もっとも、本問は、違法の重大性を肯定した最高裁判例の事案（第10講の判例④参照）とは異なり、捜査機関が取調べの違法を糊塗するためにその後も不正行為を繰り返したという事情までは認められないため、やはり違法の重大性は否定されると考えることもできるでしょう。）。なお、本問では、いずれの結論を導く場合であっても、［設問１］において取調べの適法性の検討が求められていたことから、［設問２］において自白に排除法則を適用する際には、［設問１］で論述した取調べの適否に関する評価との整合性に留意して検討する必要があるという点に注意してください。

［令和２年採点実感］

「〔設問２－２〕において、甲の自白に違法収集証拠排除法則を適用する際には、〔設問１〕における、下線部①の取調べの適法性に関する論述内容との整合性に留意しながら論じる必要がある。」

「〔設問２－２〕では、下線部①の取調べにより得られた甲の自白の証拠能力について、〔設問２－１〕で述べた判断基準を具体的事情に当てはめて結論を出すことが求められているが、〔設問１〕と〔設問２〕における説明ないし論述の整合性が考慮されていない答案が少なからず見られた。すなわち、〔設問１〕では、取調べが適法だと結論付けておきながら、〔設問2－2〕では、取調べに重大な違法があるので甲の自白に証拠能力がないとする答案や、〔設問1〕では、取調べで偽計を用いることは刑事訴訟法上何ら制限されておらず問題がないと述べたのに、〔設問2－2〕では、本問の偽計が、虚偽の自白を誘発し、あるいは甲の黙秘権等重要な権利を侵害するので甲の自白に証拠能力がないとする答案、〔設問1〕では、約24時間の徹夜にわたる取調べが甲の移動の自由や黙秘権等の侵害に当たり違法だと述べたのに、〔設問2－2〕では、違法収集証拠排除法則を適用した上で、偽計を用いた点にしか言及しない答案など、〔設問1〕と〔設問2〕の関係についてどのように考えたのかが判然としない答案がこれに当たる。」

4　自白の派生証拠

(1)　反復自白

ある自白（第1自白）がなされた後に別の機会に引き続いてなされた同一趣旨の自白（第2自白）を**「反復自白」**といいます。このような反復自白の証拠能力については、以下の2つの問題場面に分けて分析することができます。

【反復自白】
［問題Ⅰ］：任意性を欠く自白の後の反復自白
［問題Ⅱ］：違法に収集された自白の後の反復自白

［問題Ⅰ］は、第1自白について任意性を欠くものであることを理由として**自白法則**により証拠能力が否定された場合における反復自白を問題とする場面です。この場合の反復自白は、自白法則の根拠について**違法排除説**を採用しない限り、いわゆる「毒樹の果実」の法理の適用場面とはなりません。他方で、**任意性説**の立場から、自白の証拠能力を否定する根拠を供述者の心理状態（取調べが供述者の意思決定に与えた影響）の点に求めるのであれば、仮に反復自白の際には不適切な取調べが行われなかったとしても、第1自白の際の取調べが供述者に与えた不当な心理的影響が残存している限り、反復自白それ自体も任意性に疑いのある自白と評価されることになります。したがって、反復自白の証拠能力については、「**第1自白の際に受けた心理的影響の遮断の有無**」が重要な判断基準となります。

判例⑤は、まず、第1自白（警察官に対する供述調書）について、警察署での取調べの際に被疑者に黙秘権等の告知がなされていなかったという事情を指摘した上で、「黙秘権告知を受けることによる被疑者の心理的圧迫の解放がなかったことを推認させる事情として、供述の任意性判断に重大な影響を及ぼすもの」と述べて証拠能力を否定しました。もっとも、その後の検察庁での取調べの際には被疑者に黙秘権等の告知が適切に行われていましたが、その取調べで得られた反復自白（検察官に対する供述調書）についても、「一般に、被疑者の警察官に対する供述調書の任意性に疑いがあるときは、検察官において、被疑者に対する警察官の**取調べの影響を遮断するための特段の措置**を講じ、右影響が遮断されたと認められない限り、その後に作成された検察官に対する供述調書の任意性にも、原則として疑いをさしはさむべきである」と判示して同様に証拠能力を否定しました。このように、警察官に対する第1自白の任意性に疑いがある場合には、検察官において「特段の措置」を講じなければならないと解されており、これを**“検察官の遮断義務”**と呼ぶことがあります。そして、検察官が講ずべき遮断措置（「特段の措置」）の具体的内容として、判例⑤によれば、例えば、「被疑者の訴えを手がかりに調査を遂げて、警察官による違法・不当な言動を発見し、警察官に対し厳重な注意を与えるとともに、身柄を拘置所へ移監するなどした上で、被疑者に対し、今後は、そのような違法が行われ得ない旨告げてその旨確信させ、自由な気持で供述できるような環境を整備すること」が挙げられています。

［問題Ⅱ］は、第１自白についてその収集手続が違法であることを理由として**排除法則**により証拠能力が否定された場合における反復自白を問題とする場面です。この場合の反復自白は、**違法収集証拠の派生証拠**であると位置付けられることから、まさしく**「毒樹の果実」の法理**の適用によりその証拠能力を判断することができます（⇒**第10講２⑵**参照）。したがって、反復自白の証拠能力については、**「第１自白との密接関連性の有無」**（関連性が希釈されたと評価できるか否か）が重要な判断基準となります（なお、**［問題Ⅰ］**についても、自白法則の根拠について**違法排除説**を採用するのであれば、**［問題Ⅱ］**と同様の判断基準により反復自白の証拠能力を判断することになります。）。

以上２つの問題場面に共通して、反復自白の証拠能力を原則として否定すべきと解する根拠として、警察官と検察官が同じ捜査機関であり、自白収集手段も「取調べ」という同一目的の手続であるとの点が挙げられます。判例⑤も「一般の被疑者にとっては、警察官と検察官の区別及びその相互の関係を明確に理解することは難しく、むしろ両者は一体のものと考えるのが通常」であるとの点を指摘しています。それ故、反復自白について、**［問題Ⅰ］**では原則として第１自白の際の心理的影響がなお残存していると評価され、他方、**［問題Ⅱ］**でも原則として第１自白との関連性は密接であると評価されるのです。これに対して、供述を聴取した主体が捜査機関ではなく、供述を収集する手続も「取調べ」とは別目的の手続である場合（例えば、勾留質問の際の裁判官に対する供述）であれば、第１自白とはその聴取主体や収集手続が異なることから、心理的影響の遮断又は関連性の希釈を認めて反復自白の証拠能力を肯定する余地があるでしょう。判例⑥は、違法な別件逮捕（第一次逮捕）中の自白（第１自白）を資料として本件について逮捕状が発付され、それに基づく逮捕（第二次逮捕）中に本件についての勾留請求が行われた場合（**［問題Ⅱ］**の場面）における勾留質問調書について、「勾留質問は、捜査官とは別個独立の機関である裁判官によって行われ、しかも、右手続は、勾留の理由及び必要の有無の審査に慎重を期する目的で、……被疑者の権利保護に資するものである」という点を指摘した上で、その証拠能力を肯定しています。

⑵　不任意自白に基づく証拠物

任意性を欠くものとして**自白法則**により証拠能力が否定される自白に基づいて発見、収集された証拠物（派生証拠）の証拠能力については、自白法則の根拠と関連して、以下のように考えられます。

まず、**違法排除説**によれば、自白を違法収集証拠として、その派生証拠については**「毒樹の果実」の法理**（⇒**第10講２⑵**参照）の適用により排除の可否を検討することができます。

これに対して、**任意性説**による場合、第一次証拠（自白）の排除においてその収集手続（取調べ）の違法を前提としないことから、派生証拠について「毒樹の果実」の法理を適用することはできません。もっとも、**人権擁護の観点**からすれば、黙秘権侵害の場合等については人権保障の徹底という目的を達成するために政策的に派生証拠にも排除効を及ぼすべきと解する余地があるでしょう。他方で、**虚偽排除の観点**からすると、約束自白の場合等については不任意自白を排除することで事実認定の正確性確保という目的は達成されることになり、その排除効を派生証拠にまで及ぼすべき理由はないと考えられます。なぜなら、派生証拠である「証拠物」はそれ自体"虚偽"ではあり得ず、事実認定を誤らせる危険性はおよそ存在しないといえるからです。

判例⑦は「不任意自白に由来して得られた派生的第二次証拠……の収集手続自体にはなんら違法はなく、それ自体を独立してみる時なんら証拠使用を禁止すべき理由はなく、ただ、そのソースが不任意自白にあることから不任意自白の排除効を派生的第二次証拠にまで及ぼさるべきかが問題となる」、「自白採取の違法が当該自白を証拠排除させるだけでなく、派生的第二次証拠をも証拠排除へ導くほどの重大なものか否かが問われねばならない」との問題の所在を指摘した上で、「虚偽自白を招くおそれのある手段や、適正手続の保障に違反して採取された不任意自白に基因する派生的第二次証拠については、犯罪事実の解明という公共の利益と比較衡量のうえ、排除効を及ぼさせる範囲を定めるのが相当」であると述べています。同判例は「違法な自白獲得手段を抑止しようという要求」（違法捜査抑制の要請）を根拠として、「自白採取手段の違法性は派生的第二次証拠にまで証拠排除の波及効を及ぼさせる」との理論を展開していることから、不任意自白の派生証拠についても**「毒樹の果実」の法理**の判断枠組みを適用して排除の余地を認めたものといえます。しかしながら、**任意性説**を前提とする限り、第一次証拠（自白）の排除の際には取調べの違法性を問題とせずに任意性の判断をするにもかかわらず、その派生証拠（証拠物）の排除に際して突如として取調べの違法性を問題として自白法則の排除効を及ぼす、という考え方は一貫性を欠きます。他方、**二元説**によれば、自白法則の枠組みから離れて、別途、排除法則を適用して当該自白について改めてその収集手続（取調べ）の違法性を問題とする余地はありますが（前記3(1)参照）、その場合も、不任意自白を招来した取調べ方法が当然に違法と評価されるわけではないという点に注意を要します。とりわけ**虚偽排除の観点**から証拠能力が否定される約束自白の場合等においては、当該取調べがいかなる意味で違法と評価されるのかを説明するのは困難であるといえます。判例⑦も取調べで約束（利益誘導）や偽計が用いられた事案であったところ、そのような取調べが「違法な自白獲得手段」と評価される理由について同判例は特段言及しておらず、説明として不十分な判示であったといわざるを得ません。出題趣旨等においても、以下のように指摘されていました。

[平成27年出題趣旨]

「違法収集証拠である第1次証拠から派生して得られた第2次証拠について、いわゆる「毒樹の果実」として、その証拠能力が否定されることがあるのは、第1次証拠排除の趣旨を徹底するためであるとすれば、仮に、甲供述の獲得手続に甲供述自体の証拠能力を失わせるような違法・瑕疵が見いだされる場合であっても、甲供述の証拠能力が否定される趣旨いかんにより、それが当然に、派生証拠の証拠能力にまで影響を及ぼすとは限らない。例えば、**虚偽排除の観点**から証拠能力が否定される**不任意自白**の場合、自白を排除する趣旨が派生証拠の証拠能力にまで影響を及ぼすかについては議論の余地がある。」

[平成27年採点実感]

「甲の供述について、甲の自白として用いる場合には、**不任意自白**として証拠能力が否定されるものであるとの前提に立ったとしても、そこから派生証拠の証拠能力を検討する筋道は様々に考えられる。しかし、大部分の答案は、甲の供述獲得手続を何らかの意味で違法とし（したがって、甲の供述を**違法収集証拠**とし）、本件文書及び本件メモをそこから派生した証拠と位置付けて、その証拠能力を検討していた。その場合、不任意自白の証拠能力が否定される根拠についての諸見解を踏まえつつ、甲の供述（自白）獲得手続がどのような意味で違法といえるのかを明らかにする必要がある……。不任意自白の証拠能力が否定される根拠につき、いわゆる**任意性説**（**虚偽排除説**ないし同説と**人権擁護説**との併用説）の立場に立つ場合、本事例における甲の自白が不任意自白とされる理由は、類型的に虚偽のおそれが大きい点に求められることになろうが、そのことから、供述獲得手続に違法があるといえるかは検討を要する問題である。……

なお、**任意性説**に立ち**虚偽排除の観点**を貫いた場合、派生証拠の証拠能力を否定する趣旨が、証拠収集手続の瑕疵により第１次証拠の証拠能力を否定する趣旨を徹底することにあるとすれば、正しい事実認定の確保の観点から、類型的に虚偽のおそれが大きい供述が排除されたとしても、そのことから当該供述の派生証拠の証拠能力にまで影響が及ぶ理由はないのではないかとの問題も生じ得る。」

(3)　問 題 分 析

平成27年試験問題［設問２］（前段）は、甲の自白を基に乙が逮捕され、逮捕後の取調べにおいて乙が任意になした自白を疎明資料として発付された捜索差押許可状による捜索・差押えの結果、本件文書及び本件メモが押収されたという事実関係において、その「証拠収集上の問題点」の検討を踏まえ、本件文書及び本件メモ（以下、「本件文書等」といいます。）の証拠能力を問うものです。

まず、前提として、「証拠収集上の問題点」の所在を正確に把握する必要があります。すなわち、本件文書等は、それ自体は自白法則が適用される「自白」ではありません。また、本件文書等の直接の収集手続（Hマンション705号室の捜索・差押え）に違法な点はなく、それ自体が違法収集証拠に当たるともいえません。もっとも、本問では、不起訴約束によってなされた甲の自白を基にその後の捜査手続が進行し、本件文書等の発見、押収に至ったものであることから、本件文書等は、甲の自白から派生して得られた証拠ということになります。したがって、まずは、⑴**自白法則との関係**で、起点となる甲の自白の獲得上の問題点について検討することが求められます。

そこで、甲が自白した経緯について検討すると、当初否認していた甲につき検察官Ｒから「自白すれば起訴猶予にしてもよい。」旨言われていた司法警察員Ｑが、甲の取調べにおいて、甲に対し、検察官の上記不起訴約束を伝えた上、自白を勧告した結果、甲が、「自己が不起訴処分となることを期待して」、乙の関与も含めて自白するに至ったという事情があります。そうすると、本問は、自白に至った経緯が判例①とほぼ同様の事案であるといえ、かかる甲の自白は、典型的な不任意自白として、証拠能力が否定されると解されます。

問題は、甲の**不任意自白の派生証拠**である本件文書等にも自白法則の排除効が及ぶか否かです。上記採点実感も指摘しているとおり、約束自白について、**任意性説**を前提に**虚偽排除の観点**から検討するのであれば、「正しい事実認定の確保の観点から、類型的に虚偽のおそれが大きい供述が排除されたとしても、そのことから当該供述の派生証拠の証拠能力にまで影響が及ぶ理由はない」というべきでしょう。したがって、自白法則の趣旨を及ぼして本件文書等の証拠能力を否定することはできないと考えられます。

もっとも、**任意性説**を前提としても、**二元説**によれば、甲の供述について自白法則とは別途、排除法則を適用することは可能であることから（前記3⑴参照）、次に、⑵**排除法則との関係**で、甲の自白の収集手続（取調べ）の違法性を問題とする余地はあるでしょう。ただし、その場合も、上記採点実感の指摘するように、「甲の供述（自白）獲得手続がどのような意味で違法といえるのかを明らかにする必要」があります。しかしながら、上述のとおり、本問のような約束自白の事案において取調べを違法であると評価する（その理由を説得的に説明する）ことは困難であると思われます（なお、本問では実際に甲は最終的に起訴猶予処分となっていることから、判例①や②とは異なり、結果的に取調べにおいて“虚偽の約束”ないし“偽計”が用いられた（捜査機関に背信行為があった）とまではいえないという点で、より一層取調べの違法性を認定することは難しいでしょう。）。採点実感でも、以下ように言及されていました。

[平成27年採点実感]

「いわゆる**任意性説**……の立場に立つ場合、本事例における甲の自白が不任意自白とされる理由は、類型的に虚偽のおそれが大きい点に求められることになろうが、そのことから、供述獲得手続に違法があるといえるかは検討を要する問題である。しかし、この点を意識的に取り上げ検討を試みた答案は少数であり、多くは、格別の説明のないまま、虚偽排除の観点から任意性が認められないこととそのような供述を獲得した手続が違法であることとを直結させ、「甲の自白は虚偽のおそれがあり、任意性が認められず、違法である。」などと論じるにとどまっていた。また、任意性説の立場に立ちつつ、甲に対する供述獲得手続は、甲の「黙秘権」ないしは「供述の自由」を（実質的に）侵害するものとして、違法であるとする答案や、不任意自白の証拠能力が否定される根拠について、いわゆる違法排除説の立場に立ちつつ、不起訴約束は供述獲得手段として違法であるとする答案も相当数見られたが、ここでも、不起訴約束による供述獲得がなぜ「黙秘権」や「供述の自由」の侵害と評価されあるいは違法と評価されるのかについて、具体的な検討ができていた答案は限られ、多くは、結論を示すにとどまっていた。」

以上より、甲の自白が不任意自白として証拠能力を有しないものであり、本件文書等が甲の自白の派生証拠であることを前提としても、甲の自白を排除する根拠を**虚偽排除の観点**に求める限り、⑴**自白法則**により自白の派生証拠の証拠能力を否定することはできず、また、甲の取調べを違法と評価することもできないことから、⑵**排除法則**により自白の派生証拠の証拠能力を否定することもできない、ということになるでしょう。

もっとも、本問で丙の弁護人は、本件文書等に対する証拠意見として「不同意ないし取調べに異議あり。」と述べているところ、後段の「取調べに異議あり。」との意見は違法収集証拠として排除すべきとの主張を含んでいると考えられます。そうすると、やはり本件文書等の収集過程に何らかの意味で違法手続が介在したことを前提に、その証拠能力の有無を検討することが出題趣旨であったといえるでしょう。そこで、証拠の収集過程を詳細に検討すると、本問では、甲の自白は、甲に対する関係で犯罪事実の認定の際の「証拠」として用いられているのではなく、乙に対する関係で逮捕状請求の際の「疎明資料」として用いられているのであり、ここに本問の事案の最大の特徴があります。この点に着目すると、甲の自白が証拠能力を欠くものであることを前提として、“証拠能力を欠く疎明資料のみに依拠して発付された令状”に基づいて行われた**「乙の逮捕」の違法性**を問題とする余地があると思われます。すなわち、本件文書等については、違法な乙の逮捕に引き続いて行われた捜索・差押えによって収集された証拠（違法な先行手続によって収集された乙の供述の派生証拠）であると捉えた上で、改めて、違法収集証拠排除法則の適用を検討することができるでしょう（⇒**第10講3**参照）。採点実感の以下の記述が参考となります。

[平成27年採点実感]
「本事例では、甲の供述獲得は後の乙の逮捕及び取調べにつなげることを意図した側面も見られることから、**虚偽排除の観点**からでも、類型的に虚偽のおそれが大きい不任意の供述を逮捕状の疎明資料に用い得るか、また、そのようにして発付された逮捕状は有効かを問題とする余地などもあったと思われる」

5 黙秘権保障の意義

(1) 黙秘権の保障

憲法38条1項の要請を受けて、刑訴法311条1項は「被告人は、終始沈黙し、又は個々の質問に対し、供述を拒むことができる。」と規定して被告人の包括的黙秘権を保障しており、また、被疑者についても捜査機関の告知義務（198条2項）を通して被告人と同様の包括的黙秘権が保障されると解されています。

他方で、任意性を欠く自白の証拠能力を否定するという自白法則（憲法38条2項、刑訴法319条1項）には、被疑者・被告人の任意の供述（「話す自由」）を保障するという側面があり、「話す自由」の保障と「黙る自由」の保障はコインの表と裏の関係にあります（自白法則の趣旨として、この黙秘権保障という点を重視するのが**人権擁護説**です。）。

ところが、日常生活の場面においては、「知っていることは正直に話すべきである。」とか、「黙っているのは何か後ろめたいことがあるからである。」とかいう感覚の方がむしろ常識的であり、この感覚は、ある意味では、社会一般に共有されている道徳観に適ったものであるといえるでしょう。このように一般社会においては不道徳とされる側面があるにもかかわらず、どうして憲法38条1項は「黙る自由」を人権として保障しているのでしょうか。黙秘権保障の真の意義はどこにあるのでしょうか。

(2) 刑事訴訟法の目的との関係

刑訴法1条は「この法律は、刑事事件につき、公共の福祉の維持と個人の基本的人権の保障とを全うしつつ、事案の真相を明らかにし、刑罰法令を適正且つ迅速に適用実現することを目的とする。」と規定しており、⑴**基本的人権の保障**及び⑵**実体的真実の発見**が刑事訴訟法の重要な目的である旨を宣言しています。そこで、黙秘権保障の意義について、この2つの目的から考えてみましょう。

まず、⑴**基本的人権の保障**という目的との関係です。ここでは黙秘権を保障することが、いかなる意味でどのような利益の保障に資するのかを具体的に考察する必要があります。もし黙秘権が保障されていなかったら、被疑者・被告人に対してどのような取調べが行われるでしょうか。とりわけ客観的証拠が乏しい事件の場合、被疑者・被告人が罪を認める供述（自白）をすれば、それが決定的な証拠となり得ます。そこで、捜査機関は、自白を得るために様々な手段を用いて取調べを行うことになります。実際、黙秘権の保障規定が存在しなかった明治憲法の時代には、捜査機関が取調べで被疑者・被告人に対して酷い拷問を行ったとされる事例もあり、それにより被疑者・被告人が死亡するような悲惨な事件も起こったとされています。そこで、日本国憲法では、このような悲惨な事件を二度と起こさないために、一方で、公務員による拷問を絶対的に禁止する旨の規定（憲法36条）を置くとともに、他方で、黙秘権を保障する規定を置いたのです。このように、取調べにおいて被疑者・被告人が「黙っていること」を権利として保障する一つ目の意味は、捜査機関が取調べで拷問等を行って無理矢理自白させようとする事態（自白強要）を防止し、それによって被疑者・被告人の基本的人権の保障を徹底する点にあると考えられます。

次に、⑵**実体的真実の発見**という目的との関係です。仮に取調べで拷問等が行われなかったとしても、捜査機関による様々な働き掛け（偽計や誘導等）の結果、被疑者・被告人は、それが真実ではないのに意に反して自白してしまう場合があります。そのような自白の内容に基づいて裁判が行われると、当然、実体的真実を発見することができず、誤判を導く危険性があります（自白法則の趣旨として、この誤判防止という点を重視するのが**虚偽排除説**です。）。我が国で過去に起こった冤罪事件では、そのほとんどが被疑者・被告人の捜査機関に対する自白を主たる証拠として判断した結果、誤った判決が出されてしまいました。このような冤罪事件から救済するために刑訴法上は再審制度（435条ないし453条）が設けられていますが、万が一冤罪事件で死刑判決が執行されてしまった場合、失われた人の生命は二度と元には戻せないのであり、取り返しのつかない事態となってしまいます。そこで、取調べにおいて被疑者・被告人が「黙っていること」を権利として保障するもう一つの意味は、被疑者・被告人が真意に反して真実と異なる自白をしてしまう（させられてしまう）事態を防止し、それによって誤判（冤罪）を防止する点にあると考えられます。

以上のように、黙秘権の保障には、⑴被疑者・被告人の人権を擁護する（**基本的人権の保障**）、⑵真実ではない自白を排除して誤判（冤罪）を防止する（**実体的真実の発見**）、という２つの意味があります。もっとも、⑴については、憲法36条が公務員による拷問を絶対的に禁止しており、⑵については、憲法38条２項及び刑訴法319条１項が厳格な自白法則を規定していました。では、捜査機関及び裁判所がこれらのルールを遵守しているのであれば、わざわざ黙秘権まで保障する必要はない、といえるでしょうか。

⑶　刑事訴訟と民事訴訟の比較——“不利益推認の禁止”——

ここで、刑事訴訟と民事訴訟の比較の視点から検討してみます。民事訴訟法には、「当事者が口頭弁論において相手方の主張した事実を争うことを明らかにしない場合には、その事実を自白したものとみなす。」という、いわゆる**擬制自白**の規定が存在します（民訴法159条１項）。他方で、憲法38条１項は、「何人も、自己に不利益な供述を強要されない。」と規定しています。これは、刑事訴訟における「被疑者・被告人」にも、民事訴訟における「原告」・「被告」にも、皆等しく憲法38条１項の保障が及んでいることを意味します。それにもかかわらず、民事訴訟法においては、民事訴訟でもし相手の主張を争わないで黙ったままでいた場合、

「自白したものとみなす」というルールが定められているのです（当然、刑事訴訟法には、このようなルールは存在しません。）。このように、民事訴訟と刑事訴訟では、「黙っていること」についての取り扱いが異なっています。では、その理由はどこにあるのでしょうか。

そもそも、「人は自己に不利な事実を積極的に口外しない」という経験則は社会通念上一般に是認されているといえるでしょう。そうだとすれば、ある人が自分に不利な事実を追及されて黙っていた場合、「黙っているのは、それが真実であって反論できないからだ」（更に進んで「真実でないのであれば、しっかり反論するべきだ」）と考えることは、むしろ合理的で常識に適う側面があることを否定し得ません。そうであるからこそ、民事訴訟においては原告の主張を被告が争わない限り、原告の主張が真実であるとみなして判断しても構わないという「擬制自白」のルールが法律で定められているのです。

ただし、このような判断の在り方が合理的で正しいといえるためには、１つ重要な前提条件を満たさなければなりません。それは、民事訴訟のように追及する側（原告）と追及される側（被告）が両方とも一個人であり、両者の力関係が対等である、という条件です。もし両者の力関係が対等でないのに、「一方の主張を真実とみなす」という判断をしてしまうと一体どうなるでしょうか。弱者はその弱さ故に強者に反論することができなかった（沈黙せざるを得なかった）結果、強者にとって都合の良い事実のみが、たとえ真実でなくても真実であったと一方的にみなされてしまう、という事態を招来することは容易に想像できます。

言うまでもなく、刑事訴訟においては、追及される側の被疑者・被告人は一個人であるのに対し、追及する側は捜査機関という強大な国家権力であって、両者の力関係は全く対等ではありません。そこで、刑事訴訟法は、当事者の力関係を実質的に対等にするために、**「疑わしきは被告人の利益に」の原則**を貫き、力の強い方である捜査機関（検察官）に有罪を証明する責任を負わせることとしています（**検察官の立証責任**）。言い換えれば、刑事訴訟では、力の弱い方である被疑者・被告人は、自己が無罪であることを証明する責任を負いません。ところが、被疑者・被告人に「黙っていても不利な判断はされない」という地位を保障しないと、結局、被疑者・被告人は自己が無罪であると反論し、それを証明することができない限り有罪とされ得る立場に置かれてしまうことを意味します。故に、刑事訴訟における被疑者・被告人に対しては、「黙っていても不利な判断はされない」という特別な地位（自己負罪拒否“**特権**”との呼称は、まさしくそれが特定の状況下において特別に保障されているという側面を含有することを意味するものとして理解できます。）を保障しなければならないのです（これを**「不利益推認の禁止」**といいます。）。

上述したとおり、自己に不利益な事柄について「黙っている権利」（話すことを強制されない自由）という意味での黙秘権は、「何人」にも（民事訴訟でも刑事訴訟でも同じように）保障されています（なお、民事訴訟においても証人の証言拒絶権（民訴法196条）は保障されていますし、あるいは議院における証人喚問の場面でも同様に証言拒絶権（議院証言法４条）の保障があります。）。これに対して、特に刑事訴訟において“被疑者・被告人の黙秘権”を保障することの最も重要な意味は、力の弱い被疑者・被告人について、単に「黙っている権利」にとどまらず、「黙っていても不利な判断はされないという特別な地位」を保障することで、強力な国家権力との間の力関係の不均衡を是正し（**当事者対等主義**）、そうすることによって刑事訴訟法の目的である⑴基本的人権の保障と⑵実体的真実の発見を実現する点にある、といえるでしょう。すなわち、この**「不利益推認の禁止」**という事実認定のルールの観点から見れば、「黙っていること」

に対する上述した“社会一般の常識”に基づく心証形成に一種の制約を設ける（その意味で、**自由心証主義の例外**を規定する）という点にこそ、黙秘権保障の真の意義が見出されるのです。

判例⑧は「刑事手続は、……訴追機関と被訴追者の力のアンバランスは明白であり、それが種々のえん罪を生んできたことは歴史上明らかである。そこで、法は、力のアンバランスが悲劇を生まないよう双方の力のバランスを保つため、被訴追者たる個人は国家権力の行使者である訴追機関に対して自ら弁解を主張する必要はなく、訴追機関側が考えられるあらゆる弁解をその責任において排斥すべきこととしたのである。そして、そのために設けられた制度が黙秘権である。」と説明した上で、「黙秘することを「黙秘権」という権利まで高めた眼目は、まさに、黙秘したことを一切被訴追者（被告人、被疑者）に不利益に扱ってはならないという点にあるといわなければならない。」と判示しました。さらに、黙秘権保障の意義について、「黙秘権という制度は、むしろ黙秘に関する社会的な感覚を排斥し、それ以外の証拠関係から冷静な理性に従って判断することを要求していると解すべきであり、もし黙秘するのはそれが真実であるからであるという一般的な経験則があるとするなら、むしろそのような経験則に基づく心証形成に一種の制約を設けたもの（自由心証主義の例外）ととらえるべき」と述べた上で、「えん罪という歴史上明らかな悲劇を防ぐために、人類の理性に期待し、あえて社会的には相当と思える感覚を排斥することを要求した」のが黙秘権の趣旨であると判示しています。

「正直に話すべき」という素朴な“道徳”ないし“倫理規範”は何ら間違ったものではありません。ある人が「黙っている」ということに対する社会的な見方として、それを不道徳とする常識的な感覚や価値判断は否定されるべきものではないと思います。ただし、刑事手続においてだけは、一般的に常識とされる価値判断を制限し、その常識を乗り越えなければならないのです。法は、「黙秘の態度」に対する一般的な反感や嫌悪感を乗り越えて、冷静な態度で人と向き合い、証拠に臨むことを刑事裁判の判断者に求めているのであり、それこそが刑事裁判で正しい判決を導くために我々人類が獲得した叡智なのです。

(4) 黙秘権行使の意義

従来、黙秘権行使（「黙秘すること」）についての積極的な意義付けの議論は、主に刑事弁護の分野における捜査弁護・法廷弁護の技術論として弁護人の立場から主張、展開されてきたものであったように思われます。もちろん、実際に被疑者・被告人の立場に置かれた者にとって「弁護戦術の視点からの黙秘権行使の意義」が極めて重要となることは言うまでもありません。この視点から見た場合の“黙秘の有用性”は、現実の捜査・公判に関わる法制度や実務の運用に対する認識（例えば、刑事訴訟における「供述調書」の機能についての理解等）を前提とすれば、なおさら明白となります。一方で、もしあなたが自身の道徳に従って自ら犯した過ちにつき積極的に話をしたいとの考えに至ったのであれば（すなわち、自らの意思で黙秘権を行使しないという選択をしたのであれば）、当然、それも「正しい」選択です。法は、任意性を欠く自白の証拠能力を否定します（319条1項）。逆に言えば、「自白をするのであれば、それは自らの自由な意思と勇気ですべき」という態度を法は推奨し、後押ししているのだ、と考えることができるでしょう。上記の“黙秘の有用性”という議論は、“自らの勇気で自白する人”に対してその決断を消極に評価するものではないのです。

〈参考判例〉

【最(二小)判昭和41・7・1刑集20巻6号537頁】(約束自白) 判例①

「被疑者が、起訴不起訴の決定権をもつ検察官の、自白をすれば起訴猶予にする旨のことばを信じ、起訴猶予になることを期待してした自白は、任意性に疑いがあるものとして、証拠能力を欠くものと解するのが相当である。」

【最大判昭和45・11・25刑集24巻12号1670頁】(偽計による自白) 判例②

「思うに、捜査手続といえども、憲法の保障下にある刑事手続の一環である以上、刑訴法一条所定の精神に則り、公共の福祉の維持と個人の基本的人権の保障とを全うしつつ適正に行なわれるべきものであることにかんがみれば、捜査官が被疑者を取り調べるにあたり偽計を用いて被疑者を錯誤に陥れ自白を獲得するような尋問方法を厳に避けるべきであることはいうまでもないところであるが、もしも偽計によつて被疑者が心理的強制を受け、その結果虚偽の自白が誘発されるおそれのある場合には、右の自白はその任意性に疑いがあるものとして、証拠能力を否定すべきであり、このような自白を証拠に採用することは、刑訴法三一九条一項の規定に違反し、ひいては憲法三八条二項にも違反するものといわなければならない。

これを本件についてみると、原判決が認定した前記事実のほかに、P検察官が、被告人の取調にあたり、「奥さんは自供している。誰がみても奥さんが独断で買わん。参考人の供述もある。こんな事で二人共処罰される事はない。男らしく云うたらどうか。」と説得した事実のあることも記録上うかがわれ、すでに妻が自己の単独犯行であると述べている本件被疑事実につき、同検察官は被告人に対し、前示のような偽計を用いたうえ、もし被告人が共謀の点を認めれば被告人のみが処罰され妻は処罰を免れることがあるかも知れない旨を暗示した疑いがある。要するに、本件においては前記のような偽計によつて被疑者が心理的強制を受け、虚偽の自白が誘発されるおそれのある疑いが濃厚であり、もしそうであるとするならば、前記尋問によつて得られた被告人の検察官に対する自白およびその影響下に作成された司法警察員に対する自白調書は、いずれも任意性に疑いがあるものといわなければならない。」

【千葉地判平成11・9・8判時1713号143頁】(自白法則と排除法則①) 判例③

「自白法則の適用の有無

まず、自白法則の適用の有無について検討する。

関係証拠によると、被告人は、後述の任意捜査並びに逮捕後の被告人に対する弁解録取及び勾留後の取調べの過程において、捜査官に対し、自由な意思に基づいて供述していることが認められる上、右過程において脅迫、暴行等いわゆる供述の任意性に疑いを生じさせるような事情が存在した形跡はうかがわれない。……(中略) 被告人の自白の任意性に疑いを生じさせるような事情はうかがわれないから、被告人の自白には任意性があるものと認められる。

違法収集証拠排除の一般原則の滴用の有無

次に、自白自体に任意性が認められたとしても、先行する捜査手続に違法があった場合には、その違法がその後に収集された自白の証拠能力に影響を及ぼし、当該自白が証拠から排除されなければならない場合があると考えるのが相当である。弁護人の指摘するとおり、違法収集の証拠物に関して排除法則を肯定した最高裁判例はあるが、違法収集の自白に関して排除法則を適用した最高裁判例は、いまだない。しかしながら、違法に収集された証拠の証拠能力を否定することによって収集手続の重大な違法を抑制し、基本的人権の保障を全うしようとする排除法則の趣旨にかんがみると、その適用について、証拠物と自白とで異なる扱いをしなければならないいわれはない。……(中略)……

以上の諸事情に徴すると、被告人は、任意同行に渋々応じて以降、客観的にみれば、捜査官らの意向に沿うように、長期間にわたり、右のような宿泊を伴う連日にわたる長時間の取調べに応じざるを得ない状況に置かれていたものであって、被告人に対する捜査官らの一連の右措置は、全体的に観察すれば、任意取調べの方法として社会通念上相当と認められる方法ないし態様及び限度を超えたものとみるほかはなく、違法な任意捜査であるといわざるを得ない。

ところで、右の取調手続の違法性が著しく、自白収集の手続に憲法や刑事訴訟法の所期する基本原則を没却するような重大な違法があり、右の取調手続の過程で収集した自白を証拠として許容することが将来における違法な捜査の抑制の見地からして相当でないと認められる場合には、仮に自白法則の観点からは任意性が認められたとしても、排除法則の適用により、当該自白の証拠能力は否定されるというべきである。そこで、右の取調手続の違法の程度について具体的に検討する。……(中略)……

以上の諸般の事情を総合して考慮すると、被告人に対する右任意取調べの違法の程度は、憲法や刑事訴訟法の所期する基本原則を没却するような重大な違法であったとまではいえない。……、被告人の供述に任意性があるにもかかわらず、排除法則の見地から自白の証拠能力が否定されるのが相当と認められるような格別の事情はうかがわれない。」

【東京高判平成14・９・４判時1808号144頁】（自白法則と排除法則②） 判例④

「自白を内容とする供述証拠についても、証拠物の場合と同様、違法収集証拠排除法則を採用できない理由はないから、手続の違法が重大であり、これを証拠とすることが違法捜査抑制の見地から相当でない場合には、証拠能力を否定すべきであると考える。

また、本件においては、憲法三八条二項、刑訴法三一九条一項にいう自白法則の適用の問題（任意性の判断）もあるが、本件のように手続過程の違法が問題とされる場合には、強制、拷問の有無等の取調方法自体における違法の有無、程度等を個別、具体的に判断（相当な困難を伴う）するのに先行して、違法収集証拠排除法則の適用の可否を検討し、違法の有無・程度、排除の是非を考える方が、判断基準として明確で妥当であると思われる。

本件自白（乙三、四、六）は違法な捜査手続により獲得された証拠であるところ、本件がいかに殺人という重大事件であって被告人から詳細に事情聴取（取調べ）する必要性が高かったにしても、上記指摘の事情からすれば、事実上の身柄拘束にも近い九泊の宿泊を伴った連続一〇日間の取調べは明らかに行き過ぎであって、違法は重大であり、違法捜査抑制の見地からしても証拠能力を付与するのは相当ではない。」

【浦和地判平成３・３・25判タ760号261頁】（黙秘権不告知と自白の任意性・反復自白①） 判例⑤

「確かに、黙秘権の告知がなかったからといって、そのことから直ちに、その後の被疑者の供述の全ての任意性が否定されることにはならないが、被疑者の黙秘権は、憲法三八条一項に由来する刑事訴訟法上の基本的、かつ、重要な権利であるから（同法一九八条二項）、これを無視するような取調べが許されないことも当然である。そして、刑訴法は、捜査官による被疑者の取調べの必要と被疑者の右権利の保障の調和を図るため（すなわち、取調べによる心理的圧迫から被疑者を解放するとともに、取調官に対しても、これによって、取調べが行きすぎにならないよう自省・自戒させるため）、黙秘権告知を取調官に義務づけたのであって、一般に、右告知が取調べの機会を異にする毎に必要であると解されているのは、そのためである。従って、本件におけるように、警察官による黙秘権告知が、取調べ期間中一度もされなかったと疑われる事案においては、右黙秘権不告知の事実は、取調べにあたる警察官に、被疑者の黙秘権を尊重しよ（ママ）とする基本的態度がなかったことを象徴するものとして、また、黙秘権告知を受けることによる被疑者の心理的圧迫の解放がなかったことを推認させる事情として、供述の任意性判断に重大な影響を及ぼすものといわなければならず、右のような観点からすれば、本件において、被告人が、検察官や裁判官からは黙秘権の告知を受けていることとか、これまでに刑事裁判を受けた経験があり黙秘権の存在を知っていたと認められることなどは、右の結論にさして重大な影響を与えないというべきである。

……（中略）……

一般に、被疑者の警察官に対する供述調書の任意性に疑いがあるときは、検察官において、被疑者に対する警察官の取調べの影響を遮断するための特段の措置を講じ、右影響が遮断されたと認められない限り、その後に作成された検察官に対する供述調書の任意性にも、原則として疑いをさしはさむべきである。なぜなら、一般の被疑者にとっては、警察官と検察官の区別及びその相互の関係を明確に理解することは難しく、むしろ両者は一体のものと考えるのが通常であり……、単に取調べの主体が警察官から検察官に交代したというだけでは、警察官の取調べによって被疑者の心理に植えつけられた影響が払拭されるとは考えられず、右影響を排除するためには、検察官による特段の措置（例えば、被疑者の訴えを手がかりに調査を遂げて、警察官による違法・不当な言動を発見し、警察官に対し厳重な注意を与えるとともに、身柄を拘置所へ移監するなどした上で、被疑者に対し、今後は、そのような違法が行われ得ない旨告げてその旨確信させ、自由な気持で供述できるような環境を整備することなど）が必要であると考えられるからである。」

【最（三小）判昭和58・７・12刑集37巻６号791頁】（違法手続に引き続く勾留質問・反復自白②） 判例⑥

「勾留質問は、捜査官とは別個独立の機関である裁判官によつて行われ、しかも、右手続は、勾留の理由及び必要の有無の審査に慎重を期する目的で、被疑者に対し被疑事件を告げこれに対する自由な弁解の機会を与え、もつて被疑者の権利保護に資するものであるから、違法な別件逮捕中における自白を資料として本件について逮捕状が発付され、これによる逮捕中に本件についての勾留請求が行われるなど、勾留請求に先き立つ捜査手続に違法のある場合でも、被疑者に対する勾留質問を違法とすべき理由はなく、他に特段の事情のない限り、右質問に対する被疑者の陳述を録取した調書の証拠能力を否定すべきものではない。」

【大阪高判昭和52・６・28刑月９巻５＝６号334頁】（不任意自白に基づいて収集された証拠物） 判例⑦

「本件において「毒樹の果実」が問題となつているのは、不任意自白に由来して得られた派生的第二次証拠であるが、派生的第二次証拠の収集手続自体にはなんら違法はなく、それ自体を独立してみる時なんら証拠使用を禁止すべき理由はなく、ただ、そのソースが不任意自白にあることから不任意自白の排除効を派生的第二次証拠にまで及ぼさるべきかが問題となるのである。そこでまず第一に「不任意自白なかりせば派生的第二次証拠なかりし」という条件的関係がありさえすればその証拠は排除されるという考え方は広きにすぎるのであつて、自白採取の違法が当該自白を証拠排除させるだけでなく、派生的第二次証拠をも証拠排除へ導くほどの重大なものか否かが問われねばならない。……そこで考えると、自白獲得手段が、拷問、暴行、脅迫等乱暴で人権侵害の程度が大きければ大きいほど、その違法性は大きく、それに基づいて得られた自白が排除されるべき要請は強く働くし、その結果その趣旨を徹底させる必要性から不任意自白のみならずそれに由来する派生的第二次証拠も排除されねばならない。これに対して、自白獲得手段の違法性が直接的人権侵害を伴うなどの乱暴な方法によるものではなく、虚偽自白を招来するおそれがある手段や、適正手続の保障に違反する手段によつて自白が採取された場合には、それにより得られた自白が排除されれば、これらの違法な自白獲得手段を抑止しようという要求は一応満たされると解され、それ以上派生的第二次証拠までもあらゆる他の社会的利益を犠牲にしてでもすべて排除効を及ぼさせるべきかは問題である。……この場合の虚偽自白を招くおそれのある手段や、適正手続の保障に違反して採取された不任意自白に基因する派生的第二次証拠については、犯罪事実の解明という公共の利益と比較衡量のうえ、排除効を及ぼさせる範囲を定めるのが相当と考えられ、派生的第二次証拠が重大な法益を侵害するような重大な犯罪行為の解明にとつて必要不可欠な証拠である場合には、これに対しては証拠排除の波及効は及ばないと解するのが相当である。もとより、この場合にあつても、当初から、計画的に右違法手段により採取した自白を犠牲にしても、その自白に基づく派生的第二次証拠の獲得を狙いとして右違法な手段により自白採取行為に出たというような特段の事情がある場合には、その自白採取手段の違法性は派生的第二次証拠にまで証拠排除の波及効を及ぼさせるものとなるであろう。けだし、さもなくばこれらの違法な自白獲得手段を抑止しようという要求は、右の実利の前に、実のあるものとはならなくなるからである。」

【和歌山地判平成14・12・11判タ1122号１頁（和歌山カレー毒物混入事件）】（黙秘権保障の意義）
判例⑧

「⑴　黙秘権制度の趣旨、目的

これまでの検討から明らかなように、本件の事実認定にあたり、被告人が黙秘権を行使して本件に関し供述をしなかったことは、一切事実認定の資料とはなっていない。

しかしながら、被告人が黙秘権を行使して供述することを拒んだことについて非難する論調も一部にあり、また、弁護人は裁判において事実上不利益に扱われないか懸念していることから、被告人の黙秘権の行使について一言する。

刑事手続は、国家権力が個人に強制力を使ってまで事案を解明することを求めており、訴追機関と被訴追者である個人が真っ向から対立することを予定している。しかしながら、訴追機関と被訴追者の力のアンバランスは明白であり、それが種々のえん罪を生んできたことは歴史上明らかである。そこで、法は、力のアンバランスが悲劇を生まないよう双方の力のバランスを保つため、被訴追者たる個人は国家権力の行使者である訴追機関に対して自ら弁解を主張する必要はなく、訴追機関側が考えられるあらゆる弁解をその責任において排斥すべきこととしたのである。そして、そのために設けられた制度が黙秘権である。

ところで、事実上黙秘することは、特に権利とされるまでもなく、誰にでもできることである。したがって、黙秘することを「黙秘権」という権利まで高めた眼目は、まさに、黙秘したことを一切被訴追者（被告人、被疑者）に不利益に扱ってはならないという点にあるといわなければならない。

このことは、民事訴訟において、相手方の主張した事実に対して争うことを明らかにしない場合には、それを自白したとみなされる（民訴法159条）ことと極めて対照的である。……この規定は訴訟政策的な理由に基づくものであるが、その規定が合理的であるとされる背景には、当事者が争わない限り真実とみなしていいのだという発想があるものと解される。

このようなことを考えると、社会的には、不利な事実に対して黙秘することは、それが真実であって反論できないからであるという感覚の方が相当なのかもしれない。したがって、黙秘したことを被告人に不利益に扱ってはならないという黙秘権の制度が、一般世人にとって、納得のいかない印象を与えるのはむしろ当然なのかもしれない。

しかし、刑事裁判においては、被告人が黙秘したことを不利に扱えば、被告人は弁解せざるを得ない立場になり、結果的には弁解するだけでなく、弁解を根拠づけることまで求められ、ひいては、国家権力対個人という力のアンバランスが生む悲劇を防ぐべく、実質的な当事者主義を採用し、攻撃力と防御力の実質的対等を図ろうとしている刑事訴訟の基本的理念自体を揺るがすことに結び付きかねないのである。

したがって、黙秘権という制度は、むしろ黙秘に関する社会的な感覚を排斥し、それ以外の証拠関係から冷静な理性に従って判断することを要求していると解すべきであり、もし黙秘するのはそれが真実であるからであるという一般的な経験則があるとするなら、むしろそのような経験則に基づく心証形成に一種の制約を設けたもの（自由心証主義の例外）ととらえるべきものである。

……前述のとおり、被告人（被疑者）が黙秘した以上は、その黙秘の態度は、冷静な理性に従って、一切被告人（被疑者）の不利には扱ってはならないのである。

なお、本件において被告人が黙秘の態度を貫いたことに対し、一部強い反発が見受けられる。その反発する心情も理解できるところではあるが、前述した黙秘権の趣旨、すなわち、法は、えん罪という歴史上明らかな悲劇を防ぐために、人類の理性に期待し、あえて社会的には相当と思える感覚を排斥することを要求したという趣旨から考えると、やはり被告人（被疑者）の黙秘に対しては冷静な理性で臨まねばならない。そして、被告人（被疑者）の黙秘に対する反発の声は、被告人（被疑者）の供述に依存しない事実認定の手法や証拠法の創設、訴訟手続内外の被害者保護制度の拡充等の方向に向けられていくことを期待したい。」

【論述例】

【自白法則】

自白とは、犯罪事実の全部又は一部を認める犯人の供述をいうところ、「任意にされたものでない疑のある自白」（319条１項）は証拠能力が否定される（自白法則）。

自白法則の根拠は、任意性のない供述は虚偽である可能性が類型的に高く、これを証拠とすると誤判を招来する可能性があること及び黙秘権（憲法38条１項）を中心とした被告人の人権保障の実効性を担保する必要があることに求められる。

そうだとすれば、任意性の有無は、虚偽の自白を誘発するおそれのあるような状況の有無及び供述の自由を不当に圧迫するような状況の有無を基準として判断すべきである。

【参考答案例】【令和２年】

［設問２］

第１　自白に対する自白法則及び違法収集証拠排除法則の適用の在り方について（小問１）

１　自白法則について

【論述例】自白法則

２　証拠物に関する違法収集証拠排除法則（以下、「排除法則」という。）について

【論述例】違法収集証拠排除法則

３　自白に対する両法則の適用の在り方について

自白の証拠能力について、まずは明文の規定（319条１項）が存在し、憲法上の要請（憲法38条２項）でもある自白法則が適用され、その自白の任意性が判断されるべきものと解する。

他方で、違法に収集された証拠の証拠能力を否定することによって収集手続の重大な違法を抑制し、基本的人権の保障を全うしようとする上記排除法則の趣旨に鑑みると、その適用について、証拠物と自白とで異なる扱いをしなければならないいわれはない。したがって、自白自体に任意性が認められたとしても、先行する捜査手続に違法があった場合には、その違法がその後に収集された自白の証拠能力に影響を及ぼし、当該自白が証拠から排除されなければならない場合があると考えるのが相当である。もっとも、一般に、供述証拠の収集手続である取調べには令状主義が妥当しないことから、上述した証拠物に関する排除法則の基準を修正する必要がある。

そこで、取調べの違法性が著しく、自白収集の手続に憲法や刑事訴訟法の所期する基本原則を没却するような重大な違法があり、かかる取調べの過程で収集した自白を証拠として許容することが将来における違法な捜査の抑制の見地からして相当でないと認められる場合には、仮に自白法則の観点からは任意性が認められたとしても、排除法則の

適用により、当該自白の証拠能力は否定されるというべきである。

第2　甲の自白の証拠能力について（小問2）

1　自白法則の適用

本件取調べにおいて、司法警察員Qは、本件住居侵入窃盗が行われた12月3日の夜に甲が目撃されたという情報を得ていなかったにもかかわらず、甲に対し、「12月3日の夜、君が自宅から外出するのを見た人がいるんだ。」との虚偽の事実を申し向けたところ（以下、「本件偽計」という。）、その後、甲が自白するに至っている。

しかるところ、本件偽計は、本件住居侵入窃盗の犯行目撃自体に関するものではなく、事件当日の夜に甲が自宅から外出したのを目撃されたという内容にとどまっており、また、それ自体として甲に対して何らかの利益を提示して直接的に自白を誘導するようなものでもない。しかしながら、本件偽計を受けた甲は、それまでに行われていた長時間にわたる徹夜の取調べの結果疲労していたことと相俟って自白するしかないと思い込み、遂に自白するに至ったのであり、甲としては、Qの言葉を信じると同時に自白すれば取調べの苦痛、疲労から解放されると期待して自白したものといえ、このことは、現に、その後、甲が、徹夜で取調べを受けていなければ否認を続けることができたと考えて後悔し、黙秘に転じていることからも明らかである。

そうすると、本件偽計は甲に強い心理的強制を与える性質のものであったというべきであり、その影響下で自白がなされた以上、虚偽の自白が誘発されるおそれがあり、また、甲の供述の自由（黙秘権）を不当に圧迫する状況があったと認められる。

以上より、甲の自白は、「任意にされたものでない疑のある自白」として自白法則の適用により証拠能力が否定される。

2　排除法則の適用

上述のとおり、本件取調べは、同行の必要性・緊急性が認められる状況の下で、同行自体については任意に応じていた甲に対し、社会通念上相当と認められる限度を超えて行われたという点で違法がある。

他方で、甲の自白以外に、甲方から茶封筒入り1万円札10枚及びガラスカッター1点が押収されているものの、これらの証拠物からVの指紋やV方ガラスからの付着物等Vに直接結び付く痕跡は検出されておらず、また、犯行状況を撮影した防犯カメラ映像等甲の犯行を直接裏付ける証拠は得られなかったのであるから、甲の自白は犯人性の立証にとって不可欠な証拠であるといえる。しかしながら、Qは本件取調べにおいて「甲が疲労している今の状況であれば、軽微なうそをつくだけで自白を得られるのではないか。」と考え、長時間の取調べにより甲が疲弊していた状況に乗じて殊更に甲を欺いて錯誤に陥れた上で自白を獲得したものであり、甲の供述の自由（黙秘権）への不当な圧迫を意図的に行ったというべきである。そうすると、かかるQの意図は捜査機関としての遵法精神の欠如を顕著に徴表するものであって、本件の経緯を通して表れたこのような捜査機関の態度を総合的に考慮すれば、本件取調べの違法の程度は、憲法や刑事訴訟法の所期する基本原則を没却するような重大なものであると評価されてもやむを得ないものといわざるを得ない。

そして、このような違法な取調手続の過程で収集した自白を証拠として許容することは、本件事件の重大性や証拠の重要性等の事情を考慮しても、なお将来における違法捜査抑制の見地からして相当でないと認められる。

以上より、甲の自白は、違法収集証拠として排除法則の適用により証拠能力が否定される。

3　以上より、甲の自白の証拠能力は認められない。

【参考答案例】【平成27年】

［設問2］

第1　証拠収集上の問題点について

本件文書及び本件メモ（以下、「本件文書等」という。）は、①甲の自白を疎明資料として、乙の逮捕状が発付されて乙が逮捕され、②逮捕後の取調べにおける乙の供述を疎明資料として発付された捜索差押許可状による捜索差押えの結果、発見及び押収された証拠である。

1　自白法則

まず、本件文書等は甲の自白から派生して収集された証拠であることから、甲の自白の収集過程の問題点について検討する。

(1)　甲の自白の証拠能力

【論述例】自白法則

司法警察員Qは、検察官Rから、甲が自供して改悛の情を示せば「起訴猶予処分にしてやってよい。」と言われた上で甲に自供することを勧めるように指示されたことから、取調べの際、甲に対し、「検察官は君が……、改悛の情を示せば起訴猶予にしてやると言っている」等と言って自白を促した。これを受けて、甲は、自己が不起訴処分になることを期待して、自白するに至ったものである。

しかるところ、起訴不起訴の決定権をもつRの、自白をすれば起訴猶予にする旨の言葉は、甲の心理状態に重大な影響をもたらす利益を提示するものであり、その結果、虚偽の自白が誘発されるおそれがあったと認められる。

したがって、甲の自白は任意性を欠くものとして証拠能力を有しない。

(2)　不任意自白の派生証拠

もっとも、甲の自白の任意性が否定される根拠は、上記のとおり、虚偽のおそれがある供述を排除して事実認定の正確性を確保する点に求められることに照らせば、甲の自白の証拠能力を否定すればその目的は達成されるといえ、自白法則の排除効を自白の派生証拠である本件文書等についてまで及ぼすべき理由はない。

したがって、本件文書等の証拠能力は自白法則（319条1項）によっては否定されない。

2　違法収集証拠排除法則

次に、本件文書等の収集過程に違法手続が介在した場合、違法収集証拠排除法則（以下、「排除法則」という。）が適用されることから、その収集手続の違法性について検討する。

(1)　甲の取調べの違法性

後述のとおり、違法捜査を抑制し、基本的人権の保障を全うしようとする排除法則の趣旨からすれば、自白を内容とする供述証拠についても、証拠物の場合と同様、排除法則の適用を否定すべき理由はない。

もっとも、甲の取調べにおいて、上記のとおり、捜査機関が甲に対し起訴猶予処分になる旨述べて利益誘導的な働き掛けをした事実が認められるものの、かかる事情のみから直ちに甲の取調べが違法と評価されるものではない。また、結果的に甲は起訴猶予処分となっていることから、甲の取調べにおいて虚偽の約束や偽計が用いられたともいえない。その他、甲の自白の収集過程において違法な手段が用いられたというべき事情もない。

したがって、甲の取調べが違法であるとは認められない。

(2)　乙の逮捕の違法性

ア　乙の逮捕状は甲の供述を疎明「資料」（規則143条参照）に供して発付を得たものであるところ、甲の供述は、上述のとおり甲に対する関係で犯罪事実の認定に用いる場合には不任意自白として証拠能力を有しないものであるが、乙に対する関係で令状請求の際の疎明資料として用いる場合には第三者の供述であって自白法則の適用される「自白」（319条１項）ではない。もっとも、上述した自白法則の趣旨である虚偽排除の観点からすれば、類型的に内容が虚偽であるおそれの高い不任意供述を令状請求の際の疎明資料として用いることは許されないと解すべきである。

他方、そもそも当初から甲の供述獲得は後の乙の逮捕及び取調べにつなげることを意図したものであったといえ、甲の取調べに先立ってＲが「今のままでは乙を逮捕することもできない。」等と述べていたことからしても、甲の供述を除けば、他に乙について「罪を犯したことを疑うに足りる相当な理由」（199条１項）に関する疎明資料がなかったことは明らかである。

そうすると、乙の逮捕状は逮捕状発付の要件について疎明がないのに発付されたことに帰するものであって、かかる逮捕状による乙の逮捕は違法というべきである。

イ　なお、本件公判において上記違法事由を主張する被告人丙は、違法手続を受けた乙との関係では第三者であるものの、後述する排除法則の趣旨である司法の廉潔性保持及び違法捜査の抑制という観点からすれば、上記違法事由について丙の申立適格を否定するべきではない。

(3)　違法収集証拠の派生証拠

⇒**第10講【参考答案例】**参照

【2】補 強 法 則

［論点解析］自白の証明力――補強法則――

1　補強法則の趣旨

憲法38条３項の要請を受けて、刑訴法319条２項は「被告人は、公判廷における自白であると否とを問わず、その自白が自己に不利益な唯一の証拠である場合には、有罪とされない。」と規定しています。このように、有罪認定のために自白以外の証拠（補強証拠）を要求する法理を**補強法則**といいます。その趣旨について、判例①は「自白偏重と自白強要の弊を防止し、基本的人権の保護を期せんとしたもの」と判示しています。もっとも、自白強要の弊害の防止は、319条１項（自白法則）の役割であり（⇒**第９講【１】１**参照）、319条２項（補強法則）の役割は、**自白偏重の弊害**（自白を過大評価して誤判を導く危険）の防止の点の方にあるというべきでしょう。

ここで注意すべきは、319条2項は**自由心証主義の“例外”**の規定であるという点です。すなわち、補強法則の意味内容は、「自白から80%しか心証が形成できない場合に、残り20%の不足分を補う**“穴埋め証拠”**を要求する」というものではありません。自白の証明力が未だ不十分というのであれば、それのみでは有罪にできないことは自由心証主義の“原則”からの当然の帰結であって、補強法則の問題ではないのです（単にその自白の信用性が十分に裏付けられていないというだけの問題であり、この場合に自白の信用性を裏付ける証拠のことを、実務上、**「裏付け証拠」**と呼んでいます。）。本来、証拠の証明力評価は裁判所の自由な心証に委ねられており、自白は、（証拠能力が肯定されるのであれば）それ自体から100%の心証を形成できる、というのが自由心証主義の“原則”です。したがって、その“例外”としての補強法則とは、上述した自白偏重の弊害防止の観点から、「自白から100%の心証を形成できる場合に、それでもなお念のため、いわばダメ押しの**“上乗せ証拠”**を要求する」というものです。判例⑨も、補強法則は「証拠能力ある被告人本人の供述であって、しかも、本来犯罪事実全部を肯認することのできる証明力を有するもの、換言すれば、いわゆる完全な自白のあることを前提とする規定」であると述べています。

★　補強法則の趣旨――自由心証主義の例外――

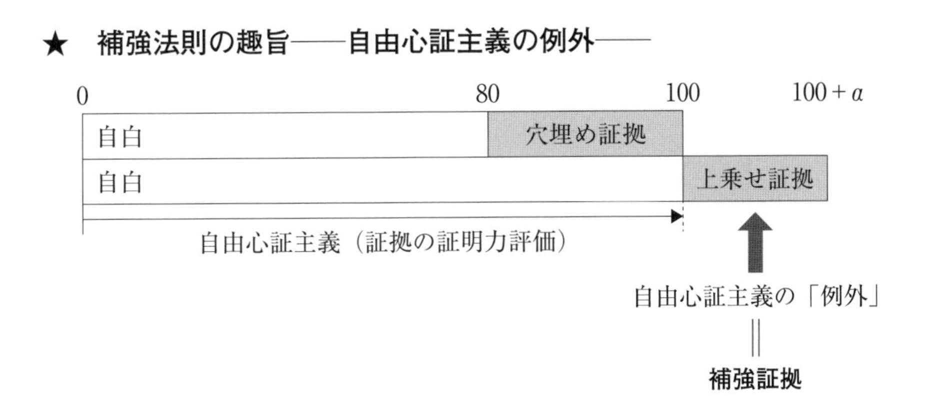

なお、実際問題として、裁判官がその自由な心証（証明力評価）により自白から100%の心証を形成するためには（判例⑨にいう「完全な自白」があるというためには）、当然、その自白の信用性を支える事情（証拠）が必要となるでしょう。それ故、自白から有罪認定をしようとする場合、通常は自白以外の他の証拠の存在が前提となっているはずです（そもそも自白以外に何ら証拠がないにもかかわらず検察官が公訴提起するという事態はほとんど想定できません。）。そのため、実際の刑事裁判の場で補強法則の適用が問題となる場面は非常に少ないといえます。

2　補強法則の内容

(1)　補強を要する範囲

上述した補強法則の趣旨からすれば、補強法則の適用はそもそも自白に十分な証明力があることが前提となることから、補強証拠は自白に係る犯罪事実の全ての部分に必要とされるわけではありません。そこで、補強を要する範囲については、犯罪の**客観的要素の重要部分（罪体）**であるとする見解（**形式説・罪体説**）と、個別の事案に応じて当該自白内容の真実性を実質的に担保し得る証拠があれば足りる（補強を要する範囲を形式的に画する必要はない）とする見解（**実質説**）が対立しています。もっとも、犯罪の**主体的要素（犯人性）**及び**主観的要素（故意等）**については補強が不要であるとする点に争いはなく、両説の結論が異なる場面は実際にはそれほど多くないと考えられます。

判例も、犯罪の**主体的要素**について「その犯罪が被告人によって行われたという犯罪と被告人との結びつきまでをも証するものであることを要するものではない」（判例②）と判示し、同様に、犯罪の**主観的要素**について「犯意とか知情とかいう犯罪の主観的部面については、自白が唯一の証拠であっても差支えない」（判例③）と判示しており、これらの要素についてはいずれも補強が不要であるとしています。他方、犯罪の**客観的要素**について、無免許運転罪では「運転行為のみならず、運転免許を受けていなかったという事実についても、被告人の自白のほかに、補強証拠の存在することを要する」（判例④）と判示されています。すなわち、単なる「運転行為」であれば何ら犯罪ではなく、「無免許」という事実が同罪の犯罪性を基礎付ける構成要件要素であると考えられることから、同判例は「無免許」の事実についてまで補強を要するとしたものと解されます。この結論は実質説からも是認可能ですが、上記判示のように一般的・類型的な形で補強を要する事実の範囲を画するという発想は形式説（罪体説）に親和的であるとの指摘もあります。これに対して、盗品等有償譲受け罪について「被告人の公判廷における自白は、被害者の盗難被害届によって、これを補強することができる」（判例⑤）と判示されています。同罪の実行行為は「譲受け」であることから、形式説（罪体説）からは罪体である「譲受け」の事実について補強が必要となるはずですが、同判例はこの点については補強を不要としており、かかる結論は実質説からのみ是認可能であるといえます（なお、判例⑤で問題となったのは「公判廷における自白」でした。そこで、「公判外自白については形式説、公判自白については実質説」とする見解（**二分説**）も主張されています。）。

(2)　補強の程度

補強証拠にどの程度の証明力が必要となるかについては、自白とは独立に補強証拠だけで犯罪事実の一応の証明がなされる程度の証明力が必要であるとする見解（**絶対説**）と、自白と相俟って全体として犯罪事実の証明がなされる程度で足りるとする見解（**相対説**）が対立しています。判例は、「自白にかかる事実の真実性を保障し得るものであれば足る」（判例⑥）、「自白と補強証拠と相待って、犯罪構成要件たる事実を総体的に認定することができれば、それで十分事足る」（判例③）等と判示しており、基本的に相対説に立つものと理解されています。上述のとおり、補強法則の趣旨が、自白のみでも合理的な疑いを超える程度の心証を形成できることを前提として、なお万が一の誤判を防止するために、念のためダメ押しの上乗せ証拠を要求するものであると解されることからすれば、補強証拠の証明力としては、自白の真実性を担保するに足りる程度であれば良く、自白と切り離して一定の証明力を要求する必要はないというべきでしょう。

(3)　補強証拠適格

補強証拠も、厳格な証明の対象である犯罪事実の立証に用いられるものである以上、当然、**証拠能力**が必要となります（したがって、伝聞法則等の適用を受けます。）。さらに、自白のみで有罪認定をした場合に生じる誤判の危険を防止するという補強法則の趣旨からすれば、補強証拠には、**自白からの独立性**（これを**補強証拠適格**といいます。）が要求されます（すなわち、同一人の“自白は自白を補強しない”ということになります。）。判例⑦も「互に補強証拠を要する同一被告人の供述を幾ら集めてみたところで所詮有罪を認定するわけにはいかない」と判示しています。ただし、被告人自身の供述であっても、補強を要する自白を獲得した捜査とは独立・無関係になされた供述である場合には自白からの独立性が認められ、補強証拠となり得ると考えられます。判例⑧は、いわゆる闇米売買の事案において、被告人が取引記録を記入していた未収金控帳について、「被告人が犯罪の嫌疑を受ける前にこれと関係なく、自ら……備忘のため、……その都度記入したもの」と認められることから、「被告人の第一審公判廷の自白に対する補強証拠たりうる」と判示して補強証拠適格を肯定しています。

3　共犯者の自白

(1)　問題の所在

共犯者（被告人と併合審理されている場合は「共同被告人」といいます。）には、責任を他人に転嫁するおそれや他人を事件に引っ張り込むおそれがあることから、被告人とは深刻に利害が対立する場合があります。共同被告人について「被告人の防禦が互に相反する等の事由があって被告人の権利を保護するため必要がある」（規則210条）場合、裁判所は「弁論を分離しなければならない」（313条2項）と規定されているのはそのためです。それ故、共犯者の供述については、そもそもその信用性を疑うべき類型的事情があるといえ、それを事実認定に用いる際には慎重な取扱いが求められます。

以下、X及びYの共同被告事件において、Xが自白し、Yが否認しているという場合に、Xの供述（自白）をYとの関係で犯罪立証に用いる方法について、証拠能力の問題と証明力の問題に分けて検討します。

(2)　共犯者の供述（自白）の証拠能力

まず、前提として、共同被告事件として併合審理する場合、Xを「被告人」という地位に置いたままXに対する証人尋問を実施することはできません。被告人には包括的黙秘権（憲法38条1項）が保障されるところ、宣誓義務・証言義務（154条、160条、161条）を負う証人とは立場が相容れないため、現行法上、**被告人の証人適格**は認められないと解されているからです。そこで、Xの供述（自白）をYとの関係で犯罪立証に用いる方法としては、以下の3つの方法が想定されます。

【共犯者の供述】（X：自白 ⇔ Y：否認）
[方法Ⅰ]：併合審理のまま共同被告人Xに対する被告人質問を実施する方法
[方法Ⅱ]：弁論を分離した上でYの単独公判において証人Xに対する証人尋問を実施する方法
[方法Ⅲ]：Xの供述調書を提出する方法

上記の各方法について、Xの供述（自白）の証拠能力を検討する際には、XとYの双方の権利保障に配慮する必要があります。すなわち、上述したとおりXには黙秘権が保障されていますが、他方で、Yには反対尋問権（憲法37条2項）が保障されており、両者の利益は衝突する関係にあります。そこで、双方の利益の保障をいかにして担保するかがここでの検討の視点となります。

まず、[**方法Ⅰ：Xに対する被告人質問（併合審理）**]による場合、Xの利益（黙秘権）は完全に保障されます。他方、Yの利益（反対尋問権）の保障が問題となりますが、**反対質問権（311条3項）**により担保されると考えられます。この問題は、特に公判廷でXがYからの反対質問に対して黙秘した場合に顕在化します。このような場合、Yの反対尋問権が実質的に保障され得ないことから、Xの公判供述（自白）の証拠能力を否定すべきとする見解があります。この結論は、伝聞法則（320条1項）の根拠を専ら「反対尋問権の保障」の点に求めた上で、反対尋問を経ていない供述証拠はおよそ伝聞証拠として排除すべきであると解する見解からの帰結です。しかしながら、伝聞証拠を排除する根拠は「反対尋問権の保障」の点に尽きるものではなく、「直接主義の要請」の点にもあります（⇒**第8講【1】2⑴**参照）。Xの公判供述（自白）については、裁判官による供述態度の観察はなお可能であり、「直接主義の要請」は満たしていることから、必ずしもその証拠能力を否定しなければならないとは解されません。たしかに、XはYからの質問に対して完全黙秘することができますが、実際の裁判でそのような事態となった場合、検察官からの質問についてのみ供述して相被告人Yからの質問には一切答えないというXの供述態度からすれば、裁判官の目から見て、Xの供述（自白）の信用性に疑いが生じることは明らかでしょう。もっとも、これは証拠能力の問題ではなく、あくまで証明力（裁判所の自由心証）の問題なのです。

次に、**［方法Ⅱ：Xに対する証人尋問（弁論分離）］**による場合、上記［方法Ⅰ］の場合とは逆に、Yの利益（反対尋問権）は完全に保障されます。他方、Xの利益（黙秘権）の保障が問題となりますが、**証言拒絶権（146条）**により担保されると考えられます。したがって、黙秘権侵害を理由としてXの証言の証拠能力が否定（証拠排除）されることはありません。たしかに、証言拒絶権はあくまで供述義務を前提とした上で個々の質問に対して法定事由（146条ないし149条）がある場合に個別的に証言を拒むことができるという権利にとどまるため、包括的な黙秘権とは性質が異なるものです。もっとも、146条により自己負罪拒否が法定事由とされているため、黙秘権保障の趣旨は没却されないと解されます。

最後に、**［方法Ⅲ：Xの供述調書（公判外供述）］**による場合、Xの供述調書が伝聞証拠（320条1項前段、供述代用書面）に当たることを前提として、いかなる伝聞例外規定が適用されるかが問題となります。判例⑨は「共犯者（共同被告人）であっても、被告人本人との関係においては、被告人以外の者であって、被害者その他の純然たる証人とその本質を異にするものではない」と判示しています。この理解からすれば、伝聞例外との関係でもXの供述調書は**「被告人以外の者」**の公判外供述であると解した上で**321条1項**を適用すべきと考えられます。なお、Xは共同「被告人」であることから322条1項も競合適用すべきとする見解もありますが、Xの供述調書の内容（自白）が不利益事実の承認であることを前提として、その任意性については319条1項により要件とされることから、敢えて322条1項を援用する実益はないというべきでしょう。

立証方法	Xの利益（黙秘権）	Yの利益（反対尋問権）
被告人質問（併合）	○	反対質問権（311条3項）
証人尋問（分離）	証言拒絶権（146条）	○
供述調書	321条1項	

⑶　共犯者の供述（自白）の証明力

まず、**補強の要否**について検討します。例えば、上記の事例で、Xの供述（自白）の証拠能力が肯定される場合、Xの自白のみでYを有罪とすることは許されるでしょうか。共犯者の自白に補強証拠を要するか（共犯者の自白が**「本人の自白」**（憲法38条3項）に含まれるか）否かが問題となります。もしYとの関係で補強証拠が不要であるとすると、Xの自白以外の証拠がない場合、自白したXは補強証拠がないため無罪となり、否認しているYはXの供述（自白）により有罪となるという、一見すると不合理な結論となってしまいます。そこで、共犯者の自白も「本人の自白」に含まれると解した上で、Xの自白でYを有罪にするには補強証拠を必要とすべきとする見解もあります（**補強必要説**）。しかしながら、反対尋問を経た証拠は、それを経ていない供述よりも信用性が高い（証明力が強い）と評価し得るものである以上、Yの反対尋問の機会を担保した上でXの供述をYに対する証拠に供する限り、上記の結論が必ずしも不合理であるとはいえません。判例⑨も「共犯者の自白をいわゆる「本人の自白」と同一視し又はこれに準ずるものとすることはできない」と述べて、共犯者の供述を被告人本人の自白とは区別した上で、「自由心証に委かさるべき独立、完全な証明力を有する」と判示しており、共犯者の自白に補強証拠は不要であるとの立場を採用しています（**補強不要説**）。たしかに、共犯者の供述は引っ張り込みや責任転嫁の危険を常に伴うことから、その信用性は慎重に判断されなければなりません。もっとも、それは裁判所の自由心証に委ねられた証拠の証明力評価の問題であり、あくまで自由心証主義の枠内（補強法則の適用外）で処理すべき問題なのです（なお、上述したとおり、共犯者の供述はそもそもその信用性を疑うべき類型的事情があるといえることから、実際の裁判において、共犯者の自白のみを唯一の証拠として被告人が有罪であるとの心証を形成し得るという事態はほとんど想定できないでしょう。）。

次に、**補強証拠適格**について検討します。例えば、上記の事例と異なり、Xが自白し、Yも自白しており、これ以外に証拠がないという場合、Xの自白をYの自白の補強証拠として用いた上でYを有罪とすることは許されるでしょうか。共犯者の供述（自白）の**「本人の自白」からの独立性**が問題となります。「共犯者の自白をいわゆる「本人の自白」と同一視し又はこれに準ずるもの」と考えるのであれば、Yの自白はXの自白からの独立性を欠き（“自白は自白を補強しない”）、補強証拠適格は否定されます（前記**2**(3)参照）。しかしながら、上述したとおり、判例⑨はこのような考え方を明確に否定した上で、共犯者の供述を被告人本人の自白と区別しており、この判例の立場を前提とすれば、当然、共犯者の供述（自白）は本人の自白からの独立性が認められ、補強証拠適格は肯定されます。

なお、関連問題として、X及びYが自白し、もう一人の共犯者Zが否認している場合、X及びYの自白のみでZを有罪とすることができるかという問題もあります。**補強不要説**に立てば、そもそもXの自白とYの自白は各々それ単独でもZを有罪とすることができるのであり、複数の共犯者の自白がある場合に被告人を有罪とすることができるという結論は当然の帰結です。判例⑩も「共犯者二名以上の自白によって被告人を有罪と認定しても憲法三八条三項に違反しないことが明らかである」と述べています。これに対して、**補強必要説**に立つ場合であっても、Xの自白とYの自白は各々それ単独ではZを有罪とすることができない（それぞれに補強証拠が必要となる）ものの、複数の共犯者の供述が一致している場合には誤判の危険が類型的に弱まるといえ、共犯者の自白が相互に補強証拠となり得る（Xの自白とYの自白が相互に補強し合ってZを有罪とすることができる）とする見解もあります。

〈参考判例〉

【最（一小）判昭和23・2・12刑集2巻2号80頁】（補強法則の趣旨） 判例①

「憲法第三十八条第三項……には、「何人も、自己に不利益な唯一の証拠が本人の自白である場合には、有罪とされ、又は刑罰を科せられない」と定めている。これらの規定の趣旨は、一般に自白が往々にして強制、拷問、脅迫又はその他有形無形の不当な干渉乃至影響により恐怖と不安の下に、本人の真意と自由意思に反してなされる場合のあることを考慮した結果、被告人に不利益な証拠が本人の自白である場合には、他に適当なこれを裏書する証拠を必要とするものとし、若し自白が被告人に不利益な唯一の証拠である場合には、有罪の認定を受けないとしたものである。それは、罪ある者が時に処罰を免れることがあつても、罪なき者が時に処罰を受けるよりは、社会のためによいという根本思想に基ずくものである。かくて真に罪なき者が処罰せられる危険を排除し、自白偏重と自白強要の弊を防止し、基本的人権の保護を期せんとしたものである。」

【最(三小)判昭和24・7・19刑集３巻８号1348頁】（補強の範囲①：被告人の犯人性）判例②

「いわゆる自白の補強証拠というものは、被告人の自白した犯罪が架空のものではなく、現実に行われたものであることを証するものであれば足りるのであつて、その犯罪が被告人によつて行われたという犯罪と被告人との結びつきまでをも証するものであることを要するものではない。所論の強盗盗難被害届によれば、現実に強盗罪が行われたことが証せられるのであるから、たといその犯人が被告人であることまでがこれによつて判らなくても補強証拠として役立つのである。それゆえ、原判決は被告人の自白を唯一の証拠として有罪を認定したものではないから所論は理由がない。」

【最(一小)判昭和24・4・7刑集３巻４号489頁】（補強の範囲②：犯罪の主観的要素）判例③

「贓物故買罪の犯罪構成要件たる事実は、（一）取引の目的物が贓物であること、（二）贓物である情を知つて取引すること、（三）有償取引によつて取得することである。そして、各具体的の事件においては、被告人の自白と補強証拠と相待つて、犯罪構成要件たる事実を総体的に認定することができれば、それで十分事足るのである。犯罪構成要件たる各事実毎に、被告人の自白の外にその裏付として常に補強証拠を要するというものではない。そもそも、被告人の自白の外に補強証拠を要するとされる主なる趣旨は、ただ被告人の主観的な自白だけによつて、客観的には架空な、空中楼閣的な事実が犯罪としてでつち上げられる危険―例えば、客観的にはどこにも殺人がなかつたのに被告人の自白だけで殺人犯が作られるたぐい―を防止するにあると考える。だから、自白以外の補強証拠によつて、すでに犯罪の客観的事実が認められ得る場合においては、なかんずく犯意とか知情とかいう犯罪の主観的部面については、自白が唯一の証拠であつても差支えないものと言い得るのである。」

【最(一小)判昭和42・12・21刑集21巻10号1476頁】（補強の範囲③：罪体（無免許運転））判例④

「無免許運転の罪においては、運転行為のみならず、運転免許を受けていなかつたという事実についても、被告人の自白のほかに、補強証拠の存在することを要するものといわなければならない。」

【最(三小)決昭和29・5・4刑集８巻５号627頁】（補強の範囲④：罪体（盗品等有償譲受け））判例⑤

「賍物故買の事実についての被告人の公判廷における自白は、被害者の盗難被害届によつて、これを補強することができる」

【最(二小)判昭和23・10・30刑集２巻11号1427頁】（補強の程度）判例⑥

「自白を補強すべき証拠は、必ずしも自白にかかる犯罪組成事実の全部に亘つて、もれなく、これを裏付けするものでなければならぬことはなく、自白にかかる事実の真実性を保障し得るものであれば足る」

【最大判昭和25・7・12刑集４巻７号1298頁】（補強証拠適格①）判例⑦

「第一審の公判廷における被告人の供述は、これと異り前記「本人の自白」に含まれるから、独立して完全な証拠能力を有しないので、有罪を認定するには他の補強証拠を必要とするのである。しかるに、本件においてはこれと司法警察官に対する被告人の供述記載（これも補強証拠を要する）とによつて有罪を認定している。かように、互に補強証拠を要する同一被告人の供述を幾ら集めてみたところで所詮有罪を認定するわけにはいかない道理である。それ故に、原判決には所論の違法があり、論旨は結局理由があつて破棄すべきである。」

【最(二小)決昭和32・11・2刑集11巻12号3047頁】（補強証拠適格②）判例⑧

「被告人が犯罪の嫌疑を受ける前にこれと関係なく、自らその販売未収金関係を備忘のため、闇米と配給米とを問わず、その都度記入したものと認められ、その記載内容は被告人の自白と目すべきものではなく、右帳面はこれを刑訴三二三条二号の書面として証拠能力を有し、被告人の第一審公判廷の自白に対する補強証拠たりうるものと認めるべきである。」

【最大判昭和33・5・28刑集12巻8号1718頁（練馬事件）】（共犯者の自白①） 判例⑨

「憲法三八条二項は、強制、拷問若しくは脅迫による自白又は不当に長く抑留若しくは拘禁された後の自白は、これを証拠とすることができないと規定して、かかる自白の証拠能力を否定しているが、然らざる自白の証拠能力を肯定しているのである。しかし、実体的真実でない架空な犯罪事実が時として被告人本人の自白のみによつて認定される危険と弊害とを防止するため、特に、同条三項は、何人も、自己に不利益な唯一の証拠が本人の自白である場合には、有罪とされ、又は刑罰を科せられないと規定して、被告人本人の自白だけを唯一の証拠として犯罪事実全部を肯認することができる場合であつても、それだけで有罪とされ又は刑罰を科せられないものとし、かかる自白の証明力（すなわち証拠価値）に対する自由心証を制限し、もつて、被告人本人を処罰するには、さらに、その自白の証明力を補充し又は強化すべき他の証拠（いわゆる補強証拠）を要するものとしているのである。すなわち、憲法三八条三項の規定は、被告人本人の自白の証拠能力を否定又は制限したものではなく、また、その証明力が犯罪事実全部を肯認できない場合の規定でもなく、かえつて、証拠能力ある被告人本人の供述であつて、しかも、本来犯罪事実全部を肯認することのできる証明力を有するもの、換言すれば、いわゆる完全な自白のあることを前提とする規定と解するを相当とし、従つて、わが刑訴三一八条（旧刑訴三三七条）で採用している証拠の証明力に対する自由心証主義に対する例外規定としてこれを厳格に解釈すべきであつて、共犯者の自白をいわゆる「本人の自白」と同一視し又はこれに準ずるものとすることはできない。けだし共同審理を受けていない単なる共犯者は勿論、共同審理を受けている共犯者（共同被告人）であつても、被告人本人との関係においては、被告人以外の者であつて、被害者その他の純然たる証人とその本質を異にするものではないからである。されば、かかる共犯者又は共同被告人の犯罪事実に関する供述は、憲法三八条二項のごとき証拠能力を有しないものでない限り、自由心証に委かさるべき独立、完全な証明力を有するものといわざるを得ない。」

【最（一小）判昭和51・10・28刑集30巻9号1859頁】（共犯者の自白②） 判例⑩

「当裁判所大法廷判決……の趣旨に徴すると、共犯者二名以上の自白によつて被告人を有罪と認定しても憲法三八条三項に違反しないことが明らかであるから、共犯者三名の自白によつて本件の被告人を有罪と認定したことは、違憲ではない。」

【論述例】

【補強法則】

自白によって犯罪事実全部を肯認することができる場合であっても、その自白が「自己に不利益な唯一の証拠である場合」（319条2項）には有罪とされない（補強法則）。

補強法則の趣旨は、自白偏重による誤判を防止すること、すなわち、実体的真実でない架空な犯罪事実が被告人の自白のみによって認定される危険と弊害とを防止する点にある。

そうだとすれば、補強証拠は、必ずしも自白にかかる犯罪事実全部をもれなく補強するものである必要はなく、自白にかかる事実の真実性を保障し得るものであれば足ると解する。

第10講　違法収集証拠排除法則

[論点解析] 違法収集証拠の証拠能力

1　違法収集証拠排除法則

(1)　証拠禁止の根拠及び基準

刑事訴訟法には、違法な手続によって収集された証拠の証拠能力について直接規定した条文は存在しません。他方、証拠物は、収集手続が違法であってもその性質や形状が変化することはなく、証拠価値に変わりはありません。そこで、違法収集証拠であってもその証拠能力は否定されない、と考えるのが伝統的な見解であり、判例も古くはこの立場であったといわれています。このように、伝統的には、証拠能力とは、専ら事実認定の正確性を確保するという観点から要求される**"証拠の関連性"**を意味するものであり、したがって、当該証拠が適正な事実認定にとって無益である（およそ意味がない）場合又は有害である（不当な影響を及ぼす）場合にのみ証拠排除されるものと理解されてきました（前者を**自然的関連性**、後者を**法律的関連性**といいます。）。しかしながら、その後、最高裁は一般論として違法収集証拠の証拠能力が否定される場合があることを認めました（判例①参照）。現在では、証拠の関連性が肯定される場合であっても一定の政策的観点から証拠能力を否定すべき場合（これを**"証拠禁止"**といいます。）があることを肯認する見解が支配的であり、**違法収集証拠排除法則**（以下、「排除法則」といいます。）は確立した判例法理となっています。

まず、**証拠禁止（排除）の根拠**としては、①**適正手続の保障（憲法31条）**、②**司法の廉潔性（無瑕性）の保持**、③**違法捜査の抑止**の３点が挙げられます。このうち、①を根拠とする場合、証拠の収集手続に憲法の保障する適正手続条項に違反するような著しい違法がある場合は他の事情を考慮することなく直ちに証拠排除されることになります。他方、②ないし③を根拠とする場合、排除すべきか否かはまさしく政策的な判断であり、司法に対する国民の信頼の維持や違法捜査の抑制という政策目的と犯人の処罰という利益との比較衡量によって決まることになると考えられます。したがって、その判断に際しては、**違法性の程度**の他に、**証拠の重要性**や**事件の重大性**等も考慮要素となり得ます。

判例①は、まず前提として「違法に収集された証拠物の証拠能力については、憲法及び刑訴法になんらの規定もおかれていないので、この問題は、刑訴法の解釈に委ねられている」と判示しました。このように、違法収集証拠の排除が憲法31条を直接の根拠とするものではなく、あくまで刑事訴訟法の解釈問題であると位置付けられていることから、判例の排除法則は、少なくとも根拠①（憲法31条違反）に基づくものではないと解されています。その上で、「個人の基本的人権の保障とを全うしつつ、事案の真相を明らかに」するべきことを規定した刑訴法１条の解釈として、排除法則を導き出しました（なお、「事案の真相の究明」の利益と対立する「個人の基本的人権の保障」の具体的内容として憲法31条及び35条が援用されていることから、これらの憲法規定は刑訴法１条を解釈する際にその趣旨を斟酌すべき規定と位置付けられます。）。

次に、**証拠禁止（排除）の基準**として、判例①は、(1)「証拠物の押収等の手続に、憲法三五条及びこれを受けた刑訴法二一八条一項等の所期する**令状主義の精神を没却するような重大な違法**」があること（**違法の重大性**）、(2)「証拠として許容することが、**将来における違法な捜査の抑制の見地からして相当でない**と認められる場合」であること（**排除の相当性**）の２つを提示しました。この２つの基準について、⑴「**違法の重大性**」は根拠②（**司法の廉潔性保持**の要請）に基づくものであり、⑵「**排除の相当性**」は根拠③（**違法捜査抑制**の要請）に基づくものであると考えられ、両基準はそれぞれ別々の独立した根拠に基づくものと理解することができます。もっとも、判例①の判示からすると、両基準は並列的な要件（⑴又は⑵のいずれかに該当すれば排除となる要件）ではなく、重畳的な要件（⑴及び⑵に該当する場合にのみ排除となる要件）であると解されます。すなわち、政策的判断として証拠排除されるのは、司法の廉潔性（無瑕性）保持の観点からも、違法捜査抑制の観点からも、いずれの意味でも排除すべきと認められるような例外的な場合に限定される、というのが判例の基本的な考え方であると理解されています（もっとも、両基準の具体的な適用としては、「違法の重大性」が認められれば、通常は「排除の相当性」も認められると考えられており、両基準の関係をどのように解するかによって証拠排除の結論を異にするという場面は現実にはあまり想定されません。ただし、事案によっては極めて例外的ではあるものの、“違法は重大であるが排除は相当ではない”と判断される余地は残ります。）。

⑵　違法の重大性

上記排除法則の適用において「**違法の重大性**」を判断する際の考慮要素として、①**手続違反の事由**、②**手続違反の状況**、③**手続違反の認識**が挙げられます。以下、これらの要素を検討する際の注意点を指摘しておきます。

第１に、①**手続違反の事由**と捜査の適法性判断枠組み（⇒**序講２⑴**参照）との関係です。一般論としては、**第１基準（強制処分該当性）**において強制処分と判定されて**強制処分法定主義違反**又は**令状主義違反**として違法と判断される場合（⇒**第１講４**参照）の方が、**第２基準（任意捜査の相当性）**において**比例原則違反**として違法と判断される場合（⇒**第２講【１】１**参照）よりも違法性の程度は大きいといえるでしょう。例えば、任意同行や現場への留め置きが「実質的逮捕に当たる」と評価される場合（⇒**第２講【６】１**参照）や所持品検査が「捜索に至る」と評価される場合（⇒**第２講【３】３**参照）は、無令状で強制処分を行ったに等しいことから「令状主義の精神を没却するような重大な違法」が認められ易いと考えられ、また、違法な別件逮捕・勾留が「令状主義の潜脱」と評価される事態に至ったような場合（⇒**第３講【３】３⑵**参照）も同様です。現に、判例⑦では、原審において「令状を得ることなく、被告人の承諾なく、職務質問に付随する所持品検査として許容される限度を超えた捜索を行った」と判断されており、所持品検査が強制処分である「捜索」に至っていたことが認定されていたところ、この原審の認定を前提として、同判例は結論として「本件における**無令状捜索の違法の程度は重大**であって、将来の違法捜査の抑制の見地からしても、本件覚せい剤等の証拠能力は否定される」と判示しています。もっとも、判例⑤は、エックス線検査について第１基準で強制処分（検証）に該当すると判断しており（第１講の判例③参照）、令状主義違反であると認定しておきながら、結論として証拠物（覚せい剤）の証拠能力を肯定していることから、判例は、令状主義違反の手続が介在すれば直ちに証拠排除するという判断をしているわけではありません。他方で、判例（とりわけ最高裁判例）においては、“強制処分の範疇をできるだけ狭く限定的に解する”という傾向があります。判例①も、まずは捜査法領域において、所持品検査の適法性について、プライバシー侵害の程度の点で「捜索に類するもの」と認定した上で「相当な行為とは認めがたい」と判断しています（第２講【３】の判例④参照）。すなわち、この事案で認定された手続違反の事由は令状主義違反ではなく比例原則違反にとどまるのです。その上で、証拠法領域では、「所持品検査として**許容される限度をわずかに超えて行われた**に過ぎない」と述べて「証拠物の押収手続の違法は必ずしも重大であるとはいいえない」と判示し、押収品（覚せい剤）の証拠能力を肯定しました。しかしながら、同判例の事案における所持品検査の態様は、「内ポケットに手を差入れて所持品を取り出したうえ検査した」というものであり、このような態様の行為は類型的に「捜索に至る」行為として令状主義違反と評価すべきであったとの批判があります。同様に、判例②も、任意同行に引き続く警察署への留め置きについて「**任意捜査の域を逸脱した違法**な点が存する」としており、ここでもあくまで認定された手続違反の事由は比例原則違反にとどまります。結論として、やはり「違法の程度は、いまだ重大であるとはいえず、……証拠能力は否定されるべきではない。」とされています。このように見ると、捜査法領域における上記のような判例の判断傾向、すなわち、“違法と判定する場合はできるだけ令状主義違反ではなく比例原則違反にとどめる”という傾向が、証拠法領域において違法収集証拠の証拠能力を救済する結論を導くための重要な“仕掛け”となっているように思われます（事実、判例①が初めて一般論として排除法則の存在を肯認したものの、その後、後記判例④が登場するまで最高裁が結論として違法収集証拠を排除した事案は一つも存在しませんでした。）。

第２に、**②手続違反の状況**については、当該手続を実施する**必要性・緊急性**等の客観的事情が考慮されます。違法の重大性を肯定した判例⑦は「本件バッグについて所持品検査をする**緊急性**までは認められない状況で、被告人が占有を継続していることが明らかな本件バッグを、被告人の承諾なく開披して、その内容物を取り出し、写真撮影するというプライバシー侵害の程度が大きい態様で行った」と認定しています。判例⑧も「所持品検査の**必要性**は高くなく、その**緊急性**がない状況であるにもかかわらず、被告人の承諾を得ないまま、捜索に類似し、かつ、被告人のプライバシーを侵害する程度の高い行為が行われたのであるから、……所持品検査の**必要性**、**緊急性**の有無、程度、所持品検査の態様等からすれば、本件の所持品検査がその許容限度を逸脱する程度は大きい」と判示しています。他方、違法の重大性を否定した判例①は「職務質問の要件が存在し、かつ、所持品検査の**必要性**と**緊急性**が認められる状況のもとで、……行われたに過ぎない」と言及しており、判例⑤も「宅配便を利用した覚せい剤譲受け事犯の嫌疑が高まっており、更に事案を解明するためには本件エックス線検査を行う**実質的必要性**があった」と述べています。また、判例⑥も「職務質問の要件が存在し、所持品検査の**必要性**と**緊急性**とが認められる」と指摘しています。ここで、注意すべきは、第１基準により強制処分該当性を判断する際には、必要性・緊急性という個別具体的事情は考慮されない（してはならない）という点です（⇒**第１講３(3)**参照）。すなわち、第１基準で強制処分に該当すると判定する場合、捜査法領域における「違法性の有無」の判断と、証拠法領域における「違法性の程度」の判断では、考慮すべき事情を区別する必要があります（これに対して、第２基準で比例原則を適用する際には、当該手続の必要性・緊急性という事情は、まさしく「違法性の有無」の考慮要素となるものです。⇒**第２講【１】１**参照）。

第３に、**③手続違反の認識**として、捜査機関に**令状主義潜脱の意図**があったか否かという主観的事情が考慮されます。最高裁として初めて違法収集証拠の証拠能力を否定する判断を示した判例④は、客観的事情である「逮捕時に逮捕状の呈示がなく、逮捕状の緊急執行もされていない……という手続的な違法」に加えて、「警察官は、その手続的な違法を糊塗するため、……逮捕状へ虚偽事項を記入し、内容虚偽の捜査報告書を作成し、更には、公判廷において事実と反する証言をしている」という捜査機関の意図及び態度を認定した上で、「本件の経緯全体を通して表れたこのような**警察官の態度**を総合的に考慮すれば、本件逮捕手続の違法の程度は、令状主義の精神を潜脱し、没却するような重大なものであると評価されてもやむを得ない」と判断しました。同様に、違法の重大性を肯定した判例⑦も「本来令状なしに捜索をすることが許される場合でないことは、通常の警察官であれば容易に判断できたと認められる。にもかかわらず、……本件バッグを開披して中を見たことは、警察官らの**令状主義に関する諸制度を潜脱する意思**があったことを強くうかがわせる」と指摘しています。また、判例⑧も違法の重大性を肯定しているところ、同判例は、警察官作成の現行犯人逮捕手続書や捜索差押調書に「被告人が拒絶したものの所持品検査を実施したことは記載されておらず、むしろ被告人の明示の承諾を受けて所持品検査を実施した旨記載されていること」、「警察官が、原審公判廷において、本件財布、本件ポーチ及び本件缶の開披いずれについても、被告人の明示の承諾があった旨証言していること」を挙げ、これらの行為が捜査機関において「所持品検査における……警察官の言動に問題があり**違法であることを十分認識していた**ことの証左ということができる」と指摘しています。このように、捜査機関に違法行為を行う意図がある場合には違法の重大性が一層高まると評価されることになります。他方、違法の重大性が否定された各判例においても、「**令状主義に関する諸規定を潜脱しようとの意図**があったものではなく」（判例①）、「**令状主義に関する諸規定を潜脱する意図**があったとはいえない」（判例⑤及び⑥）、「被告人宅への立ち入りに際し警察官は当初から**無断で入る意図**はなく」（判例②）等と言及されていることから、捜査機関の意図という主観的事情は違法の重大性を否定する際にも考慮されています。これらの判例の判断は、言うならば、“故意犯は排除し、過失犯は救済する”というものです。このような判断に対しては、捜査機関の意図（違法行為の認識）は、手続違反の違法性を高める方向でのみ考慮されるべき事情であり、そのような意図がない場合に違法性の程度が低いと評価する方向で考慮すべきではない、との指摘もあります。

2　先行手続の違法――派生証拠の証拠能力――

捜査活動においては、複数の手続が積み重なり、最終的に証拠が発見、収集されるという場合も少なくありません。そこで、違法な手続を起点として手続が積み重ねられた結果、最終的に収集された証拠について、その証拠の直接の収集手続それ自体には違法な点がないという場合、当該証拠の証拠能力をどのように判断すべきでしょうか。“違法な手続に引き続いて行われた手続によって収集された証拠”の証拠能力が問題となります。この問題については、以下に示す３つのアプローチが考えられます。

(1)　違法性の承継アプローチ

第１は、**「手続と手続の関係」**を問題とするアプローチです。このアプローチは、ある証拠物が違法収集証拠であるとするには、あくまで当該証拠物の直接の収集手続に違法が認められる必要があるとの理解を前提とします。その上で、当該証拠物の直接の収集手続である後行手続が先行手続の違法性を承継するか否かを判断し、先行手続に引き続いて行われた後行手続も違法性を帯びる場合（**違法性帯有論**）、後行手続によって収集された証拠物についても違法収集証拠と評価する、というアプローチで検討します。

判例②は、証拠物（尿）の直接の収集手続である「採尿手続自体は、何らの強制も加えられることなく、被告人の自由な意思での応諾に基づき行われている」ことから適法であるという事案でした。そこで、それに先行する任意同行等の一連の手続について、「一連の手続と採尿手続は、被告人に対する覚せい剤事犯の捜査という**同一目的**に向けられたものであるうえ、採尿手続は右一連の手続によりもたらされた状態を**直接利用**してなされている」という事情を指摘して、「採尿手続の適法違法については、採尿手続前の右一連の手続における違法の有無、程度をも十分考慮してこれを判断するのが相当である」と判示しました。そして、一連の先行手続が違法であると認定した上で、「これに引き続いて行われた本件採尿手続も**違法性を帯びる**」と判断しました。このように先行手続と後行手続の関係を検討し、**「同一目的・直接利用」関係**があるような場合には後行手続は先行手続の違法性を「帯びる」（帯有する）と評価する判断枠組みによれば、最終的には後行手続も違法と認定されるため、その結果収集された証拠物はそれ自体がまさしく違法収集証拠そのものであると評価されることになります。もっとも、結論としてその証拠が排除されるか否かは別問題であり、上述した「違法の重大性」、「排除の相当性」という基準に照らして判断する必要があります（判例②も、上記のとおり違法性の承継は肯定したものの、結論として証拠排除は否定しています。）。

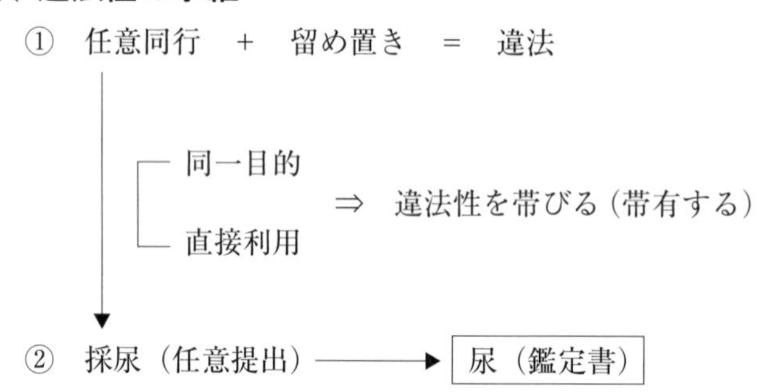

(2) 派生証拠の密接関連性アプローチ

第2は、**「証拠と証拠の関係」**を問題とするアプローチです。すなわち、違法な手続によって収集された証拠（第一次証拠）に基づいて発見された派生証拠についても、同様に排除法則の趣旨を及ぼし、その証拠能力を否定する、というアプローチです（いわゆる**「毒樹の果実」論**）。このような派生証拠について、その直接の収集手続に違法がないとの理由で一律に証拠能力を肯定するとすれば排除法則は骨抜きとなってしまいます。特に違法捜査抑止の観点からすれば、派生証拠にも排除の効力を及ぼさなければ、抑止の効果が十分に達成されないといえます。したがって、派生証拠も一定の場合には排除することが排除法則の帰結であると解されます。他方で、派生証拠が違法収集証拠に由来するという理由のみで一律に証拠能力を否定してしまうと、捜査活動が一連の手続の積み重ねであることに照らしても、結論の妥当性を欠くことになります。そこで、第一次証拠と派生証拠との間の**関連性**をメルクマールとして排除効を及ぼすべきか否かを判断します。そして、この関連性の判断に際しては、①派生証拠の発見・獲得が、違法手続と無関係な独立の適法手続の成果であったといえるか否か／違法手続がなくとも他の適法手続によって確実かつ必然的であった（はずだ）といえるか否か（**独立入手源の法理／不可避的発見の法理**）、②派生証拠の発見・獲得に至る過程に一定の事情が介在したため両証拠の繋がりが希薄になっていたといえるか否か（**希釈の法理**）等が考慮されます。

判例③における**伊藤裁判官の補足意見**は、「いわゆる**「毒樹の実」**として、いかなる限度で第一次的証拠と同様に排除されるかについては、……第一次的証拠の収集方法の**違法の程度**、収集された第二次的**証拠の重要さの程度**、第一次的証拠と第二次的証拠との**関連性の程度**等を考慮して総合的に判断すべき」と述べており、基本的に上記の「毒樹の果実」論の判断枠組みを提示したものと解されます。また、判例④は、先行手続である逮捕に重大な違法が認められることを前提として、違法収集証拠として証拠能力が否定された第一次証拠（尿及び尿鑑定書）を疎明資料として発付された捜索差押許可状に基づく捜索により発見、押収された派生証拠（覚せい剤）について、「証拠能力のない証拠と**関連性を有する証拠**」であると述べました。その上で、結論として「関連性は**密接**なものではない」として証拠能力を肯定しており、派生証拠の**「密接関連性」**を判断するという枠組みを採用しています。そして、判例④は、密接関連性を否定した理由として、派生証拠の収集過程（捜索・差押え）について、「司法審査を経て発付された捜索差押許可状によってされたものであること」及び「逮捕前に適法に発付されていた被告人に対する窃盗事件についての捜索差押許可状の執行と併せて行われたものであること」という事情を挙げており、上述した「希釈の法理」や「不可避的発見の法理」の観点から密接関連性の検討がなされたものといえます（なお、判例④は、「密接関連性」が否定されるという点に加えて、「その他、これらの**証拠の重要性**等諸般の事情を総合すると、その証拠能力を否定することはできない」という旨を判示しており、**「証拠の重要性」**が違法収集証拠の証拠能力判断の考慮要素となることを最高裁として初めて明確に認めた点でも重要な意義を有しています。）。

(3)　違法手続の因果性アプローチ

第３は、**「手続と証拠の関係」**を問題とするアプローチです。このアプローチは、最終的に獲得された証拠の証拠能力の判断に際して、(1)その直接の収集手続の違法性（違法性の承継）を認定することが理論上不可欠の前提となるわけではなく、また、(2)違法に収集された第一次証拠の証拠能力を前提問題とした上で当該証拠をその「派生証拠」として捉えることが必然的というわけでもない、との理解を前提とします。その上で、端的に、**違法手続と因果性**を有する証拠についてどのような範囲で証拠能力が否定されるのかを検討すれば足りる、と考えるアプローチです。言い換えれば、先行手続の違法性の波及功の範囲の問題と捉えるのです。

判例④は、採尿手続（任意提出）に先行して行われた逮捕手続に重大な違法があると認定した上で、尿及び尿鑑定書について「重大な違法があると評価される本件**逮捕と密接な関連**を有する証拠である」と述べて、これらの証拠の証拠能力を否定しました。ここでいう「密接関連性」は、上述した「毒樹の果実」論とは異なり、違法な「手続」（逮捕）と「証拠」（尿及び尿鑑定書）との関係を問題としており、違法手続の因果性を意味するものであるといえます。たしかに、この事案では、(1)逮捕は別の被疑事実（窃盗）の捜査活動として行われた手続であり、先行手続である逮捕と後行手続である採尿（任意提出）との間に「同一目的・直接利用」関係を認定することは困難でした。また、(2)先行手続である逮捕それ自体は証拠物の収集手続ではなく、違法な先行手続によって収集された証拠（第一次証拠）が存在しないことから、尿及び尿鑑定書を「派生証拠」と捉えることも適切とはいえませんでした。このような事案は、端的に「手続と証拠の関係」を問題とするアプローチに馴染むものであったといえます。また、判例⑤も「本件覚せい剤等は、違法な本件**エックス線検査と関連性**を有する証拠である」と述べており、直接の収集手続（捜索・差押え）の違法性や第一次証拠（写真）の証拠能力を問うことなく、端的に違法な「手続」（エックス線検査）と「証拠」（覚せい剤）の関係を問題とするアプローチを採用しています。この事案では、第一次証拠であるエックス線検査の射影写真は公判において証拠調べ請求されておらず、それ故、第一次証拠の証拠能力を前提問題とする必然性に乏しいことから、問題となっている証拠（覚せい剤）について「派生証拠」と捉え

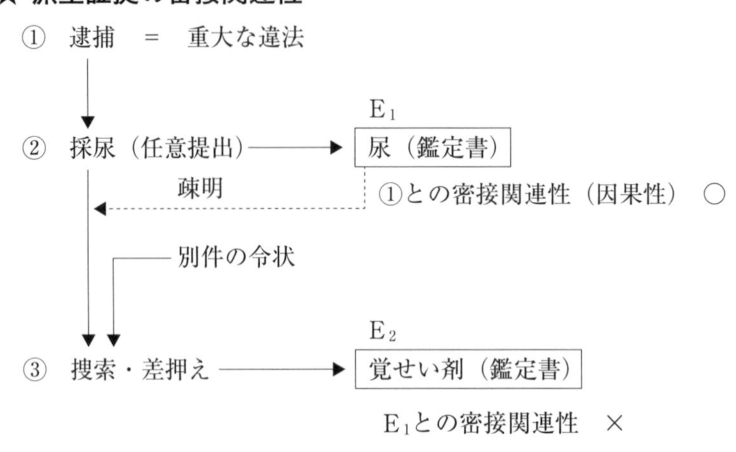

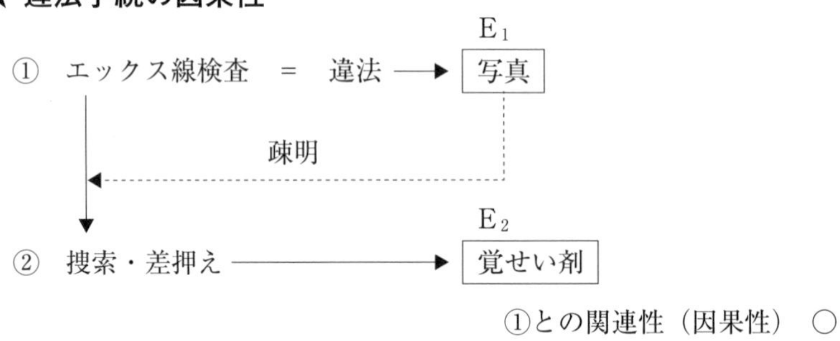

る判断枠組み（「毒樹の果実」論）を援用しなかったものと思われます。

もっとも、証拠排除を認めた上記判例④においては、逮捕と尿及び尿鑑定書との間の「密接関連性」を肯定する理由として、「本件採尿は、本件逮捕の当日にされたもの」であるという事情しか挙げられていません。そのため、判例の採用する“手続と証拠との密接関連性”（違法手続の因果性）の判断基準は未だその内容が不明瞭であると指摘されています（なお、判例⑤は「本件覚せい剤等は、司法審査を経て発付された各捜索差押許可状に基づく捜索において発見されたものであり、その発付に当たっては、本件エックス線検査の結果以外の証拠も資料として提供された」との事情を指摘していますが、この事情は“手続と証拠との密接関連性”（違法手続の因果性）を希釈する具体的な事情の一つとして指摘されたものであると解されます。）。

3 問題分析

［平成27年試験問題］

(1) 証拠収集手続の違法性の検討

［設問2］（前段）では、「本件文書及び本件メモ」（以下、「本件文書等」といいます。）の証拠能力について、「証拠収集上の問題点」の検討が求められています。そこで、本件文書等の収集過程を具体的に分析します。

まず、①「甲の逮捕・取調べ」によって「甲の供述（自白）」が収集されます。次に、この甲の供述（自白）を疎明資料として発付された逮捕状に基づく②「乙の逮捕・取調べ」によって「乙の供述（自白）」が収集されます。さらに、この乙の供述（自白）を疎明資料として発付された捜索差押許可状に基づく③「Hマンション705号室の捜索・差押え」によって「本件文書等」が収集されています（**【図１】**参照）。これらの各手続と各証拠の関係について、採点実感では、以下のように説明されていました。

【図１】（平成27年試験問題）

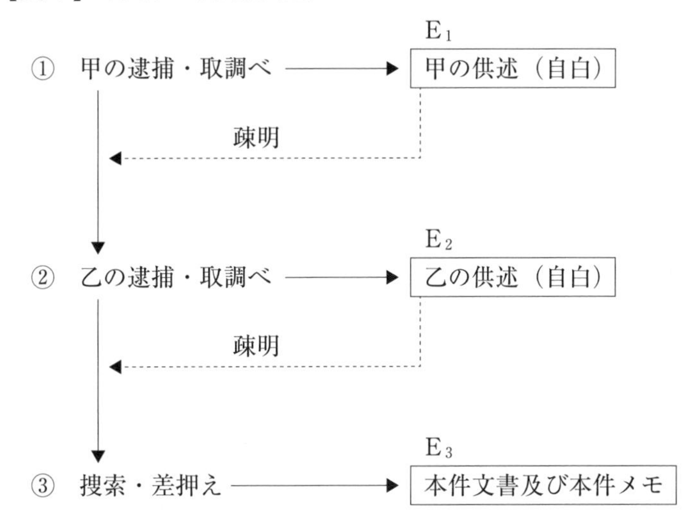

［平成27年採点実感］

「本問では、**甲の取調べ、乙の逮捕及び逮捕後の乙の取調べ**、並びに、**Hマンション705号室の捜索による本件文書及び本件メモの押収**は、いずれも手続上は別個のものであって、**甲供述、乙供述、本件文書及び本件メモ**の各証拠は、相互に関連するものとは直ちにいえないが、Pらは、甲の自白が得られたことによって初めて、乙を本件で逮捕して取り調べることが可能となったものであり、その逮捕後の身柄拘束中の取調べの際に乙が自白し、その自白に基づいて捜索差押許可状の発付を得たことにより、本件文書及び本件メモの発見押収に至ったものであるといった事情が存することから、相互に一定の関係性や関連性を認め得るということが可能となるものである。」

本問では、「本件文書等」の直接の収集手続である③「Hマンション705号室の捜索・差押え」は、それ自体に違法な点はありません。そこで、先行手続の違法性を検討することになります。まず、①「甲の逮捕・取調べ」ですが、これにより収集された甲の供述（自白）は典型的な約束自白であり、任意性を欠くものとして証拠能力が否定されます（⇒**第９講【1】4(3)**参照）。もっとも、自白法則の根拠について**任意性説**に立つ限り、そのことから直ちに自白の収集手続に違法があるということにはなりません。採点実感には以下のように述べられていましたが、本問では、甲の自白の収集手続に違法な点を見出すのは困難というべきでしょう。

［平成27年採点実感］

「大部分の答案は、甲の供述獲得手続を何らかの意味で違法とし（したがって、甲の供述を違法収集証拠とし）、本件文書及び本件メモをそこから派生した証拠と位置付けて、その証拠能力を検討していた。その場合、不任意自白の証拠能力が否定される根拠についての諸見解を踏まえつつ、**甲の供述（自白）獲得手続がどのような意味で違法といえるのか**を明らかにする必要がある」

次に、②「乙の逮捕・取調べ」について検討します。甲の供述（自白）が証拠能力を欠くことを前提とすると、このような証拠を唯一の疎明資料として発付された逮捕状に基づく乙の逮捕の適法性を問題とする余地があります。すなわち、自白法則について任意性説の立場から検討した場合においても、類型的に虚偽のおそれが大きい不任意自白は逮捕状の疎明資料としても用いることは許されないと考えることができます。そうすると、乙の逮捕状の発付に際して、甲の不任意自白以外に疎明資料がなかったのであれば、結局、乙について「罪を犯したことを疑うに足りる相当な理由」（199条１項）は疎明されていなかったということになり、乙の逮捕はその要件を欠いた違法なものと評価されます（第３講【３】の判例⑦参照）。採点実感には、以下のように言及されていました。

[平成27年採点実感]
「本事例では、甲の供述獲得は後の乙の逮捕及び取調べにつなげることを意図した側面も見られることから、虚偽排除の観点からでも、類型的に虚偽のおそれが大きい**不任意の供述を逮捕状の疎明資料に用い得るか**、また、そのようにして**発付された逮捕状は有効か**を問題とする余地などもあったと思われる」

以上より、本件文書等については、違法な「乙の逮捕」に引き続く手続によって収集された証拠（あるいは違法に収集された「乙の供述」の派生証拠）であると捉えることができます。

なお、上記違法手続により権利利益を侵害されたのは乙であるのに対し、本件文書等は丙の公判で証拠調べ請求されたものであり、それに異議を述べて証拠排除を求めているのは丙（の弁護人）であることから、**排除の申立適格**が問題となります。この問題については、排除の根拠として、①適正手続の保障の観点を重視するのであれば、違法手続によって権利を侵害された者以外の第三者の申立適格は否定されるのに対し、②司法の廉潔性（無瑕性）の保持や③違法捜査の抑止の観点を重視するのであれば、違法手続が誰に向けられたものであったかは排除の根拠とは無関係であるため第三者の申立適格は肯定される、と考えられます。

(2)　派生証拠の証拠能力の検討

派生証拠の証拠能力の判断枠組みについては、出題趣旨等において以下のように説明されています。

[平成27年出題趣旨]
「次に、**派生証拠の証拠能力**をどのような判断枠組みで考えるかが問題になる。この点については、**最判昭和53年９月７日**（**刑集32巻６号1672頁**）が一般論として採用する**違法収集証拠排除法則**を前提に、最高裁及び下級審による多数の裁判例が蓄積されているところ（代表的な判例としては、**最判昭和61年４月25日刑集40巻３号215頁**、**最判平成15年２月14日刑集57巻２号121頁**等が存在する。）、本設問の解答に当たっても、それらを踏まえつつ、本問の具体的

事例に即した検討・論述がなされることが望ましい。**派生証拠の証拠能力の判断枠組み**としては、大別すると、**先行手続の違法の後行手続への承継**という枠組みのもと、先行手続と後行手続との間に一定の関係（前記昭和61年最判によれば、**同一目的、直接利用関係**）が認められる場合には、先行手続の違法の有無、程度も考慮して後行手続の適法・違法を判断するという考え方と、そのような違法の承継というステップを踏むことなく、先行手続の**違法の内容・程度**と、先行手続と証拠（証拠収集手続）との**関連性の程度**とを総合して判断するという考え方とが見られる。前記昭和61年最判は、前者の考え方によるものといえるのに対し、前記平成15年最判については、後者の考え方に親和的であるとの見方もある。」

[平成27年採点実感]

「**派生証拠の証拠能力**については、関連する最高裁判例（**最判昭和61年４月25日刑集40巻３号215頁、最判平成15年２月14日刑集57巻２号121頁**等）をも踏まえ、……適切な判断枠組みを示した上で、その枠組みに従い、**先行手続に存在する違法の重大性、違法手続と証拠（又はその収集手続）との関連性の密接度**や**希釈要因となり得る事情**について、設問の具体的事例に即した検討・論述を行う必要がある。この点、多くの答案は、前記**最判昭和61年の示す「同一目的・直接利用関係」**や、前記**最判平成15年の示す「密接関連性」**等の表現を用いつつ検討を加えていたが、その具体的意味内容や各判例の判示する判断枠組みにおける位置・役割について、理解が十分でないと思われるものも少なくなかった。また、そもそも判断枠組みを示さないまま、具体的事情の検討に進んでいるものも存在した。」

出題趣旨の示す第１の考え方は、**違法性の承継アプローチ**です。この判断枠組みによれば、先行手続である「乙の逮捕（及びその後の取調べ）」と後行手続である「Ｈマンション705号室の捜索・差押え」の関係を検討することになります。たしかに、両手続はいずれも本件詐欺未遂事件の捜査という**「同一目的」**に向けられたものといえます。もっとも、後行手続については司法審査（捜索差押許可状の発付）が介在しており、しかも、その際の疎明資料として用いられた「乙の供述（自白）」について特に任意性を疑わせる事情はありません。そうすると、後行手続が先行手続によってもたらされた状態を**「直接利用」**してなされたものであると評価することは困難でしょう。したがって、後行手続が先行手続の違法性を帯びるとはいえません。

これに対して、出題趣旨の示す第２の考え方は、「関連性」を問題とするものですが、**「先行手続と証拠（証拠収集手続）との関連性」**という表現が用いられていることから、「証拠と証拠との関連性」を問題とする本来的な「毒樹の果実」論ではなく、**違法手続の因果性アプローチ**に近い判断枠組みといえます（本問では、第一次証拠である「乙の供述（自白）」の証拠能力を前提問題とする必要はないことから、「毒樹の果実」論を援用する必然性はないでしょう。）。いずれにしても、この「関連性」の判断にあたっては、**「希釈要因となり得る事情」**の検討が必要となります。ここでも、証拠能力に何ら問題のない「乙の供述（自白）」を疎明資料とする司法審査に基づく捜索差押許可状の発付という事情が介在していることから、違法手続の因果性は希釈されており、「乙の逮捕」と「本件文書等」との関連性は密接なものではないと評価することになるでしょう。出題趣旨等には、以下のように言及されていました。

[平成27年出題趣旨]

「本問の具体的事例に即して、前記不起訴約束による甲の供述（自白）獲得手続の問題点についての検討を踏まえ、先行手続の違法性評価を行うことに加えて、その後介在する乙の任意性のある自白とこれを疎明資料とする裁判官による令状審査・発付が、**違法手続と証拠との関連性の程度**に与える影響をそれぞれ検討する必要があり、それらを踏まえ、また、前記昭和53年最判の示す証拠排除の基準にも留意しつつ、結論を導くに至った思考過程を説得的に論述することが求められる。」

[平成27年採点実感]

「**関連性の密接度**の検討に当たっては、特に、**希釈要因となり得る事情**の検討が重要である。この点では、甲の供述獲得から本件文書及び本件メモの押収までの過程に、乙の任意性のある自白が介在している点とともに、前記最判平成15年の判示を踏まえれば、二度の令状審査・発付（乙に対する逮捕状、Hマンション705号室に対する捜索差押許可状）が介在している点が問題となる。これらの点は、比較的多くの答案において何らか言及されていたが、関連性の希釈要因として文字どおり言及ないし摘示される程度の論述にとどまっているものが多く、これらの介在事情が派生証拠の証拠能力判断においてどのような意味を有するものかを掘り下げて検討・論述できていた答案は、少数にとどまった。」

なお、本問では、そもそも先行手続について**「違法の重大性」**を認定するのは困難であると思われます。すなわち、本問で司法警察員Pらには必ずしも手続違反の認識があったとはいえず、捜査機関に令状主義潜脱の意図があったとまでは認められないことから、上述した判例の傾向に照らしても、乙の逮捕について「令状主義の精神を没却するような重大な違法」があったと認定することはできないでしょう。したがって、派生証拠の証拠能力についてどのような判断枠組みによる場合でも、結論として本件文書等の証拠能力が排除法則により否定されることはないと考えられます。

[平成18年試験問題]

［設問２］は、共謀形成過程において作成されたメモの証拠能力を問うものであり、当然、伝聞法則の適用の検討（⇒**第８講【2】２参照**）が中心的な課題となります。もっとも、［設問１］でメモの押収手続を違法と認定していた場合、違法収集証拠排除法則の検討も必要となります。そこで、判例の排除基準に照らして、違法の重大性を検討します。

本件メモの押収手続の瑕疵は、逮捕に伴う無令状差押え（220条１項２号）に際して逮捕理由たる被疑事実（公務執行妨害事件）とは無関係の別事件（強盗致傷事件）の証拠（関連性を欠く別罪証拠）である本件メモを差し押さえた、という点です（⇒**第４講【3】５参照**）。これは、まさしく違法な無令状差押えであって令状主義（憲法35条、刑訴法218条１項）に違反する手続です。もっとも、判例⑥は、職務質問後に違法な警察署への連行及び所持品検査を実施したという事案について、「実質的には、この時点で被告人を右覚せい剤所持の現行犯人として逮捕するか、少なくとも緊急逮捕することが許されたといえる」と判示し、押収手続時点において無令状逮捕の要件を具備していたという点を指摘した上で、かかる押収手続の違法性の程度について「警察官において、法の執行方法の選択ないし捜査の手順を誤ったものにすぎず、法規からの逸脱の程度が実質的に大きいとはいえない」と判示しました。このように、判例は、違法手続時点の事情を基準として、当該捜査目的を達成するために採り得た他の手段が存在し、その手段について法定要件を具備していたといえる場合、違法の重大性を否定する傾向があります。この観点から本問を検討してみると、本件メモの押収手続時点において、既に甲が強盗致傷事件の犯人であるとの濃厚な嫌疑が存在しており、この時点で強盗致傷事件についても緊急逮捕の要件（210条１項）を具備していたと認められるでしょう。そうすると、仮にＸ巡査が甲を強盗致傷事件で緊急逮捕した上で、それに伴う捜索・差押えを実施していれば、本件メモを適法に差し押さえることができたといえます（なお、本件メモは、強盗致傷事件との関係では当然に関連性が肯定されます。）。結局のところ、本件メモを無令状で差し押さえること自体は可能な状況にあったと考えられるのです。このような場合、本件メモの押収手続にはＸ巡査が手続の選択ないし捜査の手順を誤ったという瑕疵があるに過ぎないものと評価され、上述した判例の傾向に照らせば、違法の重大性は否定されるでしょう。

［令和６年試験問題］

［設問１］は、甲から押収した覚醒剤の鑑定書の証拠能力を検討させる問題です。本問の鑑定書（以下、「本件鑑定書」といいます。）について、甲の弁護人は、本件鑑定書の証拠調べ請求に対して、取調べに異議がある旨の意見を述べています。この意見は、本件鑑定書の収集過程に違法な手続が介在しているため証拠能力を否定すべきとの趣旨であると解されます。もっとも、本件鑑定書における鑑定対象である覚醒剤の直接の収集手続は、裁判官から捜索差押許可状の発付を受けた上で実施した甲の身体及び所持品の捜索・差押えであり、それ自体に違法な点はありません（**【図１】**参照）。本問の問題の所在について、出題趣旨等では、以下のように指摘されています。

［令和６年出題趣旨］

「本問では、鑑定の対象となった覚醒剤は、裁判官が発付した捜索差押許可状により差し押さえられたものであり、差押手続それ自体には違法性が認められないものの、これに**先行する手続**において、Ｐは甲の承諾を得ることなく、甲所持のかばん（以下「本件かばん」という。）のチャックを開けた上、いきなり本件かばんの中に手を差し入れて探り、注射器を取り上げていることから、この点の違法性が覚醒剤の**鑑定書の証拠能力に与える影響**が問題となることを適切に把握した上で、その証拠能力の有無について論じる必要がある。」

［令和６年採点実感］

「違法収集証拠排除法則については、覚醒剤の鑑定書という**派生証拠の証拠能力**が問題となっていることから、違法収集証拠排除法則のみならず、**派生証拠の証拠能力に関する判断枠組み**を示すことが求められていたところ、そもそも、派生証拠の証拠能力が問題となっていることに気付いていない答案、派生証拠の証拠能力に関する判断枠組みを示すことなく、漫然と違法収集証拠排除法則を当てはめる答案、……昭和53年判決が証拠物に関する判示であることや手続的価値の重要性を説いているにもかかわらず、こうした議論を踏まえない論述に終始する答案が少なからず見受けられた。」

そこで、以下、本件鑑定書の証拠能力について、まず、押収手続の前提となった先行手続の適法性を検討し、次いで、先行手続の適否が本件鑑定書の証拠能力に与える影響について検討します。

まず、**先行手続の適法性**を検討します。Ｐが注射器を発見した手続は、その法的性質が警職法上の**職務質問及びそれに付随する所持品検査**であると考えられることから、**所持品検査の限界**が問題となります（⇒**第２講【3】３**参照）。なお、先行手続の適法性として本問で特に問題となるのは所持品検査の点ですが、所持品検査の法的性質を**職務質問の付随行為**と解した上で、その根拠規定を警職法２条１項に求める場合、先行する職務質問が同項の要件を具備していることが所持品検査の適法性の前提となることから、**職務質問及びそれに伴う停止措置**の適法性についても言及しておくべきであると思われます。

次に、**先行手続の適否が本件鑑定書の証拠能力に与える影響**を検討します。上述した３つのアプローチについて、出題趣旨等においても以下のとおり言及されていました。

［令和６年出題趣旨］

「Ｐが注射器を発見した手続が違法であるとした場合には、かかる手続の違法性が覚醒剤の鑑定書の証拠能力にどのような影響を及ぼすのかという点が問題となることから、違法収集証拠排除法則についての基本的な理解及び鑑定書という**派生証拠の証拠能力**に関する自説を示した上、本件事例の具体的事実を適切に評価して結論を出すことが求められる。

この点については、違法収集証拠排除法則に関する最高裁判所の判例（**最判昭和53年９月７日刑集32巻６号1672頁**）を踏まえて、違法収集証拠が**排除される根拠**（**適正手続の保障、司法の廉潔性の保持、将来の違法捜査の抑止**）、**排除の判断基準**、その際に**考慮される要素**等を論じる必要がある。また、**派生証拠の証拠能力**については、**違法性の承継論、毒樹の果実論、派生証拠にも端的に違法収集証拠排除法則を適用する考え方**など、様々な立場があるが、いずれの立場に立つにせよ、自説及びその論拠を説得的に論じる必要があろう。」

［令和６年採点実感］

「覚醒剤の鑑定書の証拠能力に関する結論を導く際には、**派生証拠の証拠能力**に関する自説と論理的に整合する当てはめが求められていたところ、例えば、派生証拠の証拠能力に関して、**違法性の承継論**を採るのであれば、……**違法な先行手続**の結果が**後行手続に利用**されていることを根拠に、**後行手続に違法性が承継された**と考えて、違法収集証拠排除法則の適用の有無を検討することになるのに、違法が証拠に承継されるといった説明をしたり、先行手続の違法の重大性のみを検討したりするなど、違法性の承継論の論理が示されていない答案、**毒樹の果実論**を採るのであれば、**第１次証拠と第２次証拠の間の関連性の程度**が基準となるはずなのに、違法な「手続」と「証拠」の間の関連性の程度を基準としている答案などが相当数見受けられた。」

なお、上記採点実感によれば、**違法性の承継論**において「違法が証拠に承継される」という説明をする論述や、**毒樹の果実論**において「違法な「手続」と「証拠」の間の関連性の程度」を基準とする論述は、いずれも不適切であるという趣旨が指摘されています。あくまで前者は**「手続と手続の関係」**を問題とするアプローチであり、後者は**「証拠と証拠の関係」**を問題とするアプローチであることを正確に理解した上で、検討枠組みとして混同しないように明確に区別する必要があります。

その上で、自己の採用するアプローチを踏まえ、本問においても**「希釈要因となり得る事情」**（**平成27年採点実感**参照）を検討することになります。本問では、職務質問に伴う所持品検査（先行手続）と鑑定書（派生証拠）との間に、「捜査報告書①及び②等を疎明資料とした令状審査・発付」という事情が介在していることから、かかる介在事情をどのように評価するかが問題となります（**【図2】**参照）。具体的には、**【考え方Ⅰ】：違法性の承継アプローチ**（「違法性承継論」）からは“直接利用関係が否定されるか否か”、**【考え方Ⅱ】：派生証拠の密接関連性アプローチ**（「毒樹の果実論」）からは“密接関連性が希釈されるか否か”、**【考え方Ⅲ】：違法手続の因果性アプローチ**（「派生証拠にも端的に違法収集証拠排除法則を適用する考え方」）からは“先行手続の因果性が遮断されるか否か”という観点から上記の介在事情を検討することになります。

【図2】（令和6年試験問題）

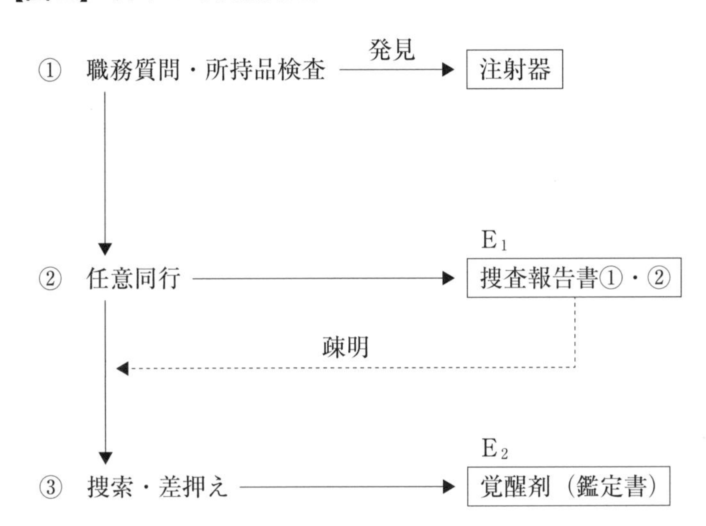

【考え方Ⅰ】

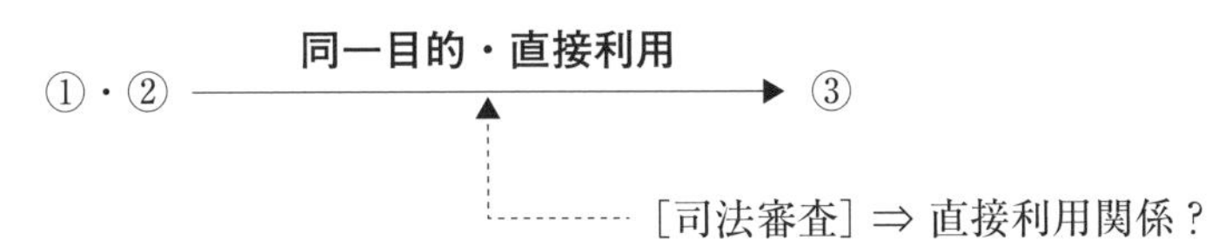

【考え方Ⅱ】

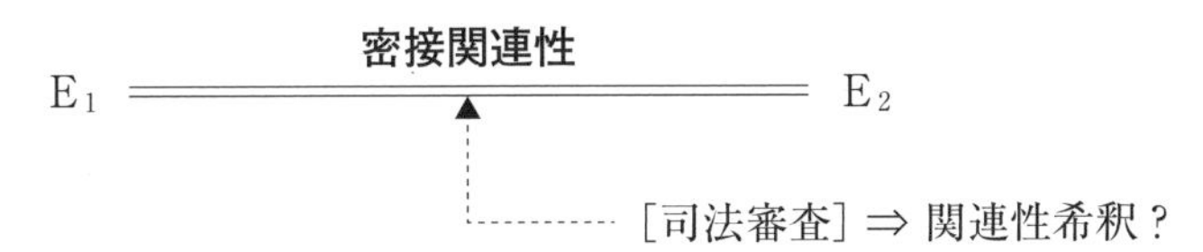

【考え方Ⅲ】

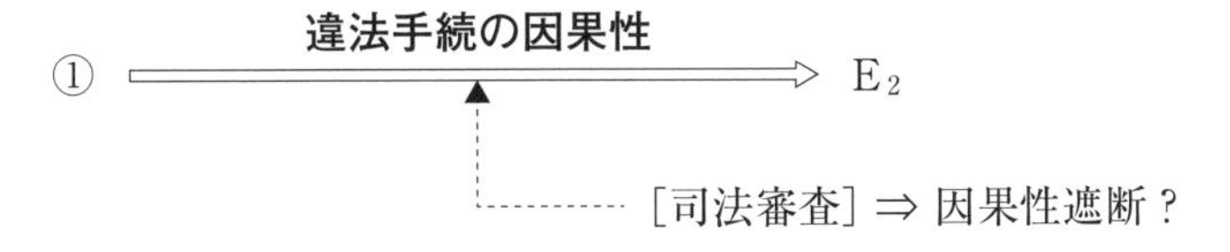

本問において、“違法な所持品検査”に関連する疎明資料はあくまで捜査報告書②のみです。ここで、仮に捜査報告書①と②を別個独立の疎明資料と捉えるのであれば、違法収集証拠以外の（適法に作成された）疎明資料である捜査報告書①に基づく令状審査・発付の介在により派生証拠との密接関連性が相当程度希釈されたものと評価する余地が生じます（判例⑤参照）。しかしながら、捜査報告書①と②は職務質問及び所持品検査という連続した一連の先行手続に関する報告書であることから、内容的に不可分一体と見るべきであり、それぞれ別個の疎明資料として扱うのは適切ではないというべきでしょう（もしこれを別個に扱うことが許容されるとすれば、例えば、違法手続を含む先行手続に関する記載内容を全て１通の報告書にまとめて作成した場合と違法な手続に関連する内容だけ切り離して別の報告書に記載して形式上２通作成した場合とで希釈の有無の結論が異なり得るということになり、希釈法理が脱法的に運用されるおそれがあるため妥当ではないと思われます。）。出題趣旨等においては、以下のように言及されていました。

［令和６年出題趣旨］

「本問では、搜索差押許可状の請求に当たって、捜査報告書①及び同②が疎明資料として提出されているところ、同①には、覚醒剤の密売拠点であると疑われるアパートから出てきた人物から甲が封筒を受け取っているなど、覚醒剤を所持している可能性が高いことをうかがわせる事情が記載されている一方で、同②には、Ｐが本件かばんの中に手を入れて探り、書類の下から注射器を発見したことが記載されていない点につき、これらの事実がどのような意味を有するのかを丁寧に検討することが求められる。また、**派生証拠の証拠能力**については、自説との論理的整合性が求められており、例えば、**毒樹の果実論**に立つ場合には、どの証拠が一次証拠と考えられるのかに留意しながら論述する必要がある。」

［令和６年採点実感］

「派生証拠の証拠能力の当てはめにおいては、Ｐの行為ないし注射器との密接関連性を議論するに当たって、どの立場に立つにせよ、疎明資料として用いられた捜査報告書①には、覚醒剤の密売拠点であると疑われるアパートから出てきた人物から甲が封筒を受け取っているなど、覚醒剤を所持している可能性が高いことをうかがわせる事情が記載されている一方で、捜査報告書②には、Ｐが本件かばんの中に手を入れて探り、書類の下から注射器を発見したことが記載されていない点につき、これらの事実がどのような意味を有するのかを丁寧に検討する必要があるところ、これらの事実に触れずに、Ｐが注射器を発見した行為は令状主義に反するから重大な違法があるなどと安易に結論付ける答案が少なからず見受けられた。」

ところで、**【考え方Ⅱ】**を採用する場合、上記出題趣旨が指摘するように「**毒樹の果実論**に立つ場合には、どの証拠が一次証拠と考えられるのか」が問題となります。この点について、上記採点実感には「注射器との密接関連性」という記述があることから、「注射器」を第一次証拠と捉えることが想定されているようにも思われます。しかしながら、本問において、本件かばんの中に在中していた「注射器」は、上述のとおり違法な所持品検査により発見された物ですが、その後、これが証拠として押収されたか否かについては問題文の事例中に明確な記載がありません（むしろ事例の記載からすれば「注射器」自体は最終的に押収されなかったと読むのが素直であるように思われます。)。そうすると、仮に「注射器」が未押収である場合、厳密にはこれを「違法収集証拠」(違法に“収集”された「証拠」)と評価することはできないのではないか(単に、違法に“発見”された「物」にとどまるのではないか)という疑問が生じます。むしろ、本問では「注射器」それ自体よりも、「本件かばんのチャックを開けたところ注射器が入っていた旨」が記載され、令状請求の際の疎明資料に供された捜査報告書②こそが、先行手続の違法性が化体した「証拠」であり、かつ、その後の押収及び逮捕手続の直接的な起点となっていると評価できます。そこで、Ｐによる職務質問、所持品検査及びそれに引き続く甲の任意同行までを一連の先行手続と捉えた上で、それら一連の手続によって獲得(作成)された証拠である「捜査報告書①及び②」を第一次証拠(違法収集証拠)と評価し、その派生証拠として本件鑑定書の証拠能力を検討することもできるでしょう。もっとも、いずれにしても「注射器」又は「捜査報告書①及び②」それ自体が甲の公判で証拠調べ請求されていないのであれば(なお、この点についても問題文の事例中に明確な記載はありません。)、本問は**【考え方Ⅱ】**よりも**【考え方Ⅰ】**(又は**【考え方Ⅲ】**)の検討枠組みに馴染む事案であったといえます。

なお、判例⑧は警察官作成の現行犯人逮捕手続書や捜索差押調書に「被告人が拒絶したものの所持品検査を実施したことは記載されておらず、むしろ被告人の明示の承諾を受けて所持品検査を実施した旨記載されている」という点で本問と類似の事案であるといえますが、同判例は「被告人の尿は、本件覚せい剤が発見されたことを重要な疎明資料として発付された強制採尿令状に基づき……現行犯逮捕による身柄拘束状態を利用して差し押さえられているから……、その差押えは、本件覚せい剤を違法に発見したことを**直接利用**してなされたもので**それ自体も違法**というべきである」と判示しており、**【考え方Ⅰ】**を採用しています。その上で、希釈要因については、「被告人の尿を差し押さえた違法の程度が、本件覚せい剤を発見した際の違法の程度よりも**低減する特段の事情**は存しないから、被告人の尿を差し押さえた違法の程度も重大というべきである」と評価した上で、「被告人の尿の鑑定書についても証拠能力は否定される」と判断しています。

〈参考判例〉

【最(一小)判昭和53・9・7刑集32巻6号1672頁】(違法収集証拠排除法則①:排除の根拠及び基準)
判例①

「違法に収集された証拠物の証拠能力については、憲法及び刑訴法になんらの規定もおかれていないので、この問題は、刑訴法の解釈に委ねられているものと解するのが相当であるところ、刑訴法は、「刑事事件につき、公共の福祉の維持と個人の基本的人権の保障とを全うしつつ、事案の真相を明らかにし、刑罰法令を適正且つ迅速に適用実現することを目的とする。」(同法一条)ものであるから、違法に収集された証拠物の証拠能力に関しても、かかる見地からの検討を要するものと考えられる。ところで、刑罰法令を適正に適用実現し、公の秩序を維持することは、刑事訴訟の重要な任務であり、そのためには事案の真相をできる限り明らかにすることが必要であることはいうまでもないところ、証拠物は押収手続が違法であつても、物それ自体の性質・形状に変異をきたすことはなく、その存在・形状等に関する価値に変りのないことなど証拠物の証拠としての性格にかんがみると、その押収手続に違法があるとして直ちにその証拠能力を否定することは、事案の真相の究明に資するゆえんではなく、相当でないというべきである。しかし、他面において、事案の真相の究明も、個人の基本的人権の保障を全うしつつ、適正な手続のもとでされなければならないものであり、ことに憲法三五条が、憲法三三条の場合及び令状による場合を除き、住居の不可侵、捜索及び押収を受けることのない権利を保障し、これを受けて刑訴法が捜索及び押収等につき厳格な規定を設けていること、また、憲法三一条が法の適正な手続を保障していること等にかんがみると、証拠物の押収等の手続に、憲法三五条及びこれを受けた刑訴法二一八条一項等の所期する令状主義の精神を没却するような重大な違法があり、これを証拠として許容することが、将来における違法な捜査の抑制の見地からして相当でないと認めれる場合においては、その証拠能力は否定されるものと解すべきである。

これを本件についてみると、原判決の認定した前記事実によれば、被告人の承諾なくその上衣左側内ポケットから本件証拠物を取り出したＫ巡査の行為は、職務質問の要件が存在し、かつ、所持品検査の必要性と緊急性が認められる状況のもとで、必ずしも諾否の態度が明白ではなかつた被告人に対し、所持品検査として許容される限度をわずかに超えて行われたに過ぎないのであつて、もとより同巡査において令状主義に関する諸規定を潜脱しようとの意図があつたものではなく、また、他に右所持品検査に際し強制等のされた事跡も認められないので、本件証拠物の押収手続の違法は必ずしも重大であるとはいいえないのであり、これを被告人の罪証に供することが、違法な捜査の抑制の見地に立つてみても相当でないとは認めがたいから、本件証拠物の証拠能力はこれを肯定すべきである。」

【最(二小)判昭和61・4・25刑集40巻3号215頁】(違法収集証拠排除法則②：違法性の承継) **判例②**

「本件においては、被告人宅への立ち入り、同所からの任意同行及び警察署への留め置きの一連の手続と採尿手続は、被告人に対する覚せい剤事犯の捜査という同一目的に向けられたものであるうえ、採尿手続は右一連の手続によりもたらされた状態を直接利用してなされていることにかんがみると、右採尿手続の適法違法については、採尿手続前の右一連の手続における違法の有無、程度をも十分考慮してこれを判断するのが相当である。そして、そのような判断の結果、採尿手続が違法であると認められる場合でも、それをもつて直ちに採取された尿の鑑定書の証拠能力が否定されると解すべきではなく、その違法の程度が令状主義の精神を没却するような重大なものであり、右鑑定書を証拠として許容することが、将来における違法な捜査の抑制の見地からして相当でないと認められるときに、右鑑定書の証拠能力が否定されるというべきである（最高裁昭和五一年(あ)第八六五号同五三年九月七日第一小法廷判決・刑集三二巻六号一六七二頁参照)。以上の見地から本件をみると、採尿手続前に行われた前記一連の手続には、被告人宅の寝室まで承諾なく立ち入つていること、被告人宅からの任意同行に際して明確な承諾を得ていないこと、被告人の退去の申し出に応ぜず警察署に留め置いたことなど、任意捜査の域を逸脱した違法な点が存することを考慮すると、これに引き続いて行われた本件採尿手続も違法性を帯びるものと評価せざるを得ない。しかし、被告人宅への立ち入りに際し警察官は当初から無断で入る意図はなく、玄関先で声をかけるなど被告人の承諾を求める行為に出ていること、任意同行に際して警察官により何ら有形力は行使されておらず、途中で警察官と気付いた後も被告人は異議を述べることなく同行に応じていること、警察官において被告人の受験の申し出に応答しなかつたことはあるものの、それ以上に警察署に留まることを強要するような言動はしていないこと、さらに、採尿手続自体は、何らの強制も加えられることなく、被告人の自由な意思での応諾に基づき行われていることなどの事情が認められるのであつて、これらの点に徴すると、本件採尿手続の帯有する違法の程度は、いまだ重大であるとはいえず、本件尿の鑑定書を被告人の罪証に供することが、違法捜査抑制の見地から相当でないとは認められないから、本件尿の鑑定書の証拠能力は否定されるべきではない。」

【最(三小)判昭和58・7・12刑集37巻6号791頁】(違法収集証拠排除法則③：「毒樹の果実」論) **判例③**

[裁判官伊藤正己の補足意見]

「ところで、このような違法収集証拠（第一次的証拠）そのものではなく、これに基づいて発展した捜査段階において更に収集された第二次的証拠が、いわゆる「毒樹の実」として、いかなる限度で第一次的証拠と同様に排除されるかについては、それが単に違法に収集された第一次的証拠となんらかの関連をもつ証拠であるということのみをもつて一律に排除すべきではなく、第一次的証拠の収集方法の違法の程度、収集された第二次的証拠の重要さの程度、第一次的証拠と第二次的証拠との関連性の程度等を考慮して総合的に判断すべきものである。

……本件勾留質問は、裁判官が、捜査に対する司法的抑制の見地から、捜査機関とは別個の独立した職責に基づいて、受動的に聴取を行つたものであり、またこれに対する被告人の陳述も任意にされたと認められるのであるから、その手続自体が適法であることはもとより、この手続に捜査官が支配力を及ぼしたとみるべき余地はなく、第一次的証拠との関連性も希薄であつて、この勾留質問調書を証拠として許容することによつて、将来本件と同種の違法捜査の抑止が無力になるとか、司法の廉潔性が害されるとかいう非難は生じないと思われる。……

また、消防機関は、捜査機関とは独立した機関であり、その行う質問調査は、効果的な火災の予防や警戒体制を確立するなど消防活動に必要な資料を得るために火災の原因、損害の程度を明らかにする独自の行政調査であつて、犯人を発見保全するための犯罪の捜査ではないから、消防機関が右行政目的で行つた質問調査が、捜査機関によつて違法に収集された第一次的証拠を資料として発付された逮捕状、勾留状による被疑者の身柄拘束中に、当該被疑者に対して行われたとしても、そこに捜査と一体視しうるほどの密接な関連性を認めて、その質問に対する任意の供述の証拠能力を否定すべきものとする必然性のないことは、裁判官による勾留質問の場合と同様である。……

以上のように右勾留質問調書及び消防官調書は第一次的証拠との関連の程度が希薄であることに加え、本件の事案も重大であり、右各調書は証拠としても重要であること等を総合考慮すれば、これらの証拠能力を否定することは、違法収集証拠の排除の目的を越えるものであるというべきである」

【最（二小）判平成15・2・14刑集57巻2号121頁】（違法収集証拠排除法則④：派生証拠の密接関連性） 判例④

「以上の事実を前提として、原審が違法収集証拠に当たるとして証拠から排除した被告人の尿に関する鑑定書、これを疎明資料として発付された捜索差押許可状により押収された本件覚せい剤、本件覚せい剤に関する鑑定書について、その証拠能力を検討する。

⑴　本件逮捕には、逮捕時に逮捕状の呈示がなく、逮捕状の緊急執行もされていない（逮捕状の緊急執行の手続が執られていないことは、本件の経過から明らかである。）という手続的な違法があるが、それにとどまらず、警察官は、その手続的な違法を糊塗するため、前記のとおり、逮捕状へ虚偽事項を記入し、内容虚偽の捜査報告書を作成し、更には、公判廷において事実と反する証言をしているのであって、本件の経緯全体を通して表れたこのような警察官の態度を総合的に考慮すれば、本件逮捕手続の違法の程度は、令状主義の精神を潜脱し、没却するような重大なものであると評価されてもやむを得ないものといわざるを得ない。そして、このような違法な逮捕に密接に関連する証拠を許容することは、将来における違法捜査抑制の見地からも相当でないと認められるから、その証拠能力を否定すべきである（最高裁昭和51年（あ）第865号同53年9月7日第一小法廷判決・刑集32巻6号1672頁参照）。

⑵　前記のとおり、本件採尿は、本件逮捕の当日にされたものであり、その尿は、上記のとおり重大な違法があると評価される本件逮捕と密接な関連を有する証拠であるというべきである。また、その鑑定書も、同様な評価を与えられるべきものである。

したがって、原判決の判断は、上記鑑定書の証拠能力を否定した点に関する限り、相当である。

⑶　次に、本件覚せい剤は、被告人の覚せい剤使用を被疑事実とし、被告人方を捜索すべき場所として発付された捜索差押許可状に基づいて行われた捜索により発見されて差し押さえられたものであるが、上記捜索差押許可状は上記⑵の鑑定書を疎明資料として発付されたものであるから、証拠能力のない証拠と関連性を有する証拠というべきである。

しかし、本件覚せい剤の差押えは、司法審査を経て発付された捜索差押許可状によってされたものであること、逮捕前に適法に発付されていた被告人に対する窃盗事件についての捜索差押許可状の執行と併せて行われたものであることなど、本件の諸事情にかんがみると、本件覚せい剤の差押えと上記⑵の鑑定書との関連性は密接なものではないというべきである。したがって、本件覚せい剤及びこれに関する鑑定書については、その収集手続に重大な違法があるとまではいえず、その他、これらの証拠の重要性等諸般の事情を総合すると、その証拠能力を否定することはできない。」

【最（三小）判平成21・9・28刑集63巻7号868頁】（違法収集証拠排除法則⑤：違法な先行手続の因果性） 判例⑤

「本件エックス線検査は、……検証としての性質を有する強制処分に当たるものと解される。そして、……検証許可状によることなくこれを行った本件エックス線検査は、違法であるといわざるを得ない。

次に、本件覚せい剤等は、同年6月25日に発付された各捜索差押許可状に基づいて同年7月2日に実施された捜索において、5回目の本件エックス線検査を経て本件会社関係者が受け取った宅配便荷物の中及び同関係者の居室内から発見されたものであるが、これらの許可状は、4回目までの本件エックス線検査の射影の写真等を一資料として発付されたものとうかがわれ、本件覚せい剤等は、違法な本件エックス線検査と関連性を有する証拠であるということができる。

しかしながら、本件エックス線検査が行われた当時、本件会社関係者に対する宅配便を利用した覚せい剤譲受け事犯の嫌疑が高まっており、更に事案を解明するためには本件エックス線検査を行う実質的必要性があったこと、警察官らは、荷物そのものを現実に占有し管理している宅配便業者の承諾を得た上で本件エックス線検査を実施し、その際、検査の対象を限定する配慮もしていたのであって、令状主義に関する諸規定を潜脱する意図があったとはいえないこと、本件覚せい剤等は、司法審査を経て発付された各捜索差押許可状に基づく捜索において発見されたものであり、その発付に当たっては、本件エックス線検査の結果以外の証拠も資料として提供されたものとうかがわれることなどの諸事情にかんがみれば、本件覚せい剤等は、本件エックス線検査と上記の関連性を有するとしても、その証拠収集過程に重大な違法があるとまではいえず、その他、これらの証拠の重要性等諸般の事情を総合すると、その証拠能力を肯定することができると解するのが相当である。」

【最（二小）決昭和63・9・16刑集42巻7号1051頁】（違法の重大性①：否定例） 判例⑥

「本件所持品検査は、被告人の承諾なく、かつ、違法な連行の影響下でそれを直接利用してなされたものであり、しかもその態様が被告人の左足首付近の靴下の脹らんだ部分から当該物件を取り出したものであることからすれば、違法な所持品検査といわざるを得ない。次に、……採尿手続自体は、被告人の承諾があつたと認められるが、前記一連の違法な手続によりもたらされた状態を直接利用して、これに引き続いて行われたものであるから、違法性を帯びるものと評価せざるを得ない（最高裁昭和六〇年（あ）第四二七号同六一年四月二五日第二小法廷判決・刑集四〇巻三号二一五頁参照）。
三　所持品検査及び採尿手続が違法であると認められる場合であつても、違法手続によつて得られた証拠の証拠能力が直ちに否定されると解すべきではなく、その違法の程度が令状主義の精神を没却するような重大なものであり、証拠として許容することが、将来における違法な捜査の抑制の見地からして相当でないと認められるときに、その証拠能力が否定されるというべきである（最高裁昭和五一年（あ）第八六五号同五三年九月七日第一小法廷判決・刑集三二巻六号一六七二頁参照）。

これを本件についてみると、職務質問の要件が存在し、所持品検査の必要性と緊急性とが認められること、X巡査部長は、その捜査経験から被告人が落とした紙包みの中味が覚せい剤であると判断したのであり、被告人のそれまでの行動、態度等の具体的な状況からすれば、実質的には、この時点で被告人を右覚せい剤所持の現行犯人として逮捕するか、少なくとも緊急逮捕することが許されたといえるのであるから、警察官において、法の執行方法の選択ないし捜査の手順を誤つたものにすぎず、法規からの逸脱の程度が実質的に大きいとはいえないこと、警察官らの有形力の行使には暴力的な点がなく、被告人の抵抗を排するためにやむを得ずとられた措置であること、警察官において令状主義に関する諸規定を潜脱する意図があつたとはいえないこと、採尿手続自体は、何らの強制も加えられることなく、被告人の自由な意思での応諾に基づいて行われていることなどの事情が認められる。これらの点に徴すると、本件所持品検査及び採尿手続の違法は、未だ重大であるとはいえず、右手続により得られた証拠を被告人の罪証に供することが、違法捜査抑制の見地から相当でないと認められないから、右証拠の証拠能力を肯定することができる。」

【東京高判平30・3・2判時2393・2394号63頁】（違法の重大性②：肯定例） 判例⑦

「2　本件バッグに対する開披、内容物の取出し、写真撮影について

⑴　原判決の判断

原判決は、概要、以下のように判示した。

弁護人は、警察官らが、その後の職務質問中に、被告人が持っていた本件バッグを知人に渡そうとして投げたところ、警察官が、地面に落ちた本件バッグについて、被告人の承諾なく、開披し、本件覚せい剤を探し出し、写真撮影をするなどしたのは、違法な捜索であると主張するところ、……警察官らが、その後、地面に落ちた本件バッグを開披し内容物を取り出して写真撮影をするなどした行為は、令状を得ることなく、被告人の承諾なく、職務質問に付随する所持品検査として許容される限度を超えた捜索を行ったというべきであるから違法であるし、本件覚せい剤は、上記捜索によって発見されたものであるから、本件覚せい剤及び本件鑑定書は、違法な捜索と密接に関連する証拠である。

しかし、本件の捜索は違法であるものの、〔1〕本件バッグに対するプライバシー保護の必要性は相当程度低下していたこと、〔2〕所持品検査の必要性、緊急性は高かったこと、〔3〕警察官らに令状主義に関する諸規定を潜脱する意図があったとは認められないことを考慮すると、違法の程度は必ずしも重大であるとはいえず、本件覚せい剤等を証拠として供することが将来の違法捜査の抑制の見地から相当ではないとも認められないから、証拠能力は肯定できる。

⑵　当裁判所の判断

原判決の上記〔1〕ないし〔3〕の判断は、論理則、経験則等に照らして不合理であり、結論として本件覚せい剤等の証拠能力を肯定したことは是認できない。

以下、詳述する。

〔1〕本件バッグに対するプライバシー保護の必要性について

……そうすると、被告人が本件バッグを投げたことにより、警察官が拾い得る状況になったとはいえ、被告人と本件バッグとの場所的近接性、被告人が投げて地面に落下してから警察官が本件バッグを拾うまでの時間的近接性、さらには被告人が本件バッグを投げた後も、そこにそのまま留まっており、現場から離れようとするような態度を示した形跡がないことからすれば、被告人には、Bが占有を取得しない限り、本件バッグの占有を継続する意思があり、仮に何者かが本件バッグを持ち去ろうとするようなことがあれば、それを止めることもできる状況にあり、自らの意思に基づいて本件バッグを管理し得る状態を失ったわけではないのであるから、本件バッグに対するプライバシー保護の必要性は低下していたとは評価できない。原判決は、本件バッグに関し、自らの意思で支配が及びにくい状況を作り出したのであるから、そのまま手にしていた場合に比べて、プライバシーの保護の必要性は相当程度低下していたと判断しているが、それは上記のような事情を考慮することなく、単に本件バッグを投げたことによって生じた客観的状況のみを根拠に判断したもので、その評価は相当ではない。

〔2〕所持品検査の必要性、緊急性について

まず、所持品検査の必要性について見ると、本件車両は別の車両のナンバープレートが装着されていたのであるから、盗難車である可能性があるし、ナンバープレートからその所有者が判明されないようにされていたことからすると、何らかの犯罪行為に使用された可能性もあり、本件車両の使用者は、本件車両の窃盗や、本件車両を使用した何らかの別の犯罪と関わりがあることが強く推認されるところ、被告人は、本件車両のドアロックを解錠したのであるから、本件車両の使用者であると認められる。しかも、被告人は、警察官が声をかけようと接近すると、逃走したのであるから、窃盗その他、何らかの犯罪と関わりがある疑いは更に高まっていたといえる。さらに、被告人が人定事項の聴取や所持品検査を拒否していたことからすると、被告人が手に持っていた本件バッグに何らかの犯罪に関わる物品や禁制品が在中している疑いは相当高いものとなっていた。その上、被告人は、携帯電話で呼び出したＢに向かって、「預かっていてくれ」などと言って本件バッグを投げたことからすれば、本件バッグには、何らかの犯罪に関わる物品や禁制品が在中している疑いは更に高まったと認められる。そうすると、本件バッグに対する所持品検査の必要性は高いものであったと認められる。

もっとも、ａ警察官らは、地域の警察官から、被告人に覚せい剤事犯の犯罪歴があることを聞いて把握していたものの、定かではなかったのである種の情報として捉えていたというにすぎず、被告人に覚せい剤取締法違反の前歴があることが判明したのは本件バッグ内から白色結晶状粉末を取り出した後のことであり、ａ警察官自身、本件バッグ内に在中していると疑いを持っていたのは「何かしらの禁制品」というものにすぎない。したがって、当時警察官らは、より具体的に覚せい剤等の違法薬物など薬物事犯に関わる証拠物であるとの疑いまではもっていなかったのであり、本件バッグに対する所持品検査の必要性は、何らかの犯罪に関わる物品や禁制品が在中している疑いの限度で認められるにすぎない。原判決は、この点について、本件バッグ内に覚せい剤等の違法薬物が入っている疑いが相当強まっていたと判断しているが、前提となる事実を誤認している。

次に、所持品検査の緊急性について見ると、本件バッグは、Ｂの手前約１メートルの場所に落ちたのであるから、Ｂが本件バッグを手にして逃走すれば、本件バッグが持ち去られてしまう危険性があったことは否定できない。しかしながら、……Ｂが本件バッグを手にして持ち去ってしまう現実的な危険性は高いものではなかったと認められる。しかも、警察官らは、被告人が、本件バッグをＢの方に投げた午後４時49分のわずか１分後である午後４時50分には、本件バッグを開披して内容物の確認を開始しており、この間、被告人に対して承諾を求めて更に説得を続けることもしていない。

そうすると、被告人の周囲に多くの警察官がいたことも含め、本件当時の現場の状況からすれば、被告人がＢの方に向かって投げた本件バッグをＢや第三者が持ち去る危険性はさほど高くなく、本件バックの中身を至急確かめなければならないような緊急性があったとは認められない。また、当時の現場の状況において、被告人が、銃器や爆発物等の危険物を所持している可能性が高かったとは認められないから、その意味での緊急性も認められない。原判決は、この点について、本件バッグ内に覚せい剤等の違法薬物が入っている疑いが相当強まっていたので、警察官が所持品検査をする必要性、緊急性は高かったと判断しているが、既に検討したように、当時警察官らが有していた嫌疑はそこまで具体的ではなかったし、所持品検査をする緊急性が高い理由については特に指摘しておらず、原判決の判断は是認できない。

〔３〕警察官らの令状主義に関する諸規定を潜脱する意図について

前記のとおり、……被告人の本件バッグに対する占有は継続していたと認められる。そして、その状況を見ていた周囲の警察官は、その点について十分認識できたと認められる。にもかかわらず、警察官らは、それまで所持品検査を頑なに拒否していた被告人が約４メートルしか離れていない場所にいるのに、被告人の承諾を得ようともせずに本件バッグを開披しているのであり、しかも中を一べつするに留まらず、全ての内容物を一つ一つ取り出し、取り出した封筒の中に入っていた本件覚せい剤まで取り出して、その写真撮影までしているのである。したがって、この場合、本来令状なしに捜索をすることが許される場合でないことは、通常の警察官であれば容易に判断できたと認められる。にもかかわらず、被告人が本件バッグを投げた１分後に、Ｂの立会いを求めたとはいえ、本件バッグを開披して中を見たことは、警察官らの令状主義に関する諸制度を潜脱する意思があったことを強くうかがわせるものである。原判決は、警察官らに令状主義に関する諸規定を潜脱しようとする意図があったとは認められないと判断しているが、上記の事情に照らせば、その判断は是認できない。

〔４〕まとめ

以上検討したとおり、本件における一連の警察官らの行動は、本件バッグについて所持品検査をする緊急性までは認められない状況で、被告人が占有を継続していることが明らかな本件バッグを、被告人の承諾なく開披して、その内容物を取り出し、写真撮影するというプライバシー侵害の程度が大きい態様で行ったものである。また、本件証拠上、警察官らは、被告人が占有を放棄する意思ではないことが明確に認識できる状況で、令状もなく本件バッグを開披し、内容物を取り出し写真撮影をしているのであって、単に、強制捜査と任意捜査との区別、任意捜査として許される限界についての判断を誤ってしまったのではなく、令状主義に関する諸規定を遵守しようとする意識のなさが強くうかがえる。

したがって、本件における無令状捜索の違法の程度は重大であって、将来の違法捜査の抑制の見地からしても、本件覚せい剤等の証拠能力は否定されるべきものであり、本件覚せい剤に関する本件鑑定書も同様に証拠能力を欠くものである。」

【大阪高判平28・10・13判タ1439号127頁】（違法の重大性③：肯定例） 判例⑧

「所持品検査の違法性及びその程度並びに各鑑定書の証拠能力について

⑴　これまでみたとおり、乙川警察官は、本件自動車について、その車内を見ることは被告人の了解を得ていたものの、その助手席の上に置かれていた本件財布及び本件ポーチは、いずれもチャックが閉じられており、一見して個人的な物が在中していることが明らかな物であって、それらが被告人のものであると分かったにもかかわらず、被告人の承諾を得ることなく、本件財布及び本件ポーチを開披して、その在中物を取出し、本件ポーチ内から取り出した本件缶も被告人の承諾を得ずに開披して、本件覚せい剤を発見した。

⑵　所持人である被告人の承諾を得ずに行われた上記の所持品検査が例外的に許容される場合であったか否かを検討する。

乙川警察官が所持品検査を開始した当時の状況は、被告人には「警察官に知られたくない何らかの犯罪を犯しているのではないかとの疑い」が認められたにすぎず、嫌疑は抽象的なものにとどまり、その程度も濃厚とは言い難いものであったから、所持品検査の必要性が高かったとはいえない。また、乙川警察官が所持品検査を開始した当初、被告人は、着衣の中の所持品検査に素直に応じ、乙川警察官が外側からポケットを触ることに抵抗することもなく、車内検索についても他人の車だからと正当な理由を述べていったんは拒否したものの、本件自動車の所有者が了解すると、素直にこれに応じている。さらに、被告人は、日中のパチンコ店駐車場屋上で自動車の修理をしていたのであるから、客観的に、乙川警察官らから逃走することが容易な状況にあったわけではない。これらの事情に照らせば、被告人が所持品検査を拒否した場合に、乙川警察官において、所持品検査に応じるよう説得していたのでは、その実効性が阻害されるおそれがあったとは認められず、所持品検査の緊急性があったとはいえない。

そして、乙川警察官による所持品検査は、個別的にみた場合、チャック等で閉じられた本件財布等を開披し、その中を確認し、その在中物を取り出しているから、いずれも捜索に類似する行為である上、一連のものとしてみた場合には、本件自動車内にある被告人の所持品を手当たり次第に無断で検索しようとするものであり、被告人のプライバシーを侵害する程度の高い行為というべきである。

このように、本件においては、所持品検査の必要性は高くなく、その緊急性がない状況であるにもかかわらず、被告人の承諾を得ないまま、捜索に類似し、かつ、被告人のプライバシーを侵害する程度の高い行為が行われたのであるから、これらの所持品検査は相当な行為とは認め難く、職務質問に付随する所持品検査の許容限度を逸脱した違法なものというべきである。……

⑶　所持品検査の違法性の程度及び各鑑定書の証拠能力について検討する。

既に説示した、被告人の承諾を得ずに行われた所持品検査の必要性、緊急性の有無、程度、所持品検査の態様等からすれば、本件の所持品検査がその許容限度を逸脱する程度は大きいといわざるを得ない。

加えて、乙川警察官の言動からすれば、同警察官は、対象物が被告人の手元から離れて本件自動車の助手席に置かれており、物理的に容易に検査することができる状態にあることに乗じて、当初から、真摯に所持品検査に応じるよう説得する手間を省き、被告人の承諾の有無にかかわらず、それらを検査しようとの意図のもと、被告人が明示の拒絶をしても、それを無視して、検査に及んだといわざるを得ない。……また、乙川警察官作成の現行犯人逮捕手続書（当審職１）や丙山警察官作成の捜索差押調書（当審職２）には、被告人が拒絶したものの所持品検査を実施したことは記載されておらず、むしろ被告人の明示の承諾を受けて所持品検査を実施した旨記載されていること、乙川警察官や丙山警察官が、原審公判廷において、本件財布、本件ポーチ及び本件缶の開披いずれについても、被告人の明示の承諾があった旨証言していることは、両警察官が所持品検査における乙川警察官の言動に問題があり違法であることを十分認識していたことの証左ということができる。

これらの事情を総合すれば、乙川警察官らが所持品検査の過程において、被告人に対してパトカーに誘導した以外に有形力を行使した形跡がないことを考慮しても、乙川警察官による本件覚せい剤発見に至る一連の所持品検査の違法の程度は、令状主義の精神を没却するような重大なものであったというべきである。そして、このような所持品検査により発見された物やその鑑定書を証拠として許容することは、警察官から声を掛けられた者が、通常以上に緊張狼狽した様子を見せただけで、具体的な犯罪の嫌疑が存在せず、所持品検査の必要性が高いわけでも、所持品検査の緊急性があるわけでもないのに、承諾のないまま、所持品の開披や在中品の取り出しなどの所持品検査を許容することにつながりかねないのであり、将来における違法な捜査の抑制の見地からしても相当でないというべきである。

⑷　そうすると、本件の所持品検査には重大な違法があり、将来における違法捜査の抑制の見地からしても、本件覚せい剤の証拠能力は否定されるべきものであり、本件覚せい剤に関する鑑定書も同様に証拠能力を認めることはできない。また、本件覚せい剤は違法な所持品検査に基づいて発見されているのであるから、

本件覚せい剤の所持を被疑事実とする現行犯逮捕も違法というべきところ、被告人の尿は、本件覚せい剤が発見されたことを重要な疎明資料として発付された強制採尿令状に基づき（当審職３）、現行犯逮捕による身柄拘束状態を利用して差し押さえられているから（原審甲３）、その差押えは、本件覚せい剤を違法に発見したことを直接利用してなされたものでそれ自体も違法というべきである。そして、被告人の尿を差し押さえた違法の程度が、本件覚せい剤を発見した際の違法の程度よりも低減する特段の事情は存しないから、被告人の尿を差し押さえた違法の程度も重大というべきである。したがって、被告人の尿の鑑定書についても証拠能力は否定されるべきである。」

【論述例】

【違法収集証拠排除法則】

違法に収集された証拠物の証拠能力について規制する直接の規定はないところ、証拠物は、押収手続が違法であっても、その証拠価値に影響がないことから、これを直ちに排除することは実体的真実発見の要請（刑訴法１条参照）から相当ではない。他方、事案の真相の究明も、個人の基本的人権を保障し（憲法35条参照）、適正な手続のもとでされなければならない（憲法31条参照）。

そうだとすれば、実体的真実発見の要請と適正手続保障の要請との調和の観点から、①証拠物の押収等の手続に、憲法35条及びこれを受けた刑訴法218条１項等の所期する令状主義の精神を没却するような重大な違法があり、②これを証拠として許容することが、将来における違法な捜査の抑制の見地からして相当でないと認められる場合においては、その証拠能力を否定すべきものと解する。

【違法性の承継】

証拠物についてその直接の収集手続が、先行する違法な一連の手続に引き続いて行われた場合、当該収集手続（後行手続）の適法・違法は、先行する一連の手続における違法の有無、程度をも十分考慮してこれを判断するのが相当である。

具体的には、①先行手続と後行手続が同一目的に向けられたものであり、②後行手続が先行手続によりもたらされた状態を直接利用してなされたものである場合、違法な先行手続に引き続いて行われた後行手続も違法性を帯びるものと解する。

【派生証拠の証拠能力】

違法収集証拠（第一次証拠）に基づいて獲得された派生証拠について、その直接の収集手続に重大な違法がないことを理由に証拠能力を肯定することは、違法収集証拠排除法則の趣旨を没却することになり相当ではない。他方で、実体的真実発見の要請からすれば、それが単に違法に収集された第一次証拠と何らかの関連性を有する証拠であるということのみをもって一律に証拠排除すべきではない。

そうすると、派生証拠について第一次証拠と同様にその証拠能力を否定すべきか否かについては、第一次証拠の収集手続の違法の程度、第一次証拠と派生証拠との関連性の程度、派生証拠の重要性等を考慮して総合的に判断すべきものと解する。

【参考答案例】【平成27年】

［設問２］

第１　証拠収集上の問題点について

本件文書及び本件メモ（以下、「本件文書等」という。）は、①甲の自白を疎明資料として、乙の逮捕状が発付されて乙が逮捕され、②逮捕後の取調べにおける乙の供述を疎明資料として発付された捜索差押許可状による捜索差押えの結果、発見及び押収された証拠である。

１　自白法則

⇒**第９講【１】【参考答案例】**参照

２　違法収集証拠排除法則

次に、本件文書等の収集過程に違法手続が介在した場合、違法収集証拠排除法則（以下、「排除法則」という。）が適用されることから、その収集手続の違法性について検討する。

(1)　甲の取調べの違法性

後述のとおり、違法捜査を抑制し、基本的人権の保障を全うしようとする排除法則の趣旨からすれば、自白を内容とする供述証拠についても、証拠物の場合と同様、排除法則の適用を否定すべき理由はない。

もっとも、甲の取調べにおいて、上記のとおり、捜査機関が甲に対し起訴猶予処分になる旨述べて利益誘導的な働き掛けをした事実が認められるものの、かかる事情のみから直ちに甲の取調べが違法と評価されるものではない。また、結果的に甲は起訴猶予処分となっていることから、甲の取調べにおいて虚偽の約束や偽計が用いられたともいえない。その他、甲の自白の収集過程において違法な手段が用いられたというべき事情もない。

したがって、甲の取調べが違法であるとは認められない。

(2)　乙の逮捕の違法性

ア　乙の逮捕状は甲の供述を疎明「資料」（規則143条参照）に供して発付を得たものであるところ、甲の供述は、上述のとおり甲に対する関係で犯罪事実の認定に用いる場合には不任意自白として証拠能力を有しないものであるが、乙に対する関係で令状請求の際の疎明資料として用いる場合には第三者の供述であって自白法則の適用される「自白」（319条１項）ではない。もっとも、上述した自白法則の趣旨である虚偽排除の観点からすれば、類型的に内容が虚偽であるおそれの高い不任意供述を令状請求の際の疎明資料として用いることは許されないと解すべきである。

他方、そもそも当初から甲の供述獲得は後の乙の逮捕及び取調べにつなげることを意図したものであったといえ、甲の取調べに先立ってＲが「今のままでは乙を逮捕することもできない。」等と述べていたことからしても、甲の供述を除けば、他に乙について「罪を犯したことを疑うに足りる相当な理由」（199条１項）に関する疎明資料がなかったことは明らかである。

そうすると、乙の逮捕状は逮捕状発付の要件について疎明がないのに発付されたことに帰するものであって、かかる逮捕状による乙の逮捕は違法というべきである。

イ　なお、本件公判において上記違法事由を主張する被告人丙は、違法手続を受けた乙との関係では第三者であるものの、後述する排除法則の趣旨である司法の廉潔性保持及び違法捜査の抑制という観点からすれば、上記違法事由について丙の申立適格を否定するべきではない。

(3)　違法収集証拠の派生証拠

本件文書等は、上記違法な乙の逮捕後の取調べで得られた乙の供述を疎明資料として発付された捜索差押許可状によるHマンション705号室の捜索差押え（以下、「本件捜索差押え」という。）の結果、発見及び押収された証拠である。

【論述例】違法収集証拠排除法則

［解答例Ⅰ］

本件文書等の直接の収集手続である本件捜索差押えに違法な点はなく、上述のとおり、その先行手続である乙の逮捕に違法がある。

【論述例】違法性の承継

しかるところ、上述のとおり、乙の逮捕は証拠能力を欠く疎明資料に依拠して発付された逮捕状に基づいて実施された点で瑕疵があるものの、疎明資料とされた甲の供述（自白）の収集過程（甲の取調べ）に違法な手段が用いられたものではなく、もとより捜査機関に令状主義に関する諸規定を潜脱する意図があったとは認められない。

また、乙の逮捕と本件捜索差押えは、本件詐欺未遂事件の捜査という同一目的に向けられたものではあるものの、本件捜索差押えについての許可状は乙の供述（自白）に基づいて発付されたものであり、かかる乙の自白は、甲の供述内容を知らされていない状態で乙が自由な意思に基づいて任意に供述したものであることに照らせば、後行手続である本件捜索差押えは乙の逮捕によりもたらされた状態を直接利用してなされていると認めることはできない。

したがって、先行手続である逮捕の違法の程度はいまだ重大であるとはいえず、また、後行手続である本件捜索差押えがその違法性を帯びるともいえないから、本件文書等の証拠能力は排除法則によっては否定されない。

［解答例Ⅱ］

本件文書等の収集手続である本件捜索差押えについての許可状は、違法な乙の逮捕後の取調べで得られた乙の供述を疎明資料として発付されたものであるから、本件文書等は、違法な乙の逮捕（に基づく乙の供述）と関連性を有する証拠というべきである。

【論述例】派生証拠の証拠能力

しかるところ、上述のとおり、乙の逮捕は証拠能力を欠く疎明資料に依拠して発付された逮捕状に基づいて実施された点で瑕疵があるものの、疎明資料とされた甲の供述（自白）の収集過程（甲の取調べ）に違法な手段が用いられたものではなく、もとより捜査機関に令状主義に関する諸規定を潜脱する意図があったとは認められない。

また、本件文書等は、司法審査を経て発付された捜索差押許可状に基づく捜索によって発見されたものであり、その発付に当たっては、乙が取調べにおいて甲の供述内容を知らされていない状態で自由な意思に基づいて任意に供述した自白が疎明資料として提供されていることに照らせば、違法な乙の逮捕（に基づく乙の供述）と本件文書等との関連性は密接なものではないというべきである。

加えて、本件文書等は乙丙間の共謀立証にとって不可欠な証拠であり、証拠として重要である。

以上述べた事情に照らせば、本件文書等はその証拠収集過程に重大な違法があるとまではいえず、これを証拠として許容することが違法捜査抑制の見地から相当でないとは認められない。

したがって、本件文書等の証拠能力は排除法則によっては否定されない。

【参考答案例】【平成18年】

［設問2］

第1　伝聞法則

⇒第8講【2】【参考答案例】参照

第2　違法収集証拠排除法則

1　上述のとおり、本件メモの差押え（以下、「本件差押え」という。）は違法であることから、本件メモは違法な手続により収集された証拠である。

【論述例】違法収集証拠排除法則

なお、本件公判の被告人である乙は、違法手続を受けた甲との関係では第三者であるものの、上述した排除法則の趣旨である司法の廉潔性保持及び違法捜査の抑制という観点からすれば、上記違法事由について乙の申立適格を否定するべきではない。

2　本件メモは、甲のボストンバックの捜索により発見されたものであるところ、上述のとおり、かかる捜索手続自体は、甲の現行犯人逮捕に伴う無令状捜索（220条1項2号）として適法に開始されたものであり、もとより捜査機関に令状主義に関する諸規定を潜脱する意図があったとは認められない。

また、上述のとおり、①犯人が現場からの逃走に使用した自動車と甲の乗車していた本件車両の特徴が一致していることに加え、犯行後に犯人が逃走した状況、経路と本件車両の停車位置、時刻が時間的、場所的に符合していること、②犯人の性別、身長、体格及び犯行時の着衣等の特徴と甲の人着が符合していること等の事情からすれば、本件強盗致傷事件について甲に対する濃厚な嫌疑が存在したといえ、X巡査が本件メモを差し押さえた時点において、「罪を犯したことを疑うに足りる充分な理由」（210条1項）が認められた。そうすると、実質的には、この時点で甲を本件強盗致傷事件で緊急逮捕した上で、かかる逮捕に伴って本件メモを適法に差し押さえることが許されたといえるのであるから、本件メモの押収手続の瑕疵は、X巡査において、法の執行方法の選択ないし捜査の手順を誤ったというものに過ぎず、法規からの逸脱の程度が実質的に大きいとはいえない。

以上の事情に加えて、本件強盗致傷事件が重大な事案であり、本件メモが甲乙間の共謀の存在及び内容を立証し得る重要な証拠であること等も考慮すれば、本件メモの押収手続の違法は、未だ重大であるとはいえず、これを証拠として許容することが違法捜査抑制の見地から相当でないとは認められない。

3　以上より、違法収集証拠排除法則により本件メモの証拠能力は否定されない。

第3　結論

以上より、本件メモの証拠能力は認められる。

【参考答案例】【令和6年】

［**設問1**］鑑定書の証拠能力

第1　問題の所在

甲の弁護人は、本問の鑑定書（以下、「本件鑑定書」という。）の証拠調べ請求に対して、取調べに異議がある旨の意見を述べているところ、かかる意見は、本件鑑定書はその収集過程に違法な手続が介在しているため証拠能力を否定すべきとの趣旨であると解されることから、本件鑑定書の証拠能力が違法収集証拠排除法則の適用により否定されるか否かが問題となる。もっとも、本件鑑定書における鑑定対象である覚醒剤（以下、「本件覚醒剤」という。）の直接の収集手続は、裁判官から捜索差押許可状（以下、「本件令状」という。）の発付を受けた上で実施した甲の所持品の捜索・差押え（以下、「本件押収手続」という。）であるところ、本件押収手続それ自体に違法な点はない。

そこで、以下、本件鑑定書の証拠能力について、まず、本件押収手続の前提となった先行手続の適法性を検討し、次いで、先行手続の適否が本件鑑定書の証拠能力に及ぼす影響について検討する。

第2　先行手続の適法性

⇒第2講【3】【参考答案例】参照

第3　先行手続の適否と本件鑑定書の証拠能力

【論述例】違法収集証拠排除法則

1　本件所持品検査の違法性の程度

(1)　たしかに、甲には薬物事犯の前科があることが判明しており、Pが職務質問をした際に覚醒剤常習者の特徴を示していたことに加え、Pが本件かばんの在中物の確認を求めると、その場から逃走したのであるから、本件かばんの在中物が覚醒剤であるとの疑いは相当に高まっていたといえ、本件かばんに対する所持品検査の必要性、緊急性は高いものであったと認められる。

しかしながら、上述のとおり、本件所持品検査は、令状を得ることなく、甲の承諾がないのに、甲の所持する本件かばんのチャックを開け、その中に手を差し入れ、その中をのぞき込みながらその在中物を手で探ったものであるところ、かかる行為は一般にプライバシー侵害の程度の高い行為であり、かつ、その態様において捜索に等しいものであるから、職務質問に付随する所持品検査として許容される限度を超えた捜索を行ったものというべきである。

他方、甲は逃走した時点で任意の所持品検査を拒否する挙動を示しており、この場合、本来令状なしに捜索をすることが許される場合でないことは、通常の警察官であれば容易に判断できたと認められる。それにもかかわらず、Pは即座に本件かばんを開披して中を見たのであるから、当初から、真摯に所持品検査に応じるよう説得する手間を省き、甲の承諾の有無にかかわらず、それらを検査しようとの意図のもと、甲が明示の拒絶をしても、それを無視して、実質的な捜索に及んだといわざるを得ず、かかる経緯は、Pに令状主義に関する諸制度を潜脱する意思があったことを強くうかがわせる。現に、その後Pが甲をI警察署に任意同行した上で作成した捜査報告書には、Pが本件かばんの中に手を入れて探り、書類の下から同注射器を発見して取り出したことは記載されていなかったところ、これはPが意図的にかかる事実の記載を省いたものと考えざるを得ず、このことは、P自身が本件所持品検査に過程に重大な問題があり違法であることを十分認識していたことの証左ということができる。

(2) 以上より、本件所持品検査の違法の程度は、令状主義の精神を没却するような重大なものであったというべきである。

2 先行手続の違法と派生証拠の証拠能力

本件鑑定書の鑑定資料である本件覚醒剤は、甲に職務質問を実施した経緯に関する捜査報告書①及び注射器発見の経緯に関する捜査報告書②等を疎明資料として請求、発付された本件令状に基づく本件押収手続により、発見、収集された証拠物である。そこで、先行手続の違法がその後に押収された証拠物の証拠能力に及ぼす影響について検討する。

[解答例I]

【論述例】違法性の承継

(1) 本件質問等及び本件所持品検査は一連の手続であるところ（先行手続）、それに引き続く甲の任意同行、その後の本件押収手続（後行手続）は、いずれも甲に対する覚醒剤事犯の捜査という同一目的に向けられたものであり、甲は先行手続により注射器が発見されたことにより、警察署への同行に応じたものといえる。

他方、その後の後行手続は、司法審査を経て発付された本件令状によって実施されたものであることから、それに先行する手続との関係が問題となる。しかるところ、上記のとおり、本件令状は甲の任意同行の後に作成された上記捜査報告書①及び②等を疎明資料として請求されたものであり、同報告書がなければ発付を受けられなかったものと考えられることから、結局、後行手続もそれに先行する手続によってもたらされた状態を直接利用してなされたものというべきである。したがって、違法な本件所持品検査に引き続いて行われた本件押収手続も違法性を帯びるものと評価せざるを得ない。

なお、上記捜査報告書①及び②は形式的には別個の疎明資料として作成されているものの、上記のとおり、それぞれの報告内容に係る先行手続は一連の手続であることから、実質的には両者で一体の疎明資料であると評価すべきである。

(2) 上述した本件所持品検査の違法性に徴すると、本件押収手続の帯有する違法の程度は、令状主義の精神を潜脱し、没却するような重大なものであると評価されてもやむを得ないものといわざるを得ない。そして、このような違法な手続により収集された証拠を許容することは、将来における違法捜査抑制の見地からも相当でないと認められるから、その証拠能力を否定すべきである。したがって、本件押収手続により収集された本件覚醒剤の証拠能力は認められず、また、それに関する本件鑑定書も、同様な評価を与えられるべきものである。

3 以上より、本件鑑定書の証拠能力は認められない。

［解答例Ⅱ］

【論述例】派生証拠の証拠能力

(1)　上記捜査報告書①及び②（第一次証拠）は、上述した違法な所持品検査を含む一連の先行手続を実施した経緯に関して作成されたものであり、違法に収集された証拠というべきである。次に、本件覚醒剤（派生証拠）は、上述のとおり本件令状に基づく本件押収手続により発見されて差し押さえられたものであるが、本件令状は第一次証拠を疎明資料として発付されたものであるから、証拠能力のない証拠と関連性を有する証拠というべきである。

もっとも、派生証拠が、司法審査を経て発付された令状に基づく捜索において発見されたものであり、その発付に当たって第一次証拠以外の証拠も疎明資料として提供されていたのであれば、適法な司法審査の介在により、両証拠間の関連性が希釈される場合があると解される。しかしながら、本件令状の疎明資料とされた上記捜査報告書①及び②は形式的には別個の疎明資料として作成されているものの、それぞれの報告内容に係る職務質問及び所持品検査は一連の手続であることから、実質的には両者で一体の疎明資料であると評価すべきである。そうだとすれば、本件令状は実質的には第一次証拠を唯一の疎明資料として発付されたものというべきであり、本件令状の発付により両証拠間の関連性が希釈されたものと認めることは相当ではない。したがって、本件覚醒剤は違法に収集された第一次証拠と密接な関連を有する証拠であるというべきである。

(2)　上述したとおり、本件所持品検査の違法の程度は令状主義の精神を潜脱し、没却するような重大なものであると評価されてもやむを得ないものといわざるを得ない。そして、このような重大な違法手続により収集された第一次証拠に密接に関連する証拠を許容することは、将来における違法捜査抑制の見地からも相当でないと認められるから、本件覚醒剤は、その証拠としての重要性等諸般の事情を考慮してもなお証拠能力を否定すべきであり、また、それに関する本件鑑定書も、同様な評価を与えられるべきものである。

3　以上より、本件鑑定書の証拠能力は認められない。

第11講　証拠の関連性

【1】同種前科・類似事実

［論点解析］悪性格の立証

1　悪性格立証の禁止

悪性格の立証とは、犯罪事実の立証のために被告人の“犯罪性向”（例えば、粗暴・激情傾向、虚言癖等）を立証することをいいます。このような悪性格の立証は、裁判所に対して不当な偏見を与えて誤った心証を形成させる危険があり、また、訴訟の争点を拡散、混乱させて訴訟遅延を生じさせる危険があることから禁止されます。これは“立証の禁止”であり、単に悪性格から犯罪事実を認定することが許されない（証拠能力を欠く）という意味にとどまらず、そもそも犯罪事実の証明のために悪性格を立証すること自体が許されない（証拠調べ請求は却下される）、ということを意味します。

2　同種前科・類似事実の関連性

(1)　犯人性の立証

悪性格の立証の一類型として、被告人の同種前科又は被告人の行った類似の犯罪事実（以下、「同種前科等」といいます。）による犯人性の立証が問題となります。一般に、同種前科等の存在は、被告人の犯人性にとって必要最小限度の証明力を有すると考えられ、**自然的関連性**は肯定できます。たしかに、単なる“性向”（一般的な性格や行動傾向）ではなく、同種前科等によって“その種の犯罪を行う性向”を推認するのであれば、その“性向”の内容がより具体的であるといえ、被告人の犯人性との関係で一定の推認力を持つといえます。しかしながら、上述したような弊害の大きさを考慮すると、政策的観点から**法律的関連性**を否定すべきと考えられます。判例①も「前科証拠は、一般的には犯罪事実について、様々な面で証拠としての価値（自然的関連性）を有している。」と述べて自然的関連性を認めた上で、「反面、前科、特に同種前科については、**被告人の犯罪性向**といった**実証的根拠の乏しい人格評価**につながりやすく、そのために事実認定を誤らせるおそれがあり、また、……その取調べに付随して争点が拡散するおそれもある」と述べて弊害の大きさを指摘しています（なお、立証禁止の根拠として、上記のとおり、判例①は“争点拡散の弊害”も指摘していることから、厳密には、事実認定の正確性確保という問題（「関連性」の観点）のみでは捉え切れない側面（強いて言えば「証拠禁止」の観点）もその根拠に含まれていると解されます。）。

もっとも、上記の弊害が生じるのは、同種前科等から「被告人の犯罪性向といった実証的根拠の乏しい人格評価」をする場合です。すなわち、同種前科等から“その種の犯罪を行う性向”を推認し（推認①）、そのような犯罪性向（悪性格）から被告人の犯人性を推認する（推認②）、という立証構造（「悪性格」を介在させた**二重の推認過程**）となる場合に生じる弊害が問題視されるのです。判例②は「被告人に対してこれらの犯罪事実と同種の犯罪を行う犯罪性向があるという**実証的根拠に乏しい人格評価**を加え」（推認①）、「これをもとに犯人が被告人であるという**合理性に乏しい推論**をする」（推認②）ことは許されない、と説明しています（判例①も同趣旨のことを述べています。）。

これに対して、同種前科等が「被告人の犯罪性向といった実証的根拠の乏しい人格評価」に

【悪性格の立証（二重の推認過程）】

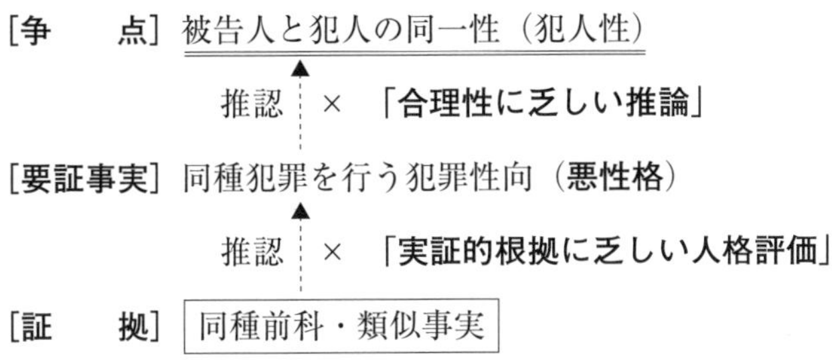

［争　　点］ 被告人と犯人の同一性（犯人性）

推認 × **「合理性に乏しい推論」**

［要証事実］ 同種犯罪を行う犯罪性向（**悪性格**）

推認 × **「実証的根拠に乏しい人格評価」**

［証　　拠］ 同種前科・類似事実

つながる危険がない場合であれば、上記の弊害は生じないことから、政策的観点からもその法律的関連性を否定する必要はありません。判例①も「前科証拠によって証明しようとする事実について、実証的根拠の乏しい人格評価によって誤った事実認定に至るおそれがないと認められるときに初めて証拠とすることが許される」と述べて同種前科等の立証が許容される余地を認めています。例えば、前科や常習性が構成要件の一部となっている場合（常習累犯窃盗等）、当該前科の立証は構成要件該当事実そのものの立証であり、“犯罪性向”を立証するものではないため、当然に法律的関連性は肯定されます。では、**犯人性の立証**の場面ではどうでしょうか。判例①は「前科証拠を**被告人と犯人の同一性の証明**に用いる場合についていうならば、前科に係る犯罪事実が**顕著な特徴**を有し、かつ、それが起訴に係る犯罪事実と**相当程度類似**することから、**それ自体で両者の犯人が同一であることを合理的に推認させる**ようなものであって、初めて証拠として採用できる」と判示しました。すなわち、前科証拠から**「顕著な特徴」**を有し、かつ、本件と**「相当程度類似」**する犯罪事実の存在が「証明」（「推認」ではない）された場合、２つの事実（前科事実と本件事実）の犯人が別人であるということは経験則上想定し難く、前科事実自体から２つの事実の犯人が同一であると「推認」することは合理的な事実認定であると考えられるのです。このような推認であれば、上記推認①の過程が存在しない（「悪性格」を介在させない）ため、法律的関連性を肯定することができます。そして、このことは同種前科以外の類似事実についても同様に妥当します。判例②は、判例①を引用した上で「このことは、前科以外の被告人の他の犯罪事実の証拠を被告人と犯人の同一性の証明に用いようとする場合にも同様に当てはまる」と述べています。

【顕著な特徴を有する類似事実の立証】

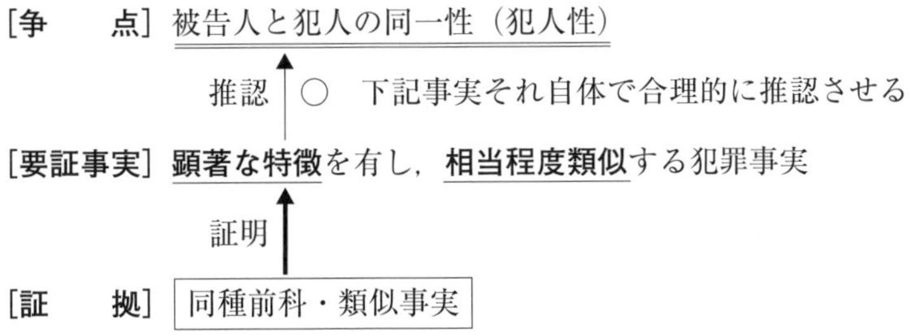

［争　　点］ 被告人と犯人の同一性（犯人性）

推認 ○　下記事実それ自体で合理的に推認させる

［要証事実］ **顕著な特徴**を有し，**相当程度類似**する犯罪事実

証明

［証　　拠］ 同種前科・類似事実

以上のとおり、同種前科等を犯人性の立証に用いる場合、「悪性格」（実証的根拠の乏しい人格評価）を介在させた**二重の推認過程**となるか否かという視点から立証構造を分析して、その許否を判断する必要があります。出題趣旨等では、以下のように説明されていました。

[平成19年出題趣旨]

「設問2は、被告人の**前科に関する事実**を、被告人が被告事件の**犯人であることの認定**に用いることが許されるかを問うものであり、前科に関する事実を公訴事実の認定に用いる場合に生じ得る**問題点や弊害**についての基本的な理解を踏まえて、事例中に現れた被告人の前科に関する事実を犯人であることの認定に用いる際の推認の過程を具体的に検討し、この事実を認定に用いることの可否を論じる必要がある。すなわち、被告人に前科があるという事実から、被告人が犯罪を犯すような悪性格をもっていることを立証し、こうした**悪性格の立証**を介して、被告人が被告事件の犯人であることを推認させようとする推認過程と、**特殊な犯行方法・態様等の共通性**に着目し、そこから被告人が被告事件の犯人であることを推認させようとする推認過程の違いを明確に意識して論じることが必要である。」

[令和2年採点実感]

「〔設問3〕については、**類似事実による犯人性の証明**に関して判断した**最判平成24年9月7日刑集66巻9号907頁**（以下「平成24年判例」という。）、**最決平成25年2月20日刑集67巻2号1頁**（以下「平成25年判例」という。）といった基本的な判例がある。……両判例が示している判断基準だけでなく、その理論的根拠を正確に理解していれば、……類似事実が、……犯人性の証明に用いられる場合の推認過程を意識して分析・検討し、説得的に論述することが可能であろう。」

「**平成24年判例**及び**平成25年判例**に関する正確な理解を示しつつ、……上記判例の示す判断基準を満たすことによって、余人による犯行の可能性が著しく下がるために、実証的根拠の乏しい人格評価を介することなく経験則により犯人の同一性を推認できることから、類似事実による犯人性の証明が許されると指摘した上で、その基準を事例に対し適切に当てはめているものが一定数あった。」

「一般的な類似事実の存在から犯人性を推認することは実証的根拠の乏しい人格評価を介するもので許されないが、犯罪事実が**顕著な特徴**を有し、かつ、それが起訴に係る犯罪事実と**相当程度類似**するという基準を満たす場合には、実証的根拠の乏しい人格評価を介することなく、類似事実の存在自体から経験則により犯人の同一性を推認できるという**推認過程の違い**にも留意した上で、……結論を説得的に導くことができていた答案」

(2)　主観的要素の立証

犯罪事実を証明するための間接事実として同種前科等を用いる場合として、上記犯人性の立証の場面以外にも、**犯罪の主観的要素**を推認する場合が問題となります。判例③は「犯罪の客観的要素が他の証拠によって認められる」場合において、「詐欺の故意の如き犯罪の主観的要素を、被告人の同種前科の内容によって認定」することは許容されると判示しました。もっとも、この判例の理解には注意が必要です。上記判旨を、“被告人は以前同種の行為を意図的に行った者であるから今回も意図的な犯行である”との推認を許す趣旨であると理解するのは不正確です。そのような推認は、結局、同種前科等から被告人に“この種の犯罪を意図的に行う犯罪性向”があることを推認し（推認①）、そこから本件犯罪についての故意を推認する（推認

②)、という立証構造(「悪性格」を介在させた**二重の推認過程**)に他ならず、上述した犯人性の立証の場合と全く同様の評価が妥当することになります。すなわち、推認①は「実証的根拠に乏しい人格評価」であり、推認②は「合理性に乏しい推論」であるといわざるを得ないでしょう(判例①及び②参照)。そこで、判例③の判示する趣旨は、"過去に「A」という事実があった時に、それに対する被告人の認識が「a」であったというのであれば、今回もまた「A」という事実があったのであるから、それに対する被告人の認識も同じく「a」であったはずだ"という推認を許容するものに過ぎないと理解すべきでしょう。判例③の事案では、過去に被告人が「社会福祉事業のための寄附金名目で募金を集めて金銭の交付を受けたという事実」(A)があり、その時の被告人の認識は「相手方は募金の趣旨について誤信して金銭を交付しているという認識」(a)でした。このことから、今回も被告人が「社会福祉事業のための寄附金名目で募金を集めて金銭の交付を受けたという事実」(A)という前回と全く同じ客観的事実が証拠によって証明された以上、その事実に対する被告人の認識も前回と同じく「相手方は募金の趣旨について誤信して金銭を交付しているという認識」(a)であろう、と推認することができるのです。これはいわば**「同一事実に対する認識の同一性」**を推認するものであり、被告人の詐欺の前科から、"今回も被告人は相手方を騙そうとしていたのであろう"という「犯行の動機・意図」を推認しているわけではありません。そして、このような「同一事実に対する認識の同一性」の推認にとどまるのであれば、「実証的根拠の乏しい人格評価」を介さない合理的な推認であるといえるのです。

【犯罪の主観的要素の立証】

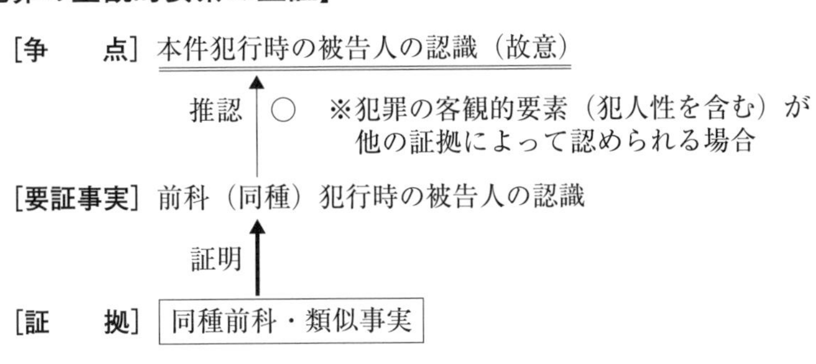

3　問題分析

[平成19年試験問題]

［設問2］では、甲を被告人とする建造物等以外放火被告事件(以下、「本件事件」といいます。)の公判において、甲の同種前科に係る事実を本件事件の犯人は甲であるとの認定に用いることが許されるか否かが問われています。

まず、同種前科による犯人性立証について、自然的関連性は認められ得るものの、法律的関連性が問題となることを指摘します。その上で、**悪性格の立証**(「悪性格」を介在させた**二重の推認過程**)の問題点や弊害について指摘し、かかる推認過程による立証が許されない旨を明確に論じる必要があります。

次に、判例①の趣旨によれば、同種前科に係る事実が「それ自体で両者の犯人が同一であることを合理的に推認させるようなもの」であれば、「実証的根拠の乏しい人格評価によって誤った事実認定に至るおそれがないと認められる」ことから法律的関連性が肯定されます。そこで、判例①の挙げた判断要素に照らし、前科に係る事実が**「顕著な特徴」**が有するか否か、それが本件事件と**「相当程度類似」**するか否かを検討することになります。前科事実と本件事件を比較すると、犯行場所の状況、犯行の客体、犯行態様等の点で酷似しており、高い類似性・共通性が認められます。もっとも、前科事実が本件事件との類似性・共通性をおよそ欠くような場合（“同種”の前科とはいえない場合）であれば、そのような前科はそもそも犯人性との関係で自然的関連性さえ肯定できないでしょう。その意味で、法律的関連性が問題となる場面では、ある程度の**“事実の類似性”**があることは前提となっているといえます。それ故、もう一方の判断要素である**“特徴の顕著性”**については厳格な判断が求められるというべきです（もし“顕著性”を緩やかに判定してしまうと、「悪性格立証の禁止」のルールが容易に潜脱されることになりかねません。）。本問の前科事実と本件事件において類似・共通している事実としては、①犯行現場が屋根のない駐車場であること、②犯罪の客体がＣ社製高級外車であること、③犯行態様・手口が「車両のドアに折りたたみ式ナイフで複数のひっかき傷を付けた上、車両の前部バンパー付近にベンジンを散布してこれに火をつける」というものであること、という３点が挙げられます。このうち、特に③犯行態様・手口については、普通の放火等の事件では見られないような際立った特徴があるといえます。すなわち、通常、犯人であればできるだけ現場に犯行の痕跡を残さないような犯行方法を選択するはずです。それにもかかわらず、わざわざ車両に傷を残すという犯人の行為は非常に不可解、不合理なものであり、かかる特徴は、この事件の犯人固有の特殊事情に起因すると考えられるのです。このように極めて特異な犯行手口の共通する２つの事件が発生した場合、それらの事件の犯人が同一人物だと推認することは合理的です。したがって、本問の前科事実は、「それ自体で両者の犯人が同一であることを合理的に推認させるようなもの」と認められ、法律的関連性が肯定されるでしょう。

これに対して、前科に係る事実から、本件事件についての犯人性を推認させる間接事実として、甲の**「動機」**の存在を推認する場合はどうでしょうか。本問において、甲が前科に係る犯行に及んだ動機は、Ｃ社日本法人に就職しようとしたが不採用とされたことに対する逆恨みでした。仮にこの事実から、本件事件当時も甲に同様の動機があったことを推認することが許されるのであれば、そのような動機の存在は甲の犯人性を推認させる間接事実となり得るといえます。このような立証について、「動機」という**主観的要素の立証**の一場面であるとして判例③の射程が及ぶものと捉えた上で、これを許容する見解もあります。しかしながら、そもそも判例③の事案では、被告人の犯人性は争点となっていませんでした。また、判例③は、前科による主観的要素の立証を許容する前提条件として、「犯罪の客観的要素が他の証拠によって認められる」必要があることを明示していた点に留意する必要があります。これに対して、本問では甲は公判において犯行を否認しており、甲の犯人性が主たる争点となっています。このような場合、判例③が前提条件（「他の証拠によって認められる」必要がある）とした「犯罪の客観的要素」には、当然、被告人の「犯人性」も含まれる、と解釈する必要があります。なぜなら、前科から被告人が同様の動機を有していたことを推認し（推認①）、かかる動機の存在を間接事実として被告人の犯人性を推認する（推認②）という立証構造は、**悪性格の立証**（「悪性格」を介在させた**二重の推認過程**）と実質的に異ならず、犯人性が争点となっている事案において、このような推認過程による犯人性それ自体の立証を許容してしまうと、結果として、悪性格の立証の場合と全く同様の弊害が生じることになるからです。そうすると、結局のところ、前科の内容から被告人の動機を推認することができるのは、その前提として被告人の犯人性が立証された場合に限られるということになります。すなわち、今回の事件についての被告人の犯人性（が証明されたこと）を前提として「前回と同じく今回も被告人が犯人であるとすれば、その犯行動機は“……（前回と同じ動機）”であったのだろう」という逆の推認（いわば**「同一犯人における動機の同一性」**の推認）ができるにとどまるのです。

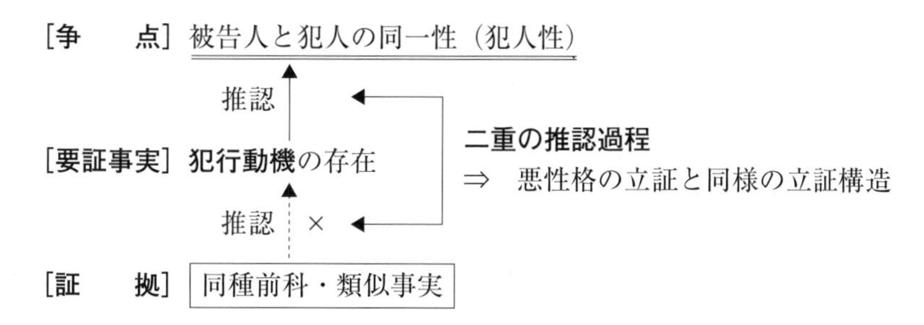

本問においては、前科以外に甲の犯人性を推認させる証拠として、犯人の人着及び犯行状況を録画したビデオカメラの映像や甲方から押収された証拠物等が存在しますが、これらの証拠のみからでは、必ずしも甲の犯人性を含む犯罪の客観的要素が立証されたものと認めることはできないでしょう（だからこそ、検察官は前科を甲の犯人性の立証に用いようとするのです。）。したがって、本問の前科から、甲の犯人性の間接事実としての「動機」の存在を推認することは許されない（あくまで甲の犯人性が他の証拠により立証された場合に、その犯行動機は前科に係る犯行と同様に“C社日本法人に対する逆恨み”であったという推認が可能となるに過ぎない）というべきです。

［令和２年試験問題］

［設問３］は、検察官が、本件住居侵入窃盗事件と手口の類似する、起訴されていないX方における事件（以下、「本件類似事実」といいます。）を目撃したWの証人尋問により、本件住居侵入窃盗事件の甲の犯人性を証明しようとしている場合において、Wの証人尋問の請求を認めるべきか否かを問うものです。本問の特徴は、類似事実の記載された“書面の証拠能力”を問うのではなく、類似事実の目撃者の“証人尋問請求の許否”という形式で出題されている点にあります。採点実感でも以下のとおり指摘されています。

> **［令和２年採点実感］**
> 「〔設問３〕ではWの**証人尋問請求の可否**を問われているにもかかわらず、出題の趣旨を把握できずに、伝聞法則について大々的に論述する答案や、Wの証人尋問の必要性を主に論ずる答案が散見されたのは残念である。検察官によるWの証人尋問請求に対して、弁護人の証拠意見を踏まえて裁判所がこれを認めるべきかを問われているのであるから、Wの**証人尋問請求を認容すべきであるのか、却下すべきであるのか**の結論まで的確に述べる必要があるが、この点が不十分・不正確な答案も少なからず見受けられた。」

もっとも、いずれの形式で問われた場合であっても、当該証拠（書面又は証言）から類似事実の存在を証明し、これを犯人性の間接事実として用いようとする立証構造は共通しており、結局のところ、**「類似事実による犯人性の立証の可否」**が問題の所在となります。ただし、判例①は**「前科事実」**、判例②は**「併合審理されている類似事実」**による犯人性の立証が問題となった事案であったのに対し、本問で検察官がWの証人尋問によって立証しようとしている本件類似事実は**"未だ起訴されていない余罪"**であるという点で、判例①及び②とは事案が異なっている点に留意する必要があります。

［令和２年採点実感］

「〔設問３〕については、類似事実による犯人性の証明に関して判断した最判平成24年９月７日刑集66巻９号907頁（以下**「平成24年判例」**という。）、最決平成25年２月20日刑集67巻２号１頁（以下**「平成25年判例」**という。）といった基本的な判例がある。ただし、本問は、これらの判例の事案とは異なり、**未だ起訴されていない余罪**を類似事実として犯人性の証明に用いようとした事案であり、その意味で、判例に関する理解の具体的事案への応用力を試す側面を有するものである。」

「また、本事例が、上記判例の各事案とは異なり、**起訴されていない余罪に関する類似事実**を犯人性の証明に用いようとしている場合であるという違いに留意しつつ、判断基準を具体的事実に当てはめることができている答案が少数ながら見られた一方で、多くの答案が、判例の事案との相違を意識できておらず、X方における事件に関するWの目撃供述を「前科証拠」などと誤解して記述する答案も少なくなかった。」

起訴されていない類似事実についても、「悪性格」（実証的根拠の乏しい人格評価）を介することなく、当該類似事実の存在自体から合理的に犯人性を推認できる場合であればその立証が許容され得る、という判例①及び②の趣旨は同様に妥当すると考えられます。したがって、本問についても、基本的には、判例①及び②の基準に照らして判断することができるでしょう。もっとも、「類似事実」は「前科事実」と異なり、"確定判決を受けたこと自体に起因する偏見"（「あの人は前科者だから悪い人だ」という類の偏見）の危険性は生じないとの点を指摘することができます（後述する判例②の**金築裁判官補足意見**参照）。他方、「前科事実」は判決によって確定された事実であり、また、「併合審理されている類似事実」はもともと訴訟上の攻防対象（裁判所の審判対象）となっている事実であるのに対し、本問のように当該類似事実が未だ起訴されていない場合、その事実の存否がより一層不確実であることから、**"争点拡散の弊害"**の程度は大きくなるとも考えられます。本問では、本件類似事実が"未だ起訴されていない余罪"であるという点について、以上のような視点を踏まえて分析することができれば、より優れた論述になると思われます。

［令和２年出題趣旨］

「最高裁判所は、前科証拠を犯人性の証明に用いることの適否に関する**最判平成24年９月７日刑集66巻９号907頁**、併合審理されている類似の犯罪事実を犯人性の間接事実とすることの適否に関する**最決平成25年２月20日刑集67巻２号１頁**において、このような**類似の犯罪事実による犯人性の証明**が許されるためには、当該犯罪事実が**顕著な特徴**を有し、かつ、それが起訴に係る犯罪事実と**相当程度類似**することが必要であるとしている。本問の検討に当たっては、これらの最高裁判例を踏まえ、弁護人の証拠意見の趣旨を把握した上で、本問のように、**起訴されていない類似の犯罪事実を犯人性の証明に用いることができるのか否か**を論じる必要がある。その際には、これらの類似の犯罪事実を犯人性の証明に用いることが許されないとすれば、その**理論的根拠**はどこにあるかを明らかにするとともに、許される場合があるとすれば、その**判断基準及び根拠**を十分に説明することが求められる。」

［令和２年採点実感］

「〔設問３〕では、**平成24年判例**及び**平成25年判例**が、前科事実や併合審理されている類似事実を犯人性の証明に用いることが許容される場合について示した、類似する犯罪事実が**「顕著な特徴」**を有し、かつ、その特徴が起訴に係る犯罪事実と**「相当程度類似」**している必要がある旨の判断基準については、おおむね適切に論じている答案が相当数見受けられた一方で、……類似事実による犯人性の証明が許容されないとされる**理論的根拠**や、上記判断基準を満たす場合には類似事実による犯人性の証明が何故許容されるのかについての理解が不十分・不正確な答案が少なくなかった。

なお、上記出題趣旨等によれば、類似事実による犯人性の立証が許されない**「理論的根拠」**を明確に論じる必要があります。「悪性格立証の禁止」は、伝統的には**法律的関連性**の問題に位置付けられて議論されてきましたが、上述のとおり、判例①が**“争点拡散の弊害”**も指摘していることから、近時は、関連性の観点のみならず、公正な裁判の実現や訴訟経済等の様々な観点を考慮した独自の排除法則であると説明されることもあります。もっとも、本問では、検察官によるWの証人尋問の請求に対して、弁護人は「異議あり。関連性なし。」との証拠意見を述べています。これは、証人Wの証言につき、争点である甲の犯人性とは関連性がないことを理由として、裁判所に対してWの証人尋問の請求を却下する決定を求める趣旨であると把握できます。この意見を踏まえて、「証拠調又は証拠調の請求の却下」（規則190条１項）の決定をしなければならない裁判所としては、少なくとも当該検察官請求証拠について関連性の有無を判断する必要があります。したがって、論述上も基本的には関連性の問題に位置付けて検討した上で、関連性以外の観点についても補充的な根拠として指摘できれば良いでしょう。

問題は、判例①及び②の基準に照らし、本件類似事実が**「顕著な特徴」**が有するか否か、それが本件住居侵入窃盗事件と**「相当程度類似」**するか否か、という点です。出題趣旨においては、考慮すべき事情として以下のとおり指摘されていました。

［令和２年出題趣旨］

「その上で、一戸建ての民家の庭に面した１階掃き出し窓のクレセント錠近くのガラスを、ガラスカッターを用いて半円形に割って解錠するという**手口の特殊性・類似性の有無・程度**、Ｘ方における事件と本件住居侵入窃盗事件の**時間的・場所的近接性の有無・程度**、ガラスカッターの**入手の容易性**等について、具体的事実を適切に拾い上げながら評価し、Wの証人尋問の請求を認めるべきか否かを論じることが求められている。」

本件類似事実と本件住居侵入窃盗事件を比較すると、たしかに、犯行時刻や犯行現場の状況が共通しており、犯行の手口・態様も類似しています。また、両事実の時間的・場所的近接性等の事情も併せて考慮すれば、両事実が同一犯人により連続的に敢行された犯行であることが一定程度推認されます（したがって、**自然的関連性**は肯定できます。）。しかしながら、「一戸建ての民家の庭に面した1階掃き出し窓のクレセント錠近くのガラスを、ガラスカッターを用いて半円形に割って解錠する」という手口は巧妙ではあるものの、この種の侵入盗の犯行として特に際だった特徴があるとはいえません。むしろ、このような侵入方法は犯人にとって合理的な手段であり、侵入盗としてはありふれた手口といえるでしょう（この種の犯行において、窓ガラスから室内に侵入する際にガラス全体を破壊すると、大きな音が出たりガラス片が広範囲に飛散したりして犯行が発覚し易くなります。そこで、クレセント錠近くのガラスをガラスカッターで切り取って穴を作り、そこから手を入れて施錠を外した上で、窓を開けて屋内に侵入するという犯行手口を用いるのです。）。また、本件住居侵入窃盗事件における窓ガラスの半円形の割れ跡と本件類似事実における窓ガラスに残された半円形の傷跡が、いずれも甲方から発見押収された同一のガラスカッターにより形成可能であったことが判明していますが、このガラスカッターは、一般に流通し、容易に入手可能なものであったことからすれば、特殊な犯行用具であるとはいえません（それ故、別の犯人が犯行に使用した用具と同種の物を偶然甲も持っていただけであるという可能性を払拭できません。）。そうすると、本件類似事実は、「それ自体で両者の犯人が同一であることを合理的に推認させるようなもの」（判例①参照）と認めることはできないでしょう。このように評価する場合、本件類似事実を立証することは、上述した悪性格立証の弊害を生じさせるおそれがあるため許されない（そのような立証は禁止される）ということになります。したがって、裁判所は、Wの証人尋問の請求につき、**法律的関連性**を欠くものとして却下すべき、という結論となります。

なお、類似事実の特徴それ自体が持つ犯人性の推認力が強いとはいえない場合であっても、被告人が犯人であることを推認させる他の事情（例えば、**犯行日時・場所の近接性**等）が付加されれば推認力が高まることから、そのような場合は他の証拠の証明力の程度と相関的に「顕著な特徴」の要件を緩和することも許される、と解する見解があります。たしかに、「顕著な特徴」の要件を厳格に判断しなければならないのは、他の犯罪事実の「類似性」それ自体を根拠として犯人性を推認する場合です（前記**2**⑴参照）。そうだとすれば、「類似性」以外の点でも犯人性を推認し得る事情があるのであれば、類似事実の特徴それ自体に高度の推認力を要求する必然性はないとも考えられます。このような考え方から、判例②の**金築裁判官補足意見**は、「「顕著な特徴」という例外の要件について、事案により、ある程度の幅をもって考えることは、必ずしも否定されない」とした上で、本件が「約4か月という短期間に多数の類似犯罪事実が連続的に犯された」事件であることを前提として、「被告人が上記多数の住居侵入・窃盗の犯人であることは、他の証拠によって立証されており、その犯人と放火犯人との同一性という、限局された範囲における推認である」こと、「併合審理される類似事実」は、前科とは異なり、「その存在自体で人格的評価を低下させる危険性や、……争点拡散のおそれは、考え難い」こと等を理由として、「本件において「顕著な特徴」という要件が満たされていると解する余地もある」と述べています。この見解によれば、本問においても、極めて近接した日時及び場所において連続的に敢行された一連の犯行であるという事情や犯行現場に残された痕跡がいずれも甲方から発見押収された用具により形成可能であったという事情が立証されるのであれば、それらの事情の推認力と相関的に「顕著な特徴」の要件をある程度緩和しても良いと解する余地があるでしょう。もっとも、上述のとおり、本件類似事実は“未だ起訴されていない余罪”であり、「併合審理されている類似事実」ではない（その意味で、判例②と比してもなお弊害のおそれは大きい）ことに加え、依然として本件住居侵入窃盗事件についての甲の犯人性を示す他の証拠が乏しく（⇒甲の自白の証拠能力について、**第９講【１】３(4)**参照。)、なお本件類似事実それ自体を犯人性の主要な間接事実に置かざるを得ないという本件の立証構造からすれば、上記の時間的・場所的近接性等の事情が持つ推認力にも自ずと限界があるというべきであり、本件類似事実を甲の犯人性の立証に用いることを許容する程の事情であるとはいえないと思われます。

〈参考判例〉

【最(二小)判平成24・9・7刑集66巻9号907頁】(同種前科による犯人性立証) 判例①

「前科も一つの事実であり、前科証拠は、一般的には犯罪事実について、様々な面で証拠としての価値（自然的関連性）を有している。反面、前科、特に同種前科については、被告人の犯罪性向といった実証的根拠の乏しい人格評価につながりやすく、そのために事実認定を誤らせるおそれがあり、また、これを回避し、同種前科の証明力を合理的な推論の範囲に限定するため、当事者が前科の内容に立ち入った攻撃防御を行う必要が生じるなど、その取調べに付随して争点が拡散するおそれもある。したがって、前科証拠は、単に証拠としての価値があるかどうか、言い換えれば自然的関連性があるかどうかのみによって証拠能力の有無が決せられるものではなく、前科証拠によって証明しようとする事実について、実証的根拠の乏しい人格評価によって誤った事実認定に至るおそれがないと認められるときに初めて証拠とすることが許されると解するべきである。本件のように、前科証拠を被告人と犯人の同一性の証明に用いる場合についていうならば、前科に係る犯罪事実が顕著な特徴を有し、かつ、それが起訴に係る犯罪事実と相当程度類似することから、それ自体で両者の犯人が同一であることを合理的に推認させるようなものであって、初めて証拠として採用できるものというべきである。

前刑放火は、原判決の指摘するとおり、11件全てが窃盗を試みて欲するような金品が得られなかったことに対する鬱憤を解消するためになされたものであること、うち10件は侵入した室内において、残り１件は侵入しようとした居室に向けてなされたものであるが、いずれも灯油を撒布して行われたものであることなどが認められる。本件放火の態様は、室内で石油ストーブの灯油をカーペットに撒布して火を放ったという犯行である。……しかしながら、窃盗の目的で住居に侵入し、期待したほどの財物が窃取できなかったために放火に及ぶということが、放火の動機として特に際だった特徴を有するものとはいえないし、また、侵入した居室内に石油ストーブの灯油を撒いて火を放つという態様もさほど特殊なものとはいえず、これらの類似点が持つ、本件放火の犯行が被告人によるものであると推認させる力は、さほど強いものとは考えられない。……

上記のとおり、被告人は、本件放火に近接した時点に、その現場で窃盗に及び、十分な金品を得るに至らなかったという点において、前刑放火の際と類似した状況にあり、また、放火の態様にも類似性はあるが、本件前科証拠を本件放火の犯人が被告人であることの立証に用いることは、帰するところ、前刑放火の事実から被告人に対して放火を行う犯罪性向があるという人格的評価を加え、これをもとに被告人が本件放火に及んだという合理性に乏しい推論をすることに等しく、このような立証は許されないものというほかはない。」

【最(一小)決平成25・2・20刑集67巻2号1頁】(類似事実による犯人性立証) 判例②

「前科証拠を被告人と犯人の同一性の証明に用いようとする場合は、前科に係る犯罪事実が顕著な特徴を有し、かつ、その特徴が証明の対象である犯罪事実と相当程度類似することから、それ自体で両者の犯人が同一であることを合理的に推認させるようなものであって、初めて証拠として採用できるところ（最高裁平成23年(あ)第670号同24年９月７日第二小法廷判決・裁判所時報第1563号６頁参照)、このことは、前科以外の被告人の他の犯罪事実の証拠を被告人と犯人の同一性の証明に用いようとする場合にも同様に当てはまると解すべきである。そうすると、前科に係る犯罪事実や被告人の他の犯罪事実を被告人と犯人の同一性の間接事実とすることは、これらの犯罪事実が顕著な特徴を有し、かつ、その特徴が証明対象の犯罪事実と相当程度類似していない限りは、被告人に対してこれらの犯罪事実と同種の犯罪を行う犯罪性向があるという実証的根拠に乏しい人格評価を加え、これをもとに犯人が被告人であるという合理性に乏しい推論をすることに等しく、許されないというべきである。

これを本件についてみるに、原判決指摘アの色情盗という性癖はさほど特殊なものとはいえないし、同イの、あらかじめ下見をするなどして侵入先の情報を得る、女性用の物の入手を主な目的とする、留守宅に窓ガラスを割るなどして侵入するという手口及び態様も、同様にさほど特殊なものではなく、これらは、単独ではもちろん、総合しても顕著な特徴とはいえないから、犯人が被告人であることの間接事実とすることは許されないというべきである。また、原判決指摘ウの「特異な犯罪傾向」については、原判決のいう「女性用の物を窃取した際に、被告人本人にも十分に説明できないような、女性に対する複雑な感情を抱いて、室内に火を放ったり石油を撒いたりする」という行動傾向は、前科に係る犯罪事実等に照らしても曖昧なものであり、「特異な犯罪傾向」ということは困難である上、そもそも、このような犯罪性向を犯人が被告人であることの間接事実とすることは、被告人に対して実証的根拠の乏しい人格的評価を加え、これをもとに犯人が被告人であるという合理性に乏しい推論をすることにほかならず（前掲最高裁平成24年９月７日判決参照）、許されないというべきである。」

［裁判官金築誠志の補足意見］

「私は、原判決が、被告人の前科に係る犯罪事実並びに第１審判決判示第１ないし第９及び第19の各事実をもって、同第10ないし第15、第18及び第20の各事実の犯人が被告人であることの間接事実の一つとしたことを違法であるとする本決定に賛成するものであるが、本決定が、前科以外の被告人の他の犯罪事実の証拠を被告人と犯人の同一性の証明に用いようとする場合にも、法廷意見が引用する平成24年９月７日第二小法廷判決の法理が同様に当てはまるとしていることなどについて、本件事案に即してみるとき、留意すべき点があるように思うので、私見を付加しておくこととしたい。

……住居侵入・窃盗の際に侵入先の室内において放火を行ったという同種前科の存在自体を、本件放火の犯人が被告人であることの間接事実とすることも、上記第二小法廷判決の法理に照らし、許されないと解すべきである。前科は、被告人の人格評価を低下させ、ひいて犯人性の認定に影響を及ぼすおそれの否定できない証拠であり、同種前科であれば特にそのおそれは強い。

……それでは、本件において併合審理された類似事実についても、同様に考えるべきであろうか。……被告人の認めている２件の住居侵入・窃盗・現住建造物等放火を、他の８件の住居侵入・窃盗・現住建造物等放火の犯人が被告人であることの間接事実とすることができるのかという観点もある。この観点については、他の類似犯罪事実をもって被告人の犯罪傾向を認定し、これを犯人性の間接証拠とするという点で、上記第二小法廷判決が戒める人格的評価に基づく推論という要素を含んでいることは否定できない。したがって、基本的には、同判決が示した法理に従うべきであろうが、この法理が、自然的関連性のある証拠の使用を、不当な予断・偏見のおそれや合理的な根拠に乏しい認定に陥る危険を防止する見地から、政策的考慮に基づいて制限するものであることに鑑みれば、「顕著な特徴」という例外の要件について、事案により、ある程度の幅をもって考えることは、必ずしも否定されないのではないだろうか。

上記第二小法廷の事案が、窃盗の件数は31件の多数に上るのに、放火は１件にとどまるのに対し、本件は、20件のうちの半数において放火が起訴され、しかも約４か月という短期間に多数の類似犯罪事実が連続的に犯されたというものであって、事案に重要な差異がある。また、前述のように、本件においては、被告人が上記多数の住居侵入・窃盗の犯人であることは、他の証拠によって立証されており、その犯人と放火犯人との同一性という、限局された範囲における推認であることも、考慮すべき点といえよう。さらに、併合審理される類似事実については、前科についてみられる、その存在自体で人格的評価を低下させる危険性や、同判決が指摘する争点拡散のおそれは、考え難い。これらの点を総合的に考慮すれば、本件において「顕著な特徴」という要件が満たされていると解する余地もあるのではないかと思う。」

【最(三小)決昭和41・11・22刑集20巻９号1035頁】（同種前科による主観的要素の立証） 判例③

「犯罪の客観的要素が他の証拠によって認められる本件事案の下において、被告人の詐欺の故意の如き犯罪の主観的要素を、被告人の同種前科の内容によって認定した原判決に所論の違法は認められない」。

【論述例】

【同種前科・類似事実の関連性】

一般的に、同種前科・類似事実は犯罪事実について、証拠としての必要最小限度の証明力（自然的関連性）を有する。しかしながら、特に同種前科・類似事実については、被告人に対して当該事実と同種の犯罪を行う犯罪性向があるという実証的根拠に乏しい人格評価を加え、これをもとに犯人が被告人であるという合理性に乏しい推論をすること（いわゆる「悪性格の立証」）につながりやすく、そのために事実認定を誤らせるおそれがある。また、同種前科・類似事実を証拠として許容すると当事者が当該事実の内容に立ち入った攻撃防御を行う必要が生じるため、その取調べに付随して争点が拡散し審理が遅延するおそれもある。

したがって、同種前科・類似事実は、原則として、法律的関連性がないものとして、犯罪事実の認定に用いる資料としての適格性（証拠能力）を否定すべきである。

ただし、同種前科・類似事実によって証明しようとする事実について、実証的根拠の乏しい人格評価によって誤った事実認定に至るおそれがないと認められるときは、例外的に、同種前科・類似事実を犯罪事実の立証に用いることが許されると解する。

［被告人と犯人の同一性（犯人性）］

同種前科・類似事実が顕著な特徴を有し、かつ、それが本件犯罪事実と相当程度類似する場合、当該事実は、それ自体で両事実の犯人が同一であることを合理的に推認させるようなものであると認められる。

したがって、上記の場合、そのような同種前科・類似事実を証拠として許容しても実証的根拠の乏しい人格評価によって事実認定を誤らせるおそれはないから、これを被告人と犯人の同一性の認定に用いることが許される。

［犯罪の主観的要素］

被告人に同種前科がある場合、被告人が本件以前に同様の犯罪結果を発生させていた事実から本件犯罪結果を発生させた被告人の主観面が以前と同一である可能性が高いと推認することには一定の合理性が認められる。そうであれば、犯罪の客観的要素が他の証拠によって証明された場合に、同種前科から被告人が前科と同一の主観面を有していた事実を推認することは合理的である。

したがって、上記の場合、当該同種前科を証拠として許容しても実証的根拠の乏しい人格評価によって事実認定を誤らせるおそれはないから、これを犯罪の主観的要素の認定に用いることが許される。

【参考答案例】【平成19年】

［設問２］

甲を被告人とする建造物等以外放火被告事件（以下、「本件事件」という。）の公判において、甲の器物損壊事件の前科（以下、「本件前科」という。）を甲が本件事件の犯人であるとの認定に用いることが許されるか否かについて検討する。

1　同種前科の関連性

【論述例】同種前科・類似事実の関連性

2　本件前科の関連性

(1)　悪性格の立証

本件前科に係る事実から、甲がこの種事犯についての犯罪性向（悪性格）を有していることを推認し、かかる犯罪性向を間接事実として本件事件についての甲の犯人性を推認することは、実証的根拠の乏しい人格評価に基づく合理性の乏しい推論であって許されない。

(2)　顕著な特徴を有する類似事実の立証

【論述例】被告人と犯人の同一性（犯人性）

本件前科に係る事実は、甲が、屋根のない駐車場において、無関係の第三者が所有するＣ社製高級外車のドアに折りたたみ式ナイフで複数のひっかき傷を付けた上、同車両の前部バンパー付近にベンジンを散布してこれに火をつけて、同バンパー付近を焼損したというものである。

しかるところ、本件前科は本件事件と罪名が異なるものの、両事件の差異は出火によって「公共の危険」（刑法110条１項参照）が発生したか否かの点に過ぎず、それ以外の事実関係、具体的には、犯行現場の状況、客体の特徴及び犯行態様等について、両事件は酷似している。また、通常、犯人は現場に犯行の痕跡を残さないような犯行方法を選択すると考えられるところ、対象車両のドアに折りたたみ式ナイフで複数のひっかき傷を付けた上で放火するという両事件の犯行手口は、通常の放火事件には見られない特異な特徴であるといえる。そうすると、本件前科に係る事実は、それ自体で甲が本件事件の犯人であることを合理的に推認させるようなものであると認められる。

したがって、本件前科に係る事実から甲の犯人性を直接推認する場合であれば、本件前科の法律的関連性は肯定される。

⑶　動機の立証

【論述例】犯罪の主観的要素

甲が本件前科に係る事実を実行した動機は、Ｃ社日本法人に就職しようとしたが不採用とされたことに対する逆恨みであったところ、本件事件についても甲が同様の動機に基づいて犯行に及んだ可能性がある。

もっとも、本件事件の公判において甲は犯行を否認しており、甲の犯人性自体が争点となっているところ、甲の犯人性を推認させる間接事実（証拠）として、ビデオカメラに録画された犯人の人着（着用していた帽子、ジャンパー、ズボン等の色・特徴及び体格）が犯行時刻の前後の甲の姿と酷似していたこと、犯人の着衣や犯行供用物件と同類の物品（帽子、黒色ジャンパー、紺色ズボン、白色マスク、500ミリリットルのベンジン空き瓶、折りたたみ式ナイフ及びライター）が甲方室内から押収されていること等が認められるものの、これらの事実からのみでは、未だ本件事件に係る甲の犯人性及び犯罪の客観的要素が本件前科を除く他の証拠によって証明されているとまでは認められない。

このような場合において、本件前科から甲が本件事件についても同様の動機を有していたことを推認し、かかる動機の存在を間接事実として本件事件についての甲の犯人性を推認することは、上記⑴の場合と同様の弊害を生じさせるものであって許されないというべきである。

3　以上より、本件前科は、上記２⑵の推認過程による立証に供する場合に限り、甲が本件事件の犯人であるとの認定に用いることが許される。

【参考答案例】【令和２年】

［設問３］

Ｗの証人尋問の請求の許否について

1　当事者の証拠調べ請求（298条１項）に対して、裁判所は証拠調べをする決定又はその請求を却下する決定をしなければならない（規則190条１項）。かかる証拠採否の基準としては、①証拠調べ請求の適法性（手続違反の有無）、②証拠能力（関連性、証拠禁止）の有無、③証拠調べの必要性が挙げられるところ、裁判所の証拠決定に対し、当事者は法令違反を理由として異議申立て（309条１項、規則205条１項）を行うことができる。

本問において、検察官は、Ｘ方における甲の犯行と、本件住居侵入窃盗の犯行とは手口が類似しており、このことは、甲が本件住居侵入窃盗の犯人であることを推認させる事実であるとして、Ｘ方における甲の犯行を目撃した状況に関するＷの証言を得る目的でＷの証人尋問を請求していることから、検察官の立証趣旨は本件住居侵入窃盗についての甲の犯人性である。これに対し、弁護人は、Ｗの証人尋問につき、「異議あり。関連性なし。」との証拠意見を述べているところ、これは、証人Ｗの証言が争点である甲の犯人性と関係で関連性を欠くものであることを理由として、裁判所に対してＷの証人尋問の請求を却下する決定を求める趣旨である。しかるところ、検察官請求証拠につき関連性を欠くにもかかわらず裁判所が証拠調べ決定をした場合、法令違反として上記異議事由を構成することになるため、以下、検察官がＷの証人尋問により立証しようとする類似事実の関連性について検討する。

2　類似事実による犯人性の立証について

(1)　上述した検察官の立証趣旨からすれば、Ｗの証人尋問は、証人Ｗの目撃した「甲がＸ方において本件住居侵入窃盗と類似した手口の犯行に及んだこと」（以下、「本件類似事実」という。）を要証事実として証明し、これを甲の犯人性の間接事実とする立証活動であるから、かかる類似事実による犯人性の立証が許されるか否かが問題となる。

【論述例】同種前科・類似事実の関連性

【論述例】被告人と犯人の同一性（犯人性）

ア　本件類似事実の内容は、「甲が、12月１日夜、Ｈ市内の一戸建てのＸ方において、庭に面した１階掃き出し窓のクレセント錠近くのガラスにガラスカッターを当てていた」というものであるのに対し、本件住居侵入窃盗は、「犯人が、同月３日午後８時頃から９時頃までの間、Ｈ市内の一戸建てのＶ方において、庭に面した１階掃き出し窓のクレセント錠近くのガラスを半円形に割った上で施錠を外して侵入し、Ｖ方から現金10万円を窃取した」というものであるところ、両事実は、犯行時刻や犯行現場の状況が共通しており、犯行の手口、態様において相当程度類似している。また、本件住居侵入窃盗は本件類似事実のわずか２日後に同じＨ市内で敢行されており、両事実が時間的・場所的に近接していることに加え、本件住居侵入窃盗における窓ガラスの半円形の割れ跡が、Ｘ方窓ガラスに残された半円形の傷跡と形状において類似しており、甲方から発見押収された同一のガラスカッターによりいずれも形成可能であったことからすれば、両事実は同一犯人により連続的に敢行された一連の犯行であり、その犯人が甲であることを一定程度推認することができる。

イ　しかしながら、上記ガラスカッターは、一般に流通し、容易に入手可能なものであってさほど特殊な犯行用具であるとはいえず、上記の手口、態様による住居侵入窃盗事件が特に際だった特徴を有するものともいえない。そうすると、上述した両事実の類似点が持つ、本件住居侵入窃盗の犯行が甲によるものであると推認させる力は、さほど強いものとは考えられない。したがって、本件類似事実は、上述した本件住居侵入窃盗との時間的・場所的近接性等の事情を付加的に考慮しても、なおそれ自体で甲が本件住居侵入窃盗の犯人であることを合理的に推認させるようなものであるとは認められない。

ウ　このような場合、上記のとおり、両事実が類似した状況における犯行であり、また、犯行の態様にも類似性が認められるとしても、本件類似事実を本件住居侵入窃盗の犯人が甲であることの立証に用いることは、帰するところ、本件類似事実から甲に対してこれと同種の犯罪を行う犯罪性向があるという実証的根拠に乏しい人格評価を加え、これをもとに本件住居侵入窃盗の犯人が甲であるという合理性に乏しい推論をすることに等しいというべきである。

⑵　加えて、本件類似事実は、未だ起訴されていない余罪に係る犯罪事実であり、もともと訴訟上の攻防対象となっている事実ではないことから、その取調べに付随して争点が拡散するおそれも大きい。

⑶　したがって、Wの証人尋問により本件類似事実を立証することは許されない。

3　以上より、裁判所は、Wの証人尋問の請求につき、法律的関連性を欠くものとして却下すべきである。

【2】科学的証拠

［論点解析］科学的証拠の証拠能力

1　科学的証拠の問題性

科学的証拠とは、「一定の事象・作用につき、通常の五感の認識を超える手段、方法を用いて認知・分析した判断結果」（判例①の原審参照）のことをいいます。科学技術の進歩に伴い、そのような先端科学技術を捜査へ応用することについては、全くベクトルの異なる2つの評価（メリットとデメリット）があり得ます。すなわち、信頼性の確立した科学的成果への依存は、「自白から物証へ」という捜査方法の転換を促進し、事実認定の精度を高めると同時に人権保障にも資するという積極的意義があります。例えば、血液型や指紋の鑑定は、現代ではその信頼性が確立しているといえるでしょう。反面、科学的証拠は、その高度の専門性故に事実認定者にとって証拠価値を正当に評価することが困難であり（「誤信」を導く危険）、また、「科学」という神秘的かつ権威的な衣をまとっているが故に、その無瑕性や万能性に対する信仰から証拠価値が過大評価されるおそれがある（「過信」をもたらす危険）、という弊害があります。例えば、DNA型鑑定や臭気選別については、未だその信頼性が確立しているか否かに争いがあるといえ、そのような科学的証拠は、**証拠としての許容性（証拠能力）**が問題となります。

上記のような科学的証拠は、そもそも科学的原理の裏付けを欠く“似非科学”ないし“疑似科学”の類であれば（例えば、血液型による性格診断等）、当該証拠は要証事実に対する必要最小限の証明力を欠くものとして、**自然的関連性**が否定されることになります。他方、要証事実に対して一定程度の証明力を有し得る証拠であっても、上述した「科学」という言葉の魅力が持つ「誤信」と「過信」の危険性は、**法律的関連性**の観点から問題となり得るものといえます。もっとも、かかる“弊害”については、自然的関連性の内容として通常の場合よりも高い証明力を要求することで対処すべき、という理解も可能であることから、一般に、科学的証拠の許容性は、当該証拠に自然的関連性が認められるための基本的要件の問題として議論されています。

2　科学的証拠の証拠能力

⑴　基本的要件

科学的方法で導き出された情報の自然的関連性は、その基礎となる事実の確かさに依存しています。そこで、情報の信頼性が確認されるための基本的要件として、⑴**科学的原理の正確性**と⑵**実施方法の正確性**が挙げられます。そして、⑵については、①**物的正確性**（検査に使用された器械等が正しく作動していたこと）、②**人的適格性**（検査実施者が必要な資格や専門的な知識、技術、経験等を備えていたこと）、③**手続的適正**（検査が適正な手続で実施され、かつ、その結果が正確に報告されたこと）という3つの観点から判断されます。さらに、上記の要件に加えて、⑶**一般的承認**（基礎にある科学的原理が関連する専門分野において一般的に承認されていること）を要求する見解もあります。もっとも、⑶を証拠能力の要件として要求すると、検査時点では開発途上であるために未だ関連分野の「一般的承認」を得られていないものの、高度の信頼性を認め得る技術を用いた科学的証拠が一律に排除されてしまうという問題が指摘されています。そのため、後述する各判例も、「一般的承認」を要求する立場は採用していません。

以下、科学的証拠の具体例について個別に検討します。

⑵　DNA型鑑定

DNA型鑑定に関し、判例①（**足利事件**）は「その科学的原理が理論的正確性を有し、具体的な実施の方法も、その技術を習得した者により、科学的に信頼される方法で行われたと認められる。したがって、……これを証拠として用いることが許される」と判示しています。同判例は、⑴**科学的原理の理論的正確性**と⑵**具体的実施方法の適正**（**人的適格性**及び**手続的適正**）の観点から証拠の許容性を判断し、結論としてDNA型鑑定結果の証拠能力を肯定しました。もっとも、同判例も「証拠価値については、その後の科学技術の発展により新たに解明された事項等も加味して慎重に検討されるべき」と述べているように、DNA型鑑定は、その科学的原理・法則が完全に立証されているわけではないといえることから、安易に証明力を過信すべきではないと指摘されています。DNA型の出現頻度はあくまで確率の問題であり、それが一致したからといってそのことから直ちに鑑定対象のDNAが被告人の身体に由来するという結論が導かれるわけではありません（この点で、万人不同の「指紋」とは異なります。）。その意味で、「DNA型の一致」はあくまで情況証拠（犯人性の間接事実）の一つにとどまるものと解されます。なお、周知のとおり、判例①（**足利事件**）については、判決確定後、新たな鑑定手法を用いてDNA型の再鑑定が実施された結果、被告人のDNA型と一致しないことが判明したことから、再審開始決定がなされ、その後、再審公判において「本件DNA型鑑定が、前記最高裁判所決定にいう「具体的な実施の方法も、その技術を習得した者により、科学的に信頼される方法で行われた」と認めるにはなお疑いが残るといわざるを得ない」と判断され、最終的に当時のDNA型鑑定結果の証拠能力が否定されています。

⑶　警察犬による臭気選別

警察犬による臭気選別に関し、判例②は「選別につき専門的な知識と経験を有する指導手が」（**人的適格性**）、「臭気選別能力が優れ、選別時において体調等も良好でその能力がよく保持されている警察犬を使用して実施した」（**物的正確性**）、「臭気の採取、保管の過程や臭気選別の方法に不適切な点のない」（**手続的適正**）という3点を指摘した上で、「本件各臭気選別の結果を有罪認定の用に供しうる」と判示しています。このように、同判例は、上述した基本的要件のうち、専ら⑵**実施方法の正確性**（①物的正確性、②人的適格性、③手続的適正）の観点から証拠の許容性を判断しており、⑴**科学的原理の正確性**については判示していません。たしかに、臭気選別については、人間の臭気や犬の嗅覚及び識別のメカニズムが科学的に解明されているわけではないことから、証拠能力の要件として「科学的原理の正確性」を要求すると、およそ臭気選別結果の証拠能力は否定されることになるでしょう。他方で、臭気選別は、“訓練された警察犬の嗅覚は優れており、人間の臭気の異同を高度の正確性を持って識別することができる”という経験則に基づく判断の結果であり、その判断に必ずしも専門的な「科学的原理」が用いられているわけではありません（なお、同判例は、臭気選別結果について321条4項ではなく同条3項で証拠採用していることから（⇒**第8講【4】4**参照）、臭気選別は「鑑定」とは位置付けられていないと解されます。）。したがって、臭気選別結果を上述したDNA型鑑定結果と同じ意味での「科学的証拠」と位置付けること自体が適切ではなく、それ故、同判例は臭気選別結果について科学的原理が解明されていることを証拠能力の要件とする考え方は採用していないものと解されます。なお、一般に“科学的証拠”と呼ばれている証拠を、**「科学理論に基づく専門証拠」**（DNA型鑑定等）と**「経験則に基づく専門証拠」**（臭気選別等）に区別した上で、後者については、証拠能力の基本的要件として**「経験則の存在」**をもって「科学的原理の正確性」に代替する、と説明する見解もあります。

(4)　その他の科学的証拠

ポリグラフ検査（いわゆる“嘘発見器”による検査）に関し、判例③は「検査者が自ら実施した各ポリグラフ検査の経過及び結果を忠実に記載して作成したものであること」（**手続的適正**）、「検査者は検査に必要な技術と経験とを有する適格者であったこと」（**人的適格性**）、「検査に使用された器具の性能及び操作技術から見て、その検査結果は信頼性あるものであること」（**物的正確性**）を指摘した上で、検査結果の証拠能力を肯定した原審を是認しました（なお、この事案では検査結果回答書について被告人側が同意の証拠意見を述べたことから326条1項により証拠採用されていますが、この同意がない場合は、321条4項（準用）の書面として証拠能力が判断されることになるでしょう。）。

声紋鑑定に関し、判例④は「声紋による識別方法は、その結果の確実性について未だ科学的に承認されたとまではいえないから、これに証拠能力を認めることは慎重でなければならない」との点を指摘した上で、「その検査の実施者が必要な技術と経験を有する適格者」であること（**人的適格性**）、「使用した器具の性能、作動も正確でその検定結果は信頼性あるものと認められる」こと（**物的正確性**）、「その検査の経過及び結果についての忠実な報告」であること（**手続的適正**）の3点を挙げて、結論として、「その証明力の程度は別として、証拠能力を認めることを妨げない」と判示しています。

筆跡鑑定に関し、判例⑤は「いわゆる伝統的筆跡鑑定方法は、……ことの性質上、その証明力には自ら限界がある」と指摘しながら、他方で、「そのことから直ちに、この鑑定方法が非科学的で、不合理であるということはできないのであって、……事実審裁判所の自由心証によって、これを罪証に供すると否とは、その専権に属することがらであるといわなければならない。」と判示しています。同判例は、証拠能力の要件について判示していないものの、筆跡鑑定も上述した**「経験則に基づく専門証拠」**であるといえることから、「筆跡鑑定におけるこれまでの経験の集積と、その経験によって裏付けられた判断」に一定の合理性があるとの**「経験則の存在」**を前提として、①**物的正確性**、②**人的適格性**、③**手続的適正**の観点から証拠の許容性を判断することができるでしょう。

〈参考判例〉

【最(二小)決平成12・7・17刑集54巻6号550頁（足利事件）】（DNA型鑑定） 判例①

「本件で証拠の一つとして採用されたいわゆるMCT118DNA型鑑定は、その科学的原理が理論的正確性を有し、具体的な実施の方法も、その技術を習得した者により、科学的に信頼される方法で行われたと認められる。したがって、右鑑定の証拠価値については、その後の科学技術の発展により新たに解明された事項等も加味して慎重に検討されるべきであるが、なお、これを証拠として用いることが許されるとした原判断は相当である。」

［(原審) 東京高判平成8・5・9高刑集49巻2号181頁］

「一定の事象・作用につき、通常の五感の認識を超える手段、方法を用いて認知・分析した判断結果が、刑事裁判で証拠として許容されるためには、その認知・分析の基礎原理に科学的根拠があり、かつ、その手段、方法が妥当で、定型的に信頼性のあるものでなければならない。」

［(再審) 宇都宮地判平成22・3・26判時2057号168頁］

「……当審で取り調べた前記P4鑑定によると、検査した部位が異なるとはいえ、本件半袖下着から検出されたDNA型とP1氏のDNA型とは一致しなかったというのであるから、これにより、本件DNA型鑑定は、その証拠価値がなくなったことはもとより、証拠能力に関わる具体的な実施方法についても疑問を抱かざるを得ない状況になったというべきである。

……以上のとおり、当審で新たに取り調べられた関係各証拠を踏まえると、本件DNA型鑑定が、前記最高裁判所決定にいう「具体的な実施の方法も、その技術を習得した者により、科学的に信頼される方法で行われた」と認めるにはなお疑いが残るといわざるを得ない。したがって、本件DNA型鑑定の結果を記載した鑑定書（第一審甲72号証）は、現段階においては証拠能力を認めることができないから、これを証拠から排除することとする。」

【最(一小)決昭和62・3・3刑集41巻2号60頁】（警察犬による臭気選別） 判例②

「警察犬による本件各臭気選別の結果を有罪認定の用に供した原判決の当否について検討するに、記録によると、右の各臭気選別は、右選別につき専門的な知識と経験を有する指導手が、臭気選別能力が優れ、選別時において体調等も良好でその能力がよく保持されている警察犬を使用して実施したものであるとともに、臭気の採取、保管の過程や臭気選別の方法に不適切な点のないことが認められるから、本件各臭気選別の結果を有罪認定の用に供しうるとした原判断は正当である」

【最(一小)決昭和43・2・8刑集22巻2号55頁】（ポリグラフ検査） 判例③

「ポリグラフの検査結果を、被検査者の供述の信用性の有無の判断資料に供することは慎重な考慮を要するけれども、原審が、刑訴法三二六条一項の同意のあつた……ポリグラフ検査結果回答についてと題する書面……について、その作成されたときの情況等を考慮したうえ、相当と認めて、証拠能力を肯定したのは正当である。」

［(原審) 東京高判昭和42・7・26高刑集20巻4号471頁］

「各書面はいずれも検査者が自ら実施した各ポリグラフ検査の経過及び結果を忠実に記載して作成したものであること、検査者は検査に必要な技術と経験とを有する適格者であつたこと、各検査に使用された器具の性能及び操作技術から見て、その検査結果は信頼性あるものであることが窺われ、これによつて各書面が作成されたときの情況に徴し、……これを証拠とするに妨げがないものと認められるので、同法第三二六条第一項所定の書面として証拠能力があり、……原判決が、これらポリグラフ検査の経過及び結果に関する各証拠を事実認定の資料に供したのは毫も違法ではない。」

【東京高判昭和55・2・1判時960号8頁】（声紋鑑定） 判例④

「音声を高周波分析や解析装置によつて紋様化し画像にしてその個人識別を行なう声紋による識別方法は、その結果の確実性について未だ科学的に承認されたとまではいえないから、これに証拠能力を認めることは慎重でなければならないが、他面陪審制を採らず、個別的具体的な判断に親しむわが国の制度の下では、各種器械の発達及び声紋識別技術の向上に伴い、検定件数も成績も上昇していることにかんがみれば、一概にその証拠能力を否定し去るのも相当でなく、その検査の実施者が必要な技術と経験を有する適格者であり、使用した器具の性能、作動も正確でその検定結果は信頼性あるものと認められるときは、その検査の経過及び結果についての忠実な報告にはその証明力の程度は別として、証拠能力を認めることを妨げない」

【最(二小)決昭和41・2・21判時450号60頁】（筆跡鑑定） 判例⑤

「いわゆる伝統的筆跡鑑定方法は、多分に鑑定人の経験と感（原文ママ）に頼るところがあり、ことの性質上、その証明力には自ら限界があるとしても、そのことから直ちに、この鑑定方法が非科学的で、不合理であるということはできないのであって、筆跡鑑定におけるこれまでの経験の集積と、その経験によって裏付けられた判断は、鑑定人の単なる主観にすぎないもの、といえないことはもちろんである。したがって、事実審裁判所の自由心証によって、これを罪証に供すると否とは、その専権に属することがらであるといわなければならない。」

補章　刑事訴訟法論述例

【強制処分の意義】

強制処分法定主義（197条１項但書）の趣旨は、一般的・類型的に個人の身体財産等に対する重大な侵害を伴う捜査活動については人権侵害の危険が特に大きいことから、捜査機関がそのような行為をするには法律（刑事訴訟法）の根拠を必要とし、その規定する厳格な要件及び手続によらなければならない旨を規律した上で、当該行為について原則として令状主義（憲法33条、同35条１項、刑訴法199条１項本文、同218条１項等参照）の制約を及ぼす等して、もって人権保障の徹底を図る点にある。

そうすると、同項但書の「強制の処分」とは、個人の意思を制圧し、身体、住居、財産等に制約を加えて強制的に捜査目的を実現する行為など、特別の根拠規定がなければ許容することが相当でない手段をいうものと解すべきである。

[「意思の制圧」の側面]

「個人の意思を制圧」とは、法益侵害の態様が、被処分者の利益を完全に侵害し、剥奪する程度に至っている状態を意味する。したがって、現に表明された拒絶意思を制圧する場合に限らず、拒絶意思を表明する機会を与えずに執行する処分であっても、被処分者を抵抗不能の状態に置いて捜査目的を一方的に実現する性質を帯びている場合には、黙示の拒絶意思を制圧するものというべきである。

[「権利・利益の制約」の側面]

「身体、住居、財産等に制約」とは、例示された被侵害利益がいずれも憲法33条及び35条の保障する重要な人権であることからすれば、法定の強制処分を要求する必要があると評価すべき重要な権利・利益に対する侵害ないし制約を伴う場合、すなわち、憲法の保障する重要な法的利益を侵害するものであることを意味する。

【任意捜査の相当性】

強制処分に当たらない場合であっても、被処分者の法益を侵害し又は侵害するおそれがあることから、任意捜査が状況の如何を問わず常に許容されるものと解するのは相当でなく、必要性、緊急性、これによって害される個人の法益と保護されるべき公共の利益との権衡などを考慮したうえ、具体的状況のもとで相当と認められる限度において許容されると解すべきである。

【所持品検査】

所持品検査は、職務質問（警職法２条１項）における口頭による質問と密接に関連し、その効果を上げるうえで必要性、有効性の認められる行為であるから、任意手段である職務質問の付随行為として許容される。したがって、所持人の承諾を得てその限度においてこれを行うのが原則である。

もっとも、職務質問ないし所持品検査が犯罪の予防、鎮圧等を目的とする警察官の職務行為であって（警職法１条１項、２条１項参照）、流動する各般の警察事象に対応して迅速適正にこれを処理すべき行政警察の責務に鑑みると、捜索に至らない程度の行為は、強制にわたらない限り、たとえ所持人の承諾がなくても、所持品検査の必要性、緊急性、これによって侵害される個人の法益と保護されるべき公共の利益との権衡などを考慮し、具体的状況のもとで相当と認められる限度において許容される場合があると解すべきである。

【秘密録音】

一般に、対話者の一方当事者が相手方の知らないうちに会話を録音しても、対話者との関係では会話の内容を相手方の支配に委ねて秘密性ないしプライバシーを放棄しており、これらの利益の要保護性は低下しているというべきであるから、捜査機関が対話の相手方の知らないうちにその会話を録音することは、強制手段、すなわち、個人の意思を制圧し、身体、住居、財産等に制約を加える行為とは認められず、「強制の処分」（197条１項但書）に当たらない。

もっとも、捜査機関が相手方にその拒否の機会を与えずに会話の内容を秘密録音することが相手方のプライバシーないし人格権を多かれ少なかれ侵害することは否定できないから、任意捜査として状況の如何を問わず常に許容されるものと解するのは相当でなく、録音の経緯、内容、目的、必要性、侵害される個人の法益と保護されるべき公共の利益との権衡などを考慮し、具体的状況のもとで相当と認められる限度においてのみ許容されるべきものと解する。

【任意同行・取調べ】

被疑者の取調べ（198条１項）を目的とする出頭要求・同行及びその後の被疑者に対する取調べにおいて、強制手段を用いることは許されない。したがって、その場所・方法・態様・時刻・同行後の状況等から判断して逮捕と同一視できる程度の強制力を加えられた場合、実質的には逮捕行為に当たり令状主義（憲法33条、刑訴法199条１項本文参照）に違反するものと解する。

さらに、任意捜査の一環としての被疑者に対する取調べは、上記のような強制手段によることができないというだけでなく、事案の性質、被疑者に対する容疑の程度、被疑者の態度等諸般の事情を勘案して、社会通念上相当と認められる方法ないし態様及び限度において、許容されるものと解すべきである。

【おとり捜査の意義】

おとり捜査とは、捜査機関又はその依頼を受けた捜査協力者が、その身分や意図を相手方に秘して犯罪を実行するように働き掛け、相手方がこれに応じて犯罪の実行に出たところで現行犯逮捕等により検挙する捜査をいう。

【おとり捜査の適法性】

おとり捜査は、相手方の意思決定の自由を侵害するものではなく、強制手段、すなわち、個人の意思を制圧し、身体、住居、財産等に制約を加える行為とは認められないことから、「強制の処分」（197条1項但書）に当たらない。

もっとも、おとり捜査により国家が自ら犯罪を創出し、法益侵害ないしその危険を惹起し又は惹起するおそれがあることから、任意捜査として状況の如何を問わず常に許容されるものと解するのは相当でなく、具体的状況のもとで必要かつ相当と認められる限度において許容されると解すべきである。

具体的には、少なくとも、直接の被害者がいない薬物犯罪等の捜査において、通常の捜査方法のみでは当該犯罪の摘発が困難である場合に、機会があれば犯罪を行う意思があると疑われる者を対象におとり捜査を行うことは、197条1項に基づく任意捜査として許容されるものと解する。

【現行犯人逮捕の要件（犯罪と犯人の明白性）】

現行犯人逮捕（213条）が令状主義の例外として許容される根拠は、逮捕者にとって犯罪の嫌疑が明白であって誤認逮捕のおそれが少なく、かつ、早急な逮捕の必要性が認められる点にある。

そうすると、「現に罪を行い、又は現に罪を行い終った者」（212条1項）とは、逮捕者にとって、特定の犯罪の犯人であることが明白であると合理的に判断できる者を意味すると解される。そして、かかる犯罪と犯人の明白性については、犯行と逮捕との時間的・場所的接着性等の客観的事情から逮捕者の判断の合理性が客観的に保障されることを要すると解すべきである。

[「明白性」の判断資料]

上記の明白性が認められるためには、被疑者が特定の犯罪の犯人であることが、逮捕時点における客観的外部的状況等から、逮捕者自身において直接明白に覚知し得る場合であることが必要である。もっとも、その判断に際しては、逮捕現場の状況や被害者・被疑者の挙動等の逮捕者自らが直接覚知した客観的事情に加えて、被害者・目撃者の供述や被疑者自身の供述等の供述証拠も客観的事情を補充するものとして判断資料とすることができると解する。

【違法逮捕に基づく勾留請求】

逮捕と勾留は別個独立の手続であることから、逮捕の違法性が直ちに勾留の違法性を基礎付けるものとはいえない。

もっとも、刑訴法が、被疑者を勾留する前提として逮捕を必要とした（逮捕前置主義、207条１項参照）趣旨は、第一段階として短期の拘束である逮捕による身柄拘束を先行させ、その間の捜査によってもなお身体拘束の理由及び必要性が認められる場合に限り、裁判官の判断を経て、第二段階として長期の拘束である勾留を認めるという慎重な手続をとることが、被疑者の人身保護の要請に適うからであると解される。また、刑訴法は、逮捕につき不服申立ての手続を規定していないところ（429条参照）、これは、逮捕手続に違法がある場合には引き続く勾留段階において一括して事後的な司法審査の対象とする趣旨であると解される。

以上の各趣旨に照らせば、刑訴法は、先行する逮捕手続に重大な違法がないことを勾留の要件として要求していると解すべきである。

【再逮捕・再勾留】

同一被疑事件について先に逮捕勾留され、その後に釈放された被疑者を再び逮捕・勾留することは、刑訴法が、203条以下において逮捕勾留の期間について厳重な制約を設けた趣旨を無視することになり、被疑者の人権保障の見地から原則として許されない。

しかしながら、199条３項は再度の逮捕が許される場合のあることを前提にした規定であり、他方、再度の勾留を禁止した規定はなく、また、逮捕と勾留は相互に密接不可分の関係にあることに鑑みると、刑訴法は例外的に同一被疑事実につき再度の勾留をすることも許しているものと解される。

具体的には、先行の勾留期間の長短、その期間中の捜査経過、身柄釈放後の事情変更の内容、事案の軽重、検察官の意図その他の諸般の事情を考慮し、身柄拘束の不当な蒸し返しでないと認められる場合に限り、例外的に再逮捕・再勾留が許されると解すべきである。

【一罪一逮捕一勾留の原則】

逮捕・勾留の効力は、その基礎とされた被疑事実と同一の範囲に及ぶところ（事件単位の原則）、刑訴法が逮捕勾留の期間について厳重な制約（203条以下参照）を設けた趣旨からすれば、同一の被疑事実については、原則として、一個の逮捕・勾留を一回のみ行い得るものと解される（一罪一逮捕一勾留の原則）。

他方で、刑訴法は国家刑罰権を実現する手続について規定したものであるところ、実体法上の一罪については一個の刑罰権のみが発生するのであるから、刑事手続上も一個のものとして取り扱うべきである。また、実体法上の一罪を構成する個々の犯罪事実を分割してそれぞれにつき逮捕・勾留することを認めると、実質的に身体拘束の不当な蒸し返しとなるおそれがある。したがって、一罪一逮捕一勾留の原則における「一罪」とは、実体法上一罪を意味するものと解する。

もっとも、同原則の実質的根拠は、「一罪」の範囲内の犯罪事実について捜査機関が一回の逮捕・勾留による同時処理義務を負うべき点に求められるところ、同時処理が不可能である場合には、かかる義務が生じ得ず、また、身体拘束の不当な蒸し返しになるともいえない。したがって、同時処理の可能性のある実体法上一罪の一部についての逮捕・勾留である場合に限り、一罪一逮捕一勾留の原則を適用すべきである。

【別件逮捕・勾留（別件基準説）】

逮捕・勾留の手続は、特定の被疑事実を基礎になされることが予定されている（事件単位の原則、200条、203条、204条、207条１項、60条１項、64条等参照）ことからすれば、令状請求の段階における司法審査は、身体拘束の基礎となる被疑事実（別件）についてのみなされるものであり、捜査機関が他の事実（本件）について取調べを行う意図・目的を有していたとしても、制度上、それを裁判官が事前に審査することは困難である。

他方で、上記事件単位の原則によれば、逮捕状請求を受けた事実につき逮捕の理由と必要性があるのであれば、裁判官は逮捕状を発しなければならないのであり（199条２項参照）、たとえ捜査機関が本件の取調べを行う目的を有していたとしても、そのことをもって、身体拘束が違法となることはないと解する。

【別件逮捕・勾留（本件基準説）】

未だ重大な本件について被疑者を逮捕・勾留する理由と必要性が十分でないのに、専ら又は主として本件について取り調べる目的で、軽微な別件につき被疑者を逮捕・勾留する場合、形式的には別件に基づくものではあるが、実質的には本件に基づく身体拘束であるというべきである。

したがって、未だ逮捕・勾留の理由と必要性の認められない本件についての取調べを専ら又は主たる目的として、別件により被疑者を逮捕・勾留することは、別件について逮捕・勾留の理由と必要性が認められる場合であっても、令状主義（憲法33条、刑訴法199条１条本文）を実質的に潜脱するものとして違法であると解する。

【余罪取調べ（実体喪失説）】

事件単位の原則は、令状主義（199条１項、207条１項、62条）と結び付き、身柄拘束についての制約原理として存在するものであって、身柄拘束下の被疑者取調べの在り方を直接規制するものではない。

したがって、取調べに事件単位の原則は適用されず、捜査機関は被疑者に対し余罪である本件の取調べを行うことができる以上、本件の取調べがあくまで別件の捜査に付随し、これと並行して行われる限り違法とはいえない。

もっとも、本件の取調べが上記の限度を大きく超えているのに対し、身体拘束の基礎となっている別件の捜査がほとんど行われない状況にある等、当該身体拘束が別件による勾留としての実体を喪失したものと評価されるに至った場合、当該身体拘束はその要件（勾留の理由と必要性）が消滅したものというべきであるから、その時点から、身柄拘束自体が違法となるとともに、取調べも違法となると解する。

別件による勾留としての実体を喪失したか否かについては、①勾留期間の本件取調べへの流用の程度、②本件と別件の関連性の有無・程度、軽重の差、③被疑者の供述状況（取調べの態様及び供述の自発性の有無)、④捜査全般の進行状況（本件及び別件に関する客観的証拠の収集状況）等の事情を総合考慮して判断するべきである。

【捜索差押対象の特定・明示の趣旨】

219条１項が捜索差押許可状について「捜索すべき場所、身体若しくは物」及び「差し押さえるべき物」を特定・明示することを要求している趣旨は、①令状審査の際の裁判官による「正当な理由」（憲法35条１項）の存在についての実質的認定を確保すること、②令状の執行にあたる捜査機関に権限の範囲を周知、徹底させて権限濫用を抑制すること、及び③被処分者に対して受忍すべき権利侵害の範囲を明らかにして事後的な不服申し立て（430条）の実効性を担保することにある。

[捜索差押許可状の効力]（「場所」に存在する「物」）

219条１項は捜索差押許可状に特定・明示すべき事項として「捜索すべき場所、身体若しくは物」と規定しているところ、「場所」に存在する「物」に関するプライバシーは、その「場所」に関するプライバシーに包摂されており、それに対する侵害については、令状を発付した裁判官の司法審査が及んでいるといえる。

したがって、「場所」を捜索の対象とする捜索差押許可状によって、その「場所」に存在する「物」、すなわち、その「場所」の管理権者（居住者）又はこれに実質的に準じる地位にある者（同居人）の管理する物を捜索することも許される。

これに対して、捜索場所に偶然居合わせた第三者の管理する物を捜索する場合、同人のプライバシーという別個の権利に対する侵害を伴うことから、その侵害について令状を発付した裁判官の司法審査が及んでいるとはいえず、当該令状によって捜索することは許されない。

[捜索差押許可状の効力]（「場所」に現在する者の「身体」）

219条１項は令状の方式として捜索すべき「場所」と人の「身体」とを明確に区別しているところ、「場所」という一定の空間に関するプライバシーと人格を有する人の「身体」に関するプライバシーとは、法益が異質であり、後者が前者に包摂されているとはいえない。

したがって、「場所」を捜索の対象とする捜索差押許可状によって、その場所に現在する者の「身体」に対して当然に捜索を行うことはできない。

ただし、捜索すべき場所に現在する者が捜索の目的物（差し押さえるべき物）をその身体に隠匿所持していると疑うに足りる相当な理由があり、令状の目的とする差押えを有効に実現するためにはその者の身体を捜索する必要が認められる具体的な状況の下においては、場所に対する捜索許可状によりその者の身体に対しても捜索をすることができるものと解する。

[捜索差押許可状の効力]（捜索中に「場所」に搬入された「物」）

219条１項が捜索差押許可状に「差し押えるべき物」、「捜索すべき場所」を記載しなければならないと規定した趣旨は、被処分者の居住権・管理権を保護する点にあるところ、執行の途中で被処分者が捜索場所で所持・管理するに至った物について捜索・差押えを行ったとしても、新たな居住権・管理権の侵害が生じるわけではないから、その執行に別途令状を要しないとしても令状主義を潜脱するものではない。
また、令状審査において、裁判官は当該令状の有効期間内に捜索場所に差し押さえるべき物が存在する蓋然性があるか否かを判断するのであるから、捜索差押許可状に基づく捜索・差押えの範囲がその許可状を呈示した時点で捜索場所に存在する物に限定されなければならないとすべき根拠はない。実際上も、捜索開始時期が偶々前後したというだけで捜索場所にある物の捜索の適否が左右されることは不合理である。
したがって、捜索差押許可状による捜索中に捜索場所に配達され、被処分者が受領した荷物についても、当該令状に基づいて捜索することができると解する。

【電磁的記録媒体の差押え】

捜索差押えの執行に当たり、令状主義を徹底し、かつ、令状の記載として対象物の特定、明示を要求する法（憲法35条１項、219条１項）の趣旨は、執行を担当する捜査機関による権限濫用を防止し、被処分者の人権保障を図る点にある。
上記趣旨に照らせば、捜査機関による差押えは、電磁的記録媒体を対象とする場合であっても、被疑事実との関連性の有無を確認しないで一般的探索的に広範囲にこれを行うことは、原則として許されない。
もっとも、電磁的記録媒体は、そのままでは記録内容が可視性・可読性を有しないため、捜索差押えの現場で被疑事実との関連性がないものを選別することが容易でなく、また、記録内容の消去等が容易であるため、被処分者側から罪証隠滅をされる虞れも大きい。
他方で、差押えの「正当な理由」の存否は、捜査の必要性と被処分者の利益との比較衡量に基づいて判断すべきであるから、差押えに要求される関連性の程度は、令状執行の際の具体的状況により、その場で内容を確認することの困難性や弊害の大きさと相関的に判断されるべきものと解する。
そうだとすれば、令状により差し押さえようとする電磁的記録媒体の中に被疑事実に関する情報が記録されている蓋然性が認められる場合において、そのような情報が実際に記録されているかをその場で確認していたのでは記録された情報を損壊される危険があるときは、内容を確認することなしに当該記録媒体を差し押さえることが許されると解すべきである。

【「必要な処分」の範囲】

捜索差押許可状の執行を担当する捜査官には、各令状を円滑に執行し、その目的を達成することができるように「必要な処分」をする権限が認められている（222条１項、111条１項）。
上記の「必要な処分」は、捜査比例の原則に照らし、各令状の執行目的を達成するために必要であり、かつ、その方法も社会的に相当なものでなければならず、強制力を行使して被処分者に不利益を与える場合には必要最小限度の方法によらなければならないと解する。

【令状呈示の時期】

捜索差押許可状の呈示（222条１項、110条）の趣旨は、捜索差押手続の公正を担保するとともに、処分を受ける者に対して司法審査を経た令状内容を了知させることによりその人権に配慮する点にある。

上記の趣旨からすれば、同条による呈示は、令状の執行に着手する前の呈示を原則とすべきである。

もっとも、令状の執行に際し、執行を受ける者が受忍的協力的態度をとらず、令状を呈示できる状態にない場合において、社会通念上相当な手段方法により令状を呈示することができる状況を作出し、その後直ちに令状を呈示することは上記趣旨に反するものでなく、捜索・差押えの実効性を確保するためのやむを得ない措置として許容されるものと解する。

【捜索・差押えの際の写真撮影】

写真撮影は、物の存在及び状態を五官の作用により認識する処分であるから検証に当たり、これを強制処分として行う場合には検証許可状（218条１項）が必要となる。

もっとも、捜索・差押えの執行に際して、①手続の適法性を担保するためにその執行状況を撮影し、あるいは、②証拠物の証拠価値を保存するために発見された場所、状態においてその証拠物を撮影する場合、当然に住居の内部の状況や所持品等の情報を撮影対象に含むことになるが、少なくとも捜索・差押えの執行に必要な限度においてそれらの情報が捜査機関に認識、取得されることは捜索差押許可状により許容されたプライバシー侵害の範囲に包摂されるものと解される。

したがって、このような写真撮影は、上記の目的を達成するために必要な範囲で、かつ、相当な方法、程度において行われる限り、捜索・差押えに付随する処分として、特別の令状がなくとも適法に行い得るものと解する。

これに対して、証拠収集等の目的のために捜索差押許可状に明記されている物件以外の物を敢えて撮影する場合、もはや捜索・差押えに付随する処分とは認められず、検証許可状なしに写真撮影することは違法であると解する。

【無令状捜索・差押えの趣旨】

憲法35条１項は「第33条の場合を除いては」と規定し、これを具体化した刑訴法220条１項２号が逮捕に伴う令状によらない捜索・差押えを規定している。

このように逮捕に伴う捜索・差押えについて令状主義（憲法35条、刑訴法218条１項）の例外が許容される趣旨は、身体拘束という重大な権利侵害である逮捕に関連して、より権利侵害の程度の低い捜索・差押えを無令状で行うことを認めても、人権の保障上格別の弊害はなく、かつ、逮捕の現場には証拠の存在する高度の蓋然性が認められることから、合理的な証拠収集手段としてこれを許容することが捜査上の便益にも適なうことが考慮されたものと解される。

［逮捕に伴う捜索・差押えの範囲］（時間的・場所的限界）

上記の趣旨からすれば、「逮捕する場合において」（220条１項）とは、逮捕との時間的接着性を意味し、必ずしも逮捕の着手が先行することを要しない。ただし、逮捕に着手する以前に捜索・差押えを実施するには、捜索現場に被逮捕者が現在している状況下にあり、捜査機関においていつでも逮捕に着手し得る態勢であることが必要であると解すべきである。

また、「逮捕の現場で」（220条１項２号）とは、場所的同一性を意味し、被疑者の直接の支配下にある場所に限られない。ただし、「逮捕の現場」は逮捕の際に捜索差押許可状を請求すれば許容されるであろう相当な範囲をいうものと解すべきであるから、逮捕が行われた場所と同一の管理権が及ぶ範囲の場所に限定されると解する。

［逮捕に伴う捜索・差押えの範囲］（被疑者の身体・所持品）

捜査官は被疑者を「逮捕する場合」において必要があるときは「逮捕の現場」で捜索・差押え等の処分をすることができるところ（220条１項２号）、同規定は、かかる処分が逮捕した被疑者の身体又は所持品に対する捜索・差押えである場合において、当該処分を「逮捕の現場」において実施することが不適当又は困難であるときには、これを実施するために必要な付随的措置（222条１項、111条１項参照）として、適切な場所へ被疑者を連行した上で当該処分を実施することも併せて許容しているものと解される。

そうすると、逮捕現場付近の状況に照らし、被疑者の名誉等を害し、被疑者らの抵抗による混乱を生じ、又は現場付近の交通を妨げるおそれがあるといった事情のため、その場で直ちに捜索・差押えを実施することが適当でないときには、速やかに被疑者を捜索・差押えの実施に適する最寄りの場所まで連行した上、これらの処分を実施することも、同号にいう「逮捕の現場」における捜索・差押えと同視することができ、適法な処分と解すべきである。

【遺留物の意義】

捜査機関の行う「領置」（221条）は、対象物を占有する押収の一種であるが、その占有を取得する過程に強制の要素を伴わない点で「差押え」と異なるため、憲法35条の「押収」に当たらず、無令状で行うことができる。

上記のような処分の性質からすれば、同条の「遺留した物」とは、自己の意思によらず占有を喪失した物（遺失物）に限られず、自己の意思によって占有を放棄し、離脱させた物も含むと解する。

【接見指定の適法性】

接見交通権（39条１項）は、憲法34条前段の趣旨に則り、身体の拘束を受けている被疑者が弁護人等（弁護人又は弁護人を選任することができる者の依頼により弁護人となろうとする者）と相談し、その助言を受けるなど弁護人等から援助を受ける機会を確保する目的で保障されたものであるから、同規定は、憲法の保障に由来する。他方、憲法は、刑罰権発動のための捜査権の行使が国家の権能であることを当然の前提とするものであるから、接見交通権の行使と捜査権の行使との間に合理的な調整を図らなければならない。

このような趣旨に照らすと、「捜査のため必要があるとき」（同条３項本文）とは、弁護人等の申出に沿った接見を認めると取調べの中断等により捜査に顕著な支障が生ずる場合に限られると解する。そして、弁護人等から接見の申出を受けた時に、捜査機関が①現に被疑者を取調べ中である場合や実況見分、検証等に立ち会わせている場合、また、②間近い時に取調べ等をする確実な予定があって、弁護人等の申出に沿った接見を認めたのでは、取調べ等が予定どおり開始できなくなるおそれがある場合などは、原則として上記の取調べの中断等により捜査に顕著な支障が生ずる場合に当たると解すべきである。

ただし、上記要件が具備され、接見指定をすることができる場合でも、その指定は、「被疑者が防御の準備をする権利を不当に制限する」（同条３項但書）ものであってはならないのであるから、捜査機関は、弁護人等と協議してできる限り速やかな接見のための日時等を指定し、被疑者が弁護人等と防御の準備をすることができるような措置を採らなければならないものと解すべきである。

[初回接見の重要性]

逮捕直後の初回の接見は、身体を拘束された被疑者にとっては、弁護人の選任を目的とし、かつ、今後捜査機関の取調べを受けるに当たっての助言を得るための最初の機会であって、憲法34条前段の保障の出発点を成すものであるから、これを速やかに行うことが被疑者の防御の準備のために特に重要である。

したがって、初回接見の申出を受けた捜査機関としては、接見指定の要件（39条３項本文）が具備された場合でも、その指定に当たっては、弁護人となろうとする者と協議して、即時又は近接した時点での接見を認めても接見の時間を指定すれば捜査に顕著な支障が生じるのを避けることが可能かどうかを検討し、これが可能なときは、留置施設の管理運営上支障があるなど特段の事情のない限り、被疑者の引致後直ちに行うべきものとされている手続及びそれに引き続く所要の手続を終えた後において、たとい比較的短時間であっても、時間を指定した上で即時又は近接した時点での接見を認めるようにすべきであり、このような場合に、被疑者の取調べを理由として上記時点での接見を拒否するような指定をし、初回接見の機会を遅らせることは、「被疑者が防御の準備をする権利を不当に制限する」（同条３項但書）ものとして違法というべきである。

【訴因変更の要否】

訴因の特定（256条３項）が要求される趣旨は、裁判所に対し審判の対象を画定するとともに、被告人に対し防御の範囲を示すことにあると解される。

そうだとすれば、審判対象の画定の見地から、訴因の記載として不可欠な事項について訴因と実質的に異なる認定をする場合は、訴因変更が必要となる。

また、上記の見地からは訴因変更が必要となるとはいえないと解される場合であっても、一般的に被告人の防御にとって重要な事実については、争点の明確化などのため、検察官において訴因に明示するのが望ましいということができ、検察官が訴因においてその事実の明示をした場合に判決においてそれと実質的に異なる認定をするには、原則として、訴因変更が必要となる。

もっとも、被告人の防御の具体的状況等の審理の経過に照らし、被告人に不意打ちを与えるものではないと認められ、かつ、判決で認定される事実が訴因に記載された事実と比べて被告人にとって不利益であるとはいえない場合には、例外的に、訴因変更手続を経ることなく訴因と異なる事実を認定することができるものと解する。

【訴因変更の可否】

訴因変更（312条１項）は、「公訴事実の同一性を害しない限度において」許されるところ、同条項の「公訴事実の同一性」は、一事不再理（337条１号）及び二重起訴禁止（338条３号）の効力の及ぶ範囲を画する機能を有する。

そうだとすれば、ある訴因と別の訴因との間において、犯罪を構成する基本的事実関係が社会通念上同一であると認められる場合、両訴因は一個の刑罰権の対象となる事実というべきであるから、「公訴事実の同一性」が認められると解する。

具体的には、罪質の密接関連性、犯行日時、場所の近接性、被害者や被害品の同一性、犯行態様の共通性等に照らして、基本的事実関係の同一性を判断すべきである。

もっとも、両訴因の事実関係に明白な共通性が認められない場合であっても、一方の事実が認められるときは他方の事実を認め得ない関係にある場合には、両訴因は基本的事実関係において同一であると解すべきである。

【公判前整理手続後の主張制限の可否】

公判前整理手続終了後の新たな主張を制限する規定はなく（316条の32第１項参照）、公判期日で新たな主張に沿った被告人の供述を当然に制限できるとは解し得ない。

他方で、公判前整理手続は、充実した公判の審理を継続的、計画的かつ迅速に行うため、事件の争点及び証拠を整理する手続であり（316条の２第１項参照）、訴訟関係人は、その実施に関して協力する義務を負う上、被告人又は弁護人は、予定主張の明示義務（316条の17第１項）を負う。

このような公判前整理手続の目的及び制度趣旨に鑑みると、①公判前整理手続における被告人又は弁護人の予定主張の明示状況（裁判所の求釈明に対する釈明の状況を含む。）、②新たな主張がされるに至った経緯、③新たな主張の内容等の諸般の事情を総合的に考慮し、上記主張明示義務に違反したものと認められ、かつ、公判前整理手続で明示されなかった主張に関して被告人の供述を求める行為（質問）やこれに応じた被告人の供述を許すことが、上記制度趣旨に照らして公判前整理手続を行った意味を失わせるものと認められる場合には、④新たな主張に係る事項の重要性等も踏まえた上で、公判期日でその具体的内容に関する質問や被告人の供述が、「その他相当でないとき」（295条１項）に該当するものとして制限されることがあり得るというべきである。

【公判前整理手続後の訴因変更の許否】

公判前整理手続後の訴因変更について、「公訴事実の同一性を害しない」（312条１項）限り、これを制限する規定はない（316条の32第１項参照）。

もっとも、公判前整理手続は、当事者双方が公判においてする予定の主張を明らかにし、その証明に用いる証拠の取調べを請求し、証拠を開示し、必要に応じて主張を追加、変更するなどして、事件の争点を明らかにし、証拠を整理することによって、充実した公判の審理を継続的、計画的かつ迅速に行うことができるようにするための制度である（316条の2第1項参照）。

このような公判前整理手続の目的及び制度趣旨に照らすと、公判前整理手続を経た後の公判においては、充実した争点整理や審理計画の策定がされた趣旨を没却するような訴因変更請求は、検察官の権限濫用（規則1条2項参照）に当たり、許されないものと解すべきである。

【伝聞証拠の意義】

伝聞法則（320条1項）の趣旨は、供述証拠が、知覚、記憶、表現の過程を経て証拠化されるものであるところ、知覚、記憶には誤りが介在するおそれがあり、表現には正確性・真摯性を欠く場合があるにもかかわらず、公判期日外における供述については、①宣誓（と偽証罪の制裁による威嚇、刑法169条）、②裁判官の面前における供述（直接主義、315条参照）、③反対尋問（157条3項、規則199条の4、憲法37条2項）の各方法により、その誤りの有無や正確性・真摯性を吟味、担保し得ないことから（規則199条の6参照）、その証拠能力を原則として否定することにより誤判の防止を図る点にある。

上記の趣旨からすれば、伝聞証拠とは、要証事実（証拠により証明すべき事実、296条本文参照）を直接体験した者の公判期日外における供述（原供述）を内容とする証拠（書面又は供述）であって、その原供述者が知覚、記憶し、表現した内容たる事実（原供述者の直接体験した事実）の証明の用に供される証拠をいう。

【精神状態の供述】

供述時点における原供述者の内心（意思、計画）を要証事実とする場合、同人の直接体験した事実を立証するものではないから、伝聞証拠に当たらない。すなわち、原供述者が供述時にその供述するとおりの内心の状態であった事実については、原供述者の知覚・記憶の過程における誤りの介在が問題となる余地はなく、他方で、表現の正確性・真摯性については、必ずしも原供述者に対する反対尋問等の方法によらなくても吟味、担保し得ることから、伝聞法則の趣旨が妥当しないというべきである。

したがって、上記の要件事実との関係では、その供述が真摯になされたと認められる限り、証拠能力は否定されない。

【再伝聞】

被告人以外の者の公判期日外における供述を内容とする書面中に現れている被告人又は他の被告人以外の者の供述部分（再伝聞）について、例外的に証拠能力を認めるための要件を定めた直接の規定はない。

しかしながら、321条1項各号は、各号所定の要件に該当する供述証拠を「公判期日における供述に代えて」（320条1項）証拠とすることを許容したものであるから、そのような供述証拠は公判期日における供述と同等の証拠能力を有するものと解される。

したがって、321条1項各号所定の要件に該当する書面中の被告人又は他の被告人以外の者の供述については、324条1項又は2項を類推適用し、322条1項又は321条1項3号を準用すべきものと解する。

【実況見分調書の証拠能力】

実況見分調書は、捜査機関による実況見分の結果を要証事実とするものであるから、伝聞証拠（320条1項前段、供述代用書面）に当たる。

他方、実況見分は捜査官が五官の作用によって事物の存在・状態を観察して認識する作用である「検証」（218条1項）を任意処分として行う場合であるところ、そもそも321条3項が「検証の結果を記載した書面」について、作成者が公判期日において「真正に作成されたものであることを供述したとき」に伝聞例外として証拠能力を肯定する趣旨は、検証の結果が、その事柄の性質上、検証実施者の記憶に基づく供述よりも、検証当時にその結果を記載した書面による方が、知覚、記憶、表現の各過程に誤りが介在する可能性が低く、その正確性を担保し得ると認められる点にある。

そうであれば、上記の趣旨は、検証調書と類似した性質を有する書面にも同様に妥当することから、実況見分調書も同項の書面に包含されるものと解する。

【再現写真】

再現写真は、人の再現動作によって示された「供述」を撮影したものであるところ、供述録取書が言語による供述を書面に記録するものであるのに対し、再現写真は動作による供述を写真という記録媒体に記録するものであって、両者の違いは記録形態の点に過ぎない。

したがって、再現写真は、再現された内容、すなわち、再現者が直接体験した事実（知覚、記憶し、表現した内容）を証明するために用いる場合、供述証拠として伝聞法則（320条1項）の適用を受ける。この場合、当該写真の証拠能力については、再現者が「被告人」であれば322条1項、「被告人以外の者」であれば321条1項2号ないし3号所定の伝聞例外の要件を満たす必要があるというべきである。

もっとも、上記伝聞例外の規定が供述録取書について供述者の「署名若しくは押印」を要件とする趣旨は、専ら供述録取の正確性を担保する点にある。そうだとすれば、写真については、撮影、現像等の記録の過程が全て機械的操作によってなされており、録取の正確性が担保されていることから、上記各要件のうち再現者の署名・押印は不要と解される。

【供述録音（録画）】

供述録音（録画）は、人の発言を「供述」として録音（録画）したものであるところ、供述録取書が供述を書面に記録するものであるのに対し、供述録音（録画）は供述を記録媒体（ICレコーダー等）に記録するものであって、両者の違いは記録形態の点に過ぎない。

したがって、供述録音（録画）は、録音（録画）された供述の内容、すなわち、発言者が直接体験した事実（知覚、記憶し、表現した内容）を証明するために用いる場合、供述証拠として伝聞法則（320条１項）の適用を受ける。この場合、当該記録媒体の証拠能力については、発言者が「被告人」であれば322条１項、「被告人以外の者」であれば321条１項２号ないし３号所定の伝聞例外の要件を満たす必要があるというべきである。

もっとも、上記伝聞例外の規定が供述録取書について供述者の「署名若しくは押印」を要件とする趣旨は、専ら供述録取の正確性を担保する点にある。そうだとすれば、供述を録音（録画）した記録媒体については、録音（録画）という記録の過程が全て機械的操作によってなされており、録取の正確性が担保されていることから、上記各要件のうち発言者の署名・押印は不要と解される。

【弾劾証拠（328条により許容される証拠）】

328条は、公判期日において供述した者の供述が、別の機会にしたその者の供述と矛盾する場合に、矛盾する供述をしたこと自体の立証を許すことにより、公判期日におけるその者の供述の信用性の減殺を図ることを許容する趣旨のものであり、別の機会に矛盾する供述をしたという事実の立証については、刑訴法が定める厳格な証明を要する趣旨であると解するのが相当である。

そうすると、同条により許容される証拠は、信用性を争う供述をした者のそれと矛盾する内容の供述が、同人の供述書、供述を録取した書面で同人の署名若しくは押印のあるもの、同人の供述を聞いたとする者の公判期日の供述又はこれらと同視し得る証拠の中に現れている部分に限られるというべきである。

【自白法則】

自白とは、犯罪事実の全部又は一部を認める犯人の供述をいうところ、「任意にされたものでない疑のある自白」（319条１項）は証拠能力が否定される（自白法則）。

自白法則の根拠は、任意性のない供述は虚偽である可能性が類型的に高く、これを証拠とすると誤判を招来する可能性があること及び黙秘権（憲法38条１項）を中心とした被告人の人権保障の実効性を担保する必要があることに求められる。

そうだとすれば、任意性の有無は、虚偽の自白を誘発するおそれのあるような状況の有無及び供述の自由を不当に圧迫するような状況の有無を基準として判断すべきである。

【補強法則】

自白によって犯罪事実全部を肯認することができる場合であっても、その自白が「自己に不利益な唯一の証拠である場合」（319条２項）には有罪とされない（補強法則）。

補強法則の趣旨は、自白偏重による誤判を防止すること、すなわち、実体的真実でない架空な犯罪事実が被告人の自白のみによって認定される危険と弊害とを防止する点にある。

そうだとすれば、補強証拠は、必ずしも自白にかかる犯罪事実の全部をもれなく補強するものである必要はなく、自白にかかる事実の真実性を保障し得るものであれば足ると解する。

【違法収集証拠排除法則】

違法に収集された証拠物の証拠能力について規制する直接の規定はないところ、証拠物は、押収手続が違法であっても、その証拠価値に影響がないことから、これを直ちに排除することは実体的真実発見の要請（刑訴法１条参照）から相当ではない。他方、事案の真相の究明も、個人の基本的人権を保障し（憲法35条参照）、適正な手続のもとでされなければならない（憲法31条参照）。

そうだとすれば、実体的真実発見の要請と適正手続保障の要請との調和の観点から、①証拠物の押収等の手続に、憲法35条及びこれを受けた刑訴法218条１項等の所期する令状主義の精神を没却するような重大な違法があり、②これを証拠として許容することが、将来における違法な捜査の抑制の見地からして相当でないと認められる場合においては、その証拠能力を否定すべきものと解する。

【違法性の承継】

証拠物についてその直接の収集手続が、先行する違法な一連の手続に引き続いて行われた場合、当該収集手続（後行手続）の適法・違法は、先行する一連の手続における違法の有無、程度をも十分考慮してこれを判断するのが相当である。

具体的には、①先行手続と後行手続が同一目的に向けられたものであり、②後行手続が先行手続によりもたらされた状態を直接利用してなされたものである場合、違法な先行手続に引き続いて行われた後行手続も違法性を帯びるものと解する。

【派生証拠の証拠能力】

違法収集証拠（第一次証拠）に基づいて獲得された派生証拠について、その直接の収集手続に重大な違法がないことを理由に証拠能力を肯定することは、違法収集証拠排除法則の趣旨を没却することになり相当ではない。他方で、実体的真実発見の要請からすれば、それが単に違法に収集された第一次証拠と何らかの関連性を有する証拠であるということのみをもって一律に証拠排除すべきではない。

そうすると、派生証拠について第一次証拠と同様にその証拠能力を否定すべきか否かについては、第一次証拠の収集手続の違法の程度、第一次証拠と派生証拠との関連性の程度、派生証拠の重要性等を考慮して総合的に判断すべきものと解する。

【同種前科・類似事実の関連性】

一般的に、同種前科・類似事実は犯罪事実について、証拠としての必要最小限度の証明力（自然的関連性）を有する。しかしながら、特に同種前科・類似事実については、被告人に対して当該事実と同種の犯罪を行う犯罪性向があるという実証的根拠に乏しい人格評価を加え、これをもとに犯人が被告人であるという合理性に乏しい推論をすること（いわゆる「悪性格の立証」）につながりやすく、そのために事実認定を誤らせるおそれがある。また、同種前科・類似事実を証拠として許容すると当事者が当該事実の内容に立ち入った攻撃防御を行う必要が生じるため、その取調べに付随して争点が拡散し審理が遅延するおそれもある。

したがって、同種前科・類似事実は、原則として、法律的関連性がないものとして、犯罪事実の認定に用いる資料としての適格性（証拠能力）を否定すべきである。

ただし、同種前科・類似事実によって証明しようとする事実について、実証的根拠の乏しい人格評価によって誤った事実認定に至るおそれがないと認められるときは、例外的に、同種前科・類似事実を犯罪事実の立証に用いることが許されると解する。

［被告人と犯人の同一性（犯人性）］

同種前科・類似事実が顕著な特徴を有し、かつ、それが本件犯罪事実と相当程度類似する場合、当該事実は、それ自体で両事実の犯人が同一であることを合理的に推認させるようなものであると認められる。

したがって、上記の場合、そのような同種前科・類似事実を証拠として許容しても実証的根拠の乏しい人格評価によって事実認定を誤らせるおそれはないから、これを被告人と犯人の同一性の認定に用いることが許される。

［犯罪の主観的要素］

被告人に同種前科がある場合、被告人が本件以前に同様の犯罪結果を発生させていた事実から本件犯罪結果を発生させた被告人の主観面が以前と同一である可能性が高いと推認することには一定の合理性が認められる。そうであれば、犯罪の客観的要素が他の証拠によって証明された場合に、同種前科から被告人が前科と同一の主観面を有していた事実を推認することは合理的である。

したがって、上記の場合、当該同種前科を証拠として許容しても実証的根拠の乏しい人格評価によって事実認定を誤らせるおそれはないから、これを犯罪の主観的要素の認定に用いることが許される。

【司法試験問題一覧〈問題・解析対応表〉】

年度	設問	問題	解析（参考答案例）
令和６年	設問１	違法収集証拠排除法則（派生証拠） 職務質問・所持品検査	第10講 第２講【３】
	設問２	強制処分の意義 ビデオ撮影	第１講 第２講【４】
令和５年	設問１	領置	第４講【４】
	設問２	伝聞法則（実況見分調書）	第８講【４】
令和４年	設問１	おとり捜査	第２講【７】
	設問２	訴因変更の要否	第６講【１】
令和３年	設問１	差押えの関連性（包括的差押え）	第４講【１】
	設問２	伝聞法則（犯行計画メモ）	第８講【２】
令和２年	設問１	任意同行後の取調べ	第２講【６】
	設問２	自白法則と違法収集証拠排除法則	第９講【１】
	設問３	類似事実による犯人性の立証	第11講【１】
令和元年	設問１	別件逮捕・勾留	第３講【３】
	設問２	訴因変更の可否 公判前整理手続後の訴因変更の許否	第６講【３】 第７講
平成30年	設問１	強制処分の意義 ビデオ撮影	第１講 第２講【４】
	設問２	伝聞法則（伝聞証拠の意義）	第８講【１】
平成29年	設問１	令状による捜索 「必要な処分」・令状の呈示時期	第４講【１】 第４講【２】
	設問２	伝聞法則（弾劾証拠）	第８講【６】
平成28年	設問１	職務質問に伴う停止措置・留め置き	第２講【２】
	設問２	接見指定	第５講
	設問３	伝聞法則（伝聞証拠の意義）	第８講【１】
	設問４	公判前整理手続（主張制限の可否）	第７講
平成27年	設問１	強制処分の意義 会話録音	第１講 第２講【５】
	設問２	自白法則（約束自白） 違法収集証拠排除法則（派生証拠） 伝聞法則（犯行計画メモ）	第９講【１】 第10講 第８講【２】
平成26年	設問１	任意同行後の取調べ	第２講【６】
	設問２	訴因変更の要否 訴因変更の可否	第６講【２】 第６講【３】
平成25年	設問１	準現行犯人逮捕 逮捕に伴う差押え	第３講【１】 第４講【３】
	設問２	伝聞法則（実況見分調書）	第８講【４】
平成24年	設問１	令状による捜索 逮捕に伴う捜索	第４講【１】 第４講【３】
	設問２	秘められた択一的認定 訴因変更の要否	第６講【１】 第６講【２】
平成23年	設問１	現行犯人逮捕 別件逮捕・勾留	第３講【１】 第３講【３】
	設問２	伝聞法則（再伝聞）	第８講【３】
平成22年	設問１	領置 押収物に対する「必要な処分」	第４講【４】 第４講【２】
	設問２	秘密録音 おとり捜査 伝聞法則（供述録音）	第２講【５】 第２講【７】 第８講【５】
平成21年	設問１	捜索・差押えの際の写真撮影	第４講【２】
	設問２	伝聞法則（実況見分調書）	第８講【４】
平成20年	設問１	伝聞法則（再伝聞）	第８講【３】
	設問２	「必要な処分」・令状の呈示時期	第４講【２】
平成19年	設問１	強制処分の意義 ビデオ撮影	第１講 第２講【４】
	設問２	同種前科の関連性	第11講【１】
平成18年	設問１	職務質問・所持品検査・停止措置 現行犯人逮捕 逮捕に伴う捜索・差押え	第２講【３】 第３講【１】 第４講【３】
	設問２	伝聞法則（犯行計画メモ） 違法収集証拠排除法則	第８講【２】 第10講

判例索引

著者略歴

反町　義昭（そりまち・よしあき）

1982年　千葉県に生まれる
2005年　早稲田大学法学部卒業
2008年　早稲田大学大学院法務研究科卒業
2009年　司法試験合格
現　在　弁護士（千葉県弁護士会）
　　　　早稲田大学大学院法務研究科アカデミック・アドバイザー
　　　　LEC東京リーガルマインド専任講師

〈著書〉
『司法試験　体系的問題解析　刑法［第2版］』（2024年、成文堂）

司法試験　体系的問題解析　刑事訴訟法［第2版］

2021年6月30日　初　版第1刷発行
2025年3月1日　第2版第1刷発行

著　者　反　町　義　昭
発行者　阿　部　成　一

〒169-0051　東京都新宿区西早稲田1-9-38
発行所　株式会社　成　文　堂
電話 03(3203)9201(代)　Fax 03(3203)9206
https://www.seibundoh.co.jp

製版・印刷・製本　恵友印刷
検印省略

ISBN978-4-7923-5440-4　C3032

定価（本体4,500円＋税）